SFV

Ronald W. Clark

Sigmund Freud

Aus dem Englischen
von Joachim A. Frank

S. Fischer

Die englische Originalausgabe
erschien 1979 unter dem Titel »Freud, The Man and the Cause«
bei Jonathan Cape und Weidenfeld & Nicolson, London

Lektorat: Willi Köhler
Umschlaggestaltung: Rambow, Lienemeyer, van de Sand
Satz: Hanseatische Druckanstalt GmbH, Hamburg
Druck: Gutmann, Heilbronn
Einband: G. Lachenmaier, Reutlingen
Printed in Germany 1981
ISBN 3-10-010802-7

Inhalt

KALLAMON JAKOB FREUD
* 1815 Tysmenitz, Gal.
† 1896 Wien

⚭ (1) ca. *1831* SALLY KANNER

EMANUEL
* 1833
† 1914 Parbold, Lancashire

⚭ MARIE
* 1836
† 1923

JOHN
* 1854 Freiberg
verschw. vor 1919

PAULINE
* 1855 Freiberg
† 1944 Manchester

BERTHA
* 1866 Manchester
† 1940 Manchester

SAMUEL
* 1870 Manchester
† 1945 Manchester

SIGMUND
* 1856 Freiberg
† 1939 London

JULIUS
* 1857 Freiberg
† 1858 Freiberg

ANNA
* 1858 Freiberg
† 1955 New York

ROSA
* 1860 Wien
† ca. 1942 in deutschem KZ

BERMAN BERNAYS
* 1826
† 1879 Wien

⚭

EMMELINE PHILIPP
* 1830
† 1910

⚭ *1886*

⚭ *1883*

⚭ *1896*

MARTHA
* 1861 Wandsbek
† 1951 London

MINNA
* 1865
† 1941 London

ELI
* 1860 Hamburg
† 1923 New York

HEINRICH GRAF
* ca. 1852 Wien
† 1908 Wien

HERMAN
* 1897 Wien

CAECILIE
* 1899 Wien

JUDITH
* 1885 Wien

LUCIA
* 1886 Wien

EDWARD
* 1891 Wien

HELLA
* 1893 New York

MARTHA
* 1894 New York

MATHILDE
* 1887 Wien
† 1978 London
⚭ *1909*
ROBERT HOLLITSCHER
* 1875 Wien
† 1959 London

JEAN MARTIN
* 1889 Wien
† 1967 Hove, Sussex
⚭ *1919*
ERNESTINE DRUCKER
* 1896 Wien

OLIVER
* 1891 Wien
† 1969
⚭ *1923*
HENNY FUCHS
* 1892 Berlin

ANTON WALTER
* 1921 Wien
⚭ *1947*
VIBEKE ANNETTE KRARUP
* 1925 Kopenhagen

SOFIE
* 1924 Wien
⚭
PAUL LOEWENSTEIN
* 1921 Eberswalde

EVA MATHILDE
* 1924 Berlin
† 1944 Nizza

STEPHAN GABRIEL
* 1921 Berlin
⚭ *1950*
LOIS BLAKE
* 1924

Nachkommen

Nachkommen

Nachkommen

ꝏ (2) ? Rebekka ?

ꝏ (3) *1855*
Amalie Nathanson
* 1835 Brody
† 1930 Wien

Philipp
* 1836
† 1911

ꝏ Bloomah
Frankel
* ca. 1845 Birmingham
† 1925 Manchester

Morris
* ca. 1875 Manchester
† 1938 Port Elizabeth, Südafr.

Pauline Marie
* 1873 Manchester
† 1951 Manchester

ꝏ Fred Hartwig
* ca. 1881 Manchester
† 1958 Manchester

Marie
* 1861 Wien
† ca. 1942 in
deutschem KZ

Adolfine
* 1862 Wien
† ca. 1942 in
deutschem KZ

Pauline
* 1863 Wien
† ca. 1942 in
deutschem KZ

Alexander
* 1866 Wien
† 1943 Toronto

ꝏ
1886
Moritz Freud
* 1857 Bukarest
† 1920 Berlin

ꝏ
Valentin
Winternitz
* 1859 Zwittau
† 1900 New York

Rose Beatrice
* 1896 New York

ꝏ
1909
Sophie Sabine
Schreiber
* 1878 Wien

Harry
* 1909 Wien

Margarethe
* 1887 Roznau

Lilly
* 1888 Wien

Martha
Gertrude
* 1892 Wien

Theodor
* 1904 Berlin

Georg
* 1904
(totgeb. Zwilling)

Ernst
* 1892 Wien
† 1970 London
ꝏ *1920*
Lucie Brasch
* 1896

Sophie
* 1893 Wien
† 1920 Hamburg
ꝏ *1913*
Max Halberstadt
* 1882 Hamburg
† 1940 Johannesburg

Anna
* 1895 Wien

Lucian Michael
* 1922 Berlin

Clement Rafael
* 1924 Berlin

Ernst Wolfgang
* 1914 Hamburg

Heinz Rudolph
* 1918 Schwerin
† 1923 Wien

ꝏ (1)
1947
Kathleen
Garman
* 1926 London

ꝏ (2)
1953
Lady Caroline
Maureen
Blackwood

ꝏ *1950*
Jill
2. Tochter v.
H. W. Flewett

ꝏ *1945*
Irene
Chambers
* 1920

Nachkommen

Nachkommen

Nachkommen

An erster Stelle danke ich Prinz Masud Khan und Mark Paterson, Sigmund Freud Copyrights Ltd., die mir großzügig gestatteten, veröffentlichtes und unveröffentlichtes Copyright-Material, über das sie verfügen, zu verwenden. Dankbar bin ich auch Mrs. Pat Marsden, Sigmund Freud Copyrights Ltd., für ihre weitgehende Hilfe bei meinen Nachforschungen im Freud-Archiv im Laufe der Jahre.

Ferner möchte ich dem Institute of Psycho-Analysis danken, das es mir ermöglichte, in die Papiere des verstorbenen Ernest Jones und anderes Material Einblick zu nehmen. Dabei gilt mein besonderer Dank Prinz Masud Khan, John Jarrett, Dr. Dennis Duncan und Miss Jill Duncan.

Für die Erlaubnis, weiteres Copyright-Material zu verwenden, möchte ich unter anderen danken Mrs. Balint-Edwards (Briefe von Dr. Michael Balint), Charles Biederman (Brief an Ernest Jones), Dr. med. M. Bleuler (Briefe von Dr. Eugen Bleuler), der Clark University (Brief von Dr. Stanley Hall), Dr. Helene Deutsch (unveröffentlichtes Manuskript von Dr. Felix Deutsch) und Mrs. Katherine Jones (Briefe von Dr. Ernest Jones).

Wenn ich auch für die in diesem Buch ausgedrückten Ansichten und angeführten Tatsachen voll verantwortlich bin, sofern nicht ausdrücklich das Gegenteil gesagt wird, bin ich doch außerordentlich dankbar für Hilfe und Ratschläge, die mir zuteil wurden von Professor Henri F. Ellenberger, Dr. Alexander Grinstein, Dr. Paul Kline, Professor William A. Koelsch und Miss Suzanne Hamel, Dr. Zigmond M. Lebensohn, Dr. J. D. W. Pearce, Dr. Charles Rycroft und Professor Richard Slobodin.

Zu anderen, denen ich noch danken möchte, gehören das Adirondack Museum, Blue Mountain Lake (Craig Gilhorn), Vincent Brome, George Edinger, die Francis A. Countway Library of Medicine, Boston (Richard Wolf), die Jüdische National- und Universitäts-Bibliothek, Jerusalem (Dr. M. Nadav), die John Rylands University Library, Manchester (Miss Glenise A. Matheson), Dr. Otakar Kucera, das Leo Baeck Institute, New York, die Library of Congress, Washington (John C. Broderick und

Dr. Ronald Wilkinson), der National Archives and Records Service, Washington (Ronald E. Swerczek), der National Archives and Records Service, Hyde Park (Donald B. Schewe), der Distriktsarchivar in Nový Jičín,ČSSR, der Hauptarchivar in Opava, Státníoblastni Archiv, ČSSR, Professor Paul Roazen, Dr. Helene Schur, die Metropolitan Library, Toronto (Mrs. Margery Allen), Rayner Unwin, die Österreichische Nationalbibliothek, Wien, und das Weizman-Archiv in Rehovot.

R. W. C.

Ein Freudscher Beginn

1
Jüdische Kindheit

Wenn man der unbestrittene Liebling seiner Mutter gewesen ist,
so behält man fürs Leben jenes Eroberergefühl,
jene Zuversicht des Erfolges,
welche nicht selten den Erfolg nach sich zieht.

Freud, »Eine Kindheitserinnerung aus *Dichtung und Wahrheit*«

Sigismund Freud wurde am 6. Mai 1856 in der mährischen Stadt Freiberg geboren, in einem kleinen Zimmer im ersten Stock des Hauses Schlossergasse 17, das bis 1859 das einzige Heim der Familie sein sollte. In diesem einen Zimmer lebten Kallamon Jakob Freud und seine Frau Amalie, ihr Sohn Sigismund, ein zweiter Sohn, der wenige Monate nach der Geburt starb, und noch eine Tochter. Das einzige andere Zimmer dieses Stockwerks gehörte der Familie des Johann Zajíc, eines Schlossers, der das Erdgeschoß als Werkstatt benutzte und dessen Vorfahren seit Generationen in dem Haus gelebt hatten.
Der Junge, der in so bescheidenen Verhältnissen zur Welt kam, sollte die Vorstellung des Menschen von seinem Geist und von der Macht, die er über ihn ausübt, revolutionieren. Von der Erklärung ausgehend, daß vielen psychischen Erkrankungen unbewußte Motive zugrundeliegen, sollte er eine Theorie entwickeln, derzufolge ähnliche Faktoren auch viele Geschehnisse im alltäglichen Leben gewöhnlicher, normaler Menschen bestimmen. Die Annahme, daß zwischen dem geistig Abnormen und dem geistig Gesunden eine Verbindung besteht, würde, als Freud zu praktizieren begann, für sich allein schon genügt haben, ihn zum Gegenstand von Mißdeutungen und Schmähungen zu machen. Doch es sollte zudem noch sein Grundgedanke sein, daß nicht nur ein großer Teil der Geistesstörungen auf verdrängte sexuelle Empfindungen und Erlebnisse zurückgeht, sondern daß das Geschlechtliche überhaupt von frühester Kindheit an eine wichtige, wenn auch unerkannte Rolle im Leben spielt – Behauptungen, die ihm die Verdammung nicht nur durch Kirche, Gesellschaft und Staat, sondern auch durch viele Angehörige des Ärztestandes eintrugen.

Das Werk Freuds war, wie das der meisten erfolgreichen Pioniere, zum großen Teil schon vor seinem Tode zum anerkannten Gemeingut geworden. Manches hat seither an Bedeutung verloren, manches wurde verworfen, und darüber, wie seine grundlegenden Ideen weiterentwikkelt und ausgebeutet wurden, herrscht noch ein erbitterter Streit. In den Augen seiner ergebenen Anhänger stellen ihn seine Theorien auf eine Stufe mit Galilei, Darwin und Einstein; aber Sir Peter Medawar, Träger des Nobelpreises für Medizin, nannte in einer methodologischen Kritik der Grundlagen der Psychoanalyse, wie sie von vielen Nachfolgern Freuds praktiziert wird, deren Theorien »einen der traurigsten und seltsamsten Marksteine in der Geistesgeschichte des 20. Jahrhunderts«[1]. Die Unterschiede in der Bewertung nahmen in den vierzig Jahren seit Freuds Tod immer mehr zu, und sie wurden auf beiden Seiten vertieft durch Behauptungen, die oft mit einer Vehemenz vorgebracht wurden, wie man sie eher in der Theologie oder Politik als in den Naturwissenschaften oder in der Medizin anzutreffen gewohnt ist. Nur um Darwin war der Streit der Meinungen so heftig und mit so wenig erbetenem und gewährtem Pardon auf beiden Seiten ausgefochten worden. Über all dem aber steht, von der Seligsprechung der Anhänger ebensowenig berührt wie von den gehässigen Angriffen der Gegner, gelassen, unerschütterlich wie ein Fels und, zumindest in der Öffentlichkeit, äußerst selbstbewußt, die Gestalt Freuds selbst.

An erster Stelle in der Debatte über Theorien, die beinahe achtzig Jahre lang die Vorstellungen von Geist und Seele in vor- und nachfreudsche teilten, steht die Frage, wie weit diese Theorien geformt wurden durch Freuds frühe Lebensjahre und seine Entschlossenheit, sich gegen Widerwärtigkeiten emporzukämpfen, die wohl manchmal überschätzt wurden, aber nichtsdestoweniger tatsächlich vorhanden waren.

Gewiß ist es schwer, die klaustrophoben Familienintimitäten seiner frühen Umgebung von seiner psychischen Entwicklung zu trennen, und mehr als ein Jahrhundert nach seiner Geburt sollte sein eigener Arzt feststellen, »die beengte Behausung der Familie ... muß bedeutet haben, daß Freud in diesen drei formenden Jahren Wahrnehmungen jener Art ausgesetzt war, die er später als traumatisch bezeichnete«[2]. Zu diesen Umständen seiner ersten Kindheitsjahre kam die ungewöhnliche Zusammensetzung der Familie. Jakob Freud, der 40 Jahre alt war, als sein Sohn Sigismund geboren wurde, hatte schon zwei erwachsene Söhne aus einer früheren Ehe: Emanuel, 1832, und Philipp, 1836 geboren. Sigismunds Mutter war mit ihren 20 Jahren ebenso jung oder sogar noch jünger als ihre Stiefsöhne, die in der Nähe lebten. Sein Vater war alt genug, um sein Großvater, seine Mutter jung genug, um seine Schwester zu sein, während die Spielgefährten seiner Kindheit sein Neffe John, der ein Jahr jünger als er selbst war, und seine ungefähr gleichaltrige Nichte Pauline sein sollten.

Im Hintergrund ging vielleicht auch noch der Geist Rebekkas um, der Frau, die in dem 1852 in Freiberg von den katholischen Kirchenbehörden aufgestellten Judenverzeichnis als Ehefrau Jakobs angeführt ist.[3] Diese Frau war weder Sally Kanner, die Mutter Emanuels und Philipps, noch Amalie, die Mutter Sigismunds, der später in der Mutter-Kind-Beziehung einen Schlüssel zur psychischen Entwicklung sah. Das Thema der »zwei Mütter« sollte das Rückgrat seiner umstrittenen Mutmaßung über Leonardo da Vinci bilden, und es liegt eine Ironie darin, daß erst nach Freuds Tod die Gestalt der Rebekka, die offenbar die erste der beiden Stiefmütter seiner Halbbrüder war, eine ohnehin schon komplizierte Familiengeschichte noch komplizierter machte.

Rebekkas Name wurde in den siebziger Jahren im Einwohnerregister Freibergs aufgefunden. Mehr als ein Forscher ergänzte die anfängliche Entdeckung, und während der letzten beiden Jahrzehnte wurde viel Neues über Freuds erste Jahre ans Licht gebracht.[4] Manches ist noch ungewiß, aber mit Bestimmtheit läßt sich heute eines sagen: daß nämlich, nach seinen eigenen Überzeugungen zu urteilen, Freuds Kindheitsjahre in Freiberg wahrscheinlich einen viel größeren Einfluß auf die Geburt und das Wachstum der Psychoanalyse ausübten, als man ihnen bisher zugestanden hatte.

Die Familie, in der er zur Welt kam, hatte eine Geschichte, die der vieler europäischer Juden ähnelte. Jakob Freuds Vorfahren hatten sich vor einigen Jahrhunderten im Rheinland niedergelassen, waren durch Judenverfolgungen in die baltischen Staaten vertrieben worden und erst im 19. Jahrhundert nach Süden gewandert, nach Galizien, das einst in Polen lag, dann Österreich einverleibt worden war und heute teils zu Polen, teils zur Ukrainischen SSR gehört. Jakob war 1815 in Tyśmienica geboren worden, einem Städtchen von 6000 Einwohnern, von denen die Hälfte Juden waren und in dessen Umgebung Dörfer lagen, die Bollwerke rabbinischer und chassidischer Gelehrsamkeit bildeten. Man weiß wenig über sein Leben bis 1840, als sich die Familie Freud teilte. Ein Zweig ging südwärts nach Rumänien, der andere zog etwa 400 km westwärts nach Mähren. Jakobs Großvater mütterlicherseits, Abraham Sisskind Hoffman, ließ sich in Freiberg nieder, Jakob, zusammen mit anderen Familienmitgliedern, zu denen vielleicht sein Vater und einer oder mehrere seiner Brüder gehörten, in Klogsdorf, einem Dorf, das durch die Lubina von Freiberg getrennt wurde. Jakobs erste Frau, Sally

Kanner, scheint jedoch mit ihren beiden Söhnen Emanuel und Philipp in Tyśmienica (Tysmenitz) geblieben zu sein.
Freiberg, das nach dem Ersten Weltkrieg, als die Tschechoslowakei aus dem ehemaligen Österreich-Ungarn herausgetrennt wurde, wieder seinen früheren Namen Příbor annahm, liegt in den Ausläufern der Karpathen, 200 km nordöstlich von Wien und etwa 32 km von der heutigen polnischen Grenze entfernt. Von der Straße Wien–Krakau, der heutigen Europastraße E7, durchschnitten, zieht es sich teils an der Lubina entlang, teils stehen seine Häuser auf den steil vom Fluß aufsteigenden, nach Westen gewandten Hängen. Wenige Kilometer weiter westlich liegt Heinzendorf – Hyncica –, der Geburtsort Gregor Mendels, des Mönches, der die Grundlagen für das Studium der Genetik schuf. Das Geschäftsleben der Stadt konzentrierte sich 1856 auf dem Hauptplatz, wo über den Terrassen von Häusern mit Bogengängen die Kirche Mariä Geburt mit ihren zehn Altären aufragte. Von den 5000 Einwohnern Freibergs waren rund 4000 Katholiken und 100 Protestanten. Die Juden, etwa 100, waren hauptsächlich deutscher Herkunft und litten seit dem Entstehen des tschechischen Nationalismus in den Jahren nach 1840 unter einer Einstellung, die sowohl antisemitisch als auch antideutsch war. Die meisten kamen wohl in der freien und ungezwungenen Atmosphäre des Marktfleckens recht gut mit ihren Nachbarn aus, aber dennoch blieben sie die potentiellen Sündenböcke für jedes etwaige künftige Unheil.
Vier Jahre, nachdem die Freuds in Mähren eingewandert waren, suchte Sisskind Hoffman, der wie sein Enkel Jakob als galizischer Wanderjude registriert war, um die Genehmigung an, sich fest in Freiberg niederzulassen. In seinem Gesuch an den Magistrat heißt es:
»Wie bekannt, beschäftige ich mich mit dem Handel von Tüchern, Wolle, Honig, Talg etc. und halte mich seit mehreren Jahren theils in Freyberg, theils in der Umgegend in Handelsgeschäften auf. Meine Absicht geht dahin, mein gegenwärtiges Domizil in Freyberg aufzuschlagen...
Da ich als alter Mann, indem ich schon 69 Jahre zähle, die Beschwerlichkeiten des Handels nicht allein tragen kann, so habe ich meinen Enkel Kalman [Jakob] Freud als Handelskompagnion aufgenommen, welcher die auswärtigen Geschäfte leitet, wogegen ich nur in Freyberg den Einkauf und Verkauf besorge. In Absicht auf die Ausübung des Handels habe ich mir auch bey dem H. Lemberger Landesgubernium den sub ./. zuliegenden Reisepaß auf die Dauer eines Jahres sowohl für mich als meinen Enkel Kalman Freud erwirkt und stelle sonach die Bitte: Ein loeblicher Magistrat geruhe hohen Orts für uns beyde die Duldung für

Freyberg auf die Paßdauer, nämlich bis 18. May [1]845 gnädigst zu erwirken.«[5]
Der um Rat befragte Vorsteher der Tuchmacherzunft berichtete, daß Sisskind Hofman und sein Enkel Kalman Freud als »rechtliche und biedere Hantlsleute« bekannt seien. Der heimische Handel werde durch ihren Aufenthalt belebt, und man schlug daher vor, ihr Gesuch zu bewilligen. Nicht nur das geschah, sondern die Genehmigung wurde regelmäßig verlängert, und 1848 ging der Magistrat sogar so weit, von dem Nutzen zu sprechen, den Jakob Freud und andere Händler aus Galizien der Stadt brachten.
Das gemeinsame Geschäft scheint eine Weile floriert zu haben, und noch vor Ende des Jahres 1852 kamen die beiden Söhne Jakobs, Emanuel und Philipp, die nun etwa 20 und 16 waren, zu ihm nach Freiberg. Das örtliche Judenverzeichnis für dieses Jahr registriert seine Frau als eine 32jährige Rebekka, und dazu geht aus einer Freiberger Urkunde hervor, daß die beiden Söhne mit dieser zweiten Frau nach Freiberg kamen.
Über den Tod der Sally Kanner, die vermutlich in Tyśmienica starb, ist nichts in Erfahrung zu bringen. Rebekka verschwindet aus den Urkunden so geheimnisvoll, wie sie erschien, und man nahm an, daß sie starb, bevor Jakob Freud 1855 in Wien seine dritte Frau, Amalie Nathanson, heiratete, die Sigismunds Mutter werden sollte. Offizielle Nachforschungen im Staatlichen Archiv der Bezirkshauptstadt Opava (Troppau) erbrachten jedoch keinerlei Hinweise auf den Tod Rebekkas.[6] Es gibt Alternativen, auf die Professor Renée Gicklhorn hinwies. »Vielleicht«, schrieb sie, »wurde Rebekka verstoßen, weil sie kein Kind bekam, ein Umstand, der es einem orthodoxen Juden erlaubt, eine Ehe aufzulösen und wieder zu heiraten. Er hätte aber dann vor dem Magistrat in Wien erwähnen müssen, daß er sich von seiner zweiten Frau hatte scheiden lassen, bevor er Amalie Nathanson heiratete – eine Tatsache, die er verschwieg.«[7] Was immer die Wahrheit über Rebekka sein mag, der Begründer der Psychoanalyse spielte in keiner veröffentlichten Familiengeschichte und in keinem der Briefe, die von seinen Nachkommen zugänglich gemacht wurden, auf sie an.
Offenbar gibt es drei Möglichkeiten. Die erste ist die, daß die Urkunden nicht stimmten. Erklärungen, die die Juden jener Zeit vor den katholischen Kirchenbehörden abgaben, sind schon früher angezweifelt worden, und Tatsache ist, daß in der maßgeblichen, die Familie Freud betreffenden Eintragung mindestens eine Altersangabe falsch sein dürfte. Nichtsdestoweniger scheint, in Anbetracht der urkundlichen Belege, die Annahme, Rebekka sei nicht Jakobs Frau gewesen, schlecht begründet zu sein, wenngleich sie nicht vollständig ausgeschlossen werden kann.

Die zweite Möglichkeit ist die, daß Rebekka vor Sigismund Freud mit Erfolg, wenn auch aus unerfindlichen Gründen, geheimgehalten wurde. Aber seine Mutter lebte von 1856 bis 1859 in der kleinen Stadt mit ihren 5000 Einwohnern, wo Jakob mit seiner Ehefrau Rebekka eingetragen war. Es ist unwahrscheinlich, daß Amalie nichts davon erfahren haben sollte – zumindest die Nachbarn würden es ihr gesagt haben –, und es ist ebenso unwahrscheinlich, daß sie es bis zu ihrem Tod im Alter von 95 Jahren fertiggebracht haben sollte, ihrem vielgeliebten Sohn die Wahrheit zu verschweigen. Außerdem müßten es, wenn Sigismund wirklich nichts wußte, auch Emanuel und Philipp unterlassen haben, ihm gegenüber die Stiefmutter zu erwähnen, die sie doch offenbar nach Freiberg gebracht hatte.
Die dritte Alternative ist, daß der junge Freud wohl etwas von den Affären seines Vaters wußte, dieses Wissen aber Zeit seines Lebens verdrängte und so aus Loyalität das Familien-Tabu respektierte, dessen Kenntnis er sogar vor seiner Frau, Martha, geheimhielt, die immer davon sprach, daß Jakob Freud zwei-, nicht dreimal verheiratet gewesen sei. Diese dritte Möglichkeit würde, wenn sie zutrifft, nach Freuds eigener Darstellung die psychische Entwicklung seines Lebens bedeutend beeinflußt haben, und es wäre naiv zu glauben, daß sie sich nicht auch auf die Entwicklung der Psychoanalyse ausgewirkt hätte.
Das familiäre Milieu seiner frühen Kindheit war – auch ohne die spätere Notwendigkeit, mit einem Familien-Tabu fertigzuwerden – so beschaffen, daß es seine Spuren hinterlassen mußte. Dennoch – oder vielleicht sollte man sagen »deshalb« – war Freud selbst immer darauf bedacht, die Wirkung des persönlichen Erlebens auf die Psychoanalyse auszuschließen. Viele seiner Nachfolger hielten sich an denselben Grundsatz. Seine hochbegabte jüngste Tochter Anna meinte, man könnte der Neurose ihres Vaters ein zu großes Gewicht beimessen, und andere Freudianer mißbilligten die Vermutung, »daß Freud, weil er ein bestimmtes neurotisches Symptom hatte, eine bestimmte Theorie aufstellte«[8]. Dennoch sind in vielen kritischen Augenblicken seines Lebens die Beweise, wenn sie sich auch nur auf Indizien stützen, zu stichhaltig, um ignoriert zu werden. Dreißig Jahre, nachdem Freud seine Theorie des Unbewußten entwickelt hatte, wies der weltberühmte deutsche Physiker Werner Heisenberg nach, daß in der Welt der Physik, auf subatomarer Ebene, allein die Beobachtung unvermeidlich das Beobachtete beeinflußt. Freud, der Neurologe, der gezeigt hatte, daß der Intellekt des Menschen seinem Unbewußten ausgeliefert ist, arbeitete auf der psychischen Ebene innerhalb vergleichbarer einschränkender Parameter der experimentellen Erfahrung: in der Welt des Geistes beeinflußt die geistige

Erfahrung des Beobachters ebenso unvermeidlich – wenn auch unbewußt – die Bedeutung dessen, was beobachtet wird.
Über Jakob Freuds Leben in den drei Jahren nach 1852 weiß man so gut wie nichts, und erst 1855 scheint er wieder in den Urkunden auf. Am 29. Juli dieses Jahres wurde er in Wien mit Amalie Nathanson getraut, und auf dem Trauschein bezeichnete er sich als Witwer seit 1852.
Die Braut, ein schönes Mädchen, das mit seinen 19 Jahren ungefähr halb so alt war wie Jakob, kam auch aus Galizien, wo in der Stadt Brody ein Grabstein ihres Vorfahren Samuel Charmaz als eines Fürsten, Führers, Oberhaupts und rabbinischen Gelehrten gedachte. Als Tochter eines Handelsvertreters lebte sie 1855 mit ihren Eltern in Wien. Die Trauung mit Jakob wurde von einem Vertreter des Reformjudentums vollzogen, aber die Braut, wennschon nicht der Bräutigam, hielt an ihren streng orthodoxen religiösen Bräuchen fest. Und ihr sollte Sigismund Freud – oder »Sigmund«, wie er später genannt wurde – viel von dem jüdischen Mystizismus verdanken, der gelegentlich in seinen Schriften an die Oberfläche tritt.

Die Lebensumstände Jakob Freuds und seiner jungen Frau zur Zeit der Geburt ihres ersten Sohnes im Jahre 1856 bleiben im unklaren. Wenn es damals für kleinere Händler in Städten wie Freiberg nicht ungewöhnlich war, in einem einzigen Zimmer eines nur neun mal neun Meter großen Hauses zu wohnen, so steht fest, daß Jakob wohl kaum der Fabrikbesitzer war, als der er beschrieben wurde, während die Erinnerungen seines Sohnes an eine Familie, die ursprünglich wohlhabend war, mit Vorsicht aufgenommen werden müssen.
Kurz nach Freuds Geburt trug sein Vater das Ereignis mit folgenden Worten in die Familienbibel ein: »Mein Sohn Schlomo Sigismund, er soll leben, wurde geboren am Dienstag, dem 1. Tag des Monats Ijar [5]616, um 6½ Uhr nachmittags, 6. Mai [1]856, und wurde beschnitten am 8. Tag des Monats Ijar, 13. Mai [1]856. Der *mohel* [Beschneider] war Reb Schimschon Frankel aus Mährisch Ostrau, Paten waren Reb Lippe und seine Schwester Mirel Hurwitz, Kinder des Rabbi aus Czernowitz. Der *sandek* [der Mann, der den Knaben bei der Beschneidung auf den Knien hält] war Reb Schmuel Samueli ...«[9] Schlomo hatte Jakob Freuds Vater geheißen, der nur wenige Wochen vor der Geburt seines Enkels gestorben war, und man hat, nicht ganz zu unrecht, vermutet, daß Jakob große Erwartungen in das Kind seiner schönen jungen Frau setzte. In dem deutschen Namen Sigismund ist der Begriff »Sieg« enthalten.
Der Junge war in der unverletzten Eihauthülle – der sogenannten »Glückshaube« – zur Welt gekommen und so dicht mit schwarzen

Haaren bedeckt, daß ihn seine Mutter einen kleinen Mohren nannte. Viel mehr weiß man über seine Geburt oder die nächsten Jahre seines Lebens nicht. Wie zu erwarten, gibt es zahllose unbeweisbare Geschichten, vor allem die von der Frau – einer Hebamme oder Krämerin, je nach Quelle –, die bei der Geburt verkündete, Amalie habe einen großen Mann zur Welt gebracht. Vierzig Jahre später konnte Freud, nunmehr seines Schicksals gewiß, schreiben: »Solche Prophezeiungen müssen sehr häufig vorfallen, es gibt so viel erwartungsfrohe Mütter und so viel alte Bäuerinnen oder andere alte Weiber, deren Macht auf Erden vergangen ist und die sich darum der Zukunft zugewendet haben. Es wird auch nicht der Schade der Prophetin gewesen sein.« Doch die Worte waren haften geblieben, und nachdem er sie zitiert hatte, fragte er: »Sollte meine Größensehnsucht aus dieser Quelle stammen?«[10]

Beinahe alle Einzelheiten über Freuds frühe Kindheit kennt man aus seinen eigenen Erinnerungen und Rekonstruktionen um die Jahrhundertwende. Sie wurden gesammelt und aufgebaut, während er nach dem Tode seines Vaters seine Selbstanalyse durchführte, und sind beschrieben in den Briefen an seinen Kollegen Wilhelm Fließ, die nur in zensierter Form veröffentlicht wurden, in einer Abhandlung mit dem Titel »Über Deckerinnerungen«, die angeblich die Erinnerungen eines Patienten in der ersten Person wiedergab, von der man aber heute weiß, daß sie autobiographisch ist, in *Die Traumdeutung*, in der er schrieb, daß er »doch der Versuchung nicht [habe] widerstehen können, durch Auslassungen und Ersetzungen manchen Indiskretionen die Spitze abzubrechen«[11], und in den autobiographischen Abschnitten von *Zur Psychopathologie des Alltagslebens*, 1901 veröffentlicht. Seine *Selbstdarstellung* ist beinahe ausschließlich ein Bericht über sein Berufsleben.

Es überrascht nicht, daß das autobiographische Material über Freuds frühe Kindheit in den Details oft widersprüchlich ist. Es überrascht nicht einmal, daß es von manchen Erinnerungen zwei Versionen und drei Deutungen gibt. Wenn sich Erinnerungen, die im Laufe der Jahre wiedergegeben werden, gegenseitig in allen Einzelheiten bestätigen, so ist das letzten Endes eher verdächtig als im umgekehrten Fall. Es muß auch als unwahrscheinlich angesehen werden, daß die Auslassungen und Substitutionen in *Die Traumdeutung* dazu dienen sollten, Beweise zu verfälschen. Wahrscheinlicher ist, daß die Diskrepanzen zwischen Erinnerungen und Tatsachen von ebender Art sind, wie man sie von jedem erwarten muß, der in seiner Vergangenheit forscht. Doch es verhält sich so, wie Max Schur, Freuds Arzt in den dreißiger Jahren, bemerkte: »Die aktenmäßigen Daten weisen auch auf gewisse Ungenauigkeiten in Freuds Rekonstruktionen früher Kindheitserinnerungen, die er in der Hauptsache aus der Deutung seiner eigenen Träume während seiner Selbstanalyse ableitete.«[12] Seine aus der Lebensmitte stammenden Erinnerungen an seine früheste Kindheit sollten daher mit Vorsicht als Beweise dafür angesehen werden, was wirklich geschehen sein mag.

Zu den Ereignissen, die sich nach Freuds Andeutungen in Freiberg zutrugen, gehört, daß er aus Neugier das Schlafzimmer seiner Eltern betrat, worauf er von einem zornigen Vater hinausgewiesen wurde; das Datum ist ungewiß, da sich der Vorfall schlecht mit der kleinen Einzimmerwohnung in der Schlossergasse 17 in Übereinstimmung bringen läßt. Er erinnerte sich auch, wie er bei einer anderen Gelegenheit, nachdem er von Jakob wegen Bettnässens gescholten worden war, diesen tröstete, indem er ihm versprach, in der Kreisstadt Neutitschein ein neues Bett zu kaufen. In »Über Deckerinnerungen« schrieb er: »Am meisten Eindruck hätte mir doch eine Verletzung im Gesicht machen müssen, bei der ich viel Blut verlor und vom Chirurgen genäht wurde. Ich kann die Narbe, die von diesem Unfall zeugt, noch heute tasten, aber ich weiß von keiner Erinnerung, die direkt oder indirekt auf dieses Erlebnis hinwiese. Vielleicht war ich übrigens damals noch nicht zwei Jahre.«[13]

Diese Erinnerungen, ob sie stimmen oder nicht, scheinen im Rückblick weniger wichtig zu sein als andere, die nach Freuds Ansicht eine bedeutende Rolle für seine spätere Entwicklung spielten. Im Alter von 41 Jahren schrieb er, daß »ich meinen 1 Jahr jüngeren Bruder (der mit wenigen Monaten gestorben) mit bösen Wünschen und echter Kindereifersucht begrüßt hatte und daß von seinem Tode der Keim von Vorwürfen in mir geblieben ist. Auch den Genossen meiner Untaten zwischen 1–2 Jahren kenne ich längst, es ist ein um 1 Jahr älterer Neffe, jetzt in Manchester, der, als ich 14 Jahre alt war, uns in Wien besuchte. Mit der um 1 Jahr jüngeren Nichte scheinen wir beide gelegentlich grausam umgegangen zu sein. Dieser Neffe und dieser jüngere Bruder bestimmen nun das Neurotische, aber auch das Intensive an allen Freundschaften.«[14]

An ein Beispiel für Grausamkeit erinnerte er sich im einzelnen. »Ich sehe eine viereckige, etwas abschüssige Wiese, grün und dicht bewachsen«, schrieb er:

»in dem Grün sehr viel gelbe Blumen, offenbar der gemeine Löwenzahn. Oberhalb der Wiese ein Bauernhaus, vor dessen Tür zwei Frauen stehen, die miteinander angelegentlich plaudern, die Bäuerin im Kopftuch und eine Kinderfrau. Auf der Wiese spielen drei Kinder, eines davon bin ich (zwischen zwei und drei Jahren alt), die beiden anderen mein Vetter, der um ein Jahr älter ist, und meine fast genau gleichaltrige Cousine, seine

Schwester. Wir pflücken die gelben Blumen ab und halten jedes eine Anzahl von bereits gepflückten in den Händen. Den schönsten Strauß hat das kleine Mädchen; wir Buben aber fallen wie auf Verabredung über sie her und entreißen ihr die Blumen. Sie läuft weinend die Wiese hinauf und bekommt zum Trost von der Bäuerin ein großes Stück Schwarzbrot.«[15]

Wichtiger, wie sich später zeigen sollte – wenn auch fragwürdiger –, war seine Erinnerung an die Frau, die er als eine alte und häßliche Kinderfrau sah, von der man aber heute über jeden berechtigten Zweifel hinaus weiß, daß es sich um Monika Zajícova handelte, eine Dienstbotin, die für die Frau seines Halbbruders Emanuel und für seine eigene Mutter arbeitete.

Die Erinnerung an die Kinderfrau sollte beinahe bis zur Jahrhundertwende in Freuds Unbewußtem verborgen ruhen, aber zwei andere Einflüsse aus seinen ersten Jahren in Freiberg waren augenscheinlich während des größten Teils seines Lebens wirksam. Der eine betraf die wogenden Wälder, die sich von den Karpathen herab bis einen knappen Kilometer von seinem Vaterhaus erstreckten. Als kleiner Junge wurde er von seinem Vater immer wieder in ihre Tiefen mitgenommen, und dort entstand bald die starke Empfänglichkeit für wilde Naturszenerien, die, wie er sich als Erwachsener erinnerte, ein sowohl geistiges als auch ästhetisches Bedürfnis befriedigten. Als er im Alter von drei Jahren Freiberg mit seiner Familie verlassen mußte, schmerzte ihn die Veränderung der Umgebung – auch in Wien, das halb von Wäldern eingeschlossen war. »In der Stadt fühlte ich mich nie recht behaglich«, sollte er später schreiben. »Ich meine jetzt, die Sehnsucht nach den schönen Wäldern der Heimat ... hat mich nie verlassen.«[16]

Nach Freuds eigenen Worten wäre es möglich, daß diese Sehnsucht nach den tiefen mährischen Wäldern eine Reaktion auf eine der in seiner neurotischen Veranlagung enthaltenen Phobien war. Jahre später, als er dabei beobachtet wurde, wie er eine breite Straße zu überqueren zögerte, wandte er sich an seinen Begleiter mit den Worten: »Sehen Sie, das ist ein Überbleibsel meiner alten Agoraphobie, die mir in viel jüngeren Jahren zu schaffen machte.«[17] Bezeichnenderweise wurde darauf hingewiesen, daß »das allgemeine Symptom der Agoraphobie ... gewöhnlich verbunden ist mit der Nachwirkung der Kindheitsabhängigkeit, der Angst, von der Mutter verlassen zu werden, und auch mit Ängsten vor der eigenen Sexualität und Aggression des Patienten. Das sichtbare Symptom der Furcht, einen offenen Platz oder eine Straße ohne Begleitung zu überqueren, ist nur die Spitze des Eisbergs.«[18]

Der zweite Einfluß, der ebenso bestimmend war wie die äußere Umgebung, in der Freud aufwuchs, war die psychologische Wirkung der Zugehörigkeit der Familie zum Judentum, die ein Teil des Lebens war wie das Auf- und Untergehen der Sonne. Jakobs im Grunde gleichgültige und eher zweifelnde Einstellung zur Religion seines Volkes wurde durch Amalies Strenggläubigkeit mehr als aufgewogen; und der junge Freud, der sich gegenüber der jüdischen – und jeder anderen – Religion in zunehmendem Maße kritisch verhielt, wuchs mit einem Gefühl für seine Rasse auf, das an Bedeutung nur der Sache der Psychoanalyse nachstand. »Meine Eltern waren Juden«, betonte er stets, »auch ich bin Jude geblieben.«[19]

Seine Treue war keineswegs zwangsläufig und unvermeidlich, da während seiner Jugend- und Mannesjahre das Gettoleben allmählich aus Europa verschwand. Und damit wählten immer mehr Juden den Weg der Taufe, die »der Zulassungsschein zur europäischen Kultur«, wie Heine sagte, und, verglichen mit den Gefahren der Beibehaltung des jüdischen Glaubens, eine Lebensversicherung war. Freuds Kollege der ersten Jahre nach 1900, Alfred Adler, ließ sich taufen. Ebenso Fritz Haber, der deutsche Chemiker, dessen revolutionäres Verfahren der Ammoniakherstellung dem Vaterland im Ersten Weltkrieg nützte – und der feststellte, daß ihn die Taufe nicht davor bewahrte, aus Deutschland fliehen zu müssen, als Hitler an die Macht kam.

Freud ging den schwierigeren Weg. Außerordentlich empfindlich für das leiseste Anzeichen von Antisemitismus, schloß er nur wenige Freundschaften mit Nichtjuden. Er nahm bis zu seinem Lebensende keine Tantiemen für irgendeines seiner ins Hebräische oder Jiddische übersetzten Werke; der jüdische Mystizismus lag nie tief unter der Ebene seines bewußten Denkens, und zuzeiten hatte er das Gefühl, daß der Schatten des biblischen Joseph, dem die Traumdeutungen den höchsten Rang im Reich des Pharaos eingebracht hatten, an seiner Seite herging. Wichtig unter den historischen Gestalten, mit denen er sich identifizieren sollte und deren Vergangenheit ein wenig seine Gegenwart leitete, waren Hannibal, der seine Armeen gegen die Tore Roms, und Moses, der das Auserwählte Volk ins Gelobte Land führte. Der Tatsache, daß ihn eine unüberbrückbare Kluft von vielen Miteuropäern trennte, zutiefst bewußt, erkannte Freud die Gefahren, und er sollte viel Zeit und Überlegung der Widerlegung der Anklage widmen, daß die Psychoanalyse eine jüdische Schöpfung sei. Wäre diese Verteidigung nicht nötig gewesen, könnte ihre Geschichte sehr wohl anders verlaufen sein.

Sein Rassenstolz hatte schon früh seine Achtung vor Jakob beeinträchtigt, in dem er instinktiv den erhabenen Patriarchen sehen wollte. Aber der Vater hatte ihm von dem Vorfall berichtet, der sich in Freiberg zugetragen hatte, als er mit einer neuen Pelzmütze durch die Straße spazieren gegangen war: »Da kommt ein Christ daher«, erzählte er, »haut mir mit einem Schlag die Mütze in den Kot und ruft dabei: Jud, herunter vom Trottoir!« Als er gefragt wurde, was er daraufhin getan hatte, antwortete Jakob: »Ich bin auf den Fahrweg gegangen und habe die Mütze aufgehoben.«[20] Mit 43 Jahren erinnerte sich Freud noch, wie er diese Situation mit der Szene verglichen hatte, in der Hannibals Vater seinen Sohn schwören ließ, an den Römern Rache zu nehmen.

Freuds Reaktion und die Aufzeichnung dieses Vorfalls viele Jahre später in *Die Traumdeutung* ist aus mindestens einem Grunde und möglicherweise aus zweien bedeutsam. Daß er sich für seinen Vater schämte – wenn er sich richtig erinnerte –, betont die Kluft zwischen einer Generation, die noch in der Getto-Atmosphäre eines Europas aufgewachsen war, in dem die Juden als eine »Rasse« für sich behandelt wurden, und der darauffolgenden Generation, für die die Assimilation, wenn auch persönlich nicht akzeptabel, eine unumstößliche Tatsache war. Darüber hinaus verweist sie auf die Möglichkeit, daß auch die heiligsten Überzeugungen Freuds dem persönlichen Erleben mehr verdankten, als gewöhnlich zugegeben wird. Wie Henri Ellenberger darlegte, kann der Vorfall mit Freuds emotionaler Schwenkung gegen den Vater dazu beitragen, die Entstehung der Theorie des Ödipuskomplexes zu erklären.

Vier Jahre, nachdem Jakob Freud seine junge Frau nach Freiberg gebracht hatte, und drei Jahre nach der Geburt seines jüngsten Sohnes verließ die ganze Familie Freud – Jakob, seine Frau und deren Kinder und seine beiden älteren Söhne zusammen mit der Familie Emanuels – die Stadt. Der Grund, der den jungen Freud aus der österreichischen Provinz in die geschäftige Hauptstadt Wien führte, ist keineswegs klar. Es wurde vermutet, daß diese große Veränderung das Ergebnis des Österreichisch-Italienischen Krieges war, der in der ersten Hälfte des Jahres 1859 ausbrach, und es heißt tatsächlich, daß Jakob und seine Familie zuerst nach Leipzig gingen und erst nach dem Ende des Krieges auf habsburgischen Boden zurückkehrten, während seine wehrpflichtigen Söhne außerhalb der Monarchie blieben. Nichtsdestoweniger ist ein Umzug, um der Rekrutierung zu entgehen, die den 44jährigen Jakob kaum betreffen konnte, ziemlich unwahrscheinlich. Eine häufiger akzeptierte Erklärung bezieht sich auf die uralte Rolle des Juden als Sündenbock, aber nach den Urkunden ist anzunehmen, daß die Übersiedlung nur wenig damit zu tun gehabt haben kann. Eine Erklärung des Bürgermeisters von Freiberg – die möglicherweise anläßlich der Verlängerung der Aufenthaltsgenehmigung abgegeben wurde – besagte, daß Jakob und seine Frau einen guten Ruf genossen und daß nichts gegen sie vorlag. Und ihre engen jüdischen Freunde, die Familie Fluß, die ebenfalls aus Tyśmienica nach Freiberg gekommen waren, blieben nicht nur in der Stadt, sondern lebten im Wohlstand und wurden schließlich k.k. Hoflieferanten für Textilien.

Wichtiger als der Antisemitismus waren die Industrialisierung der späten fünfziger Jahre des vorigen Jahrhunderts, die den konservativen und weniger vorausschauenden Vertretern des Wollhandels schwer zu schaffen machte, und die Tatsache, daß die neue Bahnlinie Freiberg nicht berührte. Zudem weiß man nun, daß Freud nur 13 Jahre später von einer Krise schrieb, die zur Übersiedlung der Familie führte, und daß die ungünstige Wendung, die ihre Geschäfte nahmen, seine Halbbrüder zur Emigration veranlaßte.[21] Jakob Freud könnte sehr wohl geglaubt haben, daß der Existenzkampf weniger aufreibend und leichter mit seiner bequemen Lebensart zu vereinbaren wäre, wenn er die Sicherheit einer großen Stadt suchte. Dennoch scheinen es trotz der zugegebenermaßen spärlichen Beweise die Halbbrüder gewesen zu sein, die den Hauptgrund für die Übersiedlung Jakobs, seiner Frau und seiner Kinder aus der Provinz nach Wien lieferten. Man hat sogar vermutet, daß ein Grund für die Trennung der Wege, wobei Emanuel und Philipp den Kanal überquerten und nach England gingen, während Jakob mit seiner Familie auf dem Kontinent blieb, Jakobs Wunsch gewesen sei, eine möglichst große Entfernung zwischen seine junge Frau und seinen ebenso jungen Sohn Philipp zu bringen. Bisher sind allerdings keine Tatsachen bekanntgeworden, die diese Mutmaßung bestätigen könnten.

Emanuel und Philipp ließen sich in Manchester nieder, wo beide bald ein gutgehendes Geschäft aufgebaut hatten. Jakob, seine Frau Amalie und seine beiden Kinder Sigismund und Anna verließen Freiberg 1859 und hatten sich 1860 in Wien eingerichtet. Über die Geschichte der Familie während der Übergangszeit weiß man nicht das geringste, obwohl Freud in mittleren Jahren sagte, sein Vater sei zunächst eine Weile in Leipzig geblieben. Zumindest einer der Söhne Freuds glaubte nicht, daß das der Fall gewesen sei, und Freud selbst erwähnte Leipzig in seiner *Selbstdarstellung* nicht. Im Jahre 1859, erinnerte sich Freud viel später, begann die Reise – nach Leipzig oder wohin immer – mit einer Kutschenfahrt zum nächsten Bahnhof, auf die eine Fahrt durch eine Station folgte, die von Freud als Breslau identifiziert wurde. Die grellen Gaslaternen dort, vermutlich die ersten, die der Dreijährige sah, erschienen ihm als Seelen, die in der Hölle brannten.

Er zweifelte nicht daran, daß der Übergang von den Waldlandschaften

Mährens zu den Silhouetten großer Städte eine Verschlechterung bedeutete. Als mehr als 70 Jahre später in seinem Geburtsort eine Gedenktafel enthüllt wurde, schrieb er an den Bürgermeister: »... tief in mir überlagert, lebt noch immer fort das glückliche Freiberger Kind, der erstgeborene Sohn einer jugendlichen Mutter, der aus dieser Luft, aus diesem Boden die ersten unauslöschlichen Eindrücke empfangen hat.«[22]
Aber nicht nur die Erinnerungen an Freiberg selbst sollte Freud bis an sein Lebensende in seinem Innersten hegen. Er bewahrte auch für die Verwandten, die er dort in seinen ersten Kindheitsjahren gekannt hatte – Philipp, Emanuel, Pauline und John, die alle nach England gegangen waren –, eine Zuneigung, die weit über den Familiensinn einer typischen, eng verbundenen jüdischen Familie hinausging. Beinahe 70 Jahre nach dem Verlassen Freibergs schrieb er Emanuels jüngerem Sohn, Samuel Freud, von seinem Kummer, daß er seine englischen Verwandten nicht mehr sehen sollte, »die Lebenden so wenig wie die lieben Verstorbenen und Erinnerten«[23].

Jakob Freud und seine Familie kamen 1860 nach Wien, kurz vor der Geburt einer zweiten Tochter, Rosa. Wien war damals die Hauptstadt eines Reiches, das sich vom Rhein im Westen bis zum Dnjestr im Osten, von der Po-Ebene bis weit über die nördlichen Ausläufer der Karpathen hinaus erstreckte und ein Konglomerat von Rassen und Nationalitäten darstellte. In Wien erschienen Zeitungen in deutscher, ungarischer, polnischer, ruthenischer, tschechischer, slowakischer, kroatischer, slowenischer, rumänischer und italienischer Sprache. Die polyglotte Atmosphäre verdichtete sich noch in den folgenden Jahren, als Zuwanderer aus den Provinzen des Reiches ihr Glück in der Hauptstadt zu machen oder wiederzufinden hofften. Im Jahre 1860 hatte Wien noch weniger als 500000 Einwohner. Diese Zahl stieg innerhalb von zwanzig Jahren auf mehr als 700000.

Als die Freuds in ihre bescheidene Wohnung in der Weißgerberstraße einzogen, befand sich die Stadt in einem Übergangsstadium. Die starken Festungsanlagen, die sie seit dem 16. Jahrhundert beschützt hatten, wurden nun geschleift, und an ihrer Stelle nahm schon die großartige Ringstraße Gestalt an, die mit einer Breite von 57 Metern als fünffach geknickte Prachtstraße die Innenstadt hufeisenförmig einschließt. An ihr sollten – obwohl das Getto weiterbestand und die gesetzlichen Einschränkungen, denen die Juden unterworfen waren, erst sieben Jahre später vollständig aufgehoben wurden – die prächtigen Palais jüdischer Bankiers wie Eduard Todesco und Friedrich Schey und das große Haus Fritz Wertheims entstehen. Später kamen das neugotische Rathaus, das k.k. Hofburgtheater, die Hofoper, die Hofmuseen und die neue Hofburg, die neue Universität, die Votivkirche und zahlreiche imposante Regierungsgebäude hinzu. Das Reich befand sich auf dem Gipfel seines überschwenglichen Selbstvertrauens. Franz Joseph I. sollte noch mehr als fünfzig Jahre regieren, aber es waren Jahre des Niedergangs, in denen Österreich nach dem verlorenen Krieg gegen Preußen 1866 der Auflösung des Deutschen Bundes zuzustimmen gezwungen war, Venetien aufgeben mußte und in einen immer heftigeren Nationalitätenstreit verwickelt wurde. Freud sollte seine Jugend in einem Land verbringen, in dem die Lage, wie man oft scherzhaft sagte, »immer hoffnungslos, aber nie ernst« war.

Eine Zeitlang war es auch um seine Familie schlecht bestellt, und er schrieb später über die Übersiedlung von Freiberg nach Wien: »Dann kamen lange harte Jahre; ich glaube, sie waren nicht wert, sich etwas daraus zu merken.«[24] Es ist von Bedeutung, daß Jakob, wie Professor Gicklhorn nach gründlichen Nachforschungen feststellte, weder im Wiener Handelsregister noch im Gewerbesteuerverzeichnis eingetragen war, und das schließt nicht nur eine Existenz als Wollhändler, sondern auch jede andere Beschäftigung im Handel aus. Freud sagte später, die Familie habe in sehr beschränkten Verhältnissen gelebt, und sein Sohn Martin, der erst etwa zehn Jahre alt war, als Jakob Freud starb, aber vermutlich von seiner Großmutter viel über ihn erfuhr, beschrieb seinen Großvater als den typischen unentwegten Optimisten, der immer auf eine günstige Wendung wartete. Freud selbst schrieb einmal seiner Verlobten über seinen Vater: »Wenn er nicht gerade griesgrämig ist, was leider oft vorkommt, ist er der größte Optimist unter uns jungen Leuten.«[25]

Über Jakob Freuds Brüder weiß man noch weniger. Freud sagt von seinem Onkel Joseph, er habe sich eine Gesetzesübertretung zuschulden kommen lassen, deretwegen Jakob graue Haare bekam. Nach Ernest Jones, Freuds offiziellem Biographen, handelte es sich nur um ein kleines Vergehen, das mit einer Geldstrafe abgetan war, aber Professor Gicklhorn wies nach, daß es tatsächlich um Banknotenfälschung ging, für die Joseph zu einer Haftstrafe von zehn Jahren verurteilt wurde.[26]

Während der nächsten Jahre, in denen Amalie noch drei Töchter und einen Sohn gebar – Marie 1861, Adolfine 1862, Pauline 1863 und Alexander 1866 –, übersiedelte die Familie zuerst in die Pillersdorfgasse und dann in die Pfeffergasse am Rande der Leopoldstadt, des hauptsächlich von Juden bewohnten Viertels, wo Napoleons Marschall Masséna sein Hauptquartier einrichtete, nachdem er 1809 seinen Beitrag zur Einnahme Wiens geleistet hatte. In den sechziger Jahren des vorigen

Jahrhunderts führten die kurzen, engen Gassen in vergleichsweise offenes Land hinaus, und nicht weit davon schloß sich ein Waldgebiet an die Parkanlagen und Auen des Praters an. Aber dem jungen Freud konnte nicht einmal der Wienerwald die Fichtenwälder Mährens ersetzen.

Die dritte Wohnung der Freuds war größer als ihre früheren und bestand aus zwei Wohnzimmern, drei Schlafzimmern und einem sogenannten Kabinett, das von der übrigen Wohnung getrennt war. Es gab noch andere Anzeichen dafür, daß es Jakob nun aus dem einen oder anderen Grunde weniger schlecht ging. Als Sigismund, nachdem er zunächst einen Hauslehrer gehabt und dann eine Privatvolksschule besucht hatte, in das öffentliche Gymnasium eintrat, zahlte sein Vater weiter das übliche Schulgeld, obwohl sein Sohn bald Klassenprimus war, eine Leistung, die Jakob von der Zahlung befreite. Freud erinnerte sich, daß seine Familie eine der ersten neuen und teuren Petroleumlampen im Bezirk hatte. Eine jüngere Schwester bekam eine Zeitlang Klavierstunden, und Jakob Freud ließ seine Kinder von einem Wiener Künstler malen. Einen Hinweis auf die Geldquelle liefert Jakobs älteste Tochter Anna, die schrieb, ihr Vater habe geschäftliche Interessen in England gehabt. Die Söhne Emanuel und Philipp, von denen man weiß, daß sie in der Emigration Erfolg hatten, griffen wahrscheinlich ihrem Vater in finanziell schwierigen Zeiten unter die Arme. Das gleiche tat später Sigmund Freud.

An die ersten Jahre in Wien bewahrte Freud nur wenige Erinnerungen. Einmal hatte er im Schlafzimmer seiner Eltern in deren Anwesenheit sein Bedürfnis verrichtet. Das veranlaßte, wie er berichtete, seinen Vater zu der Erklärung: »Aus dem Buben wird nichts werden.«[27] Eine Bemerkung, die regelmäßig in der Kindheit der Berühmten auftaucht. Er erinnerte sich, daß ihm seine Mutter sagte, die Menschen seien aus Erde gemacht und müßten wieder zu Erde werden, und daß sie ihre Behauptung zu beweisen versuchte, indem sie die Hände aneinanderrieb und ihm die dunklen Epidermisschuppen zeigte. Bei einer Gelegenheit, erinnerte er sich, gab sein Vater ihm und seiner Schwester ein Buch, das eine Reise durch Persien beschrieb und Farbtafeln enthielt. Unerklärlicherweise sollten es die Kinder zerstören. »Es war erziehlich kaum zu rechtfertigen«, schrieb Freud. »Ich war damals fünf Jahre, die Schwester unter drei Jahre alt, und das Bild, wie wir Kinder überselig dieses Buch zerpflücken (wie eine Artischocke, Blatt für Blatt, muß ich sagen), ist nahezu das einzige, was mir aus dieser Lebenszeit plastisch in Erinnerung geblieben ist.«[28]

Sigismund war neun, als er die Aufnahmeprüfung für das Leopoldstädter

Kommunal-Real- und Obergymnasium bestand. Dies war der offizielle Name der Schule, wenn sie auch in den späteren siebziger Jahren, als ein Anbau in der Sperlgasse hinzugefügt wurde, allgemein als das Sperlgymnasium bekannt war. Und hier sah es zum erstenmal so aus, als könnte sich die Voraussage künftiger Größe bestätigen. Freud blieb der Klassenbeste, bis er mit 17 Jahren seine Reifeprüfung ablegte.
Die Schulbildung war streng klassisch ausgerichtet, und ihre feste Verankerung im Lateinischen und Griechischen öffnete ihm den Blick für die Welt des Altertums, weckte ein Interesse an archäologischen Entdeckungen, das nie erlosch, und verlieh ihm die Fähigkeit, die komplexesten Ideen in einfacher Prosa mit einer Leichtigkeit auszudrükken, die so vielen seiner Anhänger und Nachfolger fehlte. Aber das war nicht alles, denn auf dem Gymnasium erschlossen sich ihm die »ersten Einblicke in eine untergegangene Kulturwelt, die wenigstens mir später ein unübertrefflicher Trost in den Kämpfen des Lebens werden sollte«, wie Freud schrieb.[29]
Er lernte auch Französisch und Englisch und brachte sich selbst die Grundbegriffe in Spanisch und Italienisch bei. Das Interesse an den Naturwissenschaften wurde vielleicht durch eine *Geschichte des Tierlebens* geweckt, die er mit elf Jahren in der Schule als Preis bekam. Sicherlich brachte er von seinen einsamen Wanderungen durch die Wälder in der Umgebung der Stadt Pflanzen und Blumen mit nach Hause; waren sie auch ein armseliger Ersatz für die Wälder um Freiberg, so waren sie doch besser als gar nichts.
Trotz Freuds späterer Andeutungen, daß er eine bitter unglückliche Kindheit gehabt habe, scheint er sich auf dem Gymnasium wohlgefühlt zu haben. Die Lehrer, schrieb er, »riefen unsere stärksten Auflehnungen hervor und zwangen uns zur vollständigen Unterwerfung; wir spähten nach ihren kleinen Schwächen und waren stolz auf ihre großen Vorzüge, ihr Wissen und ihre Gerechtigkeit. Im Grunde liebten wir sie sehr, wenn sie uns irgendeine Begründung dazu gaben; ich weiß nicht, ob alle unsere Lehrer dies bemerkt haben. Aber es ist nicht zu leugnen, wir waren in einer ganz besonderen Weise gegen sie eingestellt, in einer Weise, die ihre Unbequemlichkeiten für die Betroffenen haben mochte. Wir waren von vornherein gleich geneigt zur Liebe wie zum Haß, zur Kritik wie zur Verehrung gegen sie. Die Psychoanalyse nennt eine solche Bereitschaft zu gegensätzlichem Verhalten eine ambivalente; sie ist auch nicht verlegen, die Quelle einer solchen Gefühlsambivalenz nachzuweisen.«[30]
Aus den Erinnerungen seiner Schwester Anna, die die Jungen schildern, welche ihr Bruder mehr als Studien- denn als Spielkameraden mit nach

Hause brachte, geht hervor, daß der junge Freud ernst, fleißig und auf Erfolg bedacht war, wenn er auch noch kaum eine Vorstellung davon besaß, worin er Erfolg haben wollte. Mit 13 oder 14 Jahren, in einem Alter, in dem die meisten Jungen Geschenke ganz anderer Art bekommen, erhielt er die Gesammelten Werke von Ludwig Börne, dem deutschen politischen Journalisten, der damals wegen seines sozialen Bewußtseins bekannt war. Zumindest ein Essay von Börne (»Die Kunst, in drei Tagen ein Original-Schriftsteller zu werden«), das gelesen wurde und lange in der Erinnerung haftete, scheint sein späteres Denken beeinflußt zu haben.

Trotz dieser Merkmale eines nüchtern ehrgeizigen Schülers fühlte sich Freud wie die meisten Jungen seines Alters von militärischen Abenteuern angezogen, eine Anziehung, die kaum seiner späteren *apologia* bedurfte, daß sich dieses Ideal in seine Kindheit zurückverfolgen lasse. Was immer man davon halten mag, Jungen spielen in der Regel gern Soldaten, und Freud war keine Ausnahme. Eines der ersten Bücher, das er las, war Thiers' *Geschichte des Konsulats und des Empires,* und Jahre später erinnerte er sich, daß er Etikette auf die Rücken seiner hölzernen Infanteristen klebte und die Namen der Marschälle Napoleons daraufschrieb. Napoleon war einer seiner ersten Helden, ebenso Masséna und ebenso Alexander der Große, desses Taten er auswendig kannte.

Freud war zehn Jahre alt, als der Krieg zwischen Österreich und Preußen ausbrach. Seine Schwester Anna erinnerte sich später:

»Auf dem Wiener Nordbahnhof kamen lange Züge an, die verwundete Soldaten zu den Spitälern der Stadt brachten, und mein Vater ging oft hin und nahm Sigmund mit, um zu sehen, wie sie aus den Zügen in mit Heu gefüllte Wagen gelegt wurden, die sie in die Spitäler brachten. Sigi war sehr beeindruckt von der Not der Verwundeten. Er bat meine Mutter, ihm all ihr altes Leinen zu geben, damit er ›Charpie‹ daraus zupfen konnte, die damals statt medizinischer Watte verwendet wurde. Wir Mädchen zupften ›Charpie‹ in unseren Schulen, und Sigmund bat seine Lehrer, auch in seinem Knabengymnasium ›Charpie‹-Gruppen zu bilden.«[31]

Das militärische Interesse blieb wach, und vier Jahre später, nach Ausbruch des Deutsch-Französischen Krieges, befestigte Freud auf seinem Schreibtisch eine Karte des Kampfgebiets, auf der er die Frontlinien mit bunten Fähnchen absteckte. »Dabei«, sagte seine Schwester Anna, »hielt er mir und meiner Schwester Rosa Vorträge über den Krieg im allgemeinen und die Bedeutung der verschiedenen Truppenbewegungen der Kämpfenden.«[32]

Freud schulmeisterte seine Schwestern oft. Daß er der Erstgeborene seiner Mutter und ihr Lieblingssohn war, verschaffte ihm eine privilegierte Stellung im Haus, die auszunutzen er nicht zögerte. Für seine Mutter war er »mein goldiger Sigi«, der Junge, von dem so viel erwartet wurde, und es galt als selbstverständlich, daß der Haushalt weitgehend nach seiner Bequemlichkeit geführt wurde, vor allem nachdem er das Sperlgymnasium *summa cum laude* abgeschlossen hatte. Der Auserwählte der Mutter zu sein, hatte beträchtliche Vorteile, und er sollte später bemerken: »Wenn man der unbestrittene Liebling der Mutter gewesen ist, so behält man fürs Leben jenes Eroberergefühl, jene Zuversicht des Erfolges, welche nicht selten den Erfolg nach sich zieht.«[33]

In der größeren Wohnung, in die die Familie mit wachsender Kinderzahl eingezogen war, hatten die anderen nur Kerzen in ihren Schlafzimmern. Sigismund hatte die Petroleumlampe. Und nachdem seine Schwester Anna angefangen hatte, Klavierstunden zu nehmen, beklagte er sich mit Erfolg über den Lärm. »Er bat meine Mutter, das Piano zu entfernen, wenn sie nicht wollte, daß er das Haus endgültig verließ«, schrieb Anna. »Das Piano verschwand und mit ihm für seine Schwestern jegliche Aussicht, Musikerinnen zu werden.«[34] Außerdem übte der Bruder, wie die Schwester sagte, eine entschiedene Kontrolle über ihre Lektüre aus. »Wenn ich ein Buch hatte, das ihm als unpassend für ein Mädchen meines Alters erschien, sagte er: ›Anna, es ist zu früh, dieses Buch schon zu lesen.‹«[35]

Die Führung des Haushalts im Interesse Sigismunds betraf sogar die Mahlzeiten. Beim Abendessen schloß er sich nicht der Familie an, sondern er nahm es allein in dem langen, schmalen Kabinett ein, das sein eigenes Reich war und in dem er arbeitete und lebte, bis er, in seinen Mittzwanzigern, in das Städtische Allgemeine Krankenhaus übersiedelte. »In all den Jahren seines Schul- und Universitätslebens«, erinnerte sich seine Schwester, »war das einzige, was sich in diesem Zimmer änderte, die wachsende Anzahl von vollen Bücherregalen, die zu dem Schreibtisch, dem Bett, den Stühlen und dem Wandbrett hinzukamen, die seine Möblierung bildeten.«[36]

Freuds Einstellung zu seiner Familie im allgemeinen und zu seinen Schwestern im besonderen ließ schon früh den Glauben an sein eigenes Schicksal erkennen. »Und ich glaubte mich zu erinnern«, schrieb er später, »daß die ganze Zeit von der Ahnung einer Aufgabe durchzogen war, die sich zuerst nur leise andeutete, bis ich sie in dem Maturitätsaufsatze in die lauten Worte kleiden konnte, ich wollte in meinem Leben zu unserem menschlichen Wissen einen Beitrag leisten.«[37] Wie Shaws Künstler, der »seine Frau hungern, seine Kinder barfuß gehen und seine

Mutter sich mit siebzig um ihren Lebensunterhalt abrackern läßt, ehe er sich etwas anderem als seiner Kunst widmet«[38], setzte Freud an die Spitze seiner Prioritäten die Tauglichkeit für die Aufgabe, zu der er sich berufen wußte.

Was für eine Aufgabe das sein sollte, war noch unklar, als er im Sommer 1872 das letzte Arbeitsjahr für die Matura, die Reifeprüfung, vor sich sah, die er ablegen mußte, bevor er den Schritt vom Gymnasium zur Universität tun konnte. Zunächst jedoch sollte er ein emotionales Erlebnis durchmachen, dessen volle Bedeutung erst unlängst ans Licht kam, und eine Meinungsänderung in bezug auf seinen beruflichen Ehrgeiz vollziehen, ohne die es vielleicht nie eine Psychoanalyse gegeben hätte.

2
Ehrgeizige Jugend

Ein angesehener Mann, von der Presse und den Reichen unterstützt,
könnte Wunder tun, um körperliche Leiden zu lindern,
wenn er Forscher genug ist, neue Wege der Heilung zu betreten.

Freud in einem Brief an Eduard Silberstein

Im Alter von 16 Jahren war Freud ein ungewöhnlich gut aussehender junger Mann. Zu dem dichten, dunklen Haar und den durchdringenden dunklen Augen kam ein Sicherheit ausstrahlendes Wesen, das heute kaum der Kennzeichnung durch das Adjektiv »charismatisch« entgehen könnte. Sein Ruf eines Bücherwurms, sein sichtlicher Ernst, wenn man mit ihm sprach, und seine offenkundige Hingabe an die nüchternere Seite des Lebens mögen dazu angetan gewesen sein, Freundschaften mit dem anderen Geschlecht zu erschweren. Doch das beinahe völlige Fehlen von Hinweisen auf Frauen in den autobiographischen Teilen seiner Schriften verleitet zu der Annahme, daß der Mann, der die unerwartete Bedeutung der Sexualität für einen großen Teil der Neurosen und Psychosen enthüllte, entweder selbst ungewöhnlich geschlechtslos war oder daß seine periodische Vernichtung persönlicher Dokumente einen tieferen, wenn auch menschlich verständlichen Beweggrund hatte. Die Wahrheit scheint jedoch komplizierter zu sein.

Der Mangel an Informationen über Freuds Privatleben in der Adoleszenz, ja bis zur Begegnung mit seiner zukünftigen Frau im Jahre 1882, als er 26 Jahre alt war, geht teilweise auf die natürlichen Zerstörungen der Zeit zurück. Dazu machte seine erzwungene Auswanderung aus Wien, als 1938 die Deutschen kamen, die Vernichtung von Papieren notwendig, die nicht leicht über die Grenze zu schaffen waren. Aber viel frühere Phasen der Zerstörung, in denen Freud wahllos Korrespondenz verbrannt zu haben scheint, waren bis vor kurzem schuld daran, daß man verhältnismäßig wenig über seine Jugend wußte.

Zu dieser Situation trug auch das Verhalten seiner Nachkommen und Bewunderer bei. Viele erhaltene Briefe wurden bis zum Jahre 2000 gesperrt. Eine wichtige Reihe von Briefen an seinen Freund Fließ wurde nur in zensierter Form veröffentlicht, und man weiß, daß die Streichungen die Bedeutung einiger der zensierten Briefe radikal beeinträchtigen. Die Gründe für die Auslassungen könnten wohl eine Reaktion auf die Angriffe sein, die sich zu seinen Lebzeiten gegen Freud und die Psychoanalyse richteten, aber die Streichungen wirkten sich in der Weise aus, daß sie den Verdacht weckten, Freud habe in seinem Privatleben zahllose Geheimnisse zu verbergen gehabt. Nur die Zeit wird wahrscheinlich diesen Verdacht zerstreuen und den schlechten Diensten entgegenwirken können, die ihm seine Freunde erwiesen.

Zufällig betreffen zwei Gruppen von Briefen, die im letzten Jahrzehnt ans Licht kamen, nicht nur Freuds Adoleszenz, sondern im besonderen seine erste Liebe. Und sie tragen dazu bei, das Rätsel zu lösen, das Ernest Jones mit dem Hinweis auf seine außerordentlich starken Motive, eine wichtige Phase seiner Entwicklung – vielleicht sogar vor sich selbst – zu verbergen, andeutete.

Die kleinere Gruppe von Briefen war an Emil Fluß gerichtet, einen Sohn von Ignaz Fluß, der außer Emil noch zwei Söhne und zwei Töchter hatte und das Oberhaupt einer Freiberger Familie war, die die Rezession von 1859 überstand. Der Briefwechsel zwischen Freud und Fluß hat eine aufregende Geschichte, denn er war erst nach der Besetzung Österreichs von Wien nach London gebracht worden. Nur ein Brief wurde 1941 in der deutschsprachigen Zeitschrift *Imago*, die damals in London erschien, abgedruckt, und er wurde 1953 von Ernest Jones zitiert, der bedauernd anmerkte, daß er als einziger erhalten geblieben sei.

Diese Ansicht wurde 16 Jahre später korrigiert, als Prinz Masud Khan, ein Archivar und Bibliothekar des Institute of Psycho-Analysis in London, einen Umschlag mit verblichenen und beinahe unlesbaren Briefen entdeckte, die irgendwie in das Institut geraten waren. Man röntgte, vergrößerte und entzifferte sie schließlich und stellte fest, daß sie Freuds Bericht über seinen Besuch in Freiberg im Sommer 1872 enthielten.

Die zweite und viel wichtigere Gruppe bestand aus Briefen an Eduard Silberstein, einen jungen Rumänen, der im Sperlgymnasium dieselbe Klasse wie Freud besucht hatte. Freud schrieb seiner Verlobten:

»Wir waren Freunde in einer Zeit, da man in der Freundschaft nicht einen Sport und nicht einen Vorteil sieht, sondern den Freund braucht, um mit ihm zu leben. Wir verbrachten eigentlich alle Stunden des Tages, die wir nicht auf den Schulbänken saßen, miteinander. Wir lernten Spanisch zusammen, hatten unsere eigene Mythologie und Geheimnamen, die wir aus einem Gespräch des großen Cervantes schöpften. In

unserem spanischen Lesebuch fanden wir einmal einen humoristisch-philosophischen Dialog zwischen zwei Hunden, die vor der Türe eines Hospitals beschaulich lagern, und eigneten uns deren Namen an; er hieß im schriftlichen wie im mündlichen Verkehr Berganza, ich Cipion. Wie oft hatte ich nicht geschrieben: ›Querido Berganza!‹ und unterzeichnet ›Tu fidel Cipion, perro en el Hospital de Sevilla‹. Wir bildeten mitsammen eine absonderliche gelehrte Vereinigung, die Academia Castellana/AC/, hatten eine große scherzhafte Literatur zusammengeschrieben, die sich gewiß noch unter meinen alten Papieren findet, wir teilten frugale Nachtmähler mitsammen und langweilten uns nie...«[1]
Auf dem Höhepunkt der Freundschaft schrieb Freud:
»Ich glaube wirklich, wir werden einander nie mehr los, obwohl Freunde aus freier Wahl geworden, kleben wir doch aneinander, als ob Natur uns als Blutsverwandte auf diese Erde gesetzt hätte; ich glaube, wir sind so weit gekommen, daß der eine im andern schon die bloße Person liebt, nicht mehr wie früher nur deren gute Eigenschaften, und ich fürchte, wenn Du Dich morgen durch eine unwürdige Handlung ganz verschieden von dem Bilde zeigen solltest, das ich von Dir bewahre, ich könnte doch nicht aufhören, Dir Gutes zu wünschen.«[2]
Während der ganzen siebziger Jahre eröffnete Freud Silberstein sein Herz in Briefen, in denen er von seiner Arbeit, seinen Zukunftsplänen, einem Besuch in England, den Büchern, die er las, und einer großen Anzahl von Themen sprach, die von seinen ersten Anschauungen über Frauen bis zu seinen Ansichten über den Philosophen Brentano reichten, dessen Vorlesungen er hörte. Schließlich begann er das Gefühl zu haben, daß er zu viel geschrieben hatte. Schon 1875 dachte er daran, die Archive der Academia Española (wie die Academia Castellana auch genannt wurde) zu zerstören, und im September 1877 hatte er sich endgültig entschlossen und schrieb an Silberstein: »Ich lade ein, an einen schönen Winterabend zu denken, wo wir miteinander das Archiv in feierlichem Autodafé verbrennen.«[3] Diese Entscheidung, die er mit 21 Jahren fällte, lange bevor er sein Lebenswerk in Angriff nahm, hilft zumindest ein Gespenst zu bannen. In den ersten Jahren des 20. Jahrhunderts, nachdem er begonnen hatte, die Bedeutung der Erlebnisse in der Kindheit und frühen Jugend hervorzuheben, vernichtete Freud wiederum viele seiner Papiere. Eine Annahme kann man daraus ableiten: daß »der Mann, der sich den Weg zu diesen neuen Enthüllungen ertastete, es für nötig gehalten haben muß, mögliche Versuche mit der von ihm entwickelten Psychoanalyse seitens seiner Kollegen, Anhänger und Gegner zu vereiteln«.[4] Aber das Bestreben, die Spur zu tilgen, läßt sich tatsächlich schon viel früher nachweisen.

Der erste der bedeutsamen Silberstein-Briefe beschreibt die Sommerferien, die Freud 1872 mit zwei Kameraden aus dem Sperlgymnasium in Freiberg verbrachte. Alle drei lebten bei der wohlhabenden Familie Fluß, mit der die Freuds in Verbindung geblieben waren, seitdem sie dreizehn Jahre zuvor Mähren verlassen hatten. Durch das Wiedersehen mit der Heimat war er, wie er zehn Jahre später seiner Verlobten gestand, »weich geworden«[5], und er verliebte sich in Gisela Fluß, die jüngere der beiden Fluß-Töchter, die damals 15 Jahre alt war.

Man könnte den Vorfall als unwichtig abschreiben, gäbe es nicht drei Dinge: Freuds lebenslange Entschlossenheit, ihn aus seiner Erinnerung zu löschen, die Heftigkeit, mit der er drei Jahre später auf die Nachricht von Giselas Heirat reagierte, und vor allem seine Enthüllung gegenüber Silberstein, daß es tatsächlich »eine andere Leidenschaft«[6] gegeben hatte und daß er »die Achtung vor der Mutter als Freundschaft auf die Tochter übertragen«[7] habe. Ernest Jones, der die Silberstein-Briefe nicht sah, aber intuitiv fühlte, daß ein Geheimnis ungelöst blieb, mutmaßte 80 Jahre später, daß Freud starke Beweggründe hatte, eine wichtige Phase seiner Entwicklung zu verbergen, und er fügte hinzu: »Ich möchte die Hypothese wagen, es handle sich um die tiefe Liebe zu seiner Mutter.«[8] Gewiß war Freud ein liebevoller Sohn, aber nirgends drückt er für seine Mutter die Anbetung aus, die er Frau Fluß vorbehielt.

Er scheint in seinem ganzen Leben bei nur vier Gelegenheiten auf seine Gefühle für Gisela angespielt zu haben; das letztemal 27 Jahre nach der Begegnung, als er in »Über Deckerinnerungen« vorgeblich die Erlebnisse eines Patienten beschrieb und sich an Ereignisse aus seinem eigenen Leben erinnerte. »Es war meine erste Schwärmerei, intensiv genug, aber vollkommen geheim gehalten...«, schrieb er dort. »Sonderbar, wenn ich sie jetzt sehe – sie hat zufällig hieher geheiratet –, ist sie mir ganz außerordentlich gleichgültig, und doch kann ich mich genau erinnern, wie lange nachher die gelbe Farbe des Kleides, das sie beim ersten Zusammentreffen trug, auf mich gewirkt, wenn ich dieselbe Farbe irgendwo wieder sah.«[9]

Ende der siebziger Jahre war die Familie Fluß nach Wien übersiedelt. Sie blieben mit den Freuds befreundet und waren auch Bekannte der Familie von Martha Bernays, mit der sich Freud verloben sollte. Und Martha gegenüber tat er die Angelegenheit mit einigen Worten ab: »Hab ich Dir einmal erzählt, daß Gisela meine erste Liebe war, als ich sechzehn Lenze zählte? Nein, nun denn lach' mich ordentlich aus, erstlich wegen meines Geschmacks und dann weil ich nie ein neutrales, geschweige liebenswürdiges Wort mit dem Kind gesprochen habe.«[10]

Von diesen wegwerfenden Zeilen glaubte man lange, sie enthielten alles, was Freud direkt über den Vorfall schrieb, und Jones sprach von den »ungewöhnlichen Vorsichtsmaßnahmen [die Freud] ergriff, um ein höchst unschuldiges und kurzes Liebesgefühl in seinen Jünglingsjahren verborgen zu halten. Seine Frau war der einzige Mensch auf Erden, der etwas von dieser Seite seines Lebens wußte, und auch nur ihr hatte er von der betreffenden Episode mit Gisela erzählt.«[11]

Dem ist jedoch nicht so. Im September 1872 schrieb er zweimal darüber, einmal an Giselas Bruder Emil und einmal an Silberstein. Emil gegenüber beschrieb er Gisela scherzhaft als eine Ichthyosaura. Das Wort ist aus dem Griechischen abgeleitet und bedeutet Fischechse – ein durchaus treffender Name für eine Fluß. »Wollen Sie aber jedenfalls von Ichthyosaura unterhalten werden, so erfahren Sie, daß in der ganzen Tändelei mehr Ironie, ja Hohn gesteckt als Ernst. Sie waren freilich nie bei einer Sitzung der ›spanischen Akademie‹ (so nennt sich unsere zweigliedrige Gesellschaft) zugegen, Sie hätten aber hören sollen, wie die Arme heruntergemacht wurde, Sie hätten sich andere Vorstellungen von ›unserem‹ Verhältnis zu ihr gemacht. Eine detaillierte Erzählung müßte ich mit den Goetheschen Worten einleiten ›Märchen sagt, es war einmal‹.«[12]

»Heruntergemacht« ist kaum das rechte Wort. Tatsächlich wird in Freuds Bericht an Silberstein ein ganz anderer Eindruck wiedergegeben. Er machte täglich Eintragungen in ein Tagebuch über den Besuch in Freiberg, »das ich nur für Dich schreibe und aus dem Du mehr erfahren wirst, als Du eigentlich wissen dürftest«[13]. Aber am 4. September erhielt Silberstein die Mitteilung, daß er nun alles hören werde. »Auch Giselas Schönheit ist eine wilde, ich möchte sagen thrakische, die Adlernase, das lange schwarze Haar, den gepreßten Mund hat sie von der Mutter, die dunkelbraune Gesichtsfarbe und den manchmal gleichgültigen Gesichtsausdruck vom Vater.«[14]

Doch um diese Zeit war Gisela schon fort, offenbar in ihr Internat zurückgekehrt – nicht ohne Freud vorher einen Streich gespielt zu haben, der ihn, wie er zugab, lange ärgerte. »Ich habe traurig Abschied genommen und bin nach Hochwald gegangen, meinem kleinen Paradies, wo ich die angenehmste Stunde verbrachte«, berichtete er Silberstein. »Ich habe all die wimmelnden Gedanken beruhigt und zucke nur leicht zusammen, wenn die Mutter bei Tisch den Namen Gisela ausspricht. Die Neigung ist erschienen wie ein schöner Frühlingstag, nur mein unsinniges Hamlettum, meine Gedankenschüchternheit hat mich verhindert, im Gespräch mit dem halb naiven, halb gebildeten Mädchen mir Vergnügen und Erquickung zu verschaffen. Ich werde Dir den Unterschied zwischen meiner Neigung und einer anderen Leidenschaft weitläufig mit

Worten erklären, für jetzt laß mich nur beifügen, daß ich in keinen Zwiespalt zwischen Ideal und Wirklichkeit geriet und unfähig bin, über Gisela zu spotten.«[15]

Soweit unterscheidet sich dieser Bericht nur in Einzelheiten von Freuds späteren Schilderungen, die in »Über Deckerinnerungen« aufgenommen wurden. Aus Freundschaft wurde im Rückblick Liebe, und der »Streich«, der ihn aus der Fassung gebracht hatte, wurde in das Unbewußte verbannt durch eine Verdrängung, die bei Freud sicherlich ebenso wirksam war wie bei allen anderen. Ob sich die Fünfzehnjährige über Freuds ernstes Wesen lustig gemacht hatte, oder ob die Tochter der erfolgreichen Familie Fluß dazu neigte, auf die armen Freuds herabzusehen, ist ohne Bedeutung. (Nach dieser Erläuterung hat Gisela eher einen spöttischen Scherz über Freud gemacht. Die Unklarheit ergibt sich daraus, daß das von Freud verwendete Wort »Streich« im Englischen mit »joke« übersetzt wurde, was sowohl »Streich« als auch »Scherz« bedeuten kann. Anm. d. Übers.)

Aber Freud ging nun daran, Silberstein seine »andere Leidenschaft« zu beschreiben – Frau Fluß, Giselas Mutter. Sie hatte ihn, soviel steht fest, wie einen Lieblingssohn behandelt, als er sich eines Tages, in der Hoffnung, einen schmerzenden Zahn zu kurieren, bis zur Besinnungslosigkeit betrank. Er schrieb an Silberstein:

»Ich tobte den ganzen Tag, und nachdem ich umsonst alle Mittel versucht hatte, trank ich Weizen(?)-Spiritus, mich zu betäuben. Es war in der Färberei bei Emil unten, sie [Frau Fluß] wußte wenig von meinem Übelsein. Ich schlief auch bald ein oder fiel vielmehr betäubt um. Emil ließ mich hinaufbringen, die heftige Erschütterung auf nüchternen Magen tat das Ihrige, ich mußte gewaltsam kotzen, verlor aber den Zahnschmerz dadurch, wie ich gewollt hatte. Nur war weder der Katzenjammer noch das Kotzen in meiner Absicht gelegen, allein, da es einmal erfolgt war, sorgte sie für mich wie für ihr Kind. Der Doktor ward geholt. Ich schlief diese Nacht oben und stand am nächsten Morgen gesund und ohne Zahnschmerz auf. Sie fragte mich, wie ich geschlafen hätte. ›Schlecht‹, erwiderte ich, ›ich habe kein Auge zugetan.‹ So kam es mir vor. Sie sagte lachend: ›Ich war zweimal in der Nacht bei Ihnen, und Sie haben es nicht gemerkt.‹ Ich war beschämt.«[16]

Freuds »Leidenschaft« für Frau Fluß war jedoch mehr als nur die Reaktion auf freundliche Bemutterung; wenn nicht sexuelle Leidenschaft, so war es doch ein Gefühl, auf das die lexikalische Definition »eine heftige, beherrschende oder überwältigende Emotion« zutrifft. Nachdem er Giselas Schönheit beschrieben hatte, sagt er:

»Aber ich bin von meinem lieben Gegenstand abgekommen, mir scheint,

daß ich die Achtung vor der Mutter als Freundschaft auf die Tochter übertragen habe. Ich bin oder halte mich für einen scharfen Beobachter, mein Leben in einem zahlreichen Familienzirkel, wo sich so viele Charaktere entwickeln, hat mein Auge geschärft, und ich bin voll Bewunderung für diese Frau, der keines von ihren Kindern ganz nachkommt. Kannst Du Dir vorstellen, daß diese Frau aus einem Bürgerhause, die anfangs in ziemlich schlechten Umständen gelebt hat, sich eine Bildung angeeignet, deren sich ein 19jähriges Salondämchen nicht zu schämen brauchte. Sie hat sehr viel und auch Klassiker gelesen, was sie nicht gelesen hat, davon hat sie gehört und weiß darüber zu reden. Es ist kaum irgendein Wissenszweig, der sich nicht dem Mittelstand allzusehr entzieht, ihr fremd, es wird in jedem solides Wissen freilich unmöglich sein, und doch weiß sie alles richtig zu schätzen. Dabei gesteht sie deutlich ein, daß man in Freiberg alles verlernen und nichts dazulernen kann. Ja sie ist sogar in der Politik bewandert, nimmt an allen Angelegenheiten des Städtchens teil, und ich glaube, sie ist [es] vor allem, die das Haus in die moderne Strömung hineindrängt.
Halte sie danach aber nicht für einen verunglückten Blaustrumpf. Daß sie an der Führung der Geschäfte ebenso viel Anteil hat als Herr Fluß, habe ich selbst gesehen, daß alles Fabriksvolk dieser Frau ebenso gehorcht, daß sie ebenso gut und schärfer zu befehlen weiß, davon bin ich vollständig überzeugt. Nun solltest Du auch sehen, wie sie ihre 7 Kinder erzogen hat und erzieht. Wie sie ihr, die Ältesten mehr als die jüngeren, gehorchen, wie keine Angelegenheit eines Kindes aufhört, die ihrige zu sein. Keines ihrer Kinder hat einen Gesichtskreis, der ihren Blick ausschlösse. *Die* Überlegenheit habe ich noch nicht beobachtet. Andere Mütter – warum verbergen, daß die unseren darunter sind? wir werden sie deshalb nicht weniger lieben – kümmern sich nur um die leiblichen Angelegenheiten ihrer Söhne. Über die geistige Entwicklung derselben ist ihnen die [unleserlich] aus der Hand genommen. Frau Fluß kennt kein Gebiet, das ihrem Einfluß entzogen wäre. Die Liebe solltest Du aber auch sehen, mit der die Kinder an dem Elternpaar hängen, und die Willigkeit, mit der sich ihr das Gesinde beugt. Daß sie Gisela am liebsten hat, kann ich ihr nicht verdenken, sie ist die erste Tochter, die eine größere Ausbildung genießt und war gleichsam Gast im Hause. Nie habe ich üble Laune an ihr bemerkt, indes vielmehr nie hat sie ihre üble Laune gegen Unschuldige Luft gemacht. Sie straft die Kinder mit Blicken und mit Entziehung von kleinen Vorteilen, wirkt auf ihr Ehrgefühl und nicht auf den Hintern.«[17]

Nach diesem Lobgesang fügt Freud hinzu, daß Frau Fluß eine liebenswürdige Hausherrin sei, gastfreundlich ohne Grenzen, und daß er unmöglich die Freundlichkeit und Güte verdienen könne, mit der sie ihn behandle. »Sie sieht wohl ein, daß ich stets einer Aufmunterung bedarf, zu sprechen oder zuzugreifen, und läßt es nie daran fehlen«, fährt er fort. »Da zeigt sich ihre Überlegenheit über mich, wie sie mich lenkt, so rede ich, so zeige ich mich. Ich werde eine schöne Erinnerung an einen guten und noblen Menschen mitnehmen und ich werde mich in meiner Art dankbar bezeigen. Indem ich Dich zum Vertrauten meiner Achtung mache. Schön war sie nie, aber ein geistreiches, keckes Feuer muß stets wie jetzt aus ihren Augen gesprüht haben ... Genug davon, Du siehst, wie mir die Worte aus dem Herzen und die Buchstaben aus der Feder strömen.«[18]

Freud kehrte Mitte September nach Wien zurück, er schickte Emil einen langen Bericht über die Reise und fügte dem zweiten Brief als Postskriptum hinzu: »Meine Grüße an Ihre werte Mutter...«[19]

Keine andere Aufzeichnung über Freuds Reaktionen auf Frau Fluß scheint erhalten zu sein, und es wäre unklug, dem, was der Junge als »Leidenschaft« beschrieb, zu großen Wert beizumessen. Schwärmereien von Sechzehnjährigen für ältere Frauen sind keineswegs etwas so Ungewöhnliches. Doch die außerordentliche Sorgfalt, mit der er sich später verstellte, als er seine Gefühle für Gisela beschrieb, von denen man nun weiß, daß sie eine Übertragung seiner Gefühle für ihre Mutter waren, verleitet zu der Annahme, daß der Einfluß von Frau Fluß unbewußt fortgedauert haben könnte.

Nachdem die Familie einige Jahre später nach Wien übersiedelt war, erneuerten die beiden Fluß-Töchter ihre Freundschaft mit den Schwestern Freuds. Er reagierte darauf mit zurückhaltendem Sarkasmus, und Anfang 1875 berichtete er Silberstein, daß seine Schwestern Tanzstunden nahmen; er fügte hinzu: »Natürlich nicht ohne die Fluß, denn was geschieht jetzt ohne die Fluß! Die sind das Vorbild, nachdem sich meine edlen Schwestern jetzt zu bilden bestrebt sind. Wenn sie also tanzen lernen, wird es in Gemeinschaft mit G. und S. Fluß sein, und wenn Du hierherkommst, wirst Du das in Worten gar nicht oder doch nur sehr schwach und annäherungsweise ausdrückbare Vergnügen haben, Gisela zu ›berühren‹, wozu ich weniger Veranlassung und Gelegenheit habe.«[20]

Später in diesem Jahr heiratete das Mädchen, ein Ereignis, das Freud feierte, indem er einem Brief an Silberstein ein Gedicht beilegte, das treffend als »nichts als Hohn, reiner Spott«[21] beschrieben wurde. Freud, berichtet ein späterer Besitzer des Gedichts, »betrachtet das Leben des neu eingerichteten bürgerlichen Heims, wo der Mann ›sich dem Studium der Kunst des Geldverdienens widmet‹ und die Frau ›sich auf die Pflichten des Haushalts beschränkt‹ als ›vorsintflutlich‹. Die meisten Angriffe sind offenbar gegen die Braut gerichtet, und bitterer Neid erfüllt die Zeilen, in denen das hübsche Aussehen der Braut und die Erwartung der Wonnen des Bräutigams beschrieben werden.«[22]

Als mehr als 30 Jahre später während einer psychoanalytischen Sitzung mit einem Patienten der Name »Gisela« fiel, hielt es Freud für nötig, in seinen Aufzeichnungen drei Ausrufungszeichen hinter den Namen zu setzen. Aber das offenbare Fehlen jedes Hinweises auf Frau Fluß in der Korrespondenz oder in den Erinnerungen Freuds sollte ebenso beachtet werden wie seine Anschauung: »Die Verdrängungslehre ist nun der Grundpfeiler, auf dem das Gebäude der Psychoanalyse ruht...«[23]

Bei seiner Rückkehr nach Wien im September 1872 richtete er sich auf ein Jahr harter Arbeit für die Matura ein. Er faßte damals die juristische Laufbahn ins Auge, hauptsächlich deshalb, weil sie eine Karriere in der Politik ermöglichte, das heißt auf einem der sehr wenigen Gebiete, auf denen ein Jude Einfluß ausüben konnte und das noch aussichtsreicher geworden war durch die Schaffung des mittelständischen »Bürgerministeriums«. Sein Vater hatte die Porträts einiger seiner Mitglieder nach Hause gebracht, die er offensichtlich hochachtete. Einige davon waren Juden, und dem jungen Freud schien es nun, daß jeder »fleißige Judenknabe... das Ministerportefeuille in seiner Schultasche« trug.

Zwei andere Einflüsse, der eine bedeutsam, der andere trivial, hatten ihn in dieselbe Richtung gedrängt. Der erste war seine Schülerfreundschaft mit Heinrich Braun, dem späteren sozialistischen Politiker. Die beiden Jungen waren eng vertraute Gefährten geworden, und unter Brauns Einfluß plante Freud, Jura zu studieren. Als zweiter ist ein Abend zu nennen, an dem Freud und seine Eltern im Prater saßen. Man hieß ihn, einen Gelegenheitsdichter an ihren Tisch zu holen, der sich erbötig machte, über jedes beliebige Thema Verse zu improvisieren, und Freud wurde mit einigen Zeilen belohnt, in denen vorausgesagt wurde, daß er eines Tages Minister sein werde.

In der ersten Hälfte des Jahres 1873 änderte er jedoch seinen Vorsatz. Der Grund, schrieb er später, war, daß er einen populären Vortrag hörte, bei dem ein kurzes Fragment, »Die Natur«, angeblich aus der Feder Goethes, vorgelesen wurde, und daß ihn dies veranlaßt habe, Medizin zu inskribieren.

»Die Natur«[24] wurde, wie man nun annimmt, von dem Schweizer Theologen Georg Christoph Tobler inspiriert und möglicherweise sogar

geschrieben, der 1781 ein halbes Jahr in Weimar gelebt hatte. Tobler wurde ein enger Freund Goethes, der vier Jahre vor seinem Tod, am 26. Mai 1828, dem weimarischen Kanzler Friedrich von Müller schrieb, der Essay sei ihm kurz vorher von der Herzogin Anna Amalia zugeschickt worden, er sei von einer ihm wohlbekannten Hand niedergeschrieben, deren er sich 1780 oder etwa um diese Zeit in seinen Angelegenheiten zu bedienen pflegte; er erinnere sich nicht genau daran, diese Betrachtungen geschrieben zu haben, aber sie stimmten sehr wohl mit Ideen überein, die sich damals in seinem Geist gebildet hätten. Durch diesen Zufall wurde der Essay in Goethes Gesammelte Werke aufgenommen und gelangte schließlich in einen Vortragssaal in Wien, wo er Freud vom Jurastudium abbringen und dem Weg entgegenführen sollte, den er dann sein Leben lang beschritt. Er begann mit den Sätzen:
»Natur! Wir sind von ihr umgeben und umschlungen – unvermögend aus ihr herauszutreten, und unvermögend tiefer in sie hinein zu kommen. Ungebeten und ungewarnt nimmt sie uns in den Kreißlauf ihres Tanzes auf und treibt sich mit uns fort, biß wir ermüdet sind und ihrem Arme entfallen.
Sie schafft ewig neue Gestalten; was da ist war noch nie, was war kommt nicht wieder – Alles ist neu und doch immer das Alte.
Wir leben mitten in ihr und sind ihr fremde. Sie spricht unaufhörlich mit uns, und verräth uns ihr Geheimniß nicht. Wir wirken beständig auf sie, und haben doch keine Gewalt über sie ...«[25]
Berauschende Worte für einen jungen Mann von 17 Jahren, aber es scheint, daß sie nicht ganz so plötzlich auf Freud wirkten, wie er sich Jahre später erinnerte. Am 17. März enthüllte er Emil Fluß, der noch in Freiberg wohnte: »Von mir könnte ich Ihnen eine Neuigkeit melden, die wohl die größte meines armseligen Lebens ist... Aber die Sache ist noch nicht spruchreif.«[26] Erst sechs Wochen später teilte er in Worten, die ein wenig an das Fragment »Die Natur« gemahnen, die Neuigkeit mit, daß er die Rechtswissenschaft als Karriere aufzugeben beschlossen habe. »Ich habe festgestellt, Naturforscher zu werden, und gebe Ihnen darum das Versprechen zurück, mich alle Ihre Prozesse führen zu lassen. Ich brauche es nicht mehr. Ich werde Einsicht nehmen in die jahrtausendealten Akten der Natur, vielleicht selbst ihren ewigen Prozeß belauschen und meinen Gewinst mit jedermann teilen, der lernen will. Sie sehen, das Geheimnis ist nicht so furchtbar, es war nur furchtsam, weil es gar zu unbedeutend war.«[27]
Der Wechsel von den Rechts- zu den Naturwissenschaften wurde als eine Bewegung weg von der Macht über Menschen und hin zur Macht über die Natur interpretiert, und man meinte, die Änderung seiner Absichten

könnte durch eine verzögerte Reaktion auf seine Erlebnisse in Freiberg im vorausgegangenen Jahr verursacht worden sein. Wenn es sich so verhält, gebührt Frau Fluß gewiß ein Platz in der Geschichte. Es wäre jedoch unklug, die Möglichkeit völlig außer acht zu lassen, daß irdischere Einflüsse als Frau Fluß oder »Die Natur« eine Rolle gespielt haben könnten. Reichten die Finanzen der Familie Freud aus, um selbst den »goldigen Sigi« durch das Tor zum Wohlstand eines Juristen zu führen? War der harte Widerstreit der juristischen Debatte wirklich so erstrebenswert? Und wenn die Krönung durch die Ministerwürde ausblieb – war dann der Gerichtssaal der Ort, wo er am besten die Führerschaft ausüben konnte, zu der er sich mit Sicherheit berufen fühlte?

Wenn man eine endgültige Entscheidung zu treffen hatte, waren die Naturwissenschaften sicherlich ebensogut ein Gebiet, auf dem man sich seine Sporen verdienen konnte. Vielleicht konnte er sogar wie Darwin, dessen Lehren das Streitgespräch des Tages bildeten, eine Theorie entwickeln, die die Welt veränderte. Daß er das eines Tages irgendwie auf irgendeinem Gebiet tun würde, war eine Überzeugung, die ihn nie ganz verließ. Freud konnte sich so bitter wie jeder andere – und bitterer als die meisten – über die Ignoranz derer beklagen, die ihn nicht ebenso hoch einschätzten wie er selbst. Was er forderte, war nicht Anerkennung schlechthin, sondern bedingungslose Anerkennung, und er behauptete im Laufe seines ganzen Lebens immer wieder, daß man sein Werk ignorieren und seinen Namen vergessen werde und daß es, wenn jemand einen Lohn erntete, diejenigen sein würden, die nach ihm kamen. Doch manchmal klingen seine Klagen beinahe unaufrichtig. Freud zweifelte nie daran, daß er zu Großem ausersehen, daß ihm der Mantel der Führerschaft auf den Leib geschneidert war und daß, wenn Moses erwählt worden war, sein Volk ins Gelobte Land zu führen, Sigismund Freud ein vergleichbares Schicksal vor sich hatte. Als er nun den Weg verließ, der durch die Gerichtshöfe zum Ministeramt führte, war er noch nicht sicher, welcher Art dieses Schicksal sein sollte; aber es würde Opfer fordern – von ihm selbst und von denen, die das Privileg genießen würden, unter ihm zu dienen.

Die Entscheidung betraf jedoch die Aufgabe der Rechtswissenschaften eher zugunsten der Naturwissenschaften im allgemeinen als der Medizin im besonderen, und er sollte über diese Periode schreiben: »Eine besondere Vorliebe für die Stellung und Tätigkeit des Arztes habe ich in jenen Jugendjahren nicht verspürt, übrigens auch später nicht.«[28] Der junge Mann, der seiner Schwester zufolge kein Blut sehen konnte, war nur widerstrebend Arzt.

Doch vor dem Universitätsstudium mußte noch die Matura bestanden werden. Wenn es auch unwahrscheinlich war, daß sie für einen Schüler, der regelmäßig der Klassenerste gewesen war, ein Problem darstellen sollte, so gab es doch im Sommer 1873 eine große Ablenkung, die der Konzentration während des Endspurts zum Prüfungszimmer abträglich war. Es war die Weltausstellung, die in einem riesigen Gebäude mit einer zentralen Rotunde von 95 Meter Durchmesser untergebracht war, das zu den Wundern seiner Zeit zählte. Dieser Ausstellung, die am 1. Mai vom Kaiser mit einem Gefolge europäischer Monarchen eröffnet wurde, war kein Glück beschieden. Denn am selben 1. Mai, der als »Schwarzer Freitag« in die Erinnerung einging, führte eine Reihe von Finanzkrachs zum Zusammenbruch der Berliner wie der Wiener Börse. Als hätte das noch nicht genügt, um einen Schatten über die Ausstellung zu werfen, folgte unmittelbar darauf eine Cholera-Epidemie in Wien, die bald zu einem Exodus der Besucher führte. Die Reaktion auf den finanziellen Zusammenbruch war unvermeidlich: der jüdische Kapitalismus, die jüdische Liebe zum Geld wurden als Wurzel des Übels ausgegeben, und die Flammen des Antisemitismus brannten bald heller als zuvor. Freuds Entscheidung, daß die Naturwissenschaften oder die Medizin bessere Erfolgsaussichten boten als der Weg zum Ministeramt, schien bestätigt zu werden.

Trotz allem blieb die Ausstellung ein störender Anziehungspunkt. »[Sie] kommt mir ungelegen«, schrieb Freud an Emil Fluß. »Sie verstärkt meine Faulheit, gibt mir tausend Ausreden an die Hand, mich vor meinem zarten Gewissen zu rechtfertigen, ich fürchte, ich werde aus Schaubegier die Matura und aus Pflichttreue die Weltausstellung verfehlen.«[29] So weit kam es nicht, und bis zur Mitte des folgenden Monats hatte er sie mehr als einmal besucht. »Schön, aber mich hat es nicht betäubt und entzückt«, lautete sein Urteil. »Vieles, das anderen gefallen muß, findet in meinen Augen keine Gnade, weil ich weder dies noch jenes, überhaupt nichts gründlich bin. Es fesselten mich also bloß Kunstgegenstände und allgemeine Effekte... Nach meiner ›Marter‹ (so richten wir unter uns den Namen Matura zu) gedenke ich Tag für Tag hinzugehen.«[30]

Die Prüfung wurde Mitte Juni abgehalten, und Freud berichtete Emil Fluß ausführlich, wie er dabei abgeschnitten hatte:

»...In Latein bekamen wir eine Stelle aus Virgil, die ich zufällig vor längerer Zeit privat gelesen hatte, das verleitete mich, rasch in der Hälfte der dazu bestimmten Zeit zu arbeiten und mir das Vorzüglich zu verscherzen. Ein anderer hat also hier vorzüglich, ich selbst die zweite Arbeit mit lobenswert. Die deutsch-lateinische Übersetzung schien sehr leicht, in dieser Leichtigkeit lag ihre Schwierigkeit, wir verwandten nur den dritten Teil der Zeit darauf, infolgedessen mißglückte sie schmählich, also: befriedigend. Zwei andere brachten es auf lobenswert. Die griechische Arbeit, für die eine dreiunddreißig Verse lange Stelle aus dem König Ödipus vorlag, gelang besser, lobenswert, das einzige; ich hatte die Stelle ebenfalls für mich gelesen und kein Geheimnis daraus gemacht. Die mathematische Arbeit, an die wir mit Zittern und Beben gegangen waren, glückte vollständig, ich schreib lobenswert hin, weil ich die genaue Note noch nicht kenne. Mit ausgezeichnet endlich stempelte man mir die deutsche Arbeit. Es war ein hoch sittliches Thema ›Über die Rücksichten bei der Wahl des Berufes‹, und ich schrieb ungefähr dasselbe hin, das ich vor zwei Wochen an Sie geschrieben hatte, ohne daß Sie mir dafür ein Ausgezeichnet bestätigt hätten. Mein Professor sagte mir zugleich – und er ist der erste Mensch, der sich untersteht, mir das zu sagen –, daß ich hätte, was Herder so schön einen *idiotischen* Stil nennt, das ist einen Stil, der zugleich korrekt und charakteristisch ist. Ich habe mich über die unglaubliche Tatsache gebührlich verwundert und versäume es nicht, das glückliche Ereignis, das erste in seiner Art, so weit als möglich zu verschicken. An Sie, zum Beispiel, der Sie bis jetzt wohl auch nicht gemerkt haben, daß Sie mit einem deutschen Stilisten Briefe tauschen. Nun aber rate ich Ihnen, als Freund, nicht als Interessent – bewahren Sie auf – binden Sie zusammen – hüten Sie wohl – man kann nicht wissen.«[31]

Es hatte in bezug auf den Erfolg des jungen Freud kaum Zweifel unter seinen Freunden gegeben, und die Wahl des »Ödipus« des Sophokles seitens des Prüfers bedeutete, ohne daß Freud es wußte, daß auch auf seiten der Schulbehörde kaum Zweifel herrschten. Nur Schüler, von denen man bei der Matura die besten Noten erwartete, bekamen griechische Tragödie zu übersetzen. Diejenigen, denen man weniger zutraute, bekamen Platon und so weiter auf der Rangleiter abwärts.

Nachdem er die Matura mit fliegenden Fahnen bestanden hatte, schrieb sich Freud im Herbst 1873 an der medizinischen Fakultät der Universität Wien ein. An Silberstein schrieb er:

»Vom nächsten ersten Universitätsjahr kann ich Dir die Nachricht geben, daß ich es ganz und gar auf rein humanistische Studien verwenden werde, die mit meinem Fach noch nichts zu tun haben, mir aber gar nicht unnützlich sein sollen. Du kannst mich also, wenn Du Doktor werden willst, bequem einholen und in meiner Gesellschaft Deinen ersten Schnitt am menschlichen Kadaver tun; wenn Du Diplomat wirst, holt Dich freilich niemand ein, nicht einmal die Geschichte. Zu dem bezeichneten Zwecke besuche ich im ersten Jahre die philosophische Fakultät. Wenn mich also einer fragt (oder Dich für mich fragt), was ich werden will, so enthalte Dich jeder bestimmten Antwort und erwidre etwa: Ein Gelehrter, ein Professor oder dergleichen.«[32]

Er hütete sich noch ziemlich lange, sich genauer festzulegen. Nach drei Jahren abwechslungsreicher, wenn auch nicht geradezu chaotischer Studien – die bedeuteten, daß er insgesamt acht, statt der üblichen fünf Jahre bis zum Abschluß brauchte – konzentrierte er sich auf sein Medizinstudium, und später versuchte er es hinauszuzögern, da er an eine »theoretische Laufbahn« dachte. Erst als er sah, daß die Aussichten auf diesem Gebiet zu schlecht waren, um eine Grundlage für eine Ehe zu bilden, beschloß er, sich dem Arztberuf zuzuwenden. »Aus frühen Jahren ist mir nichts von einem Bedürfnis, leidenden Menschen zu helfen, bekannt«, gab er einmal zu.[33]

Das aus seinem Studiengang ersichtliche ruhelose Forschen nach einem Gegenstand, der seine volle Aufmerksamkeit fesseln, die Suche nach einem Gebiet, auf dem er Bedeutendes leisten und rasch den Weg zum Erfolg zurücklegen konnte, ist einer der Züge, die ihn von anderen Studenten unterschieden. Ein weiterer war sein offensichlicher Mangel an Interesse für Frauen. In den meisten anderen Dingen war er, wie seine Briefe an Silberstein zeigen, das Muster eines jugendlichen Bilderstürmers, ein Lästerer, was den Kaiser und seinen herausgeputzten Hofstaat betraf, ein Verächter der etablierten Religion – die Adria, schrieb er, »haßt, vielleicht als echte Italienerin, den Papst, die Pfaffen und den Sonntag«[34] –, kurz, er war einer der typischen jungen Idealisten, deren Begeisterung für die Linke sich oft in Konservatismus verwandelt.

Alle Zweifel, die er hinsichtlich der Klugheit, auf eine Zukunft in der Rechtswissenschaft und Politik zu verzichten, etwa noch gehegt haben mochte, wurden rasch zerstreut. Auf dem Gymnasium hatte er zum erstenmal begriffen, was es hieß, einer anderen Rasse anzugehören. Nun, an der Universität, stellte er fest, daß die Flut des Antisemitismus immer höher stieg. Aber er zog daraus auch einige nützliche Lektionen: »... ich wurde so frühzeitig mit dem Lose vertraut, in der Opposition zu stehen und von der ›kompakten Majorität‹ in Bann getan zu werden. Eine gewisse Unabhängigkeit des Urteils wurde so vorbereitet.«[35]

Die Dauerwirkungen dieses ständig vorhandenen, düsteren Hintergrunds des Rassenvorurteils auf Freud sollte niemand unterschätzen. Er festigte seine Entschlossenheit, Erfolg zu haben, und bestärkte ihn in seinem Judentum. Doch während seiner Studienzeit fühlte er sich selten behindert. Er gehörte dem »Leseverein der deutschen Studenten« an, einer deutschnationalen Gruppe, die später wegen ihrer antiösterreichischen Tendenzen unter Regierungsdruck aufgelöst wurde, und hier konnte er eine arrogante Mißachtung der herkömmlichen Regeln zeigen.

Als der junge Viktor Adler, der zukünftige sozialdemokratische Führer, in einer Debatte verriet, daß er in seiner Jugend einmal Schweine gehütet hatte, brachte ihm dieses Geständnis von seiten Freuds die Bemerkung ein, da er nun wisse, daß der Sprecher in seiner Jugend Schweine gehütet habe, sei er über den Ton seiner Reden nicht mehr verwundert. Darauf folgte ein allgemeiner Tumult, und Freud wurde aufgefordert, seine Bemerkung zurückzunehmen. Er weigerte sich. Aber der Mann, den er beleidigt hatte, ließ die Angelegenheit auf sich beruhen.

Seine Urteile über die Allmächtigen waren nicht weniger unverblümt. Nachdem der Kaiser die große Ausstellung eröffnet hatte, schickte Freud seinen eigenen ernüchternden Bericht an Emil Fluß:

»Wenn Sie nach 20 oder 30 Jahren irgendwo lesen sollten, ›Der 1. Mai des Jahres 1873 gehörte zu den schönsten Tagen, die unser nördliches Klima gesehen. Das sprichwörtliche Glück seiner Majestät d. K. Franz Joseph I. hatte ihn auch bei dieser feierlichen Gelegenheit nicht verlassen. Im offenen Wagen von den größten Fürsten seiner Zeit begleitet, fuhr die ritterliche Erscheinung durch eine jubelnde selige Menge‹ usw. im byzantinischen Hofstil, so glauben Sie dem nicht, sondern schenken meiner Versicherung Gehör, daß am 1. Mai 1873 eine halb sibirische Kälte herrschte, ein demokratischer Regen Wege und Auen durchnäßte, daß seine Majestät so wenig ritterlich aussieht als unser (denn er ist auch mein) Bürstenbinder, daß die fremden Prinzen nur aus Schnurrbärten und Ordenssternen zu bestehen scheinen und daß endlich niemand den apostolischen Hoheiten zugejohlt, außer einigen Gassenbuben, die auf den Bäumen saßen, während das brave Volk sich mit den Regenschirmen deckte und kaum die Hüte zog.«[36]

Ähnlich bissige Bemerkungen gingen im folgenden Jahr an Silberstein ab, als Wien die Großjährigkeitserklärung des Kronprinzen Rudolf, des einzigen Sohnes des Kaisers, feierte, der 15 Jahre später in Mayerling Hand an sich selbst legen sollte. Freud schrieb:

»Das hohe Küchlein ist trotz seiner 16 Jahre noch sehr notdürftig mit Federn bewachsen und wird sorgsamlich vor eigenen Flugversuchen bewahrt; doch sind solche Tage immerhin denkwürdig, weil sie auf das wenig beachtete Phänomen hindeuten, daß auch Kronprinzen alle 365 Tage um ein Jahr älter werden. Einige Zeitungen, die ich aus Anlaß dieses Ereignisses gelesen, gebärden sich wie närrisch vor Überraschung und geben – ich weiß nicht, ob gratis oder gegen Barzahlung – unaussprechlichen Unsinn von sich; so bedauert ihn eine, daß er von jetzt an der Illusionen der goldnen Jugend verlustig geht und sein Sinnen und Trachten auf die zukünftige Regierung eines großen Reiches konzentrieren muß. Als ob nicht die nutzlosesten Dinge von der Welt in folgender Ordnung wären: Hemdkrägen, Philosophen und Monarchen...«[37]

Seine politischen Anschauungen traten im folgenden Jahr deutlich zutage, als er Silberstein gegenüber bekannte: »Ich bin allerdings Republikaner, aber nur insofern, als ich die Republik für das einzig Vernünftige, ja Selbstverständliche halte. Von da bis zum praktischen Bestreben, die Republik einführen zu wollen, hat... [unleserlich]. Sehr interessieren würde es mich zu erfahren, ob Deine Sozialdemokraten noch auf philosophischem und religiösem Gebiet revolutionär sind.«[38]

Die Romanows waren in Freuds Augen ebenso verabscheuenswert wie ein halbes Jahrhundert später die Kommunisten. Er schrieb: »Diese wahnsinnigen Herrscher, schlechten Bürger und talentlosen Soldaten – diese Affen... weiß ich nicht genug zu hassen und tröste mich nur, daß sie an ihrem eigenen Grab schaufeln«[39].

Anspielungen auf die Philosophie kommen in den langen Beschreibungen seines Lebens und seiner Arbeit an der Universität, die Freud Silberstein gab, mit einer gewissen Regelmäßigkeit vor. Sie war damals für Medizinstudenten kein obligatorisches Fach mehr, aber in seinem dritten Semester – dem Wintersemester 1874/1875 – fügte er Vorlesungen bei Franz Brentano einem Studienplan hinzu, der Anatomie, Sektion, Chemie, allgemeine Biologie und Darwinismus, Mikroskopie, Mineralogie, die Physiologie der Stimme und Sprache, Magnetismus, Elektrizität und Wärme und die Theorie der magnetischen Kräfte umfaßte.

Die Philosophie zog ihn eine Zeitlang an und beeinflußte möglicherweise einen frühen Essay, den er Silberstein schickte und dessen Verlust er bald beklagte. »... in diesem Brief war ein kleiner Aufsatz«, schrieb er, »eine biblische Studie mit modernen Motiven, ein Ding, das ich nicht zum zweiten Mal machen könnte und das gemacht zu haben ich stolz bin wie auf meine Nase oder auf meine Maturität. Es hätte Dich erquickt wie Balsam, man sieht ihm gar nicht an, daß es in der Stube gemacht ist. Es ist so zartfühlend, so biblisch naiv und kräftig, so schwermütig und heiter, es ist – zum Teufel, es ist verlorengegangen...«[40]

Die Vorlesungen Brentanos sollten eine mehr als nur vorübergehende Bedeutung haben. Das Hauptwerk des Philosophen, *Psychologie vom empirischen Standpunkt*, enthielt zwei lange Diskussionen über das Unbewußte, die seine Existenz leugneten, die Idee als solche aber bis zu Thomas von Aquin zurückverfolgten. Es erscheint daher beinahe unvermeidlich, daß Freud damals mit dem ernsthaften Studium des Themas begann, das er während der folgenden vier Semester seines Philosophie-Kurses zu seinem ganz persönlichen machen sollte. Gewiß stieg seine

Achtung vor Brentano ständig, während er und ein Kollege, Josef Paneth, sich immer mehr in die Materie vertieften.

»Leid täte es mir z. B., wenn Du, der Jurist, die Philosophie gänzlich vernachlässigen würdest, während ich gottloser Mediziner und Empiriker 2 philosophische Collegien höre und in Gemeinschaft mit Paneth den Feuerbach lese«, schrieb er an Silberstein. »Eines davon handelt – höre und staune! – über das Dasein Gottes, und Professor Bornstein, der es liest, ist ein prächtiger Mensch, Gelehrter und Philosoph, obwohl er es für nötig hält, dieses luftige Dasein Gottes mit seinen Gründen zu stützen.«[41]

Einige Monate später konnte Freud berichten, daß er und Paneth eine engere Verbindung zu Brentano aufgenommen hatten. »Wir überreichten ihm einen Brief mit Einwänden«, schrieb er am 7. März, »er lud uns in seine Wohnung, widerlegte uns und schien ein Interesse an uns zu finden... und hat uns jetzt, nachdem wir ihm einen zweiten Brief mit Einwänden überreicht, von Neuem zu sich beschieden. Von diesem merkwürdigen (er ist Gottesgläubiger, Theolog und Darwinianer und ein verdammt gescheiter, ja genialer Kerl) und in vielen Hinsichten idealen Menschen wirst Du mündlich mehreres hören. Für jetzt die Neuigkeit, daß x-mal unter dem zeitigenden Einfluß Brentanos in mir der Entschluß gereift ist, das Doktorat der Philosophie auf Grund von Philosophie und Zoologie zu erwerben.«[42]

Der junge Mann, auf den die Philosophie um diese Zeit einen so starken Einfluß ausübte, war ein fleißiger Student. Silberstein gegenüber stellte er sich so dar:

»Ich gehöre nämlich zu jenen menschlichen Geschöpfen, die man den größeren Teil des Tages zwischen zwei Möbeln, einem vertikal ausgebildeten, dem Sessel, und einem horizontal sich erstreckenden, dem Tisch, auffinden kann, und von denen, wie die Kulturhistoriker einig sind, alle Zivilisation zuerst ausging, weil sie mit Recht auf das Prädikat seßhaft oder ›ansässig‹ Anspruch machen. Da diese Stellung nicht alle Körperteile gleich in Anspruch nimmt, vielmehr die edleren die horizontale Tischplatte um ein Beträchtliches überragen, bin ich genötigt, zu deren Beschäftigung zweierlei zu tun: zu lesen und zu schreiben. Was ich aber schreibe, ist Mathematik, und was ich lese, ist Papier. Denn so und nicht das sentimentale ›Worte, Worte‹ hätte Hamlet dem Polonius antworten sollen, als dieser sich darum gekümmert, womit der Prinz seine Zeit vertreibe. Papier zu sein, ist die gemeinsame Eigenschaft und auch das gemeinschaftliche Schicksal aller Bücher. Die Bücher, die ich lese, verdienen dies Schicksal so wenig, daß sie ganz wohl in Erz gegraben sein könnten, wenn der Zentner nicht allzu teuer ist. Es sind Helmholtz'

Vorlesungen, Carlyles *Sartor Resartus* und Aristotelis *Ethica Nicomachaea.* Von ersteren und letzteren zu sprechen, dürfte überflüssig sein, da ich Dir keinen Begriff von ihrem Wesen in kurzen Worten geben kann. Carlyles *Sartor Resartus* verdient ein wenig angezeigt zu werden. (Dabei muß ich ein separiertes Cabinet in meiner Wohnung anlegen: Lies im Scherr über Carlyle nach). Das Buch ist in Jean Paulscher Manier eingeleitet und zeigt manchmal Jean Paulsche Funken, ist aber sonst englisch und macht sich über uns grüblerische Deutsche lustig. Ein deutscher Professor, Diogenes Teufelsdröckh, an der Universität zu Weißnichtwo Professor der Allerley-Wissenschaften oder Science of Things in General, hat eine ›Philosophy of Clothes‹ geschrieben, die dem Autor (Carlyle) zugeschickt wird mit der Bitte, für England eine Übersetzung davon zu veröffentlichen. Dieser kommt dem Verlangen insofern nach, als er das merkwürdige Werk, dessen Verfasser in allen Farben zu spielen scheint, ein Faust und ein Mephistopheles, ein Satyriker und Philosoph zu gleicher Zeit ist, wenigstens im Auszug übersetzt und sich dann nach Weißnichtwo um biographische Nachricht an Hofrat Heuschrecke, einen intimen Freund von Teufelsdröckh, wendet, die er erhält und gleichfalls übersetzt. Dieser Diogenes Teufelsdröckh ist ein Findelkind, in der kleinen Stadt *Entepfuhl* von den Eheleuten *Futteral* auferzogen, hat in *Hinterschlag* das Gymnasium absolviert, dann die Universität besucht und alle Not und Bedrängnis des zukünftigen Genies, wofür ihn Carlyle anerkennt, erduldet. Unter all den komischen Namen verbirgt sich aber tiefe Weisheit, und die bunten Fetzen von Narrheit decken offene Wunder der Menschheit und des Helden der Erzählung. Was von der ›Philosophy of Clothes‹ mitgeteilt ist, ist zum Teil parodistisch gehalten, zum Teil aber eine geistreiche Anschauung, die von der Voraussetzung ausgeht, daß die Kleider eine Darstellung des Scheinbaren und Körperlichen überhaupt seien, hinter denen sich das Geistige aus Scham verbirgt.«[43]

Freud genoß jedoch nicht nur Carlyle, und seine Bemerkungen über leichtere Lektüre sind bezeichnend. Er war nicht einverstanden mit denen, die Dumas' *Kameliendame* wegen des behandelten Gegenstandes jeden Wert absprachen, und schrieb: »Ich denke dabei durchaus nicht, wie einige Ästhetiker sagen, daß alles dem Buchstaben des bürgerlichen oder mosaischen Gesetzes nach Unsittliche auch unpoetisch sei. Gottfrieds *Tristan und Isolde* ist die glänzendste Widerlegung dieses Machtspruchs. Vielmehr kann die Poesie, auf die Macht unserer eigenen Leidenschaften gestützt, ganz wohl das Unsittliche oder besser von der Gesellschaft Unerlaubte eine Strecke weit poetisch verklären.«[44]

Doch sosehr ihn auch die Philosophie beschäftigte und soviel er über Literatur und Moral diskutierte – Freuds Neigung zu den Naturwissenschaften nahm ständig zu. »Ich bin entschlossen«, schrieb er Silberstein im Januar 1875, »und mein Vater stimmt dem bei, wenn jene Verhältnisse, die man aus der Erde gräbt, nur einigermaßen ihren Beiklang geben, das Wintersemester 1875/76 in Berlin zuzubringen, um Du Bois-Reymond, Helmholtz und Virchow zu hören. Ich freue mich darauf wie ein Kind und kann den Gedanken nicht gut ertragen, das Projekt aufgeben zu müssen.« Die Wahl zweier Physiologen und eines Pathologen deutet klar genug an, in welche Richtung Freuds Gedanken gingen. Aber einen Nachteil hatte der Plan: »Bin ich erst den Winter dort, so bürge ich nicht dafür, daß ich das Sommersemester nicht auch dort bleibe. So zuträglich es aber den Mitgliedern der A. E. [Academia Española] sein mag, sich die ›Welt‹ in einigen ihrer größten Nester anzusehen, so würde doch dadurch das Einsiedlertum der A. E. um ein Semester verlängert.«[45]

Der Plan wurde schließlich aufgegeben, vermutlich weil die – möglicherweise finanziellen – Umstände seine Ausführung vereitelten. Aber die Annäherung an die medizinische Forschung wurde durch eine Reise nach England beschleunigt, die Freud im folgenden Sommer unternahm. Sie war schon zwei Jahre früher geplant worden, vielleicht als die übliche Belohnung, die das Familienoberhaupt dem Sohn gewährte, der die Matura bestanden hatte. Aber auch damals waren die Umstände dazwischengekommen, und so traf Freud erst 1875 in Manchester ein, wo sich seine beiden Halbbrüder rund 16 Jahre zuvor niedergelassen hatten.

Bevor er nach England fuhr, änderte sich die Unterschrift, mit der seine regelmäßigen Briefe an Silberstein endeten. Bis dahin hatte sie »Sigismund« gelautet. Aber am 28. Juni unterzeichnete er einen der letzten Briefe, die er schrieb, bevor er Österreich verließ, um seine Halbbrüder zu besuchen, mit »Sigmund«, dem Namen, den er für den Rest seines Lebens beibehalten sollte. In der Familienbibel der Freuds war sein Name in Hebräisch »Sigismund« und in der deutschen Übersetzung »Sigmund« geschrieben worden, und in der Schule war er bis etwa 1870 nur als Sigismund bekannt. Man hat vermutet, daß die Änderung, die er in den siebziger Jahren allmählich vollzog, lediglich eine Übernahme der deutschen anstelle der slawischen Namensform gewesen sei, aber Sigismund war in Wien der häufigste verächtlich gebrauchte Name in Judenwitzen.

Man weiß nicht, ob er in England am meisten von seinen Halbbrüdern, vom Leben in Manchester oder von irgendeinem bestimmten Ereignis, das er nie aufzeichnete, beeinflußt wurde. Als er zurückkehrte, hatte er beschlossen, sein Leben der medizinischen Forschung zu widmen. Bis vor kurzem stammte der einzige Beweis dafür von seiner Schwester Anna. Sie erinnerte sich im Alter: »In England beschloß Sigmund, nach seiner Rückkehr nach Wien Medizin zu studieren, und dies teilte er seinem Vater mit. Mit dieser Entscheidung nicht einverstanden, hielt ihm sein Vater seine Einwände entgegen und behauptete, daß Sigmund für diesen Beruf zu weichherzig sei. Aber Sigmunds Entschluß stand fest, obwohl er zunächst nur Forschung treiben wollte. ›Ich möchte Menschen, die leiden, helfen‹, lautete seine Antwort.«[46] Freud bestätigt dies in einem aufschlußreichen Brief an Silberstein, der etwa 48 Stunden nach seiner Ankunft daheim geschrieben wurde:

»Vorgestern morgen bin ich von meiner 7½wöchentlichen großen Reise ins alte Wien zurückgekehrt, habe die ersten zwei Tage dazu verwendet, mich der früheren englischen Verhältnisse zu entwöhnen und sitze nun, nachdem mein Zimmerchen wieder wohnlich aussieht, all meine Schätze untergebracht und mein Gemüt beruhigt ist, beim Schein der elenden, augenzerstörenden Petroleumlampe (in England brennt jeder Bettler Gas), um Deinen lieben Brief, der mich mitten in den Reisezurüstungen in Manchester traf, zu beantworten...

Du wirst gewiß wissen wollen, wer meine Verwandten in England sind und wie ich zu ihnen stehe. Ich glaube auch nicht, Dir früher viel von ihnen erzählt zu haben. Es sind zwei Brüder von väterlicher Seite, aus der ersten Ehe meines Vaters, 20 und 22 Jahre älter als ich, der ältere Emanuel seit früher Jugend, der jüngere Philipp seit zweieinhalb Jahren verheiratet. Sie wohnten ursprünglich mit uns in Freiberg, wo die ältesten drei Kinder meines älteren Bruders geboren wurden. Die ungünstige Wendung, die ihr Geschäft dort nahm, veranlaßte sie, nach England zu übersiedeln, das sie seit 1859 nicht verlassen haben. Ich kann sagen, sie nehmen jetzt eine allgemein geachtete Stellung ein, geachtet nicht wegen ihres Vermögens, denn sie sind nicht reich, sondern wegen ihres persönlichen Charakters. Sie sind Shopkeepers, d. i. Kaufleute, die einen Laden haben, der ältere verkauft Tuchwaren, der jüngere Jewellery in dem Sinn, den das Wort in England zu haben scheint. Meine beiden Sisters in law sind brave fröhliche Frauen, die eine von ihnen eine Engländerin [Bloomah Freud, geb. Frankel aus Birmingham], was meine Unterhaltung mit ihr äußerst angenehm machte. Von den Personen unserer Familie, deren Onkel ich mich nennen darf, kennst Du bereits John; er ist Engländer in jeder Hinsicht mit einer die gewöhnliche Geschäftsbildung übertreffenden Sprachen- und technischen Kenntnis. Dir wie mir bis vor kurzem unbekannt waren zwei liebenswürdige Nichten, Pauline von 19 und Bertha von 17 Jahren, ein 15jähriger Knabe, der den in England, ich glaube seit Pickwick, fashionablen Namen Sam[1] trägt und allgemein als

ein ›sharp und deep‹ Bursche angesprochen wird. Ich wüßte an allen meinen Verwandten weniger zu tadeln als zu loben, wenn meine parteiische Stellung als Bruder und Onkel und die herzliche Aufnahme, die ich gefunden, mich nicht vom Richter- und Kritikerstuhl fernhalten würden. Gegen England habe ich solche Rücksichten nicht zu beobachten, ich darf gerade heraus sagen, daß ich dort lieber wohnen würde als hier, trotz Nebel und Regen, Trunkenheit und Konservativismus. Viele Eigentümlichkeiten des englischen Charakters und des Landes, die anderen Kontinentalen unerträglich sein würden, stimmen mit meiner Natur sehr gut zusammen. Vielleicht, lieber Freund, daß mich nach Beendigung meiner Studien ein günstiger Wind nach England zum praktischen Wirken hinüberweht. Um Dir ein Geständnis zu machen: ich habe jetzt mehr als ein Ideal, zu dem theoretischen der früheren Jahre noch ein praktisches hinzubekommen. Voriges Jahr hätte ich auf die Frage, was mein höchster Wunsch sei, geantwortet: Ein Laboratorium und freie Zeit oder ein Schiff auf dem Ozean mit allen Instrumenten, die der Forscher braucht; jetzt schwanke ich, ob ich nicht lieber sagen sollte: ein großes Spital und reichlich Geld, um einige von den Übeln, die unseren Körper heimsuchen, einzuschränken oder aus der Welt zu schaffen. Wenn ich also auf eine große Menge wirken wollte, anstatt auf eine kleine Schar von Lesern und Mitgelehrten, so wäre England das rechte Land für einen solchen Zweck. Ein angesehener Mann, von der Presse und den Reichen unterstützt, könnte Wunder tun, um körperliches Leiden zu lindern, wenn er Forscher genug ist, neue Wege der Heilung zu betreten. All das sind noch unklare Gedanken, ich will hier abbrechen.
London, Sheffield, Birmingham, Oxford u.s.f., was man von einem Vergnügungsreisenden erwarten würde, habe ich nicht gesehen, man schmeichelte mir mit der Hoffnung, daß im nächsten oder im zweiten Jahre ich England wiedersehen würde. Um auch den Poeten in Dir zu rühren, so denke: ich habe das Meer, die heilige Thalatta, gesehen, bin den Wellen der Flut, wie sie das Land grollend verließen, nachgegangen und habe Krabben und Seesterne am Ufer gefangen!!
Von Büchern bringe ich sehr wenig mit; aber die Bekanntschaft englischer wissenschaftlicher Bücher, die ich gemacht habe, wird mich veranlassen, mich in meinen Studien immer auf die Seite der Engländer zu halten, die nun einmal ein höchst günstiges Vorurteil bei mir haben: Tyndall, Huxley, Lyell [Lyle], Darwin, Thomson, Lockyer u. a.
Gegen Philosophie bin ich mißtrauischer als je...«[47]
Freud beeindruckte seine englischen Verwandten offenbar ebenso, wie England ihn beeindruckt hatte. »Ihr habt uns eine große Freude ge-

macht, indem ihr uns Sigmund schicktet«, schrieb sein Halbbruder Emanuel der Familie in Wien. »Er ist ein wunderbares Exemplar von einem prächtigen Menschen, und hätte ich die Feder eines Dickens, ich könnte wohl einen Helden aus ihm machen ... Alle Eure Beschreibungen von ihm taugten nichts; erst jetzt, da er bei uns ist, sehen wir ihn, wie er wirklich ist.«[48]

Freud behielt eine starke anglophile Neigung bei, obwohl er England nur noch ein einziges Mal besuchen sollte, bevor er sich 1938, nach der Besetzung Österreichs durch Hitler, dort niederließ. Sie war vielleicht auch der Grund für seine lebenslange Gewohnheit, gelegentlich englische Wendungen in seine Briefe einzustreuen. In einem Stil geschrieben, der ihm die Anerkennung von Meistern wie Thomas Mann einbrachte, enthielten sie unversehens umgangssprachliche Ausdrücke wie *fall flat* oder *ups and downs*, worauf der Text in geschliffenem Deutsch weiterging.

Aber so warm auch die Zuneigung war, die Freud England bewahrte: sie wurde mehr als aufgewogen durch die Liebe zu Wien. An der Oberfläche waren seine Gefühle für die Hauptstadt von ganz anderer Art. Aus Berlin sollte er seiner Verlobten schreiben, er werde sich »um gar nichts kümmern, ehe ich nicht den abscheulichen Turm von Sankt Stephan vor Augen sehe«[49]. Vierzehn Jahre später schrieb er an einen Briefpartner: »Ich hasse Wien geradezu persönlich und wie ein Gegensatz zum Riesen Antaeus sammle ich frische Kraft, so oft ich den Fuß vom vaterstädtischen Boden abgehoben habe.«[50] »Wien«, konnte er behaupten, »ist sonst Wien, also höchst ekelhaft«[51], und nachdem er berühmt geworden war, sollte ihm eine Kollegin schreiben: »Hoffentlich geht es Ihnen gut in dem Wien, das Sie so wenig leiden mögen.«[52]

Zum Teil war diese griesgrämige Reaktion auf eine der großen Hauptstädte Europas, die in ihr Diadem von grünen Hügeln eingebettet lag, ein Beispiel für die oft zitierte, für den Wiener so typische Behauptung, Wien zu hassen. Aber es steckte mehr dahinter als nur das. Wien war der Schauplatz seines harten persönlichen Kampfes, die Stadt, in der er sich stets weniger geachtet fühlte, als es die Gerechtigkeit erforderte. Es war die Stadt, in der Karl Kraus, der Satiriker und Kritiker, der Freud auf den Seiten seiner *Fackel* angriff, die Psychoanalyse als die Krankheit beschrieb, deren Heilung sie zu sein vorgab. Und ihre Universität hatte sich bis zum bitteren Ende geweigert, ihm zu geben, was ihm ohne Zweifel in beruflicher Hinsicht gebührte. Eine Folge davon war, daß Freud als das Genie, das er war, nichtsdestoweniger behaupten konnte, daß Wien eine Stadt sei, in der er in den 50 Jahren seines Aufenthalts niemals einer neuen Idee begegnet sei; und doch war Wien in der Zeit, in der er selbst dort lebte, die Stadt von Mach, Schlick, Carnap und Wittgenstein ebenso wie von Kafka und Gustav Mahler gewesen, eine Stadt, in der das intellektuelle Ferment noch heftiger gärte als in Zürich, das ungefähr zur selben Zeit Lenin und Einstein, Rosa Luxemburg und James Joyce beherbergt hatte.

Als wahrscheinlich ist anzunehmen, daß Freuds Abneigung weder tief eingewurzelt noch echt war. »Und ich selbst habe das Gefühl«, schrieb sein Sohn Martin, »daß mein Vater manchmal Wien haßte und manchmal die alte Stadt liebte und daß er ihr ganz allgemein ergeben war.«[53] Die Ergebenheit zeigte sich nach dem Ersten Weltkrieg, als Freud den Besuch Ernst Lothars erhielt. »Ich habe wie Sie eine unbändige Zuneigung zu Wien und zu Österreich«, sagte er, »obschon ich, vielleicht nicht wie Sie, seine Abgründe kenne...« Dann nahm er ein Blatt Papier aus der Schublade, auf dem stand: »Österreich-Ungarn ist nicht mehr. Anderswo möchte ich nicht leben. Emigration kommt für mich nicht in Frage. Ich werde mit dem Torso weiterleben und mir einbilden, daß es das Ganze ist.« Er wandte sich an Ernst Lothar und sagte: »Sie haben nämlich recht, es ist ein Land, wo man sich zu Tode ärgert und wo man trotzdem sterben will.«[54] In den frühen dreißiger Jahren, als der Antisemitismus mit Hitlers Machtergreifung in Deutschland zunahm und auch in Österreich in ein akuteres Stadium überging, war ein immer größerer Anreiz auszuwandern gegeben. Aber Freud hielt hartnäckig aus, er verließ das Land 1938 nur mit großem Widerstreben und schrieb bei der Ankunft in London an seinen Freund Max Eitingon: »Das Triumphgefühl der Befreiung mengt sich zu stark mit dem der Trauer, denn man hat das Gefängnis, aus dem man entlassen wurde, immer noch sehr geliebt...«[55]

Im Jahre 1875 war er jedoch sicherlich froh, wieder in Wien zu sein, und er begann rasch, seine Pläne für den kommenden Herbst zu revidieren. Ohne die Vorlesungen Brentanos aufzugeben, wollte er mehr Zeit der Physiologie und Anatomie und der praktischen Zoologie widmen, die er in Carl Claus' »Zoologisch-vergleichend-anatomischem Institut« studierte. Und Claus, der erst vor zwei Jahren voll Ehrgeiz, das Institut zu modernisieren, aus Göttingen nach Wien gekommen war, sollte es sein, der Freud im März 1876 den ersten eigenen Forschungsauftrag gab.

Zwei Jahre zuvor hatte der polnische Wissenschaftler Dr. Simon de Syrski von einer Lösung eines der ältesten und rätselhaftesten Probleme der Biologie berichtet. Niemand hatte, wie Freud später schrieb, je einen reifen männlichen Aal gefunden, und niemand hatte noch, trotz der unzähligen Bemühungen im Laufe der Jahrhunderte, die Hoden des Aals gesehen.[56] Dr. Syrski hatte nun jedoch ein kleines lappenartiges Organ festgestellt, das das lang gesuchte zu sein schien, und Claus stellte Freud die Aufgabe, die Beobachtungen des Polen nachzuprüfen. Ein großer Teil der Arbeit wurde während zweier Aufenthalte an der Zoologischen Station erledigt, die Claus in Triest eingerichtet hatte. Er hatte Geldmittel erhalten, um zweimal jährlich begabte Studenten dorthin zu schicken, und daß Freud das Stipendium zweimal bekam, läßt vermuten, daß Claus eine hohe Meinung von seinen Fähigkeiten hatte.

Aus Triest schickte Freud Silberstein einen langen Bericht über die Schwierigkeiten, 400 Aale zu sezieren und mikroskopisch zu untersuchen. Es steht jedoch fest, daß er Triest, seine erste Erfahrung mit dem »milden Süden«, genoß. Er bemerkte die Schönheit der italienischen Frauen, war aber, wie er zugab, nur imstande, sie von weitem zu schätzen. »Physiologisch weiß ich von ihnen nur, daß sie gern spazieren gehen«, fügte er hinzu, und was anatomische Untersuchungen betraf: »Da es nicht gestattet ist, Menschen zu sezieren, habe ich eigentlich gar nichts mit ihnen zu tun.«[57]

Er kehrte im September mit dem Rohmaterial für seine erste wissenschaftliche Abhandlung nach Wien zurück, die Claus im März 1877 der Akademie der Wissenschaften vorlegte. Offenbar hatte er gute Arbeit geleistet. Die Abhandlung, »immer selbstsicher – stellenweise geradezu arrogant«[58], war die erste von vielen, die Syrskis Beobachtungen bestätigten. Man kann mit gutem Grund annehmen, daß Claus mit seinem Studenten zufrieden war. Doch nur wenige Monate später hatte ihn Freud verlassen, um in Ernst Wilhelm von Brückes Physiologischem Institut zu arbeiten. Der Wechsel sollte nicht nur für sein persönliches Schicksal bedeutsam sein, sondern auch für die Grundideen, die er aus Brückes Lehren übernahm.

Der Mann, dessen strengem Einfluß er sich die nächsten sechs Jahre gern unterwarf, war drei Jahrzehnte zuvor ein prominentes Mitglied der Berliner Gruppe gewesen, die von Helmholtz und Du Bois-Reymond angeführt wurde – zwei von den drei Männern, deren Vorlesungen Freud in Berlin gern gehört hätte. Du Bois-Reymond hatte die vorherrschende Überzeugung der Gruppe zusammengefaßt, als er schrieb: »Brücke und ich haben uns verschworen, die Wahrheit geltend zu machen, daß im Organismus keine anderen Kräfte wirksam sind, als die gemeinen physikalisch-chemischen; daß, wo diese bislang nicht zur Erklärung ausreichen, mittels der physikalisch-mathematischen Methode entweder nach ihrer Art und Weise der Wirksamkeit im konkreten Fall gesucht werden muß, oder daß neue Kräfte angenommen werden müssen, welche, von gleicher Dignität mit den physikalisch-chemischen, der

Materie inhärent, stets nur auf abstoßende oder anziehende Componenten zurückzuführen sind.«[59] Diese Anschauung wurde einige Jahre später bekräftigt, als Helmholtz den Begriff der Erhaltung der Materie auf die Biologie ausdehnte, und sie lag den Lehren Brückes zugrunde. Die Wirkung auf Freud war zwiefacher Natur. Sie führte ihn zu der Ansicht, daß die Wirkung im geistig-seelischen Bereich ebenso der Ursache folgen müsse wie im physikalischen, und damit zu seinem ersten fundamentalen Gedanken: daß nämlich die körperlichen Symptome des Hysterischen nicht zufällig und bedeutungslos sind, sondern direkte Resultate unentdeckter Ursachen. Zweitens führte sie ihn eine Zeitlang zu der Annahme, daß geistig-seelische ebenso wie körperliche Vorgänge von korpuskularen Strukturen abhängen, deren Wirkung im Sinne physikalischer und chemischer Kräfte beschrieben werden könnte. Es erwies sich, daß sich diese Idee nicht weiterentwickeln ließ, aber er gab sie trotzdem niemals ganz auf. Bis zum Ende seines Lebens hoffte Freud, daß seine Theorien über die Natur des Geistes eines Tages in physiologischen Begriffen dargestellt werden könnten.

Ernst Brücke, der so großen Einfluß auf seinen jungen Studenten ausüben sollte, war ein außergewöhnlicher Mann, der Zuneigung und Respekt in gleichem Maße zu erwecken verstand. Klein, rothaarig, mit durchdringenden blauen Augen und einem mephistophelischen Lächeln – »unser Gesandter im Fernen Osten«, wie ihn seine Berliner Kollegen nach seiner Übersiedlung nach Wien nannten –, war Brücke derjenige, der von Freud als die größte Autorität betrachtet wurde, der er je begegnet war, und in seinem Laboratorium verbrachte Freud einige der glücklichsten Jahre seines Lebens. In mancher Hinsicht war Brücke – streng und doch wohlwollend, ruhig und unerschütterlich, mit der zuversichtlichen Miene eines wissenschaftlichen Unternehmers – ein Vorbild für den jungen Mann, der sein Assistent werden sollte. Freud berichtete, daß er einige Male zu spät ins Schülerlaboratorium gekommen war, was Brücke wußte. »Da kam er einmal pünktlich zur Eröffnung und wartete mich ab. Was er mir sagte, war karg und bestimmt; es kam aber gar nicht auf die Worte an. Das Überwältigende waren die fürchterlichen blauen Augen, mit denen er mich ansah und vor denen ich verging ... Wer sich an die bis ins hohe Greisenalter wunderschönen Augen des großen Meisters erinnern kann und ihn je im Zorn gesehen hat, wird sich in die Affekte des jugendlichen Sünders von damals leicht versetzen können.«[60]

Der wahrscheinlichste Grund dafür, daß Freud Claus verließ und zu Brücke ging, war die Anziehungskraft der Helmholtzschen Schule, deren begeisterter Anhänger Brücke war. Es wäre auch möglich, daß er auf die unvermeidliche Unsauberkeit eines großen Teils der zoologischen Arbeit reagierte. Jahre später sollte sich sein heikles Wesen sogar bei seiner psychoanalytischen Arbeit zeigen, als er anläßlich eines Besuchs bei Jung in Zürich feststellte, daß es dort Patienten gab, die sich sehr von den Damen der vornehmen Gesellschaft Wiens unterschieden, welche er jahrelang behandelt hatte. Und der Student, der, wie seine Schwester schrieb, kein Blut sehen konnte, mag eine ausgesprochen unangenehme Aufgabe darin gesehen haben, 400 Aale zu sezieren.

Doch angesichts des Wissens vom Unbewußten und seinem Wirken, das Freud ans Licht des Tages brachte – und ebenso der neurosefördernden Umstände seiner frühen Lebensjahre –, gibt es noch eine andere Erklärung, die von dem Psychoanalytiker Siegfried Bernfeld stammt und nicht ganz ausgeschlossen werden kann. Claus war rund 20 Jahre älter als Freud, etwa ebenso alt wie Freuds Halbbruder Philipp; Brücke dagegen war, wie Bernfeld betont, ungefähr 40 Jahre älter, also ein Altersgenosse von Freuds Vater. Bernfeld sagt:

»Aus Freuds Selbstanalyse wissen wir, daß er in seiner frühen Kindheit in Freiberg all seine Liebe, seine Bewunderung und sein Vertrauen auf seinen Vater konzentrierte und sein Mißtrauen und seine rebellische und feindselige Haltung auf den Bruder verschoben hatte, ohne jedoch aufzuhören, ihn zu lieben. Der junge Mann akzeptierte Führung und Kritik von dem alten Brücke, wie er in jenen frühen Kindheitsjahren in Freiberg bewundernd und voll Ehrfurcht zu seinem Vater aufgeblickt hatte. Gegenüber dem jüngeren Claus könnte er dieselbe Mischung von Liebe und Feindseligkeit, von Bewunderung und Mißtrauen empfunden haben, die seine Beziehung zu seinem Halbbruder gefärbt hatte.«[61]

Was immer die tatsächliche Vermengung von Gründen für den Übertritt in Brückes Institut gewesen sein mag – Freud bereute ihn nie, denn er erinnerte sich: »Im physiologischen Laboratorium von Ernst Brücke fand ich endlich Ruhe und volle Befriedigung, auch die Personen, die ich respektieren und zu Vorbildern nehmen konnte.«[62]

In Brückes Laboratorium traf Freud auch zum erstenmal mit Josef Breuer zusammen, dem Arzt, der, wie er später sagen sollte, »die Psychoanalyse ins Leben rief«[63]. Breuer, der 14 Jahre älter als Freud war, hatte seit 1871 eine gutgehende Privatpraxis in Wien aufgebaut und befand sich auf der Höhe seiner Schaffenskraft, als die beiden Männer einander in den späten siebziger Jahren begegneten. Als einer der gesuchtesten Ärzte der Stadt beschränkte er seine Interessen nicht auf die Medizin und fühlte sich ebenso in Gesprächen über Musik, Malerei und Literatur zu Hause wie in den Details seines Berufs. Gütig und mitfühlend, führte er ein Leben, das einen glauben lassen

konnte, es sei seine anerkannte Pflicht, alten Damen über die Straße zu helfen.
Breuers kulturelle Interessen zogen Freud an, der später Shakespeare und Kipling in seinen Briefen zitierte, sich rühmte, daß er regelmäßig die Münchener politisch-satirische Wochenschrift *Simplicissimus* las, und oft, wie Fritz Wittels berichtet, aufsprang, die Argumente eines Kollegen unterbrach, nach dem *Faust* griff und rief: »Wir wollen sehen, was der alte Goethe dazu zu sagen hat!« Freud und Breuer fanden Gefallen aneinander, und ihre Beziehung wurde in den nächsten 15 Jahren immer enger. Freud profitierte, so viel er konnte, von der Erfahrung des Älteren, Breuer hielt sich geistig rege durch den jüngeren Mann, für den keine Aufgabe so schwierig war, daß er sie nicht in Angriff nahm, und keine Idee so ausgefallen, daß er sie nicht untersuchte. Ihre Freundschaft und schließlich ihre Zusammenarbeit sollte ein Ergebnis zeitigen, das sich keiner von beiden hätte vorstellen können, als ihre Bekanntschaft zur Freundschaft reifte und aus der Freundschaft berufliche Bewunderung wurde.
Brückes Laboratorium war noch äußerst primitiv, als Freud dort eintrat. Das Institut war im Keller und Erdgeschoß eines alten Gebäudes untergebracht, in dem man einst Gewehre hergestellt hatte. Es bestand aus einem Hörsaal, zwei kleinen angrenzenden Büros und einer Anzahl kleiner Räume, manche ohne Beleuchtung, die für die Experimente dienten. Chemikalien mußten über einem Spirituskocher erhitzt werden, und das Wasser kam aus einem Brunnen, aus dem es der Hausmeister jeden Morgen holte. Hier, unter den allereinfachsten Bedingungen, trug Brücke dazu bei, den Grundstein für die zukünftige Größe Wiens als Zentrum einer medizinischen Schule zu legen. Und hier sollte Freud die ersten Schritte auf dem Wege tun, der ihn über das Studium der Nervenzellen und der Nervenkrankheiten zu den Neurosen im besonderen und schließlich zur Analyse der Psyche führte.
Seine erste Arbeit war die Untersuchung der großen Nervenzellen, die Reißner unlängst im Rückenmark der Ammocoetes (Petromyzon Planeri), der Larve eines Neunauges, entdeckt hatte. Es war eine Untersuchung, die von mehr als nur biologischem Interesse sein konnte und es dann tatsächlich auch war, denn sie war wesentlich für den noch erbitterten Streit um die von Darwin in seiner *Entstehung der Arten* ausgesprochene Annahme, daß die höheren Tiere nur Weiterentwicklungen der niedrigeren seien. Wenn dies zutraf, könnte das Nervensystem zeigen, daß das menschliche Gehirn zwar einen komplizierteren Mechanismus darstellte als das der niedrigeren Lebensformen, aber nichtsdestoweniger einen, der aus ähnlichen Grundeinheiten aufgebaut

war. So begann Freud nun, wenn auch unfreiwillig, nach Antworten zu suchen, die, wie ein Autor schrieb, Licht »auf die Natur des Menschen, die Existenz Gottes und den Sinn des Lebens«[64] werfen würden. Innerhalb einiger Wochen hatte er entdeckt, daß hintere sensorische Nerven tatsächlich von einigen der Reißnerschen Zellen ausgingen. Von Brücke ermutigt, schrieb er rasch einen vorläufigen Bericht, führte eine weitere und gründlichere Untersuchung durch und wies in einem zweiten Bericht schlüssig nach, daß sich das Nervensystem der niederen Tiere allmählich und ohne wahrnehmbare Grenzlinie zu dem der höheren entwickelt hatte.

Seine nächste Arbeit war ähnlicher Art. Diesmal waren es die Nervenzellen von Flußkrebsen, deren Bau er untersuchte, und dabei wandte er eine neue und schwierige Technik der mikroskopischen Beobachtung lebender Gewebe an. Bei beiden Untersuchungen leistete er eine Arbeit, die einen unmittelbaren Bezug nicht nur auf die von Darwin ausgelösten Kontroversen, sondern auch auf das Rätsel des Mechanismus der Nerventätigkeit hatte, ein Gegenstand, der ihn schon zu fesseln begonnen hatte. Er schrieb an Silberstein:

»Mein Dämon hat mich angetrieben, in den Ferien das Laboratorium von Stricker [Salomon Stricker, Professor der allgemeinen und experimentellen Pathologie] aufzusuchen, wo ich freundlich empfangen und mit guten Themata versehen wurde. Ich arbeite jetzt mikroskopisch über die Nerven der Speicheldrüse und bin ganz sicher, etwas zu finden. Nicht so sicher, etwas zu publizieren, denn das Thema ist höchst dankbar, höchst populär, und es ist leicht möglich, daß mir jemand zuvorkommt, während ich nicht sagen kann, wann ich etwas finden werde. Vom nächsten Monat an werde ich endlich auch zu experimentieren beginnen, ebenfalls über Speichelsekretion an Hunden.«[65]

Die Bemerkung über das Publizieren ist bezeichnend. Wenn die Wahrscheinlichkeit bestand, daß er nicht der erste auf diesem Gebiet sein würde, wollte Freud zu etwas anderem übergehen. So verständlich sie ist, wenn der Erfolg am Beginn der Karriere weitgehend von Veröffentlichungen abhing, läßt diese Bemerkung dennoch schon früh seine Entschlossenheit erkennen, sich auszuzeichnen. Im Laufe des folgenden Jahres und 1880 kehrte er noch einmal zum Nervensystem des Flußkrebses zurück und kam dabei der Erkenntnis nahe, daß die anatomische und funktionelle Grundeinheit des Nervensystems die individuelle Zelle mit ihren Fortsätzen, das Neuron, ist. Aber diese Entdeckung blieb Wilhelm von Waldeyer im Jahre 1891 vorbehalten.

Er hatte nun ein Jahr Militärdienst vor sich, das erste von zweien, die alle wehrfähigen Österreicher abzuleisten hatten. Für Medizinstudenten war dieses Jahr eher langweilig als anstrengend. Ihre Pflichten bestanden darin, in Spitälern zu assistieren, und zwischen den Dienststunden wohnten sie zu Hause. Freud saß nichtsdestoweniger, nachdem er achtmal hintereinander unbeurlaubt dem Dienst ferngeblieben war, an seinem 24. Geburtstag, dem 6. Mai 1880, im Arrest.

Wenigstens ein Teil dieses Dienstjahres wurde jedoch vorteilhaft genutzt. Seine frühere Begeisterung für Brentano trug nun Früchte, und er erhielt den Auftrag, einen Band von John Stuart Mill ins Deutsche zu übersetzen. Theodor Gomperz, Professor der klassischen Philologie an der Universität und eine bekannte Persönlichkeit in der Wiener Gesellschaft, gab damals eine deutsche Gesamtausgabe heraus. Eduard Wessel, ein Übersetzer, der eben mit dem 12. Band beginnen sollte, war plötzlich gestorben, und Gomperz erwähnte Brentano gegenüber, daß er einen Ersatz suchte. »Brentano ... nannte meinen Namen«, erinnerte sich Freud 1932 in einem Brief an Heinrich Gomperz, den Sohn des Professors, und während des Herbstes und Winters 1880 wurde die Langeweile des Militärdienstes durch zumindest eine geistige Aufgabe erleichtert. Seine Methode bestand darin, daß er einen Abschnitt las, bei geschlossenem Buch überlegte, wie ein deutscher Autor die Gedanken ausgedrücken würde, und sie dann deutsch niederschrieb.

Mill sagte Freud zu – mit einer Ausnahme. Mit seiner Einstellung eines Deutschen des 19. Jahrhunderts konnte er die Anerkennung der Gleichheit der Frauen durch den englischen Philosophen niemals ernst nehmen. Er hatte seine Anschauungen schon fünf Jahre zuvor mit Nachdruck ausgesprochen, als er Silberstein wegen einer kleinen Affäre mit einem sechzehnjährigen Mädchen ins Gebet nahm. »... ein denkender Mensch ist sein eigener Gesetzgeber, Beichtvater und Absolvator«, erklärte er seinem Freund streng. »Doch die Frau und gar das Mädchen hat den Maßstab der Ethik nicht in sich, sie kann nur recht handeln, wenn sie die Grenze der Sitte einhält, das beobachtet, was die Gesellschaft als geziemend anerkannt hat. Eine Auflehnung gegen die Sitte wird ihr nie verziehen – vielleicht mit Recht.«[66]

Als er nun Mill übersetzte, weigerte er sich, den Gedanken ernst zu nehmen, daß eine verheiratete Frau ebensoviel verdienen könnte wie ihr Ehemann. In dieser Hinsicht sollte er zu seiner Verlobten sagen: »Nein, ich bleibe hier bei dem Alten, bei der Sehnsucht nach meiner Martha, wie sie ist, und sie wird's selbst nicht anders wollen; Gesetzgebung und Brauch haben den Frauen viel vorenthaltene Rechte zu geben, aber die Stellung der Frau wird keine andere sein können, als sie ist, in jungen Jahren ein angebetetes Liebchen, und in reiferen Jahren ein geliebtes Weib.«[67]

Aber die geliebte Frau hatte auch aufmerksam und gehorsam zu sein. »Vor einigen Wochen habe ich mich an einer Gasthaustafel in einem Tiroler Höhenkurort heftig über meine liebe Frau geärgert, die mir nicht reserviert genug gegen einige Nachbarn war, mit denen ich durchaus keinen Verkehr anknüpfen wollte«, schrieb er etwa 14 Jahre nach der Hochzeit. »Ich bat sie, sich mehr mit mir als mit den Fremden zu beschäftigen.«[68]

Es steckte ein gut Teil Herablassung in einigen anderen Äußerungen Freuds zu diesem Thema. »Das Weib, dem die Kultur die schwere Last (besonders die der Fortpflanzung) auferlegt habe, müsse milde und tolerant beurteilt werden in den Punkten, wo es gegen den Mann zurückgeblieben sei«, heißt es in der Wiedergabe eines Diskussionsbeitrags Freuds nach dem Vortrag eines Kollegen.[69] Er hielt an seiner Überzeugung fest. Ein halbes Jahrhundert später sollte er verkünden, daß »man dem Weib wenig Sinn für Gerechtigkeit zuerkennen muß ... daß ihre [d. h. der Frauen] soziale Interessen schwächer und ihre Fähigkeit zur Triebsublimierung geringer sind als die der Männer«[70]. Und damit es in dieser Angelegenheit keinen Zweifel gab, wiederholte er diese Ansichten einem amerikanischen Besucher gegenüber, der fragte, ob es nicht besser wäre, wenn beide Partner einer Ehe gleich wären. »Das ist unmöglich«, antwortete Freud. »Es muß eine Ungleichheit geben, und die Überlegenheit des Mannes ist von beiden Übeln das geringere.«[71]

Freuds antifeministische Einstellung, deretwegen er wiederholt von den Frauenbewegungen heftig angegriffen wurde, spiegelte genau die herkömmlichen Anschauungen des Europas des 19. Jahrhunderts im allgemeinen und die Wiens im vorigen Jahrhundert im besonderen wider. Sein Unvermögen, sich mit dem Wandel der Zeit selbst zu ändern, war zum Teil zweifellos das Ergebnis einer außerhalb seines eigenen Fachgebiets eingefleischt konservativen Natur. Später, als man hätte erwarten können, daß er sich großzügigere Ansichten zu eigen machte, wurden sie durch einen Wesenszug, den er in seinem sich entwickelnden Bild der weiblichen Psyche entdeckte, bekräftigt: den Penisneid. Nach Freud erklärte dieser die Tatsache, »daß Neid und Eifersucht im Seelenleben der Frauen eine noch größere Rolle spielen als bei den Männern«[72]. Das wurde einmal für bare Münze genommen und erst recht befolgt – bis zu dem Punkt, wo »die Überlegenheit des Mannes von beiden Übeln das geringere ist«.

Die Mill-Übersetzung war für Freud eine angenehme und gewinnbringende Nebenbeschäftigung während seiner Militärdienstzeit. Einige Male bekam er Urlaub, und während eines solchen Urlaubs fuhr er nach

Freiberg, vielleicht auch in den in der Nähe gelegenen »bescheidenen Kurort«, von dem er später noch einmal im Zusammenhang mit Alfred Adler in der *Neuen Folge der Vorlesungen zur Einführung in die Psychoanalyse* sprechen sollte. Er hatte diesen Kurort Anfang der neunziger Jahre anläßlich der Erkrankung einer nahen Verwandten noch einmal aufgesucht und aus beruflichem Interesse mit dem Kurarzt über die Behandlung seiner Patienten – außerhalb der Saison meist slowakischer Bauern – gesprochen. Jeder, berichtete Freud, schildert dem Arzt seine Beschwerden, Kreuzschmerzen oder Magenkrämpfe oder Müdigkeit in den Beinen. »Dann untersucht er ihn, und nachdem er sich orientiert hat, ruft er ihm die Diagnose zu, in jedem Fall die nämliche. Er übersetzte mir das Wort, es heiße soviel wie ›verhext‹. Ich fragte erstaunt, ob die Bauern denn keinen Anstoß daran nahmen, daß er bei allen Kranken denselben Befund habe. ›O nein‹, erwiderte er, ›sie sind sehr zufrieden damit, es ist das, was sie erwartet haben. Jeder, der in die Reihe zurücktritt, deutet den anderen durch Mienen und Gebärden: ›Ja, das ist einer, der's versteht.‹«[73] Diese Behandlung verglich nun Freud in seiner Vorlesung mit Adlers System der Individualpsychologie.

Nach der Rückkehr vom Militärdienst zum Leben an der Universität entschloß er sich endlich, seinen Doktor der Medizin zu machen. Trotz des eifrigen Wunsches, den Menschen zu helfen, den er nach seinem Besuch in England ausdrückte, hatte er bisher keine besondere Begeisterung für das Leben eines Arztes gezeigt. Er betrieb sein Medizinstudium, wie er zugab, »sogar recht nachlässig«[74]. Er hatte verschiedene Gebiete der medizinischen Forschung sondiert, ohne sich ernsthaft für eines zu entscheiden. Und aus den, zugegebenermaßen fragmentarischen, erhaltenen Beweisen geht hervor, daß es nicht so sehr sein Ziel war, sich auf einem erwählten Gebiet auszuzeichnen, sondern wo immer sich eine aussichtsreiche Gelegenheit bot. Er zweifelte nie daran, daß er eine Mission hatte; er wußte nur noch nicht recht, welcher Art sie war.

Er hatte jedoch gute Gründe, sich als Arzt zu qualifizieren. Die meisten Wissenschaftler, die er bewunderte, hatten ihren Dr. med. gemacht, auch wenn sie nur selten oder nie praktizierten. Außerdem mußte er an seinen eigenen Ruf denken: seine Bekannten betrachteten ihn als einen Bummler und zweifelten daran, daß er durchkommen werde.

Freud kam durch, aber er scheint Glück gehabt zu haben. Die mündliche Prüfung beschrieb er seinem Freund Carl Koller: »Ich glaube an keine irdische Gerechtigkeit mehr, denn ich habe Ihnen gehorsamst zu melden, daß ich noch immer nicht durchgefallen bin...« Er hatte Zweifel hinsichtlich des Ausgangs gehabt und sich vor allem wegen der Pharmakologie Sorgen gemacht. Dann aber hatte er seinen ganzen Mut zusammengenommen. »Ein Anfall von Kollaps war bald überwunden«, fuhr er in seinem Brief an Koller nach einer Abschweifung fort, »und ich begab mich aufs Schlachtfeld mit dem Vorsatz, mich meines Lebens in allen Dingen zu wehren und in Pharmakologie unbehindert zu schweigen. Die Nähe des Kampfplatzes übte die gewöhnliche benifizierte Wirkung auf mich aus, ich war munter, keck und zuversichtlich. Bei Sigmund [Dr. Karl Sigmund, Ritter von Ilanor, Professor der Dermatologie] eroberte ich mit einer klinischen Darstellung der Masern eine rasche Auszeichnung. Nun kam der Schlemil historicus. [Schlemi(h)l = Pechvogel, offenbar ein Spitzname Freuds für einen der Professoren.] Mit seiner gewöhnlichen Ungeschicklichkeit verlangte er nur eine spezielle Auskunft: Hirnblutungen. Das war eine bewegte Debatte, ich konnte kaum das unschuldigste Abstractum gebrauchen, ohne daß er mir bemerkte, das ist nicht wahr, eine Phrase, usw. Ich habe mir was dabei gedacht, sagte ich. Überlegen Sie sich das besser, so werden Sie's selbst einsehen, meinte er.«[75]

Am folgenden Tag berichtete er seinem Freund die vollständigen Resultate. »Ausgezeichnet in pathologischer Anatomie, allgemeiner Pathologie und Gastro-Enterologie; dagegen 4 Genügend. In Pharmakologie, muß ich hinzusetzen, blieb ich keine Frage schuldig, aber ich konnte den Eindruck, daß ich gar nichts gelernt habe, nicht vermeiden, da es immer lange Zeiten brauchte, bis ich mir die entsprechende Antwort zusammenkombiniert hatte.«[76]

Ebenso gut schnitt er bei den schriftlichen Prüfungen ab, deren es drei gab. Die erste, in Chemie, Botanik und Zoologie, wurde von seinem Freund Ernst von Fleischl-Marxow abgehalten. Das war sein Glück. Freud hatte wenig Begabung für die Chemie, und in Botanik gelang es ihm nicht, eine einfache Blume zu identifizieren. Irgendwie bekam er trotzdem ein »Ausgezeichnet«. Am Nachmittag gab es nur ein »Genügend« in Gerichtsmedizin, so daß das endgültige Ergebnis von der dritten Prüfung abhing, die erst einige Monate später stattfand. Er scheint aber nur wenig von der verfügbaren Zeit auf die Vorbereitungen verwandt und sich statt dessen auf sein fotografisches Gedächtnis verlassen zu haben. Und das genügte dann auch.

Später, im Frühjahr 1881, wurde er im Rahmen einer eindrucksvollen Zeremonie in der Alten Universität zum Doktor promoviert. Seine Familie war anwesend, ebenso Richard Fluß, einer der drei Brüder Giselas, und auch Frau Fluß und ihr Mann waren gekommen.

3
Der entschlossene Arzt

So habe ich als Feldherr den menschlichen Körper ausgeteilt.

Freud in einem Brief an Martha Bernays

Freuds Doktordiplom änderte zunächst wenig an seinem Leben oder seinen Aussichten. Im Mai 1881 wurde er in Brückes Institut zum Demonstrator befördert, und zur selben Zeit begann er nebenbei in Carl Ludwigs Chemischem Institut an Gasanalysen zu arbeiten. Aber die Zukunft sah so ungewiß aus wie zuvor. Finanziell war er ständig in Nöten, und er hielt sich nur durch Anleihen bei bessergestellten Freunden über Wasser. Er glaubte immer noch, daß irgendwo in der medizinischen Forschung eine große Gelegenheit darauf wartete, ergriffen zu werden, eine Technik oder ein Verfahren, dessen Wert er allein zu erkennen und zum Wohle der Welt und Sigmund Freuds zu entwickeln verstand. Für andere war er ein angenehmer, aber nüchterner junger Mann, der den Bus verpaßt zu haben schien.

Das änderte sich im Sommer 1882, nachdem er seine früheren Studien des Flußkrebses beendet hatte und im Institut Routinearbeit erledigte. Der Bericht, den Freud in seiner kurzen *Selbstdarstellung* gibt, ist irreführend. »Die Wendung kam 1882, als mein über alles verehrter Lehrer den großmütigen Leichtsinn meines Vaters korrigierte, indem er mich mit Rücksicht auf meine schlechte materielle Lage dringend mahnte, die theoretische Laufbahn aufzugeben. Ich folgte seinem Rate, verließ das physiologische Laboratorium und trat als Aspirant in das Allgemeine Krankenhaus ein.«[1]

Der entscheidende Punkt, den er ausließ, ist, daß er sich verliebt hatte, erkannte, daß ihm die Forschung aller Wahrscheinlichkeit nach kein Einkommen bot, mit dem er heiraten konnte, und daß er widerstrebend begonnen hatte, die zwei oder drei Jahre praktischer Erfahrung zu erwerben, die für eine einträgliche Stellung in einem Krankenhaus oder für die Eröffnung einer eigenen Praxis nötig waren. Das potentielle Genie war endlich durch einen Sporn, der nicht stärker war als ein gewöhnlicher biologischer Impuls, zur Aktivität angestachelt worden.

Im Frühjahr 1882 wohnte er noch zu Hause. Er kam jeden Abend vom Institut heim und widmete der Familie immer nur einen kurzen Gruß, bevor er sich in sein langes, schmales Arbeitszimmer zurückzog. Auch als er später im Krankenhaus wohnte und nur an den Wochenenden nach Hause kam, ging er, eventuell mit Freunden, die ihn begleiteten, geradewegs in sein Arbeitszimmer. »Man sollte meinen«, schrieb seine älteste Schwester mit Bedauern, »daß die Anwesenheit von fünf jungen Frauen im Haus eine gewisse Anziehung auf diese jungen Männer ausgeübt hätte, aber sie schienen weniger an Unterhaltung interessiert zu sein als an wissenschaftlichen Diskussionen mit unserem gelehrten Bruder und verschwanden in seinem Zimmer, ohne mehr als einen flüchtigen Blick auf eine von uns zu werfen.«[2]

Freud scheint sich den Freundinnen seiner Schwestern gegenüber ebenso verhalten zu haben, und seine Reaktion an einem Aprilabend des Jahres 1882 war daher völlig unerwartet. Als er nach Hause kam, sah er ein junges Mädchen, das mit den anderen Mitgliedern seiner Familie plauderte und einen Apfel schälte. Anstatt schnurstracks in sein Zimmer zu gehen, setzte er sich zu ihnen.

Die Besucherin war Martha Bernays, die einundzwanzigjährige Tochter deutscher Juden, die 1869 nach Wien übersiedelt waren. Ihr Vater, Berman Bernays, war 1879 gestorben, und die Stelle des Familienoberhaupts war von seinem Sohn Eli übernommen worden, der als Berater seiner beiden Schwestern, Martha und Minna, fungierte. Die Bernays waren eine vornehme Familie. Marthas Großvater war in den vierziger Jahren Oberrabbiner von Hamburg, Berman Bernays war Kaufmann gewesen. Seine Witwe und seine Kinder waren in den achtziger Jahren offensichtlich wohlhabender als die Freuds, und die beiden Familien besuchten einander, offenbar aber erst seit kurzem.

Martha Bernays war schlank und selbstbewußt, und sie trug ihr langes dunkles Haar streng aus dem schmalen Gesicht zurückgekämmt. Sie verband einen starken Willen mit – nach ihrer Heirat – einem bedingungslosen Gehorsam gegenüber ihrem Mann. Innerlich war sie in bezug auf die Religion ebenso wie auf die Psychoanalyse nicht seiner Meinung, aber sie schwieg klugerweise. Sie hatte bereits mindestens einen Bewerber abgewiesen, erlag aber rasch den Liebesschwüren des jungen Freud, in dem die abendliche Begegnung Liebe auf den ersten Blick erweckt hatte.

Freuds Entschluß, Martha Bernays zu heiraten, sobald es die Umstände erlaubten, war eine jener unüberlegten Handlungen, die er Jahre später einem Freund gegenüber rechtfertigte. »Wenn ich eine Entscheidung von geringerer Bedeutung traf«, sagte er, »fand ich es immer vorteilhaft, alle Für und Wider reiflich zu überlegen. In lebenswichtigen Dingen dagegen, bei der Wahl eines Partners oder eines Berufs, sollte die Entscheidung aus dem Unbewußten kommen, von irgend woher in uns selbst. Bei den wichtigen Entscheidungen unseres persönlichen Lebens sollten wir, meine ich, von den tiefen inneren Bedürfnissen unserer Natur geleitet werden.«[3] Martha war vorsichtiger. Dennoch verlobte sich das Paar ohne Wissen der beiden Familien am 17. Juni, am Vortag der Abreise Marthas zu einem zehnwöchigen Besuch bei Verwandten in Hamburg-Wandsbek. Freud folgte im Juli, verbrachte zehn Tage in Wandsbek und traf sich nur heimlich mit seiner Verlobten.

Seine Ehe mit Martha Bernays, die erst 1886, nach vier Jahren beinahe ununterbrochener Trennung geschlossen wurde, kann als Beweis für die Behauptung gelten, daß hinter jedem großen Mann eine Frau steht. Als Herrin seines Hauses führte sie den Haushalt streng seinen beruflichen Forderungen entsprechend; in ihrer Einstellung zur Sache, zur Begründung und Entwicklung der Psychoanalyse, verhehlte sie pflichtschuldig ihre Ungläubigkeit und gestattete sich nur selten solche Respektlosigkeiten wie die folgende Bemerkung einem Besucher gegenüber: »Glauben Sie wirklich, man kann die Psychoanalyse bei Kindern anwenden? Ich muß gestehen, wenn ich nicht wüßte, wie ernst mein Mann seine Behandlungen nimmt, würde ich glauben, die Psychoanalyse sei eine Form von Pornographie!«[4] Sie gebar die Kinder, die er so liebte, und blieb widerspruchslos die gehorsame Ehefrau, in der er bis ans Ende seiner Tage die vom Schicksal bestimmte Rolle jeder erfolgreichen Frau sah.

Zwischen seinen Ferien in Freiberg im Sommer 1872 und seiner Begegnung mit Martha zehn Jahre später sieht es so aus, als hätte Freud ein Leben von vergleichsweise mönchischer Zurückgezogenheit geführt. Wie mönchisch es wirklich war, ist nicht klar. Ernest Jones schreibt über die Beziehungen Freuds zu Frauen: »Selbst physische Erlebnisse scheint er nur wenige und in großen Zwischenräumen gehabt zu haben«[5], während Freud selbst dem Amerikaner James Putnam schrieb: »Ich vertrete ein ungleich freieres Sexualleben, wenngleich ich selbst sehr wenig von solcher Freiheit geübt habe. Gerade nur soweit, daß ich mir selbst bei der Begrenzung des auf diesem Gebiet Erlaubten geglaubt habe.«[6]

Nichtsdestoweniger finden Freuds lebenslange und im allgemeinen erfolgreiche Bemühungen, einen Schleier über sein Gefühlsleben und seine sexuellen Erlebnisse zu decken, wahrscheinlich eine andere Erklärung als die, welche sich natürlicherweise als Schlußfolgerung anbieten könnte. Im Alter von 41 Jahren schrieb er an seinen Freund und Beichtvater Wilhelm Fließ: »Auch die sexuelle Erregung ist für einen wie mich nicht mehr zu brauchen.«[7] Sein Unwissen über Frauen und ihre Lebensweise war offenkundig, und er gestand es auch selbst ein. Und als er im Alter gebeten wurde, einen Fragebogen über das Wesen der Liebe außerhalb des geschlechtlichen Bereichs auszufüllen, antwortete er: »Bis heute habe ich noch nicht den Mut gefunden, eine umfassende Feststellung über das Wesen der Liebe zu treffen, und ich glaube, daß unser Wissen nicht ausreicht.«[8] Freud, der einnehmend und äußerlich sehr attraktiv für Frauen war, machte auf niemanden den Eindruck, daß er am anderen Geschlecht mehr als nur ein berufliches Interesse hatte. Für die scharf beobachtende französische Dichterin Anna Elisabeth Comtesse de Noailles blieb er weit hinter den Erwartungen zurück. »Ich sah sie nie enttäuschter als nach ihrer kurzen Unterhaltung [mit Freud]«, schrieb ihre Freundin Maryse Choisy. »›Gewiß‹, rief sie, ›hat *er* nie seine sexuellen Bücher geschrieben. Was für ein schrecklicher Mann! Ich bin sicher, daß er seiner Frau nie untreu war. Das ist geradezu abnormal und skandalös!‹«[9]

In bezug auf Freuds Treue zu seiner Frau gab es nur einen ernsthaften Zweifel. Er betraf seine Schwägerin Minna, die 1895 für einige Monate in das Haus der Freuds kam und ihren Aufenthalt bis an ihr Lebensende verlängerte. Freud sagte, es sei Minna Bernays ebenso wie sein Freund Wilhelm Fließ gewesen, die ihn in seinem Glauben an sich selbst bestärkte, als er angesichts einer geschlossenen Opposition die Psychoanalyse entwickelte. Gewiß hatte Minna Bernays mehr Verständnis und Sympathie für die Psychoanalyse als ihre Schwester. Freud fuhr auch gelegentlich mit seiner Schwägerin in die Sommerferien, und Martha folgte ihnen erst später nach, und manchen Beobachtern fiel es schwer zu glauben, die Beziehung sei rein platonisch gewesen.

Der einzige sogenannte Beweis für das Gegenteil, den selbst die erbittertsten Gegner Freuds vorzubringen vermochten, ist eine angebliche, offenbar in den fünfziger Jahren gemachte Bemerkung C. G. Jungs über sein erstes Zusammentreffen mit der Familie Freud im Jahre 1907. Ihr zufolge sollen sich Martha und Minna an den zweiunddreißigjährigen Jung gewandt und, jede für sich, von Freuds Leidenschaft für seine Schwägerin gesprochen haben. Die Geschichte klingt entschieden unwahrscheinlich, und das gilt auch für die noch weniger begründete Annahme, daß die Betonung des Geschlechtlichen in Freuds Arbeit seine eigenen gierigen Wünsche widerspiegle. Vielleicht war er ein unsublimiert lüsterner junger Mann, aus dem ein unsublimiert lüsterner alter Mann wurde, aber es gibt dafür nicht die Spur eines Beweises, und angesichts seiner bekannten allgemeinen Lebensumstände ist es eindeutig unwahrscheinlich. Ohne das Geheimnis, in das seine Familie seine Papiere zu hüllen versuchte – sicher eine Reflexhandlung, die durch die Angriffe gegen seine Theorien zu seinen Lebzeiten ausgelöst wurde –, wäre diese Vorstellung längst eines natürlichen Todes gestorben.

Obwohl Freuds Zuneigung zu seiner Frau sein ganzes Leben lang anhielt, war ihre Verlobungszeit bisweilen stürmisch, und ihre Beziehung war gelegentlich in Gefahr, an den Klippen seiner Besitzansprüche zu scheitern. Martha hatte ihre Bewunderer und Freunde der Familie, und ihr Verlobter war auf beide beinahe gleich eifersüchtig: eine Haltung, die, wie man angenommen hat, seine psychoanalytische Betrachtung des Künstlers beeinflußte. Zwei der Verehrer waren nämlich der Maler Fritz Wahle und der Komponist Max Meyer, und Freud verriet seine Reaktionen auf sie, als er schrieb: »Ich glaube, es besteht eine generelle Feindschaft zwischen den Künstlern und uns Arbeitern im Detail der Wissenschaft. Wir wissen, daß jene in ihrer Kunst einen Dietrich besitzen, der alle Frauenherzen mühelos aufschließt, während wir gewöhnlich vor den seltsamen Zeichen des Schlosses ratlos dastehen und uns quälen müssen, auch erst für eins den passenden Schlüssel zu finden.«[10]

Dieses frühe Gefühl der Unterlegenheit verdeutlicht, wie Freuds Theorien und Ansichten durch seine eigenen, persönlichen Erlebnisse motiviert werden konnten. Der Künstler Charles Biederman schrieb:

»Hier, denke ich, haben wir eine Situation, die sich zu unbewußtem Material entwickelte, das seinen Einfluß auf Freuds Darstellung der Rolle des Künstlers und seiner Kunst ausüben sollte, nämlich: der Künstler ist einer, der unfähig ist, es mit der Wirklichkeit aufzunehmen, und sich einer Phantasiewelt zuwendet. Diese Phantasie vermag dem Künstler die Befriedigung im Leben zu geben, die ihm die Wirklichkeit verweigert haben würde. Zum Glück scheinen die jenigen, die eine Kunst betreiben, einen Hang und eine Neigung zu den besonderen persönlichen Phantasiebedürfnissen des Künstlers zu haben. Das wiederum löst glücklicherweise die Probleme des Künstlers – Frauen, Ruhm etc.

Der Wissenschaftler jedoch ist im Gegensatz zum Künstler gezwungen, sich ganz mit der Wirklichkeit auseinanderzusetzen; tatsächlich ist gerade das sein eigentliches Lebensblut, so wie es die Phantasie für den Künstler ist. Damit haben wir wieder eines von Freuds berühmten ›Gegensatz-Paaren‹ . . .«[11]

Martha Bernays' Bewunderer waren nicht die einzigen, die Freuds Kritik ausgesetzt waren. Bei Streitigkeiten mit ihrem Bruder Eli, der sich noch vor Ende 1882 mit Freuds ältester Schwester Anna verlobt hatte, bestand Freud darauf, daß Martha für ihn und nicht für ihren Bruder Partei ergriff. Und über Emeline Bernays, Marthas Mutter, schrieb er selbstgefällig: »Ich sehe aber mehr als eine Gelegenheit voraus, mich Mama unangenehm zu machen und werde dem gar nicht aus dem Wege gehen.«[12] Wenn Martha für ihre Mutter eintrat, reagierte Freud heftig. Frau Bernays war »die rücksichtsloseste Feindin unserer Liebe«.[13] Diese übertrieben dramatischen, aber zweifellos wirkungsvollen Worte scheinen Freuds frühe Antipathie gegen die Familie Bernays allgemein widergespiegelt zu haben. Seinen eigenen Angehörigen war er sehr zugetan, und unter anderem bezeugen seine Hunderte von Briefen in der »Library of Congress«, wie sehr er darauf bedacht war, daß der Schirm der Familie Freud nicht nur die angeheirateten Verwandten beschützte, sondern bei einer zweiten Heirat nach einem Todesfall auch noch diejenigen, die er als Ehrenmitglieder der Familie betrachtete. Diese Gefühle brachte er aber nur zögernd den Bernays entgegen.

Von solchem Zögern war jedoch nichts zu merken, als er daran ging, die Pläne auszuführen, die es ihm schließlich ermöglichen sollten, Martha zu heiraten. Er handelte rasch. Nachdem er Mitte Juni seine Anstellung bekommen hatte, trat er schon einen Monat später in das Wiener Allgemeine Krankenhaus ein. Dort sollte er die nächsten drei Jahre seines Lebens verbringen, in denen er einen großen Teil der Zeit an einem Schreibtisch saß, über dem das dem heiligen Augustinus zugeschriebene Motto hing: »*En cas de doute, abstiens-tois*« (Im Zweifelsfalle laß die Hände davon). Während dieser Zeit war die Ehe mit Martha das Ziel aller Hoffnungen und Ambitionen, und um dieses Ziel zu erreichen, suchte er eifrig nach irgendwelchen Ideen, Verfahren oder Entdeckungen, die seinen Aufstieg beschleunigen und den Weg entweder zu einer bedeutenderen Stellung im Krankenhaus oder zu der Aussicht auf Erfolg in einer Privatpraxis ebnen konnten.

Das Allgemeine Krankenhaus war ein geeigneter Ort für einen so ehrgeizigen Mann. Es erstreckte sich über eine Stadtfläche von rund einem Quadratkilometer und beherbergte auf den verschiedenen Stationen gewöhnlich mehr als 3000 Patienten, die nicht nur aus der Hauptstadt selbst, sondern aus den fernsten Gegenden der Monarchie und sogar aus Asien und Afrika kamen. Fälle, die man anderswo vielleicht einmal im Leben zu sehen bekam, waren hier häufig, und für einen Arzt mit großen Ideen gab es nur wenige bessere Ausbildungsstätten in Europa. Aber die Zustände im Krankenhaus waren haarsträubend. Es gab nur eine beschränkte Gasbeleuchtung, so daß die Patienten in den Wintermonaten einen großen Teil der Zeit im Dunkeln verbrachten. Die Operationen wurden manchmal bei Kerzenlicht durchgeführt, und sogar die Zimmer, in denen Lungenkranke lagen, waren während der täglichen Reinigung von Staubwolken erfüllt. Aber hier hatte allen Umständen zum Trotz eine Handvoll Ärzte den großen Ruf der Wiener Medizin aufgebaut und war nun dabei, ihn zu festigen.

In den ersten zwei Monaten arbeitete Freud in der chirurgischen Abteilung, aber er fand das sehr ermüdend und nicht nach seinem Geschmack – die Abneigung gegen den Anblick von Blut spielte dabei vermutlich eine Rolle –, und er bewarb sich um einen Posten als Assistent bei Hermann Nothnagel, der unlängst aus Deutschland gekommen war, um die Abteilung Innere Medizin zu übernehmen. Nothnagel, ein Mann mit dem Ruf, ein harter Arbeiter zu sein – »wer mehr als fünf Stunden Schlaf braucht, soll nicht Medizin studieren«[14], lautete eine seiner Maximen – war eine fürchtenswerte Gestalt. »Ein germanischer Waldmensch«, berichtete Freud Martha. »Ganz blondes Haar, Kopf, Wangen, Hals, Augenbrauen ganz unter Haar gesetzt und zwischen dem Haar und dem Fleisch kaum ein Farbenunterschied. Zwei mächtige Warzen an der Wange und an der Nasenwurzel; nichts von Schönheit, aber ganz gewiß etwas Besonderes.«[15]

Freud hatte zu seiner Unterredung mit Nothnagel Exemplare seiner veröffentlichten Artikel und ein Empfehlungsschreiben von Professor Theodor H. Meynert, dem Leiter der psychiatrischen Klinik des Krankenhauses mitgebracht. Meynert, einer der größten Hirnanatomen Europas, war der Statur und dem Temperament nach ein gewaltiger Mann, sein riesiger Kopf mit dem gegabelten Bart verlieh ihm ein mephistophelisches Aussehen. Seine Einstellung gegen die Hypnose sollte ihn binnen weniger Jahre aus einem Bewunderer Freuds in einen eingeschworenen Gegner verwandeln.

Nothnagel war von Freuds Artikeln ebenso beeindruckt wie von dem Brief Meynerts, und eine Woche später wurde der junge Mann in seine Abteilung versetzt. Dort blieb er sechseinhalb Monate, bis er im Mai 1883 in Meynerts psychiatrische Klinik eintrat, wo er zwei Monate auf der Männer- und danach drei Monate auf der Frauenstation arbeitete. Darauf folgten einige Monate in der Abteilung für Hautkrankheiten, und schließlich wechselte er in die Abteilung für Nervenkrankheiten über, wo er blieb, bis er das Krankenhaus im Sommer 1885 verließ.

Einige Zeit, bevor Freud endlich bei der Neurologie angelangt war, hatte er einen neuen Anreiz erhalten, sich zu beeilen, um eine Eheschließung zu ermöglichen. Die Familie Bernays sollte wieder von Wien nach

Hamburg zurückkehren, und diesem Umzug widersetzte er sich mit aller Macht und einer offenen Verurteilung der Pläne seiner zukünftigen Schwiegermutter. Die beabsichtigte Übersiedlung, beklagte er sich bei Minna, die sich mittlerweile mit seinem Freund Ignaz Schönberg verlobt hatte, geschehe »einer exquisiten Laune zuliebe, gleichgültig, ob sie Dich und Schönberg, mich und Martha dadurch auf lange Jahre trennt. Das ist gewiß kein Edelmut, doch auch keine Schlechtigkeit; das ist einfach der Anspruch des Alters, die Rücksichtslosigkeit des energischen Alters . . .«[16] Und noch mehr dieser Art. Es war ein leidenschaftliches Plädoyer, nicht ganz Deutschland zwischen ihn und seine Verlobte zu bringen.

Die Bernays zogen dennoch um, und die Trennung ließ es Freud noch notwendiger erscheinen, eine Entdeckung zu machen oder wenigstens Beobachtungen, die Material für weitere wissenschaftliche Abhandlungen lieferten, diese Passierscheine zum Erfolg, den er nie aus den Augen verlor. »Es ist schwer, etwas zu publizieren«, beklagte er sich Martha gegenüber im Januar 1884, »und ich sehe mit Ärger, wie alle Leute sich auf das Erbe der Nervenkrankheiten stürzen.«[17] Aber er suchte nicht nach dem Durchschnittlichen. »Der Mensch muß von sich reden machen«[18], erklärte er. Und eine Woche später klagte er, nachdem er einen Vortrag vor Kollegen im Krankenhaus geschildert hatte: »Ach, jetzt kommt die Sorge, sich zu behaupten, Neues zu finden, was die Welt in Atem hält und was nicht nur die Anerkennung weniger, sondern auch den Zulauf der vielen, des geldzahlenden Publikums einträgt.«[19] Sicherlich würde sich eines Tages etwas bieten, etwas, was unerwartet, überraschend und seltsam genug war, um die Ehe näherzubringen, eine Hoffnung, die neue Nahrung fand, als im Oktober 1883 seine älteste Schwester Anna Marthas Bruder, Eli Bernays, heiratete.

Ein Brief, den er Martha im Herbst 1883 schrieb, läßt seine Verfassung erkennen:

»In meinem Hirn gibt's wundersame Einquartierung. Fälle, Theorien, Diagnostik, Formeln beziehen die meist leer gestandenen Hirnräumlichkeiten, die ganze Medizin wird mir flüssig und geläufig, da hausen die Bakterien, die sich bald grün, bald blau färben, da fahren die Ratschläge gegen die Cholera auf, die alle sich sehr schön lesen, wahrscheinlich alle nichts taugen; am lautesten tönt der Ruf: Tuberkulose! Ist sie ansteckend, ist sie erworben, wo kommt sie her, hat Meister Koch in Berlin recht, zu sagen, daß er das Stäbchentier gefunden hat, was sie erzeugt?«[20]

Einige Monate lang hingen seine Hoffnungen an einem neuen Verfahren, das er erdacht hatte, um neurologische Schnitte für die mikroskopische Untersuchung zu härten und zu färben. Manchmal war er optimistisch, obwohl er gewöhnlich darauf bedacht war, eine Einschränkung hinzuzufügen, wenn er an Martha schrieb: »Laß Dich nicht betrüben, wenn ich wieder einmal schreibe, es geht nicht; zum Finden gehört Geduld und Zeit und Glück, aber so fängt's immer an, wenn etwas herauskommt.«[21] Brücke war bei einer Vorführung des Färbeverfahrens zugegen und bemerkte ermutigend: »Ja so, Sie werden ja noch durch Ihre Methoden allein berühmt werden.«[22] Und im März 1884 wurde die Methode im *Centralblatt für die medizinischen Wissenschaften* beschrieben. Aber als Freuds Freund Ernst von Fleischl-Marxow ihm riet, die nächsten sieben Jahre darauf zu verwenden, sie weiterzuentwickeln, antwortete er ihm, bis dahin wäre er längst verhungert. Breuer, der das Verfahren prüfte, bemerkte weise: »Jetzt haben Sie die Waffe, ich wünsche Ihnen einen glücklichen Krieg«[23], und veranlaßte Freud mit diesen Worten, Martha zu schreiben, wenn er den Krieg gewinne, würden »die Jahre des Wartens für meine Süße abgekürzt werden«[24]. Als Freud den Erfolg in der Ferne sah, versammelte er Freunde um sich, die ihm helfen sollten, und arbeitete auf eine Weise, die die zwei Jahrzehnte später entstehende Wiener Psychoanalytische Vereinigung vorauskündete. Jeder der Freunde wurde dazu überredet, das neue Färbeverfahren für einen anderen Zweck zu verwenden, der eine für das Gehirn, ein anderer für die Haut, wieder ein anderer für die Blase. »So habe ich als Feldherr den menschlichen Körper ausgeteilt«[25], berichtete er Martha.

Die ersten Versuche waren ermutigend. Freud beschrieb seine Methode in einer anderen medizinischen Zeitschrift und in einem Artikel in *Brain: A Journal of Neurology*, und Bitten um Übersetzungen kamen bald auch aus anderen Ländern. Schließlich zeigte es sich jedoch, daß der Erfolg zu sehr von der Geschicklichkeit desjenigen abhing, der das Verfahren anwandte. Freuds Idee fand keinen Anklang, und seine Hoffnungen erwiesen sich als vergebens.

Die fünf Monate in Meynerts Psychiatrischer Klinik waren die einzige Erfahrung, die Freud im Allgemeinen Krankenhaus auf diesem Gebiet der Medizin sammeln konnte. Einige spätere Kommentatoren halten das für einen Glücksfall. »Hätte er mit der Psychiatrie seiner Zeit begonnen«, schrieb A. A. Brill, sein amerikanischer Übersetzer, »so wäre er sicherlich entmutigt worden, und vielleicht wäre er zu seiner ursprünglichen Absicht, Jura zu studieren, zurückgekehrt.«[26]

Gegen Ende der fünf Monate bat Freud Breuer um Rat. Sollte er sich darauf konzentrieren, Facharzt zu werden, fragte er, oder sollte er lieber eine Allgemeinpraxis anstreben? Er zog offensichtlich eine Spezialisierung vor, aber es war ihm klar, daß sie ihn an Wien binden würde, während sich für den praktischen Arzt mehr Gelegenheiten boten und seine Aussichten, heiraten zu können, dementsprechend größer waren. Breuer riet ihm, noch keine endgültige Entscheidung zu treffen, sich auf das zu spezialisieren, was ihn wirklich anzog, sich aber gleichzeitig mit dem Gedanken abzufinden, daß er schließlich vielleicht doch als gewöhnlicher praktischer Arzt werde arbeiten müssen.

Tags darauf suchte Freud um Versetzung in die Abteilung für Nervenkrankheiten an. Er nahm seine Arbeit am ersten Tag des Jahres 1884 auf, und eine Woche später konnte er Martha berichten: »Ich habe heute endlich meine Krankengeschichten in Ordnung gebracht und einen Nervenfall zu studieren begonnen, also der Beginn einer neuen Ära!«[27] Vor Ende des Monats schloß er, wie er sagte, seine erste klinische Veröffentlichung ab, und Mitte Februar hielt er einen Vortrag vor dem Psychiatrischen Verein. »Denk Dir also Deinen scheuen Liebsten, wie er vor dem gestrengen Meynert und einer Versammlung von Irrenärzten und einigen Kollegen sich bemüht, eine seiner früheren Arbeiten, dieselbe, welche von Professor Kupffer [Dr. Karl Wilhelm von Kupffer, Professor der Anatomie an der Wiener Universität] übersehen worden ist, zu Ehren zu bringen.«[28]

Er brauchte nicht lange, um festen Boden unter den Füßen zu bekommen, und zwei Monate später war er zuversichtlich genug, um zu schreiben: »Dazu kommt ..., daß ich auf einem Felde der Wissenschaft selbständig genug bin, um ohne weiteren Verkehr und Anleitung Beiträge zu liefern, ich meine in der Kenntnis des Nervensystems ...«[29] Nach wenig mehr als einem Jahr hielt er Vorträge vor Gastärzten, vor allem über die *Medulla oblongata* (das verlängerte Rückenmark), die eine seiner Spezialitäten geworden war. Seine Untersuchungen auf diesem Gebiet sollten das Material für seine Habilitation im Jahre 1885 liefern, und sie waren auch der Gegenstand von drei Abhandlungen, zwei weniger wichtigen und einer bedeutenderen. Letztere, von der M. Allen Starr, der damals am selben Labortisch mit ihm arbeitete, einen Auszug für *The Journal of Nervous and Mental Disease* anfertigte, sollte Freuds Namen in den Vereinigten Staaten bekannt machen.

Er zeichnete sich in der Abteilung für Nervenkrankheiten bald aus und wurde, nachdem sich zwei Ärzte zur Bekämpfung einer Cholera-Epidemie in Montenegro freiwillig gemeldet hatten, zum zeitweiligen Primarius ernannt. Als solcher trug er die volle Verantwortung für 106 Patienten, zwei Schwestern und drei Sekundarärzte.

Während sich Freud nun dem Fachgebiet näherte, auf dem, wie er instinktiv fühlte, seine Zukunft lag, war in Wirklichkeit nicht der Instinkt allein am Werk, sondern er trug, wie er selbst zugab, auch »materiellen Anforderungen . . . Rechnung«[30]. Das Spezialfach der Nervenkrankheiten wurde, wie er schrieb, »damals in Wien wenig gepflegt, das Material war auf verschiedenen internen Abteilungen verstreut, es gab keine gute Gelegenheit, sich auszubilden, man mußte sein eigener Lehrer sein . . . In der Ferne leuchtete der große Name Charcots, und so machte ich mir den Plan, hier die Dozentur für Nervenkrankheiten zu erwerben und dann zur weiteren Ausbildung nach Paris zu gehen«[31].

Doch bevor er Charcot, einem der berühmtesten Ärzte seiner Zeit, begegnete, wurde seine Aufmerksamkeit abgelenkt, und seine Hoffnungen erhielten neuen Auftrieb. Er hatte tatsächlich gute Gründe, allem nachzugehen, was ihm Aussicht auf Ruhm und das Geld bot, das seiner Meinung nach zwangsläufig mit dem Ruhm verbunden war. Sein Gehalt im Krankenhaus war wenig mehr als ein Hungerlohn, und er verdiente sich etwas dazu, indem er Auszüge für eine medizinische Zeitschrift machte. Er hatte einige Schüler, denen er Privatunterricht gab, und durfte sogar, nach damaligem Brauch, gelegentlich Privatpatienten übernehmen, die ihm wohlmeinende Freunde wie Brücke schickten. Aber all das genügte kaum, um ihn vor der Armut zu bewahren. Er war immer noch weitgehend auf Anleihen von Kollegen angewiesen: von Josef Paneth und Ernst von Fleischl-Marxow, die beide über ein Vermögen verfügten, und von Josef Breuer, bei dem seine Schulden stetig anwuchsen. Freud wäre kein Mensch gewesen, wenn er nicht ergriffen hätte, was ihm als eine große Gelegenheit erschien.

»Mit einem Projekt und einer Hoffnung trage ich mich jetzt auch, die ich Dir mitteilen will«, schrieb er Martha, »vielleicht wird's ja auch nichts weiter. Es ist ein therapeutischer Versuch. Ich lese von Cocain . . .«[32]. Freuds Interesse war durch Berichte über ein Experiment erweckt worden, das während der Frühjahrsmanöver des deutschen Heeres durchgeführt wurde. Ein Dr. Theodor Aschenbrandt hatte erschöpfte Soldaten mit Kokain behandelt, einem Anregungsmittel, das aus den Blättern der Kokapflanze gewonnen wird. Obwohl es die Indianer in Südamerika, wo der Strauch weit verbreitet ist, seit jeher gebrauchten, war das Kokain in Europa praktisch unbekannt, bis Sir Robert Christison, der schottische Arzt und Toxikologe, kurz bevor er 1882 mit 85 Jahren starb, seine Verwendung als Stimulans in seinen rüstigen letzten Lebensjahren beschrieb, in denen er »besser gehen, laufen oder auf Berge steigen konnte als alle Gleichaltrigen«[33]. Aschenbrandt, der als einer der ersten ernsthaft mit der Droge experimentierte, stellte fest, daß bayrische Soldaten, die als Folge von Anstrengungen oder schwächenden Krankheiten unter Erschöpfung litten, nach der Einnahme von

»Coca« nichtsdestoweniger imstande waren, an Manövern und Märschen teilzunehmen.
Freud las Aschenbrandts Bericht über seine Untersuchungen in der *Deutschen Medizinischen Wochenschrift* und fragte sich, ob die kaum bekannte Droge nicht auch für andere Zwecke verwendet werden könnte. Er schrieb Martha:
»Ich will mir nun das Mittel kommen lassen und auf Grund naheliegender Erwägungen es bei Herzkrankheiten, ferner bei nervösen Schwächezuständen, insbesondere bei dem elenden Zustande bei der Morphiumentziehung (wie bei Dr. Fleischl) versuchen. Vielleicht arbeiten schon viele andere damit, vielleicht taugt es nichts. Aber das Versuchen will ich nicht unterlassen und Du weißt, was man oft versucht und immer will, das gelingt dann einmal. Mehr als einen solchen glücklichen Wurf brauchen wir nicht, um an unsere Hauseinrichtung denken zu dürfen. Setz Dir, Weibchen, aber nicht zu fest in den Kopf, daß es diesmal gelingen muß. Du weißt, das Temperament des Forschers braucht zwei Grundeigenschaften: Sanguinisch beim Versuch, kritisch bei der Arbeit.«[34]
Vor Ablauf des Monats hatte er Aschenbrandts Untersuchungsergebnisse persönlich bestätigt:
»Ich nahm das erstemal 0.05 Gramm Cocaïn. muriat. in 1%iger wässeriger Lösung während einer leichten, durch Ermüdung hervorgerufenen Verstimmung. Diese Lösung ist ziemlich dickflüssig, etwas opalisierend, von einem fremdartig aromatischen Geruch. Sie erregt eine zuerst bittere Geschmacksempfindung, welche in eine Reihe von sehr angenehmen, aromatischen Empfindungen übergeht . . .
Wenige Minuten nach der Einnahme stellt sich eine plötzliche Aufheiterung und ein Gefühl von Leichtigkeit her. Man fühlt dabei ein Pelzigsein an den Lippen und am Gaumen, dann ein Wärmegefühl an denselben Stellen, und wenn man jetzt kaltes Wasser trinkt, empfindet man es an den Lippen als warm, im Schlunde als kalt. Andere Male herrscht eine angenehme Kühle im Munde und Rachen vor.«[35]
Nach den ersten persönlichen Erfahrungen begann Freud, Kokain Freunden, Kollegen und Patienten zu verabreichen, und er wiederholte die Selbstversuche. »Wir nahmen das Alkaloid oral«, berichtete Carl Koller, »und nach der entsprechenden Zeitspanne, in der es in den Blutkreislauf gelangte, stellten wir Versuche bezüglich unserer Muskelkraft, Ermüdung und dergleichen (gemessen mit dem Dynamometer) an.«[36] Aber die Wirkung der Droge war auch ohne Messungen im Laboratorium offenkundig, wie es Freud anschaulich erklärte, als er Martha am 2. Juni 1884 schrieb:
»Wehe, Prinzeßchen, wenn ich komme. Ich küsse Dich ganz rot und

füttere Dich ganz dick, und wenn Du unartig bist, wirst Du sehen, wer stärker ist, ein kleines, sanftes Mädchen, das nicht ißt, oder ein großer, wilder Mann, *der Cocain im Leib hat.* In meiner letzten schweren Verstimmung habe ich wieder Coca genommen und mich mit einer Kleinigkeit wunderbar auf die Höhe gehoben. Ich bin eben beschäftigt, für das Loblied auf dieses Zaubermittel Literatur zu sammeln.«[37]

Er hatte auch bemerkt, daß das Kokain, oral eingenommen, ein taubes Gefühl auf der Zunge hinterließ. Und er erinnerte sich an diesen Verlust der Empfindung, als er eines Tages mit Carl Koller und einer Gruppe von Kollegen in einem Hof des Krankenhauses stand und einen Freund sah, der offensichtlich unter großen Schmerzen litt. »Ich sagte ihm: ›Ich glaube, ich kann Ihnen helfen‹, und wir gingen alle in mein Zimmer, wo ich ihm ein paar Tropfen der Medizin gab, die seine Schmerzen sofort stillten«, berichtete Freud später. »Ich erklärte meinen Freunden, daß diese Medizin ein Extrakt der amerikanischen Kokapflanze sei, die die Eigenschaft habe, Schmerzen zu lindern oder gar zu stillen, und daß ich eine Publikation über diese Pflanze vorbereitete.«[38]

Neben den Experimenten las Freud alles, was er über Kokain fand. Die Ergebnisse nahm er in seine Abhandlung »Über Coca« auf, die in der Julinummer des *Centralblatts für die gesamte Therapie* erschien. Sie begann mit einer Schilderung der Geschichte der Koka bei primitiven Völkern und ihrer Einführung in Europa, berichtete von den Wirkungen der Droge auf Tiere und auf den menschlichen Organismus und beschrieb die Ergebnisse von Freuds eigenen Experimenten. Er schloß aus diesen, daß Kokain in erster Linie als Stimulans in Betracht komme, »wo es darauf ankommt, die physische Leistungsfähigkeit des Körpers für eine gegebene kurze Zeit zu erhöhen und für neue Anforderungen zu erhalten«. Es könne auch dazu verwendet werden, Verdauungsstörungen zu beheben, berichtete er aus eigener Erfahrung: »Ich habe einigen Kollegen zu wiederholten Malen die gleiche Erleichterung verschafft und zweimal beobachtet, wie die Nausea nach gastrischen Exzessen in kurzer Zeit dem Cocain wich und normaler Eßlust und subjektivem Wohlbefinden Platz machte. Ich habe auch gelernt, mir die Magenbeschwerden nach Einführung von salizylsaurem Natron durch Zusatz einer kleinen Menge Cocain zu ersparen.«[39] Ferner ließ es sich gegen Anämie und Asthma anwenden. Es war ein Aphrodisiakum und konnte, wie Freud versicherte, auch bei der Behandlung von Morphinismus und Alkoholsucht helfen. Diese Behauptung stützte sich vorwiegend auf Berichte in der *Detroit Therapeutic Gazette.* Die Empfehlung des Kokains für die Behandlung von Morphinismus erwies sich als unglücklich, und es wurde sogar behauptet, daß »die Erinnerung daran, daß amerikanische Publikationen zu einer der peinlichsten Episoden seiner Karriere geführt hatten, zu Freuds kritischer Einstellung gegenüber Amerika beigetragen haben könnte«[40].

Er schloß seine Abhandlung mit der Bemerkung, daß das Kokain mit seinen schmerzstillenden Eigenschaften auch für andere, nicht genauer bezeichnete Anwendungsgebiete geeignet sei. Sobald die Abhandlung beendet war, begann er sich auf die langersehnte Reise zu Martha in Wandsbek vorzubereiten. Er hatte sie ein Jahr lang nicht gesehen, und als er Wien Anfang September verließ, vertrieb die Vorfreude auf den Besuch alles andere aus seinem Denken. Sie vertrieb offenbar auch die Erinnerung an eine Begegnung mit seinem Freund Dr. Leopold Königstein, Privatdozent für Ophthalmologie an der Universität Wien, demgegenüber er ausdrücklich erwähnt hatte, daß die schmerzbetäubende Wirkung des Kokains bei der Behandlung verschiedener Augenkrankheiten genutzt werden könnte. Wie Freud viele Jahre später berichtete, gab er Königstein sogar eine Probe und schlug ihm vor, sie bei einer Operation zu verwenden. Königstein ging mit der Probe zu einem Apotheker und ließ ihn eine klare Lösung anfertigen, aber der Apotheker nahm zu viel Alkohol, das Experiment schlug fehl, und Königstein fuhr in Urlaub. Nach seiner Abreise aus Wien besuchte Carl Koller Freud, sah eine Probe Kokain auf dessen Schreibtisch und bemerkte die anästhesierende Wirkung der Substanz an seinen Fingern. Koller ging nach Hause und bereitete selbst eine Lösung zu. Unterdessen hatte auch Freud Wien verlassen und war schon bei Martha in Wandsbek.

Freud deutet in seinem Bericht, der etwa dreißig Jahre später aufgezeichnet wurde, an, daß er ungewöhnlich großzügig gewesen sei, als er andere in das große Geheimnis einweihte, von dem er hoffte, daß es ihm bald die Heirat ermöglichen werde. Was für eine Reihe von Zufällen auch zu Kollers Experiment führte: das Ergebnis ist dokumentarisch belegt. »[Er] trat in Professor Strickers Laboratorium«, berichtete J. Gärtner, »zog ein kleines Fläschchen, in dem sich eine Spur eines weißen Pulvers befand, aus der Tasche und wandte sich mit etwa folgenden Worten an mich, den Assistenten Professor Strickers: ›Ich hoffe, ja erwarte, daß dieses Pulver das Auge anästhesieren wird.‹ ›Das wollen wir gleich feststellen‹, antwortete ich.«[41]

Versuche an einem Frosch schienen die Behauptung zu bestätigen. »Nun war es nötig, einen Schritt weiter zu gehen und das Experiment an einem Menschen zu wiederholen«, schrieb Gärtner. »Wir tropften die Lösung einander unter die hochgeschobenen Augenlider. Dann stellten wir einen Spiegel vor uns auf, nahmen eine Stecknadel und versuchten mit ihrem Kopf die Hornhaut zu berühren. Beinahe gleichzeitig konnten wir uns freudig vergewissern: ›Ich spüre überhaupt nichts.‹ Wir konnten eine Delle in die Hornhaut drücken ohne das geringste Bewußtsein einer Berührung, geschweige denn einer unangenehmen Empfindung oder Reaktion. Damit war die Entdeckung der Lokalanästhesie abgeschlossen.«[42]

Koller entwarf nun rasch eine kurze Mitteilung für eine Tagung deutscher Ophthalmologen, die am 15. September in Heidelberg stattfinden sollte. Er selbst konnte sich die Reise nicht leisten und vertraute seine Mitteilung einem Dr. Josef Brettauer aus Triest an, der sie auf der Tagung vorlas. Sie erregte Aufsehen, und innerhalb weniger Wochen wurde die Tatsache, daß sich Kokain als Anästhetikum eignete, in Laboratorien in ganz Europa experimentell nachgewiesen. Seines Ruhmes gewiß, verfaßte Koller als nächstes eine längere Abhandlung, die am 17. Oktober vor der Wiener Gesellschaft der Ärzte vorgelesen wurde. »Für uns Wiener«, sagte er, »wurde die Coca in den Vordergrund des Interesses gebracht durch die Zusammenstellung und die therapeutischen Versuche meines Kollegen im Spital, Dr. Sigmund Freud.«[43]

Das war eine Anerkennung, und mehr war unter den Umständen nicht nötig. Freud hatte tatsächlich auf das Kokain aufmerksam gemacht, aber ein anderer hatte seine Eigenschaften als Anästhetikum aufgezeigt. Er selbst war »nicht gründlich genug, die Sache weiter zu verfolgen«[44], bedauerte er ein wenig bitter im Jahre 1899. Die Reise nach Wandsbek hatte ihn daran gehindert, die nächsten, entscheidenden Schritte zu tun, und dessen war er sich voll bewußt. ». . . ich aber habe mein damaliges Versäumnis meiner Braut nicht nachgetragen«[45], schrieb er zwanzig Jahre später.

In den achtziger Jahren war Freud jedoch noch der Mann, der mit seiner Schrift »Über Coca« verschiedene medizinische Möglichkeiten eröffnet hatte. Die Monographie wurde noch vor Ende 1884 ins Englische übersetzt und Anfang 1885 mit Zusätzen und Ergänzungen in Österreich als Broschüre veröffentlicht. Im März hielt er einen Vortrag über die Wirkung der Droge vor dem Psychiatrischen Verein, und während er darauf hinwies, daß ihre Brauchbarkeit in psychiatrischen Fällen erst noch zu beweisen sei, empfahl er sie für andere Zwecke. Unter anderem – und, wie sich zeigen sollte, verhängnisvollerweise – sagte er hinsichtlich der Behandlung von Morphinisten, er würde ohne Zögern raten, Kokain subkutan in Dosen von 0.03 bis 0.05 Gramm bei solchen Entziehungskuren zu verabreichen und die Dosis unbedenklich zu erhöhen, eine Empfehlung, die ihm später schwere Vorwürfe eintrug.

Freud selbst nahm noch ein Jahr oder länger Kokain, ohne irgendwelche Nebenwirkungen festzustellen. Die Anwendung der Droge für die

Lokalanästhesie wurde ständig weiterentwickelt. Aber es zeigte sich allmählich, daß die Gefahr der Süchtigkeit ebenso groß war wie bei anderen Suchtgiften, und tatsächlich sollte Freuds Freund Fleischl-Marxow, der Morphinist war und mit so großen Hoffnungen nach der neuentdeckten Droge gegriffen hatte, einige Jahre später an ihr sterben. Es kam unvermeidlich zu einem Antikokain-Kreuzzug. Einer der prominentesten Kritiker war der Deutsche Dr. Albrecht Erlenmeyer, der im Mai 1886 sagte, er schätze sich glücklich, das Kokain für die Morphiumentziehungskur nicht empfohlen zu haben. Später nannte er es »die dritte Geißel der Menschheit«[46] – die beiden anderen waren Alkohol und Morphium –, und Freud wurde immer heftiger angegriffen. Er verteidigte sich, so gut er konnte, und erklärte, er habe nie die Injektion von Kokain empfohlen, sondern nur die orale Einnahme – bestenfalls eine Freudsche Fehlleistung, die sich später wiederholte, als er in seiner Bibliographie den unheilvollen Vortrag vor dem Psychiatrischen Verein wegließ. Er war tatsächlich vom Unglück verfolgt worden. Als er 1886 seine Praxis eröffnete, galt er zunächst in manchen medizinischen Kreisen nicht als der Arzt, der den Wert des Kokains als schmerzstillendes Mittel entdeckt, sondern als der Mann, der die dritte Geißel auf die Menschheit losgelassen hatte.

Während sich der Sturm wegen der Droge noch zusammenbraute, war Freud Universitätsdozent geworden. Außerdem hatte er ein Reisestipendium gewonnen, das ihm den ersehnten Besuch bei Charcot in der Salpêtrière in Paris ermöglichte, und er beschloß den Sprung zu wagen, vor der Abreise nach Frankreich seine Stellung im Allgemeinen Krankenhaus aufzugeben und nach seiner Rückkehr eine Privatpraxis aufzumachen.

Anfang 1885 hatte Nothnagel einer Bewerbung Freuds um die Ernennung zum Dozenten zugestimmt. Das Verfahren war sehr förmlich, und es muß Freud endlos erschienen sein. Zunächst wurde ein Komitee gebildet, das aus Meynert, Brücke und Nothnagel bestand und seine Bewerbung zu prüfen hatte. Ein Bericht Meynerts an das Komitee, der Ende Februar der Fakultät vorgelegt wurde, schloß mit den Worten: »Dr. Freud hat eine gute Allgemeinbildung, einen ernsthaften und gemäßigten Charakter, ist ein ausgezeichneter Arbeiter in dem Feld der Neuroanatomie und sehr geschickt; er besitzt einen guten Einblick, weitreichendes Wissen und eine vorsichtige Methode der Deduktion und zeigt in seinen Veröffentlichungen gute Disposition und individuellen Stil. Seine Entdeckungen finden Anerkennung und Bestätigung, seine Vorlesungen sind klar und gut begründet. Die Eigenschaften des wissenschaftlichen Forschers und des hochqualifizierten Lehrers sind in ihm so gut vereint, daß das Komitee dem hochverehrten Kollegium empfiehlt, Dr. Freud zu den weiteren Habilitierungsprüfungen zuzulassen.«[47] In Anbetracht einer solchen Lobrede ist es erstaunlich, daß sich auch nur ein Mitglied des Professoren-Kollegiums nicht der Meinung der übrigen einundzwanzig anschloß, die für eine Annahme der Bewerbung Freuds stimmten.

Damit war nur die erste Hürde genommen, aber sie war die schwierigste, und ihre Überwindung mag Freud zu einer Orgie der Zerstörung ermutigt haben. Jedenfalls schrieb er Martha im April, er habe ein Vorhaben ausgeführt, »welches eine Reihe von noch nicht geborenen, aber zum Unglück geborenen Leuten schwer empfinden wird«. Und das, fuhr er fort, wären seine Biographen. »Ich habe alle meine Aufzeichnungen seit vierzehn Jahren und Briefe, wissenschaftliche Exzerpte und Manuskripte meiner Arbeit vernichtet ... ich kann nicht reifen und nicht sterben ohne die Sorge, wer mir in die alten Papiere kommt ... Die Biographen aber sollen sich plagen, wir wollen's ihnen nicht zu leicht machen. Jeder soll mit seinen Ansichten über die ›Entwicklung des Helden‹ recht behalten, ich freue mich schon, wie die sich irren werden.«[48] Zwei Dinge sind bemerkenswert: erstens Freuds Zuversicht, daß die Nachwelt etwas über ihn werde wissen wollen, und zweitens seine Besessenheit, Tabula rasa zu machen, so als könnte ein angehender Dozent manche der Ideen, die ihn einmal beschäftigt hatten, nicht mehr zugeben, ja sich nicht einmal mehr an sie erinnern wollen.

So einleuchtend die Annahme sein mag, daß Freud Jugendirrtümer verbergen wollte – und »die Sorge, wer mir in die alten Papiere kommt«, bekräftigt sie –, dürfte es doch wahrscheinlicher sein, daß seine Handlungsweise bei dieser Gelegenheit lediglich eine Seite seiner ambivalenten Einstellung zur Selbsterklärung veranschaulicht. »Freud war ein Bekenner«, stellte einer seiner vertrautesten Kollegen fest, »aber zugleich behielt er gewisse persönliche Geheimnisse für sich. Er war einer, der sich selbst enthüllte und sich selbst verbarg. An einer gewissen Stelle schreibt er von der ›Diskretion, die man auch sich selbst schuldet‹.

Diese Diskretion wurde selten verletzt. Es war, als fühlte er, daß er persönliche Dinge für sich behalten müsse, auch gegenüber denen unter uns, die seine treuesten Studenten waren. Im Alter sprach er manchmal mit dem einen oder anderen von uns gleichsam beiläufig über ein Fragment seines Lebens, das er zuvor nie erwähnt hatte, so als wäre er seiner Verschwiegenheit plötzlich müde geworden.«[49]

Freud selbst teilte seine Ansichten über dieses Thema mindestens zwei Biographen mit. Seinem früheren Kollegen Fritz Wittels schrieb er: »Es scheint mir, daß die Öffentlichkeit kein Anrecht an meine Person hat und auch nicht an mir lernen kann, so lange mein Fall – aus mannigfachen Gründen – nicht voll durchsichtig gemacht werden kann.«[50] Und als Arnold Zweig vorschlug, Freuds Leben darzustellen, wurde er entschieden zurückgewiesen: »Wer Biograph wird, verpflichtet sich zur Lüge, zur Verheimlichung, Heuchelei, Schönfärberei und selbst zur Verhehlung seines Unverständnisses, denn die biographische Wahrheit ist nicht zu haben, und wenn man sie hätte, wäre sie nicht zu brauchen. Die Wahrheit ist nicht gangbar, die Menschen verdienen sie nicht, und übrigens hat unser Prinz Hamlet nicht recht, wenn er fragt, ob jemand dem Auspeitschen entgehen könnte, wenn er nach Verdienst behandelt würde?«[51] Daran ist freilich etwas Wahres, aber wie Freud klug erkannte, ist die »biographische Wahrheit« ganz gewiß noch schwerer zu haben, wenn sich der Dargestellte von seinen früheren Jahren an schon freut, »wie die [seine Biographen] sich irren werden«.

Um die Zeit der Vernichtung seiner Papiere im Jahre 1885 mußte Freud noch drei Monate auf das Kolloquium warten, zu dem er im Frack, mit Zylinder und weißen Handschuhen zu erscheinen hatte. Danach kam die letzte Prüfung in Form einer öffentlichen Probevorlesung. Freud bestand das Kolloquium und las dann über »Die medullären Strecken des Gehirns«. Nachdem die Vorlesung in aller Form als befriedigend akzeptiert worden war, empfahl die Fakultät im Juli seine Ernennung zum Privatdozenten für Neuropathologie. Im August wandte er sich wegen eines Führungszeugnisses an die Polizei, und im September, rund neun Monate nach seiner formalen Bewerbung, bestätigte das Ministerium seine Ernennung.

Auf das so wichtige Stipendium brauchte Freud nicht so lange zu warten, obgleich die Aussichten zunächst noch ungewisser waren. Es handelte sich um ein Universitäts-Jubiläums-Reisestipendium, das 20 Jahre zuvor gestiftet worden war und jedes Jahr von einer anderen Fakultät vergeben wurde. Im Jahre 1885 stand es der medizinischen zu. Um dieses mit 600 Gulden dotierte Stipendium bewarben sich junge »Sekundarärzte«, und der vom Professoren-Kollegium ausgewählte Gewinner wurde für ein halbes Jahr beurlaubt. Freud reichte seine Bewerbung Anfang März 1885 ein, und nach dem 1. Mai, dem Schlußtermin für die Eintragungen, begann ein eifriges Antichambrieren. Es stellte sich heraus, daß er nur zwei Rivalen hatte, und es ist bezeichnend für die Zeitumstände, daß Freud seine Aussichten schwinden sah, als einer von ihnen zurücktrat. Die beiden anderen Männer waren Christen, und es war zu erwarten gewesen, daß sich die Stimmen der »Opposition« auf sie verteilten; nun würden sie vermutlich alle dem einen zugutekommen. Als aber die

Fakultät Ende Mai zusammentrat, konnte sie zu keiner Entscheidung gelangen, und ein Unterausschuß wurde gebildet, der sich noch einmal mit dem Fall befassen sollte.
Während das Reisestipendium noch diskutiert wurde – für die Fakultät eine unbedeutende Angelegenheit, für Freud jedoch eine, von der er, wie sich zeigen sollte, mit Recht annahm, daß sie seine ganze Zukunft bestimmen werde –, erhielt er die Einladung, in einer privaten Nervenheilanstalt in Oberdöbling am Rande Wiens eine Vertretung zu übernehmen. Das Allgemeine Krankenhaus erteilte ihm die Genehmigung, und er nahm seine Arbeit am 7. Juni auf. Am folgenden Tag beschrieb er die Anstalt in einem langen Brief an Martha. Sie war offensichtlich ein ungewöhnlicher Arbeitsplatz. Der ältliche Direktor legte Wert darauf, nur hübsche Mädchen als Hausgehilfinnen einzustellen, und alle Patienten – Grafen, Komtessen, Barone und zwei »Durchläuchte«, eine davon ein Sohn von Marie Louise, der Frau Napoleons[52] – waren reich. »Du glaubst nicht, wie schäbig diese Fürsten und Grafen aussehen, obwohl sie nicht eigentlich schwachsinnig, sondern nur so ein Gemisch von schwachsinnig und exzentrisch sind«, erfuhr Martha.[53] Freud mußte bei seinen Visiten nichtsdestoweniger einen Zylinder und weiße Handschuhe tragen. Aber trotz der Attraktionen des Ortes war Oberdöbling nicht nach seinem Geschmack. Man könnte hier, schrieb er Martha, »wirklich idyllisch mit Frau und Kind leben, wenn nicht das fördernde und belebende Element des Kampfes ums Dasein fehlen würde«[54].
Es sollte nicht lange auf sich warten lassen. Am 19. Juni erfuhr Freud, daß er das Reisestipendium mit 13 gegen 8 Stimmen gewonnen hatte und daher bald Martha in Wandsbek besuchen konnte, bevor er nach Paris weiterreiste. »O wie schön wird das sein«, schrieb er ihr überschwenglich. »Ich komme mit Geld und bleibe recht lange und bringe was Schönes für Dich mit und gehe dann nach Paris und werde ein großer Gelehrter und komme dann mit einem großen, großen Nimbus nach Wien zurück, und dann heiraten wir bald . . .«[55]
Nach drei Wochen bei den Schwachsinnigen und Exzentrikern kehrte er in das Allgemeine Krankenhaus zurück und traf Vorbereitungen für die Zukunft. Er brauchte die mit dem Stipendium verbundenen sechs Monate Urlaub nicht in Anspruch zu nehmen, denn er hatte nun die Brücken hinter sich abgebrochen und seine Stellung im Allgemeinen Krankenhaus gekündigt, das er am letzten Tag des Monats verließ. Er hatte eine Unterredung mit Moritz Benedikt, Professor der Neurologie an der Universität Wien, und erhielt von ihm ein Empfehlungsschreiben für Charcot. Nun war alles bereit. Vor ihm lagen eine Reise zu Martha und danach, im Oktober, Paris und die Salpêtrière.

4
Paris

In der Ferne leuchtete der große Name Charcots . . .

Freud, *Selbstdarstellung*

Freud verließ Wien spät im August 1885, um die Reise zu unternehmen, die die wichtigste seines Lebens werden sollte. Zuerst kamen sechs Wochen in Wandsbek, ein Urlaub, der unter anderen Umständen verlief als sein heimlicher Besuch drei Jahre zuvor. Er war nun ein wenig mehr als der frischgebackene Doktor von 1882, ein Mann von 26 Jahren, der noch nicht entschieden hatte, welchen Weg er einschlagen sollte. Wenn noch kein Zeichen von Genie an ihm zu entdecken war, so schien er doch zumindest das Zeug für einen erfolgreichen Arzt zu haben. Martha hätte allerdings eine bessere Partie machen können. Der entschiedene Agnostizismus ihres Verlobten und seine Verachtung für die jüdischen Bräuche, die von den Bernays so streng befolgt wurden, waren Gründe dafür, daß die künftige Heirat von einigen Familienmitgliedern bedauert wurde. Aber die Fähigkeit, andere für sich einzunehmen, die später ein so großer Vorteil bei der beruflichen Arbeit sein sollte, kam Freud zu Hilfe, und im August 1885 machte er seinen Frieden mit Frau Bernays. Die sechs Wochen in Wandsbek vergingen angenehm und nur allzu rasch. Am 11. Oktober brach er auf nach Paris und zu dem großen Abenteuer, zu Füßen Jean-Martin Charcots zu sitzen.

Er unterbrach seine Reise in Köln und dann noch einmal in Brüssel, das er Martha in einem langen Brief beschrieb: ». . . Ich durchschritt die ganze Stadt, indem ich vom Boulevard du Nord auf den du Sud überging und überall abbog, wo sich was Schönes zeigte. Die rechten Entdeckungen machte ich erst, als ich auf einen steilen Hügel kam, wo sich ein Gebäude zeigte, von einer Massenentwicklung und Säulenpracht, wie man sich einen rekonstruierten assyrischen Königspalast vorstellt oder wie man sie in Dorés Illustrationen findet. Ich hielt es wirklich für den königlichen Palast, besonders weil es von einer kronenartigen Kuppel überragt war, aber keine Wache, kein Leben, offenbar noch unfertig und über dem Portal ein Löwe, der die X Gebote hielt. Es war der Justizpalast und von dem Abhang des Hügels hatte man die schönste Aussicht auf den tief gelegenen Stadtteil . . .«[1] Von dort aus durchquerte er den Rest der Stadt und nahm *en route* rasch ein Mittagessen für zwei Francs ein, das dann aber seine »Hauptmahlzeit bis nach Paris«[2] blieb.

Am 13. Oktober in der französischen Hauptstadt angekommen, nahm er ein Zimmer im Hôtel de la Paix, das in der Mitte zwischen dem Panthéon und der Sorbonne lag, fand einen Brief von Martha vor, der ihn dort schon erwartete, und beantwortete ihn auf der Stelle. Er war verwirrt von den Eindrücken der Stadt, vermißte sie sehr und wünschte, sie wäre bei ihm. Aber er wollte ihr jeden zweiten Tag schreiben – anfangs noch öfter.

In den folgenden Tagen akklimatisierte er sich, er suchte eine billigere Unterkunft und ging abends ins Theater in der Hoffnung, sein Französisch zu verbessern. Und er machte einige lange Spaziergänge bis zur Place de la Concorde, »inmitten derer ein wirklicher Obelisk aus Luxor steht«, schrieb er Martha. »Denk Dir, ein echter Obelisk mit den schönsten Vogelköpfen und sitzenden Männlein und anderen Hieroglyphen bekritzelt, seine guten dreitausend Jahre älter als das lumpige Volk um ihn herum, zum Ruhm eines Königs erbaut, dessen Namen jetzt nur wenige lesen können, und der vielleicht vergessen wäre, wenn ihn nicht dieser Stein bewahrt hätte.«[3] Er besuchte auch den Louvre, vor allem von der Vergangenheit angezogen, deren Überreste er später mit solchem Eifer sammeln sollte, und er berichtete Martha, er habe dort »einzelne wunderschöne Sachen, alte Götter xmal vertreten«, gesehen . . . »Ich hatte gerade noch Zeit den flüchtigsten Blick in die assyrischen und ägyptischen Zimmer zu tun, die ich noch einige Male besuchen muß. Da waren assyrische Könige, so groß wie die Bäume, die Löwen wie Schoßhunde im Arm halten, geflügelte Mannstiere mit schön frisierten Haaren, Keilinschriften so nett, als wären sie gestern gearbeitet, in Ägypten bemalte Basreliefs in brennenden Farben, ganze Königskolosse, wirkliche Sphinxe, eine Welt wie im Traum.«[4]

Am 19. Oktober hatte er sich eingewöhnt und ging in die Salpêtrière. Aber er hatte vergessen, das Empfehlungsschreiben mitzunehmen, das ihm Benedikt vor seiner Abreise aus Wien gegeben hatte, und beschloß, sich erst am folgenden Tag Charcot vorzustellen. Er hatte Heimweh nach Wien und Sehnsucht nach Martha und war sehr deprimiert. »Meine Erwartungen auf irgendeinen anderen Profit als den subjektiven und wissenschaftlichen«, schrieb er nach seinem vergeblichen Besuch, »sind so niedrig gestellt, daß ich darin keine Enttäuschung erfahren kann.«[5]

Innerhalb von 24 Stunden sah alles anders aus. Am 20. Oktober trat er durch das Tor der Salpêtrière, und damit begannen vier Monate, die sein Leben ändern sollten.

Bis zur Reform der Salpêtrière unter Charcot hatte sich in ganz Europa und den Vereinigten Staaten die Behandlung der Geisteskranken nur graduell, aber nicht grundsätzlich von der unterschieden, die zu Hogarths Zeiten üblich gewesen war. Damals hatte man die Kranken dem Publikum in Ketten vorgeführt wie wilde Tiere. Für die irren Reden, das wilde Gestikulieren und Schreien der am schlimmsten Betroffenen hatte man vor allem eine Erklärung: sie waren vom Teufel besessen. Im Kerker mit sicheren Mauern sah man die einzige Behandlung für diejenigen, mit denen man nicht einmal, wie mit dem gewöhnlichen Verbrecher, vernünftig reden konnte. Die meisten Mediziner, die sich der Heilung der voraussichtlich Heilbaren widmeten, überließen die Irren der Obhut der beinahe ebenso Unglücklichen, die als Kerkermeister zu haben waren. In diesen finsteren Bereich der Gleichgültigkeit waren während des ganzen 19. Jahrhunderts einige wenige Männer mit der Hoffnung eingedrungen, wenigstens verstehen, wenn schon nicht heilen zu können. Führend unter ihnen war Jean-Martin Charcot, dem nun das als Salpêtrière bekannte weitläufige Konglomerat von Gebäuden, Plätzen und Gärten unterstand.

Die Salpêtrière, ursprünglich ein Arsenal für die Lagerung von Salpeter – eine merkwürdige Parallele zu Brückes Physiologischem Institut in Wien, das ebenfalls ein Arsenal gewesen war –, wurde unter Ludwig XIII. erbaut. Später war sie zunächst ein Asyl für Bettler, Prostituierte und Geisteskranke, und dann zusätzlich das größte Pariser Armenhaus für Frauen geworden. In der zweiten Hälfte des 19. Jahrhunderts hatte sie 4000 bis 5000 Menschen unter Bedingungen beherbergt, die noch immer eher denen eines der entsetzlichen Irrenhäuser als denen eines Krankenhauses glichen. Aber Charcot hatte begonnen, sie umzugestalten. Nach seiner Ernennung zum Chefarzt der Stiftung hatte er Lehr- und Ausbildungsstätten und Laboratorien und eine eigene Station für Epileptiker und Hysterische eingerichtet. Um 1885 hatte er das Hospiz in eine der berühmtesten neurologischen Forschungszentren Europas verwandelt.

Als Freud in der Salpêtrière ankam, war gerade die tägliche Behandlung der ambulanten Patienten im Gange, und er sah zu, wie Pierre Marie, der Stellvertreter Charcots, sie vor einer Anzahl von Gastärzten untersuchte. Um zehn Uhr kam Charcot selbst. Er war 1885 einer der berühmtesten Ärzte seiner Zeit, und seine herrische Erscheinung ist mehr als einmal beschrieben worden. Nur wenige haben ihn besser dargestellt als Axel Munthe, der durch die Schilderung in seinem *Buch von San Michele* dazu beiträgt, sowohl Charcots Einfluß auf Freud als auch die Bedeutung der Unterstützung durch Charcot zu verstehen, die Freud zuteil werden sollte. Munthe erinnerte sich:

»Klein von Wuchs, mit Athletenbrust und Stiernacken, war er von imponierendem Anblick. Ein weißes, glattrasiertes Gesicht, eine niedere Stirn, kalte, durchdringende Augen, eine Adlernase, sensible, grausame Lippen, die Maske eines römischen Kaisers! War er zornig, so sprühten seine Augen furchtbare Blitze. Wer je diesen Blick zu spüren bekam, wird ihn kaum vergessen. Seine Stimme war herrisch, hart und oft sarkastisch. Der Druck seiner kleinen schlaffen Hand war unangenehm . . . Unter seinen Assistenten hatte er seine Lieblinge, die er oft in bevorzugte Stellen brachte, weit über ihre Verdienste. Ein Wort der Empfehlung von Charcot genügte, um das Ergebnis eines jeden Examens oder Wettbewerbs zu entscheiden; tatsächlich herrschte er bedingungslos über die gesamte medizinische Fakultät.«[6]

Seine Demonstrationen hatten etwas Dramatisches. Das Podium, von dem aus er zu seinen Hörern sprach, war gewöhnlich von Zeichnungen oder Fotografien umgeben, und wenn er über Schüttellähmung sprach, versäumte er es nur selten, den vorgeführten Patienten lange Federn ins Haar zu stecken. Diese waren nicht nur ein interessanter Anblick, sondern sie halfen den Studenten durch ihr Zittern auch, die verschiedenen Bewegungen zu verstehen, die er demonstrierte. Charcot selbst war der theatralischen Gebärde nicht abgeneigt. Manchmal, und vor allem bei seinen Demonstrationen, bewegte sich sein rechter Arm waagrecht vor der Brust hin und her, bis die Hand zwischen den Knöpfen seines eleganten Gehrocks einen Ruheplatz fand. Der Napoleon der Medizin betrachtete gebieterisch die Parade seiner Studenten.

Als am Vormittag des 20. Oktober alle ambulanten Fälle erledigt waren, rief Charcot Freud zu sich. Er bemerkte Benedikts Unterschrift auf dem Empfehlungsschreiben und forderte den Besucher auf, ihn bei seiner Vormittagsvisite durch das Hospiz zu begleiten. Alles ging besser, als erwartet, teilte Freud an diesem Abend Martha mit. Pierre Marie sorgte dafür, daß er das nötige Material bekam, um mit der Arbeit zu beginnen, während Charcot selbst einem Kollegen schrieb und um einige Kindergehirne bat, die Freud für seine Untersuchungen der sekundären Atrophien und Degenerationen als Krankheitsfolge benötigte.

Bis zu seinem ersten Besuch in der Salpêtrière hatte sich Freud gefragt, ob er für seine Forschungsarbeiten letzten Endes nicht doch lieber Berlin als Paris hätte wählen sollen. Er hätte die deutsche Hauptstadt jeden

Samstagabend verlassen und den Sonntag bei Martha verbringen können. Aber dann änderte er rasch seine Meinung, und als er an diesem Abend in sein Zimmer zurückgekehrt war, beendete er seinen glücklichen Bericht nach Wandsbek mit nur einem Bedauern, und das betraf die mißliche Lage seiner Verwandten in Wien. »Aber der Aufenthalt wird sich lohnen«, schrieb er, »das sehe ich klar. Ganz wohl wäre mir, wenn ich nicht an das Elend zu Hause denken müßte. Aber ich bin schon so alt oder schwach oder so schlecht, daß ich mir nichts abgehen lassen kann. Ich esse [mich] doch satt und rauche und kann nichts anderes tun als – bedauern. Wenn es mir einmal einfällt, verstört es mich, aber davon haben die nichts.«[7]

Martha verlangte in ihren regelmäßigen Briefen genaue Rechenschaft über all sein Tun und Treiben, was ganz und gar nicht nach seinem Geschmack war, und oft versuchte er, die Familie Bernays auf ihren Platz zu verweisen. So sagte er in einem langen Brief, den er noch im Oktober schrieb: »Und schimpfen mußt Du halt immer, immer so mit Unrecht. Ich gehe ganz einsam in Paris herum, habe noch gar nichts gesehen als einen Trakt im Louvre und ein paar Gräber im Pantheon und die Straße, durch die ich passieren muß, und in Paris gibt es soviel Menschen, Häuser, Museen, Theater, Gärten und churches und was weiß ich, und Du schimpfst, daß ich unmäßig bin und mir den Magen an Sehenswürdigkeiten verdorben habe! Gott wie mager, könnte ich wirklich mit Bezug auf meine Unmäßigkeit sagen. Ich laß es gern gelten, daß Du [unleserlich] (as you have it) sein sollst ohne allen und jeden besonderen Grund und Absicht, aber wenn wir getraut sind, mußt Du mir auch was zutrauen und nicht glauben, daß Familie Bernays sämtliche Ordentlichkeit der Welt gepachtet hat. Übrigens bin ich so wenig bös damals gewesen und noch weniger jetzt, wo ich in behaglichster Stimmung auf einem Sofa halb liegend an mein Liebchen schreibe, daß Du mir's gar nicht glauben wirst. Es ist aber so, ich mag Dich nur so gern wegen der Ungerechtigkeit ein bißchen ärgern. Sei aber getrost, ich habe hier noch keinen Lachs mit Mayonnaise gegessen.«[8] Tatsächlich blieb ihm verhältnismäßig wenig Zeit für Sehenswürdigkeiten übrig, wenngleich er auf der Plattform von Notre-Dame ein Refugium ganz nach seinem Herzen gefunden hatte. Dort kletterte er zwischen den Ungeheuern und Teufeln umher.

An den Montagen hörte er die öffentlichen Vorlesungen, bei denen Charcot seine Patienten vorführte. An den Dienstagen sah er zu, wie die interessanteren ambulanten Fälle von den Assistenzärzten des Hospizes untersucht und besprochen wurden. Am folgenden Tag kamen die ophthalmologischen Untersuchungen, die unter Charcots Aufsicht während seiner Visite auf den Stationen vorgenommen wurden und bei denen Freud die Patienten selbst sah und untersuchte und Charcots Urteilssprüche hörte.

Von Anfang an war er tief beeindruckt von dem, was er in der Salpêtrière sah. Schon im November gestand er Martha, daß er sich sehr zu ändern glaubte:

»Ich will Dir das einzeln aufzählen, was auf mich einwirkt. Charcot, der einer der größten Ärzte, ein genial nüchterner Mensch ist, reißt meine Ansichten und Absichten einfach um. Nach manchen Vorlesungen gehe ich fort wie aus Notre-Dame, mit neuen Empfindungen vom Vollkommenen. Aber er greift mich ån; wenn ich von ihm weggehe, habe ich gar keine Lust mehr, meine eigenen dummen Sachen zu machen; ich bin jetzt drei Tage faul gewesen, ohne mir darum Vorwürfe zu machen. Mein Gehirn ist gesättigt wie nach einem Theaterabend. Ob die Saat einmal Früchte bringen wird, weiß ich nicht, aber daß kein anderer Mensch je ähnlich auf mich gewirkt hat, weiß ich gewiß.«[9]

Hier findet sich der erste Hinweis auf die Änderung, die sich in bezug auf das Hauptinteresse Freuds vollziehen sollte. Trotz der Hilfe, die er in der Salpêtrière von allen erhielt, beschloß er in den ersten Dezembertagen, die Arbeit im Laboratorium aufzugeben. Er sollte allerdings in den ersten Wochen des nächsten Jahres noch einmal kurz zu ihr zurückkehren, und in einem langen Brief an Martha schrieb er, er werde nach der Rückkehr nach Wien anatomische Arbeiten in Angriff nehmen. Die Fortdauer seines Interesses zeigt sich nicht nur in seiner Monographie *Zur Auffassung der Aphasien* (1891), einem Meisterwerk, das viele Jahre lang übersehen, aber später als solches anerkannt wurde und heute noch studiert wird, sondern auch 1897 in einem langen Artikel über Zerebrallähmung bei Kindern in Nothnagels Handbuch [»Die infantile Cerebrallähmung« in: *Specielle Pathologie und Therapie*, Bd. 9], der beinahe 40 Jahre später als die immer noch gründlichste Studie über infantile Zerebrallähmung beurteilt wurde, die je geschrieben worden war. Nichtsdestoweniger hatte Freud Charcot nur etwa eine Woche beobachtet, als seine Konzentration auf das Physiologische auch schon durch ein wachsendes Interesse am Psychologischen abgelenkt wurde. Nicht zum erstenmal, aber nun mit neuem Eifer, so als witterte er eine Herausforderung, begann er Mutmaßungen über die Beziehungen zwischen den körperlichen Symptomen der Krankheit und ihren möglichen geistig-seelischen Ursachen anzustellen.

Zu dieser Zeit behauptete er, daß das pathologische Laboratorium »in keiner Weise darauf eingerichtet [war], einen fremden Arbeiter aufzunehmen«[10], und es ist durchaus möglich, daß die Bedingungen seinen Erwartungen nicht entsprachen. Ebenso ist es aber auch möglich, daß einem deutschsprachigen Juden nicht ganz wohl war in einem Land, das sich voll Bitterkeit an seine Niederlage im Deutsch-Französischen Krieg erinnerte und nur wenige Jahre später Dreyfus verurteilen sollte. Auch andere Gründe mögen eine Rolle gespielt haben. Freud selbst gab zu, daß er andere Menschen nicht auf den ersten Blick anzog, und die Schroffheit, die von seinem Selbstvertrauen herrührte, ließ den »fremden Arbeiter« vielleicht nicht allzu willkommen erscheinen. Dazu kam seine Einstellung zu gewissen Arten von Arbeit. Fast zehn Jahre später wurde er während einer Operation beinahe ohnmächtig, und es gibt andere kleine, aber durch ihre Anzahl bedeutsame Hinweise darauf, daß ihn seine übergroße Empfindlichkeit vielleicht daran hinderte, manche eher routinemäßige medizinische Aufgaben zu erfüllen. Und dazu kam ferner das ständige Schwanken zwischen wissenschaftlicher Forschung, die schlecht entlohnt wurde, und klinischer Arbeit, die einem Mann bessere Aussichten bot, genug zu verdienen, um heiraten und eine Familie gründen zu können. Als er nun mit Charcot durch die Krankenzimmer ging, fühlte er, daß es möglich sein könnte, beides zu vereinen – auf einem Gebiet, das noch erregender war als die Neurologie: indem er eine erfolgreiche fachärztliche Praxis aufbaute und zugleich imstande war, »etwas von den Rätseln dieser Welt zu verstehen und vielleicht selbst etwas zu ihrer Lösung beizutragen«[11].

Das Rätsel, das nun seine Aufmerksamkeit fesselte, war das der Neurosen im allgemeinen und der Hysterie im besonderen. Im Jahre 1885 hielt man Neurosen noch ausschließlich für das Resultat funktioneller Störungen des Nervensystems. Man meinte, daß sie sich in beinahe jeder beliebigen Kombination von Symptomen äußern könnten und daß sich diese Symptome anatomisch nicht lokalisieren ließen. Solange dies nicht möglich war – wenn es überhaupt je gelang –, widmeten die meisten Ärzte diesem Problem nur wenig Zeit, und viele betrachteten es als ein kaum achtbares Forschungsgebiet. Was die Hysterie anbetraf, hielten sich manche noch an die Vorstellung der alten Griechen, daß die Ursache eine Funktionsstörung der Gebärmutter – *hystera* – sei und daß man von dieser Krankheit nur bei Frauen sprechen könne, besonders bei solchen von einem leicht erregbaren oder eben »hysterischen« Naturell – obwohl Charles Lepois schon im 17. Jahrhundert die Ansicht geäußert hatte, die Ursache der Hysterie sei im Gehirn zu suchen, und daher müßten Männer ebenso für sie anfällig sein wie Frauen. Tatsächlich wurden die Symptome der Hysterie auch bei Männern beobachtet, und solche Fälle wurden im Laufe des 18. und 19. Jahrhunderts immer häufiger. Dennoch war die alte Vorstellung sehr zählebig.

Dann kam Charcot, der bereits eine überlegene Kenntnis der Ursachen vieler organischer Krankheiten besaß. Er ging daran, die Geheimnisse der Hysterie mit den Methoden zu enthüllen, die er zu einer Kunst entwickelt hatte: durch die sorgfältige, mühsame Beobachtung möglichst vieler Fälle und die Analyse aller Symptome, die sie zeigten. »Er pflegte sich die Dinge, die er nicht kannte, immer von neuem anzusehen, Tag für Tag den Eindruck zu verstärken, bis ihm dann plötzlich das Verständnis derselben aufging«, sagte Freud über ihn. »Vor seinem geistigen Auge ordnete sich dann das Chaos, welches durch die Wiederkehr immer derselben Symptome vorgetäuscht wurde; es ergaben sich die neuen Krankheitsbilder, gekennzeichnet durch die konstante Verknüpfung gewisser Symptomgruppen.«[12]

Hinsichtlich der Hysterie entdeckte Charcot bald, daß ihre verschiedenen Manifestationen in zwei unterschiedliche Gruppen eingeordnet werden konnten, die ihren eigenen Gesetzen gehorchten, und daß sich die einzelnen Stadien eines hysterischen Anfalls identifizieren ließen. Freud sagte, es sei ihm in einer Reihe von Untersuchungen gelungen, eine Regelmäßigkeit und Gesetzmäßigkeit nachzuweisen, wo die unzulänglichen oder halbherzigen klinischen Beobachtungen anderer nur Verstellung oder einen verwirrenden Mangel an Übereinstimmung mit der Regel sahen.

Das war noch nicht alles. Charcot stellte fest, daß die Hysterie bei Männern öfter auftrat, als man bis dahin angenommen hatte, daß sie aber bei den »erregbaren« Völkern nicht häufiger war als bei den phlegmatischen. Als er Phänomene untersuchte, die man allgemein für ein Privileg französischer Schauspielerinnen hielt, war er entzückt, einen Fall von Hysterie bei einem deutschen Grenadier zu entdecken. Bezüglich der Ursachen glaubte er, daß zwar ein zufälliges Ereignis, das einen psychischen Schaden hervorrief, das auslösende Element der Hysterie sein könne, daß diese sich aber nur entwickelte, wo eine erbliche Schädigung des Gehirns vorlag. Freud bemerkte später, daß Neurotiker oft aus Familien kommen, in denen es schon andere Neurotiker gibt, wenngleich er nicht glaubte, daß dies notwendigerweise die Bedeutung der Vererbung beweise; es könnte vielmehr, wie er ausführte, lediglich der Fall sein, daß das neurotische Verhalten eines Familienmitglieds als Umweltstimulus auf ein anderes Mitglied wirkte. Erziehung, nicht Natur, könnte zum Teil das eigentliche Problem sein.

Welche Einschränkungen immer auch später hinsichtlich der Rolle gemacht werden mußten, die Charcot der Vererbung zuteilte: er tat in der Salpêtrière, wie Freud sagte, den Schritt, der »ihm für alle Zeiten auch den Ruhm des ersten Erklärers der Hysterie sichert«[13], den Schritt, der Freud selbst zu seinem Lebenswerk hinführen sollte. Charcot stellte fest, daß manche seiner nichthysterischen Patienten die Lähmungen, das Zittern und andere Symptome des Hysterischen zur Schau stellten, wenn ihnen eine solche Schaustellung in Hypnose suggeriert wurde. Somit konnte eindeutig gezeigt werden, daß zumindest einige körperliche Symptome nicht auf Gewebsveränderungen, Verletzungen oder andere physische Ursachen, sondern allein auf das Wirken des Geistes zurückgingen. Unter Charcot konnte Freud daher eine neue Verbindung zwischen geistiger Ursache und körperlicher Wirkung sehen oder erahnen.

Seine anfängliche Erregung über das, was er in der Salpêtrière sah, wurde durch andere Faktoren ausgeglichen, und Anfang Dezember scheint er sogar daran gedacht zu haben, seinen Aufenthalt in Paris abzukürzen. Mitte Dezember vertraute er jedenfalls Martha an, ein Freund habe ihm gesagt, »das sei nicht die Zeit, Charcot zu verlassen, wenn man anfängt, in ein Verhältnis zu ihm zu kommen«[14]. Das Heimweh mag bei diesem flüchtigen Gedanken an Rückzug eine Rolle gespielt haben. »Wie Du merkst, mein Herz ist deutsch-kleinstädtisch und ist überhaupt nicht mit mir hier angekommen«, schrieb er seiner zukünftigen Schwägerin Minna. »Darum erhebt sich die Frage, ob ich nicht zurückkehren soll es zu holen . . .«[15] Doch Freud befand sich nun immerhin in seinem 30. Lebensjahr. Auch wenn er allein in einer fremden Stadt unter Menschen lebte, deren Sprache er nur mit Mühe sprach, erklärt die Sehnsucht nach seinen Angehörigen in Wien oder nach Martha in Wandsbek nicht zufriedenstellend, was als ein plötzliches Zurückschrecken von der Arbeit gedeutet werden muß, die er in der Salpêtrière beobachtete. Eine Theorie geht dahin, daß der im Grunde puritanische Freud heftig auf die extravaganteren Demonstrationen Charcots reagierte. Viele davon enthüllten die sexuelle Grundlage gewisser Fälle von Hysterie, und es ist nicht auszuschließen, daß Freud, dessen persönliche Rechtschaffenheit ein starker Panzer in den Kämpfen der Zukunft sein sollte, in Paris vorübergehend dazu neigte, dem ganzen Thema ungeachtet seines wissenschaftlichen Interesses auszuweichen.

Wenn ihm tatsächlich solche Gedanken durch den Kopf gingen, so wurden sie bald wieder verbannt, und noch vor Mitte Dezember hatte er sich mit Charcots Stern verbunden durch einen geschickten Schachzug, von dem er sich eine nützliche Hilfe für seine künftige Karriere versprach. Mit dem Beistand des Freundes, der ihm geraten hatte, in Paris zu bleiben, schrieb er an Charcot und fragte ihn, ob er den ersten Teil des 3. Bandes seiner Vorlesungen, der in französischer Sprache erschienen war, ins Deutsche übersetzen dürfe. Als Beweis für sein gutes Deutsch führte er die Übersetzung John Stuart Mills an.

Zwei Tage später konnte er von einem Erfolg berichten. Er schrieb Martha, daß Charcot nicht nur der Übersetzung des ersten Teils zugestimmt hatte, sondern auch des zweiten, der noch nicht einmal in Französisch erschienen war. Es war, sagte er ihr, »wieder was sehr Schönes. Das muß mich in Wien und Deutschland bei Ärzten und Kranken bekannt machen und ist einige Wochen und einige hundert Gulden wert, bringt ja auch einige hundert Gulden ein«[16]. Und als er Paris verließ, um eine Woche Weihnachtsurlaub in Wandsbek zu verbringen, konnte er berichten, daß alle Einzelheiten geregelt waren.

Freud kehrte am letzten Dezembertag nach Paris zurück, getröstet durch die Woche bei Martha, erregt durch das zunehmende Interesse, das ihm Charcot offenbar entgegenbrachte, und unter solchen Umständen auch imstande, sich in der französischen Hauptstadt wohlzufühlen. Tatsächlich schrieb er nur wenige Wochen später: »Was das Paris für ein Zauber ist!«[17] Und in demselben langen Brief schrieb er: »Am nächsten Tag mußte ich denken, was ich doch für ein Esel bin, von Paris wegzugehen, jetzt wo das Frühjahr kommt, Notre-Dame schön im Sonnenlicht dasteht, und ich Charcot nur ein Wort zu sagen brauche, um mit den Kranken zu machen, was ich will. Aber mir fehlt der mutige Leichtsinn, um länger zu bleiben.«[18] Den wahren Grund für seine Rückkehr nach Wien verriet er einige Monate darauf Koller: »Du hast recht zu vermuten, daß Paris einen neuen Anfang der Existenz für mich bedeutet. Ich habe dort einen Lehrer gefunden, Charcot, wie ich ihn mir immer vorgestellt, habe klinisch sehen gelernt, soweit ich das imstande bin, und eine gute Menge von positiven Kenntnissen mitgenommen. Ich war nur so dumm, nicht mehr Geld zu haben, als für fünf Monate gereicht hat.«[19]

Zu Beginn des neuen Jahres ereignete sich etwas, was Freuds Entschlossenheit unterstrich, sich einen Namen zu machen. Er lernte im Januar L. Darkschewitsch (Liwerij Ossipowitsch von Darkschewitsch) kennen, einen jungen russischen Neurologen, der ebenfalls in der Salpêtrière arbeitete. Darkschewitsch war es gewesen, der einige Jahre zuvor Freuds Artikel über die Färbemethode ins Russische übersetzt hatte, und die beiden jungen Männer begannen begreiflicherweise zu fachsimpeln. Freud sprach von einer Entdeckung auf dem Gebiet der Hirnanatomie, die er in Wien gemacht, aber nicht veröffentlicht hatte, da er meinte, es sei zunächst noch weitere Arbeit erforderlich. Der junge Russe legte daraufhin seine eigenen Aufzeichnungen über diesen Gegenstand vor und fügte hinzu, daß er über seine Resultate mit einem Kollegen gesprochen habe, der sie in einer Arbeit verwerten wolle. Freud, der auf sehr menschliche Weise um die Priorität besorgt war, hatte anderes im

Sinn. »Mein lieber Freund«, sagte ich, »nein, das publizieren wir zusammen, und zwar gleich jetzt. Ich habe einige Präparate mit, Sie deren eine Menge, wir studieren die zusammen durch, dann machen Sie eine Zeichnung, ich den Text und wir lassen das Zeug zusammen los.«[20]

Die Arbeit, ein Nebenprodukt seiner Studien über die *Medulla oblongata*, dauerte drei Tage. Freud sollte noch eine weitere Abhandlung über die *Medulla oblongata* schreiben und einige Beiträge zur Neurologie leisten, während er nach seiner Rückkehr aus Paris halbtägig an Wiens Erstem Öffentlichen Kinderkrankeninstitut arbeitete. Außerdem sollte er mehrere Artikel über Hirnanatomie und seine erste, 1891 veröffentlichte, bedeutende Monographie, *Zur Auffassung der Aphasien*, schreiben. Dennoch steht fest, daß vom Beginn des Jahres 1886 an alle Zweifel hinsichtlich seiner Zukunft beseitigt waren und daß er sich von nun an der Psychopathologie widmen wollte. Hier lag, wenn er es vielleicht auch noch nicht in seiner vollen Ausdehnung erkannte, das unerforschte Land, das er suchte.

Sobald beschlossen war, daß er die Vorlesungen Charcots übersetzen sollte, wurde Freud in einen neuen Gesellschaftskreis eingeführt durch die glanzvollen Dienstagabend-Empfänge für die elegante Welt von Paris in Charcots Haus am Boulevard Saint-Germain. Als er sich auf die erste dieser Feuerproben vorbereitete, war er so nervös, daß er sich mit Kokain stärkte. »Ich war in tadelloser Toilette, bis darauf, daß ich die unglückliche weiße Cravate mit Mécanique durch eine der schönen schwarzen von Hamburg zum Anknöpfen ersetzt hatte«, berichtete er Martha. »Mein Frack trat hier zum erstenmal in Tätigkeit, ich hatte mir ein neues Hemd gekauft, ein Paar weiße Handschuhe, da die gewaschenen doch nicht mehr schön sind, die Haare richten und den wieder gewucherten Bart auf französisch zuschneiden lassen, im Ganzen vierzehn Francs für diesen Abend ausgegeben. Dafür war ich sehr schön und machte mir selbst einen günstigen Eindruck.« Er trank sein Bier und seinen Kaffee, »dampfte wie ein Schornstein und fühlte mich sehr behaglich, ohne daß mir ein einziges Malheur passiert wäre«. Und in einem gewissen Augenblick stand er an diesem Abend, wie er sagte, im Mittelpunkt der Aufmerksamkeit. »Soweit meine Leistungen, mit denen (oder vielmehr mit den Leistungen des Cocains) ich sehr zufrieden war.«[21]

Freud schrieb Martha beinahe täglich aus Paris, bis er die Stadt im März 1886 verließ, und diese Briefe zeichnen ein aufschlußreiches Porträt des Mannes, der zum erstenmal in das Leben einer hochkultivierten Metropole eintauchte, die so ganz anders war als Wien. Was vor allem ins Auge springt, ist sein starker Wunsch, bemerkt zu werden, Erfolg zu haben, und sein Entzücken, wenn er feststellte, daß Besucher der Salpêtrière von seinen Artikeln über Koka gehört hatten. Auch ein zunehmendes Gefühl für sein eigenes Können macht sich bemerkbar, das rasch vom Selbstvertrauen zu der Arroganz überging, die es ihm gestattete, Martha zu schreiben, »daß ich unter günstigen Bedingungen mehr leisten könnte als Nothnagel, dem ich mich weit überlegen glaube«[22]. Zu all dem kommt der immer stärkere Einfluß, den Charcot auf ihn ausübte, der Mann, der Freud allmählich davon überzeugte, daß sein Forschungsgebiet die menschliche Psyche war.

Um diese Zeit bewies er bereits eine ungewöhnlich gute Kenntnis der menschlichen Natur und der Probleme, vor die sie gestellt werden kann. Seine Bemerkungen über Kollegen, Besucher und Freunde sind sehr offenherzig, und ein Brief an seine zukünftige Schwägerin, der nach seiner Rückkehr von dem Weihnachtsbesuch in Wandsbek geschrieben wurde, läßt eine beachtliche Einsicht in den Lauf der Welt erkennen. Freuds Freund Ignaz Schönberg hatte sich mit Minna Bernays verlobt, dann war er an Tuberkulose erkrankt und ein Patient Freuds geworden. Als er erkannte, daß seine Krankheit unheilbar war, hatte er die Verlobung aufgelöst. Schönberg starb im Februar 1886, und die ohnehin nicht guten Beziehungen zwischen seiner Familie und den Bernays verschlechterten sich rasch. Nach seinem Tod fragte Minna Bernays Freud in einem Brief, ob er meine, Martha und sie sollten als freundschaftliche Geste gegenüber den Schönbergs um ein Andenken an ihn bitten. Freud riet davon ab. »Sei nur darauf gefaßt«, warnte er, »daß in einigen Wochen oder Monaten die ganze Familie sagt und glaubt, entweder Deine Neigung zu ihm oder meine ärztliche Behandlung oder Mamas Verhältnis [zu ihm] sei die Ursache seiner Krankheit gewesen. Die Menschen sind so glücklich, wenn sie sich für etwas unabänderlich Geschehenes einen Grund vorsagen können, der nicht so unpersönlich ist, sondern an den sie irgendeine Art von Leidenschaftlichkeit knüpfen können.«[23]

Weniger als einen Monat später kehrte er nach Wien zurück. Er fuhr über Berlin, wo er an der Klinik Adolf Baginskys seine Studien über die geistigen Anomalien von Kindern fortsetzte. »Die Dinger sind, wenn ihr Gehirnchen nur frei ist, wirklich reizend, und wenn sie leiden, so rührend«, schrieb er Martha. »Ich glaube, ich würde mich rasch in die Kinderpraxis hineinfinden.«[24] Was jedoch Berlin betraf, war er kaum begeistert. »Obwohl ich schon eine Woche hier bin, habe ich doch nichts von der Stadt gesehen als einige Straßen, durch die ich täglich gehen muß, und nehme mir vor, nächste Woche wenigstens ins Aquarium zu gehen«, schrieb er seiner Schwester Rosa. »Ich bin hier noch ganz einsam, und wenn ich am Abend nicht arbeiten kann, langweile ich mich sehr. Die Stadt macht mir auch keinen Eindruck, etwas mehr lebhaft und etwas weniger hübsch als Wien. Das Leben viel wohlfeiler, die Leute plagen sich mehr, viel Schutzmänner und viel Militär.«[25]

Wieder in Wien, konzentrierte er sich auf die Arbeit Charcots, auf die ungewöhnlichen Dinge, die er in der Salpêtrière gesehen hatte, und die Folgerungen, die sich aus ihnen ergaben. Er war nun beinahe 30 Jahre alt. Trotz seiner vielseitigen Erfahrungen im Krankenhaus war er bis dahin kaum mit der Psychiatrie in Berührung gekommen, und auf den ersten Blick muß es so ausgesehen haben, als brächte er für die Arbeit, die er in Angriff nehmen wollte, außerordentlich geringe Voraussetzungen mit. Das war jedoch nicht der Fall.

Was immer die Kritiker sagen mochten – und sie sagten sehr viel: Freuds Vorstöße in die Dunkelheit der Geisteskrankheiten waren die Streifzüge eines Mannes, der bereits mit physiologischen Kenntnissen ersten Ranges ausgerüstet war.

Ein Führer wird geboren

5
Die ersten Praxisjahre

Ich bin im Grunde nicht an der Therapie interessiert,
und ich stelle gewöhnlich fest,
daß ich – in jedem besonderen Falle –
mit den theoretischen Problemen beschäftigt bin,
für die ich mich jeweils gerade interessiere.

Freud, zitiert von Abram Kardiner,
»Freud – The Man I Knew, The Scientist and His Influence«

Freud hatte Wien als angehender Neurologe verlassen, der in der Salpêtrière alles über die Anatomie des Nervensystems lernen wollte, was es zu lernen gab. Als er zurückkehrte, hatte sich sein Interesse an diesem Gegenstand ein wenig verflüchtigt. An seiner Stelle war unter dem Einfluß der theatralischen Demonstrationen Charcots der Entschluß gereift, sich vielmehr auf die Probleme des Geistes im allgemeinen und der Hysterie im besonderen zu konzentrieren. Aus dem Studenten der strukturellen Neurologie wurde der Vertreter der dynamischen Psychiatrie.

Freud war zweifellos ein gutartiger Revolutionär, ein Arzt in der großen Tradition der Männer, die ihrer Zeit voraus waren. Dennoch war, als er sich anschickte, seine eigene Praxis zu eröffnen, das Studium des Geistes in einer Umwandlung begriffen, die beinahe hundert Jahre zuvor begonnen hatte und ihm seine Aufgabe zumindest leichter machte, als sie es um 1820 oder 1840 noch gewesen wäre. Zu Beginn des 19. Jahrhunderts war die Psychologie noch eng mit der Philosophie verknüpft. In den achtziger Jahren hatte sich dieses Band in dem Maße gelockert, in dem die Biologie Fortschritte machte und experimentelle und mathematische Methoden allmählich der Psychologie eine wissenschaftliche Strenge verliehen, die ihr zuvor gefehlt hatte. Der Wandel machte sich besonders im Studium und in der Behandlung der Geisteskranken bemerkbar. Ende des 18. Jahrhunderts hatte Philippe Pinel den Weg gewiesen, indem er mutig behauptete, daß die armen Geschöpfe, die die Asyle füllten, nicht böse, sondern krank seien und daß Krankheit und nicht Besessenheit durch Dämonen die Ursache ihrer Leiden sei. Die neue Auffassung, der Charcot rund 75 Jahre später in der Salpêtrière Ausdruck verlieh, hatte in England, wo die »Society of Friends« die Bemühungen William Tukes unterstützte, und in die Vereinigten Staaten unter dem Einfluß von Dorothea Dix Eingang gefunden. Diese Reformer waren typisch für die kleine Schar begeisterter Laien, mit deren Ermutigung Ärzte langsam darangingen, die Geisteskrankheiten zu klassifizieren, womit der erste Schritt auf der Suche nach Heilung getan war.

Während der ersten Hälfte des 19. Jahrhunderts führten Experimente, mikroskopische Untersuchungen und Färbetechniken zu einer genauen Aufzeichnung der Verteilung der sensorischen und motorischen Nerven. Und als man die Arbeitsweise des Nervensystems zu verstehen begann, entwarfen physiologische Laboratorien – vor allem auf dem europäischen Kontinent – die ersten Umrisse einer experimentellen Psychologie. Man begann so, die Beziehungen zwischen Geist und Materie mit einem neuen Interesse zu untersuchen. Was für eine Verbindung bestand letzten Endes zwischen den Empfindungen eines lebenden Menschen und den physischen Strukturen, die man nach seinem Tode bei der Sektion des Gehirns vorfand? Die Schranken, die die Psychologie von der Physiologie trennten, bestanden nach wie vor, aber sie waren niedriger geworden.

Im Jahre 1879 gründete Wilhelm Wundt, Professor der Philosophie in Leipzig, das erste psychologische Laboratorium der Welt, das »Institut für experimentelle Psychologie«. Stanley Hall richtete 1883 eines an der Johns Hopkins University in Baltimore ein, und in demselben Jahr lieferte Emil Kraepelin die erste Klassifikation der Geisteskrankheiten. Diese Entwicklungen führten notwendigerweise zu einer neuen Einstellung gegenüber den Geisteskranken. Diejenigen mit kleineren neurotischen Beschwerden brauchten sich nicht mehr der Gnade von Laienberatern religiöser oder anderer Art auszuliefern und auf mitfühlende Aufnahme zu hoffen, und diejenigen, deren geistige Anomalien an Wahnsinn grenzten, hatten den Kerker weniger zu fürchten. Doch diese verantwortungsbewußtere Behandlung der Unglücklichen, die in dem Grenzbereich zwischen Exzentrizität und Wahnsinn lebten, war ungeachtet der im früheren Verlauf des Jahrhunderts errungenen Fortschritte weitgehend nur gradueller Natur, und sie hatte kaum erst begonnen, sich auf die Behandlung von Hysterischen auszuwirken.

Jahre später, als er in den Vereinigten Staaten die europäische Einstellung der achtziger Jahre beschrieb, sagte Freud: »Er [der typische Arzt] kann die Hysterie nicht verstehen, er steht ihr selbst wie ein Laie gegenüber. Und das ist nun niemandem recht, der sonst auf sein Wissen so große Stücke hält. Die Hysterischen gehen also seiner Sympathie verlustig; er betrachtet sie wie Personen, welche die Gesetze seiner Wissenschaft übertreten, wie die Rechtgläubigen die Ketzer ansehen; er traut ihnen alles mögliche Böse zu, beschuldigt sie der Übertreibung und der absichtlichen Täuschung, Simulation; und er bestraft sie durch die Entziehung seines Interesses.«[1] Freud, der im Verständnis der Hysterie den Schlüssel zu den Rätseln des Geistes sah, sollte eine ganz andere Haltung in der Praxis einnehmen, die zu eröffnen er nun im Begriff war.

Aber zunächst mußte er der medizinischen Fakultät mitteilen, was er in Paris und Berlin gesehen hatte. Er machte sich sofort an die Arbeit, und innerhalb von zehn Tagen hatte er einen zwölf Seiten langen Bericht unterzeichnet. Er stellte darin offenherzig fest, daß er nicht erwarten durfte, an einer deutschen Hochschule wesentlich Neues zu lernen, nachdem er »die Unterweisung der Herren Professoren Th. Meynert und H. Nothnagel genossen hatte«. Nach dieser Einleitung betonte er den Unterschied zwischen der deutschen Schule, wie sie von Meynert vertreten wurde, und der Schule, die Charcot anführte. »Die französische Schule der Neuropathologie«, schrieb er, »schien mir dagegen sowohl in ihrer Arbeitsweise Fremdes und Eigentümliches zu bieten, als auch neue Gebiete der Neuropathologie in Angriff genommen zu haben, auf welche sich in Deutschland und Österreich die wissenschaftliche Arbeit nicht in ähnlicher Weise erstreckt hat.«

Allein dies schon würde ihm kaum die Sympathie der Ärzte der Wiener Schule eingebracht haben. Aber einige Entdeckungen der Franzosen in bezug auf Hypnotismus und Hysterie, fuhr er fort, hatten »mehr Anzweiflung als Anerkennung und Glauben in unserem Lande gefunden und [›infolge des wenig lebhaften persönlichen Verkehrs zwischen französischen und deutschen Ärzten‹] mußten sich die französischen Forscher, Charcot voran, oft den Vorwurf der Kritiklosigkeit oder mindestens der Hinneigung zum Studium des Seltsamen und zu dessen effektvoller Verarbeitung gefallen lassen«. Daher ergriff Freud »bereitwillig die gebotene Gelegenheit, ein auf eigene Erfahrung gegründetes Urteil über die erwähnten Reihen von Tatsachen zu gewinnen ...«[2]

Nachdem er diese geschickte Kritik an seinen Lehrmeistern niedergeschrieben hatte, eröffnete der Med. univ. Dr. Sigmund Freud, Dozent der Neuropathologie an der Universität Wien, seine Praxis. Die Räume befanden sich in der Rathausgasse Nr. 7, der erste Tag, an dem er sich bereit erklärte, Patienten zu empfangen, war der Ostersonntag. Ein merkwürdiges Datum für den Beginn: ein öffentlicher Feiertag, an dem alle Geschäfte und Ämter geschlossen hatten und sogar der ärztliche Notdienst der Stadt entsprechend eingeschränkt war. Allein der erste Weihnachtsfeiertag wäre für einen Arzt ein noch ausgefalleneres Datum für den Empfang seiner ersten Patienten gewesen. Als Erklärung hat man Freuds schwelenden Haß auf die katholische Kirche vorgeschlagen – »meine wahre Feindin«, wie er sie später nennen sollte.[3] Wenn die Wahl des Zeitpunkts tatsächlich die Geste eines jungen Mannes war, der darauf brannte, gegen alle Windmühlen anzureiten, so war das Motiv wahrscheinlich unbewußt, und es gab einen einleuchtenderen Grund für dieses Datum, der nie ans Licht kam.

Freuds Aussichten waren kaum gut zu nennen. Er besaß wenig Kapital, um ungünstige Zeiten zu überbrücken. Zudem war er auf Umwegen zur medizinischen Praxis gelangt. Er hatte sich mit pharmakologischen Produkten, mit medizinischen Übersetzungen, mit Kinderkrankheiten befaßt. Wenn er irgendwo einen Funken von Genie gezeigt hatte, so hatte dieser Funke nicht gezündet. Und wenn er auch die Absicht hatte, sich auf Nervenkrankheiten zu spezialisieren, ein Gebiet, von dem er mit Recht annahm, daß es sich in Wien gewinnbringend auswerten ließ, so neigte er bald zu Methoden, die Mißtrauen bei seinen Kollegen und Argwohn bei seinen potentiellen Patienten erregten.

Dazu kam noch, daß er Jude war, ein Umstand, über den sich widersprüchliche Aussagen machen lassen. Der Antisemitismus hatte nach der Finanzkrise von 1873 weiter um sich gegriffen, und nur wenige Jahre, bevor Freud seine Praxis aufmachte, war es zu antijüdischen Ausschreitungen in Preßburg [dem heutigen Bratislava], 50 Kilometer östlich von Wien gekommen. Eine der Erzherzoginnen hatte begonnen, mindestens eine antisemitische Zeitung zu unterstützen, und in Wien selbst hatte der antisemitische Agitator Franz Holubek erklärt, die Juden seien nicht mehr unsere Mitbürger, sondern unsere Herren, Unterdrücker und Peiniger geworden.[4] Aber wenn dies schlechte Vorzeichen für einen jungen Juden am Beginn seiner Berufslaufbahn waren, so gab es dafür auch einen Ausgleich. Zur Zeit des Krachs von 1873 hatten in Wien 70 000 Juden gelebt; um 1890 war diese Zahl auf 118 000 angewachsen, und um die Jahrhundertwende stieg sie auf 147 000. Dies allein verschaffte Freud ein sich ständig vergrößerndes Reservoir potentieller Unterstützung, und zugleich ist zu bemerken, daß es an der medizinischen Fakultät der Universität Wien besonders viele jüdische Professoren gab. So stark der Antisemitismus auch war, er konnte von fähigen Männern immer noch überwunden werden.

Ebenso wichtig wie der Einfluß des Antisemitismus war ein anderer Faktor, der sich schädlich auf Freuds Aussichten auswirken konnte.

Nach seinem Besuch in England im Jahre 1875 hatte er sich für die medizinische Laufbahn entschlossen; er hatte Leidenden helfen wollen, und es besteht kein Zweifel, daß er sich ein gewisses berufliches Ideal bis an sein Lebensende bewahrte. Aber die Verlagerung seines Interesses, die sich in Paris vollzog, schuf ein Gegengewicht. Er wollte nun wissen, wie der Geist funktioniert, und die Suche nach diesem Wissen lief parallel zur Linderung von Leiden, und manchmal lief sie ihr auch voraus. »In [Freuds] Persönlichkeit«, schrieb Theodor Reik, einer seiner ergebensten Anhänger, »war der besondere Drang, der einen Mann dazu treiben müßte, ein Heiler zu sein, nicht so stark entwickelt wie sein Drang nach Wissen. Er hatte nichts von dem furor therapeuticus, den so viele Ärzte bekunden.«[5]

Freud war selbst dieser Ansicht. »Ich bin im Grunde nicht an der Therapie interessiert«, schrieb er einmal, »und ich stelle gewöhnlich fest, daß ich – in jedem besonderen Falle – mit den theoretischen Problemen beschäftigt bin, für die ich mich jeweils gerade interessiere.«[6] Mitleid schlich sich immer ein, aber es war nicht sein einziger Ansporn, wie er mehr als 40 Jahre nach der Eröffnung seiner Praxis andeutete. »Ich sagte Ihnen«, hieß es 1932 in der *Neuen Folge der Vorlesungen zur Einführung in die Psychoanalyse*, »die Psychoanalyse begann als eine Therapie, aber nicht als Therapie wollte ich sie Ihrem Interesse empfehlen, sondern wegen ihres Wahrheitsgehalts, wegen der Aufschlüsse, die sie uns gibt über das, was dem Menschen am nächsten geht, sein eigenes Wesen, und wegen der Zusammenhänge, die sie zwischen den verschiedensten seiner Betätigungen aufdeckt.«[7] So war, als Freud in der Rathausgasse daranging, seine ersten Patienten zu kurieren, der Heiler ebenso auf Wissen aus wie auf Heilung.

Zunächst einmal dachte er nur an eine Probezeit von zwei Monaten in der Stadt. Wenn der Versuch fehlschlug, was er halb und halb zu erwarten schien, konnte er vielleicht in die Vereinigten Staaten auswandern. »Wir hatten nämlich beide gar nichts«, schrieb er später über sich und Martha, »oder genauer gesagt, ich hatte eine zahlreiche arme Familie und sie eine kleine Erbschaft von etwa 3000 fl. von seiten ihres Onkels Jakob . . .«[8] Abgesehen von der Auswanderung nach Amerika, dachte er daran, zu den Freuds nach England zu gehen oder in eine der kleineren Städte Österreichs zu übersiedeln. Wien selbst übte keine besondere Anziehung auf ihn aus, und wenige seiner Kollegen würden es für wahrscheinlich gehalten haben, daß der ehrgeizige dreißigjährige Arzt mehr als ein halbes Jahrhundert in der Hauptstadt praktizieren werde.

Freud zweifelte selbst daran. Als er zu Martha von seinen finanziellen

Rücklagen bei der Eröffnung der Praxis sprach, schrieb er: »In wenigen Wochen ist mein Geld – das ich noch nicht einmal behoben habe – zu Ende, und dann muß es sich ja zeigen, ob ich weiter in Wien leben kann. Ich will gerne hoffen, daß der nächste Geburtstag so ist, wie Du ihn schilderst, daß Du mich mit einem Kusse weckst und ich nicht auf den Brief von Dir warte. Es wäre mir schon recht gleichgültig, wo das geschieht, ob hier oder in Amerika, Australien oder sonstwo. Aber lange wollte ich nicht mehr ohne Dich sein. Ich kann ja viel Sorge und Arbeit ertragen, aber schon lange nicht mehr allein. Und im Vertrauen, meine Hoffnung, es in Wien aushalten zu können, ist sehr klein.«[9] Sein nervöser Drang nach Erfolg ließ seine Hoffnungen ebenso rasch und grundlos steigen, wie sie wieder sanken. »Meine Position hier ist doch eine starke, wie ich aus manchen Zeichen merke«[10], schrieb er eine Woche, nachdem er nur sehr wenig Hoffnung gesehen hatte.

Die ersten Vorzeichen waren alles andere als günstig. Im Mai hielt er vor dem Physiologischen Klub einen Vortrag über Hypnotismus, und er erklärte Martha, daß er dasselbe später im Monat vor dem Psychiatrischen Verein und der Gesellschaft der Ärzte zu tun gedenke. »Der Kampf mit Wien ist also im besten Gange«[11], meinte er. Tatsächlich war mehr als nur ein Kampf auszufechten, und wer nun Freuds Eintreten für die Hypnose kritisierte, der hatte bald noch eine weitere Waffe zur Hand. Vor Ende Mai wiederholte Albrecht Erlenmeyer in einem zweiten Artikel seine frühere Warnung vor den Gefahren des Kokains, und er übte scharfe Kritik an Freud persönlich.

Wie Freud jedoch bald erkennen sollte, machte er sich die meisten Feinde durch die Befürwortung der Hypnose. Bei seiner Rückkehr nach Wien hatte man ihm die Benutzung der Einrichtungen der Klinik Meynerts angeboten. Sobald es sich aber zeigte, daß Freud die Anwendung der Hypnose nicht ausschloß, änderte Meynert seine Meinung. Er gab offen zu verstehen, daß Freud nicht mehr willkommen sei.

Dies war der Beginn eines Guerillakrieges zwischen den beiden Männern, der sporadisch bis zu Meynerts Tod im Jahre 1892 andauerte. Als er 1888 eine Einführung zu seiner Übersetzung des ersten Teils von *De la suggestion et de ses applications à la thérapeutique* (dt.: *Die Suggestion und ihre Heilwirkung*) von dem berühmten französischen Hypnotiseur Hippolyte Bernheim schrieb, ging Freud so weit, wie er es wagen durfte. »In der Kritik Meynerts, der sich hier in seiner gewohnten frech-boshaften Manier autoritativ über ein Thema hat hören lassen, von dem er nichts weiß«, schrieb er über diese Einführung an Fließ, »mußte ich mich gemäßigt halten, weil die Stimmung aller meiner Freunde es verlangt hat. Was ich geschrieben, erscheint ihnen auch so als Wagnis. Ich habe der

Katze die Schelle angehängt.«[12] Meynert seinerseits brachte in einem Artikel über Charcots Theorien bezüglich der traumatischen Paralysen eine Fußnote an, in der er bemerkte, daß Freuds Ansichten mehr dogmatisch als wissenschaftlich seien und in Wirklichkeit Charcots Lehren widersprächen. Freud antwortete in einer Besprechung von Auguste Forels *Der Hypnotismus*, indem er sich darauf verließ, daß die meisten Leser verstehen würden, wen er meinte:

»Es fällt den meisten Menschen schwer anzunehmen, daß ein Forscher, der für einige Kapitel der Neuropathologie große Erfahrung erworben und viel Scharfblick bewiesen hat, für andere Probleme jeder Eignung, als Autorität angerufen zu werden, entbehren sollte; und der Respekt vor der Größe gehört gewiß zu den besten Eigenschaften der menschlichen Natur. Aber er soll gegen den Respekt vor den Tatsachen zurücktreten.«[13]

In dieser gespannten Atmosphäre begann Freud, der mit den anerkannten Anschauungen im Widerstreit lag, seine Praxis aufzubauen. Das meiste von dem, was man über die ersten Monate weiß, stammt aus den Berichten, die er Martha nach Wandsbek schickte. Wie zu erwarten, hatte er die unterschiedlichsten Patienten, aber keineswegs alle litten an den Nervenkrankheiten, die ihn besonders interessierten. Doch spätestens im Herbst war klar, daß er sich auf die Hysterie konzentrierte. »Willst Du mir was schenken, was ich dringend brauche«, schrieb er am 13. Oktober 1886 an Carl Koller, »so laß es ein Perimeter [ein Instrument zur Messung des Gesichtsfeldes] sein. Ich bin ja als Kliniker vorzugsweise auf das Studium der Hysterie angewiesen, und darin darf man heutzutage nicht ohne Gesichtsfeld publizieren.«[14]

Trotz dieser Spezialisierung war er froh, mehr von den durchschnittlichen Patienten zu haben: sie stellten schließlich das Sicherheitsnetz dar, wenn seine Arbeit mit den Neurosen im allgemeinen und der Hysterie im besonderen keine Dividenden abwarf. Die Frau eines Professors kam mit einem Ischias-Anfall zu ihm. Zwei Polizeibeamte suchten ihn zweimal wöchentlich wegen irgendwelcher Schmerzen auf, die er nicht näher bezeichnete. Dann gab es einen amerikanischen Arzt mit nervösen Beschwerden, der Freud sehr interessierte. »Sein Fall«, verriet er Martha, »ist kompliziert durch sein Verhältnis zu seiner schönen und interessanten Frau, mit der ich also auch zu tun hatte und wegen welcher ich morgen zu Professor Chrobak [Dr. Rudolf Chrobak, Professor der Gynäkologie an der Universität Wien] gehe. Ich bin zu müde, um Dir die heiklen Dinge näher zu beschreiben.« In demselben Brief findet sich auch schon eine Andeutung der abergläubischen Neigungen, die er nie ganz überwinden konnte: »Unheimlich war mir, daß während der beiden

Male, da sie bei mir war, Dein Bild, das sich sonst nie rührt, vom Schreibtisch herunterfiel. Ich mag solche Andeutungen nicht, und wenn es einer Warnung bedurft hätte – es hat aber keiner bedurft!«[15]

An manchen Tagen war sein Wartezimmer voll von Patienten, aber Martha erklärte er, daß nicht viele auch zahlten. Zuweilen schien er sich in verzweifelten Geldnöten zu befinden, zum Beispiel als er Martha, immer noch in dem oben zitierten Brief, schrieb: »Ich schone jeden Gulden sonst, da werde ich gestern zu einem entfernten Bekannten in die Stadtgutgasse gerufen, natürlich kein Geld dafür, aber zwei Stunden im Tag verloren, da ich mir doch keinen Wagen nehmen kann. Heute wieder so, und wie ich nach Hause komme, finde ich eine dringende Aufforderung vor, neuerdings zu kommen. Jetzt muß ich natürlich einen Wagen nehmen, und was ich in drei Tagen am Nachtmahl erspare, geht so in einem Wagen auf.« Doch Carl Koller stellte er seine Lage viel rosiger dar. »Es ging mir aber über Erwarten gut«, berichtete er. »Was Breuers Hilfe, was der Name Charcot dazugetan hat, und vielleicht der selbstverständliche Zulauf zu einer Novität, will ich nicht analysieren; ich nahm in dreieinhalb Monaten 1100 fl. ein und sagte mir, daß ich heiraten könnte, wenn es so verhältnismäßig immer besser weiterginge.«[16]

Während des Sommers, in dem er allmählich Fuß faßte, sich auf eine Waffenübung vorbereitete, die im August beginnen sollte, und hoffte, daß es ihm bald möglich sein werde zu heiraten, war die neue Praxis nicht seine einzige Sorge. Im Juni und Juli beendete er die Übersetzung der Vorlesungen Charcots, mit der er in Paris begonnen hatte, eine Arbeit, die ihm eine in Leder gebundene Ausgabe der Gesammelten Werke des Doktors mit der Widmung »*A Monsieur le Docteur Freud, excellents souvenirs de la Salpêtrière*« einbrachte. Im Juli schloß er auch die Abhandlung über die Arbeit ab, die er ein Jahr zuvor in Meynerts Laboratorium durchgeführt hatte, und nahm eine Ernennung zum Leiter der neu organisierten neurologischen Abteilung des Wiener Kinderkrankeninstituts an.

Um diese Zeit hatte Martha eine zweite Erbschaft gemacht, und das junge Paar hatte sich ermutigt gefühlt, ein Datum für die Hochzeit festzusetzen. Sie sollte im September stattfinden, und es war daher ein Schock für Freud, als er erfuhr, daß seine Waffenübung bis in die erste Woche dieses Monats dauern sollte. Nichtsdestoweniger weigerte er sich, das langerwartete Ereignis aufzuschieben – zum Entsetzen seiner zukünftigen Schwiegermutter, die seine Entschlossenheit als Leichtsinn verurteilte.

Am 11. August meldete sich Freud zum Militärdienst. Er wurde als Regimentsarzt nach Mähren geschickt. Während der folgenden Manöver wurde er vom Leutnant zum Hauptmann befördert. Danach diente er als Bataillonsstabsarzt, und er scheint seine Pflichten zu aller Zufriedenheit erfüllt zu haben. Er genoß »großes Vertrauen bei Militärs und Zivilisten«, heißt es in seiner Dienstbeschreibung. Er war »ehrlich, von festem Charakter, fröhlich«. Sein Verhalten war gegenüber Vorgesetzten »gehorsam und freimütig, zudem bescheiden«, gegenüber Gleichgestellten »freundlich« und gegenüber Untergebenen »wohlwollend und einen guten Einfluß ausübend«. Sein Verhalten außer Dienst wurde als »sehr anständig und bescheiden, von angenehmen Manieren« beschrieben.[17]

All das weist letzten Endes auf die Fähigkeit hin, gut mit Kranken umzugehen, aber es läßt auch erkennen, daß es Freud mehr als geschickt verstand, seine persönlichen Ansichten über den Militärdienst zu verbergen, die er in einem Brief an Breuer verriet: »Ein Offizier ist ein jämmerliches Wesen, jeder beneidet den Gleichgestellten, tyrannisiert den Untergebenen und fürchtet sich vor dem Höheren, und je höher er selbst ist, desto mehr fürchtet er sich. Es ist mir überhaupt zuwider, auf dem Kragen geschrieben zu haben, wieviel ich wert bin, als ob ich ein Stoffmuster wäre. Und doch hat das System seine Lücken. Der Kommandierende von Brünn war unlängst hier, kam in die Schwimmschule, und da erfuhr ich mit Erstaunen, daß die Schwimmhosen keine ›Distinktion‹ tragen.«[18]

Freud kehrte nach Beendigung des Manövers am 10. September nach Wien zurück, zog Zivilkleidung an und reiste kurz darauf nach Wandsbek ab. Aber er wurde noch immer von finanziellen Nöten heimgesucht. Sein Sold bei der Armee war nur halb so hoch gewesen, wie er erwartet hatte, und er mußte Minna Bernays schreiben und um das Fahrgeld bitten.

Da die Trauung in Deutschland stattfand, hatte Freud gehofft, daß eine Ziviltrauung genügen werde. Aber im letzten Augenblick wies Martha darauf hin, daß sie zwar für Deutschland ausreichend sei, das österreichische Gesetz aber auch eine kirchliche Trauung fordere. Ohne sie würden sie nicht als verheiratet gelten, wenn sie sich in Wien niederließen. Er mußte sich daher mit den Kompliziertheiten der jüdischen Hochzeitszeremonien abfinden. Er verabscheute sie, wurde aber, vielleicht widerwillig, von Elias Philipp, dem Onkel der Braut, der als orthodoxer Jude die Allergie des Bräutigams gegen jüdische Sitten mißbilligte, auf die Prüfung vorbereitet. Die Ziviltrauung fand am 13. September im Rathaus von Wandsbek statt, die religiöse am folgenden Tag, und Freud gab die Antworten des Bräutigams in hebräischer Sprache. Dann trat das Paar seine vierzehntägigen Flitterwochen an, die es nach Lübeck und

Travemünde an der Ostsee führten. Von dort aus ging es weiter nach Berlin, Dresden und Brünn und schließlich nach Wien, wo die beiden am 1. Oktober eintrafen.

Das Heim, in das Freud seine junge Frau brachte, war eine Wohnung im Kaiserlichen Stiftungshaus, dem – auch als »Sühnhaus« bekannten – Gebäude an der Stelle des Ring-Theaters, das unter großen Verlusten an Menschenleben im Dezember 1881 niedergebrannt war, ein Todeszoll, der weitgehend der Nachlässigkeit der Behörden zugeschrieben wurde. Die Mieten aus dem neuen Haus flossen Wiener Wohlfahrtsorganisationen zu, aber noch eine Weile nach seiner Fertigstellung hielt der Aberglaube Mieter fern. »Es war schwer Mieter für das Wohnhaus zu bekommen, wo so viele Menschen ihr Leben gelassen hatten«, schrieb Freuds Schwester Anna Jahre später. »Mein Bruder, weit davon entfernt, den allgemeinen Aberglauben zu teilen, zögerte nicht, sich mit seiner jungen Frau dort niederzulassen, und sein Beispiel ermutigte rasch andere.«[19] Das ging so weit, daß, als im folgenden Jahr Freuds erstes Kind kam, die Hofkanzlei dem Vater des ersten in diesem Gebäude geborenen Kindes ein Glückwunschschreiben schickte. Die Legende, die durch Anna Freud Bernays' Erinnerungen wachgehalten wurde, fügt dem Brief eine Vase aus der Wiener Porzellanmanufaktur hinzu.

Als das junge Paar im Oktober im Stiftungshaus ankam, stellte es jedoch fest, daß die Wohnung noch nicht fertig war. Es mußte einige Nächte in einem nahegelegenen Hotel verbringen, und es war lange ein Familienscherz, daß Freuds mit einer nahezu unleserlichen Handschrift geschriebene Eintragung im Fremdenbuch als »Freud aus Asien« statt als »Freud aus Wien« gelesen wurde.

Während der ersten Monate des Ehelebens gab es die verschiedensten Probleme zu lösen. Das eine war der Geldmangel, und an Freuds erstem Praxistag in seinem neuen Heim gab es nicht genug Stühle für alle Patienten. Martha mußte einige aus der Hausmeisterwohnung im Parterre borgen. Innerhalb weniger Wochen konnte Freud jedoch Carl Koller berichten: »Meine kleine Frau hat mit Hilfe ihrer Mitgift und der Hochzeitsgeschenke ein reizendes Hauswesen aufgebaut, das für die edel prunkvollen Räume von Meister Schmidt [Stadtbaumeister F. v. Schmidt, der das Haus gebaut hatte] allerdings zu bescheiden ist.«[20] Die beiden waren zweifellos glücklich. Aber es gab einige kleinere Probleme, und eines davon war Freuds Allergie gegenüber jüdischen Sitten. »Ich erinnere mich sehr gut, wie sie mir sagte«, schrieb später einer der Vettern Marthas, »daß es eines der schmerzlicheren Erlebnisse ihres Lebens war, als sie am ersten Freitagabend nach ihrer Hochzeit die Sabbatkerzen nicht anzünden durfte.«[21]

Freud hatte sich kaum in seiner neuen Wohnung niedergelassen, als er der k. k. Gesellschaft der Ärzte einen Vortrag über das hielt, was er von Charcot und durch die Arbeit in der Salpêtrière gelernt hatte. Es war zuerst geplant worden, daß er seinen Vortrag im Juni halten sollte, aber wichtigere Angelegenheiten zwangen die Gesellschaft, das Ereignis bis nach der Sommerpause aufzuschieben, und erst am 15. Oktober las er seine Schrift »Über männliche Hysterie« einer Hörerschaft vor, der Wiens führende Neurologen angehörten.

Um diesen Anlaß rankten sich zahllose Mythen, von denen viele auf Freuds in den kommenden Jahrzehnten wiederholte Behauptung zurückgingen, er sei schlecht behandelt worden. Tatsächlich wurde er eher kühl als streitsüchtig aufgenommen. Zunächst einmal vertrat er die Opposition. Man konnte vergeben, daß er in dem Bericht über seinen von der Fakultät subventionierten Besuch in der Salpêtrière die Vorzüge Charcots und der französischen Schule gerühmt hatte. Hier jedoch tat er nun etwas ganz anderes, etwas, was nach beruflichem Hochverrat schmeckte.

Um das zu verstehen, muß man die damalige Einstellung der Ärzte zu dem umstrittenen Thema der Hysterie kennen. Zwei Aspekte von unterschiedlicher Bedeutung standen zur Diskussion. Einige Ärzte behaupteten nach wie vor, sie sei ein ausschließlich weibliches Leiden, obwohl Pierre Briquet vor 20 Jahren eindeutig nachgewiesen hatte, daß dies falsch war. Briquet hatte durch die Analyse von Hysterischen in den Krankenhäusern von Paris nachgewiesen, daß die männlichen Fälle zwar seltener unter Patienten der oberen Gesellschaftsschichten waren, unter denen aus den niedrigeren Schichten aber häufiger als die weiblichen. Fünf Jahre vor Freuds Vortrag vor der Gesellschaft hatte Moritz Rosenthal, Professor der Neurologie in Wien, einen Artikel veröffentlicht, in dem er Briquets Statistiken angeführt hatte, und der *Index Catalogue* der »Surgeon-General's Library« in Washington, der in der Gesellschaft auflag, enthielt mehr als hundert Hinweise unter dem spezifischen Titel »Hysterie bei Männern«. Nichtsdestoweniger behaupteten einige Unentwegte nach wie vor, die Hysterie entstehe durch eine Funktionsstörung des Uterus, und daraus müsse unweigerlich ein bestimmter Schluß gezogen werden.

Doch wenn sich das Wissen von der männlichen Hysterie 1886 praktisch durchgesetzt hatte, so gab es eine zweite Frage, in der die Meinungen noch auseinandergingen. Man war lange der Ansicht gewesen, daß die Hysterie eine physiologische Grundlage habe, die mehr oder minder erblich sei. Nun hatte sich jedoch allmählich die Anschauung durchgesetzt, daß die auslösende Ursache ein traumatisches Ereignis sein könnte, bei dem der Patient ein erschreckendes Erlebnis habe. Viele Fälle von »traumatischer Hysterie« wurden auf Eisenbahnunglücke zurückgeführt, die damals in ganz Europa rasch zunahmen, und es wurde sogar der Ausdruck »Eisenbahn-Hysterie« geprägt. Es erwies sich augenscheinlich als notwendig, mehr über die Hysterie zu erfahren, denn wenn nachgewiesen werden konnte, daß Hysterie tatsächlich durch einen Unfall hervorgerufen wurde, so würde sich dies auf die gesetzlichen Schadensersatzansprüche ausgewirkt haben. Als Freud im Oktober 1886 vor der Gesellschaft sprach, hatte die Hauptkontroverse um die Hysterie begonnen, sich auf die Frage der psychischen Ursachen zu konzentrieren, eine Auffassung, die von vielen britischen Ärzten akzeptiert, von Charcot unterstützt, in Deutschland und Österreich aber noch erbittert diskutiert wurde. Unter diesen Umständen entschloß sich Freud, seine Abhandlung vorzulesen.

Er begann mit der Schilderung seiner Erfahrungen in Paris und beschrieb dann einen Fall von Hysterie mit der Lähmung eines Armes bei einem Patienten, der von einem Gerüst gestürzt war. Der Text seiner Ansprache ist nicht erhalten, aber aus den Berichten in der medizinischen Fachpresse geht hervor, daß der Fall als einer von unbestreitbarer traumatischer männlicher Hysterie dargestellt wurde, bei dem die Folgen auf einen psychischen Schock und nicht auf eine körperliche Verletzung zurückgeführt wurden.

Die Gesellschaft reagierte kritisch, vor allem weil Freud zur Veranschaulichung seiner These nicht einen eigenen Fall gewählt hatte, sondern sozusagen einen aus zweiter Hand. Eine der strengsten Regeln der Gesellschaft lautete, daß Vortragende eigenes Material zu präsentieren hatten, und Charcots Patient erfüllte diese Forderung nicht. Es wurde behauptet, daß Freud am Ende der Versammlung von Professor Meynert aufgefordert wurde, der Gesellschaft einige eigene Fälle vorzuführen, die seine Ausführungen bestätigen würden. Im Sitzungsprotokoll ist eine solche Aufforderung nicht festgehalten, aber Freud fand schließlich einen Patienten, und es ist anzunehmen, daß Meynert dies während der Gespräche nach der Sitzung informell von ihm verlangt hatte.

Eine Fußnote wurde diesem Abend, an den Freud mit großer Bitterkeit zurückdenken sollte, von Rudolf von Urban hinzugefügt, dem Gründer des Sanatoriums im Cottage-Viertel am Rande von Wien, der nach dem Ersten Weltkrieg große Pläne für eine Zusammenarbeit mit Freud hatte. »Jeder in diesem Raum«, schrieb er, »wußte, daß der hochgradig erregbare Meynert an Anfällen von Aphasie bei gleichzeitiger Lähmung des rechten Armes litt. Dies war sein defensiver Grund für die Suche nach einer anatomischen Basis für die Hysterie und wahrscheinlich sein Anreiz dafür, zerebrale Lokalisationen aufzuzeichnen. Als der junge Freud von Hysterie bei Männern sprach, fühlte sich Meynert unbehaglich. Meynerts wilde Jugend und seine labile Persönlichkeit waren sprichwörtlich; als junger Mann war er wiederholt betrunken gewesen und von seinem Großvater, dem Polizeiarzt, eingesperrt worden. Es ist möglich, daß der junge Freud bei dieser Gelegenheit einem Groll Luft machte, was der scharfsinnige Meynert begriff, dessen Antwort, als er Freud aufforderte, männliche Hysterie in seiner Klinik zu finden, das psychologische Äquivalent zu den Worten war: ›Ich fordere Sie auf, sie in *mir* zu finden.‹«[22]

Am 26. November erschien Freud wieder vor der Gesellschaft. Er begann seinen Vortrag mit den Sätzen:

»Meine Herren! Als ich am 15. Oktober d. J. die Ehre hatte, Ihre Aufmerksamkeit für einen kurzen Bericht über Charcots neuere Arbeiten auf dem Gebiete der männlichen Hysterie in Anspruch zu nehmen, erging an mich von Seiten meines verehrten Lehrers, des Herrn Hofrates Professor Meynert, die Aufforderung, ich möge doch solche Fälle der Gesellschaft vorstellen, an denen die somatischen Kennzeichen der Hysterie, die ›hysterischen Stigmata‹, durch welche Charcot diese Neurose charakterisiert, in scharfer Ausprägung zu beobachten sind. Ich komme heute dieser Aufforderung nach – allerdings in ungenügender Weise, so weit eben das mir zufließende Material an Kranken es gestattet –, indem ich Ihnen einen hysterischen Mann zeige, welcher das Symptom der Hemianästhesie in nahezu höchstgradiger Ausbildung darbietet. Ich will nur, ehe ich die Demonstration beginne, bemerken, daß ich keineswegs glaube, Ihnen hiermit einen seltenen und absonderlichen Fall zu zeigen. Ich halte ihn vielmehr für einen sehr gemeinen und häufig vorkommenden, wenn er auch oft genug übersehen werden mag.«[23]

Sein Patient war ein 29 Jahre alter Ziseleur, den ihm ein Kollege zur Bestätigung seiner Diagnose gebracht hatte. Und bei dieser Gelegenheit wies Freud, offenbar zur Zufriedenheit der Zuhörerschaft, nach, daß die hysterischen Symptome auf einen Unfall in der Kindheit zurückgeführt werden konnten. »Diesmal«, gab er ein wenig verdrießlich zu, »klatschte man mir Beifall, nahm aber weiter kein Interesse an mir . . . Als mir bald darauf das hirnanatomische Laboratorium versperrt wurde und ich durch Semester kein Lokal hatte, wo ich meine Vorlesungen abhalten konnte, zog ich mich aus dem akademischen und Vereinsleben zurück. Ich habe die ›Gesellschaft der Ärzte‹ seit einem Menschenalter nicht mehr besucht.«[24]

Ernest Jones bemerkt in einem wohlwollenden Satz, daß Freud hier einen zweideutigen Eindruck macht. Das war auch tatsächlich der Fall. Am 16. Februar 1887, keine drei Monate nach der Demonstration, wurde Freuds Aufnahme in die Gesellschaft von sieben prominenten Mitgliedern beantragt. Er wurde am 18. März 1887 auch tatsächlich aufgenommen und blieb Mitglied, bis er mehr als ein halbes Jahrhundert später Wien verließ, um nach England zu gehen.
Doch wenn seine formelle Stellung auch eine andere war, als Freud andeutete, so nagte die Erinnerung an den Oktoberabend, an dem die Vertreter der ärztlichen Meinung Wiens den jungen Mann auf seinen Platz verwiesen hatten, noch jahrzehntelang in ihm. Etwa 40 Jahre später stellte er fest, daß eine Fachzeitschrift, die er benötigte, nur durch die Gesellschaft zu beziehen war. Sein Kollege Theodor Reik meinte, wenn Freud einen Brief schreibe, werde er die Zeitschrift bekommen. Er vergaß es. Ein zweites Mal erinnert, vergaß er es wieder. Schließlich gestand er: »Ich konnte mich nicht dazu überwinden. Mein Widerstreben war zu stark.«[25]
Aber nicht nur die Wiener waren nicht so recht begeistert von Sigmund Freud, von dem sie schon gesehen hatten, daß er der Hysterie gegenüber eine Haltung einnahm, der sie mit Vorsicht gegenüberstanden. Die Franzosen hätten geschmeichelt sein müssen, weil er gewissermaßen für ihre Sache eintrat. Jede Chance in dieser Hinsicht schwand jedoch mit dem Erscheinen Pierre Janets, des französischen Psychologen und Neurologen, mit dem Freud praktisch bis an sein Lebensende einen Kleinkrieg führen sollte. Janet, 1859 in Paris geboren, war auf einem sehr ähnlichen Wege wie Freud zur Psychologie gelangt. Er hatte zwar zuerst Philosophie studiert, war dann aber über die Hypnose und ein Medizinstudium zur Hysterie vorgestoßen. Bevor er von 1890 an in der Salpêtrière arbeitete, hatte er eine Reihe von Krankengeschichten herausgegeben, und nach der Veröffentlichung der Schriften Freuds in den letzten Jahren des Jahrhunderts war es zwischen den beiden Männern zu einem erbitterten Prioritätenstreit gekommen. Jeder beschuldigte den anderen des Plagiats – ein Thema, das besser zu einem späteren Zeitpunkt in der Lebensgeschichte Freuds behandelt wird –, und jeder starb mit der Überzeugung, selbst unschuldig zu sein. Wahrscheinlich ist, daß beide recht hatten.
All das lag jedoch noch in der Zukunft, und ob die Haltung der Wiener Gesellschaft der Ärzte im Jahre 1886 eine gerechtfertigte Reaktion auf einen übereifrigen jungen Mann war oder ein typischer Versuch älterer Männer, neue Ideen abzuwehren: sie trug jedenfalls wenig dazu bei, Freud in diesen ersten Jahren seines Kampfes zu helfen.

Was ihm wirklich half, war die Freundschaft, die er, als seine Praxis kaum erst aufgebaut war, mit dem Mann schloß, der einige Jahre lang einen faszinierenden Einfluß auf ihn ausüben sollte. Es handelte sich um Wilhelm Fließ, einen jungen Berliner Arzt, dem Breuer geraten hatte, die gelegentlichen Vorlesungen zu besuchen, die Freud als Dozent an der Universität hielt. Die beiden Männer begegneten einander zum erstenmal im November 1887. Kurz darauf schrieb Freud an Fließ, der mittlerweile nach Berlin zurückgekehrt war. Bevor er von einer Patientin sprach, die von Fließ in der deutschen Hauptstadt behandelt worden und die später nach Wien gekommen war, sagte Freud: »Mein Brief hat zwar einen geschäftlichen Anlaß, ich muß ihn aber mit dem Bekenntnis einleiten, daß ich mir Hoffnung auf Fortsetzung des Verkehrs mit Ihnen mache, und daß Sie mir einen tiefen Eindruck zurückgelassen haben, der mich leicht dazu führen könnte, Ihnen frei heraus zu sagen, in welche Rangordnung von Männern ich Sie stellen muß.«[26]

Der Brief sollte der erste von mehreren Hundert sein, die zwischen den beiden Männern hin und her gingen – eine Korrespondenz, die auf einzigartige Weise ein Licht auf die frühen Jahre der Psychoanalyse und auf eine seltsame, noch heute nicht ganz erklärbare Freundschaft wirft. Das Interesse an den Briefen selbst wird noch erhöht durch die Besorgnis Freuds, daß sie jemals von anderen gelesen werden könnten, durch die seltsame Verkettung von Umständen, die dafür sorgten, daß *sein* Teil der Korrespondenz erhalten blieb, und durch die nach seinem Tode unternommenen und bisher erfolgreichen Anstrengungen, eine Veröffentlichung nur in zensierter Form zu gestatten.

Von Fließ' Witwe aufbewahrt, wurden die Briefe Freuds an Fließ nach dem Tode von Frau Fließ in den dreißiger Jahren von einem Berliner Buchhändler zum Verkauf angeboten und von einer Schülerin und Freundin Freuds, Prinzessin Marie Bonaparte, die um die Sicherheit der Briefe besorgt war, gekauft. Ihre Befürchtungen waren gerechtfertigt. Freud versuchte – vergeblich –, sie ihr abzukaufen, und vertraute ihr an: »Unsere Korrespondenz war die intimste, die Sie sich denken können. Es wäre höchst peinlich gewesen, wenn sie in fremde Hände gefallen wäre ... Ich möchte nichts davon zur Kenntnis der sogenannten Nachwelt kommen lassen.«[27] Die Nazis hätten sie sehr leicht entdecken können, eine Möglichkeit, die dadurch umgangen wurde, daß man sie in der dänischen Botschaft in Paris deponierte, wo sie den größten Teil des Zweiten Weltkriegs blieben. Nach der Befreiung der Stadt im Jahre 1944, fünf Jahre nach Freuds Tod, wurden die Briefe nach England gebracht – einem Bericht zufolge, nachdem man sie wasserdicht verpackt

und an Schwimmblasen befestigt hatte, um ihr Überleben zu sichern, falls das Schiff versenkt wurde.
Freuds Bemühungen, die Veröffentlichung zu verhindern, lassen sich nicht ganz erklären durch die Reserviertheit eines Mannes, der den größten Teil seines Lebens damit verbracht hat, die Geheimnisse anderer zu erforschen, und der seine eigenen vor den Blicken der Öffentlichkeit zu verbergen trachtete. Zwar hatte er 1885 und zu Beginn des 20. Jahrhunderts noch einmal eine Menge privater Papiere verbrannt. Aber seine Sorge im Alter bezüglich der Wirkung der Briefe, die er ein halbes Jahrhundert zuvor an Fließ geschrieben hatte, war anderer Art und kann einen oder auch zwei Gründe gehabt haben. Er war Fließ gegenüber ausgesprochen kritisch in bezug auf Breuer gewesen und offenherzig auf eine Weise, die ihn selbst ebenso bloßstellte wie Breuer; außerdem hatte er die falschen Ansätze und Irrtümer beschrieben, die die Entstehung und Entwicklung der Psychoanalyse unvermeidlich beeinträchtigt hatten. Trotz gegenteiliger Behauptungen war Freud gewöhnlich bereit, Fehler zuzugeben und zu betonen, daß die Anfänge der Psychoanalyse ein Tasten im Dunkeln gewesen seien, und selbst in den Teilen der Briefe an Fließ, die bisher veröffentlicht wurden, erkennt man einen bemerkenswert offenherzigen Freud.
Es ist unwahrscheinlich, daß die Korrespondenz Material dunkler Natur enthält, und jeder Verdacht, daß dies doch der Fall sei, wird nur durch die Art und Weise geweckt, in der sie behandelt wurde. Als 1950 eine Auswahl unter dem Titel *Aus den Anfängen der Psychoanalyse* erschien, versicherten die drei Herausgeber, daß die Briefe »nichts Sensationelles« enthielten. Tatsächlich warfen sie ein helles Licht auf Freuds Denken in den entscheidenden letzten fünf Jahren des 19. Jahrhunderts, und es ist möglich, daß die Wendung »nichts Sensationelles« nur ein Abwehrreflex war, der durch das ausgelöst wurde, was die Herausgeber gesehen, aber nicht veröffentlicht hatten. Von den insgesamt 284 verfügbaren Briefen und Entwürfen wurden nur 168 veröffentlicht, davon 119 mit Streichungen, von denen sich seither zumindest einige als wichtig und bedeutsam herausgestellt haben.
Die Herausgeber erklärten: »Prinzip der Auswahl war, zu veröffentlichen, was sich auf die wissenschaftliche Arbeit und die wissenschaftlichen Interessen des Schreibers bezieht, wie auch auf die sozialen und politischen Verhältnisse, unter denen die Psychoanalyse enstanden ist. Gekürzt oder ausgelassen andererseits sind Stellen, die der ärztlichen oder persönlichen Diskretion zuwiderlaufen.«[28] Jede naive Annahme, daß dieser lobenswerte Vorsatz ausgeführt wurde, ohne das Bild Freuds zu beeinträchtigen, wurde jedoch 1966 erschüttert. In diesem Jahre

verwendete Freuds ehemaliger Arzt, Dr. Max Schur, der die vollständigen Briefe oder Fotokopien davon gesehen hatte, einen Teil davon in einem ungewöhnlichen, 40 Seiten langen Artikel: »*Some Additional ›Day Residues‹ of the ›Specimen Dream of Psycho-Analysis‹*«. Dieser zeigte, daß Freud in den neunziger Jahren, wie man mit Recht sagte, »sich beinahe unvorstellbare Mühe gegeben hatte, seinen Glauben an das wissenschaftliche Urteil seiner damaligen unentbehrlichen Autoritäts-Figur, Wilhelm Fließ, zu rationalisieren«[29]. Der Artikel enthüllte auch, was von noch größerer Bedeutung ist, daß Freud für das Traumbeispiel seines großen Buches [*Die Traumdeutung*] eine Erklärung gegeben hat, von der man nun weiß, daß sie unvollständig ist. Die Briefe Freuds an Fließ schildern mit vielen Einzelheiten den persönlichen Hintergrund der Entstehung und des frühen Wachstums einer neuen Theorie, aber solange sie nicht alle unzensiert zugänglich gemacht werden, ist es unmöglich zu wissen, wie viel ausgelassen wurde, weil man es, möglicherweise ganz ungerechtfertigt, als peinlich für Freud betrachtete.

Das emotionelle Band zwischen Freud und Fließ, von dem Freud zugab, daß es homosexuelle Untertöne hatte, findet zumindest eine vollkommen vernünftige Erklärung. Bald nach ihrer ersten Begegnung erkannte jeder der beiden, daß der andere neue und umstrittene Ideen untersuchte. Beide waren Juden, und daher war es jedem möglich, mit dem anderen, ohne die Gefahr, sich lächerlich zu machen, Ideen zu diskutieren, die im Wien der achtziger Jahre ebenso als jüdisch verunglimpft werden konnten, wie Einsteins Relativitätstheorie im Berlin der dreißiger Jahre unseres Jahrhunderts als jüdische Physik abgewertet wurde. Was war natürlicher, als daß es zu einem Austausch von Problemen, Mutmaßungen, Zweifeln und Hoffnungen kam? Was war natürlicher, als daß gelegentlich – etwa als Freud seinen Kollegen »einen noch größeren Phantasten als ich«[30] nannte – ihre Korrespondenz an eine aus zwei Mitgliedern bestehende Gesellschaft für gegenseitige Bewunderung gemahnte?

Auf den ersten Blick sieht es so aus, als hätte Freud wenig Anlaß gehabt, Fließ ernst zu nehmen, während er in den späten achtziger Jahren um den Aufbau seiner Praxis kämpfte. Die Theorie, die der Berliner damals entwickelte und die Freud viel zu lange allzu gläubig übernahm, lautete, daß das menschliche Leben zum großen Teil von einer Periodizität bestimmt werde, die nicht nur die Menstruationsperiode der Frau von 28 Tagen betraf, sondern auch eine männliche Periode von 23 Tagen. Es kam schließlich eine Zeit, in der es Fließ schwerfiel, genug Ereignisse mit Hilfe dieser beiden einfachen Zahlen zu erklären, aber diese Schwierigkeit wurde, zumindest für eine Weile, durch die Anwendung von vier

Zahlen überwunden. Nicht nur 23 und 28, sondern auch 5 (28 – 23) und 51 (28 + 23) wurden zu Hilfe genommen. Einige Ideen, die für Fließ so bedeutend waren, sind sogar heute noch nicht vollständig ausgestorben, und es wäre verwunderlich, wenn sich nicht Enthusiasten fänden, die gelegentlich den einen oder anderen scheinbaren Beweis vorbrächten. Ein so ausgezeichneter Arzt Fließ in der Praxis war, seine Ideen – okkulter numerologischer Determinismus, wie man sie nannte – haben viel gemeinsam mit der Numerologie der Großen Pyramide.
Wie ernst, muß man sich fragen, nahm Sigmund Freud – ein Mann von eindrucksvoller Geistesgröße, was immer man von seinen Theorien hält – einen so wirren Unsinn tatsächlich? Zum Teil gibt die Antwort darauf Ernest Jones, der ihn Jahre später fragte, wie es Fließ möglich war, seine Theorie von der 23–28-Tage-Periodizität praktisch anzuwenden. Freud antwortete mit spöttischer Miene: »Das [ein von Jones angedeuteter etwaiger Widerspruch] hätte Fließ nicht gestört. Er war ein ausgezeichneter Mathematiker, und er würde 23 und 28 mit der Differenz multiplizieren und das Resultat entweder dazu addieren oder davon subtrahieren; damit oder mit einer noch komplizierteren Arithmetik würde er immer zu dem gewünschten Ergebnis kommen.«[31]
Freud war oft skeptisch, und nicht nur in bezug auf die Numerologie von Fließ. Als er mit ihm einmal im Sommer über den Hirschbühel nach Berchtesgaden wanderte, trug Freud seinen Begleiter in das Fremdenbuch des Gasthofs, in dem sie übernachteten, als »Universalspezialist aus Berlin«[32] ein. Etwas von dieser Einstellung findet man auch eines Sommers in seiner Antwort auf einen Brief von Fließ: »Wenn Du wirklich das Konzeptionsproblem gelöst hast, so geh nur gleich mit Dir zu Rate, welche Sorte Marmor am ehesten Deinen Beifall finden kann. Für mich kommst Du um einige Monate zu spät, aber man kann es vielleicht nächstes Jahr verwenden.«[33] Nichtsdestoweniger war es Freud lange unmöglich, das Vermächtnis der Fließschen Numerologie abzuschütteln. Noch 1920 schränkte er ihre Ideen nur insofern ein, als er sagte: »Allein die Beobachtungen . . . sträuben sich gegen die Starrheit der Fließschen Formeln und lassen zum mindesten an der Alleinherrschaft der von ihm aufgestellten Gesetze zweifeln.«[34]

Aber von den ersten Tagen ihrer Freundschaft an sah Freud, daß ihm Fließ in einer Hinsicht vielleicht helfen könnte. Er blieb bis zum Ende seines Lebens im Grunde den Ideen von Helmholtz und Brücke mit ihrer fundamentalen Annahme treu, daß, wenn man nur den Schlüssel fände, psychische Vorgänge mit meßbaren Einheiten wie denen der Chemie und Physik in Verbindung gebracht werden könnten. »Die Kette der physiologischen Vorgänge im Nervensystem steht ja wahrscheinlich nicht im Verhältnis der Kausalität zu den psychischen Vorgängen. Die physiologischen Vorgänge hören nicht auf, sobald die psychischen begonnen haben, vielmehr geht die physiologische Kette weiter, nur daß jedem Glied derselben (oder einzelnen Gliedern) von einem gewissen Moment an ein psychisches Phänomen entspricht. Das Psychische ist somit ein Parallelvorgang des Physiologischen (›a dependant concomitant‹).«[35]

Die Verbindung war ein Geheimnis, aber wer konnte besser helfen, das Geheimnis zu lösen als ein praktizierender Arzt mit beachtlichen Kenntnissen in Biologie, einer gutgehenden Praxis (als Hals-Nasen-Ohren-Arzt) und, wie es schien, einem geistvoll-schöpferischen Erfassen der gesamten Medizin; ein Arzt zudem, der hoffte, die Biologie auf eine feste physikalisch-mathematische Grundlage zu stellen? So erwartete Freud vom Beginn der Freundschaft an, daß Fließ ihm helfen werde, die Verbindung zu finden, und beinahe ein Jahrzehnt nach ihrer ersten Begegnung schrieb er: »Angst, Chemismus u. dgl. – vielleicht finde ich bei Dir den Boden, auf dem ich aufhören kann, psychologisch zu erklären, und beginnen, physiologisch zu stützen!«[36] Mehr als zwei Jahre später schrieb er: »Ich bin aber gar nicht anderer Meinung als Du, gar nicht geneigt, das Psychologische ohne organische Grundlage schwebend zu erhalten. Ich weiß nur von der Überzeugung aus nicht weiter, weder theoretisch noch therapeutisch, und muß mich also so benehmen, als läge mir nur das Psychologische vor. Warum mir das nicht zusammengeht, ahne ich noch gar nicht.«[37]

Neben der Hoffnung, daß Fließ helfen könnte, das Physiologische mit dem Psychologischen zu verbinden, war da noch der moralische Beistand, den Freud so sehr brauchte, während er sich bemühte, seine Praxis aufzubauen und zugleich zu erforschen, wie der menschliche Geist arbeitete. »Wenn ich mit Ihnen sprach und merkte, daß Sie so von mir denken, pflegte ich sogar selbst etwas von mir zu halten«, schrieb er im Sommer 1890, »und das Bild der überzeugungsvollen Energie, das Sie boten, war nicht ohne Eindruck auf mich.«[38] Und später: »Die Art wie Du sollte nicht aussterben, mein lieber Freund; wir anderen bedürfen Deinesgleichen zu sehr.«[39] Es war nur natürlich, daß sich die starken beruflichen Bande in tiefe Freundschaft verwandelten, und ebenso natürlich war es, daß Freud, der »Onkel Doktor«, wie er genannt wurde, dem Geschenk zum ersten Geburtstag von Fließ' Sohn Robert einen Brief an Frau Fließ beilegte, in dem er sagte, es zeige, daß er ihre Wünsche für den kleinen Mann teile, wie es ihr ja schon von seiner Liebe zu dem großen bekannt sei.[40]

Dieses Verständnis, die Anregung und Unterstützung waren es, auf die es während des ersten Jahrzehnts der Praxis Freuds wirklich ankam, während dieser Jahre, in denen er langsam, aber stetig eine immer größere Zahl von Patienten bekam und mit Methoden behandelte, die bestenfalls umstritten und schlimmstenfalls Anathema für das medizinische Establishment waren.

Seine Methoden waren noch nicht die der Psychoanalyse, sondern bildeten die Grundlagen, auf denen sich die Psychoanalyse entwickelte. Es war eine allmähliche Evolution unter Verwendung einer Vielfalt kleiner Entwicklungen und Verbesserungen, deren jede die Behandlung eines neuen Patienten ein wenig anders aussehen ließ als die des vorausgegangenen. Aber das Endergebnis unterschied sich ebensosehr von seinen tastenden Methoden der späten achtziger Jahre, wie sich der *Homo sapiens* von dem Tier unterscheidet, das nach Jahrmillionen lernte, sich auf zwei Beinen aufzurichten.

In den ersten Tagen seiner Praxis wandte Freud bei der Behandlung von Nervenkrankheiten Methoden an, die eher unkonventionell als umstritten waren. Die eine war die Elektrotherapie, entwickelt von dem Deutschen Wilhelm Heinrich Erb, der viel dazu beitrug, aus der Neurologie eine eigene Disziplin zu machen. Bei Erbs Behandlungsmethode wurden an die verschiedenen Körperteile Elektroden angelegt, und mit Hilfe eines schwachen Stroms wurde ein prickelndes Gefühl oder eine Muskelzuckung erzeugt. Eine weitere Methode war eine spezielle Entwicklung der Elektrotherapie, die nach ihrem amerikanischen Schöpfer Weir-Mitchell-System genannt wurde und aus einer Kombination von Bettruhe, Isolierung, Mastkur, Massage und Elektrotherapie bestand, alles nach strengen Regeln durchgeführt.

Freud hatte zumindest einige Anfangserfolge mit der Elektrotherapie, wenn man dem Bericht eines Wiener Buchhändlers glauben will, der später zwei Psychoanalytikern, Siegfried und Suzanne Bernfeld, erzählte, er sei als Junge von vierzehn Jahren auf der Ringstraße von einem Taxi überfahren worden und habe von dem Schock hysterische Anfälle bekommen. Freud heilte ihn in einigen Wochen durch eine Faradotherapie, »und er erinnerte sich immer an seine Güte und an seine wunderbaren Augen«[41].

Trotz solch offensichtlicher Erfolge begann Freud bald, die Varianten der Elektrotherapie aufzugeben, die nach Erbs Lehrbuch Methoden für die Behandlungen nahezu aller Symtpome von Nervenkrankheiten darstellten. Er wandte sich anderem zu und vertiefte sich Ende 1887 in die Hypnose, die ihm bald ein gewisses Maß von Erfolg zu bringen schien. Als Student hatte er einer öffentlichen Vorführung Carl Hansens beigewohnt, dessen dramatische Bühnenvorstellungen zahllose Ärzte in ganz Europa dazu ermutigt hatten, mit der Hypnose zu experimentieren. Freud hatte festgestellt, daß einer der von Hansen vorgeführten Freiwilligen beim Einsetzen der kataleptischen Starre totenbleich geworden und es geblieben war, solange die Katalepsie andauerte. Dies überzeugte ihn von der Echtheit der Hypnose, und er war in seiner Überzeugung bestärkt worden, als er sah, wie Charcot Frauen in Trance versetzte und praktisch nach Belieben die Symptome der Hysterie auslöste. Nichtsdestoweniger betrachteten die meisten Mediziner die Hypnose noch als eine Form der Schwarzen Magie.

Freud gab das Weir-Mitchell-System jedoch nicht ganz auf, als er mit der Hypnose zu arbeiten begann, und gelegentlich wandte er eine Kombination von beidem als psychotherapeutische Hilfe an. »Ich habe dabei den Vorteil«, erklärte er, »daß ich so einerseits die während einer Psychotherapie sehr störende Einmengung neuer psychischer Eindrücke vermeide, andererseits die Langweile der Mastkur, in der die Kranken nicht selten in ein schädliches Träumen verfallen, ausschließe.«[42] Eine dritte Möglichkeit wurde aus Gründen ausgeschaltet, die er später angab, als er berühmt war: »Mein therapeutisches Arsenal umfaßte nur zwei Waffen, die Elektrotherapie und die Hypnose, denn die Versendung in die Wasserheilanstalt nach einmaliger Konsultation war keine zureichende Erwerbsquelle.«[43]

Freud wandte die Hypnose zunächst so an wie Charcot: er versetzte den Patienten in Trance und suggerierte ihm das Verschwinden eines Symptoms bei der Rückkehr in den normalen Bewußtseinszustand. Bald jedoch verwendete er eine andere Methode, die für die Entwicklung seiner Arbeit von größter Bedeutung sein sollte: Der Patient wurde aufgefordert, sich zu erinnern, wann das Symptom zum erstenmal aufgetreten war und mit möglichst vielen Einzelheiten die Umstände zu schildern, unter denen es auftrat.

Diese Methode – der Stein, der die Lawine ins Rollen brachte – war das unmittelbare Ergebnis eines Falles, den Josef Breuer Anfang der achtziger Jahre behandelt hatte, und sie war es in solchem Maße, daß Freud, als er Jahre später an der Clark University in den Vereinigten Staaten Vorlesungen hielt, mit der offenen Feststellung begann: »Wenn es ein Verdienst ist, die Psychoanalyse ins Leben gerufen zu haben, so ist es nicht mein Verdienst. Ich bin an den ersten Anfängen derselben nicht beteiligt gewesen. Ich war Student und mit der Ablegung meiner letzten Prüfungen beschäftigt, als ein anderer Wiener Arzt, Doktor Josef Breuer, dieses Verfahren zuerst an einem hysterisch erkrankten Mädchen anwandte (1880 bis 1882).«[44]

6
Die Erforschung des Unbewußten

. . . ein langes medizinisches Gespräch über die »moral insanity« und Nervenkrankheiten und merkwürdige Fälle . . .

Freud in einem Brief an Martha Bernays

Dr. Breuers Patientin, die Freud an der Clark University erwähnte, war »Anna O.«, ein Pseudonym für Bertha Pappenheim im Patientenbuch. Wenn Freuds großzügige Anerkennung Breuer mehr zugestand, als gerechtfertigt war – und Freud selbst sollte sie später einschränken –, so war »Anna O.« unbestreitbar der Wegweiser, der ihn auf den Pfad führte, dem er folgen sollte. Wie Breuer schrieb, war die Behandlung der »Anna O.« »die Keimzelle der ganzen Psychoanalyse«[1].

Es ist nicht verwunderlich, daß der Fall, aus dem so viel abgeleitet wurde, später mit der größten Sorgfalt untersucht wurde. Bemerkenswerter ist die Veränderung in den begründeten Ansichten, zu der es im Laufe der Jahre kam. Breuer, der 13 oder 14 Jahre alte unvollständige Aufzeichnungen verwendete, erzählte die Geschichte der »Anna O.« zum erstenmal öffentlich im 2. Kapitel der *Studien über Hysterie*, die er mit Freud zusammen schrieb und 1895 veröffentlichte. Freud selbst gab C. G. Jung, Stefan Zweig und seinem Kollegen und Biographen, Ernest Jones, verschiedene Darstellungen. Und Jahre nach Freuds Tod entdeckte Dr. Henri Ellenberger von der University of Montreal, der hartnäckig nach der Wahrheit über »Anna O.« forschte, zwei wichtige neue Dokumente. Das eine war 1882 von Breuer verfaßt worden, nachdem ihn die Patientin verlassen hatte, das heißt 13 Jahre vor dem Bericht in den *Studien über Hysterie*. Diese Dokumente beseitigten jeden Zweifel hinsichtlich Ellenbergers Schlußfolgerung, daß »die Patientin nicht geheilt worden war. Tatsächlich war der berühmte ›Prototyp einer kathartischen Heilung‹ weder eine Heilung noch eine Katharsis«[2].

Bertha Pappenheim war die Tochter eines reichen jüdischen Kaufmanns in Wien, dessen Familie mit den Bernays verwandt war. In ihren frühen Zwanzigern entwickelte sie eine außerordentliche Vielfalt neurotischer

Symptome, die von Breuer behandelt wurden. Danach widmete sie sich der Sozialarbeit unter Juden, reiste weit in ganz Europa umher, starb 1936 im Alter von 77 Jahren und wurde 1954 in Westdeutschland durch die Ausgabe einer Briefmarke mit ihrem Porträt geehrt.

Freud hörte 1882 zum erstenmal von Breuer von ihr, aber erst am 12. Juli des folgenden Jahres, dem heißesten, unerträglichsten Tag des ganzen Sommers, wie er in einem Brief an Martha schrieb, scheint Breuer sich wirklich offen mit seinem jungen Kollegen ausgesprochen zu haben. Freud, der von der Arbeit im Krankenhaus erschöpft war, suchte Breuer am späten Abend auf und wurde zunächst aufgefordert, ein Bad zu nehmen und sich zu erfrischen. Dann setzten sich die beiden Männer in Hemdsärmeln zum Abendessen. Nach dem Essen gab es, wie Freud Martha berichtete, »ein langes medizinisches Gespräch über die ›moral insanity‹ und Nervenkrankheiten und merkwürdige Fälle, auch Deine Freundin Bertha Pappenheim kam wieder aufs Tapet«[3]. Aus Freuds späteren Enthüllungen läßt sich schließen, daß der Ausdruck »kam aufs Tapet« eine Untertreibung war. Breuer, sagte er später, las ihm Teile der Krankengeschichte vor, und dasselbe geschah offensichtlich auch bei zahllosen weiteren Gelegenheiten. Sein Zuhörer war so beeindruckt, daß er zwei Jahre später versuchte, den Fall mit Charcot zu diskutieren, aber er hatte das Gefühl, daß der große Mann nicht interessiert war. Zurück in Wien, wandte er sich jedoch an Breuer und fragte nach weiteren Einzelheiten.

Die Geschichte war bemerkenswert. Als sie ihren Vater während seiner tödlichen Krankheit pflegte, hatte Bertha Pappenheim 1880 unter anderem eine Lähmung in drei Extremitäten, ein Schielen nach innen, schwere Sehstörungen, eine Unfähigkeit zu essen und einen hartnäckigen Husten entwickelt. Sie gab auch Anzeichen einer doppelten Persönlichkeit zu erkennen, die eine war normal, die andere die eines ungezogenen Kindes. »Aber auch in die Momente relativ klaren Bewußtseins«, schrieb Breuer, »griffen die Störungen über; rapidester Stimmungswechsel in Extremen, ganz vorübergehende Heiterkeit, sonst schwere Angstgefühle, hartnäckige Opposition gegen alle therapeutischen Maßnahmen, ängstliche Halluzinationen von schwarzen Schlangen, als welche ihre Haare, Schnüre u. dgl. erschienen. Dabei sprach sie sich immer zu, nicht so dumm zu sein, es seien ja ihre Haare usw. In ganz klaren Momenten beklagte sie die tiefe Finsternis ihres Kopfes, wie sie nicht denken könne, blind und taub werde, zwei Ichs habe, ihr wirkliches und ein schlechtes, das sie zu Schlimmem zwinge usw.«[4]

Ihr Vater starb schließlich, ihre Symptome verschlimmerten sich, und ein Spezialist – von dem man heute weiß, daß es Richard von Krafft-Ebing,

Professor der Psychiatrie an der Universität Wien, war – wurde zur Beratung hinzugezogen, »den sie wie alle Fremden absolut ignorierte, als ich ihm alle ihre Sonderbarkeiten demonstrierte«, schrieb Breuer. »›That's like an examination‹, sagte sie lachend, als ich sie einen französischen Text auf englisch vorlesen ließ. Der fremde Arzt sprach drein, versuchte sich ihr bemerklich zu machen; vergebens. Es war die richtige ›negative Halluzination‹, die seitdem so oft experimentell hergestellt worden ist. Endlich gelang es ihm, diese zu durchbrechen, indem er ihr Rauch [von einem brennenden Stück Papier] ins Gesicht blies.«[5]

Einige Tage darauf wurde Bertha Pappenheim aus Wien fortgebracht, »gegen ihren Willen«, nach Breuers Version von 1895, »ohne Täuschung, aber mit Gewalt«, laut seinem Bericht von 1882. Schließlich kehrte sie nach Wien zurück, wo es zu einem Zwischenfall kam, der ihn, wie Breuer schrieb, sehr überraschte. Es war Hochsommer und sehr heiß, aber aus einem unerklärlichen Grunde war die Patientin außerstande zu trinken. »Sie nahm das ersehnte Glas Wasser in die Hand, aber so wie es die Lippen berührte, stieß sie es weg wie ein Hydrophobischer. Dabei war sie offenbar für diese paar Sekunden in einer Absenz. Sie lebte nur von Obst, Melonen u. dgl., um den qualvollen Durst zu mildern. Als das etwa 6 Wochen gedauert hatte, räsonierte sie einmal in der Hypnose über ihre englische Gesellschafterin, die sie nicht liebte, und erzählte dann mit allen Anzeichen des Abscheues, wie sie auf deren Zimmer gekommen sei, und da deren kleiner Hund, das ekelhafte Tier, aus einem Glase getrunken habe. Sie habe nichts gesagt, denn sie wolle höflich sein. Nachdem sie ihrem steckengebliebenen Ärger noch energisch Ausdruck gegeben, verlangte sie zu trinken, trank ohne Hemmung eine große Menge Wasser und erwachte aus der Hypnose mit dem Glas an den Lippen. Die Störung war damit für immer verschwunden.«[6]

Sowohl die Patientin als auch Breuer erkannte offensichtlich die Bedeutung der Episode. Nach Freuds, von Jones wiedergegebener Darstellung, hatte die Patientin eingesehen, was geschehen war, und behandelte ihre anderen Symptome auf diese Weise – sie nannte es »*talking cure*« (Sprechkur) oder »*chimney sweeping*« (Kaminfegen). (Bertha Pappenheim sprach während ihrer Behandlung lange Zeit nur Englisch, gelegentlich auch Italienisch und Französisch. Anm. des Übers.) Breuer nimmt, beinahe sicherlich mit Recht, mehr Kredit für sich selbst als für die Patientin in Anspruch:

»Ein großer Schritt war aber geschehen, als auf dieselbe Weise als erstes der Dauersymptome die Kontraktur des rechten Beines geschwunden war, die allerdings schon vorher sehr abgenommen hatte. Aus diesen Erfahrungen, daß die hysterischen Phänomene bei dieser Kranken verschwanden, sobald in der Hypnose das Ereignis reproduziert war, welches das Symptom veranlaßt hatte – daraus entwickelte sich eine therapeutisch-technische Prozedur, die an logischer Konsequenz und systematischer Durchführung nichts zu wünschen übrig ließ. Jedes einzelne Symptom dieses verwickelten Krankheitsbildes wurde für sich vorgenommen; die sämtlichen Anlässe, bei denen es aufgetreten war, in umgekehrter Reihenfolge erzählt, beginnend mit den Tagen, bevor die Patientin bettlägerig geworden, nach rückwärts bis zu der Veranlassung des erstmaligen Auftretens. War dies erzählt, so war das Symptom damit für immer behoben.«[7]

Aus Gründen, auf deren Erklärung er nie Wert legte, ging Breuer jedoch den Folgerungen, die sich aus seinen Beobachtungen ergaben nicht nach, und er unterspielte gewöhnlich seine Bedeutung in dieser Angelegenheit. Sein Verdienst, schrieb er 1907 an Forel, habe im wesentlichen darin bestanden, erkannt zu haben, was für einen ungemein lehrreichen und wissenschaftlich bedeutsamen Fall ihm der Zufall zur Untersuchung zugeführt habe, und ihn mit Ausdauer aufmerksam und genau beobachtet zu haben, ohne die einfache Beobachtung der wichtigen Gegebenheiten durch irgendwelche vorgefaßte Meinungen beeinflussen zu lassen.

Der Name, den er für das Verfahren wählte, zeigt, wie sogar die aufgeklärtesten Ärzte psychische Probleme immer noch mit den rein physiologischen Begriffen in Verbindung brachten, auf denen ihre Ausbildung beruhte. Man nahm an, daß viele Krankheiten durch eine Vergiftung des Blutes durch Abfallstoffe in den Eingeweiden verursacht würden, und die Behandlung bestand häufig in einer Purgierung oder Katharsis. Nach Breuers Ansicht war die Heilung von »Anna O.« dadurch zustandegekommen, daß man ihren Geist von den störenden Erinnerungen purgiert hatte; daher wurde aus dem Prozeß eine »Katharsis«, ein Wort, das die Psychiater von den Allgemeinmedizinern übernahmen.

Bertha Pappenheims Krankheit machte vier Stadien durch, und begreiflicherweise bestehen Diskrepanzen zwischen dem Bericht, den Breuer im Juni 1882, als seine Behandlung endete, und dem, den er 13 Jahre später nach seinen Aufzeichnungen schrieb. Die frühere Fassung hebt mehr die Schwierigkeiten hervor, die das Mädchen in der Familie hatte, vor allem mit der Mutter und dem Bruder, und liefert zusätzliche Einzelheiten über die verschiedenen neurotischen Symptome, die durch die »*talking cure*« beseitigt wurden. Aber keiner der Berichte nennt die

Natur der Krankheit der Patientin beim Namen. Hier hat wahrscheinlich Dr. Ellenberger das letzte Wort, wenn er meint, der Fall sei einer der großen »magnetischen Krankheiten« des frühen 19. Jahrhunderts ähnlich gewesen, jener Gruppe geheimnisvoller Krankheiten, die Somnambulismus, tiefe Lethargie und Katalepsie mit einschlossen. »Dies würde bedeuten«, schrieb er, »daß die Krankheit eine Schöpfung des mythenschaffenden Unbewußten der Patientin mit der unbewußten Ermutigung und Mitwirkung des Therapeuten war . . . Anna O.'s Krankheit war der verzweifelte Kampf einer unbefriedigten jungen Frau, die keine Ventile für ihre körperlichen und geistigen Energien oder für ihre idealistischen Bestrebungen fand.«[8]

Heute sind genug Fakten zugänglich, um die widersprüchlichen Berichte über die angebliche Heilung zu beurteilen. Breuer, der den Abschluß der Behandlung im Juni 1882 beschrieb, stellte fest, daß die Patientin damals »frei von all den unzähligen einzelnen Störungen [war], die sie früher dargeboten hatte. Dann verließ sie Wien für eine Reise, brauchte aber noch längere Zeit, bis sie ganz ihr psychisches Gleichgewicht gefunden hatte. Seitdem erfreut sie sich vollständiger Gesundheit.«[9]

Freuds Version findet sich in einem Brief an Stefan Zweig aus dem Jahre 1932 und, offenbar mit einigen Zusätzen, in einem Brief an Ernest Jones. »Am Abend des Tages, nachdem alle ihre Symptome bewältigt waren, wurde er wieder zu ihr gerufen, fand sie verworren, sich in Unterleibskrämpfen windend«, berichtete er Zweig. »Auf die Frage, was mit ihr sei, gab sie zur Antwort: Jetzt kommt das Kind, das ich von Dr. B[reuer] habe.« Breuer erkannte nicht, daß diese Pseudocyesis oder Phantomgeburt ein neues Licht auf das werfen konnte, was seiner Patientin wirklich fehlte. »In konventionellem Entsetzen ergriff er die Flucht und überließ die Kranke einem Kollegen«, fuhr Freud fort. »Sie kämpfte noch monatelang in einem Sanatorium um ihre Herstellung.«[10]

Jones fügt beiden Seiten der Ankündigung »Jetzt kommt das Kind, das ich von Dr. B. habe« dramatische Details hinzu:

»Offensichtlich hatte Breuer für seine interessante Patientin das entwickelt, was wir heute eine starke Gegenübertragung nennen. Auf alle Fälle scheint er von nichts anderem gesprochen zu haben, so daß es seiner Frau lästig zu werden begann und sie schließlich eifersüchtig wurde. Sie zeigte es zwar nicht offen, aber sie wurde mißmutig und reizbar. Als Breuer, der mit seinen Gedanken anderswo weilte, nach langer Zeit endlich den Grund ihres Gemütszustandes erriet, kam es bei ihm zu einer heftigen Reaktion – wahrscheinlich eine Mischung aus Liebe und Schuldgefühl –, und er beschloß, mit der Behandlung aufzuhören.«[11]

Der Zustand der Patientin hatte sich, diesem Bericht zufolge, offensichtlich beträchtlich gebessert, als sie von dem Entschluß in Kenntnis gesetzt wurde, und sie scheint ihn ruhig aufgenommen zu haben. Später an demselben Junitag wurde Breuer jedoch noch einmal zu einer Bertha gerufen, die voller Ängste war. »Trotz seines Schreckens gelang es ihm, sie durch Hypnose zu beruhigen, bevor er entsetzt das Weite suchte«, schreibt Jones über Breuers Reaktion. »Tags darauf fuhr er mit seiner Frau nach Venedig auf eine zweite Hochzeitsreise; seine Tochter, die auf dieser Reise gezeugt wurde . . .«[12] Dr. Ellenberger weist jedoch darauf hin, daß Breuers letztes Kind schon am 11. März 1822, also rund drei Monate zuvor, geboren wurde. Das bedeutet, daß zumindest ein Teil der Geschichte, die Freud Zweig erzählte, falsch ist und daß die Jones berichtete Geschichte »voller Unmöglichkeiten steckt«[13].

Bezüglich der Zukunft Bertha Pappenheims ist jedoch die Freud – Jones'sche Darstellung im Grunde richtig, aber in den Einzelheiten falsch. »Der unglücklichen Patientin ging es jedoch nicht so gut, wie man nach Breuers veröffentlichten Berichten annehmen würde«, heißt es dort weiter. »Es kam zu Rückfällen, und sie wurde in eine Anstalt in Groß-Enzersdorf gebracht. Ein Jahr nach Beendigung der Behandlung teilte Breuer Freud im Vertrauen mit, sie sei ›ganz zerrüttet‹ und er wünsche ihr den Tod, ›damit die Arme von ihrem Leiden erlöst werde‹. Sie erholte sich jedoch wieder und gewöhnte sich das Morphium ab.«[14] Einige Jahre später (1887) berichtete Martha in zwei Briefen an ihre Mutter, daß »Anna O.« sie mehrmals besucht habe. Sie fühlte sich damals bei Tage recht wohl, litt aber abends an ihren halluzinatorischen Zuständen.

Freuds Darstellung war also tatsächlich richtig. Breuers Behauptung, daß Bertha Pappenheim nach ihrer Behandlung – in Wien, dem Bericht in den *Studien über Hysterie* zufolge – »von all den unzähligen einzelnen Störungen, die sie früher dargeboten«, frei war und daß »sie Wien für eine Reise« verließ, ist entschieden irreführend trotz seines Eingeständnisses, daß »sie aber doch noch längere Zeit [brauchte], bis sie ganz ihr psychisches Gleichgewicht gefunden«.

Man weiß heute, daß sie innerhalb eines Monats nach ihrer letzten Behandlung durch Breuer Patientin im Bellevue-Sanatorium in Kreuzlingen am Bodensee wurde und daß sie dort als schwere Morphinistin bis Ende Oktober blieb. Sie hatte einen von Breuer verfaßten Bericht über ihren Fall bei sich. Ein weiterer Bericht über den Verlauf ihrer Krankheit in Kreuzlingen, der ebenfalls von dem unermüdlichen Dr. Ellenberger ans Licht gebracht wurde, verriet außerdem, daß sie, während sie sich dort aufhielt, »hysterische Züge« zeigte, »geringschätzige Urteile über die Wirksamkeit der Wissenschaft in bezug auf ihr Leiden fällte« und

»einen Mangel an Einsicht in die Schwere ihres nervösen Zustandes erkennen ließ«[15]. Und als sie Bellevue verließ, brauchte sie immer noch eine starke Beruhigung durch Morphin.

Nach Bertha Pappenheims späterer Sozialarbeit zu urteilen, muß sich dieser Zustand erheblich gebessert haben, oder jedenfalls hatte er aufgehört, sie zu beunruhigen. Aber ihre Heilung, so wie sie war, hatte offenbar kaum eine direkte Beziehung zu Breuers Behandlung. Freuds Bemerkungen haben etwas Ambivalentes, und eine seiner letzten klingt mehr wie ein Beweis für seine eingefleischte Einstellung zu Frauen denn wie ein Urteil über die Therapie: »Sie hat trotz ihrer Herstellung seither in gewisser Hinsicht mit dem Leben abgeschlossen, sie ist zwar gesund und leistungsfähig geblieben, ist aber dem normalen Frauenschicksal ausgewichen.«[16] Was er damit meinte, ist, daß sie eine alte Jungfer wurde.

Die zweifelhaften Aufzeichnungen über den Fall der »Anna O.« beeinträchtigten jedoch nicht seine Bedeutung in der Geschichte der Psychoanalyse. Freud hatte darin, daß Breuer zumindest einige Symptome in Hypnose zum Verschwinden brachte, einen Hinweis auf eine potentiell bedeutende neue Methode der Therapie erkannt. Nichtsdestoweniger hatte er diese neue Möglichkeit nicht so leicht erforschen können ohne Breuers Reaktionen auf seine Patientin. Es ist richtig, daß Breuer im November 1907 Auguste Forel schrieb, Anna O. habe gezeigt, daß sich ein ziemlich schwerer Fall von Hysterie entwickeln und gelöst werden könne, ohne eine sexuelle Grundlage zu haben.[17] Trotzdem scheint nun klar zu sein, daß er sich der sexuellen Begleiterscheinungen voll bewußt war und beschlossen hatte, sich auf weitere Fälle dieser Art nicht einzulassen.

Ein anderer Grund für seine Entscheidung war die lange Zeit, die die Behandlung erforderte; täglich mußten Stunden geopfert werden, nicht nur wochen-, sondern monatelang, und Breuer kam zu dem Schluß, daß seine Praxis diese Belastung nicht aushielt.

So wurde Freud während seiner ersten Praxisjahre ein kleines, aber stetes Rinnsal von Patienten überwiesen, deren Behandlung Breuer für zu gefährlich oder zu zeitraubend hielt. Freud hätte sie, selbst wenn er gewollt hätte, nicht abweisen können. Es ging ihm finanziell immer noch so schlecht, daß er einmal seine goldene Uhr ins Pfandhaus tragen mußte, und es wurde behauptet, sein Hochzeitsgeschenk für Martha, eine goldene Armbanduhr, wäre denselben Weg gegangen, wenn ihre Schwester Minna nicht ausgeholfen hätte.

Die Patienten, die Breuer überwies, waren keineswegs ein typischer

Querschnitt durch die Wiener Gesellschaft, und es ist interessant, daß die Psychoanalyse, ein Forschungsinstrument, das Licht auf das Wirken des normalen ebenso wie des abnormalen Geistes werfen sollte, während der Behandlung einer verhältnismäßig kleinen Anzahl von nicht repräsentativen neurotischen Patienten entstand, die zum größten Teil, wie Breuer und Freud es später ausdrückten, »einer gebildeten und lesenden Gesellschaftsklasse entstammten«[18].

Eine der ersten Aufgaben Freuds, als er sich mit ihnen zu befassen begann, war es, herauszufinden, ob »Anna O.« ein außergewöhnlicher Fall gewesen war oder nicht.

»Nachdem ich im Jahre 1886 von einem Studienaufenthalt bei Charcot zurückgekehrt war, begann ich«, schrieb er später, »in stetem Einvernehmen mit Breuer, eine größere Reihe von hysterischen Kranken genau zu beobachten und nach dieser Richtung hin zu untersuchen, und fand, daß das Verhalten jener ersten Patientin in der Tat ein typisches war und daß die Schlüsse, zu welchen dieser Fall berechtigte, auf eine größere Reihe, wenn nicht auf die Gesamtzahl der Hysterischen übertragen werden dürfen.«[19]

Die Schlüsse begannen mit der Annahme, daß die körperlichen Symptome der Hysterie direkt mit unangenehmen Erlebnissen in der Vergangenheit verbunden seien. Im Falle normaler Menschen ist die natürliche Reaktion die, »Dampf abzulassen« oder »sich die Augen auszuweinen«. Einer der frühen Kommentatoren der Freudschen Methode schrieb: »Der Nutzen der Tränen bei einem emotionalen Schock – *sie muß weinen oder sie wird sterben* – liegt genau in der Mitte zwischen dem Nutzen der Ohrenbeichte und dem eines tüchtigen Anfalls von Masern.«[20] Im Falle des Hysterischen gab es jedoch keine unmittelbare Reaktion aufgrund der Unannehmbarkeit gewisser durch das Erlebnis entwickelter Wünsche. Statt dessen wurde jede Erinnerung an das traumatische Erlebnis aus dem Bewußten in das Unbewußte abgeschoben, wo sie weiterschwärte, bis sie durch einen Konversion genannten Vorgang schließlich als eines der körperlichen Symptome der Hysterie an die Oberfläche trat. Wenn jedoch der umgekehrte Vorgang herbeigeführt werden, wenn die unbewußte und daher vergessene Erinnerung in das Bewußtsein zurückgeholt werden könnte, dann würde die Entladung, die schon früher hätte stattfinden sollen, ihre wohltuende Wirkung tun; das Sicherheitsventil würde geöffnet, der Druck abgelassen, und das körperliche Symptom würde verschwinden. Zuerst glaubte Freud, daß dieser Prozeß allein schon eine therapeutische Wirkung habe, eine Ansicht, die er änderte, als er erkannte, daß das Verständnis der Behandlung und der Bedeutung

dessen, was hinter dem Verdrängten stand, auf seiten des Patienten ebenso eine Rolle spielte.
Eine Zeitlang wandte er noch die Hypnose als das Instrument an, das die Patientin dazu brachte, die Vergangenheit zu Tage zu fördern, an die sie sich im normalen Wachzustand nicht erinnern konnte. Im Sommer 1889 reiste er nach Nancy, um die Methoden von Hippolyte Bernheim und Auguste Liébault zu studieren, die damals zu den führenden Hypnotiseuren Europas gehörten, und er überredete sogar eine seiner Patientinnen, ihn zu begleiten. Freud war außerstande gewesen, eine dauernde Heilung bei ihr zu erreichen, aber auch Bernheim versagte. »Er gestand mir freimütig«, schrieb Freud später, »daß er die großen therapeutischen Erfolge durch die Suggestion nur in seiner Spitalspraxis, nicht auch an seinen Privatpatienten erziele.«[21]
Was sich aus diesem Eingeständnis folgern ließ, war von großer Bedeutung. Bernheim sagte nämlich letzten Endes, daß die ärmeren und weniger gebildeten Krankenhauspatienten leichter hypnotisiert werden konnten als seine gebildeteren Privatpatienten. Aber wenn das so war, so bestätigte es Freuds Annahme, daß es eine bessere Methode als die ständige Wiederholung von Suggestionen in Hypnose geben müßte, den Patienten dazu zu bringen, auf längst vergangene traumatische Erlebnisse zurückzukommen. Könnte es nicht möglich sein, überlegte er, die Erinnerung an vergessene Ereignisse im normalen Wachzustand wiederzugewinnen?
Mit diesem Gedanken, der ihn nicht mehr losließ, kehrte er nach Wien zurück, nachdem er zunächst mit Bernheim und Liébault nach Paris gereist war und dort sowohl am Kongreß für Physiologische Psychologie, der unter dem Vorsitz Charcots stattfand, als auch am I. Internationalen Kongreß für Experimentellen und Therapeutischen Hypnotismus teilgenommen hatte. Er verließ die Stadt am Abend des 9. August und versäumte so eine Abhandlung, die am folgenden Tag von zwei französischen Ärzten, Henri Bourru und Ferdinand Burot, vorgelesen wurde und in der die beiden eine Technik beschrieben, die beinahe mit der identisch war, die Breuer bei der Behandlung von »Anna O.« angewandt hatte.
In Nancy hatte Freud Dr. Liébault klagen hören: »Ja, wenn wir die Macht besäßen, jedermann somnambul zu machen, wäre die hypnotische Heilmethode die mächtigste von allen«[22], und eine Zeitlang hoffte er, schließlich eine solche Technik entwickeln zu können. Bald entdeckte er aber, daß seine Kräfte beschränkt waren, und daß er, wenn es ihm bei drei Versuchen nicht gelang, Somnambulismus herbeizuführen, nie dazu imstande sein würde. Jahre später erklärte einer seiner amerikanischen Schüler, A. A. Brill, wie auch er feststellte, daß die Hypnose, die er einst

praktiziert hatte, nicht immer wirkte. »Der Hypnotiseur«, sagte er, ». . . spielt die Rolle eines Feldwebels, der Befehle brüllt, von denen er annimmt, daß sie der Patient befolgt. Wenn alles nach seinem Operationsplan verläuft, kann er zeitweilige Ergebnisse verbuchen. Aber das ist nicht immer der Fall. Ich werde nie vergessen, wie mir zumute war, als ich nach suggestiver Vorbereitung schließlich zu dem jungen Mädchen auf der Couch sagte: ›Nun schlafen Sie‹, und sie aufblickte und ruhig sagte: ›Nein, Doktor, ich schlafe nicht.‹ Meine Allmacht des Denkens war plötzlich zusammengefallen.«[23]

Obwohl er ähnliche Rückschläge erlebte, wandte Freud vorerst weiter die Hypnose an, zum Teil, weil er in ihr die einzig brauchbare Methode sah. Ende der achtziger Jahre scheint er seinen Patienten immer noch therapeutische Suggestionen in Hypnose gegeben zu haben, anstatt sie nach dem Ursprung ihrer Symptome zu fragen. Mehr als 40 Jahre später behauptete er, er habe die Hypnose von Anfang an auf beide Arten angewandt, aber es scheint, daß ihn da sein Gedächtnis im Stich ließ. Die Wahrheit ist natürlich die, daß, wie in vielen anderen Bereichen der Psychoanalyse, die entscheidende Frage eher das Gewicht, das man einer Sache beimißt, als die nackten Tatsachen betrifft, und dieses geht in der Erinnerung leichter verloren als die Tatsachen. Doch obwohl die genauen Daten ungewiß sind, steht fest, daß Freud Ende der achtziger Jahre schon die Grenze überschritt, die Breuers Technik von der Praxis der Psychoanalyse trennte.

Er stand nun am Beginn großer Dinge. Aber der Schöpfer eines neuen, revolutionären Zweigs der Psychologie gab seine anderen medizinischen Interessen noch nicht auf, er war noch ein kämpfender jüdischer Arzt, der notleidende Verwandte unterstützen mußte, eine ständig wachsende Familie hatte und dessen Aussichten auf Ruhm und Vermögen wie eh und je in weiter Ferne lagen. Das war der Mann, der innerhalb weniger Jahre Kontroversen auslösen sollte, neben denen sich seine Meinungsverschiedenheiten mit der Gesellschaft der Ärzte wie ein Sturm im Wasserglas ausnahmen.

Er hatte sich sein Interesse an der Hirnanatomie bewahrt, einem Gebiet, auf dem er ein anerkannter Fachmann geworden war, und befaßte sich noch mit ihr, während er die Probleme seiner Hysterischen erforschte; nicht nur, weil er, wie die meisten Experten, Gefallen daran fand, seine Fachkenntnis zu beweisen, sondern auch weil die Arbeit auf diesem Gebiet immer noch ein finanzielles Sicherheitsnetz darstellen konnte, wenn ihm seine Spekulationen hinsichtlich der Hysterie nichts einbrachten. Seine Stellung wurde gefestigt durch seine größere Abhandlung *Zur*

Auffassung der Aphasien, deren Korrekturfahnen er kurz nach seiner Rückkehr aus Nancy zu lesen begann.

In den achtziger Jahren wurde die Aphasie, der Komplex neurologischer Störungen, der eine unfreiwillige Verstümmelung der Sprache und die Unfähigkeit, Gesprochenes zu verstehen, umfaßt, in erster Linie einer Beschädigung bestimmter Hirnlappen zugeschrieben. Diese grobe Erklärung konnte aber nicht die vielfältigen Erscheinungsformen der Krankheit begründen, und Versuche, die primäre Erklärung weiterzuentwickeln, enthüllten nur immer größere Schwierigkeiten. In *Zur Auffassung der Aphasien* behandelte Freud das Thema aus einem neuen Blickwinkel, er bot eine funktionelle Erklärung für die unterschiedlichen Symptome an und schuf, was er stets als die wertvollsten seiner neurologischen Schriften betrachtete. Bis zu ihrer Veröffentlichung waren zumindest zwei Arten der Aphasie eindeutig für das Ergebnis von Verletzungen bestimmter Teile des Gehirns gehalten worden. Es wurde außerdem für wahrscheinlich erachtet, daß sich diese Vorstellung zuletzt nicht nur auf alle Formen der Aphasie, sondern auch auf andere Verhaltensaspekte ausdehnen werde, von denen man annahm, daß sie von identifizierbaren Zonen der Hirnrinde aus gesteuert würden. Freud legte nun dar, daß die Verbindung eines Symptoms mit einem spezifischen Teil des Gehirns bei der Aphasie von funktionellen Eigentümlichkeiten des Sprechapparats begleitet ist. Im besonderen glaubte er, daß, wenn eine Verletzung die Leistungsfähigkeit des Sprechapparats beeinträchtigte, dieser dadurch reagierte, daß er zu primitiveren Funktionsweisen zurückkehrte, ein physiologisches Beispiel für das Prinzip der Regression, wie es später in der psychoanalytischen Theorie erscheinen sollte. Es gab noch andere Bestätigungen für Freuds Glauben an bis dahin nicht diskutierte Beziehungen zwischen Geist und Materie, zwischen dem Psychologischen und Physiologischen, und zumindest ein Kommentator hat *Zur Auffassung der Aphasien* das erste Freudsche Buch genannt. Nichtsdestoweniger weigerte sich Freud ein halbes Jahrhundert später, es in seine Gesammelten Werke aufnehmen zu lassen, mit der Begründung, es gehöre eher in seine neurologische als in seine analytische Phase.

Zur Auffassung der Aphasien war »Herrn Dr. Josef Breuer in freundschaftlicher Verehrung gewidmet«. Aber der Bruch mit seinem alten Freund und Helfer machte sich schon immer deutlicher bemerkbar. »Breuers Aufnahme [des Buches] war nämlich eine so merkwürdige«, schrieb er seiner Schwägerin. »Kaum gedankt und sehr verlegen gewesen und lauter unbegreiflich schlechte Sachen darüber gesagt, nichts Gutes im Gedächtnis behalten und am Schluß zur Besänftigung das Kompliment, es sei ausgezeichnet geschrieben. Ich glaube, sein Kopf war ganz woanders.«[24]

Breuers Haltung kann eine Reaktion auf Freuds Ansichten über die Verbindungen zwischen Physiologie und Psychologie gewesen sein. Noch wahrscheinlicher war sie eine Reaktion auf das, was der ältere Mann als die bilderstürmerische Art betrachtete, in der der jüngere mit den zeitgenössischen Ansichten umging. Nachdem er auf seiner ersten Seite »die besten Köpfe der deutschen und fremdländischen Neuropathologie« aufgezählt hatte, die sich mit dem Gegenstand befaßt hatten, fuhr Freud fort: »Ich werde mich also bemühen zu zeigen, daß in der Lehre von der Aphasie, wie sie durch das Zusammenwirken der eben genannten Forscher geworden ist, zwei Annahmen enthalten sind, welche man besser durch andere ersetzen kann.«[25] Und er ersetzte sie, ohne sich ein Blatt vor den Mund zu nehmen. »Ich bin darin sehr frech«, gab er Fließ gegenüber zu, »messe meine Klinge mit Ihrem Freund Wernicke, mit Lichtheim, Grashey und kratze selbst den hochthronenden Götzen Meynert.«[26]

Zur Auffassung der Aphasien wurde 1891 veröffentlicht und in den neunziger Jahren von den meisten medizinischen Fachzeitschriften ignoriert. Die Publikation stellte jedoch einen Fortschritt dar. Anläßlich des 35. Geburtstages Sigmunds, der schon früher im Jahr gefeiert worden war, schrieb Jakob Freud ein Gedicht in die Familienbibel:

»Mein geliebter Sohn Schlomo,
Im siebenten Jahr Deines Lebens kam der Geist des Herrn über Dich,
Und sprach zu Dir: Geh, lies die Bücher, die ich geschrieben,
Und öffnen werden sich Dir die Quellen der Weisheit, des Wissens und Verstehens.
Das Buch der Bücher ist der Brunnen, den die Weisen gruben
Und [in dem] die Gesetzgeber Wissen und Gerechtigkeit lehrten.
Der Anblick des Allmächtigen wurde Dir zuteil, Du hörtest und Du wagtest.
Du stiegst empor auf den Schwingen des Geistes.
Von da an war dies Buch verschlossen wie die zerbrochenen Gesetztafeln
In einem Schrein bei mir.
An dem Tag, da Du Deinen fünfunddreißigsten Geburtstag begingst,
Band ich es in einen neuen ledernen Einband
Und nannte es ›Spring auf, o Quell – singe‹
Und widmete es Deinem Namen als Beweis der Liebe
Von Deinem Vater, der Dich liebt mit ewiger Liebe,
Jakob, Sohn des Rabbi Schlomo Freud.
In der Hauptstadt Wien, am 29. Nisan [5] 651, dem 6. Mai [1]891.«[27]

Jakob war um diese Zeit Mitte Siebzig, und seine finanzielle Lage – zweifellos ein Teil des Elends zu Hause, auf das Freud in Paris angespielt hatte – läßt sich nach den Worten beurteilen, die Freud nur wenige Jahre später an Fließ schrieb: daß nämlich der Bruder Alexander »mit mir die Verantwortung für zwei alte Leute, so viel Frauen- und Kindervolk trägt«[28].

Freud kam seiner Sohnespflicht nach und besuchte seine Eltern jeden Sonntag. Seine Nichte Judith Bernays Heller schrieb:

»Es war kein frommer Haushalt, aber ich erinnere mich an einen Seder [die Zeremonie an den beiden ersten Passah-Abenden], bei dem ich als die Jüngste am Tisch die Antworten beim Vortrag des Liedes von der Opferung des Zickleins geben mußte; ich war sehr beeindruckt von der Art, wie mein Großvater das Ritual aufsagte, und daß er es auswendig konnte, erstaunte mich. Ich hörte auch gern die Geschichten, die er oft von meiner Mutter erzählte, die als älteste Tochter sein Liebling gewesen zu sein scheint. Er hielt sie mir als Beispiel vor, dem ich folgen sollte.

Was mir aber, glaube ich, am meisten [an ihm] auffiel, war, wie er mitten in diesem recht aufgeregten Haushalt mit seinen drei Frauen, die manchmal nicht gut miteinander auskamen, und ihrer Mutter, die gewöhnlich beunruhigt und ängstlich war – wohl vor lauter finanziellen Sorgen –, ruhig und gelassen blieb, nicht gleichgültig, sondern unerschütterlich, und wie er nie wütend wurde und nie mit lauter Stimme sprach.«[29]

Freud trug seinen Teil zur Unterstützung dieses Haushalts bei, obwohl seine eigene Lage unsicher war. Er erlebte zwar nie mehr die beinahe völlige Armut seiner ersten Praxistage, aber den Anschein eines erfolgreichen Arztes aufrechtzuerhalten, war dennoch eine Mühe, die seine Mittel stark in Anspruch nahm. Er war immer noch dankbar für finanzielle Hilfe von Kollegen, und es war ihm peinlich, daß er Breuer seine Schulden noch nicht zurückzahlen konnte.

Ein Grund für den ständigen Kampf um das Auskommen war seine wachsende Familie. Auf sein erstes Kind, Mathilde, die 1887 geboren worden war und den Namen von Breuers Frau erhalten hatte, war 1889 Jean-Martin, so benannt nach Charcot, gefolgt. Zwei Jahre später kam Oliver, der seinen Namen Cromwell, einem der Helden Freuds, verdankte, und ein Jahr darauf Ernst, der den Vornamen Professor von Brückes erhielt. Zwei weitere Kinder sollten noch folgen: Sophie, 1893, und Anna, 1895, die nach der Tochter seines alten Lehrers, Professor Hammerschlags, benannt wurde.

Die große Familie war typisch für Freuds Stellung als ein normaler Paterfamilias des 19. Jahrhunderts. Und typisch war auch das liebevolle

Interesse an den Kindern, das man zwischen den Zeilen seiner Briefe an Kollegen erkennen kann. »Meine kleine Mathilde gedeiht sehr gut und macht uns viel Spaß«[30], vermerkt er, bevor er über einen »Hauptskandal« in der Gesellschaft der Ärzte berichtet. Dann schreibt er zwischen Schilderungen seiner finanziellen Probleme: »Wir leben ziemlich glücklich in stets wachsender Anspruchslosigkeit weiter. Wenn unsere kleine Mathilde lacht, bilden wir uns ein, sie lachen zu hören sei das Schönste, das uns widerfahren kann, sind sonst nicht ehrgeizig und nicht sehr fleißig.«[31] Und er berichtet mit offensichtlichem Vergnügen von der lärmenden Kindergesellschaft zu Mathildes Geburtstag, zu der zwanzig Gäste geladen waren.

Die Wohnung war bald unerträglich eng geworden, und 1891 tat er den kühnen Schritt und zog in eine größere um. Die Veränderung war eine Mischung aus Überlegung und Zufall. Zuerst stellte er mit Martha eine Liste der wesentlichen Erfordernisse auf, und dazu gehörten die Anzahl der Räume, die sie brauchten, der leichte Zugang für die Patienten und die Nähe der Schulen. Dann begannen sie sich umzusehen, zunächst ohne Erfolg.

Damals mietete Freud immer eine Kutsche, um seine Patienten zu besuchen. Eines Nachmittags entließ er sie, als die Visiten beendet waren, und begann, scheinbar aufs Geratewohl, durch die Straßen der Innenstadt zu wandern. Unversehens stand er vor einem Wohnhaus mit dem Schild »Wohnung zu vermieten«. Das Haus übte plötzlich eine starke Anziehung auf ihn aus. Er betrat es, besichtigte die leerstehende Wohnung, entschied, daß sie den Bedürfnissen der Familie entsprach, und unterschrieb ohne Zögern den Mietvertrag.

Er ging nach Hause und sagte Martha, er habe die ideale Unterkunft gefunden, Berggasse 19, und noch am selben Abend zeigte er ihr den Neuerwerb. Martha war offensichtlich entsetzt. Die Nachbarschaft war armselig, die Treppen im Haus waren dunkel, steil und aus Stein, die Räume waren kaum ausreichend. Aber sie protestierte nicht. Sie begriff, daß ihr Mann nicht nur den Mietvertrag unterzeichnet, sondern sein Herz an dieses Haus gehängt hatte. Der Grund dafür ist interessant: im Haus Berggasse 19 hatte Viktor Adler gewohnt, der spätere sozialdemokratische Führer, mit dem Freud als Student einen Streit gehabt hatte, und dorthin hatte ihn einmal sein Freund Braun, der Schwager Adlers, mitgenommen, als er noch an der Universität war.

Freud und seine Familie verloren keine Zeit mit dem Umzug. Sie hatten zuerst nur eine Wohnung, aber als etwa ein Jahr später drei zusätzliche Räume frei wurden, mietete sie Freud als Praxis.

Kurz nach Annas Geburt traf Minna Bernays, die nach dem Tod ihres

Verlobten Gesellschafterin und Gouvernante bei Freunden in Brünn gewesen war, zu einem Aufenthalt von mehreren Monaten ein. Sie blieb über 40 Jahre. »Obwohl sie nie die volle Verantwortung für die Leitung des großen Haushalts mit seinen sechs Kindern übernahm«, schrieb Freuds Nichte, Judith Heller, »teilte sie diese mit meiner Tante Martha, die den Ton angab, die Anordnungen erteilte, die Zügel in der Hand hielt. Das ganze Einkaufen für die Familie wurde von den beiden Schwestern gemeinsam besorgt, und sie begleiteten einander immer, wenn sie sich etwas kaufen wollten.«[32]

Im selben Haus lebte eine Zeitlang auch Freuds Schwester Rosa. Als sie 1908 auszog, übernahm Freud ihre Wohnung.

In diesem Haus nahe der Universität und dem Allgemeinen Krankenhaus sollte Freud von 1891 bis 1938 wohnen, eine Bewegung gründen, sie anführen und dabei zu einer der umstrittensten Gestalten des 20. Jahrhunderts werden.

7
Die Geburt der Psychoanalyse

Sie betrachten mich so ziemlich als einen Monomanen,
und ich habe die deutliche Empfindung,
an eines der großen Geheimnisse der Natur gerührt zu haben.

Freud in einem Brief an Wilhelm Fließ

Das Jahrzehnt, das mit der Übersiedlung in die Berggasse begann, sollte das wichtigste in Freuds Leben werden. Als es anfing, hatte er sich mit seiner Praxis am Leben erhalten, aber nur mit knapper Not. *Zur Auffassung der Aphasien* konnte nicht die Aufmerksamkeit wecken, die das Buch verdiente, und der Ruf, den er sich allmählich auf seinem eigenen Fachgebiet erwarb, wurde durch seine Anwendung der Hypnose beeinträchtigt, der noch viele Mediziner mißtrauten. Zehn Jahre später wurde anerkannt, wenn auch beklagt, daß er eine neue Heilmethode für die geistig Abnormen entwickelte, während er innerhalb des medizinischen Establishments eben erst dabei war, sich wenigstens eine schwache Position zu schaffen. Er selbst war keineswegs zufrieden, er fand, daß man seine Arbeit nicht schätzte, und sah einer Zukunft entgegen, in der er nur erwartete, daß seine Nachfolger die Früchte ernten würden. Daran war etwas Wahres, aber nicht in dem Ausmaß, in dem er es sich vorstellte. Zu Beginn des 20. Jahrhunderts war Freud bereit, sich auf das Schlachtfeld zu begeben.

Die Verbesserung seiner Aussichten, wenn auch noch nicht seiner Vermögensverhältnisse war das Ergebnis seiner hartnäckigen Erforschung der menschlichen Psyche mit Hilfe des Unbewußten, einer Technik, die, wie er behauptete, die Symptome psychischer Erkrankungen zu bessern oder in manchen Fällen zu beseitigen vermochte, etwa so wie ein halbes Jahrhundert später Radioisotope dazu verwendet werden sollten, die Wucherungen körperlicher Krankheiten zu beseitigen. Das Unbewußte selbst war nichts Neues, aber seine Verwendung als therapeutisches Instrument war eine Neuerung, die von Breuer gleichsam versehentlich entdeckt und dann von Freud für die Behandlung von

Neurotikern entwickelt wurde. Bevor noch das 20. Jahrhundert richtig angebrochen war, begann dasselbe Instrument nicht nur die Therapie der psychisch Kranken zu verändern, sondern auch die Ansichten des Menschen über seine alltäglichen Handlungen und über die Triebfedern des Schöpferischen in Literatur und Kunst.

Etwa 1500 Jahre früher hatte der heilige Augustinus in seinen *Bekenntnissen* Mutmaßungen über die Tatsache angestellt, daß potentielle Erinnerungen oft außerhalb des Bereichs des Gedächtnisses lagen, sich aber manchmal aus irgendeinem unbekannten Bereich in das Bewußtsein vordrängten. Die Implikationen dieses Geheimnisses wurden mehr als ein Jahrtausend lang diskutiert, als Mystiker, Theologen und Philosophen zu ergründen versuchten, was hartnäckig unergründlich zu sein schien. Freud selbst erzählte einmal seinem Freund Theodor Reik, daß der Naturwissenschaftler und Philosoph Paracelsus im 16. Jahrhundert eine Theorie der Neurosentherapie aufgestellt habe, die der Psychoanalyse sehr ähnelte und in der eine Stärkung des Ichs als Kontrapunkt zu den Instinktkräften gesehen wurde. »Was er selbst genau darunter verstand, weiß ich nicht«, gestand Freud, »aber daran, daß er recht hatte, besteht kein Zweifel.«[1] Leibniz mit seiner Idee vom *limen* oder der Wahrnehmungsschwelle trieb die Forschung ein Stück weiter voran. Johann Friedrich Herbart, der so fundamentale Begriffe wie Verdrängung und Lustprinzip prägte, schlug ein Modell vor, in dem starke bewußte Wahrnehmungen schwächere Wahrnehmungen unter die Schwelle in das Unbewußte verdrängten, und begann, dem Geist einen beinahe quantitativen Rahmen zu geben. Und von den späteren sechziger Jahren des 19. Jahrhunderts an lenkte Wilhelm Griesinger in seiner Darstellung der Psychiatrie mehr Aufmerksamkeit auf das Unbewußte als auf das Bewußte.

Im Gegensatz dazu konzentrierten sich die Naturphilosophen des frühen 19. Jahrhunderts auf die spekulativeren Aspekte des Gegenstandes; so etwa Garth Wilkinson, ein bekannter Swedenborgianer, der, obwohl er Arzt war, seine neue Methode, das Unbewußte freizusetzen, auf literarische und religiöse Ziele beschränkte. Doch Carl Gustav Carus sagte in den einleitenden Worten zu seinem Werk *Psyche – Zur Entwicklungsgeschichte der Seele*, der Schlüssel zur Kenntnis der Natur des bewußten Lebens der Seele liege im Bereich des Unbewußten, was in allgemeinen Ausdrücken das gleiche bedeutete wie das, was Freud ein halbes Jahrhundert später im besonderen sagen sollte, während Eduard von Hartmanns *Philosophie des Unbewußten* mit einer Schichtung des »unterirdischen« Geistes begann, die, zumindest in mancher Hinsicht, 40 Jahre später von Jung wiederaufgenommen wurde.

Hartmanns Buch war keine kaum bekannte Dissertation für Fachleute. Es hatte 1882 in Deutschland bereits die neunte Auflage erlebt, war in Frankreich veröffentlicht worden und sollte zwei Jahre später in England erscheinen. »Um 1870«, sagt der britische Philosoph Lancelot Law Whyte in seinem Überblick über das Unbewußte vor Freud, »war das ›Unbewußte‹ nicht nur ein Gesprächsstoff für Fachleute, es war bereits ein Modethema für alle, die ihre Bildung zur Schau stellen wollten. Der deutsche Schriftsteller von Spielhagen [Friedrich Spielhagen] beschreibt in einem um 1890 entstandenen Zeitroman die Atmosphäre in einem Berliner Salon der siebziger Jahre, wo zwei Themen die Konversation beherrschten: Wagner und von Hartmann, die Musik und die Philosophie des Unbewußten, Tristan und Instinkt.«[2] Im Jahre 1883 hatte außerdem Theodor Lipps, dessen Werke Freud kannte, geschrieben, er behaupte nicht nur die Existenz unbewußter Prozesse neben den bewußten, sondern postuliere ferner, daß unbewußte Prozesse die Grundlage bewußter seien und sie begleiteten.

Als sich die Betonung vom Unbewußten in der Wahrnehmung auf das Unbewußte in der Erinnerung verlagerte, ermutigte das Thema nur allzu leicht die Exzentrischen, und der englische Autor Samuel Butler, der erklärt hatte, Erinnerung und Gewohnheiten würden unbewußt von Generation zu Generation weitergegeben, behauptete schließlich in *Unconscious Memory*, daß die Erinnerung eine Eigenschaft der Materie selbst sei und daß jedes Atom eine Erinnerung an gewisse frühere Existenzen bewahre. Die Untersuchungen solch widerspenstiger Probleme in Großbritannien, die vielleicht durch die Physiker ermutigt wurden, welche in den neunziger Jahren schon die nukleare Revolution vorbereiteten, unterschieden sich sehr hinsichtlich der Methode. F. W. H. Myers, der Freuds erste Schriften über die Hysterie loben sollte und das Unbewußte das »subliminale Selbst« nannte, versuchte noch vor Ende des Jahrhunderts mit der bahnbrechenden »Society for Psychical Research« zu demonstrieren, daß die körperlose Psyche über den körperlichen Leib hinaus existieren könne. Im Gegensatz dazu glaubte Henry Maudsley, der schon 1867 behauptet hatte, der wichtigste Teil des geistigen Handelns sei unbewußte geistige Aktivität, daß nicht einmal das Bewußtsein, geschweige denn das Unbewußtsein, überhaupt eine nötige Begleiterscheinung des Geistes sei.

Es gab aber auch literarische Vorläufer, solche, die sich zu der Ansicht bekannten, daß das Unbewußte eine wichtige Motivation in den menschlichen Angelegenheiten sei. Freud kannte Tristram Shandys: »Der Körper und der Geist sind wie ein Wams und sein Futter, zerknittere das eine und du zerknitterst das andere«[3], und er sagte einmal, Hardys Tess[4] wisse alles über die Psychoanalyse. Er war auch stets bereit zuzugeben, daß Shakespeare, Goethe und Dostojewskij »den fundamentalen Wahrheiten der Psychoanalyse nähergekommen seien als die Ärzte«[5]. Und er schrieb: »Wertvolle Bundesgenossen sind aber die Dichter und ihr Zeugnis ist hoch anzuschlagen, denn sie pflegen eine Menge von Dingen zwischen Himmel und Erde zu wissen, von denen sich unsere Schulweisheit noch nichts träumen läßt. In der Seelenkunde gar sind sie uns Alltagsmenschen weit voraus, weil sie da aus Quellen schöpfen, welche wir noch nicht für die Wissenschaft erschlossen haben.«[6] Und während Freud in den ersten Monaten in der neuen Praxis hart kämpfte, hatte Edouard Dujardin den ersten Roman mit einem »Bewußtseinsstrom« geschrieben, *Les lauriers sont coupés.* Der innere Monolog, sagte Dujardin später, war »die direkte Einführung des Lesers in das Innenleben der Romanfigur ohne jede Einmischung des Autors in Form von Erklärungen oder Kommentaren, und wie alle Monologe wurde er weder gehört noch gesprochen.«[7]

Doch obwohl das Unbewußte auf eine lange Geschichte zurückblicken konnte, hatte vor Freud niemand so entschieden ausgesprochen, daß es das unentdeckte Land war, in das der Mensch die Erinnerungen verbannte, von denen er nichts wissen wollte; und daß in vielen Fällen die verbannten Erinnerungen an die Oberfläche traten, verwandelt in die Symptome der Hysterie, in Träume oder, wie man später sagte, in die »Freudschen Fehlleistungen« des Alltagslebens. Und was das Wichtigste war: daß die Rückholung dieser Erinnerungen aus dem Unbewußten ins Bewußte eine bedeutende therapeutische Wirkung haben konnte. Anfangs glaubten nur wenige, daß es sich wirklich so verhielt. »Ich bin ziemlich allein hier mit der Aufklärung der Neurosen«, schrieb Freud 1894 an Fließ. »Sie betrachten mich so ziemlich als einen Monomanen, und ich habe die deutliche Empfindung, an eines der großen Geheimnisse der Natur gerührt zu haben.«[8]

Für Freud, der mit dem Glauben aufgewachsen war, daß alle physikalischen Ereignisse letzten Endes in den Begriffen meßbarer Kräfte vorstellbar seien, war seine Theorie eine natürliche Entwicklung. Denn wenn selbst die sonderbarsten physikalischen Geschehnisse ihre Ursache nicht im Zufall hatten, sondern in einer vorausgegangenen Kette von Umständen – eine tröstliche Vorstellung, die man von der physikalischen Welt haben konnte, bis sie die Physiker-Philosophen in den zwanziger Jahren mit Hilfe der Quantentheorie bestenfalls unwahrscheinlich und schlimmstenfalls unhaltbar machten –, konnte dann nicht auch dasselbe für psychische Erlebnisse gelten? Doch wenn dieser Gedankengang eine logische Entwicklung war, so war er auch eine kühne und eine, die typisch war für Freuds Bereitschaft, große intellektuelle Risiken einzugehen. Wenn einige davon ungerechtfertigt waren, so sollten doch andere – einschließlich der Grundannahme der Psychoanalyse – zuletzt den Lohn bringen, der dem Genie gebührte.

Die große und unerwartete Bedeutung des Unbewußten wurde nur langsam bestätigt, und bisweilen zweifelte Freud daran, daß es klug gewesen war, sich zu spezialisieren. Die Behandlung von Patienten mit Nervenkrankheiten von nicht allzu akuter Natur brachte jedoch gewisse ganz eigene Vorteile mit sich. Es lag in der Natur der Dinge, daß diejenigen, die zur Behandlung kamen, im allgemeinen verhältnismäßig wohlhabend waren, und die zeitraubende Beschäftigung mit ihnen, die für einen ständig gefragten Mann wie Breuer ein Nachteil war, wirkte sich bei Freud gegenteilig aus. Da er verzweifelt auf der Suche nach Patienten und keineswegs unglücklich war, wenn sie längere Zeit eine Einnahmequelle für ihn darstellten, konnte man kaum von ihm erwarten, daß er eine lange Behandlung auf die Debetseite seines Hauptbuchs schrieb.

Freud begann in den neunziger Jahren zögernd und unter Druck verschiedener Natur die Hypnose bei der Behandlung seiner Patienten aufzugeben. Am meisten zählte vielleicht, daß er selbst kein besonders erfolgreicher Hypnotiseur war. Zudem wurde allmählich offensichtlich, daß die Hypnose dazu neigte, gewisse Reaktionen des Patienten zu verschleiern, die für den Arzt bei der Behandlung wichtig sein konnten. Es wurde sogar behauptet, daß die Hypnose selbst sexuelle Implikationen habe und für den Patienten eine sexuelle Stimulierung darstelle, die Freud unbehaglich war. Schließlich könnte er noch ein anderes, möglicherweise unbewußtes, Motiv gehabt haben. Im letzten Jahrzehnt des 19. Jahrhunderts hatte die Hypnose allmählich ihren Varieté-Charakter abgestreift. Bernheim, Liébault, Charcot und Breuer waren nur vier der angesehenen Mediziner, die sie praktizierten. Hätte Freud weiterhin die Hypnose angewandt, so wäre er nur einer von vielen gewesen, eine Rolle, die seinem Ehrgeiz nicht gerecht wurde.

Sein Glaube an die Wirksamkeit der Hypnose verflüchtigte sich jedoch nicht vollständig, und 1918 schrieb er, als er ihre Verwendung durch einen deutschen Arzt bei der Behandlung von Kriegsneurosen diskutierte, an Simmel, er würde bei solchem Krankenmaterial und bei gewissen Psychosen selbst auf die hypnotische Methode zurückgreifen. Noch in den neunziger Jahren schreckte er davor zurück, dem Patienten nützliche therapeutische Suggestionen ohne Anwendung von Hypnose einzugeben, geschweige denn Symptome auf auslösende Ursachen zurückzufüh-

ren. »Das schien ... ein sinn- und aussichtsloses Unternehmen zu sein«, gestand er später. »Es war die Aufgabe gestellt, etwas vom Kranken zu erfahren, was man nicht wußte und was er selbst nicht wußte; wie konnte man hoffen, dies doch in Erfahrung zu bringen?«[9] Er wurde jedoch ermutigt durch die Erinnerung an einen Fall in Nancy, bei dem Bernheim eine Frau in Hypnose dazu gebracht hatte zu glauben, er sei nicht mehr anwesend, und dann versucht hatte, ihre Aufmerksamkeit auf seine Person zu lenken. Bernheim hatte kein Glück, und auch nachdem die Patientin geweckt worden war, hatte sie weiterhin abgestritten, daß er anwesend gewesen sei. »Aber er gab nicht nach«, schrieb Freud, »behauptete, sie werde sich an alles erinnern, legte ihr die Hand auf die Stirne, damit sie sich besänne, und siehe da, sie erzählte endlich alles, was sie im somnambulen Zustand angeblich nicht wahrgenommen und wovon sie im Wachzustand angeblich nichts gewußt habe.«[10]
Das Experiment, schrieb Freud, diente ihm als Vorbild, als er die Hypnose aufzugeben begann:
»Ich beschloß, von der Voraussetzung auszugehen, daß meine Patienten alles, was irgend von pathogener Bedeutung war, auch wußten, und daß es sich nur darum handle, sie zum Mitteilen zu nötigen. Wenn ich also zu einem Punkte gekommen war, wo ich auf die Frage: ›Seit wann haben Sie dies Symptom?‹ oder ›Woher rührt es?‹ die Antwort bekam: ›Das weiß ich wirklich nicht‹, so verfuhr ich folgendermaßen: Ich legte der Kranken die Hand auf die Stirne oder nahm ihren Kopf zwischen meine beiden Hände und sagte: ›Es wird Ihnen jetzt einfallen unter dem Drucke meiner Hand. Im Augenblicke, da ich mit dem Drucke aufhöre, werden Sie etwas vor sich sehen oder wird Ihnen etwas als Einfall durch den Kopf gehen und das greifen Sie auf. Es ist das, was wir suchen. – Nun, was haben Sie gesehen oder was ist Ihnen eingefallen?‹«[11]
Der Vorteil der Drucktechnik, erklärte Freud, liege darin, »daß ich hiedurch die Aufmerksamkeit des Kranken von seinem bewußten Suchen und Nachdenken, kurz von alledem, woran sich sein Wille äußern kann, dissoziierte, ähnlich wie es sich wohl beim Starren in eine kristallene Kugel u. dgl. vollzieht ...«[12]
Die Methode war nicht immer erfolgreich. Aber viele Ergebnisse bestätigten, was schon von Bertha Pappenheim in Hypnose demonstriert worden war: die Bedeutung des Unbewußten, dessen, was man nicht kenne, und was dennoch, wie er 1910 Putnam schrieb, aktiv am Werke sei. Jahre später schrieb Freud: »Ich gab also die Hypnose auf und behielt von ihr nur die Lagerung des Patienten auf einem Ruhebett bei, hinter dem ich saß, so daß ich ihn sah, aber nicht selbst gesehen wurde.«[13]
Die Praxis des Sehens, ohne gesehen zu werden, gab später Anlaß zu

einer ganzen Reihe von ziemlich ausgefallenen Vermutungen. Eine Autorin wies darauf hin, daß es den Israeliten nicht gestattet war, Moses anzusehen, während er sie segnete, und daß in Afrika und Asien »die Mütter der Nomadenstämme ihre Kinder auf dem Rücken tragen, so daß die Säuglinge die Mutter nie von Angesicht zu Angesicht sehen«[14]. Obwohl die Autorin die Puppen, die sie aufstellte, wieder umwarf, erweckte sie nichtsdestoweniger den Eindruck, daß da eine gewisse mystische Bedeutung mit im Spiel war. Eine weit praktischere Erklärung gab später einer der berühmtesten Patienten Freuds, der »Wolfsmann«. Freud hatte ihm gesagt, er habe sich in seiner Anfangszeit als Analytiker an das andere Ende der Couch gesetzt, so daß er und der Patient einander sehen konnten. »Diese Situation ausnutzend«, erklärte der Wolfsmann, »unternahm eine Patientin alle möglichen – oder, besser gesagt, alle unmöglichen Verführungsversuche. Um Ähnliches ein für allemal auszuschalten, wechselte Freud von diesem Platz auf die gegenüberliegende Seite über.«[15] Die Wahrheit ist viel weniger aufregend. So unbeweglich die Miene des zuhörenden Analytikers auch sein mag, seine Haltung und seine Reaktionen auf die Enthüllungen seines Patienten könnten von Angesicht zu Angesicht bemerkt werden und leicht die Mitteilungen beeinträchtigen, von denen so viel abhängt.

Die Methode erwies sich als immer brauchbarer für die Zwecke der Untersuchung, als Freud in den frühen neunziger Jahren weiterhin in den Patienten drang und Fragen stellte, ohne die Hypnose zu Hilfe zu nehmen. Dann machte ihm einmal eine seiner Patientinnen unerwartet Vorwürfe, weil er ihren Gedankenstrom unterbrochen hatte. Er nahm den Wink auf, und einer, wie er sagte, dunklen Intuition folgend, forderte er sie auf weiterzusprechen – und, darüber hinaus, über alles zu sprechen, was ihr gerade einfiel, so bedeutungslos es auch erscheinen mochte. Die Methode, die auch bei anderen Patienten angewandt wurde, löste einen Strom von scheinbar zusammenhanglosen Erinnerungen und Gedanken aus, von denen Freud fand, daß er sie therapeutisch gut nutzen konnte.

Die »freie Assoziation«, wie man diese Methode nennen sollte, hatte einen Vorläufer. In den frühen zwanziger Jahren des vorigen Jahrhunderts hatte der deutsche Schriftsteller Ludwig Börne einen Essay, *Die Kunst, in drei Tagen ein Original-Schriftsteller zu werden*, mit den Worten abgeschlossen: »Und hier folgt die versprochene Nutzanwendung. Nehmt einige Bogen Papier und schreibt drei Tage nacheinander, ohne Falsch und Heuchelei, alles nieder, was euch durch den Kopf geht. Schreibt, was ihr denkt von euch selbst, von euren Weibern, von dem Türkenkrieg, von Goethe, von Fonks Kriminalprozeß, vom jüngsten Gericht, von euren Vorgesetzten – und nach Verlauf der drei Tage werdet ihr vor Verwunderung, was ihr für neue, unerhörte Gedanken gehabt, ganz außer euch kommen. Das ist die Kunst, in drei Tagen ein Original-Schriftsteller zu werden!«[16] Freud, der Börnes Werke als Junge bekam, hatte sie eifrig gelesen und noch Jahre später einige Aufsätze deutlich in Erinnerung, wenn auch nicht den, den er den kryptomnestischen nannte. »Als ich diesen wieder las, war ich erstaunt, wie sehr manches, was darin steht, sich wörtlich mit manchem deckt, was ich immer vertreten und gedacht habe. Er dürfte also wirklich die Quelle meiner Originalität sein.«[17]

Es kann auch noch eine andere, ebenso wichtige Quelle gegeben haben. Schon 1879 erdachte Francis Galton, der britische Anthropologe, eine Technik, die später als Wortassoziationstest bekannt wurde. Nach einer langen Reihe von Versuchen schrieb er, daß der Geist »offenbar ständig damit beschäftigt ist, seine alten Geschichten vor sich hin zu murmeln, und wenn eine davon eine Weile ganz vernachlässigt wird, kann sie, vielleicht unwiederbringlich, vergessen werden«.[18] Später beendete er einen Artikel in der Ausgabe von *Brain* vom Juli 1879 mit der Feststellung: »Vielleicht der stärkste der Eindrücke, die von diesen Experimenten zurückbleiben, betrifft die Mannigfaltigkeit der Arbeit, die der Geist im Zustand des Halbbewußtseins leistet, und die guten Gründe für den Glauben an die Existenz noch tieferer Schichten geistigen Wirkens, die gänzlich unter die Ebene des Bewußtseins gesunken sind, was geistige Phänomene erklären mag, die anders nicht erklärbar sind.«[19] Galtons Biograph, D. W. Forrest, weist darauf hin, daß Freud ausdrückliche Anspielungen auf Arbeiten des Neurologen Hughlings Jackson in den Januar- und Oktober-Ausgaben von *Brain* machte. Freud hatte diese Zeitschrift abonniert, und Forrest nimmt mit gutem Grund an, daß er wahrscheinlich Galtons Artikel gelesen hatte. »Es ist vielleicht unerheblich«, bemerkt er, »ob Freuds nachfolgende Übernahme der Technik der freien Assoziation in den neunziger Jahren wirklich darauf zurückging, daß er sich Galtons Entdeckung zunutze machte. Was heute von größerer Bedeutung ist, ist die Art und Weise, wie Freud die Entdeckung als das therapeutische Instrument der Psychoanalyse praktisch verwertete.«[20]

Als die freie Assoziation im Sprechzimmer angewandt wurde, zeitigte sie überraschende und für einen Mann, der so tief wie Freud einer deterministischen Philosophie verpflichtet war, auch befriedigende Ergebnisse. Denn sie schien zu bestätigen, daß die deterministischen Gesetze, die chemische und physikalische Prozesse regierten, in der geistigen Welt repliziert wurden: das heißt, daß sich neurotische Symptome auf spezifische Ursachen zurückführen ließen.

Doch die Methode mußte vorsichtig angewandt und die Ergebnisse mußten mit gutem Urteilsvermögen gedeutet werden. Es blieb ein großer Spielraum für gutgläubige Irrtümer, und dies machte sie, im Verein mit dem selbstsicheren Dogmatismus, der manchmal Freuds Erklärungen kennzeichnete, für Angriffe verwundbar. So konnte, als die Psychoanalyse Jahre später längst eine achtbare Anhängerschaft gefunden hatte, ein keineswegs übermäßig kritischer Kommentator in den Vereinigten Staaten schreiben:
»Zum Beispiel scheint meine Verwendung ... des Ausdrucks ›Freudsche Prinzipien‹ in Anbetracht des Kontexts etwas ganz Selbstverständliches zu sein. Aber lassen Sie mich die Methode der ›freien Assoziation‹ auf diese Worte anwenden, wie es Freud selbst von mir verlangen würde, wenn an ihnen irgend etwas Verdächtiges wäre. Ich bekomme dann, von ›Freudsche‹ ausgehend, zunächst einmal den Namen ›Freud‹ selbst, dann das deutsche ›Freude‹, dann eine Wendung aus Wagners Siegfried, ›froh und freudig‹, die mich augenblicklich an Nietzsche und seine ›blonde Bestie‹ erinnert, die rücksichtslos nimmt, was sie will. Als nächstes erhalte ich das griechische Wort ›Epis‹, ›Hybris‹, was wiederum ein rücksichtsloses Nehmen, was man will, bedeutet, und dann die Ableitung ›hybrid‹, die an unregelmäßige sexuelle Beziehungen erinnert – genug gesagt! Beginne ich aber meine Assoziationskette mit dem Wort ›Prinzipien‹, so fällt mir auf der Stelle Machiavellis ›Principe‹ ein, und ich bin wieder bei der Rücksichtslosigkeit angelangt. Die Nebeneinanderstellung von zwei so *bedeutungsvollen* Wörtern wie ›Freudsche‹ und ›Prinzipien‹ ist somit äußerst verdächtig und führt zu dem Schluß, daß meine Wortwahl nicht einfach von dem Wunsch diktiert wurde, meine manifeste Meinung zu äußern, sondern daß das Unbewußte in mir damit meinem tief verwurzelten, durch die Macht der Umstände verdrängten Wunsch Ausdruck verlieh, ein Leben ungezügelter Lust zu führen.«[21]
Dies kann als ein nicht allzu ernst zu nehmendes Beispiel für einen energischen Antifreudianer gewertet werden, der eine Attacke reitet. Aber die wirkliche Gefahr wurde viele Jahre später von Joseph Wortis umrissen, an dem Freud eine Analyse vornahm. »Was das analytische Verfahren betrifft, fand ich nicht, daß der Grundsatz, den Patienten seine eigenen Assoziationen finden zu lassen, immer befolgt wurde«, lautete sein Urteil. »Ich gab oft eine ganze Reihe von Assoziationen zu einem Traumsymbol, und er wartete, bis er eine Assoziation fand, die in sein Interpretationsschema paßte, und griff es auf wie ein Detektiv, der in einer Menschenansammlung auf seinen Mann lauert. Ich will damit nicht sagen, daß dieses Verfahren untauglich sei – es ist auf lange Sicht wahrscheinlich notwendig –, aber ich möchte darauf hinweisen, daß

das Verfahren alles andere als narrensicher ist und sich leicht zu pseudowissenschaftlichen Schlüssen auf einer willkürlichen Grundlage hergibt. Eine erfolgreiche analytische Einsicht erfordert immer noch die altmodische Weisheit, die gute Romanciers seit Jahrhunderten besitzen. Freud hatte diese Einsicht, aber ich bin nicht so sicher, daß es ihm das Verfahren, das er entwickelte, gestattete, sie erfolgreich an andere weiterzugeben.«[22] Das war zutiefst wahr. Freud kannte und betonte oft die Beschränkungen der Technik, die er entwickelt hatte.

Außerdem hatte die Methode einen Aspekt, der ihm zuwider gewesen sein muß. Denn was wurde aus dem freien Willen, wenn der Geist deterministischen Gesetzen gehorchte? Freud löste dieses Problem zu seiner eigenen Zufriedenheit, indem er darauf hinwies, daß ja selbst wenn das Unbewußte bewußt geworden war und selbst wenn eine Analyse als erfolgreich betrachtet werden konnte, der Patient nicht automatisch geheilt war. »Nach einer solchen Analyse wird der Patient in den Stand versetzt – früher war ihm das gar nicht möglich –, gesund zu werden. Ob er es aber auch wirklich wird, hängt davon ab, ob er die Genesung herbeiwünscht, ob er sie will«, sagte er.[23] Als Vergleich führte er den Kauf einer Eisenbahnfahrkarte an. Die Fahrkarte macht die Reise möglich; die Entscheidung zu reisen oder nicht zu reisen bleibt immer noch dem Individuum überlassen.

Während der frühen neunziger Jahre arbeitete er weiter an der Entwicklung seiner Technik, und er diskutierte sie mit Breuer, der in manchen Fällen mit ihm zusammenarbeitete. Er gab die Hypnose Schritt für Schritt auf, aber die Daten, an denen er die Drucktechnik und die freie Assoziation einführte, sind ungewiß, und die Belege sind in manchen Fällen widersprüchlich. Die Erklärung ist wahrscheinlich sehr einfach. Freud verfügte nun über drei Methoden, das Unbewußte zu ergründen, und es wäre überraschend gewesen, wenn er nicht festgestellt hätte, daß ihre Brauchbarkeit von Patient zu Patient variierte. Gewiß ist nur, daß die Technik der freien Assoziation schließlich für wichtiger gehalten wurde als die beiden anderen; aber es lassen sich Beweise für eine neuerliche Anwendung der Drucktechnik in den Jahren 1896/1897 anführen, als Freud seine unglückselige Verführungstheorie aufstellte.

Langsam wurde jedoch der Prozeß, aus dem die Psychoanalyse hervorgehen sollte, zu einer regelmäßigen Routine. Die Patientin sprach, worüber sie immer sprechen wollte – über ihren Lebenslauf, die Geschichte ihrer Krankheit oder Kindheitserinnerungen. Freud begann gewöhnlich mit dem Hinweis, daß er so viel wie möglich über die Patientin wissen müsse, und fuhr dann fort:

»Noch eines, ehe Sie beginnen. Ihre Erzählung soll sich doch in einem Punkte von einer gewöhnlichen Konversation unterscheiden. Während Sie sonst mit Recht versuchen, in Ihrer Darstellung den Faden des Zusammenhangs festzuhalten und alle störenden Einfälle und Nebengedanken abweisen, um nicht, wie man sagt, aus dem Hundertsten ins Tausendste zu kommen, sollen Sie hier anders vorgehen. Sie werden beobachten, daß Ihnen während Ihrer Erzählung verschiedene Gedanken kommen, welche Sie mit gewissen kritischen Einwendungen zurückweisen möchten. Sie werden versucht sein, sich zu sagen: Dies oder jenes gehört nicht hieher, oder es ist ganz unwichtig, oder es ist unsinnig, man braucht es darum nicht zu sagen. Geben Sie dieser Kritik niemals nach und sagen Sie es trotzdem, ja gerade darum, weil Sie eine Abneigung dagegen verspüren. Den Grund für diese Vorschrift – eigentlich die einzige, die Sie befolgen sollen – werden Sie später erfahren und einsehen lernen. Sagen Sie also alles, was Ihnen durch den Sinn geht. Benehmen Sie sich so, wie zum Beispiel ein Reisender, der am Fensterplatz des Eisenbahnwagens sitzt und dem im Inneren Untergebrachten beschreibt, wie sich vor seinen Blicken die Aussicht verändert. Endlich vergessen Sie nie daran, daß Sie volle Aufrichtigkeit versprochen haben, und gehen Sie nie über etwas hinweg, weil Ihnen dessen Mitteilung aus irgendeinem Grunde unangenehm ist.«[24]

Im Alter sollte er ein treffendes Beispiel dafür geben, wie aufrichtig er an diese Prinzipien glaubte. Eva Rosenfeld, die von ihm ausgebildet wurde, hatte erfahren, wie ernst der Krebs war, der schließlich zu seinem Tode führen sollte, aber sie versuchte vergeblich, ihr Wissen zu verbergen, als sie das nächstemal von ihm analysiert wurde. »Wir haben nur ein Ziel und nur eine Treue, die gegenüber der Psychoanalyse«, sagte Freud tadelnd zu ihr. »Wenn Sie gegen diese Regel verstoßen [daß der Patient ausnahmslos alles zu sagen hat, was ihm einfällt], verletzen Sie etwas viel Wichtigeres als die Rücksichten, die Sie mir schulden.«[25]

Die Übernahme der Technik der freien Assoziation, die das Kernstück der Psychoanalyse bildet, wurde als zusätzlicher Beweis für ihre vieldiskutierte Verbindung mit dem Judaismus angeführt. So zitiert Ernest Simon in einer ausführlichen Diskussion der jüdischen Glaubensvorstellungen Freuds zunächst dessen Worte: »Wenn wir den Traum niederschreiben und all die Assoziationen, die er hervorruft, mit ihm vergleichen, stellen wir leicht fest, daß sie die Länge des Traumtextes mehrere Male vervielfacht haben.«[26] Die Beziehung zwischen einem »inneren Kern« und seinen weiteren Auslegungen, fährt Simon fort, »erinnert an die charakteristische Form der traditionellen jüdischen Schriften wie der Mischna und der Gemara und auch der Mischne Tora des Maimonides trotz des Wunsches dieses Autors, eine klare Abhandlung frei von dem Ballast der Auslegungen und Kommentare zu schreiben«[27].

So stark die Verbindung zwischen talmudistischer Denkweise und der Technik der Psychoanalyse, wie Freud sie in den neunziger Jahren entwickelte, gewesen sein mag: die neue Therapie brachte zweifellos eine Beziehung zwischen Arzt und Patient mit sich, die für den Beruf des Arztes völlig neu war und nur mit der zwischen Priester und Laien bei der Beichte zu vergleichen ist. Freud stellte fest, daß Patienten, die ermutigt wurden, vollkommen frei zu sprechen, tatsächlich nicht nur ihre Hoffnungen und Ängste enthüllten, sondern auch Einzelheiten ihres gegenwärtigen oder früheren Sexuallebens.

Man erkannte bald, daß die Analyse und die Deutung des zu Tage geförderten Materials eine komplizierte und schwierige Aufgabe waren und daß sich gewisse Probleme nicht vermeiden ließen. Zu den ersten gehörte offenbar ein eingefleischter Widerstand gegen den Prozeß der Überführung von Material aus dem Unbewußten ins Bewußte. Seine Intensität variierte von Patient zu Patient, aber er war beinahe immer vorhanden. Zuerst schien dieser Widerstand die Aufgabe des Arztes zu erschweren. Im Laufe der Zeit entdeckte Freud aber, daß die Dinge, bei denen der Widerstand am stärksten war, oft gerade die von größter Wichtigkeit darstellten. So konnte der Widerstand, sobald er erkannt war, wesentliche Hinweise auf die Ereignisse in der Vergangenheit des Patienten liefern, die die Ursache seiner Störungen waren.

Ferner kam der Prozeß, der nun »Übertragung« genannt wird, ans Licht. Freud bemerkte, daß viele seiner Patienten, die ohne Hemmungen redeten, indem sie die Technik der freien Assoziation anwandten, nicht mehr als Patient zum Arzt sprachen, sondern als Patient zur Mutter oder zum Vater. Mit anderen Worten, sie übertrugen auf den Analytiker Empfindungen und Gedanken, die ihre früheren Beziehungen zu ihren Eltern widerspiegelten. War die Übertragung zuerst nur ein weiterer komplizierender Faktor, so sah Freud schließlich, daß auch sie, wie der Widerstand, oft hilfreiche Hinweise auf die nicht erinnerte Vergangenheit geben konnte. Tatsächlich sollte er zuletzt glauben, daß jeder Konflikt in der Sphäre der Übertragung ausgefochten werden müsse. Wenn es sich jedoch so verhielt, war ein Preis dafür zu zahlen: die Gegenübertragung oder die Einstellung des Analytikers zu seinem Patienten, eine Reaktion, die die streng objektive Behandlung zerstören konnte, die Freud stets für wesentlich hielt. Eine Methode, dem entgegenzuwirken, war die, daß der Analytiker selbst analysiert wurde.

»Wir entdeckten«, erklärte Freud, »den für die psychischen Prozesse bei den Neurosen charakteristischen Vorgang, den ich später *Regression* genannt habe. Die Assoziation des Kranken ging von der Szene, die man aufklären wollte, auf frühere Erlebnisse zurück und nötigte die Analyse, welche die Gegenwart korrigieren sollte, sich mit der Vergangenheit zu beschäftigen.« Die Regression führte immer weiter zurück, zuerst nur in die Zeit der Pubertät, dann in die Kindheit. »Es zeigte sich«, fuhr er fort, »daß die Psychoanalyse nichts aktuelles aufklären könne außer durch Rückführung auf etwas Vergangenes, ja daß jedes pathogene Erlebnis ein früheres voraussetzte, welches, selbst nicht pathogen, doch dem späteren Ereignis seine pathogene Eigenschaft verleiht.«[28] Für Freud wies der Prozeß eine Parallele zu einigen Arbeiten auf, mit denen er beschäftigt gewesen war, bevor er unter den Einfluß Charcots geriet. Er hatte einmal menschliche Gehirne seziert, um Hirnverletzungen zu untersuchen; nun nahm er einen Querschnitt durch die emotionale Verfassung der Patientin vor, während er ihre Geschichte bis zu der traumatischen Vergangenheit zurückverfolgte.

Die Probleme wurden nur allmählich aufgedeckt, und die Methoden, sie zu lösen, wurden nach Systemen entwickelt, die man als empirisch bezeichnen kann oder auch einfach als ein blindes Tasten. Freud beschrieb die Situation viele Jahre später mit der ihm eigenen Klarheit: »Zuerst konnte der analysierende Arzt nichts anderes anstreben, als das dem Kranken Unbewußte zu erraten, zusammenzusetzen und zur rechten Zeit mitzuteilen. Die Psychoanalyse war vor allem eine Deutungskunst. Da die therapeutische Aufgabe dadurch nicht gelöst war, trat sofort die nächste Absicht auf, den Kranken zur Bestätigung der Konstruktion durch seine eigene Erinnerung zu nötigen. Bei diesem Bemühen fiel das Hauptgewicht auf die Widerstände des Kranken; die Kunst war jetzt, diese baldigst aufzudecken, dem Kranken zu zeigen und ihn durch menschliche Beeinflussung (hier die Stelle für die als ›Übertragung‹ wirkende Suggestion) zum Aufgeben der Widerstände zu bewegen.«[29]

Das Heraufholen lang vergessener Erinnerungen aus dem Unbewußten mit Hilfe der freien Assoziation wäre ungeachtet der Wurzel der Krankheit in jedem Falle eine heikle Aufgabe gewesen. Sie wurde erschwert durch die sich häufenden Beweise dafür, daß sexuelle Probleme nicht nur eine größere Rolle bei der Verursachung der Hysterie spielten, als die meisten Forscher bis dahin vermutet hatten, sondern daß ihnen eine ähnliche Rolle auch bei vielen anderen Neurosen zukam. Tatsächlich betrachtete Freud nun die meisten als Folgen einer Hemmung oder falschen Entwicklung der Libido – ein Wort, mit dem er in diesem Stadium die Energie des Sexualtriebs meinte. Und dieser Dia-

gnose bemächtigte er sich nun mit einer Entschlossenheit, die ihn in manchen medizinischen Kreisen berühmt und in anderen berüchtigt machen und seine Zusammenarbeit mit Breuer beenden sollte.
In späteren Jahren behauptete Freud, er habe dem Wort Sexualität eine viel umfassendere Bedeutung gegeben, als es im allgemeinen Sprachgebrauch hatte. »Diese Erweiterung rechtfertigt sich genetisch«, schrieb er 1910. »Wir rechnen zum ›Sexualleben‹ auch alle Betätigungen zärtlicher Gefühle, die aus der Quelle der primitiven sexuellen Regungen hervorgegangen sind, auch wenn diese Regungen eine Hemmung ihres ursprünglichen sexuellen Zieles erfahren oder dieses Ziel gegen ein anderes, nicht mehr sexuelles, vertauscht haben. Wir sprechen darum auch lieber von *Psychosexualität*, legen so Wert darauf, daß man den seelischen Faktor des Sexuallebens nicht übersehe und nicht unterschätze. Wir gebrauchen das Wort Sexualität in demselben umfassenden Sinne, wie die deutsche Sprache das Wort ›lieben‹.«[30] Zweifellos. Aber diese Bedeutung ist fraglos umfassender als die der Beispiele, von denen Freud behauptete, sie hätten ihm den richtigen Weg gewiesen, oder der meisten, die er in seinen Werken beschrieb.
Die ersten Schimmer der Wahrheit, schrieb er später, erkannte er, als er über drei Feststellungen nachgrübelte, die er von seinen Vorgesetzten gehört hatte. Über einen der Abendempfänge Charcots schrieb er:
»[. . . ich befand mich] in der Nähe des verehrten Lehrers, der gerade Brouardel [P. C. H. Brouardel, Professor der Gerichtsmedizin in Paris] eine, wie es schien, sehr interessante Geschichte aus der Praxis des Tages erzählte. Ich hörte den Anfang ungenau, allmählich fesselte die Erzählung meine Aufmerksamkeit. Ein junges Ehepaar von weit her aus dem Orient, die Frau schwer leidend, der Mann impotent oder recht ungeschickt. *Tâchez donc*, hörte ich Charcot wiederholen, *je vous assure, vous y arriverez*. Brouardel, der weniger laut sprach, muß dann seiner Verwunderung Ausdruck gegeben haben, daß unter solchen Umständen Symptome wie die der Frau zustande kämen. Denn Charcot brach plötzlich mit großer Lebhaftigkeit in die Worte aus: *Mais dans des cas pareils c'est toujours la chose génitale, tousjours . . . toujours . . . toujours.* Und dabei kreuzte er die Hände vor dem Schoß und hüpfte mit der ihm eigenen Lebhaftigkeit mehrmals auf und nieder. Ich weiß, daß ich für einen Augenblick in ein fast lähmendes Erstaunen verfiel und mir sagte: Ja, wenn er das weiß, warum sagt er das nie?«[31]
Den zweiten Hinweis, erinnerte er sich, erhielt er, als Breuer, offenbar in bezug auf den Fall einer Hysterischen und die Schwierigkeiten, die Tatsachen zu entdecken, sagte: »Das sind immer Geheimnisse des Alkovens!«[32] Bei der dritten Gelegenheit hatte Chrobak über eine

Patientin die Bemerkung fallen lassen, das einzige Rezept für solche Leiden sei »*Penis normalis – dosim – Repetatur!*«[33] Möglicherweise handelte es sich um die Frau des amerikanischen Arztes mit den »delikaten Aspekten«, die Freud seiner Verlobten nicht anvertraute.
Freuds Erklärung genügt wohl kaum. Keines der drei Beispiele bezeugt mehr als die Wirkungen frustrierter sexueller Befriedigung, und das ist etwas, was seiner Aufmerksamkeit, als er dreißig Jahre alt war, nicht gut entgangen sein kann. Die Tatsachen weisen eher darauf hin, daß Freud, zuerst tastend und dann immer bestimmter durch eine Unzahl kleiner Einzelheiten, die er an seinen Patienten beobachtete, zu einem Schluß hinsichtlich der Bedeutung der Sexualität gelangte. Es war zudem ein Schluß, den Freud selbst, ein Mann von beinahe puritanischen Ansichten, ausgesprochen unbehaglich fand; ja man darf sogar annehmen, daß seine angeborene Prüderie dazu beitrug, dem Geschlechtlichen in der Ätiologie der Neurosen nicht nur die Bedeutung zu geben, die ihm zustand, sondern es darüber hinaus noch zusätzlich zu betonen.
Viel ist geschrieben – und ebensoviel geleugnet – worden über den Einfluß des zeitgenössischen Wiener Lebens auf die Bedeutung, die Freud der Sexualität in den Theorien beimaß, die er in den neunziger Jahren entwickelte. Er selbst bestritt stets, daß es irgendeinen Einfluß gegeben habe, und behauptete, wenn die Wiener, wie manchmal gesagt wurde, sexuell freizügiger gewesen wären als die Bewohner anderer großer Städte, so würde diese Tatsache an sich jede abnormale Konzentration auf sexuelle Probleme um so unwahrscheinlicher gemacht haben. Die Beharrlichkeit, mit der sich ihm diese Probleme als die Grundursache der Neurosen anboten, so lautete sein Argument, wäre eher in den kalvinistischen, puritanischen, protestantischen Zentren zu erwarten gewesen als im katholischen Wien, wo sexuelle Beziehungen weniger heikel waren als in anderen europäischen Städten.
Wenn dies auch zutreffen mochte, so ist die bloße Feststellung dazu angetan, einen trügerischen Glanz auf die Stadt zu werfen, die mehr als ein Dreivierteljahrhundert lang Freuds Heimat sein sollte. Wien war nicht nur »Blaue Donau« und »Lustige Witwe«. Ebensowenig war es nur die Welt Hugo von Hofmannsthals und Arthur Schnitzlers. Die Musik und die Künste, deren Bedeutung sich in der Stadt während drei Vierteln des 19. Jahrhunderts auf einem Höhepunkt gehalten hatte, wurden noch gehört und erlebt, aber beinahe genau von dem Jahre an, in dem Freud seine Praxis zu festigen begann, war ein neuer Ton in der Luft zu hören, ein neuer Anblick auf den Straßen zu sehen. Am 1. Mai des Jahres 1890, des letzten, das Freud im Stiftungshaus verbrachte, erlebte Wien seine erste Arbeiterdemonstration. Organisiert von einer neuen Partei, die

Freuds alter Freund Viktor Adler gegründet hatte – der selbst gerade eine seiner regelmäßigen kurzen Haftstrafen absaß –, zählte sie Zehntausende von Arbeitern mit ihren Frauen und Kindern, die einen Achtstundentag forderten. Die *Neue Freie Presse*, keineswegs ein Skandalblatt, schrieb, Soldaten seien aufmarschiert, die Haustore würden geschlossen, in den Wohnungen würden Lebensmittelvorräte angelegt wie für eine Belagerung, die Läden seien verlassen . . . Die Ladeninhaber zogen ihre Rolläden herunter, und mit einer Miene überraschter Erleichterung gingen die Wiener diesen Abend zu Bett in dem Bewußtsein, daß nichts Ernsthaftes geschehen war.

Und doch war der Marsch vom 1. Mai 1890 ein erstes Anzeichen kommender Dinge. Das Wien von »Der Kongreß tanzt« – wenn es je existiert hatte – überlebte nur in gekünstelter Form, als eine Schaufassade, hinter der sich die Probleme des kommenden Jahrhunderts ebenso aufzutürmen begannen wie anderswo. Es gab vielleicht nur einen Umstand, durch den sich die mittelständischen und oberen Schichten der Wiener Gesellschaft, aus denen die meisten Patienten Freuds kamen, von den entsprechenden Kreisen in anderen europäischen Hauptstädten unterschieden, und das war die vielsprachige Zusammensetzung der Monarchie und die ständige Notwendigkeit, aus ihren verschiedenen Einheiten lebensfähige Gruppen zu bilden. Der ökonomische Imperativ wurde mehr als einmal von Karl Kraus betont, jenem berühmtesten aller polemischen Wiener Journalisten, der zuerst für Freud eintrat und dann ein eingeschworener Gegner der Psychoanalyse wurde. Janik und Toulmin schrieben über ihn:

»Kraus sah, daß die wirkliche Wurzel der Hysterie, die unter den bürgerlichen Wienerinnen so verbreitet war, in dem Geschäftsmäßigen der bürgerlichen Ehe zu suchen war. Ehen, die dazu bestimmt waren, ohne Rücksicht auf die persönliche Erfüllung der Partner Finanzdynastien zu schaffen, garantierten Frustration, besonders für die Frauen in einer so sittenstrengen Gesellschaft. Für die Männer bedeutete die Unvereinbarkeit Zuflucht zu Prostituierten oder zu Affären von der Art, wie sie Schnitzler in seinen Erzählungen und Stücken so gekonnt nachschuf. Für die Frauen war das Problem komplizierter, denn es war ihnen schon früh eingeimpft worden, daß nur lüsterne, verderbte Frauen tatsächlich sexuelle Befriedigung wünschen oder genießen könnten. Kein Wunder, daß sie, wenn sie entdeckten, daß das Geschlechtliche letzten Endes doch lustvoll war, von sich selbst in solchen Begriffen zu denken begannen; außerehelicher Geschlechtsverkehr, ein herausforderndes Spiel für die Ehemänner, löste notwendigerweise tief verwurzelte Schuldgefühle bei den Frauen aus.«[34]

So bedeutsam jedoch diese Tatsache gewesen sein mag, gab es gewiß noch eine andere, die Freuds Wiener Patientinnen mit Schuldkomplexen dazu bewog, eher darüber zu sprechen, als es anderswo der Fall gewesen wäre. Im Jahre 1886 hatte Krafft-Ebing seine *Psychopathia Sexualis* veröffentlicht, ein Buch, das ein ungeheurer Erfolg war, mehrmals in neuen, revidierten Ausgaben erschien und das bis dahin Unaussprechliche zwar nicht gerade zu einem Thema für Tischgespräche machte, aber doch zu etwas, worüber man mit einem Arzt sprechen konnte. Es ist daher weniger bemerkenswert, als manchmal angenommen wird, daß Freuds Patientinnen bereit waren, über ihre intimsten Probleme zu sprechen.

Nichtsdestoweniger erklärte Freud selbst oft, daß sie Ermutigung brauchten, bevor sie schwere Störungen ihrer *vita sexualis* beschrieben, und es fällt schwer, seine ständigen Versuche, »seinen Ahnungen zu folgen« – ob diese nun unbewußten persönlichen Motiven entstammten oder nicht –, ganz von dem Beweismaterial, das er sammelte, zu trennen. »Je mehr ich darauf ausging, solche Störungen zu suchen, wobei ich mir vorhielt, daß die Menschen alle in sexuellen Dingen die Wahrheit verhehlen, und je geschickter ich wurde, das Examen trotz seiner anfänglichen Verneinung fortzusetzen, desto regelmäßiger ließen sich solche krankmachende Momente aus dem Sexualleben auffinden«, schrieb er.[35] Einige Jahre später, als er von den zukünftigen Chancen der psychoanalytischen Therapie sprach, sagte er: »Die Kur besteht aus zwei Stücken, aus dem, was der Arzt errät und dem Kranken sagt, und aus der Verarbeitung dessen, was er gehört hat, von seiten des Kranken. Der Mechanismus unserer Hilfeleistung ist ja leicht zu verstehen; wir geben dem Kranken die bewußte Erwartungsvorstellung, nach deren Ähnlichkeit er die verdrängte unbewußte bei sich auffindet.«[36] Freuds Erklärungen bezüglich der Aufnahme solcher Techniken sind widersprüchlich. Jahre später behauptete er: »Ich opferte unbedenklich meine beginnende Beliebtheit als Arzt und den Zulauf der Nervösen in meine Sprechstunde, indem ich konsequent nach der sexuellen Verursachung ihrer Neurosen forschte . . .«[37] Aber 1893, als er den Ereignissen noch näher war, sah er alles ganz anders: ». . . die sexuelle Geschichte zieht Leute an«, schrieb er, »die sämtlich frappiert und überzeugt von dannen gehen, nachdem sie ausgerufen haben ›danach hat mich noch niemand gefragt!‹«[38]

So sehr Freuds eigene Berichte in gewissen Punkten auseinandergehen, in einem wichtigen Punkt stimmen sie überein: er betrachtete es als Teil seiner Technik, sexuelle Details aus seinen Patienten herauszulocken.

Das soll nicht heißen, daß die Details manchmal unter den hartnäckigen Fragen eines hartnäckigen Arztes vorsätzlich ausgeschmückt oder zu Unwahrheiten aufgebauscht wurden. Auch ein Geständnis, das unter der eindringlichsten Befragung abgelegt wird, ist nicht notwendigerweise falsch. Außerdem hat man die Aussagen Breuers, mit dem Freud noch seine Fälle diskutierte. »Das Vordrängen des Sexualen« in ihren gemeinsam verfaßten *Studien über Hysterie*, schrieb Breuer 1907 an Forel, sei nicht auf Neigungen für dieses Thema zurückgegangen, sondern auf die – weitgehend höchst unerwarteten – Ergebnisse ihrer Experimente. Er gestehe, daß die intensive Beschäftigung mit der Sexualität in Theorie und Praxis nicht nach seinem Geschmack sei, aber, fuhr er fort, »was hat mein Geschmack und meine Empfindung von passend und unpassend mit der Frage zu tun: was ist?«[39] Breuer fand eindeutig noch weniger Geschmack als Freud an dem, was die Fälle, die er an seinen Kollegen abgab, deutlich zeigten, und an den sich aus ihnen ergebenden Folgerungen, die sie ausführlich diskutierten. Aber während sich Breuer zurückzog, teils seiner persönlichen Empfindungen wegen, teils weil er zögerte, eine gutgehende Praxis zu gefährden, sah Freud das Potential neuer Entdeckungen als die große Chance, auf die er so lange gewartet hatte.

Viele seiner Patienten waren Frauen, viele waren bis zu einem gewissen Grad seelisch labil, und viele scheinen – nach den spärlichen verfügbaren Unterlagen zu urteilen – unter sexuellen Verdrängungen gelitten zu haben. Unter solchen Umständen waren es nicht nur die Lüsternen, die sich von Zeit zu Zeit fragten, was sich auf der bewußten Couch in der Berggasse 19 abspielte. Die Antwort lautet mit großer Gewißheit: wenig, wenn überhaupt etwas. Freud selbst erinnerte sich an den Vorfall, als ihm eine Patientin stürmisch die Arme um den Hals warf und ihn das Eintreten des Dienstmädchens vor weiteren Verlegenheiten bewahrte – eine etwas ungereimte Geschichte, da man annehmen muß, daß psychoanalytische Sitzungen normalerweise wohl kaum von Dienstboten unterbrochen wurden. Ein männlicher Patient schrieb, wie schon erwähnt, Freud habe ihm von einem Verführungsversuch erzählt, aber er beschönigte die Geschichte, indem er behauptete, dies sei der Anlaß dafür gewesen, daß sich Freud nicht mehr an das Fuß-, sondern an das Kopfende der Couch setzte. Darüber hinaus herrscht Schweigen.

Offensichtlich ist, daß Freud selbst keine Andeutungen eines ungebührlichen Verhaltens verbreitet haben würde. Wie im Falle des Regierungsbeamten, der gefragt wird, ob er für den Feind spioniere, wird die Antwort auf alle Fälle ein »Nein« sein, wie immer sich die Sache wirklich verhält. Ein Faktor ist hier jedoch von Bedeutung: die Atmosphäre der

Kritik, in der Freud während seines ganzen Berufslebens arbeitete. Es ist unvorstellbar, daß seine Gegner die leiseste Andeutung eines beruflichen oder sittlichen Vergehens nicht ausgeschlachtet hätten, und ebenso unvorstellbar ist es, daß ein solches Vergehen, hätte es je eines gegeben, unbekannt geblieben wäre. Aber während die moralische Verworfenheit, zu der die Psychoanalyse angeblich ermutigte, eine ständige Sorge der Kritiker sein sollte, war Freud selbst niemals das Ziel eines ernsthaften Angriffs.

In der ersten Veröffentlichung, welche die Methoden, die er anzuwenden begann, in großen Zügen darstellte, »Über den psychischen Mechanismus hysterischer Phänomene: Vorläufige Mitteilung«, die von Breuer und Freud gemeinsam unterzeichnet wurde und im Januar 1893 im *Neurologischen Zentralblatt* erschien, wurde die Rolle der Sexualität nicht ausdrücklich erklärt. Der Artikel folgte auf die Behandlung einer gewissen Frau Cäçilie M., deren körperliche Symptome, vor allem eine akute Gesichtsneuralgie, Schmerzen, Krämpfe und Halluzinationen, auf psychische Ursachen zurückgeführt werden konnten. Die Symptome verschwanden, als die Ursachen entdeckt wurden und sie sich an sie erinnerte. Trotz der vergleichsweise harmlosen Natur der Krankengeschichte berichtete Freud von »genug Kämpfen mit dem Herrn Kompagnon«[40], ehe Breuer der Veröffentlichung zustimmte, und Freud selbst mag seine Vorbehalte gehabt haben, wenn sie auch anderer Natur waren. Der Artikel wurde im Juni 1892 begonnen, aber erst veröffentlicht, nachdem in diesem Jahr Brücke und Meynert gestorben waren, Freuds wissenschaftliche Mentoren und Verfechter der Ansicht, daß alle Krankheiten organisch bedingt seien. Erst als sie tot waren – wurde mit einiger Glaubwürdigkeit versichert –, war Freud gewillt, seinen Glauben an die psychische Verursachung öffentlich zu bekennen.

Die »Vorläufige Mitteilung« berichtete, daß die Autoren aufgrund einer zufälligen Beobachtung – des Falls »Anna O.« – imstande gewesen seien, viele Fälle von Hysterie mit einer neuen Methode zu untersuchen, und oft festgestellt hätten, daß die Ursache nicht ein eindeutig identifizierbares traumatisches Ereignis gewesen sei, sondern eines, das offenbar vollständig vergessen worden war. In dem Artikel wurde zum erstenmal der Begriff »verdrängt« verwendet, und zwar in der Bedeutung, daß eine unangenehme Erinnerung, die die Patientin vergessen wollte, in das Unbewußte abgeschoben wurde, und nach der Erklärung, daß hysterische Symptome beseitigt werden konnten, indem man solche Erinnerungen in das Bewußtsein zurückholte, wurde die Technik beschrieben, durch die die Heilung bewerkstelligt wurde:

»Sie hebt die Wirksamkeit der ursprünglich nicht abreagierten Vorstellung dadurch auf, daß sie dem eingeklemmten Affekte derselben den Ablauf durch die Rede gestattet, und bringt sie zur assoziativen Korrektur, indem sie dieselbe ins normale Bewußtsein zieht (in leichter Hypnose) oder durch ärztliche Suggestion aufhebt, wie es im Somnambulismus mit Amnesie geschieht.«[41]

Der Artikel fand Beachtung in Österreich und Deutschland – und in Frankreich, wo Pierre Janet schrieb, er sei »glücklich zu sehen, daß die Ergebnisse seiner, nun schon alten, Entdeckungen neuerdings von zwei deutschen Autoren, Breuer und Freud, bestätigt würden«[42]. Aber wie es bei einigen frühesten Veröffentlichungen Freuds der Fall war, kamen die freundlichsten Worte aus England. In der medizinischen Fachzeitschrift *Brain* beschrieb der bekannte britische Arzt J. Michell Clarke in einem langen Artikel über Hysterie und Neurasthenie, wie Breuer und Freud die Notwendigkeit hervorgehoben hatten, im Geist des Patienten die Erinnerung an die Gelegenheiten wachzurufen, bei denen hysterische Symptome zum erstenmal aufgetreten waren. »Dann«, fuhr er fort, »tritt die Verbindung zwischen letzteren und den zur Zeit der Untersuchung vorhandenen Symptomen auf die klarste und überzeugendste Weise zu Tage. Solcherart gemachte Beobachtungen sind es wert, aufgezeichnet zu werden, sowohl vom theoretischen als auch vom praktischen Standpunkt.«[43] Die »Vorläufige Mitteilung« wurde auch von F. W. H. Myers beachtet, einem Gründungsmitglied der »Britain's Society for Psychical Research«, der in einem Vortrag über das »Subliminale Bewußtsein«, der später in den Protokollen der Gesellschaft veröffentlicht wurde, bemerkte, er habe Breuer und Freud nur eines hinzuzufügen: »Diese außerordentliche Kraft der subliminalen Aktion, die sie offen als unlösbar durch die reine Physiologie darstellen, ist ein wesentlicher Bestandteil meines Schemas vom Menschen: und ihr gelegentliches Auftreten in dieser Form ist nur die natürliche Begleiterscheinung ihres gewöhnlichen und unvermeidlichen Vorhandenseins in uns; bereit – wenn es uns gelingt, sie zu mobilisieren – unseren höchsten Bedürfnisse zu dienen.«[44]

Zwei Jahre nach der »Vorläufigen Mitteilung« kamen die *Studien über Hysterie*, ein Band, der die gemeinsame Arbeit Breuers und Freuds behandelte und die eigentliche Einführung der Psychoanalyse in die Welt darstellte. Das Buch begann mit der »Vorläufigen Mitteilung«, und dieser folgten fünf Krankengeschichten. Die erste, von Breuer verfaßte, betraf den Fall der »Anna O.«, die anderen vier stammten von Freud. Dann kamen sechs Kapitel über die Theorie der Hysterie von Breuer und ein Schlußkapitel, »Zur Psychotherapie der Hysterie«, von Freud.

Gewisse Fragen ergeben sich augenblicklich hinsichtlich der Frauen, die ausgewählt wurden, um die neuen Techniken zu veranschaulichen,

welche Freud auf der Erfahrung Breuers mit »Anna O.« aufbaute. Wer waren sie? Warum wurden sie aus denen ausgesucht, die Freud in etwa acht Praxisjahren behandelt hatte? Und waren sie typisch für diejenigen, denen man mit seinen neuen Ideen helfen konnte?
Über Bertha Pappenheim, die »Anna O.« der ersten, von Breuer dargestellten Krankengeschichte, hatte man schon viel erfahren, bevor Professor Ellenberger in den siebziger Jahren neue Informationen entdeckte. Aber ein Geheimnis umgibt noch alle vier Patientinnen, die Freud in den *Studien über Hysterie* beschrieb – mit einer Ausnahme: Frau Emmy von N. Sie war eine Fanny Moser, geboren 1848 als Fanny Sulzer-Wart, zur Zeit ihres Besuchs bei Freud angeblich die reichste Frau Europas. Als Tochter einer reichen Familie in Winterthur hatte sie 1870 einen Schweizer Witwer, Heinrich Moser, geheiratet, der mit Geschäftsunternehmungen in ganz Europa und Asien ein riesiges Vermögen angehäuft hatte. Herr Moser war zur Zeit der Eheschließung 65, seine Braut 23 Jahre alt. Er starb vier Jahre später, und als sich herausstellte, daß er sein gesamtes Vermögen seiner Witwe vermacht hatte, behaupteten seine Kinder aus erster Ehe, sie habe ihn vergiftet. Eine Exhumierung und Autopsie bewiesen die Unschuld der Angeklagten.
Fünfzehn Jahre später kam Fanny Moser, an verschiedenen Tics, Illusionen und anderen Symptomen der Hysterie leidend, in Wien an, um sich von Josef Breuer behandeln zu lassen. Nach sechs Wochen wurde sie an Freud überwiesen, seinen »Oberassistenten«, wie ihre Töchter sagten. Sieben Wochen später kehrte sie in viel besserer Verfassung auf eines ihrer Güter in der Schweiz zurück, wo Freud sie später besuchte. Aber im folgenden Jahr war Frau Moser wieder in Wien, um sich weitere zwei Monate behandeln zu lassen, und Freud selbst sollte in den *Studien* gestehen: »Der therapeutische Erfolg war im ganzen ein recht beträchtlicher, aber kein dauernder; die Eignung der Kranken, unter neuerlichen Traumen, die sie betrafen, in ähnlicher Weise zu erkranken, wurde nicht beseitigt.«[45]
Praktisch nichts weiß man von den anderen drei Frauen: »Fräulein Elisabeth von R«, einer englischen Gouvernante in Wien, die als »Miß Lucy R.« getarnt wurde, und »Katharina«, einem Bauernmädchen aus Tirol, mit dem Freud nur eine einzige kurze Unterhaltung hatte. Fräulein Elisabeth erhielt das Adelsprädikat »von«, und es wurde ein persönlicher Hintergrund von großen Familiengütern konstruiert, der, nach den Worten eines Nachkommen, auf die Umgebung ihrer frühen Lebensjahre zutraf, aber ihr wirkliches jüdisches Mittelstandsmilieu tarnte. Die Herausgeber der *Standard Edition* von Freuds Werken nehmen an, daß nicht nur Namen und Orte vertauscht wurden, um die Identifizierung der

Patientinnen unmöglich zu machen, und es ist schwer zu entscheiden, welches Gewicht man den zitierten Angaben beimessen soll.
Die Krankengeschichten wurden sicherlich nicht ausgesucht, um den unfehlbaren Erfolg der neuen Technik zu demonstrieren. Von »Anna O.« konnte man bei allem Optimismus nur behaupten, daß sie ihr psychisches Gleichgewicht eine beträchtliche Zeit nach Abschluß der Behandlung wiedergefunden hatte. Frau Mosers Genesung war nicht von Dauer. Miß Lucy R., die Gouvernante, genas tatsächlich, nachdem sie gezwungen worden war zuzugeben, daß sie sich in ihren Arbeitgeber verliebt hatte, aber von der Wirkung der Behandlung auf Katharina weiß man nichts, da Freud sie nie wiedersah. Elisabeth von R. wurde schließlich wieder gesund, aber anhand der vorliegenden Unterlagen wäre es schwer zu behaupten, daß die Genesung ein Ergebnis der Behandlung gewesen sei.
Es gab jedoch einen sehr verständlichen Grund für die Auswahl dieser bestimmten Fälle, denn die meisten brachten, wie berichtet, die Technik dessen, war einmal die Psychoanlayse werden sollte, einen Schritt weiter. Die spontane Entdeckung der kathartischen Methode war der wesentliche Grundzug des Falles »Anna O.«. Emmy von N. bestand darauf, über alles zu sprechen, was sie wollte; ihre Reden führten oft zu unverlangten pathogenen Erinnerungen und waren somit eine frühe, wenn nicht überhaupt die erste, Demonstration der freien Assoziation. Weder Miß Lucy R., die englische Gouvernante, noch Elisabeth von R. konnte hypnotisiert werden. So wandte Freud bei der einen erstmalig die Drucktechnik an, und bei der anderen entdeckte er, weitgehend als Resultat dieser Technik, die Notwendigkeit, die Verdrängung zu überwinden.
Breuer hatte der Veröffentlichung der Krankengeschichten erst nach langer, beharrlicher Überredung durch Freud zugestimmt, und ein Hinweis auf die Gründe findet sich im Vorwort, wo die Autoren, nachdem sie erklärt haben, daß ein Teil des aufschlußreichsten Materials weggelassen werden mußte, um der Gefahr vorzubeugen, daß die Patientinnen identifiziert wurden, schreiben:
»Dieses betrifft naturgemäß vor allem jene Fälle, in denen die sexualen und ehelichen Verhältnisse ätiologische Bedeutung haben. Daher kommt es, daß wir nur sehr unvollständig den Beweis für unsere Anschauung erbringen können: die Sexualität spiele als Quelle psychischer Traumen und als Motiv der ›Abwehr‹, der Verdrängung von Vorstellungen aus dem Bewußtsein, eine Hauptrolle in der Pathogenese der Hysterie. Wir mußten eben die stark sexualen Beobachtungen von der Veröffentlichung ausschließen.«[46]

Es war, wie Breuer und Freud wußten, gerade das verschiedene Gewicht, das die beiden Männer diesem Faktor in der Neurose beimaßen, das sie bereits auseinanderführende Wege gehen ließ. Doch nirgends in dem Buch gibt Freud seiner späteren Überzeugung Ausdruck, daß in Fällen von Hysterie unvermeidlich eine sexuelle Ätiologie vorhanden sei. Und im Gegensatz dazu ist es Breuer, der darauf besteht, daß »der Sexualtrieb gewiß die mächtigste Quelle von lange anhaltenden Erregungszuwächsen (und als solche, von Neurosen) ist«[47]. Die Ansichten der beiden Männer über die Bedeutung, die der Sexualität zuzuschreiben ist, gingen somit weit weniger auseinander, als manchmal angenommen wird. Nur über die zukünftige Anwendung ihrer Entdeckung waren sie geteilter Meinung; ein Unterschied in der Auffassung, der sich durch ihre Charaktere und ihre Stellung in der medizinischen Hierarchie erklären läßt. Breuer, der etablierte praktische Arzt, glaubte, daß seine Theorien, wenn er sie weiterverfolgte, Mißtrauen bei vielen seiner Patienten erwecken könnte. Freud, der sich auf die Hysterischen konzentrierte und sicher war, daß er sich endlich auf dem Weg zum Ruhm befand, ließ solche Vorsicht außer acht. Er spürte in sich nicht das Widerstreben, *d'épater le bourgeois,* und glaubte tatsächlich, »an eines der großen Geheimnisse der Natur gerührt zu haben«[48].
Er war zudem eifrig darauf bedacht, seinen Anspruch auf dieses Geheimnis geltend zu machen, bevor es ein anderer tat. Als er bezüglich einer Sammlung kleinerer Aufsätze von Paul Julius Möbius, dem deutschen Psychologen, an Fließ schrieb, bemerkte er ». . . für Hysterie recht wichtig. Er ist der beste Kopf unter den Neurologen, zum Glück der Sexualität nicht auf der Spur«[49]. Pierre Janet wurde als eine noch größere Gefahr betrachtet, und einige Jahre später berichtete Freud, er habe ein jüngst erschienenes Buch von Janet »mit Herzklopfen zur Hand genommen und ruhigen Pulses beiseite gelegt. Er ahnt den Schlüssel nicht«[50].

Die Bemerkung ist bedeutsam im Hinblick auf den Prioritätenstreit, der so lange zwischen Freud und Janet ausgetragen wurde. Es ist richtig, daß Janet zwischen 1886 und 1893 eine Reihe von Krankengeschichten veröffentlicht hatte und daß Breuer und Freud sowohl in der »Vorläufigen Mitteilung« als auch in den *Studien über Hysterie* auf seine Arbeit Bezug genommen hatten. Aber es kann mit einiger Glaubwürdigkeit geltend gemacht werden, daß Janet die tieferen Wurzeln der Hysterie erst nach den Veröffentlichungen Breuers und Freuds in den neunziger Jahren zu verstehen begann.
Janet war begreiflicherweise anderer Ansicht. Er behauptete:
»Freud änderte zuerst einmal alle Ausdrücke, die ich gebrauchte. Was

ich psychologische Analyse genannt hatte, nannte er Psychoanalyse; was ich psychologisches System genannt hatte, um damit jene Gesamtheit der Fakten des Bewußtseins und der Bewegung, der Glieder wie der Eingeweide, zu bezeichnen, deren Assoziation das traumatische Gedächtnis darstellt, nannte er Komplex; er betrachtete als Verdrängung, was für mich eine Einschränkung des Bewußtseins war; was ich als eine psychologische Dissoziation oder moralische Desinfektion ansprach, taufte er auf den Namen Katharsis. Vor allem aber verwandelte er eine klinische Beobachtung und eine therapeutische Behandlung mit einem bestimmten und begrenzten Anwendungsbereich in ein riesiges System medizinischer Philosophie.«[51]

Janet meinte diesen letzten Satz zweifellos als eine Verurteilung. Es ist jedoch zugunsten Freuds anzuführen, daß, während die Idee des Unbewußten in den neunziger Jahren schon sehr lebendig war, er allein das Beweismaterial nicht nur aus seiner eigenen Arbeit, sondern auch aus der seiner Zeitgenossen verwendete und aus der Gesamtsumme eine neue Methode der Diagnose und Behandlung psychischer Fälle konstruierte. Wie die Londoner *Times* über Einsteins Allgemeine Relativitätstheorie schreiben sollte, bestand das Genie ihres Urhebers darin, daß er »die nicht interpretierten Experimente und verstreuten Hinweise seiner Vorgänger aufgriff und sie zu einem umfassenden System zusammenschweißte . . .«[52]

Wenn Breuer und Freud schon einige Zeit vor der Veröffentlichung der *Studien über Hysterie* übereingekommen waren, daß eine Zusammenarbeit nicht mehr möglich war, so bestätigte die Aufnahme, die das Buch fand, zweifellos Breuers Ansicht, daß ihm eine weitere Arbeit mit Freud nur schaden konnte. Denn in zweifacher Hinsicht ging ihr gemeinsam verfaßtes Buch weiter als Krafft-Ebings *Psychopathia Sexualis,* die trotz ihrer Beliebtheit bei neugierigen Laien in erster Linie eine Diskussion sexueller Details unter Ärzten darstellte. Die *Studien über Hysterie* dagegen befürworteten die intimsten Gespräche zwischen Arzt und Patient. Darüber hinaus handelte die *Psychopathia Sexualis* weitgehend von den Perversionen der offensichtlich Kranken oder Gestörten; Breuer und Freud, die Hysterische mit einer schwächer ausgeprägten Krankheit beschrieben, deuteten mindestens an, wenn sie nicht noch weiter gingen, daß Störungen aufgrund von unvermuteten sexuellen Problemen viel weiter verbreitet sein könnten, als allgemein zugegeben wurde.

Die Frage des Gesprächs zwischen Patient und Arzt wurde von dem deutschen Neurologen Adolf Strümpell aufgegriffen, der für die *Deutsche Zeitschrift für Nervenheilkunde* schrieb und die *Studien über Hysterie* besprach. Das von Breuer und Freud entworfene therapeutische

Verfahren, heißt es in dieser Rezension, »verlangt . . . eine oft bis in die kleinsten Einzelheiten eindringende Erforschung der privaten Verhältnisse und Erlebnisse der Kranken. Ich weiß nicht, ob man unter allen Umständen ein derartiges Eindringen in die instimsten privaten Angelegenheiten auch von Seiten des ehrenhaften Arztes für erlaubt erachten darf. Am bedenklichsten finde ich dieses Eindringen, wenn es sich um sexuelle Verhältnisse handelt . . .«[53] Für jeden nicht geradezu pathologisch Empfindlichen dürfte dies eine offen und ehrlich ausgedrückte Meinung sein. Aber in Freuds Augen war damals Strümpells Rezension eine »niederträchtige Besprechung«. Dreißig Jahre später konnte er dann jedoch, wie er sagte, »über die verständnislose Kritik lachen, er [Breuer] aber kränkte sich und wurde entmutigt«[54].

Die *Neue Freie Presse* nannte das Buch »nichts als die Art von Psychologie, wie sie Dichter anwenden«[55], aber Freud war imstande, dies als einen »feinsinnigen Artikel[56]« zu betrachten. Wie bei der »Vorläufigen Mitteilung« wurde die Kritik seitens der Landsleute Freuds durch die der Engländer aufgewogen. F.W.H. Myers, der früher die »Vorläufige Mitteilung« der »Society for Psychical Research« vorgestellt hatte, diskutierte nun die *Studien* in einem vor der »Society« gehaltenen Vortrag über »Hysteria and Genius«. Michell Clarke widmete ihnen eine sorgfältige Besprechung in *Brain* und befürwortete sie vorsichtig. Aber er dämpfte sein Lob mit der Erinnerung daran, daß das, was »Anna O.« die *»talking cure«*, die Sprechkur, genannt hatte, »in der römischen Kirche schon seit langem durch die Institution der Beichte anerkannt ist«[57]. Und er muß Freud ein wenig den Mut gekühlt haben mit der Bemerkung, daß es »interessant sei, wenigstens teilweise eine Rückkehr zu der alten Theorie vom Ursprung der Hysterie in sexuellen Störungen festzustellen . . .«[58]

Freud selbst behauptete Jahre später: »In Wirklichkeit habe ich meine therapeutische Methode nur an schweren und schwersten Fällen ausarbeiten und versuchen können; mein Material waren zuerst nur Kranke, die alles erfolglos versucht und durch Jahre in Anstalten geweilt hatten. Ich habe kaum Erfahrung genug gesammelt, um Ihnen sagen zu können, wie sich meine Therapie bei jenen leichteren, episodisch auftretenden Erkrankungen verhält, die wir unter den verschiedenartigsten Einflüssen auch spontan abheilen sehen. Die psychoanalytische Therapie ist an dauernd existenzunfähigen Kranken und für solche geschaffen worden, und ihr Triumph ist es, daß sie eine befriedigende Anzahl von solchen dauernd existenzfähig macht.«[59] Doch die in den *Studien* beschriebenen Fälle scheinen Patientinnen betroffen zu haben, deren Leiden auf einen Mangel an motivierter Arbeit zurückgingen und eher leichter Natur waren, als daß sie ihre Opfer existenzunfähig gemacht hätten.

In dieser Hinsicht sollte allerdings bedacht werden, daß Freuds Erfolg bei der Erleichterung der nervösen Störungen seiner Patientinnen nicht nur das Resultat seiner Erforschung des Unbewußten und seiner Auswertung der seit Generationen allen klugen Männern bekannten Tatsache war, daß die Beichte gut für die Seele ist. Was er der stimulierten Erinnerung an vergangene Dinge hinzuzufügen imstande war, war seine spezialisierte Kenntnis des Nervensystems und die Erfahrung eines praktischen Arztes. Der neuen Technik und dem Fachjargon, der bald folgen sollte, lag ein weltkluger gesunder Menschenverstand zugrunde.

Breuer und Freud waren in diesem Stadium vorsichtig in ihren Äußerungen hinsichtlich der neuen Methode. Was sie allerdings behaupteten, und zwar in ganz spezifischen Ausdrücken, war, daß die körperlichen Symptome mancher Patienten ebenso wie ihre Erinnerung an vergangene Ereignisse und ihre Reaktionen darauf von Motiven bestimmt wurden, die ihnen nicht bewußt waren. Als Grundlage der Psychoanalyse wurde dies lange als über jeden Zweifel erhaben akzeptiert, obwohl die Bedeutung des sexuellen Faktors eingeschränkt wurde und die atypische Natur der in den *Studien* beschriebenen Patienten manche der Verallgemeinerungen der Autoren Angriffen aussetzte. Nichtsdestoweniger hat so manche Theorie, die dazu beitrug, die Welt zu ändern, Anfänge gehabt, die weniger einleuchtend und weniger gut durch Beweismaterial belegt waren.

Das gleiche gilt nicht notwendigerweise auch für die große Anzahl von Theorien und Spekulationen, die auf dieser Grundlage aufgebaut wurden, manchmal recht vage, manchmal von Freud selbst und manchmal von seinen Anhängern. Ihre Zunahme im Lauf der Jahre bestärkte die Skepsis gegenüber der Psychoanalyse, wie sie Sir Karl Popper in seiner Beurteilung der Theorien von Freud und von Alfred Adler, dem ersten, der sich von Freud lossagte, ausdrückt. Diese Theorien, bemerkt Popper, waren »einfach nicht überprüfbar, unwiderlegbar. Es gab kein vorstellbares, menschliches Verhalten, das ihnen widersprechen konnte. Das bedeutet nicht, daß Freud und Adler gewisse Dinge nicht richtig sahen: ich persönlich zweifle nicht daran, daß vieles, was sie sagen, von beträchtlichem Wert ist und eines Tages sehr wohl eine Rolle in einer psychologischen Wissenschaft spielen wird, die überprüfbar ist. Es bedeutet jedoch, daß jene ›klinischen Beobachtungen‹, von denen die Analytiker naiverweise annehmen, daß sie ihre Theorie bestätigen, dies nicht mehr tun können als die täglichen Bestätigungen, die Astrologen in ihrer Praxis finden.«[60] Auf diese Kritik, die potentiell schädlicher war als das laute Skandalgeschrei, mit der Freuds Betonung des Sexuellen aufgenommen wurde, antworteten Analytiker mit gutem Grund, daß es unmöglich sei, die strengen Beweiskriterien der Physik oder Chemie zufriedenstellend auf die feinen Nuancen der psychischen Verfassung anzuwenden. Aber gerade die Tatsache, daß große Hindernisse der Erhärtung der Resultate im Wege stehen, erschwert es, die manchmal großartigen Ansprüche zu rechtfertigen, die für die Psychoanalyse als Wissenschaft geltend gemacht werden.

Die Veröffentlichung der *Studien über Hysterie*, von denen innerhalb der nächsten zehn Jahre nur wenig mehr als 600 Exemplare verkauft wurden, bestätigte sowohl Freud als auch Breuer in der Überzeugung, daß sie nicht mehr zusammenarbeiten konnten. Schon im Sommer 1894 hatte Freud geschrieben: »Eigentlich denke ich doch den ganzen Tag nur an die Neurosen, aber ich bin, seit der wissenschaftliche Verkehr mit Breuer aufgehört hat, auf mich allein angewiesen und darum geht es so langsam.«[61] Als nun die Kritiker Breuers Verdacht bestätigten, daß er einen Fehler begangen hatte, als er sich zu sehr mit diesem jungen Freud einließ, war die Möglichkeit, ihre Interessen auszusöhnen ein für allemal ausgeschlossen.

Es gab jedoch für ihre Unfähigkeit, sich zu einigen, einen Grund, der tiefer ging als die unterschiedliche Bedeutung, die jeder den sexuellen Problemen zuordnete. Beide Männer suchten die Grundursachen der Neurosen, und die Frage, die sie zu beantworten hatten, war die, die Freud Jahre später in seiner *Selbstdarstellung* aussprach: Wann wird ein seelicher Ablauf pathogen? Breuers Erklärung war physiologischer, die Freuds psychologischer Natur; wie schon gesagt wurde, »postultierte er nicht Moleküle und Bewegung, sondern Absicht und Zweck«[62]. Breuer zögerte trotz der Fälle, die er seit der Behandlung Bertha Pappenheims mitangesehen oder von denen ihm Freud berichtet hatte, immer noch, den Glauben an die physiologische Verursachung, mit dem er aufgewachsen war, ganz aufzugeben. Dazu, und zu seinem beinahe verlegenen Abscheu davor, die Rolle der Sexualität zu diskutieren, kam der Unterschied zwischen dem älteren Mann, der nicht gewillt war, geltende Anschauungen allzu rasch aufzugeben, und dem jungen Mann, der die neuen mit Eifer akzeptierte. Diese gar nicht so ungewöhnliche Situation wurde hier noch dadurch kompliziert, daß Breuer so viel getan hatte, um Freud zu helfen, nicht nur durch berufliche Unterstützung, sondern auch durch regelrechte finanzielle Darlehen. Freud hätte seine Schulden gern zurückgezahlt, war aber dazu noch nicht imstande.

Das genaue Datum ihres Bruchs ist unbekannt, aber Rudolf von Urban, der den Vorfall beschrieb, welcher ihn schließlich zur Psychoanalyse und zur Gründung eines Sanatoriums in Wien führte, behauptete, die beiden Männer hätten nach Ostern 1895 noch gute Beziehungen unterhalten. Von Urban erzählte:

»Ich ging durch die Liechtensteinstraße von meiner Fechtschule nach Hause, als ich auf eine sehr lustige Szene stieß. Ein mit Schweinen beladener Wagen stand vor einer Fleischhauerei. Ein Schwein riß aus, wurde aber nach fröhlicher Verfolgungsjagd von einem Zuschauer wieder eingefangen. Das Problem, das Schwein in den Laden hineinzubringen, zog eine große Menschenmenge an. Je mehr das Schwein auf den Laden zugeschoben wurde, desto störrischer wurde es und drängte in die andere Richtung zurück. Der Verkehr in dieser belebten Straße war schon vollends zum Stillstand gekommen. Auch ein Polizist konnte nicht helfen. Ich nahm es auf mich, zu dem Fleischhauer hinzugehen, der schon völlig erschöpft war , und sagte: ›Sehen Sie nicht, daß das Schwein genau in die andere Richtung geht, als Sie wollen? Warum drehen Sie es nicht um und ziehen es zur Straße hin? Ich glaube, es wird dann ganz natürlich rückwärts in den Laden gehen.‹

Der Fleischhauer sah mich erstaunt an, kratzte sich den Kopf und befolgte meinen Rat. Als sich die Menge zerstreute, traten zwei Herren auf mich zu. Der eine sagte: ›Warum, glauben Sie, hat das Schwein das Gegenteil von dem getan, was man von ihm wollte?‹ Meine Antwort lautete: ›Weil sein Instinkt es davor warnte, dem Menschen zu trauen, denn zuletzt wird der Mensch es töten, und das Schwein hat recht.‹ – ›Sie sind ein scharfsinniger junger Mann‹, sagte der Fremde. ›Was wollen Sie einmal werden?‹ – ›Katholischer Priester.‹ – ›Warum nicht Psychologe? Da Sie, wie Sie so geschickt gezeigt haben, den Verstand eines Schweines kennen, glaube ich, daß Sie auch mit Menschen umgehen können . . .‹«[63]

Von Urban ging mit den beiden Männern weiter, die vor der Berggasse 19 haltmachten. Der eine war Freud, der andere Breuer.

Unmittelbar nach dem endgültigen Bruch, der kurz nach der Begegnung mit von Urban stattgefunden haben muß, war Freud verbittert. Hanna Breuer berichtete, wie ihr Vater einmal durch Wien ging, Freud auf sich zukommen sah und offensichtlich die abgebrochene Beziehung vergessen hatte. »Instinktiv breitete er die Arme aus«, schrieb sie. »Freud ging vorbei und tat, als sähe er ihn nicht.«[64]

Ernest Jones schrieb: »Breuer muß bestimmte Eigenschaften besessen haben, die Freud besonders unsympathisch waren. Eine davon war eine Schwäche, die es ihm erschwerte, zu einer Frage eindeutig Stellung zu nehmen. Auch hatte er die üble Gewohnheit, jedes anerkennende oder lobende Urteil dadurch zu entwerten, daß er aus einer gewissen kleinlichen Tadelsucht heraus irgendeine unwichtige Kritik beifügte, eine Haltung, die dem großzügigen und offenherzigen Freud völlig fremd war.«[65]

Ob sich diese Haltung in Freuds härteren Kritiken an Breuer zeigte, ist ungewiß, denn Jones war nicht einverstanden mit Voltaires Ausspruch: »Den Lebenden schuldet man Respekt, aber den Toten schuldet man nichts als die Wahrheit.«[66] Er berichtete nur Freuds mildere Ansichten und sagte, daß die anderen »hier nicht wiederholt werden sollen«[67]. Breuer seinerseits blieb seinen Überzeugungen treu. Ein Jahrzehnt später besuchte Ludwig Binswanger, ein Psychoanalytiker aus Zürich, Breuer während eines Aufenthaltes in Wien und fragte ihn, wie er Freud nun sehe. »Seine geradezu mitleidig-überlegene Miene sowohl wie seine im vollen Sinne des Wortes ›wegwerfende‹ Handbewegung ließen nicht den geringsten Zweifel daran aufkommen, daß er überzeugt war, Freud sei derart auf wissenschaftliche Abwege geraten, daß man ihn nicht mehr ernst nehmen könne und daher besser nicht von ihm spräche.«[68]

8
Splendid Isolation: Ein Mißgeschick

. . . es war eine schöne, heroische Zeit;
die *splendid isolation* entbehrte nicht ihrer Vorzüge und Reize.

Freud, »Zur Geschichte der psychoanalytischen Bewegung«

Freuds Zerwürfnis mit Breuer ging mit einer anderen Änderung seiner Anschauungen Hand in Hand, als er allmählich größeres Selbstvertrauen gewann. Zwischen 1886 und seiner Rückkehr nach Wien als ein ergebener Schüler Charcots und der Veröffentlichung der *Studien über Hysterie* hatte er sich langsam aber stetig von den Ideen Charcots entfernt. Im Jahre 1889 erhob er seine ersten Einwände gegen die Ansicht des Franzosen über die Natur der Hysterie, und 1893 übte er in einem Artikel über die hysterischen Paralysen noch offenere Kritik. Zwar war sein Nachruf auf den »Meister der Salpêtrière«, der 1893 starb, eine Lobrede, aber im folgenden Jahr begann er, Charcots Lehren über die Bedeutung der Erblichkeit von Neurosen abzulehnen. Bald unterschied er vier Arten von Neurosen – Hysterie, Zwangsvorstellungen, Angstneurosen und Neurasthenie –, und er schrieb jeder eine andere sexuelle Ätiologie zu. Und 1896 war er überzeugt, daß sich alle von unbewußten sexuellen Erlebnissen in der Kindheit herleiteten. Als ätiologischer Faktor war Charcots Vererbung verschwunden.

Von 1895 an war Freud auf sich selbst gestellt. Einige Jahre vor seinem Tod (1892) hatte Meynert entschieden, daß es besser sei, Freud auf Distanz zu halten. Dasselbe taten viele andere, die mit ihm an der Universität arbeiteten. Sogar Krafft-Ebing sah, wenn er auch keine persönliche Gegnerschaft kannte, einen großen Unterschied zwischen seinen Studien und denen eines Arztes, der seine Patienten offen dazu aufforderte, sexuelle Probleme mit ihm zu besprechen. Nun da das Band mit Breuer endgültig zerrissen war, trat Freud in eine Periode ein, die er später, Lord Goschen nachahmend, eine *»splendid isolation«*[1] nennen sollte – ein weiteres Beispiel für seine lebenslange Gewohnheit, in sein Deutsch unübersetzbare englische Wendungen einfließen zu lassen.

Diese war gebraucht worden, als die Isolation des Britischen Empires in Europa stärker empfunden wurde als sein Glanz, und die Isolation war es, an die sich Freud erinnerte, als er 1913 zurückblickte. »Ich war damals auf dem Gipfel der Verlassenheit«, schrieb er über das Jahr 1896, »hatte alle alten Freunde verloren, noch keine neuen erworben; niemand kümmerte sich um mich, und mich hielt nur ein Stück Trotz und der Anfang der ›Traumdeutung‹ aufrecht.«[2] Einige Jahre später unterstrich er seine Position am Ende des Jahrhunderts, als er einem Schweizer Freund sagte: »Was man von persönlicher Befriedigung aus der Analyse schöpfen kann, habe ich schon zur Zeit, da ich allein war, genossen, und seit der Anschluß Anderer gekommen ist, mich mehr geärgert als gefreut. Die Art wie die Menschen es annehmen und verarbeiten, hat mir keine andere Meinung von ihnen beigebracht als ihr früheres Benehmen, da sie es verständnislos ablehnten. Es muß doch in jener Zeit ein unheilbarer Riß zwischen mir und den anderen entstanden sein.«[3]

Um diese Zeit hatte er jedoch schon die zukunftsträchtigen Entdeckungen gemacht, die das Selbstverständnis des Menschen in eine Periode vor und nach Freud einteilen sollten: daß menschliche Handlungen stärker von unbewußten Motiven geleitet werden, als zuvor von mehr als einer kleinen Anzahl von Männern im Laufe der Jahrhunderte für möglich gehalten worden war; daß verdrängte Neigungen, aus dem bewußten Geist verstoßen und im Unbewußten eingeschlossen, eine unerwartet große Rolle im menschlichen Leben spielen; daß Neurosen nicht das Resultat kleiner, sogenannter funktioneller Veränderungen im Hirngewebe sind, sondern das Ergebnis komplizierter psychischer Prozesse und starker emotionaler Konflikte, und daß die Kenntnis dieser Tatsachen einen Arzt befähigen kann, psychische Erkrankungen zu verstehen und in günstigen Fällen sogar zu heilen.

Während sich diese Grundlage der Psychoanalyse um die Mitte der neunziger Jahre festigte, wurde Freud gewahr, daß nach dem Bruch mit Breuer die Freundschaft mit Fließ die einzige Ausnahme von seiner Isolation bildete. Die Entfernung zwischen Wien und Berlin beschränkte die Begegnungen der beiden Männer auf sogenannte »Kongresse«, die in unregelmäßigen Abständen abgehalten wurden, aber ihr Briefwechsel, der schon seit 1888 andauerte, wurde nun noch länger, ausführlicher und intimer, als er es je gewesen war.

Freud war emotional von Fließ abhängig geworden, dem einzigen Mann, dem er seine Ideen anvertrauen konnte, ohne fürchten zu müssen, sich lächerlich zu machen, und die Abhängigkeit wurde noch dadurch verstärkt, daß beide Mediziner waren. Obwohl Breuer sein Hausarzt gewesen war, hatte er sich eine Zeitlang ganz auf Fließ verlassen, besonders was ein Herzleiden betraf, das zum erstenmal 1893 aufgetreten war und zeitweise nicht nur seine Gesundheit, sondern sogar sein Leben zu bedrohen schien. Das Rauchen, das er nur mit Unterbrechungen und nur nach den eindringlichsten Warnungen aufgeben konnte, war beinahe mit Gewißheit eine der Nebenursachen, aber es wäre unklug, die Wirkung der Kontroverse ganz außer acht zu lassen, die 1893 begann, als er Breuer drängte, die »Vorläufige Mitteilung« zu veröffentlichen, und zwei Jahre später mit dem endgültigen Bruch endete.

Freud war schon lange ein starker Zigarrenraucher gewesen, aber erst im Sommer 1893 begann Fließ, erschrocken über den Bericht seines Freundes über die Symptome eines Herzleidens, einen hartnäckigen, aber nur zeitweise erfolgreichen Feldzug gegen diese Gewohnheit. Mitte Oktober versprach Freud, das Rauchen aufzugeben. Einen Monat später wurde ihm die Anstrengung zu groß, und er fragte Fließ, ob er es wirklich »für ein so großes Glück halte, sehr lange Jahre elend zu leben«[4]. Ende März 1894 gab er es noch einmal auf und konnte, wie er sagte, andere neidlos rauchen sehen. Innerhalb weniger Tage war jedoch seine Herzbeklemmung, wie er es nannte, schlimmer denn je. Sein Zustand könnte durchaus die Folge davon gewesen sein, daß er aufgehört hatte zu rauchen. Freud selbst betrachtete die Zigarre stets als wesentlich für seine Arbeit, und der Arzt seiner späteren Lebensjahre fragte allen Ernstes, ob er je imstande gewesen wäre zu leisten, was er geleistet hatte, »ohne die spezifische pharmakologische Wirkung des Nikotins«[5].

Im April 1894 konsultierte Freud Breuer. Aber er war damals schon mißmutig und beklagte sich bald darüber, daß ihn sein alter Freund manchmal zwei Wochen nacheinander nicht besuchte. Der einzige Trost war, daß Breuer glaubte, das Leiden könnte ein nicht-toxischer Zustand des Herzens sein; dieser würde durch das Rauchen nur sehr wenig beeinträchtigt – eine Diagnose, die Freud viel bereitwilliger akzeptierte als die Ansicht von Fließ, daß die Nikotinsucht die wahre Ursache sei. Vor Ende Juni rauchte er wieder, er berichtete Fließ davon und rechtfertigte seinen Entschluß mit der Begründung, daß er Herzleiden wie das seine bei Patienten gefunden habe, die nie geraucht hatten, und daß er selbst mit seinen Zigarren wieder ordentlich arbeiten könne. Fließ antwortete mit der entschiedenen Forderung nach Enthaltsamkeit. Freud gehorchte acht Tage lang, kehrte dann zu einer Zigarre pro Woche zurück und gab auf eine weitere Aufforderung von Fließ hin das Rauchen völlig auf. Diesmal blieb er seinem Vorsatz mehr als ein ganzes Jahr lang treu, und erst im Sommer 1895 schrieb er Fließ, daß er wieder schwach geworden sei.

Die Herzsymptome verschwanden allmählich und zeigten sich erst nach

Jahren wieder, obwohl Freud bis ans Ende seines Lebens an seiner täglichen Zigarrenration festhielt. Selbst Dr. Schur war außerstande, die Symptome mit einiger Sicherheit zu bestimmten. Nichtsdestoweniger schrieb er: »Ich neige zu der Meinung, daß Freud zwischen Ende 1893 und 1896 an Anfällen paroxysmaler Tachykardie mit anginalen Schmerzen und Anzeichen linksseitigen Herzkammerversagens litt; daß diese Anfälle im April 1894 ihren Höhepunkt erreichten und daß er damals eine organische Myokardschädigung erlitt, wahrscheinlich eine Koronarthrombose in einer kleinen Arterie, oder vielleicht eine postinfektiöse Myokarditis mit zeitweiliger erhöhter Nikotinempfindlichkeit.«[6] Doch diese Phase war nun vorüber. Freuds Herzsymptome machten sich nicht mehr bemerkbar. Er hatte sich mit Breuer entzweit. Er war nun überzeugt, daß er die Mission vor sich sah, die zu erfüllen war, die Arbeit, die getan werden mußte. Es blieb nur noch, sie auch zu tun.

Auf den ersten Blick muß die Aufgabe so schwierig gewesen sein wie je eine in den Annalen der Medizin und die kommende Schlacht so hoffnungslos wie je eine in der Geschichte des Krieges. Freud war Jude in einer antisemitischen Umgebung. Er hatte wenig Geld, aber eine wachsende Familie und den Ruf, sich mit den Autoritäten zu zerstreiten. Er hatte zwar einen Stamm wohlhabender Patienten, aber viele von ihnen waren ihm von Breuer geschickt worden, dem Gönner, mit dem zu brechen er für richtig gehalten und von dem er nun keine Hilfe mehr zu erwarten hatte. Er war außerdem entschlossen, einer widerstrebenden Öffentlichkeit eine Theorie über die psychischen Krankheiten aufzuzwingen, von der er wußte, daß sie das medizinische Establishment und die nahezu allmächtigen katholischen Autoritäten beleidigen würde.

Ein Grund für seine Selbstbehauptung war die aus dem Ehrgeiz geborene Hartnäckigkeit. Ein zweiter war der Ansporn durch die Opposition. Aber noch ein dritter, nicht immer klar erkannter Grund war, daß das allgemeine Klima der Zeit und das besondere Klima der medizinischen Meinung neuen Ideen günstiger war, als man auf den ersten Blick meinen mochte.

Unter der Oberfläche begann die Gesellschaft selbst aus der Form auszubrechen, in die man sie so lange gezwängt hatte. In Europa herrschte nicht nur *La belle époque*, sondern auch das *Fin de siècle*, und die Österreichisch-Ungarische Monarchie unter ihrem betagten Kaiser Franz Joseph zeigte Zeichen der Auflösung. In ganz Österreich wurden die Tugenden des Liberalismus des Mittelstands bereits von der Arbeiterklasse in Frage gestellt, während in Wien, wo während des letzten Vierteljahrhunderts Juden und Nichtjuden den Weg zu einer gegenseitigen Duldung gefunden hatten, die Politik der Mäßigung bald eine

Niederlage erleiden sollte: Karl Lueger, der Antisemit, der vorgeschlagen hatte, alle Juden auf Schiffe zu verfrachten und diese zu versenken, wurde Bürgermeister der Stadt. Mit dem Schlachtengeruch in der Luft machte es die Vorahnung, daß große Änderungen in der Wissenschaft wie in der Politik bevorstanden, möglich, neue Ideen zu diskutieren und ihnen eine Überlebens-Chance zu geben. Und die Psychoanalyse überlebte allen Angriffen zum Trotz.
In der medizinischen Welt waren überdies die Ideen in Bewegung geraten. In den Naturwissenschaften kann man deutlich sehen, wie Ideen nur auf den technologischen Fortschritt warten. Das elektrische Licht war erst eine praktische Möglichkeit geworden mit der Entwicklung von Apparaten zur Herstellung eines Hochvakuums. Die Brüder Wright brauchten den Benzinmotor, um das Fliegen aus einem Traum in Wirklichkeit zu verwandeln. Der Düsenmotor, der sich eine Idee zunutze machte, die schon den alten Griechen bekannt war, blieb eine Chimäre bis zur Herstellung von Titanlegierungen. Der Rundfunk brauchte die Vakuumröhre, und die Atombombe erforderte die Isotopentrennung. Auf ganz ähnliche Weise führten nun die medizinischen Fortschritte des letzten Drittels des 19. Jahrhunderts zu einer tieferen und verständnisvolleren Diskussion der Probleme der Psyche. Der Erste Internationale Kongreß für Psychologie hatte 1889 in Paris stattgefunden. Im Jahre 1890 waren William James' *The Principles of Psychology* (dt.: *Prinzipien der Psychologie,* 1909) erschienen und, bedeutend für Freuds Zukunft, Frazers *The Golden Bough* (dt.: Auswahl: *Der goldene Zweig,* 1928) mit seinen tiefschürfenden Untersuchungen der Geburt und des Wachstums menschlicher Institutionen. Wenige Jahre später arbeitete Henry Havelock Ellis, ein unbekannter Engländer, an *Man and Woman,* einem populären Vorläufer seiner umfangreichen *Studies in the Psychology of Sex*.
Die Rückwirkungen eines neuen Interesses am Geistig-Seelischen und seiner Wirkungsweise waren außerdem auch außerhalb der medizinischen Welt zu spüren. In Norwegen hatte Ibsen die Psychologie in den Dienst seiner Angriffe auf die »Spitzen der Gesellschaft« gestellt. In Paris war Marcel Proust mit seinem Roman *Auf der Suche nach der verlorenen Zeit* dabei, aus der unbewußten Erinnerung das Material für sein großartiges Meisterwerk heraufzubeschwören. In Amerika wandte William James, der mutig die Physiologie zugunsten der Psychologie aufgegeben hatte, die neue Wissenschaft auf die Religion an, während sein Bruder Henry, der sich in Südengland niederließ, schon mit der Einsicht des Romanciers das Grenzland zwischen Traum und Wirklichkeit erforschte. Die Zeichen waren günstiger, als Freud in Wien erkannt

haben mag, und in England prophezeite der Psychiater T. S. Clouston sogar, daß ein Mann kommen könnte, der bald »eine enorme Erweiterung unseres definitiven Wissens hinsichtlich der Beziehung zwischen Geist und Gehirn«[7] zustandebringen würde.

Freud befand sich in seinem 40. Lebensjahr, als die *Studien über Hysterie* erschienen – beinahe in dem entscheidenden Alter, nach dem, wie oft angenommen wird, kein Wissenschaftler mehr viel Bemerkenswertes leistet. Doch 1895 war der Beginn von fünf Jahren außerordentlicher Aktivität. Während er noch an den letzten Teilen der *Studien* arbeitete, analysierte er zum erstenmal einen seiner eigenen Träume vollständig, ein Unterfangen von so außerordentlicher Bedeutung für seine zukünftige Arbeit, daß er später, 1900, im Scherz fragte, ob man nicht an dem Platz, wo er geschlafen hatte, eines Tages eine Tafel mit der Inschrift anbringen werde: »Hier enthüllte sich am 24. Juli 1895 dem Dr. Sigmund Freud das Geheimnis des Traumes«[8]. Später in demselben Jahr schrieb er in wenigen Wochen einen brillanten Artikel, in dem er versuchte, psychische Vorgänge in den Begriffen quantifizierbarer Kräfte zu beschreiben, ein Versuch, bei dem er nur knapp daran vorbeiging, die Neuronentheorie zu entwerfen, die Wilhelm von Waldeyer im folgenden Jahr aufstellte, und das Nervensystem auf der Basis des Neurons zu beschreiben, des Fachausdrucks für die einzelne Nervenzelle mit ihren Fortsätzen. Im Jahre 1897 nahm er die erschöpfende Aufgabe einer Selbstanalyse in Angriff, die durch den Tod seines Vaters beschleunigt wurde, und um dieselbe Zeit beging er, wie er sagte, seinen »ersten großen Irrtum«[9]. Es handelte sich um die Verführungstheorie, die, so unglückselig sie war, zum Ödipuskomplex weiterführte, den er bald als den Hauptschlüssel für die psychische Entwicklung betrachtete. Und er beschloß das letzte Jahr des Jahrhunderts mit der Veröffentlichung von *Die Traumdeutung*, die gewöhnlich als sein einflußreichstes Buch gilt.

Doch während der ganzen zweiten Hälfte der neunziger Jahre, in der er unnachgiebig dem Weg folgte, den er zum erstenmal in der Salpêtrière undeutlich erkannt hatte, war Freud damit beschäftigt, eine Praxis aufzubauen, die ihm um die Jahrhundertwende wenigstens eine mäßige Sicherheit bot, wie er sie sich 15 Jahre zuvor kaum erhofft hatte. Die Praxis war der wesentliche Hintergrund für all seine anderen Tätigkeiten, und sie allein ermöglichte es ihm, sich finanziell über Wasser zu halten, seine Familie zu ernähren und die Tatsache zu rechtfertigen, daß er alle Mußestunden, die ihm noch blieben, der wichtigeren Arbeit widmete, seine Theorien zu entwickeln. Ihre Erfolge waren eher fluktuierend als regelmäßig. Aber wenn sie in dem graphischen Schaubild seiner Prosperität auch immer wieder abwärts führende Linien darstellten, so entsteht doch der Eindruck, daß jeder Aufstieg gewöhnlich ein wenig höher hinaufführte als der vorausgegangene.

Ende 1895 ging es ihm gut und er konnte sagen, daß er täglich sechs bis acht analytische Fälle hatte – »die schönsten Sachen natürlich, allerlei Neues«[10]. Er arbeitete neun bis elf Stunden täglich mit seinen Patienten, und dann, um elf Uhr abends, setzte er sich an seinen Tisch, um zu schreiben. Im letzten Monat des Jahres konnte er Fließ triumphierend mitteilen: »Ich habe Mühe nachzukommen, kann Unvorteilhaftes ablehnen und beginne, meine Preise zu diktieren. Ich werde eben sicher in der Beurteilung und Behandlung der beiden Neurosen, und ich meine zu merken, wie die Stadt allmählich aufmerksam wird, daß bei mir etwas zu holen ist.«[11]

Innerhalb von sechs Monaten sah die Lage anders aus, und er fand es unangenehmer, »daß die Ordination heuer zum ersten Male leer steht, daß ich wochenlang kein neues Gesicht sehe, keine neue Kur anknüpfen konnte und daß von den alten noch keine fertig ist«[12]. Noch während desselben Jahres wendete sich sein Glück wieder einmal radikal, und er konnte beginnen, Dr. Breuer einen Teil der 2300 Gulden zurückzuzahlen, die er ihm noch schuldete. Weitere zwölf Monate später schien seine Lage sogar noch besser zu sein. Er hatte einen Strom von Patienten und zehn oder elf therapeutische Sitzungen an jedem Arbeitstag.

Das war beinahe mehr, als er zu bewältigen vermochte, zumal er außerdem noch seine regelmäßigen Vorlesungen an der Universität hielt, eine Aufgabe, die ihm nicht sonderlich zusagte. Als er den Hintergrund eines seiner Träume schilderte, schrieb er:

»Es war ein heißer Nachmittag im Sommer gewesen, ich hatte in den Abendstunden meine Vorlesung über den Zusammenhang der Hysterie mit den Perversionen gehalten, und alles, was ich zu sagen wußte, mißfiel mir so gründlich, kam mir alles Werts entkleidet vor. Ich war müde, ohne Spur von Vergnügen an meiner schweren Arbeit, sehnte mich weg von diesem Wühlen im menschlichen Schmutz, nach meinen Kindern und dann nach den Schönheiten Italiens.«[13]

Es gab Zeiten, in denen die Vorlesungen an der Universität nicht einmal sein volles Interesse in Anspruch nahmen. Sie wurden, schrieb er, »von 11 Hörern besucht, die mit Bleistift und Büchel dasitzen und verflucht wenig Positives zu hören bekommen. Ich spiele vor ihnen den neuropathologischen Naturforscher und kommentiere den Beard [G.M. Beard, Autor von *American Nervousness, its Causes and Consequences* und *Sexual Neurasthenia (Nervous Exhaustion), its Hygiene, Causes, Symptoms and Treatment*]; mein Interesse ist aber gar nicht dabei«[14].

Anfang 1899 klagte er wieder über Überarbeitung, und im Juli, bevor er wie die ganze akademische Welt die Stadt für drei Monate verließ, konnte er sagen, daß es alles in allem ein triumphales Jahr gewesen sei. Doch die ständige Unsicherheit des ganz auf sich allein gestellten Mannes, dem das Sicherheitsnetz eines Lehrstuhls an der Universität fehlte, geht aus zwei Briefen hervor, die er nach der Rückkehr im Herbst an Fließ schrieb. Selbst wenn die Praxis zunähme, sagte er in einem davon, würde er nicht imstande sein, seine Ausgaben für das Jahr zu bestreiten; tatsächlich zog er in Erwägung, eine Stelle in einer Wasserheilanstalt anzunehmen und, offensichtlich, die Privatpraxis aufzugeben. Einige Wochen zuvor hatte er Fließ gegenüber eine Andeutung über seine ständige Nervosität und Unsicherheit in finanzieller Hinsicht gemacht. »Aus meiner Jugend weiß ich, daß die wilden Pferde in den Pampas, die einmal mit dem Lasso gefangen worden sind, ihr Leben über etwas Ängstliches behalten. So habe ich die hilflose Armut kennengelernt und fürchte mich beständig vor ihr. Du wirst sehen, mein Stil wird besser und meine Einfälle richtiger, wenn mir diese Stadt reichlich zu leben gibt.«[15] Innerhalb von sechs Monaten schien sie das zu tun, und er konnte erfreut berichten: »Es ist jetzt meine starke Zeit, 70 – 80 fl. täglich, etwa 500 fl. wöchentlich . . .«[16]

Wenn die meisten Patienten, die die Treppe der Berggasse 19 hinaufstiegen, an rein nervösen Störungen litten, die behandelt werden konnten, ohne Hilfe von außen in Anspruch zu nehmen, so gab es auch Ausnahmen. Zu ihnen gehörte »Irma«, die mit den Freuds gesellschaftlich verkehrte und Gegenstand eines der berühmtesten Träume – eines seiner eigenen – wurde, die Freud jemals deutete.

Im Sommer 1895 verbrachte er mit seiner Familie die Ferienmonate im Schloß Bellevue, einem reich verzierten Haus auf einem großen Grundstück in den Hügeln außerhalb Wiens. Einst ein Zentrum für Bälle, Konzerte und Gesellschaften, war es 1895 ein behagliches Familienhotel. Hier hatte Freud in der Nacht vom 23. auf den 24. Juli den, wie man ihn später nannte, »Traum von Irmas Injektion«.

Sein Interesse an Träumen war zum Teil das Ergebnis seiner Anwendung der freien Assoziation, da er feststellte, daß viele Patienten ihre Träume beschrieben, als wären sie wesentliche Bestandteile ihrer bewußten Tagesgedanken, ein deutlicher Hinweis darauf, daß er sie für ebenso wichtig halten mußte wie andere verständliche Phänomene. So wurde er zur der Annahme genötigt, daß Träume nicht, wie die meisten behaupteten, bedeutungslos seien, sondern Schlüssel zu Ereignissen, die ein Patient in das Unbewußte verdrängt hatte. Er begann nun zu begreifen,

daß es sich tatsächlich so verhielt, und Jahre später konnte er sich noch erinnern, wie er festgestellt hatte, daß die Traumanalyse »ein sicherer Anhalt in jenen schweren Zeiten [war] da die unerkannten Tatbestände der Neurosen mein ungeübtes Urteil zu verwirren pflegten. So oft ich auch an der Richtigkeit meiner schwankenden Erkenntnisse zu zweifeln begann, wenn es mir gelungen war, einen sinnlos verworrenen Traum in einen korrekten und begreiflichen Vorgang beim Träumer umzusetzen, erneuerte sich meine Zuversicht, auf der richtigen Spur zu sein.«[17]
Das Vertrauen kam jedoch erst, nachdem er begonnen hatte, die Träume von Patienten ebenso wie seine eigenen einer ausführlichen Deutung zu unterziehen, was er zum erstenmal in Bellevue tat. Dieser Traum war Gegenstand so mancher Exegese von Autoren, die Freuds Analyse analysierten und dann in allen Einzelheiten jeden Aspekt des Traumes untersuchten, auf dem so viel aufgebaut wurde. Es gibt jedoch zwei sonderbare Ausnahmen. Ernest Jones sagt in seiner dreibändigen Freud-Biographie lediglich, daß der 24. Juli 1895 ein historischer Augenblick gewesen sei, und er spielt auf die Marmortafel an, die, wie Freud scherzend sagte, an den Wänden von Bellevue angebracht werden könnte. Jones führt keine Einzelheiten über den Traum oder die Analyse an. Da Freud diese Episode als das wichtigste Beispiel seines großen Buches anführt, erscheint das seltsam. Noch seltsamer ist aber, daß, obwohl Freud damals in regelmäßigem Briefwechsel mit Fließ stand, die einzigen Hinweise auf den Traum in der veröffentlichten Sammlung der Briefe Freuds an Fließ die Erwähnung der Marmortafel und ein einziger Abschnitt in seinem »Entwurf einer Psychologie« sind. Die Überraschung über das Schweigen in diesen beiden Publikationen wird noch größer, wenn man, wie heute, erkennt, daß Fließ selbst auf dramatische Weise in das Ereignis verwickelt war, das in dem Traum seinen Widerhall fand.
Die Geschichte, wie sie Freud später in der *Traumdeutung* erzählte, war die, daß er im Sommer 1895 Irma behandelt hatte, eine junge Frau, die eine Freundin der Familie war. Ihre hysterischen Angstzustände waren zum Teil erleichtert worden, aber es zeigten sich noch andere, körperliche Symptome. Freud hatte daraufhin eine Reihe von Maßnahmen vorgeschlagen, die durchzuführen sie sich weigerte, und die Behandlung war für die Dauer der Ferien unterbrochen worden. Am 23. Juli erhielt Freud in Bellevue den Besuch eines jüngeren Kollegen, der mit der Patientin und ihren Eltern auf dem Lande gewesen war und ihm sagte, es gehe dem Mädchen »besser, aber nicht ganz gut«[18]. Freud entdeckte in diesen Worten eine kritische Note und schrieb am späteren Abend die Krankengeschichte der Patientin nieder, »um sie, wie zu meiner Recht-

fertigung, dem Dr. M., einem gemeinsamen Freund, der damals tonangebenden Persönlichkeit in unserem Kreise, zu übergeben«[19].
Martha Freud sollte in wenigen Tagen Geburtstag haben, und sie hatte ihrem Mann vor kurzem erzählt, daß sich Irma unter den Freunden befinden werde, die sie an diesem Tag zu besuchen gedachten. Der Fall Irma beschäftigte also zumindest teilweise Freuds Gedanken, als er an diesem Abend zu Bett ging. Dann kam der Traum. Unmittelbar nach dem Erwachen am folgenden Morgen schrieb Freud ihn nieder:
»Eine große Halle – viele Gäste, die wir empfangen. – Unter ihren *Irma,* die ich sofort beiseite nehme, um gleichsam ihren Brief zu beantworten, ihr Vorwürfe zu machen, daß sie die ›Lösung‹ noch nicht akzeptiert. Ich sage ihr: Wenn du noch Schmerzen hast, so ist es wirklich nur deine Schuld. – Sie antwortet: Wenn du wüßtest, was ich für Schmerzen jetzt habe im Hals, Magen und Leib, es schnürt mich zusammen. – Ich erschrecke und sehe sie an. Sie sieht bleich und gedunsen aus; ich denke, am Ende übersehe ich da doch etwas Organisches. Ich nehme sie zum Fenster und schaue ihr in den Hals. Dabei zeigt sie etwas Sträuben wie die Frauen, die ein künstliches Gebiß tragen. Ich denke mir, sie hat es doch nicht nötig. – Der Mund geht auch gut auf, und ich finde rechts einen großen Fleck, und anderwärts sehe ich an merkwürdigen krausen Gebilden, die offenbar den Nasenmuscheln nachgebildet sind, ausgedehnte weißgraue Schorfe. – Ich rufe schnell Dr. M. hinzu, der die Untersuchung wiederholt und bestätigt . . . Dr. M. sieht ganz anders aus als sonst; er ist sehr bleich, hinkt, ist am Kinn bartlos . . . Mein Freund *Otto* steht jetzt auch neben ihr, und Freund *Leopold* perkutiert sie über dem Leibchen und sagt: Sie hat eine Dämpfung links unten, weist auch auf eine infiltrierte Hautpartie an der linken Schulter hin (was ich trotz des Kleides wie er spüre) . . . M. sagt: Kein Zweifel, es ist eine Infektion, aber es macht nichts; es wird noch Dysenterie hinzukommen und das Gift sich ausscheiden . . . Wir wissen auch unmittelbar, woher die Infektion rührt. Freund *Otto* hat ihr unlängst, als sie sich unwohl fühlte, eine Injektion gegeben mit einem Propylpräparat, Propylen . . . Propionsäure . . . *Trimethylamin* (dessen Formel ich fettgedruckt vor mir sehe) . . . Man macht solche Injektionen nicht so leichtfertig . . . Wahrscheinlich war auch die Spritze nicht rein.«[20]
Bei seiner Deutung war Freud imstande, praktisch jedes Detail des Traums mit Ereignissen in Verbindung zu bringen, die unlängst stattgefunden oder diskutiert worden waren. Nicht alle betrafen Irma unmittelbar. So war mit der scheinbaren Inkonsequenz der Träume eine frühere Untersuchung einer hübschen Gouvernante, deren Zähne sich als falsch erwiesen hatten, im Traum als die Szene erschienen, in der Freud Irma

ans Fenster führt, um ihr in den Hals zu schauen. Der große Fleck und der weißgraue Schorf hatten ebenfalls deutlich identifizierbare Beziehungen zu Wacherlebnissen, und Freud hatte keine Zweifel hinsichtlich der Folgerungen, zu denen er schließlich gelangte. »Von der Verantwortung für Irmas Befinden spricht der Traum mich frei, indem er dasselbe auf andere Momente (gleich eine ganze Reihe von Begründungen) zurückführt«, schrieb er. »Der Traum stellt einen gewissen Sachverhalt so dar, wie ich ihn wünschen möchte; *sein Inhalt ist also eine Wunscherfüllung, sein Motiv ein Wunsch.«*[21] Was Fließ betrifft, so war er der Freund gewesen, der Freud kurz zuvor im wirklichen Leben mit Trimethylamin bekannt gemacht hatte.

Die Ereignisse, die zu dem Traum führten, werfen jedoch ein ganz anderes Licht auf den Fall. Sie wurden 1966 bekannt, als Dr. Max Schur zensierte Teile des Briefwechsels Freud-Fließ in einem Artikel über den Irma-Traum verwendete. Diese zeigen nämlich, daß Fließ bei weitem nicht nur Freud auf das Trimethylamin aufmerksam gemacht hatte, sondern von Freud konsultiert worden war, kurz nachdem er begonnen hatte, »Irma« – ihr wirklicher Name lautete Emma – wegen Hysterie zu behandeln. Ihre somatischen Symptome im wirklichen Leben betrafen wie im Traum die Nase und den Hals, und es war ganz natürlich, daß Fließ, ein Hals-Nasen-Ohren-Facharzt, hinzugezogen wurde. Er kam aus Berlin angereist, empfahl eine Operation, offenbar an den Nasenmuscheln und Nebenhöhlen, und führte die Operation Ende Februar oder Anfang März auch selbst aus. Einige Tage später kehrte er nach Berlin zurück.

Am 4. März schrieb Freud an Fließ. Die zensierte Fassung des Briefes, die in *Aus den Anfängen der Psychoanalyse* abgedruckt ist, erwähnt den Namen Emma nicht. Dieser Brief enthielt aber einen aus 150 Wörtern bestehenden einleitenden Abschnitt, in dem Freud über ihren Zustand berichtete. Sie hatte eine starke Blutung erlitten, und Freud hatte Dr. Gersuny, einen bekannten Wiener Chirurgen geholt. »Ich bitte um Deinen maßgebenden Rat«, fügte Freud hinzu. »Auf neue Operationen mit dem Mädel freue ich mich nicht.«[22]

Fließ scheint den Brief postwendend beantwortet zu haben. Freud schickte ihm am 8. März einen Bericht, »über den Du Dich wohl ebenso kränken wirst wie ich, aber es hoffentlich ebenso rasch überwinden«[23]. Er war, fuhr er fort, früh am Morgen mit der Nachricht geweckt worden, daß Emma wieder eine Blutung hatte. Dr. Gersuny konnte nicht vor dem Abend nach ihr sehen, und Freud rief einen anderen Arzt, Dr. R.

»R. reinigte die Umgebung der Öffnung, zog Blutgerinnsel heraus die anhafteten, und plötzlich zog er an etwas wie einem Faden, zog weiter an;

ehe einer von uns Zeit zum Überlegen gehabt hatte, war ein gut ½ Meter langes Stück Gaze aus der Höhle herausbefördert. Im nächsten Moment folgte ein Blutstrom, die Kranke wurde weiß, mit hervorquellenden Augen und pulslos. Allerdings im nächsten wieder hatte er frische Jodoformgaze hineingestopft und die Blutung stand, sie hatte ½ Minute etwa gedauert, aber ausgereicht, um das Geschöpf, das wir dann flach niederlegten, unkenntlich zu machen. Dazwischen, d. h. darnach eigentlich geschah noch etwas. In dem Moment, da der Fremdkörper herauskam und mir alles klar wurde und ich gleich darnach den Anblick der Kranken hatte, wurde mir übel; nachdem sie ausgestopft war, flüchtete ich ins Nebenzimmer, trank eine Flasche Wasser aus und kam mir kläglich vor. Die tapfere Doktorin brachte mir dann ein Gläschen Cognac und ich wurde wieder ich.«[24]

Freud kehrte zur Patientin zurück. Sie hatte, wie er feststellte, während der heftigen Blutung nicht die Besinnung verloren und empfing ihn mit einer, wie er meinte, »überlegenen« Bemerkung: »Das ist das starke Geschlecht.«[25]

Trotz Freuds angeborener Abneigung gegen den Anblick von Blut, war es nicht dies, was ihn überwältigt hatte, versicherte er Fließ. Es war etwas anderes: »Wir hatten ihr also unrecht getan, sie war gar nicht abnorm gewesen . . .«[26] Es hatte sich, wie Schur ein wenig enervierend sagte, um »eine nicht allzu seltene chirurgische ›Fehlleistung‹« gehandelt.[27] (Freud gebrauchte später den Ausdruck »Fehlleistungen« für Fehlhandlungen oder falsche verbale Äußerungen, »Versprecher«, die auf unbewußte Wünsche zurückgehen.) Fließ hatte bei Beendigung der Operation einen halben Meter Gaze in der Wunde zurückgelassen. Wäre Freud aus weniger hartem Holz gewesen, er hätte mit Browning »nie wieder frohen, zuversichtlichen Morgen«[28] sagen können.

In seinem 800 Wörter langen Brief entlastete Freud Fließ vollständig. »Es macht Dir natürlich niemand einen Vorwurf, ich wüßte auch nicht, woher.«[29] In einem rund drei Wochen später geschriebenen Brief konnte er melden: »Ihr, der Emma, geht es gut, es ist ein sehr liebes, anständiges Mädel, das keinem von uns beiden die Affäre übel nimmt und Dich mit großer Achtung nennt.«[30] Und nach weiteren drei Wochen, als sich Emma von einem Rückfall erholt hatte und endlich auf dem Weg der Besserung war, konnte Freud seinem Freund versichern: »Für mich bleibst Du der Arzt, der Typus des Mannes, dem man vertrauensvoll sein Leben und das der Seinigen in die Hände legt . . .«[31]

Freuds Wunsch, sich selbst von der Schuld an der Behandlung der Patientin reinzuwaschen, der Wunsch, den er als Motivation für den Traum deutete, war in Wirklichkeit dem Wunsch untergeordnet, Fließ zu entschuldigen. Jeder Zweifel daran wird zerstreut durch vier weitere Briefe, die Freud nach einem Jahr oder später schrieb. In dem ersten sagt er, daß er nun eine Erklärung für Emmas Blutung habe, die Fließ zufriedenstellen werde. Zehn Tage später kommt er noch einmal darauf zurück: »... mit der Emma: Ich werde Dir nachweisen können, daß Du recht hast, daß ihre Blutungen hysterische waren, aus Sehnsucht erfolgt sind und wahrscheinlich zu Sexualterminen ...«[32] Drei Wochen später versichert er, daß die Patientin tatsächlich von jeher eine Bluterin sei, und er bekräftigte seine frühere Behauptung, daß ihre Blutung nach der Operation sexuellen Ursprungs gewesen sei.

Schließlich kam ein Brief mit dem Datum vom 17. Januar 1897. Darin diskutierte Freud die Beziehungen zwischen den Symptomen der Hysterie und der mittelalterlichen Theorie der Besessenheit durch den Teufel. Dann fuhr er in zwei Sätzen, die aus der in *Aus den Anfängen der Psychoanalyse* veröffentlichten Fassung gestrichen wurden, fort: »Emma hat eine Szene [im Geist], wo ihr der Diabolus Nadeln in die Finger sticht und auf jeden Blutstropfen ein Zuckerl [Bonbon] legt. An dem Blut bist Du überhaupt unschuldig!«[33] Schur merkt dazu an: »Gemeint ist die Blutung. Nun ist Fließ vollends freigesprochen, sogar davon, den Jodoformgazestreifen in der Wunde gelassen zu haben.«[34]

Freuds Bemühungen, Fließ von einem Fehler reinzuwaschen, der sich beinahe tödlich ausgewirkt hätte, sind leicht zu erklären. Fließ war immer noch der ideale Vertraute für die Ideen, die Freud durch den Kopf gingen; er war immer noch der Mann, von dem er emotional abhängig war. Doch ein wichtiger Punkt kommt noch hinzu. Nachdem er 1900 seinen Irma-Traum gedeutet hat, schließt Freud mit den Worten: »Ich will nicht behaupten, daß ich den Sinn des Traumes vollständig aufgedeckt habe, daß seine Deutung eine lückenlose ist.«[35]

Versuche, die Lücke zu füllen, wurden von vielen begeisterten Traumdeutern unternommen, die von den Tatsachen in den zensierten Teilen des Briefwechsels zwischen Freud und Fließ nichts wußten oder nichts wissen wollten. Ihre Meinungen waren von unterschiedlicher Glaubwürdigkeit, und da Freud selbst zugab, daß er bei der Deutung seiner eigenen Träume unvollständig arbeitete, sind sie, wie Karl Popper ganz allgemein von psychoanalytischen Theorien sagte, »einfach nicht überprüfbar, nicht widerlegbar«. Sexuelle Untertöne können selbstverständlich in dem Traum entdeckt werden, und die engen familiären und freundschaftlichen Beziehungen der identifizierbaren Figuren machen es leicht, den Traum als Grundlage für ein Wiener Drama in der Manier Schnitzlers zu verwenden. Wichtiger ist die Frage, die sich aus den bisher nicht bekannt gewordenen Teilen des Briefwechsels zwischen Freud und Fließ ergibt: Hatte Freud zu der Zeit, als er *Die Traumdeutung* schrieb, erkannt, daß das Traumbeispiel eher dazu diente, Fließ reinzuwaschen als sich selbst? Wenn ja, so enthält seine Deutung eine absichtlich geschaffene Lücke von der Größe des Grand Canyon. Wenn nicht, erscheint die Wahl des Irma-Traums als zuverlässiges Beispiel für die Traumdeutung recht unglücklich.

Während sich Emma im Sommer 1895 von den Folgen der Nachlässigkeit von Fließ erholte, steckte Freud schon mitten in einer neuen Aufgabe. Bis dahin hatte er sich hauptsächlich mit der gestörten Psyche, mit den Ursachen der Störung und mit den Methoden beschäftigt, durch die die psychische Maschinerie dazu gebracht werden konnte, wieder richtig zu arbeiten. Doch seine kurzen Blicke auf die Ursachen neurotischer Symptome zeigten ihm nur einen Teil der menschlichen Psyche. Es war so, als hätte ein Ingenieur, einer unbekannten Maschine gegenübergestellt, die nicht richtig funktionierte, ein kleines Schauloch geöffnet, entdeckt, wie einige Zahnräder, die nicht ineinandergriffen, zu reparieren waren, und doch trotz seines Erfolges nur sehr wenig über die Maschine als Ganzes erfahren. Freud war entschlossen, die Funktionsweise der Psyche, der gesunden wie der kranken, zu verstehen. Erst dann würde er imstande sein, die Probleme seiner Neurotiker in der richtigen Perspektive zu sehen. Aber die Psyche hat nur wenige Schaulöcher, und er mußte daher ein Modell konzipieren, dessen Operationen die von ihm beobachteten Tatsachen erklären würden.

Zu Beginn des Frühjahrs hatte er angefangen, sich Gedanken darüber zu machen, wie dies zu bewerkstelligen sei, und vor Ende April war er mitten in einer Arbeit, die er »Psychologie für Neurologen« nannte, wobei er Fließ mitteilte, er habe »nie eine so hochgradige Präokkupation durchgemacht«[36]. Im folgenden Monat berichtete er, er versuche, »nachzusehen, wie sich die Funktionslehre des Psychischen gestaltet, wenn man die quantitative Betrachtung, eine Art Ökonomik der Nervenkraft einführt, und zweitens aus der Psychopathologie den Gewinn für die normale Psychologie herauszuschälen«[37]. Und weiter hieß es: »Solcher Arbeit habe ich in den letzten Wochen jede freie Minute gewidmet, die Nachtstunden von 11 bis 2 mit solchem Phantasieren, Übersetzen und Erraten verbracht und immer erst aufgehört, wenn ich irgendwo auf ein Absurdum gestoßen war oder mich wirklich und ernstlich überarbeitet hatte, so daß ich kein Interesse für die ärztliche Tätigkeit mehr in mir vorfand.«[38] Im nächsten Monat war er optimistischer, aber besorgt, daß er zu hoffnungsvoll sein könnte, was er Fließ klarmachte, als er schrieb: »Darüber jetzt Mitteilung machen, hieße einen sechsmonatlichen Fötus von einem Mädchen auf den Ball schicken.«[39]

Seine Begeisterung nahm zu und ab, und im Sommer legte er das Projekt beinahe beiseite. »Mit der Psychologie«, schrieb er im August, »ist es wirklich ein Kreuz. Kegelschieben und Schwämmesuchen ist jedenfalls viel gesünder. Ich wollte ja weiter nichts als die Abwehr erklären, aber erklärte etwas mitten aus der Natur heraus. Ich habe das Qualitätsproblem, den Schlaf, die Erinnerung, kurz die ganze Psychologie durcharbeiten müssen. Jetzt will ich nichts mehr davon wissen.«[40]

Es schien, als sollte das Projekt schließlich aufgegeben werden, und so weit wäre es vielleicht auch gekommen, hätte Freud nicht im September Fließ in Berlin besucht. Der Grund für den Besuch war eine kleine Operation an Freuds Siebbein. Aber die beiden Männer diskutierten Freuds Ideen, und seine Begeisterung wurde neuerlich geweckt – so sehr, daß er nicht warten konnte, bis er wieder in Wien war. In einem langen Brief, den er schrieb, als er nach Hause gekommen war und sich dann seiner Familie im Bellevue angeschlossen hatte, erzählte er Fließ von der Bahnfahrt nach Wien: »Kurz vor Teschen öffnete ich meinen Koffer und nahm etwas Papier heraus, denn ich war zu faul zum Lesen und es war zu früh zum Schlafen, und ich dachte, ich könnte die erste Fassung der ›Psychologie‹ niederschreiben, so gut es unter den Umständen ging.«[41]

»Es ist die Absicht dieses Entwurfs«, begann die erste der viereinhalb mit Bleistift im Zug geschriebenen Seiten, »eine naturwissenschaftliche Psychologie zu liefern, d. h. psychische Vorgänge darzustellen als quantitativ bestimmte Zustände aufzeigbarer materieller Teile, um sie damit anschaulich und widerspruchsfrei zu machen.«[42] Die postulierten materiellen Teile waren Neuronen von dreierlei Art. Die φ-Neuronen nahmen Reize aus der Außenwelt auf, hielten sie aber nicht zurück, da sie nach dem Trägheitsprinzip reguliert waren. Die ψ-Neuronen wurden entweder durch die φ-Neuronen erregt oder durch endogene Reize wie Appetit und Trieb; da sie aber nach dem Konstanzprinzip arbeiteten, behielten sie etwas von der Stimulation zurück und waren daher für die Erinnerung zuständig. Der Unterschied zwischen diesen beiden Arbeiten von sensorischen Neuronen, die jede ein eigenes Neuronensystem bildeten, lag im Vorhandensein oder Fehlen von, wie Freud sagte, »Kontaktschranken« zwischen den einzelnen Neuronen – den Synapsen, die Charles Sherrington einige Jahre später beschrieb. Als dritte Art gab es die Ω-Neuronen, die entweder von den φ-Neuronen oder durch endogene Reize angeregt wurden und sich von den beiden anderen Arten dadurch unterschieden, daß sie Quantität in Qualität verwandelten und die Grundlage der Wahrnehmung bildeten.

Aus diesen Grundelementen, die eher in der Sprache der Physik und der Hirnphysiologie als in der Psychologie dargestellt wurden, baute Freud im »Entwurf einer Psychologie« oder einfach »Entwurf« – wie die »Psychologie für Neurologen« später genannt wurde – das Rahmenwerk einer komplexen Maschinerie auf, deren Wirkungsweise beinahe jeden psychologischen Zustand mit physiologischen Begriffen erklären konnte. Der »Entwurf« lieferte nicht nur eine Erklärung für das Gedächtnis, sondern auch für den Prozeß, durch den psychische Energie akkumuliert und so für gewisse spezifische Aktionen verfügbar gemacht werden konnte, die das Gedächtnis für notwendig hielt. Und er enthielt viele Ideen, die später im Rahmen der Psychoanalyse entwickelt werden sollten, insbesondere die primären und sekundären Vorgänge, die in der *Traumdeutung* ausgearbeitet wurden.

Die Arbeit war im Oktober beendet, und Freud schickte das Manuskript Fließ und schrieb triumphierend: »Es schien alles ineinanderzugreifen, das Räderwerk paßte zusammen, man bekam den Eindruck, das Ding sei jetzt wirklich eine Maschine und werde nächstens auch von selber gehen.«[43]

Seine Befriedigung war von kurzer Dauer. Einen Monat später befand er sich wieder in einem Wellental, und er schrieb Fließ, er verstehe den Geisteszustand nicht, in dem er die Psychologie »ausgebrütet« habe. »Kann nicht begreifen, daß ich sie Dir anhängen konnte«, fuhr er fort. »Ich glaube, Du bist noch immer zu höflich, mir erscheint es als eine Art von Wahnwitz.«[44] Seine Enttäuschung war so groß, daß er den »Entwurf« nicht von Fließ zurückverlangte. Seine eigene Kopie – wenn er eine hatte, was beinahe mit Sicherheit anzunehmen ist – scheint nicht erhalten zu sein, und die Welt weiß von dem »Entwurf« nur dank der Voraussicht der Prinzessin Marie Bonaparte, die ihn in den dreißiger Jahren zusammen mit dem Briefwechsel mit Fließ vor Freuds Vernichtungsdrang rettete.

Er zögerte, die Zentralidee des »Entwurfs« aufzugeben, und klammerte sich Jahre später noch an die Hoffnung, daß es einmal möglich sein werde, Neuronensysteme als psychische Leitbahnen in den Begriffen organischer Elemente des Nervensystems darzustellen. Zwei Jahrzehnte später gab er widerstrebend zu, daß noch kein Fortschritt erzielt worden war. »Ein Stück weiter – es ist nicht bekannt, wie weit – führt die Entdeckung von der Ungleichwertigkeit der Gehirnteile und deren Sonderbeziehung zu bestimmten Körperteilen und geistigen Tätigkeiten«, schrieb er in »Das Unbewußte«. »Aber alle Versuche, von da aus eine Lokalisation der seelischen Vorgänge zu erraten, alle Bemühungen, die Vorstellungen in Nervenzellen aufgespeichert zu denken und die Erregungen auf Nervenzellen wandern zu lassen, sind gründlich gescheitert.«[45]

Der Fehlschlag verursachte Freud echtes Bedauern, eine Tatsache, die hervorgehoben werden sollte, da man sieht, wie er zuerst etwas improvisierte, wovon er hoffte, daß es eine Brücke zwischen Physiologie und Psychologie schlagen werde, und dann das Projekt aufgab. Es ist richtig, daß er nach den Erfahrungen in der Salpêtrière immer mehr zur Deutung vieler Krankheiten in einem rein psychologischen Sinne übergegangen war, und auf dieser Interpretation sollte sein Ruhm beruhen. Aber während der ersten Jahrzehnte des 20. Jahrhunderts wurde durch eine Unzahl einzelner Entdeckungen ein neues Licht auf die möglichen Ursachen psychischer Krankheiten geworfen. Die Wiederentdeckung der Mendelschen Gesetze und die folgende Chromosomentheorie der Vererbung, die Wirkungen der Hormone – einschließlich der Geschlechtshormone, deren Existenz von Freud postuliert worden war –, der Mechanismus der Nervenimpulse und die Möglichkeiten der Chemotherapie – all das sollte noch vor seinem Tode feinere Instrumente darstellen, mit deren Hilfe man die Ätiologie psychischer Krankheiten entdecken oder diese heilen konnte.

Mit einigen Einschränkungen hieß Freud solche Ergänzungen des medizinischen Rüstzeugs willkommen. Nachdem er (1928) gesagt hatte, der Hauptmangel der Psychoanalyse liege »darin, daß die Energiequantitäten, die wir durch die Analyse mobilisieren, nicht immer von der Größenordnung jener Faktoren sind, die im neurotischen Konflikt miteinander streiten«, fuhr er fort: »Als derzeit noch schattenhafte Möglichkeit der Zukunft darf man von der Endokrinologie die Mittel erwarten, auch diesen quantitativen Faktor zu beeinflussen, wo dann der Analyse das Verdienst gewahrt bliebe, dieser organischen Therapie den Weg gewiesen zu haben.«[46] Drei Jahre später schrieb er an einen Briefpartner: »Es erfreut mich sehr an Ihrem Schreiben, daß Sie nicht zu jenen gehören, die Psychoanalyse und Endokrinologie in Gegensatz zueinander bringen, als ob man psychische Vorgänge direkt aus Drüsenwirkungen erklären könnte, oder als ob die Einsicht in seelische Mechanismen die Kenntnis des zugrunde liegenden Chemismus ersetzen könnte.«[47]

All das war natürlich nur ein Zeichen der Hoffnung, daß seine Theorien über die wahre Natur der menschlichen Psyche letzten Endes doch einmal mit physiologischen Begriffen erklärt werden könnten. Aber die Kluft zwischen Hoffnung und Erfüllung brachte ihre eigene Strafe mit sich. »Ein großes Rätsel, das immer das Freudsche Unbewußte umgab«, schrieb John Beloff, »ist, daß niemand, nicht einmal sein Urheber, so recht zu wissen schien, welches sein eigentlicher ontologischer Status sein sollte. Freud selbst, der kein Metaphysiker war, drückte sich vielleicht verständlicherweise in diesem Punkt unklar aus. Einerseits bestand er (nach seinem ersten falschen Start) stets darauf, daß jede Theorie des Unbewußten in rein psychologischen Begriffen formuliert werden müsse, andererseits sagte er nie etwas, um dem in der materialistischen Tradition, in der er aufgewachsen war, inbegriffenen Glauben zu widersprechen, daß, wenn wir nur genug wüßten, die Tätigkeiten des Unbewußten als Funktionen des Nervensystems betrachtet werden würden.«[48]

Im »Entwurf« hatte Freud auch seine Theorie zu entwickeln begonnen, daß sexuelle Probleme die Wurzeln der Neurosen bilden. Von den in den *Studien über Hysterie* beschriebenen größeren Fällen schien nur der der »Anna O.« eines sexuellen Inhalts zu entbehren, und selbst zur Zeit der Veröffentlichung des Buches mag Freud den Verdacht gehabt haben, daß Breuer bei der Weitergabe der Information an ihn nicht ganz aufrichtig gewesen war. Es wäre unvernünftig für ihn gewesen zu glauben, daß Wien geschlechtsbewußter sei als London oder Paris oder die Welt im großen und ganzen, und es wäre nicht mehr als menschlich gewesen zu glauben, daß seine Praxis, in der die Patienten ermutigt wurden, ihre sexuellen Probleme mit ungewöhnlicher Offenheit zu besprechen, einen recht guten Querschnitt durch die Bevölkerung des Mittelstandes oder der oberen Schichten darstellte.

Er hatte im »Entwurf« begonnen, in großen Zügen darzulegen, was er für die spezifische Ursache des Problems hielt. »Denk Dir«, sagte er in dem Begleitbrief an Fließ, »unter anderem wittere ich folgende enge Bedingtheit: für die Hysterie, daß ein primäres Sexualerlebnis (vor der Pubertät) mit Abneigung und Schreck, für die Zwangsneurose, daß es mit Lust stattgefungen hat.«[49] Nachdem er Fließ das Manuskript geschickt hatte, erklärte er diese Idee, die sexuelle Traumata aus dem Erwachsenenleben, in dem der Laie ihr Vorhandensein leicht begreifen konnte, so peinlich sie ihm auch sein mochte, in eine Kindheit verlagerte, in der es den meisten Menschen noch schwerfiel, sich überhaupt einen Platz für die Sexualität vorzustellen. »Habe ich Dir das große klinische Geheimnis schon mündlich oder schriftlich mitgeteilt?«, fragte er. »Die Hysterie ist die Folge eines präsexuellen *Sexualschrecks.* Die Zwangsneurose ist die Folge einer präsexuellen *Sexuallust,* die sich später in *Vorwurf* verwandelt.«[50]

Gegen Ende des Jahres war er, durch die Geschichten, die ihm seine Patienten erzählt hatten, noch fester überzeugt von der Bedeutung sexueller Erlebnisse in der Kindheit. Er nannte sie kurzerhand infantile Verführungen und fügte später hinzu: »Unter den Personen, welche sich eines solchen folgenschweren Abusus schuldig machten, stehen obenan Kinderfrauen, Gouvernanten und andere Dienstboten.«[51] Lehrer waren ebenfalls mitbeteiligt und ebenso Geschwister, die schon von einem Erwachsenen verführt worden waren, und das Alter, in dem die Verführung stattfand – oder, genauer gesagt, das Alter, in dem die Erinnerung daran ins Unbewußte verdrängt wurde – neigte dazu, die Art der ausgelösten Neurose zu bestimmen.

Ende 1895 teilte Freud diese Überzeugung immer noch allein mit Fließ. Anfang 1896 jedoch beendete er den ersten von drei Artikeln, in denen er sie detaillierter darlegte. Alle drei wurden innerhalb weniger Monate geschrieben – mit einer Sicherheit, die zu der vorsichtigeren Behandlungsweise der *Studien über Hysterie* in schroffem Gegensatz stand. Diesmal scheint Freud das Gefühl gehabt zu haben, daß er endlich den Fund gemacht hatte, der ihn berühmt machen mußte; wenn er wirklich das große klinische Geheimnis entdeckt hatte, wollte er es mit so wenig Einschränkungen wie möglich umhegen.

Der erste der drei Artikel war »L'hérédité et l'étiologie des névroses« (Die Vererbung und die Ätiologie der Neurosen). Er wurde in französischer Sprache für die *Revue Neurologique* geschrieben, richtete sich hauptsächlich an die Schüler Charcots und machte sie aufmerksam auf »einige Einwände gegen die Theorie der Ätiologie der Neurosen, die von unserem Lehrer an uns weitergegeben wurde«[52]. Freud ließt darin die Wendung psychologische Analyse fallen, gebrauchte zum erstenmal den Ausdruck »Psychoanalyse« und legte seine neue Klassifikation der Neurosen dar. Sie alle, behauptete er, haben einen gemeinsamen Ursprung, *»das Sexualleben des Individuums, gleich ob es sich um eine Störung seines gegenwärtigen Sexuallebens handelt oder um wichtige Ereignisse in seiner Vergangenheit«*[53]. Die Idee, gab er zu, war nicht ganz neu, obwohl die Ärzte diese Ursachen selten untersucht hatten, sofern sie der Patient nicht selbst zur Sprache brachte. »Was meiner Arbeitsmethode ihren besonderen Charakter verleiht«, fuhr er fort, »ist, daß ich diese sexuellen Einflüsse in den Rang spezifischer Ursachen erhebe, daß ich ihre Aktion in allen Fällen von Neurose erkenne und schließlich daß ich einen regelrechten Parallelismus herstelle, einen Beweis für eine spezielle ätiologische Beziehung zwischen der Natur des sexuellen Einflusses und der pathologischen Art der Neurose.«[54] Und offenbar ebenso hoffnungsvoll wie zornig fügte er hinzu: »Ich bin ganz sicher, daß diese Theorie einen Sturm von Widersprüchen seitens der Ärzte unserer Zeit entfesseln wird.«[55]

Er unterschied zwischen zwei Arten von Neurosen: den Aktualneurosen, die durch aktuelle sexuelle Probleme ausgelöst wurden und sich einteilen ließen in durch übermäßige Masturbation verursachte Neurasthenie und in durch frustrane sexuelle Erregung verursachte Angstneurosen, und den Psychoneurosen, die im sexuellen Mißbrauch durch einen Erwachsenen in der Kindheit ihren Ursprung hatten. Letztere entwickelten sich zu Hysterie im Falle eines passiv erlittenen Mißbrauchs und zu Zwangsneurosen, wenn die Rolle des Kindes aktiver gewesen war.

Der zweite Artikel, »Weitere Bemerkungen über die Abwehr-Neuropsychosen«, lieferte mehr Einzelheiten über die Fälle, auf die er seine Theorie gründete. Es war dann jedoch ein Vortrag, den er vor der Gesellschaft für Psychiatrie und Neurologie in Wien hielt und der die Grundlage seines dritten Artikels bildete, in dem Freud am deutlichsten Farbe bekannte. Der Vortrag, »Zur Ätiologie der Hysterie«, fand kritische Aufnahme, und er wurde später hauptsächlich aus Trotz für die Veröffentlichung niedergeschrieben.

Krafft-Ebing, der Präsident der Gesellschaft, führte den Vorsitz, und alles spricht dafür, daß Freud mit mehr als der gewohnten Sorgfalt den Vortrag für eine in seinen Augen besonders wichtige Gelegenheit vorbereitete. Von seinen ersten Worten an – »Meine Herren! Wenn wir daran gehen, uns eine Meinung über die Verursachung eines krankhaften Zustandes wie die Hysterie zu bilden«[56] –, tat er sein Bestes, um die Zuhörer davon zu überzeugen, daß er, was immer sie von ihm oder seiner Arbeit halten mochten, ein praktizierender Arzt wie sie selbst war. Er riß sie mit, besonders als er auf seine Forschungsmethode zu sprechen kam. Warum, argumentierte er, sollte man sie nicht als ähnlich der Methode betrachten, die ein Forscher anwendet, der in eine in Trümmern liegende Stadt kommt. Er kann die in der Nähe hausenden Einwohner ausfragen oder sie bitten, ihm zu helfen und die verschütteten Überreste freizulegen. »Lohnt der Erfolg seine Arbeit, so erläutern die Funde sich selbst; die Mauerreste gehören zur Umwallung eines Palastes oder Schatzhauses, aus den Säulentrümmern ergänzt sich ein Tempel, die zahlreich gefundenen, im glücklichen Falle bilinguen Inschriften enthüllen ein Alphabet und eine Sprache, und deren Entzifferung und Übersetzung ergibt ungeahnte Aufschlüsse über die Ereignisse der Vorzeit, zu deren Gedächtnis jene Monumente erbaut worden sind. *Saxa loquuntur!*«[57]

Die Steine sprechen. Dasselbe, fuhr er fort, konnten aber auch die freigelegten Kindheitserinnerungen tun. Und was diese Erinnerungen enthüllten, beschrieb er nun seinen halb ungläubigen, halb verärgerten Zuhörern: Verführung in der Kindheit durch Erwachsene, von den Kindermädchen bis zu den Eltern, einen ganzen Katalog von Vorfällen, auf die er gezwungenermaßen aufmerksam geworden war durch das, was ihm seine Patienten auf der Couch erzählt hatten. Obwohl einige seiner

Zuhörer durch seine Darstellung und durch seine archäologische Parallele beeindruckt waren, die so sehr an Schliemanns unlängst erst vorgenommene Ausgrabung Trojas erinnerte, war die Theorie der Verführung von Kindern doch mehr, als sie in Betracht zu ziehen gewillt waren. Krafft-Ebing scheint die Gefühle der Versammelten in seinem vernichtenden Kommentar zusammengefaßt zu haben: »Es klingt wie ein wissenschaftliches Märchen.«[58]

Freud hatte eine gewinnende Art und eine Macht über seine Zuhörer, um die ihn die Akademiker aller Länder beneiden konnten, und die Reaktion mag ebensosehr auf die mitreißende Darstellung seiner Theorie wie auf ihren Inhalt zurückgegangen sein. Sein Verbrechen war nicht so sehr, daß er wilde Mutmaßungen geäußert, sondern daß er in Begriffen gesprochen hatte, die nicht nur Ärzten, sondern auch Laien verständlich waren. Aber das »wissenschaftliche Märchen« des Präsidenten unterschied sich gar nicht so sehr von dem Urteil, daß Freud selbst anderthalb Jahre später in einem Brief an Fließ über seine Theorien fällen sollte: »Ich glaube an meine Neurotica nicht mehr.«[59] Wie er später zugab, verhielt es sich so, daß »diese Ätiologie an ihrer eigenen Unwahrscheinlichkeit und an dem Widerspruch gegen sicher festzustellende Verhältnisse zusammenbrach«[60].

Im April 1896 war er jedoch empört darüber, daß er, wie er schrieb, »bei den Eseln eine eisige Aufnahme fand . . . Und dies, nachdem man ihnen die Lösung eines mehrtausendjährigen Problems, ein caput Nili, aufgezeigt hat!«[61] Nichtsdestoweniger war es Krafft-Ebing, der Vorsitzende der verachteten »Esel«, der im folgenden Jahr Freuds Bewerbung um den Titel eines außerordentlichen Professors befürwortete.

In den Vereinigten Staaten sprang man recht grob mit Freud um. Der *Alienist and Neurologist* erwähnte, daß »Zur Ätiologie der Hysterie« in der *Wiener Klinischen Rundschau* erschienen war und sagte, er nehme auf diese Tatsache nur Bezug, »um die Absurdität derart weit hergeholter, unbewiesener und unbeweisbarer Schlußfolgerungen zu verurteilen . . . Die Hysterie, was immer ihre auslösenden Ursachen sein mögen . . ., sexuelle Überreizung, Kummer, Enttäuschung oder andere psycho-neurale Quellen der Depression und erschöpfenden Erregung, ist gewöhnlich eine schlechte neuropathische Ausstattung, schlafend bei der Geburt, aber wie ein Streichholz aufflammend, wenn es richtig angerissen wird. Herr Sigmund Freud sollte es noch einmal von vorn versuchen.«[62] Später griff die Zeitschrift noch einmal an, was sie »Sigmund Freuds törichten Schluß« nannte, und erklärte, sie habe über ihn nur berichtet »als kurioses Beispiel dafür, zu was für absurden Schlüssen sich Mediziner hinreißen lassen, wenn sie entweder medizini-

sche Berühmtheit suchen oder von ihrem Verstand Urlaub genommen haben«[63].
Freud fuhr fort, seine Theorie zu verfechten, und zwar mit einer Heftigkeit, die ebensoviel Begeisterung wie wissenschaftliche Objektivität verriet. Es wurde behauptet, daß er um diese Zeit ein großes persönliches Interesse an der Verführungstheorie gehabt habe, daß er sich »einer aggressiven Verfolgung von Beweismaterial, um sie zu bekräftigen«[64] befleißigt habe und daß »die Hypothese, sobald sie einmal verallgemeinert war, grundsätzlich neuem Fallmaterial aufgezwungen wurde, obwohl sie zumindest auf einige Patienten nicht paßte...«[65] Er teilte Fließ in seinen Briefen weiterhin zusätzliche Beweise mit und entdeckte 1897 Anzeichen einer Psychoneurose an seiner eigenen Schwester. Und als er im Herbst auf diese Periode zurückblickte, gab er zu, daß »in sämtlichen Fällen der Vater als pervers beschuldigt werden mußte, mein eigener nicht ausgeschlossen«[66].
Während des ganzen Jahres 1896 und in der ersten Hälfte 1897 sammelte Freud von seinen Patienten weitere Informationen, die seine Verführungstheorie bestätigten. Es wurde die Meinung geäußert, daß die Bestätigung eng mit der Drucktechnik zusammenhing. Freud erwähnte die Technik allerdings am 28. Oktober 1895 in einem Brief an Fließ und sprach später von einem Irrtum, »dem ich eine Weile verfallen war und der bald für meine ganze Arbeit verhängnisvoll geworden wäre«[67]. Er wurde unter dem Einfluß des technischen Verfahrens begangen, das er um diese Zeit anwandte. Wann er diese Technik schließlich aufgab, ist nicht ganz klar, obwohl es wahrscheinlich nach der Jahrhundertwende war; aber er scheint sie zum erstenmal im Herbst 1892 bei Fräulein Elisabeth von R. angewandt zu haben, deren Behandlung in den *Studien über Hysterie* beschrieben wurde, und jede umfangreiche Anwendung in den Jahren 1896 und 1897 scheint nur ein zeitweiliges Wiederaufleben einer Methode gewesen zu sein, die er im allgemeinen aufzugeben geneigt war.
»Assoziationen, die nicht für geeignet erachtet wurden, die Symptome zu erklären, wurden verworfen«, bemerkte der Analytiker Alexander Schusdek. »Die Patientinnen haben vielleicht Hinweise vom Therapeuten erhalten. In manchen Fällen wurde ihnen im voraus gesagt, was für Szenen auftauchen würden. Diese reproduzierten sie dann unter ›dem stärksten Behandlungsdruck‹ mit einer Gleichförmigkeit in den Einzelheiten, bis die Häufigkeit, mit der Väter der Perversionen beschuldigt wurden, Verdacht erregte. Unter solchen Umständen ist es schwer, zwischen dem relativen Beitrag, der durch die Erinnerungen und Phanta-

sien der Patientinnen geleistet wurde, und den Erwartungen des Therapeuten zu unterscheiden.«[68]

Es scheint tatsächlich möglich zu sein, daß Freud weiterhin an die Verführungstheorie geglaubt haben könnte, wenn man nicht zwei Dinge in Betracht ziehen müßte: den Tod seines Vaters im Herbst 1896 und seine Selbstanalyse, der er sich nach diesem Todesfall mit solcher Energie zuwandte.

Im Juni 1896 teilte er Fließ mit, daß der achtzigjährige Jakob in Baden krank sei, und als er seinen Kollegen später im Sommer traf, muß es Fließ klar geworden sein, daß eine Genesung Jakob Freuds unwahrscheinlich war. Am 26. Oktober erhielt er dann die Nachricht: »Gestern haben wir den am 23. 10. nachts verstorbenen Alten begraben. Er hatte sich wacker gehalten bis zum Ende, wie er überhaupt ein nicht gewöhnlicher Mensch war . . . Das Ganze fiel in meine kritische Zeit, ich bin auch recht hin davon.«[69] Beinahe ein Vierteljahrhundert später sagte er über den Tod seines Vaters: »Er revolutionierte meine Seele.«[70]

Innerhalb von wenig mehr als einer Woche machten sich die Gefühle bemerkbar, die seine Selbstanalyse so dringend erscheinen ließen. »Auf irgendeinem dunklen Wege hinter dem offiziellen Bewußtsein hat mich der Tod des Alten sehr ergriffen«, schrieb er am 2. November 1896. »Ich habe ihn sehr geschätzt, sehr genau verstanden und er hat viel in meinem Leben gemacht, mit der ihm eigenen Mischung von tiefer Weisheit und phantastisch leichtem Sinn. Er war lange ausgelebt, als er starb, aber im Innern ist wohl alles Frühere bei diesem Anlaß aufgewacht.

Ich habe nun ein recht entwurzeltes Gefühl.«[71]

Unterdessen hielt er den ganzen Winter 1896 und im Frühjahr 1897 noch an der Verführungstheorie fest. »Unlängst träumte ich von überzärtlichen Gefühlen für Mathilde [seine älteste Tochter, damals 11 Jahre alt]«, schrieb er an Fließ am 31. Mai, »sie hieß aber Hella, und ›Hella‹ sah ich dann nochmals fett gedruckt vor mir . . . Der Traum zeigt natürlich meinen Wunsch erfüllt, einen Vater als Urheber der Neurose zu ertappen, und machte so meinen noch immer sich regenden Zweifeln ein Ende.«[72]

Anfang des folgenden Monats reisten Martha, die sechs Kinder und Minna in die Sommerferien nach Aussee, dem Luftkurort im Salzkammergut. Einige Wochen arbeitete Freud allein in Wien. Anfang August fuhr er der Familie nach, und bald wurde er von schweren Zweifeln hinsichtlich seiner Neurosentheorie heimgesucht, die immer stärker zu werden schienen, als er in den ersten Septemberwochen mit Martha Oberitalien bereiste und Siena, Perugia, Assisi, Ancona und die berühmten Türme von San Gimignano besuchte.

Freud hat vielleicht zum erstenmal geahnt, daß seine Verführungstheorie um ihn her zusammenbrach, als er noch allein in Wien war. Die Enttäuschung könnte in den Bergen begonnen haben, während er seine üblichen anstrengenden Wanderungen unternahm und noch nicht die bewußte Gewißheit von der unangenehmen Wahrheit hatte, die bald ans Licht kommen sollte. Aber an dem Tag, nachdem er mit Martha nach Wien zurückgekehrt war, eröffnete er sich Fließ und gab reumütig zu, daß die komplexe Theorie, die er so mühsam aufgebaut hatte, jeder rechten Grundlage entbehrte. »Und nun will ich Dir gleich das große Geheimnis anvertrauen, das mir in den letzten Monaten langsam gedämmert hat«, schrieb er. »Ich glaube an meine Neurotica nicht mehr.«[73]
Es gab eine Anzahl von Gründen für den Schluß, zu dem er nun widerstrebend gelangt war. Einer war der, daß es ihm in vielen Fällen, in denen er die Verführung im Kindesalter als Ursache der Neurose angenommen hatte, nicht gelungen war, die Analyse zu einem befriedigenden Ende zu bringen. Ein anderer war, wie er zugeben mußte, daß »doch solche Verbreitung der Perversionen gegen Kinder wenig wahrscheinlich ist«[74]. Und ein weiterer Verdacht wurde durch seine Erkenntnis geweckt, daß im Unbewußten die Wahrheit und die »mit Affekt besetzte Fiktion« nicht zu unterscheiden sind.
Aber die wirkliche Zerstörung der Theorie kam durch eine Tatsache zustande, mit der sich Freud nach dem Tod seines Vaters im vorausgegangenen Jahr unvermeidlich auseinandersetzen mußte. Der Verdacht gegen seinen Vater, erkannte er nun, war unbegründet gewesen: Jakob Freuds angenommene Belästigung oder Verführung war nichts anderes als eine Erfindung von Freuds eigener Phantasie. Diese Erkenntnis überwand seine letzte Gegenwehr. Wenn er selbst sich geirrt hatte, um wieviel wahrscheinlicher war es dann, daß die Verführungsgeschichten vieler Patienten – die einzelnen Bretter, aus denen er das Gerüst seiner Theorie gezimmert hatte – ebenfalls Erfindungen gewesen waren.
Viele, aber nicht alle. Als er später seine Irrtümer erklärte, versicherte Freud: »Ein Zufall des damals noch spärlichen Materials hatte mir eine unverhältnismäßig große Anzahl von Fällen zugeführt, in deren Kindergeschichte die sexuelle Verführung durch Erwachsene oder andere ältere Kinder die Hauptrolle spielte. Ich überschätzte die Häufigkeit dieser (sonst nicht anzuzweifelnden) Vorkommnisse ...«[75] Die Verführungsgeschichten waren, wie Ernest Jones sagte, von der Art, die »die überwiegende Mehrheit der Ärzte sofort angezweifelt und als ein weiteres Beispiel für die Unzuverlässigkeit der Hysterischen und ihre Tendenz zum Fabulieren betrachtet hätte ...«[76] Die Erklärung:

»Freuds allgemein bekannte Schwierigkeit, einen persönlichen Charakter richtig einzuschätzen.«[77]

Schließlich war Freud gezwungen, den Tatsachen ins Auge zu sehen. »Als ich dann noch erkennen mußte, diese Verführungsszenen seien niemals vorgefallen, seien nur Phantasien, die meine Patienten erdichtet, die ich ihnen vielleicht selbst aufgedrängt hatte, war ich eine Zeitlang ratlos.«[78]

Diesen ehrlichen, aber schädlichen Worten, »die ich ihnen vielleicht selbst aufgedrängt hatte«, folgte eine Einschränkung: »Ich glaube auch heute nicht, daß ich meinen Patienten jene Verführungsphantasien aufgedrängt, ›suggeriert‹ habe.«[79] Trotzdem muß sie zusammen mit anderen Feststellungen gesehen werden, auf die sich die Kritiker bezogen, wenn sie von einer Übersuggestion sprachen. In den *Studien* hatte Freud geschrieben: »Man braucht sich also nicht zu fürchten, vor dem Kranken irgendeine Meinung über den nächstkommenden Zusammenhang zu äußern; es schadet nichts.«[80] Dies war eine Einstellung, auf deren Gefahren Dr. Michell Clarke hinwies, der in *Brain* festgestellt hatte, daß Patienten »dazu neigen, Erklärungen abzugeben, die mit der geringsten von dem Fragenden eingegebenen Suggestion übereinstimmten«[81]. Und in der allgemeineren Frage der sexuellen Ätiologie der Neurosen sollte Freud argumentieren, der Analytiker dürfe »von den Kranken dreist die Bekräftigung seiner Vermutungen verlangen. Anfänglicher Widerspruch darf einen nicht irre machen; man besteht fest auf dem, was man erschlossen hat, und besiegt endlich jeden Widerstand dadurch, daß man die Unerschütterlichkeit seiner Überzeugung betont.«[82]

Diese Einstellung konnte außerdem im Sinne der Therapie gerechtfertigt sein, etwa wenn Freud schreibt: »Oft gelingt es nicht, den Patienten zur Erinnerung des Verdrängten zu bringen. Anstatt dessen erreicht man bei ihm durch korrekte Ausführung der Analyse eine sichere Überzeugung von der Wahrheit der Konstruktion, die therapeutisch dasselbe leistet wie eine wiedergewonnene Erinnerung.«[83] Der Patient konnte also geheilt werden, wenn er eher an das glaubte, was ihm der Analytiker sagte, als an seine eigenen Erinnerungen, und dazu wurde bemerkt: »Wir wissen nicht, wie viele Patienten ... kraft der Überzeugungen Freuds davon überzeugt waren, daß sie verführt worden waren.«[84] Krafft-Ebings »wissenschaftliches Märchen« war keine allzu ungenaue Beschreibung gewesen, aber es sollten noch weitere acht Jahre vergehen, bis Freud seinen Fehler öffentlich zugab.

Im Rückblick zweifelte er nicht daran, daß er einen Irrtum begangen hatte. »Die Analyse hatte auf korrektem Wege bis zu solchen infantilen

Sexualträumen geführt und doch waren diese unwahr«, gab er zu. »Man hatte also den Boden der Realität verloren. Damals hätte ich gerne die ganze Arbeit im Stiche gelassen . . . Vielleicht harrte ich nur aus, weil ich keine Wahl mehr hatte, etwas anderes zu beginnen.«[85] Ein Jahrzehnt später, 1907, betrachtete er sich noch als »durch jenen ersten großen Irrtum unsicher gemacht«[86]. Und weitere fünf Jahre später konnte er noch auf seinen ersten Irrtum anspielen und einem Briefpartner lebhaft gestehen: »Ich werde also vorsichtig sein und auf jeden Schritt des Weges achten.«[87]

Damals jedoch waren seine Ansichten noch nicht so ganz klar. Er hatte geglaubt, die Verführungstheorie habe ihm den Schlüssel zu den Neurosen geliefert, und nun da sich herausstellte, daß er gar keinen Schlüssel gefunden hatte, empfand er sicherlich tiefes Bedauern. »Die Erwartung des ewigen Nachruhms war so schön und des sicheren Reichtums, die volle Unabhängigkeit, das Reisen, die Hebung der Kinder über die schweren Sorgen, die mich um meine Jugend gebracht haben«[88], schrieb er an Fließ. Nach der Goldfärbemethode, nach dem Kokain nun auch noch die Theorie der Verführung im Kindesalter! Das Leben ging wahrhaftig hart mit ihm um. Aber Freud war nicht völlig niedergeschlagen. »Merkwürdig ist auch, daß jedes Gefühl von Beschämung ausgeblieben ist, zu dem doch ein Anlaß sein könnte«, gestand er. »Gewiß, ich werde es nicht in Dan erzählen, nicht davon reden in Askalon, im Lande der Philister, aber vor Dir und bei mir habe ich eigentlich mehr das Gefühl eines Sieges als einer Niederlage (was doch nicht recht ist).«[89]

Seine ambivalente Einstellung zu etwas, was viele als eine regelrechte Katastrophe betrachtet haben würden, war ohne Zweifel das Ergebnis seiner Ansicht, daß sein Irrtum, wie er mehr als ein Vierteljahrhundert später schreiben sollte, lediglich darin bestanden hatte, daß er »dem ätiologischen Moment der Verführung eine Bedeutsamkeit und Allgemeingültigkeit zuschrieb, die ihm nicht zukommen«[90]. Einige Verführungen hatte es tatsächlich gegeben, und in diesem Falle hatten sie auch eine ätiologische Bedeutung gehabt, wenn sie auch nicht häufig genug gewesen waren, um eine Theorie zu untermauern. Der Irrtum wäre um ein Haar tödlich gewesen.

Die Folgetheorie nach dem Zusammenbruch der Verführungstheorie wurde von den Gegnern Freuds als ein Taschenspielertrick verurteilt und von seinen Anhängern als ein Beispiel für Genialität gerühmt. Wenn man alles in Erwägung zieht und die Einschränkungen vornimmt, die diese Folgetheorie heute erfordert, so ist die zweite Ansicht leichter zu vertreten. Freud erkannte nämlich, daß sich noch widerspenstigere

Fragen ergaben, wenn die Verführungen nicht wirklich stattgefunden hatten, sondern nur eingebildet waren. Denn er glaubte noch fest an den Determinismus, daran, daß in der psychischen Welt ebenso wie in der physikalischen alles eine Ursache hatte, die man entdecken konnte, wenn man nur lange und sorgfältig genug suchte. So waren die fiktiven Verführungen nicht zufällig erfunden worden, sondern aus irgendeinem Grund, der erforscht werden mußte. Auf seine beruflichen Erfahrungen mit Neurotikern zurückblickend, erinnerte sich Freud, daß sich bei vielen von ihnen tatsächlich empfundene Ängste als Ausdruck unbewußter Wünsche entpuppt hatten. Konnten nicht die eingebildeten Verführungsszenen, fragte er sich, sowohl eine unvermutete Sexualität bei sehr kleinen Kindern als auch ein sexuelles Verlangen nach einem Elternteil darstellen, an das die Erinnerung für den Erwachsenen durch Verdrängung ins Unbewußte verlorengegangen ist? Waren, wie Freud es ausdrückte, die in Phantasie verwandelten Tatsachen nicht dazu bestimmt, »die autoerotische Betätigung der ersten Kinderjahre zu verdecken, zu beschönigen und auf eine höhere Stufe zu heben«[91]? War es möglich, daß, wenn die Erwachsenen nicht die Kinder, die Kinder die Erwachsenen begehrt hatten? Er begann daran zu glauben, und »nun kam hinter diesen Phantasien das Sexualleben des Kindes in seinem ganzen Umfange zum Vorschein«[92].

9
Splendid Isolation: Genesung

Wir werden nicht scheitern. Anstatt der Durchfahrt, die wir suchen,
dürften wir Meere auffinden, deren genauere Durchforschung
Späteren erübrigen wird, aber wenn es uns nicht vorzeitig umbläst,
werden wir ankommen. Nous y arriverons.
Gib mir noch zehn Jahre
und ich mache die Neurosen und die neue Psychologie fertig . . .

Freud in einem Brief an Wilhelm Fließ

Im Laufe des Jahres 1897 setzte Freud, während er die Trümmer der Verführungstheorie betrachtete, die Selbstanalyse fort, mit der er einige Monate früher begonnen hatte. Dieses Unternehmen, das einen Wendepunkt in der Lösung seiner eigenen psychischen Probleme darstellte, war eng verbunden mit der Vernichtung der Verführungstheorie und der Schaffung ihres Ersatzes. Sie war daher von grundlegender Bedeutung nicht nur für Freuds eigene Entwicklung, sondern auch für die der Psychoanalyse, zwei Prozesse, die hier noch enger verschlungen sind, als es normalerweise der Fall ist.

Freud selbst drückte sich hinsichtlich der Einzelheiten nur unbestimmt aus. So schrieb er im August 1897, während er Urlaub machte, an Fließ: »Der Hauptpatient, der mich jetzt beschäftigt, bin ich selbst.«[1] Aber drei Monate später erzählte er Fließ, seine Selbstanalyse habe erst nach dem Urlaub begonnen. Der Widerspruch erklärt sich dadurch, daß die Aufgabe der Verführungstheorie und Freuds Selbstanalyse zwei sich langsam entwickelnde Prozesse waren, die sich zeitlich überschnitten. Keiner könnte mit mathematischer Präzision gemessen oder exakt mit dem andern verglichen werden. Wer ihre genaue Behandlung in dem bisweilen ziemlich unregelmäßigen Briefwechsel zweier Freunde erwartet, sei auf den Kommentar zu einer großen alpinen Kontroverse hingewiesen, die um die Jahrhundertwende die Welt der Bergsteiger spaltete: »Wir sind alle nur Menschen. Und wer in aller Welt hätte in jenen frühen Tagen die peinlich genaue Kritik erwartet, der heutzutage ... die Dinge in dem unbarmherzigen Licht der vervollkommneten Kenntnis ausgesetzt sind? Gott stehe all diesen frühen Autoren bei ...«[2] Freuds Selbstanalyse dauerte in modifizierter Form sein ganzes Leben lang und war jedenfalls nicht von der Art, die man leicht in die Zwangsjacke einer überprüfbaren Beschreibung stecken kann. Er selbst lieferte den besten Bericht über den Prozeß, als er rund 16 Jahre später schrieb: »Meine Selbstanalyse, deren Notwendigkeit mir bald einleuchtete, habe ich mit Hilfe einer Serie von eigenen Träumen durchgeführt, die mich durch alle Begebenheiten meiner Kinderjahre führten, und ich bin noch heute der Meinung, daß bei einem guten Träumer und nicht allzu abnormen Menschen diese Art der Analyse genügen kann.«[3] Er mußte aber auch zugeben, daß die Selbstanalyse nie ganz zufriedenstellend sein kann und daß bei ihr »die Gefahr der Unvollständigkeit besonders groß«[4] ist.

Man muß bedenken, daß Freud während des ganzen Jahres 1897 an Überarbeitung litt und um das Schicksal der Verführungstheorie besorgt war. Zu dieser Zeit nahm er eine geistige Befragung über seine Beziehungen zu seinem Vater in den vergangenen 40 Jahren vor. Er wußte, daß er an einer Reihe von neurotischen Zügen litt, und nicht der geringste davon war eine abergläubische Vorahnung in bezug auf sein eigenes Todesdatum, bestärkt durch den Hokuspokus der Numerologie von Fließ, der so gut wie jedes Datum als unheilvoll erscheinen lassen konnte. Seine Selbstanalyse war daher nicht nur ein Versuch, an sich selbst die therapeutischen Methoden anzuwenden, die er an seinen Patienten erprobte, sondern, auf einer anderen Ebene, der notwendige Prozeß, »sich zusammenzunehmen«, den viele Männer – und Frauen – im Alter von etwa 40 Jahren durchmachen. Im Falle Freuds sollte das Ergebnis so bedeutsam sein, daß es keine große Übertreibung ist zu behaupten – was auch behauptet wurde –, er habe im Laufe des Jahres 1897 eine schöpferische Krankheit überstanden.

Aus Freuds Berichten geht keineswegs klar hervor, welche der Ereignisse, die er als Teile seiner Selbstanalyse aufzeichnete, spezifische Erinnerungen und welche Träume oder Traumdeutungen sind. Er unternahm jedoch, indem er seine Mutter fragte, einige Anstrengungen, um eine Bestätigung für das zu erhalten, was sich bestätigen ließ, und es liegt eine Ironie darin, daß er selbst später vor der Gefahr warnen sollte, eben diesen Weg einzuschlagen. Geschichten, die von Kindern frei erinnert werden, sagte er, können in der Regel als authentisch angesehen werden. »Es läge ... nahe, die Lücken in der Erinnerung des Patienten durch Erkundigungen bei den älteren Familienmitgliedern mühelos auszufüllen, allein ich kann nicht entschieden genug von solcher Technik abraten.

Was die Angehörigen über Befragen und Aufforderung erzählen, unterliegt allen kritischen Bedenken, die in Betracht kommen können.«[5]

Dr. Schur fügte seine eigene Erklärung für die Diskrepanzen zwischen erhärteten Tatsachen und Freuds Rekonstruktionen während seiner Selbstanalyse hinzu. Er schrieb:

»Einige andere Einzelheiten dieser Rekonstruktionen dagegen wirken zum Teil widersprüchlich und erinnern an die ›Deduktionen‹, die Freud von seinen hysterischen Patienten als wirkliche Erinnerungen mitgeteilt wurden. Wir müssen daran denken, daß Freud nur zwei Wochen vorher über die Erkenntnis berichtet hatte, daß seine Patienten offensichtlich Erinnerungen mit Phantasien verwechselten. Die Erkenntnis der grundlegenden Bedeutung der Phantasien und ihres universellen Charakters gewann in Freuds Denken erst allmählich Gestalt. Es ist deshalb durchaus einleuchtend, daß er einer der ersten Patienten war, die ihm das Material für diese Unterscheidung lieferten.«[6]

Wie genau oder ungenau jedoch Freuds Rekonstruktion seiner Vergangenheit gewesen sein mag: sie enthielt einen Schlüssel, der es ihm ermöglichte, seinen innerlichen Frieden zu finden und zugleich die Tür zu dem zu öffnen, was er als »seine größte Leistung« beanspruchen sollte, »eine Entdeckung, die es verdient neben der der Elektrizität und des Rades genannt zu werden«[7].

Am 3. Oktober berichtete er Fließ die erste der Schlußfolgerungen, die er aus seiner Mischung von Traum und Erinnerung ziehen sollte: ». . . daß meine ›Urheberin‹ (der Neurose) ein häßliches, älteres, aber kluges Weib war, das mir viel vom lieben Gott und von der Hölle erzählt und mir eine hohe Meinung von meinen eigenen Fähigkeiten beigebracht hat; daß später (zwischen 2 und 2½ Jahren) meine Libido gegen matrem erwacht ist, und zwar aus Anlaß der Reise mit ihr von Leipzig nach Wien, auf welcher ein gemeinsames Übernachten und Gelegenheit, sie nudam zu sehen, vorgefallen sein muß . . . daß ich meinen 1 Jahr jüngeren Bruder (der mit wenigen Monaten gestorben) mit bösen Wünschen und echter Kindereifersucht begrüßt hatte, und daß von seinem Tode der Keim zu Vorwürfen in mir geblieben ist.«[8] Die Erinnerungen wurden bald durch andere ergänzt; daß das »kluge Weib« eine Kinderfrau gewesen war – »Sie war meine Lehrerin in sexuellen Dingen und hat geschimpft, weil ich ungeschickt war, nichts gekonnt habe«[9] – und daß es dann unerklärlicherweise plötzlich verschwunden war. Für einen Einundvierzigjährigen, der sich an etwas erinnert, was geschehen war, als er zweieinhalb Jahre zählte, ist das »vorgefallen sein *muß*« zweifellos eine notwendige Einschränkung, aber sie läßt tatsächlich erkennen, daß die persönlichen Fundamente, auf denen Freud so viel aufbaute, mit Vorsicht betrachtet werden sollten.

In diesem Stadium fragte Freud seine Mutter über das Leben in Freiberg vor 40 Jahren aus, offenbar in der Hoffnung, daß Sie seine Erinnerungen und Rekonstruktionen bestätigen werde. Das tat sie auch, und sie sagte ihm, man habe die ältliche Kinderfrau dabei ertappt, daß sie Geld stahl; Philipp Freud habe sie bei der Polizei angezeigt und sie habe zehn Monate im Gefängnis gesessen. Es gab andere Ereignisse, die offensichtlich von seiner Mutter beschrieben wurden, zum Beispiel die Geburt und der Tod seines jüngeren Bruders und die Geburt seiner jüngeren Schwester, die Freud zufriedenstellend in die für seine Selbstanalyse verwendeten Traumdeutungen einpassen konnte. Aber offenbar gab es keinen Hinweis auf das »nudam«. Man findet Lücken oder Diskrepanzen, die es unklug erscheinen lassen, von diesen Deutungen anzunehmen, sie führten sehr genau zu den Einzelheiten von Freuds Leben 40 Jahre zuvor zurück. Er war mindestens zweieinhalb Jahre alt, als die Familie Freiberg verließ, um nach Leipzig zu gehen, von wo aus sie etwa ein Jahr später nach Wien übersiedelte, und in Anbetracht des Zusammenlebens der Familie in dem einzigen Zimmer in Freiberg ist es höchst unwahrscheinlich, daß er nicht schon viel früher der Nacktheit seiner Mutter und ähnlichen Reizen ausgesetzt gewesen sein sollte. Außerdem geht aus den Urkunden in Freiberg hervor, daß das »häßliche, ältere, aber kluge Weib« beinahe ohne jeden Zweifel Monika Zajícova war, eine Dienstbotin, die für die Familie von Freuds Halbbruder Emanuel arbeitete. Es ist keine besondere Diskrepanz zwischen der Dienstbotin und der »häßlichen, älteren« Kinderfrau zu sehen, sicherlich aber ein Hinweis darauf, daß die Übereinstimmung zwischen Tatsache und gedeuteter Erinnerung vielleicht doch nicht so ganz vollkommen war.

Wichtig war das jedoch nur auf einer Ebene. Und es scheint wenig Zweifel daran zu bestehen, daß Freuds Selbstanalyse, wie immer es auch um die Richtigkeit seiner Erinnerungen und Deutungen bestellt sein mag, die schlimmsten seiner geistigen Besorgnisse beseitigte. Ob sich diese Erinnerungen auf etwas bezogen, was stattgefunden hatte, oder auf etwas, wovon er nur glaubte, daß es sich ereignet habe, vermag niemand mit einiger Sicherheit zu sagen, da sein Beweismaterial kaum zuverlässiger ist als das, worauf er seine Verführungstheorie gegründet hatte. Aber er glaubte aufrichtig, daß er auf die Erklärung der psychischen Entwicklung gestoßen war, und wie ein Kletterer, der nur einen fragwürdigen Halt sieht, mußte er von dem Gebrauch machen, was sich ihm anbot.

Am 18. Oktober berichtete Freud Fließ, was sich als das wichtigste Ergebnis seiner Selbstanalyse erweisen sollte:

»Ich habe die Verliebtheit in die Mutter und die Eifersucht gegen den Vater auch bei mir gefunden und halte sie jetzt für ein allgemeines Ereignis früher Kindheit, wenn auch nicht immer so früher wie bei den hysterisch gemachten Kindern ... Wenn das so ist, so versteht man die packende Macht des Königs Ödipus trotz aller Einwendungen, die der Verstand gegen die Fatumsvoraussetzung erhebt, und versteht, warum das spätere Schicksalsdrama so elend scheitern mußte. Gegen jeden willkürlichen Einzelzwang wie er in der Ahnfrau etc. Voraussetzung ist, bäumt sich unsere Empfindung, aber die griechische Sage greift einen Zwang auf, den jeder anerkennt, weil er dessen Existenz in sich verspürt hat. Jeder der Hörer war einmal im Keime und in der Phantasie ein solcher Ödipus und vor der hier in die Realität gezogenen Traumerfüllung schaudert jeder zurück mit dem ganzen Betrag der Verdrängung, der seinen infantilen Zustand von seinem heutigen trennt.«[10]

Die aus dem griechischen Drama, das 24 Jahre zuvor zu seiner Maturaprüfung gehört hatte, entwickelte Theorie konnte helfen, die Geschichten von der Verführung in der Kindheit zu erklären, die Freud für bare Münze genommen hatte und die nun in den meisten Fällen als Phantasien betrachtet werden mußten. Außerdem war es, wenn man sich lange genug umsah, möglich, zusätzliche Beweise aus anderen Quellen zu entdecken. »Flüchtig ist mir durch den Kopf gegangen«, fuhr Freud fort, »ob dasselbe nicht auch dem Hamlet zugrunde liegen möchte.«[11] Wenn der Prinz zögerte, seinen Vater zu rächen – eine gegen Ende des 19. Jahrhunderts in Europa übliche Deutung –, so könnte dies, meinte Freud, erklärlich sein, wenn Hamlet selbst aus Leidenschaft für seine Mutter an Vatermord gedacht hatte. Außerdem könnte Shakespeare selbst durch ein unbewußtes Verständnis des Helden nach dem Tod seines eigenen Vaters dazu getrieben worden sein, das Drama zu schreiben. Eine interessante und potentiell sehr brauchbare Idee. Wie Norman H. Holland in seinem umfangreichen Buch *Psychoanalysis and Shakespeare* meinte, »ist es vielleicht weniger so, daß Freud den Ödipuskomplex in den ›Hamlet‹ hineinbrachte, sondern vielmehr so, daß ›Hamlet‹ den Ödipuskomplex Freud brachte«[12].

Drei Jahre später legte Freud seine Ödipus-Theorie in der *Traumdeutung* öffentlich dar. Das Schicksal des König Ödipus, sagte er, »ergreift uns nur darum, weil es auch das unsrige hätte werden können, weil das Orakel vor unserer Geburt denselben Fluch verhängt hat wie über ihn. Uns allen vielleicht war es beschieden, die erste sexuelle Regung auf die Mutter, den ersten Haß und gewalttätigen Wunsch gegen den Vater zu richten.«[13]

Hier gebrauchte Freud noch ein vorsichtiges »Vielleicht«, als er die

Ansicht aussprach, daß alle Menschen von der Gruppe unbewußter Vorstellungen betroffen seien, die er berühmt machen sollte. Die Einschränkung wurde fallengelassen, als die Theorie sich weiterentwikkelte, und vor dem Ende seines Lebens erklärte er: »Ich getraue mich zu sagen, wenn die Psychoanalyse sich keiner anderen Leistung rühmen könnte als der Aufdeckung des verdrängten Ödipuskomplexes, dies allein würde ihr den Anspruch geben, unter die wertvollen Neuerwerbungen der Menschheit eingereiht zu werden.«[14]

Freuds Idee, die sich zunächst auf seine eigenen Traumrekonstruktionen und Erinnerungen während der Selbstanalyse gründete, war, daß die körperliche und emotionale Abhängigkeit eines Knaben von seiner Mutter während der ersten Kindheitsjahre im Alter von etwa vier oder fünf Jahren durch etwas Stärkeres ersetzt wird. »Er wünscht, sie körperlich zu besitzen in den Formen, die er durch seine Beobachtungen und Ahnungen vom Sexualleben erraten hat . . . Seine früh erwachte Männlichkeit sucht mit einem Wort den Vater bei ihr zu ersetzen . . . Jetzt ist der Vater sein Rivale, der ihm im Wege steht und den er aus dem Weg räumen möchte.«[15]

In diesem Stadium tritt die Kastrationsangst auf, die Angst, daß er als Folge der neuen Empfindungen, die zu verstehen er außerstande ist, verstümmelt wird. »Natürlich werden Sie einwerfen, das sei doch keine reale Gefahr«, sagte Freud einmal vor Zuhörern. »Unsere Knaben werden doch nicht kastriert, weil sie in der Phase des Ödipuskomplexes in die Mutter verliebt sind. Aber das ist nicht so einfach abzutun. Vor allem kommt es nicht darauf an, ob die Kastration wirklich geübt wird; entscheidend ist, daß die Gefahr eine von außen drohende ist, und daß das Kind an sie glaubt. Dazu hat es einigen Anlaß, denn man droht ihm oft genug mit dem Abschneiden des Gliedes während seiner phallischen Phase, in der Zeit seiner frühen Onanie, und Andeutungen dieser Strafe dürften regelmäßig eine phylogenetische Verstärkung bei ihm finden.« Hier bezog sich Freud auf Ansichten über die Ursprünge der menschlichen Gesellschaft, die in sein umstrittenes Buch *Totem und Tabu* aufgenommen wurden, was er in den nächsten Sätzen verdeutlichte: »Wir vermuten, in den Urzeiten der menschlichen Familie wurde die Kastration vom eifersüchtigen und grausamen Vater wirklich an den heranwachsenden Knaben vollzogen, und die Beschneidung, die bei den Primitiven so häufig ein Bestandteil des Mannbarkeitsrituals ist, sei ein gut kenntlicher Rest von ihr.«[16]

Freuds Parallel-Theorie für Mädchen, der Elektrakomplex, gründete sich auf die Annahme, daß auch sie das Leben mit der Mutter als dem Hauptbrennpunkt des Interesses und der Liebe beginnen. Mit der

Entdeckung, daß der Mann einen Penis besitzt, geht die Zuneigung von der Mutter, der unbewußt vorgeworfen wird, daß sie dergleichen nicht hat, auf den Vater über.

Nach Freud beeinflußt die Art, wie Kinder beider Geschlechter mit diesen Situationen fertigwerden, den Rest ihres Lebens, da das erwachsene Kind vor der Aufgabe steht, die verdrängten Komplexe früherer Jahre zu überwinden und eine emotionale Loslösung von beiden Elternteilen zu vollziehen. Hier liegt eine starke Analogie zu den verschiedenen Reaktionen auf die anderen traumatischen Situationen vor, die Neurosen verursachen können. Die Reaktion kann an die Oberfläche kommen, wo ihre Auflösung in einem normalen Leben resultiert. Im Alternativfall kann eine Verdrängung der Reaktion ins Unbewußte Jahre später zu abnormen Symptomen führen. Bei Neurotikern wird die Loslösung überhaupt nicht bewerkstelligt ... »In diesem Sinne gilt der Ödipuskomplex mit Recht als der Kern der Neurosen.«[17]

Freud benannte den Komplex spezifisch und öffentlich erst 1910 in seiner Abhandlung »Über einen besonderen Typus der Objektwahl beim Manne«. Aber während der ersten Jahre des 20. Jahrhunderts fuhr er fort, die Idee dieses Komplexes weiterzuentwickeln, der in seinem Endstadium nicht nur – bei unzulänglicher Behandlung – für Neurosen verantwortlich sein kann, sondern für eine lange Reihe von der Psyche angehörenden Zügen.

Als er älter wurde, vertrat Freud seine Ansichten mit immer größerer Bestimmtheit, und er sah im Ödipuskomplex in zunehmendem Maße die Hauptstütze des ganzen Gebäudes der Psychoanalyse. Bei Diskussionen war seine Haltung eindeutig subjektiv. So leitete er, als die Wiener Psychoanalytische Vereinigung Jahre später den kindlichen Ödipuskomplex behandelte, die Diskussion mit der Bemerkung ein, »es handle sich um den Nachweis des Ödipuskomplexes beim Kinde«[18] – nicht, wie von einer wissenschaftlichen Körperschaft von eigenen Gnaden zu erwarten gewesen wäre, darum zu erwägen, ob er existiere oder nicht. Als die Diskussion einige Wochen später fortgesetzt wurde, fand er, daß der Komplex in der vorgetragenen Krankengeschichte »deutlich genug« sei und fuhr fort: »Aufgabe ist festzustellen, daß das Benehmen nur sexuelle Motive hat.«[19] Selbst der unkritischste Beobachter konnte sich fragen, warum die Aufgabe nicht darin bestand zu untersuchen, sondern festzustellen.

Die meisten Anhänger Freuds stimmten ihm hinsichtlich der grundlegenden Bedeutung des Ödipuskomplexes lange zu. Aber es gab auch solche, die zwar glaubten, daß sich seine Existenz objektiv bestätigen lasse, aber doch der Meinung waren, daß Freud ihm eine zu große Bedeutung beigemessen und eine Allgegenwärtigkeit betont hatte, wo keine vorhanden war, oder daß er ein hauptsächlich biologisches Phänomen in vorwiegend psychischen Begriffen beschrieben hatte. So war David Eder, der eine wichtige Rolle während der ersten Jahre der Psychoanalyse in Großbritannien spielen sollte, wie er schrieb, »geneigt, diese Beziehung in einem etwas anderen Licht [als Freud] zu betrachten. Obwohl man in den Phantasien und Träumen von Erwachsenen Beweise für diese Liebe zur Mutter und die Rivalität gegen den Vater findet, ist dies eher als ein symbolischer Wunsch anzusehen, zur kindlichen Abhängigkeit von der Mutter und dem unbestrittenen Anspruch auf ihre ganze Fürsorge und Zärtlichkeit zurückzukehren, wobei die Rivalität gegen den Vater den Groll über die Beeinträchtigung dieser Beziehung symbolisiert«[20].

Eine andere und ernster zu nehmende Kritik geht dahin, daß Freud annahm, jedes Mitglied der menschlichen Spezies müsse die gleiche psychische Entwicklung durchmachen wie er selbst. Aber in den Augen seiner Anhänger war dies eher ein Zeichen von Genialität als eine kühne Annahme – eine Ansicht, die von vielen kritisiert werden sollte. Einer von ihnen war der Anthropologe Bronislaw Malinowski, den seine Studien der matriarchalischen Gesellschaft der Trobriand-Insulaner dazu bewogen, die universelle Anwendbarkeit der Theorie Freuds in Frage zu stellen. Dafür wurde er von Ernest Jones ins Gebet genommen, der die Unterschiede zwischen Malinowski und ihm selbst in einem einzigen Satz zusammenfaßte. »Mit anderen Worten«, schrieb er, »die eine Gruppe von Denkern betrachtet den Ödipuskomplex als das Produkt einer bestimmten sozialen und Familienorganisation, während die andere Gruppe in ihm den fundamentalen und universellen Antrieb sieht, dessen Nebenprodukte die verschiedenen gesellschaftlichen Organisationen sind.«[21]

Die zeitgenössische Forschung, die darauf ausgeht, Freuds Theorien mit einem beachtlichen wissenschaftlichen Apparat zu bestätigen oder zu widerlegen, hat mit dem Ödipuskomplex nur beschränkte Erfolge zu verzeichnen. Für viele ergebene Freudianer ist er noch immer die heilige Bundeslade, und für sie hat jede Andeutung, daß seine Wirkungen anders gedeutet werden sollten, zumindest einen Anflug von Ketzerei. Am anderen Ende des Spektrums steht die Behauptung des Psychologen R. R. Sears, daß die ganze Idee ein grotesker Auswuchs der Freudschen Phantasie sei. Zwischen diesen beiden Extremen bleibt, mit dem persönlichen Interesse der Psychoanalyse einerseits und den Kritikern, deren Objektivität durch die Abneigung gegen sexuelle Enthüllungen unter-

miniert ist, andererseits eine ehrliche Meinungsverschiedenheit bestehen.
Die Wahrheit dürfte in dem Urteil liegen, das nach einer langen und gründlichen, in den siebziger Jahren durchgeführten Analyse gefällt wurde. So schreiben Fisher und Greenberg nach einer 50 Seiten langen Erörterung von Tests und Experimenten:
»Der überzeugende Schwung, mit dem Freud die Ödipustheorie vorträgt, erweckt den Eindruck, daß sie ein einheitliches Ganzes sei. Sie umfaßt jedoch . . . eine Anzahl großer Verhaltensbereiche. Sie behandelt beinahe jeden wesentlichen Aspekt des gesamten Sozialisationsprozesses nach dem Alter von drei Jahren. Es gibt kein einzelnes Experiment und nicht einmal eine Reihe von Experimenten, um die Gültigkeit einer solchen Theorie *als Ganzes* zu überprüfen. Man muß sie notwendigerweise in handlichen Brocken untersuchen. Das heißt, wenn man die entsprechenden empirischen Feststellungen sammelt, zerfallen sie in Klumpen: der große Entwurf der Originaltheorie ist nicht klar sichtbar. Den empirischen Stücken und Brocken fehlt der Glanz der Theorie als einer scheinbar einheitlichen Struktur. Was wir bei unserer Suche gefunden haben, ist, daß Teile der Ödipustheorie direkt oder indirekt gut bestätigt werden und andere eindeutig auf Widerspruch stoßen.«[22]
Wenn auch die Anziehung zwischen einem Kind und dem andersgeschlechtlichen Elternteil zum Zeitpunkt des Auftretens des Ödipuskomplexes tatsächlich stark ist, so ist die letztendliche Identifikation eines Jungen mit seinem Vater mit größerer Wahrscheinlichkeit auf die Bewunderung des Vaters zurückzuführen als auf Kastrationsangst. Homosexualität tritt, wie Freud sagte, tatsächlich am wahrscheinlichsten in Familien mit einer liebevollen Mutter und einem strengen Vater auf. Aber seine Ansicht, daß es zwischen der Ödipusperiode und dem Beginn der Pubertät praktisch kein Sexualleben gibt, scheint einfach falsch zu sein.
Die Zergliederung des Ödipuskomplexes, von dem einige Teile auch bei genauester Untersuchung noch einleuchten, während andere zur Widerlegung herausfordern, führte zu einer Neubewertung dessen, was Freud als den Stützpfeiler seines Systems von Überzeugungen betrachtete. Ein Dreivierteljahrhundert später faßt ein Wissenschaftler, der zu entdecken versuchte, ob die Theorie durch objektives Beweismaterial erhärtet wird, ein Experiment so zusammen, daß es »in einem Fall zeigt, daß Jungen und Mädchen tatsächlich sexuelle Gefühle für den andersgeschlechtlichen Elternteil hegen, die ihnen größtenteils nicht bewußt sind. In dem anderen Fall zeigt die Studie des Trauminhalts, daß die Ödipussituation insofern eine Quelle psychischer Konflikte ist, als sie regel-

mäßig in Träumen erscheint. Dies ist daher ein Beispiel dafür, daß das objektive Beweismaterial die Freudsche Theorie soweit bestätigt, aber zu der Annahme führt, daß ihr Freud eine zu große Bedeutung zugeschrieben haben könnte.«[23]

Ein ähnliches Urteil fällte der verstorbene D. W. Winnicott, einer der führenden Kinderpsychiater Englands und ehemaliger Präsident der British Psycho-Analytical Society. »Direkte Beobachtung«, schrieb er, »bestätigt nicht den Grad der Bedeutung, die Psychoanalytiker dem Ödipuskomplex beimessen. Nichtsdestoweniger muß der Psychoanalytiker seiner Überzeugung treu bleiben, denn er findet ihn regelmäßig bei der Analyse, und er findet regelmäßig, daß er von Bedeutung ist . . .« Aber »es scheint eine Tatsache zu sein, daß die volle Ödipussituation nur selten im wirklichen Leben offen ausgespielt wird.«[24]

Das moderne Denken neigt somit dazu, Freuds berühmten Komplex aus dem Zentrum der Psychoanalyse zu verdrängen. Er bleibt als eine seiner theoretischen Darlegungen, die von Ernest Jones recht kurioserweise »eher als Reaktionen auf seine eigenen intellektuellen Bedürfnisse denn als Behauptungen von allgemeiner Gültigkeit«[25] beschrieben werden. Doch es waren eben Freuds Behauptungen von allgemeiner Gültigkeit, die einigen seiner Kritiker in der Kehle steckenblieben. »Die wirkliche Sünde, die er beging«, sagte ein Autor im *British Medical Journal*, »ist, daß er, wenn er feststellte, daß ein gewisses Phänomen manchmal auftrat, erklärte, es trete immer auf. Was wir wissen möchten, ist, in welchen Zeitabständen es auftritt.«[26]

Für diejenigen, denen es schwerfiel, die Theorie für bare Münze zu nehmen, die aber Freud selbst schätzten, blieb zumindest der Ausweg, den der dänische Gelehrte Georg Brandes wählte, mit dem Freud 1925 in Wien zusammentraf. »Ich bin nur ein Literat«, sagte Brandes, »aber Sie sind Naturforscher und Entdecker. Aber das eine muß ich Ihnen sagen: ich habe nie sexuelle Gefühle für meine Mutter gehabt.« Freud beruhigte ihn. »Aber das brauchen Sie ja gar nicht gewußt zu haben, das sind ja für den Erwachsenen unbewußte Vorgänge.« Brandes drückte Freud erleichtert die Hand: »Ach, so meinen Sie das.«[27]

Doch 1897 sollten noch einige Jahre vergehen bis zur Kontroverse über dieses Thema, das um diese Zeit nur in den Briefen an Fließ zur Sprache kam, obwohl Freud sich schon im voraus die feindselige Aufnahme, die es finden würde, ausmalen konnte. Seine Vorahnungen erwiesen sich als richtig, wie er feststellen sollte, als er seine Auffassung zuerst in der *Traumdeutung*, dann in den *Drei Abhandlungen zur Sexualtheorie* und schließlich in *Totem und Tabu* darlegte.

Unterdessen trieb er seine Selbstanalyse voran und zugleich die Untersuchung dessen, was er als die Bedeutung der Träume sah. Was er überraschenderweise nicht tat, war, daß er die Verführungstheorie öffentlich widerrief. Er hatte seinen Irrtum Fließ gegenüber in den entschiedensten Ausdrücken eingestanden, aber er erwähnte weiterhin nichts dergleichen in seinen Schriften. Das Wiener medizinische Establishment konnte daher nach wie vor glauben, daß die Entdeckung, die so wichtig war wie »die Auffindung der Nilquelle«, immer noch eine Schlüsselrolle in Freuds Ansichten über die Ätiologie der Neurosen spielte. Erst 1905 gab er die Theorie in den *Drei Abhandlungen zur Sexualtheorie* öffentlich auf – und selbst dann noch in so unklarer Form, daß der Psychiater Emil Kraepelin vier Jahre später in der achten Auflage seines Lehrbuches noch zu erkennen gab, daß er glaubte, Freud halte immer noch an der Theorie fest. Acht Jahre lang trug er somit freiwillig an der Last eines »Märchens«, ohne das die Opposition, die ihn so hart traf, vielleicht schwächer gewesen wäre.

Freuds Versäumnis, seinen »ersten großen Irrtum« öffentlich zuzugeben, kann erklärt werden durch die so kurz darauf erfolgte Formulierung des Ödipuskomplexes, durch die besondere Bedeutung, die er der Sexualität an sich zuschrieb, und durch das seiner Veranlagung gemäße Widerstreben, auch nur einen Zoll so heiligen Bodens aufzugeben. Er glaubte in der Sexualität den Schlüssel zu den Neurosen zu besitzen. Er war voller Ungeduld über die mangelnde Bereitschaft der Gesellschaft, unangenehmen Wahrheiten ins Gesicht zu sehen, und voll Verachtung für die Heuchelei, die das Thema in Wien verschleierte wie im viktorianischen England, in der kalvinistischen Schweiz oder in den gottesfürchtigen Häusern Neu-Englands. Im Denken der Gesellschaft wie in Newtons Physik erzeugt jede Kraft eine Gegenkraft, und die Reaktion der neunziger Jahre auf Freuds Auffassung von der kindlichen Sexualität war besonders stark. Sie bewirkte jedoch nur, daß sie seinen Widerstand, den Irrtum zuzugeben, verstärkte, bis die Zeit gekommen war, die entstandene Lücke durch den Ödipuskomplex auszufüllen und so die Bedeutung der Sexualität ungemindert aufrechtzuerhalten. Wenn er von dieser Bedeutung sprach, schrieb C. G. Jung nach seiner ersten Begegnung mit Freud einige Jahre später, »wurde sein Ton dringlich, fast ängstlich, und von seiner kritischen und skeptischen Art war nichts mehr zu bemerken. Ein seltsam bewegter Ausdruck, dessen Ursache ich mir nicht erklären konnte, belebte dabei sein Gesicht. Das machte mir einen starken Eindruck: die Sexualität bedeutete ihm ein Numinosum.«[28] Jung ist keineswegs ein unparteiischer Zeuge, aber es gibt kaum einen Grund, seinen Bericht über Freuds Erklärung im Jahre 1910 anzuzweifeln: »Ich erinnere mich noch lebhaft, wie Freud zu mir sagte: ›Mein lieber Jung, versprechen Sie mir, nie die Sexualtheorie aufzugeben. Das ist das Allerwesentlichste. Sehen Sie, wir müssen daraus ein Dogma machen, ein unerschütterliches Bollwerk.‹«[29]

Der Glaube, daß die Neurosen unmittelbar mit der kindlichen Sexualität zusammenhingen – zuerst durch die später aufgegebene Verführungstheorie, dann durch die unzulängliche Behandlung des Ödipuskomplexes –, war während der letzten Jahre des Jahrhunderts in Freuds Denken durch einen anderen ständig verstärkt worden: nämlich durch den Glauben, daß bei der Freilegung der verborgenen Ursachen der Neurosen die Traumdeutung ein Instrument von unschätzbarem Wert sei. Er selbst träumte regelmäßig und lebhaft, und kurz nach der Verlobung hatte er Martha geschrieben: »Ich hatte so ungefüge Träume, träume nie von den Dingen, die mich den ganzen Tag beschäftigt haben, nur von solchen Themen, die einmal im Verlauf des Tages berührt und dann wieder abgebrochen werden.«[30] Er zeichnete schon seine Träume in einem Notizbuch auf, beschloß aber offensichtlich, es bei einer seiner Zerstörungsorgien zu verbrennen, wahrscheinlich bei der, auf die er in seinem Brief an Martha vor der Hochzeit anspielte.

Dazu kam der Einfluß von Theodor Gomperz, der ihn seinerzeit mit der Übersetzung eines Bandes von Mill beauftragt hatte. Es scheint kurz danach gewesen zu sein, daß Freud, wie er später schrieb, »zuerst von ihm [Gomperz] Bemerkungen über die Rolle des Traumes im Seelenleben der Urmenschen [hörte], Dinge, die mich seither so intensiv beschäftigt haben«[31].

Freud beschrieb einen Teil seiner eigenen Traumanalyse in einer Fußnote zu den *Studien über Hysterie*:

»Ich mußte durch mehrere Wochen mein gewohntes Bett mit einem härteren Lager vertauschen, auf dem ich wahrscheinlich mehr oder lebhafter träumte, vielleicht nur die normale Schlaftiefe nicht erreichen konnte. Ich wußte in der ersten Viertelstunde nach dem Erwachen alle Träume der Nacht und gab mir Mühe, sie niederzuschreiben und mich an ihrer Lösung zu versuchen. Es gelang mir, diese Träume sämtlich auf zwei Momente zurückzuführen: 1. auf die Nötigung zur Ausarbeitung solcher Vorstellungen, bei denen ich tagsüber nur flüchtig verweilt hatte, die nur gestreift und nicht erledigt worden waren, und 2. auf den Zwang, die im selben Bewußtseinszustande vorhandenen Dinge miteinander zu verknüpfen. Auf das freie Walten des letzteren Momentes war das Sinnlose und Widerspruchsvolle der Träume zurückzuführen.«[32]

Wieder einmal sollte er betonen, daß er nicht absichtlich gesucht hatte, was er fand, sondern daß er es unter dem Druck des äußeren Beweismaterials entdeckt hatte. »Meine Wißbegierde war nicht von vornherein auf das Verständnis der Träume gerichtet gewesen«, schrieb er später. »Einflüsse, die mein Interesse gelenkt oder mir eine hilfreiche Erwartung geschenkt hätten, sind mir nicht bekannt.«[33] Aber seine Überzeugung, daß Träume mehr seien als ein bedeutungsloses Durcheinander von unerklärlichen Schlaferlebnissen, war angeregt worden durch seine detaillierte Analyse des Irma-Traums, und er war in ihr bestärkt worden, als er die Methode bei seiner Selbstanalyse anwandte. Die Idee war nicht ganz neu. Friedrich Leopold von Hardenberg, bekannt unter dem Namen Novalis, hatte ein Jahrhundert früher behauptet, Träume enthielten mehr als nur Ströme zusammenhanglosen Unsinns. Gotthilf Heinrich von Schuberts *Symbolik des Traums* hatte nicht nur einige der Theorien Freuds vorweggenommen, sondern ausdrücklich versichert, daß die Träume neben anderen Funktionen die der Wunscherfüllung hätten. Noch prophetischer hatte John Hughlings Jackson, der englische Arzt, erklärt: »Findet das Wesen des Traumes, und ihr werdet alles, was man über das Irresein wissen kann, gefunden haben.«[34] Noch viele andere hatten diese Phänomene im Laufe des 19. Jahrhunderts untersucht, und tatsächlich sollte Freud *Die Traumdeutung* mit einem langen Überblick über »Die wissenschaftliche Literatur der Traumprobleme« beginnen.

Es gab somit eine Rechtfertigung für die Energie, die er in den Anfängen seiner Praxis der Sammlung seiner eigenen Träume und der seiner Patienten und Kollegen gewidmet hatte. Den Höhepunkt bildete der Traum von Irmas Injektion, den er ein Traummuster nennen sollte. Er schrieb im Anschluß an seine Deutung im nächsten Kapitel:

»Wenn man einen engen Hohlweg passiert hat und plötzlich auf einer Anhöhe angelangt ist, von welcher aus die Wege sich teilen und die reichste Aussicht nach verschiedenen Richtungen sich öffnet, darf man einen Moment lang verweilen und überlegen, wohin man zunächst sich wenden soll. Ähnlich ergeht es uns, nachdem wir diese erste Traumdeutung überwunden haben. Wir stehen in der Klarheit einer plötzlichen Erkenntnis. Der Traum ist nicht vergleichbar dem unregelmäßigen Ertönen eines musikalischen Instruments, das anstatt von der Hand des Spielers, von dem Stoß einer äußeren Gewalt getroffen wird, er ist nicht sinnlos, nicht absurd, setzt nicht voraus, daß ein Teil unseres Vorstellungsschatzes schläft, während ein anderer zu erwachen beginnt. Er ist ein vollgültiges psychisches Phänomen, und zwar eine Wunscherfüllung; er ist einzureihen in den Zusammenhang der uns verständlichen seelischen Aktionen des Wachens; eine hoch komplizierte geistige Tätigkeit hat ihn aufgebaut.«[35]

Freud sollte später behaupten, das dicke Buch sei nach dem Irma-Traum innerhalb von sechs Monaten in allen wesentlichen Zügen fertig gewesen. Das traf möglicherweise auf das theoretische Rahmenwerk zu, und Freud war zuversichtlich genug, im Mai 1896 einen Vortrag über das Thema in der Jüdisch-Akademischen Lesehalle zu halten. Später sollte er feststellen, er habe erst nach der Veröffentlichung des Buches erkannt, daß es sich als »ein Stück meiner Selbstanalyse [erwies], als meine Reaktion auf den Tod meines Vaters, also auf das bedeutsamste Ereignis, den einschneidendsten Verlust im Leben eines Mannes«[36]. Dennoch begann er offensichtlich erst im Herbst 1897, ein Jahr nach Jakob Freuds Tod, ernsthaft damit, sein Material in eine Form zu bringen. Im Dezember hatte er genug Selbstvertrauen, um zwei Vorträge über Träume vor der B'nai B'rith [der jüdischen Loge in Wien] zu halten, und er berichtete von einer begeisterten Aufnahme.

Anfang 1898 war er davon überzeugt, daß seine Forschung wichtig genug war, um eine gründliche Überarbeitung für die Veröffentlichung als richtiges Buch wert zu sein, und im Februar schrieb er Fließ: »Ich bin tief im Traumbuch, schreibe es fließend und freue mich in Gedanken an all das ›Schütteln des Kopfes‹ über die Indiskretionen und Vermessenheiten, die es enthält.«[37] Er wollte, sagte er, seinen eigenen Ideen Gestalt geben, bevor er die Literatur über das Thema gründlich studierte. Dann wollte er alle nötigen Zusätze und Revisionen vornehmen. Er arbeitete hart, aber er hatte während des Herbstes eine schlechte Zeit durchzustehen. »Der Traum ruht, unveränderlich«, schrieb er Fließ. »Es fehlt mir das Motiv, ihn zur Publikation fertig zu machen, und die Lücke in der Psychologie sowie die andere, in der das zu Grunde analysierte Beispiel gesteckt hat, sind Hindernisse für den Abschluß, die ich noch nicht überwinde. Sonst bin ich ganz einsam, auch die Vorlesung habe ich heuer aufgegeben, um nichts erzählen zu müssen, was ich erst zu erfahren hoffe.«[38] Aber er mühte sich weiter aus einem Grunde, den er Fließ auseinandersetzte: »Ich hab' mir überlegt ... daß es auch mit dem Verzichten nicht geht, denn ich bin nicht reich genug, den schönsten, den wahrscheinlich einzig überlebenden Fund, den ich gemacht habe, für mich zu behalten.«[39]

Während jedes Kapitel in mehreren Entwürfen fortschritt, wurde es Fließ geschickt, der gelegentlich als Zensor fungierte. Am 9. Juni 1898 schrieb Freud:

»Herzlichen Dank ferner für Deine Kritik. Ich weiß, Du hast da ein undankbares Geschäft auf Dich genommen. Ich bin verständig [genug] zu erkennen, daß ich Deine kritische Mithilfe brauche, weil ich selbst in diesem Falle das dem Autor nötige Schamgefühl verloren habe. Der Traum ist also verdammt. Aber nachdem das Urteil gefällt ist, will ich ihm eine Träne nachweinen und gestehen, daß er mir leid tut und daß ich keinen besseren als Ersatz zu finden hoffe. Du weißt ja, ein schöner Traum und keine Indiskretion – das trifft nicht zusammen. Schreib mir wenigstens, an welchem Thema Du den Anstoß genommen hast und wo Du den Angriff von dem boshaften Kritiker fürchtest. Ob es meine Angst oder Martha oder der Dalles [Geldmangel] oder die Vaterlandslosigkeit ist? Damit ich das von Dir bezeichnete im Ersatztraum auslassen kann, denn ich kann mir solche Träume bei mir bestellen . . .«[40]

Später spielte er noch einmal auf die Zensortätigkeit von Fließ an: »Der Ausfall des großen von Dir gestrichenen Traumes soll durch die Einschiebung einer kleinen Traumsammlung (harmlose, absurde Träume, Rechnen und Reden im Traum, Affekte im Traum) wettgemacht werden. Die Umarbeitung wird nur das letzte psychologische Kapitel betreffen . . .«[41]

Der große Traum, den Fließ herausgenommen hatte, scheint nicht der Irma-Traum gewesen zu sein, der durch die Inkompetenz von Fließ ausgelöst worden war, da dieser mit der geschickten, wenn auch unbewußten Ummodelung der Rolle von Fließ mit aufgenommen und gedeutet wurde. Die Möglichkeit kann jedoch nicht ausgeschlossen werden, daß ihn Freud ursprünglich in einer etwas anderen Form dargestellt hatte. Da er sich über das Schicksal der Briefe von Fließ an ihn nur sehr unklar äußerte – »ob ich sie vernichtet oder bloß kunstvoll versteckt, weiß ich bis heute nicht«[42], schrieb er 1937 – und da Freuds Briefe an Fließ nur in zensierter Form veröffentlicht wurden, bleibt das Rätsel der Zensortätigkeit von Fließ in diesem Falle ungelöst.

Im Sommer 1899, während seine Familie die Ferien in Riemerlehen, einem Bauernhof am Rand von Berchtesgaden, verbrachte, widmete sich Freud mit immer größerem Eifer seiner Aufgabe. »Ich arbeite in einem großen, ruhigen Parterreraum mit Bergaussicht an der Vervollständigung der Traumarbeit«, schrieb er Fließ. »Meine von Dir so wenig anerkannten alten und dreckigen Götter«, fuhr er, auf seine Sammlung von Statuetten anspielend, fort, »beteiligten sich als Manuskriptbeschwerer an der Arbeit.«[43] Manchmal, erinnerte sich Anna, seine jüngste Tochter, war er, wenn er unterbrochen und zu einer Mahlzeit gerufen wurde, wie in Trance, ohne seine Umgebung wahrzunehmen, und Jahre später schrieb Martin Freud über die Vertiefung seines Vaters in sein Buch: »Es war nicht üblich, daß er seine Arbeit im Kreis der Familie diskutierte; aber dies war eine Art Ausnahme. Wir hatten alle davon erfahren, und er forderte uns sogar auf, ihm unsere Träume zu erzählen, was wir mit Begeisterung taten. Er erklärte uns sogar in einer einfachen Sprache, was man von den Träumen, ihrem Ursprung und ihrer Bedeutung verstehen konnte.«[44] Im August konnte Freud Fließ berichten: »Im nächsten Monat beginnt dann das letzte philosophische Kapitel, vor dem mir bangt, für das ich auch wieder lesen muß.«[45]

Im November 1899 wurde *Die Traumdeutung* – auf 1900 vordatiert – in Leipzig und Wien veröffentlicht. Als Motto wählte Freud Vergils Vers aus der Äneis, VII, 312: *Flectere si nequeo superos, Acheronta movebo.* Die Worte, die in Freuds Übersetzung bedeuten: »Wenn ich den Himmel nicht bewegen kann, will ich die Unterwelt aufrühren«, wurden nicht direkt Vergil entnommen, sondern der Flugschrift *Der italienische Krieg und die Aufgabe Preußens* von Ferdinand Lassalle, dem Gründer der sozialdemokratischen Bewegung Deutschlands, von der Freud ein Exemplar mit in die Sommerferien genommen hatte. Lassalle hatte das Zitat vermutlich in einem eher soziologischen als psychologischen Zusammenhang verwendet. Freud gebrauchte es, um zu betonen, wie der verdrängte Traumwunsch die psychische Unterwelt des Unbewußten aufrührt.

Die Traumdeutung war, wie der Autor erklärte, »mein eigen Mistbeet, mein Setzling und eine nova species mihi (sic!) drauf«[46]. Sie erweiterte die Analyse und machte aus einer bloßen Behandlungsmethode eine Psychologie des Unbewußten, und an deren Bedeutung zweifelte er nicht. »Eine Einsicht wie diese wird einem nur einmal im Leben zuteil«, schrieb er.[47] Das Material, das diese Einsicht enthüllte, war aber nicht nur den Einschränkungen durch das »Diktat« von Wilhelm Fließ unterworfen worden. In der Vorbemerkung zur ersten Auflage schrieb Freud: ». . . ich hatte nur die Wahl zwischen den eigenen Träumen und denen meiner in psychoanalytischer Behandlung stehenden Patienten. Die Verwendung des letzteren Materials wurde mir durch den Umstand verwehrt, daß hier die Traumvorgänge einer unerwünschten Komplikation durch die Einmengung neurotischer Charaktere unterlagen. Mit der Mitteilung meiner eigenen Träume aber erwies sich als untrennbar verbunden, daß ich von den Intimitäten meines psychischen Lebens fremden Einblicken mehr eröffnete, als mir lieb sein konnte und als sonst einem Autor, der nicht Poet, sondern Naturforscher ist, zur Aufgabe fällt. Das war peinlich, aber unvermeidlich; ich habe mich also darein gefügt, um nicht auf die Beweisführung für meine psychologischen Ergebnisse überhaupt verzichten zu müssen. Natürlich habe ich doch der Versuchung nicht widerstehen können, durch Auslassungen und Ersetzungen manchen Indiskretionen die Spitze abzubrechen; so oft dies geschah, gereichte es dem Werte der von mir verwendeten Beispiele zum entschiedenen Nachteile.«[48]

Es ist unmöglich, mit Sicherheit festzustellen, wie ernsthaft der Wert der Beispiele Freuds vermindert wurde, obwohl man heute weiß, daß er dem Traum von Irmas Injektion eine Deutung gab, die, sehr gelinde beurteilt, nur teilweise richtig ist. Über ein anderes Beispiel schrieb er: »So könnte ich den verschlungenen Gedankenwegen weiter folgen und das in der Analyse fehlende Stück des Traumes voll aufklären, aber ich muß es unterlassen, weil die persönlichen Opfer, die es erfordern würde, zu groß sind.«[49] Und in einer kurzen, allgemein verständlichen Schrift, *Über den Traum*, gab er zu, daß er bei der Analyse eines Traumbeispiels die Mitteilungen habe abbrechen müssen, »weil sich unter ihnen, wie ich eingestand, solche fanden, die ich gerne vor Fremden geheim halte und ohne schwere Verletzung wichtiger Rücksichten nicht mitteilen kann«[50].

Jahre später, als Freud von André Breton, dem Gründer des literarischen Surrealismus, aufgefordert worden war, die Tatsache zu erklären, daß »sexuelle Probleme offenbar keine Rolle in seinen eigenen Träumen spielen, während sie ganz entscheidend zur Ausarbeitung anderer Träume (hauptsächlich von Hysterischen) beitragen, die er [Freud] uns vorlegt«[51], stellte er seinen Standpunkt genauer dar: »Ich glaube, daß, wenn ich meine eigenen Träume nicht so ausführlich analysiert habe wie die anderer, der Grund nur selten Scheu vor dem Sexualen ist. Viel häufiger ist es der Fall, daß es von mir erfordert hätte, die geheime Quelle der ganzen Reihe von Träumen (ebenso wie einer seither überwundenen infantilen Neigung) in meinen Beziehungen zu meinem jüngst verstorbenen Vater zu entdecken. Ich meine, es war mein Recht, der unvermeidlichen Exhibition eine Grenze zu setzen.«[52]

Vielleicht war es diese Selbstzensur, die Freud veranlaßte, so viele Träume seiner Patienten zu verwenden – trotz seiner Erkenntnis, daß sie »einer unerwünschten Komplikation durch die Einmengung neurotischer Charaktere unterlagen«[53]. Es ist unwahrscheinlich, daß keiner der vielen Patienten, deren Träume geschildert wurden, zu diesem Zeitpunkt eine psychoanalytische Behandlung durchmachte.

Beispiele seiner eigenen Träume oder der seiner Patienten bildeten jedoch nur einen Teil des umfangreichen Werkes. Nachdem er einen Überblick über die Literatur auf diesem Gebiet gegeben und den Traum von Irmas Injektion als Beispiel analysiert hatte, ging er daran, eine Theorie zu entwerfen, die die Wunderland-Qualität der Träume erklärte, und zeigte dann, wie ihre Bedeutung interpretiert werden konnte. Seine fundamentale Annahme lautete, daß jeder Traum eine Wunscherfüllung darstellt, die in das Traumbewußtsein eindringt, während die Schranken, die die Inhalte des Unbewußten zurückhalten, gesenkt werden. Was während des Traumes an die Oberfläche kommt, ist jedoch nur der manifeste Inhalt von Material, das durch einen Prozeß der Traumarbeit aus einem, wie Freud es nannte, latenten Material geschaffen wurde. Die Traumarbeit setzt sich aus mehreren Komponenten zusammen, deren jede dazu beiträgt, den Träumen ihren bizarren und irrationalen Charakter zu verleihen, der, bis Freud kam, offenbar keiner Erklärung bedurft hatte.

Zu den Prozessen der Traumarbeit, die von ihm identifiziert wurden, gehören die Verdichtung, die Verschiebung und der Symbolismus, und sogar einige seiner Kritiker mußten zugeben, daß sie zum erstenmal vernünftige Erklärungen für Traummerkmale boten, die bis dahin unerklärlich gewesen waren. Die Verdichtung besteht darin, daß Elemente zusammengefaßt oder verschmolzen werden, die im Wachzustand getrennt sind, sich aber während des Traumprozesses überlagern können wie die einzelnen Bilder, aus denen Sir Francis Galton fotografische Porträts aufbaute. Durch die Verschiebung kann ein zentraler Gegenstand eines latenten Trauminhalts – oder die durch ihn erweckten Affekte und Gefühle – auf andere und möglicherweise triviale Gegenstände übertragen werden. Allein diese beiden Prozesse trugen wesentlich dazu bei, die Fähigkeit des Traumes zu erklären, die vertrauten Dinge des Wachlebens in surrealistische Phantastereien zu verwandeln. Dazu kommen andere von geringerer Bedeutung und schließlich die Einführung von gewissen Symbolen in den manifesten Traum, deren jedes, wie Freud behauptete, mit spezifischen unbewußten Wünschen in Verbindung gebracht werden kann.

Ferner entwickelte er das Konzept von zwei verschiedenen psychischen Prozessen, die er im »Entwurf« kurz skizziert hatte. Ein Unterschied im physiologischen Resultat der Reize, die das Denken auslösen, war bereits wohlbekannt, nämlich der Unterschied zwischen der Reflexhandlung, bei der die Reaktion ungehemmt ist und praktisch zugleich mit dem Reiz auftritt, und der Reaktion, die erst nach der Verarbeitung des Reizes durch das Gehirn eintritt. Was Freud nun tat, war, daß er diese beiden Funktionsmethoden grob mit dem gleichsetzte, was er den Primärvorgang und den Sekundärvorgang nannte. Der erste ist die Aktion des Unbewußten, motiviert durch die Triebe, ungehemmt durch Logik oder Verstand, ein rücksichtsloser Prozeß, der nur nach Befriedigung strebt. Der Sekundärvorgang wird dagegen durch den Verstand gezügelt, und in den Wechselbeziehungen dieser beiden Prozesse während des Schlafs, wenn die Verwandlungen durch die Traumarbeit stattfinden können, sah Freud seine praktische Erklärung der Träume. Ebenso bedeutend war die Parallele, die er zwischen der Arbeit des

Unbewußten und des Bewußten bei seinen hysterischen Patienten und dem Traummechanismus normaler Männer und Frauen sah. Es wurde ihm immer klarer, daß die Grundlehren der Psychoanalyse ebenso auf die gesunde Psyche angewandt werden konnten wie auf die kranke.

Die Deutung eines Traumes erfordert zunächst eine Beschäftigung mit den Ausschmückungen und Auslassungen, durch die der Träumer unbewußt seinen Bericht entstellt; dann – weitgehend durch die Methode der freien Assoziation – eine Suche nach den Merkmalen des latenten Materials. Wenn dieses auch aus verdrängten sexuellen Gefühlen bestehen kann, so gibt es Träume, die, wie Freud selbst zugab, durch andere Faktoren verursacht werden. Er ging sogar so weit zu behaupten, er könne einen bestimmten Traum experimentell träumen, wann immer er wünschte. Er brauchte nur am Abend Sardellen oder Oliven zu essen. Dann würde er durstig aufwachen, aber erst nachdem er geträumt hatte, er habe frisches Wasser in großen Zügen getrunken.

Freuds hartnäckige Behauptung, daß alle Träume eine Ursache hätten, sei es ein sexuelles Trauma in der Kindheit oder der Genuß von zu viel Sardellen, stimmte mit dem Volksglauben seit den Tagen des Alten Testaments überein, als man es für selbstverständlich hielt, daß die Träume des Pharaos und seiner Diener eine Bedeutung hatten. Gebildete hatten sich über diese Vorstellung lustig gemacht, was Freud festhielt, als er erklärte, ein alter, hartnäckig beibehaltener Volksglaube komme der Wahrheit näher als die moderne Wissenschaft. Eine solche Behauptung würde jeden Autor in den orthodoxen medizinischen Kreisen unbeliebt gemacht haben, auch wenn er nicht der Vertreter einer neuen und höchst verdächtigen Therapie gewesen wäre. Aber Freud hatte sein Buch *Die Traumdeutung* betitelt, und »Traumdeutung« war immerhin das Wort für das, was Wahrsagerinnen auf Jahrmärkten betrieben.

Von dem Buch wurden in den ersten sechs Jahren nach seinem Erscheinen anscheinend nur 351 Exemplare verkauft. Eine offenbar lächerliche Anzahl, die jedoch ihre richtige Perspektive erhält, wenn man feststellt, daß es früher im Jahrhundert John Murray nur zögernd gewagt hatte, 1250 Exemplare von einem anderen Buch zu drucken, das dazu beitrug, das Bild des Menschen von sich selbst zu ändern, nämlich von Darwins *Die Entstehung der Arten.* Daß Freud außerhalb des kleinen Kreises Wiener Psychiater beinahe völlig unbekannt war, schränkte zweifellos das Interesse an der *Traumdeutung* ein. Daß er Jude war, half ihm auch nicht. Ebensowenig sein Stil. »Es steckt auch in mir irgendwo ein Stück Formgefühl«, schrieb er an Fließ, während er die Korrektur las, »eine Schätzung der Schönheit als einer Art der Vollkommenheit und die gewundenen, auf indirekten Worten stolzierenden, nach dem Gedanken

schielenden Sätze meiner Traumschrift haben ein Ideal in mir schwer beleidigt. Ich tue auch kaum Unrecht, wenn ich diesen Formmangel als ein Zeichen fehlender Stoffbeherrschung auffasse.«[54] In letzterem Punkt war er zu selbstkritisch. Doch es gab Teile des Buches, die besondere Fachkenntnisse erforderten, um voll verstanden zu werden, und sogar James Strachey, der hervorragende Übersetzer der Werke Freuds, schrieb: »Es ist keine Übertreibung zu sagen, daß ein großer Teil des siebenten Kapitels ... erst seit der Veröffentlichung des ›Entwurfs‹ ganz verständlich wurde.«[55]
Doch *Die Traumdeutung* wurde von Freud mit Recht als das wichtigste seiner Werke betrachtet, und zweifellos war es die außerordentliche Bedeutung, die er ihm beimaß, die ihm den Blick für die Aufnahme, die das Buch fand, trübte. An Fließ schrieb er voll Bitterkeit: »... kein Blättchen rauschte, um zu verraten, daß die Traumdeutung irgendwem das Gemüt bewegt ... Ich Tor [war] wieder einmal hoffnungstrunken, daß jetzt ein Schritt gegen die Freiheit und das Wohlbehagen geschehen sei. Der Empfang des Buches und das Stillschweigen seither haben das keimende Verhältnis zum Milieu wieder zerstört.«[56] Denselben Ton schlug auch Ernest Jones an, der, nachdem er kurz einige der Besprechungen, die immerhin erschienen waren, überflogen hatte, in seiner Biographie bemerkte: »Selten hat ein wichtiges Buch so wenig Widerhall gefunden.«[57]
Tatsächlich fand das Buch große Beachtung, obwohl die Besprechungen in den Fachzeitschriften der Natur der Dinge nach über viele Monate verstreut waren. Aber Wilhelm Stern anerkannte in der *Zeitschrift für Psychologie und Physiologie der Sinnesorgane*, daß das Buch viele Details von höchst anregendem Wert, feine Beobachtungen und theoretische Ausblicke und vor allem ein außerordentlich reiches Material an sehr genau aufgezeichneten Träumen enthalte. W. Weygandt schrieb im *Zentralblatt für Nervenheilkunde*, daß Freud in seinen Bemühungen, Träume zu analysieren, weiter gegangen sei, als es bis dahin irgend jemand versucht habe, und es gab viele ähnliche anerkennende Rezensionen. Zwei Forscher haben nachgewiesen, daß *Die Traumdeutung* anfangs in mindestens elf Zeitschriften mit einer Gesamtlänge von 7500 Wörtern besprochen wurde, aber es wäre naiv, den Verkauf den Rezensionen gleichzusetzen, und Freud selbst mußte, nachdem ihm Fließ von einem Dutzend Lesern in Berlin berichtet hatte, zugeben: »Leser habe ich wohl auch hier, für Anhängerschaft wird die Zeit nicht reif sein. Es ist zuviel des Neuen und Unglaublichen und zu wenig strenger Beweis.«[58]
Er hatte insofern Unglück, als eine der ersten erschienenen Besprechun-

gen, die in der Wiener Tageszeitung *Die Zeit* von einem Autor stammte, der, wie es hieß, »eine boshafte Darstellung der Freudschen Gedanken, mit journalistischem Geschick verzerrt und ironisiert«[59], lieferte. »[Die Rezension] ist wenig schmeichelhaft, ungemein verständnislos und – was das ärgste ist – in der nächsten Nummer fortzusetzen«[60], beklagte sich Freud bei Fließ. Sein Stolz war verletzt, und nachdem er die Fortsetzung gelesen hatte, klagte er, daß sie nicht nur verständnislos sei, sondern »leider auch frech respektlos«[61]. Eine seltsame Reaktion seitens eines Autors, der sehr wohl wußte, daß er einen mühseligen Kampf um die Anerkennung seiner Ideen vor sich hatte. Jedenfalls wurde um diese Zeit die Besprechung in der populären Zeitung *Die Zeit* durch andere aufgewogen. Das *Wiener Fremdenblatt* beschrieb das Buch als außerordentlich einfallsreich und interessant, und die *Arbeiterzeitung* lobte es. Soviel zu Freuds Prophezeiung Fließ gegenüber: »Ich glaube nicht, daß ich hier eine öffentliche Besprechung durchsetzen werde. Wir sind doch schrecklich weit voraus.«[62]

Eine Besprechung in einer Wiener Wochenzeitung, die das Buch abstrus und unwissenschaftlich fand, sollte unerwartete Folgen haben. Sie wurde von Wilhelm Stekel gelesen, einem jungen Psychiater, der damals in der Stadt praktizierte und selbst sowohl Schriftsteller als auch Arzt war. Stekel mißtraute Rezensionen und beschloß, Freud aufzusuchen. »Er lieh mir sein neues Buch«, erinnerte sich Stekel. »Ich war begeistert. Ich schrieb einen langen zweiteiligen Artikel im *Neuen Wiener Tagblatt* und hob die Bedeutung dieses Buches hervor, das eine neue Wissenschaft der Traumdeutung einleitete . . . Freud war sehr erfreut und widmete mir einen Band mit den Worten: ›Meinem Kollegen Stekel mit bestem Dank für seine Anerkennung.‹«[63] Dies war der Beginn einer Freundschaft, die zwölf Jahre später im Zorn enden sollte.

Freud unternahm alle Anstrengungen, um auf das Buch aufmerksam zu machen, und er schickte ein Exemplar Theodor Herzl, dem Feuilletonredakteur der *Neuen Freien Presse*, dessen Reportagen über die Dreyfus-Affäre aus Paris er aufmerksam verfolgt hatte. Er legte einen Brief bei, in dem er den Vater des Zionismus bat, »dieses Buch in jedem Falle zu behalten als Zeichen der hohen Achtung, die ich – wie so viele andere – dem Dichter und Kämpfer für die Menschenrechte unseres Volkes entgegenbringe«[64]. Persönlich scheint er Herzl nicht gekannt zu haben, wenngleich von Hans Herzl, dem Sohn des Zionisten, berichtet wird, er habe Freud einige Zeit, bevor er Selbstmord verübte, um Rat in seinen persönlichen Problemen aufgesucht.

Wie groß Freuds Interesse am Zionismus damals war, ist ungewiß, aber einem entfernten Verwandten, Dr. Joseph Freud, zufolge erwähnte er

Herzl 1905 oder 1907 in einer Vorlesung an der Universität und sagte, der Zionistenführer sei ihm im Traum erschienen. »Eine von Glanz erfüllte Erscheinung mit einem dunklen und doch blassen, von einem schönen schwarzen Bart gezierten Gesicht und mit Augen, die unendlichen Kummer ausdrückten«, so gab der Doktor Freuds Beschreibung Herzls wieder. »Die Erscheinung versuchte Freud von der Notwendigkeit unmittelbaren Handelns zu überzeugen, wenn das jüdische Volk gerettet werden solle. Diese Worte erstaunten ihn durch ihre Logik und ihre starke Emotion.«[65]

Eine Zeitlang ärgerte sich Freud über Kritiker, die auf, wie er selbst sagte, komische Fehler in der *Traumdeutung* hinwiesen. Er hatte Schillers Geburtsort als Marburg statt Marbach angegeben und als Hannibals Vater Hasdrubal statt Hamilkar genannt. Um die Mitte des Jahres 1900 schien er davon überzeugt zu sein, daß das Buch spurlos verschwinden werde.

Aber nicht nur für Wilhelm Stekel war das Buch eine Offenbarung gewesen. Alfred Adler bemerkte: »Dieser Mann hat uns etwas zu sagen!«[66], während Hanns Sachs seine erste Lektüre in der *Traumdeutung* als einen schicksalshaften Augenblick beschrieb – »wie wenn man der ›femme fatale‹ begegnet, nur mit einem entschieden günstigeren Ergebnis«[67]. Doch in medizinischen Kreisen ebenso wie in der allgemeinen Öffentlichkeit blieben das Interesse gering und die Aufnahme zögernd, und erst 1909, nachdem die Psychoanalyse begonnen hatte, sich einen Namen zu machen, wurde eine zweite Auflage erforderlich. Aber selbst dann noch hielt es Freud für angebracht, in einem neuen Vorwort zu schreiben: »Meine Kollegen von der Psychiatrie scheinen sich keine Mühe gegeben zu haben, über das anfängliche Befremden hinauszukommen, welches meine neuartige Auffassung des Traumes erwecken konnte . . .«[68] Zwei Jahre später, als eine dritte deutsche Auflage erschien, wurde der *Traumdeutung* eine größere Ehrung durch Havelock Ellis zuteil, der in *The World of Dreams* sagte, daß Freuds Buch von »einem der tiefgründigsten Erforscher der dunklen Tiefen der menschlichen Seele« geschrieben worden sei. »Selbst wenn man Freuds Methoden als unbefriedigend und seine Fakten als unbewiesen ablehnt, muß das Werk eines so kühnen und aufrichtigen Mannes im höchsten Grade hilfreich und anregend sein. Wenn es nicht die Wahrheit ist, so wird es zumindest helfen, die Wahrheit zu finden.«[69] Der kleine Seitenhieb in diesem Satz bezog sich darauf, daß Freud und seine Anhänger um 1911 zu der Behauptung neigten, sie hätten die Wahrheit als solche gefunden.

In den nachfolgenden Auflagen fügte Freud neues Material hinzu, und wie um die Vorwürfe, die gegen ihn erhoben wurden, Lügen zu strafen, revidierte er immer wieder seine Theorien, zumindest in Einzelheiten. Nichtsdestoweniger wollte die Kritik nicht verstummen, und noch 1921 hielt er es für nötig, im Vorwort zur sechsten Auflage zu schreiben: »Handelte es sich früher darum, einige Aufklärungen über das Wesen des Traumes zu geben, so wird es jetzt ebenso wichtig, den hartnäckigen Mißverständnissen zu begegnen, denen diese Aufklärungen ausgesetzt sind.«[70] Die Kritik konzentrierte sich auf zwei Dinge. Das eine war die Absolutheit seiner Behauptungen. Der erste Satz seines Buches lautete: »Auf den folgenden Blättern werde ich den Nachweis erbringen, daß es eine psychologische Technik gibt, welche gestattet, Träume zu deuten . . .«[71] Der Ausdruck »Nachweis« war unglücklich gewählt und mag mit dazu beigetragen haben, daß der Rezensent der englischen Ausgabe in *The Nation* Einspruch erhob und schrieb, daß der Psychologe in dem Buch »die Errichtung eines riesigen Bauwerks auf einem sehr schwachen und unsicheren Fundament« sehen müsse und daß sich der Autor darin als jemanden darstelle, »dessen wissenschaftlichem Urteil nicht getraut werden kann, was selbst seine begeisterten Anhänger dazu bewegen muß, sich zu fragen, ob sie den Wert seines Werkes nicht in anderen Richtungen überschätzen«[72]. Auf einen zweiten Punkt wies W. H. R. Rivers hin, der englische Psychiater, der nicht nur Freuds Traumtheorie zum großen Teil akzeptierte, sondern auch im Ersten Weltkrieg zu den ersten gehörte, die die Traumdeutung bei der psychologischen Rehabilitation von Kriegsverwundeten anwandten. Eine der Regeln Freuds lautete, daß nur der Analytiker, der den Traum als Ganzes studiert, entscheiden könne, ob ein bestimmtes Element darin auf diese oder die gegenteilige Weise zu deuten sei. »Eine solche Methode«, schrieb Rivers, »würde jede andere Wissenschaft auf eine Absurdität reduzieren, und es muß daran gezweifelt werden, ob die Psychologie ihre eigenen Methoden haben kann, die es nötig machen würden, sie von allen anderen Wissenschaften zu trennen und einer eigenen Kategorie zuzuordnen.«[73]

Diese Punkte sind stichhaltig. Nichtsdestoweniger fällt es schwer, nicht zu glauben, daß – auch als Rivers in den frühen zwanziger Jahren schrieb – noch ein Rest der anfänglichen Ansichten über Freuds Einstellung zur Sexualität die Meinungen färbte. Jedenfalls drückt sich dies aus in dem Vorwort zu Rivers' eigenem Buch über Träume. Es wurde von G. Elliot Smith geschrieben, der, nachdem er gesagt hatte, daß Rivers' Einstellung Freud modifiziere, hinzufügte: »Nicht nur säubert es [das Buch] die Methode der psychoanalytischen Schule der Traumdeutung von den meisten der abstoßenden Auswüchse, die ihr so viele Vorwürfe eingetragen haben, sondern es führt auch zum erstenmal Prinzipien der Logik und Folgerichtigkeit und eine engere Beziehung zur Wirklichkeit ein.«[74]

Achtzig Jahre nach der Veröffentlichung der *Traumdeutung* mißt man den »abstoßenden Auswüchsen« weniger Bedeutung bei als den echten Änderungen, die einige ihrer Schlußfolgerungen betreffen. So wurde behauptet, daß der manifeste Trauminhalt ebenso wichtig sei wie der latente. Der Glaube, daß alle Träume Beispiele für Wunscherfüllung seien, den Freud selbst schon in den zwanziger Jahren eingeschränkt hatte, erwies sich als eine zu grobe Vereinfachung, und man erkennt heute, daß die Symbolisierung weniger universell angewandt werden kann, als es sich Freud vorstellte. Von noch grundlegenderer Bedeutung ist die Bemerkung Bertrand Russells in *Human Knowledge: Its Scope and Limits.* »Zu versuchen – wie es Freud tat –, aus den Träumen eine Wissenschaft zu machen, ist ein Fehler«, erklärte er. »Wir können nicht wissen, was ein Mensch träumt, sondern nur, was er geträumt zu haben behauptet. Was er sagt, daß er träumt, gehört in den Bereich der Physik, denn das Sagen besteht aus Bewegungen der Lippen, der Zunge und des Kehlkopfs; aber es ist eine leichtfertige Annahme zu vermuten, daß das, was er sagt, wenn er seinen Traum zu erzählen behauptet, ein tatsächliches Erlebnis ausdrückt.«[75]

Freuds eigene Ansichten waren ziemlich ambivalent. Er gab 1933 zu: »Anderseits hat die Assoziation oft gerade vor den eigentlichen Traumgedanken haltgemacht, ist ihnen nur nahegekommen, hat sie nur in den Anspielungen berührt. Wir greifen da selbsttätig ein, vervollständigen die Andeutungen, ziehen unabweisbare Schlüsse, sprechen das aus, woran der Patient in seinen Assoziationen nur gestreift hat. Das klingt dann so, als ließen wir unseren Witz und unsere Willkür mit dem Material spielen, das uns der Träumer zur Verfügung stellt, und mißbrauchten es dazu, in seine Äußerungen hineinzudeuten, was sich aus ihnen nicht herausdeuten läßt; auch ist es nicht leicht, die Rechtmäßigkeit unseres Vorgehens in einer abstrakten Darstellung zu erweisen.«[76] Wie zwei Analytiker, die im Grunde für ihn Partei ergriffen, sagten, »werden gerade unter seiner beruhigenden, mutigen Zuversicht Freuds Unsicherheiten hinsichtlich des Verfahrens der Traumdeutung deutlich sichtbar«[77].

Das einzige, woran Freud selten zweifelte, war, daß sein Werk nicht die Aufmerksamkeit erringen werde, die es verdiente. Viele Jahre nach seinem Erscheinen behauptete er, daß es im größten Teil der einschlägigen Literatur noch nicht einmal erwähnt worden sei. ». . . am wenigsten Beachtung«, schrieb er, »hat sie [Die Traumdeutung] natürlich bei den sogenannten ›Traumforschern‹ gefunden, die von der dem wissenschaftlichen Menschen eigenen Abneigung, etwas Neues zu erlernen, hiermit ein glänzendes Beispiel gegeben haben ... Wenn es in der Wissenschaft ein Recht zur Revanche gibt, so wäre ich wohl berechtigt, auch meinerseits die Literatur seit dem Erscheinen dieses Buches zu vernachlässigen.«[78]

Schon in den ersten Tagen des Jahres 1900, als er die ersten Rezensionen überflog, war Freud im Hinblick auf die Zukunft pessimistisch. »Das neue Jahrhundert, von dem uns am interessentesten sein dürfte, daß es unsere Todesdaten in sich schließt, hat mir nichts gebracht als ein blödes Referat ...«, klagte er Fließ. »Auf Anerkennung zu Lebzeiten wenigstens rechne ich nicht.«[79]

Der Feldherr

10
Die Gründung der Bewegung

Wir sind im Besitz der Wahrheit.
Dessen bin ich so sicher wie vor fünfzehn Jahren.

Freud in einem Brief an Sándor Ferenczi

Trotz seines Pessimismus hatte Freud in den ersten Monaten des neuen Jahrhunderts das Fundament vollendet, auf dem er das Gebäude der Psychoanalyse mit seinen vielen Räumen errichten sollte. Es bestand in der Anerkennung der Tatsachen, daß das Unbewußte eine bedeutendere Rolle in der Motivation menschlichen Verhaltens spielt, als man bis dahin zugegeben hatte; daß ein großer Teil der psychischen Erkrankungen auf unvermutete traumatische Ereignisse zurückzuführen ist, die oft sexueller Natur sind und in einem Kindesalter auftreten, in dem man alles für reine Unschuld und Glückseligkeit gehalten hatte, und daß solche Krankheiten manchmal gelindert oder sogar geheilt werden können durch eine neue, revolutionäre Form des Gesprächs zwischen Patient und Arzt. Dazu kam die breitere Basis, die durch *Die Traumdeutung* geschaffen worden war, in der Freud nicht nur behauptete, daß Träume Hinweise auf das Verhalten des Neurotikers liefern können, sondern auch demonstrierte, daß seine Theorien des Unbewußten auf die Gesunden ebenso anwendbar sind wie auf die psychisch Kranken.

Die nächsten Jahre sollten einen Wandel bringen. Während Freud Ideen ausarbeitete, die er im »Entwurf« und anderen frühen Schriften nur gestreift hatte, entwickelte sich die Psychoanalyse weiter; was als Verständnis, und manchmal Heilung, der Hysterie begonnen hatte, erwies sich nun als anwendbar auf Zwangsvorstellungen, Phobien und eine Unzahl kleinerer Störungen, die kaum die Bezeichnung Neurose verdienten. Diese Erweiterung des Feldes hatte ihre Gefahren, deren sich Freud selbst nicht voll bewußt gewesen zu sein scheint. Gewöhnlich vorsichtig und darauf bedacht, die Grenzen der Leistungsfähigkeit der Psychoanalyse zu betonen, war er nicht ganz imstande, ihre Ausbeutung durch Anhänger als ein wunderwirkendes Allheilmittel zu verhindern.

Aber die Psychoanalyse fand in den ersten Jahren des 20. Jahrhunderts nicht nur einen immer größeren Anwendungsbereich in der Medizin. Sie begann gleichzeitig aus dem Sprechzimmer hinüberzuwandern in die Forschungsgebiete der Anthropologie, der Geschichte und Biographie, so daß bald »Erzieher, Kinderärzte, Soziologen und Anthropologen, Chirurgen und Kriminologen glaubten, die psychoanalytische Theorie müsse, wenn sie richtig sei, wichtige Folgen für ihre eigene Arbeit haben«[1]. Zugleich mit ihrem Übergreifen auf die verschiedensten Fachgebiete kam ihre Institutionalisierung, zuerst in einer kleinen Gesellschaft in Wien, dann in einer internationalen Organisation.
Der Ausbreitung und Konsolidierung des Reiches der Psychoanalyse kamen nahe der Jahrhundertwende andere Ereignisse gleich, die die damals bekannte Welt radikal verändern sollten. Auf die Entdeckung der sogenannten »X-Strahlen« durch Wilhelm Conrad Röntgen in demselben Jahr, in dem die *Studien über Hysterie* erschienen, war ein Jahr später der Nachweis der Radioaktivität durch Henri Becquerel gefolgt, der zu den Arbeiten des Ehepaars Curie mit Radium weiterführte und einige Jahre später zur neuen Vorstellung vom Atom mit allem, was sich daraus entwickeln sollte. Im Jahre 1900 hatte Max Planck, als er in den Wäldern um Berlin spazieren ging, seinem Sohn anvertraut, er habe heute eine Entdeckung gemacht, die so wichtig sei wie die Newtons. Es handelte sich um die Quantentheorie, die die Physik revolutionierte. Im selben Jahr wurden Mendels Vererbungsgesetze gleichzeitig, aber voneinander unabhängig, von Karl Correns, Hugo de Vries und Erich von Tschermak wiederentdeckt, und die Wissenschaft der Genetik mit ihren Möglichkeiten und Gefahren begann sich zu entwickeln. In der Literatur, in der Musik und in der bildenden Kunst machten sich ebenfalls beunruhigende neue Bewegungen und Ideen bemerkbar, und wenn sie auch nur als Einzelerscheinungen in einem kontinuierlichen Evolutionsprozeß betrachtet werden können, so traten sie doch kurz nach 1900 in beträchtlicher Anzahl auf. Die meisten hatten eines mit Freuds Anschauungen von den Triebfedern des Seelenlebens gemeinsam: sie wurden gewöhnlich von allen außer den Pionieren selbst voll Argwohn und oft voll Verachtung betrachtet. So hatten Freud und seine Anhänger mit den führenden Geistern ihrer Zeit mehr gemein, als sie geahnt haben mögen.
Die Opposition gegen die Psychoanalyse war nichtsdestoweniger entschlossener und kompromißloser als die konservativen Kräfte, die Nachhutgefechte in Wissenschaft, Kunst und Literatur lieferten. Im allgemeinen entsprang diese Opposition der Betonung der Sexualität, der Verführungstheorie, an die Freud selbst nicht mehr glaubte, die er aber so spät erst widerrief, und seiner Theorie, daß das sexuelle

Bewußtsein der Kinder schon in ihren frühesten Jahren erwacht, eine Idee, die für viele ein empörendes Zerrbild der Wahrheit darstellte. Wie groß die Feindschaft war, zeigt das Beispiel eines Mannes, der auf der Straße auf Freud zutrat und ihn mit den Worten angriff: »Lassen Sie mich Ihnen sagen, was für ein niedrig denkender, schmutziger alter Mann Sie sind.«[2] Freud, Angriffe gewohnt, lächelte und wandte sich ab. Er war sich seiner Lage wohl bewußt und sagte später oft, die Leute hätten ihn wie eine frisch gestrichene Wand behandelt; sie wagten es nie, ihn zu berühren. Er glaubte, daß Schweigen oft die beste Verteidigung sei, und schrieb einmal: »Ich weiß, was ich mache, ist der Mehrzahl widerwärtig. So lange ich völlig korrekt bleibe, sind die Herren Gegner unsicher, erst wenn ich dasselbe tue wie sie selbst, werden sie sich sicher fühlen, daß ich nichts Besseres mache als sie.«[3]
Max Graf, der Wiener Musikwissenschaftler, der ein vertrauter Freund werden sollte, schilderte die Einstellung in der Hauptstadt um die Jahrhundertwende, als er Freud zum erstenmal begegnete. Er schrieb: »Wenn man in jenen Tagen Freuds Namen in einer Versammlung von Wienern erwähnte, begann jeder zu lachen, als hätte man einen Witz gemacht. Freud war der komische Kerl, der ein Buch über Träume geschrieben hatte und sich für einen Traumdeuter hielt. Es galt als geschmacklos, Freuds Namen in Gegenwart von Damen zu nennen. Sie erröteten, wenn sein Name erwähnt wurde. Die weniger Empfindlichen sprachen über Freud mit einem Lachen, so als erzählten sie einen schmutzigen Witz . . .«[4]
In medizinischen Kreisen wurde er nicht, wie er oft behauptete, ignoriert, sondern als einer, den man nicht ernst nehmen konnte, abgetan. So war es bezeichnend, daß, als die Wiener Gesellschaft der Ärzte bei einer ihrer Veranstaltungen eine Parodie von Molières *Le malade imaginaire* aufführte, der Quacksalber zu sagen hatte: »Wenn der Patient seine Mutter liebte, ist das der Grund für seine Neurose, und wenn er sie haßte, ist das der Grund für dieselbe Neurose. Was immer für eine Krankheit es ist, die Ursache ist immer dieselbe. Und was immer die Ursache ist, die Krankheit ist immer dieselbe. Ebenso auch die Behandlung: zwanzig einstündige Sitzungen zu je 50 Kronen.«[5]
Freud selbst sprach sich offen aus, wenn er seinen Freunden erklärte, was diese Einstellung für seine Praxis bedeutete. So erzählte er Rudolf von Urban einmal beim Abendessen, wie er von einer besorgten Mutter gerufen wurde, die wegen ihres Sohnes seinen Rat suchte. »Sie belauschte draußen vor der Tür das Gespräch«, schrieb von Urban später, »und als sie hörte, daß Freud mit ihrem Sohn über sexuelle Dinge sprach, stürmte sie ins Zimmer, beschimpfte ihn und nahm eine so drohende

Haltung ein, daß er in aller Eile aus dem Haus fliehen mußte und nicht einmal Zeit hatte, in seinen Überzieher zu schlüpfen.«[6]

Doch obwohl es die durch moralische, soziale und religiöse Tabus bedingte Abneigung gegen Offenherzigkeit in sexuellen Dingen war, die die allgemeine Feindseligkeit nährte, hatte die Opposition eine noch viel tiefer gehende Ursache. Jahrhunderte zuvor hatte Kopernikus die Erde aus dem Mittelpunkt des Universums verbannt und sie als erster so gezeigt, wie wir sie heute sehen: als einen kleinen Punkt an der Peripherie eines riesigen Systems, das selbst nur ein kleiner Punkt in einem noch riesigeren System ähnlicher Punkte ist. Während Freud aufwuchs, hatte Darwin den Menschen auf der Leiter seiner Selbstüberheblichkeit eine Sprosse tiefer gesetzt, indem er darlegte, daß er, weit davon entfernt, das Ergebnis eines besonderen Schöpfungsaktes zu sein, nur das letzte Beispiel einer langen Linie sich entwickelnder Lebewesen ist und daß seine Ahnenreihe zu den einfachsten lebenden Organismen zurückführt. Was aber immer noch geblieben war, war der unsterbliche Geist des Menschen, sein blankes Schwert, das er zum Guten oder zum Bösen verwenden konnte, wie es sein Intellekt für richtig hielt. Doch dann kam Freud mit seiner Auffassung vom Primär- und Sekundärvorgang und seiner Überzeugung, daß ersterer den letzteren nicht nur in den Träumen und in der Krankheit beherrscht, sondern unmerklich auch das Alltagsleben normaler Männer und Frauen beeinflußt. »Die psychoanalytische Lehre«, wurde gesagt, »verlagerte das Kräftegleichgewicht der menschlichen Psyche vom sekundären auf den primären [Vorgang] und unterminierte so den seit der Zeit der Griechen herrschenden orthodoxen Glauben des abendländischen Menschen an die Priorität des Verstandes.«[7] Daher war, wie Freud einmal zu seinem Freund Ludwig Binswanger sagte, zu erwarten, daß es nichts gebe, was der Mensch weniger zu akzeptieren imstande sei, als die Psychoanalyse.

Aus diesem Grunde blickte er dem neuen Jahrhundert entgegen mit der Gewißheit eines mühseligen Kampfes nicht nur mit dem Konservatismus der Kollegen, sondern auch mit dem instinktiven, wenngleich unausgesprochenen Mißtrauen des Laien.

Die Entthronung des Intellekts bestärkte auch das Mißtrauen in jeder anderen Hinsicht, mit dem Freud und seine Ideen betrachtet wurden, und zu Beginn des 20. Jahrhunderts hatte seine Lage einiges mit der William Harveys mehr als 250 Jahre früher gemein. Harveys schmales Buch, das die Blutzirkulation beschrieb, hatte 1628 die Auffassung Galens vom menschlichen Körper als einer Ansammlung nur lose verbundener Organe durch sein so dramatisches neues Bild von einem geschlossen funktionierenden Organismus erschüttert. Zum Dank für seine Mühen wurde Harvey *the Circulator* genannt, was damals ein Spottname für die Quacksalber war, die auf den Jahrmärkten ihre Heilmittel feilboten. Mediziner schrieben gelehrte Bücher, die seine Ideen lächerlich machten, und seine Praxis ging zugrunde. Freud war in einer ganz ähnlichen Lage, als er für den Geist zu tun begann, was Harvey für den Körper getan hatte, indem er zeigte, daß Bewußtsein und sichtbares Verhalten nur Teile eines dynamischen Systems sind, das das Unbewußte mit einschließt. Dazu kam noch eine weitere Ähnlichkeit zwischen den beiden Männern und ihrer Arbeit, die es ebenso leicht machte, Freud zu verspotten, wie es einst leicht gewesen war, Harvey zu verhöhnen: die Tätigkeit des Unbewußten war einer streng wissenschaftlichen Untersuchung und Demonstration ebenso unzugänglich wie der Blutkreislauf im 17. Jahrhundert. Freud war nicht übermäßig besorgt. »Sie mögen meine Lehren bei Tag beschimpfen«, sagte er oft, »aber ich bin sicher, sie träumen von ihnen bei Nacht.«[8]

Trotz der Opposition, deren Stärke und Hartnäckigkeit nicht unterschätzt werden sollten, zog Freud weiterhin Patienten an, vor allem solche, die anderswo keine Heilung gefunden hatten und in der Berggasse 19 die letzte Zuflucht sahen. Zu ihnen gehörte der deutsche Dirigent Bruno Walter, der sich eben einen Namen an der Wiener Oper machte. Er entwickelte in seinem rechten Arm etwas, was man in der Medizin einen Berufskrampf nennt, wovon er jedoch befürchtete, es sei eine beginnende Lähmung. »Ich suchte einen bedeutenden Arzt nach dem anderen auf«, schrieb er, »erhielt von jedem die Bestätigung psychogener Elemente in der Krankheit, machte Kuren von Schlammbädern bis zum Magnetismus und beschloß endlich, den großen Schöpfer der Psychoanalyse, Professor Sigmund Freud zu konsultieren, resigniert zu monatelanger Seelenforschung.«[9]

Die Unterredung verlief entgegen den Erwartungen Walters. Er hatte gedacht, Freud werde sich fachlich »für den Zusammenhang einer vor über Jahresfrist erlittenen Kränkung und einem aktuellen Armleiden interessieren«. Statt dessen fragte Freud, ob Walter je in Sizilien gewesen sei. Das war nicht der Fall. »Kurzum«, schrieb Walter, »ich solle noch selben Abend abreisen, den Arm und die Oper vergessen und ein paar Wochen im Süden die Augen aufmachen.«[10]

Als er zurückkehrte und sich sein Arm offenbar nur sehr wenig gebessert hatte, sagte Freud, er solle wieder anfangen zu dirigieren, und es kam zu dem folgenden Gespräch:

Walter: »Aber ich kann den Arm nicht rühren.«

Freud: »Versuchen Sie es jedenfalls.«

Walter: »Und wenn ich aufhören muß?«

Freud: »Sie werden nicht aufhören müssen.«
Walter: »Kann ich eine Störung in einer Aufführung verantworten?«
Freud: »Ich verantworte sie.«[11]
Walter nahm seinen Taktstock wieder zur Hand. Dann begann eine Reihe von Sitzungen mit Freud, und »mit Bemühen und Vertrauen, durch Lernen und Vergessen«, schrieb er, »gelang es mir, mich in meinen Beruf zurückzufinden. Jetzt erst wurde mir klar, daß ich ihn während der vergangenen Wochen bereits aufgegeben hatte.«[12]
Walters Freund, der Komponist Gustav Mahler, ein zum Katholizismus übergetretener Jude, sah ebenfalls in Freud seine letzte Zuflucht. Sein Problem war seine Beziehung zu seiner Frau, Alma, obwohl sein Biograph glaubt, es »steht nicht ganz fest, ob Mahler Freud aufsuchte, weil er sich selbst besser verstehen wollte, um seine Schuldgefühle bezüglich seiner Haltung gegenüber Alma zu erleichtern oder um Freud intellektuell zu begegnen.«[13] Mahler war durch Unentschlossenheit zermürbt und telegrafierte Freud dreimal wegen einer Verabredung, die er dann in letzter Minute wieder absagte. Schließlich reiste er nach Holland, wo Freud einen seiner wenigen Urlaube fern der Berge verbrachte. »Ich analysierte Mahler einen Nachmittag lang in Leiden«, erzählte er Theodor Reik. »Wenn ich Berichten glauben darf, erreichte ich damals viel bei ihm . . . Während einer hochinteressanten Expedition durch seine Lebensgeschichte entdeckten wir seine persönlichen Voraussetzungen für die Liebe, besonders seinen Marien-Komplex [Mutterfixierung]. Ich hatte gute Gelegenheit, die Fähigkeit psychologischen Verstehens dieses genialen Mannes zu bewundern.«[14]
Trotz der Achtung seitens der Berühmten, die Freud anzuziehen begann, nahm die Gegnerschaft ständig zu, ja es war zu erwarten, daß jeder neue Erfolg den Gegner nur zu noch heftigeren Angriffen herausforderte, deren sich Freud nun unter anderen Umständen zu erwehren hatte als früher. Seine Bemühungen, die Geheimnisse des Geistes zu ergründen, zu denen ihn Charcot in der Salpêtrière angeregt hatte, waren nicht nur durch den Wunsch, die Kenntnisse des Menschen zu erweitern, sondern auch durch die Hoffnung auf finanziellen Erfolg angespornt worden. Die Goldfärbemethode hatte versagt, und die Belohnung für das Kokain war einem anderen zugutegekommen, aber es sollte keinen Irrtum hinsichtlich der Anwendung des Unbewußten als eines neuen Therapiemittels geben. Während der Periode der zunehmenden Spannung zwischen ihm und Breuer hatten sich seine Interessen an den Rätseln, die er untersuchte, geändert. Es wäre vollkommen falsch, andeuten zu wollen, sein Ehrgeiz habe nachgelassen; er war vielmehr größer denn je, aber größer durch den Glauben, daß er allein das Unbewußte erfolgreich erforschen

könne. Die Hingabe an eine Berufung, die zu empfinden ihm als Arzt so schwergefallen war, kam ihm bei seiner Arbeit als Psychoanalytiker zu Hilfe.

Nun, während der ersten Jahre des 20. Jahrhunderts, sollte dieses Amalgam aus Ehrgeiz und Hingabe zu etwas noch Härterem und Anspruchsvollerem verschmolzen werden. Innerhalb weniger Jahre befreite sich Freud von dem Einfluß von Fließ. Er unternahm eine langersehnte Reise nach Rom. Und von dieser Reise kehrte er mit dem festen Entschluß zurück, mit allen Methoden, die sich als nötig erwiesen, einen Lehrstuhl an der Universität zu erringen. Zuletzt entstand eine neue Gleichung: Sigmund Freud ist gleich Psychoanalyse, die neue Methode, Technik oder auch Wissenschaft, die er entdeckt hatte.

All das spielte sich vor dem Hintergrund eines Lebens ab, das aus neun Monaten ununterbrochener Arbeit in Wien und drei Monaten Urlaub bestand, von denen der größere Teil gewöhnlich in den Alpen verbracht wurde. Freud ging nun auf die Fünfzig zu. Er war ein Familienvater, der eine Frau und sechs Kinder zu erhalten hatte. Seine Stellung an der Universität war noch immer die eines Dozenten. Die zusammen mit Breuer geschriebenen *Studien über Hysterie* hatten wie seine eigenen Bücher, *Zur Auffassung der Aphasien* und *Die Traumdeutung*, nur einige kleine Wellen geschlagen, die sich rasch wieder beruhigt hatten, während er in den medizinischen Kreisen Wiens noch immer mit dem alten Argwohn und Abscheu betrachtet wurde. Sein Freund Hanns Sachs schrieb später über Martha: »Die Haltung der Freunde und Bekannten im allgemeinen war die des Mitleids mit der armen Frau, deren Mann, früher ein kluger Wissenschaftler, sich als ein eher widerlicher Verrückter entpuppt hatte.«[15]

Finanziell ging es ihm immer noch schlecht. Die Unterstützung älterer Verwandter, die Ansprüche einer wachsenden Familie und die Ungewißheiten einer Praxis, die noch lange zwischen Erfolg und schlechtem Ruf schwebte, trugen zusammen dazu bei, das Leben sorgenvoller und unsicherer zu machen, als sein gepflegtes Äußeres vermuten ließ. »Die Wahrheit«, schrieb sein Sohn Martin, »ist, daß das respektable Auftreten meines Vaters und der elegante Zweispänner, den er benutzte, nur die Armut eines Mannes verbargen, der zusammen mit seiner Frau Mühe hatte, mit seinen Mitteln auszukommen.«[16]

Dennoch wandten sich viele Mitglieder der Familie automatisch an Freud, nicht nur um Geld wie in späteren Jahren, sondern um Rat. So schrieb ihm 1900 Eli Bernays, der bereits ein gutgehendes Geschäft in New York hatte, einen 19 Seiten langen Brief, in dem er ihn um Hilfe bei der Entscheidung bat, was mit seiner, Freuds, Schwester Pauline geschehen sollte, die vor einigen Jahren in die Vereinigten Staaten ausgewandert war. Ihr Mann war gestorben, und Freud wurde gebeten zu entscheiden, was das beste für sie sei: in Amerika zu bleiben oder zur Familie ihres Mannes in Berlin zurückzukehren. Eli wollte das Geld für die Reise und für ihren Unterhalt, bis sie sich wieder eingerichtet hatte, zur Verfügung stellen, aber Freud hatte die Aufgabe, die Verwandten auszuhorchen, wenn nötig andere Regelungen vorzuschlagen und unverzüglich telegrafisch Bericht zu erstatten. Der an sich triviale Zwischenfall, der mit Paulines Rückkehr nach Berlin endete, war ein Vorzeichen kommender Ereignisse. In allen folgenden Jahren wurde Freud in immer höherem Maße als der Beichtvater eines ständig wachsenden Familienkreises betrachtet, ein menschlicher Briefkasten, dem jeder die Neuigkeiten mitteilte, die er dann in einem Strom von Briefen weitergab, denen Martha oder Minna oder auch beide ihre eigenen Postskripta hinzufügten.

Dieser regen, zwischen den Familien vermittelnden Tätigkeit stand ein Privatleben gegenüber, das so ruhig und ungetrübt war, daß es an George Eliots Bemerkung erinnert: »Die glücklichsten Frauen haben wie die glücklichsten Nationen keine Geschichte.«[17] Martha, die den Haushalt in der Berggasse 19 ganz nach Freuds Bedürfnissen führte und die Dienstboten mit einer »großen Güte und tiefen Menschlichkeit anleitete, die nie den Gedanken ertrug, daß das Leben eines Menschen dem Wohlergehen der Möbel untergeordnet werden sollte«[18], hielt sich diskret im Hintergrund. Ebenso Minna, die sich mit ihrer Schwester die Aufgaben teilte, die Kinder großzuziehen, dafür zu sorgen, daß die Maschinerie des Haushalts reibungslos lief, und zu gewährleisten, daß Sigmund Freuds Wünsche erfüllt wurden, womöglich bevor er sie ausgesprochen hatte.

Seine Vergnügungen waren einfach und wenig kostspielig, dem eigenen Wunsch ebenso wie der Not gehorchend. An Samstagabenden traf er sich mit einigen Freunden im Café, um eine Partie Tarock zu spielen. An Sonntagen wanderte er mit den Kindern durch die Wälder in der Umgebung der Stadt, und jeden zweiten Dienstag verbrachte er den Abend im B'nai B'rith, dem Jüdischen Verein (oft auch »Loge« genannt), wo er Zuflucht vor der ablehnenden Außenwelt fand. ». . . ich kam mir vor wie geächtet, von allen gemieden«, sagte er Jahre später in einer Ansprache an die Mitglieder des Vereins. »In dieser Vereinsamung erwachte in mir die Sehnsucht nach einem Kreis von auserlesenen, hochgestimmten Männern, die mich ungeachtet meiner Verwegenheit freundschaftlich aufnehmen sollten. Ihre Vereinigung wurde mir als der Ort bezeichnet, wo solche Männer zu finden seien.«[19]

Manchmal fiel es ihm schwer, sich der Depressionen zu erwehren. Im März 1900 schrieb er an Fließ:
»Nach dem großen Aufschwung im Sommer, der in fieberhafter Tätigkeit den Traum fertig brachte, war ich Tor wieder einmal hoffnungstrunken, daß jetzt ein Schritt gegen die Freiheit und das Wohlbehagen geschehen sei. Der Empfang des Buches und das Stillschweigen seither haben das keimende Verhältnis zum Milieu wieder zerstört. Mein zweites Eisen im Feuer ist ja die Arbeit, die Aussicht, irgendwo zu Ende zu kommen, viele Zweifel zu erledigen und dann zu wissen, was ich von der therapeutischen Chance zu halten habe . . . In den Stunden, die ich übrig habe, sorge ich dafür, nicht zur Reflexion zu kommen. Ich überlasse mich meinen Phantasien, spiele Schach, lese englische Romane; alles Ernsthafte bleibt verdammt. Seit Monaten ist keine Zeile mehr von dem, was ich lerne oder ahne, schriftlich fixiert worden. Ich lebe so als genußsüchtiger Philister, sowie ich vom Handwerk frei bin. Du weißt, wie eingeschränkt meine Genüsse sind, ich darf nichts Gutes rauchen, Alkohol leistet mir gar nichts, mit dem Kinderzeugen bin ich fertig, der Verkehr mit Menschen ist mir abgeschnitten. Ich vegetiere also harmlos, sorgsam die Aufmerksamkeit von dem Thema, das ich tagsüber bearbeite, abgelenkt zu erhalten. Bei diesem Regime bin ich heiter und meinen acht Opfern und Quälern voll gewachsen.«[20]
Die Heiterkeit half ihm gewöhnlich, bis zum Beginn der dreimonatigen Sommerferien durchzuhalten, die meistens damit begannen, daß die Familie die ersten vier oder fünf Wochen in den Ostalpen verbrachte. Dann machte er sich allein auf den Weg, um Freunde zu treffen oder mit seinem Bruder Alexander weitere Reisen zu unternehmen. Während dieser Unterbrechungen, schrieb er einmal, ginge er nicht »wieder ins Geschirr, keiner Patientin zu Liebe, bekannten oder unbekannten . . .«[21]
Die Ferien verliefen nach einem Schema, das sich mit den Jahren nur wenig änderte. Martha und die Kinder verließen Wien im voraus und bezogen eine Hütte, die schon in einer der malerischeren Gegenden der Alpen gemietet worden war. Freud folgte etwas später, und die Vorbereitungen wurden oft von seinem Bruder getroffen, so daß er allein und ungestört reisen konnte. Seine Ankunft, die seinem ältesten Sohn Martin zufolge immer der Höhepunkt der Ferien war, bildete den Auftakt zu einem allgemeinen Wandern, Bergsteigen, Pilzesammeln und Blumensuchen.
Diese Beschäftigungen genoß man in einer Berglandschaft, die noch nicht durch Seilbahnen, Sessellifte und das ganze Beiwerk eines modernen Fremdenverkehrsortes verunstaltet war, in einer Landschaft, die sich

kaum von der unterschied, in der ein Jahrhundert zuvor der Bischof von Gurk als erster den Großglockner, den höchsten Gipfel der österreichischen Alpen, erstiegen hatte. Freud bewies, daß er keineswegs ein Städter war, der den Landbewohner spielte, in einer fremden Umgebung von anderen abhängig und in einer Notlage hilflos war. Martin erinnerte sich an die Reaktion seines Vaters auf die schweren Regenfälle, die eines Sommers den Bezirk Aussee überschwemmten, Bergpfade wegspülten, Dörfer abschnitten und die Versorgung gefährdeten. »Als Vater eines Morgens mit seinem größten Rucksack, in seiner Gürteljacke, den Knickerbockers, dicken Strümpfen und schweren Stiefeln, die er sonst für Waldwanderungen anzog, aus seinem Zimmer kam, waren wir überrascht«, schrieb er. »Es waren keine Pläne für einen Familienausflug gemacht worden; aber als er uns sagte, daß er eine Versorgungsexpedition über die Bergstraße vorhatte in der Hoffnung, Dörfer zu finden, die nicht unter der Überschwemmung gelitten hatten und in denen die Läden offen waren, kamen wir einhellig zu dem Schluß, daß er der tüchtigste, weiseste und klügste Held der Welt sei.«[22]

Er war auch ein Kenner der Naturszenerie mit einem Blick für die Schönheiten einer großartigen Aussicht, und tief in seiner Seele verborgen war ein drängendes Bedürfnis nach engerer Berührung mit der Natur. Dieses Bedürfnis mußte regelmäßig befriedigt werden. »Um diese Zeit des Jahres«, schrieb er einmal im Juni, »acquiriere ich eine auffällige Ähnlichkeit mit Kolumbus. Ich sehne mich nach – Land.«[23] Diese Sehnsucht kommt in seinem Briefwechsel deutlich zum Ausdruck, und sie dauerte sein ganzes Leben an. In seinen späten Siebzigern, als er schon an Krebs litt und den Alpen einen seiner letzten Besuche abstattete, beeindruckte er seinen Arzt durch seine Begeisterung für die Natur, die Blumen, eine Wiese, einen Ausblick auf die Berge. Das Leiden beeinträchtigte nicht seine Fähigkeit, solche Dinge zu genießen. Noch später, als er nur noch die Vororte von Wien erreichen konnte, war sein Auge so scharf wie eh und je. An Arnold Zweig schrieb er einmal: »Ich sitze in meinem schönen Zimmer in Grinzing, vor mir der herrliche Garten mit frischgrünem und rotbraunem jungen Laub (Rotbuche) und konstatiere, daß der Schneesturm, mit dem sich der Mai eingeführt, aufgehört (oder ausgesetzt!) hat, und daß eine kalte Sonne das Klima beherrscht.«[24]

In den neunziger Jahren hatte der Geldmangel die Familie oft gezwungen, sich mit dem Schloß Bellevue zu begnügen, in dem er den Traum von Irmas Injektion gehabt hatte, und im April 1898 schrieb er bedrückt an Fließ: »Sehr gerne möchte ich heuer wieder in unser schönes Italien, aber der Erwerb war schlecht, ich muß sparen.«[25] Doch auch vom Bellevue aus konnte er schreiben: »Die Abende und Morgen sind entzückend; nach Flieder und Goldregen duften jetzt Akazien und Jasmin, die Heckenrosen blühen auf, und zwar geschieht das alles, wie ich auch sehe, plötzlich.«[26]

Am meisten aber genoß er die Berge. »So ein erster Marsch ist nicht bequem«, schrieb er der Familie aus Waidbruck in Südtirol, wo er sich mit Alexander aufhielt, »die neuen Stiefel haben sich allerdings großartig bewährt, sie sind so vertraut, als wären sie mit einem geboren. Solange die Leute in der Führichgasse solche Stiefel verkaufen, dürfen sie meinetwegen vor und nach dem Handel dem Kunden die Zunge herausstrecken.«[27]

Die Einschränkungen, die ihm sein Herz in den neunziger Jahren auferlegte, waren ein Grund ständigen tiefen Bedauerns. »Auf das [Berg-]Steigen habe ich ›mit schwerem Herzen‹ – wie sinnreich der Sprachgebrauch ist – verzichtet«[28], hatte er 1894 Fließ geschrieben. Aber schließlich schien er sich wieder recht gut erholt zu haben. »Montag früh bin ich mit Schwager H. auf die Rax wie in alten Zeiten«, schrieb er fünf Jahre später, »3½ Stunden hinauf, 2½ zurück. Allein die Rax ist viel höher geworden, seit ich sie zuletzt bestiegen, mindestens 500 Meter. Mein Herz hat es vortrefflich ertragen.«[29]

All dies war wesentlich für seine Weltanschauung, in der der Genuß einer schönen Landschaft etwas Lebensnotwendiges war. Was ihm wirklich gefiel, war, wie er schrieb, »eine entzückende Einsamkeit, Berg, Wald, Blumen, Wasser, Schlösser, Klöster und keine Menschen«[30]. Im Alter von 53 Jahren schrieb er einmal: »Gestern, nachdem ich die müden Knochen wieder auf einen Bergabhang geschleppt, wo die Natur mit der einfachsten Regie, mit weißem Gestein, roten Alpenrosenfeldern, einem Schneefleck, einem Wasserfall und viel Grün darunter einen so großartigen Effekt produziert, kannte ich mich kaum mehr persönlich.«[31]

Freud kletterte nicht im modernen Sinne des Wortes, aber er wanderte und stieg unter großen Anstrengungen in den Bergen umher. In manchen Wochen bestieg er dreimal die 2009 m hohe Rax – wobei er einmal unterwegs der Katharina aus den *Studien über Hysterie* begegnete –, und als er einmal durch die Umstände gezwungen war, einen Urlaub in Holland zu verbringen, wußte er nicht recht, was er auf einem flachen Strand anfangen sollte. Es gibt Anzeichen dafür, daß er sich zu einem echten Kletterer – wie sein Sohn Ernst – entwickelt haben würde, wenn er sich diesem Sport in seiner Jugend ernsthaft gewidmet hätte. Als er 1891 Schladming besuchte, überquerte er den Hohen Dachstein im Alleingang von Süden nach Norden. Die Direkte über den Südhang des 2996 m hohen Berges, des zweithöchsten der nördlichen Kalkalpen, wurde im damaligen Baedeker als für »Geübte«, aber nur in Begleitung eines Führers, geeignet bezeichnet. Man mußte fest angebrachte Drahtseile und eingeschlagene Eisenstützen benutzen, und wenn er in der Sprache der Bergsteiger auch nur ein einfacher Felsgang war, so erforderte der Anstieg doch Schwindelfreiheit und kräftige Lungen und Glieder.

Martin Freud schrieb jedoch später: »Obwohl Vater das Bergsteigen liebte und einen Instinkt dafür besaß, wäre es nicht richtig zu sagen, er sei ein guter Bergsteiger gewesen. Er begann damit zu spät in seinem Leben, zu spät, um noch zu erkennen, was man die Härte des Spiels nennen könnte, und er beging die Fehler aller eifrigen Anfänger, vor allem hatte er diese optimistische Geisteshaltung gegenüber Schneebrücken, verborgenen Gletscherspalten, offenen Rinnen, wo Steinschlaggefahr besteht, und Sträuchern, die aus steilen Felswänden heraus wachsen.«[32]

An zweiter Stelle nach den Bergen kamen als Urlaubsattraktion die Pilze, die so oft in seinen Briefen erwähnt werden. In Berchtesgaden suchte er sie mit seinen Kindern täglich. In Aussee erinnerte er sich, einen »wunderbaren Wald mit Farren und Schwämmen«[33] gefunden zu haben. Ein andermal machte er von Reichenhall aus einen Wagenausflug nach dem nahen Thumsee und schrieb, er habe sich »so für das Plätzchen begeistert: die Alpenrosen bis zur Straße herab, das kleine grüne Wasserbecken, die herrlichen Wälder herum mit Erdbeeren, Blumen und (hoffentlich auch) Pilzen . . .«[34] Obwohl die ganze Familie in die Geheimnisse des Pilzesammelns eingeweiht war, fand Freud selbst gewöhnlich die besten. Wenn er ein vollkommenes Exemplar entdeckt hatte, erinnerte sich Martin Freud, »lief er darauf zu und warf seinen Hut darüber, bevor er ein schrilles Signal mit der flachen Silberpfeife gab, die er in der Westentasche trug, um sein Gefolge herbeizurufen. Wir liefen dann alle in die Richtung, aus der der Pfiff gekommen war, und erst wenn die Versammlung vollständig war, nahm Vater den Hut weg und ließ uns die Beute betrachten und bewundern.«[35]

Diese leidenschaftliche Vorliebe gab er nie auf. Während des Ersten Weltkriegs verbrachte er mit seiner Familie einen Urlaub im Tatragebirge, wo heute die polnisch-tschechische Grenze verläuft. Dort wuchsen Herrenpilze, die zu den schmackhaftesten Pilzen gehören, und Freud veranstaltete Wettbewerbe, bei denen die Finder der besten und zweitbesten Exemplare zwanzig, beziehungsweise zehn Heller bekommen sollten. Wie aber sein Freund Hanns Sachs berichtete, gewann immer nur ein Mitglied der Familie das Geld: Freud selbst bekam stets beide Preise.

Anstrengende Tage im Freien waren aber nur ein Teil der Sommerferien.

Obwohl er sich die Praxis während des Urlaubs streng vom Leibe hielt, isolierte sich Freud nicht von seinen Kollegen, und der Kampf um Anerkennung kannte keine Pause. Die andere Umgebung und die Unterbrechung der üblichen Routine ermöglichten es ihm, von den Details seiner Arbeit Abstand zu gewinnen und nachzudenken, und vor einem Urlaub in Berchtesgaden schrieb er einem Freund: »Die literarische Arbeit dort ist doch nur Vergnügen gegen die schwere Plage im Beruf.«[36] Aber selbst in dem einsamsten Alpendorf sorgte er dafür, daß Briefe prompt zugestellt wurden, und es war immer eine seiner ersten Aufgaben nach der Ankunft, besondere Vereinbarungen mit dem dortigen Postboten zu treffen.

Auf die Wochen in den Bergen folgten gewöhnlich Bildungsreisen, oft nach Italien. Es gab aber auch Ausnahmen, und Martin Freud erzählte von einer Fahrt der Familie nach Lovrana, dem kleinen Adriahafen, der damals zu Österreich gehörte: »Vater und Onkel Alexander schwammen natürlich weiter hinaus, als es uns Kindern erlaubt war, und wenn sie, was manchmal geschah, nicht einmal zum Mittagessen an Land kommen wollten, weil sie jede Minute in diesem warmen Salzwasser so sehr genossen, watete oder schwamm ein Kellner zu ihnen hinaus, der ein Tablett mit Erfrischungen und sogar Zigarren und Streichhölzern balancierte.«[37]

Die dreimonatige Sommerpause war ein sehr notwendiger Ausgleich für die vorausgegangenen neun Monate konzentrierter Anstrengung. Sie half Freud, sein inneres Gleichgewicht zu bewahren, während er langsam zuerst den einen, dann den anderen seiner Wiener Kollegen davon zu überzeugen begann, daß etwas an den Ideen sein konnte, die nach wie vor als ausgefallen betrachtet wurden. Dann, als er fühlte, daß die Zeit für den nächsten Schritt nach vorn nahte, als seine Überzeugung, eine Mission zu haben, immer stärker wurde, wandte er sich entschlossen nach Rom.

Sein Wunsch, diese Stadt zu besuchen, war schon lange zwanghaft gewesen, und er selbst hatte ihn Fließ als tief neurotisch beschrieben. Mit einfacheren Worten sprach er auch davon, daß er mit seiner Schuljungenverehrung Hannibals verbunden war – eine Motivation, zu der er in der *Traumdeutung* zurückkehrte, wenn er auch dort gestand: »So ist der Wunsch nach Rom zu kommen, für das Traumleben zum Deckmantel und Symbol für mehrere andere heiß ersehnte Wünsche geworden . . .«[38] Gewiß spielte die Stadt in vielen seiner Träume eine Rolle; gewiß war Hannibal, der Karthager, der den Kampf um die Vorherrschaft zwischen der semitischen und der arischen Rasse versinnbildlichte, einer der Führer, dessen Beispiel selten vergessen wurde, und es ist bezeichnend, daß sich Freud, als er sich 1897 Rom näherte, imstande fühlte, am Trasimenischen See umzukehren, wo der Karthager seinen vernichtenden Sieg errungen hatte.

Der natürliche Wunsch, in die Fußstapfen eines Kindheitshelden zu treten, wurde im Falle Freuds verstärkt durch die Faszination, die die Vergangenheit auf ihn ausübte und die im Sperlgymnasium geweckt und in den folgenden Jahren genährt worden war durch die Entdeckungen eines neuen Goldenen Zeitalters der Archäologie. Emanuel Loewy, Professor der Archäologie in Rom, war ein Freund, der Freud auf seinen jährlichen Reisen nach Wien immer besuchte und ihn bis drei Uhr morgens mit seinen Gesprächen über Rom wachhielt. Im Herbst 1898 vertraute Freud Fließ an, daß seine Sehnsucht nach der Stadt, deren Topographie er eifrig studierte, immer heftiger wurde. Er machte immer neue Pläne – die aus den verschiedensten Gründen wieder aufgegeben wurden –, sich mit Fließ in Rom zu treffen, und im August 1899 überlegte Freud: »Von den ewigen Gesetzen des Lebens in der ewigen Stadt zuerst zu hören, keine üble Komposition.«[39]

Es ist nicht so sehr die Beständigkeit seines Wunsches, sondern sein so langes Zögern, ihn zu befriedigen, das eine psychologische Frage aufwirft. Zweifellos mußte er sparsam mit seinem Geld umgehen, aber es ist unwahrscheinlich, daß der Besuch allein aus diesem Grunde so lange aufgeschoben wurde, während andererseits auch seine Feststellung in *Die Traumdeutung* – »um die Zeit des Jahres, welche mir für eine Reise zur Verfügung steht, ist Rom aus Rücksichten der Gesundheit zu meiden«[40] – nicht allzu ernst genommen werden kann. Sobald er einmal dort gewesen war, kehrte er noch oft zurück, und zwar immer in der Jahreszeit, die zuvor »aus Rücksichten der Gesundheit« ausgeschlossen worden war.

Man hat für seine Bindung an Rom verschiedene Erklärungen gefunden. Eine der geistreicheren, wenn auch völlig unwahrscheinlichen, fängt Freud in der Falle seiner eigenen Theorien und argumentiert, daß verdrängte Wünsche das Gegenteil ihrer Manifestationen sein können. Pater Peter J. R. Dempsey sagt: ». . . wenn wir Freud bei seinen eigenen Grundsätzen fassen, könnte ein Traum, daß der Papst tot ist, einen verdrängten Wunsch bedeuten, zum Beispiel den, nach Rom zu gehen. Aber die Wendung ›nach Rom gehen‹, die so oft in Freuds bewußtem und unbewußtem Leben vorkommt, ist höchst vieldeutig. Sie könnte bedeuten, das alte Rom der Kaiserzeit mit seinem Reichtum an archäologischen Schätzen zu besuchen, und Freud liebte und bewunderte das alte Imperium den Punischen Kriegen zum Trotz. Sie könnte den Wunsch bedeuten, das moderne, italienische Rom zu sehen. Aber sie wird manchmal auch von denen gebraucht, die nach Rom als dem Verwaltungszentrum der katholischen Kirche gehen, von denen die zu Rom übergehen, die Katholiken werden.«[41] Das Argument wird weiter ausgeschmückt von Maryse Choisy, die bemerkt, daß Freud den Katholizismus bewußt »als Synonym für Intoleranz, Unterdrückung und Antisemitismus ebenso wie für Macht und Bevormundung«[42] betrachtete. Was ist daher natürlicher, meint sie, als daß unbewußt eine Bindung entsteht.

Diese Erklärung ist selbstverständlich wie viele andere vage Mutmaßungen über Freuds Motive, die im Laufe der Jahre verbreitet wurden, nicht überprüfbar. Sein Wunsch, eine der großen Hauptstädte Europas zu besuchen – ein Wunsch, dessen Fehlen bei jedem Gebildeten bemerkenswert gewesen wäre –, sein lebenslanges Interesse für die militärische Laufbahn Hannibals und für die Wunder der Antike, all das zog ihn nach Rom. Was ihn zurückhielt, war nicht einfach die Sorge wegen einer Gefährdung seiner Gesundheit oder auch der Geldmangel. Sein Problem scheint das vieler Männer mittleren Alters gewesen zu sein, die das große Erlebnis ihres Lebens bis zu dem Augenblick aufschieben, von dem sie hoffen, daß er der günstigste sein wird. Wie er Fließ erklärte, hatte er die Absicht gehabt, seinen ersten Rombesuch für die Zeit vorzubehalten, in der er sich einen Namen in der Welt gemacht hatte.

Er hatte gehofft, daß ihm *Die Traumdeutung* Ruhm bringen werde, und während des ganzen Jahres 1900 veranlaßte ihn die Niedergeschlagenheit wegen der schlechten Aufnahme des Buches, noch zu warten. Ebenso war seine Stimmung in den ersten Monaten des Jahres 1901. Dann trat ein Umschwung ein. Er war 45 Jahre alt, und er war im Innersten davon überzeugt, daß seine Ideen überleben würden. Er mochte nicht länger warten. Ende August ließ er seine Familie am Thumsee zurück, fuhr mit seinem Bruder Alexander südwärts, unterbrach die Reise in Trient und kam am 2. September in Rom an. Er blieb zwölf Tage, in denen er besichtigte, was Touristen zu besichtigen pflegen, die traditionelle Münze in den Trevi-Brunnen warf, einen Tag in Tivoli und einen im Albaner Gebirge verbrachte, und kehrte mit dem Bedauern nach Wien zurück, daß er die Reise nicht schon früher unternommen hatte.

Er sollte Rom noch sechs weitere Besuche abstatten. Beim zweiten im folgenden Jahr, als er wieder mit seinem Bruder reiste, fuhr er auch nach Venedig und Neapel, stieg auf den Vesuv und sah sich in Pompeji um. Zwei Jahre später fuhren die beiden Männer, nachdem ihre Reise nun schon eine regelrechte Pilgerfahrt geworden war, von Brindisi aus nach Griechenland, in dessen alter Geschichte Freud schon nach Zeichen des

Wirkens des Unbewußten zu suchen begann. Auf demselben Schiff reiste Professor Dörpfeld, der rund zwei Jahrzehnte zuvor Heinrich Schliemann geholfen hatte, das historische Troja auszugraben. Aber Freud, der den großen Mann nur voll Ehrfurcht betrachtete, war zu schüchtern, ihn anzusprechen.

Als er 1901 nach seinem ersten und heilsamen Besuch in der Ewigen Stadt nach Wien zurückkehrte, entschied er, daß die Zeit gekommen sei, seinen beruflichen Status zu heben. Er wollte Geld, um wieder nach Rom fahren zu können. Er wollte für seine Familie sorgen. Er wollte die Sicherheit einer besseren Stellung. Er beschloß, sich mit Nachdruck um eine Professur an der Universität zu bewerben und all seinen Einfluß auszunutzen, alle Beziehungen spielen zu lassen – »mit der strengen Tugend zu brechen und zweckmäßige Schritte zu tun, wie andere Menschenkinder auch«,[43] schrieb er Fließ.

Eine Ernennung zum Professor würde ihm entschiedene Vorteile akademischer und gesellschaftlicher Natur verschafft haben. Aber Freuds Aussichten waren nicht allzu gut. Es wird allgemein angenommen, daß er Jude war, sei ein Haupthindernis gewesen, und wenn es auch den Anschein hat, daß dieser Faktor übertrieben wurde, so ist er doch keineswegs zu leugnen. Sein Ruf eines Mannes, der darauf bestand, daß eine der Ursachen der Hysterie die Verführung von Kindern durch Erwachsene sei – eine Ansicht, die noch nicht öffentlich widerrufen worden war –, sprach nicht für ihn. Ebensowenig *Die Traumdeutung*. Doch als er ernsthaft begann, sich um eine Professur zu bemühen, hatte Freud bereits eine Behauptung geltend gemacht, die seine Ansichten über die Bedeutung des Unbewußten von der Psychologie des Abnormen in das Reich des Alltagslebens übertrug. Bis zu einem gewissen Grade war das im Traumbuch geschehen, obwohl die Tatsache, daß Träume einen Teil des normalen Lebens der meisten Menschen bilden, wieder aufgehoben wurde durch den an Jahrmärkte erinnernden Titel des Buches und durch seine Betonung des Sexuellen.

Wichtiger für die Darlegung des weiteren Anwendungsbreichs seiner Theorien war ein langer zweiteiliger Artikel, der 1901 in den Juli- und August-Nummern der *Monatsschrift für Psychiatrie und Neurologie* erschien. Er wurde später zu dem Buch *Zur Psychopathologie des Alltagslebens* erweitert und verband unbewußte Motivationen mit den alltäglichen Ereignissen des gewöhnlichen Lebens. Er riß endlich die Schranke nieder, die das Normale vom Pathologischen trennt und zeigte, so fragwürdig manche der angeführten Beispiele auch waren, daß das Unbewußte ein Faktor im Leben des Gesunden ebenso wie des Kranken ist. Die »Freudsche Fehlleistung«, mit dem sich das Buch weitgehend befaßt, wurde zu einem stehenden Begriff.

Die Idee an sich war nicht neu. Karl Kraus füllte den überschüssigen Platz einiger Nummern seiner ikonoklastischen *Fackel* mit Druckfehlern, die angeblich zeigten, daß der Setzer unbewußt die wahren Gedanken des jeweiligen Autors enthüllt hatte. Goethe hatte schon lange vorher behauptet, daß manche Fehler, die sein Sekretär machte, eine offenkundige Erklärung fänden, andere aber auf unbewußte Motive zurückgingen. Und mehr als ein Psychologe hatte um 1900 begonnen, sich mit den »Versprechern« zu beschäftigen. Freud strebte etwas Ehrgeizigeres an: die Beschreibung eines Mechanismus, dessen Wirken alle Arten von Irrtümern, mündliche und schriftliche, erklärte.

Die ersten Abschnitte seiner Abhandlung analysierten eine Anzahl von Dingen, die als »Fehlleistungen« bezeichnet wurden. Was Freud unter Fehlleistungen verstand, faßte er in einem späteren Werk so zusammen: ». . . das Vergessen von sonst vertrauten Worten und Namen, von Vorsätzen, das Versprechen, Verlesen, Verschreiben, das Verlegen von Dingen, so daß sie unauffindbar werden, das Verlieren, gewisse Irrtümer gegen besseres Wissen, manche gewohnheitsmäßige Gesten und Bewegungen . . .«[44]

Der erste Verdacht, daß Fehler dieser Art nicht dem Zufall zuzuschreiben seien, war ihm einige Jahre früher gekommen, als er sich, wie er Fließ schrieb, in Aussee zu langweilen begann. Er hatte, sagte er, versucht, sich an den Namen eines Dichters zu erinnern, der, wie er glaubte, auf »au« endete, Lindau vielleicht oder Feldau. Der Vorname, Julius, fiel ihm ein, aber der Nachname entging ihm, bis ihm nach einer kurzen Selbstanalyse klar wurde, daß er Mosen lautete. Er schrieb, er sei »imstande nachzuweisen, daß [er] den Namen Mosen wegen gewisser Beziehungen verdrängt habe«[45]. Wendet man heute seine Methoden an, muß man sich fragen, ob diese »Beziehungen«, d. h. Assoziationen, nicht Frau Moser, die reichste Frau Europas, betrafen. Außerdem, fuhr er fort, habe infantiles Material in der Verdrängung mitgewirkt, und die Ersatznamen, die er vorgeschoben hatte, seien aus beiden Materialgruppen wie Symptome entstanden.

Im folgenden Monat teilte er Fließ mit, daß er ein weiteres Beispiel erklärte habe, und diesmal schilderte er die Einzelheiten. Auf der Fahrt von Ragusa nach einer Stadt in der Herzegowina hatte er einen Mitreisenden gefragt, ob er je die großartigen Fresken im Dom von Orvieto gesehen habe. Als er den Künstler nennen wollte, ertappte er sich dabei, daß er an Botticelli oder Boltraffio dachte, zugleich aber wußte, daß keiner der beiden Namen stimmte. Erst später erfuhr er, daß der Maler

Signorelli war, dessen Name ihm ebenso vertraut war wie die beiden anderen.
Seine Erklärung für die Gedächtnislücke lautete, daß kurz zuvor von den Sitten und Gebräuchen der Türken in Bosnien und der Herzegowina die Rede gewesen war. Er wußte, welchen Wert diese Menschen dem Sexualgenuß beimaßen, aber über dieses Thema wollte er mit dem Fremden nicht sprechen. Es wurde daher ins Unbewußte verdrängt, wo es sich, wie Freud weiter erklärte, mit den Erinnerungen an einen Patienten in dem Tiroler Dorf Trafoi verband, der vor kurzem wegen sexueller Störungen Selbstmord begangen hatte. Das »Signor« von Signorelli hing durch das deutsche »Herr« mit Freuds verdrängter Geschichte von den Türken (in der die Anrede Herr in bestimmten Zusammenhängen gebraucht worden war) zusammen und wurde ebenfalls verdrängt. Die beiden restlichen Silben »elli« ergaben mit dem nicht verdrängten »Bo« von Bosnien den Namen Botticelli, während im zweiten Fall das »Bo« mit dem verdrängten »Trafoi« zu Boltraffio verschmolzen wurde. »Wem«, fragte Freud Fließ bei der Schilderung seiner ersten Bemühungen, die Fehlleistung zu erklären, »soll ich das nun glaubwürdig machen?«[46] Kurz daruf versuchte er es in seinem Artikel für die *Monatsschrift für Psychiatrie und Neurologie.*
Das Beispiel mit Signorelli war zu kompliziert, um Laien leicht überzeugen zu können. Daher veranschaulichte Freud in *Zur Psychopathologie des Alltagslebens* mit vielen einfacheren Beispielen seine Theorie, daß, »wenn ein Mensch sich verspricht, nicht der Zufall, auch nicht allein Artikulationsschwierigkeiten und Lautähnlichkeiten dafür verantwortlich zu machen sind, sondern daß jedesmal ein störender Vorstellungsinhalt – Komplex – nachweisbar ist, welcher die intendierte Rede in seinem Sinne, anscheinend zum Fehler, abändert.«[47] Geistige Fehlleistungen sind somit das Endprodukt einer Kette von Ereignissen, deren jedes mit dem vorausgegangenen ebenso fest verbunden ist wie die sukzessiven Stadien eines chemischen Prozesses oder die Wechselbeziehungen der Newtonschen Physik. Freud sagte selbst, er habe mit seiner Theorie »um soviel die psychische Willkür einschränken geholfen.«[48] Aber diese Kette ungeahnter Ereignisse, die im Unbewußten vorhanden ist, kann nur durch die Analyse aufgedeckt werden.
Sobald einmal die Möglichkeit aufgezeigt war, solche Fehlleistungen zu verborgenen Motiven in Beziehung zu setzen, verloren die Analytiker keine Zeit, nach Verbindungen zu suchen. A. A. Brill, der später *Zur Psychopathologie des Alltagslebens* ins Englische übersetzen sollte, beschrieb diese Suche nach Fehlleistungen, die während des ersten

Jahrzehnts des 20. Jahrhunderts in der Welt der Psychoanalyse gang und gäbe war.
»Wir fanden, zum Beispiel, nichts dabei, einen Mann bei Tisch zu fragen, warum er seinen Löffel nicht auf die richtige Weise gebrauchte oder warum er das und das auf diese und jene Art tat. Es war unmöglich, daß jemand ein gewisses Zögern verriet oder sich beim Sprechen abrupt unterbrach, ohne sofort darüber Rechenschaft ablegen zu müssen. Wir mußten uns gut beherrschen, stets bereit und wachsam sein, denn man wußte nie, woher der nächste Angriff kam. Wir mußten erklären, warum wir eine bestimmte Melodie pfiffen oder summten oder warum wir uns versprachen oder verschrieben. Aber wir taten das gern, und sei es nur aus dem Grunde zu lernen, der Wahrheit ins Gesicht zu sehen.«[49]
Wenn viele Erklärungen Freuds bezüglich der Fehlleistungen akzeptiert wurden, so wiesen doch Kritiker darauf hin, daß manche Fehler viel einfacher erklärt werden konnten. Bei der Besprechung des Buches im *Journal of Mental Science* hatte Havelock Ellis ebenso Vorbehalte wie Lob. »Ich trete an eine verschlossene Schublade und wähle aus dem Bund automatisch den falschen Schlüssel«, schrieb er. »Es gibt einen Grund für diese falsche Wahl. Aber der Grund ist nicht, wie Freud anzunehmen geneigt sein könnte, irgendeine geheime Emotion oder ein Wunsch sexueller oder anderer Art. Der falsche Schlüssel, den ich wählte, ist einfach zufällig der Schlüssel, den ich in letzter Zeit am häufigsten gebraucht habe – das heißt, meine Handlung wurde bestimmt von der allgemeinen Tendenz der Nerventätigkeit, in der Richtung des geringsten Widerstandes, in dem durch Gewohnheit geformten Kanal zu verlaufen.«[50]
In einem anderen von Freud zitierten Fall sagte ein Vater dem Standesbeamten, seine neugeborene Tochter solle Hanna heißen, und mußte daran erinnert werden, daß er schon eine Tochter dieses Namens hatte. Für Freud war die Fehlleistung ein Zeichen dafür, daß der Vater seine erstgeborene Tochter bevorzugte und die zweite nicht wollte. Doch Kritiker wiesen darauf hin, daß ein Vater, der gewohnheitsmäßig »Hanna« geantwortet hatte, wenn er nach dem Namen seiner Tochter gefragt worden war, dies auf natürliche Weise und ohne jegliche verdrängte Motive unter allen Umständen tun könnte.
Aber schloß die Theorie eigentlich einfache Erklärungen aus? Freud selbst schien unsicher zu sein. Am Ende des ersten Kapitels des Buches sagte er: »Wir werden den Sachverhalt wohl vorsichtig genug dargestellt haben, wenn wir aussprechen: *Neben dem einfachen Vergessen von Eigennamen kommt auch ein Vergessen vor, welches durch Verdrängung motiviert ist.*«[51] An anderer Stelle aber schien er die »einfachen« Fälle

wieder vergessen zu haben und behauptete, »alle« Fälle von Vergessen hätten ihren Ursprung in der Verdrängung. In nachfolgenden Auflagen wurde der Widerspruch nicht aufgeklärt, und 1907 kehrte er zu der Theorie »aller Fälle« zurück und schrieb: »Die hier vertretene Auffassung des Versprechens hält übrigens der Probe an dem Kleinsten stand. Ich habe wiederholt zeigen können, daß die geringfügigsten und naheliegendsten Fälle von Redeirrung ihren guten Sinn haben und die nämliche Lösung zulassen wie die auffälligeren Beispiele.«[52] Noch später räumte er, während er versicherte, daß die »Freudsche Fehlleistung« nicht durch Zufall zustande kommen könne, ein, daß das gleiche nicht von anderen Fehlhandlungen gesagt werden dürfe.

Die Verdrängungstheorie liefert eine offenkundige Erklärung für viele der Beispiele, die Freud anführt. Als ein Mitglied des deutschen Reichstags »rückhaltlose« Treue zum Kaiser verlangte und statt rückhaltlos *»rückgratlos«* sagte, verriet der Mann die Unterwürfigkeit, die er verbergen wollte. Und der zum Christentum übergetretene Jude verriet sich, als er beim Besuch einer christlichen Familie seine Söhne aufforderte, in den Garten zu gehen, und *Juden* statt *Jungen* sagte.

Diese Fälle und viele andere bieten reichliches Beweismaterial für die Art und Weise, wie sich das Unbewußte unter der Oberfläche des Alltagslebens regen kann, und es ist bedauerlich, daß Freud versuchte, sein Argument mit so vielen erläuternden Beispielen zu untermauern, die kaum mehr beweisen als seinen Einfallsreichtum. Mit einem der berühmtesten beschäftigte sich ausführlich Sebastiano Timpanaro in seiner langen, gründlichen Analyse der Fehlleistungen. Als Marxist, der ein Messer zu wetzen hatte, kann Timpanaro nicht als unparteiischer Kritiker angesehen werden, aber seine Bemerkungen sind dennoch treffend. Freud erklärt in seinem Buch, wie ein Begleiter, ein junger österreichischer Jude, den er im Urlaub kennengelernt hatte und der die Lage der Juden in Österreich-Ungarn beklagte, den Vers zu zitieren versuchte, den Vergil Dido in den Mund legt, die, von Äneas verlassen, im Begriff ist, Selbstmord zu begehen: *»Exoriar(e) aliquis nostris ex ossibus ultor.«* (Möge aus unseren Gebeinen einer [aliquis] als Rächer erstehen.)[53] Sein Gedächtnis ließ ihn jedoch im Stich, und er sagte: *»Exoriar ex nostris ossibus ultor«,* wobei er das Wort *aliquis* ausließ und die Stellung der Wörter *nostris* und *ex* vertauschte. Nach einer Erklärung für das Versehen suchend, produzierte Freud eine lange Reihe von Verbindungen, um zu zeigen, daß es durch die Sorge seines Begleiters verursacht worden sei, er könnte eine junge Italienerin geschwängert haben.

Timpanaro führt zuerst einen einfachen linguistischen Grund für das

Versehen an. Er ist nicht notwendigerweise der richtige Grund, und Timpanaro behauptet auch nicht, daß er es sei. Aber er legt im folgenden dar, daß Freuds »Grund« aus beinahe jeder anderen fehlerhaften Wiedergabe des Verses abgeleitet werden könne. Nehmen wir an, sagt er, Freuds Begleiter hätte, anstatt das Wort *aliquis* zu vergessen, *exoriare* – erstehen – ausgelassen. Und Timpanaro fährt fort:

»Es wäre ihm nicht schwergefallen, den Gedanken des ›Erstehens‹ mit dem der ›Geburt‹ zu verbinden (in *exoriare* sind beide Bedeutungen enthalten): mit der Geburt eines Kindes – die er so fürchtete. Nehmen wir als nächstes an, er habe *nostris* vergessen: das lateinische Adjektiv *noster* würde an das katholische *Pater noster* erinnert haben (wir haben gesehen, daß, obwohl Freud und sein Gesprächspartner Juden waren, in der ›authentischen‹ Episode reichlich von der katholischen Religion entnommenen Gedankenassoziationen Gebrauch gemacht wurde), und er konnte leicht Gottvater mit den Heiligen in Verbindung bringen und – die Heiligen der Reihe nach durchgehend – schließlich mit San Gennaro und dem gefürchteten Ausbleiben der Menstruation bei der Frau. [San Gennaro oder St. Januarius starb 305 n. Chr. den Märtyrertod; Phiolen mit seinem Blut werden in der Krypta des Doms von Neapel aufbewahrt, und an gewissen Tagen des Jahres soll sich das gestockte Blut auf wunderbare Weise verflüssigen.] Oder direkter: der Gedanke an den Vater im Himmel würde den jungen Mann in seiner Furcht bestärkt haben, bald hier auf Erden Vater zu werden. Nehmen wir nun an, er habe *ossibus* vergessen: Gebeine sind typische Reliquien katholischer Heiliger, und sobald er einmal so weit gekommen war, an Reliquien aller Art zu denken, stand der Weg zu San Gennaro wieder offen. Oder der gebildete junge Mann könnte *os,* ›Knochen‹, mit *os,* ›Mund‹ (mit langem ›o‹) in Verbindung gebracht haben und daher mit den leidenschaftlichen Küssen, die er und die Frau tauschten, und all den kompromittierenden Geschehnissen, die auf die Küsse folgten (und vielleicht würde Freud hier einen seiner so beliebten polyglotten Exkurse über die euphemistische Verwendung des Verbs *baiser* im Französischen angebracht haben).«

So weit scheint Timpanaro erfolgreich alles kurz und klein geschlagen zu haben. Aber es blieb noch eine Möglichkeit, und dieser wandte er sich nun zu:

»Schließlich, was wenn er *ultor* vergaß? In diesem Falle wären mehrere Routen möglich. *Ultor* klingt nicht sehr viel anders als das deutsche *Eltern,* und dieses Wort würde unseren jungen Mann wieder zu dem quälenden Gedanken an sich selbst und die Frau als Eltern des Kindes zurückgeführt haben, das vielleicht schon empfangen worden war. Oder

aber die Wunschdrohung (in Erinnerung an die Verehrer des San Gennaro), daß die Menstruationsblutung der Frau binnen kurzem eintreten müsse ... könnte verkörpert werden im *Ultimatum,* das phonetisch wiederum nicht weit von *ultor* entfernt ist. Oder drittens könnte der Begriff der ›Vendetta‹, ausgedrückt durch das Wort *ultor,* den jungen Mann an den unglückseligen heiligen Simon erinnert haben, der mit allen Racheplänen in Verbindung gebracht wird, die die Katholiken verleumderisch den Juden unterstellt hatten, um einen Vorwand für ihre eigene ›Vendetta‹ gegen sie zu haben – und daher auch mit der Versuchung der Kindestötung/Abtreibung, von der wir oben gesprochen haben.«[54]
Ob man nun eine oder alle diese Lösungen weniger einleuchtend findet als die Freuds, hängt weitgehend vom Glauben ab, aber die ernüchternde Analyse legt doch die Annahme nahe, daß es sich wahrscheinlich um einen rein linguistischen Fehler handelt. Wichtiger noch ist: Timpanaros Exegese unterstreicht die Tatsache, daß die Mehrzahl der Beispiele Freuds, ob richtig oder falsch, jeder vorstellbaren Widerlegung Trotz bietet. Das geht so weit, daß man sogar an der Wirklichkeit des »Aliquis«-Vorfalls selbst gezweifelt hat. »Tatsächlich drängt sich einem nun ernstlich die Frage auf«, meinte ein Kritiker, »ob sich die Episode ... jemals wirklich zugetragen hat. Könnte sie nicht ein Produkt jener Vorstellungskraft sein, die Freud zu verbergen gezwungen war, indem er sein Evangelium nicht als die missionarischen Erdichtungen eines jüdischen Befreiers, sondern vielmehr als die wissenschaftlichen Entdeckungen eines ganz ›neutralen‹ Herrn Professors verkündete?«[55]
Trotz aller Skepsis, die Freuds ausgefallenere Beispiele weckten, stand die Existenz der Freudschen Fehlleistungen mit all ihren Folgerungen hinsichtlich der Bedeutung des Unbewußten eindeutig fest, als er beschloß, praktische Schritte zu unternehmen, um eine Professur zu erlangen. Die Art, wie er dabei zu Werke ging, ist ebenso bezeichnend für das Universitäts-System in der Monarchie wie für Freuds Entschlossenheit, zu bekommen, was ihm seiner Ansicht nach rechtens zustand.

Im Jahre 1897, als er bereits zwölf Jahre lang Privatdozent gewesen war, erfuhr Freud von Nothnagel, daß man ihn für eine Ernennung zum außerordentlichen Professor vorgeschlagen hatte. Zu seinen Fürsprechern gehörte unter anderen Krafft-Ebing, aber das Ministerium ratifizierte die Empfehlung der Universität nicht. Es war auch im folgenden Jahr nicht dazu bereit und ebensowenig 1899. Im Jahre 1900 war Freud der einzige, der vorgeschlagen wurde, aber das Ministerium wies ihn wiederum ab. Es wurde mit einiger Glaubwürdigkeit behauptet, daß eine Änderung der Statuten der Universität die Beförderung eines Dozenten mit Freuds speziellen Qualifikationen ausschloß und somit für die Ablehnung entscheidend gewesen sei. Das mag technisch richtig sein. Aber nur wenige Vorschriften sind unverletzlich, wenn auf seiten derer, die sie handhaben, der gute Wille vorhanden ist, und es fällt schwer, nicht zu glauben, daß zwar ein Jude angenommen worden wäre und andererseits auch ein Mann, der die Sexualität als die Ursache der meisten Dinge ansah, daß aber die Verbindung von beidem den Behörden zu viel war.

Nun, 1901, suchte Freud seinen alten Lehrer Sigmund Ritter von Exner auf. Er erhielt wenig Hilfe, bekam von Vorurteilen höheren Ortes zu hören und wurde schließlich mit dem Rat entlassen, zu suchen, was man vorsichtig »Gegeneinfluß« nannte. Er wandte sich zuerst an Frau Elise Gomperz, eine seiner Patientinnen; ihr Mann, für den er zwanzig Jahre zuvor den Band von John Stuart Mill übersetzt hatte, hatte nützliche Beziehungen zu Regierungskreisen. Frau Gomperz sprach beim Unterrichtsminister, Wilhelm Freiherrn von Hartel, vor, einem Mann, dem man manchmal Antisemitismus vorwarf. Der Minister leugnete höflich jegliche Kenntnis von früheren Gesuchen im Namen Freuds, empfahl, ein neues Gesuch einzureichen, und brachte damit praktisch alles wieder zum Ausgangspunkt zurück. Nothnagel und Krafft-Ebing schlugen wieder Freud vor, und wieder geschah nichts.

Aber wenn Freud sich einmal etwas vorgenommen hatte, besaß er die Fähigkeit, sich festzubeißen wie eine Bulldogge. Frau Marie Ferstel wurde mit einbezogen. Hier fehlen nun einige Einzelheiten, sie scheinen aus dem veröffentlichten Brief Freuds an Fließ gestrichen worden zu sein. Man weiß jedoch, daß Frau Ferstel, die mit einem Diplomaten verheiratet war, keine Zeit verlor, die Bekanntschaft des Ministers zu machen. Die »Moderne Galerie« sollte demnächst, unter der Leitung von Hartels, in Wien eröffnet werden, und Gerüchten zufolge wurde Freud eine Professur als Gegenleistung für Arnold Böcklins »Burgruine« zugesagt, ein Gemälde, das, wie es hieß, Frau Ferstel ihrer Tante erst nach mehreren Monaten abschmeicheln konnte. Tatsächlich war, Freud zufolge, der Preis für die Professur ein Werk von Emil Orlik – vermutlich ein Alternativvorschlag Frau Ferstels –, und Freud meinte: ». . . wenn ein gewisser Böcklin sich in ihrem Besitz befände anstatt in dem ihrer Tante . . ., wäre ich drei Monate früher ernannt worden.«[56]

Schließlich erschien Frau Ferstel mit der Neuigkeit in der Praxis, daß die Papiere, die die Ernennung bestätigten, vom Kaiser unterzeichnet worden seien. »Es regnet auch jetzt schon Glückwünsche und Blumenspenden«, schrieb Freud an Fließ, »als sei die Rolle der Sexualität plötzlich von Sr. Majestät amtlich anerkannt, die Bedeutung des Traumes vom Ministerrat bestätigt und die Notwendigkeit einer psychoanalytischen Therapie der Hysterie mit 2/3 Majorität im Parlament durchgedrungen.«[57] Dennoch war Freud nur zum außerordentlichen Professor ernannt worden. Er konnte nun zwar den in gesellschaftlicher und beruflicher Hinsicht wertvollen Titel benutzen, aber er hatte weder die Rechte noch die Pflichten eines Mitglieds der Fakultät, und mehr als zwanzig Jahre sollten noch vergehen, bis ihn die Universität mit einiger Verlegenheit zum Ordinarius machte. Und selbst dann noch verweigerte sie ihm den Sitz in der Fakultät.

Die Ernennung im Jahre 1902 brachte es mit sich, daß Freud dem Kaiser in einer Sonderaudienz danken mußte, in der er seine einzige militärische Auszeichnung zu tragen hatte, aber als es so weit war, konnte er die Medaille nicht finden. Ernst Freud berichtet, sein Freund Professor Herzig habe ihm die seine geliehen, ihn aber gleichzeitig gewarnt; er werde sehen, in dem Augenblick, in dem er das Zimmer betrete, werde der alte Herr es merken und fragen: »Ist das nicht Herzigs Medaille?«[58] Die Audienz scheint dann jedoch ohne Zwischenfall verlaufen zu sein.

Aber war der Grund für die lange Verzögerung wirklich die Abneigung gegen Freuds Betonung der Sexualität? War nur der Antisemitismus schuld? Diese Fragen lassen sich nicht mit einem uneingeschränkten Ja beantworten. Es gab in der medizinischen Fakultät der Universität Wien viele Juden, einschließlich Krafft-Ebings, der die absonderlichsten Verirrungen der Sexualität aufgezeichnet hatte. Die Erklärung für Freuds lange Wartezeit muß daher anderswo gesucht werden als in seiner Zugehörigkeit zum Judentum und in einer unbeliebten Theorie. Man hat angeführt, die Behörden seien der Ansicht gewesen, er widme zu viel Zeit seiner Praxis und zu wenig den Angelegenheiten der Universität. In Anbetracht seiner niedrigen Stellung als Dozent dürfte diese Annahme kaum zutreffen, und ein wahrscheinlicherer Grund, der mit eine Rolle spielte, kann am besten mit einem typisch angelsächsischen Ausdruck erklärt werden: Freud scheint nicht besonders *clubbable* – grob übersetzt: gesellig – gewesen zu sein. Er neigte dazu, für sich selbst zu bleiben, und war außerstande, mit seichtem Geplauder die gut geölte Maschinerie in Gang zu halten, die so vielen kleineren Wissenschaftlern und auch einigen großen die tägliche Anerkennung sicherte. Vielleicht war er zu oft zu ernst, er sah sein Schicksal zu drohend über sich hängen oder die Gestalt des biblischen Joseph zu oft von vorne winken. Vielleicht konnte er sich nie ganz mit der Blasiertheit des medizinischen Wiens aussöhnen und blieb so für die Universität der deutsche Kleinstädter, als den er sich zwei Jahrzehnte zuvor in Paris Minna Bernays dargestellt hatte. Dieser Kategorie anzugehören, war zwar durchaus achtbar, aber in den letzten Jahren des kaiserlichen Wiens muß es ein Faktor gewesen sein, der es

den Mitgliedern des »Klubs« erschwerte, über die Sexualität und die Zugehörigkeit zum Judentum hinwegzusehen.
Obwohl er 1902 endlich den Titel erhalten hatte, der seinen Status erhöhte, es ihm erlaubte, höhere Honorare zu fordern, und, was das Wichtigste war, ihn zu einer eindrucksvolleren Gestalt in dem Kampf um »die Sache« machte, änderte sich an Freuds Stellung wenig, was das Leben an der Universität betraf. Als Dozent hatte er nach Belieben Vorlesungen halten dürfen, und diese Vorlesungen gingen im großen ganzen weiter wie zuvor. Er hatte ein überzeugendes Auftreten und die Gabe, schwierigen Stoff einfach darzustellen, in Begriffen, die seine Hörer verstehen konnten. Viele, die kamen, um den skandalumwitterten Mann zu sehen, der nun Professor geworden war, und darauf gefaßt waren, ein Sammelsurium von Verschrobenheiten zu hören, waren zuerst überrascht und schließlich begeistert von seiner klaren Vernünftigkeit.
An Samstagabenden kam er in die alte psychiatrische Klinik des Allgemeinen Krankenhauses, um zwei Stunden lang ohne Notizen vorzutragen. Sein schwarzes Haar wirkte distinguiert, sein kleiner Bart war elegant gestutzt, und seine glänzenden dunkelbraunen Augen überblickten seine Hörerschaft ebenso gütig wie scharf prüfend. »Sein Vortrag«, schrieb Fritz Wittels, der Wiener Arzt, der bald zu einem seiner Anhänger werden sollte, »war der des deutschen Humanisten, gemildert durch einen Plauderton, den Freud vielleicht aus Paris mitgebracht hat. Von Feierlichkeit und Manier nicht eine Spur. Was er sagte und wie er es sagte, stand in einem gewissen Gegensatz. Im liebenswürdigen und einschmeichelnden Tone eines Plauderers drehte er der angestammten Psychologie den Kragen um, wie der Satan von Hauff, der seinem Opfer Hasentreffer gemütlich zuruft: ›Kommen Sie nur herüber, es tut nicht weh.‹«[59]
Freud sprach immer *ex tempore*, er verließ sich auf seine Erfahrung und brauchte vor der Vorlesung nur einen kurzen Spaziergang, auf dem er das Material in Gedanken ordnete. Er wußte, wie seltsam seine Ideen vielen Hörern erschienen, und erinnerte manchmal an die Szene im *Hamlet*, in der der Geist des Königs aus den Tiefen der Erde herauf ruft: »Schwört!« Nachdem Horatio gesagt hat: »Beim Sonnenlicht, dies ist erstaunlich fremd«, antwortet Hamlet: »So heiß als einen Fremden es willkommen.«[60] Nach dieser Einleitung fuhr Freud fort: »So will auch ich Sie zuerst bitten, die Dinge willkommen zu heißen, die hier so fremd aus dem Grab der Vergangenheit aufsteigen.«[61]
Das anschauliche Beispiel war stets zur Hand. Wenn er die psychoanalytische Methode der Behandlung von Neurosen erklärte, zeigte er seinen

Hörern eine Ansichtskarte mit dem Bild eines Schwachsinnigen, der eine Glühbirne auszublasen versucht, als wäre sie eine Kerze. »Wenn Sie das Symptom direkt angehen«, erläuterte er, »handeln Sie ebenso wie dieser Mann. Sie müssen den Schalter suchen.«[62] Bei einer Gelegenheit verwandelte sich eine Vorlesung in ein Seminar, und ein Neuling beschrieb einen Assoziationsversuch: »Der Versuchsleiter sagt beispielsweise ›Pferd‹, und die Versuchsperson reagiert mit ›Bibliothek‹.« Hier unterbrach ihn Freud. »Wenn ich mich nicht irre«, sagte er, »sind Sie ein ehemaliger Kavallerie-Offizier und haben ein Buch über die Psychologie des Pferdes geschrieben?« Der Neuling gab es zu – so wie der Besucher in Sherlock Holmes' Räumen in der Bakerstreet zugegeben haben könnte, daß er tatsächlich Linkshänder und ein als Sohn englischer Eltern in Frankreich geborener Schornsteinfeger sei. »Dann«, sagte Freud in der schönsten Holmes'schen Manier, »haben Sie unabsichtlich den besten Beweis für die strenge Determinierung der Assoziationen erbracht. Mit dem Beispiel, das Sie aufs Geratewohl wählten, haben Sie sich und Ihr Interessengebiet den Hörern vorgestellt.«[63]

Während die Hörerschaft hauptsächlich aus Männern und Frauen bestand, die an der Universität studierten, gingen gelegentlich auch unerwartete Hörer Freud ins Netz, was schon der Fall gewesen war, als er noch als Dozent gelehrt hatte. Einer dieser Hörer war die amerikanische Anarchistin Emma Goldman gewesen, die während ihres Europa-Aufenthalts Ende der neunziger Jahre einen Hebammenkurs am Wiener Allgemeinen Krankenhaus absolviert und die Gelegenheit genutzt hatte, einige Vorlesungen Freuds zu besuchen. »Seine Einfachheit, sein Ernst und sein brillanter Geist gaben mir zusammen das Gefühl, aus einem dunklen Keller ins helle Tageslicht hinausgelassen zu werden«, schrieb sie Jahre später über Freud. »Zum erstenmal begriff ich die volle Bedeutung der Verdrängung des Sexuellen und ihrer Wirkung auf das menschliche Denken und Handeln. Er half mir, mich selbst, meine eigenen Bedürfnisse zu verstehen. Und mir wurde auch klar, daß nur Menschen mit einem verdorbenen Geist die Motive einer so großen und hervorragenden Persönlichkeit wie Freud anzweifeln oder ihn selbst ›schmutzig‹ finden konnten.«[64]

Doch es gab nicht viele Emma Goldmans. Es dauerte lange, bis Freud mehr war als der obskure Professor, der behauptete, seine Ansichten über das Unbewußte seien auf die Träume der Gesunden ebenso wie der Kranken und sogar auf die Ereignisse des Alltagslebens anwendbar. Wenn er an der Universität las, erinnerte er seine Hörer gern an die Schlacht in Ariosts *Orlando furioso*, wo dem Riesen der Kopf abgeschlagen worden war und er dennoch weiterkämpfte. »Es könnte sein«, sagte

Freud, »daß die bisherige Psychologie durch meine Traumlehre getötet ist; aber sie merkt es noch nicht und lehrt weiter.«[65] Und noch am 12. Dezember 1904 konnte er, als er vor dem Doktoren-Kollegium über Psychotherapie sprach, sagen: »Vielen Ärzten erscheint noch heute die Psychotherapie als ein Produkt des modernen Mystizismus und im Vergleiche mit unseren physikalisch-chemischen Heilmitteln, deren Anwendung auf physiologische Einsichten gegründet ist, als geradezu unwissenschaftlich, des Interesses eines Naturforschers unwürdig.«[66] Wenn etwas Freud aus der großen Schar hervorhob, so waren es der schlechte Ruf, den er in Kollegenkreisen hatte und die unter den »Kennern« verbreitete Ansicht, daß ein großer Teil seiner Arbeit nur ein Grinsen wert sei. Über einen sehr kleinen Kreis hinaus wurde er noch immer nicht allzu ernst genommen.

Doch die Lage änderte sich, hauptsächlich dank seiner unnachgiebigen Entschlossenheit, seinen Theorien Anerkennung zu verschaffen und sein Evangelium unter den einflußreichsten Hörern zu verbreiten, die er finden konnte. »Ich bin nämlich gar kein Mann der Wissenschaft, kein Beobachter, kein Experimentator, kein Denker«, gestand er einmal Fließ. »Ich bin nichts als ein Conquistadorentemperament, ein Abenteurer, wenn Du es übersetzt willst, mit der Neugierde, der Kühnheit und der Zähigkeit eines solchen.«[67] Man darf die Verleugnungen nicht zu ernst nehmen, aber es ist sicherlich richtig, daß, als er sich auf seine Professur einrichtete, den neuen Status genoß, den sie ihm verlieh, und von der Rom-Neurose befreit war, der *Conquistador* in Erscheinung zu treten begann.

Eines der ersten Anzeichen dafür, daß eine Streitmacht für den Kampf gerüstet wurde, war die Gründung der Mittwoch-Gesellschaft, wie sie zunächst hieß. Wilhelm Stekel, der Wiener Arzt, der Freud nach dem Erscheinen der *Traumdeutung* aufgesucht hatte, war einer seiner ergebensten Anhänger geworden, er wandte die Techniken der Psychoanalyse an, schrieb über sie in den Wiener Zeitungen und sagte später: »Ich war der Apostel Freuds, der mein Christus war!«[68] Im Herbst 1902 schlug Stekel Freud vor, eine kleine Diskussionsgruppe zu bilden. Freud griff die Idee begeistert auf und verschickte unverzüglich Einladungen an Max Kahane und Rudolf Reitler, zwei Ärzte, die seine Vorlesungen besucht hatten, und an Alfred Adler, einen Ophthalmologen, der sich kurz zuvor dem Studium der Geisteskrankheiten zugewandt hatte und der Hausarzt von Freuds Bruder Alexander werden sollte.

Zusammen mit Stekel kamen die drei Männer bald darauf in das Haus Berggasse 19 zur ersten Mittwochabend-Sitzung. »Am ersten Abend«, schrieb Stekel, »sprachen wir von den psychoanalytischen Aspekten des Rauchens. Es herrschte vollkommene Harmonie zwischen uns fünfen, keine Dissonanzen; wir waren wie Pioniere in einem neuentdeckten Land, und Freud war der Führer. Ein Funke schien von einem Geist auf den anderen überzuspringen, und jeder Abend war wie eine Offenbarung. Wir waren von diesen Sitzungen so bezaubert, daß wir beschlossen, neue Mitglieder sollten unserem Kreis nur mit einhelliger Zustimmung aller beitreten dürfen.«[69] Von den Sitzungen wurden keine Protokolle angefertigt, bis 1906 aus der Gesellschaft die Wiener Psychoanalytische Vereinigung wurde. Vier Jahre später, nach der Gründung der Internationalen Psychoanalytischen Vereinigung, wurde sie zu deren Wiener Gruppe, und die Sitzungen wurden fortan im Auditorium des Doktoren-Kollegiums abgehalten. Freud gelang es trotzdem, eine möglichst große Zwanglosigkeit beizubehalten. »Einmal im Jahr«, schrieb Hanns Sachs, ein späteres Mitglied, »hatten wir eine geschäftliche Sitzung, die Freud eröffnete, indem er sagte: ›Heute müssen wir Burschenschaft spielen‹, oder etwas dieser Art. Der Schatzmeister las dann einige Zahlen vor und stellte fest, daß die Vereinigung nicht verschuldet war. Dann schlug jemand eine Zustimmungserklärung und die Neuwahl des Vorstands vor, der in aller Form gewählt wurde, worauf die wissenschaftliche Arbeit wiederaufgenommen wurde.«[70]

Für Freud war die Vereinigung in erster Linie ein Resonanzboden. Zwei Jahrzehnte früher hatte Breuer diesem Zweck gedient. Nach dem Bruch mit Breuer hatte Fließ dessen Stelle eingenommen. Diese Männer waren Freuds Vertraute während der Empfängnis und Geburt der Psychoanalyse gewesen. Nun, als das Kind allmählich heranwuchs und die Freundschaft mit Fließ dem Ende entgegenging, ergab sich die Notwendigkeit, andere zu finden, mit denen eine gegenseitige geistige Befruchtung möglich war. Fritz Wittels, der der Vereinigung einige Jahre nach ihrer Gründung beitrat, bemerkte, Freud habe einen Stollen tief ins Seelenleben vorgetrieben und Mitarbeiter gebraucht, die den Tunnel mit glasierten Ziegeln auslegten.

Die Mitgliederschaft der Mittwoch-Gesellschaft, die rasch auf mehr als zwanzig anwuchs, obwohl nur weniger als zwölf regelmäßig erschienen, bestand nicht nur aus Männern, die Freuds Methoden anwandten, oder auch nur Angehörigen des Ärztestandes. Das war nur natürlich, da nur wenige von denen, die in den ersten Jahren des Jahrhunderts in Wien die Psychoanalyse praktizierten, approbierte Ärzte waren. Die Mittwoch-Gesellschaft zog von Anfang an viele an, die nie praktizieren sollten. David Bach, der Musikkritiker der *Wiener Arbeiterzeitung*, der sozialdemokratischen Tageszeitung der Hauptstadt, war oft anwesend, desgleichen Hermann Bahr, der Führer der modernen Künstler in Berlin, und dazu kamen der Musikwissenschaftler Max Graf, ein Freund Freuds, der einmal eine Abhandlung über die Rolle der Psychologie in Wagners *Fliegendem Holländer* vorlas, der Verleger Hugo Heller und Journalisten mit, wie man heute sagen würde, linken Anschauungen ebenso wie der Oberstabsarzt Dr. Edwin Hollerung von der k. u. k. Armee.

Kurz nach der Gründung der Gesellschaft stellte Adler Freud den jungen Mann vor, der in den nächsten zwei Jahrzehnten sein unermüdlicher Helfer sein sollte. Es war Otto Rank, der zunächst als Glasbläser in einer Fabrik gearbeitet hatte. Als er einmal erkrankte, wurde er zu Adler gebracht, der entdeckte, daß er einer der wenigen in Wien war, die Freuds Bücher und Artikel gelesen hatten. Rank, ein stiller, bebrillter junger Mann mit dem Aussehen einer besonders diskreten Eule, wurde 1905, im Alter von 21 Jahren, in den Kreis Freuds gezogen. Anfangs Freuds Sekretär, wurde er bald Korrekturleser, Forschungsassistent und Schüler, und schließlich wurde er so unentbehrlich, daß man ihn beinahe als Adoptivsohn betrachtete. Tatsächlich sollte er später behaupten, Freud habe gewollt, daß er »seine [jüngste] Tochter heiratete, um sein Erbe zu werden und seine Arbeit fortzusetzen«.[71]

Andere Rekruten waren Hanns Sachs, der Freuds Vorlesungen an der Universität gehört hatte, und Sándor Ferenczi, ein Neurologe aus Budapest, der die Psychoanalyse nach der Lektüre der *Traumdeutung* zu praktizieren begonnen hatte. Ferenczi, der einen unsicher auf der Nase sitzenden Kneifer trug und die Lippen ständig zu einem freundlichen Lächeln verzog, besuchte Freud im Januar 1908. Nachdem er zuvor erklärt hatte, daß er eine Reihe von Vorträgen vor der Budapester Gesellschaft der Ärzte halten wolle, schrieb er:

»Der Gelehrsamkeit bedarf ich aber jetzt mehr denn je, wo ich doch im Begriffe bin, mit dem ganzen Komplex Ihrer Entdeckungen vor ein zum Teil ganz unwissendes zum Teil falsch unterrichtetes ärztliches Publikum zu treten. Ich halte mir dabei Ihr Axiom vor Augen, daß man, um wahr zu sein, auf seine Zuhörer Rücksicht nehmen muß, will also vorerst nur ganz augenfällige, leicht verständliche, daher überzeugende Tatsachen vorbringen. Allenfalls ist die Aufgabe eine sehr schwierige, ich würde mit taktloser Überrumpelung der Sache nur schaden und will mich wenigstens in der Beschränkung als Meister erweisen.«[72]

Ferenczi machte großen Eindruck auf Freud, wurde rasch einer seiner engsten Freunde und blieb sein erster Stellvertreter, bis sein Tod 1933 eine immer breiter werdende Kluft zwischen den beiden Männern schloß.

So unterschiedlich die Mitglieder ihrem Werdegang und ihrer Persönlichkeit nach waren, sagen die Herausgeber der Protokolle der Vereinigung, waren sie »durch die ihnen gemeinsame Unzufriedenheit mit den Zuständen verbunden, die damals in der Psychiatrie, in der Pädagogik und auf anderen Gebieten vorherrschten, die sich mit der menschlichen Psyche befaßten«[73]. Diese Gegenstände betrachteten sie bald, von der Behandlung der Geisteskranken getrennt, als ihre Aufgabe. »Sie wußten«, schrieben die Herausgeber, »daß der Mensch ebenso ein soziales Wesen ist wie eine biologische Einheit. Sie erkannten, daß die Beziehungen des Menschen zu seiner Umwelt sich nicht nur in seinem Verhalten äußern, sondern auch in Kunstwerken, in Religion und gesellschaftlichen Institutionen. Infolgedessen schien es ihnen unerläßlich, sich nicht nur mit kranken Menschen zu befassen, sondern auch mit Literatur, Religion, Philosophie, Anthropologie, Soziologie usw.«[74]

Juden bildeten einen hohen Prozentsatz der Mitglieder der Mittwoch-Gesellschaft, was Freud bald bedenklich fand. Ein Grund für ihre zahlenmäßige Überlegenheit war, einer häufig geäußerten Meinung zufolge, der, daß es Juden leichter fiel, den halben Ostrazismus zu ertragen, den das Interesse an der Psychoanalyse mit sich brachte, da er nur eine Intensivierung der Behandlung darstellte, die sie gewohnt waren. Die Meinungen über die Gesellschaft gingen auseinander. Ernest Jones, der treueste aller britischen Anhänger Freuds, betrachtete ihre Mitglieder kritisch. »Ich war nicht sonderlich beeindruckt von der Versammlung. Sie schien mir eine unwürdige Begleitung zu Freuds Genius zu sein«, schrieb er einmal, »aber im Wien von damals, das so voller Vorurteile gegen ihn war, war es schwer, einen Schüler zu finden, der einen Ruf zu verlieren hatte, daher mußte er nehmen, was er bekommen konnte.«[75] Diese Worte sind nicht ganz unparteiisch. Es ist richtig, daß kein Mitglied annähernd Freuds Format erreichte. Aber Jones' Ansicht, sie seien alle zweitrangig gewesen, wird von einem bestimmten Umstand beeinflußt: daß nämlich viele Mitglieder der Mittwoch-Gesellschaft später zumindest Teile des Freudschen Evangeliums aufgaben, das Jones heilig hielt. Adler verließ Freud 1911 mit neun Anhängern, Stekel folgte später und dazu noch andere – sogar Otto Rank, dem Freud am meisten vertraut hatte.

Recht hatte Jones sicherlich, wenn er betonte, daß Freud von Anfang an die anderen überragte. Er beherrschte sie nicht nur, weil er derjenige war, mit dem alles begonnen hatte, sondern weil er sich nun als der geborene Führer zu entpuppen begann, der voller Selbstvertrauen die Rolle übernahm, zu der er sich berufen glaubte. Wie die meisten geborenen Führer konnte er zugleich mitfühlend und geschickt berechnend, weitblickend und engstirnig sein, spontane intuitive Einsichten haben, die die Bezeichnung genial verdienten, und dennoch vernichtende Fehlurteile fällen. Wenige dieser Charakteristika oder ihrer Wirkungen schienen ihm ernsthaft Sorge zu bereiten. Er klagte natürlich über die Widerwärtigkeiten, die er sich manchmal durch eigenes Verschulden zuzog, aber sie erweckten nichtsdestoweniger den willkommenen Eindruck, daß er schließlich eben doch nur ein Mensch auf derselben Ebene wie die übrigen seiner Brüder war. Freud selbst wußte es besser. Als er Jahre später einen öffentlichen Vortrag hielt, sah er von seinem Podium herab in der ersten Reihe Otto Rank, Ernest Jones, Hanns Sachs und Sándor Ferenczi sitzen. Er verbeugte sich höflich in ihrer Richtung und begrüße sie mit den Worten »*Un parterre de rois*« – ein Publikum von Königen. Zweifellos eine Ehrung, aber mit ebendiesen Worten hatte Napoleon beim Erfurter Kongreß die deutschen Fürsten beschrieben, die er herbeibefohlen hatte, um den Zaren Alexander I. zu beeindrucken.

Fritz Wittels schrieb über die Sitzungen der Mittwoch-Gesellschaft:
»Man versammelte sich im Warteraum von Freuds Ordinationszimmer. Wir saßen um einen langen Tisch, die Tür in das Studio war offen und von drinnen blinkte eine große Bibliothek . . .

Freud saß am obereren schmalen Ende, ein Notizblatt vor sich, und präsidierte. Man kam nach dem Nachtmahl zu schwarzem Kaffee und Zigarren. Freud selbst qualmte unaufhörlich. Gewöhnlich leitete ein Vortrag den Abend ein, der nicht strenge zur Psychoanalyse gehörig sein mußte. Hernach gab es Aussprachen, an denen sich jeder beteiligen mußte. In einer kleinen Vase lagen Lose, und Rank, bald zum Schriftführer ernannt, zog sie und bestimmte so die Reihenfolge der Diskutanten. Ich habe heute den Eindruck, als hätte Freud immer zum Schlusse gesprochen.«[76]

Als Schlußredner konnte er kritisch sein und war es auch oft. Am Ende der Lektüre einer Abhandlung über das Schachspiel bemerkte er: »Das ist genau die Art von Artikeln, die die Psychoanalyse in Verruf bringen werden. Man kann nicht alles auf den Ödipuskomplex zurückführen. Halt!«[77] Er war streng moralisch in seinen Urteilen, und nachdem man eines Abends über die psychologischen Faktoren gesprochen hatte, die einer Fahrlässigkeit seitens eines Analytikers zugrundelagen, beendete er die Diskussion scharf mit den Worten: »Das mag alles so sein, aber eine Fahrlässigkeit ist um nichts besser, weil sie psychologische Ursachen hat.«[78] Jüngeren Mitgliedern gegenüber konnte er mit diskreter Zurückhaltung Kritik üben. Als ein Neuling des langen und breiten über allgemeine Methoden der Behandlung wissenschaftlicher Fragen sprach, anstatt sich mit dem vorliegenden Problem zu befassen, schob Freud seinem Nachbarn einen Zettel zu, auf den er geschrieben hatte: »Werden Sie vom Lesen von Speisekarten satt?«[79] Jeder mußte sich jedoch an den Diskussionen beteiligen, und wenn neue Mitglieder zögerten, drängte sie Freud mit den Worten: »Wir wollen nicht in ein Oberhaus, das immerzu redet, und in ein Unterhaus, das die Rolle des passiven Zuhörers spielt, geteilt sein.«[80]

Er selbst verfolgte alles mit der größten Aufmerksamkeit. »Wenn die Bemerkungen eines Redners sein besonderes Interesse erregten oder wenn er trachtete, das, worauf es ihm ankam, besonders klar zu formulieren, hob er den Kopf und blickte angestrengt mit äußerster Konzentration auf einen Punkt im Raum, als ob er dort etwas sähe.«[81]

Wenn die Sitzung vorüber war, begleitete Freud gern einige Mitglieder ein Stück auf ihrem Heimweg, und oft kehrte man in einem nahegelegenen Café ein, wo die Diskussion fortgesetzt wurde. Sein Sohn Martin inspizierte unterdessen das Sitzungszimmer und bemerkte, daß bei jedem Sitzplatz ein Aschenbecher stand, einige davon Stücke aus Freuds Sammlung chinesischer Jade, und gewöhnlich war das Zimmer so verraucht, daß er kaum begreifen konnte, wie Menschen darin am Leben geblieben waren.

Dem äußeren Anschein nach unterschied sich die Mittwoch-Gesellschaft nicht von den Gruppen gleichgesinnter Wissenschaftler und Forscher, die sich oft um führende Persönlichkeiten mit neuen und unpopulären Ideen versammelten. Tatsächlich gab es jedoch einen feinen Unterschied, der immer deutlicher wurde in den Jahren, in denen sich die vergleichsweise bescheidene Gruppe zur Wiener Psychoanalytischen Vereinigung und schließlich zu einer Ortsgruppe der Internationalen Psychoanalytischen Vereinigung entwickelte. Max Graf, der zwar mit der Psychoanalyse sympathisierte, sie aber objektiv sehen konnte, beschrieb anschaulich die Atmosphäre, in der sich die Mitglieder der Mittwoch-Gesellschaft trafen:

»Es herrschte eine Atmosphäre der Gründung einer Religion in diesem Raum. Freud selbst war ihr Prophet, der die zuvor üblichen Methoden der psychologischen Forschung oberflächlich erscheinen ließ. Freuds Schüler – alle inspiriert und überzeugt – waren seine Apostel . . . Jedoch nach der ersten träumerischen Periode und der ersten Schar von Aposteln kam die Zeit, in der die Kirche gegründet wurde. Freud begann seine Kirche mit großer Energie zu organisieren. Er war ernst und streng in den Forderungen, die er an seine Schüler stellte; er gestattete keine Abweichungen von seiner orthodoxen Lehre. Subjektiv hatte Freud natürlich recht, denn was er mit so viel Energie und Folgerichtigkeit erarbeitete und was erst noch gegen den Widerstand der Welt verteidigt werden mußte, durfte nicht unwirksam gemacht werden durch Zögern, Schwäche und geschmacklose Ausschmückungen. So gutherzig und rücksichtsvoll er in seinem Privatleben war: bei der Darlegung seiner Ideen war Freud hart und unbarmherzig. Wenn es um seine Wissenschaft ging, konnte er mit seinen intimsten und zuverlässigsten Freunden brechen . . .«[82]

Der Vergleich mit einer Religion war etwas, woran Freud wenig Geschmack fand. Der Vergleich mit dem Militärischen war etwas anderes. Er sprach von seinen Waffenbrüdern und vom Abfall von der Sache – ein Wort, das stärker emotional geladen war als »Bewegung«. Militärische Untertöne verliehen einem Teil seiner Korrespondenz mit Anhängern ein wenig den Charakter von Gefechtsbefehlen, so als hätte er seine jugendlichen Kriegsspiele noch nicht ganz vergessen. Und wenn er später den Nachfolger, den er wählte, einen »Kronprinzen« nannte, so sollte man die militärischen Aufgaben der Kronprinzen in manchen europäischen Monarchien nicht vergessen. Als er an James Putnam, einen seiner ersten amerikanischen Anhänger schrieb, bemerkte Freud, Putnams Name werde »viele Parteigänger rekrutieren«[83], ein Ausdruck, der mehr an Krieg als an Wissenschaft gemahnt. Seine Anhänger nahmen eine Zeitlang dieselbe Haltung ein, und Stekel erklärte im *Zentralblatt für Psychoanalyse*: »Wir können mit Stolz sagen, daß unsere Lehre, welche die Lehre Freuds ist, täglich mehr Anhänger gewinnt und ständig vorwärts marschiert . . . Wir fühlen uns in diesen Tagen wie Brüder eines Ordens, der von jedem einzelnen Opfer im Dienste aller verlangt . . .«[84]

Während der nächsten Jahre sah sich Freud in zunehmendem Maße als der Führer in der Schlacht, dem, mitten im Kampf, alle außergewöhnliche Treue schuldeten. Diejenigen, die von Anfang an seine Anhänger gewesen waren, bildeten eine echte Brüderschar, und diejenigen, die in all den Kämpfen seine Anhänger blieben, übernahmen selbst bald eine Führerrolle. An sich war dies keine ungewöhnliche Entwicklung, aber sie hatte zur Folge, daß sich Freuds Parteigänger von jenen zweifelnden, kritischen Anhängern unterschieden, die in denselben Jahren in Cambridge mit Thomson darüber debattierten, ob Rutherfords Atomtheorien tatsächlich stimmen konnten, oder die in Zürich mit Einstein über seine Relativitätstheorie diskutierten. Der Geist der offenen Forschung, der Verfolgung von Untersuchungen, wohin immer sie führten und was immer ihre Folgen waren, war zweifellos ein Grundsatz, zu dem Freud selbst und alle, die ihn umgaben, sich bekannten. Aber alle Änderungen der Ansichten mußten von ihm in die authentische Fassung der Lehre eingefügt werden, bevor sie anderweitig in Betracht gezogen werden konnten. Dazu kam, daß Freud, was immer er auch öffentlich behauptete, von nur geringer Flexibilität war. »Wir sind im Besitz der Wahrheit«, schrieb er im Mai 1913 mit aller Entschiedenheit an Ferenczi. »Ich bin so sicher wie vor 15 Jahren.«[85] Seine »Überzeugung von der Wahrheit seiner Theorien war so vollkommen«, heißt es bei Ellenberger, »daß er keinen Widerspruch zuließ. Das wurde von seinen Gegnern Intoleranz und von seinen Anhängern leidenschaftliche Wahrheitsliebe genannt.«[86]

Wer seine ursprünglichen Anschauungen änderte oder gar das Gefühl hatte, daß manche Teile der psychoanalytischen Theorie unannehmbar seien, konnte kaum als ein Wissenschaftler mit unorthodoxen Ansichten betrachtet werden. »Verräter« schien ein viel treffenderer Ausdruck zu sein, und die Annalen der Psychoanalyse sind voll von Beispielen einer hochgesinnten Bösartigkeit. Jung, der später selbst in die tiefste Finsternis verstoßen werden sollte, schrieb über Gegner: »Hier [in Zürich] erstaunt man über den fabelhaften Größenwahn dieser jammervollen Skribenten.«[87] Freud selbst hob sich die größte Bitterkeit für den Abfall Jungs auf, konnte aber auch scharfe Ausdrücke für andere Genossen finden, die es wagten, anderer Meinung zu sein. So war der Amerikaner Morton Prince »ein arroganter Esel, der selbst in unserer Menagerie auf einen hervorragenden Platz Anspruch hat«.[88] Über Magnus Hirschfeld, der aus den Reihen austrat, schrieb er: »Kaum ein Schaden, er ist ein so pulpöser unappetitlicher Kerl und schien nicht imstande, etwas zu lernen.«[89] Und was Adler anbetraf, den ersten der Deserteure, so war er »ein geistig hochstehender Mensch . . . dafür paranoisch«[90]. Nach Freud war er nur der Führer der »Adlerschen Bande«[91].

Die Überzeugung, daß diejenigen, die nicht zu ihm hielten, entweder Narren oder Verräter oder möglicherweise beides waren, wurde immer stärker, und es kam zum endgültigen Bruch mit Fließ. Jeder brauchte den anderen immer weniger, und ihre Freundschaft würde sich allmählich aufgelöst haben, wenn sie nicht unter einer Flut gegenseitiger Beschuldigungen rasch zusammengebrochen wäre.

Ihre Beziehung hatte drei Phasen durchgemacht, deren jede allmählich in die nächste übergegangen war. Die Bande zwischen den beiden Männern waren stark gewesen von ihrer ersten Begegnung im Jahre 1887 bis zum Sommer 1895. Die Episode, die dann zu dem »Traum von Irmas Injektion« führte, hatte sie nicht bewußt geschwächt, und Freuds Selbstanalyse, die Aufstellung der Theorie des Ödipuskomplexes und die Beendigung der *Traumdeutung*, die alle in die folgenden Jahre fielen, änderten nichts an Freuds Vertrauen in Fließ. Aber dann schien Fließ nahe daran zu sein, den Höhepunkt seiner Karriere zu erreichen, über den hinaus es keine Steigerung mehr gab. Freud dagegen sah trotz seiner pessimistischen Beteuerungen noch große Dinge voraus.

Die frühere Zuneigung blieb jedoch noch erhalten, wie seine Reaktion auf die Kritik eines neuen Buches von Fließ über die angeblichen Beziehungen zwischen der Nase und den weiblichen Geschlechtsorganen zeigt. Dieses Buch trieb die Periodentheorie weiter voran, als Fließ sie je zuvor zu entwickeln gewagt hatte. Die Perioden – 28 Tage bei der Frau und 23 Tage beim Mann – »können ebensowenig neu entstehen wie die Energie überhaupt, und ihre Zeitform erlischt nie, so lange organisierte Wesen geschlechtlich sich fortpflanzen«. Das war noch nicht alles: »Ihre Existenz [die der Rhythmen] ist sonach nicht auf den Menschen beschränkt, sondern geht ins Tierreich und wahrscheinlich durch die ganze organische Welt. Ja, die wunderbare Genauigkeit, mit der die Zeit von 23, bzw. 28 ganzen Tagen inngehalten wird, läßt eine tiefere Beziehung astronomischer Verhältnisse zur Schöpfung der Organismen vermuten.«[92]

Eine solche Verstiegenheit für bare Münze zu nehmen, ohne nach den Einzelheiten dieser wunderbaren Genauigkeit zu fragen, stellte einige Ansprüche an die Loyalität. Und Freud blieb treu. Als die *Wiener Klinische Rundschau*, eine Zeitschrift, zu deren Mitherausgebern er gehörte, eine vernichtende Besprechung veröffentlichte, schrieb Freud einen Protestbrief an den Chefredakteur. Da er keine Antwort erhielt, kündigte er seine Mitarbeit auf aus Protest gegen, wie er Fließ sagte, »ein Muster jener Art von Unverschämtheit, die der absoluten Ignoranz eigen ist«[93]. Dieser Satz, der zeigt, wie verhext Freud noch von Fließ' biologischer Numerologie war, wurde bezeichnenderweise bei der ersten Veröffentlichung der Briefe gestrichen.

Freud hielt noch lange zäh an zumindest einigen der Phantasien von Fließ fest. Diese Hartnäckigkeit war zum Teil in der Erziehung in jüdischen Vorstellungen begründet, nach denen bestimmte Zahlen »gut« waren und andere »schlecht«. Die Zahl 17, beispielsweise, konnte für »Beständigkeit« stehen, und Freud und Martha hatten sich nicht nur an einem 17. verlobt, sondern die Zahl auch jahrelang als glücksbringend betrachtet. Noch 1909 schrieb er Jung über sein Todesdatum: »Sie werden [darin] die spezifisch jüdische Natur meiner Mystik wiederum bestätigt finden.«[94]

Manchmal ließ er gewisse Zweifel durchscheinen. Aber skeptische Fragen waren selten. Jahre später rechtfertigte er noch ernsthaft seine Besorgnisse wegen einer Telefonnummer, die er früher, 1899, schon bekommen hatte. Die neue Nummer lautete 14362. »Im Jahre 1899 . . .

war ich 43 Jahre alt«, stellte er fest. »Was lag also näher, als daß die beiden anderen Ziffern mein Lebensende bedeuten sollten, also 61 oder 62.«[95] Eine offensichtliche Leichtgläubigkeit, die später seinen Arzt veranlaßte zu schreiben: »Man kann Freud nicht als einen Zwangsneurotiker ansehen, aber seine Präokkupation mit dem prospektiven Datum seines Todes hatte den Charakter eines zwanghaften Zuges.«[96] Das traf zweifellos zu. Als Freud 1904 mit seinem Bruder Alexander Athen besuchte, glaubte er noch immer, daß er mit 61 oder 62 Jahren sterben werde. Es war, schrieb er 1909, »direkt unheimlich, wie die Zahl 61 oder 60 in Verbindung mit 1 oder 2 bei allen Gelegenheiten von Benennungen an allen gezählten Gegenständen, insbesondere Transportmitteln, wiederkehrte, was ich gewissenhaft notierte«[97]. Und wenn von 61 oder 62 nichts zu sehen war, konnten diese Zahlen ohne große Mühe abgeleitet werden. In Athen bekam Freud das Zimmer Nr. 31. Es konnte, bemerkte er »mit fatalistischer Lizenz doch die Hälfte von 61–62«[98] sein.

Ein Jahrzehnt später, zwanzig Jahre, nachdem er seine Beziehung zu Fließ abgebrochen hatte, war er immer noch außerstande, sich ganz von dem numerischen Mystizismus seines ehemaligen Freundes freizumachen. »Nach der großartigen Konzeption von W. Fließ«, schrieb er in *Jenseits des Lustprinzips*, »sind alle Lebenserscheinungen – und gewiß auch der Tod – der Organismen an die Erfüllung bestimmter Termine gebunden, in denen die Abhängigkeit zweier lebenden Substanzen, einer männlichen und einer weiblichen, vom Sonnenjahr zum Ausdruck kommt. Allein die Beobachtungen, wie leicht und bis zu welchem Ausmaß es dem Einflusse äußerer Kräfte möglich ist, die Lebensäußerungen insbesondere der Pflanzenwelt in ihrem zeitlichen Auftreten zu verändern, sie zu verfrühen oder hintanzuhalten, sträuben sich gegen die Starrheit der Fließschen Formeln und lassen zum mindesten an der Alleinherrschaft der von ihm aufgestellten Gesetze zweifeln.«[99] Wenn also der Hokuspokus der Numerologie nicht mehr der einzige determinierende Faktor war, so blieb er offenbar nach Freuds Ansicht doch einer von ihnen.

Sein restlicher Glaube an die Periodizität fand seinen Ausdruck ungefähr zwanzig Jahre nach der letzten Begegnung der beiden Männer, mit der die zweite Phase ihrer Freundschaft endete und die dritte eingeleitet wurde: drei Jahre, in denen sie sporadisch noch Briefe wechselten, aber immer mehr erkannten, daß nun jeder seine Unabhängigkeit suchte.

Die letzte Begegnung fand am Achensee statt, einem dunkelblauen See oberhalb des Inntals, nordwestlich von Innsbruck. Wie zu erwarten, schilderte jeder auf seine Weise, was geschehen war. Nach Freud, der sich Fließ gegenüber ein Jahr später in einem Brief beklagte, hatte dieser

gegen ihn Partei ergriffen und gesagt: »Der Gedankenleser liest bei den Anderen nur seine eigenen Gedanken«[100], was seiner Arbeit jeden Wert nehme. Diese Ansicht war damals wahrscheinlich in Berlin weit verbreitet, und Fließ könnte sie wiederholt haben. Seine eigene Darstellung der Begegnung zeigt jedoch, daß seine Besessenheit von der Periodentheorie zumindest teilweise für den Bruch verantwortlich war. Er schrieb: »Damals war Freud von einer mir zuerst unerklärlichen Heftigkeit gegen mich. Weil ich in einer Diskussion über Freuds Beobachtungen an seinen Kranken den periodischen Vorgängen auch für die Psyche unbedingt Geltung zusprach; insbesondere sie auch für diejenigen psychopathischen Erscheinungen als wirksam hinstellte, mit deren Analyse zum Zweck der Heilung sich Freud beschäftigte. Weder plötzliche Verschlechterungen, noch plötzliche Besserungen seien daher ohne weiteres auf die Analyse und ihre Einwirkungen zu schieben. Ich belegte meine Meinung mit eigenen Beobachtungen. Im Gefolge jener Diskussion glaubte ich bei Freud eine persönliche Animosität gegen mich wahrzunehmen, die aus Neid entsprang. Hatte doch Freud früher in Wien zu mir gesagt: ›Es ist gut, daß wir Freunde sind. Ich würde vor Neid zerspringen, wenn ich sonst hörte, daß einer in Berlin solche Sachen findet.‹ Die Äußerung habe ich in meiner Bestürzung seinerzeit meiner Gattin mitgeteilt, und ferner auch der uns befreundeten Frau Hofkapellmeister Schalk, geb. Hopfen, z. Z. in Wien, die das gerne bekundet.«[101]
Fließ, der dies schrieb, als sich seine Beziehung zu Freud schließlich in Ärger verwandelt hatte, schlug offensichtlich aus einer Bagatelle so viel wie möglich heraus.

Zum endgültigen Bruch kam es 1903 wegen einer Frage, die nicht nur die Priorität, sondern auch die Ehrlichkeit betraf. Hinsichtlich der Priorität war Freud großzügig in der Theorie, aber empfindlich in der Praxis, und man konnte von ihm erwarten, daß er mit äußerster Redlichkeit handelte. Aber selbst Ernest Jones mußte zugeben: »Es war vielleicht das einzige Mal in Freuds Leben, daß er für einen Augenblick nicht ganz aufrichtig war.«[102] Das Streitobjekt war die Bisexualität, die von den beiden Männern einige Jahre zuvor heftig diskutiert worden war. Fließ hatte schon in den neunziger Jahren die Ansicht geäußert, daß bei allen Männern und Frauen Spuren beider Geschlechter zu finden seien, und er hatte sie 1897 mit Freud auf ihren Abendspaziergängen in Breslau des langen und breiten erörtert. Freud hatte sie damals abgelehnt, aber nachdem er einige Monate darüber nachgedacht hatte, änderte er seine Meinung, und im Januar 1898 schrieb er: »Wie ich mir erscheine, ist es so: ich bin auf die Betonung der Bisexualität förmlich geflogen und halte diesen Deinen Einfall für den bedeutsamsten in meinen Themen seit der

›Abwehr‹.«[103] Im folgenden Jahr war er vollends überzeugt. Aber während ihrer letzten Begegnung am Achensee brachte er plötzlich die Idee der Bisexualität als etwas Neues zur Sprache und leugnete, jemals mit Fließ darüber diskutiert zu haben.

Vor diesem Hintergrund ist die Ankündigung zu sehen, mit der Freud im Sommer 1901 Fließ in einem Brief überraschte, nachdem er bedauert, daß sie beide »ein Stück weit auseinander geraten sind« und ihm Vorwürfe wegen der Bemerkung gemacht hatte: »Der Gedankenleser liest bei anderen nur seine eigenen Gedanken«:

»Nun die Hauptsache! Soviel ich erkenne, wird meine nächste Arbeit lauten ›Die menschliche Bisexualität‹, wird das Problem an der Wurzel fassen und das letzte Wort sagen, das mir zu sagen vergönnt sein dürfte. Das letzte und tiefste . . . Die Idee selbst ist Deine. Du erinnerst Dich, ich habe Dir vor Jahren gesagt, die Lösung liegt in der Sexualität, als Du noch Nasenarzt und Chirurg warst, und Du hast Jahre später korrigiert: in der Bisexualität, und ich sehe, Du hast Recht. Vielleicht muß ich also noch mehr von Dir entlehnen, vielleicht nötigt mich mein Ehrlichkeitsgefühl Dich zu bitten, die Arbeit mit mir zu zeichnen, wobei der bei mir kärgliche anatomisch-biologische Teil eine Ausbreitung für sich gewinnen würde. Den psychischen Aspekt der Bisexualität und die Erklärung der Neurotik würde ich zum Ziel nehmen. Das ist also das nächste Zukunftsprojekt, das uns hoffentlich wieder recht ordentlich auch in wissenschaftlichen Dingen einigen wird.«[104]

Fließ erhob Einspruch und Freud antwortete ein wenig unaufrichtig: »Gewiß wollte ich nichts anderes, als meine Zugabe zu der Theorie der Bisexualität bearbeiten, den Satz ausführen, daß die Verdrängung und die Neurosen, die Selbständigkeit des Unbewußten also, die Bisexualität zur Voraussetzung hat.«[105] Das mag sein, aber der Brief, der »Die menschliche Bisexualität« – ein Buch, das Freud nie schrieb – ankündigte, hatte etwas anderes angedeutet.

Zwei Jahre später beendete Fließ selbst ein Buch, das dieses Thema behandelte. Seine These lautete, daß die Bisexualität der Zelle das oberste Gesetz aller lebenden Materie darstellte, und wenn die Bisexualität damals auch ein ziemlich häufiges Diskussionsthema in medizinischen Kreisen war, so war doch bis dahin diese Erweiterung, die er mit Freud erörtert hatte, von niemandem ernstlich in Betracht gezogen worden. Fließ war daher überrascht, als im Sommer 1903 Dr. Otto Weininger, ein junger Wiener, *Geschlecht und Charakter* veröffentlichte und darin die Bisexualität der Zelle hervorhob. Innerhalb eines Jahres hatte Weininger – nach Freuds Worten »ein krankes Genie und gründlich irregeleitet in bezug auf das, was ich lehrte«[106] – eine fragmentarische Selbstanalyse vorgenommen, und Wittels meinte, es sei dieser flüchtige Blick in sein Unbewußtes gewesen, der ihn in den Selbstmord getrieben habe. Fließ fand es 1903 verdächtig, daß Weininger angeblich ein enger Freund von Dr. Hermann Swoboda war, da Swoboda allgemein für einen Schüler Freuds gehalten wurde. Tatsächlich war er ein Patient. Nur ein Mann, dem jeder Argwohn auf geradezu abnormale Weise fernlag, würde Freud nicht geschrieben haben, was Fließ schrieb, der Freud fragte, was er zu dieser Situation zu sagen habe.

Zuerst versuchte Freud, sich zu verstellen. Er antwortete, er habe die Idee der Bisexualität Swoboda gegenüber lediglich erwähnt, der sie an Weininger weitergegeben habe – und jedenfalls hätte Weininger die Idee auch aus vielen anderen Quellen haben können. Das sei alles, was er über die Angelegenheit wisse, schloß er. Diese Antwort befriedigte Fließ nicht, der darauf hinwies, daß die Bisexualität der Zelle nirgends erwähnt worden sei. In die Ecke gedrängt, gab Freud nun zu, daß er bei der Weitergabe der Information, selbstverständlich unbewußt, von dem Wunsch beeinflußt worden sein müsse, Fließ' Anspruch auf die Urheberschaft zu untergraben. Er beendete seinen Brief recht taktlos mit dem Bedauern, daß Fließ ihm wegen einer so trivialen Angelegenheit schreibe – ein Adjektiv, das Fließ zweifellos unpassend fand für etwas, was er als eine bedeutende biologische Entdeckung betrachtete.

Im Jahre 1906 hatte das Ganze ein Nachspiel. Fließ veröffentlichte *Der Ablauf des Lebens: Grundlegung zur exakten Biologie*, und ein Berliner Journalist, A. R. Pfennig, ließ – angeblich von Fließ veranlaßt – ein Pamphlet mit dem Titel *Wilhelm Fließ und seine Nachentdecker: O. Weininger und H. Swoboda* folgen. Es sei, schrieb er darin, nicht seine Aufgabe, die Art zu kritisieren, in der Professor Freud von seiner Freundschaft mit Fließ Gebrauch mache. Es genüge, daß, nachdem er bestritten, daß Swoboda sein Schüler war und über die eigentliche Streitfrage – d. h. sein Wissen von Weiningers Arbeit vor der Publikation – sorgsam geschwiegen habe, sein Eingeständnis einen Charakter habe, den man nur zynisch nennen könne.

Der Abbruch der Freundschaft mit Fließ veranlaßte Freuds Kritiker zu der Frage, ob er an einer Fähigkeit leide, Gespräche, die ihm nicht mehr paßten, einfach zu vergessen, ob es ihm schwerfalle, Originalität bei anderen anzuerkennen, und ob nicht einige seiner Beziehungen zu Männern sehr leidenschaftlicher Natur seien. Freud selbst gab zu, seine Freundschaft mit Fließ habe homosexuelle Untertöne gehabt. Doch dieses Geständnis hat alle Anzeichen eines Ablenkungsmanövers mit dem unbewußten Ziel, die Motivation zu tarnen, die mehr als einer seiner engen Freundschaften zugrundelag: nämlich die Hilfe, die sie seiner Sache leisteten. Fließ war von beträchtlicher potentieller Brauchbarkeit gewesen, als Freud versuchte, die Psychologie mit physiologischen Begriffen zu erklären. Carl Gustav Jung sollte als ein nichtjüdisches politisches Gegengewicht gesehen werden, als sich die Psychoanalyse zu einer internationalen Bewegung ausweitete, während Sándor Ferenczi, der Ungar, der zu einem der engsten Vertrauten Freuds wurde, eine unschätzbare rechte Hand war. Und nur wenige Männer sollten wichtiger für die Sache sein als Ernest Jones, der für Freud ebenso ergeben arbeitete, wie T. H. Huxley, »Darwins Bulldogge«, für Charles Darwin gearbeitet hatte. Solche Freundschaften waren zweifellos »leidenschaftlicher Natur«, aber die Leidenschaft scheint in überwältigendem Maße dem triumphalen Vormarsch der Psychoanalyse gegolten zu haben. Neben ihr gab es nur wenig von Bedeutung.

Um 1906 hatte sich die Freundschaft mit Fließ in Bitterkeit aufgelöst, und Freud wandte sich hilfesuchend an Karl Kraus, den Herausgeber der *Fackel.* Diese sieben Jahre zuvor von Kraus gegründete Zeitschrift stand bereits in dem Ruf, das österreichische Establishment im allgemeinen und die *Neue Freie Presse* im besonderen anzugreifen. Freuds frühe Ansichten über *Die Fackel* hatten sich 1904 gezeigt, als er im Redaktionsbüro der Zeitschrift eine Visitenkarte hinterließ, auf die er geschrieben hatte: »Ein Leser, der selten ihr Anhänger ist, möchte Sie beglückwünschen zu Ihrem Scharfsinn, Ihrem Mut und Ihrer Fähigkeit zu sehen, was an Bedeutendem im Unbedeutenden verborgen ist, wie Ihr Artikel über Hervey zeigt.«[107] (Vermutlich ist Marie Jean Léon, Marquis d'Hervey de Saint-Denys gemeint, der Autor von *Les rêves et les moyens de les diriger*, Paris 1867.)

Kraus zitierte Freud im folgenden Jahr, als er gegen eine vorgeschlagene antihomosexuelle Gesetzgebung protestierte, und Freud begann am 1. Januar 1906 einen Brief an ihn mit den Worten:

»Die teilweise Übereinstimmung zwischen Ihren Anschauungen und Bestrebungen und den meinen ist wohl die Ursache gewesen, daß ich meinen Namen wiederholt in der ›Fackel‹ erwähnt finden konnte. Auf diese unpersönliche Bekanntschaft gestützt, erlaube ich mir, Ihre Aufmerksamkeit für einen Vorfall in Anspruch zu nehmen, dessen Weiterungen wahrscheinlich bald die Beiträger Ihrer Zeitschrift in Miterregung versetzen werden.« Er beklagte sich dann darüber, daß Weininger und Swoboda »des gröblichsten Plagiats beschuldigt und auf die grausamste Weise mißhandelt werden«[108]. Das mag anständig genug gewesen sein, da beide Männer die unbewußten Opfer der Indiskretion Freuds gewesen zu sein scheinen. Dasselbe kann kaum von seiner Kraus gegebenen Versicherung gesagt werden, die Behauptungen, er habe Informationen von Fließ weitergegeben, seien »absurde Anwürfe«[109]. Der Briefwechsel zwischen Freud und Kraus dauerte noch das ganze Jahr an, aber aus irgendeinem Grunde fand die persönliche Begegnung, die Freud suchte, nie statt. Dazu kam, daß Kraus in den Jahren 1907 und 1908 seine Einstellung zu Freud und zur Psychoanalyse gründlich änderte. Daran waren hauptsächlich Kraus' entschiedene Ansichten über den Gegenstand schuld. Es ist aber auch möglich, daß sich diese Ansichten ursprünglich bildeten, als er über die Umstände nachdachte, in denen Freud »einen Augenblick nicht vollkommen aufrichtig war«, und daß er zu dem Schluß gelangte, daß Fließ recht gehabt habe.

11
Erste Scharmützel

Unsere arischen Genossen sind uns doch ganz unentbehrlich,
sonst verfiele die Psychoanalyse dem Antisemitismus.

Freud in einem Brief an Karl Abraham

Als die Sitzungen der Mittwoch-Gesellschaft, über die Wilhelm Stekel jeden Sonntag im *Neuen Wiener Tagblatt* berichtete, Aufmerksamkeit zu erwecken begannen, verwandelte sich Freuds Glaube, daß er die unterirdischen Motive des Verhaltens entdeckt habe, in einen Eifer, in dem sich Hingabe und die Vorstellung von einer beinahe göttlichen Mission im Leben vereinigten. Aus dem jüdischen Arzt, der davon überzeugt war, den Schlüssel zum menschlichen Verhalten gefunden zu haben, dem rechtschaffenen Mann, der darauf bedacht war, etwas von dem Elend der Welt zu bessern, wurde der Führer, der entschlossen war, die Menschheit ins Gelobte Land zu führen. Von nun an sollte Freud eine wachsende Schar von Anhängern anführen, manchmal auf Umwegen, manchmal erfolglos, aber immer mit der uneingeschränkten Entschlossenheit, der Sache zu dienen. Sosehr auch seine Mission durch seine eigene Begeisterung verwirrt, durch Ketzer behindert und durch Scharlatane besudelt wurde: sie war ein Ehrgeiz, dessen sich kein Mann zu schämen braucht.

Freuds drei wichtigste Publikationen aus dem Jahre 1905 trugen jede in ihrer Art zur Sache bei. Die erste war ein geistreicher Versuch zu beschreiben, was der Titel andeutete: *Der Witz und seine Beziehung zum Unbewußten*, ein Buch, das wie *Zur Psychopathologie des Alltagslebens* die Beziehungen zwischen den alltäglichen Dingen und dem Unbewußten aufdeckte und damit die Grundlehren der Psychoanalyse dem Laien leichter zugänglich machte. Die zweite war eine Krankengeschichte, die aus Angst, daß die Publikation eine Klage wegen Verletzung der ärztlichen Schweigepflicht zur Folge haben könnte, fünf Jahre lang zurückgehalten worden war, nun aber veröffentlicht wurde wegen des Lichts, das sie auf die Traumanalyse warf. Die dritte schließlich war *Drei*

Abhandlungen zur Sexualtheorie, in denen Freud die Ergebnisse seiner früheren Studien über die Neurosen endgültig darstellte, eine zusammenhängende Theorie der infantilen Sexualität entwarf und die Hauptstruktur der Lehre vollendete, deretwegen er für den Rest seines Lebens heftig angegriffen werden sollte.

Schon Jahre zuvor hatte er beobachtet, mit welcher Häufigkeit seine Patienten Witze beschrieben, von denen sich viele aus einem Wortspiel ergaben, das sie im Traum erlebt hatten. Die Witze fesselten Freuds Aufmerksamkeit aus mehreren Gründen. Da war einmal sein leicht ironischer Sinn für Humor, der durch die Absurditäten des Lebens angeregt wurde. Dazu kam sein allgemeines Interesse am jüdischen Humor und sein besonderes Interesse an jüdischen Anekdoten von tieferer Bedeutung. Aber es gab noch einen anderen Grund, denn es schien, als kämen die Traumwitze aus dem Unbewußten, und Freud wollte ihre Verbindung – wenn es eine gab – mit den Witzen des alltäglichen Wachlebens untersuchen. »Daß der Träumende zu witzig ist, ist sicher richtig«, gestand er Fließ, »aber es trifft weder mich, noch motiviert es einen Vorwurf. Alle Träumer sind ebenso unausstehlich witzig und sie sind es aus Not, weil sie im Gedränge sind, ihnen der gerade Weg versperrt ist. Wenn Du meinst, werde ich noch eine solche Bemerkung irgendwo einschalten [in der *Traumdeutung*]. Der scheinbare Witz aller unbewußten Vorgänge hängt intim mit der Theorie des Witzigen und Komischen zusammen.«[1]

Er fuhr fort zu spekulieren, weiter angeregt durch Theodor Lipps *Komik und Humor*. Er begann neben vielen anderen Autoren Rabelais, Cervantes, Molière, Lichtenberg, Mark Twain und Spitzer zu lesen, um sich besondere Beispiele ihres Witzes zu notieren, und arbeitete sich durch ganze Sammlungen von Witzen und volkstümlichen Geschichten durch. »[Ich] fand«, erinnerte er sich, »das Wesen des Witzes liege in seinen technischen Mitteln, diese seien aber dieselben wie die Arbeitsweisen der ›Traumarbeit‹ . . . Daran schloß sich die ökonomische Untersuchung, wie der hohe Lustgewinn beim Hörer des Witzes zustande komme. Die Antwort war: durch momentane Aufhebung von Verdrängungsaufwand nach der Verlockung durch eine dargebotene Lustprämie (*Vorlust*).«[2]

Freud hatte das anwachsende Manuskript auf einem Tisch in seinem Arbeitszimmer liegen und das der *Drei Abhandlungen zur Sexualtheorie* auf einem anderen und arbeitete, je nachdem, wie ihm zumute war, abwechselnd an dem einen und dem andern. Beide wurden im Sommer 1905 veröffentlicht, ersteres unter dem Titel *Der Witz und seine Beziehung zum Unbewußten*. Das Buch teilte die Witze in verschiedene

Kategorien ein, darunter solche, die Verdichtung, Anwendung des Materials auf verschiedene Weise und die Einführung des Doppelsinns betrafen. Man konnte also erwarten, daß es zu der Kritik herausforderte, ein typisch deutscher Versuch zu sein, etwas zu erklären, was man doch instinktiv verstand. Tatsächlich ist es aber einer der lesbarsten Versuche Freuds, nicht-medizinische Dinge des täglichen Lebens mit den Begriffen des Unbewußten zu erklären. Zudem wird die scheinbar gewaltsame Klassifikation gerechtfertigt durch Ähnlichkeiten zwischen Witzen und Träumen, zu denen Verdichtung, Verschiebung, die Verwendung von Widersinn und Widerspruch im Traum und die Darstellung durch das Gegenteil gehören. »Eine so weitgehende Analogie der Witztechnik mit der Traumarbeit wird gewiß unser Interesse für die erstere steigern ...«[3], schrieb er.

Freuds eigener Sinn für Humor bricht immer wieder durch, und es ist schwer, die Erklärungen zu lesen, ohne nicht zumindest im großen ganzen die Gründe für das Lachen zu begreifen. Die Verdichtung wird veranschaulicht durch Sainte-Beuves Bemerkung, Flauberts *Salammbô* sei mit seiner übertriebenen Detailmalerei eine »Carthaginoiserie« (»Chinoiserie«)[4] und durch die Beschreibung der Behandlung eines armen Mannes durch einen Rothschild, in der es heißt: »Er behandelte mich ganz wie seinesgleichen, ganz famillionär.«[5] A. A. Brill, der englische Übersetzer des Werkes, der die schwer übertragbaren, hauptsächlich jüdischen und deutschen Witze des Originals oft durch solche aus amerikanischen Quellen ersetzte, führte als Wortspiel an, der englische Dichter Hood habe einmal gesagt, er müsse ein *lively Hood* (lebhafter Hood) sein, um sich seinen *livelihood* (Lebensunterhalt) zu verdienen, und als Beispiel für Doppelsinn zitierte er den Schauspieler Charles Matthews, der auf die Frage, was sein Architektur studierender Sohn einmal zu tun gedenke, antwortete, er werde, wie sein Vater, *draw houses* (1. Häuser zeichnen, 2. Das Publikum anziehen = ein »volles Haus haben«).

Der Witz und seine Beziehung zum Unbewußten wurde in der populären Wiener Zeitung *Die Zeit* gut besprochen, aber in medizinischen und psychologischen Zeitschriften beinahe völlig ignoriert. Es dauerte sieben Jahre, bis die erste Auflage von wenig mehr als 1000 Exemplaren verkauft war, und das Buch blieb praktisch unbeachtet. Umgekehrt verhielt es sich mit den beiden anderen wichtigen Publikationen Freuds aus dem Jahre 1905, seinem in einer Zeitschrift veröffentlichten »Bruchstück einer Hysterie-Analyse« und den *Drei Abhandlungen zur Sexualtheorie*. Die erste setzte ihn der Anklage aus, die ärztliche Schweigepflicht gebrochen zu haben, die zweite schien die verschiedenen Verbrechen zusammenzufassen, deren ihn seine Kritiker schon so lange bezichtigt hatten.

Etwa fünf Jahre zuvor hatte Freud ein achtzehnjähriges Mädchen, kurz »Dora« genannt, analysiert, das die Behandlung nach elf Wochen abgebrochen hatte. Er stellte die Krankengeschichte zusammen, beendete sie im Januar 1901 und schrieb Fließ am 25. desselben Monats: »Es ist ein Bruchstück einer Hysterieanalyse, in der sich die Aufklärungen um zwei Träume gruppieren, also eigentlich eine Fortsetzung des Traumbuches. Außerdem sind Auflösungen hysterischer Symptome und Ausblicke auf das sexuell-organische Fundament des Ganzen. Es ist immerhin das Subtilste, was ich bis jetzt geschrieben und wird noch abschreckender als gewöhnlich wirken. Immerhin tut man seine Pflicht und schreibt ja nicht für den Tag.«[6] Er fügte hinzu, daß die Arbeit schon von den Herausgebern der *Monatsschrift für Psychiatrie und Neurologie* angenommen worden sei, berichtete dann aber vier Monate später, er habe sich noch nicht zur Veröffentlichung entschließen können. Kurz danach hieß es, daß es »den Blicken eines erstaunten Publikums im Herbst dargeboten« werde[7], aber dann scheint Freud sich noch einmal anders besonnen zu haben, und die Abhandlung erschien erst 1905.

Der Abstand von vier Jahren mag ihm das Gefühl gegeben haben, daß den Anklagen wegen Verletzung der ärztlichen Schweigepflicht der Boden ein wenig entzogen worden sei. Außerdem hatte er nun zwei gute Gründe, auf eine Veröffentlichung zu drängen. Er wollte: »Erstens als Ergänzung zu meinem Buche über die Traumdeutung zeigen, wie diese sonst unnütze Kunst zur Aufdeckung des Verborgenen und Verdrängten im Seelenleben verwendet werden kann . . . Zweitens wollte ich Interesse für eine Reihe von Verhältnissen erwecken, welche heute der Wissenschaft noch völlig unbekannt sind, weil sie sich nur bei Anwendung dieses bestimmten Verfahrens entdecken lassen.«[8]

Zwei weitere Anreize spielten eine Rolle. Die Mittwoch-Gesellschaft traf sich regelmäßig. Das Interesse nahm zu. Seine Stellung festigte sich. Freud war immer ein kühner Herausforderer, wo sich eine Möglichkeit bot, und der Fall Dora, der beinahe alles in sich vereinigte, weswegen er je angegriffen worden war, stellte eine unwiderstehliche Gelegenheit dar. Er gab in seinem Vorwort zu, daß er, nachdem man ihm vorgeworfen habe, in seinen *Studien über Hysterie* nichts über seine Patienten mitgeteilt zu haben, in diesem Falle dem Vorwurf nicht entgehen werde, »daß ich von meinen Kranken mitgeteilt, was man nicht mitteilen soll. Ich hoffe, es werden die nämlichen Personen sein, welche in solcher Art den Vorwand für ihren Vorwurf wechseln werden, und gebe es von vornherein auf, diesen Kritikern jemals ihren Vorwurf zu entreißen«[9].

Wenn seine Gegner sich darauf gefaßt machten, schockiert zu sein, so wolle er ihnen volles Maß geben. Nach dem Bericht zu urteilen, den er einige Jahre später der Wiener Psychoanalytischen Vereinigung gab, hatte er außerdem hart an der Abhandlung über den Fall Dora gearbeitet, um an ihm zu veranschaulichen, wie die Psychoanalyse fortzuführen sei. Bei einer Diskussion im Jahre 1909 über die besten Methoden, seine Ideen zu verbreiten, gab er nach den Protokollen der Vereinigung zu, daß »unverstümmelt mitgeteilte Krankengeschichten völlig ungenießbar« seien. »Eine gewissenhafte, aber ›künstlerische‹ Darstellung wie in der ›Dora‹« sei die einzige Möglichkeit.[10]

Wie Freud die Geschichte in einer Länge von nahezu 50 000 Wörtern aufzeichnen konnte, ist beinahe unerklärlich, denn die Behandlung war von der Patientin abgebrochen worden, und daß sie erfolgreich gewesen sei, ist höchst fragwürdig. Sie hatte im Oktober 1900 begonnen, als ein reicher Geschäftsmann, den Freud einige Jahre zuvor behandelt hatte, seine Tochter in die Berggasse 19 brachte. Dora litt an Atemnot, langen Hustenanfällen und Ohnmachten, und kurz vor der Ankunft in Wien hatte sie einen Selbstmordbrief geschrieben, den ihr Vater nicht allzu ernst nahm. Alle diese Symptome wurden als Anzeichen einer Neurose betrachtet, und unter Freuds Befragung kamen auch tatsächlich Gründe für eine Neurose zutage – so viele sogar, daß der Fall, wie er selbst zugab, mehr nach Dichtung als nach Wahrheit aussah. Aber, schrieb er an Fließ nach der ersten Woche, »die Zeit . . . hat auch wieder einen neuen und für die vorhandene Sammlung von Dietrichen glatt aufgehenden Fall eines 18jährigen Mädchens gebracht«[11].

»Dora« war die Tochter eines unglücklich verheirateten Ehepaars, das mit einem ähnlichen Paar, von Freud Herr und Frau K. genannt, befreundet war. Frau K. war die Geliebte von Doras Vater geworden, Herr K. hatte erfolglos versucht, Dora zu verführen. Dazu bestand, wie Ernest Jones sagte, »eine warme, aber platonische homosexuelle Freundschaft« zwischen Frau K. und Dora, und die Lage wurde noch komplizierter dadurch, daß Dora zwar Herrn K. abgewiesen hatte, tatsächlich aber ein unterdrücktes sexuelles Verlangen nicht nur nach ihm, sondern auch nach ihrem eigenen Vater und Frau K. verspürte.

Die Einzelheiten wurden der Patientin entlockt, nachdem Freud zwei ihrer Träume gedeutet und mit dem Mädchen über die intimsten Details der sexuellen Beziehungen der Gruppe und die verschiedenen Perversionen, zu denen es anscheinend gekommen war, gesprochen hatte. Daß er das rechtfertigen mußte, war Freud bewußt, denn er schrieb am Beginn der Abhandlung: ». . . sexuelle Beziehungen [werden] mit aller Freimütigkeit erörtert, die Organe und Funktionen des Geschlechtslebens bei ihren richtigen Namen genannt, und der keusche Leser kann sich aus meiner Darstellung die Überzeugung holen, daß ich mich nicht gescheut habe, mit einer jugendlichen weiblichen Person über solche Themata in solcher Sprache zu verhandeln.«[12]

Die Krankengeschichte der Dora, die manchmal als Freuds berühmteste Patientin bezeichnet wurde, brachte ihm erheblich mehr Verleumdungen ein, als der Fall heute zu rechtfertigen scheint, da die Identität der Patientin gut getarnt wurde. Sie enthielt aber auch einen Abschnitt, der noch oft den Vorwand dafür liefern sollte, die Psychoanalyse scharf anzugreifen. Freud sagte nämlich an einer Stelle der Analyse:

»Es widersprach keineswegs meiner Erwartung, daß ich mit dieser Darlegung bei Dora den entschiedensten Widerspruch hervorrief. Das ›Nein‹, das man vom Patienten hört, nachdem man seiner bewußten Wahrnehmung zuerst den verdrängten Gedanken vorgelegt hat, konstatiert bloß die Verdrängung und deren Entschiedenheit, mißt gleichsam die Stärke derselben. Wenn man dieses Nein nicht als den Ausdruck eines unparteiischen Urteils, dessen der Kranke ja nicht fähig ist, auffaßt, sondern darüber hinweggeht und die Arbeit fortsetzt, so stellen sich bald die ersten Beweise ein, daß Nein in solchem Falle das gewünschte Ja bedeutet.«[13]

Das mag manchmal zutreffen. Aber sollte das, was der Analytiker für die Reaktion auf einen verdrängten Gedanken hält, tatsächlich nichts dergleichen sein, kann die Reaktion dennoch ein »Nein« sein, und der einzige Unterschied ist der Ton, in dem das Wort ausgesprochen wird.

Die Abhandlung über Dora zeigte offensichtlich, daß Freud durch die Deutung zweier Träume imstande war, die Existenz eines labyrinthischen Komplexes von sexuellen Motiven zu enthüllen, von dem das Mädchen selbst zuvor keine Ahnung gehabt hatte. Aber ihre Beendigung der Analyse nach elf Wochen – auf den ersten Blick eine gegen Freud persönlich gerichtete Handlung – scheint ebensosehr ein Protest gegen das gewesen zu sein, was er ihr sagte.

Freuds Glaube an die sexuelle Grundlage der Neurosen, den er zum Teil bei der Bemühung, Doras Probleme zu lösen, praktisch angewandt hatte, wurde weiter ausgeführt in den ebenfalls 1905 veröffentlichten *Drei Abhandlungen zur Sexualtheorie.* Es war ein schlankes Buch von 86 Seiten, auf denen er seine verschiedenen Erkenntnisse seit den achtziger Jahren zusammenfaßte und als geschlossene Theorie der Entwicklung der Libido darstellte. Im Laufe der Jahre bearbeitete er den Text durch Zusätze, Streichungen und Weiterentwicklungen in einem Ausmaß, das nur von den Nachträgen zur *Traumdeutung* erreicht wurde, wenngleich seine Grundstruktur unverändert blieb.

Die drei Abhandlungen betrafen »Die sexuellen Abirrungen«, »Die infantile Sexualität« und »Die Umgestaltungen der Pubertät«, und in jede nahm Freud Material auf, das die zeitgenössischen Vorstellungen ebensosehr durch die trockene, sachliche Behandlung wie durch den Stoff selbst schockierte. So vertrat er in einem langen Bericht über die Genese der Perversionen von der Homosexualität bis zum Fetischismus die Anschauung, daß, so wie es keine Trennungslinie zwischen geistiger Gesundheit und Krankheit gibt, »normales« Verhalten unmerklich in Exzentrizitäten übergehen kann, die ihrerseits schließlich in Perversionen übergehen. Die peinliche Folgerung, daß der Keim des Unaussprechlichen auch in der Psyche des Anständigsten verborgen ruht, wurde in den Schlußsätzen der ersten Abhandlung unüberhörbar ausgedrückt. Freud schrieb:

»Nun bietet sich uns die Entscheidung, daß den Perversionen allerdings etwas Angeborenes zugrunde liegt, aber etwas, *was allen Menschen angeboren* ist, als Anlage in seiner Intensität schwanken mag und der Hervorhebung durch Lebenseinflüsse wartet. Es handelt sich um angeborene, in der Konstitution gegebene Wurzeln des Sexualtriebes, die sich in der einen Reihe von Fällen zu den wirklichen Trägern der Sexualtätigkeit entwickeln (Perverse), andere Male eine ungenügende Unterdrükkung (Verdrängung) erfahren, so daß sie auf einem Umwege als Krankheitssymptome einen beträchtlichen Teil der sexuellen Energie an sich ziehen können, während sie in den günstigsten Fällen zwischen beiden Extremen durch wirksame Einschränkung und sonstige Verarbeitung das sogenannte normale Sexualleben entstehen lassen.«[14]

Daß Homosexualität oft einer Erziehung folgt, in deren Verlauf ein Kind eine zu große Anhänglichkeit an seine Mutter entwickelt – eine der Freudschen Theorien, die durch heutige Erkenntnisse bekräftigt werden –, war ein neuer, Angriffen besonders ausgesetzter Gedanke, während die bloße Diskussion der Perversionen in einer eher klinischen als kritischen Atmosphäre Gegnerschaft von einer Heftigkeit auslöste, die uns ein Dreivierteljahrhundert später seltsam anmutet. Zudem trieb Freud am Ende der ersten Abhandlung sein Verbrechen noch auf die Spitze, indem er erklärte, »daß die angenommene Konstitution, welche die Keime zu allen Perversionen aufweist, nur beim Kinde aufzeigbar sein wird, wenngleich bei ihm alle Triebe nur in bescheidenen Intensitäten auftreten können. Ahnt uns so die Formel, daß die Neurotiker den infantilen Zustand ihrer Sexualität beibehalten haben oder auf ihn zurückversetzt worden sind, so wird sich unser Interesse dem Sexual-

leben des Kindes zuwenden und wir werden das Spiel der Einflüsse verfolgen wollen, die den Entwicklungsprozeß der kindlichen Sexualität bis zum Ausgang in Perversion, Neurose oder normales Geschlechtsleben beherrschen.«[15]
Anzeichen infantiler Sexualität waren gewöhnlich als Beweis für Abnormität betrachtet worden. Freud zerstörte diese Vorstellung, indem er behauptete, die Sexualität sei praktisch von Geburt an vorhanden, und wo sie nicht erkannt werde, liege es an einem Mangel an Beobachtung oder an der Unfähigkeit, das Gesehene zu deuten, oder an beidem zugleich, wozu noch der Abscheu komme.
»Die Erhebung unserer Kinder zu Engeln war freilich erschwert«, bemerkte Wittels, »weil Engel auch keinen Stuhl und Urin erzeugen. Darüber kam man noch hinweg. Daß man aber glauben sollte, die ›unschuldigen‹ Kinder seien durch und durch sittenlose Lüstlinge, war eine niederträchtige Zumutung. Denn unschuldig und sexuell schließen sich in der vom Ministerium für Kultus und Unterricht gebilligten Weltanschauung aus.«[16]
Eine Ausnahme von der vorherrschenden Ansicht, daß die Sexualität erst mit der Pubertät beginne, hatte es schon 1902 gegeben, als Sanford Bell im *American Journal of Psychology* in seinem Artikel »A Preliminary Study of the Emotion of Love between the Sexes« feststellte, daß die Regung der geschlechtlichen Liebe . . . nicht, wie man meinte, zum erstenmal in der Adoleszenzperiode auftritt.« Aber Bell verfolgte diesen Gedanken nicht weiter, jedenfalls nicht mir der Gründlichkeit, mit der Freud ihn nun entwickelte. Es gibt, behauptete Freud, drei aufeinanderfolgende Arten von infantiler Sexualität. Die erste ist die orale Phase, in der aus dem Saugen an der Mutterbrust Lust gewonnen wird. Danach kommt die anale Phase, in der die Lust durch Zurückhaltung oder Entleerung des Kots gewonnen wird, und auf sie folgt die phallische Phase, in der die inzestuösen Wünsche des Ödipuskomplexes zum Vorschein treten. Danach tritt eine Latenzperiode ein, die bis zum Pubertätsalter dauert. (Anmerkung Freuds: »Die Bezeichnung ›sexuelle Latenzperiode‹ entlehne ich ebenfalls von W. Fließ.«) In den *Drei Abhandlungen zur Sexualtheorie* teilte Freud diese verschiedenen Aktivitäten nicht klar in spezifische Phasen ein, aber er tat es später, wobei er schätzte, daß die anale Phase ungefähr im Alter von zwei Jahren beginnt und etwa ein oder zwei Jahre später von der phallischen abgelöst wird.
In der Folge sollte er die Theorie der sich entwickelnden sexuellen Triebe in zweierlei Hinsicht ausarbeiten. Erstens behauptete er, daß der befriedigende Ausdruck, die Verdrängung oder die Sublimierung dieser verschiedenen Formen der Libido die Persönlichkeit des Erwachsenen

bestimme. Zweitens behauptete er, daß eine Korrelation zwischen der gehemmten Entwicklung in jeder bestimmten Phase und den daraus folgenden, spezifischen geistigen Störungen bestehe; so könne eine Hemmung in der frühen oralen Phase mit Schizophrenie, in der späten oralen Phase mit Melancholie, in der frühen analen Phase mit Paranoia, in der späten analen Phase mit Zwangsneurosen und in der phallischen Phase mit Hysterie korreliert werden.

Diese Theorien hatten verschiedene Schicksale. Beträchtliches Beweismaterial trug dazu bei, die allgemeine Schlußfolgerung einer Dreiteilung der Sexualität bis zum Alter von vier oder fünf Jahren und der psychischen Folgen gehemmter Entwicklungen zu bekräftigen. Weniger leicht zu beweisen war die Theorie, daß der befriedigende Ausdruck, die Verdrängung oder die Sublimierung früher Triebe die Persönlichkeit des Erwachsenen beherrsche. Ein heutiges Urteil, das nach einer gründlichen Auswertung vieler Untersuchungen ausgesprochen wurde, lautet: »Es muß daher, kurz gesagt, gefolgert werden, daß die psychosexuelle Theorie Freuds in dem Maße, in dem sie Persönlichkeits-Syndrome mit kindlichen Erfahrungen und verdrängter prägenitaler Erotik in Verbindung bringt, beinahe keine Bestätigung erfährt. Andererseits sind methodologische Probleme mehr als ausreichend, um solche Mißerfolge zu erklären.«[17] Ein Urteil, das die Schotten als »unerwiesen« ablehnen würden.

Die *Drei Abhandlungen zur Sexualtheorie* enthielten auch Freuds erste öffentliche Einschränkung der Verführungstheorie, wenngleich sie so sorgfältig formuliert war, daß sie auf den Leser einen ganz anderen Eindruck machte als das Eingeständnis seines »ersten großen Irrtums« in seinen Privatbriefen. Er schrieb:

»Voran steht der Einfluß der Verführung, die das Kind vorzeitig als Sexualobjekt behandelt und es unter eindrucksvollen Umständen die Befriedigung von den Genitalzonen kennen lehrt, welche sich onanistisch zu erneuern es dann meist gezwungen bleibt. Solche Beeinflussung kann von Erwachsenen oder anderen Kindern ausgehen; ich kann nicht zugestehen, daß ich in meiner Abhandlung 1896 ›Über die Ätiologie der Hysterie‹ die Häufigkeit oder die Bedeutung derselben überschätzt habe, wenngleich ich damals noch nicht wußte, daß normal gebliebene Individuen in ihren Kinderjahren die nämlichen Erlebnisse gehabt haben können, und darum die Verführung höher wertete als die in der sexuellen Konstitution und Entwicklung gegebenen Faktoren.«[18]

Freuds dritte Abhandlung, die sich mit den »Umgestaltungen« und Problemen der Pubertät befaßte, entwickelte seine Ansichten über die chemische Grundlage der Sexualität und betonte zugleich, wieviel von den Kindheitserlebnissen abhänge. Bezüglich des ersten Themas war er seiner Zeit weit voraus, denn er postulierte die Existenz von Geschlechtshormonen, die erst einige Jahre später entdeckt werden sollten. Was die Kindheitserlebnisse anbetrifft, lösten Freuds Worte hier die größte Empörung aus, denn er erklärte noch deutlicher als in der *Traumdeutung*, was er unter dem Ödipuskomplex verstand: »In diesen [die Objektwahl betreffenden] Phantasien treten bei allen Menschen die infantilen Neigungen, nun durch den somatischen Nachdruck verstärkt, wieder auf, und unter ihnen in gesetzmäßiger Häufigkeit und an erster Stelle die meist bereits durch die Geschlechtsanziehung differenzierte Sexualregung des Kindes für die Eltern, des Sohnes für die Mutter und der Tochter für den Vater.«[19]

Diese deutliche Aussage war es, die Freud den Zorn der Ungebildeten und der Konservativeren einbrachte. Aber es muß hervorgehoben werden, daß die *Drei Abhandlungen* in manchen Kreisen begrüßt wurden und daß von der allgemeinen Ablehnung, von der einige Freud-Anhänger später sprachen, in Wirklichkeit keine Rede sein kann. Lobende Kommentare kamen aus sehr unterschiedlichen Quellen. So zeigte sich Karl Kraus' *Fackel*, die noch nicht zum Angriff auf die Psychoanalyse übergegangen war, begeistert: Das Buch schnitt bei einem Vergleich mit Auguste Forels ebenfalls 1905 erschienenen Werk *Die sexuelle Frage* günstig ab, und Otto Soyka ging in seiner Besprechung am 21. Dezember 1905 sogar so weit zu behaupten, Forel stehe auf dem Gebiet des Sexuellen so weit unter der Ebene der Wissenschaft, wie Freud über ihr stehe. Es gab weitere enthusiastische Äußerungen in Wien, wo die *Wiener Klinische Rundschau* ihre beiden den Rezensionen vorbehaltenen Seiten ausschließlich dem Buch widmete, und ebenso auch in Berlin. In Großbritannien spendete ihm *The British Medical Journal* beinahe eine volle Seite Lob, das mit den Worten schloß: »Gewiß kann niemand diese Abhandlungen lesen, ohne innerlich den Scharfsinn, den Mut und die endlose Geduld des Autors bei der Verfolgung der Wahrheit anzuerkennen, noch kann jemand, nachdem er sie gelesen hat, nicht deutlicher die Notwendigkeit umfassenderen Wissens und sorgfältigerer Lenkung der allmählichen Entfaltung des Sexuallebens erkennen.«[20]

Die Grundlage der in den *Drei Abhandlungen* umrissenen Freudschen Theorie der Sexualität war die bis dahin uneingestandene Sexualität der Kinder, aber das Belegmaterial stammte weitgehend aus den rückblikkenden Schilderungen Erwachsener. Freud schrieb:

»Aber auch der Psychoanalytiker darf sich den Wunsch nach einem direkteren, auf kürzerem Wege gewonnenen Beweise jener fundamentalen Sätze eingestehen. Sollte es denn unmöglich sein, unmittelbar am Kinde in aller Lebensfrische jene sexuellen Regungen und Wunschbildungen zu erfahren, die wir beim Gealterten mit soviel Mühe aus ihren Verschüttungen ausgraben, von denen wir noch überdies behaupten, daß sie konstitutionelles Gemeingut aller Menschen sind und sich beim Neurotiker nur verstärkt oder verzerrt zeigen?«[21]

Ein bemerkenswerter Glücksfall kam ihm zu Hilfe. Im Laufe des Jahres 1906 hörte er immer häufiger vom »kleinen Hans«, dem Sohn seines Freundes Max Graf. Während der nächsten beiden Jahre, in denen klar wurde, daß der Junge sexuell frühreif war, entwickelte Hans eine Phobie in bezug auf Pferde. Er war geistig und körperlich gesund, aber seine Angst, von einen Pferd gebissen zu werden, war so groß, daß er in einer Zeit, in der das Auto noch kaum auf den Straßen Wiens zu sehen war und Pferde zu Tausenden gezählt werden konnten, das Haus nicht zu verlassen wagte.

Aufgrund der Einzelheiten der Entwicklung des Jungen und der Art, wie sich die Eltern auf sein sexuelles Erwachen einstellten, nahm Freud an, daß die Phobie direkt mit einer Verdrängung zusammenhing. Beinahe ganz durch die Vermittlung des Vaters arbeitend, gelang es ihm, die Phobie zu beseitigen; außerdem aber konnte er in seiner Schilderung des Falles Beweise vorlegen, die er als eine zum erstenmal von einem Kind stammende Bestätigung vieler der in den *Drei Abhandlungen* aufgestellten Behauptungen ansah.

Mit der Veröffentlichung der »Analyse der Phobie eines fünfjährigen Knaben« setzte sich Freud zwei Vorwürfen aus. Der erste lautete, er habe lediglich gefunden, war er gesucht hatte. Dieser Vorwurf wurde bekräftigt durch seine eigene Erklärung: »Während der Analyse allerdings muß ihm vieles gesagt werden, was er selbst nicht zu sagen weiß, müssen ihm Gedanken eingegeben werden, von denen sich noch nichts bei ihm gezeigt hat, muß seine Aufmerksamkeit die Einstellung nach jenen Richtungen erfahren, von denen her der Vater das Kommende erwartet.«[22]

Der zweite Vorwurf lautete, daß die Zukunft des Jungen zerstört worden, daß er ein Opfer der Psychoanalyse geworden sei und daß man ihn »entharmlost«[23] habe. Daß dies weit von der Wahrheit entfernt war, zeigte sich im Frühjahr 1922, als ein stattlicher junger Mann von 19 Jahren in der Berggasse 19 erschien und sich als der »kleine Hans« vorstellte. »Er behauptete, sich durchaus wohl zu befinden und an keinerlei Beschwerden oder Hemmungen zu leiden«, konnte Freud berichten. »Er war nicht nur ohne Schädigung durch die Pubertät gegangen, sondern hatte auch eine der schwersten Belastungsproben für sein Gefühlsleben gut bestanden.«[24] Seine Eltern hatten sich scheiden lassen, und beide hatten wieder geheiratet; doch Hans hatte, was ein traumatisches Erlebnis hätte sein können, gut bewältigt, und es war ihm gelungen, zu Vater und Mutter gute Beziehungen aufrechtzuerhalten. Zudem stand er am Beginn einer erfolgreichen Karriere, in deren Verlauf er Opernregisseur in New York, Philadelphia und Zürich werden sollte. (»Hans« steht für Herbert. Es handelt sich um den bekannten österreichischen Opernregisseur Herbert Graf, 1903–1973. Anm. des Übers.)

Die Geschichte des »kleinen Hans« wurde eine der berühmtesten Krankengeschichten Freuds, und mehr als ein halbes Jahrhundert lang wurde sie von Psychoanalytikern uneingeschränkt gewürdigt, wobei C. G. Jung so weit ging, sie »tatsächlich den ersten echten Einblick in die Psychologie des Kindes«[25] zu nennen. Erst 1960 drückte ein Artikel im *Journal of Nervous and Mental Disease* eine völlig andere Ansicht aus. Er ging Freuds Bericht beinahe Zeile für Zeile durch, übte verheerende Kritik an vielen darin aufgestellten Behauptungen und schloß mit den Worten, »daß er nichts bietet, was einem direkten Beweis psychoanalytischer Theoreme ähnelt«[26].

Ende 1905 nahm Freuds Ruf jedoch, ebenso wie seine Anrüchigkeit, langsam, aber stetig zu, und in England, in den Vereinigten Staaten und in der Schweiz sollte er bald kleine Gruppen von Anhängern haben.

In England sammelten sie sich um Ernest Jones, den 26jährigen Waliser, der damals am London's University College Hospital arbeitete. Jones war ein hagerer Mann mit scharfen Zügen, der sich nur zwei Hobbys gestattete: Schach und Eiskunstlauf. Seine ganze medizinische Laufbahn war durch eine phänomenale Arbeitskraft und die unerschütterliche Hingabe an eine Sache – die Psychoanalyse – gekennzeichnet. Er war 1905 auf sie aufmerksam geworden, als er Besprechungen von Arbeiten Freuds las, und war so beeindruckt, daß er mit seinem Schwager, Wilfred Trotter, Deutsch zu lernen begann, um Freud im Original lesen zu können.

Im Jahre 1906 wandte Jones Freuds Methoden an, aber wie bei späteren Gelegenheiten hatte er dabei bemerkenswert wenig Glück. »Ich erinnere mich noch gut an die erste Patientin, die ich mit der neuen Therapie behandelte, gewiß die erste Person, die außerhalb der deutschsprachigen Länder analysiert wurde«, schrieb er. »Sie war die Schwester eines Kollegen, eines Chirurgen, und litt an einer Konversionshysterie. Ein Ergebnis der Analyse war, daß sie beschloß, sich von ihrem Mann, einem bekannten New Yorker Neurologen, wegen Grausamkeit scheiden zu lassen. Bald darauf, als ich in Amerika lebte, machte er es sich zur Gewohnheit, mir von einem Kongreß zum andern zu folgen, um seine sehr beachtliche Fähigkeit zu schimpfen an mir auszulassen, und bei einer gewissen Gelegenheit reiste Dr. Putnam aus Harvard, der mir schon ein guter Freund geworden war, großzügig tausend Meilen weit herbei, um mir beizustehen; wir kamen sehr gut miteinander aus.«[27]

James Jackson Putnam, der Freuds einflußreichster Anhänger in den Vereinigten Staaten werden sollte, hatte in der ersten Ausgabe des *Journal of Abnormal Psychology* die erste klinische Untersuchung der Psychoanalyse in einem englischsprechenden Land veröffentlicht, aber er hatte angedeutet, daß Freuds Behauptungen übertrieben, wenn auch anregend seien. Eine ähnliche Einstellung hatte man noch in Frankreich und Deutschland, obwohl die allgemeine Ablehnung der Psychoanalyse in Deutschland entschärft wurde durch Männer wie Hermann Oppenheim und Leopold Löwenfeld. Wie Hannah S. Decker in »The Medical Reception of Psychoanalysis in Germany, 1894 – 1907: Three Brief Studies« nachwies, war das Bild nicht ganz so schwarz, wie Freud und seine Freunde es malten. Seine Haltung, schrieb sie, »gründete sich auf die unlogische Erwartung, daß die gesamte medizinische Welt augenblicklich die Wahrheiten erkennen würde, die er entdeckt hatte. Weil sie es nicht tat, fühlte er sich ›isoliert‹ und schrieb dementsprechend in all seinen Berichten über die Psychoanalyse; seine Version wurde oft ohne nähere Untersuchung akzeptiert.«[28]

Außerhalb Deutschlands und Österreichs gab es außerdem eine bemerkenswerte Ausnahme von der nicht zu leugnenden allgemeinen Skepsis. Im Burghölzli, dem riesigen labyrinthartigen Gebäude in den Bergen östlich Zürichs, das 1860 als Kantonale Heilanstalt und Psychiatrische Universitätsklinik erbaut worden war und das 1906 etwa 3000 Patienten aller Stadien der Geisteskrankheit beherbergte, wurde die Psychoanalyse tatsächlich praktiziert.

Im Jahre 1900 war Carl Gustav Jung, ein Schweizer Arzt von 25 Jahren, Assistent des Direktors des Burghölzli, Eugen Bleuler, geworden. Jung, einer der wenigen, die Freuds *Traumdeutung* gelesen hatten – offenbar auf Bleulers Empfehlung hin –, betrachtete das Buch als ein Meisterwerk, obwohl er später sagte: »Bei der ersten Lektüre der Freudschen Schriften ist es mir ergangen wie allen anderen: ich konnte nur Fragezeichen dazu setzen.«[29] Jung zitierte Freud 1902 in seiner Dissertation *Zur Psychologie und Pathologie sogenannter okkulter Phänomene*[30], und unter seinem Einfluß wurde die Psychoanalyse nach und nach bei der Behandlung von Patienten im Burghölzli angewandt, wenn auch nur versuchsweise und mit Vorbehalten auf seiten Bleulers.

Die Förderung der Psychoanalyse in der Schweiz erweiterte nicht nur den Bereich, in dem Freuds Ideen Fuß fassen konnten. Sie gestattete auch ihre Anwendung auf einen viel größeren Querschnitt von Menschen, als je von einer kleinen Handvoll Wiener Ärzte in der Privatpraxis behandelt werden konnten. Es ist nicht ganz korrekt zu behaupten, daß sich Freud selbst nur wohlhabender Patienten, meist weiblichen Geschlechtes, annahm, die in ihrer reichlich bemessenen Freizeit Gelegenheit hatten, geringfügige neurotische Symptome zu hätscheln. Dennoch gehörten sie gewiß einer anderen Klasse an als die Armee von Armen, oft Unbehandelbaren und manchmal Tobsüchtigen, die Bleuler und seine Mitarbeiter im Burghölzli behandelten und mit denen sie, als Wärter wie als Ärzte, Woche für Woche zusammenleben mußten, in dieser Hinsicht ein wenig mit Charcot in der Salpêtrière vergleichbar. »Aber wie haben Sie es bloß aushalten können, mit diesem phänomenal häßlichen Frauenzimmer Stunden und Tage zu verbringen?« fragte Freud, als ihm Jung in Zürich einen Fall vorführte. Jung antwortete, an so etwas habe er nie gedacht. »Mir war sie in einem gewissen Sinne ein freundliches altes Ding, weil sie so schöne Wahnideen hatte und so interessante Sachen sagte. Und schließlich trat auch bei ihr aus einer Wolke von groteskem Unsinn die menschliche Gestalt hervor.«[31]

Es lag in der Natur der Dinge, daß der Kontakt mit Zürich die Psychoanalyse aus Wien in eine weniger dünne Atmosphäre hinausbrachte, in eine Umgebung, in der ihre Theorien gründlicher überprüft werden konnten. Von Anfang an war Jung interessiert und skeptisch zugleich. Obwohl in einem guten Teil seiner späteren Äußerungen etwas von Nachklugheit steckt, gibt es keinen Grund, seine Darstellung der Haltung anzuzweifeln, die er von Anfang an eingenommen zu haben behauptete. Sein konzentriertes Interesse an Freud ging auf das Jahr 1905 zurück, erklärte er später. »Mein wissenschaftliches Gewissen hat es mir nicht erlaubt, einerseits das, was gut an Freud ist, untergehen, und andererseits die absurde Entstellung, welche die menschliche Seele in dieser Theorie erfährt, bestehen zu lassen. Ich habe gleich geahnt, daß diese zum Teil diabolische Sexualtheorie den Leuten den Kopf verdrehen würde, und habe recht eigentlich meine wissenschaftliche Karriere dafür geopfert, diese absolute Entwertung der Seele nach meinen Kräften zu bekämpfen.«[32]

Im April 1906 verfolgte Jung sein persönliches Interesse weiter, indem er Freud ein Exemplar seiner eben erschienenen *Diagnostischen Assoziationsstudien* schickte. Der darin beschriebene Wortassoziationstest verwendete eine Reihe von »Reizwörtern«, die dem Patienten vorgelesen wurden, und dieser antwortete mit dem erstbesten Wort, das ihm dazu einfiel. Die Zeit, die bis zur Antwort verging, wurde mit der Stoppuhr gemessen. Jung hatte rasch entdeckt, daß die Reaktion auf Wörter ohne emotionale Assoziation rasch erfolgte, während bei bestimmten anderen Wörtern das Gegenteil zutraf. Der Patient zögerte, gab gar keine Antwort oder ließ, ohne sich dessen bewußt zu sein, andere Anzeichen von Verwirrung erkennen. Bei einem Mann, der so auf die Wörter »Flasche«, »Messer«, »Schlag«, »Lanze« und »spitz« reagierte, zeigte es sich, wie Jung vermutet hatte, daß er zu einer Gefängnisstrafe verurteilt worden war, weil er bei einem Streit einen Mann erstochen hatte. Die Assoziationstests bestätigten auf ihre Weise nachdrücklich, daß Material ins Unbewußte verdrängt werden konnte, wie Freud behauptete, der ein Exemplar des Buches von Jung bei Erscheinen gekauft hatte und ihm nun mit herzlichen Worten schrieb. Jungs letzte Arbeit, »Psychoanalyse und Assoziationsexperimente«, sagte er, bestätigte, »daß ich nichts anderes als Wahres aus den bisher nicht betretenen Gebieten unserer Disziplin berichtet habe. Ich rechne mit Zuversicht darauf, daß Sie noch oftmals in die Lage kommen werden, mich zu bestätigen, und ich werde mich auch gern korrigiert finden.«[33]

Die Gelegenheit zur Bestätigung ergab sich im Herbst, und sie ist im Hinblick auf die Ereignisse der kommenden Jahre besonders aufschlußreich. Gustav Aschaffenburg, ein deutscher Professor der Psychiatrie und Neurologie, griff Freuds »Bruchstück einer Hysterie-Analyse« – die Krankengeschichte der Dora – auf einem Kongreß von Neurologen und Psychiatern in Baden-Baden an. Als Jung ihm mit »Die Hysterielehre Freuds: Eine Erwiderung auf die Aschaffenburgsche Kritik« zu Hilfe kam, war ihm Freud dankbar. Die »Erwiderung« wurde manchmal als Beweis für Jungs anfängliche bedingungslose Ergebenheit gegenüber Freud angeführt, aber er nannte Aschaffenburgs Feststellungen einleitend »eine im allgemeinen sehr maßvolle und vorsichtige Kritik der Freudschen Hysterielehre«[34]. Außerdem brachte Jung in dieser seiner ersten Stellungnahme zur sexuellen Grundlage der Theorie Freuds eine kleine Einschränkung an. Er gab zu, daß die Sexualität ein weit fundamentalerer und weiter verbreiteter Trieb sei, als Freuds Gegner zuzugeben gewillt seien. Wie aber, fuhr er fort, stand es um Freuds Ansicht, daß die Hysterie in allen Fällen auf die Sexualität zurückzuführen sei?

»Freud hat nicht alle Hysterien der Welt untersucht. Sein Satz unterliegt also der allgemeinen Beschränktheit empirischer Axiome. Freud hat bloß in den von ihm beobachteten Fällen, die ein unendlich kleiner Bruchteil aller Hysterien sind, seine Ansicht bestätigt gefunden. Es ist sogar nicht undenkbar, daß es eine oder mehrere Hysterieformen gibt, die Freud überhaupt noch nie beobachtet hat. Schließlich ist es auch

möglich, daß Freuds Material unter der Konstellation seiner Schriften in gewisser Hinsicht etwas einseitig geworden ist.
Man darf daher seinen Satz, gewiß mit dem Einverständnis des Autors, dahin modifizieren, daß er lautet: Eine vorderhand unbeschränkt große Zahl von Hysteriefällen stammt aus sexueller Wurzel.«[35]
Sein »mit dem Einverständnis des Autors« war leicht irreführend, da Jung, als er Freud im Oktober schrieb, von einem Standpunkt sprach, »mit dem Sie, hochverehrter Herr Professor, vielleicht nicht ganz einverstanden sind«[36]. Er hatte recht, aber was später eine weite Kluft zwischen den beiden Männern werden sollte, war damals nur ein haarfeiner Riß. So schien es jedenfalls. Tatsächlich hatte Jung jedoch eine Schwäche hervorgehoben, die später viele Gegner Freuds angriffen: seine Gewohnheit, aufgrund vorliegenden Beweismaterials zu stark zu verallgemeinern oder, wie man von seinen späteren Exkursionen in die Analyse von Literatur und Kunst sagte, »Erklärungen komplexer Phänomene auf einer einzigen Gegebenheit aufzubauen«[37].
Nichtsdestoweniger hatten Freuds Theorien in Zürich Fuß gefaßt, und im Januar 1907 besuchte ihn Max Eitingon, ein junger Mitarbeiter Bleulers, der ihn in einem besonders schwierigen Fall zu konsultieren wünschte – »der erste Bote, der bei dem Einsamen erschien«[38], wie ihn Freud später nannte. Anfang des nächsten Monats kam Jung selbst zusammen mit seiner Frau und Ludwig Binswanger, einem jungen Schüler, der ein Jahr zuvor einen Artikel veröffentlicht hatte, in dem er für Freuds Anschauungen eingetreten war. Binswanger erinnerte sich: »Am Tage nach unserer Ankunft frug Freud Jung und mich nach unseren Träumen. An Jungs Traum erinnere ich mich nicht mehr, wohl aber an die Deutung, die Freud ihm gab. Sie ging dahin, daß Jung ihn entthronen und an seine Stelle treten wolle. Ich selbst träumte von dem damals gerade im Umbau begriffenen Entrée des Hauses Berggasse 19 und dem wegen des Umbaus notdürftig verhängten Kronleuchter. Freuds, mich zwar nicht gerade überzeugende Deutung – an die er sich noch dreißig Jahre später, bei unserem Besuch zu seinem achtzigsten Geburtstag, erinnerte – lautete, der Traum enthielte den Wunsch seine (älteste) Tochter zu heiraten, zugleich aber dessen Ablehnung, denn er sage ja – ich erinnere mich der Deutung wörtlich –: ›In ein Haus, in dem ein so schäbiger Kronleuchter ist, heirate ich nicht.‹«[39]
Jung berichtete selbst über seine erste Begegnung mit Freud, die in jeder Hinsicht ein historisches Ereignis war. Auf der einen Seite Jung, groß und aufrecht, glattrasiert und mit einem Rundschädel und kurz geschorenem Haar, von seiner goldgeränderten Brille abgesehen das Muster eines nordischen Siegfrieds; er hielt sich, wie Martin Freud sagte, »mehr wie

ein Soldat denn wie ein Mann der Wissenschaft und Medizin«[40], auf der anderen Seite Freud, zwanzig Jahre älter, schon der Führer einer Bewegung auf der Suche nach Freiwilligen, eifrig darauf bedacht, eine Armee für die Schlacht zu rekrutieren.

»Wir trafen uns um ein Uhr mittags, und dreizehn Stunden sprachen wir sozusagen pausenlos«, schrieb Jung später. »Freud war der erste wirklich bedeutende Mann, dem ich begegnete. Kein anderer Mensch in meiner damaligen Erfahrung konnte sich mit ihm messen. In seiner Einstellung gab es nichts Triviales. Ich fand ihn außerordentlich intelligent, scharfsinnig und in jeder Beziehung bemerkenswert. Und doch blieben meine ersten Eindrücke von ihm unklar, zum Teil auch unverstanden.«[41]

Er hatte außerdem einige Vorbehalte. »Wir sprachen über alles«, erinnerte er sich. »Aber ich konnte seinen sogenannten Wissenschaftspositivismus nicht schlucken, seine rein rationale Anschauung von der Psyche und seinen materialistischen Standpunkt.«[42] Daneben gab es noch andere Einschränkungen, an die er sich viele Jahre später zu erinnern behauptete. »Vor allem schien mir Freuds Einstellung zum Geist in hohem Maße fragwürdig«, schrieb er in *Erinnerungen, Träume, Gedanken.* »Wo immer bei einem Menschen oder in einem Kunstwerk der Ausdruck einer Geistigkeit zutage trat, verdächtigte er sie und ließ ›verdrängte Sexualität‹ durchblicken . . .«[43] Jung wandte ein, daß seine Hypothese, logisch zu Ende gedacht, aus der Kultur eine bloße Farce machen würde, ein »morbides Ergebnis verdrängter Sexualität«. – »›Ja‹, bestätigte Freud, ›so ist es. Das ist ein Schicksalsfluch, gegen den wir machtlos sind‹.«[44]

Jung schwächte weiterhin die Bedeutung, die Freud der Sexualität beimaß, ab, und blickt man auf die Beziehung zurück, die sich zwischen den beiden Männern entwickelte, so ist das Bemerkenswerte, daß Freud nicht von Anfang an erkannte, wie grundsätzlich der Unterschied zwischen seinen und Jungs Anschauungen war. Er hätte sogar offenkundig werden müssen, nachdem ihn Jung noch einmal gegen Aschaffenburg verteidigt hatte, und zwar auf dem Ersten Internationalen Kongreß für Psychiatrie, Psychologie und Hilfe für Geisteskranke, der noch 1907 in Amsterdam stattfand. Freud hatte eine Einladung abgelehnt. »Es war offenbar auf ein Duell zwischen Janet und mir abgesehen«, schrieb er Jung, »aber ich hasse Gladiatorenkämpfe vor dem edeln Pöbel, kann mich schwer entschließen, eine indifferente Menge über meine Erfahrungen abstimmen zu lassen.«[45] Eine seltsame Reaktion für einen sonst so kampflustigen Mann, aber sie kann vielleicht dadurch erklärt werden, daß ihm der gesunde Menschenverstand sagte, dies sei eine Gelegenheit, bei der sich ein Geringerer seine Sporen verdienen könne. Kurz vor dem Kongreß schrieb er Jung einen aufmunternden Brief nach Amsterdam. »Ob Sie Glück oder Unglück gehabt haben oder haben werden, weiß ich nicht; aber ich möchte gerade um diese Zeit bei Ihnen sein«[46], sagte er, bevor er seinen langen Kampf um Anerkennung und die Jahre des Wartens beschrieb, bis eine Stimme der seinen antwortete. »Es war die Ihrige«, fügte er hinzu. »Ich weiß jetzt, daß auch Bleuler auf Sie zurückgeht.«[47]

Jung machte seine Sache in Amsterdam denkbar schlecht. »Unglücklicherweise beging er den Fehler, bei seinem Referat die Zeit nicht einzuhalten und auch den wiederholten Mahnungen des Vorsitzenden nicht zu folgen«, schrieb Jones, der ebenfalls anwesend war. »Als er schließlich gezwungenermaßen aufhören mußte, schritt er mit hochrotem Kopf aus dem Saal. Ich erinnere mich, wie unglücklich dieses Verhalten auf die schon voreingenommene Hörerschaft wirkte, so daß über den Ausgang der Debatte kein Zweifel mehr bestehen konnte.«[48] Auch wenn man von Jones' Allergie gegen Jung absieht, ist anzunehmen, daß Freud selbst besser abgeschnitten hätte. Jungs Referat über »Die Freudsche Hysterietheorie« war stellenweise beinahe eine Apologie. Als er über die Sexualsymbolik sprach, wies er darauf hin, »daß es sich zwischen den Freudschen Symbolismen und den Symbolen der poetischen Phantasie des einzelnen und ganzer Völker um ungemein weitgehende und bedeutsame Analogien handelt. Das Freudsche Symbol und seine Deutung ist daher nichts Unerhörtes, sondern bloß für uns Psychiater etwas Ungewohntes.«[49] Im Vorwort zu *Über die Psychologie der Dementia praecox: Ein Versuch*, dem Buch, das ihn noch im selben Jahr berühmt machen sollte, stellte Jung noch einmal die Unterschiede zwischen ihm und Freud klar heraus, indem er sagte, daß er den Begriffen des infantilen Sexualtraumas nicht so große Bedeutung zuschreiben könne wie Freud oder mit ihm darin übereinstimmen könne, die Sexualität als solche so entschieden in den Vordergrund zu stellen.

Da Freud seit mehr als zehn Jahren die Bedeutung der infantilen Sexualität betont hatte, mag seine ständige Ermutigung Jungs zunächst seltsam anmuten. Doch so unklar ihm die Absichten Jungs gewesen sein mögen: an erster Stelle kam die Sache; und solange er Jungs Unterstützung haben konnte, war jede mögliche Gefahr mehr als aufgewogen. Die Schweizer im Burghölzli, glaubte er, könnten bereit sein, nicht nur die Psychoanalyse in größerem Umfang anzuwenden, sondern auch eine Gruppe zu bilden, die der Wiener Psychoanalytischen Vereinigung entsprach; sobald dies geschehen war, konnten zweifellos weitere Gruppen in anderen Ländern gegründet werden, die halfen, das Evangelium noch weiter zu verbreiten. Was vielleicht noch wichtiger war: Freud hatte

in Jung schon den jüngeren Mann gesehen, der in kommenden Jahren einmal den Oberbefehl übernehmen konnte. Im Frühjahr 1907 hatte er geschrieben: ». . . daß ich nun weiß, ich sei entbehrlich wie jeder andere, und daß ich keinen anderen und besseren Fortsetzer und Vollender meiner Arbeit wünsche als Sie, wie ich Sie kennengelernt habe.«[50]
Und noch einen weiteren Grund gab es für seine Haltung. Die Psychoanalyse hatte nicht nur die Gegnerschaft zu überwinden, die sie durch ihre Betonung der Sexualität heraufbeschworen hatte, sondern auch die Feindseligkeit, die daher rührte, daß ihr Schöpfer Jude war. Freud selbst hatte ambivalente Gefühle hinsichtlich der Tatsache, daß während der ersten Jahre die Konvertiten beinahe ausschließlich Juden waren. Später, als die Psychoanalyse ihren festen Platz erobert hatte, konnte er sagen: »Ich weiß nicht, ob Ihr Urteil recht hat, welches in der Psychoanalyse ein direktes Erzeugnis des jüdischen Geistes erkennen will, aber wenn es so wäre, würde ich mich nicht beschämt fühlen.«[51] In den ersten Jahren war die Lage ganz anders und gefährlicher.
Wie Edmund Wilson schrieb, gab es tatsächlich einen natürlichen Grund dafür, daß eine so verwirrende neue Bewegung eine jüdische Schöpfung war. Nachdem er darauf hingewiesen hatte, daß nur ein Jude wie Marx so kompromißlos für den Sieg der besitzlosen Klassen habe kämpfen können, fuhr er fort:
»Die großen jüdischen Geister dieser ersten Generationen, die aus der eingeschlossenen judaischen Welt befreit worden waren, erinnerten sich noch der mittelalterlichen Gefangenschaft, und gerade von ihnen war zu erwarten, daß sie als Kämpfer für andere soziale Gruppen oder Lehren auftraten, die noch nicht befreit oder anerkannt worden waren... So befaßte sich Einstein mit den wenigen, kaum erwähnten Anomalien in dem gut funktionierenden System Newtons und machte aus ihnen den Grundstein, den der Baumeister verworfen hatte, um auf ihm ein neues System zu errichten, das die Autorität des alten erschüttern sollte. So nahm sich Lassalle der Frauenbewegung an zu einer Zeit, als in Deutschland die Frauen weitgehend der Gnade ihrer Väter und Ehemänner ausgeliefert waren; und so übertrug Proust von einer verfolgten Rasse auf den Künstler und den Homosexuellen sowohl das tragische Schicksal dieser Rasse in der Gesellschaft als auch ihre innere Überzeugung von ihrer sittlichen Überlegenheit. [Und so sah Freud] die wesentliche Bedeutung jener Sexualtriebe, die die Zivilisation geächtet oder der Puritanismus zu unterdrücken versucht hatte, und zwang die psychiatrische Wissenschaft, sie in Betracht zu ziehen.«[52]
Die meisten Mitarbeiter Bleulers waren keine Juden. Jung selbst war ein Musterbild arischer Männlichkeit, und es ist daher nicht verwunderlich,

daß Freud die Schweizer im allgemeinen und Jung im besonderen willkommen hieß, nicht nur ihrer ideologischen Unterstützung wegen, sondern auch wegen ihrer Immunität gegen Angriffe aus rassistischen Gründen. »Unsere arischen Genossen«, sollte er an Abraham schreiben, »sind uns doch ganz unentbehrlich, sonst verfiele die Psychoanalyse dem Antisemitismus.«[53] Es liegt eine Ironie darin, daß sich Freud weniger als ein Jahrzehnt später, als Jung seinen Kreis verlassen hatte, um seine eigene Schule zu gründen, bitter über Jungs »antisemitische Überhebung gegen mich«[54] beklagen sollte.

Doch seine Voraussicht wurde durch die Entwicklung bestätigt. Sechzig Jahre, nachdem er die Befürchtung geäußert hatte, daß die Psychoanalyse eine vorwiegend jüdische Bewegung werden und aus diesem Grunde Angriffen ausgesetzt sein könnte, untersuchten einige Forscher die Psychotherapie in New York, Chicago und Los Angeles. In einem Kommentar über ihren Bericht heißt es: »Kurz, die Analytiker waren vorwiegend aufwärts strebende, politisch liberale Juden, die aus osteuropäischen Ländern stammten und in großen städtischen Zentren aufgewachsen waren. Sie waren im allgemeinen Amerikaner der zweiten Generation oder Eingewanderte (25 Prozent der Analytiker gaben an, sie seien in anderen Ländern geboren worden). Beim Vergleich des Alters mit anderen Faktoren zeigte sich nicht ein pyramidenförmiger Aufbau mit breiter Basis, sondern vielmehr die Tatsache, daß sich die Analytiker in zunehmendem Maße aus den Reihen von Juden mit ethnischen Bindungen an Osteuropa rekrutierten. Kurz, die Psychoanalyse wird immer homogener in bezug auf die kulturelle Identität der Ausübenden.«[55]

Als Freud 1907 erkannte, daß das Burghölzli einen Stamm von Anhängern bilden könnte, die ebenso begeistert waren wie die Mitglieder der Wiener Psychoanalytischen Vereinigung, war es endlich möglich geworden, an eine organisierte Unterstützung in anderen Ländern zu denken. Er glaubte, »daß die Engländer die Sache nicht mehr aus der Hand lassen werden, wenn sie sie einmal erkannt haben«[56], aber er setzte weniger Vertrauen in die Franzosen. Sein Urteil über die Deutschen war scharfsichtig, wenn auch zynisch: »Deutschland wird sich an unserer Sache wohl erst dann beteiligen, wenn irgendein Oberbonze sie feierlich anerkannt hat. Vielleicht wäre der kürzeste Weg, den Kaiser Wilhelm, der ja alles versteht, für sie zu interessieren. Haben Sie Verbindungen, die so weit reichen?« fragte er Jung. »Ich nicht.«[57]

Die Vereinigten Staaten waren noch eine unbekannte Größe, und Freud erfuhr daher Anfang 1908 mit einiger Überraschung davon, daß ein junger Mann im Burghölzli gern seine Werke für eine Veröffentlichung in Nordamerika übersetzt hätte. »Das Interesse ist gegenwärtig in Amerika sehr groß. Die Spekulation wäre darum nicht übel«, schrieb ihm Jung.[58]

Der junge Mann war Abraham A. Brill. Er hatte seinen Geburtsort in Österreich mit 15 Jahren verlassen und war in die Vereinigten Staaten ausgewandert, wo er in den ersten Jahren nach 1900 Psychiatrie studiert hatte. Im Jahre 1905 hatte er sich in den Wiener Kliniken umgesehen, und nachdem er die Stadt schon wieder verlassen hatte, fragte ihn ein junger Österreicher: »Warum kommen Sie nicht nach Wien und besuchen die Vorlesungen Freuds?« Aber Brill hatte nie von Freud gehört. »Ich drückte meine Meinung aus, er dürfte wohl nicht berühmt genug sein, um es wert zu sein, seine Vorlesungen zu besuchen«, schrieb Brill. »›Oh‹, sagte sein Gesprächspartner, ›er muß aber jemand sein, sonst hätte er nicht so viele Gegner.‹«[59]

Zwei Jahre später, als er im Hospice de Bicêtre in Paris arbeitete und enttäuscht war, weil er nichts mehr über die Psychoneurosen lernen konnte, erhielt er einen Brief von seinem Mentor, Dr. Frederick Peterson, Professor der Psychiatrie an der Columbia University, der ihm vorschlug, ins Burghölzli zu gehen. »Sie machen dort die Arbeit Freuds«, schrieb er, »und ich glaube, das wird Ihnen gefallen.« Das war, fuhr Brill in seinem Bericht fort, »das drittemal in meinem Leben, daß ich den Namen Freud hörte, über den ich nichts wußte, und obwohl Petersons Bemerkung ›ich glaube, das wird Ihnen gefallen‹ mich ein wenig unsicher machte, beschloß ich, seinen Vorschlag zu befolgen.« Er fand im Burghölzli neue Anregungen. »Unter der klugen Führung Bleulers und der aggressiven Inspiration seines Sekundararztes, Jung, arbeiteten alle eifrig daran, Freuds Theorien zu testen, und da ich bald zum regulären Assistenzarzt in der Klinik ernannt wurde, beteiligte ich mich mit Leib und Seele an der Pionierarbeit, die Freudschen Mechanismen zu überprüfen und auf die Psychiatrie anzuwenden.«[60] Daneben begann er, Jungs *Über die Psychologie der Dementia praecox* ins Englische zu übersetzen.

Der nächste Schritt führte ihn zu Freud, und nach einem Besuch in Wien wurde vereinbart, daß er Freuds erste Bücher ins Englische übersetzen sollte. »Die Größe dieser Aufgabe wurde mir damals kaum bewußt«, erinnerte er sich. »Ich wurde von einer Art von zwanghaftem Antrieb beherrscht, der mehr als zehn Jahre lang meine ganze Freizeit in Anspruch nahm. Ich bemühte mich nicht, literarische Kunstwerke zu schaffen. Mir ging es nur darum, diese neuen Ideen in verständliches Englisch zu übertragen.«[61] Das Ergebnis war nicht allzu glücklich.

Freuds einflußreichster Anhänger in den Vereinigten Staaten, James Putnam, sprach von einem »gräßlichen Englisch (wenn man es als solches bezeichnen muß)«[62], während Freud selbst meinte, die Übersetzungen seien »eher gewissenhaft als schön«[63].
Brills eingestandene Schwächen müssen im Zusammenhang mit dem größeren Problem gesehen werden, das schon Freud zu lösen hatte, als er seine Arbeit beschrieb. Er war gezwungen gewesen, sich des vorhandenen Wortschatzes zu bedienen, und um ihn den feinen Nuancen gefügig zu machen, die er mitteilen wollte, hatte er sich genötigt gesehen, die allgemein geläufige Bedeutung vieler Wörter zu erweitern und manchmal auch zu ändern. Das war vermutlich unvermeidbar, führte aber zu etwas, was beinahe eine aus alten Wörtern bestehende neue Sprache genannt werden konnte. Diese Sprache war zwar weniger abstoßend als der mit Fremdwörtern überladene Fachjargon, der schließlich einen großen Teil des psychoanalytischen Schrifttums in ein medizinisches Kauderwelsch verwandelte, aber sie erschwerte Brills Übersetzungsarbeit ungemein.
Während die Psychoanalyse allmählich in den englischen Sprachraum eindrang, traten in der neugegründeten Bruderschaft auch schon die ersten Meinungsverschiedenheiten zutage, sowohl innerhalb der Wiener Psychoanalytischen Vereinigung als auch zwischen dieser und der Züricher Gruppe. Freuds Haltung angesichts dieser ersten Schwierigkeiten war weise, fest und so versöhnlich wie möglich. Hier wie bei späteren Auseinandersetzungen zwischen Männern, die verschiedene Ansichten über einen Gegenstand vertraten, über den noch niemand sehr viel wußte, vereinigte er kritisches Urteil mit gütiger Menschlichkeit. Erst später, als der Streit ihn persönlich betraf und seine eigene Rolle als delphisches Orakel der Bewegung auf dem Spiel stand, bot er ein anderes Bild: das eines Feldherrn, der beim ersten Anzeichen von Desertion mit rücksichtsloser Entschlossenheit und mit der Technik eines gewiegten Politikers eingriff.
Die ersten Vorzeichen machten sich innerhalb der Wiener Gruppe selbst bemerkbar. Schon am 22. September 1907 hatte Freud den Mitgliedern ein Rundschreiben geschickt, in dem es hieß: »Ich mache Ihnen die Mitteilung, daß ich mich entschlossen habe, die kleine Vereinigung, die sich jeden Mittwoch abend bei mir zu treffen pflegte und der auch Sie angehörten, mit Beginn dieses Arbeitsjahres aufzulösen und sie unmittelbar darauf von neuem ins Leben zu rufen.«[64] Mitgliedern, die mit den anderen nicht mehr einer Meinung waren, war so die Möglichkeit geboten, sich ohne lange Auseinandersetzungen von der Bewegung zu trennen.

Während der ersten Monate des neuen Arbeitsjahres, das im Herbst begann, kristallisierte sich jedoch das, was anfangs nicht mehr gewesen war als die natürlichen Meinungsverschiedenheiten von Pionieren, die neue Wege durch unerforschtes Land diskutieren, zu etwas weit Bedenklicherem heraus. Darüber, wie sich die Mitglieder bei diesen Auseinandersetzungen äußerten, sind keine Einzelheiten erhalten, aber die Protokolle der Vereinigung, die erst nach mehr als einem halben Jahrhundert veröffentlicht wurden, lassen vermuten, daß es manchmal zu erbittertem Streit kam.
Am 5. Februar 1908 schlug Alfred Adler vor, die Urne, aus der die Zettel mit den Namen der Mitglieder gezogen wurden, um die Reihenfolge der Sprecher zu bestimmen, und zugleich den Sprechzwang abzuschaffen, das heißt die Regel, daß bei jeder Sitzung jeder Anwesende sprechen mußte. Sie war eingeführt worden, um zu verhindern, daß einige Mitglieder »die Diskussion monopolisierten«, und um ein gewisses Maß von Selbstdisziplin zu fördern. Einige, die weder gegen die Regel verstoßen noch sprechen wollten, hatten das Problem auf ihre Weise gelöst, indem sie die Vortragsabende vorzeitig verließen, und als man Adlers Antrag eine Woche später diskutierte, wurde ein Memorandum verlesen, in dem es hieß: »Ferner wird, wer nichts zu sagen weiß, durch den Redezwang leicht zu persönlichen Ausfällen verleitet.«[65] Ein Kompromiß rettete die Situation. Die Urne wurde beibehalten, der Redezwang abgeschafft.
Der Ausdruck »Ausfälle« war nicht ohne Grund gebraucht worden. Während des Vortragsabends vom 5. Februar stellte Isidor Sadger den Antrag (Nr. 5): »Persönliche Ausfälle und Übergriffe sollen vom Vorsitzenden, dem die Macht hierzu einzuräumen sei, sofort unterdrückt werden.«[66] Freud lehnte diese Idee taktvoll ab, indem er sagte, es sei ihm peinlich, jemand zurechtweisen zu müssen. »Stehe die Sache so, daß die Herren sich untereinander nicht ausstehen können, daß keiner seine wahre wissenschaftliche Meinung äußere etc., dann bleibe ihm nichts übrig als zu schließen«, heißt es im Protokoll. »Er habe gehofft, daß die Schwierigkeiten des persönlichen Verkehrs durch die tiefere Seelenkenntnis behoben würden und hoffe auch jetzt noch darauf. Die ihm in Antrag 5 zugedachte Gewalt möchte er nur in dem Falle gebrauchen, wenn einige durch ihre Unterhaltung die Rede stören.«[67]
Aus einem anderen Antrag, der die Aufhebung des »geistigen Kommunismus«[68], das heißt die Verwendung der Gedanken anderer ohne deren Autorisation, betraf, geht hervor, daß viele der ersten Mitglieder nicht weniger als andere Menschen darauf bedacht waren sicherzustellen, daß ihre eigenen beruflichen Erfolge nicht mit denen ihrer Kollegen ver-

wechselt wurden. Man kann ihnen daraus keinen Vorwurf machen. Zwar wäre Darwin, Rutherford, Einstein und anderen Wissenschaftlern ihres Formats das Wort »Priorität« ebenso vulgär wie unnötig erschienen – was man manchmal auch von Freud sagen kann. Aber kein Mitglied der Wiener Psychoanalytischen Vereinigung, Freud selbst vielleicht ausgenommen, konnte sich mit einem Darwin oder Rutherford vergleichen, von Einstein ganz zu schweigen. Ihre Leistungen waren im allgemeinen eher kleine Beiträge zu dem neuen Gebäude, das Freud errichtete, als eigene Bauwerke, und jeder muß den starken Wunsch verspürt haben, dafür zu sorgen, daß sein Name auf dem Ziegel, den er beigesteuert hatte, auch deutlich zu lesen war. In einer solchen Lage konnte es leicht geschehen, daß die Grenze zwischen Mein und Dein beinahe unsichtbar wurde, und Stekel gestand, daß sie manchmal vollends verschwand. Nach den Protokollen hatte er es persönlich »für seine Pflicht gehalten, die Ideen des Professors zu propagieren; sei dabei mitunter eine Entgleisung vorgekommen, sage er ein *Pater peccavi*; es werde nicht mehr vorkommen; er werde diese Art von Schriftstellerei aufgeben und sich bestreben, Reibungspunkte zu vermeiden«[69].

Diese Entschuldigung wurde vorgebracht, nachdem Federn beantragt hatte, daß kein bei den Sitzungen geäußerter Gedanke ohne Zustimmung seines Urhebers verwendet werden dürfe. Andernfalls wäre man in der freien Diskussion gehemmt. Freud war anderer Meinung. Er fand, dies sei eine Frage des persönlichen Takts, der sich nicht durch Vorschriften regeln lasse, und jeder könne selbst sagen, wie er seine Gedanken behandelt wissen wolle. Er selbst, schloß er, gebe alles Gesagte preis. Die Angelegenheit wurde schließlich durch einen offensichtlich vernünftigen Kompromiß bereinigt:

»Alles in dem Kreis an geistigem Eigentum Vorgebrachte steht so lange zur Benutzung frei, als es nicht vom Urheber ausdrücklich als sein Eigentum reklamiert wird.«[70] Der Beschluß wurde einstimmig angenommen.

Um diese Zeit wurde ein Kongreß aller an der Psychoanalyse interessierten Fachleute geplant, der nach einem Vorschlag Jungs im Frühjahr 1908 stattfinden sollte. Freud hatte den Mitgliedern die Idee im Dezember 1907 kurz dargelegt, und Anfang Januar wurde von Jung ein formelles Einladungs-Rundschreiben verfaßt: »Es ist von Seiten verschiedener Anhänger der Freudschen Lehre der Wunsch nach einer jährlichen Zusammenkunft ausgesprochen worden, um Gelegenheit zur Diskussion und zum Austausch von Erfahrungen zu bekommen. Da die bis jetzt spärlichen Anhänger der Freudschen Ideen über ganz Europa zerstreut sind, so wurde allgemein als Zeitpunkt unserer ersten Zusammenkunft

die Zeit unmittelbar nach dem diesjährigen III. Kongreß für experimentelle Psychologie (22.–25. April) vorgeschlagen . . .«[71]
Jung wurde zum obersten Leiter des Unternehmens ernannt. »Ich erinnere mich«, schrieb Jones, der ihn Anfang 1908 in Zürich besuchte, »daß ich vergeblich Einwand gegen seinen Wunsch erhob, ihn ›Kongreß für Freudsche Psychologie‹ zu nennen, eine Idee, die meinen Vorstellungen von Objektivität in der wissenschaftlichen Arbeit zuwiderlief.«[72]
Freud selbst versuchte unterdessen, das Präsidium abzulehnen, und er betonte Jung gegenüber, es »wird auch draußen größeren Eindruck machen, wenn er [Bleuler] als der älteste und gewichtigste meiner Anhänger sich an die Spitze der Bewegung zu meinen Gunsten stellt«[73].
Jung, der Ablehnung Bleulers gewiß, antwortete nicht. Die Tagung hatte daher keinen Präsidenten, aber es steht außer Zweifel, daß Freud die alles beherrschende Persönlichkeit war.

Der Kongreß begann am 27. April in Salzburg, das bequemerweise gerade in der Mitte zwischen Wien und Zürich liegt. Insgesamt waren 42 Männer anwesend, mehr als die Hälfte davon Österreicher. Die Schweiz stellte sechs Teilnehmer, Deutschland fünf. Sándor Ferenczi und F. Stein kamen aus Ungarn. Brill vertrat die Amerikaner, und aus Großbritannien erschienen Ernest Jones und sein Schwager, Wilfred Trotter, der bald einer der führenden Chirurgen Englands werden sollte. Jones wurde von Jung Freud vorgestellt, der bemerkte, er sehe an seiner Schädelform, daß er kein Engländer sein könne, sondern Waliser sein müsse. »Das wunderte mich«, schrieb Jones, »erstens weil es ungewöhnlich ist, daß jemand auf dem Kontinent überhaupt etwas von der Existenz meiner Heimat weiß, und dann, weil ich angenommen hatte, mein dolichozephaler Schädel könnte gerade so gut teutonisch [germanisch] wie keltisch sein.«[74] Erst Jahre später erfuhr er, daß Jung Freud schon vorher gesagt hatte, woher er stammte.
Die Arbeit begann um acht Uhr morgens im Hotel Bristol, der Nachmittag war frei für einen kurzen Spaziergang, und entweder vor oder nach dem Abendessen wurden wieder Referate gehalten. Das wichtigste war das Freuds über einen Fall, der unter der Kurzbezeichnung »Rattenmann« international berühmt wurde. Der Rattenmann war ein 29 Jahre alter, in Wien gut bekannter Jurist, der Freud im vorausgegangenen Herbst aufgesucht und über Zwangsvorstellungen geklagt hatte, die ihn seit seiner Kindheit verfolgt und sich in den letzten vier Jahren verschlimmert hatten. »Hauptinhalt seines Leidens«, so gab Freud seine Schilderung wieder, »seien Befürchtungen, daß zwei Personen, die er sehr liebe, etwas geschehen werde, dem Vater und einer Dame, die er verehre.

Außerdem verspüre er Zwangsimpulse, wie z. B. sich mit einem Rasiermesser den Hals abzuschneiden, und produziere Verbote, die sich auch auf gleichgültige Dinge beziehen.«[75] Freud entdeckte bald, daß die Zwangsvorstellungen akut geworden waren als Folge von zwei Ereignissen, die sich während eines Manövers im August zugetragen hatten. Das eine war die Erzählung eines Offizierskameraden von einer im Orient üblichen Strafe, bei der einem Mann ein Topf mit lebenden Ratten auf das Gesäß gebunden wurde. Das zweite Ereignis betraf den Verlust des Zwickers des Patienten und die Rolle, die derselbe Offizier beim Eintreffen des Ersatzes spielte.
Freud entlockte dem Patienten ausführliche Schilderungen beider Zwischenfälle und schrieb sie in dem veröffentlichten Bericht über den Fall nieder, dem er hinzufügte: »Ich werde mich nicht verwundern, wenn das Verständnis der Leser an dieser Stelle versagt, denn auch die ausführliche Darstellung, die mir der Patient von den äußeren Vorgängen dieser Tage und seiner Reaktionen auf sie gab, litt an inneren Widersprüchen und klang heillos verworren.«[76] Aber wie ein Detektiv einen verfilzten Strang von Indizien entwirrt, so löste Freud die Verworrenheiten seines Patienten auf. Der Vorgang und die Deutung dessen, was hinter all dem lag, fesselte seine Zuhörer. »Ohne Notizen fing er um acht Uhr morgens an«, schrieb Jones, »und um elf wollte er aufhören. Wir waren jedoch alle von der faszinierenden Darstellung so gebannt, daß wir ihn baten fortzufahren, und er sprach noch eine Stunde. Nie zuvor war mir die Zeit so schnell vergangen.«[77] Der Patient war damals noch in psychoanalytischer Behandlung und blieb es bis zum folgenden September, ein Jahr nach Beginn der Behandlung. Bis dahin hatte Freud die Zwangsvorstellungen bis zu kindlichen Sexualerlebnissen zurückverfolgt. Der Patient schien geheilt zu sein, und der Fall wurde abgeschlossen.
Jones selbst sprach in Salzburg über »Rationalisieren im Alltagsleben«, Jung über »Dementia praecox« und Adler über »Sadismus im Leben und in der Neurose«. Mit Ausnahme Freuds wurde jedem Sprecher eine halbe Stunde zugestanden, an die sich eine Zeit für Fragen anschloß, die auf den Nachmittagsspaziergängen in den winkeligen Straßen Salzburgs fortgesetzt wurden. Bevor der Kongreß endete, wurde eine internationale Organisation diskutiert, und man beschloß, ein »Jahrbuch für psychoanalytische und psychopathologische Forschungen« zu veröffentlichen, das von Freud und Bleuler herausgegeben und von Jung redigiert werden sollte. Der Beschluß hatte einen unterdrückten Groll seitens der Wiener zur Folge, die sich aus den höheren Bereichen, die man nun betrat, ausgeschlossen sahen.
Schon vor dem Salzburger Kongreß waren die Aussichten auf eine

freundschaftliche Zusammenarbeit zwischen den Wienern und den Schweizern gering gewesen. Jung hatte Jones in Zürich gesagt, daß »Freud keine Anhänger von Gewicht in Wien habe und daß er dort von einer ›degenerierten Schar von Bohémiens‹ umgeben sei, die ihm wenig Ehre machten«[78]. Nun, in Salzburg, begann sich Jones zu fragen, ob Jungs Schilderung mehr gewesen sei als reiner Antisemitismus, und er kam zu dem Schluß, daß es so war. In Jones' Augen waren die Wiener keineswegs erstrangig, eine Ansicht, die durch den Gegensatz zwischen Freud und auch den besten seiner Wiener Anhänger nicht ganz erklärt werden kann. Zu diesem Gegensatz kam nicht nur das Judenproblem, sondern auch der Unterschied in der Auffassung zwischen den Wienern und den Schweizern. Freud machte sich immer über die Kritik lustig, daß die Psychoanalyse zur Betonung der Sexualität neige, weil in Wien angeblich mehr oder weniger zügellose Sitten herrschten. Er behauptete, die Wiener seien nicht anders als die übrigen Europäer, und jedenfalls seien die Schweizer auch nicht gerade sittenstreng. Es ist schwer zu sagen, ob er an seine Argumente glaubte oder sie aus taktischen Gründen vorbrachte, aber seine Aufzeichnungen enthalten zahllose Fälle, die sich beinahe unbemerkt in die Wiener Szenerie einfügten, aber skandalöse Exzentrizitäten im Lande Calvins gewesen wären.

Wenn die Teilnehmer am Salzburger Kongreß glaubten, die Psychoanalyse sei nun drauf und dran, alles vor sich hinwegzufegen, so hätte ein Beispiel sie warnen können. Wilfred Trotter war einer der besten Köpfe seiner Zeit. Sein berühmtestes Buch, *The Instinct of the Herd in Peace and War*, sollte zeigen, daß er für neue und sogar revolutionäre Ideen aufgeschlossen war. Aber sein Verhalten in Salzburg war ein Beispiel für die konservative Reaktion, auf die Freud und seine Anhänger in der Zukunft noch oft stoßen sollten. Trotter nahm nicht an der Sitzung teil, bei der Freud sprach. Er entschuldigte sich mit seinem schlechten Deutsch. Und als einer aus der Gesellschaft beim Essen eine witzige Bemerkung machte, wandte er sich an Jones und sagte auf englisch: »Ich tröste mich mit dem Gedanken, daß ich ein Bein abschneiden kann, und das kann sonst keiner hier.«[79]

Der Kongreß war nichtsdestoweniger ein Erfolg. Außerdem war es, wie Freud kurz darauf Jung klarmachte, den beiden Männern gelungen, eine leichte Meinungsverschiedenheit zu bereinigen, die zwischen ihnen entstanden war. »Also finden Sie auch, daß unser Zusammentreffen in Salzburg schön war«, schrieb er. »Mich hat es sehr erfrischt und mir einen angenehmen Nachgeschmack hinterlassen. Ich freute mich, Sie so blühend zu finden, und was etwa Groll werden wollte, schmolz dahin, als ich Sie wieder sah und verstand.«[80]

Aber ein Preis war zu zahlen für Jungs Unterstützung, vor allem die Opposition, die seine Empfindlichkeit bei anderen Mitgliedern der Bewegung weckte. Das zeigte sich nach dem Salzburger Kongreß, als Jung sich beschwerte, Karl Abraham habe in seinem Referat die von den Schweizern geleistete Arbeit nicht gewürdigt. Abraham, ein junger deutscher Jude aus Bremen, war 1904 ins Burghölzli gegangen. Drei Jahre später kündigte er, besuchte Freud in Wien und ließ sich dann in Berlin nieder, wo er der erste hauptberuflich praktizierende Psychoanalytiker Deutschlands wurde.

Als zukünftiger Gründer der Berliner Psychoanalytischen Vereinigung hatte Abraham schon im Oktober 1907 einen »Freudschen Verein« ins Leben gerufen und Freud berichtet: »Zur zweiten Sitzung . . . sind nicht weniger als zwanzig Ärzte erschienen; ein paar kamen ziemlich weit her von Anstalten auf dem Lande. An Interesse fehlt es hier also nicht.«[81] Einige Monate später schilderte er eine lebhafte Freud-Debatte in einer Gesellschaft bei Professor Liepmann, einem Neurologen und Gehirnanatom, zu der Ärzte mit ihren Frauen eingeladen waren: »Im Laufe des Gefechtes machte es sich ganz von selbst so, daß sich zwei Gruppen in zwei Zimmern bildeten. Während ich in einem die Wunschtheorie der Dementia praecox verteidigte, mußte meine Frau im anderen Zimmer die Verdrängungslehre verteidigen. Sonst bietet sich wenig Gelegenheit zur Propaganda.«[82] Nichtsdestoweniger setzte Abraham seinen Kampf für die Sache fort. Als er vor der Berliner Gesellschaft für Psychiatrie und Nervenkrankheiten gesprochen hatte, gab er zu, daß er Freuds Namen nicht zu oft erwähnt habe, denn: »Er wirkt wie das rote Tuch.« Aber er fügte hinzu: ». . . vielleicht kann ich in der zweiten Hälfte des Winters schon mit schwererem Geschütz vorgehen.«[83]

Gegenüber Abraham, der »immer mehr [einsah], daß eine Arbeit unserer Sache nur nützen kann, wenn der Verfasser ohne Reserve für sie eintritt«[84], enthüllte Freud etwas von seiner Taktik. Als er gefragt wurde, ob er am nächsten Kongreß der Gesellschaft Deutscher Nervenärzte in Wien teilnehmen werde, antwortete er:

»Dem Kongreß in Wien werde ich, wenn nicht die unwahrscheinlichsten Änderungen bis dahin eingetreten sind, selbst ferne bleiben, und auch meine Heißsporne hier am Auftreten verhindern. Wenn Sie etwas vorbringen wollen, ist es etwas anderes, Sie besitzen die nötige Beherrschung und Überlegenheit. Aber viel Freude werden auch Sie nicht erleben, und ich will meinen lieben Wienern nicht den Genuß einer Schlacht, in welcher wir niedergeschrien werden gönnen. Die Absenz hingegen wird sie ärgern, und das ist mir gerade recht.«[85]

Freud hatte seine Wiener besser in der Hand als den unabhängigen

Abraham oder die Schweizer, die von Anfang an Verbündete waren, deren Unterstützung ständige Aufmerksamkeit erforderte. Er mußte daher seinen ganzen Takt aufbieten, als Jung nach dem Salzburger Kongreß protestierte, weil Abraham in seinem Referat – »Die psychosexuellen Unterschiede zwischen Hysterie und Dementia praecox« – die erwarteten Hinweise auf seine und Bleulers Arbeiten unterlassen hatte. Dies war ein heikles Thema. Dementia praecox oder »Jugendirresein« war der Name, mit dem Emil Kraepelin während der letzten Jahre des 19. Jahrhunderts eine große Gruppe von Geisteskrankheiten bezeichnet hatte. Ihre Ursachen und Heilungsmöglichkeiten waren in den ersten Jahren nach 1900 Gegenstand zahlloser Diskussionen unter Psychiatern; vor allem befaßte sich Eugen Bleuler mit ihnen, der 1911 den Ausdruck *Schizophrenie* oder »Spaltirresein« prägte, um damit Krankheiten zu beschreiben, die eine kleinere Gruppe bildeten als die Kraepelins und alle gekennzeichnet waren durch einen Zerfall der emotionalen und intellektuellen Stabilität des Patienten. Jung glaubte, daß die allgemein als »Dementia praecox« bezeichneten Störungen durch ein Toxin verursacht wurden, das eine organische Veränderung des Gehirns bewirkte. Damit vertrat er eine andere Ansicht als Abraham – oder auch Freud. Aber jeder, der auf diesem speziellen Gebiet arbeitete, verdankte seinen Kollegen etwas, und zweifellos hatte jeder das Gefühl, daß es bei solchen Gelegenheiten notwendig sei, die Höflichkeitsregeln der Anerkennung peinlich genau zu befolgen.

Freud schaltete sich als Vermittler ein und schrieb Abraham, er möchte keine ernste Verstimmung aufkommen lassen. »Wir sind noch so wenige, daß Uneinigkeiten, zumal auf Grund persönlicher ›Komplexe‹ zwischen uns ausgeschlossen sein sollten.«[86] Es gab auch noch einen besonderen Grund für den Wunsch, Jung in den Reihen der Bewegung zu halten, da er, wie Freud zuletzt erklärte, »als Christ und Pastorssohn nur gegen große innere Widerstände den Weg zu mir findet. Um so wertvoller ist dann sein Anschluß. Ich hätte beinahe gesagt, daß erst sein Auftreten die Psychoanalyse der Gefahr entzogen hat, eine jüdische nationale Angelegenheit zu werden«[87].

Bei dieser Gelegenheit gab Abraham rasch nach, er entschuldigte sich brieflich bei Jung und gestand Freud, daß er aus seinem Referat in Salzburg einen Satz ausgelassen hatte, der Jung und Bleuler zufriedengestellt hätte. »Ich täuschte mich momentan durch ein Deckmotiv – Zeitersparnis – während der wirkliche Grund in einer Animosität gegen Bleuler und Jung bestand.«[88]

Es gelang Freud, die drohende Krise abzuwenden, und später schrieb er Abraham:

»... ich vermute bei mir, daß der verhaltene Antisemitismus der Schweizer, der mich schonen will, verstärkt auf Sie geworfen wird. Ich meine nur, wir müssen als Juden, wenn wir irgendwo mittun wollen, ein Stück Masochismus entwickeln, bereit sein, uns etwas Unrecht tun zu lassen. Es geht sonst nicht zusammen. Seien Sie versichert, wenn ich Oberhuber hieße, meine Neuerungen hätten trotz alledem weit geringeren Widerstand gefunden.«[89]

Gegen Ende des Sommers gelang es Freud endlich, einen ersehnten Besuch in England in seinem Zeitplan unterzubringen, und er fuhr zuerst zur Nordwestküste, wo sein Halbbruder Emanuel nun schon halb im Ruhestand lebte. Emanuel war vor beinahe einem halben Jahrhundert nach England gekommen und hatte nun die Siebzig überschritten, aber nach Freud, der eine Karte mit den »besten Grüßen aus Southport« an seine Tochter Mathilde schickte, wirkte er – wie er seinem Gruß auf englisch hinzufügte – »much younger than when he came here« (viel jünger als damals, als er herkam).[90] Nach einem angenehmen kurzen Aufenthalt in London kehrte er über Zürich, wo er drei Tage bei Jung im Burghölzli wohnte, nach Wien zurück. Sie hatten, berichtete er Abraham, bis zu acht Stunden täglich debattiert und Spaziergänge gemacht. Jung hatte zudem einstweilen eigene ketzerische Ansichten unterdrückt; er hat, schrieb Freud, »seine Schwankung überwunden, gehört der Sache rückhaltlos an, und wird auch an der Dementia Praecox-Frage energisch in unserem Sinne weiter arbeiten. Das ist mir höchst erwünscht, und ich hoffe, daß es auch Sie erfreuen wird«[91].

Bevor er nach Zürich fuhr, hatte Freud Jung den Platz umrissen, den er in einer stetig, wenn auch langsam wachsenden Bewegung einnehmen sollte: »Die egoistische Absicht, die ich verfolge und natürlich offen eingestehe, ist, Sie zum Fortsetzer und Vollender meiner Arbeit einzusetzen, indem Sie auf die Psychosen anwenden, was ich bei den Neurosen begonnen habe, wozu Sie als starke, unabhängige Persönlichkeit, als Germane, der leichter die Sympathien der Mitwelt kommandiert, mir besser zu taugen scheinen als irgendein anderer, den ich kenne. Nebenbei habe ich Sie ja auch lieb, aber dieses Moment habe ich unterzuordnen gelernt.«[92]

Mit solcher Ermutigung kleidete sich Jung bereitwillig in den Mantel des Stabschefs eines obersten Feldherrn, der sich eifrig auf die kommenden Schlachten vorbereitete. Freud wußte sehr gut, daß trotz des zunehmenden Interesses an der Psychoanalyse, das durch den Salzburger Kongreß geweckt worden war, die Gegnerschaft weiterbestehen und vielleicht sogar noch stärker werden würde. »Nein, es tagt noch nicht«, schrieb er

Jung einige Monate später. »Wir müssen unser Lämpchen sorgfältig behüten; es wird noch lange Nacht bleiben.«[93]

Dennoch war nun die Psychoanalyse nicht mehr auf eine kleine Wiener Gruppe beschränkt. Dank Abraham, der in Berlin hart für die Sache arbeitete, Ernest Jones, der als eifriger Rekrut im Begriff war, die Botschaft in Nordamerika zu verbreiten, Ferenczi, der einen Außenposten in Ungarn bildete, und der Kantonalen Heilanstalt und Psychiatrischen Universitätsklinik Burghölzli, die allmählich die Therapie übernahm, hatte sie schon ganz das Aussehen einer internationalen Bewegung. Überdies zeigte sie schon die ersten Merkmale des Erfolgs, der weiteren Erfolg nach sich zieht, und lockte Männer an, die ein Jahr zuvor noch Freuds Ideen weniger ernsthaft in Betracht gezogen hätten. Zu ihnen gehörte ein unerwarteter Parteigänger, der Pfarrer Oskar Pfister, ein stiller, resoluter Schweizer, dem der buschige Schnurrbart eine unheimliche Ähnlichkeit mit dem Kaiser verlieh. Sein besonderes Fachgebiet war die Jugendseelsorge, und nachdem er *Wahnvorstellungen und Schülerselbstmord* veröffentlicht hatte, empfahl ihm sein Freund Jung, Freud ein Exemplar zu schicken.

»Zu nett von einem protestantischen Pfarrer«, gab Freud Jung gegenüber zu, »allerdings befremdend für mich, die PsA in den Dienst der Bekämpfung der ›Sünde‹ gespannt zu sehen.«[94] Hinsichtlich der Brauchbarkeit Pfisters war er jedoch nicht im Zweifel, und in seinem Dankschreiben drückte er seine Befriedigung darüber aus, »daß unsere psychiatrischen Forschungen bei einem Seelsorger Aufnahme gefunden haben, dem der Zugang zu so viel Seelen jugendlicher und vollwertiger Individuen freisteht«[95].

Pfister, der erste Erziehungsfachmann, der sich mit der Psychoanalyse beschäftigte, schrieb bald eine zweite Arbeit, mit der Freud eine Diskussion in der Wiener Psychoanalytischen Vereinigung eröffnete. Zwischen den beiden Männern entstand eine Freundschaft, die sowohl Freuds entschlossene Angriffe auf die Religion als auch Pfisters nicht minder entschlossene Verteidigung überdauern sollte. Im April 1909 besuchte Pfister zum erstenmal die Familie Freud in Wien, und Freuds Sohn Oliver schwänzte die Schule, um den Gast durch den Prater zu führen. Es war die erste von vielen Begegnungen. »In dem von allem religiösen Leben abgewendeten Haushalt Freuds war Pfister, im geistlichen Habit und mit der Miene und dem Gehaben eines Pfarrers, eine Erscheinung aus einer fremden Welt«[96], erinnerte sich Anna Freud.

Pfister hatte bereits begonnen, bei seiner täglichen Arbeit von den Hinweisen auf seelische Störungen Gebrauch zu machen, die er seiner laienhaften Freud-Lektüre entnahm. Nun, mit dem Austausch von

Briefen, begann er die Techniken der Psychoanalyse auf einer formelleren Basis anzuwenden und langsam die Grundlagen einer psychologisch orientierten Erziehungsarbeit und Seelsorge aufzubauen. Pfisters seelsorgerische Kontakte mit jungen Menschen waren sehr ausgedehnt, und es scheint wenig Zweifel daran zu bestehen, daß Freud von ihm Anregungen für die Analyse von Kindern erhielt. Der Einfluß war sogar noch größer, wie Freud zugab, als er schrieb: »Ich bin sehr frappiert, daß ich selbst nicht daran gedacht habe, welche außerordentliche Hilfe die psychoanalytische Methodik der Seelsorge leisten kann, aber es geschah wohl, weil mir als bösem Ketzer der ganze Vorstellungskreis so ferne liegt.«[97]

Pfister verstand mit jungen Menschen umzugehen, und Freuds ältester Sohn erinnerte sich an den Tag, an dem er als Student nach Hause kam, nachdem er bei einer antisemitischen Schlägerei einen Messerstich abbekommen hatte. Pfister war zum Abendessen eingeladen. »Ich entschuldigte mich für mein Aussehen«, schrieb Martin Freud später, »und Vater warf mir einen mitfühlenden Blick zu. Der Geistliche aber stand auf, trat zu mir, um mir herzlich die Hand zu drücken, und beglückwünschte mich dazu, daß ich um einer so gerechten und edlen Sache willen verwundet worden war. Diese Sympathie und Güte von seiten eines würdevollen Führers der christlichen Kirche ermutigte mich sehr und machte, daß ich mir weniger wie ein zusammengeschlagener Raufbold vorkam.«[98]

Pfister, dem intelligenten Außenseiter, schrieb Freud mit einer entwaffnenden Offenherzigkeit, die die innere Kraft seiner Überzeugung verriet. »Wenn man den Besseren nur begreiflich machen könnte«, sagte er, »daß alle unsere Behauptungen aus der Erfahrung gezogen sind (meinetwegen aus Erfahrung, die man noch anders zu deuten versuchen kann), aber nicht aus den Fingern gesogen oder am Schreibtisch zusammenphantasiert! Das meinen doch eigentlich alle, und es wirft ein eigentümliches Licht im Sinne einer Projektion auf ihre eigenen Arbeitsweisen.«[99]

Der Wert dessen, was Psychoanalytiker schrieben, betonte er ein andermal, lag darin, daß es nichts enthielt, »was auf Grund von Autorität angenommen ist, sondern was als Ergebnis mühevoller eigener Arbeit hingestellt werden kann«[100]. Doch da war auch die Pfister deutlicher als anderen Laien gegenüber offen ausgesprochene, anmaßende Behauptung: »Es ist kaum möglich, über Psychoanalyse öffentlich zu debattieren; man steht nicht auf demselben Boden und kann gegen die lauernden Affekte nichts unternehmen. Es ist eine tiefgehende Bewegung, und Debatten müssen so erfolglos bleiben wie die theologischen Disputationen zur Reformationszeit.«[101]

12
Ein Abstecher nach Amerika

. . . die Leute sind jetzt in unserer Hand und müssen loben,
was wir ihnen bringen.

Freud in einem Brief an C. G. Jung

Jungs Behauptung im Januar 1908 – als Brill Freuds Werke übersetzen wollte –, daß das Interesse an der Psychoanalyse in Amerika sehr groß sei, war eher eine enthusiastische Übertreibung gewesen. Gewiß nahm das Interesse zu, ebenso aber auch die Opposition. In Neu-England und in den Städten längs der Ostküste, wo viele der wichtigsten medizinischen Ausbildungsstätten Amerikas entstanden waren, herrschte noch eine streng puritanische Sittenlehre. Die Bedeutung der Sexualität in Freuds Theorien – eine Betonung, die in den kultivierten Teilen Europas eher als geschmacklos denn als falsch galt – wurde daher in vielen Teilen Amerikas nicht nur als unrichtig, sondern als pervers betrachtet. Noch Jahre später gefiel sich Weir Mitchell, dessen Ruhekur Freud seinen Patienten in den ersten Praxisjahren verordnet hatte, darin, die Schriften Freuds mit einem einzigen Wort abzutun: »Schmutz.«
Die Medaille hatte aber auch eine Kehrseite. Den Ärzten in den Vereinigten Staaten fehlte im großen ganzen der eingefleischte Widerstand gegen neue Ideen, der so oft für ihre Kollegen in Europa bezeichnend war, die an ihren jahrhundertealten Traditionen und eng verbundenen Gesellschaften festhielten. Die Experimentierfreudigkeit der Amerikaner zeigte sich später in ihrer Übernahme der Insulintherapie, der Chemotherapie, der Elektrotherapie, der Psychochirurgie und anderer Behandlungsmethoden der Psychosen. Die in Europa entstandenen neuen Techniken wurden von den Amerikanern übernommen, modifiziert, verbessert und für die Massenanwendung adaptiert. Eine solche Aufgeschlossenheit wog die instinktive Stellungnahme gegen Freud auf. Das Ergebnis war, daß seine Ideen zwar in das übliche Sperrfeuer gerieten, andererseits aber einige standfeste Verteidiger innerhalb des medizinischen Establishments auf den Plan riefen. Mit ein

Grund dafür war vielleicht, daß Freuds Name in den Vereinigten Staaten schon bekannt war durch seine Monographie über die Aphasien und durch seine Arbeiten über infantile Zerebrallähmungen. Sosehr seine Kritiker auch seine Ideen verspotten mochten, sie mußten zugeben, daß er sich als Nervenspezialist schon einen Namen gemacht hatte. Das erschwerte es zumindest in einem gewissen Grade, ihn als einen Phantasten abzutun, den man nicht allzu ernst zu nehmen brauchte.

Dazu kam, daß innerhalb der organisierten amerikanischen Psychiatrie im Grunde ein großer Teil dessen, was Freuds Lehren zugrundelag, schon anerkannt worden war. Das Eingeständnis, daß in einigen seiner Behauptungen ein gewisses Maß von fundamentaler Wahrheit enthalten war, ging mindestens bis auf Samuel White zurück, einen der Männer, die die American Psychiatric Society mitbegründet hatten. »Von der Wiege bis zur Bahre«, hatte er 1844 in einem Vortrag über Geisteskrankheiten gesagt, »stellt sich das Leben des Menschen als eine Reihe von vorausgegangenen Ereignissen und Folgeerscheinungen dar, die einen direkten Einfluß auf seine physischen und moralischen Kräfte haben. Um die menschliche Seele zu erforschen, müssen wir ihre Geschichte von ihrer kindlichen Entwicklung über das Mannesalter bis zum gebrechlichen Greisenalter untersuchen. Durch das Studium des ganzen Menschen müssen wir die Abweichungen von der gesunden Norm kennenlernen, die diese Energien und geistigen Gaben erschöpfen.«[1] Manche Ärzte hatten sogar Dinge zu sagen gewagt, für die Freud später verurteilt wurde, etwa wenn A. J. Ingersoll in seinem 1877 erschienenen Buch *In Health* behauptete: »Hysterie wird oft durch die willentliche Unterdrükkung des Sexuallebens verursacht.«[2]

Aber es waren nicht nur Ärzte allein, die lange vor Freud in allgemeinen Ausdrücken sagten, was er später spezifischer formulieren sollte. Mehr als ein amerikanischer Schriftsteller hatte um die Mitte und in der zweiten Hälfte des 19. Jahrhunderts eine geradezu unheimliche Kenntnis dessen bewiesen, was einmal die Grundlehren der Psychoanalyse darstellen sollte. In *The Scarlet Letter* beschrieb Nathaniel Hawthorne, wie der kalvinistische Geistliche, Arthur Dimsdale, von seinem freundlichen Arzt behandelt wurde, der »trachtete, tief in die Brust seines Patienten einzudringen, seine Grundsätze auszuforschen, seine Erinnerungen zu ergründen und alles behutsam zu ertasten wie ein Schatzsucher in einer dunklen Höhle«. Nur wenige Geheimnisse entgehen einer solchen Behandlung, fuhr Hawthorne fort, und schließlich, »in einem unvermeidlichen Augenblick, wird die Seele des Leidenden sich auflösen und in einem dunklen, aber durchsichtigen Strom hervorquellen und alle ihre Geheimnisse ans Tageslicht bringen«[3]. Zwanzig Jahre später ging Oliver

Wendell Holmes bei einer Ansprache an die Phi Beta Kappa Society in Harvard noch weiter: »Je mehr wir den Mechanismus des Denkens untersuchen, desto deutlicher erkennen wir, daß die automatische, unbewußte Aktivität der Seele in all seine Vorgänge eindringt. Unsere klaren Ideen sind Stufen; wie wir von der einen zur anderen gelangen, wissen wir nicht: etwas trägt uns; wir machen den Schritt nicht.«[4]
In den neunziger Jahren begann diese vage Idee, das Unbewußte als therapeutisches Instrument zu benutzen, aus diesem weitgehend literarischen Bereich in das von Psychologen und Psychiatern besetzte Hinterland vorzudringen. William James besprach 1894 Breuers und Freuds »Vorläufige Mitteilung« in der ersten Ausgabe der *Psychological Review*. Obwohl er sie in erster Linie als »eine unabhängige Bestätigung der Ansichten Janets«[5] darstellte, anerkannte er ihre Bedeutung und hielt fest, daß Breuer und Freud die Hypnose anwandten, um verdrängte unbewußte Erinnerungen hervorzuholen, die er mit einem geglückten Ausdruck »Dornen im Geist«[6] nannte. Im folgenden Jahr, 1895, verfaßte Bronislaw Onuf, ein Neurologe im New York State Hospital System, einen Auszug aus Freuds »Abwehr-Neuropsychosen« für das *Journal of Nervous and Mental Disease*, den ersten einer ganzen Reihe, in dem er offen für die Psychoanalyse eintrat. Wichtiger war vielleicht noch ein Vortrag, den ebenfalls 1895 Robert T. Edes, ein hervorragender Arzt, vor der Massachusetts Medical Society hielt. Bei der Erklärung der »nervösen Invalidität« unter dem Titel »The New England Invalid« befaßte sich Edes mit den *Studien über Hysterie* und meinte, daß es für eine Patientin manchmal besser wäre zu schreien, was sie nach ihren eigenen Worten auch am liebsten tun würde, anstatt aus Gründen der Schicklichkeit ihre Gefühle zu unterdrücken und eine Neuralgie, eine Lähmung oder einen Anfall von »nervöser Erschöpfung« zu entwickeln.[7] Ein Jahr darauf gründete Dr. Morton Prince in Boston das *Journal of Abnormal Psychology* und führte in seiner ersten Ausgabe das Wort »Psychoanalyse« in Amerika ein.
Um die Jahrhundertwende war William James durch die *Studien über Hysterie* offenbar vollends überzeugt, und in seinen Gifford-Vorlesungen der Jahre 1901–1902, die unter dem Titel *The Varieties of Religious Experience: A Study in Human Nature* veröffentlicht wurden, verlieh er seiner Anerkennung mit den folgenden Worten Ausdruck:
»In den wunderbaren Untersuchungen Binets, Janets, Breuers, Freuds, Masons, Princes und anderer des subliminalen Bewußtseins von hysterischen Patienten werden uns ganze Systeme unterirdischen Lebens enthüllt in Form von Erinnerungen schmerzhafter Art, die eine parasitäre Existenz führen, außerhalb der primären Felder des Bewußtseins

begraben sind und in dieses einbrechen durch Halluzinationen, Schmerzen, Krämpfe, Gefühls- und Bewegungslähmungen und die ganze Prozession hysterischer Erkrankungen des Körpers und des Geistes. Man ändere oder beseitige durch Suggestion diese unbewußten Erinnerungen, und der Patient gesundet augenblicklich.«[8]

Zweierlei ist zu beachten. James warf eine Vielfalt sehr unterschiedlicher »Untersuchungen« ebenso in einen Topf wie einige Jahre später der Ausdruck »Psychoanalyse« in den Vereinigten Staaten für eine ganze Anzahl von Techniken verwendet wurde, von denen einige nur wenig oder gar nichts mit Freud zu tun hatten. Und zweitens gab er die etwas optimistische Versicherung, daß der Patient »augenblicklich gesundet«, eine Behauptung, die nur wenige Psychoanalytiker selbst in ihren ehrgeizigsten Augenblicken gewagt haben würden. Aber James war immerhin imstande, ein Stück der Zukunft vorauszusehen. In seinen Lowell-Vorlesungen im Jahre 1906 sagte er: »Bei der Erleichterung gewisser Hysterien durch die Behandlung der verschütteten Idee, entweder wie bei Freud oder wie bei Janet, sehen wir ein Vorzeichen der möglichen Nützlichkeit dieser neuen Entdeckungen. Die schrecklichen werden vergleichsweise trivial.«[9]

Solche Anschauungen wurden durch die Opposition wieder aufgewogen. Einer ihrer vehementesten Vertreter war C. R. Hughes, der Herausgeber von *The Alienist and Neurologist*, ein eingeschworener Gegner Freuds, der dessen Schrift über die Ätiologie der Hysterie verurteilt hatte. Aber eines darf nicht vergessen werden: Freud hatte damals die Verführungstheorie, seinen »ersten großen Irrtum«, noch nicht öffentlich widerrufen. Hier hatte er, wie er zunächst Wilhelm Fließ und schließlich der übrigen Welt eingestand, unrecht und die ganze übrige Welt hatte recht gehabt.

Während die Anhänger und Kritiker der Theorien Freuds in den ersten Jahren des 20. Jahrhunderts ihre Meinungen äußerten, begannen einige Männer, vorsichtig mit den revolutionären Ideen zu experimentieren, die von Wien aus den Weg über den Atlantik gefunden hatten. Einer davon war James Jackson Putnam, ein anerkannter Bostoner Arzt und Professor der Neurologie in Harvard. Er hatte unter Charcot in Paris, unter Meynert in Wien und unter Hughlings Jackson in London studiert. Nach den Worten Lowells, des Rektors der Universität Harvard, war er »ein Mann der Wissenschaft, hervorragend auf seinem Gebiet, ein Philosoph und ein Heiliger«[10], und er hatte ungeachtet der Warnungen seiner Frau angefangen, sich mit der Psychoanalyse zu befassen. Sie hatte, schrieb seine Tochter später, »mit tragischer Bitterkeit reagiert, weil sie das Gefühl hatte, er sei versehentlich auf einen falschen Weg gelockt worden, der sein berufliches Ansehen ruinieren würde«[11]. Putnam hatte 1904 zwei Patientinnen und einen Patienten, die an Hysterie litten, im Massachusetts General Hospital behandelt. Seine vorsichtige Schlußfolgerung lautete, daß »die ›psychoanalytische‹ Methode nicht unbrauchbar ist, denn ich glaube, das Gegenteil ist der Fall, daß sie aber schwer anzuwenden und oft weniger nötig ist, als man meinen könnte«[12]. Selbst eine Anerkennung mit Vorbehalten von seiten eines Mannes von solchem beruflichem und gesellschaftlichem Ansehen machte es schwerer, die Psychoanalyse spöttisch abzulehnen. Außerdem war Putnams Interesse vor 1906 geweckt worden, dem ersten von vier Jahren, die für die Aufnahme der Psychoanalyse in den Vereinigten Staaten entscheidend waren. Um diese Zeit wurden im Bloomingdale Hospital in White Plains, New York, verschiedene psychoanalytische Techniken erprobt, wenngleich eine Geschichte des Krankenhauses die etwas verwirrende Anmerkung enthält, es habe sich wahrscheinlich nicht um Freudsche Psychoanalyse gehandelt. Beinahe gleichzeitig nahm das Interesse an der Psychoanalyse – ironischerweise, muß man im Hinblick auf die spätere Entwicklung sagen – zunächst durch die Diskussion der Assoziationstests Jungs und dann durch *Über die Psychologie der Dementia praecox* zu, in der Jung zeigte, daß Freuds Theorie an der, wie man später sagte, Schizophrenie ebenso demonstriert werden konnte wie an den Neurosen.

Im Jahre 1908 kehrte Brill aus Europa in die Vereinigten Staaten zurück, und daß er in New York eine Praxis als Amerikas erster hauptberuflicher Psychoanalytiker eröffnete, zeigt, was für einen Einfluß Freud auf ihn ausgeübt hatte. Im selben Jahr erschien auf der nordamerikanischen Szene der Proselyt Freuds, ohne dessen Anstrengungen das Schicksal der Psychoanalyse in den Staaten und in Kanada wohl ganz anders verlaufen wäre. Der Neuling war Ernest Jones, der Freud in Salzburg vorgestellt worden war. Während des nächsten halben Jahrhunderts war Jones der treue Fahnenträger der Bewegung, Freud ergeben und von einem Glauben an »die Sache« erfüllt, der vorbehaltloser war als der Freuds selbst. Er hatte seine guten Gründe. »Mir ist klar«, schrieb er Freud nach dem Ersten Weltkrieg, »daß ich meine Karriere, meinen Lebensunterhalt, meine Stellung und meine Fähigkeit zu ehelichem Glück – kurz alles – Ihnen und der Arbeit, die Sie leisteten, verdanke.«[13]

Jones kam Ende 1908 in Toronto an, um die Leitung der psychiatrischen Universitätsklinik zu übernehmen. Innerhalb weniger Monate hatte er mit Brill in New York Kontakt aufgenommen, und er schlug ihm vor, sie sollten beginnen, Beiträge für das *Journal of Abnormal Psychology* zu schreiben. »Ich stimme Ihnen von Herzen zu und wünschte, Sie hätten es schon getan«, antwortete Freud Jones, als er von dem Plan hörte. »Es könnte der beste Weg sein, meine Lehre bei Ihren Landsleuten [sic!] einzuführen, vielleicht viel wirksamer als eine Übersetzung meiner Schriften . . .«[14]

Einen Monat später konnte Jones berichten, daß er Vorbereitungen für Besuche in Boston und New York getroffen habe. Er fügte jedoch eine Warnung hinzu:

». . . ich bin nicht sehr hoffnungsvoll hinsichtlich der gegenwärtigen Welle des Interesses, denn die Amerikaner sind ein sonderbares Volk mit ganz eigenen Gewohnheiten. Sie bekunden Neugier, aber selten echtes Interesse (ein Unterschied wie zwischen dem Gelüst des Neurasthenikers und dem echten Verlangen des normalen Liebhabers). Ihre Einstellung zum Fortschritt ist beklagenswert. Sie wollen von der ›neuesten‹ Behandlungsmethode hören, mit einem Auge starr auf den allmächtigen Dollar gerichtet, und sie denken nur an das Ansehen, ›kudos‹ [Ruhm, Ehre], wie sie es nennen, das sie ihnen bringen wird. Viele lobende Artikel sind in letzter Zeit über die Freudsche Psychotherapie geschrieben worden, aber sie sind absurd oberflächlich, und ich fürchte, sie werden sie streng verurteilen, sobald sie von ihrer sexuellen Grundlage hören und begreifen, was sie bedeutet. Das beste, worauf wir hoffen dürfen, sind einige echte Konvertiten, die für uns gewonnen werden können und ihre Erfahrung verbreiten. Wir müssen jedoch tun, was wir können, um den Weg für die Zukunft zu ebnen. Ich habe mein Salzburger Referat im August in *Princes Journal* veröffentlicht, und nach den Zuschriften zu urteilen, die ich darauf bekam, scheint es Anklang gefunden zu haben. Ich bin sehr darauf bedacht, unserer Bewegung den wissenschaftlichen Charakter zu wahren, denn das wird ihre ›Achtbarkeit‹ & die Chance, gehört zu werden, erhöhen. Ich werde mich stets all diesen marktschreierischen Christian Science & Emmanuel Church-Bewegungen fernhalten, denn es ist so gut wie aussichtslos, diese religiösen Fanatiker in größerer Anzahl zu bekehren, und außerdem bringt ihre Art, sich volkstümlich zu geben, jeden, der sich mit ihnen einläßt, in wissenschaftlichen Kreisen in Verruf . . .«[15]

In den nächsten Monaten folgte eine Reihe von Briefen, die Freud nicht nur genau über die vorherrschende Meinung in den Vereinigten Staaten unterrichteten, sondern auch über die Unterstützung, die er von den verschiedenen Mitgliedern des psychiatrischen Kreises erwarten oder nicht erwarten durfte. Anfang Februar 1909 konnte Jones berichten, daß er seinen ersten Vorstoß unternommen hatte. Die Aufnahme war gemischt. Er hatte auf dem American Therapeutic Congress in New Haven, Connecticut, gesprochen und war dort auf Ablehnung gestoßen.

»Ich erinnere mich noch gut«, schrieb er später, »wie ein Schauder durch die Reihen der Zuhörer ging, als ich sagte, daß Freud manchmal einen Patienten bis zu drei Jahre lang täglich behandelt hatte, obwohl mir ein Teilnehmer nachher eingestand, er kenne Neurotiker, von denen er sagen müsse, er wäre stolz, sie in dieser Zeit heilen zu können.«[16]
In Boston erging es ihm besser. Hier hatte Morton Prince eine besondere Versammlung einberufen, vor der Jones über Freuds Theorien sprach. Er berichtete:
»William James konnte nicht kommen, aber alle anderen waren da, sechzehn insgesamt, Prof. Munsterberg, Prof. Putnam (Psychologie bzw. Neurologie in Harvard), Prof. Dearborn (Physiologie) ... Ich hatte ihnen einen Vortrag zu halten und dann vier Stunden lang Fragen zu erörtern oder zu beantworten. Ich glaube, durch eine solche persönliche Arbeit erreicht man oft mehr als durch Schreiben, denn man kann Mißverständnisse & falsche Vorstellungen, die auftauchen, sofort korrigieren. Nach den Glückwünschen, die ich erhielt, schien es ein großer Erfolg zu sein. Sie waren verständnisvoll & sehr interessiert, vor allem an dem sexuellen Teil. Man darf sich allerdings nicht zu viel erhoffen, denn sie sind die einzigen in Amerika, die sich überhaupt für Psychotherapie interessieren & selbst sie sind so aufs Geldverdienen aus, daß sie praktisch keine originalen Arbeiten leisten oder Beobachtungen machen. Die Hauptschwierigkeit war ihre kolossale Ignoranz. Ich habe bisher noch nicht *einen* in Amerika getroffen, Brill natürlich ausgenommen, der die *Traumdeutung* auch nur *gelesen* hat. Sogar Sides [Boris Sidis], der seit sechs Jahren über Träume arbeitet und beinahe ein dickes Buch über das Thema beendet hat, hat sie nicht gelesen, wenn er mir auch sagt, er ›wird es demnächst tun‹.«[17]
Putnam war jedoch »ein reizender alter Herr, sanft, bescheiden, gelehrt, belesen, idealistisch, aber leicht in alle Richtungen schwankend«.[18]
»Die Hauptprobleme für die Psychoanalyse in den Vereinigten Staaten«, fuhr Jones fort, »sind der angelsächsischen Rasse eigentümlich, & man muß sich ordentlich auskennen in den verschiedenen Strömungen und Vorurteilen, um sie am erfolgreichsten zu bekämpfen. Ich bin sicher, es ist wichtig, zuerst auf die anerkannten Leute abzuzielen & nicht zu früh gemeinverständlich werden zu wollen. Es gibt hier soviel Popularisierung & Ausbeutung von allem, daß man eine starke Waffe hat, wenn man auf der exakt wissenschaftlichen Seite des Gegenstands beharrt, & das beabsichtige ich zu tun. Ich möchte auch allgemein anerkannt werden in Neurologie & Psychologie auf anderen Gebieten, so daß mein Einfluß größer sein wird & man mich bereitwilliger anhört. Ein Mann, der immer über dasselbe schreibt, wird hier nur allzu leicht als Sonderling betrach-

tet, denn für den oberflächlichen Amerikaner ist jedes Thema schnell erschöpft, außer für Sonderlinge, & wenn das Thema sexueller Natur ist, wird er einfach als sexueller Neurastheniker mit einem Tabu belegt. Daher werde ich meine Artikel über das Sexuelle abwechselnd mit Artikeln über andere Themen verdünnen.«[19]
Trotz dieser leicht pessimistischen Schilderung der Aussichten im Februar 1909 hatten schon die Verhandlungen für einen Besuch Freuds in den Vereinigten Staaten später im Jahr begonnen. Urheber der Idee war Stanley Hall gewesen, der »Darwin des Geistes«, wie er großsprecherisch genannt wurde. Die ambivalente Natur seines Charakters zeigt sich darin, daß er, obwohl er einer der Gründer der American Psychological Association war, sein Leben offenherzig als »eine Serie von Marotten oder verrückten Launen«[20] beschrieb. Seine Schwäche wurde von William A. Koelsch taktvoll geschildert, der einmal bemerkte, Hall sei »ein wissenschaftlicher Publizist, ein Mann der Synthese und Lehrer von großer anregender Kraft, aber die sorgfältigeren Pfade disziplinierter Gelehrsamkeit blieben im allgemeinen eine Aufgabe, die er anderen überließ«[21].
Hall hatte 1904 an der Clark University in Worcester, Massachusetts, deren »Präsident« oder Rektor er seit ihrer Gründung im Jahre 1889 war, eine Reihe von Vorlesungen über Sexualität gehalten. Obwohl er von diesen Vorlesungen Frauen ausgeschlossen und schließlich die Reihe abgebrochen hatte, weil »zu viele Außenseiter hereinkamen und sogar heimlich an der Tür lauschten«[22], reagierte er weniger kritisch als die meisten Amerikaner auf Freuds Betonung der Sexualität. In *Adolescence*, dem Buch, das ihn berühmt machte und das dieses Wort praktisch in die englische Sprache einführte, erwähnte Hall Freud einige Male, und er sagte sogar voraus, daß dessen Theorien einmal von fundamentaler Bedeutung für die Psychologie der Kunst und Religion sein würden. Zum Glück für Freud war die Psychoanalyse 1909 gerade die neueste »Marotte oder verrückte Laune« Halls.
Zur zehnjährigen Gründungsfeier der Clark University hatte Auguste Forel 1899 über »Hypnotismus und Hirntätigkeit« gelesen, und in den letzten Wochen des Jahres 1908 schrieb Hall an Freud: »Obwohl ich nicht die Ehre habe, Sie persönlich zu kennen, hege ich seit vielen Jahren ein tiefes Interesse an Ihrer Arbeit, die ich gründlich studiert habe, und auch an der Ihrer Anhänger.«[23] Er fragte an, ob Freud sie zur zwanzigjährigen Gründungsfeier im Juli besuchen und vier bis sechs Vorlesungen halten würde. »Janet, der dieses Land besucht und eine ähnliche Reihe öffentlicher Vorlesungen gehalten hat, hat einen tiefen Einfluß ausgeübt, indem er die Aufmerksamkeit unserer führenden

und vor allem jüngeren Vertreter der Psychopathologie von der ausschließlich somatischen und neurologischen auf eine mehr psychologische Basis hingelenkt hat«, schrieb Hall. »Wir glauben, daß eine kurze Darstellung Ihrer eigenen Ergebnisse und Ihres Standpunkts nun außerordentlich günstig wäre und in mancher Hinsicht vielleicht eine Epoche in der Geschichte dieser Forschungen in diesem Lande einleiten würde.«[24]

Freud lehnte ab. Der Grund war, daß er normalerweise bis Ende Juli arbeitete und daß ein früheres Arbeitsende einen Verlust von mehreren Tausend Kronen bedeutet hätte. Die Clark University bot nur einen Beitrag von 400 Dollar für die Reisekosten, und wie er Jung erklärte, war er »nicht so reich, daß [er] für die Anregung Amerikas das Fünffache ausgeben könnte. (Geprahlt, das 2½–3fache!)«[25].

Im Februar 1909 schrieb Hall dann jedoch noch einmal und teilte Freud mit, daß die Stiftungsfeier bis September aufgeschoben werde, daß die Reisespesen auf 750 Dollar erhöht worden seien und daß er nun in der Lage sei, das Versprechen eines Ehrendoktorats hinzuzufügen. Freud nahm die neuerliche Einladung ohne Zögern an. »Ich gestehe, daß dieser Eindruck der stärkste der letzten Jahre für mich ist – von der Freude am ›Jahrbuch‹ etwa abgesehen – und daß mich seither nichts anderes mehr in Anspruch nimmt«[26], schrieb er Jung. Und Abraham gegenüber bemerkte er: »Vielleicht ärgert es einige Leute in Berlin wie in Wien. Das kann nicht schaden.«[27]

Im April teilte er Hall mit, daß er sich in Triest einschiffen wolle, und entschuldigte sich dafür, daß er dadurch vielleicht einige Tage zu spät kommen werde. Kurz darauf erfuhr er, daß sich die Nachricht von seinem bevorstehenden Besuch verbreitet habe und daß schon Voranmeldungen für den Besuch seiner Vorlesungen einträfen. Das Interesse ... »verstärkt aber andererseits meine Sorge, ob es mir wohl gelingen kann, etwas den Erwartungen Entsprechendes zu bieten«[28], antwortete ein ungewohnt bescheidener Freud. Hall hatte keine Zweifel, und am 9. August lud er ihn ein, Gast seines Hauses zu sein, wobei er hinzufügte, es bestehe schon »ein breites und tiefes Interesse an Ihrem Kommen, und Sie werden die allerbesten Fachleute in weitem Umkreis haben«[29].

Mittlerweile war auch Jung eingeladen worden. »Für mich macht es die Reise zu etwas ganz anderem, Bedeutungsvollem. Ich bin nun gespannt, wie alles werden wird«[30], vertraute Freud Pfister an. Jung schrieb er im Tone eines Vaters, der einen erfolgreichen Sohn beglückwünscht: »Wer so anfängt, kommt weit, und etwas Menschen- und Schicksalsgunst ist für den Vollstrecker großer Taten sehr schätzenswert.«[31] Jung sollte drei Vorlesungen halten dürfen, Freud höchstens sechs, und in diesen mußte er irgendwie die wahre Essenz der komplizierten und revolutionären Ideen von beinahe zwanzig Jahren unterbringen. Doch Freud schrieb Jung tröstend, »daß ja die Einladung das Wesentliche ist, daß die Leute jetzt in unserer Hand sind und loben müssen, was wir ihnen bringen«[32]. Freud war sich der Bedeutung seiner ersten Vorlesungen vor einer englischsprachigen Hörerschaft wohl bewußt und entschlossen, sich so weit wie möglich vor allen Mißgeschicken zu schützen. Hauptsächlich aus diesem Grunde scheint er vorgeschlagen zu haben, daß Ferenczi Jung und ihn begleiten sollte. Ferenczi war dazu bereit. Er sollte Freud unschätzbare Dienste leisten.

Schließlich wurde vereinbart, daß die drei Männer am 21. August von Bremen aus in See gehen sollten. Freud erkannte bald, daß er in den letzten Wochen vor der Abreise kaum mit seinem Pensum fertig werden würde. Vor allem war, wie er Jung schrieb, seine Arbeit über den Rattenmann zu beenden. »Sie wird mir sehr schwer«, gestand er, »übersteigt fast meine Darstellungskunst, wird außer den Nächsten wohl niemand zugänglich sein. Was für Pfuschereien sind unsere Reproduktionen, wie jämmerlich zerpflücken wir die großen Kunstwerke der psychischen Natur!«[33]

Dennoch konnte er der Versuchung nicht widerstehen, vor der Abreise noch einen Fall zu übernehmen, und Anfang Juli teilte er Jung mit, daß er vielleicht noch eine Konsiliarreise nach Saloniki unternehmen müsse. »Aber ich habe für die fünf Tage soviel Geld verlangt, daß sich das Bedürfnis nach mir wohl wieder verlieren wird«, fügte er hinzu. »Es handelt sich gar nicht um [einen] ψ/α Fall.«[34]

Aus der Reise scheint nichts geworden zu sein, und am 20. August fuhr Freud nach Bremen, wo ihn Jung und Ferenczi schon erwarteten. Bevor sie am folgenden Tag auf der *George Washington* in See gingen, kam es zu einem seltsamen Zwischenfall, für den man mehrere Erklärungen gefunden hat. Freud war Gast bei einem Lunch zu Ehren seiner beiden Kollegen, und während des Essens kam man auf die mumifizierten Leichen prähistorischer Menschen zu sprechen, die man noch in Norddeutschland fand. Dies war offenbar ein Thema für Jung, und er ließ sich so lange darüber aus, bis Freud protestierte und fragte, ob er seinen Tod wünsche. Jung nannte das eine komische Deutung. Daraufhin fiel Freud in Ohnmacht.

»Nachher sagte er mir, daß er überzeugt sei, dieses Geschwätz von Leichen bedeute, daß ich ihm den Tod wünsche«, schrieb Jung später. »Von dieser Ansicht war ich mehr als überrascht. Ich war erschrocken, und zwar über die Intensität seiner Phantasien, die ihm offenbar eine Ohnmacht verursachen konnten.«[35] Aber Freud hatte Jung bei Beginn der Mahlzeit dazu überredet, einmal seine Abstinenz aufzugeben und ein Glas Wein zu trinken, und die Ohnmacht wurde als psychische Strafe für diesen kleinen Sieg gedeutet. Freud selbst, der ziemlich leicht in Ohnmacht zu fallen schien, wenn er auf Widerspruch stieß, schrieb später über eine ähnliche Gelegenheit: »Mein Schwindelanfall . . . ist sicherlich psychogen provoziert gewesen und somatisch sehr gut unterstützt (durch eine Woche großer Plackerei, schlaflose Nacht, Migräneäquivalent, die Aufgaben des Tages). Ich hatte schon mehrere solcher Zustände, jedesmal ähnlich gestützt, oft durch eine Spur Alkohol, gegen den ich ganz intolerant bin.«[36]

Auf der *George Washington* entdeckte Freud offenbar zu seinem Entzücken, daß sein Kajütensteward *Zur Psychopathologie des Alltagslebens* las. Die drei Reisenden vertrieben sich während der achttägigen Überfahrt die Zeit damit, gegenseitig ihre Träume zu analysieren. Wie Jung bald darauf Jones berichtete, »drehten sich Freuds Träume meistens um die Zukunft seiner Familie oder seiner Arbeit«[37]. Später gab Jung jedoch eine dramatischere Schilderung:

»Freud hatte einen Traum, über dessen Problem zu berichten ich nicht befugt bin. Ich deutete ihn, so gut ich konnte, fügte aber hinzu, daß sich sehr viel mehr sagen ließe, wenn er mir noch einige Details aus seinem Privatleben mitteilen wollte. Auf diese Worte hin sah mich Freud merkwürdig an – sein Blick war voll Mißtrauen – und sagte: ›Ich kann doch meine Autorität nicht riskieren!‹ In diesem Augenblick hatte er sie verloren. Dieser Satz hat sich mir ins Gedächtnis gegraben. In ihm lag für mich das Ende unserer Beziehung bereits beschlossen. Freud stellte persönliche Autorität über Wahrheit.«[38]

Man sollte Jung vielleicht nicht zu wörtlich nehmen, aber innerhalb der nächsten Jahre zeigte sich dennoch offen der Wert, den Freud auf Autorität legte.

Sie näherten sich New York am Abend des 27. August. Als das Schiff in die obere New York Bay einlief, wandte sich Freud mit den Worten an Jung: »Werden die überrascht sein, wenn sie hören, was wir ihnen zu sagen haben!« Jung antwortete: »Wie ehrgeizig Sie sind«, worauf Freud ziemlich entrüstet sagte: »Ich? Ich bin der bescheidenste Mensch und der einzige, der nicht ehrgeizig ist.« Jung, der sich nicht geschlagen geben mochte, erwiderte: »Das ist etwas Großes – der einzige zu sein.«[39]

An Land wurden sie von Brill erwartet. Jones traf zwei Tage später aus Toronto ein, und die fünf Männer besichtigten eine Woche lang die Sehenswürdigkeiten der Stadt. Bevor sie um war, hatte sie die schwere amerikanische Kost, gegen die Freud sein Leben lang einen eigensinnigen Groll hegte, veranlaßt, jeden dritten Tag zu fasten. Im Metropolitan

Museum of Art studierte Freud die griechischen Altertümer, und bei Tiffany's konnte er der Versuchung nicht widerstehen, eine chinesische Jadeschale für seine Sammlung zu kaufen. Sie besuchten Coney Island – »einen vergrößerten Prater«[40]. Sie aßen in Hammersteins Roof Garden zu Mittag und besichtigten die Columbia University. Und in einem Kino in Manhattan sahen Freud und Ferenczi ihre ersten Stummfilme. Am 30. August schrieb Freud an Hall und meldete ihm seine Ankunft in den Vereinigten Staaten, und zwei Tage später erhielt er von Hall die Einladung, bei ihm zu wohnen, die ihm von Wien aus nachgeschickt wurde, wo er den Brief nicht mehr bekommen hatte. Er nahm die Einladung an, hoffte, er werde nicht zu viele Umstände verursachen, und erklärte, daß er in Worcester, da sein Englisch noch schlecht sei, gezwungen sein werde, »die Schwierigkeit auf die Seite der Hörer zu übertragen und in meiner Muttersprache zu sprechen«[41].

Am Samstagabend, dem 4. September, brachte Brill die vier Männer auf den Nachtdampfer nach Fall River, der nächsten Etappe ihrer Reise. In Worcester wurden sie von Stanley Hall und seiner Gattin erwartet, die Jung als »eine dicke, lustige und gutmütige und dazu sehr häßliche Frau«[42] beschrieb. Das prächtige Haus der Halls vermittelte den Besuchern den ersten Eindruck von der Üppigkeit, die man in Amerika erleben konnte. »Das Haus«, schrieb Jung seiner Frau, »ist furchtbar lustig eingerichtet, alles weit und bequem. Er hat ein herrliches Studio mit vielen tausend Büchern und Zigarren. Als Bedienung figurieren zwei kohlpechrabenschwarze Neger im Smoking, höchst grotesk-feierlich. Überall Teppiche, alle Türen offen, sogar Locus- und Haustüre, überall geht man hinein und hinaus, die Fenster reichen alle auf den Boden herunter . . .«[43] Als wäre dies der Wunder nicht genug, standen Zigarrenkistchen auch in den Toiletten, die man damals noch »Waschräume« nannte.

Die Vorlesungen anläßlich des Stiftungsfestes in oder in der Umgebung der fabrikähnlichen Jonas Clark Hall, die nach dem Industriellen aus Worcester benannt war, der die Universität gegründet hatte, umfaßten ein weites Gebiet. Mathematik, Physik, Chemie, Biologie, Geschichte und Pädagogik waren vertreten, und zu 14 Vorlesungen über verschiedene Aspekte der Psychologie gehörten fünf von Freud und drei von Jung.

Freuds erste Vorlesung sollte am Dienstag, dem 7. September, stattfinden, aber beinahe bis zum letzten Augenblick hatte er kaum eine Vorstellung davon, worüber er sprechen wollte. Für jemanden, den seit der Einladung »nichts anderes mehr in Anspruch nahm«, war er bemerkenswert schlecht vorbereitet. Im Juni, als er und Jung zum erstenmal an ihre Vorlesungen dachten, hatten sie beschlossen, sie während der Fahrt über den Atlantik durchzusprechen. Aber auf dem Schiff scheint die Beschäftigung mit den Träumen den größten Teil der Zeit in Anspruch genommen zu haben, und bei der Ankunft in Worcester fühlte sich Freud geneigt, die Vorlesungen allein auf die Träume zu beschränken. Auf Jungs Rat hin beschloß er, das Netz weiter auszuspannen. Dennoch wurden die Vorlesungen *ad hoc* improvisiert, wobei Ferenczi eine wichtige Rolle spielte. »Des Morgens, ehe meine Vorlesungsstunde schlug«, schrieb Freud später, »spazierten wir miteinander vor dem Universitätsgebäude, ich forderte ihn auf, mir vorzuschlagen, worüber ich an diesem Tag reden sollte, und er machte für mich den Entwurf, den ich dann eine halbe Stunde später in einer Improvisation ausführte. In solcher Art war er an der Entstehung der ›Fünf Vorlesungen‹ beteiligt.«[44]

Sie wurden an fünf aufeinanderfolgenden Vormittagen gehalten. Bei der ersten ging es wirklich ums Ganze. Freud sollte später schreiben: »In Europa fühlte ich mich wie geächtet, hier sah ich mich von den Besten wie ein Gleichwertiger aufgenommen. Es war die Verwirklichung eines unglaubwürdigen Tagtraums, als ich in Worcester den Katheder bestieg . . . Die Psychoanalyse war also kein Wahngebilde mehr, sie war zu einem wertvollen Stück der Realität geworden.«[45]

Der Mangel an Vorbereitung machte sich bezahlt, denn buchstäblich im letzten Augenblick beschloß Freud, einen einfachen, verhältnismäßig gemeinverständlichen Bericht über die Entwicklung der Psychoanalyse zu geben. Er wurde nicht nur in Worcester gut aufgenommen. Auch heute noch, nachdem sich die Psychoanalyse mit den einfachen Ideen ihrer Frühzeit zu einem Labyrinth von unterschiedlichen und oft gegensätzlichen Meinungen und Theorien entwickelt hat, enthalten die Vorlesungen an der Clark University eine ausgezeichnete kurze Darstellung des Gegenstandes.

Freud begann mit einer im Hinblick auf seine zukünftige Haltung bemerkenswerten Erklärung: »Wenn es ein Verdienst ist, die Psychoanalyse ins Leben gerufen zu haben, so ist es nicht mein Verdienst. Ich bin an den ersten Anfängen derselben nicht beteiligt gewesen. Ich war Student und mit der Ablegung meiner letzten Prüfungen beschäftigt, als ein anderer Wiener Arzt, Dr. Josef Breuer, dieses Verfahren zuerst an einem hysterisch erkrankten Mädchen anwendete (1880 bis 1882).«[46]

Es folgte eine brillante Schilderung der Behandlung Bertha Pappenheims durch Breuer, wobei Freud allerdings nichts von den Zweifeln an diesem Fall erwähnte, die er damals gehegt hatte. Als nächstes kamen ein oder zwei Beispiele aus seiner eigenen Praxis und dann die oft zitierte Schlußfolgerung: »*Unsere hysterisch Kranken leiden an Reminiszenzen.*«[47]

An Analogien fehlte es ihm nie, und er erklärte die Bedeutung dieses Satzes, indem er als Beispiele die verzierte gotische Säule des Charing Cross in London, die als Erinnerung an den Tod der Königin Eleanor im 13. Jahrhundert errichtet, und die etwa eine Meile davon entfernte, »The Monument« genannte Säule, die nach dem großen Brand von 1666 aufgestellt wurde, wählte. Was, fragte er seine Hörer, würde man von einem heutigen Londoner halten, der voller Wehmut wegen des Todes der Königin Eleanor am Charing Cross vorbeiginge, oder von einem anderen, der vor dem »Monument« Tränen vergösse? »So wie diese beiden unpraktischen Londoner«, fuhr er fort, »benehmen sich aber die Hysterischen und Neurotiker alle; nicht nur, daß sie die längst vergessenen schmerzlichen Erlebnisse erinnern, sie hängen noch affektvoll an ihnen, sie kommen von der Vergangenheit nicht los und vernachlässigen für sie die Wirklichkeit und die Gegenwart.«[48] Er beendete die erste Vorlesung in einem bescheidenen Ton. Seine Darstellung sei vielleicht nicht sehr durchsichtig gewesen, meinte er, und Breuers Erklärung sei unvollständig; aber es könnte sehr wohl sein, daß sie »nicht viel klarer gemacht werden können; ein Beweis dafür, daß wir mit unserer Erkenntnis noch nicht sehr weit vorgedrungen sind.«[49] Und was die Erklärung anbetraf: »Vollkommene Theorien fallen nicht vom Himmel . . .«[50]

Während der zweiten Vorlesung erklärte Freud, wie er Breuers Methode weiterentwickelt und die Hypnose aufgegeben hatte. Er beschrieb die »Verdrängung« und den »Widerstand« und schilderte seinen Hörern, wie von Breuers Technik ausgehend die Psychoanalyse entstanden war, indem er seinen Bericht durch den Fall der Elisabeth von R. aus den *Studien über Hysterie* veranschaulichte. In der dritten Vorlesung kam er auf die Technik der freien Assoziation zu sprechen und erklärte, daß das Studium von Witzen und Fehlleistungen des Alltagslebens zu einem besonderen Verständnis unbewußter Motive führt. Er sagte nun auch, warum er sich noch nicht ausführlicher mit der Traumdeutung befaßt hatte: »Ein rein subjektives und anscheinend sekundäres Motiv hat mich davon zurückgehalten. Es erschien mir fast anstößig, in diesem praktischen Zielen zugewendeten Lande als ›Traumdeuter‹ aufzutreten, ehe Sie noch wissen konnten, auf welche Bedeutung diese veraltete und verspottete Kunst Anspruch erheben kann. Die Traumdeutung ist in Wirklichkeit die Via Regia zur Kenntnis des Unbewußten, die sicherste Grundlage der Psychoanalyse und jenes Gebiet, auf welchem jeder Arbeiter seine Überzeugung zu gewinnen und seine Ausbildung anzustreben hat.«[51] Nach dieser Einleitung schilderte er kurz, welche Rolle die Traumdeutung spielte, und er äußerte sich mit scharfem Sarkasmus über diejenigen, die die Psychoanalyse verurteilten, ohne etwas über sie zu wissen, und bemerkte, daß zu seinen Gegnern zweifellos auch solche gehörten, »die z. B. ein Ergebnis mikroskopischer Untersuchung nicht darum verwerfen würden, weil es am anatomischen Präparat nicht mit freiem Auge zu bestätigen ist, und nicht eher, als bis sie den Sachverhalt selbst mit Hilfe des Mikroskops beurteilt haben«.[52] Der »Dünkel des Bewußtseins«[53] schloß er, sei einer der Faktoren, der es den Menschen so schwer mache, die Realität des Unbewußten zu begreifen.

Erst in der vierten Vorlesung kam er zu der heiklen Frage der Sexualität im allgemeinen und der infantilen Sexualität im besonderen. Er wiederholte zunächst, daß die sexuelle Ätiologie der Neurose nicht etwas war, was er gesucht hatte, sondern etwas, was ihm durch Beweise aufgedrängt wurde, die er nicht ignorieren konnte. Ebenso verhalte es sich mit der infantilen Sexualität. Und hier konnte er einen Trumpf ausspielen. Denn hatte nicht Dr. Sanford Bell selbst, ein Fellow der Clark University, die infantile Sexualität drei Jahre, bevor Freuds *Drei Abhandlungen zur Sexualtheorie* erschienen, im *American Journal of Psychology* behandelt? Bell, fuhr Freud fort, »sagt ... ganz so, wie ich Ihnen eben sagte ...«[54] Zudem war Bells Auffassung von der infantilen Sexualität, die er in »A Preliminary Study of the Emotion of Love between the Sexes« darlegte, bekräftigt worden durch nicht weniger als 2500 positive Beobachtungen im Laufe von 15 Jahren, darunter 800 eigenen. Nachdem er so den Geist gebannt hatte, er trage eine unamerikanische Idee vor, gab er einen kurzen Abriß der Schlußfolgerungen, zu denen er in seinen *Drei Abhandlungen* gelangt war, und betonte zuletzt, daß die Diskussion des Sexuallebens und der psychosexuellen Entwicklung von Kindern nicht zu weit von dem Problem, nervöse Störungen zu heilen, weggeführt habe. »Wenn Sie wollen«, schloß er, »können Sie die psychoanalytische Behandlung nur als eine fortgesetzte Erziehung zur Überwindung von Kindheitsresten beschreiben.«[55]

Seine letzte Vorlesung war eine klare Zusammenfassung. Ein großer Teil der Schuld wurde der Kultur zugeschrieben, die die Wirklichkeit unbefriedigend werden läßt und damit die Phantasie ermutigt. Künstlerisch Begabte können ihre Phantasien in künstlerische Schöpfungen anstatt in die Symptome des Neurotikers umsetzen. Er wies darauf hin, »daß die Neurosen keinen ihnen eigentümlichen psychischen Inhalt haben, der nicht auch beim Gesunden zu finden wäre«[56]. Und nach einer kurzen Behandlung der Übertragung meinte Freud, es gebe drei mögliche Ergebnisse einer erfolgreichen Psychoanalyse. Sobald das verdrängte

Unbewußte an die Oberfläche gebracht wurde, kann es mit Erfolg gemeistert werden. Es kann zweitens zu anderen und nützlicheren Zwecken sublimiert werden. Und drittens: »Ein gewisser Anteil der verdrängten libidinösen Regungen hat ein Anrecht auf direkte Befriedigung«[57], sobald er einmal bewußt gemacht wurde. Er schloß mit den Worten: »Ich danke Ihnen für die Berufung und für die Aufmerksamkeit, die Sie mir geschenkt haben.«[58]

Er war über den Berg. Er hatte offen und ehrlich gesprochen, und doch hatte er, wie er richtig schätzte, nur ein Minimum seiner Hörer schokkiert.

Am Abend des 10. September erhielten Freud und Jung das Ehrendoktorat im Rahmen einer Feier, die, wie Jung schrieb, »ein furchtbar großer Zauber und Mummenschanz mit allen möglichen roten und schwarzen Roben und viereckigen Goldtroddelhüten«[59] war. Freuds ehrenvolle Erwähnung lautete: »Sigmund Freud von der Universität Wien, Gründer einer Schule der Pädagogik, die bereits reich an neuen Methoden und Leistungen ist, heute Führer unter Erforschern der Psychologie des Geschlechts und der Psychotherapie und Analyse, Doktor der Rechte.«[60] (Freud und Jung wurden beide zum *Doctor of Laws honoris causa* promoviert. Anm. des Übers.) Er war sichtlich gerührt und sagte in seiner kurzen Dankrede: »Dies ist die erste offizielle Anerkennung unserer Bemühungen.«[61]

Sie waren alles in allem besser aufgenommen worden, als sie erwartet hatten, und Jung schrieb seiner Frau triumphierend: »Wir gewinnen hier an Boden, und unsere Sache wächst langsam, aber sicher . . . Ich war sehr überrascht, da ich mich auf Widerstände gefaßt gemacht hatte.«[62] Von außerhalb Worcesters kam allerdings die erwartete Kritik, aber es ist schwer zu sagen, wie weit sie die Meinung der Fachwelt widerspiegelte. Einen Vorwurf des Rektors der University of Toronto: »Ein gewöhnlicher Leser würde den Eindruck gewinnen, Freud propagiere die freie Liebe, die Beseitigung aller Hemmungen und einen Rückfall in den Zustand der Wildheit«, fand Jones »keinesfalls atypisch«[63], und James Strachey zufolge, der Freud in den sechziger Jahren herausgab, konnte man die allgemeinen Anschauungen nach dieser Bemerkung beurteilen.

Alle Vorlesungen anläßlich der Stiftungsfeier waren öffentlich gewesen, und Freud hatte eine bunt gemischte Hörerschaft angelockt. Zu den unerwarteten Besuchern gehörte Emma Goldman, die seine Vorlesungen in Wien gehört – und einmal mit zwei anderen Anarchisten zusammen eine Eisdiele in Worcester betrieben hatte. Auf die Psychiater und andere potentielle Konvertiten hatte er großen Eindruck gemacht, nicht zuletzt auf Putnam, der nach der Begegnung in Worcester die meisten seiner Zweifel aufgegeben zu haben scheint. »Ich kann nicht vorgeben, bereits all die vielen Hinweise und Folgerungen Freuds und seiner Gefährten überprüft zu haben ...« schrieb er später. »Aber ich habe gelernt, ganz an die Theorie und den Wert ihrer Methoden der Analyse und Behandlung zu glauben, und ich bin um so mehr bereit, ihre Ansichten zu akzeptieren, als ich die persönliche Bekanntschaft der drei Männer [Freud, Jung und Ferenczi] gemacht ... und sie so freundlich, bescheiden, tolerant, ernst und aufrichtig gefunden habe.«[64]

Und dann war da noch William James, der dem Psychologen Théodore Flournoy erklärte, er sei »für einen Tag, um zu sehen, wie Freud ist«[65], nach Worcester gegangen. Er war schon todkrank und machte großen Eindruck auf Freud. »Ich kann die kleine Szene nicht vergessen«, schrieb Freud, »wie er auf einem Spaziergang plötzlich stehenblieb, mir seine Handtasche übergab und mich bat vorauszugehen, er werde nachkommen, sobald er den herannahenden Anfall von Angina pectoris abgemacht habe. Er starb ein Jahr später am Herzen; ich habe mir seither immer eine ähnliche Furchtlosigkeit angesichts des nahenden Lebensendes gewünscht.«[66]

James bewahrte sich stets seinen Sinn für das Lächerliche. Stanley Hall hatte ihn gebeten, die Resultate von Experimenten über außersinnliche Wahrnehmungen zu bringen, die mit einem bekannten Forscher auf diesem Gebiet durchgeführt worden waren, und Freud und Jung waren zugegen, als er kam. Er verkündete, er habe einige Papiere mitgebracht, die sie interessieren würden. Jung erinnerte sich, daß er in die Brusttasche griff und ein Bündel Dollarscheine hervorholte, was angesichts der großen Dienste, die Stanley Hall der Clark University geleistet und der ziemlich kritischen Bemerkungen, die er über James' Arbeiten hatte fallen lassen, den Anwesenden eine sehr passende Geste zu sein schien. Er entschuldigte sich umständlich und nahm dann aus der anderen Tasche die richtigen Papiere.

Über James' Empfindungen in Worcester herrschen einige Zweifel. Ernest Jones schrieb, er habe ihm beim Abschied den Arm um die Schulter gelegt und gesagt: »Die Zukunft der Psychologie gehört eurer Arbeit.«[67] James selbst deutete an, er habe Vorbehalte gehabt. »Ich habe Freud mit seiner Traumtheorie in dem starken Verdacht, ein regelrechter *halluciné* zu sein«, schrieb er einige Tage später Professor Mary Calkins. »Aber ich hoffe, daß er und seine Schüler sie bis zu ihren Grenzen vorantreiben werden, denn sie enthält zweifellos einige Tatsachen und wird zu unserem Verständnis der ›funktionellen‹ Psychologie beitragen, die die wahre Psychologie ist.«[68] Kurz darauf schrieb er

Théodore Flournoy: »Ich hoffe, daß Freud und seine Schüler ihre Ideen bis zu den äußersten Grenzen verfolgen werden, so daß wir erfahren, welches sie sind. Sie werden unvermeidlich Licht auf die menschliche Natur werfen, aber ich gestehe, daß er auf mich persönlich den Eindruck eines Mannes machte, der von fixen Ideen besessen ist. Ich selbst kann nichts mit seinen Traumtheorien anfangen, und der ›Symbolismus‹ ist offensichtlich eine höchst gefährliche Methode.«[69] Brill meinte: »William James war beeindruckt, aber er war zu alt und zu schwach, um zu diesen neuen Lehren irgendwie Stellung zu nehmen.«[70] Andererseits war man der Ansicht, »daß James' bekannter Neigung zu einem pluralistischen Weltbild Freuds offenbare Erklärung des menschlichen Verhaltens aus einer einzigen Ursache heraus zuwiderlaufe«[71].

Welcher Ansicht auch James gewesen sein mag, Freuds Abstecher in die Vereinigten Staaten war zweifellos ein Erfolg. Allerdings würden außer Hall nur wenige Universitätsrektoren ihren Ruf aufs Spiel gesetzt und ihn eingeladen haben. Es ist bemerkenswert, daß weder Yale noch Harvard auch nur eine informelle Einladung ergehen ließ und daß Freud die Columbia University als gewöhnlicher Besucher besichtigte. Dennoch begann sich die Lage nach dem September 1909 allmählich zu ändern, und zwar nicht nur wegen des Eindrucks, den Freud auf seine Hörer gemacht hatte, sondern auch dank der Presseberichte, die ihn und sein Werk nun einem Laienpublikum vorstellten.

Die Berichterstattung über seine Vorlesungen und ihr möglicher Einfluß auf die Verbreitung seiner Theorien in den Vereinigten Staaten wurde von Ward Cromer und Paula Anderson sorgfältig analysiert und lassen beträchtliche Gegensätze erkennen. Von den beiden Zeitungen Worcesters beschäftigte sich die *Gazette* mit Dr. W. Stern aus Breslau, der über »Individualpsychologie« gesprochen hatte, mit H. S. Jennings' Vorlesungen über das Verhalten niederer Organismen und Leo Burgersteins Vorlesungen über »Die Hauptprobleme der Schulraumsanierung und der Schularbeit« – über Freud berichtete sie nur, daß er »von seinen Arbeiten auf dem Gebiet der Psychologie des täglichen Lebens, von Träumen und von Sexualität« gesprochen und »seine Studien über die Psychologie der Zukunft diskutiert« habe.[72] Das Worcester *Telegram* widmete ihm mehr Aufmerksamkeit, wenn es auch auf recht zweideutige Weise berichtete, daß er »seine Methode der psychischen Analyse entwickelte, die als eine Art dritten Grades, mit gewissen Vorrichtungen und auf gewisse Arten angewandt, beschrieben wird, wodurch er die allgemeine Richtung entdeckt, in der die Krankheitsursache zu suchen ist«[73]. Am Sonntag nach den Zeremonien meldete die Zeitung beifällig: »Konferenz bringt Gelehrte zusammen: Langhaariger Typ schwer zu entdecken: Männer mit Denkerstirn haben Zeit für gelegentliches Lächeln.«[74]

Die einflußreichsten Zeitungsberichte erschienen im Boston *Transcript*, der festhielt, daß Dr. Franz Boas, der bekannte Anthropologe, seine Zeit Freud für dessen erste Vormittagsvorlesung überlassen habe und daß Boas und seine Freunde »über das Opfer begeistert«[75] seien. An den folgenden Tagen brachte die Zeitung recht sachkundige Zusammenfassungen der Vorlesungen und hielt das Interesse wach, indem sie am 11. September ein längeres Interview mit Freud von Adelbert Albrecht veröffentlichte, der behauptete, Freuds Schriften seit langem zu kennen, und zweifellos ein Bewunderer war.

»Man sieht auf den ersten Blick, daß man es mit einem Mann von großer Kultiviertheit, von Verstand und vielseitiger Bildung zu tun hat«, schrieb Albrecht. »Seine scharfen und doch gütigen, klaren Augen verraten sofort den Arzt. Seine hohe Stirn mit den kräftigen Höckern der Beobachtungsgabe und seine schönen, energischen Hände sind sehr auffällig. Er spricht klar, indem er seine Worte sorgfältig wägt, leider aber nie von sich selbst. Immer und immer wieder hebt er die Verdienste seiner Kollegen hervor... Nur unter großen Schwierigkeiten kann er dazu gebracht werden, von seiner Methode der Psychotherapie, die er die analytische nennt, zu sprechen.«[76] Albrecht scheint Freuds Vorlesungen korrekt wiedergegeben und nur ein Minimum an Erklärungen eingeschoben zu haben, die für das Verständnis des Laienpublikums nötig waren. Das Ergebnis war der beste Zeitungsbericht über die Psychoanalyse, der für die Dauer einiger Jahre erscheinen sollte, gewiß jedenfalls in den Vereinigten Staaten und möglicherweise auf der ganzen Welt.

Die übrigen Berichte waren uneinheitlich. Der Boston *Daily Advertiser* vermerkte, daß Dr. Ed. Freud (sic!) fünf Vorlesungen über die »Psychologie des täglichen Lebens« gehalten habe. Das Boston *Medical and Surgical Journal* beglückwünschte Freud zur Klarheit seiner Darstellung und meinte, daß seine Behauptungen »seinen Hörern gewiß viel Stoff zum Nachdenken gaben, so sehr sie auch in den Einzelheiten der Deutung von ihm abweichen mögen«[77]. Stanley Hall erklärte in *The Nation* vom 23. September, was Freud zu erreichen trachtete.

»Da die Presseberichterstattung beschränkt war«, folgern Cromer und Anderson, »ist es fraglich, wie groß die Rolle war, die sie bei der Verbreitung der Freudschen Ideen in Amerika spielte. Wahrscheinlich ist, daß es ihr gelang, Neugier zu wecken, zumindest bei den Lesern im Raum Boston.

Das allgemeine Fehlen von Kritik und das offene Lob in vielen Fällen rechtfertigen die Annahme, daß Amerika möglicherweise bereit war, Freuds Ideen aufzunehmen, und gewillt, sie zu diskutieren. Die Haltung aller Zeitungen war die der Achtung vor Freud als Wissenschaftler und Gelehrtem sowie vor seinen Ideen, die man für wichtig genug erachtete, um eine öffentliche Diskussion wert zu sein.«[78]

Außer Frage steht, daß Freud den Brückenkopf festigte, den Ernest Jones für ihn vorbereitet hatte. Wenn es einen Zweifel gab, so betraf er Jones selbst, an dem Freud in Worcester Anzeichen eines Nachlassens bemerkte. Als er später daran dachte und Jones an seine Zuneigung und an all das erinnerte, was er für die Psychoanalyse getan hatte, fuhrt er fort: »Ich erinnere mich an das erstemal, als ich dessen gewahr wurde, meiner Einstellung zu Ihnen; es war eine schlechte; als Sie Worcester nach einer Zeit dunkler Widersprüche Ihrerseits verließen und ich mich mit dem Gedanken vertraut machen mußte, daß Sie fortgingen, um uns fremd zu werden. Dann hatte ich das Gefühl, daß es so nicht sein sollte, und ich konnte es nicht anders zeigen, als indem ich Sie zum Zug begleitete und Ihnen die Hand drückte, bevor Sie wegfuhren.«[79]

Freud und seine Begleiter sollten erst am 21. September nach Europa zurückkehren, und während der Woche, die ihnen noch blieb, besuchten sie die Niagara-Fälle und James Putnams Camp in den Adirondacks. Bevor er Wien verließ, hatte Freud von seinem Wunsch gesprochen, die Fälle zu sehen, und während der Führung entsprach das Schauspiel auch voll seinen Erwartungen. Einen unliebsamen Zwischenfall gab es allerdings. In der Höhle der Winde, wo man zu dem von Gischt übersprühten Geländer hinaufsteigen und die furchterregende Pracht der stürzenden Wasser aus einem dramatischen Blickwinkel betrachten kann, hielt der Führer, als Freud vortrat, die anderen Besucher zurück und sagte: »Laßt den Alten vorangehen.«[80] Freud mit seinen 53 Jahren fand das alles andere als amüsant. Trotzdem verlor er seine Urlaubsstimmung nicht, er schickte seiner Tochter Sophie eine Ansichtskarte von der amerikanischen Seite der Fälle und ging dann nach Kanada hinüber, von wo aus die Gesellschaft eine Karte mit »herzlichen Grüßen« an Mrs. Brill schickte, die von »Abe, Freud, Ferenczi und Jung« unterzeichnet war.[81]

Von den Niagara-Fällen ging es in die Adirondacks, wo sich eine Gesellschaft von etwa 40 Personen versammeln sollte. Putnams Camp lag am Fuße des Giant Mountain in Keene Valley, New York, und war um die Mitte der siebziger Jahre von ihm selbst und Kollegen aus Boston eingerichtet worden. Auf einer Lichtung, durch die ein reißender Bach floß, hatte man Blockhäuser errichtet, und die Besucher lebten in einer ungewöhnlichen Mischung von Luxus und Einfachheit.

Am 16. September wurde in das »Logbuch« von Putnams Camp die

Eintragung gemacht: »Dr. James Putnam traf aus Boston ein – Louisa Richardson, Miss Annie Putnam und drei ausländische Ärzte kamen von Lake Placid herüber (am 15.).«[82] Hinsichtlich der Nationalität der Besucher herrschte einige Verwirrung, und der Österreicher Freud, der Schweizer Jung und der Ungar Ferenczi stellten fest, daß ihr Blockhaus mit den Farben des kaiserlichen Deutschlands geschmückt war.

Freud hatte Martha regelmäßig geschrieben – und nicht vergessen, ihr zu Rosch Haschana, dem jüdischen Neujahrsfest, ein Glückwunschtelegramm zu schicken –, und am Abend des zweiten Tages im Camp setzte er sich hin und beschrieb der Familie seine Eindrücke:

»Meine Lieben, heute sind es 4 Wochen, daß ich ausgezogen bin. Es muß wohl der letzte Brief sein, der vor mir ankommt. Von allem in Amerika Erlebten ist dies hier wohl das Sonderbarste, ein Camp, denkt Euch, eine Waldwildnis, etwa die Situation auf einer Alm, etwa auf dem Loser, wo das Gasthaus steht: Steine, Moosflächen, Baumgruppen, Höcker sind [das] Terrain, das nach drei Seiten in dicht bewaldete Hügel übergeht. Darin eine Gruppe von ganz roh gezimmerten Holzhäuschen, jedes benannt, wie man erfährt, eines die Stoob [Stoop] d. h. die Stube, das Parlour, wo Bibliothek, Klavier, Schreibtische und Spieltische stehen, ein anderes ›Rittersaal‹ mit Gschnasaltertümern, mit Herd in der Mitte und herumlaufender Bank einer Bauerneßstube, die anderen Wohnhäuser. Unseres mit gerade 3 Räumen heißt Chatterbox, alles mit gekünstelter, aber geglückter Rohheit und Ursprünglichkeit, Waidling* als Waschschüssel, Porzellantäßchen anstatt Glas etc., natürlich doch alles vorhanden oder irgendwie vertreten. Wir haben entdeckt, daß es besondere Bücher über Camping gibt, in denen all diese primitiven Einrichtungen ausführlich gelehrt werden.

Der Empfang um ½ 3 bestand in der Aufforderung zu einem Spaziergang auf den nächsten Berg, wo wir Gelegenheit hatten, die ganze Wildheit so einer amerikanischen Landschaft kennenzulernen. Wir haben Wege und Anstiege gemacht, für die selbst mein Geweih und meine Hufe nicht ausgereicht haben. [Man hatte Freud im Scherz gesagt, daß Gänge durch so wildes Gelände nur mit Hilfe eines Geweihs möglich seien.] Zum Glück regnet es heute. Es gibt in den Wäldern sehr viel Eichhörnchen und Stachelschweine, letztere bis jetzt unsichtbar. Auch schwarze Bären lassen sich im Winter sehen . . .«[83]

Nach dem Essen an diesem Abend begleitete Putnams Schwester Jung, der deutsche Lieder sang, auf dem Klavier. Freud mußte mit zwei Mädchen und Ferenczi ein Brettspiel lernen. Die Putnams sprachen

* eigtl. Weitling, österr. für große Küchenschüssel (Anm. des Übers.)

Deutsch, und alle entspannten und amüsierten sich. Freud litt nur unter zwei Unannehmlichkeiten. Die eine waren Beschwerden im Unterleib, die abwechselnd als Appendizitis und Gastroenteritis diagnostiziert wurden. Die andere war das Fehlen eines Barbiers, der ihm den Bart gestutzt hätte, ein Luxus, den er schmerzlich vermißte. Er mußte sich damit begnügen, sich zu kämmen. »Zum Glück«, bemerkte er in seinem Brief nach Hause, »herrscht in Tracht die größte Ungezwungenheit, vielleicht nur angeblich.«

Später kam dann der Zwischenfall mit dem Stachelschwein. Als er vor dem Verlassen Europas die Vorlesungen an der Clark University diskutierte, hatte Freud gesagt, vor einer schwierigen Aufgabe wie dem Sprechen vor einem fremden Publikum sei es gut, »wenn man seine Aufmerksamkeit auf ein Nebenziel richte – auf diese Weise könne man seiner Erregung einen Blitzableiter verschaffen«. Darum hatte er vor seiner Abreise behauptet, er gehe nach Amerika, um ein wildes Stachelschwein zu sehen *und* ein paar Vorlesungen zu halten.[84]

Seine Gastgeber in Putnams Camp waren bereit zu helfen, und zwei Besucher, die die Gegend gut kannten, wurden ihm als Begleiter mitgegeben. »Sie begannen auf einen ziemlich sanften Hügel hinaufzusteigen«, berichtete ein Verwandter der einen Begleiterin, »und waren noch nicht sehr weit gekommen, als ihnen Aasgeruch entgegenwehte. Als sie weitergingen, wurde der Gestank immer stärker, so daß Mrs. Wearn vorschlug, umzukehren und mit dem Wind zu gehen. Freud weigerte sich. Sie gingen weiter und stießen schließlich auf ein längst verendetes aufgetriebenes Stachelschwein. Freud näherte sich ihm, stach vorsichtig mit seinem Stock hinein, drehte sich um und verkündete: ›Es ist tot‹.«[85]

Für eine weitere Suche fehlte es offenbar an der Zeit, und so wurde Freuds Wunsch nur halb und auf eine recht klägliche Weise erfüllt. Es gab jedoch einen kleinen Trost, denn bevor er abfuhr, schenkten ihm die Putnams ein kleines Stachelschwein in Gestalt eines Briefbeschwerers aus Metall. Es sollte bis ans Ende seines Lebens auf seinem Schreibtisch sitzen.

Die Gesellschaft fuhr nun nach New York, um die achttägige Seereise zurück nach Bremen anzutreten. An Bord des Dampfers *Kaiser Wilhelm der Große* schrieb Freud einen ausführlichen, sieben Seiten langen Brief an seine Tochter Mathilde, in dem er bemerkte, daß die ganze Reise höchst interessant gewesen sei, »sehr bedeutungsvoll für unsere Arbeit« und ein großer Erfolg; aber er sei sehr froh, nicht in Amerika leben zu müssen. In New York, berichtete er, hatte er seine Schwester Anna besucht, aber sein wohlhabender Schwager Eli sei gerade in Geschäften in Kanada gewesen. Er berichtete Familienneuigkeiten, die sie vor seiner Ankunft in Wien erhalten würde, da er den Brief aufgeben wollte, wenn das Schiff in Cherbourg anlegte. Und dann fügte er nach der Bemerkung, daß es ihm nicht leid tun werde, wieder daheim zu sein, vier Wörter in englischer Sprache hinzu: *»East, West; Home Best.«*[86]

Von Bremen aus, wo sie nach einer stürmischen Überfahrt ankamen, die die meisten anderen Passagiere gezwungen hatte, in ihren Kajüten zu bleiben, fuhr Jung direkt nach Zürich, während Freud und Ferenczi ihre Heimreise in Berlin unterbrachen. Dort wurde Freud von seinem Begleiter überredet, mit ihm eine Frau Seidler aufzusuchen, eine Hellseherin, die angeblich Briefe mit verbundenen Augen lesen konnte. Ferenczi hatte schon seit langem eine Neigung zur Beschäftigung mit dem Paranormalen, und Jung vertrat annähernd ähnliche Ansichten, aber Freud stand da vor einem Weg, den zu betreten er zögerte. In diesem Fall war er skeptisch hinsichtlich der Leistungen der Dame, gab aber zu, daß sie eine Gabe zu besitzen schien, die Gedanken anderer zu lesen.

Der Kompromiß war typisch für Freuds Einstellung zum Okkultismus im allgemeinen und zur Telepathie im besonderen. Wenn es möglich ist, eine Entwicklungslinie seiner sich verändernden Haltung zu zeichnen, so ist es eine der abnehmenden Skepsis. Anfang 1909, nachdem Jung das Krachen in einem Bücherschrank in der Berggasse 19 auf okkulte Ursachen zurückgeführt hatte, hatte Freud festgestellt, daß es sich um das normale Krachen von Holz handelte und Jung gegenüber bemerkt: »Das entgeisterte Mobiliar steht vor mir wie vor dem Dichter nach dem Scheiden der Götter Griechenlands die entgötterte Natur.«[87] Zwei Jahre später, als Jung ihm von seinem Wunsch berichtet hatte, einen Kreuzzug ins Reich der Mystik, offensichtlich zusammen mit Ferenczi, zu unternehmen, bemerkte Freud: »Ich sehe, Sie sind beide nicht zurückzuhalten; gehen Sie wenigstens im Einvernehmen miteinander vor; es sind gefährliche Expeditionen und ich kann da nicht mitgehen.«[88] Aber einen Monat später konnte er Jung wiederum schreiben: »In Sachen des Okkultismus bin ich seit der großen Lektion durch die Erfahrungen Ferenczis demütig geworden. Ich verspreche alles zu glauben, was sich irgendwie vernünftig machen läßt.«[89] Und als er es ein Jahrzehnt später ablehnte, Mitherausgeber einer amerikanischen Zeitschrift zu werden, die sich mit Okkultismus befaßte, schrieb er: »Ich gehöre nicht zu denen, die ein Studium der sogenannten okkulten psychischen Phänomene als unwissenschaftlich, als unwürdig oder gar als gefährlich von vornherein ablehnen. Wenn ich zu Beginn einer wissenschaftlichen Laufbahn stände, anstatt wie jetzt am Ende, würde ich mir vielleicht trotz aller Schwierigkeiten kein anderes Arbeitsgebiet wählen.«[90]

Freuds Vorliebe für das Paranormale hat wie seine Schwäche für die Fließsche mystische Numerologie ihre Parallelen. Um die Jahrhundertwende gehörten in Großbritannien zu den ergebenen Anhängern des Spiritismus unter anderen Sir William Barrett, Sir William Crookes, Sir Oliver Lodge und Sir George Stokes, die alle zu den hervorragenden Wissenschaftlern ihrer Zeit zählten. Freud mit seinem rationalen Verstand fiel es schwer, die sogenannten Beweise zu akzeptieren, und seine Welterfahrung hatte ihn gelehrt, wie verlockend dieses Gebiet für Scharlatane und Schwindler war. Trotzdem würde er vielleicht begonnen haben, das Okkulte auf experimenteller Grundlage zu erforschen, wenn »die Sache« nicht gewesen wäre. Er vermutete, zweifellos mit Recht, daß das Bestehen irgendeiner Verbindung zwischen den Gründervätern der Psychoanalyse und der Erforschung okkulter Phänomene die Aufnahme und Verbreitung der Psychoanalyse behindern würde. Wenn er unschlüssig war, wurde sein Widerstand durch Jones gefestigt, und es war zumindest teilweise Jones' Rat zuzuschreiben, daß Freud einige Jahre später Ferenczi davon abbrachte, eine Vorlesung über seine telepathischen Experimente auf einem Kongreß der Internationalen Psychoanalytischen Vereinigung zu halten. »Sie werfen damit eine Bombe ins psychoanalytische Haus, die gewiß nicht verfehlen wird zu explodieren«, warnte ihn Freud. »Wir sind aber doch einig darin, daß wir diese vielleicht unvermeidliche Entwicklungsstörung nicht beschleunigen wollen.«[91]

All das lag jedoch noch in der Zukunft, als Freud am 2. Oktober 1909 wieder in Wien ankam, mit Recht zufrieden mit dem Erfolg seiner Mission. Die Psychoanalyse, das stand für ihn fest, würde in den Vereinigten Staaten nicht mehr ignoriert werden. Die Opposition, ob sie sich in der Verurteilung des Rektors der University of Toronto richtig widerspiegelte oder nicht, was zweifellos geringer gewesen als erwartet. Dazu mag Ernest Jones' vorbereitende Arbeit beigetragen haben, aber erst nach den Vorlesungen in Worcester war »die Sache« – wie sie auch Putnam bald nennen sollte – sicher über die amerikanische Wasserscheide hinübergelangt.

Anfang 1910 hielt Jones ein Referat über Psychoanalyse vor der American Psychological Association – das eine Psychologin zu der Bemerkung herausforderte, Österreicher hätten vielleicht egozentrische Träume, aber Amerikaner sicherlich nicht –, und einige Monate später wurde er Gründungsmitglied der American Psychopathological Association. Im folgenden Jahr gründete Brill die New Yorker Psychoanalytische Vereinigung, und zugleich gründete Jones die Amerikanische Psychoanalytische Vereinigung für die über die gesamten Vereinigten

Staaten verstreuten Analytiker. Als die Psychoanalyse so an Boden gewann, war es Putnam mit seinem unanfechtbaren Ruf, der das ganze Gewicht der wissenschaftlichen Unterstützung in die Waagschale warf. Im Mai 1910 sprach er vor der American Neurological Association in Washington, im November des folgenden Jahres vor der Harvard Society of New York und im Juni 1914 vor der Section of Nervous and Mental Diseases of the American Medical Association. Dies waren nur die wichtigsten einer Reihe von Anlässen, bei denen er, wenn auch manchmal kritisch in bezug auf Einzelheiten, dafür sorgte, daß Freud die aufmerksame Beachtung seitens des Ärztestandes erhielt, die ihm in Europa versagt geblieben war.

Freud erkannte rasch die Gefahren ebenso wie die günstigen Gelegenheiten des Interesses in Amerika. Jones kam über den Atlantik, um ihn im Sommer 1910 zu besuchen, und erzählte bald darauf Putnam von Freuds Plan, in den Vereinigten Staaten eine Gruppe der Internationalen Vereinigung zu bilden, die früher in demselben Jahr in Nürnberg gegründet worden war. »Er brachte das folgende Argument vor, das mir in Amerika zwangsläufig einleuchtete«, schrieb Jones an Putnam. »Der Arbeit kann bei uns so leicht durch Amateure und Scharlatane geschadet werden, daß es nötig ist, unsere Interessen zu schützen, indem wir diejenigen mit einer ordentlichen Kenntnis des Gegenstandes in einen mehr oder minder offiziellen Verein aufnehmen, der somit ganz allgemein eine gewisse Garantie dafür böte, daß die Mitglieder wissen, wovon sie reden oder schreiben.«[92] Einen Monat später kam Jones noch einmal auf das Thema zurück, indem er Putnam sagte, er empfinde stark die Notwendigkeit »eines solchen formellen Schrittes, um den zahllosen Amateuren entgegenzuwirken, die bereits in Erscheinung treten und der Sache großen Schaden zufügen werden . . .«[93]

In der Angst vor dem, was in den Vereinigten Staaten geschehen könnte, spiegelte sich Freuds Abneigung gegen Amerika wider, die seine Ansichten zeit seines Lebens beeinflußte. In mancher Hinsicht waren die Gründe trivial. Er hatte während eines großen Teils seines Besuches an Verdauungsstörungen gelitten und schrieb sie dem, wie er sagte, barbarischen Stil der Küche und der Eßgewohnheiten in Amerika zu. Er betrachtete das ungestüme Lebenstempo New Yorks mit kritischen Augen, eine Reaktion, die auch heute noch Europäern nicht unbekannt und bei einem Bewohner Wiens zur Zeit Franz Josephs um so verständlicher ist. Zu Sachs sagte er: »Amerika ist das großartigste Experiment, das die Welt gesehen hat, aber ich fürchte, es wird kein Erfolg sein.«[94] Und zu Jones: »Ja, Amerika ist gigantisch, aber ein gigantischer Irrtum.«[95]

Die Antipathie blieb. Seine Schwester kam beinahe jedes Jahr einmal aus Amerika nach Wien, und im Hause Freuds wurde durch das, was man von Anna über das amerikanische Leben erfuhr, der Ausdruck »echt amerikanisch« zum Synonym für alles Oberflächliche und Protzige. Manchmal ging Freuds Abneigung noch weiter, und nachdem er seinen Neffen aus Amerika als »einen anständigen Jungen, als ich ihn kennenlernte«, beschrieben hatte, konnte er nicht umhin hinzuzufügen: »Ich weiß nicht, wie weit er amerikanisiert worden ist.«[96] Und mehr als zwei Jahrzehnte nach seinem einzigen kurzen Besuch in den Vereinigten Staaten schrieb er bei der Erörterung eines Essays über Mary Baker-Eddy an Stefan Zweig: »Das Verrückte und das Frevelhafte . . . kommt in Ihrer Darstellung nicht zur Geltung, auch nicht das unsäglich Betrübliche des amerikanischen Hintergrundes.«[97]

Sein Abscheu gründete sich auf etwas Tieferes, aber nicht notwendigerweise Rationaleres als die Erinnerung an ungewohnte Speisen und die Betriebsamkeit Manhattans. Fritz Wittels meinte 1924, er habe den kommenden Sturm vorausgesehen, den Freud-Fimmel, der heute nicht nur in Amerika, sondern in allen Ländern englischer Sprache wüte, und er habe erkannt, daß die von diesem Fimmel Erfaßten von seinem Lebenswerk nur wenig mehr behalten würden als seinen Namen und die elementarsten Zusammenhänge.

Freuds Antiamerikanismus wurde zweifellos zu einer Zwangsvorstellung, die noch verstärkt wurde durch die große Zahl der Ärzte in den Vereinigten Staaten, die zu Jung übergingen, nachdem die beiden Männer erbitterte Gegner geworden waren. In den zwanziger Jahren, als er von Amerikanern, die zur Ausbildung oder zur Behandlung zu ihm kamen, finanziell abhängig wurde, nahm seine Verdammung von beinahe allem Amerikanischen beängstigende Ausmaße an. Um 1930 hatte er einen repräsentativen Querschnitt aus allen Teilen der Vereinigten Staaten gesehen. Viele Amerikaner verstand er nur schwer, und einem hielt er einmal vor: »Sie sollten deutlicher sprechen. Ich glaube, diese Art zu sprechen ist ein Ausdruck der allgemeinen amerikanischen Laxheit in den gesellschaftlichen Beziehungen.«[98] An anderer Stelle schrieb er: »Ganz besonders häufig zeigt sich bei amerikanischen Ärzten und Autoren eine sehr ungenügende Vertrautheit mit der Psychoanalyse, so daß sie nur den Namen und etliche Schlagworte derselben kennen, wodurch sie sich aber in der Sicherheit ihres Urteils nicht beirren lassen. Dieselben werfen auch die Psychoanalyse mit anderen Lehrsystemen zusammen, die sich aus ihr entwickelt haben mögen . . .«[99]

Stanley Halls Einladung sollte also ganz andere Auswirkungen haben, als er es sich je hätte vorstellen können.

13
Die ersten Desertionen

Etwas müde von Kampf und Sieg, teile ich Ihnen mit,
daß ich gestern die ganze Adlerbande (6 Stück)
zum Austritt aus dem Verein genötigt habe.
Ich war scharf, aber kaum ungerecht.

Freud in einem Brief an C.G. Jung

Freud kehrte nach Wien zurück und glaubte mit Recht, er habe der Psychoanalyse in der Neuen Welt glücklich zum Start verholfen. Sein Erfolg in Worcester gab ihm obendrein das Gefühl, daß nun auch anderswo die Dinge in Fluß gerieten. So schrieb er, kaum daß er sich wieder zu Hause eingerichtet hatte, an Pfister:
»Es ist eine der erfreulichsten Phantasien, daß noch anderswo, ohne daß man es ahnt, ordentliche Menschen sich in unsere Gedanken und Bestrebungen hineinfinden, die dann doch plötzlich zum Vorschein kommen. So erging es uns ja auch mit Stanley Hall. Wer konnte wissen, daß drüben in Amerika, eine Bahnstunde weit von Boston, ein würdiger, alter Herr sitzt, der ungeduldig auf das Jahrbuch wartet, alles liest und versteht, und dann, wie er es selbst ausdrückt, für uns die Glocken läutet?«[1]
Aber Freud machte sich keine Illusionen darüber, wo die Hauptschlacht geschlagen werden mußte. Vier Jahre später, als er sich zu der Tatsache äußerte, daß sich in den Vereinigten Staaten Professoren und Leiter von Irrenanstalten ebenso an der Psychoanalyse beteiligt zeigten wie selbständige Praktiker, schrieb er: »Aber gerade darum ist es klar, daß der Kampf um die Analyse dort seine Entscheidung finden muß, wo sich die größte Resistenz ergeben hat, auf dem Boden der alten Kulturzentren.«[2]
Und es stand ein langer Kampf bevor, obwohl er bei seiner Rückkehr aus den Vereinigten Staaten mit Recht das Gefühl haben konnte, daß das Interesse ebenso wie die Gegnerschaft ständig zunahm. Schon früher im Jahr hatte er Brill berichtet, daß eine steigende Nachfrage nach seinen Büchern herrsche, wenn er es auch für nötig hielt hinzuzufügen: »Oft

fürchte ich, wenn der Triumph kommt, werde ich am Ende meiner Kraft und meiner Gesundheit sein, aber ich weise diese dunklen Gedanken augenblicklich zurück. In Harnisch [wie König Macbeth] zu sterben, ist mein Entschluß.«[3]

Im Herbst 1909 war Freud daher bereit, die Gewinne zu festigen, die er, wie er mit gutem Grund annahm, in den vorausgegangenen anderthalb Jahren gemacht hatte. Er war nun Mitte Fünfzig, auf der Höhe seiner Schaffenskraft, und man muß sich fragen, wie erfolgreich er war – nicht als Erforscher der Psyche, sondern als Arzt, der Kranke heilte. Das Belegmaterial ist bemerkenswert spärlich. Während seines ganzen langen Lebens beschrieb Freud nur eine Handvoll Fälle ausführlich – die vier in den *Studien über Hysterie*, Dora, den kleinen Hans, eine Lesbierin, den Wolfsmann und den Rattenmann –, und man hat behauptet, daß unter ihnen der Rattenmann der einzige von den wenigen war, der eine echte Heilung, die der Psychoanalyse zugeschrieben werden konnte, zeigte. »Wir müssen«, schrieben unlängst Seymour Fisher und Roger P. Greenberg in ihrer scharfsinnigen Analyse der Resultate Freuds, »tatsächlich zu dem Schluß kommen, daß Freud nie Daten in Form von Statistiken oder Krankengeschichten vorlegte, die nachwiesen, daß seine Behandlung einer signifikanten Anzahl von Patienten, die er selbst sah, von Nutzen war.«[4]

Obwohl dies keineswegs die ganze Geschichte ist, könnte Freud dem sehr wohl zugestimmt haben. »Ich habe viele Beschränkungen als Analytiker« sagte er. »Erstens werde ich der Leute müde. Zweitens bin ich im Grunde nicht an der Therapie interessiert, und ich stelle gewöhnlich fest, daß ich – in jedem besonderen Falle – mit den theoretischen Problemen beschäftigt bin, für die ich mich jeweils gerade interessiere.« Und dann fügte er hinzu: »Ich bin auch zu patriarchalisch, um ein guter Analytiker zu sein.«[5]

Diese abschätzigen Bemerkungen sollten nicht zu ernst genommen werden. Er wußte, daß er gut war, und um der Fairneß willen gab er sich immer Mühe, Unvollkommenheiten zu betonen, deren er sich bewußt war. Doch ein so guter Psychoanalytiker wie der Schweizer Raymond de Saussure schrieb, da er [Freud] selbst nie analysiert worden sei, habe er dazu geneigt, zwei Fehler zu begehen: er habe die Suggestion zu lange praktiziert, um nicht von ihr beeinflußt worden zu sein, und wenn er von der Wahrheit einer Sache überzeugt gewesen sei, sei es ihm sehr schwergefallen zu warten, bis diese Wahrheit auch sein Patient erkannt habe; er habe ihn augenblicklich davon überzeugen wollen und daher zu viel geredet.[6]

Freuds Ungeduld war die vieler Menschen mit einem vorzüglichen

Verstand: es irritierte ihn ständig, warten zu müssen, bis die anderen mitkamen. »Diese Ungeduld«, erklärte später sein Arzt Max Schur, »verriet sich in kleinen Manieriertheiten, in kleinen Gesten, mit denen er das Ende des Satzes, den er gerade hörte, beschleunigen zu wollen schien. Außerordentlich empfindlich gegen Dummheit und Mangel an Logik, mußte er dennoch den starrsinnigen Widerstand des neurotischen Geistes des Patienten ertragen.«[7]

Aber die Patienten kamen weiter zu ihm, und sie kamen zu einer Behandlung, die langwierig und kostspielig war, obwohl sie nur darin zu bestehen schien, daß man sich ruhig vergangener Ereignisse erinnerte. Nach und nach wurde der Gebrauch, den Freud von dem Material machte, das aus dem Unbewußten hervorgeholt wurde, immer komplexer; zusätzliche Aufmerksamkeit mußte den Widerständen gewidmet werden, auf die er stieß, mehr Sorgfalt mußte angewandt werden, um mit der Übertragung der Gefühle vom Patienten auf den Analytiker fertig zu werden und ebenso mit der Gegenübertragung, die zu vermeiden war. Dennoch war das System so einfach, daß es nach Freuds Worten keiner besonderen Hilfsmittel bedurfte. Im allgemeinen riet er den Analytikern sogar, keine Aufzeichnungen in Gegenwart des Patienten zu machen. Die einzigen Ausnahmen waren »Daten, Traumtexte oder einzelne bemerkenswerte Ergebnisse, die sich leicht aus dem Zusammenhang lösen lassen und für eine selbständige Verwendung als Beispiele geeignet sind«.[8]

Diejenigen, die die Treppen der Berggasse 19 hinaufstiegen, kamen, vor allem anfangs und in geringerem Maße später, aus einem vergleichsweise kleinen Kreis, in dem der Nutzen oder die Nutzlosigkeit der einstündigen Behandlungen auf der Couch diskutiert wurden. Wenn in den Tagen der *Studien über Hysterie* der Psychoanalyse der Vorwurf gemacht werden konnte, sie sei auf unerwiesenen Grundlagen aufgebaut worden, so ließ sich diese Anklage schwerer aufrechterhalten, als Freuds Praxis weiter florierte. Damit wurde auch die These gestützt, daß die Psychoanalyse kein Arbeitsprozeß ist, der nach den statistischen Kriterien der psysikalischen Wissenschaft beurteilt werden kann. Der Glaube, heißt es, kann Berge versetzen, und auf eine vergleichbare Weise konnte die Psychoanalyse manchmal Neurosen heilen. Doch diese Erklärung, die helfen würde, Kritik abzuwehren, hat wenig gemein mit Freuds eigener Definition der Psychoanalyse. Er schrieb: »*Psychoanalyse* ist der Name 1) eines Verfahrens zur Untersuchung seelischer Vorgänge, welche sonst kaum zugänglich sind; 2) einer Behandlungsmethode neurotischer Störungen, die sich auf diese Untersuchung gründet; 3) einer Reihe von psychologischen, auf solchen Wegen gewonnenen Einsichten, die allmählich zu einer neuen wissenschaftlichen Disziplin zusammenwachsen.«[9]

»Die Sache« hielt sich nicht nur am Leben, sie gedieh sogar weiter unter Freuds geschicktem Oberbefehl, der von einem Hauptquartier ausging, das sich in den vergangenen zwei Jahrzehnten erstaunlich wenig verändert hatte. Seine Zimmer in der Berggasse 19 waren noch in dem behaglichen, aber längst altmodischen Stil der achtziger Jahre eingerichtet, und nur eines davon zeigte das individuelle Gepräge einer Persönlichkeit. Es war sein Arbeitszimmer, und selbst dort hatte sich das Mobiliar im Laufe der Jahrzehnte kaum geändert. Die Wände waren nun allerdings vom Boden bis beinahe zur Decke entweder durch prall gefüllte Bücherregale oder durch Glasschränke verstellt, in denen seine ständig wachsende Sammlung von Antiquitäten untergebracht war.

An einer Wand war außerdem an prominenter Stelle ein Stich nach Brouillets berühmtem Gemälde zu sehen, das zeigt, wie Charcot einer erlesenen Hörerschaft einen Fall von *grande hystérie* demonstiert. Anna fragte ihren Vater oft, was der Frau fehle, die offenbar in Ohnmacht fällt, und er gab ihr immer dieselbe Antwort, nämlich, daß die Dame zu fest geschnürt sei, was sehr töricht von ihr sei.

Das Charcot-Bild fiel auf als Darstellung eines Dramas in einem ganz und gar undramatischen Milieu. »Nichts sagte Freud weniger zu als Großtuerei«, schrieb Sachs, »und anstatt sich der Wiener Art des Dramatisierens anzupassen, zog er sich davon mehr und mehr zurück, bis er praktisch unsichtbar wurde.«[10] Die Familie Freud hatte noch andere Eigenheiten, die sie vom Durchschnitt des Wiener Mittelstandes unterschieden. Martha behielt ebenso wie ihre Schwester Minna das reine Norddeutsch ihrer Hamburger Herkunft bei, und auf Sachs machte der Haushalt »den Eindruck von Exterritorialität, wie eine Insel, die zwar vom Festland aus leicht zugänglich, aber eben doch eine Insel ist«[11].

Im Arbeitszimmer lag immer ein großer Bogen Papier auf dem Schreibtisch, und auf ihm notierte Freud unter dem Datum jedes Tages links die Briefe, die er bekommen, und rechts die, die er abgeschickt hatte. Nur selten blieb ein Brief länger als 24 Stunden unbeantwortet. Praktisch alle beantwortete Freud selbst mit einem großen Füllhalter und der breitesten Feder, die er bekommen konnte. Nach dem Ersten Weltkrieg nahm ihm dann allerdings Anna einen großen Teil der Schreibarbeit ab.

Freud haßte das Telefon. Ein Grund war, daß er es vorzog, einem Menschen gerade in die Augen zu sehen, wenn er mit ihm sprach. So war es leichter, eine Lüge zu entdecken. »Vater, der sich seiner Macht bewußt war, wenn er jemanden ansah«, schrieb Martin, »hatte das

Gefühl, daß er sie verlor, wenn er eine tote Sprechmuschel anstarrte.«[12] Seine Abneigung gegen das Mechanische erklärt auch seine Reaktion auf Fotografen, die ihn, als er immer berühmter wurde, oft baten, für ihn zu sitzen. Er ließ sich nicht gern fotografieren, aber die Fotos gingen um die Welt und machten Propaganda für die Sache, und deshalb »saß« er öfter, als ihm lieb war. Bei diesen Gelegenheiten, erinnerte sich sein Sohn, setzte er sein Fotografiergesicht auf, »ein ziemlich finsteres, ernstes Gesicht, das nicht einen Augenblick seine gütige und freundliche Natur widerspiegelte, die nicht so streng und reserviert war, wie die Welt ihn sehen mußte, wenn sie ihn nach gestellten Fotografien beurteilte«[13]. Es war nichtsdestoweniger kein schlechter Ausdruck für einen Führer.

Auf der anderen Seite des Korridors in der Berggasse 19 wurde der Haushalt von Martha ganz so geregelt, daß er dem glatten Ablauf des Berufslebens ihres Mannes förderlich war. Weniger als das wäre für ihn undenkbar gewesen. Der Mann, für den Mills Ansichten über den Status der Frau Unsinn waren, fand es selbstverständlich, daß seine Frau wenigstens die letzten beiden Drittel der Kirche-Küche-Kinder-Philosophie befolgte, und das tat Martha auch. Entrüstet über die Andeutung, sie könnte bei der Führung des Haushalts je nervös werden, antwortete sie einmal: »Nervös? Ich könnte es mir nicht leisten, nervös zu sein. Im Haushalt muß alles seine Ordnung haben. Wie könnte mein Mann sonst arbeiten?«[14]

Die Kinder fügten sich gut in ein Familienleben ein, das eine geruhsame Normalität in schroffem Gegensatz zu dem Leben der Patienten Freuds darstellte. »Ein Geist der Kongenialität und Freiheit durchdrang die Atmosphäre dieses Hauses«, schrieb Brill, »es mag banal sein festzustellen, daß der Meister, der alle unsere guten und bösen Eigenschaften auf die frühe Kindheit zurückführte, wußte, wie er seine Kinder richtig zu erziehen hatte. Das ist auch in den besten Psychoanalytiker-Familien nicht immer der Fall, aber in Freuds Haus spürte man eine gewisse Beziehung, eine gezügelte Freiheit zwischen Eltern und Kindern, die ich nirgends sonst gesehen habe.«[15] Nur wenige Väter von Freuds geistigem Format haben sechs Kinder erzogen, die so frei von Streß und so innerlich ausgeglichen waren wie seine drei Söhne und drei Töchter. Mathilde, die älteste Tochter, hatte 1909 Robert Hollitscher geheiratet, an demselben Tag, an dem auch Freuds Bruder in Wien getraut worden war, Sophie heiratete vier Jahre später den Hamburger Fotografen Max Halberstadt. Die drei Söhne heirateten alle nach dem Ersten Weltkrieg. Anna setzte das Werk ihres Vaters fort und wurde Psychoanalytikerin.

Die Routine in der Berggasse 19 wurde nur selten unterbrochen. Freud stand um sieben Uhr auf, und ein Friseur nahm sich seiner an, der ihm

Bart und Haare schnitt. Er frühstückte und war um acht bereit für die erste der 55 Minuten dauernden Konsultationen, die mit einer Unterbrechung von jeweils fünf Minuten bis zum Mittagessen um ein Uhr dauerten. Darauf folgte eine Pause, in der er einen raschen Spaziergang machte und sich oft mit Zigarren versorgte, von denen er immer noch regelmäßig seine 20 Stück täglich rauchte. Die Arbeit begann wieder um drei und dauerte bis neun Uhr abends oder länger. Auf das Abendessen folgte wieder ein flotter Spaziergang, und dann zog er sich in sein Arbeitszimmer zurück, um zu schreiben oder Briefe zu beantworten. Den Tag in einsamer Stille zu beenden, war wichtig für ihn. Wie ein berühmter Feldmarschall des Zweiten Weltkriegs glaubte Freud, daß ein kluger Führer »gut daran tat, sich abends nach dem Essen in sein Zelt oder in seinen Wohnwagen zurückzuziehen, um Zeit für ruhige Gedanken und Überlegungen zu haben«[16].

Am Sonntag besuchte man Freuds Mutter zum Mittagessen, und mit der gleichen Regelmäßigkeit kam sie mit ihren Töchtern am Sonntagabend zum Essen in die Berggasse 19, wo die Familie unter dem Porträt von Marthas berühmtem Großvater, Hacham Isaak Bernays aus Hamburg, Platz nahm. An Sonntagen kamen oft auch Kollegen zu Besuch, oder man machte Spaziergänge mit den Kindern. Alles ging nach Plan. Ordnung und Disziplin ermöglichten es Freud, mit beispielhafter Regelmäßigkeit jede Minute seiner Zeit sinnvoll auszufüllen. Nur wenige Heime glichen weniger dem eines Revolutionärs, der die Welt verändern sollte.

Eine solche Konzentration – auf seine Patienten, auf die Weiterentwicklung der Psychoanalyse, auf die Verbreitung der Lehre im Ausland – war unbedingt nötig. Obwohl Freud recht hatte, wenn er den Abstecher nach Amerika als einen wichtigen Durchbruch betrachtete, und obwohl die Zeit tatsächlich günstig für die Ausbreitung der Psychoanalyse auf der internationalen Szene war, die zu organisieren er im Begriff stand, zeigte sich die Opposition gegen alles, wofür er eintrat, an vielen Orten noch unversöhnlich.

Wenn man auch Freuds Namen in manchen Kreisen der Physik und Chemie voll Achtung nannte, so folgte ihm bei den Psychologen oft noch das Urteil: »Ach, der ist doch verrückt!«[17] Doch das war noch das wenigste, was er zu erdulden hatte. »Sie haben wahrscheinlich gehört, daß es da etwas gibt, was sich Psychoanalyse nennt«, sagte der berühmte Hirnanatom Nißl 1910 einmal zu einer Hörerschaft. »Es genügt, dies Pornographie zu nennen, und wir schreiten nun fort zur Besprechung der allgemeinen Paralyse.«[18] Einige Monate später reagierte Professor Wilhelm Weygandt, der an einem Kongreß deutscher Neurologen und

Psychiater in Hamburg teilnahm, auf eine Erwähnung der Theorien Freuds, indem er mit der Faust auf den Tisch schlug und protestierte: »Das ist kein Diskussionsthema für eine wissenschaftliche Tagung; das ist eine Angelegenheit für die Polizei.«[19] In Berlin erklärte in demselben Jahr Professor Hermann Oppenheim, ein führender deutscher Neurologe, einer Versammlung von Leitern psychiatrischer Sanatorien, Freuds Schriften sollten in jeder achtbaren Anstalt von der Art, wie sie sie führten, boykottiert werden. »Die Diskussion«, schrieb Abraham an Freud, »bestand hauptsächlich darin, daß eine Anzahl Sanatoriumsbesitzer aufstanden und feierlich erklärten, daß sie keine Psychoanalyse trieben.«[20]

In späteren Jahren konnten es sich Freud und die meisten seiner Anhänger leisten, verhältnismäßig gleichmütig zurückzublicken. »Es war eine Situation«, sagte er einmal, »wie sie im Mittelalter verwirklicht war, wenn ein Missetäter oder auch nur ein politischer Gegner an den Pranger gestellt und der Mißhandlung durch den Pöbel preisgegeben wurde.«[21] Es findet sich jedoch in dem, was Freud und einige seiner Anhänger während dieser Kampfjahre schrieben, mehr als eine Andeutung, daß die Opposition letzten Endes gar nicht so unerwünscht war. Abraham berichtete über die bereits erwähnte Versammlung in Berlin: »Sonst tat sich nur Raimann aus Wien hervor, der vorschlug, da Freud einer Diskussion ausweiche, den Feind im eigenen Lager aufzusuchen (sic!) und . . . jeden mißglückten Fall einer psychoanalytischen Behandlung öffentlich bekanntzugeben. Boykott und Denunziation. Ich finde, die unerfreulichen Zeichen häufen sich in erfreulichster Weise.«[22]

Freud selbst zeigte auch bisweilen etwas, was man oberflächlich als ein perverses Vergnügen an der Art und Weise betrachten könnte, wie der Angriff auf die Psychoanalyse so oft in rein sexuellen Begriffen vorgetragen wurde. Das lag zum Teil zweifellos an seiner scharfsichtigen Erkenntnis, daß sich die Meinung ändern, daß das Unaussprechliche von heute der Gemeinplatz von morgen sein werde. Doch Freud war zu intelligent, um nicht zu bemerken, daß der Gegner, indem er eine große Welle des empörten Protests gegen die sexuelle Offenherzigkeit aufrührte, seine Energien in die falsche Richtung lenkte. Je größer die Konzentration auf den sexuellen Faktor war, desto geringer war die Aufmerksamkeit, die man einer objektiven Prüfung der echten Leistung der Psychoanalyse widmete. Die Notwendigkeit einer solchen Prüfung wurde mit besonderer Klarheit von Bernard Hart hervorgehoben, der später eines der ersten Mitglieder der Britischen Psychoanalytischen Vereinigung wurde. Im britischen *Journal of Mental Science* schrieb Hart 1910: »Eine echte Kritik der Arbeit Freuds existiert kaum – wir benötigen sie dringend. Was bisher versucht wurde, scheiterte im allgemeinen an einer von zwei Klippen. Viele Kritiker haben vollkommen verkannt, daß Freuds Ansichten weitgehend mit begrifflichen Konstruktionen zu tun haben. Sie stellten sich vor, daß seine Komplexe und unbewußten seelischen Vorgänge Phänomene auf der Ebene von Empfindungen und Wahrnehmungen seien, und fragten, wie ihre Existenz überhaupt demonstriert werden könne. Das ist vergleichsweise dasselbe, wie wenn man einen *Mendelianer* aufforderte, seine rezessiven und dominanten Anlagen zur allgemeinen Inspektion zu produzieren. Es ist offensichtlich, daß die Begriffe Freuds nur erhärtet oder widerlegt werden können, indem man sie anwendet und feststellt, ob sie ausreichen oder nicht ausreichen, um die beobachteten Phänomene zu erklären und das Auftreten künftiger Phänomene vorauszusagen. Andere Kritiker – die Mehrheit – verwechseln die Kategorien auf die beklagenswerteste Weise. Sie greifen Freud aus dem wahrhaft erstaunlichen Grunde an, daß seine Theorien in ethischer Hinsicht zu beanstanden seien, daß es nicht wünschenswert wäre, wenn derlei Dinge wahr wären, und daß sie daher nicht wahr sind. Andererseits sind vielleicht manche Anhänger Freuds zu enthusiastisch und neigen dazu, seine Schule in etwas zu verwandeln, was einer religiösen Sekte bedenklich nahekommt . . . Was der Augenblick erfordert, ist – nicht die Begeisterung des Jüngers, der ein immer höheres Gebäude errichtet, nicht der unkritische Angriff dessen, der *a priori* dagegen ist, sondern – die kalte Kritik des unparteiischen Forschers, der das Fundament mit aller Sorgfalt prüft und die Berechtigung untersucht, mit der sodann jeder Stein auf den andern gelegt wurde.«[23]

Als die Psychoanalyse, die nun zuversichtlich ihren Weg außerhalb Österreichs machte, eine so ernsthafte Untersuchung herauszufordern begann, schloß sich der Wiener Psychoanalytischen Vereinigung ein bemerkenswerter Neuling an. Es war Viktor Tausk, 34 Jahre alt, ein ehemaliger Richter, Schriftsteller und Journalist, der ein Jahr zuvor nach Wien gekommen war, um Medizin zu studieren. Tausk zeigte bald, daß er endlich sein *métier* gefunden hatte. Gut einen Monat, nachdem er zum erstenmal in der Vereinigung erschienen war, hielt er einen Vortrag über »Erkenntnistheorie und Psychoanalyse«. Seine Diskussionsbeiträge an den Vortragsabenden ließen eine geradezu erstaunliche Reife erkennen, und es war bald klar, daß er trotz der Betätigung auf anderen Gebieten in früheren Jahren die Anlagen für einen erstrangigen Analytiker besaß. Aber 1911 war er dann eines von den drei Mitgliedern – die beiden anderen waren Stekel und Sadger –, die Jones zufolge Freud Schwierigkeiten machten. Grob gesagt: er wagte es, am Meister zu zweifeln.

Aber nicht nur unter den Analytikern begannen sich die natürlichen

Fragen und Zweifel von Männern zu regen, die in unerforschtes Land vorstießen, wo es nur wenige Orientierungspunkte gab und der Weg nach vorn ungewiß war. Nach dem Besuch in Amerika gab es auch Ärger mit Karl Kraus, auf den Freud einmal große Hoffnungen gesetzt hatte. In den Jahren 1907 und 1908 hatte *Die Fackel* begonnen, die Psychoanalyse anzugreifen und Freuds Methode der Traumdeutung ebenso zu verspotten wie die ersten Versuche von Psychoanalytikern, die Arbeit von Schriftstellern und Künstlern zu sezieren. Man müsse, schrieb Kraus, als er am 31. Dezember 1907 über eine »Pathographie« August Strindbergs berichtete, dem Psychiater auf alle Fälle mehr zugestehen, als dieser dem Genie zugesteht, und ein für allemal zugeben, daß alle Dichter verrückt seien. Das würde einem das Schauspiel ersparen, daß die Psychiater dies nacheinander in jedem einzelnen Falle bewiesen.
Kraus war ein Journalist, der immer einen Blick für geeignete Ziele besaß, und er würde seine Angriffe vielleicht auch fortgesetzt haben, wenn Fritz Wittels nicht in der Wiener Psychoanalytischen Vereinigung einen Vortrag über »Die ›Fackel‹-Neurose« gehalten hätte. Aber das grimmige Vergnügen, mit dem er und seine Zeitschrift die Psychoanalyse immer wieder angriffen, geht zum großen Teil auf etwas zurück, was selbst nach psychoanalytischen Kriterien eine unglückliche Anwendung der Analyse war.
Der Vortrag, den Wittels am 12. Januar 1910 in der Vereinigung hielt, ist in den Protokollen festgehalten. Er beginnt in der veröffentlichten Fassung mit den Worten: »Der Vortragende geht von der Fragestellung aus, zu welchem Zwecke wir Pathographien von Künstlern machen, und findet den Grund darin, weil wir sehen wollen, wie Kunst und Neurose zusammenhängen, eine in die andere übergeht.«[24]
Wittels schilderte dann, wie Kraus zunächst für die *Neue Freie Presse* gearbeitet und sie dann verlassen hatte, um *Die Fackel* zu gründen, in der er die *Presse* unaufhörlich attackierte. Völlig außerstande zu verstehen, daß dies nichts anderes war als die natürliche Entwicklung eines jungen und ehrgeizigen Journalisten, beschrieb es Wittels als ein Symptom von Kraus' ödipaler Frustration durch seinen Vater: »Die *Presse* ist das Organ des Vaters, das die ganze Welt korrumpiert. Die *Fackel* ist nur ein kleines Organ, welches aber imstande ist, das große Organ zu vernichten... Die *Presse* ist das Organ des Vaters, das der Kleine nicht bekommt; der Vater ist dem Sohne durch die Lektüre [d. h. dadurch, daß er lesen kann] überlegen . . .«[25] Jeder Zweifel, den Wittels etwa noch hegen mochte, wurde dadurch zerstreut, daß Kraus' Vater Jakob hieß, was im Hebräischen »gesegnet« bedeutet. Das entspricht dem lateinischen *benedictus*, von dem sich der Name Benedikt herleitet. Und einer

der beiden Eigentümer der *Neuen Freien Presse* hieß Moritz Benedikt. Die Gegner der Psychoanalyse konnten es sich leisten, in aller Ruhe abzuwarten, wohin dergleichen führte.
Aus den Protokollen ist ersichtlich, daß »Die ›Fackel‹-Neurose« vielen ergebenen Anhängern Freuds zu weit ging. Karl Furtmüller, ein Pädagoge und Schulreformer, der im folgenden Jahr zusammen mit Alfred Adler aus der Vereinigung austreten sollte, scheint die allgemeine Anschauung der Versammelten ausgedrückt zu haben, die sich dieses Geschwätz angehört hatten. In den Protokollen heißt es: »Furtmüller möchte eine allgemeine Bemerkung vorbringen. Er müsse in Wittels' Vortrag eine Gefahr sehen. Es ist die Frage, ob die Analyse als Dogmengebäude oder als Arbeitsmethode zu betrachten ist. Im heutigen Vortrag ist mehr die erste Auffassung zum Durchbruch gekommen, wodurch das Ergebnis wenig überzeugend ausgefallen ist und vieles vernachlässigt wurde, so daß wir eigentlich in gewissem Sinne zu einer Verkennung dieses Menschen kommen. Ein Mensch wie Kraus kann in der *Presse* keinen Platz finden, auch ohne Neurose.«[26]
Stekel berichtete regelmäßig über die Vortragsabende der Vereinigung, aber auch ohne das würde sich die Nachricht von Wittels' Vortrag verbreitet haben, und Anfang April ging *Die Fackel* zum Gegenangriff über. Am Vortragsabend vom 13. April riet Adler, der Schweigen für die beste Taktik hielt, den Mitgliedern, »in keiner Weise« darauf zu reagieren. Freud war derselben Meinung und »knüpft daran die weitere Mahnung, auch privatim alle Äußerungen über die Angelegenheit zu vermeiden. Es gebe für die Wiener Psychoanalytische Vereinigung keine ›Affäre Kraus‹«[27].

Während Freud so hoffte, daß eine Gedankenkontrolle alle Spuren von Wittels' pathetischer Pathographie löschen werde, kam der junge Mann zu ihm, der sich später als sein vielleicht bekanntester Patient erweisen sollte. Es war der dreiundzwanzigjährige Russe, den nun die Analytiker seit einem halben Jahrhundert als den »Wolfsmann« kennen, die Zentralfigur in einer von Freuds seltenen veröffentlichten Krankengeschichten und einer der wenigen psychoanalytischen Patienten, deren Leben in vielen Einzelheiten bis ins Alter weiterverfolgt werden konnte. Der Wolfsmann, ein ungewöhnlich reicher junger Mann, Sohn eines wohlhabenden Juristen und liberalen Politikers mit großen Gütern in Südrußland, reiste mit einem Kammerdiener und einem Leibarzt und erschien in Freuds Sprechzimmer mit einer schweren Neurose. Er war, wie Freud schrieb, »gänzlich abhängig und existenzunfähig«[28] und hatte schon eine

Zeitlang in verschiedenen Pflegeheimen und Sanatorien vergeblich Heilung gesucht.

»Ich kann mich noch, als wäre es heute, an die durch eine stets geöffnete Tür verbundenen beiden Arbeitsräume Freuds erinnern, deren Fenster einem kleinen Hof zugekehrt waren«, schrieb der Wolfsmann später, »in dem heilige Ruhe herrschte. Schon diese beiden Räume selbst mußten eine Überraschung bringen, denn sie erinnerten einen in nichts an das Ordinationszimmer eines Arztes, sondern vielmehr an ein archäologisches Kabinett. Man entdeckte hier nämlich allerlei Statuetten und sonstige recht eigenartige Gegenstände, die jedoch jeder, auch ein Laie, als archäologische Funde aus den längst verklungenen Zeiten des alten Ägypten sofort erkennen konnte. Auch entlang den Wänden waren hier und da steinerne Platten angebracht, die verschiedene Szenen aus derselben Epoche darstellten. Einige Gewächse belebten die beiden Räume, und die Vorhänge und Teppiche verliehen ihnen eine anheimelnde Note. So trug alles dazu bei, daß man sich hier dem Hasten des modernen Lebens entrückt und vor den Sorgen des Alltags geborgen fühlte.«[29]

Aber Freuds Arbeitszeit war voll ausgebucht, und zuerst sah es so aus, als müßte der Wolfsmann in die Schweiz weiterreisen, wo er einen Arzt in Bern aufsuchen wollte. Freud erwähnte jedoch, daß er jeden Nachmittag im Cottage-Sanatorium Visite machen mußte. Dort könnte er den Wolfsmann sehen. »Ich kann mich erinnern, daß dieser Vorschlag uns stutzig machte und daß wir schon in Gedanken in Erwägung zogen, unsere Reise in die Schweiz fortzusetzen«, erinnerte sich der Wolfsmann. »Aber der Eindruck, den Freud auf mich gemacht hatte, war so günstig, daß ich Dr. D. überredete, auf den Vorschlag Freuds einzugehen.«[30] So begann eine Analyse, die vier Jahre dauern und nach einem enttäuschenden Beginn mit der offensichtlichen Heilung des Patienten enden sollte.

Im Jahre 1910 litt er unter einer frustrierten Liebesaffäre, und er gab später zu, daß die wichtigste Frage für ihn lautete, ob ihm Freud erlauben werde, zu seiner Geliebten, Thérèse, zurückzukehren. »Hätte Professor Freud, wie die vorherigen Ärzte, ›nein‹ gesagt, so wäre ich sicherlich nicht bei ihm geblieben.«[31] Er kam immer wieder auf die Frage zurück und erinnerte sich, wie Freud einmal die Hände in die Höhe hob und rief: »Jetzt habe ich vierundzwanzig Stunden lang den heiligen Namen Therese nicht gehört!«[32] Nach einigen Wochen durfte der Patient die Frau besuchen. Er brachte sie schließlich zu Freud, der sehr beeindruckt war. Später heiratete der Wolfsmann sie.

»Während dieser ersten Monate der Analyse bei Professor Freud erschloß sich mir eine ganz neue Welt, von deren Vorhandensein zu jener Zeit nur so wenige wußten«, schrieb der Wolfsmann. »Vieles, was mir in meinem Leben vorher unverständlich schien, bekam einen Sinn, die Zusammenhänge, die früher im Dunkeln gelegen hatten, wurden mir jetzt bewußt.«[33]

Während die Analyse die Neurose zu beseitigen trachtete, an der der Wolfsmann 1910 litt, wurde darüber in der Abhandlung – »Aus der Geschichte einer infantilen Neurose« –, die Freud vier Jahre später schrieb, tatsächlich nur wenig gesagt. Statt dessen wurde beschrieben, wie eine infantile Neurose während einer Analyse wegen gänzlich anderer Störungen viele Jahre später wiederentdeckt und erklärt werden kann.

Kurz vor seinem fünften Geburtstag hatte der Patient einen Alptraum gehabt, in dem er sechs oder sieben weiße Wölfe in einem Nußbaum vor seinem Schlafzimmerfenster hatte sitzen sehen. Sechs Jahre lang litt er an einer Zwangsneurose und an einer Phobie vor Wölfen. Diese Symptome verschwanden dann allmählich, bis er mit 17 Jahren an den seelischen Störungen zu leiden begann, wegen deren Behandlung er mit 23 Jahren zu Freud kam. Durch einen scharfsinnigen Gedankengang führte Freud die früheren Störungen seines Patienten zurück auf eine Verführung durch die Schwester im Kindesalter und, im Alter von anderthalb Jahren, die Beobachtung seiner Eltern beim Geschlechtsverkehr. Letzteres war der entscheidende Punkt, nicht nur für die Wolfsmann-Analyse, sondern auch für eine ernsthafte Meinungsverschiedenheit, die zwischen Freud auf der einen und Adler und Jung auf der anderen Seite entstanden war. Freud behauptete, daß die von seinen Patienten so oft berichteten Erinnerungen an die Beobachtung des Geschlechtsverkehrs der Eltern Erinnerungen an tatsächliche Geschehnisse seien, während Adler und Jung die Ansicht vertraten, sie seien nur Phantasien des Erwachsenenlebens, wenngleich im Geist des Patienten von echten Erinnerungen nicht zu unterscheiden.

Freud widmete einen großen Teil seiner Abhandlung subtilen Argumenten, die darauf hinwiesen, daß sich die Erinnerungen im Fall des Wolfsmanns auf ein wirkliches Ereignis bezogen; aber dann sagte er, daß sein Patient vielleicht auf dem Gut seines Vaters Tiere bei der Kopulation beobachtet und die Erinnerung auf seine Eltern übertragen hatte, und er gab zu: »Ich möchte selbst gern wissen, ob die Urszene bei meinem Patienten Phantasie oder reales Erlebnis war«, und angesichts eines offenbar unlösbaren Problems fand er eine Antwort, die ihn befriedigte, denn er fuhr fort: »Aber mit Rücksicht auf andere ähnliche Fälle muß man sagen, es sei eigentlich nicht sehr wichtig, dies zu entscheiden.«[34] Wenn es sich so verhielt, meinte Charles Rycroft, »dann muß Freuds Polemik mit Adler und Jung ein Sturm im Wasserglas gewesen sein, und diese Abhandlung sollte ›Viel Lärm um nichts‹ betitelt sein«[35]. Um diesen Posten auf der Debet-Seite auszugleichen, muß allerdings Freuds Ehrlichkeit beachtet werden, der ja seine Unsicherheit zugab. Es ist kaum daran zu zweifeln, daß er diese Abhandlung mit der Hoffnung begonnen hatte, sie werde eine Waffe sein, mit der er seine Gegner schlagen könne, und als nichts dergleichen aus ihr wurde, stellte er den Sachverhalt ehrlich dar.

Er war durch die Angst, der Patient könnte identifiziert werden, davon abgehalten worden, die Neurose, an der der Wolfsmann gegenwärtig litt, zu ausführlich zu beschreiben. Das war bedauerlich, denn nach vier Jahren, in denen nur wenige Ergebnisse vorzuweisen waren, trat ein unerwarteter Erfolg ein. Im Frühjahr 1914 sagte Freud, er werde die Behandlung endgültig abbrechen, wenn er, wie üblich, im Juli seinen Sommerurlaub antrete. Der Schock wirkte, und Anfang Juli schien der Patient geheilt zu sein. Jedenfalls kehrte er offenbar gesund nach Rußland zurück und erschien erst wieder im November 1919 bei Freud, nun mit Störungen gänzlich anderer Art.

Lange davor – genau gesagt, als er mit der Analyse des Wolfsmanns begann – war Freud damit beschäftigt, die Körperschaft zu schaffen, die, wie er hoffte, die Ausbreitung der Psychoanalyse auf der ganzen Welt bewirken werde und ihrerseits wiederum von ihm geleitet werden konnte. Die Idee war von Freud, Jung, Ferenczi und Jones bei der Feier der Clark University diskutiert worden, und man hatte vorläufig vereinbart, daß Jung, der im Vorjahr die Tagung in Salzburg organisiert hatte, für 1910 einen Kongreß einberufen sollte, auf dem man eine ständige internationale psychoanalytische Vereinigung gründen wollte. »Wenn ich sagen sollte, wer von uns bei der Planung der Konstituierung der neuen Vereinigung die Führung übernahm«, erinnerte sich Jones später, »so würde ich Ferenczi nennen, und er war es auch, der die nötigen Anträge stellte, als es zur Versammlung kam.«[36]

Nichtsdestoweniger übte Jones selbst einen wesentlichen Einfluß auf den Aufbau der Organisation aus, deren Präsident er später viele Jahre lang war. In Worcester hatte Jones, wie Freud scharfsichtig bemerkte, Zweifel hinsichtlich der Rolle gehabt, die er in der wachsenden Bewegung spielen sollte. Diese Zweifel waren im Frühjahr endgültig zerstreut. Damals schrieb er Freud: ». . . vor sechs oder acht Monaten beschloß ich nicht nur, die Sache mit allen Mitteln, die mir zu Gebote stehen, zu fördern, sondern sie auch mit allen Mitteln zu fördern, zu denen Sie persönlich sich entschließen, und Ihre Anweisungen so genau wie möglich zu befolgen.«[37]

Einige Wochen später erklärte er die Vorbehalte, die Freud in Worcester gespürt hatte, und versicherte ihn zugleich noch einmal seiner Ergebenheit. Er schrieb:

»Kurz gesagt, meine Widerstände entsprangen nicht irgendwelchen Einwänden gegen Ihre Theorien, sondern teils einem absurden eifersüchtigen Egoismus und teils den Einflüssen eines starken ›Vater-Komplexes‹. Sie nehmen mit Recht an, daß ich einmal hoffte, eine bedeutendere Rolle in der Bewegung in England und Amerika zu spielen, als ich sie nun für möglich halte; sie muß, und sollte, von Ihnen geleitet werden, und ich bin es zufrieden, nach meinen Kräften in der Weise, die Sie für richtig halten, von Nutzen zu sein.«[38]

Alles war nun bereit für Freuds nächsten Schritt vorwärts, die Schaffung einer Organisation, die er, wenn nötig hinter den Kulissen, leiten wollte. Man hat ihm dafür viele Motive unterstellt. Als Schöpfer einer neuen Therapie wollte er natürlich seine Führerstellung behalten, die Belohnung für zwei Jahrzehnte mühseligen Kampfes. Als Gründer einer Bewegung oder »Sache« hatte er einen geradezu religiösen Glauben an seine Pflicht, weiterhin die unumstrittene Herrschaft auszuüben. Es gibt auch einen Grund, den Thomas S. Szasz mit vielen Einzelheiten und einiger Glaubwürdigkeit vorbrachte. »Was geschah«, sagte er, »war, daß Freud die Art von Führerschaft aufgab, die wir mit dem Fortschritt der Wissenschaft in Verbindung bringen, und an ihrer Statt die Art von Führerschaft übernahm, die für große kommerzielle Unternehmen oder den imperialistischen Nationalismus typisch ist.«[39] Zweifellos leitete ihn ein ganzer Komplex von Motiven, und er wäre vermutlich der letzte gewesen, der geleugnet hätte, daß einige davon unbewußt waren.

Freud legte seine Ansicht dar in *Zur Geschichte der psychoanalytischen Bewegung*, einer Polemik, die eingestandenermaßen geschrieben wurde, um dazu beizutragen, Jung aus der Bewegung zu vertreiben. »Die Form einer offiziellen Vereinigung«, schrieb er, »hielt ich für notwendig, weil ich den Mißbrauch fürchtete, welcher sich der Psychoanalyse bemächtigen würde, sobald sie einmal in die Popularität geriete. Es sollte dann eine Stelle geben, welcher die Erklärung zustände: Mit all dem Unsinn hat die Analyse nichts zu tun, das ist nicht die Psychoanalyse.«[40] Und in einem Privatbrief vom 28. September 1910 an Eugen Bleuler ging er noch ein wenig weiter, indem er sagte, es sei ihm notwendig erschienen, eine Organisation mit einer Zentralstelle zu schaffen, die ihre äußeren Angelegenheiten führen und authentische Auskünfte darüber geben könne, was Psychoanalyse zu nennen gestattet sein sollte. Die Bedeutung des ominösen Wortes »gestattet« wurde in einem wenige Wochen später geschriebenen Brief enthüllt, in dem Freud zwei spezifische Gründe für die Schaffung der Internationalen Psychoanalytischen Vereinigung anführte, nämlich erstens die Notwendigkeit, der Öffentlichkeit echte Psychoanalyse zu bieten und diese vor Nachahmungen zu schützen, die bald entstehen würden, und zweitens den Umstand, daß man nun bereit sein müsse, den Gegnern zu antworten und daß es nicht angehe, diese Antworten den Launen von Individuen zu überlassen; es liege im Interesse der Sache, ein persönliches Opfer zu bringen und Polemiken an eine Zentralstelle zu verweisen. Diese Worte haben eine Ähnlichkeit mit denen, die ein Vierteljahrhundert später Johannes Stark, 1933 bis 1939 Präsident der Physikalisch-Technischen Reichsanstalt, gebrauchte, und seltsam war die Vorstellung, daß eine neue, tiefere Wissenschaft von der Psyche einen Schutz benötigte. Darwin behauptete niemals, eine neue, von der Biologie verschiedene Wissenschaft begründet zu haben, James Clerk Maxwell erhob keinen Anspruch auf eine neue Physik, und Max Planck behauptete nie, eine neue Quantenwissenschaft geschaffen zu haben. Nur die Psychoanalyse, schien es, brauchte einen besonderen Schutz.

Die beste Begründung für diese Atmosphäre eines Unternehmens mit Gewerkschaftszwang, wie wir heute sagen würden, und für Freuds beharrliche Forderung, daß Grundregeln festgelegt werden müßten, um zu definieren, was Psychoanalyse sei und was nicht, war die Notwendigkeit härtester Disziplin in den ersten Phasen eines zwangsläufig harten Kampfes. Die Gegner der neuen Therapie waren zahlreich, stark und stets auf der Lauer nach unbedachten Bemerkungen, nach nicht zu rechtfertigenden Artikeln, die dazu verwendet werden konnten, sie in Mißkredit zu bringen. Die Gefahren von innen waren kaum geringer als die von außen. Die Psychoanalytiker waren, wie Freud zu betonen nie müde wurde, Menschen wie alle anderen und ebenso anfällig für die Zügellosigkeit der übergroßen Begeisterung. Außerdem mußten sie, sobald der Wert ihrer Methoden einmal anerkannt war, zwangsläufig die Scharlatane und Mitläufer anziehen. Trotz all dem ließ die geschlossene Gesellschaft mit ihren Glaubensdogmen, die nur mit Genehmigung des Führers geändert werden konnten, eher an Religion als an Wissenschaft denken. Die Internationale Psychoanalytische Vereinigung, die ihrerseits aus einer historischen Notwendigkeit entstand, wurde zur nützlichen Waffe für die Kritiker Freuds.

Und noch eine Eintragung auf der Debet-Seite gab es. Während der ersten zehn Jahre des 20. Jahrhunderts hatte die Psychoanalyse nur einen winzigen Brückenkopf in der akademischen Welt Europas bilden können: in Bleulers Burghölzli in Zürich. Wenn er, wie Freud hoffte, seine Mission erfüllen sollte, mußte dieser Brückenkopf erweitert werden. Im Laufe der Jahre mußte die Psychoanalyse in die etablierte Lehre eingefügt werden, damit sie nicht eine eigene Insel von Glaubensvorstellungen und Praktiken blieb. Doch die Bildung einer geschlossenen Körperschaft von Spezialisten, die nur nach den von oben ausgegebenen Richtlinien denken durfte, war eine Entwicklung, die mehr als jede andere dazu angetan war, einen solchen Übergang beinahe unmöglich zu machen. Bleuler sollte wenige Monate nach der Gründung aus der Vereinigung austreten, und zwar hauptsächlich wegen ihrer, wie er sagte, antiwissenschaftlichen Einstellung. Dieser Austritt war unheilvoller, als Freud ahnte, und man hat vermutet, daß es ohne ihn nie zum künftigen Ausschluß der Psychoanalyse von den Universitäten und akademischen Institutionen gekommen wäre und daß sich die Psychoanalyse zu einem integralen Bestandteil der Medizin und des Medizinstudiums entwickelt hätte.

Ernest Jones behauptete, daß das Vorgehen Bleulers und einiger seiner Anhänger einen einzigen Grund gehabt habe, nämlich den, daß es »gegen ihr Prinzip war, einer internationalen Körperschaft anzugehören – ein Vorläufer der schweizerischen Haltung gegenüber dem Völkerbund und der Organisation der Vereinten Nationen. Von Bleulers Seite war es offensichtlich eine Rationalisierung.«[41] Bleulers eigene Briefe an Freud lassen jedoch vermuten, daß es wohl eher Jones mit seiner Entschuldigung der Einstellung der Schweizer war, der rationalisierte.

»Es gibt einen Unterschied zwischen uns«, schrieb Bleuler, als er von Freud gedrängt wurde, der Organisation wieder beizutreten, »auf den Sie aufmerksam zu machen ich beschlossen habe, obwohl ich fürchte, daß er es Ihnen emotional schwerer machen wird, zu einer Übereinstimmung zu gelangen. Für Sie wurde es offensichtlich zum Ziel und Interesse Ihres ganzen Lebens, Ihre Theorie fest zu etablieren und ihre Aufnahme zu sichern. Für mich ist die Theorie nur eine neue Wahrheit unter anderen Wahrheiten . . . für mich ist es keine wesentliche Frage, ob die Gültigkeit dieser Ansichten ein paar Jahre früher oder später anerkannt wird. Ich fühle mich daher weniger als Sie veranlaßt, meine ganze Persönlichkeit der Förderung der Sache zu widmen.«[42] Innerhalb weniger Monate sollte er hinzufügen, daß das Prinzip des »Alles oder nichts« nötig sei für religiöse Sekten und politische Parteien, daß er es aber als schädlich für die Wissenschaft betrachte. Zwei Jahre später drückte er es noch deutlicher aus: »Wissenschaftlich betrachtet, verstehe ich noch immer nicht, warum es für Sie so wichtig ist, daß das ganze Gebäude [der Psychoanalyse] akzeptiert werden muß. Ich erinnere mich, Ihnen einmal gesagt zu haben, daß Sie mich, wie groß auch Ihre wissenschaftlichen Leistungen sein mögen, psychologisch als Künstler beeindrucken. Unter diesem Gesichtspunkt ist es verständlich, daß Sie nicht wollen, daß Ihr Kunstwerk zerstört wird. In der Kunst haben wir eine Einheit, die nicht zerrissen werden kann. In der Wissenschaft haben Sie eine große Entdeckung gemacht, die bleiben soll. Wie viel von dem, was lose damit verbunden ist, am Leben bleibt, ist nicht wichtig.«[43]

Auf diese Art von Komplimenten konnte Freud gern verzichten, und unter den gegebenen Umständen mit gutem Grund. Trotz der begreiflichen Schwierigkeit, die nackten, unumstößlichen Tatsachen vorzuweisen, die die physikalischen Wissenschaften verlangten, hatte Freud von Anfang an betont, daß die Psychoanalyse eine Wissenschaft sei, eine Behauptung, deren Gültigkeit weitgehend auf der Definition von »Wissenschaft« beruht. Berechtigt oder nicht, diese Behauptung war zweifellos eine notwendige Verteidigung gegen Opponenten, die überhaupt keine Skrupel kannten, die unbestreitbaren Beiträge, die die Psychoanalyse schon zum Verständnis der Psyche geleistet hatte, zu vertuschen und das ganze Thema als eine Mischung von Ammenmärchen und Schwindel abzutun.

Es war jedoch eine Verteidigung, die rasch durchbrochen werden konnte, wenn die intuitiven Einsichten zu stark hervorgehoben wurden, die Freud und seine Anhänger zu nichtmedizinischen Themen glaubten beitragen zu können. Bleuler gebrauchte den Ausdruck »Kunst« auf die unbestimmteste Weise, aber er erinnerte Freud zweifellos an eine Anschauung, die von einer großen Anzahl seiner ärztlichen Kollegen geteilt wurde.

Peter F. Drucker, der als Junge von seinen Eltern Freud vorgestellt wurde – »dem bedeutendsten Mann in Österreich und vielleicht in Europa« –, beschrieb die Stimmung in der österreichischen Hauptstadt: »Die lästigste Frage für die Wiener Ärzte war die, ob Freud (und seine Schüler) nun eigentlich von der Heilung Kranker oder von Kunstkritik sprachen. Eben noch versuchten sie, ein spezifisches Leiden zu heilen, die Furcht vor dem Überqueren einer Straße etwa oder Impotenz. Im nächsten Augenblick wandten sie dieselbe Methode, dasselbe Vokabular, dieselbe Analyse auf Grimms Märchen oder den *König Lear* an. Die Ärzte waren durchaus bereit zuzugestehen, daß, wie Thomas Mann in seiner Rede zu Freuds 80. Geburtstag sagte, ›die Psychoanalyse der größte Beitrag zur Kunst des Romans‹ sei. Freud als der mächtige, geistvolle, anregende Kritiker von Kultur und Literatur war *eine* Sache; es wurde von vielen gern eingeräumt, daß er ein Fenster zur Seele aufgestoßen hatte, das lange zugenagelt gewesen war. Das machte ihn zum ›bedeutendsten Mann in Österreich‹. Aber war dann die Psychoanalyse in einem höheren Maße Therapie als Newtons Physik oder Kants Metaphysik oder Goethes Ästhetik? Ebendas behaupteten Freud und seine Anhänger, und das war eine Behauptung, die die Wiener Ärzte im großen ganzen nicht akzeptieren konnten.«[44]

Freud wußte, daß der Kampf um die Anerkennung lang und schwierig sein werde, aber er konnte von ermutigenden Zeichen berichten, als der Kongreß, auf dem die internationale Vereinigung gegründet wurde, im März in Nürnberg stattfand. Seine Hoffnungen drückten sich aus in der Rede über »Die zukünftigen Chancen der psychoanalytischen Therapie«. Er erinnerte sich der noch nicht so lang zurückliegenden Zeit und sagte: »Die Kranken ... sahen sich in meiner bescheidenen Umgebung um, dachten an meinen geringen Ruf und Titel und betrachteten mich wie etwa den Besitzer eines unfehlbaren Gewinnsystems an dem Orte einer Spielbank, gegen den man einwendet, wenn der Mensch das kann, so muß er selbst anders aussehen.« Diese Tage gingen nun zu Ende. Nun, fuhr er fort, konnten sie eine wesentliche Vermehrung der therapeutischen Chancen aufgrund des Fortschritts ihrer eigenen Arbeiten und ihres größeren Ansehens erwarten. Das Ansehen – und der Glaube, den es dem Patienten vermittelte – war wichtig. Von früheren Zeiten sprechend, sagte Freud: »Man glaubte mir einfach nicht, wie man heute noch uns allen wenig glaubt; unter solchen Bedingungen mußte mancher Eingriff mißlingen.«[45] Das Eingeständnis, daß der Glaube bei der Heilung eine wesentliche Rolle spielte, trug zu dem Bild bei, daß die Psychoanalyse so etwas wie eine Religion sei, aber es ist unwahrscheinlich, daß es die Ärzte beeindruckt haben sollte. Wichtiger war Freuds Voraussage, als er Mutmaßungen über die Zunahme des psychoanalytischen Wissens und zukünftige technische Verbesserungen anstellte. »Sie werden den Eindruck erhalten haben«, hatte er zuvor schon gesagt, »... daß unser ärztliches Handeln dann eine Präzision und Erfolgssicherheit erreicht haben wird, die nicht auf allen ärztlichen Spezialgebieten vorhanden ist.«[46]

In Nürnberg jedoch war für Freud die Zukunft der Psychoanalyse als Therapie beinahe überschattet von der Notwendigkeit, eine internationale Organisation zu bilden, die er beherrschen konnte. Um 1910 war er von zwei Dingen überzeugt. Er glaubte, die Gefahr, daß die Psychoanalyse als eine jüdische Idee betrachtet werde, sei ebenso groß wie die, daß man sie als Pornographie ansah. Und er glaubte außerdem, daß sie nun eine Repräsentationsfigur brauchte, die nicht belastet war mit dem Gewicht all der Kritik, die *er* sich während des ersten Jahrzehnts des neuen Jahrhunderts zugezogen hatte. Seine Verteidigung des Führer-

kults, wie sie Ernest Jones im Rückblick schilderte, ist aufschlußreich: »Freud war außerstande, dem Durchschnittsgeist zuzutrauen, daß er die in wissenschaftlichen Gesellschaften übliche demokratische Haltung einnahm, daher wünschte er, daß es einen prominenten ›Führer‹ gebe, der die Unternehmungen der Zweigvereine und ihrer Mitglieder leitete, außerdem wollte er, daß der Führer eine permanente Stellung innehabe wie ein Monarch. Darin, vor allem in ersterem, bin ich sicher, daß er recht hatte, denn man kann nichts von der Entwicklung der Psychoanalyse verstehen, wenn man sie auf eine Stufe stellt mit alteingeführten und relativ emotionsfreien Zweigen der Wissenschaft, mit der Astronomie, der Geologie und so fort. Ein starker stabilisierender Einfluß mit einem ausgewogenen Urteil und Verantwortungsgefühl war unter den gegebenen Umständen höchst wünschenswert.«[47]
Wie Freud es sah, gab es nur einen möglichen Kandidaten für die Monarchie, und das war Jung, der »Siegfried des Burghölzli«, wie ihn Wittels nannte, ein Gegengewicht in den Augen der Welt zu den Wiener Juden und, wie Freud noch immer glaubte, ein Mann, auf den er den nötigen Einfluß ausüben konnte und über den er Macht hatte. Diese Wahl, gestand Jones, wenn auch mit später Einsicht, »war für mich der erste Hinweis darauf, daß Freud trotz seiner genialen Fähigkeit, in die tiefsten Seelenschichten vorzudringen, kein Menschenkenner war«.[48]
Freud kam in Nürnberg an, wo sich 50 bis 60 Analytiker versammelt hatten, und eines seiner wichtigsten Ziele war die Thronerhebung Jungs. Trotz einer zunehmenden Entfremdung zwischen Bleuler und Jung bildeten die Schweizer *en bloc* ein nützliches Gegengewicht gegen die Wiener. Aber Freud verriet seine Sorgen eine Woche vor der Konferenz in einem Brief an Pfister: »Ich habe es noch immer nicht verschmerzt, daß Sie nicht nach Nürnberg kommen sollen. Bleuler auch nicht, Jung ist in Amerika, so daß ich um seine Rückkehr zittere. Was soll werden, wenn meine Züricher mich verlassen?«[49] Die Antwort lautete natürlich, daß er sich mit seinen Wienern begnügen mußte, aber darauf legte er wenig Wert. »Meine Wiener erfreuen mich nicht sehr«, hatte er wenige Wochen vorher Abraham geschrieben. »Eigentlich habe ich das schwere Kreuz mit der älteren Generation, Stekel, Adler, Sadger: sie werden mich bald als Hindernis empfinden und behandeln, und ich kann nicht glauben, daß sie mich durch Besseres zu ersetzen haben.«[50]
Damals bestand nur eine geringe Chance, daß die Wiener helfen würden, Jungs Rang in der Hierarchie zu erhöhen. Aber ein williges Werkzeug war vorhanden in der Gestalt Ferenczis, eines neutralen Ungarn in jeder österreichisch-schweizerischen Auseinandersetzung, und Ferenczi war es auch, der in Nürnberg vorschlug, daß die Internationale Psychoanaly-

tische Vereinigung mit Jung als ständigem Präsidenten gegründet werden sollte. Der Präsident sollte außerordentliche Vollmachten besitzen, einschließlich der Ernennung und Absetzung von Analytikern und der Genehmigung aller Schriften der Mitglieder über Psychoanalyse vor der Veröffentlichung. Als hätte das noch nicht genügt, Ärger zu erregen, meinte Ferenczi, mehr aus Mangel an Takt als mit einer bestimmten Absicht, dies sei ganz natürlich, da die Wiener – mit Ausnahme von Freud selbst – den Schweizern in mancher Hinsicht unterlegen seien. Was immer man von dem Ganzen halten mochte, die Genehmigung der Schriften vor der Veröffentlichung war offensichtlich absurd, wenn die Psychoanalyse ernst genommen werden sollte, und das war der Hauptpunkt eines halbstündigen Protestes von Wilhelm Stekel.

Von der nachfolgenden Diskussion ist offenbar kein wörtlicher Bericht erhalten, aber die Tatsache, daß der Vorsitzende, nachdem sie während einer Vormittagssitzung stattgefunden hatte, die weitere Debatte auf den folgenden Tag verschob, zeigt, wie hitzig sie gewesen sein muß. Vor der Wiederaufnahme wurden jedoch die Wiener von Stekel zu einer Besprechung in seinem Schlafzimmer im Grand Hotel einberufen. Freud wurde nicht eingeladen. Stekel schilderte später den Vorfall:

»Plötzlich ging die Tür auf; wir drehten uns um und sahen, daß es Freud war. Er war sehr aufgeregt und versuchte uns dazu zu überreden, Ferenczis Antrag anzunehmen; er sagte schwere Zeiten und eine starke Gegnerschaft seitens der offiziellen Wissenschaft voraus. Er faßte sich an den Rock und schrie: ›Sie gönnen mir den Rock nicht, den ich trage; ich weiß nicht, ob ich mir in Zukunft noch mein tägliches Brot verdienen kann.‹ Tränen strömten ihm über die Wangen. ›Ein offizieller Psychiater und Nichtjude muß der Führer der Bewegung sein.‹«[51]

Stekels Version darf nicht zu wörtlich genommen werden, und das Bild Freuds mit tränenüberströmten Wangen ist nicht sehr glaubwürdig. Aber selbst Ernest Jones, der den Gründer der Psychoanalyse nur selten in einem anderen Licht als dem allerbesten zeigte, berichtete später, er habe dramatisch den Rock zurückgeworfen und erklärt: »Meine Feinde wären froh, mich verhungern zu sehen; würden mir am liebsten den Rock vom Leibe reißen.«[52] Den glaubhaftesten Bericht lieferte Wittels, demzufolge Freud zu den Wienern sagte, die meisten von ihnen seien Juden und daher nicht imstande, der neuen Lehre Freunde zu gewinnen. Die Juden müßten sich mit der bescheidenen Rolle begnügen, den Boden vorzubereiten; es sei absolut nötig, daß er Beziehungen in der Welt der allgemeinen Wissenschaft anknüpfe, er komme nun in die Jahre und sei es müde, unaufhörlich angegriffen zu werden; sie seien alle in Gefahr . . . Man würde ihm nicht einmal einen Rock am Leibe lassen.

Die Schweizer, meinte er zuletzt, würden sie retten – ihn und alle anderen auch.
Schließlich gab man sich mit einem Kompromiß zufrieden. In dem folgenden Antrag, der dann angenommen wurde, wurde das Recht der Zensur weggelassen, und man kam überein, daß Jung Präsident sein solle, aber nicht auf Lebenszeit, sondern nur für zwei Jahre. Da Freud selbst die führende Rolle spielte, als es darum ging, Jung schließlich aus der Bewegung auszustoßen, war der Kompromiß, der ihm in Nürnberg aufgezwungen wurde, ein ungewolltes Beispiel dafür, daß die Freunde eines Mannes diesen vor sich selbst retten. Ohne diese Freunde könnte Jung mehr als ein halbes Jahrhundert lang, bis zu seinem Tod im Jahre 1961, souverän geherrscht haben.
Eine weitere kleine Konzession wurde den Wienern gemacht. Es wurde vereinbart, daß eine zweite Zeitschrift, das *Zentralblatt für Psychoanalyse*, gegründet werden sollte. Adler und Stekel sollten sie herausgeben, aber Freud sollte die eingehenden Beiträge ebenfalls lesen, und alle drei Männer hatten das Vetorecht. Einige Monate später schrieb Stekel für die Zeitschrift »Die Verpflichtung des Namens«, und Freud legte sein Veto dagegen ein.
Wenn der Nürnberger Kongreß auch nicht ganz nach Freuds Wunsch verlaufen war, so war doch viel erreicht worden, vor allem die Gründung der Vereinigung. Ihr Zweck war: »Pflege und Förderung der von Freud begründeten psychoanalytischen Wissenschaft sowohl als Psychologie, als auch in ihrer Anwendung in der Medizin und in den Geisteswissenschaften; gegenseitige Unterstüzung der Mitglieder in allen Bestrebungen zum Erwerben und Verbreiten von psychoanalytischen Kenntnissen.«[53] Einige Tage später schrieb Freud Ferenczi: »Mit dem Nürnberger Reichstag schließt die Kindheit unserer Bewegung ab; das ist mein Eindruck. Ich hoffe, jetzt kommt eine reiche und schöne Jugendzeit.«[54]
Aber Freud war gezwungen worden, seine Karten aufzudecken. Von uns, seinen Wiener Schülern, hält er nicht viel, schrieb Fritz Wittels, und er meinte, wenn Freud die Schweizer ebenso gut kennen würde wie die Wiener, würde er sie noch weniger mögen. Immerhin war es ihm aber gelungen, Jung die Stellung seines Stabschefs zu verschaffen, ein Erfolg, der sich in zwei Bemerkungen gegenüber Binswanger ausdrückte. Im November 1910 schrieb er, er würde gern näher bei Jung leben, um ihn in seiner jugendlichen Autorität zu stützen, an der ihm ein Stück Zukunft zu hängen scheine, und im März des folgenden Jahres bemerkte er, wenn das Reich, das er gegründet habe, verwaist sei, müsse Jung das Ganze erben. Dieses Ziel, erklärte er, verfolge seine Politik unaufhörlich, und

damit hänge auch sein Verhalten gegenüber Stekel und Adler zusammen.
Trotz solcher Hoffnungen machten sich die bitteren Gefühle gegenüber den Schweizern wieder bemerkbar, als sich die Wiener Psychoanalytische Vereinigung am 6. April 1910 versammelte und die Mitglieder hörten, wie Freud die Folgen des Kongresses zusammenfaßte. Der Verein, erklärte er, müsse sich in die Gesamtvereinigung einreihen. Bisher seien die Vereinsmitglieder seine Gäste gewesen, aber das ginge nun nicht mehr. Der Verein müsse sich konstituieren, sich formell an einem anderen Ort versammeln und einen Obmann wählen. Diesen Posten erhielt Adler.
Nach Freud meldeten sich andere zu Wort, darunter Dr. Hitschmann und Fritz Wittels. Hitschmann gab seinen eigenen Eindruck vom Kongreß wieder und meinte, »daß die Züricher als Rasse genommen ganz andere Menschen seien als wir Wiener. Wir unterschätzen dagegen nicht unsere inneren Eigenschaften«[55]. Wittels sprach sich noch offener aus, sowohl im Hinblick auf seine eigene Gruppe als auch auf die Opposition: »Die Züricher werden in der Klinik zu Freudianern herangebildet und würden wahrscheinlich auch jede andere Lehre mit derselben Biederkeit und demselben larmoyanten Ton vertreten. Die Wiener Gesellschaft dagegen ist historisch gewachsen, und jeder von uns hat die Neurose, die notwendig ist zum Eintritt in die Freudschen Lehren; ob die Schweizer das haben, sei fraglich«, vermerkt das Protokoll.[56] Als Illustration des Gebots des heiligen Lukas an die Ärzte ist Wittels' Eingeständnis wahrscheinlich einzigartig.
Trotz des gespannten Verhältnisses zwischen den Wienern und den Schweizern hatte der Nürnberger Kongreß der Internationalen Psychoanalytischen Vereinigung zu einem guten Start verholfen. Der Fortschritt, der sich in den Vereinigten Staaten angekündigt hatte, hielt an, und Freud hatte guten Grund, mit den Aussichten zufrieden zu sein. Seinem rumänischen Jugendfreund Eduard Silberstein schrieb er:
»Von mir kann ich sagen, daß ich unerwartet große Mühe gefunden habe, aber im Ganzen mit dem Ausgang nicht unzufrieden bin. Meine wissenschaftlichen Absichten gehen langsam in Erfüllung, ich erwerbe soviel, als wir brauchen, und hätte wohlhabend werden können, wenn ich nicht eine große Familie vorgezogen hätte . . . Ich stehe inmitten einer großen Bewegung in der Auffassung und Behandlung der nervösen Krankheiten, die wohl auch in Rumänien nicht unbekannt ist . . .«[57]
Nicht nur die Kenntnis der Psychoanalyse verbreitete sich um diese Zeit. Auch der Bereich, in dem ihre Grundsätze angewandt werden konnten, erweiterte sich ständig, und noch vor Ende 1911 bediente sich Freud

ihrer, um ein neues Licht auf die Psychosen zu werfen, jene Krankheiten, die so schwer sein können, daß ihre Opfer nicht mehr zurechnungsfähig sind. Freuds Abstecher in dieses Gebiet, in dem, wie er selbst zugab, die Psychoanalyse nur selten eine große Hilfe sein konnte, ist bemerkenswert wegen der ungewöhnlichen Einzelheiten des Falles, wegen der Tatsache, daß die Analyse ohne persönlichen Kontakt mit dem »Patienten« vorgenommen wurde und sich einzig und allein auf dessen schriftliche Memoiren stützte, und schließlich weil die Abhandlung über diesen Fall den Keim des Zerwürfnisses mit C. G. Jung und Freuds intimem Freund Sándor Ferenczi in sich trug.

Im Jahre 1903 waren in Leipzig die *Denkwürdigkeiten eines Nervenkranken* von Dr. jur. Daniel Paul Schreber erschienen. Sie enthüllten eine außergewöhnliche Geschichte. Schreber stammte aus einer angesehenen Familie und war im Herbst 1884 Landesgerichtsdirektor in Chemnitz. Er kandidierte außerdem für den Reichstag, begann aber im Oktober an einer, wie es in einem Gutachten hieß, schweren Hypochondrie zu leiden. Er wurde in die Psychiatrische Universitätsklinik Leipzig aufgenommen und nach einem halben Jahr wieder entlassen. Noch vor Ende 1885 übte er sein Richteramt wieder aus. Acht Jahre später wurde er zum Senatspräsidenten beim Oberlandesgericht Dresden ernannt. Schon sechs Wochen später erkrankte Schreber wieder. Diesmal folgte einem kurzen Aufenthalt in der Leipziger Klinik eine Einweisung in die Anstalt Sonnenstein.

Während der Jahre der Internierung zeigte Schreber die Symptome der akuten Paranoia. Er mußte nachts in eine Gummizelle gebracht und tagsüber von drei Pflegern betreut und gewaltsam ernährt werden. Dem Richter am Königlichen Oberlandesgericht in Dresden zufolge, der 1902 seinen Entlassungsantrag bearbeitete, war er von Wahnideen heimgesucht ... Er betrachtete sich als auserwählt, die Welt zu erlösen und ihr die verloren gegangene Seligkeit wiederzubringen; dies könne er jedoch nur vollbringen, indem er in eine Frau verwandelt werde. In dieser Geschlechtsverwandlung hielt sich der Patient für den Gegenstand ständiger göttlicher Wunder und vermeinte zu hören, wie die Vögel und die Winde zu ihm sprachen, was ihn in seinem Wunderglauben bestärkte ... Er glaubte, verfolgt zu werden, vor allem von seinem früheren Arzt, daß er eine Geschlechtsverwandlung durchmache und daß manchmal, wenn er im Bett lag, nicht schlafend, sondern wach, alle Arten großer, seltsamer, beinahe drachenartiger Gestalten neben dem Bett, und nahezu so groß wie dieses, erschienen ...

Ida Macalpine und R. A. Hunter schrieben in der Einleitung zu ihrer Übersetzung der Autobiographie Schrebers, die Symptome, die bei ihm zu beobachten waren, seien so vielfältig gewesen, daß durch sie beinahe die gesamte Symptomatologie des ganzen Gebietes der psychiatrischen Abnormität beschrieben werde.

Freuds Interesse an der Paranoia ging in die neunziger Jahre zurück, als er Fließ ein langes Manuskript über dieses Thema schickte, in dem er bemerkte: »Man wird paranoisch über Dinge, die man nicht verträgt, vorausgesetzt, daß man die eigentümliche psychische Disposition dazu besitzt.«[58] Kurz nach 1900 begann er zu vermuten, daß diese eigentümliche Disposition ein Zustand verdrängter Homosexualität sein könne. Wie er jedoch bemerkte, war es für einen Arzt in der Privatpraxis schwierig, genauere Untersuchungen an Paranoikern vorzunehmen, da solche Patienten gewöhnlich in Anstalten untergebracht wurden. Schrebers *Denkwürdigkeiten* boten eine zweitbeste Alternative, denn seine Halluzinationen hatten ihn nicht daran gehindert, über sie und seine Erlebnisse in der Anstalt ausführlich und zusammenhängend zu berichten.

Eugen Bleuler zitierte ausgiebig aus den *Denkwürdigkeiten* in seinem klassischen Buch *Dementia Praecox oder die Gruppe der Schizophrenien*, das er 1908 schrieb, aber erst 1911 veröffentlichte, und höchstwahrscheinlich war es Bleuler, der Freud nach dem Salzburger Kongreß von 1908 auf die *Denkwürdigkeiten* aufmerksam machte. Man weiß, daß Freud mit Ferenczi über das Thema sprach, als sie im Sommer 1910 gemeinsam auf Sardinien Urlaub machten, und während der letzten Wochen des Jahres schrieb er »Psychoanalytische Bemerkungen über einen autobiographisch beschriebenen Fall von Paranoia (Dementia paranoides)«. Die Abhandlung machte für Schrebers Krankheit eine Aufwallung unbewußter Homosexualität verantwortlich, die zu akzeptieren der Patient außerstande war, worauf der sich ergebende innere Konflikt zu seiner Zurückziehung von der Wirklichkeit führte. Es war ein Urteil, das mehr als vierzig Jahre lang im allgemeinen unangefochten blieb, obwohl Bleuler selbst zwar auch der Ansicht war, daß unbewußte Homosexualität einen Faktor darstelle, aber bezweifelte, daß sie der einzige gewesen sei. Erst 1955 veröffentlichten zwei Psychiater, Ida Macalpine und R. A. Hunter, eine, wie Jones sagte, »scharfe Kritik« an Freuds Befund. Sie schränkten seine Schlußfolgerungen stark ein und sahen als auslösenden Faktor der Krankheit Schrebers Unvermögen, einen Sohn zu zeugen. Beinahe 20 Jahre später erschien Morton Schatzmans *Soul Murder*, ein Buch, in dem Schrebers Wahnideen auf überzeugende Weise mit seiner Erziehung durch einen tyrannischen Vater in Verbindung gebracht wurden. »Was«, fragte Storr unlängst, »würde Freud aus dem Fall gemacht haben, wenn er die wahre Geschichte gekannt hätte, und warum nahm er sich, da er doch an Kindheitserlebnissen besonders interessiert war, nicht die Mühe, mehr über Schrebers Herkunft in Erfahrung zu bringen?«[59]

Freuds Abhandlung über Schreber mit ihrem Versuch zu zeigen, wie die Psychoanalyse in die Vergangenheit zurückgreifen konnte, um die Handlungen der Toten zu erklären, war typisch für den neuen Schwung, der auf die Gründung der Internationalen Psychoanalytischen Vereinigung folgte. Die »Sache« wurde immer stärker, und im Geist eines um sich greifenden Optimismus begann Freud nun, einen Kongreß vorzubereiten, für den er auch die Amerikaner hoffte gewinnen zu können. Es wurde daher vereinbart, daß die Versammlung im Herbst 1911 stattfinden sollte, in einer Jahreszeit, die für die erhofften Besucher günstiger war als der Frühling. Zuerst sah es so aus, als wäre diese eigens gewählte Zeit auch noch aus einem anderen Grunde nützlich, denn es hatte den Anschein, als würde Freud nun seinen unschätzbaren Kontakt in Nordamerika, Ernest Jones, verlieren.

Jones war wieder einmal in Schwierigkeiten geraten. Diesmal wurde er von einer Patientin beschuldigt, Geschlechtsverkehr mit ihr gehabt zu haben. Sie hatte Jones beim Rektor der University of Toronto angezeigt und mit gerichtlichen Schritten gedroht. Ihr Geisteszustand verrät sich darin, daß sie drohte, Jones zu ermorden, der, wie er Putnam schrieb, von einem bewaffneten Detektiv bewacht wurde. Er hatte der Frau, wie er zugab, törichterweise 500 Dollar gezahlt, »um einen Skandal zu verhüten, der, wie immer die Sache ausgeht, gleichermaßen schädlich sein würde«[60].

Es sah so aus, als wäre Jones' Stellung in Gefahr und die Berufung an die Universität, die er erwartet hatte, äußerst unwahrscheinlich. Er hatte daher, wie er Freud schrieb, beschlossen, Kanada im September zu verlassen und nach Europa zu gehen. Wenn er den Lehrstuhl dennoch bekam, wollte er nach Toronto zurückkehren, ein Semester lang Vorlesungen halten und dann zurücktreten. Unterdessen, fuhr er fort, wolle er sich nach einer Stellung in den Vereinigten Staaten umsehen. Jedenfalls wollte er weiter für die Sache arbeiten.

Freud antwortete augenblicklich und bot Hilfe, Rat und Ermutigung an. Nachforschungen zeigten schließlich, daß die Frau eine Psychopathin und Morphinistin war und daß sie einen Selbstmordversuch unternommen hatte. Der Rektor der Universität weigerte sich, ihre Geschichte zu glauben. Jones wurde zum Associate Professor (etwa a. o. Professor) der Psychiatrie ernannt und war als solcher tätig, bis er im November 1913 nach London zurückkehrte. Da er zunächst in Toronto blieb, konnte er sich für die Teilnahme der Amerikaner am Herbstkongreß 1911 einsetzen. Als Ort wurde zuerst Locarno vorgeschlagen, dann aber zugunsten Weimars fallengelassen, und in Weimar fand dann auch im September der dritte Kongreß statt. Der amerikanischen Delegation gehörten unter anderen Brill, T. H. Ames, Beatrice Hinkle und vor allem James Putnam an, dessen Anwesenheit der Veranstaltung eine Auszeichnung verlieh, die ihr sonst gefehlt hätte.

Den ganzen August und die ersten Septembertage machte Freud mit seiner Familie in Bozen, in den Dolomiten, Urlaub. Dann fuhr er nach Weimar über Zürich, wo er von Jung abgeholt und in dessen Haus in Küsnacht, einige Kilometer außerhalb der Stadt am Züricher See, gebracht wurde. Dort war schon James Putnam zu Gast. Nach einem Brief zu urteilen, den ihm Emma Jung einige Wochen später schrieb, war Freud in gedrückter Stimmung. Sie erinnerte sich an »das Gespräch am ersten Morgen nach Ihrer Ankunft, wo Sie mir von Ihrer Familie erzählten. Sie sagten da: die Ehe ist längst amortisiert, jetzt gibt es nichts mehr als – Sterben . . . Sie sagten . . . Sie hätten nicht Zeit, die Träume Ihrer Kinder zu analysieren, da Sie Geld verdienen müßten, damit sie weiter träumen können. Glauben Sie, daß dieser Standpunkt richtig ist?«[61]

In Küsnacht nutzte Freud die Gelegenheit, um an Putnam eine sechsstündige Analyse vorzunehmen, deren einigermaßen überraschendes Ergebnis der ältliche Amerikaner verständnisvoll hinnahm. »Ich erinnere mich«, schrieb er, »daß mich Dr. Freud in der allerersten unserer wenigen Unterredungen in Zürich darauf aufmerksam machte, daß ich ein Mörder sei! Stellen Sie sich das vor. Aber meinte er damit oder nahm ich an, daß er meinte, ich solle über Bord springen oder mich dem Henker ausliefern? Nicht im mindesten. Ich sollte von nun an geistig gesünder und glücklicher und besser imstande sein, kein Mörder mehr zu sein.«[62]

Der Weimarer Kongreß wurde im besten Hotel der Stadt abgehalten, und an ihm nahmen Vertreter aus Holland, Schweden und Deutschland ebenso wie aus Österreich, der Schweiz und Amerika teil. Freud war in bester Verfassung und las einen brillanten Nachtrag zur Abhandlung über Schreber vor, in dem er auf Schrebers Illusion einging, ungeblendet in die Sonne schauen zu können, und auf den Mythos, daß der Adler seine Jungen zwingt, in die Sonne zu schauen, ohne zu blinzeln, und die aus dem Horst wirft, die dazu nicht imstande sind. »Und wenn Schreber sich rühmt, daß er ungestraft und ungeblendet in die Sonne schauen kann«, fuhr er fort, »hat er den mythologischen Ausdruck für seine Kindesbeziehung zur Sonne wiedergefunden, hat uns von neuem bestätigt, wenn wir seine Sonne als ein Symbol des Vaters auffassen.«[63]

Die Bemerkung gestattete dem Kongreß, sein Lob zu spenden, als Stekel nach Freuds Referat aufstand. Alfred Adler hatte sich um diese Zeit schon von der Wiener Gruppe getrennt und war im Begriff, eine Anzahl von Anhängern mitzunehmen. Die Zuhörer in Weimar verstanden die Anspielung, als Stekel sie daran erinnerte, daß Freud in Wien einen Adler zurückgelassen habe, der es gewagt hatte, in die Sonne zu blicken, und applaudierten pflichtschuldig.

Den einzigen Schatten warfen in Weimar die ersten Anzeichen einer Meinungsverschiedenheit zwischen Freud und Putnam. Die beiden Männer sollten gute Freunde bleiben bis zu Putnams Tod im Jahre 1918, und Putnam sollte nie seinen Glauben an die Psychoanalyse verlieren, wie es zu Freuds Bestürzung bei Stanley Hall der Fall war. Freud zweifelte nie an dem Wert der Unterstützung durch den Amerikaner, und nachdem er Putnams Abhandlung »On the Aetiology and Treatment of the Psychoneuroses« (Deutsch von Freud: »Über Ätiologie und Behandlung der Psychoneurosen«, 1911) gelesen hatte, erklärte er, er sei noch nie so stolz auf sich oder so zufrieden mit sich gewesen. »Nach Ihrem Zeugnis habe ich also nicht umsonst gelebt und gearbeitet, und Männer wie Sie werden dafür sorgen, daß die Gedanken, die ich schmerzhaft genug erkannt habe, nicht für die Menschheit verloren gehen. Was will ein Einzelner mehr?«[64] Und Abraham bestätigte er seine Ansicht über Putnams Wert: »Dieser alte Mann ist überhaupt eine großartige Akquisition.«[65] Das »alte« war eine Erinnerung an den Austausch von Höflichkeiten, der begonnen hatte, als Freud nach seiner Rückkehr aus Amerika in einem Brief an Putnam schrieb, daß er »der wahrscheinlich um ein Dezennium ältere«[66] sei. Es ist nicht klar, ob Putnam diesen Brief erhielt, bevor er die Korrekturen seines Aufsatzes über den Besuch an der Clark University für das *Journal of Abnormal Psychology* las, aber jedenfalls schrieb er darin: »Obgleich er bei uns wenig bekannt ist, ist Freud kein junger Mann mehr.«[67] Das wurmte Freud, der in einer Anmerkung zu seiner Übersetzung von Putnams »On the Aetiology and Treatment of the Psychoneuroses« in bezug auf diesen die Bemerkung »obwohl längst über die Jahre der Jugend hinaus« anbrachte – »einfach ein Racheakt«[68], wie er Jung schrieb.

Nichtsdestoweniger war Putnam zweifellos »eine Akquisition«, und Freud wußte, daß man für Akquisitionen zahlen muß. In diesem Falle war der Preis die Anstrengung, die nötig war, um Putnams Wunsch zu erfüllen, die Psychoanalyse vor den Wagen seiner eigenen Version der Hegelschen Philosophie zu spannen, ein Ziel, das klar wurde durch sein Referat in Weimar über »Die Bedeutung der Philosophie für die weitere Entwicklung der Psychoanalyse«. Nach streng religiösen Grundsätzen erzogen, die es ihm ermöglicht hatten, die Enthüllungen der Naturwissenschaft des späten 19. Jahrhunderts ohne allzu großes Unbehagen aufzunehmen, glaubte Putnam, »daß die Philosophie ebenso gültige Einsichten bot wie die Wissenschaft«[69] und daß für die Enthüllungen der Psychoanalyse ein Platz in seinem eigenen Rahmen der christlichen Sittenlehre gefunden werden müsse. Für Freud war ein solcher Rahmen bestenfalls überflüssig und schlimmstenfalls ein Hindernis. Er erklärte Putnam:

»Ich habe kein Bedürfnis nach einer höheren moralischen Ausgleichung, sowie ich kein musikalisches Gehör habe, und bin weit davon entfernt, mir darum die feinere Organisation zuzuschreiben. Ich tröste mich damit, daß die Sicherheit für die idealistischen Wahrheiten, auf die Sie nicht verzichten wollen, keine große sein kann, wenn schon die Grundlagen der Wissenschaft, bei denen wir uns einmütig treffen, so schwierig festzustellen sind. Aber ich respektiere Sie und Ihre Art zu denken, und wenn ich schon hinnehmen muß, daß ich ein gottverlassener ›incredulous jew‹ [ungläubiger Jude] bin, so bin ich doch nicht stolz darauf und nicht überhebend gegen andere. Ich denke nur mit Faust: Es muß auch solche Käuze geben.«[70]

In Weimar erkannte Freud zum erstenmal, daß die Unterschiede zwischen Putnam und ihm mehr waren als nur persönliche Unterschiede in der Anwendung der Methode. Er war nun erfahren genug in der Abwehr der Vorwürfe, daß die Psychoanalyse nur eine schwache wissenschaftliche Grundlage habe, und der Behauptungen, daß sie, selbst wenn sie eine solche hätte, sich mit Dingen befasse, über die man besser nicht spreche. Nun spürte er eine größere Gefahr: die Idee, daß die Psychoanalyse Teil einer idealistischen Philosophie sein sollte, die lehrte, daß psychische Spannung im Grunde der Erkenntnis des Gegensatzes zwischen der vergänglichen Existenz des Menschen und der Wirklichkeit des Unendlichen entspringe, daß, wenn auch tatsächlich eine der Manifestationen der psychosexuelle Konflikt sei, dieser nur eine Manifestation eines größeren Ganzen darstelle.

Putnams Referat in Weimar wurde mit Respekt behandelt, aber seine Aufnahme läßt sich an der Reaktion Pfarrer Pfisters messen, eines Hörers, der an sich gewiß mit einer spirituellen Betrachtungsweise sympathisierte. »Ich kann mich noch lebhaft an den Eindruck erinnern, den Putnams Referat machte«, schrieb er ein Jahrzehnt später. »Die Zuhörer, im Banne einer profunden geistigen Leistung, waren glühend von den edelsten Empfindungen erfüllt, aber der weitschweifige Strom der Gedanken hinterließ eine gewisse Verblüffung . . . Diese obskure Metaphysik, die mit siegreicher Miene dahinschreitet und hochmütig fordert, daß sich die empirische Wissenschaft ihrem Triumphzug anschließt! Putnam ließ die unglücklichen Erfahrungen der Psychologie zu der Zeit, als sie im Netz der Metaphysik zappelte, außer Betracht.«[71] Freud faßte seine Reaktion knapper zusammen und sagte zu Jones: »Putnams Philosophie kommt mir wie ein sehr dekorativer Tafelaufsatz vor; jeder bewundert ihn, aber keiner rührt ihn an.«[72]

Obwohl Freuds Meinungsverschiedenheiten mit Putnam für die Zukunft der Psychoanalyse unmittelbar relevant waren, ließen sie keine Bitterkeit aufkommen, ein Umstand, der nicht hinlänglich dadurch erklärt wird, daß die beiden Männer während des größten Teils ihres Lebens durch die ganze Breite des Atlantiks voneinander getrennt waren. Aber mit Putnam konnte es keine persönliche Rivalität um Stellung oder Macht geben, ein Faktor, der ebenso wichtig für die Aufrechterhaltung ungetrübter Beziehungen war wie die für Freud gegebene Notwendigkeit, einen Botschafter innerhalb des amerikanischen medizinischen Establishments zu haben.

Ganz anders lag der Fall Alfred Adlers, dessen endgültiger Bruch mit Freud einige Wochen nach dem Weimarer Kongreß erfolgte. Die Motive der Kontroverse waren zahlreich und ineinander verwoben, und oft sah die Auseinandersetzung nach einem Kampf nicht zwischen Richtig und Falsch, sondern zwischen Richtig und Richtig aus, wobei Freud gelegentlich eine von Bitterkeit nicht freie Begeisterung für die politische Intrige erkennen ließ. »Persönliche Differenzen – Eifersucht oder Rache oder eine andere Art von Animosität – kamen immer an erster Stelle«, gab er später zu, als von den Umwälzungen der Frühzeit der Bewegung die Rede war. »Wissenschaftliche Entdeckungen kamen erst danach. Wenn die Menschen wirklich freundlich wären, würden wissenschaftliche Meinungsverschiedenheiten sie nicht zu Feinden machen.«[73] Nichtsdestoweniger konnte er behaupten, daß Adlers Ansichten nur wenig mit der Psychoanalyse zu tun hatten, wie er sie geschaffen hatte und zu erhalten beabsichtigte, was immer für persönliche Motivationen und Eifersüchteleien mit im Spiel waren.

Adler war als Kind durch Rachitis verkrüppelt und bis zum Alter von vier Jahren unfähig zu gehen gewesen. Dann hatte er an einer schweren Lungenentzündung gelitten und, offenbar aufgrund seiner körperlichen Hinfälligkeit, mehrere Unfälle gehabt. Daher war es für Adler vielleicht natürlicher als für den im Grunde robusten Freud, daß er das Streben nach Macht eher als die Sexualität für die Haupttriebkraft des Lebens und den »Minderwertigkeitskomplex« – der Ausdruck wurde durch ihn populär – für die Grundlage des menschlichen Ringens hielt. Es gab noch andere Unterschiede. Freud war Jude, während Adler zum Christentum übergetreten war, »aus Protest gegen die Isolation, die er als eine geistige Gefahr im orthodoxen jüdischen Glauben empfand«[74]. Und während es Freud nicht nur zur persönlichen Gewohnheit, sondern zu einem Hauptpunkt seiner Lehre machte, daß man sich die Patienten emotional vom Leibe halten müsse – daß ihre Probleme nur mit der Hilfe eines Analytikers gelöst werden konnten, der leidenschaftslos, objektiv und zurückhaltend war –, schlug Adler den umgekehrten Weg ein. Er befreundete sich mit seinen Patienten.

Zudem war Adler Sozialdemokrat, und wie ein kompetenter Beobachter bemerkte, »suchte er, anscheinend, die marxistische Lehre vom Klassenkampf mit seinen eigenen Theorien über den psychischen Konflikt in Einklang zu bringen«[75]. Bezeichnenderweise waren die Mitglieder der Wiener Psychoanalytischen Vereinigung, die schließlich zusammen mit ihm austraten – ein Viertel der Mitgliederschaft –, allesamt Sozialdemokraten. Welcher Art immer die beruflichen Differenzen zwischen Adler und Freud und wie groß auch die menschlichen Meinungsverschiedenheiten waren: ihre Sezession hatte etwas von einer politischen Revolte an sich. Daran war nichts Unehrenhaftes, und es ist bezeichnend für die unterschiedlichen Streitfragen, um die es ging, daß Jones, Freuds getreuer Paladin, über Adlers Sozialismus beinahe verächtlich schrieb, er sei »von der Art gewesen, dessen Ansichten sich eher auf ein Gefühl der sozialen Minderwertigkeit mit dem sich daraus ergebenden Neid und Groll gründeten als auf objektivere Ursachen. Er kam zur Psychoanalyse, angezogen von der Betonung, die sie auf die Unterdrückung persönlicher Wünsche legte, und in der Hoffnung, von ihr einige wissenschaftliche Hilfe für seine sozialistischen Bestrebungen zu erhalten.«[76]

Im Jahre 1907 hatte Adler, der zunächst Ophthalmologe gewesen war, seine *Studie der Organminderwertigkeit und ihrer psychischen Kompensation* veröffentlicht. Obwohl der Keim seines späteren Abfalls schon in dem Buch enthalten war, erschien die darin aufgestellte These Freud und seinen Kollegen zunächst durchaus akzeptabel. Adler wußte wie die meisten Ärzte, daß auf die Schädigung eines Organs im menschlichen Körper manchmal eine kompensatorische Reaktion folgt; am häufigsten ist die erhöhte Tätigkeit einer Niere oder eines Lungenflügels zu beobachten, wenn das entsprechende andere Organ beschädigt wird. Adler argumentierte, daß es sicherlich ein psychisches Äquivalent solcher Reaktionen gebe.

Die ersten Probleme zeigten sich im folgenden Jahr, als Adler am 3. Juni 1908 vor der Vereinigung einen Vortrag über »Sadismus im Leben und in der Neurose« hielt. Freud stimmte Adler in den meisten Punkten zu, hauptsächlich aber, wie aus dem Protokoll des Sekretärs hervorgeht, aus einem bestimmten Grund: »Was Adler den Agressionstrieb heiße, das sei unsere Libido.«[77] Freud brachte noch eine vergleichsweise milde Kritik an manchen Einzelheiten an, und das Protokoll vermerkt: »Über die Identität oder Verschiedenheit von Adlers Aggressionstrieb und unserer Libido entspinnt sich eine längere Debatte.«[78] Als Adler beinahe genau ein Jahr später »Über die Einheit der Neurosen« sprach, wurde er nicht nur von Freud, sondern auch von anderen Mitgliedern der Vereinigung kritisiert.

Die grundlegenden Unterschiede zwischen den Theorien, die Freud seit mehr als zwei Jahrzehnten entwickelt hatte, und denen, die Adler etwa halb so lange beschäftigten, sind leicht genug zu begreifen. Während Freud glaubte, daß Neurosen durch eine Fehlanpassung an die sexuelle Entwicklung entstehen, stellten sie für Adler eine Kompensation minderwertiger psychischer oder physischer Eigenschaften dar. Innerhalb dieses Begriffs des Machtstrebens als Haupttriebfeder der menschlichen Maschinerie konnte der Ödipuskomplex, wenn überhaupt, nur untergebracht werden, wenn seine Bedeutung herabgemindert und er in etwas weit weniger dramatisch Schockierendes als Freuds Begierde nach der Mutter oder dem Vater verwandelt wurde.

Adlers Theorien standen somit in direktem Gegensatz zu denen Freuds. Das würde keine Rolle gespielt haben, wenn die Wiener und die Internationale Psychoanalytische Vereinigung Körperschaften gewesen wären, deren Hauptziel die Suche nach der Wahrheit war. Aber der Zweck der Internationalen Vereinigung war die »Pflege und Förderung der von Freud begründeten psychoanalytischen Wissenschaft«, und die Wiener Ortsgruppe hatte Ziele, die nicht weniger starr oder eng waren. Adlers Austritt wurde daher zur Notwendigkeit, und ihn herbeizuführen, war eine Aufgabe, der sich Freud mit großem Geschick widmete.

Was eine durchaus achtbare Übereinkunft, verschiedene Ansichten zu vertreten, hätte sein können, wurde zusätzlich erschwert durch den Machtkampf zwischen der von Adler als Obmann angeführten Wiener Gruppe und den Zürichern, an deren Spitze Freuds erwählter Kronprinz stand. Freuds geschickte Manipulation der Situation im Frühjahr 1910 in Nürnberg und das Geschenk des *Zentralblatts* an Adler und Stekel hatten verhindert, was eine katastrophale Explosion von Ärger hätte werden können. Aber für die Wiener galt das alte Sprichwort: »Gib einem den kleinen Finger, und er nimmt die ganze Hand.« Noch vor Ende 1910 war es Freud klar, daß Adler seine Position festigte und weiterhin Ideen propagierte, die den Rechtgläubigen ernste Sorgen bereiteten. Im November schrieb er Jung:

»Adler, ein sehr anständiger und geistig hochstehender Mensch ist dafür paranoisch, drängt seine kaum verständlichen Theorien im ›Zentralblatt‹ so vor, daß sie alle Leser in Verwirrung bringen müssen. Streitet beständig um seine Priorität, belegt alles mit neuen Namen, beklagt sich, daß er in meinem Schatten verschwindet und drängt mich in die unliebsame Rolle des alternden Despoten, der die Jugend nicht aufkommen läßt. Ich wäre froh, wenn ich sie beide [Adler und Stekel] los wäre, da sie mich auch persönlich schlecht behandeln. Aber es wird nicht gelingen.«[79]

Diese defätistische Haltung änderte sich Anfang 1911. Adler wurde aufgefordert, der Wiener Vereinigung seine Ideen zu erklären, und dafür waren einige Vortragsabende vorgesehen. Er ergriff die Gelegenheit in der Hoffnung, seinen Lehrer überzeugen zu können. Freud konnte sich nichts Besseres wünschen. Bei einer Konfrontation mußte der Zeiger der Waage kräftig zu seinen Gunsten ausschlagen.

Die Berichte über Adlers Darlegungen und die folgende Debatte stammen hauptsächlich von Anhängern Adlers, aber Freud machte während der hitzigsten Diskussionen seinen Standpunkt Pfister klar, dem er schrieb:

»Adlers Theorien gingen zu weit vom rechten Weg ab, es war Zeit, dagegen Front zu machen. Er vergißt das Wort des Apostels Paulus, dessen genauen Wortlaut Sie besser kennen als ich: ›Und hättet Ihr der Liebe nicht‹. Er hat sich ein Weltsystem ohne Liebe geschaffen, und ich bin dabei, die Rache der beleidigten Göttin Libido an ihm zu vollziehen. Ich habe mir gewiß immer vorgesetzt, tolerant zu sein und keine Autorität auszuüben; in der Wirklichkeit geht es dann nicht. Es ist so, wie mit dem Wagen und den Fußgängern. Als ich anfing, den ganzen Tag im Wagen zu fahren, ärgerte ich mich über die Unvorsichtigkeit der Passanten, wie früher über die Rücksichtslosigkeit der Kutscher.«[80]

Sein Grundsatz, Toleranz zu üben, wurde schließlich aufgegeben in der Debatte, die auf Adlers Schlußerklärungen folgte. Laut Wittels, der zugab, seine Informationen dem Adler-Anhänger Wilhelm Stekel zu verdanken, hatte Freud ein Bündel Notizen vor sich liegen und schien mit finsterer Miene bereit zu sein, seinen Gegner zu vernichten. Die Anhänger Freuds sollen danach zu einem Massenangriff auf Adler übergegangen sein, der selbst auf dem Gebiet der erbitterten psychoanalytischen Kontroverse nahezu beispiellos in seiner Wildheit war, meinte Wittels. Durch die korrigierende Arbeit des Protokollführers gesiebt, war Freuds Erwiderung allerdings kritisch, machte aber den deutlichen Eindruck des Versuchs, angesichts der Opposition fair zu bleiben.

Die älteren Mitglieder der Vereinigung hielten im allgemeinen zu Freud, während, wie er Jung eingestand, die jüngeren und neueren Männer aus ihrer Sympathie für Adler kein Hehl machten. Zu letzteren gehörte Stekel, auf dessen Intervention Freud antwortete: »Wenn Stekel behauptete, er finde keinen Widerspruch zwischen den Anschauungen [Adlers] und der Freudschen Lehre, so muß doch darauf hingewiesen werden, daß zwei von den Beteiligten den Widerspruch doch finden: nämlich Adler und Freud.«[81] Für Stekel selbst empfand Freud eine Mischung aus Bitterkeit und Verachtung. Zu Herman Nunberg, einem früheren Mitglied der Vereinigung, sagte er nach Stekels Austritt aus der Wiener Gruppe: »Nun können wir ruhig und ungestört weiterarbeiten.«[82] Und Jones schrieb er: »Ich fürchte, er wird ein schweres Leben haben und das Schicksal des aufgeblasenen Frosches erleiden.«[83] Als er Jahre später eine neue Patientin an eine Kollegin überwies, schrieb er: »Das Letzte, was sie überstanden hat, war eine sechsmonatige Behandlung durch Stekel. Wenn sie gegen dessen schwachsinnige Zumutungen resistent geblieben ist, wirft es ja noch keinen Schatten auf sie.«[84]

Adler war ausmanövriert worden, und das Protokoll vom 1. März 1911 vermerkt, daß er »aus Inkompatibilitätsgründen seiner wissenschaftlichen Stellung und seiner Stellung im Vereine von seiner Funktion als Obmann des Vereines zurückgetreten sei und daß Stekel sich ihm ... angeschlossen habe«[85]. Die künftige Spaltung zeigte sich an, als Dr. Furtmüller, der früher so unglücklich über Wittels' Angriff auf Kraus gewesen war, bestritt, daß es irgendeine Inkompatibilität gebe, eine Ansicht, die Freud »für eine Kritik, die wir Adler, und für eine Werbung, die wir uns ersparen können«, hielt.[86]

Freuds Bemerkungen über das Schisma klingen ganz beiläufig. »Recht interessante Dinge haben sich in der Wiener Gruppe ereignet«, berichtete er Jones. »Wir hatten eine Reihe von Adler-Debatten, und als sich die Unvereinbarkeit seiner Ansichten mit unserer Psychoanalyse klar herausstellte, trat er aus dem Vorstand aus. Stekel folgte seinem Beispiel, und so habe ich am nächsten Mittwoch die Ehre zu übernehmen, die er fallen ließ, und werde die Angelegenheit wieder selbst in die Hand [nehmen].«[87]

So weit eine vernünftige Lösung, doch von nun an bestand kein Zweifel mehr daran, daß ein Ausgleich mit Adler das letzte war, worauf Freud hoffte. Aber noch redigierten Adler und Stekel das *Zentralblatt.* »Natürlich lauere ich auf die Gelegenheit, die beiden abzuwerfen«, vertraute er Jung an, »aber sie wissen es und benehmen sich darum vorsichtig und konziliant, so daß ich vorläufig nichts tun kann. Eine strengere Kontrolle meinerseits ist selbstverständlich; sie lassen sich auch die gefallen. Ich bin in meinem Herzen mit ihnen beiden fertig.« Und am Schluß des Briefes schrieb er: »Adlers Ich benimmt sich wie das Ich überhaupt, wie der dumme August im Zirkus, der unaufhörlich grimassiert, um dem Publikum zu versichern, daß er alles so angeordnet habe, wie es geschieht. Der arme Narr!«[88]

Auf den Brief, den er von Freud erhalten hatte, gründete Jones zweifellos seine Behauptung, daß Freud sich »etwas widerstrebend bereit erklärte«[89], den Vorsitz zu übernehmen. In seinem Bericht an Jung stellte Freud die Situation anders dar: »Ich habe mich entschlossen«, schrieb er, ». . . die Zügel wieder in die Hand zu nehmen. Ich werde sie jetzt stramm anziehen.«[90]

Stekel, dessen Buch *Die Sprache des Traumes* gerade erschienen war, kam nicht besser davon. Es war, gab Freud zu, »wie immer inhaltsreich – das Schwein findet Trüffeln –, aber sonst eine Schweinerei, ohne Versuch einer Zusammenfassung, voll von hohlen Allgemeinheiten und neuen schiefen Verallgemeinerungen, mit einer unglaublichen Schlamperei gemacht«[91]. Aber Stekel selbst gegenüber schlug Freud später im Sommer einen anderen Ton an. Als er dem schlampigen Verallgemeinerer von Karlsbad aus, wo er zur Kur weilte, eine Achatschale schickte, legte er einen kurzen Brief bei, in dem es hieß: »Ich kann mir nicht vorstellen, daß jemals etwas zwischen uns treten sollte.«

Aber der arme Narr und der schlampige Verallgemeinerer redigierten immer noch das *Zentralblatt.* Im April schrieb Freud Jung wieder: »Den [Adler] möchte ich beim nächsten Anstoß ausschiffen; aber Stekel will ihn zurückhalten und verspricht, ihn zur Einkehr zu bringen.«[92] Im Mai setzte er aber dann doch seinen Willen durch. Über das, was wirklich geschah, gehen die Meinungen auseinander. Freud sagte, er habe von Bergmann, dem Verleger, Adlers Rücktritt »verlangt«[93], und die Adlerianer behaupten, Freud habe dem Verleger, während Adler im Urlaub war, mitgeteilt, er würde seinen Namen zurückziehen, wenn der Adlers nicht vom Titelblatt verschwinde. Nach der Version Freuds »hat er [Adler] viel herumgezogen und endlich in sonderbaren Wendungen etwas erklärt, was man als Verzicht deuten muß«[94], während Freud später in »Zur Geschichte der psychoanalytischen Bewegung« offen zugab, daß er »Adler zum Ausscheiden aus der Redaktion des Zentralblatts veranlaßte«[95]. Seine Behauptung wurde in der Augustnummer des *Zentralblatts* bestätigt, in der Adler erklärte: »Hiermit bringe ich den Lesern dieser Zeitschrift zur Kenntnis, daß ich mit dem heutigen Tage aus der Redaktion dieser Zeitschrift ausscheide. Der Herausgeber der Zeitschrift, Herr Prof. Freud, war der Ansicht, daß zwischen ihm und mir derartige wissenschaftliche Gegensätze bestehen, die eine gemeinsame Herausgabe dieser Zeitschrift inopportun erscheinen ließen. Ich habe mich deshalb entschlossen, freiwillig aus der Redaktion der Zeitschrift auszutreten.«[96]

Zwei Dinge sind gewiß: daß Freud Herr der Lage war und daß er Adlers Rücktritt erzwang. Wie er in einem langen Brief an Jones aus Klobenstein am Ritten, dem Dorf in den Tiroler Dolomiten, wo er den Sommerurlaub verbrachte, zugab, hatte er die Krise reifen lassen. Er erwartete, daß Adlers Rücktritt andere mitziehen werde, und war über diese Aussicht nicht gerade unglücklich. Jung schrieb er in diesem Sinne: »Der Schaden ist nicht sehr groß. Paranoische Intelligenzen sind nicht rar und mehr gefährlich als wertvoll. Er hat als Paranoiker natürlich in vielem recht, wenn auch in allem unrecht. Einige recht unbrauchbare Mitglieder werden wahrscheinlich seinem Beispiel folgen.«[97]

Das taten sie auch am ersten Vortragsabend der Vereinigung nach der Sommerpause, als sie zusammen mit Adler endgültig austraten. »Die meisten dieser Männer teilten nicht Adlers Anschauungen«, berichtete Hanns Sachs. »Ihre Entscheidung wurde durch ihre Überzeugung beeinflußt, daß der ganze Vorgang gegen die ›Freiheit der Wissenschaft‹ verstieß. Es mag wohl sein, daß Freuds schneidende und harte Kritik zarte Gemüter verletzt und sie geneigt gemacht hatte zu glauben, daß Adlers Klage über Intoleranz berechtigt war.«[98]

Weder damals noch nach der Sezession gab Freud zu, daß es um die Freiheit der Wissenschaft gegangen sei. »Etwas müde von Kampf und Sieg«, schrieb er Jung am folgenden Tag, dem 12. Oktober 1911, »teile ich Ihnen mit, daß ich gestern die ganze Adlerbande (6 Stück) zum Austritt aus dem Verein genötigt habe. Ich war scharf, aber kaum ungerecht.«[99]

Und er war unversöhnlich. Wie es ein Kommentator ausdrückte, hatte Freud den Fall Adler ein für allemal erledigt, aber er erledigte ihn Woche für Woche ein für allemal, jahrelang. Noch 1914 sprach er von Adlers »spezifischer Giftigkeit« und nannte ihn einen »ekelhaften Menschen«[100]. Und in »Zur Geschichte der psychoanalytischen Bewegung« machte er aufmerksam auf »die Fülle von kleinlichen Bosheiten, die seine Arbeiten entstellten, und die Züge von unbändiger Prioritätssucht, die sich in ihnen verraten«[101]. Die Bitterkeit ging so weit, daß Freud, wie Ernest Jones berichtet, Arnold Zweig gegenüber einen mehr als ungewöhnlichen Kommentar abgab, als Adler an einer Hirnblutung gestorben war, während er an einer Tagung der British Association for the Advancement of Science in Aberdeen teilnahm. »Für einen Judenbuben aus einem Wiener Vorort«, schrieb er, »ist ein Tod in Aberdeen, Schottland, eine unerhörte Karriere und ein Beweis, wie weit er es gebracht hat. Wirklich hat ihn die Mitwelt für das Verdienst, der Analyse widersprochen zu haben, reichlich belohnt.«[102] Als später der Briefwechsel zwischen Freud und Arnold Zweig von Freuds Sohn Ernst herausgegeben wurde, strich dieser die bittere Anspielung, vermutlich weil er besser als Jones erkannte, daß das Wort »Judenbube« von nichtjüdischen Lesern als verächtlicher Ausdruck empfunden worden wäre.

Kurz nach Adlers Sezession im Herbst 1911 gründeten er und seine Anhänger den Verein für freie psychoanalytische Forschung. Die Anregung, hieß es in der offiziellen Erklärung ... ging von einigen Mitgliedern (der unter der Leitung Professor Sigmund Freuds stehenden Wiener Psychoanalytischen Vereinigung) aus, »die zu bemerken glaubten, daß man die Mitglieder des alten Vereins auf den ganzen Umfang der Lehrsätze und Theorien Freuds wissenschaftlich festlegen wolle. Ein solcher Vorgang schien ihnen nicht nur mit den allgemeinen Grundbedingungen wissenschaftlichen Forschens schwer vereinbar, sondern bei einer so jungen Wissenschaft, wie es die Psychoanalyse ist, von besonderer Gefahr zu sein. Es hieß nach ihrer Meinung auch den Wert des bisher Erreichten in Frage stellen, wenn man sich voreilig auf gewisse Formeln verpflichten und die Möglichkeit aufgeben wollte, neue Lösungsversuche zu unternehmen. So ließ ihre Überzeugung von der entscheidenden Bedeutung psychoanalytischer Arbeitsweise und Problemstellung es ihnen als eine wissenschaftliche Pflicht erscheinen, einer nach allen Seiten hin unabhängigen psychoanalytischen Forschung eine Stätte zu sichern.«[103]

Adlers »Individualpsychologie«, in die sich die »freie Psychoanalyse« bald verwandelte, fand großen Anklang, und ihre Popularität war zweifellos ein Faktor, der Freuds Verbitterung schürte. »Aber der großen Menge«, gab er zu, »muß eine solche Lehre hoch willkommen sein, die keine Komplikationen anerkennt, keine neuen, schwer faßbaren Begriffe einführt, vom Unbewußten nichts weiß, das auf Allen lastende Probleme der Sexualität mit einem Hieb beseitigt, sich auf die Aufdeckung der Schliche beschränkt, mit denen man sich das Leben bequem machen will.« Und dann zitierte er Schiller: »Wär' der Gedank' nicht so verwünscht gescheit/Man wär' versucht, ihn herzlich dumm zu nennen.«[104] Kurz zuvor hatte er noch über Adlers Psychologie gesagt: »In Wirklichkeit hat sie sehr wenig mit ihr [der Psychoanalyse] zu tun, führt aber infolge gewisser historischer Umstände eine Art von parasitärer Existenz auf ihre Kosten.«[105]

Ohne Zweifel glaubte Freud, daß Adlers Tätigkeit eine sehr reale Gefahr für die Psychoanalyse darstellte, und er betrachtete es als Triumph, daß es ihm gelungen war, seinen Gegner, wie er glaubte, in die tiefste

Finsternis zu verstoßen. Was er nicht zu erkennen vermochte, war, daß für manche und möglicherweise für viele seine Behandlung Adlers und später anderer Dissidenten sehr der gedankenlosen Opposition ähnelte, auf die er selbst vor einem Jahrzehnt und noch früher gestoßen war. Obwohl er ein großer Bewunderer Cromwells war, versäumte er es, den Rat zu befolgen, den der Lordprotektor der Schottischen Nationalkirche gab: »Ich bitte Euch um der Liebe Christi willen, erwägt die Möglichkeit, daß Ihr Euch irren könntet.«[106]

Kritik übten aber nicht nur die Adlerianer. »Freud ... bestand darauf ..., daß einer, der Adler folgte und die sexuelle Grundlage des Seelenlebens aufgab, kein Freudianer mehr war«, schrieb Max Graf. »Kurz, Freud als Oberhaupt der Kirche exkommunizierte Adler, er stieß ihn aus der offiziellen Kirche aus. Im Zeitraum weniger Jahre erlebte ich die ganze Kirchengeschichte, von den ersten Predigten vor einer kleinen Apostelschar bis zum Streit zwischen Arius und Athanasius.«[107] Der Vergleich mit einem Glaubensbekenntnis leuchtete, so laut auch die Freudianer protestierten, jedem ein, der Freud gut kannte. Seine Konzentration auf die Psychoanalyse, bemerkte Hanns Sachs, »brannte mit steter, alles verzehrender Flamme. Wie jeder andere Glaube auferlegte er dem Leben des Gläubigen strenge Einschränkungen und Vorschriften. Alles, von den kleinsten Einzelheiten der täglichen Routine bis zu den gewichtigsten Entscheidungen, wurde durch sein Diktat bestimmt.«[108]

Die Rolle des Verteidigers des Glaubens anstatt des Wahrheitssuchers, die Freud in vielen späteren Auseinandersetzungen mit Anhängern übernahm, die Renegaten, Abweichler oder Deserteure wurden, muß verstanden werden, wenn sie auch nicht zu entschuldigen ist. Ernest Jones schrieb in seinen eigenen Memoiren, die lange nach Freuds Tod veröffentlicht wurden, daß, wenn die Wissenschaft auch die Wahrheit über alles andere zu stellen hat, »es doch eine Situation gibt, in der es ganz besonders schwierig wird, diesem hohen Ideal treu zu bleiben«. Sie tritt ein, fuhr er fort, »wenn es viel gekostet hat, zu dem betreffenden Schluß zu gelangen oder, in moderner Sprache ausgedrückt, wenn man einen emotionalen Widerstand überwunden hat, der der Erkenntnis der Wahrheit der Schlußfolgerungen im Wege stand. Wahrheiten, die so schmerzlich gewonnen wurden, werden meist mit großer Hartnäckigkeit verteidigt, und das kann oft die wünschenswerte Bereitschaft beeinträchtigen, sie im Lichte neueren Beweismaterials zu modifizieren. Was als ein Stück Einsicht begann, verhärtet sich zu einer Überzeugung und kann zuletzt zum Vorurteil versteinern; so erging es dem großen Lord Lister

mit seinem antiseptischen Spray.«[109] (Joseph Lister, 1827–1912, englischer Chirurg, führte, von Pasteurs Erkenntnissen ausgehend, die Antisepsis in die Wundbehandlung ein. Anm. des Übers.)
Das gilt zum großen Teil auch für Freud. Im Falle Adlers zahlte er eine Strafe, denn Adler ging nicht in tiefster Finsternis zugrunde. Vielmehr zeigten die wöchentlichen Vereinsabende, die er bald einführte, die Tendenz, sich in den Kern einer echten psychotherapeutischen Bewegung zu verwandeln, die Freud rasch große Verlegenheit bereitete, da sie ihn zwang, sich zu verteidigen.
Die Stärke der Position Adlers wurde unterstrichen, als im Herbst 1912 Lou Andreas-Salomé nach Wien kam, eine der bemerkenswertesten Persönlichkeiten unter den Anhängern Freuds. Sie war die Tochter eines russischen Generals, hatte eine Vergangenheit, in der Nietzsche und Rilke als Liebhaber figurierten, und sollte später eine angesehene psychoanalytische Praxis in der Universitätsstadt Göttingen betreiben. Zusammen mit Poul Bjerre, einem Arzt, der schon früher im Jahr seine Karriere damit begonnen hatte, daß er einen Vortrag über Psychoanalyse vor dem Schwedischen Ärzteverein gehalten hatte, nahm sie am Weimarer Kongreß teil. Sie hatte die meisten Schriften Freuds gelesen und war sehr bald eine der ergebensten Anhängerinnen geworden.
Oberflächlich betrachtet, hätte Lou Andreas-Salomé von eben denen in die psychoanalytische Bewegung eingeschmuggelt worden sein können, die sie vernichten wollten. Ihr Privatleben, vor allem nach ihrer Heirat mit Friedrich Carl Andreas im Jahre 1887, würde – obwohl es mit transparenter Aufrichtigkeit geführt wurde –, wenn man alle Einzelheiten gewußt hätte, ausgereicht haben, um Freuds schärfste Kritiker in ihrem Glauben zu bestärken, daß exzessive Sexualität der Fels war, auf dem er seine »Sache« aufgebaut hatte. Und obwohl ihre intellektuellen Fähigkeiten über jeden Zweifel erhaben waren, entkräfteten ihr Aussehen, ihre Persönlichkeit und ihre Anziehungskraft auf Männer jeglichen Verdacht, daß man es mit einem Blaustrumpf zu tun haben könnte. Als hätte das noch nicht genügt, sie zu einer potentiellen Gefahr für die Psychoanalyse zu machen, kam noch der Einfluß hinzu, den sie bald auf Freud selbst ausüben sollte. Im Rückblick lassen ihn seine Beziehungen zu Lou Andreas-Salomé noch größer erscheinen. Nach seinem Tode sollte behauptet werden, es sei »nirgends in seinen Schriften möglich zu erraten, daß er sich der Leidenschaft, Zärtlichkeit, Poesie und Schönheit der Liebe noch all der Nuancen der Achtung, Zuneigung und Freundschaft, die nicht sexuell motiviert sind, bewußt war«[110]. Tatsächlich waren es aber gerade solche Gefühle, die Freud während des Vierteljahrhunderts ihrer Bekanntschaft für Lou hegte. »Es gibt manche

Menschen«, sagte er einmal zu einem Kollegen, »die eine innere Überlegenheit besitzen. Sie haben einen angeborenen Adel. Sie ist eben einer dieser Menschen.«[111]

Lou Andreas-Salomé kam am 25. Oktober 1912 in Wien an, nachdem sie zuvor von Freud die Genehmigung erhalten hatte, seine Vorlesungen an der Universität zu hören. Aber sie kam mit einem aufgeschlossenen Geist und wollte es so einrichten, daß sie, nachdem sie an den Mittwochabenden Freud gehört hatte, an den Donnerstagen an den Vereinsabenden Adlers teilnahm. Freud erklärte ihr noch vor ihrer Ankunft in einem Brief, daß das nicht gehe: »Da Sie mir von dem Vorhaben Mitteilung machen, die Adlerschen Vereinsabende zu besuchen, nehme ich mir die Freiheit, Ihnen ungefragt einige Worte zur Orientierung in der unerquicklichen Sachlage zu sagen. Zwischen den beiden Vereinen besteht nicht die Beziehung, die sich aus analogen, wenn auch divergenten Bestrebungen ergeben sollte. Die Menschen treiben häufig neben der ψα auch noch anderes. Wir haben uns genötigt gesehen, jeden Verkehr zwischen der Adlerschen Abspaltung und unserer Gruppe zu unterbinden, und auch unsere ärztlichen Gäste sind gebeten, zwischen dem Besuch hier oder dort zu wählen. Das ist nicht schön, aber das persönliche Verhalten der Ausgetretenen ließ uns keine Wahl.«[112] Eine solche Einschränkung wollte er aber ihr gegenüber nicht geltend machen; eine kluge Entscheidung, da dieser Bann für einen Neuling wie Schwäche ausgesehen haben könnte.

Außerdem erhielt er so eine Beobachterin im feindlichen Lager, wie aus einer schwer verständlichen Eintragung in ihrem Tagebuch hervorgeht. Freuds offizieller Bericht über Stekels Rücktritt, schrieb sie nach dem Besuch des Vortragsabends der Wiener Psychoanalytischen Vereinigung am 6. November, [habe so geklungen], als ob er nur die lokale Wiener Vereinigung beträfe, während sie doch von Adler wisse, welches die Absichten Stekels seien, und auch Freud sie kenne; dazu habe sie aber schweigen müssen. Aber so vollkommen das Schweigen auch war, es wäre bemerkenswert, wenn Freud von ihr nicht wenigstens etwas von dem, was vorging, erfahren hätte, zumal die Unstimmigkeiten mit Stekel hauptsächlich auf dessen Weigerung zurückgingen, Viktor Tausk, dem ehrgeizigen neuen Rekruten der Psychoanalyse, die Leitung des Besprechungsteils des *Zentralblatts* zu überlassen.

Das war nicht ohne Bedeutung, denn innerhalb weniger Wochen nach ihrer Ankunft in Wien war Lou die Geliebte Tausks geworden und hatte dadurch – mit ihrer Vergötterung Freuds – das ewige Dreieck, wenn auch nicht der üblichen Art, geschaffen. Von Lou erhielt Freud detaillierte Nachrichten über Tausks berufliche Arbeit. Von Freud erhielt Tausk

eine Ermutigung, die ihm unter anderen Umständen wahrscheinlich nicht zuteil geworden wäre. »Ich hätte ihn längst fallen lassen, wenn *Sie* ihn nicht in meinem Urteil so gehoben hätten«[113], schrieb Freud Lou Jahre später. Und Tausk verschaffte Lou die Befriedigung, ihrer Trophäensammlung einen neuen Skalp hinzufügen zu können.
Die Meinungsverschiedenheiten mit Stekel hatten schon früher im Jahr begonnen und während des ganzen Sommers und Herbstes weitergeschwelt. Stekel verglich sich mit Freud, indem er sagte: »Ein Zwerg auf der Schulter eines Riesen kann weiter sehen als der Riese«, und die damalige Beziehung zwischen den beiden wird durch Freuds Antwort darauf charakterisiert: »Das mag wahr sein, aber nicht eine Laus auf dem Kopfe eines Astronomen.«[114] Anfang November trat Stekel schließlich aus der Wiener Psychoanalytischen Vereinigung aus. Aber er dachte, was Freund wahrscheinlich schon von Lou erfahren hatte, nicht daran, die Redaktion der Zeitschrift aufzugeben. Freud war, technisch gesehen, der Leiter, und Jones fragte ihn später, warum er nicht von seinem Recht Gebrauch gemacht habe, einen anderen Redakteur zu ernennen. »Als Entschuldigung gab er mir an, Stekel habe auf den Verleger einen zu großen Einfluß; aber es ist auch möglich, daß er es vorzog, sich zurückzuhalten, statt einen offenen Kampf auszufechten.«[115] Jung, den Freud stets auf dem laufenden hielt, drückte es gröber aus. Er schrieb dem amerikanischen Psychologen Trigant-Burrow, der Verleger sei auf der Seite Stekels gestanden, und daher habe Stekel das *Zentralblatt* behalten und Freud sei entlassen worden. Freud selbst sagte Putnam, Stekels Verrat habe ihn gezwungen, ihm das *Zentralblatt* zu überlassen. Aber er machte, so gut es ging, gute Miene zum bösen Spiel und schrieb Abraham, es sei ein Segen, einen so zweifelhaften Charakter wie Stekel losgeworden zu sein. Dann schickte er ein Rundschreiben an alle Mitarbeiter und bat sie, nicht mehr für das *Zentralblatt* zu schreiben, sondern eine neue Zeitschrift zu unterstützen, die er herausbringen wolle. Er verlor keine Zeit. Noch vor Monatsende trafen sich Freud und seine Anhänger in München, und das Endergebnis ihrer Diskussionen war die *Internationale Zeitschrift für Psychoanalyse*, die von Ferenczi, Rank und Jones redigiert wurde. Sie alle waren bereit, die strikte Freudsche Linie zu befolgen. Stekels *Zentralblatt* kränkelte noch eine Weile dahin und ging beim Ausbruch des Ersten Weltkriegs ein.
Lou Andreas-Salomé war nicht nur eine brauchbare Informantin im Adlerschen Lager. Innerhalb von weniger als einem Monat nach ihrer Ankunft in Wien wurde sie zu einem Brennpunkt der Aufmerksamkeit Freuds. »Ich vermißte Sie gestern in der Vorlesung«, schrieb er am 10. November, »und bin froh zu hören, daß Ihr Besuch im Lager des

männlichen Protestes an der Verursachung Ihres Ausbleibens unbeteiligt ist. Ich habe die Unart angenommen, den Vortrag immer an eine bestimmte Person im Hörerkreis zu richten und starrte gestern wie gebannt in die Sitzlücke, die man für Sie gelassen hatte.«[116] Sie ihrerseits war gefesselt von der Einfachheit der Darlegungen Freuds und erinnerte sich noch beinahe zwei Jahrzehnte später, wie er, nach ihren Worten, eine Neurose bis zu ihrer untersten Schicht bloßlegte und sie dann »plötzlich mit einer raschen Handbewegung, wie man einen Kuchen aus seiner Blechbackform stürzt, unseren Blicken in ihrer unverminderten Ganzheit darbot«[117].

Freuds Weisheit, Lous Anwesenheit im Freudschen wie im Adlerschen Lager zu gestatten, machte sich bezahlt. Sie kehrte im folgenden April als überzeugte Freud-Schülerin nach Göttingen zurück und sprach von den Monaten in Wien als von ihrem Wendepunkt. »Die Wendung«, sagt ihr Biograph, Rudolph Binion, »war eine gegen Adler gerichtete.«[118]

14
Der Bruch mit Jung

So sind wir sie denn endlich los,
den brutalen heiligen Jung und seine Nachbeter!

Freud in einem Brief an Karl Abraham

Im Herbst 1912 hatte Freud den ersten Versuch, seine Autorität in Frage zu stellen, erfolgreich niedergeschlagen. Er hatte nun die Führung inne und war entschlossen, sie zu behalten. Sein Stern war im Steigen, und das wußten sowohl seine Anhänger als auch seine Familie. Doch nicht einmal Freud kann über den Ausgang der Kontroverse mit Adler ganz glücklich gewesen sein. Adler war zwar über Bord gedrängt worden, aber er war nicht spurlos untergegangen. Die »Individualpsychologie« konnte sich weder auf die Bekanntheit des Namens Freud noch auf die breite Grundlage der Praxis stützen, die Freud für die Therapie nutzen konnte oder dafür, Ungläubige zu überzeugen. Nichtsdestoweniger überlebte Adler, und er gab zu erkennen, daß er auch weiterhin überleben werde. Außerdem wurde es nun allmählich nur allzu deutlich, daß Freud bald mit einer weit wichtigeren Desertion zu rechnen hatte: mit der seines Kronprinzen und Stabschefs, Carl Gustav Jung.

Die leichte Andeutung von Differenzen, die ihren frühen Briefwechsel und ihre ersten Begegnungen kennzeichnete, hatte sich bald verflüchtigt. Sie nahm eine ganze Weile nicht wieder Gestalt an, und Freuds Einstellung drückte sich klar in seinem Brief an Pfister kurz nach dem 2. Internationalen Kongreß aus: »Ich hoffe, Sie sind mit den Nürnberger Beschlüssen einverstanden und werden unserem Jung treu zur Seite stehen. Ich will, daß er die Autorität erwerbe, die zur späteren Leitung der ganzen Bewegung berechtigt.«[1] Im Herbst 1911 betrachtete er Jung noch immer als den Organisator des Sieges und den Kronprinzen, der dazu ausersehen war, die Führung zu übernehmen, wenn er selbst durch Alter oder Tod ausfiel.

Jung seinerseits hatte nichts dagegen, die Rolle zu spielen, die ihm Freud zugedacht hatte, ja er machte manchmal den Eindruck, daß er nur bekommen zu haben glaubte, was ihm gebührte. Doch trotz der Bande zwischen diesen beiden aufrichtigen Männern, die jeder im Grunde derselben Sache verpflichtet waren, machten sich Kräfte bemerkbar, die sie auseinandertreiben und zuletzt auf Kollisionskurs bringen sollten. Der offensichtliche Grund sollte Jungs Neuauslegung der Lehren Freuds sein und im besonderen die Abwertung der Bedeutung, die Freud stets der Sexualität zugeschrieben hatte. Letzteres war mehr als nur ein Unterschied in der Betonung oder die Variation eines Themas, die man mit einem Achselzucken hätte abtun können. Es machte den Konflikt zwischen den beiden Männern unvermeidlich und bedeutete beinahe mit Sicherheit, daß sich die psychoanalytische Bewegung noch einmal spalten mußte. Nichtsdestoweniger würde der Bruch weniger Bitterkeit verursacht haben, hätte nicht Freud die Rolle des Oberbefehlshabers gespielt und die Überzeugung vertreten, daß der Befehl von ihm ausgehen müsse, wenn schon irgendwelche Änderungen der herrschenden Ansichten befohlen werden sollten. Das war noch nicht alles. Freud brauchte die Züricher als Truppe im Kampf für die Psychoanalyse, aber er betrachtete sie oft nicht als eine freiwillige, sondern als eine ausgehobene Truppe, und der Unterschied entging ihnen nicht. Dazu kam noch die Frage der Rasse. Er hatte bald eine Spur von Vorurteil in Jungs Einstellung bemerkt und beinahe ebenso rasch die Überheblichkeit des Nichtjuden bei ihm entdeckt, die ihn seit seinen Schultagen geärgert hatte.

So entstand die Gegnerschaft der beiden Männer aus einem ganzen Komplex von – beruflichen und persönlichen – Gründen. Sie wurde noch komplizierter durch die Überzeugung eines jeden, daß seine Motive über jeden Tadel erhaben seien, und schließlich geschürt durch Freuds Ärger darüber, daß überhaupt jemand seine führende Stellung anzweifelte. Berichte über den Bruch gibt es von den Anhängern Freuds auf der einen und denen Jungs auf der anderen Seite, aber erst heute ist es möglich, die Entwicklung der Krise Monat für Monat zu verfolgen und die Stärke der erregten Gefühle zu begreifen. Winston Churchill sagte einmal, die Chronologie sei der Schlüssel zur Geschichte, und gewiß läßt sie die Bitterkeit besser verstehen, die den Konflikt zwischen Freud und Jung kennzeichnete. Manchmal wurde Freud zweifellos schlecht behandelt, aber zu sehr braucht man ihn deshalb nicht zu bemitleiden. Wenn es zu einer intellektuellen Auseinandersetzung kam, war er sehr wohl imstande, für sich selbst und seine Sache zu sorgen und beides ohne allzu große Rücksicht auf Fairneß zu verteidigen.

Emma Jung, die scharfsichtige Frau, war es, die die ersten Zeichen des heraufziehenden Sturms bemerkte. Sie schrieb Freud am 30. Oktober

1911 einen Brief, von dem, wie sie betonte, ihr Mann nichts wußte. »Seit Ihrem Besuch bei uns«, schrieb sie nach einer kurzen Einleitung, »plagt mich nämlich die Idee, Ihr Verhältnis zu meinem Mann sei nicht ganz so wie es könnte und sollte, und da das unbedingt nicht sein darf, möchte ich versuchen, soviel in meiner Macht steht zu tun.« Als Freud sie vor dem Weimarer Kongreß in Küsnacht besucht hatte, fuhr sie fort, hatte er es vermieden, Jungs *Wandlungen und Symbole der Libido* zu erwähnen, deren erster Teil im *Jahrbuch für psychoanalytische und psycho-pathologische Forschungen* erschienen war. Lag es daran? »Oder ist es etwas anderes?« fragte sie. »So sagen Sie mir doch, bitte, was, lieber Herr Professor; denn ich kann es gar nicht sehen, wenn Sie so resigniert sind . . . Bitte fassen Sie meine Handlungsweise nicht als Zudringlichkeit auf und zählen Sie mich nicht etwa zu jenen Frauen, die, wie Sie einmal sagten, stets Ihre Freundschaften stören.«[2]

Die Warnung machte wenig Eindruck auf Freud. Es erschien ihm immer noch unvorstellbar, daß sich der Ärger mit Adler wiederholen könnte. »In unser beider Verhältnis zur ΨA«, schrieb er Jung im März 1912, »liegt die unerschütterliche Basis unserer persönlichen Beziehungen, aber es war doch verlockend, auf dieser Basis etwas Schönes, wenn auch Labileres, von intimer Zusammengehörigkeit aufzubauen, und es soll doch so bleiben?«[3]

Es hätte auch so bleiben können, wäre nicht ein kleiner Zwischenfall eingetreten. Im März 1912 mußte sich Ludwig Binswanger, der junge Schweizer Psychiater, mit dem Freud seit dessen Besuch 1907 in Wien eine enge Freundschaft geschlossen hatte, einer schweren Operation zur Entfernung eines Tumors unterziehen. Es bestand die Gefahr, daß er danach nur noch wenige Jahre zu leben hatte, und Freud reagierte auf die Nachricht mit einem Brief an Binswanger am 14. April 1912, in dem er schrieb, als alter Mann, der nicht klagen dürfe, wenn sein Leben in wenigen Jahren abschließe (und auch beschlossen habe, nicht zu klagen), empfinde er es besonders schmerzlich, wenn einer von seinen blühenden Jungen ihm mitteile, das Leben sei ihm unsicher geworden, einer von denen, die sein eigenes Leben fortsetzen sollten. Er wolle seinen Freund gern in dessen Haus in Kreuzlingen am Bodensee besuchen und fragte, ob es ihm zu Pfingsten recht sei.

Binswanger war mit dem Datum einverstanden, und Freud traf am Samstag, dem 25. Mai, zu einem Besuch von 48 Stunden ein. Beinahe ebensoviel Zeit kostete ihn die Fahrt von Wien nach Kreuzlingen und zurück.

Kreuzlingen liegt rund 60 km von Jungs Haus in Küsnacht entfernt. Es wäre daher die natürlichste Sache der Welt gewesen, daß Jung die

Gelegenheit genutzt hätte, Freud in Kreuzlingen zu besuchen. Ebensogut ist es jedoch denkbar, daß einer von ihnen oder beide einer solchen Begegnung ausweichen wollten, eine Möglichkeit, die es unklug erscheinen läßt, irgend etwas Bestimmtes über das auszusagen, was wirklich geschah.

Wie Freud den Fall Jones darstellte, hatte er beiden, Binswanger und Jung, am selben Tag, dem 23. Mai, geschrieben, daß er am kommenden Wochenende in Kreuzlingen sein werde, und er hatte offenbar angenommen, Jung werde ihn besuchen. Das tat Jung nicht, und er behauptete später, der Brief sei erst am Montag angekommen, als Freud Kreuzlingen schon wieder verließ. Später aber fügte er, nach der Schilderung, die Freud Jones gab, hinzu, er sei an diesem Wochenende gar nicht daheim gewesen. Binswanger wiederum erinnerte sich später, daß Freud seinen Brief am 16. Mai geschrieben habe, und in diesem Falle wäre es unwahrscheinlich, daß er ihn erst am 23. aufgegeben hätte. Das weist eindeutig darauf hin, daß Jung Freud absichtlich kränkte. Während Jones sagte, Freud habe erwartet, daß Jung nach Kreuzlingen komme, warf Jung, Binswanger zufolge, Freud vor, daß er ihn nicht in Zürich besucht habe. Wie immer es sich mit diesem unglücklichen Zufall verhält: er hätte sich unschwer vermeiden lassen, wenn einer der beiden Männer zum Telefon gegriffen hätte.

Der Zwischenfall in Kreuzlingen mag das Ergebnis eines einfachen Mißverständnisse oder eines unbewußten Wunsches, eine Begegnung zu vermeiden, gewesen sein: er trug jedenfalls dazu bei, die Beziehungen zwischen den beiden Männern weiter zu verschlechtern. Jung warf Freud die Beleidigung vor, den Brief zu spät abgeschickt zu haben. Freud erklärte Pfister im Juli, wenn er, Pfister, Jung getroffen hätte, so hätte er ihm »ja von mir sagen können, daß er sehr wohl von mir abweichende Auffassungen entwickeln kann, aber daß ich ihn bitten lasse, es ohne schlechtes Gewissen zu tun«[4]. Später im Monat erhielt Freud einen nörgelnden Brief von Jung, und er beschrieb in einem Brief an Jones, wie sich seine Einstellung entwickelte. Jungs Brief, sagte er Jones, »kann nur als eine formelle Absage an unsere bisher freundschaftlichen Beziehungen gedeutet werden. Es tut mir leid, nicht mehr aus persönlichen Gründen, sondern wegen der Zukunft des Vereins und der Sache der PA, aber ich bin entschlossen, die Dinge treiben zu lassen und nicht mehr zu versuchen, ihn zu beeinflussen. Die PA ist nicht mehr meine eigene Angelegenheit, sondern geht ebenso auch Sie und so viele andere dazu an.«[5]

Um diese Zeit sollte der zweite Teil von Jungs *Wandlungen und Symbole der Libido* erscheinen. Jones hatte sich offenbar ein Korrekturexemplar

verschafft und berichtete Freud unverzüglich von seinem Inhalt. Freud besorgte sich selbst ein Exemplar und sah auf den ersten Blick, daß auch ohne die Störung der persönlichen Beziehungen Jungs neuer Libido-Begriff zu einer Trennung der Wege führte. Um die Jahrhundertwende war der Ausdruck unterschiedlich in der Bedeutung »sexuelles Begehren« oder »Sexualtrieb« im engsten Sinne des Wortes gebraucht worden. Freud hatte ihn dann in einem weiteren Sinne verwendet, aber zu dieser Zeit immer noch mit seinen rein sexuellen Nebenbedeutungen. Jung trug nun jedoch die Auffassung vor, daß sich die Libido aus der psychischen Energie als Ganzes zusammensetze, eine Anschauung, die, wenn sie akzeptiert wurde, eine der Hauptstützen des Freudschen Lehrgebäudes wegschlug. Außerdem – und das war ebenso wichtig in einer Situation potentieller persönlicher Konfrontation – verwendete Jung seine Schrift dazu, Stellen aus Freuds Abhandlung über Schreber zu zitieren und sie dann in Begriffen zu erläutern, die in schroffem Gegensatz zu Freuds vom Sexuellen ausgehenden Erklärungen standen.
In diesem Augenblick, im Sommer 1912, als echte wissenschaftliche Widersprüche die persönliche Kluft zwischen Freud und Jung unheilvoll vertieften, kam bei Jones der romantische Kelte zum Vorschein, und er schlug eine Prätorianergarde vor, die sich im Notfall um ihren Führer scharen konnte. Etwas dergleichen schien auch tatsächlich notwendig zu sein. Adler war gegangen und hatte einen unliebsam großen Teil der Wiener Vereinigung mitgenommen. Stekel war ihm gefolgt, und es bedurfte keines besonderen Scharfsinns zu sehen, daß Jung, eine Persönlichkeit von größerem Format als die anderen Deserteure, bald seine eigene Fahne zu hissen gedachte. Daher, meinte Jones, war die Notwendigkeit eines inneren Kreises gegeben, mit dem Freud regelmäßig die Angelegenheiten der Internationalen Vereinigung besprechen konnte und dessen Mitglieder sich verpflichten würden, keine radikalen Neuerungen der psychoanalytischen Theorie oder Praxis zu publizieren, bevor sie nicht von allen diskutiert worden wären.
Die Rolle, die Jones bei der Entstehung des »Komitees«, wie es genannt wurde, spielte, ist nicht ganz klar. »Die Idee einer geschlossenen kleinen Truppe, die wie die Paladine Karls des Großen das Reich und die Politik ihres Herrn zu schützen hatte, ist ein Produkt meiner eigenen Romantik gewesen«, schrieb er Freud kurz nachdem diese Idee zum erstenmal ausgesprochen worden war, und er fügte hinzu: »Ich habe es nicht gewagt, mit anderen darüber zu sprechen, bevor ich sie nicht Ihnen eröffnet hatte.«[6] Vierzig Jahre später erklärte er, er habe den Plan mit Rank und Ferenczi diskutiert.
Am 30. Juli 1912 schrieb er wieder an Freud. Er könne nicht umhin,

sagte er, »zu wünschen, daß die Dinge an der Spitze, um Sie herum, zufriedenstellender wären«. In Wien, fuhr er fort, habe einer, wahrscheinlich Ferenczi, »den Wunsch geäußert, daß eine kleine Gruppe von Männern von Ihnen gründlich analysiert werde, so daß sie die reine Theorie, unverfälscht durch persönliche Komplexe, repräsentieren und so einen inoffiziellen inneren Kreis im Verein bilden und als Zentren dienen könnten, wo andere (Anfänger) hingehen und die Arbeit lernen könnten. Wenn das nur möglich wäre, würde es die ideale Lösung sein.«[7]

Freud antwortete postwendend. Er begrüßte die Idee, was nicht weiter verwunderlich war, da sie ihm zumindest ein wenig von der Macht zurückgab, die er in Nürnberg eingebüßt hatte. »Was meine Phantasie sofort in Beschlag nahm, war Ihre Idee eines geheimen Konzils, das sich aus den besten und zuverlässigsten unserer Leute zusammensetzen solle, deren Aufgabe es sei, für die Weiterentwicklung der Psychoanalyse zu sorgen und die Sache gegen Persönlichkeiten und Zwischenfälle zu verteidigen, wenn ich nicht mehr da bin«[8], schrieb er. Aber die Idee, auch die Ferenczis, schien nicht neu zu sein. In zwei Sätzen, die Jones ausließ, als er Freuds Antwort in seiner Biographie wiedergab, meinte Freud, er selbst könnte diese Idee gehabt haben, als er noch hoffte, Jung werde einen solchen Kreis bilden.

Er war sich jedoch scharfsichtig der Gefahren bewußt. »Ich weiß, daß in diesem Projekt auch ein Element von knabenhafter Romantik liegt«, fuhr er fort, »aber es läßt sich vielleicht realitätsgerecht machen. Ich will meiner Phantasie freien Lauf lassen und Ihnen die Rolle des Zensors überlassen.«[9] Freuds einzige Forderung war, daß Existenz und Wirken des Komitees streng geheim bleiben müßten. Darin lag viel Weisheit. Wäre es bekannt geworden, daß sich die Gründerväter der Psychoanalyse zusammenscharten und gleichsam wie Schuljungen eine Geheimgesellschaft bildeten, so würde die Sache zweifellos darunter gelitten haben. Jones selbst hielt es später für ratsam, diesen Aspekt des Komitees zu unterspielen, nachdem Freud jedem Mitglied eine antike Gemme geschenkt hatte, die der Empfänger in einen goldenen Ring fassen ließ. »Lassen Sie sich von der kindischen Sache mit den Ringen nicht irreführen«, schrieb Jones an Brome. »Sie hatten nichts zu bedeuten, und mindestens zwei Mitgliedern des Komitees ist es peinlich, sie zu tragen . . .«[10]

Die ursprünglichen Mitglieder waren Ferenczi, Rank, Sachs, Abraham und Jones. »Als ich Rank als den letzten Rekruten unserer kleinen Gruppe vorstellte«, schrieb Jones später, »musterte ihn Ferenczi aufmerksam und stellte ihm die Frage: ›Ich nehme an, Sie werden der

Psychoanalyse immer treu bleiben?‹ ... Rank antwortete: ›Gewiß‹.«[11] Es war, sagte Jones, ein merkwürdiger Zufall, »daß gerade sie in den folgenden Jahren die einzigen waren, die unserem Versprechen gegenseitiger Verständigung nicht treu blieben.«[12]

Andere vertraute Freunde wurden nach und nach in den Zauberkreis mit einbezogen, und einer der ersten scheint Eitingon gewesen zu sein. Ringe erhielten Lou Andreas-Salomé, Freuds Tochter Anna, Prinzessin Marie Bonaparte, die spätere Freundin und Anhängerin Freuds, Annas Freundin Dorothy Burlingham und Ernest Jones' Frau, Katherine. Auf Listen von Ringempfängern scheinen noch andere Namen auf, darunter Stefan Zweig, Ferenczis Frau Gisela, Ruth Mack-Brunswick, Edith Jackson, Henny Freud und Eva Rosenfeld. Wie weit diese Einzelheiten stimmen, ist nicht klar, aber die Idee einer exklusiven, geheimen Körperschaft von Tonangebenden wurde offensichtlich mit der Zeit verwässert.

Als er das Komitee vorschlug, hatte Jones die immer größer werdende Kluft zwischen Freud und Jung im Auge. Aber er selbst war nicht über jeden Verdacht erhaben. Kurz nachdem er den Plan Freud vorgelegt hatte, erhielt dieser einen Brief von Ferenczi: »Selten noch ist es mir so klar gewesen wie jetzt, welchen psychischen Vorteil es bedeutet, als Jude geboren zu werden ... Jones müssen Sie stets im Auge behalten und ihm die Rückzugslinie abschneiden.«[13]

In dieser Atmosphäre wachsenden Mißtrauens verließ Jung Zürich im Frühherbst, um ein zweites Mal die Vereinigten Staaten zu besuchen. Er war von der jesuitischen Fordham University in der Bronx eingeladen worden und hielt dort neun Vorlesungen unter dem Titel »Versuch einer Darstellung der psychoanalytischen Theorie« vor beinahe hundert Psychiatern und Neurologen. In der ersten sprach er über Breuers »Anna O.«. Er stellte fest, aufmerksame Ärzte würden bestätigen, daß schmerzliche Ereignisse oft die Wurzel neurotischer Erkrankungen seien, und dann zeigte er den Pferdefuß und fügte hinzu, diese Wahrheit sei auch den älteren Ärzten schon bekannt gewesen. Im Vorwort zu den gedruckten Vorlesungen gab er zu, daß Freuds Einsichten und Erfahrungen weit größer seien als seine eigenen, fügte aber dann hinzu, es scheine ihm, daß manche seiner eigenen Formulierungen die beobachteten Tatsachen besser ausdrückten als die Freuds. Zu diesen Formulierungen gehörte die Abschwächung der Bedeutung, die Freud dem Sexuellen als ätiologischem Faktor beimaß. Als er dann jedoch auf den Ödipuskomplex zu sprechen kam, den er als Ausdruck für so unpassend wie nur möglich hielt, begann Jung, eine wesentliche Grundlage der Theorie Freuds zu unterminieren. Während der tragische Konflikt des Ödipus darin liegt,

daß er unwissentlich seinen Vater erschlug und dann seine Mutter heiratete, meinte Jung:
»Die Bezeichnung Ödipuskomplex will natürlich nicht sagen, daß dieser Konflikt in erwachsener Form gedacht sei, sondern in der entsprechenden infantilen Verkleinerung und Abschwächung. Zunächst will es überhaupt nur heißen, daß die kindlichen Liebesansprüche Vater und Mutter gelten, und insofern nun diese Ansprüche schon eine gewisse Intensität erlangt haben, so daß sie mit Eifersucht das erwähnte Objekt verteidigen, kann man von einem Ödipuskomplex reden . . .«
Falls noch irgendein Zweifel daran bestand, daß Jung Freuds unbewußtes Inzestverlangen in eine ganz normale, gemütliche Kinderzimmer-Angelegenheit verwandelt hatte, so wurde er wenige Augenblick später beseitigt. Denn Jung erklärte seinen Zuhörern: »Wenn ich aber sage, daß der Ödipuskomplex zunächst nur eine Formel sei für das kindliche Begehren gegenüber Vater und Mutter und für den Konflikt, den dieses Begehren hervorruft – wie jedes eigennützige Begehren Konflikte erzeugt –, so dürfte die Sache akzeptabler erscheinen.«[14]
Daran war nun sicherlich nicht mehr zu zweifeln. Und bei einiger Überlegung konnte es auch keinen Zweifel hinsichtlich der Wirkung der Vorlesungen Jungs über die gesamte Theorie Freuds geben, der, wie Jung sagte, die Inzestneigung für einen absolut konkreten sexuellen Wunsch halte, denn er nenne diesen Komplex den Wurzelkomplex oder Kern der Neurosen und sei geneigt, da er diesen als den ursprünglichen betrachte, praktisch die gesamte Psychologie der Neurosen wie so viele andere Phänomene im seelischen Bereich auf diesen einen Komplex zu reduzieren. Doch dieser Komplex war nun allerdings etwas ganz anderes geworden als das, was Freud gemeint hatte. Der Feldherr und sein Stabschef hatten beinahe völlig verschiedene Vorstellungen von dem, wofür sie kämpften.
Eine gewisse Freud-Auslese ließen die Fordham-Vorlesungen unangetastet, aber sehr viel war es nicht. Nach Ansicht Putnams, der Jung in New York traf, verwarf dieser die wertvollsten Elemente der Psychoanalyse. Putnam schrieb an Jones:
»Was Dr. Jung tatsächlich sagte, war, daß er, während er noch an der Bedeutung der psychoanalytischen Technik festhielt, dahin gelangt sei, die infantilen Fixierungen als ätiologischen Faktor für weit weniger wichtig zu halten als früher, ja sogar, wie ich ihn verstand, für einen in den meisten Fällen nahezu irrelevanten Faktor – obwohl ich kaum glaube, daß er das wirklich behaupten könnte, wenn man eine entschiedene Meinungsäußerung von ihm verlangte. Jedenfalls ist der Punkt, den er nun hervorzuheben geneigt scheint, die Schwierigkeit,

mit neuen Problemen und Umweltbedingungen fertigzuwerden, die sich zum Zeitpunkt des tatsächlichen Beginns der Neurose ergeben. Mir scheint, daß wir alle die Bedeutung dieser Einflüsse erkennen, und ich kann nicht finden, daß durch die Bagatellisierung des anderen Faktors etwas gewonnen wird.«[15]

Freud hatte allen Grund verärgert zu sein, da Jung die großen Revisionen der Freudschen Theorie nicht vorher mit ihm besprochen hatte. Aber diese Unterlassung verriet in erster Linie einen Mangel an Höflichkeit, und es steckt ein gut Teil Wahrheit in Jungs Behauptung, daß die Vorlesungen, deren Veröffentlichung seine Anschauungen in den Vereinigten Staaten sehr populär machte, kaum als schismatisch betrachtet werden könnten, es sei denn, die Psychoanalyse wäre ein Glaubensbekenntnis.

Eine Weile kannte Freud nur die dürftigsten Einzelheiten dieser Vorgänge. Er wäre besorgter gewesen, wenn er mehr gewußt hätte. Denn Jung hatte in seinen Vorlesungen nicht nur abgeschwächt und unterspielt, was für Freud das zentrale Prinzip der Psychoanalyse war, sondern er hatte eine persönliche Publicity gewonnen, die es ihm ermöglichte, seine eigenen Ideen mit einigem Erfolg zu propagieren. So war, zum Beispiel, das Ergebnis eines Interviews mit einem Reporter der *New York Times* ein 5000 Wörter langer Artikel, der vier Fünftel einer Seite einnahm und unter dem Titel *Amerika vor seinem tragischsten Augenblick – Dr. Carl Jung*[16] erschien. Wie der Reporter berichtete, gebrauchte Jung das Wort »Sex« bei einer einzigen Gelegenheit – und in bezug auf Athen im Jahre 500 v. Chr. Der Hauptteil des Artikels, in dem es hieß: »Jung war es, der Dr. Sigmund Freud zur Anerkennung der älteren Schule der Psychologie brachte«[17], war eine tiefgehende Kritik an den Vereinigten Staaten. Ein Grund für die unglückliche Lage ihrer Bewohner, meinte Jung, war ihre »Prüderie«. Diese kleine Schwäche schien aber weniger wichtig zu sein als die Nachwirkungen der Notwendigkeit, vor die sich die Amerikaner gestellt sahen, zuerst die Ureinwohner des Landes und dann ihre Umwelt zu unterwerfen. Während die Indianer »zurückgeblieben« waren, wurden die weißen Amerikaner nach Jungs Ansicht »von der Negerrasse beeinflußt, die euch vor nicht allzu langer Zeit noch ›Herr‹ nennen mußte«. Und was die Umwelt anbetraf, sagte er: »Es ist keine Frage, daß ihr viele schöne Dinge geopfert habt, um eure großen Städte zu bauen und die Wildnis zu bezähmen. Um einen so großen Mechanismus aufzubauen, müßt ihr vieles Wachsende erstickt haben, aber irgendwo muß es eine Ursache geben, und wenn ihr die entdeckt habt, wird euer Mechanismus nicht mehr die Gefahr für euch sein, die er heute ist.« Man hat Jung den Vorwurf gemacht, seine Ideen unter einem »schaumschlägerischen Wortschwall«[18] zu verbergen, und einige seiner mystischeren Behauptungen rechtfertigen diese Kritik. Dennoch gab er hier einen scharfsinnigen Kommentar zur Lage in den ersten Jahren des neuen Jahrhunderts ab, den zumindest manche Amerikaner nicht ungern hörten. Jung, der auf einer drei Spalten breiten Fotografie ernst von der Zeitungsseite blickte, errang beträchtliche Aufmerksamkeit.

Sobald er Freud angriff, konnte er seiner Zuhörer sicher sein. Es ist zwar richtig, daß es nach der Unterstützung durch Männer wie Putnam immer schwieriger wurde, eine Zuhörerschaft von Ärzten davon zu überzeugen, daß die Beschäftigung mit der Psychoanalyse reine Zeitverschwendung sei. Aber man konnte immer noch anwenden, was die Militärs die »Strategie der indirekten Annäherung« nennen. So fand es Moses Allen Starr, der vor der neurologischen Abteilung der New Yorker Academy of Medicine sprach – nachdem Putnam ein Referat mit dem Titel »Kommentare zu sexuellen Fragen vom Freudschen Standpunkt« gehalten hatte – angebracht, Freud persönlich anzugreifen und verächtlich zu machen. Er habe, erklärte er, Freud in Wien gut gekannt, und fuhr fort: »Wien ist keine besonders moralische Stadt, und als ich einen ganzen Winter lang an Freuds Seite im Laboratorium arbeitete, sah ich, daß er das Wiener Leben reichlich genoß. Freund war kein Mann, der auf einer besonders hohen Ebene lebte. Er war nicht enthaltsam. Er war kein Asket. Ich glaube, seine wissenschaftliche Theorie ist weitgehend das Resultat seines Milieus und des sonderbaren Lebens, das er führte.«[19]

Als Mischung von Inkonsequenz und Verleumdung durch Assoziation war dieser Teil der Erklärungen Starrs ein Meisterwerk, aber als Freud durch Putnam davon hörte, nahm er es gelassen auf. Er versicherte Putnam, Starr nie gekannt zu haben, und meinte, die Sache erscheine ihm, was für Gründe sie im einzelnen auch haben mag, nicht wichtig genug. Die Auskünfte über seine Jugendjahre hätten ihn köstlich amüsiert, und er wünschte, sie wären wahr. Ob Putnam Freuds Antwort jemals Starr mitteilte, ist nicht bekannt. Wenn ja, hätte Starr von den Tagen berichten können, in denen er und Freud als Medizinstudenten zusammen an einem Tisch in Meynerts Laboratorium arbeiteten und er Auszüge aus Freuds ersten Schriften an amerikanische Zeitungen schickte. Ein Student namens M. Allen Starr hatte nämlich tatsächlich dort gearbeitet.

Während Putnam natürlich mit Nachdruck auf Starrs persönliche Ausfälligkeiten hinwies, die in einem wissenschaftlichen Kreis völlig fehl am Platze waren, trat Starr bei dieser Gelegenheit wirklich für etwas ein, was er Psychoanalyse nannte, wenngleich es sich offensichtlich um die Adlersche Variante handelte. Er sagte:

»Tatsächlich glaube ich, daß Freud mit der Theorie, die Sie, meine Herren, alle so hoch gepriesen haben, die wirklich ernste neue Wissenschaft der Psychoanalyse in eine Frivolität verwandelt hat, diese Wissenschaft, die es uns Neurologen ermöglicht, die seelischen Vorgänge unserer Patienten so exakt und mathematisch zu studieren, wie wir früher imstande waren, den menschlichen Körper mit Hilfe des Mikroskops und des Skalpells zu studieren. Es gibt außer dem Geschlechtstrieb noch viele andere Ursachen, die komplexe Psychosen im menschlichen Leben auslösen. Ein ebenso starker Trieb ist, zum Beispiel, der Selbsterhaltungstrieb. In Amerika drückt sich dieser Selbsterhaltungstrieb in dem Kampf um Wohlstand aus. Ich bin der Meinung, daß wir amerikanischen Ärzte, wenn wir den gleichen Wert des Selbsterhaltungstriebs für die Bestimmung des Lebens und der seelischen Verfassung unserer Patienten erkennen, einen viel größeren Erfolg erzielen werden.«[20]

Dr. Starr beendete seine Rede, indem er Dr. Putnam und seine Kollegen aufforderte, kategorisch zu erklären, ob Freuds Theorie, selbst wenn sie stimmte, von irgendeinem praktischen Nutzen für den Arzt sei, der einen Fall zu diagnostizieren habe. In der verworrenen Debatte, die darauf folgte, kam Putnam nicht dazu zu antworten.

Mit einer beträchtlichen Anzahl von Männern, die gern bereit waren, ihre Meinung nach den Äußerungen eines Dr. Starr auszurichten, auf seiner Seite, fühlte sich Jung durch seine Aufnahme in New York ermutigt. Gewiß war er weit davon entfernt, Verlegenheit darüber zu empfinden, daß er praktisch das Lager Freuds verlassen hatte, und bei seiner Rückkehr nach Europa erklärte er bereitwillig seinen Standpunkt. »Ich habe natürlich auch meinen von den bisherigen Auffassungen stellenweise abweichenden Ansichten Raum gegeben«, schrieb er Freud in einem auffallend anmaßenden Brief, »ich meine besonders in punkto der Libidotheorie. Ich habe gefunden, daß meine Fassung der Ψa sehr viele Freunde gewann, welche bisher dem Problem des Sexualismus der Neurose hilflos gegenüberstanden.« Dann drehte er das Messer in der Wunde um und schrieb: »Ich werde mir erlauben, Ihnen, sobald ich einen Abdruck habe, ein Exemplar meiner Vorlesungen zu schicken, in der Hoffnung, daß Sie gewissen Neuerungen, die schon in meiner Libidoarbeit angedeutet sind, allmählich werden beipflichten können. Ich habe kein Bedürfnis, Ihnen davonzulaufen, wenn Sie unsere Bemühungen objektiv würdigen wollen ...« Und um Freud zuletzt noch mehr zu reizen, sagte er: »Ihre Kreuzlinger Geste hat mich nachhaltig gekränkt.«[21]

Freuds Antwort begann mit der Anrede »Lieber Herr Doktor« anstatt mit dem üblichen »Lieber Freund«. Er drückte seine Teilnahme an Jungs

Erfolg aus, warnte aber davor, einen Mangel an Widerstand gegen seine Ansichten auf die Verdienstseite zu schreiben. »Je weiter Sie sich von den psychoanalytischen Neuheiten entfernen, desto sicherer sind Sie des Beifalls, desto geringer ist der Widerstand.« Es war ein im großen ganzen freundlicher Brief, doch kurz nach der eben zitierten Bemerkung schrieb Freud: »Ihr Beharren auf der ›Geste von Kreuzlingen‹ ist mir zwar ebenso unverständlich als kränkend, aber es gibt Dinge, die sich schriftlich nicht erledigen lassen.«[22]

Möglicherweise dachte er an dieses Stadium, als er ein Jahrzehnt später in einem Brief an Abraham auf den Bruch anspielte: »Wenn Jung seine ersten selbständigen Erfahrungen dazu verwendet hat, um sich von der Analyse loszumachen, so wissen wir beide, daß er starke neurotische und egoistische Motive dazu hatte, welche diese Entdeckung ausnutzten. Ich konnte damals mit Berechtigung sagen, sein krummer Charakter entschädigt mich nicht für seine schiefen Theorien.«[23]

Noch war es aber in diesem Stadium nicht zum vollständigen Bruch gekommen, und im November 1912, als eine Versammlung in München einberufen wurde, um sowohl die Weigerung Stekels, das *Zentralblatt* abzugeben, als auch die Gründung einer neuen Zeitschrift zu besprechen, sah es so aus, als könnte ein endgültiger Bruch für immer vermieden werden. Jung schlug vor, Freuds Plan hinsichtlich der Zukunft der Zeitschriften anzunehmen, niemand hatte Einwände, und die Versammlung endete ohne eine Spur von Groll.

Freud und Jung machten danach einen Spaziergang. Die versäumte Begegnung in Kreuzlingen schien nun, oberflächlich betrachtet, eine befriedigende Erklärung zu finden. Nach Jones' Bericht über das, was auf diesem Spaziergang geschah, gab Jung zu, daß er zu Pfingsten nicht daheim gewesen sei, Freuds Brief nicht rechtzeitig erhalten und auch nicht auf den Poststempel geachtet habe, bevor er sich beklagte. Die Erklärung wäre natürlich bedeutungslos gewesen, wenn Freud seinen Brief wirklich am 16. aufgegeben hätte und nicht am 23., wie Jones folgerte.

In seinem Bericht über das Treffen in München machte Jones Jung einen zweiten Vorwurf. Obwohl er, Jones, sich in Florenz aufhielt, »schickte [Jung] die Ankündigung des Treffens zu meinem Vater nach Wales und gab als Datum den 25., statt den 24. November an. Inzwischen erfuhr ich über Wien das richtige Datum und erschien zur Zeit. Der erstaunte Blick in Jungs Miene verriet mir, daß der Irrtum zu den sogenannten ›Fehlleistungen‹ gehörte; aber als ich Freud von Jungs unbewußtem Versehen erzählte, entgegnete er: ›Ein Gentleman sollte so etwas auch nicht unbewußt machen.‹«[24]

Beim Mittagessen in München erlitt Freud wieder einen Ohnmachtsanfall, möglicherweise aufgrund seiner angestauten Emotionen darüber, daß er, wie er meinte, die Streitaxt *mit* Jung, statt *in* Jung begraben hatte. »Plötzlich stürzte er zum Schrecken seiner Freunde ohnmächtig zu Boden«[25], schrieb Jones. Nach Jung, der sich zweifellos an die Ohnmacht Freuds vor einigen Jahren in Bremen erinnerte, standen alle hilflos um ihn herum.

»Da nahm ich ihn auf die Arme, trug ihn ins nächste Zimmer und legte ihn auf ein Sopha. Schon während ich ihn trug, kam er halb zu sich, und den Blick, den er mir zuwarf, werde ich nie vergessen. Aus seiner Hilflosigkeit heraus hat er mich so angeschaut, wie wenn ich sein Vater wäre. Was immer sonst noch zu dieser Ohnmacht beigetragen haben mag – die Atmosphäre war sehr gespannt –, beiden Fällen ist die Phantasie vom Vatermord gemeinsam.«[26]

Als er das Bewußtsein wiedererlangte, rief Freud, wie Jones berichtet: »Es muß süß sein zu sterben.«[27] Er beharrte darauf, nur einen Augenblick bewußtlos gewesen zu sein, und stand dann selbst wieder auf.

In den folgenden Wochen wurde die Episode in allen erdenklichen und widersprüchlichen Einzelheiten beredet, und Freud lieferte Jones, Ferenczi und Binswanger verschiedene Schilderungen. Letzterem schrieb er am 16. Dezember 1912, er sei darauf gefaßt, auf Grund seines Anfalls in München für einen Kandidaten der Ewigkeit erklärt zu werden. Stekel, sagte er, habe unlängst über ihn geschrieben, sein Benehmen zeige schon den »hipokritischen Zug«. Sie könnten es alle kaum erwarten, aber er könne ihnen antworten wie Mark Twain in einem ähnlichen Fall: »Nachrichten von meinem Tod stark übertrieben.«

Zwei Wochen später machte er sich schon weniger Sorgen wegen seiner Kandidatur für die Ewigkeit. Er schrieb Binswanger:

»Mein Schwindelanfall in München ist sicherlich psychogen provoziert gewesen und somatisch sehr gut unterstützt (durch eine Woche großer Plackerei, schlaflose Nacht, Migräneäquivalent, die Aufgaben des Tages). Ich hatte schon mehrere solche Zustände, jedesmal ähnlich gestützt, oft durch eine Spur Alkohol, gegen den ich ganz intolerant bin. Zum Psychischen gehört, daß ich in demselben Lokal in München bereits zweimal, vor 6 und vor 4 Jahren, ganz ähnlich reagiert habe. Eine ernstere Bedeutung, etwa auf Herzschwäche, scheint bei der strengsten Kritik nicht recht haltbar. Zurückgehaltene Gefühle, diesmal gegen Jung wie früher gegen einen Vorgänger von ihm, spielen natürlich die Hauptrolle.«[28]

Freud scheint in demselben Zimmer desselben Hotels ohnmächtig geworden zu sein, als er – vor mehr als sechs Jahren – mit Fließ auf einem

ihrer privaten »Kongresse« in München gewesen war, und die Verwendung des Wortes »Vorgänger« zeigt die starke Ähnlichkeit zwischen seinen Beziehungen zu Fließ und zu Jung.
Jahre später bekräftigte Jung die Verdrängungstheorie. Nach einer Aufzeichnung in Jones' Papieren, sagte Jung zu einem Freund – der es Jones weitererzählte –, daß, nachdem im Gespräch der Name Amenhoteps IV. als des Gründers einer Religion genannt worden war, Freud bemerkt habe, er sei der Herrscher gewesen, der den Namen seines Vaters auf allen Stelen habe auskratzen lassen. »Ja, das tat er«, antwortete Jung, »aber damit können Sie ihn nicht abtun. Er war der erste Monotheist unter den Ägyptern. Er war ein großes Genie, sehr menschlich, sehr individuell. Das ist sein Hauptverdienst. Daß er den Namen seines Vaters auskratzte, ist gar nicht die Hauptsache.«[29] In diesem Augenblick fiel Freud, der sich offenbar mit dem ausgetilgten Vater identifizierte, in Ohnmacht. Jung deutete das wie früher in Bremen als Empfindlichkeit gegenüber Kritik oder jede Anfechtung seiner Autorität, und später sagte er, Freud habe kein Wort der Kritik ertragen. Wie eine Frau. Man konfrontiere sie mit einer unangenehmen Wahrheit, und sie falle in Ohnmacht.
Doch wenn Freud auch das Gefühl haben mochte, man dränge ihn in die Rolle des ausgelöschten Vaters Amenhoteps IV. – es sah so aus, als wären die Hauptschwierigkeiten mit Jung nun vorbei, und einige Tage nach dem Zwischenfall in München schrieb Freud glücklich an Putnam: »Eine persönliche Aussprache zwischen uns hat eine Menge überflüssiger Empfindlichkeiten hinweggeräumt. Ich hoffe auf ein weiteres erfolgreiches Zusammenwirken. Theoretische Differenzen brauchen es nicht zu trüben, ich werde in der Libidofrage kaum seine Modifikation akzeptieren können, da alle meine Erfahrungen gegen diese Auffassung sprechen.«[30]
Sie hatten sich darauf geeinigt, verschiedener Meinung zu sein, und wenn ihre Differenzen nur solche der psychoanalytischen Interpretation gewesen wären, hätte sich die persönliche Verbitterung vielleicht vermeiden lassen. Aber die innerlichen Antagonismen waren um diese Zeit so groß, daß ein noch unbedeutenderer Zwischenfall als der in Kreuzlingen genügte, um ihre Freundschaft zu beenden. Schon früher im Jahr hatte Freud Jung darauf hingewiesen, daß dessen Vorstellung vom Inzest-Komplex eine gewisse Ähnlichkeit mit der Adlers habe, eine Ansicht, über die sich Jung ärgerte, der mit Adler in keinerlei Hinsicht in Verbindung gebracht zu werden wünschte. Er schrieb nun Freud: »Selbst Adlers Spießgesellen wollen mich nicht als einen der ihrigen erkennen.«[31] Das jedenfalls hatte er schreiben wollen, aber ein kleiner

Schreibfehler, ein großes »i« statt eines kleinen – unter diesen Umständen eine klassische Freudsche Fehlleistung – machte »einen der Ihrigen« daraus. Freud wies nachdrücklich auf den Fehler hin, und am 18. Dezember antwortete Jung mit einem scharfen Brief, der dem Kontakt zwischen den beiden Männern praktisch ein Ende machte. Er gab seine »Unsicherheit« gegenüber Freud zu und fuhr dann fort:

»Ich möchte Sie aber darauf aufmerksam machen, daß Ihre Technik, Ihre Schüler wie Ihre Patienten zu behandeln, ein *Mißgriff* ist. Damit erzeugen Sie sklavische Söhne oder freche Schlingel (Adler-Stekel und die ganze freche Bande, die sich in Wien breitmacht). Ich bin objektiv genug, um Ihren Truc zu durchschauen. Sie weisen rund um sich herum alle Symptomhandlungen nach, damit setzen Sie die ganze Umgebung auf das Niveau des Sohnes und der Tochter herunter, die mit Erröten die Existenz fehlerhafter Tendenzen zugeben. Unterdessen bleiben Sie immer schön oben als Vater. Vor lauter Untertänigkeit kommt keiner dazu, den Propheten am Barte zu zupfen und sich einmal zu erkundigen, was Sie denn zu einem Patienten sagen, welcher die Tendenz hat, den Analytiker zu analysieren anstatt sich selber? Sie fragen ihn doch: ›Wer hat denn eigentlich die *Neurose*?!‹«

In diesem Stil ging es weiter, und dann schloß Jung mit den Worten:

»Ich werde öffentlich mich zu Ihnen halten, unter Wahrung meiner Ansichten, und werde insgeheim in meinen Briefen anfangen, Ihnen einmal zu sagen, wie ich wirklich über Sie denke. Ich halte diesen Weg für den anständigsten.

Sie werden über diesen sonderbaren Freundschaftsdienst schimpfen, aber vielleicht tut es Ihnen doch gut.

Mit besten Grüßen, Ihr ganz ergebener Jung.«[32]

In Freuds Antwort ist nichts von einem »Schimpfen« zu bemerken. Im Gegenteil, es fällt einem schwer, seine Antwort zu lesen, die mit einer ruhigen Sicherheit von einer, wie er es sah, höheren Warte aus geschrieben wurde, ohne das Gefühl zu haben, daß Jung, als er schließlich die Beherrschung verlor, ebendas tat, was Freud erhofft hatte. Er schrieb ihm:

»Es ist unter uns Analytikern ausgemacht, daß keiner sich seines Stückes Neurose zu schämen braucht. Wer aber bei abnormem Benehmen unaufhörlich schreit, er sei normal, erweckt den Verdacht, daß ihm die Krankheitseinsicht fehlt. Ich schlage Ihnen also vor, daß wir unsere privaten Beziehungen überhaupt aufgeben. Ich verliere nichts dabei, denn ich bin gemütlich längst nur durch den dünnen Faden der Fortwirkung früher erlebter Enttäuschungen an Sie geknüpft, und Sie können nur gewinnen, da Sie letzthin in München bekannt haben, eine intimere

Beziehung zu einem Mann wirke hemmend auf Ihre wissenschaftliche Freiheit . . .«[33]

Nur noch ein weiterer Brief Freuds an Jung ist erhalten, und es ist als wahrscheinlich anzunehmen, daß es der letzte war, den er an den Mann schrieb, von dem er geglaubt hatte, er werde die »Sache« vor dem Vorwurf bewahren, eine jüdische Erfindung zu sein. Er berichtete in diesem Brief, daß anscheinend schon vor anderthalb Jahren ein Geheimvertrag zwischen Stekel und dem Verleger des *Zentralblatts* abgeschlossen worden sei, der seine, Freuds, Entlassung für den Fall eines Konfliktes mit Stekel garantiere. »Ein nicht ganz übles Stück Verräterei«[34], schloß er, und dieses Urteil läßt die Gefühle zwischen Männern erkennen, die einst eine Schar von Brüdern gewesen waren.

Der Bruch mit Jung wurde rasch immer offenbarer, und am ersten Tag des neuen Jahres (1913) schrieb Freud Pfister: »Vertrauen Sie nicht viel auf ein dauerndes persönliches Einvernehmen zwischen mir und Jung. Er mutet mir zuviel zu, und ich komme von der Überschätzung seiner Person ziemlich zurück. Es genügt, wenn die Vereinsgemeinschaft aufrecht bleibt.«[35] Nur wenige Wochen später berichtete er Abraham über Jung: »Er folgt Adler nach, ohne so konsequent zu sein wie dieser letztere Schädling.«[36]

So zuversichtlich Freud die Lage sehen mochte: Jones war nicht ganz so glücklich und schrieb ihm einen warnenden Brief, der die Anklage der Geistesgestörtheit enthielt, die beinahe endemisch werden sollte, wenn manche Analytiker andere beschrieben, die nicht ihrer Meinung waren.

»Ich bin tief bestürzt über den Erfolg der Kampagne Jungs, denn er spricht schlimme Vorurteile an. Dies ist meiner Meinung nach die kritischste Periode, die die Psychoanalyse jemals wird durchmachen müssen, und wir haben das Komitee nicht einen Augenblick zu früh gebildet. Es gibt viel zu besprechen, um geeignete Maßnahmen gegen seine Propagandatätigkeit auszudenken, und ich warte allein schon aus diesem Grunde ungeduldig darauf, nach Wien zu kommen. Ich habe Jung einen nachdrücklichen Protest gegen seine Behandlung meiner Person geschrieben, aber doch so, daß er nicht zu einem offenen Bruch zu führen braucht, den ich nicht herbeiführen möchte. Hätte ich früher geschrieben, wäre er viel zorniger ausgefallen. Dennoch erwarte ich nicht, daß er mir antworten wird, denn die Art, wie er sich in letzter Zeit in Amerika aufführt, läßt mich mehr denn je denken, daß er nicht wie ein normaler Mensch reagiert und daß er in einem ernsthaften Grade geistesgestört ist; er machte einen recht paranoischen Eindruck auf einige der Psychoanalyse treibenden Psychiater auf Ward's Island [wo das Psychiatrische Institut der Krankenhäuser des Staates New York lag].«[37]

Die Aussicht auf kommende Schwierigkeiten schreckte jedoch einen so engagierten Mann wie Jones nicht, und nachdem er Pläne für die weitere Ausbreitung der internationalen Bewegung skizziert hatte, beendete er den oben zitierten Brief mit den Worten: »Es ist eine große Zeit, in der wir leben, besser als jede andere Periode der Geschichte, weil sie mehr von einem Kampf erfüllt ist, von dem so viel abhängt . . . Ihr begeisterter Jones.«

Freud kam nun zu der Ansicht, daß er sich des Kronprinzen endgültig entledigen mußte. Aber er war sich der Gefahren bewußt. »Jung ist verrückt«, schrieb er Abraham, »aber ich lege es nicht auf Trennung an, ich möchte ihn erst abwirtschaften lassen. Vielleicht, daß meine Totemarbeit [*Totem und Tabu*] gegen meinen Willen den Bruch beschleunigt.«[38]

Im August nahm Jung am 17. International Congress of Medicine in London teil, und dort legte er in einer Reihe von Vorträgen seinen Standpunkt dar, wobei er seiner Lehre den Namen »analytische Psychologie« im Gegensatz zu Freuds »Psychoanalyse« gab. Die psychoanalytische Theorie, sagte er, müsse vom rein sexuellen Gesichtspunkt befreit werden. An seiner Stelle möchte er einen *energetischen Gesichtspunkt* in die Psychologie der Neurosen einführen. Und bezüglich einiger Aspekte der Träume sah er sich in völliger Übereinstimmung mit den Ansichten Adlers; mit anderen Worten: in völliger Nichtübereinstimmung mit den Ansichten Freuds.

Außerdem legte Jung außerordentliches Gewicht auf etwas, was er das »kollektive Unbewußte« nannte. Sein erstes Interesse hatte der Archäologie gegolten; darauf war die Medizin gefolgt, und nun erkannte er die Leitlinien geistig-seelischer Tätigkeiten in der fernsten Vergangenheit des Menschen. Alle Menschen, behauptete er, werden geboren mit einem Geist, in den Spuren kollektiver Glaubensvorstellungen und Mythen der Rasse, der sie angehören, eingeprägt sind: ein Erbe, das, wie er schließlich erklären sollte, die ganze Weisheit und Erfahrung zahlloser Jahrhunderte umfaßt. Freud gelangte zwar in seinen späteren Mutmaßungen über die Ursprünge der menschlichen Gesellschaft zu einer etwas ähnlichen Annahme, aber er betrachtete lange als bloße Vermutung, was Jung von Anfang an als eine Tatsache der menschlichen Existenz definierte. In Wirklichkeit wußten beide nicht, was schon zu Beginn des 20. Jahrhunderts als gesichert galt: daß erworbene Eigenschaften nicht erblich sind, eine Tatsache, die das kollektive Unbewußte auf etwas reduzierte, was Krafft-Ebing wieder als »wissenschaftliches Märchen« bezeichnet haben könnte. Ein heutiger Kommentator drückte es treffend so aus: »Kurz, die Freudsche Theorie, die schwer genug zu überprüfen ist, aber doch einige Beweise für sich hat, ersetzte Jung durch ein unüberprüfbares System, das der gegenwärtigen Genetik ins Gesicht schlägt.«[39]

Die oben zitierten Erklärungen hätten Jung eigentlich vom 4. Internationalen Psychoanalytischen Kongreß, der im September 1913 in München stattfand, ausschließen müssen. Daß sie es nicht taten, ist ein weiterer Beweis dafür, daß Jung nicht der Mann war, der beim ersten Anzeichen von Opposition von der Bühne abtrat. Als Präsident der Internationalen Vereinigung saß er mit seinen Anhängern an einem eigenen Tisch, dem Freuds gegenüber, und die Stimmung der Gruppe wurde gut wiedergegeben durch Lou Andreas-Salomé, die später schrieb, es gehe nicht so sehr darum, daß Jung von Freud abweiche, sondern daß er so tue, als hätte er es auf sich genommen, Freud und seine Sache *durch* diese Divergenzen zu retten. Und sie fuhr fort, vor zwei Jahren noch habe Jungs schallendes Gelächter eine Art von robuster Fröhlichkeit und überströmender Vitalität ausgedrückt, aber jetzt bestehe sein Ernst aus reiner Aggression, Ehrgeiz und intellektueller Brutalität.[40]

Jungs beinahe ketzerischen Fordham-Vorlesungen waren mittlerweile im Druck erschienen, und nun, auf dem Kongreß, hielt sein Kollege Alphonse Maeder ein Referat über Träume, das die Zuhörer direkt von Freuds Theorie der Wunscherfüllung wegführte. Freud sprach später von »ermüdenden und unerquicklichen Verhandlungen« und sagte, der Kongreß wurde »von Jung in unliebenswürdiger und inkorrekter Weise geleitet, die Vortragenden waren in der Zeit beschränkt, die Diskussionen überwucherten die Vorträge.«[41] Sein Ton, der mehr dem eines verärgerten Schulmeisters als dem eines Oberbefehlshabers glich, spiegelte zweifellos sein Gefühl wider, daß ihm die Kontrolle über die Bewegung aus den Händen zu gleiten begann.

Die Lage konnte sich, wie schon beim Beginn des Kongresses zu sehen war, nur zuspitzen, als es zu der entscheidenden Frage der Widerwahl Jungs zum Präsidenten für weitere zwei Jahre kam. Die Anhänger Freuds wiesen mit Recht darauf hin, daß sich von den 52 Wahlberechtigten nicht weniger als 21 der Stimme enthielten. Aber ebensogut konnte Jung geltend machen, daß er immerhin wiedergewählt wurde. Nach Ferenczi waren die Stimmenthaltungen hauptsächlich auf die Weise zurückzuführen, in der Jung den Kongreß geleitet hatte. »Nur die absolut unzulängliche Art, in der Sie als Vorsitzender des Kongresses unsere Anregungen behandelten, die ganz einseitigen und parteiischen Kommentare, die Sie zu allen Vorschlägen machten, und auch das persönliche Verhalten Ihrer Gruppe veranlaßten unseren Protest [durch die Abgabe leerer Stimmzettel]«[42], schrieb er Jung. Jung nahm sich anscheinend einige der Stimmenthaltungen zu Herzen. Er hätte sich damit abgefunden, daß ihn die Wiener Juden nicht unterstützten, aber er hatte etwas anderes von Jones erwartet, zu dem er laut dessen Bericht in der Freud-Biographie sagte: »Ich dachte Sie seien Christ.«[43] (Das heißt Nichtjude, fügt Jones in Klammern hinzu.) In seiner Autobiographie schrieb Jones später, er habe gesagt: »Ich dachte, Sie hätten ethische Prinzipien.«[44] Jung blieb nichtsdestoweniger fest im Sattel. »Man schied voneinander ohne das Bedürfnis, sich wiederzusehen«[45], bemerkte Freud.

Freuds erste Reaktion auf die Entscheidung in München war ein Abraham gegenüber geäußerter Vorschlag, die Internationale Vereinigung aufzulösen. Wenn Jung dagegen war, konnten die Ortsgruppen Wien, Berlin und Budapest aus ihr austreten und eine neue Organisation gründen. Aber das hätte bedeutet, daß Jung das Kommando behielt, und nach Protesten von Abraham und Jones erklärte sich Freud bereit, alles beim alten zu lassen, wenigstens vorläufig. »Sie wissen ja«, schrieb er Abraham, »ich lasse mich in diesen Angelegenheiten gerne von Freunden beraten, da mein Zutrauen in meine politischen Einsichten seit meiner Täuschung durch Jung sehr gesunken ist.«[46]

Es erwies sich dann als klug, bis zum folgenden Monat zu warten, da Jung als Herausgeber des *Jahrbuchs* zurücktrat, angeblich weil er gehört hatte, Freud zweifle an seiner *bona fides*. »Ich bin keineswegs Freud in die Falle gegangen«, schrieb er Alphonse Maeder, »denn ich halte es für keinen Vorteil für Freud, wenn er mich wegekelt. Ein Ehrenrat ist ausgeschlossen, da das *Jahrbuch* doch keine Vereinsangelegenheit ist und ich mit Freud nicht mehr zusammenarbeiten *will*. Der Eindruck nach außen wird überall sehr schlecht sein. Aber innere Erfolge wiegen mehr als das Geheul der Menge.«[47]

Doch Jung war immer noch Präsident der Internationalen Vereinigung, und es war Freud klar, daß vor dem für 1914 geplanten Kongreß etwas geschehen mußte. Er erkannte, daß die Lage nicht sehr aussichtsreich war. »Wir hängen größtenteils von Jung ab, damit er uns auf seine törichte Weise hilft«, vertraute er am 17. November Jones an, »wenn er klug wäre, gäbe es keine Chance.«[48] Fünf Tage später wiederholte er seine Ansicht. »Wir wissen, daß Jungs Position eine sehr starke ist«, schrieb er. »Unsere Hoffnung ist immer noch, daß er sich selbst zugrunde richtet. Sie werden ihn wegen seines Einflusses in England und Amerika bekämpfen müssen, und es kann ein langer und harter Kampf werden.«[49]

In dieser Gemütsverfassung entschloß er sich aus persönlichen und beruflichen Gründen, hart und kompromißlos zu handeln. Seine persönliche Abneigung gegen Jung drückte sich unmißverständlich in einem

Brief an Putnam aus: »Er war ein mir sympathischer Mensch, so lange er blind dahinlebte wie ich. Dann kam bei ihm die religiös-ethische Krisis, mit höherer Sittlichkeit, Wiedergeburt und Bergson und gleichzeitig Lüge, Brutalität und antisemitische Überhebung gegen mich. Es war nicht das erste, nur das letzte Erlebnis, das meine Abneigung gegen die heiligen Bekehrten bestärkt hat.«[50]
Aber nicht nur persönliche Empfindungen bewegten ihn. Er betrachtete die Psychoanalyse als seinen eigenen, exklusiven Beitrag zur Selbsterkenntnis des Menschen und hielt es für eine beinahe heilige Pflicht, sie von Verfälschung und Verwässerung rein zu halten. »In der Ausübung dieser Pflicht«, berichtete Sachs, »war er unermüdlich und unbeugsam, hart und scharf wie Stahl, ein ›guter Hasser‹ bis an die Grenze der Rachsucht.«[51] In seinen Beziehungen zu Jung waren persönliche und berufliche Motive untrennbar vermengt. »Wissenschaftliche Differenzen sind ja in der Entwicklung einer Wissenschaft unvermeidlich«, schrieb er Putnam, »und selbst Irrtümer haben, wie ich es ja an mir selbst erfahren konnte, vieles, was fördert. Aber daß solche Abweichungen und Neuerungen theoretischer Natur mit so viel Verletzung berechtigter persönlicher Gefühle auftreten müssen, macht der menschlichen Natur allerdings wenig Ehre.«[52] Auch Stanley Hall machte er seine Gefühle unmißverständlich klar. »Jung, mit dem ich damals [1911 in Worcester] den Aufenthalt bei Ihnen teilte, ist nicht mehr mein Freund, und unsere Arbeitsgemeinschaft geht einer völligen Auflösung entgegen. Solche Wandlungen sind bedauerlich, aber unvermeidlich.«[53]
In den letzten Wochen des Jahres 1913 begann er für die nächste Ausgabe des *Jahresbuchs* etwas zu schreiben, was er eine »Polemik« nannte: »Zur Geschichte der psychoanalytischen Bewegung«. »Das Ziel«, sagte James Strachey, der Herausgeber der englischen Fassung, »war, die fundamentalen Postulate und Hypothesen der Psychoanalyse klar herauszustellen, zu zeigen, daß die Theorien von Adler und Jung mit ihnen völlig unvereinbar waren, und den Schluß zu ziehen, daß es zu nichts anderem als einer allgemeinen Verwirrung führen würde, wenn diese widersprüchlichen Ansichten alle denselben Namen erhielten . . .«
Ein durchaus achtbares Ziel, und es ist nicht daran zu zweifeln, daß Freud starke Einwände dagegen hatte, Theorien und Therapien unter dem Namen Psychoanalyse zu verkünden und zu praktizieren, die sich so grundsätzlich von seinen eigenen Anschauungen unterschieden. Nichtsdestoweniger war die öffentlich verkündete Absicht, wie er privat zugab, nicht seine einzige. Am 8. Dezember schrieb er an Jones, stellte fest, daß »nun eine köstliche Stille in bezug auf Zürich« herrsche, und fügte hinzu:

»Möge sie bis zum 14. Juli dauern, wenn meine Schrift über die psychoanalytische Bewegung im neuen *Jahrbuch* endgültig jede Verbindung zwischen uns abschneiden wird.«[54]
Lou Andreas-Salomé gegenüber war er noch offener: »Ich schreibe jetzt eifrig an Beiträgen zur Geschichte der psychoanalytischen Bewegung für unser Jahrbuch und erwarte, daß diese meine Äußerung allen Halbheiten ein Ende bereiten und ersehnte Trennungen durchsetzen wird.«[55] In einem Brief an Putnam bedauerte er, was er zu tun für nötig hielt, und beklagte sich:
»Mir fällt wiederum wie gewöhnlich die schwerste Aufgabe zu, diesmal mich gegen Leute zu wehren, sie anzuklagen und von mir zu weisen, die sich durch viele Jahre meine Schüler genannt haben und alles meiner Anregung verdanken. Ich bin keine streitbare Natur, ja ich teile nicht die so häufige Meinung, daß wissenschaftlicher Streit Klärung und Förderung bringt. Aber ich mag auch die faulen Kompromisse nicht und würde nichts für eine unfruchtbare Versöhnung opfern.«[56]
Im März 1914 hatte er einen Entwurf der »Geschichte« fertig. Er schrieb Lou Andreas-Salomé:
»Ich habe mir die Lösung der unabweisbaren Aufgabe erst dadurch ermöglicht, daß ich gleichsam für mich selbst als einzige Instanz schrieb und von einem Tribunal, um dessen Gunst ich werben sollte, möglichst abstrahierte. Daher ich mit Absicht jedem irgendeine Grobheit spendete und meinen nächsten Freunden, die nicht erst zu gewinnen waren, soviel Schönheiten, als mir Freude machte . . . Natürlich weiß ich auch, daß die Widersacher, Verwässerer und Umdeuter auch eine wichtige Mission erfüllen, indem sie die sonst ungenießbare Sache für die Verdauungswerkzeuge der Menge zubereiten. Aber das darf man nicht laut anerkennen und ich unterstütze sie nur in der richtigen Erfüllung dieser Mission, indem ich über die Beschmutzung schimpfe, welche das reine Ding durch diese Prozedur erleidet.«[57]
Er schickte einen Entwurf der »Geschichte« Jones und Abraham, auf dessen Rat hin er einige der kritischeren Stellen dämpfte. Abraham hegte keine Zweifel hinsichtlich der Absichten Freuds. »Ich habe sie wiederholt gelesen und sehe immer mehr, eine wie wichtige Waffe sie ist«[58], erklärte er. Jones erhob Einwände gegen einen Satz – den man leider nicht kennt – und schrieb Freud dazu im Mai: »Das ist natürlich absolut wahr, und im Prinzip bin ich dafür, in einem so wichtigen Krieg keinen Pardon zu gewähren, aber nichtsdestoweniger finde ich es persönlich ziemlich stark und fürchte, es würde, eben durch seine persönliche Note, die allgemeine Wirkung des Aufsatzes eher abschwächen als stärken. Man gibt dem Feind nicht gern Waffen in die Hand . . .«[59]

Am 20. April legte Jung die Präsidentschaft nieder. Seine Gründe sind unklar, wenn Jones auch glaubte, die Demission habe »die Unhaltbarkeit seiner Position«[60] bestätigt. Möglicherweise hatte er auch Wind davon bekommen, was Freud in seiner »Geschichte« schrieb. Freud selbst triumphierte. »Sie waren gewiß ebenso erstaunt wie ich darüber, wie sorgsam Jung unsere Geschäfte erledigt«, schrieb er Abraham. »Unsere Zurückhaltung hat jetzt doch Früchte getragen; irgendwie werden wir ihn, vielleicht die Schweizer überhaupt, los sein.«[61]
Aber noch war Jung Mitglied der Vereinigung. Er hatte die Absicht, England zu besuchen, und Freud, der um diese Zeit Jones gesagt hatte, er sei nun der Milde und Güte müde, wartete gespannt auf das Platzen der Bombe. »Ich erwarte keinen unmittelbaren Erfolg, aber einen unaufhörlichen Kampf«, schrieb er Jones. »Jeder, der der Menschheit Befreiung von der Qual des Sexus verspricht, wird als Held begrüßt werden, da mag er noch so viel Unsinn reden.«[62]
Einige Tage später fügte er hinzu: »Ich fürchte mich nicht im geringsten vor dem, was immer er tut, aber ich versichere, daß niemand voraussagen kann, was er tun wird. Vielleicht nicht einmal Gott oder der Teufel weiß es in diesem Augenblick. Ich halte es nicht für nötig, daß Sie seine Schritte in England verfolgen und ihm auf der Stelle widersprechen, außer vielleicht bei einer einzigen Gelegenheit, die Sie selbst nach Belieben auswählen mögen. Lassen Sie ihn reden und treten Sie ihm dann mit Druck entgegen, trocken und gnadenlos.« Jung, fuhr er fort, zeigt nun »unverhüllt seine Anhänglichkeit an Bergson. Sie sehen also, daß er einen anderen Juden für seinen Vaterkomplex gefunden hat. Ich bin nicht mehr eifersüchtig . . .«[63]
Ende des Monats fragte sich Freud immer noch, was geschehen werde, obwohl er in seinem Brief an Abraham vom 25. annahm, daß Vorausexemplare des *Jahrbuchs* erhältlich seien. »Die Bombe ist also jetzt geplatzt«, schrieb er. »Was sie anrichtet, werden wir bald erfahren. Ich meine, daß wir den Opfern doch 2–3 Wochen Zeit lassen müssen zur Sammlung und Reaktion, bin übrigens nicht sicher, daß sie auf die genossenen Liebkosungen gerade mit Austritt antworten werden.«[64]
Innerhalb von drei Wochen hatte die Bombe tatsächlich ihre Wirkung getan. Jung trat aus und erklärte obendrein, daß kein Analytiker aus Zürich an dem für September 1914 geplanten Kongreß in Dresden teilnehmen werde. »Ich kann ein Hurrah nicht unterdrücken«[65], schrieb Freud Abraham am 18. Juli. Vier Tage später beschloß die Züricher Ortsgruppe mit fünfzehn gegen eine Stimme, aus der Internationalen Vereinigung auszutreten. Als einer der Gründe wurde die »Gefährdung

der unabhängigen Forschung« angegeben. Freud schrieb Abraham begeistert:
»So sind wir sie denn endlich los, den brutalen heiligen Jung und seine Nachbeter! Es drängt mich, Ihnen jetzt für die große Mühe, die außerordentlich zielbewußte Tätigkeit zu danken, mit der Sie mich unterstützt und unsere gemeinsame Sache geführt haben. Mein ganzes Leben über bin ich auf der Suche nach Freunden, die mich nicht ausbeuten und dann verraten, und hoffentlich habe ich sie jetzt, nicht mehr weit vom natürlichen Ende desselben, gefunden.«[66]
Die »Geschichte« war jedoch nicht Freuds einzige Angriffswaffe gegen Jung und, in geringerem Maße, Adler. Es kam noch sein bedeutender Essay »Zur Einführung des Narzißmus« hinzu, der in derselben Ausgabe des *Jahrbuchs* erschien und die »Geschichte« im Kampf gegen die Deserteure ergänzte. Seit der Jahrhundertwende war Narzißmus – ein Ausdruck, den voneinander unabhängig, aber beinahe gleichzeitig Paul Näcke und Havelock Ellis einführten – dafür verwendet worden, eine Selbstliebe zu beschreiben, die sich in sexueller Perversion ausdrückt. Es gibt jedoch verschiedene Ausdrucksformen dieser Neigung, die um soviel weniger akut sind, daß sie keineswegs als Perversionen bezeichnet werden können. In solchen Fällen war die Psychoanalyse immer der Meinung gewesen, daß die dem eigenen Ich zugewandte Liebe sich zu der anderen Objekten oder Personen gewidmeten reziprok verhält.
Dieser einfachen und offenbar befriedigenden Erklärung hatte Jung in seinen *Wandlungen und Symbole der Libido* widersprochen. Er hatte darin obendrein behauptet, Freud habe in seiner Abhandlung über Schreber seine Libidotheorie aufgegeben. Ferenczi hatte diesen Vorwurf in einer langen Besprechung des Buches loyal zurückgewiesen, aber Freud, der auf den endgültigen Bruch mit Jung hinarbeitete, hatte die Gelegenheit ergriffen, Jung noch weiter zu korrigieren und eine neue, komplexere, aber im Grunde plausiblere Erklärung des Narzißmus vorgebracht. Er schrieb sie in Rom, wohin er sich nach den Krawallen des Münchener Kongresses zurückgezogen hatte, gegen Ende September 1913. Als er dann Anfang 1914 nach Wien zurückgekehrt war und seine polemische »Geschichte« vorbereitete, schrieb er den Artikel in einem Monat noch einmal neu.
Vor Ende des Jahres arbeitete er außerdem an seinem Bericht über den Wolfsmann. Es war eine interessante Geschichte und eine nützliche obendrein, und Freud gab zu, daß sie als Antwort auf die Neuauslegungen der Psychoanalyse durch Jung und Adler niedergeschrieben worden war.

Noch bevor er im Sommer 1914 sein Hauptziel erreicht hatte, entschloß sich Freud bereits zu seinem nächsten Schritt. Nach Jungs Rücktritt hatte er an die Obmänner der sechs europäischen Zweigvereine geschrieben und vorgeschlagen, die Vorbereitungen für einen fünften Kongreß einstweilen aufzuschieben und unterdessen einen neuen provisorischen Präsidenten der Internationalen Psychoanalytischen Vereinigung zu wählen. Sein eigener Kandidat war Abraham. Oberflächlich betrachtet, hatte Freud auf der ganzen Linie gesiegt. Die »ersehnte Trennung« war vollzogen. Die Kontrolle der internationalen Organisation war endlich wieder in seiner Hand, und die Mitglieder des Komitees waren zur Stelle, um dafür zu sorgen, daß auch alles so blieb. Die Zukunft schien gesichert.

Der nun endgültig vollzogene Bruch mit Jung war der für Freud wichtigste. Jung gehörte, wie er selbst, einer anderen Kategorie an als all die anderen ersten Psychoanalytiker, er hatte die besten Chancen, die Führung zu übernehmen, und die Diskussion über den Bruch wurde wie die über andere Meinungsverschiedenheiten innerhalb der Bewegung oft nur in den Begriffen von Schneeweiß und Kohlschwarz geführt. Michael Balint, Ferenczis Testamentsvollstrecker, war einer der verhältnismäßig wenigen, die bei der Beurteilung der tieferen Gründe der aufeinanderfolgenden Spaltungen eine Ansicht gegen die andere abwägte. Er schrieb an Ernest Jones:

»Es ist wahr, daß sich Freud, wann immer eine Krise ausbrach, unfehlbar als das erwies, was er tatsächlich war, ein wirklich großer Mann, der neuen Ideen gegenüber immer aufgeschlossen und tolerant war, der immer bereit war innezuhalten, zu überdenken, selbst wenn dies eine neuerliche Überprüfung seiner grundlegendsten Begriffe bedeutete, um eine neue Möglichkeit zu finden, das zu verstehen, was an irgendeiner neuen Idee wertvoll sein mochte. Man hat nie danach gefragt, ob etwas in Freud zu einer kritischen Steigerung der Spannung während der Zeit, die einer Krise vorausging, beigetragen hat oder nicht. Noch weniger hat sich irgendein Analytiker die Mühe gemacht festzustellen, was in den Köpfen derer vorging, die mit Freud in Konflikt gerieten, und was in ihrer Beziehung zu ihm und zur Psychoanalyse zur Verbitterung führte. Wir haben uns damit zufrieden gegeben, sie als die Schurken des Dramas hinzustellen.«[67]

Freud selbst hatte eine kürzere Erklärung. Paul Häberlin, der ihn im April 1913 zusammen mit Ludwig Binswanger besuchte, fragte ihn, wie es kam, daß gerade die älteren seiner Anhänger sich von ihm losgesagt hatten. Biswanger zufolge lautete seine Antwort: »Sie wollten eben auch einmal Papst werden.«

Im Sommer 1914 mag es so ausgesehen haben, als hätte man sich des potentiellen Papstes Jung auf zufriedenstellende Weise entledigt. Die Internationalen Kongresse stellten jedoch nur *ein* Forum dar, auf dem Ideen verkündet werden konnten. Jung hatte sich um diese Zeit einen Namen gemacht. Während er nun von Freud heftig angegriffen wurde, sprach er vor der Jahresversammlung der British Medical Association in Aberdeen »Über die Bedeutung des Unbewußten in der Psychopathologie«. Er dankte Freud dafür, daß er auf die Bedeutung der Träume aufmerksam gemacht hatte, aber er erwähnte das Wort »Psychoanalyse« nicht, und nach seinem Referat endete eine lange Diskussion mit einer bedingten Anerkennung seiner Ideen. Er hielt auch Vorlesungen in London, wo er, wie Jones Freud in einem langen Brief berichtete, leider großen Erfolg hatte. Im Sommer 1914 gab es somit drei Schulen, die miteinander konkurrierten, und ihre Führer waren Freud, Adler und Jung.
Was für Pläne jeder für die Zukunft hatte – sie wurden bald durch die politischen Ereignisse durchkreuzt. Am 28. Juni ermordete in Sarajevo ein bosnischer Revolutionär den österreichischen Erzherzog Franz Ferdinand und dessen Gemahlin. Freud hatte wie die meisten anderen Europäer keine Ahnung von dem, was sich daraus ergeben sollte, und schrieb noch am 7. Juli seinem Neffen Samuel in Manchester: »Heute ist meine Tochter Anna, nun ein Mädchen von 18½ Jahren, zu einer Reise nach Berlin, Hamburg und England aufgebrochen, wo sie am 15. oder 16. auf der ›Amerika‹ eintreffen wird.« Geld wurde von Wien nach Manchester geschickt, und Samuel wurde gebeten, »die Rolle ihres Bankiers bis Ende September zu übernehmen, wenn wir uns in Holland treffen wollen«.[68] Freud selbst bereitete sich unterdessen auf seine Reise nach Karlsbad vor, wo er eine Kur machen wollte.
Am 23. Juli stellte Österreich Serbien sein Ultimatum, am 28. folgten die Kriegserklärung und die Beschießung Belgrads. Freud erkannte so wenig wie alle anderen, daß dieser scheinbar lokale Krieg bald auf den größten Teil Europas übergreifen werde. Und doch wären in seinem Falle die Ereignisse besonders schmerzlich gewesen, denn er würde für die Dauer des Krieges von Anna getrennt worden sein, die sich schon zur beruflichen Sekretärin und Assistentin ihres Vaters entwickelte.
Zum Glück handelten Annas Freunde in England rasch und rechtzeitig. Vor Ende August war sie wohlbehalten wieder in Wien, nachdem sie unter der Obhut des österreichischen Botschafters über Gibraltar und Genua gereist war. Um diese Zeit war aus dem kleinen Balkankonflikt schon der Erste Weltkrieg geworden, und Anna waren vier Jahre Internierung in England erspart geblieben.

15
Die Eroberung neuer Gebiete

... die Mythologie müßte ganz von uns erobert werden ...
Auch die Biographik muß unser werden.

Freud in einem Brief an C. G. Jung

Die Spaltung der psychoanalytischen Bewegung kurz vor dem Ersten Weltkrieg in zwei Parteien, von denen die eine Freud, die andere Jung folgte, wobei noch eine weniger wichtige Gruppe von Adlerianern abwartend abseits stand, war durch unterschiedliche Anschauungen über seelische Störungen und ihre Linderung oder Heilung verursacht worden. Freuds unerschütterliche Entschlossenheit, die Bewegung anzuführen und sicherzustellen, daß sie strikt innerhalb der gebilligten Bahnen blieb, hatte zusammen mit Jungs ebenso großem Vertrauen in sich selbst die endgültige Entscheidung herbeigeführt. Doch obwohl im Mittelpunkt des Streits die medizinischen Aspekte der Psychoanalyse standen, gab es zu dieser Zeit schon andere Aspekte von zunehmender Bedeutung. Unanfechtbare Beweise dafür, daß menschliche Handlungen das Ergebnis von unbekannten, tief im Unbewußten verborgenen Antrieben sein konnten und oft waren, führten bereits zur Anwendung der Psychoanalyse auf nichtmedizinischen Gebieten.

Sobald man einmal erkannt hatte, daß der Mensch Motiven gehorchen kann, die ihm nicht bewußt sind, war es unvermeidlich, daß man von dieser Tatsache Gebrauch machte, um mit ihrer Hilfe die Rätsel der Geschichte und Biographie zu lösen. Wenn die großen Führer in dieser Hinsicht anderen Menschen gleich waren – und es bestand kein Grund, das Gegenteil anzunehmen –, mochte das Schicksal der Nationen aus Ursachen entschieden worden sein, die man nun erst ans Licht bringen konnte. Und was für Staatsmänner galt, das galt ebenso auch für Wissenschaftler. Was hatte Bismarck wirklich dazu getrieben, entscheidend in die europäische Politik einzugreifen – oder Newton, aus dem Fall eines Apfels ein System abzuleiten, das anderthalb Jahrhunderte lang Gültigkeit hatte, bis Einstein eine Lücke in Newtons Bild vom Universum entdeckte? Als sich nun die Psychoanalyse weiterentwickelte, war es vielleicht möglich, die Antworten zu finden. Und sicherlich konnte auch das Werk von Schriftstellern und Künstlern das Ergebnis unbewußter Antriebe sein, von deren Existenz ihre Schöpfer nichts ahnten, und nicht, wie sie irrtümlich annahmen, einer Vielfalt bekannter äußerer Einflüsse. Sobald diese Möglichkeit anerkannt war, konnte behauptet werden, daß sich die Taten der großen dramatischen Gestalten der Geschichte mit Hilfe der Psychoanalyse besser erklären ließen.

All das hatte gewiß etwas für sich, wenn auch nicht so viel, wie viele Psychoanalytiker behaupteten. Freud war sich zuzeiten der Beschränkungen sehr wohl bewußt und hielt zumindest einige Abstecher in die nichtmedizinische psychoanalytische Interpretation für weit unsicherer als viele seiner Anhänger. Ihre Begeisterung war verständlich, aber auf die Dauer ausgesprochen schädlich. Ihre Schwäche lag nicht so sehr darin, daß sie aus der klinischen Erfahrung der Psychoanalyse abgeleitete Mutmaßungen anstellten, sondern vielmehr in der Ansicht vieler von ihnen, daß das neue Instrument zur Erforschung der Vergangenheit die nötigen Fachkenntnisse auf militärischem, politischem oder künstlerischem Gebiet nicht ergänzte, sondern ersetzte. Fritz Wittels, der in der Wiener Psychoanalytischen Vereinigung von dem großen und dem kleinen Organ der Familie Kraus gefaselt hatte, wäre ein zu banales Beispiel, wenn es nicht als ein Omen für kommende Dingen angesehen werden müßte.

Daß viele psychoanalytische Autoren es verabsäumten, zunächst einmal ihre Hausaufgaben zu machen, bevor sie sich der Geschichte oder Biographie zuwandten, forderte natürlich zur Kritik heraus. Eine Historikerin, die ein Buch über das Leben von Woodrow Wilson, das Freud zusammen mit William Bullitt in den dreißiger Jahren schreiben sollte, besprach und dabei untersuchte, was die Freudsche Methode für die Geschichte tun konnte, schrieb: »Die Antwort muß lauten, daß sie als ein Instrument der Erhellung viel leisten kann – unter einer Bedingung: daß sie, um Gottes willen, von einem verantwortungsbewußten Historiker angewandt wird.«[1] Die Lektion mußte langsam und stückweise gelernt werden, und der Rezensent eines Buches über die Symbolik im Märchen, ein weiterer Themenkreis, auf den die Psychoanalytiker ihre Kenntnisse anzuwenden begannen, sprach von »der zunehmenden Tendenz der Freudianer, andere Gebiete außerhalb ihres eigenen mit der gleichen leichtfertigen Mißachtung der Tatsache zu betreten, daß diese Wissenszweige Forschungsmethoden entwickelt haben, die mindestens ebenso streng sind wie die Technik der Psychoanalyse selbst«.[2]

Nichtsdestoweniger war die Methode brauchbar und gültig, wenn sie auf

Geschichte und Biographie richtig angewandt wurde. Ihre Gültigkeit nahm ab, als sie sich das Wirken des schöpferischen Geistes und dann die seelischen Vorgänge der Geschöpfe des Künstlers, das heißt der Männer und Frauen, die nie wirklich gelebt hatten, zum Ziel nahm. I. A. Richards diskutiert die Gefahr des erstgenannten Falles in seinen *Principles of Literary Criticism,* in denen er schreibt:
»Was immer die Psychoanalyse behaupten mag, die geistigen Prozesse des Dichters sind kein sehr nutzbringendes Gebiet für nicht überprüfbare Vermutungen ... Selbst wenn wir weit mehr über das Wirken des Geistes wüßten, als wir tatsächlich wissen, müßte der Versuch, das innere Wirken des Geistes des Künstlers anhand seines Werkes allein aufzuzeigen, den größten Gefahren ausgesetzt sein. Und nach den veröffentlichten Arbeiten Freuds über Leonardo da Vinci oder Jungs über Goethe zu urteilen ... neigen Psychoanalytiker dazu, als Kritiker ausgesprochen ungeeignet zu sein.«[3]
Spekulationen über die Motive, die die großen Roman- und Dramengestalten bewegten, sind gewiß ein interessantes intellektuelles Gesellschaftsspiel, aber man sollte bedenken, daß Sterne seine Figuren schuf und lenkte, wie es die Handlung des Romans erforderte, und daß Shakespeare die seinen agieren ließ, um das Publikum in Spannung zu halten, bis der Vorhang fiel.
Diesen beträchtlichen Einschränkungen zum Trotz war zu erwarten, daß Freud die Psychoanalyse auf den schöpferischen Geist und seine Produkte anwenden werde. Gegen Ende des 19. Jahrhunderts hatte sich seine Überzeugung, »an eines der großen Geheimnisse der Natur gerührt zu haben«, gefestigt, und schon 1897 fragte er sich, was für ein Licht die Psychoanalyse auf die Volksüberlieferungen werfen könnte. »Die Geschichte des Teufels, das Schimpflexikon des Volkes, die Gesänge und Gebräuche der Kinderstube, alles gewinnt nun Bedeutung für mich«[4], schrieb er Fließ. Er wollte wissen, warum »die Geständnisse [der Hexen] auf der Folter so ähnlich den Mitteilungen meiner Patienten in der psychischen Behandlung«[5] sind, während er später im Jahr auf eine reiche Ader stieß mit seiner Behauptung, daß »der Mechanismus der Dichtung derselbe [ist] wie der hysterischen Phantasien«[6].
Beinahe zu der gleichen Zeit, als er mit Fließ seine Entdeckung des Ödipuskomplexes diskutierte, kam ihm die Idee, die ihn sein ganzes Leben lang nicht mehr loslassen sollte: daß nämlich der *Hamlet* auf diesen Komplex zurückzuführen sei. »Ich denke nicht an Shakespeares bewußte Absicht«, schrieb er, »sondern glaube lieber, daß eine reale Begebenheit den Dichter zur Darstellung reizte, indem das Unbewußte in ihm das Unbewußte im Helden verstand.«[7] Die Idee erschien ihm um

so einleuchtender, als er las, daß der *Hamlet* kurz nach dem Tod von Shakespeares Vater im Jahre 1601 geschrieben worden sei, »also in der frischen Trauer um ihn, in der Wiederbelebung, dürfen wir annehmen, der auf den Vater bezüglichen Kindheitsempfindungen ...«[8] Obwohl es keine Beweise dafür gab, daß der Tod von Shakespeares Vaters – selbst wenn er tatsächlich eingetreten war, bevor der *Hamlet* geschrieben wurde – die Erinnerung des Dichters daran, daß er einst seine Mutter begehrte, geweckt hatte – wie der Tod Jakob Freuds die seines Sohnes weckte –, war dies eine Idee, an der er beinahe ebenso hartnäckig festhielt wie am Ödipuskomplex selbst.

Fließ schickte er 1898 seine erste Anwendung der Psychoanalyse auf ein literarisches Werk, einen Kommentar zu C. F. Meyers Erzählung »Die Richterin«. Als eines der ersten Beispiele angewandter Psychoanalyse, die behauptete, die latenten psychologischen Bedeutungen enthüllen zu können, die sich im manifesten Inhalt eines Kunstwerks verbergen, begann dieser Kommentar mit einer leichtfertigen Versicherung, die viele als typisch für Freuds Art, Urteile zu fällen, betrachten könnten: »Kein Zweifel, daß es sich um die poetische Abwehr der Erinnerung an ein Verhältnis mit seiner Schwester handelt.«[9] Ein Urteil, in dem vielleicht die mit Bedauern aufgegebene Verführungstheorie nachklang.

Aber bevor er sich weiter auf die psychoanalytische Deutung von Literatur einschoß, hatte Freud eine andere nichtklinische Anwendung entdeckt. Er war sicher, daß die Psychoanalyse helfen konnte, die Schuld oder Unschuld eines Angeklagten zu beweisen. Man hatte dergleichen schon mit Hilfe der Assoziationsexperimente Jungs bei gestellten Gerichtsverhandlungen versucht, die von Jurastudenten in einem Seminar der Universität Wien durchgespielt wurden, und 1906 wurde Freud von dessen Leiter, Professor Alex Löffler, eingeladen, eine Vorlesung zu halten. Was er dann in seiner Abhandlung »Tatbestandsdiagnostik und Psychoanalyse« vorschlug, war eine Variation des Assoziationstests. Das Ergebnis sollte nicht der einzige das Urteil bestimmende Faktor sein, und er sah eine lange Periode voraus, in der der Wert der Methode erprobt werden mußte. Er sagte zu den Studenten:

»Es möge Ihnen gestattet, ja zur Pflicht gemacht werden, solche Untersuchungen durch eine Reihe von Jahren an allen *realen* Fällen von Strafbeschuldigung vorzunehmen, *ohne daß den Ergebnissen derselben ein Einfluß auf die Entscheidung der richtenden Instanz zugestanden würde.* Am besten, wenn die letztere überhaupt nicht zur Kenntnis Ihrer aus der Untersuchung gezogenen Schlußfolgerung über die Schuld des Angeklagten kommt. Nach jahrelanger Sammlung und vergleichender

Bearbeitung der so gewonnenen Erfahrungen müßten wohl alle Zweifel an der Brauchbarkeit dieses psychologischen Untersuchungsverfahrens gelöst sein.«[10]
Im folgenden Jahr, 1907, kehrte Freud mit einem Vortrag, »Der Dichter und das Phantasieren«, den er vor einem Publikum von Fachleuten in einem Saal beim Verleger Heller hielt, wieder zu seinen Mutmaßungen über die unbewußten Quellen der Literatur zurück. »Es lief ohne Unfall ab, was ja hinreicht«, schrieb er Jung. »Für die zahlreichen Dichter und ihre Damen wird es schwere Kost gewesen sein . . . Immerhin war es ein Einbruch in ein von uns bisher kaum gestreiftes Gebiet, auf dem man sich bequem niederlassen könnte.«[11]
In demselben Jahr ließ Freud seiner Analyse der »Richterin« eine weitere folgen: *Der Wahn und die Träume in W. Jensens ›Gradiva‹*. Hier befaßte er sich mit einer Novelle von Wilhelm Jensen, die Jung als erster ihm gegenüber erwähnt hatte und die an einem archäologischen Schauplatz spielte, nämlich in Pompeji, das Freud 1902 mit seinem Bruder Alexander besucht hatte. Die Novelle erzählt die Geschichte eines erdichteten Norbert Hanold, eines deutschen Archäologen, der von dem Relief eines jungen Mädchens im Vatikan besessen ist. In einem Traum sieht er sie während des Untergangs von Pompeji im Jahre 79 n. Chr., er reist zu den Ruinen, trifft dort ein Wesen, das er für ihren Geist hält, und erkennt schließlich in dem vermeintlichen Geist eine Freundin aus seiner Kindheit wieder. Was Freud an der Geschichte fesselte, war weit mehr als nur ihr Schauplatz, und das aus einem sehr guten Grund: obwohl Jensen weder von Freud noch von der Psychoanalyse etwas wußte, als er seine *Gradiva* schrieb, ließ er seinen Helden in beinahe genau der Weise träumen, die Freud in seiner *Traumdeutung* beschrieben hatte.
Jensens Reaktion auf Freuds Arbeit, die seinem schmalen Bändchen mehr Aufmerksamkeit sicherte, als es sonst hätte gewinnen können, scheint zwiespältig gewesen zu sein. Als er ein Exemplar erhielt, antwortete er, die Analyse entspreche seinen eigenen Intentionen. Als er aber einen zweiten Brief von Freud bekam, antwortete er vorsichtig. Jung schickte Freud später noch drei andere Erzählungen Jensens, und Freud beteiligte sich an einer Diskussion in der Wiener Psychoanalytischen Vereinigung, nachdem Max Graf am 11. Dezember 1907 einen Vortrag über »Methodik der Dichterpsychologie« gehalten hatte. Jensen, schloß Freud, hatte in seiner Jugend eine große Zuneigung zu einem jungen Mädchen, möglicherweise seiner Schwester, gehegt und großen Schmerz empfunden, vielleicht durch ihren Tod. Das Mädchen, meinte er, könnte an einem Gebrechen gelitten haben, etwa einem Spitzfuß, den Jensen in den schönen Gang der »Gradiva« umgedeutet

habe. Um Kommentare gebeten, antwortete Jensen, er habe nie eine Schwester gehabt, aber seine erste Liebe sei eine Jugendfreundin gewesen, die mit 18 Jahren an Schwindsucht starb. Später habe er sich in ein anderes Mädchen verliebt, das ihn an das erste erinnerte, aber auch dieses sei gestorben. Nach Herbert Marcuse weigerte sich Jensen, sich mit Freud zu treffen, und das war das Ende der Angelegenheit, die Freuds Anhängern ebenso wie seinen Gegnern brauchbare Munition lieferte.

Welche Bedeutung Freuds Essay über die *Gradiva* auch für die Zukunft der Psychoanalyse gehabt haben mag: er war schön geschrieben und weckte beträchtliches Interesse. Freud selbst scheint von dem Relief beinahe ebenso besessen gewesen zu sein wie Jensen, und nach einem Besuch im Vatikan im Jahre 1907 schrieb er Martha von der Freude, die er empfand, als er das Relief dort sah – »ein bekanntes liebes Gesicht«[12], wie er sagte. Bald nach der Veröffentlichung von Freuds Essay wurden Kopien angefertigt, die zu einem vertrauten Anblick in den Sprechzimmern von Psychoanalytikern wurden. Zwanzig Jahre später wurde das Mädchen zu einem Kultbild der Surrealisten, und Salvador Dali machte viele Zeichnungen von ihr, nachdem der Essay ins Französische übersetzt worden war.

Während des Jahres, das auf die Veröffentlichung des Essays über die *Gradiva* folgte, war Freud mit seiner Praxis, mit den Nachwirkungen des Salzburger Kongresses und dann mit den Vorbereitungen für seine Reise in die Vereinigten Staaten beschäftigt. Erst im Frühjahr 1910 beendete er die kurze Exkursion in Literatur und Kunst, die mehr Kontroversen auslösen sollte als jede andere seiner nichtmedizinischen Schriften bis zur Veröffentlichung von *Der Mann Moses und die monotheistische Religion* beinahe dreißig Jahre später. Sie war *Eine Kindheitserinnerung des Leonardo da Vinci* betitelt und nahm einen einzigen Satz aus Leonardos Tagebüchern als Ausgangspunkt für eine ausführliche Deutung des psychosexuellen Lebens Leonardos.

Freud interessierte sich für Leonardo zum erstenmal 1898 während einer Diskussion mit Wilhelm Fließ über die mögliche Verbindung von Doppelhändigkeit und Bisexualität. »Leonardo, von dem kein Liebeshandel bekannt ist, war vielleicht der berühmteste Linkshänder. Kannst Du ihn brauchen?«[13] schrieb er am 9. Oktober. Neun Jahre später, als er den Fragebogen einer Zeitung beantwortete, in den die Titel der Lieblingsbücher einzutragen waren, setzte Freud Mereschkowskis Roman *Leonardo da Vinci* mit auf die Liste. Aber erst 1909 wurden die Möglichkeiten, die Psychoanalyse auf solche Persönlichkeiten der Vergangenheit anzuwenden, vollends klar erkannt. In einem Brief an Jung erklärte Freud, die Psychoanalyse müsse »die Mythologie ganz erobern«, und er fuhr fort:

»Auch die Biographik muß unser werden. Seitdem ich zurück bin, habe ich erst einen Einfall gehabt. Das Charakterrätsel Leonardos da Vinci ist mir plötzlich durchsichtig geworden. Das gäbe also einen ersten Schritt in die Biographik. Aber das Material über Leonardo ist so spärlich, daß ich daran verzweifle, meine gute Überzeugung anderen faßbar dazustellen ... Erinnern Sie sich meiner Bemerkung in den ›Infantilen Sexualtheorien‹ über das notwendige Fehlschlagen dieser primitiven Forschung der Kinder und der lähmenden Wirkung, die von diesem Mißerfolg ausgehe? ... Nun so einer, der so früh seine Sexualität in Wißtrieb umgesetzt hat und an der Vorbildlichkeit des nicht Fertigwerdens hängen geblieben ist, ist auch der große Leonardo, der sexuell inaktiv oder homosexuell war.«[14]

Einer seiner Patienten, fuhr Freud fort, schien die gleiche Konstitution wie Leonardo zu haben, freilich ohne dessen Genie. Freuds Interesse an dem Mann ließ Pläne reifen, mit denen er sich schon eine Weile beschäftigt hatte, und einige Wochen später sprach er in der Wiener Psychoanalytischen Vereinigung über das Thema.

Er beendete seine Leonardo-Studie im folgenden Mai. Zuvor aber hatte ihm Ernest Jones Walter Paters berühmte Beschreibung der Mona Lisa geschickt, und als er sich für das Exzerpt bedankte, schrieb Freud:

»Sie dürfen nicht zuviel erwarten von dem Leonardo, der nächsten Monat herauskommen wird, weder das Geheimnis der Vierge aux Rochers noch die Lösung des Geheimnis der Mona Lisa; schrauben Sie Ihre Erwartungen zurück, dann besteht mehr Wahrscheinlichkeit dafür, daß es Ihnen besser gefällt. Vielen Dank für die Seite von Pater; ich kannte sie und hatte einige Zeilen aus der schönen Stelle zitiert. Ich denke, Leonardo war ›doppelhändig‹, aber das ist ungefähr dasselbe wie linkshändig. Über seine Handschrift habe ich weiter keine Nachforschungen angestellt, weil ich absichtlich alle biologischen Gesichtspunkte vermied und mich auf die Diskussion der psychologischen beschränkte.«[15]

In Anbetracht der Kontroverse, die seine Arbeit über Leonardo auslöste, ist Freuds Briefwechsel mit seinen Freunden zur Zeit der Veröffentlichung bemerkenswert. An Ferenczi, der Bedenken äußerte, schrieb er:

»Über den Leonardo machen Sie sich keine Sorgen. Ich schreibe längst nur für den kleinen Kreis, der sich täglich erweitert, und wenn die Anderen über den L. nicht schimpften, würde ich an meinem Urteil über ihn irre.«[16] Pfarrer Pfister gegenüber bemerkte er, die Studie werde »anstößig genug sein, aber ich schreibe ja eigentlich nur für einen kleinen Kreis von Freunden und Anhängern«.[17] Die meisten von ihnen waren zufrieden. Jones schrieb Putnam: »Die Studie enthält eine sehr feine Analyse mit allen Arten von anregenden Bemerkungen. Was für eine Menge es da zu lernen gibt!«[18]

Freud selbst scheint das Thema damals weniger ernst genommen zu haben, und er bemerkte Binswanger gegenüber etwas von einem anderen Projekt, das eine dumme Idee sei, ein Privatvergnügen, so etwas wie der *Leonardo.* Es ist möglich, daß sich sein Urteil, das so verschieden von dem seiner Bewunderer war, mit dem von Havelock Ellis deckte, der über die *Gradiva* und den *Leonardo* sagte: »Es wäre grotesk, auch nur eine Spur von Wissenschaft in diesen köstlichen Essays finden zu wollen, und dennoch sind sie typisch Freud.«[19]

Der Fels, auf dem die Leonardo-Hypothese errichtet wurde, bestand aus einem einzigen Satz aus einer deutschen Übersetzung der Tagebücher Leonardos: »Es scheint, daß es mir schon vorher bestimmt war, mich so gründlich mit dem Geier zu befassen, denn es kommt mir als eine ganz frühe Erinnerung in den Sinn, als ich noch in der Wiege lag, ist ein Geier zu mir herabgekommen, hat mir den Mund mit seinem Schwanz geöffnet und viele Male mit diesem seinen Schwanz gegen meine Lippen gestoßen.«[20] In der Übersetzung war der von Leonardo genannte Vogel fälschlich als Geier wiedergegeben worden. Das war von Bedeutung, da Freud meinte, Leonardos Behauptung könne in Anbetracht der Größe des Vogels keine echte Erinnerung sein, sondern nur eine Phantasie aus seinem Erwachsenenleben. Als der Satz nun unter die Lupe der Psychoanalyse genommen wurde, ließ sich scheinbar sehr viel daraus ableiten. Denn der Geier war, was der belesene Leonardo gewußt haben dürfte (es war, wie Freud anmerkte, schon vor der Entzifferung der Hieroglyphen durch Champollion bekannt) die altägyptische Hieroglyphe nicht nur für die geierköpfige Göttin Mut, sondern auch für »Mutter«. In der Phantasie stellte der phallusähnliche Schwanz des Geiers im Mund des Kindes die Mutterbrust dar, und nach Freuds Ansicht war die Hypothese durch das wenige, was man von Leonardos ersten Lebensjahren weiß, gerechtfertigt. Er war ein uneheliches Kind und war, wie man annehmen konnte, in den ersten Jahren allein von seiner Mutter großgezogen worden. In das Haus seines Vaters Pieros da Vinci wurde er erst geholt, als dieser eine Frau seines Standes geheiratet hatte. Aber die leibliche Mutter hatte, allein und unbefriedigt, all ihre Liebe und Aufmerksamkeit dem Sohn zugewandt, zu früh seine Erotik angeregt und mit dazu beigetragen, ihn auf den Weg der Homosexualität zu bringen.

Sobald Leonardo im Hause seines Vaters lebte, konnte man sagen, daß er zwei Mütter hatte: Caterina, das Bauernmädchen, das ihn geboren hatte, und die Frau seines Vaters. Das war, laut Freud, die Erklärung für

Leonardos Gemälde »Die Heilige Anna Selbdritt« im Louvre, ein Bild, auf dem die Jungfrau Maria nicht jünger aussieht als die heilige Anna, die der Überlieferung nach ihre Mutter war, und auf dem beide Frauen das rätselhafte Mona-Lisa-Lächeln haben. Leonardo hatte, Freud zufolge, Mona Lisa schon vorher kennengelernt, sie hatte seine latente Sexualität erregt, seine unbewußte Erinnerung an Caterina wieder geweckt und so die Anregung zu dem Bild gegeben, auf dem seine beiden Mütter dargestellt sind. Diese Umstände waren es zweifellos, die Freud veranlaßten, seine Studie als einen Versuch darzustellen, »der ein besonders grelles Beispiel von der Wirkung der zufälligen familiären Konstellationen aufzeigen will«.[21]

Eine Kindheitserinnerung des Leonardo da Vinci deutete, wie Freud selbst zugab, nur eine Möglichkeit an. Tatsächlich schrieb er dem deutschen Maler Hermann Struck: »Es ist übrigens auch halb Romandichtung. Ich möchte nicht, daß Sie die Sicherheit unserer sonstigen Ermittlungen nach diesem Muster beurteilen.«[22] Die Arbeit war jedoch eine *tour de force*. Freud selbst bezeichnete sie Lou Andreas-Salomé gegenüber als »das einzig Schöne, das ich je geschrieben«[23], und ihre Überzeugungskraft verwandelte ihren Inhalt aus einer tastenden Theorie in einen Glaubensartikel, zu dessen Verteidigung alle guten Freudianer aufgerufen waren. Jung erkannte die Umrisse eines Geiers auf dem Gemälde »Maria mit dem Kinde«, von dem Freud eine Reproduktion besaß. Pfarrer Pfister, der den Louvre besuchte, entdeckte noch deutlicher einen Geier im Gewand der Jungfrau Leonardos, ein klassisches Beispiel dafür, daß der Suchende findet, was er sucht, und eine Entwicklung, die Freud zu der Erklärung veranlaßte, es scheine so . . . »als läge der Schlüssel zu all seinen Leistungen und seinem Mißgeschick in der Kindheitsphantasie vom Geier verborgen«.[24] Im Jahre 1931 schrieb er überdies noch, daß das Gemälde im Louvre »ohne die eigentümliche Kindheitsgeschichte Leonardos nicht verständlich wäre«.[25]

In den frühen zwanziger Jahren waren jedoch einige Punkte ans Licht gekommen, die selbst von den treuesten Freud-Anhängern nicht wegdiskutiert werden konnten. Die erste Enthüllung war, daß Leonardo in dem entscheidenden Satz, auf den Freud seine Studie gründete, nichts von einem Geier gesagt hatte. Das von ihm verwendete Wort *nibio* (heute *nibbio)* war in verschiedenen deutschen Leonardo-Ausgaben als »Hühnergeier« übersetzt worden. (Dieser Hühnergeier – regional für Hühnerhabicht – würde Freud zwar vor seinem Irrtum bewahrt haben, aber er ist ebenfalls eine, noch in modernen Wörterbüchern zu findende Fehlübersetzung, denn *nibbio* ist der in Italien besonders häufige Rote Milan, auch Gabelweihe genannt, zu dessen Beutetieren Hühner nicht gehören.

Die Herausgeber der »Protokolle« verwendeten dann auch, siehe unten, die richtige Bezeichnung Milan. Anm. des Übers.) Freud hatte aber das Unglück gehabt, die Übersetzung von Herzfeld in die Hand zu bekommen, in der aus dem *nibbio* ein Geier geworden war, und auf diesem Fehler hatte er die Konstruktion der ägyptischen Hieroglyphe, der Göttin Mut und des Wortes Mutter aufgebaut, die nun zusammenstürzte, als die Spezies des Vogels richtig identifiziert wurde. Die Herausgeber der *Protokolle der Wiener Psychoanalytischen Vereinigung* zeigten, wie weit die Treue zu Freud gehen kann, und wandten später ein, »daß ein Milan ja auch ein Vogel ist wie der Geier«[26], was als eine »rührende Rechtfertigung des Irrtums Freuds«[27] bezeichnet wurde.
Auf die Beseitigung des »Geiers« – durch Eric Maclagan schon 1923 in der Januarausgabe der britischen Kunstzeitschrift *The Burlington Magazine* – folgte die Erklärung, daß die Caterina, der Freud eine so große Bedeutung zugeschrieben hatte, tatsächlich nicht die Mutter Caterina war, sondern eine Frau gleichen Namens, die Leonardo im Mannesalter als Haushälterin beschäftigt hatte. Dazu kam die Frage, wie lange Leonardo bei seiner Mutter geblieben war, bevor er in das Haus seines Vaters aufgenommen wurde. Daran konnten 1910, als Freud seine Studie schrieb, noch echte Zweifel bestehen, obwohl er in seiner Bücherei eine Stelle in einer Biographie angestrichen hatte, die lautete: »Leonardo vermißte jenen mütterlichen Einfluß, dem sich jeder große Mann, der sich selbst achtet, unterwerfen muß.«[28] Die Feststellung eines einzigen Autors braucht nicht unbesehen akzeptiert zu werden, aber später aufgefundene Belege weisen tatsächlich darauf hin, daß Leonardo kurz nach der Geburt in das Haus seines Vaters geholt wurde, ein Umstand, der, wie Spector sagt, »Freuds Hypothese von einer langen Zeit nach der Eheschließung widersprochen hätte, in der das kleine Genie mit seiner überzärtlichen, liebeshungrigen Mutter allein war«.[29]
Wichtiger noch war die unanfechtbare Entstehungsgeschichte des Gemäldes der »Heiligen Anna Selbdritt«. Freud zufolge war es nach der Begegnung mit Mona Lisa gemalt worden, und das Porträt von Mutter und Tochter war das direkte Ergebnis der unbewußten Erinnerung Leonardos an seine Kindheit mit zwei Müttern. Aber einige Jahre zuvor hatte die Verehrung der heiligen Anna neue Anregung erhalten, als der Papst jedem, der ein Gebet zu ihr sprach, einen Ablaß gewährte. Das Gebet war auf den Ablaßzettel gedruckt, auf dem oft auch ein Holzschnitt zu sehen war, der die heilige Anna, die Jungfrau Maria und das Jesuskind zeigte. Diese Holzschnitte beziehungsweise Drucke wurden in großer Anzahl hergestellt und erfreuten sich, als Leonardo sein Bild zu malen begann, im ganzen katholischen Europa großer Beliebtheit.

Andere Autoren mit einer gründlicheren Kenntnis der italienischen Renaissance, als Freud sie besaß, machten auf weitere falsche Annahmen im *Leonardo* aufmerksam. So nahm Freud zum Beispiel an, daß die Gewohnheit Leonardos, gefangene Vögel freizulassen – die im Essay als signifikant bezeichnet wird –, Spuren eines konvertierten sadistischen Triebes verriet; aber es wurde nun darauf hingewiesen, daß die Menschen der Renaissance oft Vögel freiließen, um sich das Glück gewogen zu machen, und daß es vor allem für Leonardo ganz natürlich war, der ein unstillbares Interesse am Mechanismus des Fliegens hatte.

Weit davon entfernt, »das ganze Buch hindurch von Freuds ausgedehnten literarischen Kenntnissen beeindruckt zu sein, einer Bürde, an der er leicht trug und die er nie zur Schau stellte«[30], wie Ernest Jones bemerkt, kann man nicht umhin, im *Leonardo* ein Beispiel dafür zu sehen, wie sich ein Psychoanalytiker auf ein Spezialgebiet vorwagt und auf dem unsichersten Fundament eine große Konstruktion errichtet. Bemerkenswerterweise wurde das auch zehn Jahre später von Freud selbst zugegeben, nachdem ihn Untersuchungen des Psychoanalytikers Rudolf Reitler gezwungen hatten, in der zweiten Auflage des Buches Änderungen vorzunehmen.

Nichtsdestoweniger wurde der Essay zu einer neuen Bundeslade für die Gläubigen, und in dem Maße, in dem die Überzeugungskraft seiner Argumente abnahm, wurden immer verdrehtere Behauptungen aufgestellt, um aus den Trümmern zu retten, was noch zu retten war.

Der *Leonardo* war für die Psychoanalyse ebensowenig gut wie Wittels' verstiegene Auslassungen über Karl Kraus und *Die Fackel,* und seine grundsätzliche Schwäche wurde von dem Psychoanalytiker Charles Rycroft hervorgehoben:

»Der Irrtum, die klinische Idee der Kindheitsrekonstruktion als Technik ästhetischer und historischer Forschung anzuwenden, ist meiner Meinung nach ein zweifacher. Erstens ist in Abwesenheit eines Patienten, der seine Zustimmung geben oder verweigern kann, die Zahl der möglichen alternativen Deutungen so groß, daß die untersuchte Person leicht zu einem Schirm wird, auf den der Analytiker seine eigenen persönlichen und theoretischen Voreingenommenheiten projiziert; und zweitens wird die Tatsache ignoriert, daß eine Bedeutungsverschiebung eintritt, sobald der Begriff der ›Deutung‹, der sich in erster Linie auf Mitteilungen bezieht, die den Patienten während einer therapeutischen Sitzung gemacht werden, in die Arena der Öffentlichkeit übertragen wird.«[31]

Dennoch blieb, abgesehen von der literarischen Qualität, der Phantasie und dem Einfallsreichtum der Freudschen Beweisführung noch etwas zurück. Kenneth Clark schrieb:

»Seine Schlußfolgerungen wurden von der Mehrheit der Leonardoforscher entsetzt zurückgewiesen, und zweifellos kann das Wirken eines kraftvollen, komplexen Geistes weder aus einem einzigen Satz abgeleitet noch durch ein ziemlich einseitiges psychologisches System erklärt werden. Freuds Studie ist, obwohl sie einige von tiefer Intuition zeugende Stellen enthält, vielleicht ebenso übermäßig vereinfacht wie die von Vasari. Dennoch hilft sie uns, Leonardos Charakter zu begreifen, indem sie darauf besteht, daß er abnorm war.«[32]

Der *Leonardo* zeigte, wie die Psychoanalyse von nun an weitere Gebiete durchdringen sollte. Diese Erweiterung löste Opposition aus, bevor man noch die spezifischen Gefahren erkannte, und Freud sah voraus, daß es so kommen mußte. Er war sich auch darüber im klaren, daß die Aussicht auf psychoanalytische Forschungen auf nichtmedizinischen Gebieten nicht nur die voll Qualifizierten, sondern auch die Zweitklassigen anlocken mußte. Seine Befürchtungen waren durchaus gerechtfertigt, und zwei Jahrzehnte später schrieb er:

»Es hat sich also ergeben, daß die Analytiker als Dilettanten mit mehr oder weniger zureichender Ausrüstung, oft in Eile zusammengerafft, Einfälle in jene Wissensgebiete unternommen haben, wie Mythologie, Kulturgeschichte, Ethnologie, Religionswissenschaft usw. Sie wurden von den dort ansässigen Forschern nicht besser behandelt als Eindringlinge überhaupt, ihre Methoden wie ihre Resultate, soweit sie Aufmerksamkeit fanden, zunächst abgelehnt.«[33]

Ein Grund für die Ablehnung war der hohe Prozentsatz von Analytikern mit »weniger zureichender Ausrüstung«. Ein weiterer war das Mißtrauen, mit dem ein großer Teil der akademischen Welt die Psychoanalyse als solche immer noch betrachtete. Der zweite Faktor veranlaßte Freud, bei der Förderung nichtmedizinischer Anwendungen Vorsicht walten zu lassen, und erst 1912, als die Internationale Psychoanalytische Vereinigung offensichtlich über den Berg war, entstand die Zeitschrift *Imago*. Sie wurde von Hanns Sachs gegründet und sollte von Freud und Rank gemeinsam herausgegeben werden. Der Titel wurde einem Roman von Carl Spitteler entnommen, in dem gezeigt wird, wie das Unbewußte sowohl das bewußte Handeln beeinflußt als auch das Schöpferische anregt, aber bezeichnenderweise ist Imago auch der Name für das geschlechtsreife Vollinsekt nach der Metamorphose, und die Zeitschrift sollte sich nicht nur mit den medizinischen Aspekten der Psychoanalyse befassen, sondern auch mit nichtmedizinischen Möglichkeiten, die sich aus ihnen ergeben hatten.

In der ersten Nummer betonte Freud die Notwendigkeit, den Horizont der psychoanalytischen Forschung auf Gebiete wie Sprache, Sitten und

Gebräuche, Religion und Rechtswissenschaft auszudehnen. So verschiedene Themen wie Mythologie, Ästhetik, Literatur und Kunstgeschichte, Philologie, Folklore, Kriminologie und Moraltheorie sollten mit einbezogen werden. Das waren ehrgeizige Pläne, und sie sollten mit der Zeit noch ehrgeiziger werden. Zwanzig Jahre später schrieb Freud, die Psychoanalyse könne »all den Wissenschaften unentbehrlich werden, die sich mit der Entstehungsgeschichte der menschlichen Kultur und ihrer großen Institutionen wie Kunst, Religion und Gesellschaftsordnung beschäftigen«[34].

Imago brachte auch den ersten von vier Aufsätzen, die später zusammen unter dem Titel *Totem und Tabu* erschienen und Freuds Anwendung der Psychoanalyse auf soziale und anthropologische Probleme darstellten. Das kleine Buch, das nichts Geringeres als seine Anschauung über die Entstehung der menschlichen Gesellschaft darlegte, war schon zehn Jahre früher geplant worden. Die Parallele zwischen dem Analytiker, der sich in aufeinanderfolgende Schichten der Seele vertieft, und dem Archäologen, der aufeinanderfolgende Schichten materieller Ablagerungen abträgt, hatte sich mit dem Geheimnis der alten Kulturen verbunden – »nur ein Taugenichts ist nicht an seiner Vergangenheit interessiert«, sagte Freud einmal[35] –, um sein Interesse an der Archäologie zu wecken. Auf Schliemann in Troja war Sir Arthur Evans auf Kreta gefolgt, und ihre aufsehenerregenden Entdeckungen hatten Freud dazu geführt, Mutmaßungen über die Glaubensvorstellungen der ältesten Ahnen des Menschen anzustellen. »Es scheint, daß Zeus ursprünglich ein Stier war«, schrieb er Fließ, nachdem er von Evans' Ausgrabungen in Knossos gelesen hatte. »Auch unser alter Gott soll zuerst, vor der durch die Perser angeregten Sublimierung, als Stier verehrt worden sein. Es gibt da allerlei zu denken, worüber noch nicht zu schreiben ist.«[36]

Von diesem Augenblick an beschäftigte ihn ständig die Möglichkeit, daß die Psychoanalyse in der Lage sein könnte, Licht auf die Anfänge der Religion und ihre Beziehung zur menschlichen Gesellschaft zu werfen. In den 1907 geschriebenen »Zwangshandlungen und Religionsübungen« verglich Freud die zwanghaften Handlungen der Neurotiker mit den Ritualen der Religion und gelangte zu einem unpopulären Schluß, nämlich daß die Religion eine universelle Zwangsneurose und die Neurose eine individuelle Religiosität sei. Ein Jahr darauf sprach er in »Die ›kulturelle‹ Sexualmoral und die moderne Nervosität« über die ständige Unterdrückung der Triebe, während die menschliche Gesellschaft Gestalt angenommen hatte.

Freud war sich jedoch seiner eigenen Grenzen sehr wohl bewußt, wie er Professor Ernst Oppenheim eingestand, einem Fachmann für klassische

Mythologie und Folklore, der 1906 seine Vorlesungen an der Universität besucht hatte. Von einer seiner Arbeiten sprechend, die psychoanalytische Beobachtungen im Zusammenhang mit Folklore behandelte, schrieb ihm Freud anläßlich einer Zusendung Oppenheims, daß sie ihn wieder »wie so oft bedauern läßt, daß zu meiner Kenntnis der Alten seit den Gymnasialzeiten nichts hinzugekommen ist ... Seit längerer Zeit verfolgt mich die Idee, daß unsere Studien über den Inhalt der Neurosen berufen sein könnten, die Rätsel der Mythenbildung aufzuklären, und daß der Kern der Mythologie kein anderer ist, als was wir den ›Kernkomplex der Neurose‹ nennen ... Zwei meiner Schüler, Abraham in Berlin und O. Rank in Wien, haben den Versuch gewagt, ins mythologische Gebiet einzufallen und dort mit Hilfe der psychoanalytischen Technik und Gesichtspunkte Eroberungen zu machen. Aber wir sind Dilettanten und haben allen Grund, uns vor Irrtümern zu fürchten. Uns fehlt der Schulsack, die Vertrautheit mit dem Material.«[37]
Seine Bescheidenheit verflüchtigte sich im Laufe der nächsten Jahre, möglicherweise unter dem Einfluß der zuversichtlichen Behauptungen Jungs, daß die Vorgeschichte auf den Menschen eine ebenso große Wirkung habe wie seine individuelle Vergangenheit. Jungs erstes Interesse hatte der Archäologie gegolten; verglichen mit Freud war er ein Fachmann, und er bewies bald eine Kompetenz, auf die Freud mit einer Mischung von Ermutigung und Niedergeschlagenheit reagierte. Mit seiner Besorgnis um die Priorität gestand er Jung bald, daß es ihm »eine Quälerei ist zu denken, wenn ich jetzt den einen oder anderen Einfall habe, daß ich Ihnen damit leicht etwas wegnehme oder auch mir etwas aneigne, was bequem Ihr Erwerb hätte werden können ... Warum, zum Teufel, mußte ich mich anregen lassen, Ihnen auf dieses Gebiet zu folgen?«[38] Jung war selbst nicht allzu glücklich über das, was der Oberbefehlshaber tat, und gab zu: »Es ist auch für mich sehr bedrükkend, wenn Sie auch auf dieses Gebiet der Religionspsychologie herauskommen.«[39] Trotz der Gefahren arbeiteten beide weiter, und Freud wurde später durch das Referat Putnams in Weimar ermutigt; denn wenn der Amerikaner wirklich versuchte, den Stern der Psychoanalyse an die Religion anzuspannen, so war Freud bereit, die Nutzlosigkeit dieses Unterfangens zu demonstrieren.
Er begann im Frühjahr 1911 an *Totem und Tabu* zu schreiben und erklärte Jung, er hoffe, im Sommer fertig zu sein. »Ich brauche dazu einen Raum, in dem ich allein sein kann, und einen Wald in der Nähe«[40], fügte er hinzu. Anfang August sah er die Sache wieder anders und berichtete, die Psychologie der religiösen Vorstellungen, an der er arbeite, werde ihn wahrscheinlich noch Jahre in Anspruch nehmen. Er

wußte, daß das Buch so unpopulär sein werde wie seine Anschauungen über die Sexualität, und schrieb Binswanger aus den Alpen, die »Frequenz der Herrgötter hier im Tirol«, wo sie zahlreicher seien als bis vor kurzem die »Herrenpilger«, habe ihn zu religionspsychologischen Studien beeinflußt, von denen vielleicht nach Jahr und Tag etwas ans Licht gelangen werde. Nach der Publikation werde er wohl nicht wieder »im Tirol eingelassen werden«. Ferenczi gestand er im November: »Die Totemarbeit ist eine Schweinerei. Ich lese dicke Bücher ohne rechtes Interesse, da ich die Resultate schon weiß, mein Instinkt sagt mir so; sie müssen aber durch alles Material hindurchgeschleift werden, unterdes verdunkeln sich die Einsichten, es gibt viele Dinge, die nicht stimmen wollen und doch nicht gezwungen werden dürfen, ich habe nicht jeden Abend Zeit usw.«[41] Und Putnam vertraute er über die Arbeit an: »Im Ganzen ist mir dabei zumute wie einem älteren Herrn, der in späten Jahren eine zweite Ehe geschlossen hat. *L'amour coûte cher aux vieillards* [Die Liebe kommt die Alten teuer zu stehen].«[42]

Am zweiten Tag des Jahres 1912 scheint er ungewöhnlich deprimiert gewesen zu sein, und er schrieb Abraham: »Meine Arbeiten zur Psychologie der Religion gehen sehr langsam vorwärts, so daß ich sie lieber ganz von der Tagesordnung absetzen möchte.«[43] Er überwand jedoch seine Niedergeschlagenheit und beendete das erste der vier Kapitel, »Die Inzestscheu«, das in *Imago* unter dem Titel »Einige Übereinstimmungen im Seelenleben der Wilden und der Neurotiker« veröffentlicht wurde. Von den übrigen drei Kapiteln schrieb Freud zwei später im Jahr und das letzte im Frühjahr 1913. »Es ist das gewagteste Unternehmen, in das ich mich je eingelassen habe«, schrieb er Jones. »Über Religion, Ethik und *quibusdem aliis*. Gott helfe mir!«[44] Alle drei wurden in der Wiener Psychoanalytischen Vereinigung vorgelesen, das erste in einem dreistündigen Vortrag, und alle vier zusammen wurden noch 1913 unter dem Titel *Totem und Tabu* veröffentlicht.

Einigen Freunden gegenüber war Freud von entwaffnender Offenherzigkeit, was seine Motive anbetraf, die Arbeit an *Totem und Tabu* zu beschleunigen. Das Buch, schrieb er Binswanger im März 1912, werde die Psychoanalyse in die Ethnopsychologie einschmuggeln. Es gab jedoch noch einen anderen Grund, den er verriet, als er das Unternehmen mit Abraham, Jones und Ferenczi besprach. Alle drei kritisierten die Züricher Gruppe heftig, und wenn man liest, was Freud ihnen schrieb, wird klar, daß er *Totem und Tabu* als brauchbare, wenn auch dem Zufall verdankte Waffe gegen Jung und seine Anhänger betrachtete. Abraham erfuhr, daß der letzte, entscheidende Aufsatz noch vor dem Münchener Kongreß erscheinen werde und »dazu dienen, alles was

arisch-religiös ist, reinlich abzuscheiden, das wird nämlich die Folge davon sein«.[45] Falls es noch einen Zweifel hinsichtlich der Haltung Freuds gab, so wurde er durch die Voraussage beseitigt, die er Ferenczi machte. Nachdem er über *Totem und Tabu* erklärt hatte, er habe seit der *Traumdeutung* an nichts mit ähnlicher Sicherheit und solchem Hochgefühl gearbeitet, schrieb er: »Die Aufnahme wird entsprechend sein: ein Sturm von Entrüstung außer bei meinen nächsten Getreuen. In dem Streit mit Zürich kommt sie ganz rechtzeitig, sie wird uns auseinandersetzen wie eine Säure ein Salz.«[46] Wittels behauptete mit einiger Übertreibung, Freud habe mit *Totem und Tabu* wissenschaftliche Rache an Jung geübt und ihn auf seinem eigenen Grund und Boden vernichtet.
»Vernichtet« ist wohl ein etwas zu weit hergeholtes Wort, und es wäre richtiger gewesen zu sagen, daß beide Männer zwar annahmen, das Handeln des Menschen werde durch die Gebräuche der frühesten Gesellschaft beeinflußt, daß sie aber gegensätzliche Vorstellungen davon hatten, wie dieser Einfluß übertragen wird. Jung hatte ihn schon einem kollektiven Unbewußten zugeschrieben, das durch zahllose Generationen vererbt wird. Freud erklärte ihn durch die Evolution einer wechselnden, aber stets vorhandenen Verflechtung von sozialen Bräuchen und Tabus.
So, wie das Buch *Totem und Tabu* 1913 veröffentlicht wurde, bestand es aus den Kapiteln »Die Inzestscheu«, »Das Tabu und die Ambivalenz der Gefühlsregungen, »Animismus, Magie und Allmacht der Gedanken« und »Die infantile Wiederkehr des Totemismus«. Freud ging wie Jung zurück in die fernste Vergangenheit, aber während Jungs Rohmaterial weitgehend aus primitiven und beinahe unverständlichen Sagen bestanden hatte, verwendete Freud Berichte über Eingeborene, die noch in der Südsee und in Australien lebten, und ihre Bräuche und Tabus sah er als das Endprodukt einer sozialen Evolution, die er mit Hilfe der Psychoanalyse bis zum Beginn der Menschheitsgeschichte zurückverfolgte.
Seine Beobachtungen stammten von Frazer, dessen *The Golden Bough* zwanzig Jahre früher erschienen war, von Darwin, dem Freud die Hypothese entlehnte, daß die Menschen ursprünglich in kleinen Horden lebten, deren jede unter der despotischen Herrschaft eines älteren Mannes stand, der alle Frauen für sich in Anspruch nahm und die jüngeren Männer einschließlich seiner Söhne strafte oder tötete, von Atkinson, der die Idee einer Revolte gehabt hatte, bei der der ältere Mann getötet und gegessen wurde, und von Robert Smith, von dessen Totem-Theorie er die Entstehung des totemistischen Brüderclans ableitete.
Die vier Aufsätze unterschieden sich sowohl hinsichtlich der Länge als

auch des Ausmaßes der spekulativen Deutung. Alle waren jedoch überzeugend geschrieben, und wenn sich in ihnen auch viele dogmatische Wendungen fanden – »wird . . . zahlreiche Übereinstimmungen aufweisen müssen«[47] . . . »Das müßten also die ältesten und stärksten Gelüste des Menschen sein«[48] –, so enthielten sie doch auch eine Fülle von ehrlichen Eingeständnissen, daß die vorgebrachten Ideen spekulativer Natur und nur als provisorisch zu betrachten seien. Das war auch gut so, denn wie Freud erwartet hatte, stieß *Totem und Tabu* auf eine ebenso heftige und ausdauernde Kritik wie seinerzeit die Theorie der infantilen Sexualität.

Der erste Aufsatz befaßte sich mit den Inzest-Tabus, die Frazer und andere bei zeitgenössischen Primitiven entdeckt hatten – eine Menge von Material aus einer kulturell fernen Vergangenheit, das Freud als den Beweis für den Ödipuskomplex betrachtete, den ein großer Teil der Menschen des 20. Jahrhunderts noch als den Alptraum eines Psychoanalytikers ablehnten. Freud schloß mit den Worten:

»Wir sind genötigt zu glauben, daß solche Ablehnung vor allem ein Produkt der tiefen Abneigung des Menschen gegen seine einstigen, seither der Verdrängung verfallenen Inzestwünsche ist. Es ist uns daher nicht unwichtig, an den wilden Völkern zeigen zu können, daß sie die zur späteren Unbewußtheit bestimmten Inzestwünsche des Menschen noch als bedrohlich empfinden und der schärfsten Abwehrmaßregeln für würdig halten.«[49]

Die Behauptung, daß Beweise aus der kulturellen Vergangenheit einen Teil der psychoanalytischen Theorie bestätigen, wurde in dem zweiten und längeren Kapitel näher ausgeführt. Die Tabus primitiver Völker waren den zwanghaften Hemmungen von Neurotikern sehr ähnlich, wie Freud schon im Fall des Rattenmannes dargelegt hatte. Nun ging er noch weiter und meinte, »daß die Sitten- und Moralverbote, denen wir selbst gehorchen, in ihrem Wesen eine Verwandtschaft mit diesen primitiven Tabu haben könnten, und daß die Aufklärung des Tabu ein Licht auf den dunklen Ursprung unseres eigenen ›kategorischen Imperativs‹ zu werfen vermöchte«.[50] Die Idee wurde mit Hilfe von Vergleichen zwischen vielen primitiven Tabus und den Zwangsvorstellungen seiner Patienten entwickelt, deren Ursachen er hatte aufdecken können, und im dritten Kapitel weitergeführt durch den Vergleich mit seiner psychoanalytischen Bewertung der evolvierenden Weltauffassung des Menschen, wie sie die Anthropologen nachwiesen.

Im vierten Aufsatz kam er, nachdem er sorgfältig den Boden vorbereitet hatte, zum Kern der Sache. Er hatte schon zu seiner eigenen Befriedigung gezeigt, daß das Totemtier, das gewöhnlich verehrt, bei gewissen festlichen oder religiösen Anlässen aber getötet und gegessen wurde, einen Ersatz des Vaters darstellte. »Allein«, fuhr er fort, »wenn man die von der Psychoanalyse gegebene Übersetzung des Totem mit der Tatsache der Totemmahlzeit und der Darwinschen Hypothese über den Urzustand der menschlichen Gesellschaft zusammenhält, ergibt sich die Möglichkeit eines tieferen Verständnisses, der Ausblick auf eine Hypothese, die phantastisch erscheinen mag, aber den Vorteil bietet, eine unvermutete Einheit zwischen bisher gesonderten Reihen von Phänomenen herzustellen.«[51]

Die Hypothese begann mit der Darwinschen Urhorde – ein geglückter Ausdruck, mit dem Darwin nicht mehr meinte als eine kleine, sich selbst erhaltende Gruppe unter der Führung »des Vaters«, der eine absolute Herrschaft über alle anderen Männer der Gruppe ausübte und alle Frauen für sich beanspruchte. Freud glaubte nun, daß die jungen Männer schließlich rebellierten, den Vater töteten und aßen und als Buße das Töten des Totemtiers unter Verbot stellten, das als Ersatz für den Vater stand. Um aber eine Wiederholung des Urverbrechens während des Kampfes um die freigewordenen Frauen zu vermeiden, wurde die Heirat ebenso wie das Töten innerhalb der Gruppe verboten. So, erklärte Freud, »schufen sie aus dem *Schuldbewußtsein des Sohnes* die beiden fundamentalen Tabu des Totemismus, die eben darum mit den beiden verdrängten Wünschen des Ödipus-Komplexes übereinstimmen mußten. Wer dawiderhandelte, machte sich der beiden einzigen Verbrechen schuldig, welche die primitive Gesellschaft bekümmerten«[52] – nämlich Mord und Inzest.

Diese Idee, die Freud später als »Hypothese, oder ich möchte lieber sagen: Vision«[53] beschrieb, war, wie er zugab, eine »ungeheuerlich erscheinende Annahme«[54]. Sie hatte auch eine unwiderstehliche Anziehungskraft: Wenn sie stimmte, so zeigte sie, daß Freuds Ödipuskomplex, der Kern der Psychoanalyse, wie er es sah, ebenso wichtig für die Entwicklung der Gesellschaft wie für die des Individuums war. Wie er selbst es ausdrückte, war das Ergebnis seiner Untersuchung, »daß im Ödipus-Komplex die Anfänge von Religion, Sittlichkeit und Kunst zusammentreffen, in voller Übereinstimmung mit der Feststellung der Psychoanalyse, daß dieser Komplex den Kern aller Neurosen bildet, so weit sie bis jetzt unserem Verständnis nachgegeben haben«.[55]

Doch trotz seiner natürlichen Neigung zu einer solchen Hypothese, betonte Freud immer wieder, daß sie nur spekulativer Art sei. Einige Jahre später hob er das noch stärker hervor:

»Es ist dies zwar nur eine Hypothese wie so viele andere, mit denen die Prähistoriker das Dunkel der Urzeit aufzuhellen versuchen – eine ›*just so story*« nannte sie witzig ein nicht unliebenswürdiger englischer Kritiker – aber ich meine, es ist ehrenvoll für eine solche Hypothese, wenn sie sich geeignet zeigt, Zusammenhang und Verständnis auf immer neuen Gebieten zu schaffen.«[56]

Der englische Kritiker war Robert Ranulph Marett, der *Totem und Tabu* im *Athenaeum* besprach (und mit *just so story* – »eben so eine Geschichte« – auf einen Band Erzählungen von Rudyard Kipling, *Just So Stories*, anspielte. Anm. des Übers.). Zu der Bemerkung äußerte sich 19 Jahre später der amerikanische Anthropologe Alfred L. Kroeber, der »*Totem and Taboo* in Retrospect« für das *American Journal of Sociology* schrieb. »Es ist eine glücklich gewählte Wendung, die von ihm selbst zitiert wird«, stellte er fest. »So manche Erzählung von Kipling oder Andersen enthält eine tiefe psychologische Wahrheit. Man braucht sie daher nicht vor das strenge Gericht der Zeugengegenüberstellung zu laden.«[57] Daß Freud die Bemerkung Maretts gelten ließ und in seiner *Massenpsychologie und Ich-Analyse* zitierte, läßt verständlich erscheinen, was er 1921 zu Abram Kardiner sagte, einem Studenten, der später die erste psychoanalytische Ausbildungsstätte in den Vereinigten Staaten gründen sollte. Zu seiner Theorie vom uranfänglichen Vatermord bemerkte er: »Ach, nehmen Sie das nicht ernst – ich habe es mir an einem verregneten Sonntagnachmittag ausgedacht.«[58]

Freuds Glaube, daß seine Hypothese »Licht in die Dunkelheit« prähistorischer Zeiten bringen könnte, entsprach nicht ganz der Wirkung, die *Totem und Tabu* tatsächlich auf das Dunkel der Vergangenheit ausübte. Und schon 1913 konnte man mit Recht zweierlei daran kritisieren. Das eine war, daß die Annahme der Hypothese einen Glauben an die Vererbung erworbener Eigenschaften erforderte (den Lyssenko im stalinistischen Rußland wiederaufleben ließ, wo er weitgehend aus politischen Gründen gefördert wurde). Diese Verirrung war nicht besonders erstaunlich. Sogar Ernest Jones gab zu: »Freud hielt von Anfang an bis zum Ende seines Lebens eigensinnig – man kann es nicht anders nennen – an diesem mißachteten Lamarckismus fest.«[59] Viel verwunderlicher war aber, daß Freud das kollektive Unbewußte als wesentlichen Teil seiner Hypothese akzeptierte, das doch, wenn auch mit weiter reichenden Folgerungen, ein Hauptgedanke der Anschauungen Jungs war. Es wurde also nicht nur der Lamarckistische Glaube an die Weitergabe erworbener Eigenschaften, sondern auch der Glaube an die Weitergabe von Erinnerungsspuren durch Hunderte von Generationen vorausgesetzt – Vorstellungen, die sich ebensowenig auf Beweise stützen konnten wie die halb mystische Numerologie von Fließ.

Beinahe ebenso wichtig, möglicherweise besonders in den Vereinigten

Staaten, war die Tatsache, daß sich Freud so sehr auf die Arbeiten von Anthropologen gestützt hatte, die der englischen Evolutionsschule angehörten. Ein großer Teil seines Materials stammte aus Frazers *Totemism and Exogamy*, das wenige Jahre vorher erschienen war und das er durch die Berichte früherer Anthropologen, die Feldfoschung betrieben hatten, ergänzte. Aber bald wurde bezweifelt, daß solches Material eine verläßliche Grundlage für eine anthropologische Theorie bilden könne, und zudem war der unilineale kulturelle Evolutionismus schon längst aus der Mode gekommen. Daher »tat der konventionelle amerikanische Anthropologe Freuds Anthropologie als schlecht und seine Schlußfolgerungen als wertlos ab. Mit beklagenswerter, aber nur zu bekannter Logik wurden somit die psychoanalytische Methode und Theorie verworfen.«[60]

Freuds Theorien fanden immer weniger Zustimmung in dem Maße, in dem der Glaube an das Material, das er zu ihrer Unterstützung verwendet hatte, von den Feldforschung treibenden Anthropologen zersetzt wurde. Im besonderen zeigten die Studien an primitiven Völkern, daß der Begriff der Urhorde nicht haltbar war, und zugleich erkannte man allmählich, auf wieviel verschiedene Weisen sich Gesellschaften tatsächlich entwickeln. Malinowski stellte fest, daß auf den Trobriand-Inseln nicht der Vater, sondern der Bruder der Mutter die Vormundschaft über ein Kind ausübte, ein Sachverhalt, der andeutete, daß der Ödipuskomplex nicht die einfache Allgemeingültigkeit haben konnte, die Freud ihm zuschrieb. Nichtsdestoweniger war es die Idee des Komplexes, die zu seiner Verwandtschaftstheorie führte, und trotz des Gebrauchs, den die Gegner der Psychoanalyse von seinen Entdeckungen machten, neigte Malinowski selbst zu der Ansicht, daß seine Forschungsergebnisse die Freuds eher ergänzten als widerlegten. Ein Jahrzehnt später gehörten Margaret Mead und Ruth Benedict zu denen, die nachwiesen, daß die große Vielfalt der menschlichen Entwicklungen vor verschiedenen kulturellen Hintergründen Freuds Ansichten in zunehmendem Maße unhaltbar machten. Aber wie Malinowski würden wahrscheinlich beide anerkannt haben, daß sie Freuds Einsichten viel verdankten, obwohl sie den Theorien von *Totem und Tabu* nicht zustimmten.

Seine Vertiefung in die Vorgeschichte und Mythologie war nicht die erste Gelegenheit, bei der die Psychoanalyse dazu verwendet worden war, Licht auf eine ferne Vergangenheit zu werfen. Vor allem Otto Rank hatte früher schon mehr als einen Streifzug unternommen, und das wachsende Interesse an Anthropologie und Archäologie hatte, abgesehen von Freuds Begeisterung, die Zunahme solcher Exkursionen unvermeidlich werden lassen. Seine Arbeit an *Totem und Tabu*, über die unter seinen Anhängern schon eine Weile vor der Veröffentlichung offen gesprochen wurde, löste eine eifrige Betätigung auf diesem Gebiet aus, und die seltsamen Wege, auf die solche Forschungen manchmal führen konnten, wurden von Ernest Jones im März 1914 geschildert. Er schrieb Freud:

»Ich habe meinen Madonna-Essay für das *Jahrbuch* völlig umgeschrieben, indem ich einiges wertvolle Material und etwas, was ich für eine bedeutende Vertiefung der Theorie halte, hinzufügte (Beziehung zwischen Flatus und Kastration); der letzte Teil davon ging vor vierzehn Tagen an Sachs ab. Gegen Ende kam es zu einer amüsanten Episode. Der Krokodil-Teil hing ganz davon ab, daß diese Tiere, wie die Frösche, keinen externen Penis haben. Bei der Lektüre von Wallis Budges Buch über Osiris, das übrigens sehr gut ist, las ich mit Entsetzen, daß die Ägypter gewisse Riten mit dem *Penis* des Krokodils vollzogen. Ich rief in meiner Panik mehrere Professoren der Zoologie an, von denen mir keiner sagen konnte, was ich wissen wollte, und ging am nächsten Tag in den Zoo, um die Sache zu überprüfen. Keiner der Wärter wußte etwas, so blieb mir nichts anderes übrig, als ein unzweifelhaft männliches Krokodil mit Hilfe von Stangen etc. auf den Rücken zu drehen. Das erwies sich als eine äußerst schwierige Aufgabe und ergab eine aufregende Szene. Ich stellte, später dann auch in Lehrbüchern, fest, daß der Penis des Tiers *vollständig* innerhalb der Kloake verborgen ist, so daß sich die psychologische Annahme, er müsse von außen unsichtbar sein, als richtig erwies. Was für ein langweiliges Leben doch ein gewöhnlicher Doktor im Vergleich mit dem eines Psychoanalytikers führt!«[61]

Wenn einerseits die psychoanalytische Erklärung alter Riten mit größerer Energie betrieben werden sollte, nachdem Freud den Weg gewiesen hatte, so waren andererseits mit ebenso großer Energie die Theorien zu verfolgen, die ein neues Licht auf Kunst und Künstler werfen konnten. Freud selbst sollte zeigen, wie weit man dabei gehen konnte, denn schon bald nach *Totem und Tabu* erschien ein Aufsatz, »Der Moses des Michelangelo«, zu dem *Imago* die folgende Anmerkung veröffentlichte: »Obwohl dieser Aufsatz streng genommen nicht den Forderungen entspricht, nach denen Beiträge für die Veröffentlichung in dieser Zeitschrift angenommen werden, haben die Herausgeber sich entschlossen, ihn zu drucken, da sich der Autor, der ihnen persönlich bekannt ist, in psychoanalytischen Kreisen bewegt und da seine Denkweise tatsächlich eine gewisse Ähnlichkeit mit der Methodologie der Psychoanalyse aufweist.« Das konnte man allerdings mit gutem Grund behaupten, denn der Autor des [anonym erschienenen] Aufsatzes war Freud selbst, was er zehn Jahre später auch bestätigte. »Der Moses des Michelangelo« war ein bemerkenswertes Werk, das sich bis zu einem gewissen Grade durch die Identifizierung Freuds mit dem Motiv Michelangelos erklären läßt.

Am vierten Tag seines ersten Besuchs in Rom hatte er die Kirche San Pietro in Vincoli besucht und war vor der riesigen Statue Michelangelos gestanden, die ein Teil des unvollendeten, für den Vatikan bestimmten Grabmals Julius' II. ist. Ein Abguß der Statue befand sich in der Wiener Kunstakademie, und es ist anzunehmen, daß Freud durch seine lange Identifizierung mit Moses dazu getrieben worden war, ihn zu studieren. Jedenfalls scheint das aus dem Text einer Postkarte hervorzugehen, die er Martha schrieb: »Plötzlich durch Michelangelo verstanden.«[62] Mehr als ein Jahrzehnt später schrieb er Martha: » . . . und besuche täglich den Moses in S. Pietro in Vincoli, über den ich vielleicht einige Worte schreiben werde.«[63]

Er kehrte bei vielen seiner Rombesuche zu der Statue zurück, aber erst im September 1913 wurde er wirklich von ihr ergriffen. Er schrieb später:

»Ich habe zu dieser Arbeit eine Beziehung wie etwa zu einem Kind der Liebe. Durch drei einsame September-Wochen bin ich 1913 alltäglich in der Kirche vor der Statue gestanden, habe sie studiert, gemessen, gezeichnet, bis mir jenes Verständnis aufging, das ich in dem Aufsatz doch nur anonym auszudrücken wagte. Erst viel später habe ich dies nicht analytische Kind legitimiert.«[64]

Nach der Rückkehr nach Wien begann er über das Thema zu lesen. Er bat auch Ernest Jones, der sich damals in Florenz aufhielt, ihm Fotografien von gewissen Statuen im Duomo zu schicken, von denen eine Donatellos angeblich Michelangelo zu seiner Arbeit inspiriert hatte. »Dies bedeutete für Freud eine ziemliche Erschütterung«, schrieb Jones, »da sich damit die Möglichkeit zu der Annahme ergab, die Haltung des Moses sei eine rein künstlerische Angelegenheit ohne irgendeine besondere ideelle Bedeutung. Dann sandte ich ihm zwei Photographien von Rom und ließ auch einige speziell von den unteren Enden der Tafeln anfertigen [die Moses hält].«[65]

Jones schickte nicht nur Material. »Finden Sie«, fragte er, »irgend etwas Seltsames an der linken [*sic*] Hand? Die ersten beiden Finger stecken im Bart, und die anderen klammern sich auf eine recht unnötige Weise an die Kleidung.«[66]

Die Finger im Bart und das unnötige Anklammern an die Kleidung waren entscheidende Faktoren, die zu Freuds Schlußfolgerung führten. Michelangelo zeigt einen zornigen Moses, der die Tafeln fest in der Hand hält, die er soeben auf dem Berg Sinai empfangen hat. Die meisten Kommentatoren folgerten – und folgern Freud zum Trotz heute noch –, daß er in dem Augenblick dargestellt ist, in dem er zum erstenmal die um das Goldene Kalb tanzenden Israeliten erblickt und im Begriff ist, die heiligen Gesetzestafeln auf den Boden zu schleudern. Freud bot eine gänzlich andere Erklärung an:

»Was wir an ihm sehen, ist nicht die Einleitung zu einer gewaltsamen Aktion, sondern den Rest einer abgelaufenen Bewegung. Er wollte es in einem Anfall von Zorn, aufspringen, Rache nehmen, an die Tafeln vergessen, aber er hat die Versuchung überwunden, er wird jetzt so sitzen bleiben in gebändigter Wut, in mit Verachtung gemischtem Schmerz.«[67]

Durch einen raffinierten Prozeß, den man eine skulpturale Analyse nennen könnte, entwickelte er die Theorie:

»Er hat das Motiv der zerbrochenen Gesetzestafeln umgearbeitet, er läßt sie nicht durch den Zorn Moses' zerbrechen, sondern diesen Zorn durch die Drohung, daß sie zerbrechen könnten, beschwichtigen oder wenigstens auf dem Wege zur Handlung hemmen. Damit hat er etwas Neues, Übermenschliches in die Figur des Moses gelegt, und die gewaltige Körpermasse und kraftstrotzende Muskulatur der Gestalt wird nur zum leiblichen Ausdrucksmittel für die höchste psychische Leistung, die einem Menschen möglich ist, für das Niederringen der eigenen Leidenschaft zugunsten und im Auftrage einer Bestimmung, der man sich geweiht hat.«[68]

Zu diesem Schluß war er gelangt, als er seinen Aufsatz in den ersten Tagen des Jahres 1914 beendete. Aber es lag ihm gar nichts daran, ihn zu signieren. Jones fragte er, warum er Moses durch die Hinzufügung seines Namens degradieren solle[69], und Abraham schrieb er: »Der Moses ist anonym zum Teil des Scherzes halber, zum andern Teil aus Verschämtheit wegen des deutlichen Dilettantismus . . . endlich weil mein Zweifel am Resultat stärker ist als sonst . . .«[70] Er wandte sich an mehr als einen Künstler, aber ohne großen Erfolg. »Der letzte . . . den ich befragte, zeigte mir, wie die Art der Künstler in solchen Dingen ist, und ließ mich eine zu scharfe Deutung befürchten. Sinn bedeutet diesen Menschen nur wenig, ihnen geht es nur um Linie, Form, Übereinstimmung der Umrisse. Sie sind dem Lustprinzip ergeben. Ich bin da lieber vorsichtig.«[71]

Schließlich – und weitgehend unter dem Druck von Rank und Sachs, den Herausgebern – wurde der Aufsatz veröffentlicht. Seine Schlüsse waren Spekulation, allerdings eine geistreiche Spekulation. Er enthüllt nichts über Michelangelo, und die einzige Enthüllung über Moses ist, daß der biblische Bericht von seinen Taten falsch sein könnte. Dagegen sagt jedoch »Der Moses des Michelangelo« sehr viel über Freud. Der Essay wurde während der Endphasen seines Zerwürfnisses mit Jung geschrieben, und für einen Freud, der sich schon mit Moses identifzierte, war es leicht zu glauben, daß Michelangelo in Moses ein Vorbild gesehen hatte, dem er folgen mußte; er mußte seinen Zorn gegen die Deserteure, die Adler und Stekel und Jung, beherrschen, die wie die Israeliten schamlos genug gewesen waren, ihren Führer zu verraten. Ein Jahr zuvor, als die Schlacht mit Jung noch in vollem Gange war, hatte er Ferenczi geschrieben: »Der Stimmung nach vergleiche ich mich eher mit dem historischen als dem von mir gedeuteten Michelangeloschen Moses.«[72] Aber wie immer seine Stimmung war, er mußte sich beherrschen. Im Jahre 1914 war das verhältnismäßig leicht, denn er war, wie er Abraham geschrieben hatte, sie »endlich los, den brutalen heiligen Jung und seine Nachbeter«.

Freuds begeisterte Exkursionen in nichtmedizinische Gebiete während des letzten Jahrzehnts vor dem Ersten Weltkrieg würde den langfristigen Interessen der Sache wenig gedient haben, auch wenn seine vorsichtigen Mutmaßungen nicht von seinen Anhängern in feste Glaubensartikel verwandelt worden wären. Aber auf diesem Gebiet gab Freud besonders ungern Ideen auf, die der Sache dienten, obwohl er bisweilen an ihrer Gültigkeit zweifelte. Das zeigte sich an seinem hartnäckigen Festhalten an der Ödipustheorie des *Hamlet.* Er hatte die Idee, die er Fließ in den letzten Jahren des 19. Jahrhunderts kurz umrissen hatte, in der *Traumdeutung* voll entwickelt. Dort hatte er behauptet: »Das Stück ist auf die Zögerung Hamlets aufgebaut, die ihm zugeteilte Aufgabe der Rache zu erfüllen; welches die Gründe oder Motive dieser Zögerung sind, gesteht der Text nicht ein, die vielfältigsten Deutungsversuche haben es nicht anzugeben vermocht.«[73] Für Freud gab es eine einfache Erklärung: »Hamlet kann alles, nur nicht die Rache an dem Mann vollziehen, der seinen Vater beseitigt und bei seiner Mutter dessen Stelle eingenommen hat, an dem Mann, der ihm die Realisierung seiner verdrängten Kinderwünsche zeigt. Der Abscheu, der ihn zur Rache drängen sollte, ersetzt sich so bei ihm durch Selbstvorwürfe, durch Gewissensskrupel, die ihm vorhalten, daß er, wörtlich verstanden, selbst nicht besser sei als der von ihm zu strafende Sünder.«[74]

Die Annahme, daß Shakespeare nach dem Tod seines Vaters von ödipalen Schuldgefühlen heimgesucht wurde – wie Freud selbst – und daß der *Hamlet* ihr Ergebnis sei, wird dadurch geschwächt, daß Hamlets angebliches Zögern, die Rache zu vollziehen, eine reine Ansichtssache ist. Man hat oft darauf hingewiesen, daß Hamlet bis zur Hälfte des Stückes allein von dem Geist gehört hat, daß König Claudius ein Mörder sei – und Shakespeare glaubte wie die meisten Menschen der elisabethanischen Zeit nicht nur an Geister, sondern auch daran, daß sie verkleidete lügnerische Dämonen sein konnten. Außerdem ist zu bedenken, daß, selbst als der Zweifel zerstreut ist, Hamlet nicht plant, Claudius im Duell zu töten. Die Gelegenheit ergibt sich zufällig und ist von ihm nicht vorausgesehen worden. Wie der Shakespeare-Forscher John Ashworth ausführte, »war Freuds Charakterbeschreibung Hamlets auf einer falschen Voraussetzung aufgebaut. Da er Hamlets Motive nicht zu begreifen vermochte, nahm er den Unsinn für bare Münze, daß ein Dramatiker und so guter Handwerker wie Shakespeare ein Stück geschrieben habe, ohne die Motive der Hauptfigur zu zeigen.«[75] Außerdem übersah er einfach die Tatsache, daß Shakespeare kein Stück von normaler Länge zu schreiben imstande gewesen wäre, wenn Hamlet Claudius früher beiseite geräumt hätte.

Freuds Theorie wurde von Ernest Jones weiter ausgearbeitet in »Der Ödipuskomplex als Erklärung für das Geheimnis Hamlets«, und mit einiger Besorgnis benachrichtigte Freud Anfang 1921 Jones von einer Neuauflage des *William Shakespeare* von Brandes, in der der Autor eine kürzlich entdeckte Aufzeichnung zitierte. »Diese Aufzeichnung«, schrieb Brandes, »scheint vor dem Januar 1599 gemacht worden zu sein, denn Spenser, der um diese Zeit starb, wird als noch lebend erwähnt. Essex, von dem ebenfalls als von einer lebenden Person gesprochen wird, wurde im Februar 1601 hingerichtet. Die Folge davon scheint zu sein, daß der *Hamlet* vor dem Tod Spensers, auf alle Fälle aber vor dem Tod von Essex, auf die Bühne gebracht wurde, das heißt viel früher, als man bisher geglaubt hat.«[76] Edmund Spenser war tatsächlich 1599 gestorben, und nach Brandes sah es nun so aus, als wäre der *Hamlet* wahrscheinlich schon vor 1601 aufgeführt worden. »Erinnern Sie sich«, schrieb Freud am Ende seines Briefes an Jones, »daß Shakespeares Vater im Jahre 1601 starb! Wollen Sie daran denken, unsere Theorie zu verteidigen?«[77]

Jones antwortete, er werde tun, was er könne, aber er glaube nicht, daß die Stellen bei Brandes das Datum bewiesen, denn sie könnten im historischen Präsens geschrieben worden sein.

In seiner Antwort an Jones legte Freud dann jedoch ein bemerkenswertes Eingeständnis seiner eigenen Zweifel an der Grundlage ab, auf der sein psycholiterarisches Werk ausgeführt worden war. »Es freut mich zu hören, daß Sie die Hamlet-Frage im Auge behalten wollen«, schrieb er. »Es ist jedoch offensichtlich, daß es viel schlüpfrigen Boden bei vielen Anwendungen der P/A auf Biographie und Literatur gibt. Ich erhielt einen ähnlichen Eindruck in bezug auf die Feststellung Reitlers über Leonardo [Rudolf Reitler veröffentlichte 1917 einen kurzen Aufsatz über das Thema; obwohl er ihn beachtete, war Freud offenbar nicht geneigt, ihn vorbehaltlos zu akzeptieren] (die ich in die zweite Auflage

aufgenommen habe), und wenn ich nicht bereit sein muß, auch meine eigenen Schlüsse über diesen großen Mann zurückzunehmen, kann meine Voreingenommenheit einfach und allein der außerordentliche Mangel an Material sein. Das ist die Gefahr, die in unserer Methode liegt: aus schwachen Spuren Schlüsse ziehen, geringfügige Hinweise auswerten. So wie in Kriminalfällen, in denen der Mörder vergessen hat, seine *carte de visite* und volle Adresse am Tatort zurückzulassen.«[78]
Freuds ehrliches Eingeständnis, daß die Psychobiographie tatsächlich auf schwachen Spuren und geringfügigen Hinweisen aufgebaut wurde, war eine Warnung, daß sich die Psychoanalytiker, wenn sie in die hochspezialisierten Gebiete der Kunstkritik oder Biographie eindrangen, nur allzu leicht zum Narren machten. Er selbst war von dieser Gefahr viel weiter entfernt als manche seiner Anhänger, und er betonte sie einige Jahre später, nachdem er *Elizabeth and Essex* von Lytton Strachey, dem Bruder seines Kollegen, Freundes und Übersetzers James Strachey, gelesen hatte. In einem langen Brief an Lytton Strachey schrieb er:
»Sie bekennen, worüber der Historiker sich sonst so leicht hinwegsetzt, daß es unmöglich ist, die Vergangenheit sicher zu verstehen, weil wir die Menschen, ihre Motive, ihr seelisches Wesen nicht erraten und darum ihre Handlungen nicht deuten können. Unsere psychologische Analyse reicht selbst bei Nahestehenden oder Mitlebenden nicht aus, außer, wenn wir sie zu Objekten mehrjähriger, eindringlicher Untersuchungen nehmen konnten, und bricht sich selbst dann an der Unvollkommenheit unserer Erkenntnis, an der Ungeschicklichkeit unserer Synthese. So stehen wir den Menschen vergangener Zeiten gegenüber wie den Träumen, zu denen uns keine Assoziationen gegeben sind, und nur die Laien können fordern, daß wir solche Träume deuten sollen.«[79]
Freud zögerte jedoch, seine Hamlet-These aufzugeben, und in der 1924 verfaßten *Selbstdarstellung* wiederholte er seine Ansicht von der ödipalen Konzeption des Stückes und bemerkte: »Der Hamlet ist von Shakespeare sehr bald nach dem Tode seines Vaters geschrieben worden.«[80]
Fünf Jahre später fügte er in einer Neuauflage der *Traumdeutung* zu diesem Thema hinzu: »An der oben gemachten Voraussetzung, daß der Autor der Werke Shakespeares der Mann aus Stratford war, bin ich seither allerdings irre geworden.«[81] Was beinahe unglaublich ist: er machte keine Anmerkung zu diesem Satz, der doch offensichtlich die angeblich ödipale Motivation des Dramas hinfällig werden ließ.
Als seine *Selbstdarstellung* 1935 wieder aufgelegt wurde, brachte Freud auf der letzten Seite eine Fußnote an, in der er in bezug auf Hamlet sagte, dies sei eine Konstruktion, die er ausdrücklich zurücknehmen möchte.

Er glaube nicht mehr, daß der Schauspieler William Shakespeare der Verfasser der Werke sei, die ihm so lange zugeschrieben wurden. Seit der Veröffentlichung des Buches *Shakespeare Identified* von dem englischen Lehrer J. Th. Looney sei er nahezu überzeugt davon, daß sich hinter diesem Decknamen tatsächlich Edward de Vere, Earl of Oxford, verberge. Auf den Zusammenbruch der ursprünglichen ödipalen Deutung ging er mit keinem Wort ein. Aber noch war nicht alles verloren. Der Vater des Earl of Oxford, war, wie Freud 1938 im *Abriß der Psychoanalyse* schrieb, gestorben, als dieser noch ein kleiner Junge war, und seine Mutter hatte kurz darauf wieder geheiratet, und daraus konnte man den schönsten Ödipuskomplex konstruieren, den sich ein Gläubiger nur wünschen mochte.

Es ist natürlich möglich, daß Shakespeare, wenn er Shakespeare war, durch den Tod seines Vaters veranlaßt wurde, einen *Hamlet* mit ungewissem Hintergrund zu gestalten, obwohl gerade die Ungewißheit der Daten genügt hatte, um Freuds Erschrecken im Jahre 1921 zu erklären. Ebensogut ist es möglich, wenn Shakespeare Oxford war, die Geschichte des edlen Earls so zusammenzufassen, daß die Verbindung mit Ödipus gerettet war. Freud lag gewiß viel daran, daß das geschah. Seine Theorie der Entstehung des *Hamlet* war der Prüfstein für seine anderen psychoanalytischen Spekulationen, so wie diese der Prüfstein für seinen Glauben waren, daß die Psychoanalyse zu einem besseren Verständnis der Werke anderer Autoren führte. Auch abgesehen von seinen auffälligeren Schnitzern – so bezeichnete er Kinderlosigkeit als die Tragödie der Lady Macbeth, ein Fehler, den Jones nachahmte, der danach zugab, daß er den gleichen Fehler gemacht habe, zeige, wie sehr er sich den Machtsprüchen Freuds unterwarf –, war Freuds Lage im Grunde unsicher. Der Shakespeare-Forscher Dr. Gareth Lloyd Evans bemerkte: »Man kann Macbeth aus dem einfachen Grunde nicht psychoanalysieren, *weil* er Dichtung ist, der Autor hat sein ›Beweismaterial‹ *ausgewählt*, um eine berechnete Wirkung auf die Phantasie der Zuschauer auszuüben. Ein Psychoanalytiker braucht unendlich viel mehr Beweismaterial, als der Dramatiker, der Definition nach, beschaffen kann oder sollte.«[82]

Der Streit um Freuds Ödipustheorie des *Hamlet* ging jedoch mit unverminderter Heftigkeit weiter, und Norman N. Hollands Buch *Psychoanalysis and Shakespeare* enthält eine eng gedruckte sechs Seiten lange Bibliographie mit über hundert Titeln, die sich allein mit dieser Frage beschäftigen, und die Äußerungen ihrer Verfasser reichen vom höchsten Lob bis zum schärfsten Spott.

16
Die Psychoanalyse im Krieg

Das ist zum erstenmal ein deutscher Arzt, der sich ohne gönnerhafte Herablassung ganz auf den Boden der Psychoanalyse stellt ... sie mit Beispielen belegt und sich auch in der Frage der sexuellen Ätiologie durchaus rechtschaffen benimmt.

Freud in einem Brief an Karl Abraham

Der Erste Weltkrieg, dessen Ausbruch so nahe mit der endgültigen Trennung Jungs und seiner Anhänger von der Sache zusammenfiel, sollte bedeutende Folgen für die Anerkennung der Psychoanalyse auf der ganzen Welt haben. Im Sommer 1914 war Freud ebenso ausgesprochen patriotisch und gedankenlos optimistisch wie die meisten Bürger der Länder, die zu den Mittelmächten oder zu den Alliierten gehörten, ja er war es vielleicht sogar in einem noch höheren Grade, denn er schrieb am 26. Juli, als die Österreicher an der russischen Grenze mobilmachten: »Ich fühle mich aber vielleicht zum erstenmal seit 30 Jahren als Österreicher und möchte es noch einmal mit diesem wenig hoffnungsvollen Reich versuchen.«[1] Kurz darauf, während Einstein und Georg Nicolai, Professor der Physiologie an der Berliner Universität und später der berühmte Rekrut, der zum Pazifisten wurde, ihr »Manifest an die Europäer« verfaßten, das die deutsche Aggression und die daraus folgende Unterbrechung der geistigen und kulturellen Zusammenarbeit beklagte, lebte Freud »von einem deutschen Sieg zum andern«[2] und wartete ungeduldig auf Nachrichten über die Einnahme von Paris. Obwohl sich schon in den ersten Wochen des Jahres 1915 die ersten Zweifel meldeten, schrieb er seiner Tochter Sophie noch im September 1916, sie solle fröhlich sein und sich nicht alles so sehr zu Herzen nehmen; Hindenburg habe gerade erklärt, die Aussichten ständen gut. Nur langsam, als es so aussah, als würde sich der Krieg noch das nächste und das übernächste Jahr hinziehen, begann er endgültig an dem Sieg zu zweifeln. Zugleich begann sich auch der patriotische Freud zu fragen, ob es gerechtfertigt gewesen war, den Krieg überhaupt anzufangen.

Als der Pessimismus immer größer wurde, stieg die Verzweiflung über die Menschheit, die nie sehr tief begraben war, für den ganzen Rest seines Lebens an die Oberfläche. Seinen eigenen Fall und seine eigenen Gefühle verallgemeinernd, fing er an, die menschlichen Motivationen in einem noch unglücklicheren Licht zu sehen als je zuvor. Er revidierte dementsprechend seine Ansichten, und wenn er eine Rechtfertigung brauchte, so erhielt er sie 1918 und 1919 durch die Aufgabe der Vierzehn Punkte Wilsons und die durch die Blockade verursachte Hungersnot in Österreich und Deutschland, worin er ein für die menschliche Rasse unglückselig typisches Beispiel sah. In den letzten Kriegswochen schrieb er Pfister:

»Ich zerbreche mir nicht viel den Kopf über Gut und Böse, aber ich habe an den Menschen durchschnittlich wenig ›Gutes‹ gefunden. Die meisten sind nach meinen Erfahrungen Gesindel, ob sie sich laut zu dieser, jener oder keiner ethischen Lehre bekennen. Das können Sie nicht laut sagen, vielleicht nicht einmal denken, obwohl Ihre Lebenserfahrungen kaum anders als meine gewesen sein können. Wenn schon von der Ethik die Rede sein soll, so bekenne ich mich zu einem hohen Ideal, von dem die mir bekannt gewordenen nun meist sehr betrüblich abweichen.«[3]

Wenn der Krieg den Hintergrund der theoretischen Struktur beeinflußte, die Freud aufgebaut hatte, um das Wirken der menschlichen Psyche zu erklären, so ging die Geschichte der Psychoanalyse selbst durch eine kritische Phase. Zuerst boten die durch die immer länger werdenden Listen der Gefallenen erregten Leidenschaften in den Ländern der Westmächte einen neuen Grund, eine Theorie und Therapie anzugreifen, die man für im Grunde deutsch hielt. In einer Zeit, in der der britische Mob Wagner auspfiff und Dackel wegen ihrer Herkunft trat, wurde die Psychoanalyse ein noch leichteres Angriffsziel. In den letzten Kriegsjahren wurde dann jedoch die Eintragung auf der Debet-Seite nicht nur auf dem europäischen Kontinent, sondern auch in Großbritannien und den Vereinigten Staaten durch eine Tatsache aufgewogen, die selbst die erbittertsten Gegner der Ideen Freuds nicht ignorieren konnten: Unter den Verwundeten, die zu Tausenden von den Schlachtfeldern kamen, litt eine große Anzahl an seelischen Zusammenbrüchen, die man unter Ausdrücken wie »*shell shock*« (Granatenschock) zusammenfaßte und schließlich als Kriegsneurosen bezeichnete. Dieses Leiden konnte nicht nur oft durch eine psychoanalytische Behandlung gelindert werden, sondern seine Untersuchung bestätigte sehr oft auch die Grundlehren der Psychoanalyse. Im Jahre 1918 gab es bei den Mittelmächten wie bei den Westmächten Lazarette, in denen die Psychoanalyse als Heilmethode angewandt wurde.

Diese Entwicklung konnte Freud nicht voraussehen, als im Sommer 1914 die Vorbereitungen für den Internationalen Kongreß weitergingen, der im September in Dresden stattfinden sollte. Am Montag, dem 29. Juni, erhielt er den Besuch des nun völlig geheilten Wolfsmanns. Einige Wochen früher hatte er den Schritt gewagt, dem Patienten zu sagen, daß die Behandlung, unabhängig von ihrem Erfolg, enden müsse, wenn er seinen Sommerurlaub antrat. Der Schock hatte gewirkt. Der Wolfsmann hatte seine Geliebte, Thérèse, zu dem Besuch bei Freud mitgebracht, der sagte, sie sehe aus wie eine Zarin. Er hatte beschlossen, sie zu heiraten, und verabschiedete sich nun endgültig von seinem Analytiker.

Am Tag zuvor waren die Morde in Sarajevo geschehen. »Wie wenig man damals ahnte, daß die Ermordung der Auftakt zum Ersten Weltkrieg sein würde«, schrieb der Wolfsmann, »geht daraus hervor, daß Professor Freud, der allerdings dem politischen Leben fernstand, bemerkte, falls Franz Ferdinand zur Macht gekommen wäre, hätte es wahrscheinlich einen Krieg zwischen Österreich und Rußland gegeben.«[4] Der Kaiser selbst nahm die Ermordung seines Erben gelassen hin. Er hatte die morganatische Ehe des Erzherzogs nie gebilligt, und nun da der Tod die Reinheit der Dynastie sichergestellt hatte, bemerkte er nur, eine höhere Macht habe den Regeln wieder Geltung verschafft, die aufrechtzuerhalten er nicht imstande gewesen sei. Die Ahnungslosigkeit dauerte noch einige Wochen an, obwohl sich die Armeen Europas schon auf die Mobilmachung vorbereiteten. Erst am 27. Juli entdeckte Ferenczi, der Jones in England besuchen wollte, daß man ihm nicht mehr erlauben würde, Ungarn zu verlassen, da er auf der Liste der Aktiven stand. Zwei Tage später bemerkte Freud in einem Brief an Eitingon, man könne nicht sagen, wie die Dinge in zwei Monaten aussehen würden, und er hatte das Gefühl hinzufügen zu dürfen, daß dann vielleicht das meiste schon wieder in Ordnung wäre. Noch am 31. Juli war Abraham in Berlin der Überzeugung, daß keine Großmacht einer anderen den Krieg erklären werde. Am nächsten Tag erklärte Deutschland Rußland den Krieg.

Wenn die Zuversicht Freuds und seiner Kollegen seltsam anmutet, sollte man bedenken, daß in Großbritannien J. J. Thomson, der bald Präsident der Royal Society werden sollte, noch Ende Juli eine Denkschrift unterzeichnete, in der es hieß, daß »ein Krieg gegen Deutschland im Interesse Serbiens und Rußlands eine Sünde wider die Kultur sein wird«.[5] Und am 31. Juli schrieb Lord Edmond Fitzmaurice, der Mann, der Außenminister gewesen wäre, wenn Grey 1906 die Ernennung abgelehnt hätte: »Ich sehe keinen vernünftigen Grund, warum wir in diese Sache hineingezogen werden sollten, es sei denn, Grey ist Verpflichtungen eingegangen, von denen das Unterhaus nichts weiß.«[6]

Anfang August mußte sich Freud eingestehen, daß sich ein Weltkrieg ankündigte, obwohl er ihn als einen Krieg sah, der einem widerstrebenden Österreich und Deutschland aufgezwungen wurde und den die beiden Mächte ohne größere Unterbrechung des normalen Lebens siegreich beenden würden. Am 2. August schrieb er Mathilde in Wien und teilte ihr mit, daß er und Martha, die sich seit Mitte Juli in Karlsbad aufhielten, vorerst noch in dem Kurort bleiben wollten. Aber die Mobilmachung erschwerte das Reisen bereits, und Ernst und Martin in Salzburg hatten offenbar Schwierigkeiten, nach Hause zu kommen. Innerhalb der nächsten Tage sah Freud ein, daß er seinen Plan aufgeben mußte, noch eine angenehme Reise in die Dolomiten zu unternehmen und über Dresden, wo der Internationale Kongreß stattfinden sollte, nach Wien zurückzukehren. Am 6. August erklärte Österreich-Ungarn Rußland den Krieg, und tags darauf fuhr er mit seiner Frau nach Hause.

Das Wien, in das er zurückkehrte und in dem er seit beinahe 30 Jahren niemals den August verbracht hatte, hallte wider vom Marschtritt der Soldaten, und es war nur natürlich, daß er an seine Kinder dachte. Sein ältester Sohn, Martin, war im Begriff einzurücken und bemerkte, nun könne er, ohne seine Konfession zu wechseln, Rußland sehen, das damals von Juden nicht bereist werden durfte. Ernst folgte ihm bald nach, Oliver, der um diese Zeit schon sein Ingenieurdiplom besaß, wurde bald bei Bauarbeiten eingesetzt. Freuds älteste Tochter, Mathilde, war seit fünf Jahren verheiratet und lebte mit ihrem Mann, Robert Hollitscher, in Wien. Sophie, die bei Kriegsausbruch gerade anderthalb Jahre verheiratet war, lebte mit ihrem Mann, Max Halberstadt, in Hamburg. Alle Sorgen konzentrierten sich auf Anna in England, aber Mitte August war auch sie wieder in Wien.

Einige Wochen lang wußte Freud nicht, was er tun sollte. Er zögerte, seine Praxis vor dem üblichen Datum zu eröffnen, und verbrachte die meiste Zeit damit, Listen von seiner Antiquitätensammlung anzulegen und, zusammen mit dem noch getreuen Rank, seine Bibliothek zu katalogisieren. Im September besuchte er seine Tochter Sophie in Hamburg und Abraham in Berlin, dann kehrte er nach Wien zurück, um seine Arbeit wie üblich aufzunehmen. Im Oktober hatte er zwei Patienten, im Monat darauf nur noch einen. Er war noch unsicher und begann sich zu fragen, was der Krieg wirklich bringen werde. Da er kaum etwas zu tun hatte, begann er die Krankengeschichte des Wolfsmanns niederzuschreiben, und zwar nicht nur wegen der Bedeutung, die sie, für sich selbst betrachtet, hatte. Sie war, wie James Strachey schrieb, »weitge-

hend als eine empirische Widerlegung Adlers und Jungs gedacht und enthält viele Angriffe auf deren Theorien.«[7]
Gegen Ende des Jahres überkam ihn Niedergeschlagenheit, obwohl er noch fest an einen deutschen Sieg glaubte. Im November schrieb er Lou Andreas-Salomé:
»Ich zweifle nicht daran, daß die Menschheit auch diesen Krieg verwinden wird, aber ich weiß sicher, daß ich und meine Altersgenossen die Welt nicht mehr froh sehen werden. Es ist zu garstig; das Traurigste daran aber, daß es gerade so ist, wie wir uns nach den von der ΨA geweckten Erwartungen die Menschen und ihr Benehmen vorstellen sollten. Wegen solcher Einstellung zu den Menschen habe ich in Ihren frohen Optimismus nie einstimmen können. Mein geheimer Beschluß war: da wir die gegenwärtige höchste Kultur nur mit einer enormen Heuchelei behaftet sehen, so taugen wir organisch nicht für diese Kultur. Wir haben abzutreten, und der oder das große Unbekannte hinter dem Schicksal wird ein solches Kulturexperiment einmal mit einer anderen Rasse wiederholen.«[8]
Aber er setzte immer noch auf Deutschland und den Sieg. »Ich weiß«, schrieb er in demselben Brief weiter, »daß die Wissenschaft nur scheintot ist, aber die Humanität scheint wirklich tot zu sein. Ein Trost, daß unser deutsches Volk sich darin noch am besten benommen hat; vielleicht, weil es siegesgewiß ist. Der Kaufmann vor dem Bankerott ist immer ein Betrüger.« Nach 1918 vergaß er die Haltung, die er eingenommen hatte. Schon 1925 schrieb er: ». . . als während des Weltkrieges ein Chor von Feinden gegen die deutsche Nation den Vorwurf der Barbarei erhob . . . schmerzte es doch tief, daß man aus eigener Erfahrung dem nicht widersprechen konnte.«[9] Tatsächlich aber hatte er dem mit aller Macht widersprochen.
Wenn Freud während der ersten Kriegsmonate scheinbar nicht wußte, was er tun sollte, so sammelte er in Wirklichkeit seine Energien für eine ungewöhnliche Schaffensperiode, in der er, Anfang 1915, fünf bedeutende Abhandlungen in sechs Wochen und weitere fünf in noch einmal sechs Wochen schrieb. Unterdessen polarisierte sich die Meinung über seine Theorien in Amerika und England durch die Kriegswirkungen.

In den Vereinigten Staaten hatte die Psychoanalyse schon begonnen, sich in der Richtung zu entwickeln, die er befürchtet hatte. Im Jahre 1915 machten die Psychoanalytiker von eigenen Gnaden, die in New York praktizierten, eine dreistellige Zahl aus, und andere amerikanische Städte hatten eine verhältnismäßig ebenso hohe Zunahme zu verzeichnen. Vielen der Psychoanalyse Praktizierenden wäre es schwergefallen, auch nur die elementarste Eignungsprüfung zu bestehen, und sie bestätigten die unter Psychologen gängige Meinung, daß, wenn Freud selbst vielleicht der Beachtung wert sein mochte, seine Ideen nicht ernst genommen zu werden brauchten. Der Schaden wäre noch größer gewesen ohne die Bemühungen der professionellen Gesellschaften und Vereinigungen in Amerika. Die 1911 gegründete Amerikanische Psychoanalytische Vereinigung nahm Laien nicht als Vollmitglieder auf und forderte von ihren Mitgliedern zusätzlich zu ihren medizinischen Qualifikationen eine strenge Ausbildung, bevor sie als Analytiker praktizieren durften. Andere Organisationen hatten ähnliche Maßstäbe. Nichtsdestoweniger waren sie außerstande, mehr zu tun, als die Verbreitung von entstellten Versionen dessen zu verhindern, was die Psychoanalyse war und tat.

Die Erleichterung der Quacksalberei, die er selbst vorausgeahnt hatte, setzte Freud den Angriffen von Psychologen aus, die sich unter anderen Umständen vielleicht zu seinen Ansichten bekannt hätten. »In dem Maße, in dem seine Popularität zunahm«, wurde gesagt, »erwähnten sie ihn widerwillig und steckten ihn in dieselbe Trödel-Kategorie wie Heilung durch den Glauben, Joga, Christian Science, Wunderheilungen, animalischen Magnetismus und Osteopathie. Ein 1912 veröffentlichter Text brachte die Psychoanalyse in der Abteilung ›Spiritismus und Mediumismus‹ unter und bemerkte, sie könnte einen praktischen Wert durch Suggestion haben, besitze aber keinerlei wissenschaftliche Gültigkeit. Ein anderer Psychologe hob hervor, daß ein therapeutischer Erfolg kein Prüfstein für die Richtigkeit der Theorie sei, die zu seiner Erklärung herangezogen werde.«[10]

Die Klassifikation der Psychoanalyse als Grenzmedizin trug wenig dazu bei, ihre allgemeine Verbreitung aufzuhalten. Max Eastman schrieb eine Artikelserie in der amerikanischen Zeitschrift *Everybody's Magazine* und prophezeite, daß die von dem Zauberer Freud geschaffene Therapie ein Wundermittel für jedes Leiden unter der Sonne sein werde. In *Good Housekeeping* wurde das Thema beinahe ebenso sensationell behandelt, während Mabel Dodge ihre Erfahrungen mit der Psychoanalyse in gemäßigten Ausdrücken für die Lesermassen der Hearst-Presse beschrieb. Auf einer anderen Ebene taten *The New Republic* und *The Nation* ihr Bestes, um den Gegenstand dem gebildeten Laien zu erklären, erstere in Form der entschiedenen Fürsprache Walter Lippmanns, der gerade am Beginn seiner großen Karriere stand, letztere in einem stark kritischen Ton.

Lippmann war ein Schüler von William James in Harvard gewesen und hatte wenige Jahre vor dem Krieg an seinem ersten Buch, *A Preface to*

Politics (Ein Vorwort zur Politik), gearbeitet. Ein guter Freund von ihm war Alfred Booth Kuttner, ein ehemaliger Patient Brills, der mit einer neuen Übersetzung von Freuds *Traumdeutung* beschäftigt war. Kuttner hatte ein Blockhaus in den Wäldern von Maine, und dort arbeiteten er und Lippmann zusammen. »Ich las die Übersetzung, während er daran arbeitete, besprach sie mit ihm und begann zu sehen, wieviel Freud zu der Psychologie beizutragen hatte, die ich an der Universität gelernt hatte«, schrieb Lippmann später. »Wenn Sie sich die Mühe machen, *A Preface to Politics* zu studieren, werden Sie die Wirkungen sehen.«[11]

Lippmann war ein brauchbarer Konvertit. In dem Artikel »Freud and the Layman«, der in *The New Republic* erschien, wies er darauf hin, daß gewöhnliche Männer und Frauen aus einem sehr guten Grunde an Freud interessiert sein müßten: »Wir selbst sind der Gegenstand seiner Wissenschaft, und das auf die intimste und gründlichste Weise.« Der Artikel war eine einzigartige Verteidigung Freuds, und er war mit großer Eindringlichkeit geschrieben. Lippmann sagte:

»Wenn ich seine Arbeit mit der Psychologie vergleiche, die ich an der Universität studiert habe, oder mit dem größten Teil des Materials, das dazu verwendet wird, ihm zu widersprechen, kann ich mich des Gefühls nicht erwehren, daß er um seiner Erleuchtung, seiner Beständigkeit und seines brillanten Geistes willen zu den Größten gehört, die zum menschlichen Denken beigetragen haben. Ich weiß, wie leicht es ist, getäuscht zu werden, aber ich halte das für eine kleine Gefahr, verglichen mit der Notwendigkeit, einmal im Leben einen Mann von hervorragender Bedeutung anzuerkennen ... Er hat im menschlichen Denken und Verhalten einen Widerhall hervorgerufen, dessen Folgen nur wenige vorauszusagen wagen.«[12]

The New Republic war beinahe allein in ihrem Eintreten für Freud, und die allgemeine Einstellung spiegelte sich in *The Nation* unter der Leitung von Paul Elmer More wider, die eine Anschauung ausdrückte, in der sich konservative moralische Entrüstung mit dem Gefühl vermengte, Freud habe die Wissenschaft durch etwas verraten, was reaktionärer Okkultismus genannt wurde. Dazu kamen die Proteste der von Amy Lowell angeführten Gruppe, die meinte, Freuds Theorien ließen sich allenfalls auf gewisse unerwünschte Typen von Österreichern anwenden.

Weir Mitchell, der schon früher Freuds Arbeit als »Schmutz« abgetan hatte, brachte es 1913 fertig, Freud sogar zu attackieren, als er einen Vortrag über das Sanitätswesen im (amerikanischen) Bürgerkrieg hielt. »Heute«, sagte er, »würden wir den Verwundeten mit Hilfe von deutschen Verworrenheiten hunderteinundzwanzig Fragen stellen, ihre Träume daraufhin untersuchen, warum sie nach Hause gehen wollen, und dann weiter nichts tun, als sie als hoffnungslos gehen lassen.«[13] Und in dem Jahr, in dem der Krieg ausbrach, konnte Boris Sidis allen Ernstes behaupten: »Die Psychoanalyse ist eine bewußte oder häufiger noch eine unterbewußte oder unbewußte Verführung des Patienten zur Unsittlichkeit. Nichts ist so teuflisch darauf berechnet, sexuelle Perversion zu suggerieren, wie die Psychoanalyse. Die Psychoanalyse . . . ist eine Gefahr für die Gemeinschaft . . . Lieber noch Christian Science als Psychoanalyse!«[14]

Man braucht sich über die Auswirkungen des deutschen Einmarschs in Belgien und Frankreich zu einer Zeit, in der solche Ansichten aufrichtig vertreten werden konnten, kaum zu wundern. Aber gerade in Frankreich wurde Freud unerwartet gegen den Chauvinismus der Zeit verteidigt. »In Paris selbst«, hatte Freud während der ersten Monate des Jahres 1914 geschrieben, »scheint noch die Überzeugung zu herrschen, der auf dem Londoner Kongreß 1913 Janet so beredten Ausdruck gab, daß alles, was gut an der Psychoanalyse sei, mit geringen Abänderungen die Janetschen Ansichten wiederhole, alles darüber hinaus aber sei von Übel.«[15] Als aber Freud im Juni 1914 bei einer Versammlung der Société de Psychothérapie angegriffen wurde, war es Janet, der aufstand, um ihn zu verteidigen. Die Irrtümer und Übertreibungen der Psychoanalyse, sagte er, müsse man aufwiegen durch den Beitrag, den diese zum Verständnis der menschlichen Seele geleistet habe. »Wir wollen diese Verdienste anerkennen«, fuhr er fort. »Unsere unvermeidliche Kritik sollte uns nicht daran hindern, die gute Arbeit und die wichtigen Beobachtungen unserer Wiener Kollegen anzuerkennen.«[16] Diese Verteidigung wurde noch dazu im folgenden Jahr gedruckt, als sich die deutsche Artillerie Paris bereits auf Hörweite genähert hatte.

Doch nicht überall reagierte man so. Obwohl sich Amerika noch aus dem Krieg heraushielt, wandte sich die Sympathie der Öffentlichkeit den Alliierten zu, nachdem ein deutsches U-Boot im Mai 1915 die *Lusitania* versenkt hatte, wobei 1100 Menschen, darunter 100 Amerikaner, ums Leben kamen. Alles, was »Deutsch« war – und für den Nordamerikaner gehörte dazu auch alles Österreichische – nahm etwas Verabscheuenswertes an. Freuds olympische Gedanken, die er 1915 in »Zeitgemäßes über Krieg und Tod« niederschrieb, wurden bald als eine »raffinierte Verteidigung der Mittelmächte« und »ein bewundernswerter Essay in Propaganda Teutonica«[17] angesehen, und später warf man dieser Schrift vor, sie sei »beinahe soviel wie eine Rechtfertigung der preußischen Theorie der Überlegenheit des Staates über Moral und Ethik«.[18]

Was die Psychoanalyse anbetraf, so bot der Krieg nun die Erklärung, nach der so viele gesucht hatten. »Der deutsche Geist«, behauptete man,

»ist (worauf schon so oft hingewiesen wurde) bis zu einem gewissen Grade unentwickelt, wenn man ihn mit der logischen und moralischen Gesundheit der nichtdeutschen Kulturnationen vergleicht«, und der »rechtschaffene Leser Freudscher Literatur« wurde ermahnt, sich den Ansichten desselben Gustav Aschaffenburg anzuschließen, der 1906 mit Jung eine Auseinandersetzung gehabt hatte, und denenzufolge »die sogenannte Psychoanalyse weder theoretisch noch empirisch gut begründet, ihre therapeutische Wirkung unerwiesen und ihr dauernder Gewinn für die klinische Psychiatrie gleich Null sei«. Ferner hieß es, daß sie den Eindruck einer unwissenschaftlichen Methode erwecke, daß ihre Anwendung gefährlich für den Patienten und kompromittierend für den Arzt sei und schließlich, daß ihr einziges bleibendes Interesse auf dem Gebiet der Kulturgeschichte liege. Letzteres war für den Autor, der in *The Nation* schrieb, wesentlich; er unterstützte diese Ansichten mit der Begründung, daß »die Psychoanalyse eng verflochten ist mit der deutschen Kultur«.[19] Armer Freud! Nun war es nicht der jüdische Geist, den man seinem Kind zum Vorwurf machte, sondern eben jenes »Deutschtum«, dessen Fehlen man in Wien und Berlin gerügt hatte.

Nur einige der vergleichsweise populären Zeitungen – aus denen die politisch in der Mitte stehenden, gebildeten Laien gewöhnlich ihre Informationen über Themen wie Psychoanalyse bezogen – hielten erfolgreich die Balance zwischen kritiklosem Lob und empörter Verurteilung. Eine davon war die *New York Times*, die eine halbe Seite einer günstigen Besprechung widmete, als die Übersetzung von *Zur Psychopathologie des Alltagslebens* im Herbst 1914 in den Vereinigten Staaten erschien. Anfang 1916 kam es vor einem Gericht zu etwas, was die Zeitung die »Schaustellung einer Mischung von Ignoranz und Unverschämtheit«[20] nannte. Es war ein Antrag gestellt worden, ein Kind aus dem Haushalt zu entfernen, in dem seine Mutter mit ihrem Liebhaber zusammenlebte. Als Begründung wurde angeführt, daß der Mann ein Schüler Jungs sei und an die Lehren der Psychoanalyse glaube: das, wurde angedeutet, genüge, um jede Art von unmoralischem Verhalten zu rechtfertigen. Der Fall wurde stark emotional behandelt und könnte leicht erhebliche Folgen gehabt haben ohne die mäßigende Wirkung der vernünftigen Stellungnahme der *New York Times*:

»Der ›Glaube‹ an die Psychoanalyse hat mit der Regelmäßigkeit oder Unregelmäßigkeit des Lebenswandels nicht mehr zu tun als der ›Glaube‹, daß Chinin ein Mittel gegen Malaria oder daß bei Krebs eine frühzeitige Operation zu empfehlen ist. Der leidenschaftliche Psychoanalytiker kann wie der leidenschaftliche Freudverächter ein sittenstrenges oder sittenloses Leben führen, ganz wie es ihm beliebt, er kann jeder Religion

anhängen oder keiner, er kann sich jede Lebensanschauung aussuchen, die ihm vernünftig erscheint, aber in keinem Falle werden diese Entscheidungen auf die eine oder andere Weise beeinflußt werden von seiner Beurteilung Freuds und der Behauptungen Freuds bezüglich des Ursprungs und der Heilung der Hysterie.«[21]
Brill ließ einige Tage später die Antwort folgen, es sei das Hauptziel der Psychoanalyse, »das Individuum an seine Umwelt anzupassen. Sie ist nicht mehr eine Moralphilosophie als irgendein anderer Zweig der Medizin.«[22]
Die unparteiisch urteilende *New York Times* war in der Minderheit, und in den ganzen Vereinigten Staaten war die allgemeine Reaktion eben die, die Freud seit seinem Besuch im Jahre 1909 befürchtet hatte: Spott und Unglauben, ermutigt durch das Treiben der Quacksalber und Scharlatane und nur zum Teil aufgewogen durch die Unterstützung einiger Fachleute wie Putman und Brill und einer noch kleinerern Anzahl von Laien wie Lippmann. Als das Kriegsfieber eine neue Waffe gegen die Psychoanalyse bot, schien der Meinungsumschwung, der in den zwanziger Jahren aus der neuen Methode ein Wunderheilmittel gegen alle psychischen Störungen machte, nicht nur gefährlich, sondern überhaupt unmöglich zu sein.
Auf der anderen Seite des Atlantik, in Großbritannien, wo sich in den ersten Monaten des Jahres 1915 die erschreckende Aussicht auf einen langen Krieg mit einem hohen Blutzoll bot, gab es vielleicht eher noch eine Entschuldigung, wenn auch ebensowenig einen Grund, für die Verurteilung Freuds als lediglich eines weiteren Beispiels für das »monströse Regiment deutscher Professoren, das uns so lange erhalten hat«[23]. Solche Angriffe wären noch wirkungsvoller gewesen ohne den Einfluß einer kleinen Anzahl von Männern, die während der Jahre unmittelbar vor dem Krieg Unterstützung für die Psychoanalyse gesammelt hatten. Als erster unter ihnen ist natürlich Ernest Jones zu nennen, der 1913 aus Kanada zurückgekehrt war und eine Privatpraxis in London eröffnet hatte, nachdem er zuvor noch in Budapest gewesen war und sich von Ferenczi hatte analysieren lassen. Die Analyse bestärkte ihn in seiner Hingabe an die Sache, scheint ihn aber ein wenig allergisch gegen seinen Analytiker gemacht zu haben.
Bei Kriegsausbruch hatte Jones ein gewisses Fundament, auf dem er bauen konnte, wenn auch nicht sehr viel. Schon 1910 hatte Dr. T. W. Mitchell in den *Proceedings of the Society for Psychical Research* die erste Abhandlung in England veröffentlicht, die sich hauptsächlich mit der Psychoanalyse befaßte. Ein Jahr darauf war David Eder, einer der ersten, die in Großbritannien die Psychoanalyse praktizierten, bei der

Sommertagung der British Medical Association mutig der Opposition des medizinischen Establishments entgegengetreten. Er hielt vor der neurologischen Abteilung der Vereinigung ein Referat, in dem er mit einfachen Worten die Behandlung eines Falles von Hysterie und Zwangsvorstellungen nach Freudschen Methoden beschrieb. Als er geendet hatte, verließen der Vorsitzende der Abteilung und die etwa neun Hörer ohne ein Wort den Raum.

Etwa anderthalb Jahre später kam Eder nach Wien. Er hoffte, von Freud analysiert zu werden. Aber Freud, der zu beschäftigt war, verwies ihn an Tausk, und während er sich noch in Wien aufhielt, zeigte Eder eine Neigung zur analytischen Psychologie Jungs. Das ging so weit, daß er sich nach seiner Rückkehr nach England darauf vorbereitete, vor der British Medical Association ein Referat über die Modifikationen der Theorien Freuds durch Jung und Adler zu halten. Jones warnte Freud augenblicklich. »Ohne diesen Herren das Recht auf Modifikationen ganz nach ihrem Belieben abzusprechen«, schrieb er, »glaube ich doch, daß es eine sehr unpassende Zeit wäre, sie in England zu diskutieren, bevor das Publikum noch etwas über die Theorie weiß, die da modifiziert werden soll.«[24]

Jung selbst war im folgenden Monat in England, hatte aber, mit oder ohne Eder, geringen Erfolg. Nach Jones »spielte er eine stille Rolle, gab ein paar höfliche Gemeinplätze von sich und blieb im Hintergrund. Es waren nur wenige Deutsche da, wenn überhaupt welche, hauptsächlich Engländer, so daß er im Nachteil war, als er Deutsch sprach.«[25]

Ein weiteres Zeichen dafür, daß sich die Dinge zugunsten Freuds entwickelten, war eine Debatte in der Psycho-Medical Society, an der Jones selbst teilnahm. »Nach der Versammlung«, berichtete er Freud, »trat Sir James Crichton-Browne, der Vorsitzende der Abteilung und Leiter des Aufsichtskomitees für Heil- und Pflegeanstalten, zu mir, drückte mir die Hand, gratulierte mir herzlich, dankte mir im Namen des Komitees für meinen ›dringend nötigen Protest gegen diese falschen Darstellungen‹ und äußerte sich sehr lobend über die Psychoanalyse. Eine Anzahl anderer angesehener Männer tat das gleiche, und die allgemeine Stimmung war sehr herzlich und voll von englischem ›Fair Play‹.«[26] Die Zustimmung Crichton-Brownes war ein bedeutsames Zeichen für alles Kommende. Er war einer der hervorragendsten Ärzte und Psychologen seiner Zeit, und dem Weg, den Crichton-Browne wies, folgten viele nach. Freud war beeindruckt. »›Fair Play‹ ist, was wir wollen, und es ist wahrscheinlich in England leichter zu haben als irgendwo sonst«,[27] schrieb er Jones.

Die Veröffentlichung von Jones' *Papers on Psychoanalysis* und Bernard

Harts *The Psychology of Insanity* (beide Bücher erschienen 1912) hatte viele Ansichten Freuds zum erstenmal britischen Lesern nahegebracht, und man konnte nun wenigstens ein gewisses Interesse feststellen. Daher gründete Jones im Oktober 1913 die Londoner Psychoanalytische Vereinigung in einer vergleichsweise ermutigenden Atmosphäre, kurz nachdem Vorträge über Freuds Theorien der Träume und des Unbewußten bei der Jahresversammlung der British Medical Association gehalten worden waren. Sekretär der Londoner Vereinigung, die neun Gründungsmitglieder, darunter vier praktizierende Psychoanalytiker, hatte, war David Eder, der sich zeitweilig von seinen Neigungen für Jung erholt hatte. Ihre ersten Tage wurden zuerst durch Janets Angriff auf Freud beim Internationalen Medizinischen Kongreß in London erschwert, die Jones im *Journal of Abnormal Psychology* widerlegte, wobei er Janet unverhüllt Unaufrichtigkeit vorwarf, und dann durch Spaltungen innerhalb der Vereinigung selbst. Eder begann Rekruten mit Jungschen Tendenzen einzuführen, und nach den Worten Edward Glovers, eines späteren Mitglieds, »wurde die Vereinigung eine Brutstätte der Zwietracht, und nach den ersten zwei Jahren wurden die Sitzungen aufgegeben – die meisten Mitglieder waren ohnehin zum Kriegsdienst eingezogen worden«.[28] Havelock Ellis gehörte zu denen, die sich geweigert hatten beizutreten, und zwar, wie Jones Freud schrieb, »mit der Begründung, daß er prinzipiell *keinem* Verein angehört«.[29]
Die Gründung der Londoner Psychoanalytischen Vereinigung war nur der wichtigste Schritt in Jones' Kampagne, die Psychoanalyse in England zu etablieren. Kurz darauf erhielt er warmen Beifall, als er vor der psychiatrischen Abteilung der Royal Society of Medicine sprach. Im folgenden Jahr wurde ein Symposion über Freuds Theorie des Vergessens auf einer gemeinsamen Versammlung von Psychologen und Philosophen in Durham abgehalten, und gelegentliche Artikel über Psychoanalyse in medizinischen Zeitschriften lösten keine schockierte Überraschung mehr aus. Vor Kriegsausbruch konnte Jones Freud berichten, daß in London beim Doktorexamen in Psychiatrie nur vier von sechs Fragen beantwortet werden mußten, und daß von diesen vier die Psychoanalyse betrafen. »Mein Kandidat schaffte sie alle, und ich hoffe, er bekommt noch die Goldmedaille«,[30] fügte er hinzu.
So gab es bei Kriegsausbruch eine kleine, aber entschlossene Gruppe von Freud-Anhängern, die in Großbritannien einen Brückenkopf bildeten. Man sollte sie noch brauchen. Brills Übersetzung von *Zur Psychopathologie des Alltagslebens* erschien in England während des ersten Kriegswinters, und auf eine polemische Besprechung durch Charles Mercier, einen der hartnäckigsten Gegner Freuds, im *British Medical Journal*

folgte eine Forderung nach unmittelbaren Maßnahmen. Ein Leser schrieb:
»Gewiß ist endlich die Zeit gekommen, in der sich alle Psychologen, Psychiater und medizinischen Vereinigungen Dr. Mercier anschließen und aufhören sollten, diesen modernen, ausländischen Jargon vom ›Unbewußten‹ als einen Gegenstand ernster Überlegung zu betrachten, um den besseren Weg einzuschlagen, diesen wuchernden Unsinn der Freudschen ›Philosophie‹ durch Lächerlichkeit zu töten oder ihn, wenigstens in diesem Lande, durch einen Mangel an Pflege eingehen zu lassen. Zur Zeit spielt er die Rolle eines virulenten Krankheitserregers in den Brunnen, aus denen die Psychiater trinken.«[31]
Obwohl der Verfasser des Briefes selbst heftig kritisiert wurde, weil er die Existenz des Unbewußten, anstatt Freuds Theorien darüber angegriffen hatte, spiegelte seine Einstellung den starken Strom der Meinung wider, die ein Kritiker im *British Medical Journal* verkörperte: »Um zu verstehen, wie die deutsche Besessenheit eine Mehrheit unseres Berufsstandes so viele Jahre lang in ihren Bann schlagen konnte, ist eine grobe Gegenüberstellung des britischen und des deutschen Temperaments nützlich.«[32] Das »Deutschland, Deutschland über alles« der Deutschen wurde mit dem »It's a long way to Tipperary« der britischen Soldaten verglichen, und durch einen Prozeß der Schuld durch Assoziation wurden die »deutschen« Theorien den einfacheren und saubereren Theorien der unverdorbenen Briten gegenübergestellt.
Selbst unter denen, die gewillt waren, Freud anzuhören, war der angebliche Unterschied zwischen britischen und deutschen Sitten etwas, was in Kriegszeiten nicht vergessen werden durfte. St. John Bullen, der im *Journal of Medical Science* feststellte, daß Freuds Betonung des Sexuellen die Anerkennung seiner Ansichten behindert hatte, entschuldigte diese Reaktion, indem er sagte: »Es wird jedoch zu oft nicht bedacht, daß Freud es mit einem Volk zu tun hat, das sich durch seinen allgemeinen Materialismus und seine Einstellung zum Sexualleben sehr von dem unseren unterscheidet.« Und das war offenbar ein Hinweis auf »den außerordentlich großen Anteil sexueller Dinge am Leben des Teutonen«.[33] Und als Charles Mercier gegen die Anwendung der Psychoanalyse im England der Kriegsjahre protestierte, wurde er von dem Präsidenten der Medico-Psychological Association mit der Begründung zurechtgewiesen, daß das Thema gar nicht ernst genommen werden könne. »Es ist sicherlich bekannt«, erklärte der Präsident, »daß die schmutzigen Lehren von Freud, Jung und Co. unter britischen Psychiatern, sei es in ihren Lehren oder Schriften, nur geringen Anklang gefunden haben.«[34] Doch selbst geringer Anklang war manchen noch zu

viel, und einige Tage später fragte jemand unter dem Pseudonym »Decency« (Anständigkeit) in den Spalten des *British Medical Journal*, ob es bekannt sei, »daß Psychoanalytiker auf den Stationen für Geisteskranke unserer großen Kriegslazarette ihr verderbliches Werk betreiben«.[35]

Zudem waren es nicht nur die konservativeren Mediziner, die sich noch weigerten, Freud ernst zu nehmen. Harold Laski, der politische Theoretiker mit durchaus weitblickenden Ideen, beklagte sich bei Richter [Oliver Wendell] Holmes: »Ich glaube, daß die Tendenz, alles zu bergsonisieren oder zu freudisieren einfach reiner Unsinn ist, und ich möchte wieder auf dem guten alten Stuhl mit gerader Lehne sitzen, wo einen Hume und Descartes über das eigene Dasein erschauern lassen und man erst durch die plötzliche Entdeckung, daß einem die Füße eingeschlafen sind, gezwungen wird, die Realität der Materie zuzugeben.«[36]

Freud in Wien wußte wenig von den wachsenden emotionalen Kräften, die, jenseits der Grenzen der Mittelmächte, die Meinung über sein Werk zu beeinflussen begannen. Eine Zeitlang erhielt Jones über mehrere neutrale Länder die Verbindung mit ihm aufrecht, und solange Amerika nicht in den Krieg hineingezogen wurde, konnte Putnam nach Wien schreiben. Jones scheint jedoch hauptsächlich darauf bedacht gewesen zu sein, Freud vor Augen zu führen, daß man jenseits des Kanals die Chancen eines deutschen Sieges ganz anders beurteilte, während Putnams Briefe erkennen lassen, daß er um diese Zeit nur wenig Kontakt mit der breiteren öffentlichen Meinung hatte. Freud wußte daher nichts von der neuen antideutschen Einstellung, die nun die Angriffe gegen die Psychoanalyse verschärfte, bis sie in den späteren Phasen des Krieges durch die Erkenntnisse der Militärärzte auf beiden Seiten der Front aufgegeben wurden.

Unterdessen hatte er selbst genug Kummer und Sorge, denn eine der letzten Nachrichten, die ihn aus England erreichten, war der Bericht, daß sein Halbbruder Emanuel ums Leben gekommen war, als er zwischen Southport und Manchester aus einem Zug stürzte. In Wien waren die Vortragsabende der Psychoanalytischen Vereinigung bei Kriegsbeginn abgebrochen worden, und als sie später wieder aufgenommen wurden, beschränkte man sich auf einen Abend alle drei Wochen. Seine Praxis erholte sich nicht wieder, und wie viele Wiener des Mittelstandes stand er vor dem doppelten Problem eines sinkenden Einkommens und steigender Preise. Ernst war nun eingerückt wie Martin, während Oliver, der aus gesundheitlichen Gründen zurückgestellt worden war, mit einer Reihe von Ingenieur-Aufgaben betraut wurde. Freud begann das neue Jahr

1915 in einer Stimmung der Niedergeschlagenheit, die der Flaute in beruflicher Hinsicht entsprach. Im Augenblick, schrieb er Abraham, sei er wie in einer Polarnacht und warte darauf, daß die Sonne aufgehe.
Sie ging auf während der nächsten Wochen, als er an einer Reihe von Abhandlungen und Artikeln zu schreiben begann, die ihm schneller von der Hand gingen als je zuvor, darunter »Zeitgemäßes über Krieg und Tod«. Putnam teilte er darüber mit: »Für die nächste erste Nummer der Imago muß ich einen zeitgemäßen Aufsatz über die Enttäuschungen dieses Krieges schreiben, der mir gar kein Vergnügen macht, wohl auch anderen nicht gefallen wird.«[37] Abraham beschrieb er ihn als »ein zeitgemäßes Gewäsch, über Krieg und Tod, um den opferwilligen Verleger zu befriedigen«.[38] Der abschätzige Ton war nicht angebracht, und sei es nur darum, weil die Abhandlung, zumindest zwischen den Zeilen, zeigte, daß der Konflikt mindestens zwei der in der Psychoanalyse dargelegten Theorien bestätigte. Freud betonte es in einem Brief an einen alten holländischen Freund, Dr. Frederick van Eeden, in den letzten Tagen des Jahres 1914. Die Psychoanalyse, sagte er, habe geschlossen, daß die bösen Impulse der Menschheit nicht verschwunden seien, sondern nur im Unbewußten warteten; und zweitens, daß der Intellekt, der sie anscheinend im Zaum hält, schwach sei und leicht ein Werkzeug der Triebregungen und Affekte werden könne. »Und nun blicken Sie auf die Vorgänge dieser Kriegszeit, auf die Grausamkeiten und Rechtsverletzungen, deren sich die zivilisiertesten Nationen schuldig machen, auf die verschiedene Art, wie sie die eigenen Lügen, das eigene Unrecht und das der Feinde beurteilen, auf die allgemeine Einsichtslosigkeit und gestehen Sie mir zu, daß die Psychoanalyse mit beiden Behauptungen recht gehabt hat.«[39]
Es war mehr die unzivilisierte Weise der Kriegsführung als der Krieg selbst, die Freud enttäuschte. Er hatte sich den Krieg offenbar gedacht »als einen ritterlichen Waffengang, der sich darauf beschränken wollte, die Überlegenheit des einen Teiles festzustellen, unter möglichster Vermeidung schwerer Leiden, die zu dieser Entscheidung nichts beitragen könnten, mit voller Schonung für den Verwundeten, der aus dem Kampfe ausscheiden muß, und für den Arzt und Pfleger, der sich seiner Herstellung widmet«.[40] In seinem Urteil über die Kriegführenden, die sich nicht an so hohe Ideale hielten, tat Freud sein Bestes, um angesichts der Propaganda unparteiisch zu bleiben. Aber zumindest in einem Absatz rechtfertigte er die Kritik, daß der Artikel eine raffinierte Entschuldigung für die Mittelmächte sei. Nachdem er beklagte hatte, daß Kulturvölker sich mit soviel Haß und Abscheu gegeneinander wenden konnten, fuhr er fort:

»Ja, daß eine der großen Kulturnationen so allgemein mißliebig ist, daß der Versuch gewagt werden kann, sie als ›barbarisch‹ von der Kulturgemeinschaft auszuschließen, obwohl sie ihre Eignung durch die großartigsten Beitragsleistungen längst erwiesen hat. Wir leben in der Hoffnung, eine unparteiische Geschichtsschreibung werde den Nachweis erbringen, daß gerade diese Nation, die, in deren Sprache wir schreiben, für deren Sieg unsere Lieben kämpfen, sich am wenigsten gegen die Gesetze der menschlichen Gesittung vergangen habe, aber wer darf in solcher Zeit als Richter auftreten in eigener Sache?«[41]
Putnam, dessen Landsleute den Wiederaufbau der einzigartigen Universitätsbibliothek in der belgischen Stadt Löwen finanzieren sollten, die von den Deutschen einige Monate zuvor verbrannt worden war, wird an diesen Worten sicherlich keine Freude gehabt haben.
Ein zweiter Artikel, »Unser Verhältnis zum Tode«, ursprünglich ein Vortrag in der B'nai B'rith im April 1915, behandelte die Folgen der großen Veränderung, die der Krieg in den Anschauungen des Menschen von seinem unvermeidlichen Schicksal bewirkt hatte. Der Kulturmensch hatte sich angewöhnt, den Tod »beiseite zu schieben«, doch das war nun nicht mehr möglich, folgerte Freud. Es wäre zeitgemäß, den alten Spruch »Wenn du den Frieden erhalten willst, so rüste zum Kriege« abzuändern in: »Wenn du das Leben aushalten willst, richte dich auf den Tod ein.«[42]
Sobald die beiden Artikel für *Imago* erledigt waren, wagte er sich an ein ehrgeiziges Unternehmen: ein Dutzend Abhandlungen, die zusammen ein Buch ergeben sollten, das er *Zur Vorbereitung einer Metapsychologie* nennen wollte. Er hatte den Ausdruck Metapsychologie zum erstenmal gebraucht, als er zu Fließ von einer »hinter das Bewußtsein führenden Psychologie«[43] sprach, und im Laufe der Jahre nahm er einen immer größeren Bedeutungsumfang an und bezeichnete etwas, was man in den Naturwissenschaften »allgemeine Theorie« nennen würde. Freud gebrauchte den Ausdruck jedoch speziell, um die seelischen Phänomene in ihrer Beziehung zum psychischen Apparat, zu den beteiligten Trieben und zur Verteilung der erzeugten Energie innerhalb des Apparats zu beschreiben.
Das Ziel der Reihe war, wie er sagte, »die Klärung und Vertiefung der theoretischen Annahmen, die man einem psychologischen System zugrundelegen könnte«[44]. Es überrascht vielleicht, daß er es erst jetzt, zwanzig Jahre nachdem er durch seine *Studien über Hysterie* die Welt mit der Psychoanalyse bekanntgemacht hatte, für nötig hielt, eine neue und kompliziertere Struktur zu schaffen, in die er seine Beobachtungen von zwei Jahrzehnten einfügen könnte. Doch an sich beweist dies Freuds

ständige Behauptung, daß seine Voraussagen über die Wirkungsweise der Psyche das Resultat nicht theoretischer Überlegungen, sondern sorgfältiger klinischer Beobachtung seien. Sein erster Versuch, eine umfassende theoretische Struktur aufzubauen, der so lange nicht veröffentlichte »Entwurf«, war zum größten Teil wieder aufgegeben worden, und was blieb, war umgeformt worden, um das letzte Kapitel der *Traumdeutung* zu bilden. Eine gewisse Anzahl seiner folgenden Arbeiten hatte theoretische Erörterungen beinhaltet, aber erst 1915 – als es ihm an Patienten mangelte und er mehr freie Zeit hatte – wandte er sich der Aufgabe wieder zu.

Die ersten beiden Abhandlungen, »Triebe und Triebschicksale« und »Die Verdrängung«, waren innerhalb von drei Wochen geschrieben. Die dritte, »Das Unbewußte«, brauchte nicht länger und enthielt eine ausführliche Darlegung des zentralen Gedankens, auf den Freud seine ganze Psychoanalyse aufgebaut hatte. Darauf folgten noch »Metapsychologische Ergänzung zur Traumlehre« und »Trauer und Melancholie«. (Alle in Bd. 10 der G. W. Anm. des Übers.)

Ob Freud die übrigen Abhandlungen jemals schrieb, ist nicht klar, und seine Briefe an Lou Andreas-Salomé enthalten widersprüchliche Angaben. Am 30. Juli 1915 schrieb er ihr von einem »aus zwölf Abhandlungen bestehenden Buch« und sagte: »Es ist eben fertig geworden bis auf die erforderliche Nacharbeit beim Zusammenrücken und Einpassen der einzelnen Stücke.«[45] Doch vier Jahre später, am 2. April 1919, schrieb er ihr, seine Metapsychologie sei »noch nicht fertig«, aber er erklärte, ein weiterer Beitrag dazu »wird in einem Aufsatz, ›Jenseits des Lustprinzips‹, enthalten sein . . .«[46]

Sobald die ersten fünf metaphysischen Abhandlungen beendet waren, begann Freud, sich auf die üblichen Vorlesungen an der Universität vorzubereiten. Sie sollten während der beiden Wintersemester 1915/16 und 1916/17 jeweils von Oktober bis März vor Ärzten und Laien aller Fakultäten gehalten werden, und im Gegensatz zu seinen anderen Vorlesungen sollten diese zum erstenmal gedruckt werden und somit einem breiteren Publikum die meisterliche Art zeigen, mit der er seine Hörer dazu brachte, seinen Argumenten zu folgen; aber mit der vorgeblichen Bescheidenheit, die er oft zur Schau stellte, machte Freud selbst seine Arbeit in seiner Privatkorrespondenz verächtlich und nannte die Vorlesungen Lou Andreas-Salomé gegenüber »grobes, für die Menge bestimmtes Zeug«.[47]

Die Vorlesungen fanden jeden Samstag von sieben bis neun Uhr in einem Raum der Wiener Psychiatrischen Klinik statt, und es spricht für Freuds Fähigkeiten als Lehrer, daß es ihm nicht nur gelang, zwei Stunden ohne Unterbrechung die Hörer zu fesseln – wobei er gewöhnlich frei sprach –, sondern daß die Hörerschaft von etwa 70 auf über 100 Personen anwuchs. In seinem Vorwort zu den veröffentlichten *Vorlesungen zur Einführung in die Psychoanalyse* machte er darauf aufmerksam, daß es unter den gegebenen Umständen nicht möglich war, »die kühle Ruhe einer wissenschaftlichen Abhandlung zu wahren«.[48] Ebensowenig war es möglich, ohne eine Warnung zu beginnen. Daher sagte er in der Einleitung zur ersten Vorlesung, es könnte sich unter seinen Hörern jemand finden, der sich nicht durch eine flüchtige Bekanntschaft mit der Psychoanalyse befriedigt fühlt, sondern in eine dauernde Beziehung zu ihr treten möchte. »Wie die Dinge derzeit stehen«, sagte er, »würde er sich durch eine solche Berufswahl jede Möglichkeit eines Erfolges an einer Universität zerstören, und wenn er als ausübender Arzt ins Leben geht, wird er sich in einer Gesellschaft finden, welche seine Bestrebungen nicht versteht, ihn mißtrauisch und feindselig betrachtet und alle bösen, in ihr lauernden Geister gegen ihn losläßt.«[49]

Vier Vorlesungen befaßten sich mit Fehlleistungen, und am Ende der vierten fragte Freud, woher es komme, daß Männer und Frauen sie nach wie vor dem Zufall zuschrieben und sich ihrer psychoanalytischen Aufklärung so energisch widersetzten. Er selbst, sagte er, wolle dafür keine Erklärung geben, »sondern Sie langsam zu den Zusammenhängen hinführen, aus denen sich Ihnen die Erklärung ohne mein Dazutun aufdrängen wird«.[50]

Seine Zusammenhänge waren die Träume, und während der übrigen ersten Vorlesungsperiode hielt er elf Vorlesungen über dieses Thema. Freud gab die Schwierigkeiten der Deutung zu, erklärte, wie sie überwunden werden konnten, und führte seine Hörer langsam, aber stetig zu dem Verständnis hin, daß Träume den Schlüssel zum Unbewußten bieten. »An keinem Objekt«, sagte er in der letzten Vorlesung über den Traum, »kann man sich so rasch die Überzeugung von der Richtigkeit der Behauptungen holen, mit denen die Psychoanalyse steht und fällt.«[51]

Nach der ersten Vorlesungsperiode machte Freud einen seiner seltenen Frühlingsausflüge aus Wien hinaus. Er hatte einen besonderen Grund, denn sein Sohn Oliver war am Bau eines neuen, strategisch wichtigen Karpathen-Tunnels beteiligt, durch den die Bahnverbindung Berlin–Konstantinopel verbessert werden sollte. Freud besuchte ihn und machte mit ihm einen langen Spaziergang durch den Wald hinauf bis zum Jablunkapaß. Danach gingen sie zum Tunnel-Eingang hinunter, und Oliver führte seinen Vater durch die Bauanlage, wobei es nötig war, eine Reihe von Leitern hinauf und hinunter zu steigen, die sie tief ins Innere des Berges führten.[52] Dann besuchten sie die nahegelegene Stadt Teschen, wo Freud vor etwa 20 Jahren begonnen hatte, an seinem »Entwurf« zu arbeiten und wo seither in der großen Druckerei Prohaska viele seiner Werke gedruckt worden waren.

Freud kehrte aus den Karpathen in ein Wien zurück, in dem man schon die Mangelerscheinungen des Krieges zu spüren bekam. Im Juli trat er einen kürzeren Urlaub als sonst an. Er fuhr zuerst nach Badgastein und von dort weiter nach Salzburg. Dort stieg er im Hotel Bristol ab, wo der erste Kongreß stattgefunden hatte. Dann besuchte er noch einmal Badgastein, bevor er nach Wien zurückkehrte und sich daran machte, die Vorlesungen niederzuschreiben, die er ab Oktober halten wollte.

Am Beginn der neuen Reihe warnte er seine Hörer, daß er nun nicht von Fehlleistungen und Träumen sprechen werde – das heißt von Dingen, die ihnen persönlich bekannt seien –, sondern von Neurosen, Phänomenen, die allen außer den Ärzten unter seinen Hörern fremd sein müßten. Aber auch hier, erklärte er mit entwaffnender Offenheit, wolle er die gleichen Techniken anwenden wie im vorausgegangenen Jahr. »Ich will keine Überzeugungen erwecken«, sagte er. »Ich will Anregungen geben und Vorurteile erschüttern. Wenn Sie infolge materieller Unkenntnis nicht in der Lage sind zu urteilen, so sollen Sie weder glauben noch verwerfen. Sie sollen anhören und auf sich wirken lassen, was ich Ihnen erzähle.«[53] Daraufhin wurden die Hörer mit großer Überzeugungskraft durch die allgemeine Theorie der Neurosen geführt.

Die *Vorlesungen zur Einführung in die Psychoanalyse* wurden 1916 und 1917 in drei Teilen veröffentlicht und wurden, vielleicht mit Ausnahme von *Zur Psychopathologie des Alltagslebens*, zum meistgelesenen Werk Freuds. Es wurde in vierzehn Sprachen vor und in drei weitere nach seinem Tod übersetzt.

Freud wußte sehr wohl, daß die Vorlesungen für den Laien eine der klarsten Darstellungen der Psychoanalyse waren. Sie waren auch ein beträchtlicher finanzieller Erfolg. Nichtsdestoweniger war er in den Monaten, die ihrem Abschluß im März 1917 folgten, noch deprimierter als gewöhnlich. Ein Grund war zweifellos der, daß er im Mai 61 Jahre alt werden sollte, und er war seit langem überzeugt, daß er in diesem Alter sterben werde. Auch der Pessimismus hinsichtlich des Kriegsausgangs nahm zu, und es war vorauszusehen, daß es zu weiteren Verknappungen von Lebensmitteln und Heizmaterial im Herbst und Winter kommen werde. Zu diesen materiellen Problemen kam das ungewisse Schicksal von allem, dessen Erfolg für die internationale Anerkennung ausschlaggebend war.

Freud hatte weiterhin das Wort »International« auf der Titelseite seiner

Zeitschrift stehen lassen, aber es wurde immer offenkundiger, daß von Schlieffens erfolgloser Versuch, Paris zu nehmen, indem er 1914 im neutralen Belgien einmarschierte, die Weltmeinung schockiert hatte und es als sicher erscheinen ließ, daß die internationale Zusammenarbeit nur langsam wiederaufgebaut werden konnte, wenn endlich der Friede kam.
»Das Leben drückt doch zu schwer auf mich«, schrieb Freud im Sommer Abraham. »Ich spreche wenig darüber, weil ich weiß, daß der andere solche Aussagen als Klagen, als Zeichen von Depression auffaßt und nicht als objektive Schilderungen, wobei mir Unrecht geschähe. Ich finde, ich habe meine Zeit gehabt, bin nicht deprimierter als sonst, also sehr wenig, und tröste mich mit der Versicherung, daß meine Arbeit in den guten Händen von Fortsetzern liegt wie Sie und Ferenczi und vielleicht noch anderen . . .«[54]
Unterdessen sah er sich nach Ideen um, die eine zusätzliche Bestätigung der Psychoanalyse darstellen konnten, und 1917 wandte er sich sogar Lamarck zu. Am Beginn des 19. Jahrhunderts hatte der französische Naturforscher eine Evolutionstheorie aufgestellt, die hauptsächlich auf der Vorstellung beruhte, daß von einer Generation erworbene Eigenschaften an die nächste weitergegeben werden könnten. Schon vor Darwin hatte diese Idee aus Mangel an Beweisen zu kränkeln begonnen, und Anfang des 20. Jahrhunderts war sie so gut wie völlig in Mißkredit geraten. Das schreckte Freud nicht ab, der die möglichen Folgerungen mit Ferenczi zu diskutieren begann. Abraham vertraute er an:
»Die Absicht ist, L.[amarck] ganz auf unseren Boden zu stellen und zu zeigen, daß sein ›Bedürfnis‹, welches die Organe schafft und umschafft, nichts anderes ist als die Macht der unbewußten Vorstellung über den eigenen Körper, wovon wir Reste bei der Hysterie sehen, kurz die ›Allmacht der Gedanken‹. Die Zweckmäßigkeit wäre dann psychoanalytisch erklärt; es wäre die Vollendung der Psychoanalyse.«[55]
Oberflächlich betrachtet, mag es so scheinen, als hätte Freud, in Sorge wegen der unaufhörlichen Angriffe auf die Psychoanalyse, verzweifelt nach jeder Idee gegriffen, die zur Verteidigung herangezogen werden konnte. Ganz so war es nicht, denn der Glaube an den Lamarckismus zog sich durch sein ganzes Leben. In den dreißiger Jahren äußerte er sich sogar in einer arroganten Form, die sich in der Art zeigte, wie er eine Diskussion mit einem Besucher beendete. Als man ihn darauf hinwies, daß er also die Vererbung erworbener Eigenschaften akzeptiere, antwortete Freud: »Natürlich, wenn ich nicht an die Vererbung glaubte, gäbe es sehr vieles, was wir nicht erklären könnten.« Man sagte ihm darauf, daß die meisten Biologen anderer Ansicht seien, und er erledigte den Fall mit den Worten: »Die Psychoanalyse kann sich nicht den

Meinungen der Biologen anpassen – wir müssen unseren eigenen Weg gehen.«[56] Kein Wunder, daß Freuds lamarckistische Tendenzen, wie einer seiner treuesten Anhänger zugab, »von vielen von uns sehr bedauert wurden«.[57]

Im Jahre 1917 hatte Freud wenigstens einige Dinge, für die er dankbar sein konnte. Seine beiden aktiv dienenden Söhne waren unversehrt und sollten es auch bis Kriegsende bleiben, obwohl Martin beinahe ununterbrochen in Galizien und Rußland im Fronteinsatz gestanden und Ernst an der italienischen Front mehr als einmal mit knapper Not davongekommen war. Nur einer von Freuds Verwandten, Hermann Graf, der Sohn seiner Schwester Rosa, sollte fallen. Seine verheiratete Tochter Mathilde lebte in Wien wie Anna, und abgesehen von den ständigen Gedanken an Martin und Ernst, die im Feld waren, bestanden seine familiären Probleme hauptsächlich in der Schwierigkeit, mit seiner Tochter Sophie in Hamburg in Verbindung zu bleiben.
Im Herbst waren die Aussichten der Mittelmächte so trübe wie zuvor, die Lebensbedingungen wurden härter, und das einzig Sichere an der Zukunft war die bevorstehende Knappheit an Lebensmitteln und Brennmaterial. Einige Ereignisse hellten jedoch immerhin Freuds düstere Stimmung auf. Das eine war das Eintreffen eines Briefes von Georg Groddeck, einem Arzt, der in einem Lazarett in Baden-Baden arbeitete. Groddeck war ein Mann von unorthodoxen Methoden, und er war schon lange mit einer Vehemenz für sie eingetreten, die ihm allein schon die Anerkennung Freuds eingetragen hätte. Der wesentliche Punkt seines Briefes war, daß er 1909 eine Patientin erfolgreich mit Methoden behandelt hatte, von denen er nun glaubte, sie seien die der Psychoanalyse. Aber, sagte er, er wolle sich nicht als Psychoanalytiker bezeichnen, wenn er vom Führer der Bewegung abgelehnt werde, und er fuhr fort:
»Zu meinen – oder soll ich sagen Ihren – Anschauungen bin ich nicht durch das Studium von Neurosen gekommen, sondern durch die Beobachtungen von Leiden, die man körperlich zu nennen pflegt. Meinen ärztlichen Ruf verdanke ich ursprünglich meiner Tätigkeit als physikalischer Therapeut, speziell als Masseur. Infolgedessen ist meine Klientel wohl anders geartet als die der Psychoanalytiker. Längst ehe ich jene obenerwähnte Kranke im Jahre 1909 kennenlernte, hatte sich bei mir die Überzeugung festgesetzt, daß die Unterscheidung von Seele und Körper nur eine Wort- nicht eine Wesensunterscheidung ist, daß Körper und Seele ein Gemeinsames sind, daß darin ein Es steckt, eine Kraft, von der wir gelebt werden, während wir zu leben glauben. Selbstverständlich kann ich auch diese Idee nicht als mein Eigentum beanspruchen, aber sie

war und ist der Ausgangspunkt meiner Tätigkeit. Mit anderen Worten, ich habe von vornherein die Scheidung körperlicher und seelischer Leiden abgelehnt, habe den einzelnen Menschen an sich, das Es in ihm zu behandeln versucht, einen Weg zu finden gesucht, der in das Unbetretene, Unbetretbare führt. Ich bin mir bewußt, daß ich mindestens hart an der Grenze des Mystischen, vielleicht schon mitten darin mich bewege. Trotzdem zwingen mich die einfachen Tatsachen, diesen Weg weiter zu gehen.«[58]

Freud war sehr davon beeindruckt, daß Groddeck organische Krankheiten mit psychologischen Methoden behandelte, und antwortete herzlich. Er hatte allerdings Vorbehalte, und es sollte immer ein Unterschied zwischen Groddecks und Freuds Vorstellung vom Es bestehen bleiben. Aber hier war ein neuer Rekrut für die Sache und möglicherweise ein nützlicher.

Ein anderes Ereignis, das Freud ermutigte, war die Nachricht, daß er für den Nobelpreis vorgeschlagen worden war. Es hatte schon eine frühere Gelegenheit gegeben, nämlich 1914, als sich der amerikanische Psychologe W. A. White für eine Nennung Freuds einsetzte, aber es war nichts daraus geworden, und Freud selbst scheint von dem Plan nichts gewußt zu haben. Nun wurde er von Robert Bárány vorgeschlagen, der den Preis 1914 für Physiologie und Medizin erhalten hatte. Freud war dabei nicht ganz wohl, denn er hatte sich einige Jahre zuvor geweigert, Bárány als Schüler anzunehmen, und als er von der Verleihung des Nobelpreises an ihn erfuhr, hatte er Ferenczi bitter geschrieben, das habe »auch trübe Gedanken über die Hilflosigkeit eines Einzelnen gegen die Ächtung der Menge erweckt. Sie wissen, es läge mir nur an dem Preisgeld und vielleicht an der Rache, die sich aus dem Ärger einiger Kompatrioten ergeben würde. Aber es wäre lächerlich, ein Zeichen der Anerkennung zu erwarten, wenn man 7/8 der Welt gegen sich hat.«[59] An Lou Andreas-Salomé schrieb er über einen möglichen Preis: »Ich glaube nicht, daß ich ihn erleben werde, selbst wenn die Aufschübe in dessen Verteilung ein Ende nehmen.«[60] Er hatte recht. Es gab für ihn keinen Nobelpreis nach Báránys Vorschlag und auch keinen nach ähnlichen Bemühungen, die später Romain Rolland, Arnold Zweig und andere unternahmen. »Die Übergehung bei der zweimaligen Verteilung des Nobelpreises habe ich glänzend vertragen und auch begriffen, daß eine solche offizielle Anerkennung gar nicht in den Stil meines Lebens passen würde«[61], schrieb er 1920 Abraham. Als er schließlich Emigrant in England war und nur noch ein Jahr zu leben hatte, beschloß er, den Preis, sollte er ihm durch irgendeinen seltsamen Zufall noch angeboten werden, abzulehnen. Das Vergnügen war ihm nicht gegönnt.

Und noch einen kleinen Funken der Ermutigung gab es in dem immer düsterer werdenden Herbst 1917: die Briten hatten Jerusalem erobert und die Balfour-Erklärung abgegeben, die Hilfe bei der Schaffung eines »nationalen Heims« der Juden in Palästina versprach. »Eigentlich freut mich jetzt nur die Einnahme von Jerusalem und das Experiment der Engländer mit dem auserwählten Volke«[62], schrieb Freud Abraham. Doch obwohl er um diese Zeit so tief deprimiert war, besserten sich allmählich die Aussichten der Psychoanalyse. In den Vereinigten Staaten konnte Putnam beim achten Jahrestreffen der Amerikanischen Psychopathologischen Vereinigung fragen: »Wer hätte es sich vor zehn oder mehr Jahren träumen lassen, daß heute College-Professoren die Lehren Freuds Studenten beiderlei Geschlechts vortragen, daß sich Wissenschaftler ihnen zuwenden, um etwas über die Natur der Instinkte zu erfahren, und Erzieher, um Hinweise für die Schulung junger Menschen zu erhalten?«[63] In England drückte sich der einflußreiche Wilfred Trotter, der es in Salzburg nicht der Mühe wert gefunden hatte, Freud anzuhören, positiv, wenn auch mit Einschränkungen aus. Er bemerkte »eine gewisse Strenge in Freuds Auffassung der Tatsachen und sogar eine gewisse Enge in seinen Ansichten, die dazu neigten, die schwächsten Geister abzustoßen und einem das Gefühl zu geben, daß seine Führung in vielen – vielleicht hauptsächlich Einzelheiten betreffenden – Dingen zweifelhaft ist«, aber dann fügte er hinzu: »Nichtsdestoweniger kann in bezug auf die Hauptlehren seines Systems kaum daran gezweifelt werden, daß ihre *allgemeine Gültigkeit* in zunehmendem Maße anerkannt werden wird ...«[64] Und die Leser der Zeitschrift *The Lancet*, die W. H. R. Rivers' Vortrag über »Freuds Psychologie des Unbewußten« vor dem Edinburgh Pathological Club im März 1917 abdruckte, wurden gefragt, ob der Ärztestand »eine helfende Hand voll Verachtung zurückweisen solle, nur weil sie uns manchmal dazu führt, unangenehme Aspekte der menschlichen Natur zu entdecken, und weil sie aus Wien kommt«?[65]

Der Grund für diese Meinungsänderung innerhalb des Ärztestandes war, daß seine Angehörigen nun mit einer ständig wachsenden Anzahl von Verwundeten mit Kriegsneurosen zu tun hatten. Zwar hatte es auch in früheren Kriegen schon Männer gegeben, die unter dem Streß der Schlacht seelisch zusammengebrochen waren, aber ihre Anzahl war klein gewesen im Vergleich mit denen, die an körperlichen Verletzungen oder Krankheiten litten. Der unbewegliche Stellungskrieg im Schützengraben mit schwerem Artilleriebeschuß an der Westfront schuf rasch eine neue Sachlage, und das Interesse an den nervösen Leiden der Kämpfenden nahm ständig zu. Den Lazaretten wurden Neurologen zugeteilt, und nervöse Störungen wurden ebenso gründlich untersucht wie Fälle, die in den Bereich der Chirurgie oder inneren Medizin gehörten. Später, 1920, schrieb Freud: »Der schreckliche, eben jetzt abgelaufene Krieg hat eine große Anzahl solcher Erkrankungen [traumatischer Neurosen] entstehen lassen und wenigstens der Vermutung ein Ende gesetzt, sie auf organische Schädigung des Nervensystems durch Einwirkung mechanischer Gewalt zurückzuführen.«[66]

In der britischen Armee anerkannte mehr als ein Psychiater den Wert der Methoden, die noch vor wenigen Jahren heftig angegriffen worden waren. So beschrieb David Eder, der zum Royal Army Medical Corps eingezogen und zum Leiter der psychoneurologischen Abteilung auf Malta ernannt worden war, in seinem Buch *War Shock: The Psycho-Neuroses in War Psychology and Treatment* die ersten einhundert aufeinanderfolgenden Fälle von Psychoneurosen, die er dort zu behandeln hatte. In nur sechs von ihnen konnte die Psychoanalyse, »die einzige mir vertraute Methode, die die innersten Geheimnisse bloslegt«[67], für die Therapie verwendet werden. Die militärischen Erfordernisse brachten es außerdem mit sich, daß die Patienten wieder weggeholt wurden, bevor die Behandlung abgeschlossen war. Nichtdestoweniger wurde hier die Freudsche Methode in einem Lazarett angewandt. Sie wurde außerdem von einem Autor beschrieben, der hinzufügte, daß ». . . in manchen Fällen das Sexuelle in Gestalt des typischen Ödipus-Mythos herausgearbeitet wird, während es in anderen Fällen höchstwahrscheinlich war, daß eine regelrechte Psychoanalyse einen sexuellen Komplex aufgedeckt haben würde, der sich wiederum selbst als symbolisch für die Fehlanpassung des Individuums erwiesen hätte«[68].

Ein weiteres Zeichen für den Wandel der Einstellung gab C. Stanford Read, ein Major des Royal Army Medical Corps, der eine psychiatrische Abteilung in einem anderen Lazarett geleitet hatte. In seinem Buch *Military Psychiatry in Peace and War* zitierte er die Stelle in Freuds Vorlesungen an der Clark University, wo von der aggressiven Art die Rede war, in der Ärzte hysterische Patienten behandelten, und fuhr fort: »Dies ist leider nur zu wahr, und Freuds Bemerkungen gelten weitgehend für die meisten seelischen Störungen. Eine solche Einstellung kann nur allmählich durch Erziehung ausgerottet werden, und das betrifft sowohl die zivile als auch die militärische Psychiatrie.«[69]

Wichtiger noch als Eder oder Read bei der Brechung des Widerstands gegen die Psychoanalyse durch ihre Anwendung auf Kriegsopfer war W. H. R. Rivers, der im Frühjahr 1915 in das Maghull Military Hospital in Lancashire eingetreten war. Dieses Lazarett war für seine Zeit außerordentlich fortschrittlich, und man sagte, daß der Neuling dort »in eine

Gesellschaft eingeführt wurde, in der die Traumdeutung und die Diskussion seelischer Konflikte die Hauptgesprächsthemen bildeten«[70]. Rivers wurde später an das noch berühmtere Craiglockhart Hospital am Rande Edinburghs versetzt, wo er für rund hundert Patienten mit Kriegsneurosen verantwortlich war, und während er dort arbeitete, hielt er vor dem Edinburgh Pathological Club das Referat, in dem er die Bedeutung des Krieges für die Psychoanalyse hervorhob. Er sagte unter anderem:

»Es ist eine wunderbare Schicksalsfügung, daß, eben als Freuds Theorie des Unbewußten und die darauf gegründete Methode der Psychoanalyse so erbittert diskutiert wurden, Ereignisse eintraten, die in riesigem Maßstab eben jene Bedingungen der Paralyse und Kontraktur, Phobie und Zwangsvorstellungen schufen, die zu erklären die Theorie eigens erdacht war. Das Schicksal meint uns zur Zeit eine beispiellose Gelegenheit zu bieten, die Richtigkeit der Freudschen Theorie vom Unbewußten zu überprüfen, sofern sie die Entstehung von seelischen und funktionellen nervösen Störungen betrifft.«[71]

Er schloß mit den Worten, es werde übereinstimmend anerkannt, daß seelische Störungen zurückzuführen seien auf

»die individuelle Erfahrung des Patienten ebenso wie auf jene Erfahrung der Ahnen, die wir Vererbung nennen. Diese Erfahrung ebenso wie die individuelle ist, wie jedermann zugeben wird, dem manifesten Bewußtsein des Patienten nicht zugänglich und kann von ihm nicht durch die üblichen Methoden der Aufnahme des Lebenslaufs des Patienten und seiner Krankheit in Erfahrung gebracht werden. Das große Verdienst Freuds besteht darin, daß er uns eine Theorie des Mechanismus lieferte, durch den diese dem Bewußtsein nicht leicht und unmittelbar zugängliche Erfahrung ihre Wirkungen hervorruft, während er und seine Anhänger zugleich klinische Methoden ersannen, durch die diese verborgenen Faktoren der Krankheitsverursachung ans Licht gebracht werden können. Für den Arzt, der sich angesichts der größten Heimsuchungen, die über die Menschheit kommen können, nicht damit begnügt, ausgetretene Wege zu gehen, hat Freud ein praktisches System der Diagnose und Therapie geschaffen, die ihm bei seinen Versuchen helfen, die Ursachen seelischer Störungen zu entdecken und Mittel zu finden, durch die ihnen abgeholfen werden kann.«[72]

Rivers stellte, wie Freud zwei Jahrzehnte früher, fest, daß spezifische Symptome mit spezifischen traumatischen Ereignissen oder Erlebnissen in Verbindung gebracht werden konnten und daß, sobald die Erinnerung an sie wiedergewonnen wurde, die Symptome verschwanden. Ein typischer Fall, berichtete er später, war der eines Militärarztes, der außerstande war, Unterstände oder andere unterirdische Schutzräume zu betreten. In seiner Kindheit war der Arzt in einem dunklen Gang von einem Hund angefallen worden. Als dieser Vorfall wieder zur Sprache kam, verschwand die Phobie. Verschiedene seelische Störungen, die im Fronteinsatz in Erscheinung traten, hatten alle das eine gemeinsam, daß sie ihre Opfer für die weitere Teilnahme am Krieg untauglich machten und damit den Konflikt zwischen der Pflichterfüllung und den mit ihr verbundenen Gefahren lösten.

Freud wußte nichts von den Entwicklungen in England und scheint nur wenig Kontakt mit der Behandlung von Kriegsneurosen in Österreich gehabt zu haben. Er konnte jedoch durch Viktor Tausk auf die Möglichkeiten aufmerksam gemacht worden sein. Tausk, der 1915 als Psychiater einberufen worden war, veröffentlichte im folgenden Jahr eine Abhandlung mit dem Titel »Diagnostische Erörterungen auf Grund der Zustandsbilder der sogenannten Kriegspsychosen«. Er war nicht der einzige in Europa, der sich Gedanken darüber machte, wie die Psychoanalyse bei der Behandlung von Kriegspsychotikern angewandt werden könnte, und im Februar 1918 erhielt Freud eine 84 Seiten lange Abhandlung, »Kriegsneurosen und psychisches Trauma; ihre gegenseitigen Beziehungen, dargestellt auf Grund psychoanalytischer, hypnotischer Studien«, von Ernst Simmel, einem deutschen Arzt, der zu Beginn des Krieges als Stabsarzt in ein Feldlazarett abkommandiert worden war. Simmel schlug bald einen Weg ein, der als revolutionär betrachtet wurde: er behandelte Männer, die im Fronteinsatz seelisch zusammengebrochen waren, als Patienten und nicht als Drückeberger. Wie Freud etwa dreißig Jahre früher bediente er sich der Hypnose, und er hatte eine menschenähnliche Puppe gebaut, an der seine Patienten ihre verdrängte Aggressivität abreagieren konnten.

Wenige Artikel von Anfängern in der Psychoanalyse, die ihm persönlich unbekannt seien, hätten ihm soviel Befriedigung bereitet wie der seine, schrieb Freud Simmel am 20. Februar 1918. Er kritisierte die Anwendung der Hypnose, fügte aber hinzu, er könne die angeführten Gründe sehr gut verstehen und billigen, nämlich die große Zahl der Patienten, die Kürze der zur Verfügung stehenden Zeit und die Notwendigkeit eines therapeutischen Erfolgs. Er selbst, sagte er, würde bei solchem Krankenmaterial und bei gewissen Psychosen auf die hypnotische Methode zurückgreifen. Freud hatte hinsichtlich der Bedeutung der Abhandlung keine Zweifel. »Das ist zum erstenmal ein deutscher Arzt, der sich ohne gönnerhafte Herablassung ganz auf den Boden der Psychoanalyse stellt, ihre vortreffliche Brauchbarkeit in der Therapie der Kriegsneurosen vertritt und mit Beispielen belegt und sich auch in der Frage der sexuellen Ätiologie durchaus rechtschaffen benimmt«, schrieb er Abraham. »Ich

glaube, ein Jahr Schulung würde einen guten Analytiker aus dem Manne machen. Sein Benehmen ist korrekt.«[73]
Wenige Monate zuvor hatte Simmel dem deutschen Kriegsminister einen Plan für die Schaffung eines psychoanalytischen Instituts für Neurosenforschung im Verein mit einer Klinik, die kostenlos Ratschläge erteilte, und einem Sanatorium, in dem Patienten behandelt werden konnten, vorgeschlagen. Über diesen Vorschlag war offenbar nie eine Entscheidung gefällt worden. Nichtsdestoweniger sahen sich die Deutschen veranlaßt, einen offiziellen Vertreter zu dem von Freud und seinen Anhängern organisierten Internationalen Kongreß zu entsenden, und Österreich-Ungarn folgte ihrem Beispiel.
Zuerst wurde Breslau als Tagungsort vorgeschlagen, aber später einigte man sich auf Budapest, und dort fand der Kongreß im September statt. Bezeichnenderweise waren keine Schweizer anwesend, und von den 42 Teilnehmern waren drei Holländer und drei Deutsche; der Rest kam aus der zerbröckelnden Österreichisch-Ungarischen Monarchie, und Freud muß mit gemischten Gefühlen die Gründe für das erste Aufflackern eines offiziellen Interesses der Mittelmächte betrachtet haben. Die Psychoanalyse, die dazu bestimmt war, die Geheimnisse der Seele zu entschleiern und menschliche Leiden zu lindern, wurde nun als ein Mittel gesehen, Männer so schnell wie möglich wieder an die Front zu schicken.
Als sich jedoch die Delegierten am 28. September in der Ungarischen Akademie der Wissenschaften versammelten, sah es nicht so aus, als würde die Front in irgendeiner Form noch lange bestehen. Zwei Wochen vorher hatte Österreich-Ungarn den Westmächten ein Friedensangebot unterbreitet, und obgleich diese es schroff zurückgewiesen hatten, war nur allzu offensichtlich, daß das große Reich, in dessen Hauptstadt Freud vor nahezu 60 Jahren gekommen war, vor dem endgültigen Zusammenbruch stand. Am zweiten und letzten Tag des Kongresses unterzeichnete Bulgarien einen Waffenstillstand mit den vorrückenden Alliierten, und sogar Paul von Hindenburg, der Chef des deutschen Generalstabs, und General Ludendorff verlangten von ihrer Regierung die Einleitung von Friedensverhandlungen. Trotz dieser unheilkündenden Ereignisse hießen die ungarischen Behörden die Psychoanalyse überschwenglich willkommen, sie stellten den Delegierten einen Donaudampfer zur Verfügung und veranstalteten eine Reihe glänzender Empfänge und Bankette.
Der Kongreß, bei dem Ferenczi zum neuen Präsidenten gewählt wurde, war nicht nur bemerkenswert durch Simmels Referat, das die Einrichtung von psychoanalytischen Kliniken vorschlug und nach den Worten

eines Kommentators eine Sensation war. Es wurde außerdem bekanntgegeben, daß das ständige Problem der Finanzierung der Publikationen der Vereinigung, das durch die kriegsbedingten Verknappungen und die Inflation, die sich bei den Mittelmächten schon bemerkbar machte, noch verschärft wurde, nun gelöst sei. Anton von Freund, ein steinreicher Budapester Brauer und Freund Ferenczis und Freuds, hatte sich bereit erklärt, einen eigenen Verlag der Vereinigung zu finanzieren, eine großzügige Entscheidung, deren Ergebnis allerdings durch das finanzielle Chaos des Friedens, der nur noch knappe zwei Monate auf sich warten ließ, stark beeinträchtigt wurde.

Freuds Referat, »Wege der psychoanalytischen Therapie«, war auf seine Weise ebenso eine Neuerung wie das Simmels. Denn zum erstenmal las er vor, anstatt nur rasch hingeworfene Notizen zu benutzen oder völlig frei zu sprechen. Er hatte einmal zu Hanns Sachs gesagt, ein Mann, der eine Abhandlung Wort für Wort vorlese, sei wie ein Gastgeber, der einen Freund zu einer Autotour einlade und dann einsteige und den Gast hinterherlaufen lasse. Er machte diese Ausnahme wahrscheinlich aus einem einzigen Grund: er wollte sich streng an den Buchstaben der Vorschläge halten, die er so sorgfältig ausgedacht hatte. Freud sah eine Zukunft voraus, in der die Psychoanalyse langsam aber unvermeidlich allen zugänglich gemacht würde, die ihrer bedurften:

»Dann werden also Anstalten oder Ordinationsinstitute errichtet werden, an denen psychoanalytisch ausgebildete Ärzte angestellt sind, um die Männer, die sich sonst dem Trunk ergeben würden, die Frauen, die unter der Last der Entsagungen zusammenzubrechen drohen, die Kinder, denen nur die Wahl zwischen Verwilderung und Neurose bevorsteht, durch Analyse widerstands- und leistungsfähig zu erhalten. Diese Behandlungen werden unentgeltliche sein. Es mag lange dauern, bis der Staat diese Pflichten als dringende empfindet. Die gegenwärtigen Verhältnisse mögen den Termin noch länger hinausschieben, es ist wahrscheinlich, daß private Wohltätigkeit mit solchen Instituten den Anfang machen wird; aber irgend einmal wird es dazu kommen müssen.«[74]

Freuds Glaube an eine »Psychoanalyse für jedermann« war früher eher ambivalent gewesen. Man sollte freilich seiner Feststellung in der Wiener Psychoanalytischen Vereinigung keinen allzu großen Wert beimessen, daß »zwei Menschenklassen am meisten frei von Neurosen [seien]: die Proletarier und die Fürsten«[75]. Es wurde darauf hingewiesen, daß einfach keine der beiden Klassen *vor* dem Ersten Weltkrieg psychoanalytische Beratung suchte. Freud fügte seinem Bedauern, daß die analytische Therapie für die Armen so gut wie unerschwinglich war, eine Einschränkung hinzu. »Es ist wenig dagegen zu tun«, gab er damals zu.

»Vielleicht hat die viel verbreitete Behauptung recht, daß der weniger leicht der Neurose verfällt, wer durch die Not des Lebens zu harter Arbeit gezwungen ist. Aber ganz unbestreitbar steht die andere Erfahrung da, daß der Arme, der einmal eine Neurose zustande gebracht hat, sich dieselbe nur sehr schwer entreißen läßt . . . Das Erbarmen, das die Menschen seiner materiellen Not versagt haben, beansprucht er jetzt unter dem Titel seiner Neurose und kann sich von der Forderung, seine Armut durch Arbeit zu bekämpfen, selbst freisprechen.«[76]
Dieser Ansicht war er noch, als er sein Referat in Budapest beendete. Wir werden, prophezeite er, »wahrscheinlich die Erfahrung machen, daß der Arme noch weniger zum Verzicht auf seine Neurose bereit ist als der Reiche, weil das schwere Leben, das auf ihn wartet, ihn nicht lockt, und das Kranksein ihm einen Anspruch mehr auf soziale Hilfe bedeutet«.[77]
Es sollte noch einige Zeit vergehen, bevor man auch nur die geringsten Hinweise darauf erhielt, ob er recht oder unrecht gehabt hatte. Freud sprach gegen Ende September 1918. Am letzten Tag dieses Monats, als sich die deutschen Streitkräfte an der Westfront auf dem Rückzug befanden, dankte der deutsche Reichskanzler ab, und vier Tage später bat eine deutsch-österreichische Note an die Vereinigten Staaten um Waffenstillstand. Österreich-Ungarn unterzeichnete ihn am 3., Deutschland am 11. November, und innerhalb weniger Wochen lösten sich die beiden Reiche auf. Im Norden Österreichs wurde am 28. Oktober die Tschechoslowakei proklamiert, am 1. November bildete sich eine selbständige ungarische Regierung, im Süden enstand ein unabhängiges Jugoslawien. In Wien wurde am 12. November die Republik ausgerufen, in Budapest vier Tage darauf.

Das
Zeitalter
Freuds

17
Die Ernte des Sturms

Ich habe mir immer gedacht, daß auf meine Lehre sich zunächst Schweine und Spekulanten werfen würden.

Freud in einem Brief an Paul Häberlin und Ludwig Binswanger

Der Erste Weltkrieg hatte mehr hinweggefegt als nur das strenge autoritäre Regierungssystem des kaiserlichen Deutschlands und die operettenhaft romantischen Kontraste der Österreichisch-Ungarischen Monarchie. Er hatte auch die Sicherheit des Mittelstands zerstört, der in Wien vielleicht mehr als anderswo in Europa den Ballast darstellte, der in der Nachkriegswelt das Staatsschiff hätte im Gleichgewicht halten können. In mancher Hinsicht war ein typischer Vertreter dieses Standes Freud, der nur zögernd begonnen hatte, die Behauptung der Mittelmächte, sie hätten einen gerechten Krieg geführt, anzuzweifeln, und dann an die Versprechungen der Vierzehn Punkte Präsident Wilsons glaubte. Seine Enttäuschung über die Katastrophe, die unmittelbar auf den Krieg folgte, war um so größer, und noch 1921 erklärte er, ein besseres Verständnis der Psychoanalyse könnte den Lauf der Geschichte geändert haben, selbstverständlich zum besseren: ». . . man [darf] behaupten, daß die lieblose Behandlung des gemeinen Mannes durch seine Vorgesetzten obenan unter den Motiven der Erkrankung [der Kriegsneurosen] stand. Bei besserer Würdigung dieses Libidoanspruches hätten wahrscheinlich die phantastischen Versprechungen der 14 Punkte des amerikanischen Präsidenten nicht so leicht Glauben gefunden und das großartige Instrument [die Armee] wäre den deutschen Kriegskünstlern nicht in der Hand zerbrochen.«[1]

Während des Krieges saßen er und seine Kollegen oft, wie sich Hanns Sachs erinnerte, »in Mänteln und Handschuhen und mit dem Hut auf dem Kopf im ungeheizten Arbeitszimmer und litten unter der Leere des Magens und dem Frost in den Händen«[2]. Als das Land nun mühsam versuchte, zum Normalzustand zurückzufinden, blieben Lebensmittel und Heizmaterial beinahe ebenso knapp wie zuvor. Geringfügige Besserungen wurden bald mehr als aufgewogen durch den finanziellen Zusammenbruch, bei dem die Ersparnisse einer Familie über Nacht zerrannen, als die Währungskurse von Stunde zu Stunde sanken. Österreich und Deutschland zahlten einen harten Preis für den Krieg, ein Umstand, der Freuds innerste Überzeugung wachhielt, daß die Mittelmächte nicht uneingeschränkt schuld an diesem Krieg gewesen waren. »Es ist zu früh, um zu einem Schluß zu gelangen, der den geringsten wissenschaftlichen Wert hätte«, sagte er über den Krieg zu einem Amerikaner, der ihn aufsuchte. »Mindestens zehn Jahre müssen vergehen, bevor wir das ganze Thema mit der nötigen Unparteilichkeit behandeln können. Möglicherweise könnte ein Außenstehender, einer, der die Lage objektiv zu betrachten imstande ist, die Wahrheit finden. Es müßte aber einer sein, der nicht nur die jetzigen Verhältnisse kennt, sondern der sie schon vorher kannte.«[3]

Eine direkte Verbindung ohne Zensur zwischen Österreich und England wurde im April 1919 wiederaufgenommen, und innerhalb weniger Tage erhielt Freud einen Brief von Jones – »das erste Fenster, das sich in unserem Käfig öffnete«, wie er sagte, und der erste einer ganzen Reihe von Briefen, in denen die Zukunft der »Sache« diskutiert werden sollte. Anfang Mai schickte Samuel Nachrichten über die Verwandten in England. Freuds Neffe John hatte sein Elternhaus verlassen, und man hörte nie wieder von ihm. Aber Samuel führte das Geschäft seines Vaters erfolgreich weiter. Seine beiden Schwestern Pauline und Bertha – zuerst »*the girls*« in Freuds regelmäßigen Briefen nach England, die nun wiederaufgenommen wurden, und schließlich »*the old ladies*« – ging es gut. Freud antwortete Samuel sofort. Er schrieb wie immer ein gutes, gelegentlich recht eigenes Englisch:

»Wir machen, wie Du aus den Zeitungen weißt, schlechte Zeiten durch, Entbehrungen und Unsicherheit allenthalben. Martin ist noch Kriegsgefangener in der Nähe von Genua, scheint aber, seinen Briefen nach zu urteilen, in guter Verfassung zu sein. Martha hat sich gerade von einem schweren Anfall von Influenza-Pneumonie erholt, wird aber in einigen Wochen wieder wohlauf sein.

Ernst ist in München, hat sein Diplom als Architekt bekommen in diesen unruhigen Zeiten [als in Bayern eine Räterepublik nach sowjetischem Muster errichtet worden war]. Du weißt, wie ich annehme, schon, daß Sophie einen zweiten Sohn – Heinz – geboren hat, der nun fünf Monate alt ist. Sie ist jetzt mit ihrem Mann in Hamburg.

Meine besten Grüße an Deine liebe Mutter, Pauline und Bertha,

Herzlichst Dein

Sigm.«[4]

Innerhalb weniger Monate war es möglich, Lebensmittel aus England nach Österreich zu schicken, wo die Lage immer schlimmer wurde, und Samuel fragte an, wie schlecht es der Familie gehe und was sie gern gehabt hätten. Freud antwortete:
»Das Leben ist sehr schwer hier bei uns, ich weiß nicht, was Euch die englischen Zeitungen sagen, vielleicht übertreiben sie nicht. Die Mehrheit der Bestimmungen und die Geldentwertung lasten am schwersten auf dem Mittelstand und denjenigen, die ihren Lebensunterhalt durch geistige Arbeit verdienen. Du mußt bedenken, daß wir alle 19/20 von dem verloren haben, was wir an Bargeld besaßen, daß Österreich nie so viel produzieren konnte, wie es brauchte, daß nicht nur die früheren Provinzen des Reiches, sondern auch unsere eigenen Länder Wien auf die rücksichtsloseste Weise boykottieren, daß die Industrie aus Mangel an Kohle und Rohmatieral zum Stillstand gekommen ist und daß Einkäufe im Ausland und Importe unmöglich sind, wenn eine Krone weniger wert ist als ein Penny (240 = 430 Kronen). Wir leben bei schmaler Kost (der erste Hering vor einigen Tagen war ein Festschmaus für mich), kein Fleisch, nicht genug Brot, keine Milch, Kartoffeln und Eier äußerst teuer, zumindest in Kronen.«
Aber, fuhr er fort, sie waren vor dem schlimmsten Leiden bewahrt worden durch die Hilfe, die Eli schickte, sein Schwager in den Vereinigten Staaten, der nun ein sehr reicher Mann war. Seine Mutter und zwei seiner Schwestern hatte man nach Ischl im Salzkammergut geschickt, wo die Lage nicht ganz so arg war wie in Wien, und Minna war nach Süddeutschland gefahren, bis sich die Verhältnisse besserten. Alle seine drei Söhne hatten den Krieg heil und gesund überstanden, und wenn er auch keine weiteren Nachrichten über Martin hatte, so konnte er doch berichten, daß Ernst und Oliver, der Ingenieur, schon Arbeit gefunden hatten – keine geringe Leistung unter den verzweifelten Verhältnissen im Nachkriegsösterreich.
»Was mich betrifft, so weißt Du, daß ich einen großen Namen und eine Menge Arbeit habe, aber ich kann nicht genug verdienen und zehre von meinen Reserven.
In Beantwortung Deines freundlichen Angebots gebe ich Dir eine kurze Liste der Lebensmittel, die wir am meisten brauchen: Fett, Corned beef, Kakao, Tee, englischen Kuchen und was sonst noch alles. Aber ich warne Dich, irgend etwas zu schicken, wenn Du es nicht an die Adresse der englischen Militärmission in Wien schicken kannst, sonst geht es *bestimmt* auf der Bahn verloren, und ich kann mir nicht denken, daß Du die Zollbeamten oder Bahnarbeiter füttern möchtest. Wenn Du den richti-

gen Weg nicht finden kannst, so muß ich Dir leider sagen, daß uns Dein reizender guter Wille am Ende keinen Vorteil bringt.
Ich schicke Dir in einigen Tagen eine Photographie, die Max (Sophies Mann in Hamburg) gemacht hat und die Du hoffentlich noch wiedererkennen wirst, so sehr sich der Dargestellte auch verändert haben mag.
Grüß mir Deine Mutter und Schwestern. Wir sind so froh, daß sich Ma erholt hat.

Herzlichst und dankbar, Dein
Sigm.«[5]

Freuds Brief war das Signal für Samuel und seine Schwestern, eine ganze Reihe von Lebensmittelpaketen abzuschicken. Ihr Inhalt half den Verwandten in Wien, die dunkelsten Monate der nächsten zwei Jahre zu überstehen, und die Korrespondenz zwischen Wien und Manchester enthält viele Postkarten und kurze Briefe, die Absendung und Erhalt von Kaffee, Tee, Margarine und Corned beef bestätigten, alles schließlich so verpackt, daß sich die Margarine nicht, wie Freud schrieb, »durch die Länge der Reise auf boshafte Weise mit dem Tee und dem Kakao vermischte«[6]. Martha hatte eine Vorliebe nicht nur für Büchsenmilch, Haferflocken und Fleischextrakt, sondern auch für Gewürze wie weißen Pfeffer und Zimt, während Freud ein Wort für Käse und Marmelade einlegte.
Es gab noch andere Helfer in Gestalt von Freunden und Schülern, die Lebensmittel aus Holland und der Schweiz brachten, und es fanden sich Möglichkeiten, Samuel zu bezahlen. Freud verfügte bald über Geldmittel in Amsterdam, und er konnte britische oder amerikanische Patienten oder Schüler bitten, mit den Honoraren, die sie ihm schuldeten, Samuels Rechnungen zu begleichen. James Strachey, zum Beispiel, zahlte einen Teil seines Ausbildungshonorars mit einem Scheck über 28 Pfund nach Manchester.
Da die Lebensmittelversorgung sichergestellt war, konnte man nun um andere Dinge bitten: ein Paar Stiefel und Stoff für einen Anzug – »ein weiches Shetland-Tuch, in der Farbe Pfeffer und Salz oder mausgrau oder Tête-de-nègre«[7], wie Freud näher ausführte. Anna bat um ein Dutzend Tennisbälle, mußte sich aber von Samuel sagen lassen, daß »Tennisbälle, da sie keine lebensnotwendigen Dinge sind, nicht in Paketen enthalten sein dürfen, die durch die ›Lebensmittel-Hilfe‹ nach Wien geschickt werden«[8].
Solche Dinge ebenso wie größere Mengen von Lebensmitteln hätten offensichtlich geschickt werden können, wenn Freud die nötigen Import-Formulare ausgefüllt hätte, aber dagegen verwahrte er sich und sagte, er habe Besseres zu tun. »Wenigstens meine Zeit ist noch kostbar . . .«[9],

schrieb er Samuel, und nachdem er erfahren hatte, daß er in England willkommen wäre, antwortete er widerwillig: »Aber das Geschäft geht jetzt sehr gut, und deshalb wirst Du warten müssen.«[10] Das war zweifellos eine Anspielung auf die Amerikaner und Briten, die nun zu ihm kamen, um sich analysieren oder ausbilden zu lassen.

Im Sommer 1919 hatte er es so einzurichten verstanden, daß er seinen üblichen Urlaub in den Alpen verbringen konnte, und er berichtete Ernst, der den kommunistischen Putsch in München und seine Niederschlagung heil überstanden hatte, von der »abscheulichen Reise«[11] nach Badgastein. Dort traf er sich mit Minna, die schon einige Wochen in dem Kurort lebte. Die Postverbindung war praktisch zusammengebrochen, aber er konnte telegraphisch mit den anderen Familienangehörigen in Verbindung bleiben. Lebensmittel waren leichter zu haben als in Wien, und er beklagte sich nur über die Knappheit an Zigarren.

Als er im Herbst heimkehrte, stellte er fest, daß seine Dienste noch sehr gefragt waren, eine Tatsache, die er auch in England gewürdigt wissen wollte. Deshalb fügte er in einem Brief nach den Grüßen an »*the girls*« hinzu: »Ist ihnen bewußt, daß mein Name in der ganzen Welt und auch in England weit höher geachtet wird als meine Reichtümer?«[12] Dann wurde ihm klar, daß das mißverstanden werden konnte, und in seinem nächsten Brief erklärte er: »Ich fürchte, daß Ihr meine Frage nach meinem Ruf in England falsch auslegen könntet. Ich wollte nur wissen, wieviel von dem Lärm Euer stilles Heim erreicht hat. Die Bekanntheit an sich ist mir äußerst gleichgültig, sie muß bestenfalls als eine Gefahr für ernstere Leistungen angesehen werden.«[13]

Schritte, diese Leistungen zu konsolidieren, waren bald nach dem ersten Brief, den Jones nach dem Krieg schrieb, unternommen worden. Jones glaubte optimistisch, daß ein Internationaler Kongreß später im Jahr abgehalten werden könnte und sollte. »Das Komitee ist da«, fuhr er fort, »nicht nur, um die äußere Seite der psychoanalytischen Bewegungen zu lenken, sondern auch, um die interne, wissenschaftliche Seite zu koordinieren, und daher halte ich es für höchst wünschenswert, daß wir einige Wochen vor dem Kongreß einen eigenen, privaten Kongreß von etwa einer Woche veranstalten, um 1. Pläne und Programme zu diskutieren, die dem Kongreß fertig vorgelegt werden, etc. und 2. rein wissenschaftliche Probleme schwierigerer und mehr technischer Art als solche, die üblicherweise in der Öffentlichkeit diskutiert werden.« Freud möge bedenken, daß sie nun mehrere Jahre keine Verbindung miteinander gehabt hatten und daß es nötig war, eine geschlossene Front zu präsentieren, wenn die internationalen Beziehungen wiederaufgenommen wur-

den. »Einheit der Führung; der große Schrei der Entente in den letzten zwei Jahren«[14], schloß er.
Jones' Brief wurde mit Vorsicht, einigem Optimismus und einigem Pessimismus aufgenommen. »Ich stehe immer noch aufrecht und halte mich in keiner Hinsicht für das unsinnige Geschehen in der Welt verantwortlich«[15], schrieb Freud in seiner Antwort, und er fügte hinzu, es freue ihn, von überall zu hören, daß die Psychoanalyse gedeihe, und sei überzeugt, daß die Wissenschaft auch für Jones ein Trost sei.
Freud hatte kaum begonnen, Pläne für die Zukunft zu diskutieren, als er Anfang Juli 1919 einen schweren Schock erlitt. Die Sitzungen der Wiener Psychoanalytischen Vereinigung waren wiederaufgenommen worden, und am Morgen des Mittwochs, des 2. Juli, erhielt Freud einen kurzen Brief von Viktor Tausk, der ihm mitteilte, er werde an diesem Abend nicht anwesend sein.
»Ich bin mit der Lösung meiner entscheidenden Lebensangelegenheiten beschäftigt und will mich durch den Kontakt mit Ihnen nicht in Versuchung bringen lassen, Ihre Hilfe in Anspruch nehmen zu wollen. Ich werde wohl sehr bald wieder die Freiheit haben, mich Ihnen nähern zu können. Ich gedenke, dann mit einem Minimum von Neurose aufzutreten. Indessen bleibe ich mit herzlich ergebenen Grüßen

Ihr dankschuldiger Tausk.«[16]

Der Brief an sich war nicht sonderlich überraschend. Seit Tausks Rückkehr aus dem Feld im vorausgegangenen November waren seine Beziehungen zu Freud immer schwieriger geworden. Er hatte seine psychoanalytische Praxis wieder aufgenommen, aber sein beachtliches Talent wurde durch zwei Dinge beeinträchtigt: ein zunehmendes Gefühl der Rivalität mit Freud, dem er beinahe zwanghaft unterstellte, er plagiiere seine Ideen, und ein erschütternd verworrenes Privatleben, das durch eine ganze Reihe unglücklicher Liebesaffären gekennzeichnet war. Im Dezember hatte er sich an Freud gewandt und darum gebeten, analysiert zu werden. Freud hatte die Bitte abgeschlagen, ihn aber zu Helene Deutsch geschickt, eine entschieden ungewöhnliche Vorgangsweise, denn Helene Deutsch war damals nicht nur eine junge und verhältnismäßig unerfahrene Analytikerin, sondern wurde dazu noch selbst gerade von Freud analysiert. Angeblich sagte sie, das Ganze sei ein »teuflisches Arrangement«. Die Situation wurde noch komplizierter, als sie im März 1919, offenbar unter dem Druck von Freud, die Analyse Tausks abbrach.
Was Freud von dem Brief vom 2. Juli hielt, ist nicht bekannt. Der Schock kam am folgenden Tag oder möglicherweise auch erst am Morgen des 4. Juli, als er einen Abschiedsbrief von Tausk erhielt, der Selbstmord

verübt hatte, indem er sich einen Teil des Kopfes wegschoß, nachdem er sich eine Schlinge um den Hals gelegt hatte, so daß er sich gleichzeitig noch erhängte. Nachdem er Freud gebeten hatte, sich seiner Verlobten anzunehmen, schrieb Tausk:

»Ihnen danke ich für alles Gute, das Sie mir gegeben. Es war viel und hat die letzten zehn Jahre meines Lebens ausgefüllt. Ihr Werk ist echt und groß, ich gehe aus dem Leben mit der Überzeugung, daß ich einer von denen war, die den Eroberungsgang einer der größten Menschenideen miterlebt haben. Ich habe keine Melancholie, mein Selbstmord ist die gesündeste, anständigste Tat meines verfehlten Lebens. Ich klage niemand an, mein Herz ist frei von Groll, ich sterbe nur etwas früher, als ich eines natürlichen Todes gestorben wäre.

Ich grüße die ps. a. Vereinigung, ich wünsche ihr von Herzen jedes Gedeihen. Ich danke allen, die mir in der Not beigestanden haben. Jeder weiß es für sich, der auf diesen Dank Anspruch hat. Leben Sie noch lange wohl, rüstig, arbeitskräftig. Ich grüße Sie herzlich.

Ihr Tausk

Sehen Sie sich manchmal auch meine Söhne an, bitte sehr.«[17]

Freuds öffentliche Reaktion auf den Tod Viktor Tausks war ein Nachruf, der in der *Internationalen Zeitschrift für Psychoanalyse* veröffentlicht wurde und »Die Radaktion« signiert war. Er begann recht merkwürdig: »Zu den glücklicherweise nicht zahlreichen Opfern, die der Krieg in den Reihen der Psychoanalytiker gefordert hat, muß man auch den ungewöhnlich begabten Wiener Nervenarzt rechnen, der – noch ehe der Frieden zum Abschluß gelangte – freiwillig aus dem Leben geschieden ist.«[18] Auch in einem Brief an Pfarrer Pfister äußerte Freud die Ansicht, daß Tausk »ein vom Schicksal verfolgter Mensch, ein nachträgliches Opfer des Krieges«[19] gewesen sei. Im Nachruf folgte eine Lobrede, die Freud, nachdem er gesagt hatte, Tausk habe die Hoffnung auf die Anerkennung der Psychoanalyse in nicht allzu ferner Zeit ausgesprochen, mit den Worten beendete: »Der allzu früh unserer Wissenschaft und dem Wiener Kreis Entrissene hat gewiß dazu beigetragen, daß dieses Ziel erreicht werde. In der Geschichte der Psychoanalyse und ihrer ersten Kämpfe ist ihm ein ehrenvolles Andenken sicher.«[20]

Lou Andreas-Salome berichtete Freud, daß Tausks Abschiedsbriefe an seine frühere Frau, an die Frau, die er heiraten wollte, und an ihn selbst kein Licht auf den Selbstmord warfen:

»Im Brief an mich bekennt er sich zur unverbrüchlichen Treue gegen die ΨA, dankt mir u.s.w. Wie es aber dahinter ausgesehen haben mag, ist nicht zu erraten. Er hat doch sein Lebtag mit dem Vatergespenst gekämpft. Ich gestehe, daß er mir nicht eigentlich fehlt; ich hielt ihn seit

Langem für unbrauchbar, ja für eine Zukunftsdrohung. Ich hatte Gelegenheit, einige Blicke in den Unterbau zu tun, auf dem seine stolzen Sublimierungen ruhten; und ich hätte ihn längst fallen lassen, wenn *Sie* ihn nicht in meinem Urteil so gehoben hätten. Natürlich war ich doch bereit, alles zu seiner Förderung zu tun; und bin ich durch die Verschlechterung aller Verhältnisse in Wien zuletzt selbst recht ohnmächtig gewesen. Seine bedeutende Begabung habe ich nie verkannt; es war ihr aber versagt, sich in entsprechend wertvolle Leistungen umzusetzen . . .«[21]

Es wäre bemerkenswert, wenn Tausk Freuds Gefühle nicht geahnt hätte, und es wäre naiv zu glauben, daß sie bei seinem Selbstmord keine Rolle gespielt haben können. Am Tage seines Todes sollte er die Erlaubnis erhalten, Hilde Loewi zu heiraten, eine Konzertpianistin, die 16 Jahre jünger als er und kurze Zeit seine Patientin gewesen war. Er hatte eine zerbrochene Ehe und eine Reihe ebenso unglücklicher Liebesaffären hinter sich, und es scheint denkbar zu sein, daß die Zukunft, mit oder ohne Freuds Hilfe, mehr war, als er ertragen konnte. Die Lösung, die er wählte, ist auch Menschen, die die Psychoanalyse nie ernst genommen haben, nicht unbekannt.

In Freuds Reaktion auf Tausks Tod ist ein Gegensatz zwischen öffentlichem Lob und privater Ablehnung zu bemerken, der sich durch den Unterschied zwischen beruflicher Beurteilung und persönlichen Gefühlen nicht völlig erklären läßt. Unglücklicherweise wurden Freuds private Gefühle verschleiert, als der Briefwechsel zwischen ihm und Lou Andreas-Salomé 1966 zum erstenmal veröffentlicht wurde. Die entscheidenden kritischen Bemerkungen wurden auf Anweisung Anna Freuds gestrichen. Sie hatte, erklärte sie, von einem von Tausks Söhnen gehört. »Offensichtlich ist das Andenken an seinen Vater, den er sehr früh verlor, für ihn von größter Bedeutung«, schrieb sie. ». . . Wenn er eine solche Bemerkung meines Vaters gedruckt läse, würde dies sehr schlimme Folgen haben, die unter allen Umständen vermieden werden müssen.«[22]

Zwei Jahre später jedoch brachte ein junger amerikanischer Professor, Paul Roazen, den ungesäuberten Text des Briefes Freuds in einem Buch über Freud und Tausk, wofür er von den Freud-Anhängern heftig angegriffen wurde. Als 1972 die englische Fassung der Briefe Freuds an Lou Andreas-Salomé erschien, wurde die Streichung wieder übernommen.

Im Sommer 1919 ging Freud ganz in der Aufgabe auf, die Psychoanalyse in der Nachkriegswelt wieder zu etablieren, und diese Aufgabe hatte absoluten Vorrang. Vor allem waren gewisse Dinge zu tun. Die internationalen Verbindungen, die mehr als vier Jahre unterbrochen gewesen waren, mußten wiederhergestellt werden. Dann mußten die wilderen Exzesse der Psychoanalyse, von denen Freud seit langem befürchtet hatte, sie würden die Sache in Mißkredit bringen, bis zu einem gewissen Grade unter Kontrolle gebracht werden. »Ich habe mir immer gedacht, daß auf meine Lehre sich zunächst Schweine und Spekulanten werfen würden«[23], hatte er Paul Häberlin und Ludwig Binswanger vor dem Krieg gesagt. Nach dem Krieg bereitete der Ikonoklasmus, der so viele Normen und Traditionen des 19. Jahrhunderts hinwegfegte, den Boden gerade für solche Extravaganzen ebenso wie für die echte Psychoanalyse vor. Zudem empfand er wie einen Zwang die Notwendigkeit, die Metapsychologie weiterzuentwickeln, mit der er während des Krieges begonnen hatte und die schließlich zu einer Umstrukturierung der Fundamente führen sollte, auf denen die Psychoanalyse errichtet war.

Die Wiederherstellung der Verbindungen, die vor dem Krieg bestanden hatten, wurde sowohl durch die materiellen Bedingungen auf dem Kontinent behindert, die weit schlimmer waren, als es sich Jones oder die meisten anderen in England vorstellen konnten, als auch durch eine Verbitterung gegen die Mittelmächte, die Freud seinerseits kaum zu verstehen imstande war.

Als Jones ihn ermutigen wollte und versprach, daß es bald wieder »eine Fülle an Lebensmitteln und Geld« geben werde, erhielt er die Antwort: »Aber mir fällt auf, daß Sie nicht mit klaren Worten hinzugefügt haben, wo es diese Fülle geben wird, bei uns oder in England.«[24] Und Jones' Vorschlag, so bald wie möglich einen Internationalen Kongreß zu veranstalten, wurde schroff mit dem groben Verweis abgetan, er wisse »nichts von den Bedingungen, unter denen wir leben«, und habe aus den Zeitungen nichts gelernt. Das Reisen war schwierig, und als er gefragt wurde, wo er den Sommer zu verbringen gedenke, antwortete Freud: »Das hängt alles ab von den Zuständen in Europa im allgemeinen und in diesem vergessenen unglücklichen Winkel im besonderen, von der Unterzeichnung des Friedens, von der Verbesserung unserer Währung, der Öffnung der Grenzen etc., und es ist als sehr wahrscheinlich anzunehmen, daß die Lage in zwei Monaten nicht besser sein wird als jetzt . . . Ich kann mich an keine Zeit in meinem Leben erinnern, in der mir der Horizont so von dunklen Wolken verhangen war, und wenn es einmal so war, so war ich eben damals jünger, und die Beschwerden des beginnenden Alters quälten mich nicht. Ich weiß, Sie hatten selbst eine schlimme Zeit und bittere Erfahrungen durchzumachen, und es tut mir außerordentlich leid, daß ich nichts Besseres zu berichten und keinen

Trost zu bieten habe. Wenn wir uns treffen, dieses Jahr noch, wie ich hoffe, werden Sie sehen, daß ich noch ungebrochen und jeder Notlage gewachsen bin, aber nur in meinem Gefühl; mein Urteil neigt zum Pessimismus.«[25]

Seinem Freund Ludwig Binswanger in der Schweiz schrieb er: »Nur die Sache steht gut.«[26]

Es gab genug persönliche Gründe für Freuds Pessimismus. Noch vor Jahresende war Anton von Freund, mit dessen großzügiger Hilfe es möglich gewesen war, den Psychoanalytischen Verlag in Wien zu gründen, an Krebs erkrankt und lag im Sterben. »Ich suche ihn jeden Tag auf«, schrieb Freud Jones, »aber lustig ist das nicht . . .«[27]

Kurz nach Freunds Tod mußte Freud jedoch ein noch viel größeres Unglück erleben. Im Januar 1920 starb seine Tochter Sophie an der virulenten Grippe, die das ausgehungerte Europa heimsuchte. Für Freud, dessen drei Söhne den Krieg heil überstanden hatten, war Sophies Tod ein schwerer Schlag, der ihn in dem Glauben bestärkte, daß Gott, wenn es wirklich einen gab, wahrhaftig geheimnisvolle Wege ging. Die Postverbindung zwischen Österreich und Norddeutschland war unsicher, und ein Besuch der Wiener Verwandten bei dem schmerzerfüllten Witwer in Hamburg wäre mit großen Komplikationen verbunden gewesen. Freud schrieb Max einen Brief, den eine befreundete junge Dame nach Berlin mitnahm und dort nach Hamburg aufgab:

»Es kommt mir vor, daß ich nie einen überflüssigeren [Brief] geschrieben habe. Du weißt, wie groß unser Schmerz ist, wir wissen, wie weh Dir zu Mut sein muß; ich mache keinen Versuch Dich zu trösten, wie Du nichts für uns tun kannst. Vielleicht meinst Du, ich wüßte nicht, was es heißt, die geliebte Frau und Mutter seiner Kinder zu verlieren, weil es mir erspart geblieben ist. Du hast Recht, aber die bittere Kränkung, so weit im Leben und so nahe dem Tod ein junges, blühendes Kind zu überleben, muß Dir wieder fremd und unfaßbar sein. Auch daß dieses Unglück an meinen Gefühlen für Dich nichts ändert, daß Du unser Sohn bleibst, so lange Du es bleiben willst, brauche ich Dir nicht zu sagen; es folgt wie selbstverständlich aus unserem bisherigen Verhältnis. Wozu schreibe ich Dir also? Ich glaube, nur weil wir nicht beisammen sind und in dieser elenden Zeit von Gefangenschaft nicht zueinander kommen können, so daß ich zu Dir nicht die Dinge sagen kann, die ich gegen Mutter und Geschwister wiederhole, daß es ein sinnloser, brutaler Akt des Schicksals ist, der uns unsere Sophie geraubt hat, etwas wobei man nicht anklagen und nachgrübeln kann, sondern das Haupt beugen muß unter dem Streich, als hilfloser, armer Mensch, mit dem höhere Gewalten spielen. Genug, sie war glücklich so lange sie mit Dir lebte, trotz der schweren Zeiten, die in

Eure kurze Ehe von sieben Jahren gefallen sind, und ihr Glück war Dir zu danken.

Mama ist ganz zusammengebrochen, sie will, sobald es geht, der nächste Termin wäre der neunundzwanzigste, zu Dir reisen und Dich fragen, welches Deine Absichten mit Kindern und Haushalt in nächster Zeit sind. Ich würde es lieber sehen, wenn Math[ilde] und Robert [Freuds älteste Tochter und ihr Mann] an ihrer Stelle reisen würden, denn ich habe zu Mama's Kräften wenig Zutrauen. Math ist klug und herzlich, Robert ein guter Kerl und gegenwärtig sehr bewegt. Ich freue mich auch, daß Oli[ver] und dann Ernst bei Dir sein konnten, vor allem, daß wir im Herbst bei Euch so warm gesessen sind.

Küsse die beiden armen Buben für ihren Großvater, halt Dich aufrecht und sei mir herzlichst gegrüßt. Papa.«[28]

Freud überwand seinen Kummer und widmete sich ganz der Wiederaufnahme internationaler Beziehungen. Sie war schwieriger, als er vorausgesehen hatte, da es die erregten Emotionen, die nicht so vielschichtig waren wie 1945, aber bitterer, sogar Wissenschaftlern der gegnerischen Seiten erschwerten, sich an einen Tisch zu setzen. Noch in den dreißiger Jahren lehnte Lord Rutherford – der gesagt hatte: »Die Wissenschaft ist international, und ich hoffe, sie wird es immer bleiben«[29] – eine Begegnung mit Fritz Haber, dem deutschen Chemiker, ab, der ein Giftgas entwickelt hatte. Ein Jahrzehnt früher, in den zwanziger Jahren, hätte eine internationale Begegnung von Psychoanalytikern leicht an solchen Empfindungen scheitern können, und der erste Vorschlag, den Abraham Freud machte, nämlich ein Internationaler Kongreß in Berlin, war vollkommen undurchführbar.

Man wählte schließlich Den Haag, und dort versammelten sich im September 1920 Psychoanalytiker aus den meisten ehedem kriegführenden und aus einigen neutralen Ländern, zum ersten Internationalen Kongreß seiner Art, der seit Kriegsbeginn stattfand. Vierzehn Jahre später schrieb Freud:

»Wie liebenswürdig unsere holländischen Kollegen gegen die verhungerten und verluderten Mitteleuropäer waren, tut noch heute wohl zu erinnern. Am Ende des Kongresses gaben sie uns ein Diner von echt holländischer Üppigkeit, für das wir nichts zahlen durften, aber wir hatten es auch verlernt zu essen. Als die Hors d'œuvres gereicht wurden, schmeckten sie uns allen, und dann waren wir fertig, mehr konnten wir nicht nehmen.«[30]

Der Haager Kongreß war ein beachtlicher Erfolg. Es erschienen 15 Briten und 11 Deutsche, 16 Psychoanalytiker aus den Niederlanden und 2 aus den Vereinigten Staaten, und die übrigen der insgesamt 62

Teilnehmer waren Österreicher, Ungarn, ein Pole und sieben Schweizer von der neu konstituierten, auf der Seite Freuds stehenden Schweizer Psychoanalytischen Vereinigung. Freud hielt auf dem Kongreß ein Referat, »Ergänzungen zur Traumlehre«, in dem er die vor zwei Jahrzehnten aufgestellte Behauptung einschränkte, daß alle Träume Wunscherfüllungen darstellten. Er sagte nun, daß es auch Selbstbestrafungsträume – die in gewisser Hinsicht als Wunscherfüllungen des Ichs angesehen werden könnten – und die Wiederholung traumatischer Erlebnisse im Traum geben könne.

Für Unterhaltung sorgte auf diesem Kongreß Georg Groddeck, der den Elefanten im Porzellanladen spielte. Er begann damit, daß er sich mit den Worten vorstellte: »Ich bin ein wilder Analytiker«, wobei er entweder nicht wußte oder nicht wissen wollte, daß »wilder Analytiker« die Bezeichnung für jene völlig unqualifizierten Psychoanalytiker war, die oft die freie Liebe befürworteten und bereits die Sache in Verruf brachten. Seine Biographen schrieben: »Dann begann er zu sprechen, wobei er eine formlose, ungegliederte, sprunghafte Demonstration des Prozesses der freien Assoziation lieferte. Er machte sich an diesem Tag einige Freunde und mehrere Feinde.«[31]

Seine These, daß organische Krankheiten psychoanalytisch behandelt werden könnten, veranschaulichte er durch die Theorie, daß Sehstörungen das Ergebnis emotionaler Konflikte seien: nicht manchmal, sondern immer. Kurzsichtigkeit, Weitsichtigkeit, Netzhautblutungen und sogar organische Veränderungen des Auges waren, wie Groddeck behauptete, Bemühungen, verbotene Wünsche abzuwehren und sie auszudrücken. »Das war zuviel für die meisten Zuhörer. Ernst Simmel, der aufmerksam zuhörte, rückte seine Brille mit den dicken Gläsern zurecht und lächelte.«[32]

Freud war nicht sonderlich besorgt wegen der planlosen, frei assoziierenden Vortragsweise Groddecks. Aber er hielt es doch für angebracht zu fragen, ob die These ernst gemeint oder nur ein Scherz auf Kosten der Zuhörer war. Sie war, antwortete Groddeck, durchaus ernst gemeint. »Es besteht«, erklärte er, ». . . eine Wachzensur. Sind die verdrängten Komplexe für visuell stark veranlagte Menschen zuviel, so wird die Zensur verschärft und das Auge kurzsichtig gemacht. Reicht das nicht aus, so zerstört das Unbewußte durch Blutung die Netzhaut.«[33]

Freud, der sich von Groddeck, wie Jones sagte, »trotz seiner Schrullenhaftigkeit oder vielleicht gerade deswegen«[34] angezogen fühlte, ließ die Erklärung gelten. Seine Mißbilligung Groddecks hatte einen anderen Grund: der Doktor hatte seine Geliebte mitgebracht und dadurch Freuds Gefühl für Schicklichkeit tief verletzt.

Nur wenige Monate später trug Groddeck weiter zu seinem Ruf, der Kuckuck im Nest der Psychoanalyse zu sein, bei, als sein Roman *Der Seelensucher* erschien. Von welcher Art er war, läßt der eher besorgte als ärgerliche Ton von Ernest Jones' Rundschreiben an die Mitglieder des Komitees erkennen:

»Die Psychoanalyse hat so viele Attraktionen für den volkstümlichen Unterhalter, daß es mir besser erscheint, wenn wir offiziellen Vertreter die achtbaren und wissenschaftlichen Aspekte betonen, ebenjene, die unsere Gegner unserer Arbeit absprechen wollen. Andererseits brauche ich mich nicht eigens von den extremen Kritiken des Buches im puritanischen Stil zu distanzieren. Pfister schrieb diese Woche an Barbara Low, drückte seine höchste Empörung über die Obszönität des Buches etc. aus und sagte, seine Veröffentlichung sei der schwerste Schlag, der die Psychoanalyse seit Jahren getroffen habe! Die Schweizer Vereinigung hat sogar eine Sondersitzung einberufen, um das Buch zu verurteilen, was man dann auch einstimmig und mit maßlosen Ausdrükken tat.«[35]

Der Haager Kongreß endete am 11. September. Ihm folgten andere, die in der Zwischenkriegszeit im Abstand von jeweils zwei Jahren in Berlin, Salzburg, Bad Homburg, Innsbruck, Oxford, Luzern, Wiesbaden, Marienbad und Paris abgehalten wurden. Freud nahm nur am ersten teil, aber von einem Beobachtungsposten in den Kulissen aus hielt er eine Kontrolle aufrecht, deren Festigkeit nur langsam mit dem Verfall seiner Gesundheit nachließ.

Nach dem Haager Kongreß hatte Freud mit Anna England besuchen wollen. Er hoffte, seine Verwandten in Manchester zu sehen, und hatte auch für einen Besuch in Cambridge Vorbereitungen getroffen. Das erste Hindernis war jedoch, daß Annas Papiere nicht rechtzeitig eintrafen. Als er in Betracht zog, allein zu reisen, erhielt er die Nachricht von einem Todesfall in der Familie in Berlin. Seine Schwester Marie hatte 1886 Moritz Freud, den Sohn eines der Vettern Jakob Freuds geheiratet, der um die Mitte des 19. Jahrhunderts aus Galizien nach Rumänien ausgewandert war. Nun war Moritz plötzlich an einem Herzanfall gestorben. »Ich entschied, daß ich nach Berlin zurückfahren mußte, um Marie und die Waise zu sehen, und für die Reise nach England blieben mir dann nur 4 Tage, deshalb gab ich sie schweren Herzens auf«[36], schrieb er Samuel nach seiner Rückkehr nach Wien.

Was er allerdings unternahm, während er auf die Ankunft der Papiere Annas wartete, war eine unkonventionelle Rundreise durch Holland – mit dem Dampfer, im Ruderboot und sogar zu Fuß –, die von seinen holländischen Gastgebern organisiert wurde.[37] Dann kehrte er über

Berlin, wo er Anna zurückließ, nach Wien zurück. Er hatte kaum Zeit, zur Ruhe zu kommen, als er auch schon in eine Sache hineingezogen wurde, die man zu unrecht den »Wagner-Jauregg-Prozeß« nannte und die ein Mittelding zwischen einer Untersuchung und einem Gerichtsverfahren war.

Julius von Wagner-Jauregg, Professor der Psychiatrie an der Universität und Primarius der psychiatrischen Abteilung des Wiener Allgemeinen Krankenhauses, war in den frühen achtziger Jahren ein Kollege Freuds gewesen, und auch später hatten sich ihre Wege immer wieder gekreuzt. Während Freud die Psychoanalyse schuf, hatten Wagner-Jaureggs Arbeiten zur praktischen Ausmerzung des Kretinismus in Europa durch Behebung des Jodmangels und zur Malariatherapie der progressiven Paralyse geführt, für die er 1927 den Nobelpreis erhalten sollte.

Wie einige wenige Ärzte in anderen Krankenhäusern war Wagner-Jauregg zwischen 1914 und 1918 für die psychiatrische Behandlung vieler Kriegsopfer verantwortlich gewesen. Nach der Niederlage gab es bittere Klagen über die Behandlung mancher Soldaten, vor allem durch Elektroschock, und 1920 setzte die österreichische Regierung einen Untersuchungsausschuß ein. Freud und Emil Raimann, Wagner-Jaureggs Assistent, wurden aufgefordert, Gutachten abzugeben, und aufgrund dieser Gutachten ins Kreuzverhör genommen, als der Ausschuß am 15. Oktober mit seiner Arbeit begann. Dank der bedeutenden Stellung Wagner-Jaureggs und des Rufes, den Freud genoß, entwickelten sich die Untersuchungen bald zu einer Debatte, in der jeder seine Ansicht über die Behandlung von Kriegsopfern vertrat. Wagner-Jauregg erklärte, viele der Männer seien Simulanten gewesen, und das habe sich sehr rasch feststellen lassen, sobald sie einen Vorgeschmack von der Elektroschockbehandlung erhielten. Freud führte dagegen an, die Simulanten seien in der Minderzahl gewesen und hätten ebensogut durch die Psychoanalyse entlarvt werden können. Beide Parteien hatten gewichtige Argumente, aber Wagner-Jauregg unterstrich die seinen durch den Hinweis, daß er während des Krieges viele psychiatrische Kriegsopfer behandelt habe und Freud nicht eines.

Nachdem Freud erklärt hatte: »Ich hätte es anders gemacht«[38], fragte Raimann: »Warum im Konjunktiv? Warum *hat* er es nicht anders gemacht und gezeigt, wie man Kriegsneurosen psychoanalytisch behandelt? Man hätte ihm sofort eine Station gegeben . . . Er hat nie Kriegsneurosen gesehen, und es gehört einiger Mut dazu, ein Gutachten über solche Dinge abzugeben, ohne etwas davon zu verstehen.«

Dazu ist zweierlei zu sagen. Wagner-Jauregg hatte während des ganzen Krieges freiwillig Tausende von Offizieren und Mannschaften behandelt.

Freud, der nur ein Jahr älter war, hatte sich damit begnügt, sich der »Sache« zu widmen. Es war zu erwarten, daß der Ausschuß angesichts der Verteidigung Wagner-Jaureggs entschied, keine Anklage gegen ihn zu erheben. Und zweitens beeinträchtigte in Deutschland und England die Kernfrage dieses Falles nicht die neue Einschätzung dessen, was die Psychoanalyse bei der Behandlung von Kriegsneurosen leisten konnte.

Aber nicht nur der »Wagner-Jauregg-Prozeß« beschäftige Freud im Oktober. Als er vom Haager Kongreß nach Wien zurückkehrte, warteten auf ihn zahllose Briefe, Pflichten und Patienten. Er hatte keine freie Minute gehabt und war sehr müde nach der Arbeit des ersten Tages, schrieb er Jones. Und er fügte hinzu:

»Ich bin sehr stolz auf den Kongreß und, wie ich in meiner improvisierten Ansprache sagte, sehr erleichtert durch die Überzeugung, daß Männer wie Sie, Ferenczi, Abraham, Rank etc. fähig und bereit sind, mein Werk fortzusetzen. Den Rest meiner Zeit und meiner Kräfte werde ich der Pflicht widmen müssen, für meine Familie zu sorgen, das heißt, Geld zu verdienen, aber wenn das wissenschaftliche Interesse, das derzeit bei mir schläft, mit der Zeit wieder geweckt wird, könnte ich noch imstande sein, einen neuen Beitrag zu unserer unvollendeten Arbeit zu leisten.«[39]

Einstweilen hatte er mit den sowohl guten als auch schlechten Folgen des zunehmenden Interesses an der Psychoanalyse nach dem Krieg fertig zu werden. Die Gründe für dieses Erwachen des Interesses waren bei den Ärzten andere als bei den Laien. Der Einstellung der ersteren verlieh Sir Frederick Mott, der englische Neuropathologe, Ausdruck, der sagte: »Die Aufstellung eines Konskriptionsheeres, bei der nur körperliche Gebrechen als Gründe für Untauglichkeit anerkannt wurden, hatte gezeigt, daß ein großer Prozentsatz der Männer nervenleidend war und zu Neurose, Hysterie und Neurasthenie neigte, sobald die Belastung groß genug war.«[40] Nicht alle diese Fälle, stellte man fest, ließen sich durch die Psychoanalyse behandeln, aber doch so viele, daß es schwer war, ihre Prinzipien noch länger zu ignorieren. Ein Ergebnis, das von Brill in einem etwas anderen Zusammenhang beschrieben wurde, war, daß

»Freud die Grenzlinie zwischen der Psychiatrie und Neurologie und den Nachbarwissenschaften verwischt hatte. Er hatte sie gleichsam zur Vereinigung gezwungen. Um die Neurosen zu verstehen, muß man etwas von der Biologie, Psychologie, Soziologie, Anthropologie und Pädagogik wissen. Und umgekehrt muß jeder, der in irgendeiner dieser Disziplinen tätig ist, eine gewisse Kenntnis der Freudschen Psychiatrie besitzen.«[41]

So hatte sich in den ersten Friedensjahren der Status der Psychoanalyse geändert. Sie konnte noch immer von ihren Gegnern attackiert werden, aber nun als eine Disziplin, die »dazugehörte«, und nicht mehr als eine verspottete Außenseiterin.

Zur selben Zeit wurden die Möglichkeiten, Geisteskrankheiten zu behandeln, durch Entdeckungen auf anderen Gebieten erweitert. Wenn Freud selbst betonte, daß seine Theorien nur eine Waffe mehr im Rüstzeug gegen die Krankheit darstellten, so wären viele andere Psychoanalytiker nicht bereit gewesen, das zuzugeben. Nichtsdestoweniger begann nun die Entwicklung der Genetik, die auf die Wiederentdeckung der Mendelschen Vererbungslehre um die Jahrhundertwende folgte, mit ihrer Erklärung, wie ererbte Eigenschaften weitergegeben werden, allmählich zu beweisen, was bis dahin nur vermutet werden konnte. Die Entdeckung der Geschlechtshormone, die Freud 1905 in seinen *Drei Abhandlungen zur Sexualtheorie* vorausgesagt hatte, wirkte sich ähnlich aus, und sogar die Schizophrenie war einige Jahre später zumindest teilweise durch die Chemie erklärbar. Für die Geisteskrankheiten war damit die Möglichkeit des Verständnisses gegeben, und sie waren nicht mehr nur zu der grausamen Hoffnungslosigkeit der Irrenanstalten verdammt. Das allein bewirkte schon, daß die Psychoanalyse, freilich nur als potentielle Behandlungsmethode, in zunehmendem Maße, wenn auch gewöhnlich immer noch skeptisch, in medizinischen Kreisen diskutiert wurde.

In den Jahren unmittelbar nach dem Krieg konnte Freud daher eine ermutigende Zunahme des Interesses in vielen Teilen der Welt feststellen. Eitingon begann 1920 in Berlin eine Klinik zu finanzieren, an der nach dem Muster, das schon Simmel vorgeschlagen hatte, Arme behandelt und Analytiker ausgebildet wurden. In Budapest versuchte Ferenczi in dem Chaos, das nach der viereinhalb Monate dauernden kommunistischen Diktatur Béla Kuns herrschte, die Ungarische Psychoanalytische Vereinigung am Leben zu erhalten, die er 1913 gegründet hatte. In der Schweiz hatte sich Anfang 1919 die Schweizer Psychoanalytische Vereinigung gebildet, in deren Vorstand so unerschütterliche Freudianer wie Binswanger und Pfister saßen, und bald darauf kamen Bewerbungen um Aufnahme in die Internationale Vereinigung von Gruppen in Kalkutta und Moskau.

In Wien existierte das, was vor beinahe zwei Jahrzehnten als Mittwoch-Gesellschaft bei Professor Freud begonnen hatte, wieder als Wiener Ortsgruppe der Internationalen Psychoanalytischen Vereinigung und zog neue Mitglieder an. Unter ihnen befand sich Wilhelm Reich, ein österreichischer Arzt, der eben erst sein Studium beendet hatte und nach einem Vortrag in der Vereinigung, »Der Libidokonflikt und Wahn Peer

Gynts«, im frühen Alter von 23 Jahren als Mitglied aufgenommen wurde. Reich war ein weiterer jener Anhänger, die Freuds Lehren schließlich auf ihrem eigenen Steckenpferd davonritten, obwohl in seinem Fall seine umstrittene Orgasmus-Theorie, die er 1924 in einem Referat auf dem Internationalen Kongreß in Salzburg vortrug, nicht der einzige Grund war. Freud konnte sie akzeptieren, jedenfalls teilweise. Was er nicht zu akzeptieren vermochte, war Reichs Verquickung von Marxismus und Psychoanalyse, die sich beispielsweise in der Ansicht ausdrückte, daß der Todestrieb ein direktes Ergebnis des kapitalistischen Systems sei.

Während Freud die Wiener Ortsgruppe der Internationalen Psychoanalytischen Vereinigung zu neuem Leben erweckte, wurde die Psychoanalyse in Großbritannien neu organisiert. Während des Krieges hatten einige einflußreiche Mitglieder der Londoner Psychoanalytischen Vereinigung die Reihen der Freudianer verlassen und waren in das Lager Jungs übergelaufen. Im Februar 1919 löste nun Jones, den Freud zu seinen Plänen, die britische Organisation von den »Jungschen« Mitgliedern zu »säubern«, beglückwünscht hatte, die Londoner Vereinigung auf und gründete die Britische Psychoanalytische Vereinigung.

Eine Zunahme an ernsthaftem beruflichem Interesse war auch in den Vereinigten Staaten zu verzeichnen, wo es wie in England gleichzeitig zu einer Meinungsänderung bei einem Laienpulikum kam, dem der Nutzen der Psychoanalyse in den extravagantesten Begriffen vor Augen geführt werden konnte und oft auch wurde. »Viele unserer früheren Gegner sind nun überzeugte Anhänger«, konnte Brill 1919 behaupten. »Arbeiten auf dem Gebiet der Neurologie und Psychiatrie, selbst solche der orthodoxesten Art, müssen notwendigerweise Notiz von uns nehmen; man diskutiert uns ständig auf Dinner-Partys, wir werden im Theater und in der Presse parodiert, und Scharlatane in Gestalt von psychotischen alten Damen und enttäuschten Literaten bringen eine reiche Ernte durch psychoanalytische Behandlungen ein.«[42]

Die beiden angelsächsischen Verbündeten hatten tatsächlich eines gemeinsam: den Glauben, daß es – da die alten Ideen, in der Politik, in der Moral, in der Motivation, zu der großen Katastrophe geführt hatten – alle neuen Ideen wert waren, in Betracht gezogen zu werden. Waren sie gefährlich, wurden sie auf der Kreditseite verbucht, waren sie obendrein ketzerisch – um so besser. Das Neue war an sich schon eine Tugend in den Augen derer, die ein Autor beschrieb als

Die Neffen und Nichten des Krieges,
So klug, wie unsere Onkel kühn waren –
Zu klug, hinaus in die Kälte zu gehn,

Zu klug und gewitzt, sich bitter zu beklagen,
Daß all die besten Früchte schon von andern betastet,
Daß alle guten Geschichten schon erzählt wurden.[43]

Die schattenhafte Gestalt Freuds, die im Hintergrund bereitstand, schien die Chance frischerer Früchte und besserer Geschichten zu bieten. »Verdrängung« wurde zu einem der Lieblingsausdrücke der frühen zwanziger Jahre. Frederick J. Hoffman sagte:

»Er war der Haken, auf den unzufriedene Amerikaner ihren ganzen Groll gegen die moralische Welt um sie her hängten. Als ein mißbilligender Ausdruck lockerte er die Disziplin und ebnete er der Verführung den Weg. Er war die einfachste Form, familiäre Pietätlosigkeit und außereheliche Beziehungen zu rationalisieren. Er machte die Liebe ›frei‹ und half, den Begriff der Untreue als spießig und konventionell zu verurteilen.«[44]

Auf die Nachfrage folgte rasch das Angebot. Als es Mode wurde, sich analysieren zu lassen, *to be »psyched«*, wie man in Amerika sagte, waren beinahe über Nacht auch schon die Analytiker da, praktisch unbehindert durch irgendwelche Bestimmungen und Vorschriften und angelockt durch die Möglichkeit, hohe Honorare dafür einzustreichen, daß man ein paar komplizierte Wörter murmelte. Nicht einmal die Mühe, sich mit einem Patienten auf der Couch abzugeben, war immer vonnöten, denn wie in den Zeitungsanzeigen zu lesen war, konnte man sich auch per Post analysieren lassen.

Diese Veränderung war in den Vereinigten Staaten besonders überraschend. Denn hier war die Psychoanalyse trotz der Achtbarkeit, die ihr die Unterstützung durch Putnam, die harte Arbeit von Ernest Jones und die vielen Gelegenheiten, bei denen sie auf ärztlichen Tagungen ernsthaft diskutiert worden war, verschafft hatten, für die meisten amerikanischen Psychiater »ein Thema für Toilettenwitze und Salongeplauder geblieben«[45]. Dann jedoch hatte sich, nicht gerade über Nacht, aber im Laufe weniger Jahre die Achtung vor dem, was man den Emersonschen Puritanismus genannt hatte, in eine Einstellung verwandelt, der nichts mehr heilig war. »Es war, von seiten amerikanischer Autoren, eine Verleugnung der amerikanischsten Maßstäbe, die wir hatten, beinahe des einzigen amerikanischen Maßstabs«, schrieb Mark Sullivan, »– eine Ablehnung der strengen Sittlichkeit des Philosophen aus New England, um für kranke Geister der biologischen Theorie eines österreichischen Arztes den Weg frei zu machen.«[46]

Freud kannte die Gefahren, die mit einer Popularität dieser Art verbunden waren. Er »erwiderte nicht diese Begeisterung, die ihn zum Bannerträger des Marsches einer neuen und besseren Ordnung entgegen

machen wollte«, erklärte sein Freund Hanns Sachs. »Er weigerte sich, daran mitzuwirken, aus der Psychoanalyse ein Werkzeug für irgendeinen anderen Zweck zu machen als das Studium und das bestmögliche Verständnis der menschlichen Seele. Er wußte nur zu gut, daß die, die nun am lautesten ›hosianna‹ sangen, die ersten sein würden, die ›kreuzige‹ riefen, sobald sich der Geist der Zeit änderte.«[47]
Die amerikanische Öffentlichkeit hatte jedenfalls keine Chance, die wachsende Bedeutung der Psychoanalyse zu übersehen. Zwei reiche junge Männer, Leopold und Loeb, brachten 1924 einen Freund um, indem sie, wie sie glaubten, einen »perfekten Mord« begingen. Verzweifelte – und erfolgreiche – Versuche wurden unternommen, die beiden vor der Hinrichtung zu retten, und sowohl Colonel McCormick von der *Chicago Tribune* als auch Randolph Hearst baten Freud, seine eigenen Bedingungen zu stellen und nach Amerika zu kommen, um die jungen Männer zu psychoanalysieren. Freud lehnte ab. Aber während der Verhandlung waren nicht weniger als zehn Psychiater anwesend, von denen fünf die Anklage und fünf die Verteidigung hinzugezogen hatte, und »die zeitunglesende Öffentlichkeit erfuhr eine Menge über Phantasien, Komplexe, Neurosen, Psychosen, Fixierungen, Hemmungen, Verdrängungen und Perversionen; und sie war entschlossen, noch mehr zu erfahren«[48]. Leopold und Loeb wurden schließlich verurteilt, aber ihr Leben wurde geschont – nicht so sehr dank der Plädoyers der Psychiater als vielmehr dank der hinreißenden Darlegung von Clarence Darrow, dem weltbekannten Strafverteidiger, daß durch ihre Hinrichtung nichts gewonnen würde.
Jeder Zweifel, daß die Psychoanalyse die große Mode geworden war, wurde endgültig beseitigt, als Limericks über sie umzugehen begannen, ein unbestreitbares Zeichen des Ruhmes in angelsächsischen Ländern. Einer der beliebtesten war:

A progressive young lady of Rheims
Had confessed some astonishing dreams
And was justly annoyed
When the great Doctor Freud
Said: »A surfeit of chocolate creams.«[49]

(Eine fortschrittliche junge Dame aus Reims/hatte einige erstaunliche Träume gestanden/und war mit Recht verärgert,/als der große Doktor Freud/sagte: »Zuviel Pralinen.«)
Von einem anderen Limerick berichtete Freud selbst Hanns Sachs. Er schrieb, er habe ihn 1922 von einem Engländer gehört, den er damals in Wien analysierte und der sagte, er sei in New York und London beliebt. Er lautete:

Young men who frequent picture palaces
Have no use for psychoanalysis;
If you mention Freud
They are vastly annoyed
And cling to their longstanding fallacies.[50]

(Junge Männer, die ins Kino gehen,/haben keine Verwendung für die Psychoanalyse;/wenn man Freud erwähnt,/sind sie sehr verärgert/und bleiben bei ihren alten Irrtümern.)

Eine andere, stärkere Version findet man in Norman Douglas' Buch *Some Limericks:*

The girls who frequent picture palaces
Set no store by psychoanalysis.
And though Mr. Freud
Is greatly annoyed,
They cling to their old-fashioned phalluses.[51]

(Die Mädchen, die ins Kino gehen,/legen keinen Wert auf die Psychoanalyse./Und obwohl Mr. Freud/sehr verärgert ist,/halten sie an ihren altmodischen Phalli fest.)

Manche Psychoanalytiker machten selbst gern ihre Scherze über das Thema, und bei einer Sitzung der New Yorker Gesellschaft für Neurologie und Psychiatrie erklärte Sachs, nachdem einige Bemerkungen über die Bedeutung der infantilen Sexualität gefallen waren, »er habe den Eindruck, den er nicht aufgeben könne, daß der Penis am Knaben hängt, während Freud und Brill ihn bäten, doch die Vorstellung zu akzeptieren, daß der Knabe am Penis hängt«[52].

Ebenso unbeschwert ließ sich H. L. Mencken in einem Artikel vernehmen: »Hart auf den Fersen des Initiativrechts, der Volksbefragung, des Gary-Systems, des Kochens im Papierbeutel, der Montessori-Methode, des *vers libre* und der Musik des Igor Feodorowitsch Strawinsky«, schrieb er, »folgt nun die Psychoanalyse, um die seßhafte mehrfach Gebärende zu verblüffen und zu beunruhigen, die in den Frauenklubs Zuflucht vor den gräßlichen Freuden des häuslichen Lebens sucht.«[53] Ja man hat sogar behauptet, »daß die Bewohner von Greenwich Village die Tatsache der Prohibition nicht zur Kenntnis nahmen, weil sie, als der 18. Zusatzartikel zur Verfassung vorgeschlagen wurde, zu sehr damit beschäftigt waren, die Varianten der Psychoanalyse zu studieren, um zu lesen, daß er angenommen wurde«[54].

Mencken war ein typischer Vertreter derer, die ihren Verstand gegen die Auswüchse der Psychoanalyse einsetzten. Er drückte aber auch die typische Reaktion all der glücklichen Menschen aus, die nie irgendeine Art von Psychotherapie benötigt hatten und daher das Thema leicht mit tiefer Skepsis betrachten konnten. Die mehr introspektiv, die kontemplativ Veranlagten oder innerlich Unsicheren neigten zu weniger kritischen Ansichten, auch wenn sie selbst nicht von der Psychoanalyse profitiert hatten.

Wenn Menckens bissige Kommentare vielleicht dazu beitrugen, die Verwandlung einer Therapie in einen Kult in Grenzen zu halten, so wurde die Psychoanalyse weiterhin in eine peinliche Lage gebracht durch sogenannte Analytiker, über die die professionellen amerikanischen Körperschaften weniger Kontrolle ausüben konnten, als sie gern gewollt hätten. Wie Henry F. May in *The End of American Innocence* (Das Ende der amerikanischen Unschuld) schrieb, wurde Freud »in der populären Presse als ein Zauberer dargestellt, ein Seelenchirurg, der eine Geheimformel besaß, um über Nacht seelische Störungen zu beheben und die soziale Effizienz wiederherzustellen, das heißt, Teufel auszutreiben«[55].

Wie es dazu kam, ist leicht zu verstehen. In seinen frühen Werken hatte Freud etwas hervorgehoben, was heute ein Gemeinplatz ist, damals aber noch heftig umstritten war: daß das seelisch Normale vom Abnormen nicht durch eine breite Kluft getrennt ist, sondern durch kaum wahrnehmbare Abstufungen, so daß der Unterschied von Gesund und Krank eher ein gradueller als ein qualitativer ist. Das Normale selbst wurde dadurch etwas Relatives, und daher konnte man leicht mit einem kleinen Taschenspielertrick ein weites Spektrum von seelischen Störungen als für die psychoanalytische Behandlung geeignet darstellen.

Dagegen hatte Freud immer entschieden Stellung genommen. Er hatte schon ganz zu Anfang – schon bevor die erste begeisterte Zuversicht einer gewissen Ernüchterung gewichen war – erklärt, daß die neue Therapie nur auf bestimmte Kategorien von Krankheiten anwendbar sei, und selbst dann nur, wenn die Patienten gewissen, genau definierten Gruppen angehörten. Sich streng an diese Richtlinien zu halten, hätte aber bedeutet, weitgehend auf den Aufbau eines Reiches zu verzichten, der unvermeidlich die Anhänger jeder neuen Bewegung anlockt; und in dem turbulenten Ikonoklasmus der Nachkriegsjahre vervielfachte sich die Zahl der Psychoanalytiker, der guten wie der schlechten oder mittelmäßigen, und sie nahmen oft die Stelle derer ein, die an die puritanische Ethik geglaubt hatten, deren Autorität durch das Erlebnis des Krieges untergraben worden war. Die professionellen Körperschaften taten, was sie konnten, aber sie waren dadurch behindert, daß sie zunächst nicht gewillt gewesen waren, die Psychoanalyse überhaupt zu akzeptieren, und ihr Einfluß war begrenzt. Immerhin war innerhalb weniger Jahre für die neue Therapie eine sicher verteidigte Operationsbasis geschaffen worden, und unter erfolgreichen Psychoanalytikern war es bald ebenso gefährlich, irgendeine der Lehren der Psychoanalyse anzuzweifeln, wie es ein halbes Jahrhundert später für Ralph Nader gefährlich war, die unerschütterlichen Positionen der Automobilindustrie zu kritisieren.

Zu der wachsenden Zahl der unqualifizierten Analytiker und der zunehmenden Popularität einer Lehre, von der man weitgehend glaubte, sie fördere die Promiskuität, kam noch eine Nebenerscheinung, die Freud manchmal Sorge bereitete, nämlich die Art, wie die Anhänger Adlers und Jungs an Boden zu gewinnen begannen. Es gab in der amerikanischen Bevölkerung viele, die ein besseres Verständnis des Seelenlebens suchten, aber nicht gewillt waren, Freuds praktische Anwendung der Ansicht Charcots, daß es »in solchen Fällen immer das Sexuelle [sei], immer, immer«, zu akzeptieren. Für sie boten Adler oder Jung annehmbare Alternativen. Freud wußte das sehr gut, vor allem nach Jungs zweitem Besuch in den Vereinigten Staaten im Jahre 1912. Möglicherweise waren seine Befürchtungen jedoch übertrieben. Die Vorlesungen an der Clark University hatten ihm einen Startvorsprung verschafft, und mit der Hilfe von Anhängern wie Putnam, Brill und Jones gelang es ihm auch, in Führung zu bleiben.

Gefährlicher war die neue Popularität selbst. Seit seinem ersten Besuch in Amerika hatte Freud befürchtet, daß die Psychoanalyse nicht nur die Scharlatane anziehen würde, sondern auch die begeisterten Ignoranten, die nur teilweise ausgebildeten Pfuscher, deren schlecht begründete Zuversicht weniger kritische Patienten befriedigen würde und deren zweifelhafte Unternehmungen die Sache zerstören konnten. In den frühen zwanziger Jahren begann es auch schon. Der Rev. C. F. Potter, der in der West Side Unitarian Church über »Psychoanalyse und Religion« sprach, würdigte Freud um der wertvollen Arbeit willen, die er und seine Kollegen leisteten. Aber, fuhr er fort, während Freud der Kolumbus war, der einen neuen Kontinent entdeckt hatte, gab es »viele traurige Schiffbrüchige in seinem Kielwasser, die auf dem Meer des Lebens treiben und festgestellt haben, daß lecke Ruderboote und schlecht gezimmerte Flöße keine seetüchtigen Fahrzeuge sind«. Dann erklärte Potter mit Ausdrücken, die den Beifall Freuds gefunden hätten, daß er und andere Geistliche »arme, bedauernswerte, entmutigte und nahezu wahnsinnige Opfer von quacksalbernden Psychoanalytikern kennen, die skrupellos die derzeitige Mode ausnutzen, um ihre Opfer in finanzieller und anderer Hinsicht auszubeuten«. Es scheint unglaublich zu sein, sagte er, daß, während ein Arzt eine Ausbildung von zehn Jahren durchmachen muß, bevor er den Körper eines Menschen behandeln darf, »ein

Analytiker, der vorgibt, jenen noch empfindlicheren Mechanismus, den menschlichen Geist, zu behandeln, sein Schild aushängen und fünfundzwanzig Dollar für die Sitzung verlangen kann mit einer Vorbereitung, die lediglich darin besteht, daß er zehn Tage lang Freud und Jung gelesen hat . . . um dann einen Schraubenschlüssel in die Maschinerie des Geistes zu werfen«[56].

Der berühmte Stephen Wise, Rabbi der Freien Synagoge in New York, fällte ein ähnlich vernichtendes Urteil:

»Es ist tief zu beklagen, daß ein so schwerer Mißbrauch der Psychoanalyse durch Betrüger und Scharlatane getrieben wird, die niemand mehr verachtet als die wissenschaftlich ausgebildeten Ärzte. Man muß wahrhaftig bedauern, daß ein Instrument von höchstem potentiellem Wert für die Menschheit von Personen, die die Psychoanalyse nur vom Hörensagen und nicht durch Studium kennen, zu einem Vorwand für verbale Vulgarität und vorsätzliche Obszönität herabgewürdigt wird.«[57]

Die plötzliche Entwicklung zu einem modischen Kult rief ihre eigenen Reaktionen hervor. Bei einer Versammlung der Amerikanischen Psychoanalytischen Vereinigung in Atlantic City wurden die Mitglieder von Dr. William A. White aufgefordert, »die amerikanische Psychiatrie von der Herrschaft des Papstes in Wien zu befreien«[58]. Dr. Frederick Peterson aus New York, der Brill 1907 vorgeschlagen hatte, ins Burghölzli zu gehen, beschrieb den Freudismus als eine Wodu-Religion, die durch obszöne Riten und Menschenopfer gekennzeichnet sei. Und als Susan Glaspells *Suppressed Desires* (Unterdrückte Wünsche) – ein wirklich harmloser Versuch einer Komödie – 1923 aufgeführt wurde, hieß es in einer Kritik: »Es ist der einzige Schandfleck in den Annalen der kleinen Theaterbewegung, daß sie in aller Unschuld diese höchst widerliche und heimtückische deutsche Propaganda verbreitet hat.«[59]

Es dauerte nicht lange, bis die zunehmende Popularität, der nur die Reaktion gleichkam, die sie bei den Gegnern auslöste, ein beinahe unvermeidliches Ergebnis zeitigte. Anfang Dezember 1921 drängte sich ein zahlreiches Publikum, in dem auch viele Angehörige des Lehrköprers der Cornell University zu finden waren, im Rathaus von Ithaca, um den Vortrag eines gewissen Dr. Vosberg, der als enger Freund und Schüler Freuds beschrieben wurde, über die Kompliziertheiten der Psychoanalyse zu hören. In gebrochenem Englisch erklärte Dr. Vosberg, hochgewachsen und mit dunklem Bart, seinen Zuhörern: »Ein Träumender weiß tatsächlich, was er träumt, aber er weiß nicht, was er weiß, und glaubt daher das, was er nicht weiß.«[60] Dies wurde wie der ganze übrige Vortrag mit gebührendem Respekt aufgenommen, und der Abend endete damit, daß ein Mitglied des Lehrkörpers der Universität dem

Vortragenden dankte. Einige Tage später tauchten Postkarten auf, die »Dr. Vosberg« mit Bart und Brille und denselben Mann ohne diese Zutaten zeigten. Es war ein gewisser Charles M. Stolz, der an der Cornell University im dritten Jahr Architektur studierte.

Drei Monate später ereignete sich etwas ähnliches – »ein gelungener Streich«, wie Ernest Jones es Freud beschrieb – in Oxford, wo ein Vortrag Dr. Buschs von der Universität Frankfurt, »des Freundes und Kollegen Dr. Freuds«, angekündigt wurde. Der Student, der von einem Friseur in der Stadt für die Rolle zurechtgemacht wurde, »hielt einen ganz unsinnigen Vortrag, der nicht als solcher erkannt wurde und zu einer Diskussion führte«, erfuhr Freud. Mehrere College-Rektoren, die von der »Home Counties Psychological Association« eingeladen worden waren, hörten sich den Vortrag an, in dem Dr. Busch, der *Oxford Chronicle* zufolge, sagte, »er sei nicht der Meinung, daß der Mensch der Sklave der Umstände sei. Der Mensch, glaube er, könne seinen Lebenslauf weitgehend durch Autosuggestion beeinflussen. Auf die Frage, ob das Milieu etwas Zusätzliches zur Gesamtsumme der kombinierten Persönlichkeiten sei, sagte er, das glaube er nicht, da es sozusagen mehr die Natur eines Fluidums habe.«[61]

»Dr. Busch«, dessen Identität damals nicht entdeckt wurde, war in Wirklichkeit George Edinger, der später ein hervorragender britischer Journalist wurde. »Das zeigt«, berichtete Jones, »die in Oxford herrschende Ignoranz, denn es waren auch mehrer Professoren anwesend, die ebenfalls auf den Streich hereinfielen.«[62]

Freud erntete wenig Sympathien in den Vereinigten Staaten und in Großbritannien, wo nach dem Ulk an der Cornell University die Londoner *The Times* ihre Ansichten in einem delphischen Leitartikel wiedergab:

»Die Freudsche Psychologie ist sowohl aufregend als auch schwer zu verstehen; sie wird daher von vielen mißverstanden, die sich nach Aufregung sehnen. Und dieses Mißverstehen wird von Freud selbst nicht verhindert, der zwar ein Genie ist, aber auch die Neigung hat, seine eigenen Theorien auf eine Absurdität zu reduzieren, und nicht eben eine große Gabe besitzt, sich klar auszudrücken. Daher kann mit Hilfe einiger Redewendungen und Formeln jedermann ein Freudianer sein, er kann aus seinen eigenen Träumen und denen anderer Leute machen, was er will, und er kann entdecken, daß das, was wir in unserem bewußten Wachleben zu meinen glauben, immer das Gegenteil von dem ist, was wir wirklich meinen . . . Daher die große Zahl der überzeugten, wenn auch recht konfusen Freudianer, die zu einem natürlichen Vorurteil gegen die neue Psychologie herausfordern. Es ist schade, daß sie gewisse sehr wertvolle, wenn auch noch unvollkommene, Entdeckungen ins Lächerliche verzerren, daß sie die berauschten Heloten einer neuen Wissenschaft sind.«[63]

Die Ermahnung schloß mit der Hoffnung, daß »eben diese Absurditäten seiner Anhänger Freud wenigstens dazu bringen könnten, vor seinen Leuten auf der Hut zu sein. Er hat einen echten, wenn auch nur zeitweise in Erscheinung tretenden, Sinn für Humor, und wir dürfen hoffen, daß er eines Tages, wie Ibsen in der *Wildente,* seine eigenen Verehrer zerreißt«.

Zu den Skeptikern, die sich weigerten, die Psychoanalyse ernst zu nehmen, kamen die Deserteure aus den eigenen Reihen. Bemerkenswert unter ihnen war Dr. Samuel A. Tannenbaum, der seit 1912 als Psychiater praktizierte. Tannenbaum hatte sich einen Namen gemacht durch die Analyse Floyd Dells, dessen schöpferische Fähigkeiten bei seiner Arbeit an *Mooncalf* erlahmt waren. Die Behandlung befähigte ihn, den Roman zu beenden, und er widmete sein zweites Buch, *The Briary Bush,* aus Dankbarkeit für seine Hilfe Tannenbaum.

Schon 1920 hatte es eine Meinungsverschiedenheit zwischen Tannenbaum und Freud gegeben, der rasch bereit war, seinem Gegner die schlimmsten Motive zu unterstellen. »Es freut mich, daß Sie meinem Brief an den Schurken T. zustimmen«, schrieb er Jones. »Wir werden seinen Angriffen standhalten können. Wenn Amerika wirklich, wie er behauptet, den Jungismus annimmt, wird es bekommen, was es verdient. Geben Sie mir ein paar Millionen (sogar Kronen) mehr, und ich werde mich nie wieder vor einem Gegner fürchten.«[64] Ein Jahr darauf begann Tannenbaum die Ergebnisse seiner Krankengeschichten zu studieren, und Anfang 1922 verkündete er seine revidierten Ansichten. »Meine Erfahrung lehrt mich«, sagte er, »daß Patienten ohne solche [Freudschen] Interpretationen geheilt werden können, daß ihre Neurosen im Lichte anderer Instinkte gedeutet werden können, die das menschliche Leben beherrschen. Das Sexuelle ist nicht für alle Neurosen verantwortlich. Neurosen gehen zurück auf den Konflikt zwischen dem Individuum und der Wirklichkeit, der Welt, ohne Rücksicht auf sein Liebesleben.«

Nachdem er erklärt hatte, es sei nun »die große Mode für Männer und Frauen, die ihr Brot nicht auf andere Weise verdienen können, Psychoanalytiker zu werden«, schloß Tannenbaum: »Die Psychoanalyse ist eine Pseudowissenschaft wie die Handlesekunst, die Graphologie und Phrenologie. Sie ist allerdings gut genug begründet, um die Unkritischen zu täuschen, und wie in der Christian Science steckt auch in ihr ein Körnchen Wahrheit.«[65] (Die Christian Science wird öfter im Zusammenhang mit der Psychoanalyse genannt, weil sie ebenfalls eine bestimmte Vorstellung von Krankheit und »Therapie« enthält. Die Krankheit wird als etwas Unwirkliches, durch Unwissenheit und Sünde Verursachtes betrachtet, das durch Gebet geheilt werden kann. Anm. des Übers.)

Die lauten Rufe der seriösen Kritiker, die marktschreierischen Behauptungen der Quacksalber und die empörten Tiraden der unerschütterlichen Gegner wurden in den frühen zwanziger Jahren in der ganzen verworrenen psychiatrischen Szene Amerikas gehört. Es ist schwer zu schätzen, wie groß der angerichtete Schaden war, aber in Anbetracht der Geschwindigkeit, mit der die psychoanalytische Gemeinde weiterwuchs, war er wahrscheinlich geringer, als man damals befürchtete. Ein Ergebnis all dessen war jedoch, daß es leicht war, Fälle, in denen die Psychoanalyse versagt hatte, an die große Glocke zu hängen. Bei all denen, die Hilfe bei der Psychoanalyse suchten, gab es, wie nicht anders zu erwarten, auch Mißerfolge, aber die Tatsache, daß manchmal Patienten in der Narkose sterben, wurde noch nie als Begründung dafür angeführt, daß man Operationen grundsätzlich unterlassen solle. Trotzdem lieferten selbst die schwächsten Verbindungen zwischen Psychoanalyse und Selbstmord den Gegnern willkommene Munition. Als sich Anfang 1922 eine junge Frau in New York durch Gas vergiftete, wurde dies dem Umstand zugeschrieben, daß sie sich »mit Freud befaßt hatte«[66]. Ärzte waren der Meinung, berichtete die *New York Times*, »daß die Beschäftigung junger Mädchen mit der Psychoanalyse, die zu unwissend sind, um ihre wahre Bedeutung zu begreifen, und nicht genügend geschult, um zwischen ihren Theorien zu unterscheiden, so um sich gegriffen hat, daß ein erzieherisches Gegenmittel nötig ist, da die Anhänger der Psychoanalyse aus ihren Lehren oft nur eine trostlose Lebensanschauung ableiten«[67]. Aber die Beschuldigung durch Assoziation konnte auch zu weit gehen, und nachdem ein Mädchen, das ebenfalls Freud studiert hatte, vom Gebäude der *New York Times* in den Tod gesprungen war und die Zeitung die Schlagzeile brachte: MÄDCHEN FREUDS ÜBERDRÜSSIG – SELBSTMORD[68], kam ein Protestbrief. Das Mädchen hatte wahrscheinlich einmal einen Hut gekauft, schrieb ein Leser. Warum also nicht die Schlagzeile: KAUFT HUT – STIRBT. Oder, da sie wie die meisten anderen wohl etwas gegessen hatte, warum nicht die Schlagzeile: ISST VERLORENE EIER – STIRBT.[69]

Einige der verantwortungsvolleren amerikanischen Zeitungen versuchten, objektiv zu bleiben, wenn sie auch keine große Begeisterung für die Psychoanalyse aufbrachten. Die *New York Times* erklärte in einem Leitartikel, daß viele Freudianer glaubten, eine große Zahl seelischer Krankheiten gehe auf Verdrängungen zurück, wies dann aber darauf hin, daß die Freudsche Antwort darauf nicht ein »Tu, was dir gefällt«, sondern die Sublimierung zu höheren, sinnvollen Zwecken sei. »Wer immer etwas anderes tut«, hieß es weiter, »wer in der Psychoanalyse Zügellosigkeit statt Freiheit findet – ist kein Anhänger Freuds ... sondern ein Scharlatan, jedenfalls unwissend und wahrscheinlich lasterhaft.«[70]

Die Vereinigten Staaten hatten jedoch nicht das Monopol auf Scharlatane, und die Lage in Großbritannien war in vielerlei Hinsicht vergleichbar. Ernest Jones, der aus London berichtete, zeichnete Freud ein erschreckendes Bild. »Möchten Sie 1000 Pfund jährlich als Analytiker verdienen?« fragte eine Anzeige in einer Londoner Zeitung. »Wir können Ihnen zeigen, wie. Nehmen Sie bei uns acht Lektionen, die wir Ihnen per Post zum Preis von vier Guineen pro Kurs zusenden.«[71] Einige Zeitungen versuchten ehrlich, die Behandlungsmethoden zu untersuchen, und Jones schrieb, daß die *Daily Graphic* einen Sonderausschuß aus Juristen und Ärzten gebildet hatte, der täglich Bericht erstatten sollte.

»Die Feindseligkeit«, schrieb er, »richtet sich hauptsächlich gegen den Laienanalytiker; und Scharlatene, Quacksalber und Spiritisten sind die häufigsten Bezeichnungen. Gelegentlich macht man einen Unterschied zwischen Quacksalbern und ›echten Analytikern‹, meistens aber nicht.«[72] Im Januar 1921 fügte er hinzu, daß man versuchte, den Londoner Stadtrat dazu zu bewegen, die Laienanalyse nach dem für Massage und andere halb-medizinische Tätigkeiten geltenden Gesetz zuzulassen und zu überwachen, aber wie er voraussagte, führte der Vorschlag zu nichts.

Wie stark die Position der Betrüger und Laien in England schließlich war, ist ungewiß, aber Jones schrieb Freud, man müsse sie ernst nehmen: »Ein in London gut bekannter rühmte sich, die Königin habe mit ihm eine Psychoanalyse des Prince of Wales nach dessen Rückkehr aus Indien vereinbart, was vor dem König geheimgehalten werden müsse. Höchstwahrscheinlich stimmte die Geschichte, daher schrieben Bryan und ich an den Privatsekretär der Königin und wiesen auf die Gefahren eines solchen Vorgehens hin. Wir erhielten eine dankbare Empfangsbestätigung.«[73]

Die Angriffe wegen Obszönität gingen weiter und erreichten einen neuen Höhepunkt durch das Erscheinen der englischen Übersetzung der ausführlichen Schilderung des sexuellen Erwachens eines jungen Mädchens. Es handelte sich um das *Tagebuch eines halbwüchsigen Mädchens*, das Freud »ein kleines Juwel«[74] genannt hatte. Das Gutachten eines Lektors des Verlages Allen & Unwin, dem das Manuskript eingereicht worden war, empfahl die Veröffentlichung, wies aber darauf hin, daß es das beste wäre, »einen geeigneten und gut bekannten Autor ein Vorwort schreiben zu lassen und das Buch als eine wissenschaftliche Kuriosität und soziologische Warnung zu bringen. Es zu veröffentlichen, wie es ist, mit Dr. Freuds kurzer Feststellung, daß es ›ein kleines Juwel‹ sei und veröffentlicht – ›der Öffentlichkeit übergeben‹ – werden müsse, würde die Gefahr mit sich bringen, die Aufmerksamkeit der Polizei zu erregen.«[75] Nachdem das Buch Anfang 1921 erschienen war, rief der *Evening Standard* nach dem Staatsanwalt, und Jones berichtete, Stanley Unwin »suchte mich in beträchtlicher Panik auf. Ich schrieb ihm einen Brief, in dem ich ihn zur Veröffentlichung dieses wertvollen Werkes beglückwünschte etc., den er der Polizei zeigen kann ... Das hat den Vorteil, Unwin abhängiger von uns zu machen.«[76]

Das Tagebuch war Freud von Dr. Hermine von Hug-Hellmuth, einem Mitglied der Wiener Psychoanalytischen Vereinigung, zugeschickt worden. Als er den Erhalt bestätigte, schrieb er: »Wirklich, ich glaube, noch niemals hat man in solcher Klarheit und Wahrhaftigkeit in die Seelenregungen hineinblicken können, welche die Entwicklung des Mädchens unserer Gesellschafts- und Kulturstufe in den Jahren der Vorpubertät kennzeichnen.«[77] Als aber James Strachey den Brief in der *Standard Edition* der Werke Freuds veröffentlichte, hielt er eine Fußnote für angebracht: »Es sollte hinzugefügt werden, daß nach seinem Erscheinen die Meinung laut wurde, das Tagebuch könnte von der unbekannten Person bearbeitet worden sein, die das Manuskript Frau von Hug-Hellmuth übergab.«[78] Das Buch wurde in Deutschland tatsächlich zurückgezogen, wo man vielfach glaubte, ein gut Teil davon sei das Produkt der übererregten Phantasie Frau von Hug-Hellmuths.

Die Angriffe gingen noch lange weiter und richteten sich gegen die Werke, die wir heute wohl als die am wenigsten anstößigen betrachten würden. Im Februar 1921 hieß es tatsächlich noch in einem Brief an die *Occult Review* über *Die Traumdeutung*: »Hätten wir das Buch nicht vor uns liegen, so würde man niemals glauben, daß sich ein angesehener Wissenschaftler bemühen könnte, eine Theorie auf den Schmutz und die Narrheiten von halb Wahnsinnigen zu gründen und zu erwarten, daß diese Theorie auf die Tatsachen des normalen Geistes und die Träume gesunder Menschen anwendbar sei.«[79] Und noch 1932 reichten an die 300 Bürger von North Carolina eine Eingabe an den Gouverneur ein, in der gegen die Aufnahme von Freuds *Vorlesungen zur Einführung in die Psychoanalyse* in die Universitätsbibliothek des Staates protestiert wurde.

Auch in intellektuelleren Kreisen fand Freud weniger Billigung, als man hätte erwarten können. Eine in England typische Einstellung gab eine

Figur in Rose Macaulays *Dangerous Ages* wieder, die behauptete, der Freudismus könne auf wunderbare Weise alles heilen: »Granatenschock, Schlaflosigkeit, nervöse Depressionen, Hexenschuß, Selbstmordneigung, Familienleben – alles«[80]. Sogar seine Verleger hatten Ansichten, über die Freud nicht eben glücklich gewesen wäre. Im Jahre 1924 begann die von Leonard und Virginia Woolf gegründete Hogarth Press mit der Veröffentlichung von psychoanalytischer Literatur für das Londoner Institute of Psycho-Analysis. Virginia Woolf war nicht begeistert und schrieb Molly MacCarthy (der Frau von Desmond MacCarthy, dem Autor und Kritiker): ». . . wir veröffentlichen jetzt den ganzen Dr. Freud, und ich werfe einen Blick auf die Korrekturfahnen und lese, wie Herr A. B. ein Glas rote Tinte auf das Laken seines Hochzeitsbettes goß, um seine Impotenz vor dem Dienstmädchen zu verbergen, aber er schüttete sie auf die falsche Stelle, was den Verstand seiner Frau zerrüttete – und bis heute verschüttet sie Rotwein auf dem Eßtisch. Wir könnten alle stundenlang so weitermachen; und doch denken diese Deutschen, es beweise etwas – außer ihrer eigenen möwenhaften Dummheit.«[81] J. M. Keynes, der demselben Unternehmen in Bloomsbury angehörte und für den *Manchester Guardian Commercial* über rein wirtschaftliche Angelegenheiten schrieb, bemerkte: »Da die Religion tot und die Philosophie verdorrt ist, läuft das Publikum zu den Zauberdoktoren. Unsere Feigenblätter sind, was den Schnitt und das Material anbetrifft, aus der Mode gekommen, und wir finden sie weder bequem noch kleidsam. Freud empfiehlt uns, sie wegzureißen, Coué, zwei Paar zu tragen.«[82]

Die Reaktion aus Bloomsbury war die natürliche Antwort auf Freuds Darstellung des Schriftstellers und Künstlers als eines gewitzten Neurotikers, der imstande ist, seine eigenen Phantasien in Ruhm und Geld zu verwandeln. Roger Fry und Clive Bell waren nur zwei von denen, die sich dagegen verwahrten, und die gleiche Einstellung herrschte auch anderswo, sogar bei denen, die zugaben, daß sie der Psychoanalyse Dank schuldeten. So konnte Thomas Mann sagen, was ihn betreffe, so sei mindestens eines seiner Werke, die kurze Novelle *Der Tod in Venedig*, unter dem unmittelbaren Einfluß Freuds geschaffen worden. Ohne Freud hätte er nie daran gedacht, dieses erotische Motiv zu behandeln, oder er hätte es jedenfalls anders behandelt. Wenn man es in militärischen Begriffen ausdrücken könne, so würde er sagen, Sigmund Freuds These stelle eine Art von Generaloffensive gegen das Unbewußte mit dem Ziel seiner Eroberung dar. Als Künstler müsse er jedoch gestehen, daß er mit den Freudschen Ideen ganz und gar nicht zufrieden sei; vielmehr fühle er sich durch sie beunruhigt und verkleinert. Der Künstler werde durch Freuds Ideen so weit geröntgt, daß das Geheimnis seiner schöpferischen Kunst verletzt werde.[83]

Angesichts dieses Stroms von Empfindungen in England und anderswo – Empfindungen, die manchmal wirklich vorhanden, manchmal nur angedeutet und manchmal nur vermutet wurden – arbeitete Jones hartnäckig weiter, er sprach vor Ärztevereinigungen, bereitete den Boden für das Institute of Psycho-Analysis vor, das er 1924 gründete, und widmete praktisch sein ganzes beachtliches Talent der Förderung der Sache. Ein kleiner, aber typischer Hinweis auf seine Probleme findet sich in dem Bericht an Freud über ein Dinner, das vom Lyceum Club, einem vornehmen Londoner Damenklub, gegeben wurde und auf dem die Psychoanalyse dargestellt werden sollte. Es war viel Arbeit nötig gewesen, um das Ganze vorzubereiten, und Jones hegte große Hoffnungen in bezug auf das Ergebnis:

»Man hatte mir fest versprochen, daß keine Gäste ohne meine Zustimmung eingeladen werden sollten, vor allem nicht gewisse Außenseiter und Pseudo-Analytiker, und daß es keine Debatte geben werde. Tatsächlich lud man eine Reihe fragwürdiger Personen ein, die zum Nachteil vieler unserer Mitglieder die Ehrenplätze erhielten. Barbara Low, Flugel und ich sprachen – ich glaube, alle gut und mit einem guten Eindruck – nach dem Dinner, und dann erklärte die Gastgeberin, die sich die ganze Zeit sehr unhöflich benommen hatte, dies sei ein umstrittenes Thema und wir sollten uns alle aus dem Speisezimmer in einen anderen Raum begeben, wo William Brown die Debatte eröffnen werde. Es waren neun Mitglieder unserer Vereinigung anwesend, und in diesem Augenblick verließen wir alle den Klub mit Ausnahme von Flugel, der es mit seiner üblichen Feigheit nicht über sich brachte, sich ›unhöflich‹ zu benehmen. Ich schickte später dem Klub-Komitee einen formellen Protest, und die Angelegenheit wird noch diskutiert.«[84]

Im Lyceum Club wie anderswo in England und in den Vereinigten Staaten konzentrierte sich die Dikussion über die Psychoanalyse auf ihre Brauchbarkeit für medizinische Zwecke und auf die Frage, ob ihre Betonung des Sexuellen gerechtfertigt sei. Gleichzeitig aber wurden in beiden Ländern und in geringerem Maße auf dem europäischen Kontinent psychoanalytische Methoden immer häufiger auf Bereiche ausgedehnt, die nichts mit Therapie zu tun hatten und auf denen die Theorien Freuds – wenn überhaupt – nur mit der größten Sorgfalt und Umsicht angewandt werden konnten. »In einem gröberen Sinne«, schrieb F. H. Matthews im *Journal of American Studies*, »wurde sie rasch zu einem allgemeinen polemischen Werkzeug: der ›Puritanismus‹ wurde durch die Frustrationen Martin Luthers enthüllt, und die schmutzigen Wurzeln des

Progressismus Theodore Roosevelts wurden durch eine pseudofreudsche Analyse seiner ›wahren‹ Gründe für die Spaltung der Republikanischen Partei aufgedeckt.«[85]

Am weitesten reichten jedoch die bereits von der Psychoanalyse ausgehenden Verzweigungen in der Literatur und Biographie. Das war zu erwarten. Sobald man einmal außerhalb der Welt der Medizin begriffen hatte, daß die Handlungen der Menschen von Faktoren bestimmt werden konnten, von denen sie selbst nichts wußten, gab es so gut wie keine Grenzen mehr für die Untersuchung der bekannten Gestalten der Literatur und der berühmten Persönlichkeiten der Geschichte – was Freud in seiner *Gradiva* und im »Leonardo« bereits gezeigt hatte.

Diese Aussicht war sehr attraktiv, denn sie ermöglichte es dem Leser, unter dem Deckmantel der medizinischen Respektabilität zu genießen, was zu genießen er sich einige Jahre früher noch geschämt hätte. Manchmal wurde ein psychoanalytischer Hintergrund anhand von recht zweifelhaften Beweisen angenommen, wie es bei Sherwood Anderson der Fall war. Irving Howe, sein Biograph, schrieb:

»Als sein Werk in den zwanziger Jahren bekannt wurde, wurde Anderson rasch das Etikett eines Freudianers angehängt, gewöhnlich von Kritikern, die eine kausale Verbindung zwischen Freuds Theorien und der Zeichnung neurotischer Charaktertypen in *Winesburg* annahmen. Er wurde oft als der am stärksten von Freud beeinflußte amerikanische Autor bezeichnet, und in ›The Dial‹ hatte Miss Alyse Gregory die kurzsichtige Vision eines Anderson, der ›wie das ängstliche weiße Kaninchen in Alice im Wunderland . . . die letzte Ausgabe von Sigmund Freud an sich drückt‹. Regis Michaud, ein extravaganter freudianischer Kritiker pries Anderson als ›den Freudschen Romancier *par excellence*‹, und Camille McCole, ein katholischer Autor, verurteilte ihn mit ungefähr den gleichen Ausdrücken.«[86]

Die meisten Kritiker konzentrierten sich auf verschiedene Anspielungen in *Poor White*, in denen sie Hinweise auf etwas sahen, was als psychoanalytische Begriffe gedeutet werden konnte, und auf die Bemerkung in *Dark Laughter*: »Wenn es im menschlichen Leben etwas gibt, was du nicht verstehst, konsultiere die Werke Doktor Freuds.«[87] Seinen Freunden gegenüber bestand Anderson jedoch darauf, daß er Freud nicht gelesen habe, und dasselbe sagte er in seinen Memoiren: »Ich habe ihn nie gelesen.«[88]

Die Ablehnung jeder Verbindung mit Freud war die Reaktion vieler Schriftsteller und Künstler, deren Arbeit in einem geringeren oder größeren Ausmaß davon beeinflußt wurde, daß das Unbewußte für die breite Öffentlichkeit zu einem Begriff geworden war. So schrieb

D. H. Lawrence seine »ekstatischen antifreudschen Tiraden«[89] und seine Essays »Psychoanalysis and the Unconscious« und »Fantasia of the Unconscious«. Frieda Lawrence dagegen bewunderte Freud sehr und diskutierte ihre Ideen ausführlich mit ihrem Mann. »Lawrences Schlußfolgerung«, schrieb sie, »ging mehr oder weniger dahin, das Freud das Sexuelle zu sehr vom Standpunkt des Arztes betrachtete, daß Freuds ›Geschlecht‹ und ›Libido‹ zu eng begrenzt und mechanisch seien und daß die Wurzel tiefer liege.«[90] Auch andere Intellektuelle nahmen eine kritische Haltung ein, vor allem Aldous Huxley mit seiner Verachtung für die Freudsche Symbolik und seiner schädlichen Satire über das Leben und Treiben der Psychoanalytiker, *The Farcical History of Richard Greenow.* Nichtsdestoweniger schrieben Katherine Mansfield, Elizabeth Bowen und ganz gewiß auch Virginia Woolf – trotz ihrer Bemerkung über die »möwenhafte Dummheit« – alle auf eine Weise, die vor Freud kaum verständlich gewesen wäre.

Doch die Einstellung der Mehrheit in England wurde zweifellos von zwei der wichtigsten Spiegel zeitgenössischen Geschmacks reflektiert – *The Times Literary Supplement* und der humoristischen Zeitschrift *Punch.* In der Besprechung von *Uncle Lionel,* einem Roman des englischen Autors S. P. B. Mais, hieß es im *Supplement*:

»Der Autor hat die Theorien jener beiden sehr achtenswerten Herren, deren Namen man allmählich schon nicht mehr hören mag, Messrs. Jung und Freud, studiert, und offenbar löste diese Lektüre bei ihm den gleichen geistigen Granatenschock aus, den sie in letzter Zeit weithin unter den Romanciers verbreitet hat. Selbst wenn es wahr ist, daß das Unbewußte das Denken und Handeln in dem von ihnen angenommenen Ausmaß beeinflußt, warum muß man dann dem Unbewußten einen so überaus schlechten Ruf anhängen? Mr. Jung selbst hat dem Vernehmen nach ein paar gute Worte für es eingelegt; er hat darauf hingewiesen, daß seine Absichten keineswegs immer inzestuös sind. Warum müssen aber dann die Figuren im psychologischen Roman unweigerlich abscheulich sein? Wann wird es einem Romancier möglich sein, eine anständige und lesbare Geschichte zu schreiben und dennoch für wissenschaftlich gehalten zu werden? Wie lange wird sich die Theorie noch halten, daß die Wissenschaft der Psychologie ein besonderes Mittel sei, Romanautoren eine Einsicht, die sie nicht besitzen, in die seelischen Vorgänge von Figuren zu geben, die sie selbst geschaffen haben?«[91]

Punch widmete anschließend an diese Besprechung Freud und Jung ein Gedicht von zehn Zeilen, dessen Verfasser behauptete, er habe in der letzten Ausgabe der berühmten *Encyclopaedia Britannica* gesucht und darin keinen von dem edlen Paar auch nur erwähnt gefunden. Wenn er ein Despot wäre, sagte er, ein wohlwollender, versteht sich, dem die letzten Entwicklungen der Sprengstofftechnik zur Verfügung ständen, so würde er eine noch dickere Berta (eine Anspielung auf die »Dicke Berta« genannten 42-cm-Mörser der Deutschen im Ersten Weltkrieg) bauen, sie vollstopfen mit den Romanciers, die über Messrs. Jung und Freud brüten, und ins Leere abfeuern.[92]

Samuel Freud schickte ein Exemplar davon nach Wien, und Freud antwortete ihm, er finde das Gedicht ziemlich albern. Außerdem, erfuhr Samuel, stand Freuds Name zwar nicht in der 11. Auflage der *Encyclopaedia Britannica*, wohl aber im Ergänzungsband aus dem Jahre 1913.[93]

Trotz der Andeutung in *The Times Literary Supplement* zögerten viele Autoren, das Unbewußte als eine der Haupttriebfedern ihres Schaffens anzuerkennen, ganz im Gegensatz zu André Breton, dem Gründer der Schule des literarischen Surrealismus und einem der wenigen Autoren, die den Einfluß der Psychoanalyse zugaben. Das Zögern ist verständlich. Eine der ersten Prämissen der Psychoanalyse hatte gelautet, es bestehe eine enge Verbindung zwischen dem Triebleben und dem Leben der Phantasie und eine Ähnlichkeit zwischen dem neurotischen Patienten, der seine Neurose unter der Behandlung aufgibt, und dem Künstler, der Gefühle zu schöpferischer Arbeit sublimiert. Berufskünstler nahmen oft Anstoß an dieser Betrachtung des schöpferischen Aktes als »eines subjektiven Mittels, der Wirklichkeit auszuweichen, anstatt eines objektiven Plans, sie zu gestalten«[94].

Eine bemerkenswerte Ausnahme von der Gewohnheit des Romanschriftstellers, einen Graben zwischen sich und der Psychoanalyse zu ziehen, war Theodore Dreiser, der einmal schrieb:

»Ich werde nie meine erste Begegnung mit [Freuds] *Drei Abhandlungen zur Sexualtheorie*, seinem *Totem und Tabu* und seiner *Traumdeutung* vergessen. Damals, und auch heute noch, war jeder Abschnitt eine Enthüllung für mich, ein starkes, enthüllendes Licht, das auf einige der dunkelsten Probleme fiel, die mich und meine Arbeit heimsuchten und störten. Und seine Lektüre hat mir beim Studium des Lebens und der Menschen geholfen. Ich sagte damals, und wiederhole es nun, daß er mich an einen Eroberer erinnerte, der eine Stadt eingenommen hat, ihre uralten, ehrwürdigen Kerker betritt und dort großzügig darangeht, aus ihren düsteren, modrigen Verliesen die Gefangenen von Schemas, Glaubensvorstellungen und Illusionen zu befreien, die den Menschen Hunderte und Tausende von Jahren lang quälten und zermürbten. Und ich denke noch heute so!

Das Licht, das er auf den menschlichen Geist geworfen hat! Seine

Phantastereien und zerstörerischen Wahnvorstellungen und ihre Heilung! Es ist für mich zugleich gigantisch und schön.«[95]
Wichtiger vielleicht als die erzählende Literatur, die entweder das Unbewußte des Lesers zum Verständnis des Textes heranzog oder die Handlung vor einem psychoanalytischen Hintergrund ablaufen ließ, waren die Psychobiographie und die Psychohistorik. Selbst wenn die offensichtlichen Trugschlüsse in Freuds Abhandlung über Leonardo durch den geglückten Stil zum Teil aufgewogen wurden, war doch die Abhandlung selbst nicht ohne Mängel. »[Ihre] auffällige Neuartigkeit und die verblüffenden Schlüsse«, sagte William L. Langer, der Präsident der American Historical Association, in einer Rede, die er Jahre später vor der Vereinigung hielt, »trugen viel dazu bei, die Flut von psychoanalytischen oder, besser gesagt, pseudobiographischen psychoanalytischen Schriften auszulösen, von denen beinahe alle so niedrigen Ranges – ohne Sachkenntnis geschrieben, sensationell und schockierend – waren, daß sie die ganze Freudsche Methode in Verruf brachten. Ich zweifle nicht daran, daß dies wiederum ernsthafte Gelehrte – die Historiker unter ihnen – entmutigte, die Möglichkeiten der neuen Lehren wirklich zu prüfen.«[96]
Eine andere Entmutigung könnte den anfänglichen Überspanntheiten des *International Journal of Psycho-Analysis* zuzuschreiben sein, das, kurz nach dem Krieg gegründet, theoretisch von Freud geleitet wurde und in praktischer Hinsicht vorwiegend Ernest Jones unterstand. (Die deutschsprachige *Internationale Zeitschrift für Psychoanalyse* war das Gegenstück zum *Journal*, von diesem aber inhaltlich unabhängig. Anm. des Übers.) Von Anfang an ließ sich das *Journal* über nichtmedizinische Themen aus. Die erste regelrechte Abhandlung hatte den Titel »Über den Charakter und das Eheleben Heinrichs VIII.«, und andere, die folgten, analysierten Lady Macbeth und Shylock. James S. Van Teslaar bemerkte, als er über »Die Bedeutung der Psychoanalyse in der Geschichte der Wissenschaft« schrieb: »Schon ist es nicht mehr zu früh zu behaupten, daß die Psychoanalyse für die ganze Gruppe der sogenannten Geisteswissenschaften zu tun verspricht, was die Evolutionslehre – und im besonderen das Werk Darwins – für die biologische Gruppe der Wissenschaften getan hat . . .
Durch die Psychoanalyse werden endlich geistige Gesundheit, Leistungsfähigkeit, Erziehung von Körper und Geist, menschliches Wohlergehen – das der Spezies wie das persönliche – der bewußten Lenkung und Kontrolle unterworfen, genau so, wie sich heute die Kräfte der Natur in den Händen des Ingenieurs befinden.«[97]
Wenn die Psychoanalyse mit solchen Darlegungen unterstützt wurde, brauchten sich ihre Gegner kaum Sorgen zu machen.

18
Die Neueinschätzung des Unbewußten

Es [das Ich] gleicht so im Verhältnis zum Es dem Reiter,
der die überlegene Kraft des Pferdes zügeln soll,
mit dem Unterschied,
daß der Reiter dies mit eigenen Kräften versucht,
das Ich mit geborgten.

Freud, *Das Ich und das Es*

Trotz der Gefahren der zu großen Popularität, der Überspanntheiten der allzu Begeisterten und des Treibens der Quacksalber und Scharlatane festigte die Psychoanalyse während der frühen zwanziger Jahre die Basis, die sie in der Endphase des Ersten Weltkrieges gewonnen hatte. Die Zahl der Analytiker und ihrer Patienten nahm von Jahr zu Jahr zu, vor allem in den Vereinigten Staaten und Großbritannien, wo man der Psychoanalyse einen höheren Status einräumte als in den meisten Ländern des europäischen Kontinents. Von ihrer Möglichkeit, bei der Lösung von literarischen, biographischen oder historischen Rätseln der Vergangenheit Hilfe zu leisten, wurde manchmal mit einem Dilettantismus Gebrauch gemacht, der zum Spott herausforderte, gelegentlich aber auch auf sinnvolle Weise. Die zunehmende allgemeine Anerkennung des Unbewußten als eines Faktors im menschlichen Leben beeinflußte immer stärker die Literatur und Kunst, und als die Surrealisten ihre eigenen Tarokkarten entwarfen, war der Genius des Traums Isidore Lucien Ducasse (der unter dem Pseudonym Comte de Lautréamont bekannte französische Dichter), die Sirene war Carrolls Alice (im Wunderland) und der Magier war Freud.

Eine potentielle Gefahr für die Sache war das erste Auftreten der Neofreudianer, das heißt jener Analytiker, die im Gegensatz zu Adler, Jung und den anderen Dissidenten die Grundprinzipien Freuds akzeptierten, sie aber dadurch abwandelten, daß sie Faktoren hervorhoben, die Freud entweder ignoriert oder als nebensächlich betrachtet hatte. Während beispielsweise die orthodoxe »kontinentale« Schule weiterhin die Ansicht vertrat, daß die Psyche ausschließlich durch psychologische Faktoren beherrscht werden könne, betonten andere Analytiker – typische Vertreter waren später Fromm, Horney und Sullivan – die Bedeutung kultureller oder sozialer Zwänge.

Die Marxisten ihrerseits wiesen darauf hin, daß die Psychoanalyse die wirtschaftlichen Motivationen menschlichen Verhaltens in Betracht ziehen müsse, während Melanie Klein eine Technik entwickelte, Kinder zu analysieren, die nicht älter als zwei Jahre waren. Diese und andere Erweiterungen oder Modifikationen des Werkes Freuds in den Zwischenkriegsjahren verwandelten das, was für viele Freudianer vergleichsweise einfache Gewißheiten gewesen waren, in ein Netzwerk verschiedener Theorien, die manchmal ineinander griffen, manchmal gegensätzlicher Natur waren und oft mit einem dogmatischen Eifer vertreten wurden, der Freud in seinen leidenschaftlichsten Augenblicken Ehre gemacht hätte. Noch wichtiger war der Einfluß gewisser Kritiker, die Freud zwar hinsichtlich der Bedeutung zustimmten, die er dem Unbewußten beimaß, im übrigen aber weder die Entwicklung seiner Theorien akzeptieren, noch auch nur die Gültigkeit einiger seiner fundamentalen Ansichten anerkennen konnten. Professor William McDougall glaubte, wie er im Vorwort zu seiner *Outline of Abnormal Psychology* sagte, »daß Professor Freud mehr für den Fortschritt der Psychologie getan hat als irgendein Gelehrter seit Aristoteles . . . [Aber] ich betrachte einen großen Teil der gegenwärtigen psychoanalytischen Lehre als schlecht begründet und recht phantastisch.«[1] C. S. Myers, Präsident des International Congress of Psychology vertrat eine ähnliche Anschauung und schrieb im Laufe einer scharfen Debatte mit Jones:

»Mein Standpunkt in bezug auf Freud ist, daß es kaum eine Erklärung gibt, die nicht in *gewissen Fällen* stichhaltig und daß es kaum eine *Verallgemeinerung* gibt, die anzufechten ich nicht bereit wäre. Es ist meine Überzeugung, daß wir noch weit mehr unvoreingenommene Forschung brauchen und daß die Bindung an eine ›Schule‹ sie unmöglich macht.«[2]

Nichtsdestoweniger war klar, daß die Psychoanalyse endgültig Fuß gefaßt hatte, was wenigstens ein gewisser Trost für Freud war, als er in den Jahren unmittelbar nach dem Krieg mit den finanziellen Problemen kämpfte, die für die freiberuflich tätigen Akademiker in Österreich noch bedrohlicher waren als für die übrige Bevölkerung. In Wien war er trotz seines Rufes im Ausland noch verhältnismäßig unbekannt, obwohl mehr als ein berühmter Wiener seine Hilfe in Anspruch nahm. Einer von ihnen war Eisenbach, der größte Komiker der Hauptstadt. Er litt an schweren Depressionen.

Anfang 1920 war Freud zwar zum ordentlichen Professor ernannt worden, aber er bekam damit noch immer keinen Sitz in der Fakultät. Er wurde nur widerwillig anerkannt, und wenn man ihn daran erinnerte, daß sein Ruf weit über die Grenzen des Landes hinausgedrungen sei, antwortete er schroff, er beginne erst, wenn er bis an die Grenze reiche. Als seine Einkommensteuererklärung mit der Begründung angezweifelt wurde, daß sein Ruf Patienten aus dem Ausland anziehe, die imstande seien, hohe Honorare zu zahlen, bemerkte er, dies sei die erste offizielle Anerkennung, die seine Arbeit in Wien gefunden habe.
Von dieser Arbeit, geschweige denn von seinem Ruf, wußten selbst die nächsten Nachbarn nur wenig. Eine Frau, die ebenfalls in der Berggasse 19 wohnte und Martha immer grüßte, wußte so gut wie nichts von dem, was Freud tat. Sie begegnete ihm gelegentlich beim Betreten oder Verlassen des Hauses, aber ihre Kontakte mit ihm waren von ganz anderer Art als die freundlichen Worte, die sie mit Martha austauschte. »Es gab vielleicht einen kurzen Gruß oder ein Nicken, aber das war ziemlich ungewöhnlich, denn sie erinnerte sich hauptsächlich daran, daß überhaupt nicht gegrüßt wurde«, sagte ein Amerikaner, der Jahre später mit ihr über Freud sprach. »Er ging vielleicht mit gesenktem Kopf oder ignorierte sie eben einfach. Sie schrieb dies seiner, wie sie vermutete, intensiven Beschäftigung mit seinen beruflichen Interessen und geistigen Dingen zu. Der Grad der Geistesabwesenheit war beeindruckend.«[3]
Innerhalb der Wohnung hatte sich seit seinem Einzug vor mehr als 30 Jahren nicht viel verändert. Im Wartezimmer sah man noch die schweren roten Plüschsessel aus den achtziger Jahren. An den Wänden hingen noch die eingerahmten Diplome, und auf den Seitentischchen standen die Statuetten, die archäologischen Kuriositäten und die schönen Stücke, die er im Laufe der Jahre gesammelt hatte. An einer Wand hing ein französischer Druck, der eine nackte, bewußtlose Frau darstellte. »Sie war ausgestreckt und in der Gewalt eines dämonischen Inkubus und ließ so gewissermaßen an den Gegenstand der psychoanalytischen Therapie denken«, erinnerte sich ein Besucher. »Links von der Tür stand auf einem Schrank eine große, schlichte antike Urne. Ihre gesammelte Stille mag etwas von Freuds noch nicht enthüllter Philosophie ausgedrückt haben.«[4] Wenn die Tür zum Behandlungszimmer aufging, sah sich der Besucher einer eindrucksvollen Gestalt gegenüber. Freuds Aussehen entsprach seinem Alter, aber seine Bewegungen waren noch flink, seine Stimme klang noch fest, sein weißer Bart war noch tadellos gestutzt. Und vor allem waren da seine tiefliegenden braunen Augen mit einem durchdringenden Blick, den man schwer vergaß. »Im Alter wies ihn sein Gesicht als einen aus, der mitten in der Schlacht steht«, bemerkte der

obenerwähnte Besucher. »Die tiefe Falte zwischen Nase und Wange setzte sich bis über das rechte Auge hinauf fort wie ein flatterndes Kriegsbanner und hob sowohl die Schönheit der Brauen als auch die Wachsamkeit des Helden hervor, der sich Werken des Friedens gewidmet hatte, aber tödlichen Mächten begegnet war. Offensichtlich hatte er gelernt, mit den Extremen zu spielen.«[5] Das war der nun in der Mitte der Sechziger stehende Mann, der sich fragte, ob der Sieg der »Sache« nur ein vorübergehender war, der darum kämpfte, den Verlag am Leben zu erhalten, der versuchte, die Geschicke der Psychoanalyse durch seinen Einfluß in der Internationalen Vereinigung zu lenken – und mit seinen finanziellen Mitteln auszukommen.

Zugleich gelang es ihm immer noch, einige Zeit zu erübrigen, um die Rolle Freuds des Patriarchen zu spielen, des Mitglieds der Familie, an das sich alle anderen um Rat wenden konnten und von dem mehr als einer das Geld bekam, das er brauchte, um sich finanziell über Wasser zu halten. Es war eine Rolle, die er genoß. Hinter dem gelassenen, ein wenig düsteren Äußeren, der Fassade des Mannes, der ganz in die medizinischen Kuriositäten seines Berufes und die spekulativen Theorien, zu denen sie führten, vertieft war, hegte er warme Gefühle für seine Verwandten, wie ein Brief an Samuel in England zeigt, den er im Dezember 1921 schrieb und in dem er sich für eine Unterbrechung seines gewöhnlich so regen Briefwechsels entschuldigte:

»Ich bin sehr weit davon entfernt, Dich, Mutter und die Mädchen zu vergessen, und es können auch nicht viele Tage vergehen, ohne daß die Erinnerung an meinen lieben, geliebten älteren Bruder aufsteigt. Glaubst Du, daß er sich über meine derzeitige Popularität gefreut hätte? Mir ist sie eine Last.

Seit Juli hat sich nicht viel ereignet. Ich habe einen Teil des Sommers in Seefeld, Tirol, verbracht. Ich kann die Illusion nicht loswerden, Dir von dort Mitte Sept. mehrere Ansichtskarten geschickt zu haben. Ich fuhr nach Berlin mit Ernesti, der unseren Sommer als Begleiter mit uns geteilt hatte. Ich sah Ernst, seine Frau Lucy (oder Lux), seinen bemerkenswerten Sohn, traf Oliver aus Rumänien zurückgekehrt an, besuchte Tante Marie, die Witwe, fuhr dann nach Hamburg hinüber, um einige Tage in Sophies verwaistem Haus zu weilen – Du weißt, ich habe den armen Max sehr gern –, genoß die Freuden eines Großvaters, hätschelte den kleinen Heinz, ein reizender, unartiger Teufel von einem Buben. Die letzte Septemberwoche war ich in Gesellschaft meiner engsten Freunde und Anhänger (Jones aus London, Abraham aus Berlin, Ferenczi aus B'pest, Rank aus Wien), und wir reisten durch den Harz: Hildesheim, Halberstadt, Goslar etc. Am letzten des Monats war ich für ein paar Tage

daheim. Ich war dann sehr beschäftigt mit 6 Amerikanern, 3 Engländern, 1 Schweizer, hörte zu und redete 9 Stunden täglich, und so ging es die letzten zwei Monate.
Da ich ausländisches Geld verdiene, bleibt mir das Elend unserer Stadt erspart. Es ist mir sogar gelungen, einen Teil des durch den Krieg verlorenen Geldes zurückzugewinnen, und solange ich weiterarbeiten kann, bin ich sicher, von finanziellen Sorgen frei zu sein. Ich bin froh, sagen zu können, daß keiner der Familie noch von den spärlichen und unersetzlichen Unterstützungen Elis abhängig ist.
Ein großes Unglück hat es nicht gegeben. Tante Minna stürzte vor drei Wochen auf der Straße, brach sich den rechten Arm, und es geht ihr seither nicht eben glänzend, aber es ist nichts Ernstes. Anna ist bei prächtiger Gesundheit und wäre ein reiner Segen, wenn sie nur nicht ihren 26. Geburtstag (gestern) immer noch daheim erlebt hätte. Martha und ich spüren, wie uns die Grillen des Alters überkommen. Martin hat eine respektable Stellung bekommen, seinem Sohn geht es gut.
Du wirst aus den Zeitungen erfahren haben, wie verzweifelt unsere öffentlichen Zustände sind. Oder vielleicht hat man in Euren Zeitungen kein Interesse an Österreich.
Unsere alte Mutter ist bemerkenswert munter, es scheint eine Sache der Gewohnheit und Übung zu sein. Bin froh, daß Du das gleiche von Deiner Mutter sagst.
Meine liebsten Grüße an Euch alle. Laß mich bald mehr hören.

Herzlichst, Dein Sigm.«[6]

Die Amerikaner waren wichtig für Freuds wirtschaftliches Auskommen. »Ich hänge von den ausländischen Patienten und Schülern ab, da es unmöglich wäre, von Österreichern Honorare zu bekommen, von denen man leben kann«, gestand er Samuel. »Ende dieses Monats verlassen mich vier Patienten (zwei Amerikaner und zwei Engländer), ich erwarte also eine leichtere, aber ärmere Zeit.«[7]
Seine Lage wurde einem Amerikaner vor Augen geführt, dem er erklärte: »Meine Honorare sind 10 Dollar pro Stunde oder etwa 250 Dollar im Monat, zahlbar in Banknoten, nicht in Schecks, die ich nur gegen Kronen einlösen könnte.«[8] Einige seiner Besucher waren Patienten; viel mehr kamen zur Ausbildung – was er bezeichnenderweise »die Unterrichtung von Schülern«[9] nannte –, und er hatte stets Schwierigkeiten, ein richtiges Gleichgewicht herzustellen. Einmal hatte er einen Patienten und sieben Schüler. Bei einer anderen Gelegenheit hatte er sich bereit erklärt, sechs Amerikaner zur Ausbildung zu übernehmen, und entdeckte dann erst, daß seine Zeit nur für fünf ausreichte. »Wir versammelten uns alle am nächsten Tag um drei Uhr nachmittags und

wurden in sein Behandlungszimmer geführt«, schrieb Abram Kardiner. Dann erklärte Freud, seine Tochter, seine Frau und er selbst hätten eine Lösung gefunden, von der er hoffe, daß sie uns allen recht sei. »Meine Tochter Anna hat den besten Vorschlag gemacht«, fuhr er fort. »Da sie so etwas wie eine Mathematikerin ist, rechnete sie sich aus, daß 6 x 5 = 30 ist und 5 x 6 auch 30 ergibt. Wenn also jeder von Ihnen eine Stunde pro Woche opfert, kann ich Sie alle unterbringen.«[10] Ein Problem war die Sprache, da Freud zwar gut Englisch verstand, nicht aber die vielen verschiedenen amerikanischen Akzente seiner Besucher. »Die neunstündige Analysenzeit hat durch ihre Wendung ins Englische (5 Stunden) eine Verschärfung erfahren«, schrieb er Abraham. »Ich merke mit Staunen, wie sehr die Anstrengung des Horchens und inneren Übersetzens die freie Energie aufzehrt.«[11]

Aber es war in finanzieller Hinsicht nicht die Zeit, allzu wählerisch zu sein. Zu Jones sagte er über einen jungen Mann, er sei nicht sehr gescheit – tatsächlich eher ein Esel. Aber fünf Dollar waren damals eben 750 Kronen wert. Und einem Kollegen, Edoardo Weiss, schrieb er: »Im ungünstigsten Falle schifft man solche Leute . . . mit etwas Geld über den Ozean, sagen wir nach Südamerika, und läßt sie dort ihr Schicksal suchen und finden.«[12]

Aber nicht nur die Amerikaner machten ihm Schwierigkeiten. Ernest Jones hatte angefragt, ob die Aussicht bestehe, daß er einen gewissen Mr. James Strachey für eine Lehranalyse übernehmen könne. »Er ist ein Mann von 30 Jahren, gebildet, und stammt aus einer bekannten Literatenfamilie (ich hoffe, er kann bei der Übersetzung Ihrer Werke helfen). Ich glaube, er ist ein guter Kerl, aber schwach, und es fehlt ihm vielleicht an Ausdauer.«[13] Letzteres Urteil wurde dadurch widerlegt, daß Strachey später Freud übersetzte und die 24bändige *Standard Edition* seiner Werke herausgab. Strachey bot als Honorar eine Guinea (21 Shilling) pro Stunde. Freud antwortete, daß ihn finanzielle Erwägungen daran hinderten, für diesen Betrag einen Patienten zu übernehmen, aber bei einem Schüler liege der Fall anders. Solange das englische Pfund noch 600 Kronen wert sei, wolle er ihn nehmen. Später sagte er, er habe seine Entscheidung nie bereut – obwohl Stracheys Aussprache so undeutlich und sonderbar gewesen sei, daß es eine Qual war, ihm zuzuhören.[14]

Die englischen Patienten waren eine große Hilfe, und so manches englische Pfund, das in Österreich beinahe so begehrt war wie der amerikanische Dollar, steckte Freud dem Wolfsmann zu, der durch die russische Revolution ruiniert war und ihn nun wieder aufsuchte. »Ich war so ganz und gar zufrieden mit meiner geistigen und emotionalen Verfassung, daß ich nie an die Möglichkeit dachte, noch mehr psychoanalytische Behandlung zu benötigen«, schrieb der Patient später. »Als ich aber Professor Freud ausführlich über meinen Zustand während meiner Abwesenheit von Wien erzählte, äußerte er die Vermutung, daß bei mir noch ein kleiner nicht durchanalysierter Rest verblieben sei, weshalb er mir eine kurze Nachbehandlung empfehle.«[15] Freud nahm nicht nur die Analyse kostenlos vor, sondern sammelte auch noch mehrere Jahre lang Geld für seinen verarmten Patienten, und als sich 1926 eine weitere Behandlung als nötig erwies, sorgte er dafür, daß sich eine tüchtige Kollegin, Ruth Mack-Brunswick, des Wolfsmanns annahm.

Amerikanern, die ernsthaft an der Psychoanalyse und ihrer Zukunft interessiert waren, widmete er seine Zeit sogar während seines normalerweise unverletzlichen Urlaubs, und er verbrachte mit Jelliffe einen langen Nachmittag in Badgastein, um eine ganze Anzahl psychoanalytischer Probleme mit ihm zu erörtern. Jelliffe berichtete:

»Zu einer präzisen Diskussion vieler Punkte kamen wir nicht, aber er hatte einen guten Zugriff und stellte die Dinge sehr scharf und klar dar. Bergson, sagte er, verstehe er nicht ... Für Adler hatte er wenig Verwendung. Jungs neuestes Material – vor allem die prophetische Funktion des Traums – nannte er ›Schund‹, und er war zufrieden mit den Tätigkeiten seiner vielen Schüler.«[16]

Es gab andere, weniger willkommene Besucher, und dem Mann, dem es schwerfiel, Narren gutmütig zu ertragen, war es beinahe unmöglich, wenn diese Narren Amerikaner waren. Einer, der unangemeldet an seine Tür klopfte, erklärte, er sei ein Arzt aus Ohio. »Ich habe so viel von Ihnen gehört, und deshalb möchte ich Sie sehen, Ihnen die Hand drücken und ein paar Worte mit Ihnen sprechen, bevor ich in mein Land zurückkehre.« Freud schüttelte ihm die Hand, und ehe er ihm die Tür vor der Nase zumachte, sagte er: »Angenehme Reise.«[17]

Seine eingefleischte Amerika-Feindlichkeit, die sich auf den Besuch im Jahre 1909 gründete, dem er jetzt noch chronische Verdauungsstörungen zuschrieb, und die genährt wurde durch das, was er als Wilsons Verrat an den Vierzehn Punkten betrachtete, war nie sehr tief begraben und stets bereit, an die Oberfläche zu treten. Sie wurde auch kaum besänftigt, als Jung und Adler Ehrendoktorate in Harvard erhielten. Als aber ein Amerikaner, beeindruckt von der Zahl seiner Landsleute, die sich der Psychoanalyse zuwandten, bemerkte: »Wie seltsam, die Amerikaner sind doch angeblich so praktisch veranlagte Menschen«, antwortete Freud bissig, es gebe auch einige Idealisten unter ihnen.[18]

Er zeigte seine Gefühle sehr offen, als ihn Max Eastman besuchte, dessen Buch über Marx vor kurzem erschienen war. Es enthielt ein Kapitel über Marx und Freud, und Freud hatte dem Autor einen Brief geschrieben, in dem er ihm seine Anerkennung aussprach. Als Eastman ihn nun fragte, ob er von dieser Anerkennung öffentlich Gebrauch machen dürfe, antwortete er: »Nein, ich wäre Ihnen dankbar, wenn Sie die Bemerkungen in meinem Brief *nicht* öffentlich erwähnten. Es scheint mir bis jetzt nicht gelungen zu sein, mich an die amerikanischen Lebensformen zu gewöhnen.«[19]

Als Eastman ihn in Wien aufsuchte, wurde er mit den Worten empfangen: »Aber warum sollte ich Sie unterstützen? Können Sie nicht auf Ihren eigenen Beinen stehen?«[20] Trotz dieses entmutigenden Beginns kamen die beiden Männer bald recht gut miteinander aus, obgleich sich Eastman über Freuds Einstellung zu allem Amerikanischen wunderte. Als es zu einer Meinungsverschiedenheit in psychologischen Fragen kam, bekam der Besucher zu hören: »Vielleicht sind Sie Behaviorist. Ihrem John B. Watson zufolge existiert ja nicht einmal das Bewußtsein. Aber das ist einfach albern. Das ist Unsinn. Das Bewußtsein existiert ganz offensichtlich und überall – außer vielleicht in Amerika.«[21] Bevor Eastman ging, riet ihm Freud, ein Buch über »Das Mißlingen der amerikanischen Zivilisation« zu schreiben. »Sie werden die Ursachen herausfinden und die Wahrheit über die ganze schreckliche Katastrophe schreiben. Dieses Buch wird Sie unsterblich machen. In Amerika werden Sie dann wahrscheinlich nicht mehr leben können, aber Sie könnten ja anderswo sehr glücklich leben.«[22]

In diesen Jahren unmittelbar nach dem Krieg, in denen Freud der Psychoanalyse wieder eine internationale Stellung verschaffte und sich bemühte, die wilderen Exzesse ihrer praktischen Ausübung zu dämpfen, wandte er sich wieder der Metapsychologie zu, an der er während des Krieges zu arbeiten begonnen hatte. Er hatte den Ausdruck gegen Ende des 19. Jahrhunderts mehrmals in seinen Briefen an Fließ erwähnt und über die Beziehung zwischen der Metaphysik und der Struktur, die er im Auge hatte, nachgedacht. »Ich hoffe, Du leihst mir Dein Ohr auch für einige metapsychologische Fragen«, hatte er damals geschrieben. »Ich habe als junger Mensch keine andere Sehnsucht gekannt als die nach philosophischer Erkenntnis, und ich bin jetzt im Begriff, sie zu erfüllen, indem ich von der Medizin zur Psychologie hinüberlenke.«[23] Er hatte die Bindung gefestigt in *Zur Psychopathologie des Alltagslebens*, wo er bemerkte: »Die dunkle Erkenntnis (sozusagen endopsychische Wahrnehmung) psychischer Faktoren und Verhältnisse des Unbewußten spiegelt sich ... in der Konstruktion einer *übersinnlichen Realität*, welche von der Wissenschaft in *Psychologie des Unbewußten* zurückverwandelt werden soll. Man könnte sich getrauen ... die *Metaphysik* in *Metapsychologie* umzusetzen.«[24]

An dieser Einstellung änderte sich nichts, bis er während des Krieges sein Buch mit den zwölf Abhandlungen plante, die eine »Vorbereitung einer Metapsychologie« darstellen sollten. In der dritten, »Das Unbewußte« betitelten, definierte er das Wort mit den Ausdrücken, die er fortan gebrauchen sollte: »Ich schlage vor, daß es eine *metapsychologische* Darstellung genannt werden soll, wenn es uns gelingt, einen psychischen Vorgang nach seinen *dynamischen, topischen* und *ökonomischen* Beziehungen zu beschreiben.«[25] Das Dynamische bezog sich hier auf die verschiedenen, widerstreitenden Regungen, das Topische – eine von Gustav Fechner, der zu den Begründern der Psychophysik gehörte, entlehnte Vorstellung – auf die Unterscheidung innerhalb des psychischen Apparats zwischen dem Unbewußten, dem Vorbewußten und dem Bewußten, und das Ökonomische schließlich auf das, was »die Schicksale der Erregungsgrößen zu verfolgen und eine wenigstens relative Schätzung derselben zu gewinnen strebt«[26].

Die Metapsychologie, die Freud während des Krieges konstruiert hatte, war in sich geschlossen, befriedigend und annehmbar, und es war ein ziemlicher Schock für seine Freunde und Anhänger, daß er, während er in dem wirtschaftlichen Elend der neuen Republik Österreich ums Überleben kämpfte, zwei Ideen entwickelte, die eine beträchtliche Umstrukturierung des Fundaments erforderten, auf dem die Psychoanalyse ruhte. Er hatte damit im Frühjahr 1919 begonnen und Ferenczi geschrieben: »Vieles von dem, was ich sage, ist reichlich dunkel, und der Leser muß sehen, was er damit anfangen kann. Trotzdem hoffe ich, daß Sie es interessant finden werden.«[27] Er beendete die Abhandlung, war nicht zufrieden damit, schrieb sie noch einmal, trug sie im Sommer 1920 kurz zusammengefaßt in der Wiener Psychoanalytischen Vereinigung vor und erlebte ihre Veröffentlichung im Dezember.

Jenseits des Lustprinzips, wie die Abhandlung hieß, legte eine provisorische Theorie vor, die Freud als »Spekulation, oft weitausholende Spekulation« beschrieb, »die ein jeder nach seiner besonderen Einstellung würdigen oder vernachlässigen wird«[28]. Auf den Schlußseiten gab er zu, daß er nicht wußte, wie weit er selbst an sie glaubte. Aber wie bei anderen Gelegenheiten nahmen seine treueren Anhänger das, was er nur mutmaßend geäußert hatte, für eine unbestreitbare Tatsache, und diese Überzeugung machte sich dann Freud allmählich selbst zu eigen. Die in *Jenseits des Lustprinzips* dargelegten Gedanken stießen auf Widerstand, aber bis er sich bemerkbar machte, hielt Freud sie schon für unumstößlich.

Die Abhandlung begann mit einer Wiederholung seiner früheren Ansicht, daß der Ablauf seelischer Vorgänge »automatisch durch das

Lustprinzip reguliert wird, das heißt, wir glauben, daß er jedesmal durch eine unlustvolle Spannung angeregt wird und dann eine solche Richtung einschlägt, daß sein Endergebnis mit einer Herabsetzung dieser Spannung, also mit einer Vermeidung von Unlust oder Erzeugung von Lust zusammenfällt«[29]. Es gab jedoch bemerkenswerte Ausnahmen von diesem Prinzip. Bei der Behandlung von Kriegsneurotikern hatte man festgestellt, daß viele in ihren Träumen ständig die traumatischen Ereignisse, die ihren Zusammenbruch verursacht hatten, erinnerten und nacherlebten. Bei der psychoanalytischen Behandlung bestanden manche Patienten darauf, unangenehme Jugenderlebnisse wiederholt zu reproduzieren. Sogar Kinder erinnerten und wiederholten unangenehme Erlebnisse ebenso wie angenehme. Freud sah in diesem Wiederholungszwang, wie er es nannte, einen ebenso fundamentalen Trieb wie das Lustprinzip.

»Hier muß sich uns die Idee aufdrängen, daß wir einem allgemeinen, bisher nicht klar erkannten – oder wenigstens nicht ausdrücklich betonten – Charakter der Triebe, vielleicht alles organischen Lebens überhaupt, auf die Spur gekommen sind. *Ein Trieb wäre also ein dem belebten Organischen innewohnender Drang zur Wiederherstellung eines früheren Zustandes,* welchen dieses Belebte unter dem Einflusse äußerer Störungskräfte aufgeben mußte, eine Art von organischer Elastizität, oder wenn man will, die Äußerung der Trägheit im organischen Leben.«[30]

Sobald man aber einmal akzeptierte, daß ein Trieb automatisch zur Rückkehr zu einem früheren Zustand drängte, war der nächste Schritt schwer zu vermeiden, und Freud schrieb:

»Irgend einmal wurden in unbelebter Materie durch eine noch ganz unvorstellbare Krafteinwirkung die Eigenschaften des Lebenden erweckt. Vielleicht war es ein Vorgang, vorbildlich ähnlich jenem anderen, der in einer gewissen Schicht der lebenden Materie später das Bewußtsein entstehen ließ. Die damals entstandene Spannung in dem vorhin unbelebten Stoff trachtete danach, sich abzugleichen; es war der erste Trieb gegeben, der, zum Leblosen zurückzukehren.«[31]

So war es durch ein augenscheinlich logisches Argument möglich – als Gegensatz zum Lustprinzip –, den Todestrieb darzustellen, der die Antriebe umfaßte, die auf Zerstörung, Tod oder Flucht vor Erregung seitens des Individuums abzielten.

Die Idee war keineswegs neu. Novalis, G. H. von Schubert, Fechner und Sabina Spielrein waren nur einige von denen, die einen Todestrieb vorausgesetzt hatten, der dem von Freud angenommenen ähnlich oder gleich war, und in jüngerer Zeit stellte Stekel in seiner Autobiographie erbittert fest: »Freud machte sich später einige meiner Entdeckungen zu eigen, ohne meinen Namen zu erwähnen. Sogar die Tatsache, daß ich in meiner ersten Ausgabe [von Ursachen der Nervosität] Angst als die Reaktion des *Lebenstriebes* gegen die Aufwallung des *Todestriebes* definiert hatte, wurde in seinen späteren Büchern nicht erwähnt, und viele glauben, der Todestrieb sei Freuds Entdeckung.«[32] Entdeckung ist natürlich nicht das rechte Wort. Was Freud getan hatte, war, daß er eine rein hypothetische Idee in ein, wie er hoffte, annehmbares System einfügte.

Freuds »Todestrieb« sollte eine beinahe ebenso heftige Kontroverse auslösen wie der Ödipuskomplex, und es kam unvermeidlich zu Mutmaßungen der Art, daß sowohl der Ausdruck als auch der Kern der Theorie selbst nicht nur auf Emotionen zurückging, die der Krieg ausgelöst hatte, sondern auch auf den Verlust seiner Tochter Sophie und Anton von Freunds, dessen finanzielle Hilfe nach dem Krieg so wichtig gewesen war. Freud selbst, der immer darauf bedacht war, jede Unterstellung zurückzuweisen, daß seine Theorien dem persönlichen Erleben und nicht der umfassenden Beobachtung anderer entsprangen, schrieb Eitingon am 18. Juli 1920: »Das ›Jenseits‹ ist endlich fertig geworden. Sie werden bestätigen können, daß es halbfertig war, als Sophie lebte und blühte.«[33] Das war allerdings nicht die ganze Geschichte. Sophie war am 25. Januar gestorben, und Freud scheint den Ausdruck »Todestrieb« zum erstenmal in einem nicht ganz drei Wochen später geschriebenen Brief an Eitingon gebraucht zu haben.

Jenseits des Lustprinzips war nur ein erster Niederschlag der sich entwickelnden Ideen, denen Freud in den nächsten Jahren immer schärfere Umrisse verlieh, aber das Buch erregte das Interesse, das man nun allem entgegenbrachte, was er schrieb. Einige Monate später schrieb er Eitingon: »Für das ›Jenseits‹ bin ich genug gestraft worden, es ist sehr populär, bringt mir Mengen von Zuschriften und Lobsprüchen ein, ich muß da etwas sehr Dummes gemacht haben.«[34] In letzterem Punkt mag er recht gehabt haben. Ernest Jones gab zu, daß in den ersten zehn Jahren nach dem Erscheinen von *Jenseits des Lustprinzips* nur die Hälfte der diesem Thema gewidmeten Artikel Freud zustimmte, in den nächsten zehn Jahren ein Drittel, »und in den letzten keiner mehr«[35].

Freuds Glaube an zwei gegensätzliche Triebe, die ständig miteinander ringen, spiegelte seine Neurosentheorie wider, die nur zwei Gruppen von im wesentlichen entgegengesetzten Trieben angenommen hatte, die des Geschlechts und die der Selbsterhaltung. Als er nun seine Mutmaßungen über umfassendere Probleme anstellte, führte er den Lebenstrieb und den Todestrieb ein, Eros und Thanatos, wobei ersterer sowohl den Geschlechts- als auch den Selbsterhaltungstrieb umfaßte und letzterer einen instinktiven Drang, zum unbelebten Zustand zurückzukehren. Jones vermutete, der Dualismus der Freudschen Ideen müsse »irgendwie den Tiefen von Freuds Seele entsprungen sein, einem Abkömmling seines Ödipuskomplexes, vielleicht dem Gegensatz zwischen den männlichen und weiblichen Aspekten seines Wesens«[36]. Eine einleuchtendere Erklärung gab Dr. Charles Rycroft, der diesen Dualismus einer – durch Hegel und Marx veranschaulichten – Schwäche des Kontinentaleuropäers für dialektische Theorien zuschrieb.

Während er noch an *Jenseits des Lustprinzips* arbeitete, hatte Freud Ferenczi geschrieben, er habe gerade » . . . mit einem simplen Einfall eine psychoanalytische Begründung der Massenpsychologie versucht«[37]. Für einen Mann, dem bewußt war, wie sehr er und viele seiner Landsleute durch die Kriegspropaganda irregeführt worden waren, und der gesehen hatte, wie an vielen Orten der Mob das Kommando übernahm, als die Österreichisch-Ungarische Monarchie zusammenbrach, war das eine logische Entwicklung. Die zeitgenössische Relevanz des Themas und seine grimmige Voraussage des Aufstiegs Hitlers ein gutes Jahrzehnt im voraus führten dazu, daß Freuds »simple Idee« manchmal eher als eine sozialpsychologische Abhandlung betrachtet wird, denn als ein weiterer Beitrag zu dem neuen Bild der Psyche, das zu schaffen er im Begriff war. Wie er dem französischen Schriftsteller und Nobelpreisträger Romain Rolland erklärte, »führt diese Schrift einen Weg von der Analyse des Individuums zum Verständnis der Gesellschaft«[38], aber zugleich warf sie ein neues Licht auf die Art und Weise, wie der Geist des Individuums arbeitet.

In seiner *Massenpsychologie und Ich-Analyse*, wie Freud die Abhandlung nannte, zitierte er reichlich aus der *Psychologie der Massen* von Le Bon – diesem »berüchtigten, rassistischen, politischen Antisemiten und intellektuellen Diener der französischen Militärklasse«[39], wie er genannt wurde. Er schöpfte aus Trotters *The Instincts of the Herd in Peace and War* und beschrieb die »Herabsetzung der intellektuellen Leistung«, sobald sich ein Individuum in die Masse eingliedert. Es überrascht nicht, daß in der Abhandlung eine merkliche Verachtung für die Masse durchschimmert, und es überrascht noch weniger, daß die meisten Freudianer über diese Tatsache hinwegsehen.

Freuds Erklärung für das Sinken des Niveaus, das die Einreihung des einzelnen in die Masse – gleich ob sie aus Fußballfanatikern, Soldaten oder Angehörigen desselben Volkes besteht – mit sich bringt, war die, daß primitivere Loyalitäten wieder zum Vorschein kommen: gegenüber der Familie und, früher noch, der Urhorde aus *Totem und Tabu*. »Der Führer der Masse ist noch immer der gefürchtete Urvater, die Masse will immer noch von unbeschränkter Gewalt beherrscht werden, sie ist im höchsten Grade autoritätssüchtig, hat nach Le Bons Ausdruck den Durst nach Unterwerfung. Der Urvater ist das Massenideal, das an Stelle des Ichideals das Ich beherrscht.«[40]

Freud war jedoch schon dabei, die Bedeutung des Ichs selbst zu ändern und es fest in ein neues Begriffssystem einzufügen, in dem die Wechselbeziehungen zwischen drei psychischen Instanzen, dem Ich, dem Es und dem Überich, das gesamte geistig-seelische Leben bestimmten. Die Geschichte seiner Abhandlung, die diese neuen Ideen enthielt – *Das Ich und das Es* – wird dadurch kompliziert, daß Georg Groddeck, der begonnen hatte, sich nach seinem Auftreten auf dem Haager Kongreß wieder Achtung unter den Psychoanalytikern zu verschaffen, nicht nur gleichzeitig eine etwas ähnliche Idee ausarbeitete, sondern seine Entwürfe Freud schickte und ihn um seine Meinung bat.

Es wäre falsch anzunehmen, Freud habe seine Begriffe des Ichs und des Es Groddeck entlehnt, ohne das anzuerkennen. Tatsächlich waren nämlich die Ideen der beiden Männer in vielerlei Hinsicht grundverschieden, wenn Freud auch in seiner Abhandlung vorschlug, »das andere Psychische aber, in welches es [das Ich] sich fortsetzt, und das sich wie *ubw* [unbewußt] verhält, nach Groddecks Gebrauch das Es«[41] zu nennen. Jedenfalls ist die gegenseitige Befruchtung der Ideen der beiden Männer erst in den letzten Jahren voll erkannt worden.

Zu Beginn des Frühjahrs 1921 schickte Groddeck Freud fünf Kapitel des Buches, an dem er schrieb. Jedes Kapitel war als Brief an eine intelligente junge Frau abgefaßt, die etwas über die Pschoanalyse erfahren wollte, und nach dem ersten Kapitel beantwortete jeder folgende Brief auch Fragen, die der vorausgegangene aufgeworfen haben könnte. In diesen Briefen gebrauchte Groddeck das Wort *Es*, um den Teil des Unbewußten zu beschreiben, der mit der Geburt entsteht. Dieses Es spiegelte, wie Ellenberger schrieb, »in einem extremen Grade die alte romantische Vorstellung von einem irrationalen Unbewußten wider. Groddeck stellte sich das Es vor als unpersönlich und voll von aggressiven und mörderischen Regungen, und er glaubte, daß jeder Trieb sein Gegenstück habe.«[42]

Freud hatte seine Vorbehalte, die er auch erklärte, als er Groddeck am 17. April antwortete:

»Ich verstehe sehr wohl, warum Ihnen das Ubw nicht genügt, um das Es entbehrlich zu finden. Es geht mir ebenso, nur daß ich ein besonderes Talent zur fragmentarischen Genügsamkeit habe. Denn das Unbewußtsein ist doch nur etwas Phänomenales, ein Kennzeichen in Ermanglung einer besseren Bekanntschaft, wie wenn ich sagen würde: der Herr im

Havelock, dessen Gesicht ich nicht deutlich sehen kann. Was mache ich, wenn er einmal ohne dieses Kleidungsstück auftritt?«[43]

Aber Freud war dennoch begeistert – »Ihr Stil ist bestrickend, Ihre Rede wie musikalisch«[44] – und blieb es, als ihm weitere Kapitel zugeschickt wurden: »Ebenso faszinierend wie die früheren, vielleicht minder mutwillig.«[45] Groddecks fertiges Manuskript lag am Ende des Jahres auf Freuds Schreibtisch; es hatte drei Titel, von denen er den passendsten auswählen sollte.

Ein halbes Jahr später schrieb Freud Ferenczi: »Außerdem bin ich mit etwas Spekulativem beschäftigt, was das ›Jenseits‹ fortsetzt, entweder ein kleines Buch wird oder nichts. Den Titel verrate ich Ihnen noch nicht, sage nur, es hat mit Groddeck zu tun.«[46] Den ersten Hinweis auf den Inhalt erhielt man 1922 auf dem Berliner Kongreß, wo sich Freud mit »Einigen Bemerkungen über das Unbewußte« an die Zuhörer wandte, aber er arbeitete an dem Buch noch bis Weihnachten. Unterdessen teilte er Groddeck mit, daß sowohl dessen Buch, das nun *Das Buch vom Es* betitelt war, als auch sein eigenes, *Das Ich und das Es*, im Frühjahr erscheinen sollten. »Erinnern Sie sich übrigens, wie frühzeitig ich das Es von Ihnen angenommen habe?« schrieb er zu Weihnachten 1922. »Es war lange, ehe ich Sie kennengelernt hatte, in einem meiner ersten Briefe an Sie. Dort hatte ich eine Zeichnung eingeschaltet, die demnächst wenig verändert vor die Öffentlichkeit treten soll.«[47]

Das Buch vom Es erschien im März 1923, und Freud schrieb seinem Verfasser:

»Mir ist das Büchlein sehr lieb. Ich halte es für verdienstvoll, den Leuten immer wieder das Fundamentale der Analyse, von dem sie so gern abrücken, vor die Nase zu halten. Außerdem vertritt das Werk ja den theoretisch bedeutsamen Gesichtspunkt, den ich in meinem bevorstehenden ›Ich und Es‹ aufgegriffen habe.

Im Publikum wird es natürlich noch mehr Abneigung und Entrüstung erwecken als der köstliche Seelensucher, der als künstlerische Verarbeitung des Unerwünschten entschädigen konnte. Aus dieser Wirkung wird sich ihr Selbstgefühl wenig machen.«[48]

Pfister gegenüber räumte Freud ein, daß Groddeck gewiß zu vier Fünfteln recht habe mit seiner Überzeugung, daß organische Krankheiten auf das Es zurückgeführt werden könnten, und er meinte, mit dem restlichen Fünftel habe er vielleicht auch noch recht.

Groddeck schätzte Freud weiterhin sehr, obwohl ein Brief, den er am 15. Mai 1923 nach Erhalt eines Exemplars von Freuds *Das Ich und das Es* an die Frau schrieb, die er nach dem Haager Kongreß geheiratet hatte, einen ganz anderen Eindruck erweckt. Er sagte darin, das Buch sei ganz hübsch, interessiere ihn aber gar nicht. Freud habe Anleihen bei Stekel und bei ihm gemacht. Dennoch sei sein Es für das Verständnis von Neurosen von geringem Nutzen. Freud habe sich in das Gebiet der organischen Krankheiten mit Hilfe eines Todesstriebes oder Zerstörungstriebes eingeschlichen, den er von Stekel und Spielrein habe. Er lasse den konstruktiven Aspekt seines, Groddecks, Es außer acht, vermutlich um ihn das nächste Mal einzuschmuggeln. Und er schloß mit den Worten, manches sei ganz unterhaltsam.

Sein langer Brief an Freud gibt seine Gefühle ausführlicher wieder. Es heißt darin:

»Herzlichen Dank für die Übersendung von Ich und Es. Nun müßte ich wohl als Gevatter der Namensgebung auch ein Wort darüber sagen. Aber das einzige, was mir einfällt, ist ein Vergleich, der unser gegenseitiges Verhältnis und unser Verhältnis zur Welt beleuchtet, aber über das Buch nichts aussagt. In diesem Vergleich komme ich mir vor wie ein Pflug, Sie aber wie der Bauer, der diesen – vielleicht aber auch einen andern Pflug für seine Zwecke benutzt.«[49]

In *Das Ich und das Es*, das bei Groddeck offensichtlich ambivalente Empfindungen weckte, hatte Freud die Bedeutung des Ichs schärfer umrissen und verfeinert. Er hatte den Begriff schon seit seinen frühen psychoanalytischen Schriften auf verschiedene Weise verwendet, und manche Psychoanalytiker sollten später sagen, er habe ihm seine eigentliche Bedeutung erst 1923 durch die Beschreibung des neuen psychischen Apparats gegeben. Andere sahen die Umrisse seiner endgültigen Bedeutung schon in Freuds früheren Schriften und meinten, er habe sich im Laufe der Jahre zu seiner späteren Form entwickelt. Wie immer man die Sache sieht: das Ich des Jahres 1923 war ein anderer Begriff als der, den Freud früher gebraucht hatte.

Es war nun ein modifizierter Teil des Es, das seinerseits in mancher Hinsicht der Nachfolger des Unbewußten war – und diesen Ausdruck begann Freud nun mehr als Adjektiv denn als Substantiv zu gebrauchen. Das Es enthielt alles schon bei der Geburt Vorhandene, und wir »nennen es ein Chaos, einen Kessel voll brodelnder Erregungen . . . Von den Trieben her erfüllt es sich mit Energie, aber es hat keine Organisation, bringt keinen Gesamtwillen auf, nur das Bestreben, den Triebbedürfnissen unter Einhaltung des Lustprinzips Befriedigung zu schaffen.«[50] Aber eine Schicht des Es, die für die Aufnahme und den Ausschluß von Reizen eingerichtet ist und in direkter Verbindung mit der Außenwelt steht, wird durch die Drücke dieser Welt zum Ich geformt, einer Kraft, die »Vernunft und Besonnenheit« repräsentiert und unablässig versucht, das unbändige Unbewußte im Zaum zu halten. Darüber schrieb Freud:

»Es gleicht so im Verhältnis zum Es dem Reiter, der die überlegene Kraft des Pferdes zügeln soll, mit dem Unterschied, daß der Reiter dies mit eigenen Kräften versucht, das Ich mit geborgten. Dieses Gleichnis trägt ein Stück weiter. Wie dem Reiter, will er sich nicht vom Pferd trennen, oft nichts anderes übrig bleibt, als es dahin zu führen, wohin es gehen will, so pflegt auch das Ich den Willen des Es in Handlung umzusetzen, als ob es der eigene wäre.«[51]

Zu diesen beiden, stets um die Vorherrschaft ringenden Kräften kam eine dritte, das Überich, das in dem Augenblick entsteht, wo das Kind zu lernen beginnt, was seine Eltern für richtig oder falsch halten; es wächst mit der Übernahme moralischer Vorstellungen und erreicht seine volle Stärke erst im frühen Erwachsenenalter. Es »beobachtet das Ich, gibt ihm Befehle, richtet es und droht ihm mit Strafen, ganz wie die Eltern, deren Stelle es eingenommen hat«[52], erklärte Freud. Jung meinte: »Mit seinem Begriff des ›Über-Ich‹ macht Freud den verschämten Versuch, sein altes Jehovabild in die psychologische Theorie einzuschwärzen [einzuschmuggeln].«[53]

Das Ich und das Es stellte, obwohl es eine der spekulativeren Abhandlungen Freuds ist, eine Wende in seinen Überzeugungen und Lehren dar. Nach diesem Buch konnte sich niemand mehr die Struktur der Psyche so vorstellen, wie er sie sich früher vorgestellt hatte. Aber seine Schwäche für die in Verruf geratene Theorie Lamarcks – daß erworbene Eigenschaften erblich seien – verführte ihn dazu, ein wenig Ungereimtes hinzuzufügen, auf das sich seine Gegner stürzen konnten. So schrieb er:

»Die Erlebnisse des Ichs scheinen zunächst für die Erbschaft verloren zu gehen, wenn sie sich aber häufig und stark genug bei vielen generationsweise aufeinanderfolgenden Individuen wiederholen, setzen sie sich sozusagen in Erlebnisse des Es um, deren Eindrücke durch Vererbung festgehalten werden. Somit beherbergt das erbliche Es in sich Reste ungezählt vieler Ich-Existenzen, und wenn das Ich sein Über-Ich aus dem Es schöpft, bringt es vielleicht nur ältere Ichgestaltungen wieder zum Vorschein, schafft ihnen eine Auferstehung.«[54]

Auch die Dichotomie Eros-Thanatos kam zur Sprache nach der Bemerkung, daß manche Tiere (d. h. Insekten) bei der Kopulation sterben. »Diese Wesen«, schrieb Freud, »sterben an der Fortpflanzung, insoferne nach der Ausschaltung des Eros durch die Befriedigung der Todestrieb freie Hand bekommt, seine Absichten durchzusetzen.«[55] Mit dieser Feststellung war es ihm glücklich gelungen, die Insektenwelt in den Bereich der Psychoanalyse mit einzubeziehen.

Diese strukturelle Theorie der Psyche, die Freud zwischen den letzten Kriegsjahren und 1923 entwickelt hatte, war der Natur der Dinge nach noch schwerer zu überprüfen als seine früheren Theorien, da die herkömmlichen wissenschaftlichen Methoden nur beim Studium von Phänomenen anwendbar sind, die exakt beobachtet werden können. Die Abweichung oder Beugung des nahe an der Sonne vorbeigehenden Lichts – die 1919 von Eddington gemessen wurde und Einsteins allgemeine Relativitätstheorie bestätigte – hat keine befriedigende Parallele beim Studium des Es, des Ichs und des Überichs. Neurophysiologische Untersuchungen werden vielleicht eines Tages einen exakten Beweis erbringen, aber dieser Tag ist noch fern. Dennoch: wenn die Existenz dreier physiologischer Strukturen, die wie das Es, das Ich und das Überich funktionieren, noch weitgehend reine Spekulation ist, so wurde die Existenz von drei verschiedenen Arten von psychischen Vorgängen bekräftigt, und es gibt zumindest einige Beweise für drei Motivationsfaktoren in einem großen Teil des Verhaltens.

Freud trug 1923 seine neue Theorie auf einer rein spekulativen Basis vor. Bis zu diesem Grade hatte er die frühere Arroganz des »Wir sind im Besitz der Wahrheit« aufgegeben und sich der Schlußfolgerung Einsteins genähert, daß der Wissenschaftler nie hoffen kann, die Wahrheit zu erreichen, sondern nur, ihr ein kleines Stück näher zu kommen. Aber er hatte seine neuen Ideen über die Psyche erfolgreich in Umlauf gebracht und konnte ohne Angst ihr weiteres Schicksal verfolgen. Die Internationale Psychoanalytische Vereinigung gedieh, und wenn es Sorgen wegen der wilderen Ausschweifungen der Psychoanalyse gab, so war das etwas, was er ohnehin befürchtet und erwartet hatte. Die Geschicke Österreichs schienen den tiefsten Stand der Ebbe überwunden zu haben, und als sich der Bundeskanzler 1922 an den Völkerbund wandte und eine zwischenstaatliche Anleihe erwirkte, begann man endlich das Licht am Ende des dunklen Tunnels zu sehen. Auch für Freud sah die Zukunft nun weniger düster aus.

19
Krebs

Es ist beschlossen worden,
daß ich eine zweite Operation zu bestehen habe,
eine partielle Oberkieferresektion,
da das liebe Neugebilde dort aufgetaucht ist.

Freud in einem Brief an Max Eitingon

An einem Spätabend im April 1923 überraschte Freud seinen Arzt, Dr. Felix Deutsch, mit der Bitte, sich »etwas Unangenehmes« in seinem Mund anzusehen. »Machen Sie sich darauf gefaßt, etwas zu sehen, was Ihnen nicht gefallen wird«, fügte er hinzu. Ein Blick genügte. »Ich hatte es kaum gesehen, ein offensichtlich fortgeschrittenes Karzinom«, berichtete Deutsch später, »als Freud auch schon sagte: ›Für das, was ich vorhabe, brauche ich einen Arzt. Wenn Sie es für Krebs halten, muß ich ein Mittel finden, mit Anstand aus dieser Welt zu verschwinden. Es gibt nur eine Schwierigkeit. Sie wissen vielleicht nicht, daß meine Mutter noch lebt – sie ist 87 Jahre alt. Es wäre nicht leicht, das der alten Dame anzutun.‹«[1]

Deutsch sagte später, er habe nicht geglaubt, daß Freud, dessen 67. Geburtstag bevorstand, daran dachte, Selbstmord zu begehen. Er »wünschte nur, daß ich ihm die Leiden einer ›hoffnungslosen Krankheit‹ ersparte, die der Krebs damals für ihn bedeutete. Offenbar wünschte er das Recht auf Euthanasie. So verstand ich es jedenfalls«[2].

Deutsch war jedoch überrumpelt worden. Um Zeit zu gewinnen, sah er sich die Stelle im Mund noch einmal an und beschloß, eine schwere Leukoplakie (weiße Epithelverdickung) zu diagnostizieren, die eine Biopsie und die operative Entfernung des erkrankten Gewebes erforderе. »Freud war bereit, diesen Rat zu befolgen«, sagte Deutsch, »und er bat mich um einen Händedruck, um die Abmachung zu besiegeln, falls die Biopsie Krebs ergeben sollte. Wir gaben uns die Hand, und er nannte meine Zustimmung einen Akt der Freundschaft.«[3]

Es ist keineswegs klar, wie weit – wenn überhaupt – Freud sich täuschen ließ. Etwas mehr als 30 Jahre zuvor hatte er es verstanden, sich Fließ gegenüber zu verstellen und entweder zu behaupten, daß ihm das Rauchen nicht schade, oder, wenn dieses Argument seine Wirkung verfehlte, daß der Genuß der Zigarre, die Belebung der geistigen Fähigkeiten und die Anregung bei der Arbeit, die sie ihm bot, die Gefahr reichlich aufwogen. Zu einer Zeit, in der man wenig von den krebserregenden Stoffen im Tabak und noch weniger von der Beziehung zwischen Rauchen und Krebs anhand von Statistiken wußte, war das immerhin ein achtenswertes Argument. Aber nun mußte er sich widerwillig eingestehen, daß seine Lebensspanne vielleicht durch etwas Unausweichlicheres gemessen wurde als durch die numerologischen Phantasien von Fließ.

Die nötigen Anordnungen wurden rasch getroffen. »Wir fuhren zusammen in die Klinik in der Annahme, daß er sofort nach der Operation entlassen würde«, schrieb Deutsch. »Aber er verlor mehr Blut als erwartet und mußte sich auf einer Pritsche in einem winzigen Raum der Klinik ausruhen, da kein anderer zur Verfügung stand. Durch einen – ich muß schon sagen – tragikomischen Zufall war er dort zusammen mit einem imbezilen Zwerg.«[4] Und doch war es gerade dieser Mann, der, als Freud plötzlich einen schweren Blutsturz erlitt, eine Schwester holte und bei ihm blieb, bis ein Arzt kam. Er hat Freud vielleicht das Leben gerettet. Die gleichgültige Behandlung eines so berühmten Patienten den Kontroversen zuzuschreiben, die sein Werk ausgelöst hatte, mag überspannt erscheinen. Nichtsdestoweniger stellte ein so gut informierter Mann wie Max Schur, Freunds Arzt von 1928 an, fest: »Angesichts des mächtigen Einflusses, den die Psychoanalyse und ihre Entdeckungen auf das Verhalten vieler Menschen hat, können wir annehmen, daß gerade die Tatsache, daß der Patient Freud, der Entdecker der Psychoanalyse, war, zum Ablauf der Ereignisse während und nach dieser ersten Operation mit beitrug.«[5]

Bald danach wurde mit einer Radiumbehandlung begonnen, der ersten einer langen Reihe von Behandlungen und Operationen, die, wie man optimistisch annahm, eine Ausbreitung der Krankheit verhindern konnten. Am 10. Mai schrieb Freud in seiner Antwort auf Abrahams Geburtstagsglückwünsche: »Ich kann wieder kauen, arbeiten und rauchen, und werde es mit Ihrer optimistischen Formel versuchen: many happy returns of the day and none of the new growth!«[6] Der Brief war bezeichnend für die Art, wie sich Freud der Lage gewachsen zeigte und weiterhin zeigen sollte, indem er mit einer inneren Kraft reagierte, die den letzten Jahren seines Lebens etwas wahrhaft Heldenhaftes verleiht.

Er war noch auf dem Wege der Genesung, als ihn ein weiterer schwerer

Schlag traf. Seit dem Tod seiner Tochter Sophie hatte er eine große Zuneigung zu ihrem jüngeren Sohn, Heinz Rudolf, gefaßt. Der Junge war im Jahr zuvor im Alter von dreieinhalb Jahren an Tuberkulose erkrankt und nach seiner Genesung nach Wien gekommen, um einige Monate bei Freuds Tochter Mathilde zu verbringen. Ende Mai erkrankte er plötzlich. Zuerst konnte keine Diagnose gestellt werden. Dann, schrieb Freud zwei Freunden, kam

»mit wachsender Sicherheit die Erkenntnis, daß es eine Miliartuberkulose ist, das Kind also verloren. Er liegt jetzt im Coma mit Paresen, erwacht zeitweilig, und ist dann wieder ganz der nämliche, so daß es schwer ist zu glauben – – – Nach jedem Erwachen und Wiedereinschlafen verliert man ihn von neuem, die Doktoren sagen, es mag noch eine Woche dauern, vielleicht länger, und Herstellung sei nicht zu wünschen, zum Glück nicht wahrscheinlich . . . Diesen Verlust vertrage ich so schlecht, ich glaube, ich habe nie etwas Schwereres erlebt, vielleicht wirkt die Erschütterung durch meine eigene Erkrankung mit. Ich mache meine Arbeit notgedrungen, im Grund ist mir alles entwertet.«[7]

Am 19. Juni starb der Junge. Freud, der tiefer erschüttert war als beim Tod seiner Tochter, sagte später, er habe diesen Schicksalsschlag schwerer empfunden als seinen eigenen Krebs, und Ludwig Binswanger schrieb er: »Es ist auch das Geheimnis der Indifferenz – Tapferkeit hat man es genannt – bei meiner eigenen Lebensgefahr.«[8]

Freuds außerordentlich starke Zuneigung zu dem Jungen zeigte sich auch in einem Brief, den er dem untröstlichen Vater Anfang Juli von Badgastein aus schrieb, wo er sich mit Minna aufhielt:

»Ich habe hier einige der schwärzesten Tage meines Lebens in Trauer um das Kind verbracht. Endlich habe ich mich aufgerafft und kann jetzt ruhig an ihn denken und ohne Tränen von ihm reden. Alle vernünftigen Tröstungen haben versagt, geholfen hat mir nur das mir allein angemessene Argument, daß ich bei meinem Alter doch nicht viel von ihm gesehen hätte.

Ich glaube, Du hast doch nicht den vollen Eindruck gewonnen, wie lieb wir ihn alle gehabt haben. Du hast uns in zärtlicher Sorge um ihn gesehen, wie man sie auch für ein anderes Kind aufgebracht hätte. Für die Differenz zu seinen Gunsten gab es keinen Ausdruck. Auch muß ich glauben, Du hast ihn nicht so kennen gelernt wie wir. Er war ja zu klein in Hamburg und die ewige Rivalität mit dem großen Bruder hat das Bild gestört. Hier hatte er sich entzückend entwickelt, und die Art, wie er die Welt und die Menschen um sich verstehen und erobern konnte, war nur genial zu nennen. Schade, daß man nie erfährt, wie sich die Kinder weiter entwickeln, die so anfangen, denn sie werden nie alt.

Die 3/4 Jahre hier waren trotz des beständigen Krankseins eine sehr glückliche Zeit für ihn. Auch zu Ende hat er ja weniger gelitten als wir. So bleibt er eine ungetrübt süße Erinnerung für alle, die ihn gekannt haben. Es scheint mir sehr recht, daß Du Dir etwas wie Ferien verschafft hast. Ich möchte hoffen, daß Dir diesmal eine große Veränderung gelingt. Ernstl [der ältere Bruder von Heinz, der sich mit der übrigen Familie Freud irgendwo in Tirol aufhielt] habe ich noch zwei Tage lang gesehen, seine Ausstattung, Mantel, Kappe, Koffer, hat sehr gefallen. Er selbst war sehr zufrieden und ungezwungen, hat sich über alles gefreut und ist jeder Erwähnung Heineles ausgewichen.«[9]

Minna fügte ein Postskriptum hinzu, in dem sie sagte, wie nahe ihr der Tod des Jungen gegangen sei, daß sie selbst eine Zeitlang körperlich sehr erschöpft gewesen sei und daß Papa [Freud] in einem elenden Zustand angekommen sei, nun aber sich zu erholen beginne.

Die Genesung schien fortzuschreiten, eine Ansicht, die auch von einem Arzt in Badgastein bestätigt wurde, der sich die Operationsnarbe ansah. Aber Freud, der von diesem Mann eine geringe Meinung hatte, war mißtrauisch wegen der anhaltenden Beschwerden. Anfang August verließ er Badgastein und fuhr nach Lavarone, wo ihn auch seine Tochter Anna besuchte. Sie überredete ihn sofort, Felix Deutsch in Wien zu schreiben.

Deutsch reagierte augenblicklich. Seit April hatte er »geschwankt zwischen der Befriedigung, Freud von einem nicht wiedergutzumachenden Schritt abgehalten zu haben, und der Befürchtung, daß er die Täuschung und den Vertrauensbruch entdecken könnte«[10]. Nun beschloß er, nach Lavarone zu fahren, um Freud selbst zu untersuchen. Er war rasch dort, und ebenso rasch sah er, daß sich die Wucherung ausgebreitet hatte und daß eine zweite, schwerere Operation nötig war.

Mehr als 600 Meter unterhalb von Lavarone, in San Cristoforo am Lago di Caldonazzo, sollte sich innerhalb der nächsten Tage das Komitee treffen. Und da Freud schon früher geplant hatte, Lavarone Ende August zu verlassen und Rom zu besuchen, ergaben sich zwei Fragen. Konnten die Mitglieder des Komitees, die bis dahin noch keine Ahnung gehabt hatten, wie ernst Freuds Zustand war, ihn zu der Operation überreden, wenn er sich, was wahrscheinlich war, nicht operieren lassen wollte? Und sollte er die geplante Reise nach Rom unternehmen oder augenblicklich nach Wien zurückkehren?

Das Problem wurde dadurch keineswegs erleichtert, daß Freud selbst beschlossen hatte, nicht an der Sitzung des Komitees teilzunehmen. Ernest Jones schrieb: »Freud hatte uns vorgeschlagen, ohne ihn zusammenzukommen und so die Harmonie zwischen uns wiederherzustellen;

wenn uns dies gelänge, würde er froh sein, uns nachher zu begrüßen.«[11] Aber es ist schwer, nicht das Gefühl zu haben, daß Freud nur den verschiedenen, nicht seine Krankheit betreffenden Streitigkeiten ausweichen wollte, deren Ausbruch er mit Recht erwartete.

Nachdem die Mitglieder des Komitees angekommen waren, gingen Deutsch und Anna Freud nach San Cristoforo hinunter, wo Deutsch den Versammelten die Lager schilderte, um ihre Ansichten zu hören, wenn sie die Wahrheit erfuhren. Als die Frage zur Sprache kam, wie man Freud am besten zur Operation überreden könnte, und ob man versuchen sollte, ihn von der Romreise abzuhalten, schlug Sachs vor, Annas Hilfe in Anspruch zu nehmen. Rank machte den klügeren Vorschlag, ihn durch seine Mutter zu beeinflussen. Man meinte jedoch, Freud werde die Entscheidung ohnehin keinem anderen überlassen. Jones berichtet, er habe gesagt, »daß wir kein Recht hätten, diese Entscheidung aus Freuds Händen zu nehmen, und die anderen anwesenden Mediziner, Abraham, Eitingon und Ferenczi, unterstützten mich«[12].

Abgesehen von der Erörterung der Operation, bestätigte die Zusammenkunft in San Cristoforo Freuds Vorahnungen. Zwischen Rank und Jones hatte es schon eine Weile Reibungen gegeben, und nun verlangte Rank – den, wie behauptet wurde, der Gesundheitszustand Freuds entnervte, der nicht nur sein Freund und Kollege, sondern auch sein Arbeitgeber war – Jones' Ausschluß aus dem Komitee. Seine Kollegen lehnten diese Forderung ab. Später schrieb Jones: »Es war eine peinliche Szene, in der Rank in unbeherrschte Wut geriet, während ich ratlos schwieg.«[13] In den nächsten Monaten verschärfte sich die Auseinandersetzung zwischen Rank und Jones durch einen ernsteren Streit mit Abraham, und noch vor dem Frühjahr 1924 war das Komitee in aller Form aufgelöst worden. Erst als im Herbst 1924 Schritte zu seiner Neubildung unternommen wurden, lieferte Jones eine andere Version der Zusammenkunft in San Cristoforo. »Da ich mich, weitgehend aufgrund der geschickten Manöver Ranks, einer einhelligen Opposition und Verurteilung gegenüber sah«, erklärte er in einem Rundschreiben an die Mitglieder des Komitees, »erkannte ich, wie hoffnungslos es für mich gewesen wäre, eine feste Stellung zu beziehen, was einer Verurteilung Ranks gleichgekommen wäre; dies war der hauptsächliche, wenn natürlich nicht der einzige, Grund für meine damaligen Hemmungen . . .«[14]

Freud fuhr nach Rom und ließ sich dann, offensichtlich ohne Schwierigkeiten, zu der zweiten Operation überreden. Aber erst als er wieder in Wien war, sagte man ihm, wie ernst sein Zustand wirklich war. Und erst Jahre später erfuhr er, daß das Komitee damals beschlossen hatte, ihm die wahre Lage zu verheimlichen, »worauf er mit blitzenden Augen fragte: ›Mit welchem Recht‹?«[15]

Als er endlich die Wahrheit kannte, verlor er keine Zeit, sie Eitingon mitzuteilen:

»Ich kann heute Ihr Bedürfnis Neues von mir zu erfahren befriedigen. Es ist beschlossen worden, daß ich eine zweite Operation zu bestehen habe, eine partielle Oberkieferresektion, da das liebe Neugebilde dort aufgetaucht ist. Die Operation wird Prof. Pichler machen, der größte Könner in diesen Dingen, der auch die Prothese für nachher anfertigt. Er verspricht, daß ich in etwa 4–5 Wochen gut werde essen und sprechen können, so daß ich den Beginn meiner Behandlungen vorläufig auf den 1. November verschoben habe.«[16]

Während er auf die Operation wartete, traf ein Brief ein, der ihm große Befriedigung verschaffte. Bevor er im August Lavarone verließ, hatte er den Besuch eines angehenden Analytikers erhalten, eines Amerikaners, der ein Empfehlungsschreiben Stanley Halls bei sich hatte. Er sagte seinem Besucher, Hall habe sich eindeutig auf die Seite Adlers geschlagen, und es könne ihm nicht entgangen sein, daß dessen Lehren eine vollständige Ablehnung der Psychoanalyse darstellten. Unter diesen Umständen, fuhr Freud fort, könne er Halls Erklärung nur schwer verstehen, daß seine Anschauungen über Freuds Beitrag zur Psychopathologie unverändert geblieben seien. Der Besucher hatte Hall in den Vereinigten Staaten Bericht erstattet, und der lange Brief, den Freud nun daraufhin erhielt, trug viel zu seiner inneren Beruhigung bei. Hall gab zu, daß er manches Brauchbare in den Anschauungen Adlers und auch Jungs gefunden habe, »so mystisch und unverständlich auch viele seiner Schriften für mich sind«. Aber dann brachte er seine Feststellung in die richtige Perspektive:

»Ich glaube, die Welt weiß, daß diese beiden Männer ihre Anregung ganz allein Ihnen verdanken, und ich glaube auch, daß beide die Auflehnung gegen den Vater veranschaulichen, die Sie so gut erklärt haben. Ich weiß nicht, ob uns die Psychoanalyse sagt, welches die instinktive Haltung des Vaters gegen seine rebellierenden Söhne ist oder sein sollte. Wundt hegte die gleichen Gefühle gegenüber seinen eigenen Schülern, die die Methoden der Instrospektion entwickelten. In meiner eigenen kleinen Sphäre habe aber auch ich schmerzliche Erfahrungen mit denen gemacht, deren Vorbild das *Pereant illi qui nostra ante nos dixerunt* zu sein schien. Ich glaube, der Drang, denen den Tod zu wünschen, die das, was wir sagen wollten, vor uns gesagt haben, ist recht stark und sehr quälend für diejenigen, die darunter leiden.

Aber Ihre eigenen Leistungen gehen weit über die aller anderen

Psychologen unserer Zeit hinaus: die Geschichte wird in der Tat zeigen, daß Sie uns einen Dienst geleistet haben, den Sie ohne jede Übertreibung mit dem Darwins für die Biologie vergleichen können. Es scheint mir, daß Sie es sich leicht leisten können, diesen rebellierenden Kindern gegenüber großmütig zu sein . . .
Für mich war Ihr Werk die hauptsächliche Inspiration für das meiste, was ich in den letzten fünfzehn Jahren getan habe. Es hatte mir eine völlig neue Einsicht in das Seelenleben gegeben, und ich verdanke Ihnen mehr als irgendeinem anderen Lebenden oder Toten . . .«[17]

In diesem Sinne ging es weiter, und zuletzt entschuldigte sich Hall für die Länge des Briefes und drückte seinen »tief empfundenen Wunsch« aus, daß »Sie noch viele, viele Jahre das große Werk fortsetzen mögen, das Sie schon in der Welt errichtet haben«.

Als Freud diese Zeilen las, bereitete er sich auf eine, wie er wußte, langwierige und komplizierte Operation vor. Die Probleme, die sie aufwarf, waren so groß, daß es Pichler für nötig hielt, an einer Leiche zu experimentieren, bevor er sich darüber klar werden konnte, ob die Operation überhaupt durchführbar war. Tatsächlich waren zwei Operationen nötig. Die erste, kleinere, wurde am 4. Oktober ausgeführt, die zweite, größere, eine Woche später. Zuerst mußten Lippe und Wange weit aufgeschnitten werden, dann wurde eine Resektion des größeren Teils des Oberkiefers, eines Teils des Unterkiefers, des Gaumens und der Wangen- und Zungenschleimhaut auf der befallenen rechten Seite vorgenommen. Dadurch gingen Mund- und Nasenhöhle ineinander über. Der die Mundhöhle verschließende Gaumenteil und die entfernten Kieferpartien wurden durch eine Metallprothese ersetzt, die, solange Freud lebte, immer wieder herausgenommen und wiedereingesetzt werden mußte, gewöhnlich unter starken Schmerzen und oft mit der Hilfe eines Chirurgen.

Diese zweite Operation dauerte sieben Stunden und wurde unter Lokalanästhesie, ergänzt durch einige Sedativa, ausgeführt – zu einer Zeit, in der man noch keine Antibiotika und keine intravenöse Ernährung kannte. Aber vor Ende Oktober war Freud schon wieder daheim in der Berggasse 19. Dort erwartete ihn die Nachricht, daß Maria Freud, Emanuels Frau, die er als Kind in Freiberg noch kennengelernt hatte, gestorben war. »Als ich gestern aus dem Sanatorium nach Hause kam, sehr gebrochen und geschwächt«, schrieb er Samuel, »fand ich Deinen Brief mit der erschütternden Nachricht vor, durch die wieder ein Teil der geliebten Vergangenheit dahingeht.«[18]

Während er sich nun erholte, hoffte er, daß das Schlimmste überstanden sei. Zwei Wochen später mußte er enttäuscht werden. Am 12. November erhielt Pichler, der an einer Stelle, wo er glaubte, nicht genug Gewebe entfernt zu haben, am 7. November eine Probe zur Untersuchung entnommen hatte, den Befund, daß sich dort tatsächlich noch malignes Gewebe befand. Er schlug eine weitere Operation vor, Freud stimmte zu, und sie wurde noch am selben Nachmittag vorgenommen.

Diesmal schien alles gut gegangen zu sein. Vor Ende Dezember war Freud wieder daheim, und er erholte sich offenbar rasch. Während seines Krankenhausaufenthalts war sein Schwager Eli in New York an einer Appendizitis gestorben, und Freud berichtete Samuel davon in einem Brief, der eine versteckte Anspielung enthielt: »Er starb als reicher Mann und hat vielleicht beinahe eine Million hinterlassen, alles zugunsten Annas [Bernays], die nun verspricht, etwas für ihre 88jährige Mutter und vier mittellose Schwestern zu tun«, schrieb er, und dann fügte er hinzu: »Chi viorra verra«.[19] (Offenbar ein Kopierfehler. Freud schrieb entweder italienisch *Chi vivrà, vedrà* oder französisch *Qui vivra verra.* Beides hat die Bedeutung: »Man wird ja sehen.« Anm. des Übers.)

In den ersten Tagen des neuen Jahres konnte er Samuel ermutigende Nachrichten über seinen Fortschritt geben. »Ich freue mich, Dir sagen zu können, daß ich rasch genese und mit diesem Neujahr meine Arbeit wiederaufnehmen konnte. Meine Sprache ist wohl beeinträchtigt, aber sowohl meine Familie als auch meine Patienten sagen, sie sei recht gut verständlich. Ich bin froh, so weit gekommen zu sein. Nun wollen wir sehen, wie lange dieser Zustand dauern wird . . .«[20]

Doch obwohl es dreizehn Jahre dauern sollte, bis man wieder maligne Zellen entdeckte, ging die Qual weiter. Mehr als dreißig weitere Operationen waren nötig, um chronisch entzündete Stellen oder präkanzeröses Gewebe zu entfernen. Dazu kam eine lange Reihe von Versuchen, eine neue Prothese zu konstruieren, die es ermöglichen sollte, die normalen Funktionen des Essens, Trinkens und Sprechens – und Rauchens, das aufzugeben sich Freud immer noch weigerte – mit möglichst geringen Schwierigkeiten auszuüben.

Was die Zukunft bereithielt, konnte auch im günstigsten Falle nur schmerzhaft sein und sein Gebrechen verschlimmern. Es war daher ein berechtigter Anlaß gegeben, als nach einer Operation ein Verwandter Freud feierlich eine Goldmedaille überreichte, die eine ähnliche Inschrift trug wie die Tapferkeitsmedaillen im Krieg: »Für mutiges Verhalten angesichts des Feindes.«[21]

20
Die letzten Desertionen

Nun da ich alles vergeben habe, bin ich fertig mit ihm.

Freud über Otto Rank in einem Brief an Hanns Sachs

Im Spätherbst 1923 war der Krebs vorerst gebannt, und Freud lernte stoisch, mit dem »Ungeheuer«, wie die Prothese bald genannt wurde, zu leben. Seine Laune besserte sich, und er antwortete seinen Briefpartnern beinahe völlig unbeschwert; er beglückwünschte Georg Groddeck dazu, daß er endlich seine Geliebte geheiratet hatte, und fügte hinzu: » . . . im Grunde bin ich doch für die Solidität«[1]. Zwei Jahre später sah es immer noch so aus, als wäre der Feind besiegt, und er konnte Havelock Ellis schreiben: »Ich glaube, daß ich meine schwere Krankheit überwunden habe, wenngleich ich deutlich den unentrinnbaren Einfluß des Alters spüre.«[2]

Freud hatte noch 16 Jahre zu leben, und für einen Mann in seinem Alter und mit seiner Krankheit waren es bemerkenswert erfüllte Jahre. Es hätte etwas Künstliches, wollte man diese Zeitspanne zu scharf in Perioden einteilen. Nichtsdestoweniger gab es drei Elemente in Freuds Leben – der weitere Abfall von Kollegen, seine Bemühungen, die Psychoanalyse weiterzuentwickeln, und die Wirkung der Geschehnisse in der Welt auf ihn –, die von Bedeutung waren, als die zwanziger in die dreißiger Jahre übergingen und der Schatten Hitlers sich immer größer über Europa ausbreitete. Diese fluktuierenden Ereignisse hatten zumindest einen beständigen Hintergrund: den Fortschritt oder die Stagnation der »Sache«, an deren Geschicke er unaufhörlich dachte.

In den zwanziger Jahren, als er mit der Desertion fertigwerden mußte, die ihn am meisten schmerzte, konnte Freud sehen, daß die Psychoanalyse die stärkere Position festigte, die sie gegen Ende des Krieges errungen hatte. Daß sie so tiefe Wurzeln in den Vereinigten Staaten schlug, war typisch für eine Situation, in der die Psychoanalyse, während das Mißtrauen blieb, als eine Therapie akzeptiert wurde, die die medizinische Welt anerkennen mußte.

Um diese Zeit arbeiteten Analytiker nicht nur in den meisten europäischen Ländern einschließlich Rußlands, sondern auch in Japan, Australien und Südafrika, und in England wurde die London Clinic of Psycho-Analysis eröffnet, um »eine Behandlungsmethode, die langwierig und daher kostspielig ist, denen zugänglich zu machen, die es sich nicht leisten können, die üblichen Honorare oder überhaupt welche zu zahlen«[3]. Sogar in Frankreich, wo man noch allergisch gegen alles war, was mit den verhaßten Deutschen zu tun hatte, sollte bald – in Paris – eine Société Psychanalytique gegründet werden.
Die französische Gruppe war weitgehend das Werk Marie Bonapartes, Prinzessin Georg von Griechenland, einer ergebenen Helferin der »Sache« und wichtigen Persönlichkeit für ihre Geschicke in den nächsten Jahren. Marie Bonaparte – »die Prinzessin« für alle innerhalb des Zauberkreises – stammte in direkter Linie von Napoleons Bruder Lucien Bonaparte ab, der einen großen Teil seines Lebens der Wissenschaft und Kunst gewidmet hatte. Sie hatte ähnliche Neigungen und wollte als Mädchen Ärztin werden. Dieser Plan war vereitelt worden, und sie hatte statt dessen Prinz Georg von Griechenland geheiratet. Die beiden neigten dazu, ihre eigenen Wege zu gehen, und als sie sich nach dem Ersten Weltkrieg für die Psychoanalyse zu interessieren begann, betrachtete das ihr Mann nur als ein harmloses Steckenpferd.
Marie Bonaparte kam 1925 nach Wien, um sich von Freud analysieren zu lassen. Nach einer kurzen Unterbrechung wurde sie zuerst seine Schülerin und dann eine Freundin der Familie. Für sie war der Kontakt mit Freud und der Psychoanalyse ein intellektuelles Abenteuer. Es trug dazu bei, ihr beachtliches literarisches Talent zu entwickeln, das sich unter anderem in einer Studie über Edgar Allan Poe offenbarte und in einem weniger bekannten, aber bemerkenswerten Buch über die Gerüchte und unbegründeten Anschauungen, die während des Zweiten Weltkriegs im Umlauf waren. Für Freud wurde die Prinzessin nicht nur eine großzügige Helferin und Kollegin, sondern auch eine enge Vertraute, und Ernest Jones war später bestürzt, als er erfuhr, was für intime Dinge über ihn Freud ihr erzählt hatte. Sie war auch eine Wohltäterin der »Sache«, rettete 1929 den Psychoanalytischen Verlag, als er in finanzielle Nöte geriet, und half mit, 1927 die *Revue Française de Psychanalyse* und sieben Jahre später das Institut de Psychanalyse in Paris zu gründen. Auch in anderer Hinsicht war ihre Hilfe wertvoll. Wieviel Ehrerbietung Freud in seinen Siebzigern dem Rang zollte, ist ohne Belang, aber er dachte praktisch und wußte, wie sehr es der Sache nützen konnte, eine Prinzessin in ihren Reihen zu haben.
Mitte der zwanziger Jahre muß ihm selbst in den Augenblicken größter

Niedergeschlagenheit klar geworden sein, daß der Kampf zum großen Teil gewonnen war. Der Revisionismus würde zweifellos noch die Umrisse der Ideen verändern, die er vor mehr als dreißig Jahren verkündet hatte, und Ketzereien, an die noch niemand dachte, mochten in das Glaubensbekenntnis aufgenommen werden. Aber es war nun schon sehr schwer, die Psychoanalyse zusammen mit dem animalischen Magnetismus und anderen mittlerweile aufgegebenen Überspanntheiten auf den Müllhaufen zu werfen.

Dies war auch das Urteil einer Sonderkommission der British Medical Association. Ihr Bericht, der im Mai 1929 erschien, kam hinsichtlich der Psychoanalyse zu dem Resultat, daß die Mitglieder der Kommission »nicht in der Lage sind, eine kollektive Meinung entweder zugunsten ihrer Ausübung oder gegen sie zu äußern.«[4] Nichtsdestoweniger legte die aus 21 Mitgliedern bestehende Kommission, der unter anderen Ernest Jones als Vertreter der Freudianer und H. Godwin Baynes als Vertreter der Jungschen Schule der analytischen Psychologie sowie eine Anzahl von Skeptikern angehörten, einen ernsthaften und untendenziösen Überblick über die Ursprünge der Psychoanalyse, ihre Bestrebungen und über die Mittel, ihre Ziele zu erreichen, vor. Die Kommission hatte sich zwei Jahre lang in regelmäßigen Abständen versammelt, und ihr Bericht stellte einen offenbar objektiven Versuch dar, die Freudschen Theorien zu beurteilen, die, wie sie zugab, »höchst erstaunlicher Natur«[5] waren. Der zeitgenössischen Kritik an der Psychoanalyse wurde beträchtlicher Raum gewidmet, aber daneben wurden auch die Erwiderungen von Psychoanalytikern abgedruckt, die dazu beitrugen, gewisse falsche Vorstellungen aufzuklären, die noch bei vielen Medizinern anzutreffen waren. Das Endergebnis hatte jedoch viel von einem »Freispruch aus Mangel an Beweisen« an sich, und nachdem sie sich davon distanziert hatte, irgendeine kollektive Meinung auszusprechen, stellte die Kommission in ihrer Schlußfolgerung über die Psychoanalyse fest: »Die Behauptungen ihrer Befürworter und die Kritiken ihrer Gegner müssen, wie in anderen umstrittenen Fragen, durch die Zeit, durch Erfahrung und durch Diskussion überprüft werden.«[6] Es ist bezeichnend für die damals herrschenden Ansichten, daß Jones ein solches Urteil als einen »glücklichen Abschluß der schwierigsten Aufgabe, die ich je für die Psychoanalyse zu leisten hatte«[7], betrachtete.

In dieser entschieden günstigeren Atmosphäre der zwanziger Jahre begann sich nun die Geschichte der Vorkriegszeit zu wiederholen. Zuerst verließ einer, dann ein zweiter der Getreuen seinen Führer, eine Abtrünnigkeit, der wie den Desertionen Adlers und Jungs Ereignisse auf

internationaler Ebene folgten, die die Psychoanalyse wieder eine Zeitlang in Gefahr brachten. Im ersten Fall war es der Krieg 1914–1918 gewesen, in den dreißiger Jahren war es der Aufstieg Hitlers.
Die Schwierigkeiten begannen mit Rank, dem Anhänger, der von den frühesten Tagen an immer an der Seite Freuds gestanden war, die Protokolle führte, sich stets als diensteifrig erwies. Trotz seiner eigenen Pionierarbeit vor dem Ersten Weltkrieg hatte Rank nie nach Unabhängigkeit oder Führerschaft gestrebt. Statt dessen strahlte er eine Aura der Unentbehrlichkeit aus, was Freud auch zugab, als es einmal so aussah, als würde Rank durch eine Krankheit arbeitsunfähig werden. Damals schrieb Freud Jones: »Ich muß zittern bei dem Gedanken, daß er für längere Zeit behindert sein könnte, denn er ist – in jedem Teil der Arbeit – der unentbehrliche Helfer und höchst intelligente Gefährte. Wenn einer von uns einmal reich werden sollte, wird es seine Pflicht sein, in zufriedenstellender Weise für ihn zu sorgen.«[8]
Im Jahre 1919 war Rank von seinem Dienst in der österreichischen Armee in Polen als ein Mann zurückgekehrt, der härter und selbstbewußter war als zuvor. Damals scheint Jones über die Veränderung erfreut gewesen zu sein, und er sagte Freud, wie sehr er das rasche Denken und das gute Urteilsvermögen Ranks bewundere. Erst später änderte sich seine Einstellung radikal, und dann sprach Jones von Ranks »destruktiver Psychose«[9] und einer »manischen Phase seiner Zyklothymie«[10], was den Eindruck erweckt, daß er parteiisch war. Die 1958 erschienene Rank-Biographie von Jessie Taft zeigt, daß es sich tatsächlich so verhielt.
Als Leiter des Internationalen Psychoanalytischen Verlags in Wien und Mitredakteur von Jones beim *International Journal of Psycho-Analysis* in London hatte Rank zweifellos begonnen, sich seinen eigenen Platz zu erobern. In Anbetracht der kommenden Ereignisse ist die Schilderung der Psychoanalytikerin Lilla Veszy-Wagner, die die Lage aus nächster Nähe beobachten konnte, sehr aufschlußreich. »Otto Rank lag Freud ständig in den Ohren, wie unmöglich Jones als Kollege sei, besonders als Rank und Jones gemeinsam das *International Journal* herausgaben«, schrieb sie. »Er machte Jones den Vorwurf, sich . . . persönlich in jede Phase der Redaktionsarbeit einzumischen.«[11]
Da ein Redakteur in London saß und der andere in Wien, waren Probleme auf die Dauer unvermeidlich. Und da die Muttersprache des einen Englisch und die des anderen Deutsch war, ergab sich um so leichter die Gelegenheit zu Mißverständnissen. Sie wurde gewiß nicht geringer, wenn Jones in London darüber nachdachte, daß Rank in Wien beim Meister in einem Maße Gehör fand, das er offensichtlich nie

erreichen konnte. Dies war es zweifellos, was Jones dazu trieb, sich über »Ranks Brauch, seine Kollegen als Marionetten zu behandeln« und »Verweise in einem tyrannischen Ton auszuteilen, den ich mir von keinem anderen gefallen lassen würde«, zu beklagen.[12] Die Abneigung gegen Rank brachte ihn sogar dazu, Freud zu kritisieren, und er schrieb in einem Brief an Abraham:
»Ich habe die Hoffnung aufgegeben, den Professor, was Rank anbetrifft, zu irgendeiner Art von Objektivität zu bewegen. Man muß mit Bedauern erkennen, daß auch Freud seine menschlichen Schwächen hat und daß das Alter Einseitigkeit der Betrachtung und eine Minderung des kritischen Vermögens mit sich bringt. Ich hoffe jedoch, daß sich Rank von dem schweren Trauma erholen wird, auch einmal der Kritisierte zu sein, und daß er rechtzeitig lernen wird, seine Rolle als Gleicher unter Gleichen zu spielen.«[13]
Einmal ergriff Freud gegen Jones Partei und schrieb ihm im Januar 1922: »Ich mußte feststellen, daß Sie weniger Kontrolle über Ihre Stimmungen und Leidenschaften haben, weniger konsequent, aufrichtig und zuverlässig sind, als ich von Ihnen zu erwarten das Recht hatte und unsere auffällige Position es erforderte. Und obwohl Sie selbst das Komitee vorgeschlagen hatten, unterließen Sie es nicht, seinen Zusammenhalt durch ungerechtfertigte Empfindlichkeiten zu gefährden. Sie wissen, es ist nicht meine Art, in Freundschaftsbeziehungen mein wahres Urteil zu unterdrücken, und ich bin stets bereit, das mit einem solchen Verhalten verbundene Risiko auf mich zu nehmen.
Sie haben ganz recht, wenn Sie fordern, daß Freunde einander nicht so unerbittlich behandeln sollen, wie es das Schicksal tut, aber stellen Sie sich doch vor, um wieviel befriedigender es für einen Freund ist, den anderen anzuerkennen, zu loben oder zu bewundern, als ihm zu verzeihen.«[14]
Außerdem hatte Freud allein Rank seine Vorahnung des sich entwickelnden, aber noch nicht diagnostizierten Krebses anvertraut. Es werde ihm nicht entgangen sein, hatte er ihm im August 1922 geschrieben, daß er sich seit einiger Zeit nicht mehr recht gesund gefühlt habe, und er fügte hinzu, daß er sonst mit niemandem darüber spreche, weil man doch nur die üblichen Unaufrichtigkeiten zu hören bekomme. Rank sei noch der jüngste und frischeste von allen, während man ja wisse, daß ein Alter so nahe den Siebzig eine recht ernste Angelegenheit sei.
In dieser Situation beendete Rank, der von den wenigen, denen Freud noch vertraute, das größte Vertrauen genoß, im Frühjahr 1923 das Manuskript zu seinem Buch *Das Trauma der Geburt.* Der Hauptgedanke dieses Buches war, daß der Faktor, der die psychische Entwicklung eines

Individuums bestimmt, die bei der Geburt erlebte Trennungsangst sei. Diese, wurde behauptet, nahm den Vorrang vor dem Ödipuskomplex ein, dessen Bedeutung damit drastisch verringert wurde. Die Ketzerei war nicht so groß, wie es auf den ersten Blick scheinen mochte. Schon 1909 hatte Freud selbst in der zweiten Auflage der *Traumdeutung* eine Fußnote angebracht, in der er schrieb: »*Der Geburtsakt ist übrigens das erste Angsterlebnis und somit Quelle und Vorbild des Angsteffekts.*«[15] (Hervorhebung durch Freud selbst.) Und am Ende von *Das Ich und das Es* hatte er von »dem ersten großen Angstzustand der Geburt«[16] gesprochen. Es war daher kaum verwunderlich, daß Freud *Das Trauma der Geburt* mit gemischten Gefühlen aufnahm und daß er einige Monate nach dem Erscheinen des Buches im Dezember 1923 Ferenczi schrieb: »Ich weiß nicht, ob es zu 66 oder 33% stimmt, aber es ist jedenfalls seit der Entdeckung der Psychoanalyse der wichtigste Fortschritt.«[17]
Zu diesem Zeitpunkt bestand Ranks einziges Verbrechen darin, daß er es verabsäumt hatte, seine Arbeit mit den anderen Mitgliedern des Komitees im voraus zu diskutieren. »Weder Freud noch Ferenczi hatten [das Manuskript] vorher gelesen, obschon sie davon wußten, und uns übrigen kam es als große Überraschung«[18], stellte Jones fest. Und Sachs schrieb ungehalten: »Er sagte zu mir nicht ein Wort über seine neuen Ideen, bis er mir ein gedrucktes Exemplar überreichte, obwohl wir am selben Ort den Sommer verbracht und einander täglich gesehen hatten, während er das Buch schrieb.«[19] Freud brauchte jedoch das veröffentlichte Buch nicht zu lesen, denn im Mai 1923 hatte er von Rank (was Jones offenbar nicht wußte) eine Kopie des Manuskriptes als Geburtstagsgeschenk erhalten, und gegen Ende des Jahres, nach seiner dritten Operation, schrieb er, nun werde in diesem Punkt alles klar; er, Rank, sei der gefürchtete David, dem es mit seinem *Trauma der Geburt* gelungen sei, seine, Freuds, Arbeit abzuwerten . . . Nun könne er Ranks Deutung fortsetzen. Er schloß mit dem Satz: »Ich hoffe, Sie bald zu sehen.« Fünf Tage später, offenbar nachdem er ein Exemplar des Buches erhalten hatte, schrieb er:
*»Lieber Doktor Rank,
ich nehme gern Ihre Widmung mit der Versicherung meines herzlichsten Dankes an. Wenn Sie sie bescheidener formulieren könnten, wäre es mir recht. Behindert, wie ich bin, freue ich mich sehr über Ihre bewundernswerte Produktivität. Das bedeutet auch für mich ›Non omnis moriar‹ (›Ich werde nicht ganz sterben‹ – Horaz – mit anderen Worten, meine Werke werden mich überleben).«[20]

* Rückübersetzt, da Original nicht auffindbar.

Etwa fünf Wochen später bekräftigte Freud seine Haltung, indem er in einem Brief an die Mitglieder des Komitees sagte, seine Annahme der Widmung zeige, daß er den Inhalt von Ranks Buch nicht gänzlich ablehne.

*»Völlige Übereinstimmung in allen Detailfragen der Wissenschaft und ihrer neu aufgeworfenen Probleme ist nicht möglich unter einem halben Dutzend Männern verschiedener Persönlichkeit und ist nicht einmal wünschenswert. Nur eine Bedingung ist notwendig für unsere fruchtbare Zusammenarbeit, daß niemand den gemeinsamen Boden der psychoanalytischen Voraussetzungen verläßt, und dessen können wir bei jedem Mitglied des Komitees gewiß sein . . . Es gibt außerdem einen Ihnen nicht unbekannten Umstand, der mich besonders untauglich macht, als despotischer, stets wachsamer Zensor zu fungieren. Es ist nicht leicht für mich, mich in das Denken eines andern einzufühlen; in der Regel muß ich warten, bis ich auf meinen eigenen gewundenen Wegen einen Zugang gefunden habe. Wenn Sie daher jedesmal eine Idee zurückhalten wollen, bis ich ihr zustimmen kann, läuft sie Gefahr, inzwischen beträchtlich zu altern.«[21]

Das war Freud von seiner besten und vernünftigsten Seite. Aber wenn er fürs erste bereit war, die ersten Anzeichen der Apostasie zu übersehen, so reagierten manche seiner Anhänger anders. Vor allem Abraham hatte das Gefühl, daß Rank eine potentielle Gefahr sei. »Resultate gleich welcher Art, auf legitim-analytischem Wege erzielt, würden mir nie den Anlaß zu so schweren Bedenken geben«, schrieb er. »Hier liegt anderes vor. Ich sehe Anzeichen einer unheilvollen Entwicklung, bei der es sich um Lebensfragen der Psychoanalyse handelt. Sie nötigen mir zu meinem tiefsten Schmerz – nicht zum ersten Mal in 20 Jahren meiner psychoanalytischen Laufbahn – die Rolle des Warnenden auf.«[22] Jones, der Rank später eine Psychose unterstellte, von der außer ihm niemand etwas bemerkte, fand zunächst an Ranks These nichts auszusetzen, und als er im Royal Anthropological Institute einen Vortrag, »Psychoanalyse und Anthropologie«, hielt, sagte er, die Vorstellung vom Einfluß der Geburt auf die Anschauungen des primitiven Menschen werde von der Psychoanalyse nachdrücklich unterstützt und »entspricht auch ganz einer neuen, bedeutenden Studie Otto Ranks«[23].

Aber Rank hatte den unerhörten Schritt getan, eine einschneidende Neufassung der anerkannten Theorie an die Öffentlichkeit zu bringen, ohne sie vorher mit seinen Kollegen zu diskutieren. »Es wäre schwer«, gab Jessie Taft, seine Biographin, zu, »sich eine größere Anmaßung von

* Rückübersetzt, da Original nicht auffindbar.

Allwissenheit oder eine tiefere Kränkung des Komitees vorzustellen, das nicht im voraus benachrichtigt, geschweige denn konsultiert worden war.«[24] Freud, der das Ganze von einer höheren Warte aus sah als das Komitee, befürchtete nun, daß das Geburtstrauma zum Gegenstand erregter Debatten auf dem Salzburger Kongreß im April 1924 werden könnte. Er beschloß, nicht daran teilzunehmen, was zunächst wie eine halbe Abdankung aussehen mochte, tatsächlich aber eine kluge Entscheidung war. Sein schlechter Gesundheitszustand war eine gute Entschuldigung. Während sich die anderen stritten, wollte Freud, geistig einsam, abwarten, was für ein Urteil der Kongreß fällte.

Ein Problem war aber auch das Komitee. Seit dem Streit im August 1923 in San Cristoforo war es praktisch tot. Das Erscheinen von Ranks *Das Trauma der Geburt* hatte die Aussicht auf eine Wiederbelebung verschlechtert, und noch unwahrscheinlicher wurde seine Auferstehung durch die Veröffentlichung eines Buches, das Ferenczi zusammen mit Rank geschrieben hatte: *Die Entfaltung der Psychoanalyse.* Abraham gehörte nun zu denen, die dafür waren, strenge Maßnahmen zu ergreifen, aber Freud, der zwischen der Treue zu seinen alten Freunden Rank und Ferenczi und der Treue zur Sache schwankte, tat unglücklich sein Bestes, um dem Streit aus dem Wege zu gehen. Er schrieb Abraham: » . . . Denn wie weit Ihre Reaktion auf Ferenczi und Rank berechtigt sein mag, davon ganz abgesehen, freundschaftlich war Ihr Verfahren gewiß nicht, und es ist bei dieser Gelegenheit nur völlig klar geworden, daß das Komitee nicht mehr besteht, weil die Gesinnungen nicht da sind, die aus dieser Handvoll Leute ein Komitee machen würden.«[25] Aber das Ganze gefiel ihm nicht. »Ich habe das Komitee überlebt, das mein Nachfolger werden sollte«, schrieb er Ferenczi, »vielleicht überlebe ich noch die Internationale Vereinigung. Hoffentlich überlebt mich die Psychoanalyse. Aber es gibt mit dem anderen einen trüben Lebensabend.«[26] Kurz darauf wurde die Lage in aller Form geklärt. Ein Rundschreiben Ranks gab bekannt, daß das Komitee aufgelöst worden sei.

In Salzburg wurde ein frontaler Zusammenstoß zwischen den Verbündeten Rank und Ferenczi und den anderen mit knapper Not vermieden, und Freuds schonungsloser Umgang mit dem Komitee mag einer der Gründe dafür gewesen sein, denn die gegnerischen Parteien fühlten sich in gleichem Maße betroffen. Abraham machte seinen Frieden mit Ferenczi, aber Rank war eine Sache für sich, und der Streit mit seinen Kollegen war nicht geschlichtet worden, als er am zweiten Tag des Kongresses in die Vereinigten Staaten abreiste.

Ranks Besuch in Amerika war schon seit längerem geplant. Er sollte etwa ein halbes Jahr in New York verbringen, und es war anzunehmen, daß man ihn als einen der engsten Vertrauten Freuds mit Respekt behandeln würde. Was man nicht bedacht hatte, war, daß sich aus den spekulativen Ideen, die er in *Das Trauma der Geburt* umrissen hatte, etwas entwickeln konnte, was auf gefährliche Weise wie eine neue Basis der Psychoanalyse aussah.

Freud blieb weiterhin versöhnlich, er hoffte, daß Rank seine Sache in Amerika gut machen werde, und beendete seinen Brief mit der Bitte, er solle alle Eichhörnchen von ihm grüßen und sie auch mit Erdnüssen füttern. Der wirkliche Zoo, den man besuchen müsse, sei aber in der Bronx.

Nach und nach aber enttäuschte *Das Trauma der Geburt* Freud immer mehr. Im Juli schrieb er:

*»In den Monaten seit unserer Trennung bin ich noch weiter davon abgekommen, Ihren Neuerungen zuzustimmen. Ich habe in zwei von meinen Fällen, die abgeschlossen wurden, nichts gesehen, was Ihre Ansichten bestätigt, und allgemein nichts, was ich nicht schon vorher gewußt hätte. Die endgültige Geburtsphantasie scheint mir immer noch das Kind zu sein, das man, analytisch, dem Vater schenkt. Ich bin oft sehr besorgt Ihretwegen. Der Ausschluß des Vaters in Ihrer Theorie scheint zu sehr das Ergebnis persönlicher Einflüsse in Ihrem Leben zu enthüllen, die ich wiederzuerkennen glaube, und ich habe immer mehr den Verdacht, daß Sie dieses Buch nicht geschrieben haben könnten, wenn Sie selbst eine Analyse durchgemacht hätten. Daher bitte ich Sie, sich nicht festzulegen, sondern einen Weg zurück offen zu lassen.«[27]

Es gab tatsächlich eine Reihe von Gründen für Freuds Wunsch, Rank wieder in seinen Reihen zu begrüßen, wie ein Brief zeigt, den er am 11. August vom Semmering aus an Lou Andreas-Salomé schrieb: »Durch 15 Jahre war er mir ein tadelloser Helfer und treuer Sohn. Jetzt, seitdem er glaubt, einen großen Fund gemacht zu haben, benimmt er sich so störrisch, daß ich seiner Rückkehr aus Amerika nur mit großer Sorge entgegensehe ... Er wäre in seinen verschiedenen Funktionen schwer zu ersetzen.«[28]

Vor Rank verbarg er seine Sorge, und am 25. August schrieb er ihm einen Brief, der offensichtlich die Wunde heilen sollte:

»Obwohl ich jetzt die meisten Geschehnisse sub specie aeternitatis sehe und nicht die volle Leidenschaftlichkeit wie in früheren Jahren darauf verwenden kann, stehe ich den Veränderungen im Verhältnis zu Ihnen nicht gleichgültig gegenüber. Mein Befinden scheint darauf hinzudeuten, daß ich doch noch einige Lebenszeit vor mir habe, und es ist mein starker

* Rückübersetzt, da Original nicht auffindbar.

Wunsch, daß Sie während derselben keinen Verlust für mich bedeuten sollen. Sie haben Europa, wie ich höre, in erregter und argwöhnischer Verfassung verlassen. Die Erkenntnis, daß ich zum Teil von der Einschätzung Ihrer letzten Arbeit zurückgekommen bin, wird Ihre Verstimmung gesteigert haben. Wahrscheinlich überschätzen Sie die affektive Bedeutung dieser theoretischen Differenz und glauben, daß ich während Ihrer Abwesenheit Einflüssen zugänglich geworden bin, die Ihnen feindselig sind. Absicht dieses Briefes ist, Sie zu versichern, daß dies nicht der Fall ist. Ich bin nicht so leicht für andere zugänglich und andere – ich habe hier mehrtägigen Besuch Eitingons und Abrahams gehabt – sind ebenso aufrichtig in der Anerkennung Ihrer außerordentlichen Verdienste und voll von Bedauern über die Schroffheit, mit der Sie sich abschließen. Es besteht keine Feindseligkeit gegen Sie, weder bei uns noch bei meiner New Yorker Familie. Es ist gerade vor Ihrer Rückkehr noch Zeit, einen Brief zu wechseln. Ich möchte, daß Sie mich über Ihre gegenwärtige Verfassung aufklären und beruhigen.
Die Meinungsverschiedenheit in Sachen des Geburtstraumas wiegt bei mir leicht. Entweder Sie werden mich im Laufe der Zeit, wenn noch Zeit genug ist, überzeugen und berichtigen, oder Sie werden sich selbst korrigieren und sondern, was dauernder Neuerwerb ist von dem, was die Befangenheit des Entdeckers dazu getan hat. Ich weiß, daß es Ihnen an Beifall bei Ihrer Neuerung nicht fehlt, aber bedenken Sie auch, wie wenige urteilsfähig sind, und wie stark doch bei den meisten das Bestreben ist, vom Ödipus loszukommen, wo sich ein Weg dazu zu eröffnen scheint. Auf keinen Fall, auch wenn viel Irrtum daran ist, brauchen Sie sich der geistvollen und inhaltsvollen Produktion zu schämen, die auch den Kritikern Neues und Wertvolles bringt. Aber gewiß nicht anzunehmen, daß diese Ihre Arbeit unsere langjährigen intimen Beziehungen stören müßte.
Indem ich diesmal meinem herzlichen Gruß die Erwartung beifüge, Sie bald zu sehen
Ihr Freud.«[29]

Unterdessen hatte aber Rank schon an Freud geschrieben. Es gibt vier verschiedene Fassungen seines Briefes, von denen nur eine abgeschickt wurde, und alle zeigen, daß – obwohl Jones später mit unnötiger Schärfe über Ranks Geisteszustand sprach – New York zweifellos sein Selbstvertrauen übermäßig aufgebläht hatte. Nachdem er Freud heftig getadelt hatte, weil er zu sehr auf Abraham höre, fuhr Rank fort, man solle doch nicht vergessen, daß die psychoanalytische Bewegung als solche eine Fiktion sei, und er bekenne, daß er keine Sympathie für Leute hege, die nun darauf erpicht seien, an einer psychoanalytischen Bewegung zu arbeiten.

Was immer Freud an Beschuldigungen, die gegen seine Kollegen vorgebracht wurden, hinzunehmen imstande gewesen sein mag: die Beschreibung seiner geliebten Sache als Fiktion traf ihn an seiner empfindlichsten Stelle. Er scheint Ranks Brief am Tag nach der Absendung seiner langen Bitte um Versöhnung erhalten zu haben und antwortete augenblicklich in einem ganz anderen Ton. Abraham tiefste Ignoranz zu unterstellen und ihn einen lauten Großtuer zu nennen, setze eine Störung des Urteilsvermögens voraus, das nur durch eine grenzenlose Affektivität erklärt werden könne und schlecht zur Überwindung von Komplexen passe, schrieb er, bevor er Rank schließlich des Verrats beschuldigte. Ein böser Dämon treibe ihn dazu zu sagen, daß diese psychoanalytische Bewegung eine Fiktion sei, und lege ihm die Worte des Feindes in den Mund.

Im folgenden Monat schrieb Freud Ferenczi in vorwurfsvollem Ton, es sehe jetzt so aus, als hätte Rank »von Anfang an beabsichtigt, sich auf der Grundlage seines Patentverfahrens, das er geheimhielt, niederzulassen, und gewünscht, daß Sie sich ihm anschließen.«[30] Er sei überrascht, sagte er, daß Ferenczi und Rank bei der *Entfaltung der Psychoanalyse* zusammengearbeitet hätten, und um seinen Gefühlen Nachdruck zu verleihen, schickte er Ferenczi einen von Ranks Briefen. Das wirkte. Ferenczi beschloß mit Rank zu brechen, und als er ihm später auf der Pennsylvania Station begegnete, schnitt er ihn. Er war mein bester Freund und weigerte sich, mit mir zu sprechen, erinnerte sich Rank voll Bitterkeit.

Als Rank im Oktober nach Wien zurückkehrte, hoffte Freud noch immer auf eine Versöhnung, und eine Begegnung der beiden Männer wurde vereinbart. An dem Tag jedoch, an dem der Besucher in der Berggasse 19 erschien, hatte Freud gerade einen Brief von Brill in New York erhalten, der die Wirkung von Ranks Amerika-Besuch beschrieb. Freud ließ den Brief zirkulieren, der anscheinend die Ungeheuerlichkeit der abtrünnigen Anschauungen Ranks ausführlich schilderte. Wieder einmal tat die Weitergabe eines Briefes ihre Wirkung bei der psychoanalytischen Gemeinde in Wien.

Trotzdem kam es zu weiteren Gesprächen zwischen Rank und Freud, und Freud scheint tatsächlich die Hoffnung gehabt zu haben, daß die Differenzen zwischen ihnen noch bereinigt werden könnten. Es gab jedoch eine Grenze, die er nicht überschreiten konnte, und als Rank im Dezember wieder nach Amerika aufbrach, sah es so aus, als wäre der Bruch endgültig.

Dann geschah in Paris etwas, was Jones »ein Wunder«[31] nannte. Anstatt seine Reise in die Vereinigten Staaten fortzusetzen, kehrte Rank nach Wien zurück, traf sich noch einmal mit Freud und schickte am

26. Dezember 1924 ein Rundschreiben an die Mitglieder des Komitees, in dem es hieß:
*»Aus einem Zustand, den ich nun als neurotisch erkenne, bin ich plötzlich wieder zu mir gekommen. Nicht nur habe ich die tatsächliche Ursache der Krise in dem Trauma erkannt, das mir die gefährliche Krankheit des Doktors verursachte, sondern ich war auch imstande, die Art der Reaktion und ihren Mechanismus von meiner Kindheit und Familiengeschichte – Ödipus- und Bruder-Komplexe – her zu verstehen... Aus analytischen Gesprächen mit dem Professor, in denen ich in allen Einzelheiten die auf affektive Einstellungen beruhenden Reaktionen erklären konnte, schöpfe ich die Hoffnung, daß es mir vor allem gelungen ist, die persönliche Beziehung zu klären, da der Professor meine Erklärungen zufriedenstellend fand und mir persönlich vergeben hat.«[32]
Rank hatte für einen Augenblick sein falsches Verhalten eingesehen. Aber sein Rundschreiben ist erstaunlich und ähnelt auf eine unheimliche Weise den Erklärungen der Häftlinge in kommunistischen Ländern, die man durch Gehirnwäsche zum Geständnis bringt. Andererseits ist der Widerruf nicht einzigartig in den Annalen der Psychoanalyse. Beinahe zehn Jahre, nachdem Fritz Wittels seine Freud-Biographie veröffentlicht hatte, schrieb er im Oktober 1933 für die *Psychoanalytic Review* einen langen Artikel unter dem Titel »Revision of a Biography«. Dieser Artikel enthielt weit mehr als die Ergänzungen und Einschränkungen, die sich durch die Verarbeitung neuer Informationen oder eine Änderung des Urteils in Einzelfragen erklären ließen. Wittels zog den größeren Teil seiner Anschuldigungen gegen Freud zurück und schlug einen Ton an, der sich bereits in seiner einleitenden Erklärung ausdrückte, in der er sagte, er könne nicht mehr für die Irrtümer und Mißdeutungen einstehen, die er nun als solche erkannt habe.
Im Falle Ranks war der Gesinnungswechsel nicht von Dauer. Als er wieder in den Vereinigten Staaten war und ihm die Aufmerksamkeiten und hohen Honorare derer, die ihn noch für einen Schüler Freuds hielten, zu Kopf stiegen, kehrte er zu der Haltung zurück, die er vor dem »Wunder« eingenommen hatte. Seine letzte Begegnung mit Freud fand am 12. April 1926, während eines kurzen Europabesuchs, statt. Freud gab dazu zwei Kommentare ab. »... ich war aufrichtig und hart«, schrieb er Ferenczi. »Aber wir dürfen ein Kreuz über ihn machen.«[33] Und Hanns Sachs schrieb er: »Nun da ich alles vergeben habe, bin ich fertig mit ihm.«[34]

* Rückübersetzt, da Original nicht auffindbar.

Wie bei den früheren Desertionen – ein passender Ausdruck, denn Freud schrieb Jones einmal, er hoffe, Rank werde wieder »wacker in unseren Reihen mitkämpfen«[35] – ging es um eine echte Meinungsverschiedenheit hinsichtlich der psychoanalytischen Theorie und um persönliche Beziehungen. Der Unterschied war der, daß bei Adler, Stekel und Jung die beruflichen Differenzen durch seine persönliche Abneigung verschärft wurden, während bei Otto Rank das Gegenteil zutraf. Aber sobald einmal seine Toleranz zu Ende war, übte Freud sehr bald eine substantiellere Kritik an *Das Trauma der Geburt.* Er befaßte sich damit 1926 in *Hemmung, Symptom und Angst*, und elf Jahre später fällte er in »Die endliche und die unendliche Analyse« sein endgültiges Urteil: »Man wird nicht bestreiten, daß der Ranksche Gedankengang kühn und geistreich war; aber er hielt einer kritischen Prüfung nicht stand. Der Versuch Ranks war übrigens aus der Zeit geboren, unter dem Eindruck des Gegensatzes von europäischem Nachkriegselend und amerikanischer ›*prosperity*‹ konzipiert und dazu bestimmt, das Tempo der analytischen Therapie der Hast des amerikanischen Lebens anzugleichen.«[36]

Was die heutige Meinung über Ranks Geburtstrauma betrifft, so kommt es ganz darauf an, wen man nach seiner Ansicht fragt, und man kann diesseits und jenseits des Atlantiks auf diametral entgegengesetzte Ansichten stoßen. In Großbritannien wird manchmal behauptet, die Idee sei heute allenfalls noch von geringem historischem Interesse, womit Freuds Ablehnung gerechtfertigt wird. Diese Ansicht wird jedoch oft angefochten. In den Vereinigten Staaten gründet sich Arthur Janovs Urschrei-Therapie weitgehend auf das Geburtstrauma, und Freud könnte sie als »dazu bestimmt« betrachten, das Tempo ... »der Hast des amerikanischen Lebens anzugleichen.«

Die Richtigkeit seines allgemeineren Urteils über Rank wurde Jahre später offenkundig, als Anaïs Nin, die junge französische Schriftstellerin, deren Analytiker Rank in den Vereinigten Staaten geworden war, ihre *Journals* veröffentlichte. Sie zeichnen ein aufschlußreiches Bild Ranks, als er sich, nachdem er mehrmals nach Europa zurückgekehrt war, endgültig in New York niedergelassen hatte; und seine Beschreibung der Psychoanalyse, wie er sie damals sah, schließt jeden Zweifel an seinen grundsätzlichen Meinungsverschiedenheiten mit Freud aus. Nach Anaïs Nin sagte Rank:

»Ich halte nichts von einer lang hinausgezogenen Psychoanalyse. Ich halte nichts davon, sich zu lange damit abzugeben, die Vergangenheit zu erforschen, sich in sie zu vertiefen. Ich glaube, die Neurose ist wie ein virulenter Abszeß oder eine Infektion. Sie muß kräftig in der Gegenwart attackiert werden. Natürlich kann der Ursprung der Krankheit in der

Vergangenheit liegen, aber die virulente Krise muß dynamisch angegangen werden. Ich bin dafür, den Kern der Krankheit durch ihre gegenwärtigen Symptome anzugreifen, rasch und direkt. Die Vergangenheit ist ein Labyrinth. Man braucht es nicht zu betreten und Schritt für Schritt all seinen Windungen und Krümmungen zu folgen. Die Vergangenheit offenbart sich augenblicklich, in dem Fieber oder dem Abszeß der Seele von heute.

Ich glaube, die Analyse ist zum schlimmsten Feind der Seele geworden. Sie tötete, was sie analysierte. Ich habe bei Freud und seinen Schülern zu viel Psychoanalyse gesehen, die päpstlich, dogmatisch wurde. Deshalb wurde ich aus der ursprünglichen Gruppe ausgestoßen.«[37]

Freuds Differenzen mit Ferenczi, die jedoch nie zu einem regelrechten Bruch führten, begannen 1920, erreichten aber ihren Höhepunkt erst 1932. Es handelte sich um echte Meinungsverschiedenheiten in bezug auf zwei Aspekte der Psychoanalyse. Der weniger wichtige war das relative Gewicht, das jeder der medizinischen und der nichtmedizinischen Arbeit beimaß. Von den ersten Tagen an hatte Freud die Entwicklung der Psychoanalyse als Erforschung der Arbeitsweise der Psyche betrachtet. Die Patienten stellten das Rohmaterial für sein Laboratorium dar, und wenn er auch wie jeder andere den Wunsch hatte, Leiden zu lindern und zu heilen, so war doch sein eigentlicher Ansporn immer die Neugier. Wie sein alter Freund Theodor Reik zugab, hatte er »nichts von dem *furor therapeuticus*«.[38] Ferenczi dagegen wurde nach und nach von einer einzigen Idee beherrscht, dem »Bedürfnis zu heilen und zu helfen«[39], wie Freud in seinem Nachruf sagte. So groß auch sein Interesse an der Theorie und der Organisation der Psychoanalyse war – und es war bisweilen sehr groß –, die Resultate, die er auf der Couch erzielte, kamen immer an erster Stelle.

Soweit war jedoch der Unterschied zwischen Freud und Ferenczi nur ein gradueller und kaum wichtig genug, um zu einem ernsten Streit, geschweige denn einem Bruch zu führen. Von tieferer Bedeutung war die Frage der Technik. Freud hatte immer aus streng praktischen Gründen erklärt, die Rolle des Analytikers sei die eines objektiven Außenstehenden, der sich die Erinnerungen des Patienten anhört, sie siebt, sortiert und deutet, aber nie persönlich Anteil nimmt. Es gab selbstverständlich die Probleme der Übertragung und Gegenübertragung, aber man kannte sie und konnte sie durch Vorsicht, Besonnenheit und Disziplin bewältigen.

Während der ganzen zwanziger Jahre wandte Ferenczi aber eine Methode an, die dazu im Widerspruch stand. Er glaubte, daß ein Mangel an Elternliebe die Ursache vieler seelischer Störungen sei, die man beseitigen könne, wenn der Analytiker eine persönliche Beziehung zu seinem Patienten aufnähme – was Freud später »mit seinen Schülerinnen Mutter und Kind [spielen]«[40] nannte. Freud fand den Gedanken abstoßend, er lief seinen eigenen persönlichen Maßstäben zuwider, und in einer Zeit, in der man die Psychoanalyse angriff, weil sie angeblich sexuelle Freizügigkeit förderte, bot Ferenczis Methode den Gegnern eine willkommene Waffe. »Dagegen sehe ich, daß die Differenz zwischen uns sich auf ein Kleinstes, ein Detail der Technik zuspitzt, das eine Erörterung wohl verdient«, schrieb er Ferenczi Ende 1931. »Sie haben kein Geheimnis daraus gemacht, daß Sie Ihre Patienten küssen und sich von ihnen küssen lassen, auch hatte ich dasselbe schon von meinem Patienten gehört.«[41] Ferenczi, sagte Freud, habe nun, wenn er ausführlichen Bericht über seine Technik und seine Erfolge gebe, die Wahl, dies entweder mitzuteilen oder zu verschweigen. Die Tatsachen zu verheimlichen sei unwürdig. Nach weiteren Vorhaltungen schrieb Freud:

»Es gibt keinen Revolutionär, der nicht von einem noch radikaleren aus dem Feld geschlagen würde. Soundso viele unabhängige Denker in der Technik werden sich sagen: Warum beim Kuß stehenbleiben? Gewiß erreicht man noch mehr, wenn man das ›Abtatscheln‹ dazunimmt, das ja auch noch keine Kinder macht. Und dann werden Kühnere kommen, die den weiteren Schritt machen werden zum Beschauen und Zeigen – und bald werden wir das ganze Repertoire des Demiviergetums und der petting-parties in die Technik der Analyse aufgenommen haben, mit dem Erfolg einer großen Steigerung des Interesses an der Analyse bei Analytikern und Analysierten. Der neue Bundesgenosse wird aber leicht zuviel von diesem Interesse für sich selbst in Anspruch nehmen, die jüngeren unter unseren Kollegen werden es schwer finden, in den angeknüpften Beziehungen an dem Punkt stehenzubleiben, wo sie ursprünglich wollten, und Godfather Ferenczi wird vielleicht, auf die belebte Szenerie blickend, die er geschaffen hat, sich sagen: Vielleicht hätte ich mit meiner Technik der Mutterzärtlichkeit doch *vor* dem Kusse haltmachen sollen.«[42]

Ferenczi machte sich nicht viel aus diesem Brief, und im folgenden Jahr kam es kurz vor dem Kongreß, der in Wiesbaden stattfinden sollte, zu einer delikaten Situation. Eitingon sollte als Präsident zurücktreten, und man erwartete, daß Ferenczi sein Amt übernehmen werde. Aber das Referat, das Ferenczi halten wollte, wurde von einigen als so polemisch betrachtet, daß Freud ihn bat, es nicht zu halten. Ferenczi ließ sich nicht davon abbringen, es zeigte sich, daß sein Referat vergleichsweise harmlos war, und nachdem er erklärte hatte, er sei zu beschäftigt, um das Amt eines Präsidenten auszuüben, wurde Jones dafür gewählt.

Ferenczis Gesundheit verschlechterte sich schon stark, und bald nach dem Kongreß schrieb Freud Marie Bonaparte: »Ferenczi ist ein bitterer Tropfen im Trunk, seine kluge Frau ließ mir sagen: Denken Sie an ihn wie an ein krankes Kind! ... Sie haben recht, der psychische und intellektuelle Verfall ist weit ärger als der unvermeidliche körperliche.«[43] Kurz nach Beginn des folgenden Jahres dankte Freud Ferenczi für seine Neujahrswünsche in einem Brief, der mit den Worten endete: »Immerhin freuen wir uns über die Herstellung Ihrer Gesundheit, ein kostbares Stück der schönen Vergangenheit.«[44]

Einige Monate später war Ferenczi tot. Nach Jones griff die Krankheit das Rückenmark und das Gehirn an, und seine »latenten psychotischen Tendenzen«[45] verschärften sich. Zuletzt hatte er »heftige Ausbrüche von paranoiden Vorstellungen und sogar Mordideen«[46]. Nach Michael Balint, einem Psychoanalytiker, der der Bewegung nahestand, entsprach dies nicht der Wahrheit, und er schrieb später:

»Ich sah Ferenczi während der letzten Monate seines Lebens bei vielen Gelegenheiten, ein- oder zweimal die Woche, und ich traf ihn nie mit Wahnvorstellungen, paranoid oder mit Mordideen an. Im Gegenteil, obwohl er körperlich durch seine Ataxie behindert war, war er geistig die meiste Zeit völlig frisch, und er besprach mit mir die verschiedenen Einzelheiten seiner Kontroverse mit Freud und seinen Plan, einige der in seinen letzten Schriften veröffentlichten Ideen zu revidieren – wenn er je wieder zu schreiben imstande wäre. Ich sah ihn am Sonntag vor seinem Tod, und trotz seiner Schwäche war sein Geist noch vollkommen klar.«[47]

Der Widerspruch zwischen diesen Aussagen kann auf verschiedenen Ebenen aufgeklärt werden. Man hat die Ansicht geäußert, daß Jones Ferenczi die Einblicke in seinen Charakter nie »verzieh«, die dieser gewonnen hatte, als er ihn 1931 in Budapest analysierte. Einleuchtender ist der Gedanke, der sich in Erich Fromms Bemerkung ausdrückt: »Offenbar nimmt Jones an, daß nur ein kranker Geist Freud ein autoritäres Wesen und Feindseligkeit vorwerfen könne.«[48]

Hinsichtlich des autoritären Wesens kann es kaum Zweifel geben, trotz der Beteuerungen der Freud-Anhänger, die ihm eine nahezu übermenschliche Vollkommenheit zuschreiben, durch die er jedenfalls völlig unfähig gewesen wäre zu handeln. Fritz Wittels, zum Beispiel, schrieb 1924 als Bewunderer: »Er ist ein Despot geworden, der kein Abweichen von seiner Lehre duldet, seine Konzilien hinter verschlossenen Türen abhält und durch eine Art pragmatischer Sanktion durchsetzen will, daß die Lehren der Psychoanalyse ein unteilbares Ganzes bleiben.«[49]

Wittels übertreibt, dennoch scheint es wahr zu sein, daß manche Psychoanalytiker die Internationale Vereinigung unter Umständen verließen, die nie hinlänglich geklärt wurden. Bemerkenswert war der Fall Wilhelm Reich. Es ist zweifellos richtig, daß Reichs politische Ansichten ebenso schuld an seiner Entfremdung von den Vertretern der orthodoxen psychoanalytischen Lehre waren wie seine Orgasmus-Theorie. Aber während Reich nach der offiziellen Version auf dem Luzerner Kongreß 1934 aus der Vereinigung austrat, behauptete er selbst stets, er sei ausgeschlossen worden.

Um diese Zeit muß es Freud nur allzu deutlich bewußt gewesen sein, daß er in der Gefahr schwebte, von Feind oder Freund einen Dolchstoß in den Rücken zu bekommen. Die Situation ließ ihn vorsichtiger als sonst bei politischen Verhandlungen in bezug auf die Sache sein und behutsamer als sonst, was die Revision seiner früheren Ansichten betraf.

21
Ein Ritt auf dem Tiger?

Freud antwortete,
in diesem Argument sei die falsche Annahme enthalten,
daß die Gültigkeit psychoanalytischer Entdeckungen und Theorien
fest erwiesen sei, während sie tatsächlich noch am Beginn ständen
und noch sehr viel Entwicklung und wiederholte
Überprüfung und Bestätigung brauchten.

Martin W. Peck, »A Brief Visit with Freud«, *Psychoanalytic Quarterly*

So wild auch die gegenseitigen Beschuldigungen und Streitigkeiten zwischen den Mitgliedern des Komitees waren, das Jones Ende 1924 neu bildete, und so schmerzlich die einzelnen Desertionen für Freud persönlich waren – es war immer noch unmöglich, seine Stellung als Schöpfer und Führer einer Sache anzuzweifeln, die langsam aber sicher an Boden gewann. Er wurde daher unvermeidlich in die organisatorischen und institutionellen Kontroversen hineingezogen, die eine sich ausbreitende Bewegung mit sich bringt.

So wurde Freud nun der erste Vorschlag gemacht, daß die Psychoanalyse der Öffentlichkeit auf der Kinoleinwand vorgestellt werden solle. Er reagierte mit Abscheu und Verachtung – nicht nur weil es der unaufhaltsame Sam Goldwyn war, der mit diesem Vorschlag an ihn herantrat.

Im Dezember 1924 überquerte Goldwyn den Atlantik in Richtung Europa, und an Bord des Schiffes erklärte er der *New York Times*, daß es nichts so wirklich Unterhaltsames auf der Kinoleinwand gebe wie eine große Liebesgeschichte.

»Deshalb dachte ich mir, ich suche Freud auf und spreche wenigstens einmal mit dem größten Spezialisten der Welt für Liebe . . . Die fertigen, mit Professor Freud als Mitarbeiter produzierten Filme werden das Publikum weit stärker fesseln als alle anderen Produktionen, die heute gemacht werden, weil diese Enthüllungen der Liebe und der psychologischen Wahrheiten die tiefsten Gedanken und Empfindungen der Leute ansprechen werden, die stärker auf das Echte im Film reagieren.«[1]

Das mochte tatsächlich zutreffen. Aber Freud, der seit seinen ersten Erfahrungen 1909 in New York im allgemeinen gegen das Kino eingestellt war, hatte andere Vorstellungen. »Ich habe nicht die Absicht, mit Mr. Goldwyn zu sprechen«[2], erklärte er.
An der Ablehnung war zum Teil Goldwyns Ruf schuld, Geschichte in Dichtung zu verwandeln. Aber Freud befürchtete nicht nur, daß der Gegenstand, dem er sein Leben gewidmet hatte, auf eine vulgäre und triviale Weise für den Publikumsgeschmack zurechtgemacht werden könnte: er glaubte nicht, daß es möglich wäre, die Theorien der Psychoanalyse auf der Leinwand darzustellen. Ein knappes halbes Jahr später erfuhr er, daß sich die Universum-Film-AG (UFA), die größte Filmgesellschaft Deutschlands, in Berlin sowohl an Abraham als auch an Sachs gewandt hatte, um ihren Rat bei der Herstellung eines Dokumentarfilms über die Psychoanalyse einzuholen. Als Regisseur war G. W. Pabst vorgesehen, der Österreicher, dessen Film über die verzweifelte Armut in Wien, *Freudlose Gasse*, unlängst großen Eindruck gemacht hatte, und es war klar, daß die UFA entschlossen war, das Projekt mit oder ohne Hilfe von seiten Freuds oder seiner Kollegen auszuführen.
Aus diesem Grunde ebensogut wie aus jedem anderen tat Abraham sein Bestes, um Freuds Mitarbeit zu gewinnen, wobei er gleichzeitig zugab, daß dergleichen eigentlich nicht seine Sache sei. Freud war unbeeindruckt von dem Geld, das mit dem Film verdient werden konnte, und meinte, wenn etwas für ihn abfiele, würde er es gern dem Verlag überlassen. Aber er blieb immer noch eisern bei seiner Ablehnung. »Die Verfilmung läßt sich sowenig vermeiden wie – scheint es – der Bubikopf, aber ich lasse mir selbst keinen schneiden und will auch mit keinem Film in persönliche Verbindung gebracht werden«[3], schrieb er Ferenczi.
Nichtsdestoweniger begann man mit den Dreharbeiten, die sich mit ständigen Unterbrechungen durch den ganzen Sommer hinzogen. Währenddessen ging es mit Abrahams Gesundheit bergab, wodurch Sachs einen größeren Teil der Arbeit übernehmen mußte, und dazu kamen nach wie vor Zweifel, wie weit Psychoanalytiker bei der Herstellung des Films mitwirken sollten. Siegfried Bernfeld, ein Wiener Analytiker, schrieb ein eigenes Drehbuch für einen Film und versuchte, Abraham für sein Projekt zu gewinnen. Daraufhin beklagte sich Abraham entrüstet bei Freud, der aber seinen Wiener milder zu beurteilen schien. Abraham wies darauf hin, daß Freud auch bei früheren Auseinandersetzungen nicht immer recht gehabt habe, und erhielt die ein wenig gereizte Antwort: »Es muß ja nicht sein, daß Sie immer recht haben. Sollte es aber diesmal wieder sein, so wird nichts mich abhalten,

es wieder zuzugeben.«[4] Abrahams Gesundheit verschlechterte sich weiter, und der Tod – an einem, wie es jetzt scheint, nicht diagnostizierten Lungenkrebs – trat am Weihnachtstag 1925 ein, praktisch als der Film fertig war.

Geheimnisse einer Seele wurde Anfang 1926 uraufgeführt, und zugleich erschien eine von Hanns Sachs verfaßte Monographie für alle, die den Film sahen. Dieser stellte den Fall eines echten Patienten dar – wobei man Einzelheiten geändert hatte, um eine Identifikation unmöglich zu machen –, der an einer Messer-Phobie und an Zwangsvorstellungen litt, und zeigte sowohl den Ursprung der Symptome als auch die auslösenden Faktoren, die sie zum Ausbruch brachten. Darauf folgte ein visueller Bericht über die Analyse, die in den Tagen des Stummfilms mit Hilfe von Aufzeichnungen im Notizbuch des Analytikers dargestellt werden mußte. Trotz Freuds Befürchtungen war *Geheimnisse einer Seele* eine ehrliche und wenigstens zum Teil erfolgreiche Erklärung der Psychoanalyse. Was auf der Debetseite wahrscheinlich am schwersten wog, war wohl die Möglichkeit, die der Film den Gegnern bot, Freud vorzuwerfen, er mache für seine Ware Reklame im Kino.

Während *Geheimnisse einer Seele* in ganz Deutschland lief, mußte sich Freud direkter mit einem Problem auseinandersetzen, das in der Psychoanalyse von allem Anfang an verborgen gewesen war. Es war die Frage der Laienanalyse. Sollte die neue Therapie nur von approbierten Ärzten oder sollte sie auch von Laien angewandt werden dürfen?

Während der ersten Jahre des Jahrhunderts hatte diese Frage praktisch kaum eine Rolle gespielt. Einige Männer, die keine Ärzte waren, hatten sich Freuds Gruppe in Wien angeschlossen, aber nur wenige von ihnen hatten praktiziert und diese nie in größerem Maßstab. Es gab in Österreich ein Gesetz, das jede medizinische Behandlung durch Laien untersagte, aber es war erlassen worden, um das Treiben von Kurpfuschern und Scharlatanen einzuschränken, und obwohl man in Österreich stark gegen die Psychoanalyse eingestellt war, wurde doch das Gesetz (mit einer Ausnahme) nie gegen sie bemüht.

Während in Amerika in maßgeblichen Kreisen die Meinung vorherrschte, daß nur Mediziner praktizieren sollten, wurde in Österreich die Analyse durch Laien wie durch Ärzte akzeptiert. Diese Einstellung wurde zweifellos durch die entschiedene Ansicht Freuds beeinflußt, der 1926 in einem Brief an Paul Federn, den geschäftsführenden Obmann der Wiener Psychoanalytischen Vereinigung, sagte: »Der Kampf für die Laienanalyse muß irgendeinmal ausgefochten werden. Besser jetzt als später. Solange ich lebe, werde ich mich dagegen sträuben, daß die Psychoanalyse von der Medizin verschluckt wird.«[5] Später erklärte er seine Ansichten noch ausführlicher, als er Pfarrer Pfister über zwei seiner eigenen Publikationen schrieb:

»Ich weiß nicht, ob Sie das geheime Band zwischen der ›Laienanalyse‹ und der ›Illusion‹ erraten haben. In der ersten will ich die Analyse vor den Ärzten, in der anderen vor den Priestern schützen. Ich möchte sie einem Stand übergeben, der noch nicht existiert, einem Stand von *welt*lichen Seelsorgern, die Ärzte nicht zu sein brauchen und Priester nicht sein dürfen.«[6]

In anderen Ländern wurden Standpunkte eingenommen, die etwa zwischen denen Wiens und denen Amerikas lagen: von Jones in London, von Eitingon in Berlin und von zahlreichen anderen, die an das Prinzip der Laienanalyse glaubten, aber der Ansicht waren, daß ihre Ausübung durch gewisse Einschränkungen abgesichert sein sollte – vor allem, daß ihr die Empfehlung eines Arztes vorausgehen müsse.

Die Ereignisse trieben auf eine Auseinandersetzung zwischen Europäern und Amerikanern zu, nachdem fünf europäische Vereinigungen und die New Yorker Psychoanalytische Vereinigung 1925 zum Internationalen Ausbildungskomitee auf dem Kongreß in Bad Homburg zugelassen worden waren. Ein Jahr darauf wurde die Laienanalyse im Staat New York für ungesetzlich erklärt, was nur die formelle Anerkennung einer Lage war, die schon einigen Mitarbeitern Freuds zu schaffen gemacht hatte. Sie waren als Laien in den Vereinigten Staaten angekommen und hatten Förderung erwartet, aber das Gegenteil angetroffen.

So lagen die Dinge, als 1926 Theodor Reik, ein Mitglied der Wiener Psychoanalytischen Vereinigung, nach dem selten in Anspruch genommenen österreichischen Gesetz angeklagt wurde, weil er einen Patienten behandelt hatte, ohne Arzt zu sein. Freud griff augenblicklich ein – nicht nur, weil er selbst den Patienten zu Reik geschickt hatte.

Freud kam seinem Kollegen zu Hilfe, indem er sich an einen günstig gesinnten Regierungsbeamten wandte, dem er die Lage mit triftigen Begründungen so darlegte, wie er sie sah. Er hatte keinen Erfolg, und daß das Verfahren gegen Reik schließlich eingestellt wurde, war hauptsächlich auf die unzulänglichen Beweise der Anklage zurückzuführen. Freuds lange Diskussionen mit dem Beamten blieben jedoch nicht fruchtlos, denn sie boten die Anregung zu einer ausführlichen Darlegung, *Die Frage der Laienanalyse*, in der er das Problem einem imaginären Gegner vortrug.

Freud schrieb überzeugend, aber der Streit ging weiter, denn die Frage war nicht so einfach, wie sie, oberflächlich betrachtet, aussah. Nachdem das *International Journal* und die *Internationale Zeitschrift* 28 Artikel veröffentlicht hatten, die das Thema unter allen erdenklichen Gesichtspunkten betrachteten, wurde es lange, aber ohne großen Erfolg für die eine oder die andere Seite, auf dem Innsbrucker Kongreß 1927 debattiert. Danach schwankte das Schlachtenglück hin und her. Auf dem Oxforder Kongreß im Jahre 1929 – von wo Anna berichtete, die Unterbringung im College sei »mehr Tradition als Bequemlichkeit«, womit sie Freud Lou Andreas-Salomé gegenüber die Bemerkung entlockte: »Sie wissen, daß die Engländer, nachdem sie den Begriff Comfort geschaffen, dann nichts mehr mit der Sache zu tun haben wollen«[7]-wurde ein Fortschritt erzielt. Die Diagnose wurde von der Behandlung getrennt, und es wurde vereinbart, daß kein Laienanalytiker einen Patienten empfangen oder besuchen solle, der nicht von einem medizinisch vorgebildeten Analytiker an ihn überwiesen worden sei. Die Diskussion ging 1932 in Wiesbaden, 1934 in Luzern und 1938 in Paris weiter. Auf keinem der Kongresse wurde das Problem gelöst, obwohl beide Seiten Zugeständnisse machten. Nach dem Ende des Zweiten Weltkriegs hatten Tod und Emigration die psychoanalytische Gemeinde in Europa so stark dezimiert, daß die Amerikaner praktisch das Feld beherrschten.

Ein Jahr vor dem Erscheinen von *Die Frage der Laienanalyse* wurde eine kurze Abhandlung mit dem Titel *Selbstdarstellung* in der von L. R. Grote herausgegebenen achtbändigen Sammlung *Die Medizin der Gegenwart in Selbstdarstellungen* abgedruckt (1925 im 4. Band). Sie stellte mehr die Geschichte der Psychoanalyse dar als das Leben ihres Gründers, aber sie zeigte deutlich, was Freud zehn Jahre später in einer Nachschrift dazu sagte, nämlich: » . . . wie die Psychoanalyse mein Lebensinhalt wird.«[8]

In dieser Nachschrift erinnerte Freud den Leser daran, daß er, obwohl er in den zwanziger Jahren einige wichtige Revisionen seiner psychoanalytischen Ansichten vorgenommen hatte, seit *Jenseits des Lustprinzips* und *Das Ich und das Es* »keine entscheidenden Beiträge mehr zur Psychoanalyse geliefert« habe, und er fuhr fort: »Und was ich später geschrieben habe, hätte schadlos wegbleiben können oder wäre bald von anderer Seite beigebracht worden.«[9] Das mag technisch richtig sein, aber es darf nicht die Tatsache verschleiern, daß die Revisionen, wie Freud sie nannte, in außerordentlichem Maße wichtig waren und daß er während der wenigen Jahre, die ihm noch blieben, bemerkenswert produktiv für einen kranken Mann in den Siebzigern war. Er schrieb zwei beachtliche Abhandlungen, eine über Religion, die andere über die Kultur, wobei das Thema jedesmal psychoanalytisch behandelt wurde, eine Psychobiographie Woodrow Wilsons, eine Reihe von Abhandlungen, die eine Erweiterung seiner Vorlesungen aus den Jahren 1915–1917 darstellten, und ein Buch, *Der Mann Moses und die monotheistische Religion*, das sein lebenslanges Interesse am jüdischen Glauben mit seinen eigenen Ansichten über unbewußte Motive verschmolz und gewissermaßen eine trotzige Herausforderung seiner Kritiker, der jüdischen wie der nichtjüdischen, war.

Die Revisionen waren enthalten in *Hemmung, Symptom und Angst*, für Ernest Jones »Freuds wertvollstes Werk aus der Nachkriegszeit«[10]. In den neunziger Jahren, als Freud die Neurosen zu untersuchen begann, hatte er die Angstneurose als das Ergebnis nicht befriedigter sexueller Spannungen betrachtet, eine Erklärung, die er bald auch auf die Angst bei verschiedenen Psychoneurosen ausdehnte. Die Theorie wurde in einigen seiner frühen Briefe und Notizen an Fließ ebenso wie in *Die Traumdeutung* entwickelt, und noch 1920 sagte er in einer Fußnote zu den *Drei Abhandlungen zur Sexualtheorie*, daß »die neurotische Angst aus der Libido entsteht, ein Umwandlungsprodukt derselben darstellt, sich also etwa so zu ihr verhält wie der Essig zum Wein . . .«[11] Obwohl er an dieser Anschauung mehr als ein Vierteljahrhundert festhielt, gab es Zeiten, in denen Freud seiner eigenen Theorie zu widersprechen schien. Im November 1897 schrieb er Fließ, er habe beschlossen, die Sache der Libido als von der Sache der Angst getrennt zu betrachten. Im Sommer 1909 folgte in einer Fußnote zur *Traumdeutung* die Bemerkung: »*Der Geburtsakt ist übrigens das erste Angsterlebnis und somit Quelle und Vorbild des Angstaffekts.*«[12] Mehr als zehn Jahre später wiederholte er sie in *Das Ich und das Es*.

Nach dem Erscheinen von Ranks *Das Trauma der Geburt* begann Freud seine Ansichten noch einmal zu überprüfen. Er gab nun die Theorie auf, daß Angst ein Umwandlungsprodukt der Libido sei, fand es aber unmöglich, dem Geburtstrauma die Bedeutung beizumessen, die er ebenso wie Rank ihm bei mehreren Gelegenheiten zugeschrieben hatte. Statt dessen lieferte er eine einfachere Erklärung, der die meisten Menschen auch schon vor der Geburt der Psychoanalyse zugestimmt haben würden:

»Die Angst ist die Reaktion auf die Gefahrsituation; sie wird dadurch erspart, daß das Ich etwas tut, um die Situation zu vermeiden oder sich ihr zu entziehen. Man könnte nun sagen, die Symptome werden geschaffen, um die *Gefahrsituation* zu vermeiden, die durch die Angstentwicklung signalisiert wird.«[13]

Freuds neue Erklärung war die letzte größere Revision seiner Ansichten über das Wirken der Psyche. Doch von nun an ist es möglich, eine Spur von Einschränkung in mehr als einer seiner Erklärungen über die Psychoanalyse zu sehen: einer Einschränkung bezüglich ihrer Wirksamkeit, die er entschieden stärker betonte als zuvor. Er glaubte noch an die

Sache. Er war durch die Krankheit immer stärker behindert, Tod und Desertion riefen die Gründerväter ab, und die neuen Rekruten hoben soziale und politische Faktoren hervor, denen er wenig Aufmerksamkeit gewidmet hatte, aber er behielt den Glauben an sein Lebenswerk. Doch er erinnerte seine Leser immer wieder daran, daß es falsch sei zu glauben, die Psychoanalyse könne alle Arten von neurotischen Phänomenen heilen.

Eine solche Warnung hatte er schon 1922 in einem langen Artikel für die *Encyclopaedia Britannica* ausgesprochen. Nun sollte er sagen, »solange die organischen Faktoren unzugänglich bleiben, läßt die Analyse noch viel zu wünschen übrig«[14]. Einige Jahre später erweckte »Die endliche und die unendliche Analyse«, wie James Strachey schrieb, »einen Eindruck von Pessimismus hinsichtlich der therapeutischen Wirkung der Psychoanalyse«[15]. Das war nichts anderes als die Wahrheit, denn Freud selbst hatte geschrieben:

»Man hat den Eindruck, daß man nicht überrascht sein dürfte, wenn sich am Ende herausstellt, daß der Unterschied zwischen dem nicht Analysierten und dem späteren Verhalten des Analysierten doch nicht so durchgreifend ist, wie wir es erstreben, erwarten und behaupten . . . Ich getraue mich hier wirklich keiner Entscheidung, weiß auch nicht, ob sie derzeit möglich ist.«[16]

Trotz der ständigen Betonung, daß jede psychoanalytische Behandlung eine Anzahl von Hindernissen zu überwinden habe, würden solche Ansichten einige Jahrzehnte früher gefährlich nach Ketzerei geklungen haben. Dennoch waren sie noch zurückhaltender als die Bemerkung, die Freud 1937 gegenüber dem amerikanischen Psychoanalytiker Martin W. Peck machte. Während eines Gesprächs meinte Peck, er habe das Gefühl, die Zeit sei reif für eine engere Zusammenarbeit zwischen Psychoanalyse und Medizin. »Freud antwortete«, schrieb er später, »in diesem Argument sei die falsche Annahme enthalten, daß die Gültigkeit psychoanalytischer Entdeckungen und Theorien fest erwiesen sei, während sie tatsächlich noch am Beginn ständen und noch sehr viel Entwicklung und wiederholte Überprüfung und Bestätigung brauchten.«[17] Wie immer man diese Worte auffassen will: sie unterscheiden sich sehr von dem Dogmatismus des »Wir sind im Besitz der Wahrheit«.

Bevor diese Verlagerung des Gewichtes so klar sichtbar wurde, hatte Freud etwas durchgemacht, was er selbst eine »Wandlung« nannte. »Nach dem ersten lebenslangen Umweg über die Naturwissenschaften, Medizin und Psychotherapie war mein Interesse zu jenen kulturellen Problemen zurückgekehrt, die dereinst den kaum zum Denken erwach-

ten Jüngling gefesselt hatten«, schrieb er. Dann hatte er die in *Totem und Tabu* begonnene Arbeit fortgesetzt. »Immer klarer erkannte ich, daß die Geschehnisse der Menschheitsgeschichte, die Wechselwirkungen zwischen Menschennatur, Kulturentwicklung und jenen Niederschlägen urzeitlicher Erlebnisse, als deren Vertretung sich die Religion vordrängt, nur die Spiegelung der dynamischen Konflikte zwischen Ich, Es und Über-Ich sind, welche die Psychoanalyse beim Einzelmenschen studiert, die gleichen Vorgänge, auf einer weiteren Bühne wiederholt.«[18]
Freud wandte sich der Arbeit mit einer Begeisterung zu, die sich während des vorausgegangenen Jahrzehnts angesammelt hatte, in den Jahren, in denen er sich der Aufgabe gewidmet hatte, sein neues Begriffssystem aufzubauen, in denen er sich durch das Elend des Wiens der Nachkriegsjahre durchgerungen hatte und mit dem körperlichen und seelischen Trauma des Krebses hatte fertigwerden müssen – und mit der Desertion Otto Ranks. Nun konnte er sich endlich den Dingen widmen, die ihn seit Jahren gefesselt hatten.
Die erste seiner neuen Abhandlungen war *Die Zukunft einer Illusion*. Sie wurde Anfang 1927 begonnen, im Herbst beendet und im November veröffentlicht. Die Religion selbst war die Illusion, und Freud wußte, daß er wieder zu Angriffen herausforderte, wenn er diesen Gedanken in einer wohlüberlegten Abhandlung der Kritik unterwarf. »Der einzige, dem diese Veröffentlichung Schaden bringen kann, bin ich selbst«, schrieb er. »Ich werde die unliebenswürdigsten Vorwürfe zu hören bekommen wegen Seichtigkeit, Borniertheit, Mangel an Idealismus und an Verständnis für die höchsten Interessen der Menschheit.« Aber für Freud würde das keine neue Erfahrung sein, »und andererseits, wenn jemand schon in jungen Jahren sich über das Mißfallen seiner Zeitgenossen hinausgesetzt hat, was soll es ihm im Greisenalter anhaben, wenn er sicher ist, bald jeder Gunst und Mißgunst entrückt zu werden?«[19] Er fragte sich, ob sein Angriff der Sache schaden könnte. Aber er beruhigte sich mit dem Gedanken, daß die Psychoanalyse eine Forschungsmethode war, und wenn die Religion vor einer genaueren Untersuchung zurückschreckte, so lag der Fehler bei der Religion und nicht bei der Psychoanalyse.
Er nahm nicht zum erstenmal eine kühle Abschätzung dieses Themas vor. Schon 20 Jahre früher hatte er in »Zwangshandlungen und Religionsübungen« zahlreiche Ähnlichkeiten zwischen den Handlungen von Neurotikern und von Gläubigen aufgezeichnet, und in *Totem und Tabu* hatte er der Religion eine Entstehung zugeschrieben, die niemand schmeichelnd fand und nur wenige als annehmbar betrachteten. *Die Zukunft einer Illusion* hatte er schon lange mit sich herumgetragen, und

ein Grund für den Aufschub der Niederschrift war seine Rücksichtnahme auf seinen geistlichen Freund, Pfarrer Pfister. Schließlich aber wurde, wie er sagte, »der Drang zu stark ... [ich] fürchtete doch und fürchte es noch, daß Ihnen ein solches öffentliches Bekenntnis peinlich sein werde«[20]. Damit hatte er recht. Aber Pfister war durchaus imstande, sich zu wehren. Auf *Die Zukunft einer Illusion* antwortete er prompt mit »Die Illusion einer Zukunft«.

Freud warf ein Streiflicht auf seine Abhandlung während eines Besuchs Binswangers auf dem Semmering im September 1927. Die beiden Männer sprachen über das Problem, eine echte Zusammenarbeit zwischen Analytiker und Patient herzustellen, ein Problem, das Binswanger dem Mangel an »Geist« zuschrieb. Später erinnerte er sich:

»Ich traute meinen Ohren kaum, als ich die Antwort vernahm: ›Ja, der Geist ist alles‹, wenn ich auch anzunehmen geneigt war, daß unter Geist hier doch noch so etwas wie Intelligenz verstanden wurde. Dann aber fuhr Freud fort: ›*Die Menschheit hat ja gewußt, daß sie Geist hat; ich mußte ihr zeigen, daß es auch Triebe gibt.* Aber die Menschen sind immer unzufrieden, sie können nicht warten, wollen immer etwas Ganzes und Fertiges; *irgendwo fängt man aber doch an und schreitet nur langsam vorwärts.*‹ Ermuntert durch dieses Zugeständnis ging ich einen Schritt weiter, erklärend, daß ich so etwas wie eine religiöse Grundkategorie im Menschen anerkennen müßte; es sei mir jedenfalls unmöglich zuzugeben, daß ›das Religiöse‹ ein irgendwie und von irgend etwas *ableitbares* Phänomen sei. (Dabei dachte ich natürlich weder an die ›Entstehung‹ einer bestimmten Religion noch an diejenige ›der Religion‹ überhaupt, sondern an das, was ich seither als das religiöse Ich-Du-Verhältnis zu bezeichnen gelernt habe.) Nun hatte ich aber den Bogen der Übereinstimmung überspannt und bekam sein Gegenstreben zu spüren: ›Religion entsteht‹, so erklärte Freud kurz und bündig, ›aus der Hilfsbedürftigkeit und Angst des Kindes und der jungen Menschheit, da gibt es nichts zu rütteln.‹ Dabei zieht er seine Schreibtischschublade heraus: ›Jetzt ist der Moment, daß ich Ihnen etwas zeige‹, legt mir ein fertiges Manuskript vor, das den Titel trägt: *Die Zukunft einer Illusion* und blickt mich lächelnd-fragend an. Ich errate aus dem ganzen Gang der Situation leicht, was dieser Titel bedeutet. Inzwischen war der Augenblick des Abschieds herangekommen. Freud geleitete mich an die Türe. Seine letzten, von einem weisen, leicht ironischen Lächeln begleiteten Worte lauteten: ›Ich kann Ihre religiösen Bedürfnisse leider nicht befriedigen.‹«[21]

In der Abhandlung stellte Freud mit Recht fest, daß er zu dem Argument gegen die Religion nur wenig Neues beitrage; seine Darlegung »habe bloß ... der Kritik meiner großen Vorgänger etwas psychologische Begründung hinzugefügt«[22]. Er spielte nirgends namentlich auf eine der Offenbarungsreligionen der Welt an, obgleich es in einem vorwiegend katholischen Österreich klar war, auf wen seine Pfeile zielten. Statt dessen konzentrierte er sich, wie er später schrieb, auf das, was der gemeine Mann unter seiner Religion verstand – »das System von Lehren und Verheißungen, das ihm einerseits die Rätsel dieser Welt mit beneidenswerter Vollständigkeit aufklärt, andererseits ihm zusichert, daß eine sorgsame Vorsehung über sein Leben wachen und etwaige Versagungen in einer jenseitigen Existenz gutmachen wird«[23]. Ein solcher Glaube, behauptete Freud, entstehe durch Wunschdenken und wirke als Verteidigung gegen die kosmischen Kräfte, die der Mensch nie werde verstehen können.

Die Idee war keineswegs neu, aber in Freuds Händen wurde sie geschickt gestützt durch die Entdeckungen, die die Psychoanalyse in den vorausgegangenen drei Jahrzehnten gemacht hatte. Die Reaktion auf *Die Zukunft einer Illusion* war nicht anders als erwartet. In Großbritannien gehörte T. S. Eliot zu den Kritikern. In New York drückte Rabbi Nathan Krass im Tempel Emanu-El eine volkstümliche Empfindung in volkstümlichen Worten aus:

»In diesem Land haben wir uns daran gewöhnt, Männer und Frauen anzuhören, die über alle Themen sprechen, weil sie auf *einem* Gebiet etwas Bemerkenswertes geleistet haben. Weil Edison etwas von Elektrizität versteht, fragen wir ihn nach seinen Ansichten über Theologie. Weil sich ein Mann als Flieger einen Namen gemacht hat, wird er gebeten, über alles unter der Sonne Reden zu halten. Alle bewundern Freud, den Psychoanalytiker, aber das ist kein Grund, seine Theologie zu respektieren.«[24]

Was die Leute verwirrte, war vielleicht nicht nur Freuds »Theologie«. Wenn die späten zwanziger Jahre auch noch nicht die Zeit von Wendell Willkies hochgepriesenem »Gemeinen Mann« waren, so war es doch die Zeit, in der Führerschaft, Disziplin, Gehorsam verdächtige Ausdrücke waren und in der die Kritik am »gemeinen Mann« zu den niederträchtigsten Ketzereien gehörte. Was sollte man also mit Freuds Behandlung dieser heiklen Frage anfangen. Schrieb er doch: »Ebensowenig wie den Zwang zur Kulturarbeit, kann man die Beherrschung der Masse durch eine Minderzahl entbehren, denn die Massen sind träge und einsichtslos, sie lieben den Triebverzicht nicht, sind durch Argumente nicht von dessen Unvermeidlichkeit zu überzeugen und ihre Individuen bestärken einander im Gewährenlassen ihrer Zügellosigkeit. Nur durch den Einfluß vorbildlicher Individuen, die sie als ihre Führer anerkennen, sind sie zu den Arbeitsleistungen und Entsagungen zu bewegen, auf welche der Bestand der Kultur angewiesen ist.«[25] Das war nichts anderes als eine Überdosis Gustave Le Bon, dessen *Psychologie der Massen* Freuds *Massenpsychologie und Ich-Analyse* beeinflußt hatte, aber es war kaum dazu angetan, Freud beliebt zu machen.

Die Zukunft einer Illusion befaßte sich weitgehend damit, die Ansichten im einzelnen auszuführen, die Freud zuvor nur in allgemeinen Begriffen vorgetragen hatte. Aber die Abhandlung offenbarte eine Wertschätzung des wissenschaftlichen Geistes, der sich in seinen früheren Werken nicht übermäßig bemerkbar gemacht hatte. Er hielt die Wissenschaft dem »Druck der religiösen Lehren«[26] entgegen und schrieb: »Die Wandlungen der wissenschaftlichen Meinungen sind Entwicklung, Fortschritt und nicht Umsturz. Ein Gesetz, das man zunächst für unbedingt gültig gehalten hat, erweist sich als Spezialfall einer umfassenderen Gesetzmäßigkeit oder wird eingeschränkt durch ein anderes Gesetz, das man erst später kennen lernt; eine rohe Annäherung an die Wahrheit wird ersetzt durch eine sorgfältiger angepaßte, die ihrerseits wieder eine weitere Vervollkommnung erwartet.«[27] Das war vielleicht nicht mehr als eine Lehre, die er von Einstein gelernt hatte, dem es gelungen war, die Newtonsche Schwerkraft in die allgemeine Relativität einzubeziehen, obgleich Freud nach einer Bemerkung, die Ernest Jones zitiert, erstaunlich optimistische Ansichten über die Lage auf diesem Gebiet gehabt zu haben scheint. So schrieb er Marie Bonaparte: »Ich beneide immer die Physiker und Mathematiker, die auf festem Boden stehen können. Ich schwebe sozusagen in der Luft. Geistiges Geschehen ist so unmeßbar und wird es wahrscheinlich immer sein.«[28] Das war gewiß eine recht gute Einschätzung des Unterschieds zwischen den Problemem des Psychoanalytikers und denen der sogenannten exakten Naturwissenschaften, aber sie setzt bei diesen eine Gewißheit voraus, die Rutherford, Einstein oder Heisenberg, Whitehead, Russell oder Gödel wohl kaum bestätigt hätten.

Freud hätte allen Grund haben können, mit der Aufnahme, die *Die Zukunft einer Illusion* fand, zufrieden zu sein, da sie seine Ansichten über die Anhänger von Offenbarungsreligionen bestätigte. Nichtsdestoweniger bekundete er zumindest einem Besucher gegenüber einen erstaunlichen Mangel an Einschätzungsvermögen. René Laforgue, einer seiner früheren Analysanden, hatte die Abhandlung mit Begeisterung gelesen. Er schrieb Freud und wurde eingeladen, ihn im Haus Schneewinkel oberhalb Berchtesgadens zu besuchen, wo er vor etwa 30 Jahren *Die Traumdeutung* beendet hatte. »Er kam gleich zur Sache«, schrieb Laforgue.

»Er gestand, daß es immer eine Freude für einen Autor sei, Komplimente für eines seiner Werke zu erhalten. Aber dann goß er kaltes Wasser auf meine Begeisterung. ›Dies ist mein schlechtestes Buch‹, sagte er. ›Es ist kein Buch von Freud.‹ Kann man sich meine bodenlose Überraschung vorstellen? Wie ich protestierte? Er sprach weiter: ›Es ist das Buch eines alten Mannes.‹ Ich fiel beinahe in Ohnmacht. Er fügte hinzu, indem er jedes Wort betonte: ›Außerdem ist Freud jetzt tot, und, glauben Sie mir, der echte Freud war wirklich ein großer Mann. Es tut mir besonders leid für Sie, daß Sie ihn nicht besser kannten.‹
Ich stammelte etwas wie ›aber, Herr Professor, wie können Sie so etwas sagen?‹ Da antwortete er: ›Die Durchschlagskraft ist verlorengegangen.‹«[29]
An Freuds Reaktion war vermutlich der Kampf mit der Prothese ebenso schuld wie alles andere. Er hatte ständig Schwierigkeiten mit ihr, und im Herbst 1928 ließ er sich dazu überreden, Professor Schröder, einen Kieferchirurgen und Zahnarzt in Berlin aufzusuchen, damit eine bessere angefertigt werden konnte. Anna begleitete ihn, und während seines Aufenthalts wohnte er bei Ernst Simmel, der damals ein psychoanalytisches Sanatorium im Schloß Tegel, am Rand der Stadt, leitete. Nach der Rückkehr nach Wien schickte er Simmel einen Ring und antwortete auf sein Dankschreiben: »Sie haben recht, diese Ringe waren einmal Vorrecht und Abzeichen einer Gruppe von Personen, die sich in der Hingabe an die Analyse einig wußten, versprochen hatten, als ›geheimes Comité‹ deren Entwicklung zu überwachen und untereinander eine Art von analytischer Brüderlichkeit zu pflegen.«[30]
Prinzessin Marie Bonaparte und Ferenczi besuchten ihn während seines zweimonatigen Aufenthalts in Berlin. Auch Lou Andreas-Salomé kam. Ihre Beziehung zueinander war nun so gut, daß sie auch die härtesten Schläge aushielt. Sie hatte sogar viel früher schon den Tag überlebt, an dem er ihr sagte, er habe Nietzsches »Hymnus an das Leben« gelesen, der zu der Zeit geschrieben wurde, als sie Nietzsches Geliebte war, und ihn scheußlich gefunden. »Jahrtausende zu denken und zu leben«, zitierte er. »Wirf deinen Inhalt voll hinein! / Hast du kein Glück mehr übrig, mir zu geben, / Wohlan – noch hast du deine Pein . . .« Freud protestierte. »Nein! wissen Sie, da täte ich nicht mit! Mir würde geradezu schon ein gehöriger irreparabler – Stockschnupfen vollauf genügen, mich von solchen Wünschen zu kurieren!«[31] Lou mochte ihn zu gern, um verletzt zu sein, obwohl *sie*, nicht Nietzsche, diese Verse unter dem Titel »Lebensgebet« geschrieben hatte.

In Berlin ging sie nun mit Freud in den Parkanlagen am Tegeler See spazieren, wo er ihr einen Strauß von verschwenderisch blühenden,

roten, gelben und purpurnen Stiefmütterchen pflückte. Sein Mundkrebs erschwerte ihm das Sprechen, aber sie unterhielten sich dennoch stundenlang über ihre Erlebnisse in den beinahe zwei Jahrzehnten ihrer Bekanntschaft. Plötzlich fragte Lou Freud, ob er sich noch an das »Lebensgebet« und das Gespräch vor vielen Jahren erinnere. Er erinnerte sich sehr gut. »Und da«, schrieb Lou Adreas-Salomé, »geschah, was ich selbst nicht begriff, was ich mit keiner Gewalt mehr zurückhalten konnte, – was mir über die zitternden Lippen kam in Auflehnung wider sein Schicksal und Martyrium: ›Das, was ich einstmals nur begeistert vor mich hingeschwafelt . . . Sie haben es getan!‹
Worauf ich, im ›Schreck‹ über die Offenherzigkeit meiner dran rührenden Worte, laut und unaufhaltsam losheulte. Freud hat darauf nicht geantwortet. Ich fühlte nur seinen Arm um mich.«[32]
Trotz seiner Behinderung machte Freud das beste aus seinem Aufenthalt in der deutschen Hauptstadt. Er besuchte Verwandte und genoß seinen ersten Flug, den er nach seiner Rückkehr nach Wien in einem Brief an Samuel beschrieb: »Ich fand das Gefühl erregend und recht angenehm.«[33]
Es war nicht sein letzter Besuch in Berlin auf der Suche nach Erleichterung. Die neue Prothese war eine große Verbesserung, aber sie sollte nur eine in einer ganzen Reihe sein, mit deren Hilfe Freud ein normales Leben zu führen versuchte. Hinsichtlich der Zukunft machte er sich keine Illusionen. Er wolle alles, was das Leben ihm noch zu bieten habe, als Geschenk betrachten, und Geschenke sehe man sich nicht so genau an, schrieb er Simmel nach dem ersten Besuch im Schloß Tegel.
Sein Pessimismus ist seinen Schriften anzumerken, und er fand seinen vollen Ausdruck in dem Werk, das er im Sommer 1929 in Angriff nahm, als er wieder im Haus Schneewinkel lebte. Er liebte immer noch die Berge, er genoß noch immer die Blumen und schönen Aussichten. Dr. Schur, der ihn besuchte, bemerkte, daß sein Leiden seine Fähigkeit, derlei zu genießen, nicht wesentlich beeinträchtigte. Aber die langen, anstrengenden Spaziergänge waren nicht mehr möglich. Er fand es schwierig, sich der Lektüre zu widmen, und man konnte, wie er sich Lou Andreas-Salomé gegenüber beklagte, nicht den ganzen Tag rauchen oder Karten spielen. Er kannte die Lösung seines Problems: er begann wieder zu arbeiten, »und die Zeit verging mir dabei ganz angenehm«[34].
Das Ergebnis war eine Abhandlung, die er praktisch in den letzten Julitagen beendete. Ihr Titel, »Das Unglück in der Kultur«, den er dann in *Das Unbehagen in der Kultur* abänderte, spiegelte den Pessimismus seiner nüchternen und manchmal verzweifelten Betrachtungen über das Problem des Menschen, mit seinen Mitmenschen zusammenzuleben.

Wie bei so vielen Schriften Freuds beeinflußten seine eigenen, augenblicklichen persönlichen Lebensumstände die Art, wie er das vorliegende Thema behandelte. Vor mehr als dreißig Jahren hatte er behauptet, man könne »mit Recht auch unsere Zivilisation für die Verbreitung der Neurasthenie verantwortlich machen«[35]. Nun begann er den Antagonismus zwischen Trieb und Zivilisation (oder wie er nun sagte: Kultur) in weiteren Begriffen zu sehen.

Er war, anfangs jedenfalls, nicht zufrieden mit der These, die er entwickelt hatte. Lou Andreas-Salomé schrieb er: »Sie [die Arbeit] handelt von Kultur, Schuldgefühl, Glück und ähnlichen hohen Dingen und kommt mir, gewiß mit Recht, sehr überflüssig vor, zum Unterschied von früheren Arbeiten, hinter denen doch immer irgendein Drang steckte. Was sollte ich aber tun?«[36]

Ein großer Teil der Abhandlung behandelte Wohlbekanntes. Eine Gruppe von Menschen, die gewillt sind, ihre Triebe zu beherrschen und für das Wohl aller zusammenzuarbeiten, ist stärker als jeder einzelne für sich; aber eine solche embryonale Kultur würde unweigerlich bei jedem Mitglied einen Konflikt zwischen seinen eigenen Trieben und den Forderungen der Gesellschaft auslösen. Mit dem Wachsen der Kultur, mutmaßte Freud, könnte der Konflikt unlösbar werden, so daß die Kultur ihre eigenen Neurosen schafft. Ein Gedankengang, der kaum originell zu nennen ist, aber indem Freud auf die angeborene Aggressivität des Menschen hinwies und erklärte, daß der Konflikt zwischen Aggressivität und Ich ein Schuldgefühl zur Folge hat, schlug er einen neuen Weg ein. Tatsächlich, sagte Freud, entspreche es durchaus seiner Absicht, »das Schuldgefühl als das wichtigste Problem der Kulturentwicklung hinzustellen und darzutun, daß der Preis für den Kulturfortschritt in der Glückseinbuße durch die Erhöhung des Schuldgefühls bezahlt wird«[37].

Freud hatte *Das Unbehagen in der Kultur* während der ersten Wochen seiner, wie er hoffte, üblichen langen Sommerpause geschrieben, aber Mitte September war er gezwungen, wieder nach Berlin zu fahren, um eine weitere Änderung an seiner Prothese vornehmen zu lassen. Anna sorgte für ihn, und er genoß die Stunden, die er mit seinen Söhnen Ernst und Oliver, ihren Frauen und ihren vier Kindern verbrachte. Überschattet wurden diese glücklichen Tage von dem Selbstmord Jankef Seidmans, des Mannes seiner Nichte Martha. »Er war ein ehrlicher, lieber und kluger Kerl«, schrieb er Samuel, »wir mochten ihn alle, aber er hatte unternommen, was heutzutage unmöglich zu sein scheint, nämlich ohne Geld einen Verlag zu gründen, und schließlich konnte er die Last der Schulden und die Schande des Bankrotts nicht ertragen.« Seidman hatte

eine reizende Tochter von sieben Jahren zurückgelassen, und Freud, der stets bereit war, Verantwortung auf sich zu nehmen, teilte Samuel mit: »Auf irgendeine Weise werden wir für das Kind zu sorgen haben.«[38]
Die Zuneigung auch für die entfernteren Mitglieder der Familie – in deren Geburt, Hochzeit und Tod Freud »Wachstum und Welken . . . wie bei den Pflanzen, ein Vergleich, den Du im alten Homer finden kannst«[39], sah – drückte sich immer stärker aus, je älter er wurde. An einem seiner Geburtstage schrieb er Samuel:
»Heute nacht war ich mit Euch allen zusammen – mehr, als Ihr jetzt seid –, und sicherlich verstehe ich die Bedeutung des Traumes. Er entsprach meiner Absicht, Dir an meinem 72. Geburtstag zu schreiben und zu versuchen, Trost zu finden für den Kummer, daß ich Euch nicht mehr sehen soll, die Lebenden ebensowenig wie die lieben Verstorbenen und Erinnerten.
Das Leben ist mir keine Freude – ich bin in mancherlei Hinsicht nicht mehr als ein Wrack –, aber laß uns rasch die andere Seite ansehen. Ich bin im Besitz meiner geistigen Kräfte, ich arbeite weiter und verdiene Geld für unsere Leute. Mutter ist bemerkenswert frisch für ihre 93 Jahre. Sie bestand heute nachmittag darauf, mich in meinem Haus zu besuchen. Martha ist so gesund und rührig wie immer, Anna geht es prächtig. Die erwachsenen Kinder schlagen sich ehrlich durchs Leben, die kleinen hier und in Berlin gedeihen.
So sieht unsere Lage derzeit aus, nicht schlecht, nicht eben glänzend. Nun laß mich gute Nachrichten über Dich, Pauline und Bertha hören, die in meinem Traum noch ebenso aussahen wie damals, als ich sie zum letztenmal sah. Mit lieben Grüßen. Dein Sigm.«[40]
Das »nicht mehr als ein Wrack« war vielleicht eine kleine Übertreibung, und nach dem letzten Besuch in Berlin hatte er eine wesentlich bessere Prothese. Aber nachdem er Samuel für Nachrichten über *the girls* in England gedankt hatte, schrieb Freud: »Ich wollte, es ginge ihnen besser, aber wir sind nun eben lauter alte Leute geworden und müssen bescheiden in unseren Ansprüchen sein.«[41]
Im Sommer 1930 war er wieder in Berlin, um weitere Änderungen an seiner Prothese vornehmen zu lassen, und dieser Besuch sollte zu einer seiner sonderbarsten und unbefriedigendsten Unternehmungen führen.
In demselben Sommer hielt sich in Berlin William C. Bullitt auf, ein Diplomat aus den Vereinigten Staaten, der an der Friedenskonferenz von 1919 teilgenommen hatte und dessen zweite Frau einmal eine Patientin Freuds gewesen war. Bullitt, der in deutschen Archiven Material sammelte, um ein Buch über die Konferenz zu schreiben, war

Freud mehrere Male auf der Straße begegnet und besuchte ihn schließlich.
Er traf ihn in einem Zustand schwerer Depression an. »Düster sagte er, er habe nicht mehr lange zu leben und sein Tod würde für ihn wie für alle anderen unwichtig sein, denn er habe geschrieben, was er schreiben wollte, und sein Kopf sei leer«[42], erinnerte sich Bullitt später. Der Besucher versuchte den Trübsinn zu verscheuchen und erwähnte seine eigene derzeitige Arbeit, ein Buch, das Studien über alle führenden Persönlichkeiten bei der Friedenskonferenz enthalten sollte. »Freuds Augen leuchteten auf, und er wurde sehr lebendig«, schrieb Bullitt. »Rasch stellte er mir eine Reihe von Fragen, die ich beantwortete. Dann überraschte er mich mit den Worten, er würde gern mit mir zusammen das Kapitel über Wilson in meinem Buch schreiben.«[43]
Bullitt wäre weniger erstaunt gewesen, wenn er den Einzug der Psychoanalyse in die Geschichte und Biographie verfolgt hätte. Die Forderung, die Freud mehr als ein Vierteljahrhundert früher gestellt hatte – »auch die Biographik muß unser werden« – war befolgt worden, aber manchmal mit mehr Begeisterung als Umsicht. Es hatte einige schlechte Beispiele gegeben: die Analyse hatte zwar plausible Erklärungen geliefert, aber weitere Untersuchungen von Fachleuten hatten sie, wenn nicht völlig zunichte gemacht, so doch zumindest in Frage gestellt. Das heißt nicht, daß man die Psychobiographie aufgeben mußte. Es riet lediglich zur Vorsicht.
Freud selbst hatte manchmal seine Hausaufgaben schlecht gemacht und als Beispiele für psychoanalytische Deutung vorgelegt, was man vernünftigerweise besser als Spekulationen ausgegeben hätte. So sollte er mit einer gewissen Sicherheit Emil Ludwig erklären, daß der Biograph unrecht habe, wenn er seine Deutung der Persönlichkeit Kaiser Wilhelms auf dessen verkrüppelten Arm gründete. »Ich sagte ihm, nicht das habe das Minderwertigkeitsgefühl verursacht, sondern die Einstellung der Mutter Wilhelms zu dem verkrüppelten Arm.«[44]
Ähnlich lag der Fall bei Napoleon. Freud gab Arnold Zweig eine analytische Deutung des ägyptischen Feldzugs Napoleons. »Napoleon hatte einen großartigen Josef-Komplex. Sein älterer Bruder hieß so, und er mußte eine Frau heiraten namens Josephine.«[45] Mehr noch: die Auflösung dieser Ehe führte zu seinem militärischen Abstieg, denn, wie Freud Thomas Mann schrieb: »Der waghalsige, schlecht vorbereitete Zug gegen Rußland bringt ihm den Untergang. Es ist wie eine Selbstbestrafung für die Untreue gegen Josephine, für den Rücktritt von der Liebe zur ursprünglichen Feindschaft gegen Josef.«[46] Unbewußte Motive hatten zweifellos ihre Wirkung auf Napoleon wie auf alle anderen

Menschen, aber es wäre klüger gewesen, wenn Freud zugestanden hätte, daß auch militärische und politische Motive nicht ganz unerheblich waren.

Mit solchen Erfahrungen auf dem Gebiet der Geschichtsinterpretation fühlte sich Freud natürlich von Bullitts Projekt angezogen. Zunächst protestierte Bullitt, und er schrieb später:

»Freud ließ nicht locker und sagte, sein Vorschlag komme mir vielleicht komisch vor, sei aber ernst gemeint. Mit mir zusammenzuarbeiten, würde ihn dazu zwingen, wieder zu schreiben. Das würde ihm neues Leben geben. Außerdem war er unzufrieden mit seinen Studien über Leonardo und die Moses-Statue Michelangelos, weil er gezwungen gewesen war, große Schlüsse aus spärlichen Fakten zu ziehen, und er habe sich schon lange gewünscht, eine psychologische Studie über einen Zeitgenossen zu schreiben, über den Tausende von Fakten ermittelt werden könnten.«[47]

Es war nicht allein das. Wilson, glaubte Freud, war schuld daran, daß Südtirol an Italien abgetreten und Tirol somit zerstückelt worden war. Die Gestalt des amerikanischen Präsidenten »war mir, als sie sich über den Horizont der Europäer erhob, von Anfang an unsympathisch«, schrieb er, »und . . . diese Aversion nahm zu im Laufe der Jahre, je mehr ich über ihn erfuhr und je schwerer wir unter den Folgen seines Eingreifens in unser Schicksal litten«[48]. Vor allem war er bitter enttäuscht gewesen, als es Wilson nicht gelang, die Zustimmung zu den berühmten Vierzehn Punkten zu erlangen, die er 1918 vorgeschlagen hatte und die im November 1918 die Grundlage für die Bitte der Mittelmächte um einen Waffenstillstand bildeten. Als Ernest Jones Wilson mit der Begründung in Schutz nahm, daß die Friedensbedingungen nicht von einem Mann allein diktiert werden konnten, hatte Freud darauf eine einfache Antwort: »Dann hätte er nicht alle diese Versprechungen machen sollen.«[49] Zu einem Amerikaner sagte er bei einer anderen Gelegenheit: »Ihr hättet überhaupt nicht in den Krieg eintreten sollen. Euer Woodrow Wilson war der dümmste Narr des Jahrhunderts, wenn nicht aller Jahrhunderte . . . Und wahrscheinlich auch einer der größten Verbrecher – unbewußt, dessen bin ich sicher.«[50]

All dies war kaum eine günstige Voraussetzung für eine unparteiische Beurteilung Wilsons, aber Freuds Abneigung hätte ein Gegengewicht gefunden, wenn Bullitt ein amerikanischer Bewunderer gewesen wäre, der Meinungen entgegengetreten sein würde, die offenbar Wilson für den Zerfall der Österreich-Ungarischen Monarchie verantwortlich machten. Doch Bullitt betrachtete Wilson ebenso kritisch, wenn auch aus anderen Gründen. Während er an der Friedenskonferenz teilnahm, war er von Wilson mit einem Sonderauftrag zu den kommunistischen Führern in Moskau geschickt worden, aber man hatte die Vorschläge, mit denen er zurückkehrte, einfach ignoriert, eine Reaktion, die Bullitt als grundfalsch und weitgehend als einen persönlichen Fehler Wilsons beurteilte.

Bullitt und Freud einigten sich schließlich auf eine Zusammenarbeit, und bald hatte Bullitt 1500 Seiten Notizen beisammen, die zuerst von Freud gelesen und dann von beiden diskutiert wurden. »Freud schrieb dann den ersten Entwurf von Teilen des Manuskripts, und ich schrieb den ersten Entwurf anderer Teile«, sagte Bullitt in seinem Vorwort zu dem Buch. »Dann kritisierte und verbesserte jeder den Teil des anderen oder schrieb ihn um, bis aus dem Ganzen ein Amalgam wurde, für das wir beide verantwortlich waren.«[51]

Es war kaum eine glückliche Zusammenarbeit, und das Buch, das so zustandekam, war, wie Bullitt zugab, »das Resultat langer Kämpfe. Freud und ich waren beide sehr eigensinnig: jeder von uns irgendwie davon überzeugt, daß er Gott war. Daher war jeder Abschnitt, ja jeder Satz, Gegenstand einer intensiven Debatte.«[52]

Ein Grund war die Verschiedenheit ihrer Anschauungen über die meisten Dinge außer Wilson. »[Freud] war ein zum Agnostiker gewordener Jude«, schrieb Bullitt. »Ich bin stets ein gläubiger Christ gewesen. Wir hatten oft Meinungsverschiedenheiten, aber nie Streit. Im Gegenteil, je länger wir zusammenarbeiteten, desto bessere Freunde wurden wir.«[53] Nichtsdestoweniger gab es ständig Auseinandersetzungen, und eine Zeitlang sah es so aus, als sollte das Buch nie erscheinen. Im Dezember 1933 schrieb Freud verzweifelt Marie Bonaparte: »Von Bullitt keine direkten Nachrichten. Unser Buch wird das Licht der Welt nicht erblicken.«[54] Es war tatsächlich bald klar geworden, daß nur die Zeit die beträchtlichen Meinungsverschiedenheiten zwischen den beiden Autoren ausgleichen konnte, und außerdem bestand, solange Wilson noch lebte, die Gefahr einer Verleumdungsklage. Erst 1938 gelang es Bullitt, Freuds Zustimmung zu einer endgültigen Fassung des Manuskripts zu erlangen. Freud starb wenig mehr als ein Jahr später, und wieder schien eine Publikation unwahrscheinlich zu sein, zumal die Ansichten der Angehörigen Freuds geteilt waren. Sie können gemessen werden an der Bemerkung eines Rezensenten, daß das Buch *Thomas Woodrow Wilson, Twenty-eighth President of the United States: A Psychological Study,* das schließlich 1966 erschien, von der psychoanalytischen Bruderschaft aufgenommen wurde, »als wäre es ein Mittelding zwischen einem gefälschten Hauptbuch und den Protokollen der Weisen von Zion«[55].

Die vorgetragene These lautete, daß der von einem Vaterkomplex beherrschte Wilson in den meisten kritischen Augenblicken seiner Karriere gezögert hatte; den Höhepunkt bildete sein Unvermögen, die Pariser Friedenskonferenz zu dominieren und seine Vierzehn Punkte einem unwilligen Europa aufzuzwingen. Als psychologische Studie war das Buch überzeugend und unterhaltsam, aber es warf eine Frage auf, die am Ende einer langen – und typischen – Besprechung im *Atlantic Monthly* nur auf eine abschätzige Weise beantwortet wurde. »Was«, fragte Barbara Tuchmann, »kann die Freudsche Methode für die Geschichte tun? Die Antwort muß lauten, daß sie als ein Instrument der Erhellung viel leisten kann – unter einer Bedingung: daß sie, um Gottes willen, von einem verantwortungsbewußten Historiker angewandt wird.«[56]

In den ersten dreißiger Jahren hatte Freud gehofft, daß die Veröffentlichung des Buches über Wilson durch den Psychoanalytischen Verlag diesem einen dringend nötigen finanziellen Auftrieb geben würde. Als Anfang 1932 die Aussichten auf eine Publikation noch sehr schlecht waren, wandte er sich etwas anderem zu, wovon er hoffte, daß es helfen könnte. Es war die *Neue Folge der Vorlesungen zur Einführung in die Psychoanalyse,* eine Reihe von sieben – nie als solche gedachten – Vorlesungen, die im Anschluß an die 15 Jahre früher gehaltenen und niedergeschriebenen 28 Vorlesungen als deren Fortsetzung numeriert wurden.

Als Buch veröffentlicht, brachten sie Theorie und Praxis der Psychoanalyse auf den neuesten Stand. Indem sie das neue Material zusammen mit dem alten verarbeiteten und sich zuletzt auf Themen mit nur schwachen Verbindungen zur Psychoanalyse konzentrierten, verhüllten sie geschickt, daß sie als reine Brotarbeit konzipiert waren. Die erste Vorlesung, »Revision der Traumlehre«, bot weitgehend eine Wiederholung früheren Materials; in der zweiten, »Traum und Okkultismus«, wurde die Ansicht geäußert, daß die Psychoanalyse wenigstens einige der Phänomene aufklären könnte, die gewöhnlich als okkult betrachtet werden. Es folgten drei Vorlesungen über Metapsychologie, die vielschichtiger waren als irgendeine der früheren, während des Krieges gehaltenen, viele neue Ideen einführten und Stoff aus *Das Ich und das Es* und »Das Unbewußte« brachten.

Die letzten beiden spiegelten Freuds Ansichten über eine große Anzahl von peripheren Themen wie Telepathie, Erziehung, Religion und Kommunismus wider. Manches davon war ganz gegen die »progressiven« Anschauungen der Zeit gerichtet, und manche Leser waren wahrscheinlich enttäuscht, von Freud zu hören, daß es unmöglich sei, Kinder allen ihren Impulsen folgen zu lassen. »Die Erziehung«, sagte er, »muß daher hemmen, verbieten, unterdrücken und hat dies auch zu allen Zeiten reichlich besorgt.« Er gab zu, daß dies die Gefahr der neurotischen Erkrankung mit sich bringe, und daher habe also die Erziehung »ihren Weg zu suchen zwischen der Scylla des Gewährenlassens und der Charybdis des Versagens«[57]. Seine im Grunde konservative Einstellung zeigte sich noch deutlicher, als er davor warnte, Kinder so zu erziehen, daß sie gegen die bestehende Gesellschaftsordnung eingestellt sind, und fortfuhr:

»Die psychoanalytische Erziehung nimmt eine ungebetene Verantwortung auf sich, wenn sie sich vorsetzt, ihren Zögling zum Anführer zu modeln. Sie hat das ihrige getan, wenn sie ihn möglichst gesund und leistungsfähig entläßt. In ihr selbst sind genug revolutionäre Elemente enthalten, um zu versichern, daß der von ihr Erzogene im späteren Leben sich nicht auf die Seite des Rücktritts und der Unterdrückung stellen wird. Ich meine sogar, revolutionäre Kinder sind in keiner Hinsicht wünschenswert.«[58]

22
Die Lichter gehen aus

Wir leben schlechten Zeiten entgegen;
ich sollte mich mit der Stumpfheit des Alters darüber hinwegsetzen,
aber ich kann's nicht helfen, daß mir meine sieben Enkel leid tun.

Freud in einem Brief an Arnold Zweig

Die *Neue Folge der Vorlesungen zur Einführung in die Psychoanalyse* wurde geschrieben, als sich Europa der psychologischen Grenze näherte, die die Jahre seit dem Ende des Ersten Weltkriegs vom Beginn des Zweiten trennt. Zurück lag eine Periode einer langsam wachsenden, aber echten Hoffnung, daß der Friede erhalten werden könnte, voraus lag die Aussicht auf einen Untergang in Chaos und Barbarei. Die Befürchtung, daß sich die Katastrophen von 1914–1918 in einem noch größeren Maßstab wiederholen könnten, führte zu einem Pessimismus, der sich in einem großen Teil der Schriften Freuds aus dieser Zeit niederschlug, und es war ein fragwürdiger Trost, daß die Zukunft, so dunkel, wie sie aussah, mit aller Wahrscheinlichkeit die düsteren Prognosen bestätigen sollte, die Freud in der Psychoanalyse sah.

Von dieser Zeit an wurden er und sein Werk außerhalb des Kreises der Psychiatrie ernsthaft anerkannt. Die *Neue Folge der Vorlesungen zur Einführung in die Psychoanalyse* wurde innerhalb eines Jahres nach ihrem Erscheinen in deutscher Sprache ins Englische übersetzt, was für sich allein schon zeigte, daß die Psychoanalyse allmählich akzeptiert wurde. In Österreich war die erste offizielle Anerkennung der Existenz Freuds durch den Rundfunk erfolgt, der 1926 zu seinem 70. Geburtstag eine Würdigung seines Lebens und seines Werkes ausgestrahlt hatte. Er selbst sah damals dieser Geburtstagsfeier mit gemischten Gefühlen entgegen, was aus einem Brief an seinen Schwiegersohn Max Halberstadt hervorgeht, der den Wunsch geäußert hatte, zu diesem Anlaß nach Wien zu kommen. »Du wirst nicht verwundert sein zu erfahren, daß ich unterdes älter und nicht gerade gesünder geworden bin«, schrieb er. »Gegenwärtig mache ich im Sanatorium hier eine Herztherapie durch, es soll nichts Bedrohliches sein, kann aber natürlich auch nicht als Zeichen blühender Gesundheit aufgefaßt werden, daß ich eine solche Behandlung nötig habe. Man verspricht mir, daß ich noch im Laufe dieses Monats freigelassen werde, aber ich merke, bei allen meinen vielen kleineren und größeren Beschwerden wird mir die Fortsetzung einer ausgiebigen Berufsarbeit nicht gerade leicht werden.« Dann schrieb Freud, man wolle aus dem Datum möglichst wenig machen und die Feierlichkeiten auf ein Minimum beschränken. »Dagegen spricht aber die Erwägung, daß es auf diese Weise gerade gelingen wird, alle Lieben, die man gern wiedersehen möchte, fernzuhalten, während man sich der Fremden und Ungebetenen, die nicht anfragen, nicht wird erwehren können.« Vom Donnerstag, dem 6., bis über den Sonntag wolle er sich freihalten, teilte er Max mit. »Binde Dich aber nicht an den Termin, komme, wann Du willst, innerhalb desselben, früher oder später, ich arbeite nicht mehr so angestrengt und unausgesetzt und werde immer Zeit für Dich oder für Euch finden.«[1]

Trotz der Sorge wegen seiner Gesundheit war Freud recht guter Laune, als sich sein Geburtstag näherte. Samuel schrieb er:

»Ich habe nun doch weitergearbeitet. Ich mache täglich 5–6 Stunden Behandlung, und meine Schüler oder Patienten tun so, als bemerkten sie meine Gebrechen nicht. Ab und zu schreibe ich einen Artikel, die vollständige Ausgabe meiner Werke ist bis auf einen Band fertig, ich gelte als Berühmtheit; Schriftsteller und Philosophen, die durch Wien kommen, suchen mich auf, um mit mir zu sprechen, die Juden in aller Welt sind stolz auf meinen Namen und vergleichen mich mit Einstein. Alles in allem habe ich keine Ursache, mich zu beklagen und voll Furcht dem nahen Ende meines Lebens entgegenzusehen. Nach einer langen Zeit der Armut verdiene ich jetzt mühelos Geld, und ich darf sagen, daß für meine Frau gesorgt ist.«

Es folgte der übliche ausführliche Bericht, wie es den Familienmitgliedern ging, der mit Anna endete, »auf die wir sehr stolz sein können«.

»Sie ist pädagogische Analytikerin geworden, behandelt unartige amerikanische Kinder und verdient viel Geld, das sie großzügig verteilt, indem sie mehreren Armen hilft. Sie ist Mitglied der Internationalen P/A Vereinigung, hat sich einen Namen gemacht durch ihre literarischen Arbeiten und verschafft sich den Respekt ihrer Mitarbeiter. Dabei hat sie gerade erst ihren 30. Geburtstag hinter sich, scheint nicht geneigt zu sein zu heiraten, und wer kann sagen, ob ihre gegenwärtigen Interessen sie glücklich machen werden in kommenden Jahren, wenn sie sich dem Leben ohne ihren Vater stellen muß?

Nun, denke ich, habe ich mein Schweigen reichlich wiedergutgemacht;

gib mir etwas dafür, ausführliche Nachricht über Dich und die lieben Mädchen.«[2]
Die Bitte um Nachricht über die »lieben Mädchen« in England wurde immer dringender, als Freuds Aussichten, sie jemals wiederzusehen, langsam dahinschwanden und der schlechte Gesundheitszustand anderer Angehöriger, vor allem seiner Mutter, nicht mehr ignoriert werden konnte.
Amalie Freud hatte sich ihre körperliche Rüstigkeit und ihren wachen Geist lange bewahrt, wenn auch Freud in seinem Bericht an Samuel eine aufschlußreiche Bemerkung machte, als er die Feier ihres 90. Geburtstags im Jahre 1925 beschrieb: »Wir verheimlichten ihr alle Todesfälle in der Familie, meine Tochter Sophie, ihr zweiter Sohn Heinele, Teddy in Berlin, Eli Bernays und Deine Eltern . . . Wir mußten viele Vorsichtsmaßnahmen treffen, um nicht entdeckt zu werden . . .«[3]
Im folgenden Jahr bestand Amalie Freud darauf, bei der Feier des 70. Geburtstages ihres Sohnes dabeizusein und für diesen Anlaß ein neues Kleid zu bekommen. »Sie mußte die Treppen in ihrem Haus hinunter- und die in Freuds Haus hinaufgetragen werden«, schrieb ihre Nichte, »aber das machte ihr gar nichts, solange sie nur dabeisein und geehrt und gefeiert werden konnte als Mutter ihres ›goldigen Sohnes‹, wie sie ihren Sigmund nannte.«[4]
Drei Jahre später war ihre Entschlossenheit so stark wie je zuvor, und obwohl sie »ihre heitere Laune zu verlieren begann«[5], bestand sie darauf, Wien zu verlassen und wie üblich nach Bad Ischl zu fahren. Im darauffolgenden Sommer ließ sie sich noch immer nicht davon abbringen, ihre jährliche Reise in die Alpen zu unternehmen, obwohl sie auf einer Bahre zum Zug gebracht, im Schlafwagen von ihrem Arzt betreut und in Ischl in einem Ambulanzwagen zu ihrer Unterkunft geführt werden mußte. »Sobald sie aber dort war«, sagte ihre Nichte, »raffte sie sich für eine Weile auf und saß auf ihrem Balkon, wo sie sowohl den Blick auf die Berge als auch das Bewußtsein genoß, der älteste Sommergast in Bad Ischl zu sein.«[6]
Freud hielt sich unterdessen, eine Fahrtstunde entfernt, mit Martha am Grundlsee auf, und dort am Grundlsee erfuhr er, daß man ihm den Goethe-Preis für Literatur zuerkannt hatte. Es war eine Ehrung, die er mit gemischten Gefühlen aufnahm, wie er Alfons Paquet gestand, dem Dichter, der einen schweren Kampf ausgefochten hatte, um die Goethe-Stiftung, die den Preis jährlich durch die Stadt Frankfurt vergab, zur Zustimmung zu bewegen. »Ich bin durch öffentliche Ehrungen nicht verwöhnt worden und habe mich darum so eingerichtet, daß ich solche entbehren konnte«[7], schrieb ihm Freud. Arnold Zweig gegenüber gab er

zu: »Die Phantasie einer näheren Beziehung zu Goethe ist allzu verlokkend, und der Preis selbst ist eher eine Verbeugung vor der Person als eine Beurteilung ihrer Leistung. Aber andererseits haben solche Anerkennungen in meinem Lebensalter weder viel praktischen Wert noch große affektive Bedeutung. Für eine Versöhnung mit der Zeitgenossenschaft ist es reichlich spät, am endlichen Durchdringen der Analyse nach meiner Zeit habe ich nie gezweifelt.«[8]

Er war nicht nur gebrechlich; um diese Zeit hinderte ihn die Prothese daran, die Dankrede vorzulesen; deshalb fuhr Anna nach Frankfurt, um diese Aufgabe zu übernehmen, während Paquet zum Grundlsee kam, wo Freud der Preis überreicht wurde, »die große Ehre, wenngleich kein großer Betrag«[9], wie er Samuel schrieb. Von den 10 000 Mark des Preises schickte er 1000 Lou Andreas-Salomé, deren Mann unlängst gestorben war.

Mitte August fuhr er nach Bad Ischl, um seiner Mutter zu ihrem 95. Geburtstag zu gratulieren. »Sie ist sehr schwach«, berichtete er Samuel, »bisweilen apathisch, aber bei vollem Verstand. Sie erkennt die Personen und ist aller Arten von Emotionen fähig.«[10] Die Erholung war von kurzer Dauer. Anfang September kehrte sie nach Wien zurück, und am 12. schickte Freud, der am Grundlsee geblieben war, Samuel die Nachricht: »Mutter starb heute früh friedlich in ihrem Schlafzimmer in Wien. Das Begräbnis dürfte am Samstag sein. Mit 95 hat sie es wohl verdient, erlöst zu werden.«[11]

Unterdessen hatten viele Zeitungen auf dem Kontinent Berichte über Freuds schlechten Gesundheitszustand gebracht. »Sie scheinen«, bemerkte er, »eine Reaktion auf die Ehrung in francfort *[sic]* zu sein, die sicherlich großes Mißfallen bei meinen Zeitgenossen ausgelöst hat.«[12] Die Wahrheit, schrieb er gut eine Woche später, »ist, daß ich weder sehr jung noch sehr kräftig bin, aber das ist nichts Neues«.[13]

Das Mißfallen seiner Zeitgenossen nahm zweifellos im folgenden Jahr noch zu, als die Tschechen beschlossen, eine Gedenktafel an seinem Geburtshaus anzubringen. »Denk Dir nur, was für eine Freude es für Deinen Großvater und für Deinen Vater gewesen wäre, der Zeremonie beizuwohnen«, schrieb er stolz an Samuel, dem er Fotografien von der Feier schickte, bei der seine Kinder Anna und Martin und sein Bruder Alexander anwesend waren. »Aber Großvater hätte dann freilich 116 Jahre alt sein müssen.«[14]

Gegenüber denen, die nicht zur Familie gehörten, gab er sich skeptisch in bezug auf die Frage, was die Geste der Tschechen wirklich bedeutete, und die ein wenig widerwillige Anerkennung, die man ihm nun in aller Welt zollte, wurde schon von etwas überschattet, was größer war als sein persönliches Leiden. Jede Befriedigung, die er hätte empfinden können, wurde allmählich getrübt durch die Verzweiflung über die politischen Ereignisse in Europa. Er sagte voraus, »daß es keine Aussicht hat, die aggressiven Neigungen der Menschen abschaffen zu wollen«[15], und für einen Juden, der ein Europa betrachtete, in dem Hitlers Nationalsozialistische Deutsche Arbeiterpartei im September 1930 die zweitgrößte Partei Deutschlands war, hatte diese Voraussage etwas unheilvoll Richtiges an sich. »Was Sie über das Sowjetexperiment schreiben, schlägt bei mir ein«, schrieb er Arnold Zweig. »Wir sind durch dasselbe um eine Hoffnung – und eine Illusion – ärmer geworden und haben keinen Ersatz. Wir leben schlechten Zeiten entgegen; ich sollte mich mit der Stumpfheit des Alters darüber hinwegsetzen, aber ich kann's nicht helfen, daß mir meine sieben Enkel leid tun.«[16]

Selbst über seinen Beziehungen zu Martha hing nun eine kleine Wolke, die er vor der Welt nach besten Kräften verbarg. Dr. Schur, der 1928 sein Arzt geworden war, stellte etwas fest, was ihm Freuds verständnisvolle Vergebung der pedantischen Einstellungen zu sein schien, die seine Frau manchmal zu erkennen gab.[17] Während der dreißiger Jahre kam es sogar zu einer gewissen Gereiztheit – die gut beherrscht wurde wie Freuds Reaktionen immer –, und es schien, daß von der einstigen großen Liebe nur noch wenig geblieben war.

Während Martha und Minna weiterhin in der Bergstraße 19 den Haushalt führten und das gesellschaftliche Leben der Familie organisierten, wurde Annas Stellung allmählich immer bedeutender. Sie war nicht nur Krankenpflegerin, Sekretärin und eine zuverlässige Stütze in allen Notlagen, sondern auch in Anbetracht ihrer hervorragenden Leistungen als Analytikerin eine geradezu natürliche Nachfolgerin ihres Vaters als Führerin der »Sache«. Übrigens hatte sie auch, ganz zufällig, bei ihrem Vater in seinen letzten Lebensjahren ein neues Interesse erweckt. In den zwanziger Jahren hatte sie Wolf, einen Schäferhund, gekauft, der sie auf ihren Gängen durch Wien begleitete. Der Hund gehörte bald zur Familie, und an seinem 70. Geburtstag bekam Freud eine Fotografie des Hundes mit einem Gedicht, in dem ihm Wolf seine Glückwünsche aussprach. Freud war immer besorgt, wenn der Hund sich selbst überlassen blieb. Fand er ihn in einem dunklen Raum, so knipste er das Licht an, und in der Familie sagte man oft im Scherz, Freud erwarte von dem Hund, daß er ein Buch lese, wenn er allein war. Er fütterte ihn immer bei Tisch und stellte ihm, Marthas Einwänden zum Trotz, seinen eigenen Teller auf den Boden und behandelte den Hund mit all der Höflichkeit, die er sonst Menschen zukommen ließ.

Nicht nur für Tiere, zu denen er eine persönliche Beziehung hatte, entwickelte Freud in späten Jahren ein neues Interesse und Verständnis. Ernst Simmel berichtete, er werde nie einen Vorfall vergessen, der sich zutrug, als er und Freud auf dem Gelände von Schloß Tegel spazierengingen und einen angeketteten Wachhund sahen. Simmel warnte Freud davor, das Tier zu berühren, da es bösartig sei. Freud achtete nicht auf ihn, machte den Hund von der Kette los, nahm ein freundliches Lecken als Antwort auf ein freundliches Tätscheln entgegen und bemerkte: »Wenn Sie Ihr Leben lang an der Kette gelegen wären, würden Sie auch bösartig sein.«[18] Simmel erklärte, ihm habe diese Tat »Freuds ganze und einheitliche Persönlichkeit offenbart: ein Mann, für den Theorie und Praxis, Wahrnehmung und Leben eins waren«.[19]

Und doch fehlte etwas in seinem Empfinden für Tiere. Marie Bonaparte schenkte ihm einen schönen weißen Chow, den er sehr lieb gewann. Als der Hund bei einem Unfall umkam, schickte die Prinzessin Freud einen anderen Hund. »Vor einigen Wochen (am 9. März)«, schrieb er Lou Andreas-Salomé, »war Jo-Fi, eine Schwester von meiner verlorenen Lün, angekommen. Sie fehlt mir heute fast so wie die Zigarre, sie ist ein entzückendes kleines Geschöpf, so interessant, auch als Frauenzimmer, wild, triebhaft, zärtlich, intelligent und doch nicht so abhängig, wie andere Hunde sein können. Man wird den Respekt vor solchen Tierseelen nicht los.«[20] Und zu einem Patienten, der ihm seinen eigenen Hund beschrieben hatte, sagte Freud: »Das Gefühl für Hunde ist das gleiche, das wir für Kinder haben; es ist von derselben Qualität. Aber wissen Sie, worin es sich unterscheidet? . . . Es gibt da keine Ambivalenz, kein Element der Feindseligkeit.«[21]

Die Familienhündin war von nun an ein Teil von Freuds Leben. Sie war bei vielen Sitzungen mit Patienten dabei, und Martin Freud behauptete, sein Vater habe nie auf die Uhr zu sehen brauchen, um zu wissen, wann die Analysestunde vorüber war. »Wenn Jofi aufstand und gähnte, war die Zeit um; sie sagte das Ende einer Sitzung nie zu spät an, wenngleich Vater zugab, daß sie sich um vielleicht eine Minute irren konnte – auf Kosten des Patienten.«[22]

Die Patienten kamen weiter zu ihm, und es macht Freuds Ausdauer alle Ehre, daß er die Zeit fand, als Analytiker zu arbeiten, eine Flut psychoanalytischer Schriften zu verfassen und daneben noch eine ungeheuer umfangreiche Privatkorrespondenz zu führen. Im Jahre 1932 bewogen ihn seine Ansichten über die unausrottbaren Triebe des Menschen, sich auf etwas einzulassen, was im Europa der frühen dreißiger Jahre leicht als eine politische Auseinandersetzung aufgefaßt werden konnte.

Obwohl man über Freuds politische Anschauungen und seinen politischen Einfluß zahlreiche Theorien aufgestellt hat, war er in Wirklichkeit eher unpolitisch, »ein altmodischer Liberaler«, aber einer, dem sein schwacher Glaube an die Fähigkeit des Liberalismus, etwas Großes zu leisten, während des Ersten Weltkriegs abhanden gekommen war. Er hatte wenig Zeit für die Konzessionen und Manöver, die das Kleingeld des politischen Lebens sind, und seine Erfahrungen mit dessen Exponenten waren minimal. Nur durch *ein* politisches Thema konnten seine Gefühle erregt werden, augenblicklich und sehr stark: beim ersten Anzeichen von Antisemitismus griff er nach den Waffen, bereit, gegen jedermann zu kämpfen. Nun sollte er jedoch nicht gegen den Antisemitismus, sondern gegen den Krieg eine Polemik schreiben.

Im Jahre 1931 forderte das »Comité permanent des Lettres et des Arts de la Société des Nations« die Internationale Kommission für geistige Zusammenarbeit auf, »einen Briefwechsel zwischen den repräsentativen Vertretern des Geisteslebens anzuregen, ähnlich jenem Gedankenaustausch, der in dieser Form stets, vor allem in den großen Epochen der europäischen Geschichte stattgefunden hat; dafür Themen auszuwählen, die am besten geeignet sind, den gemeinsamen Interessen des Völkerbunds und des geistigen Lebens zu dienen, und diesen Briefwechsel periodisch zu veröffentlichen«[23]. Das Völkerbundsinstitut für geistige Zusammenarbeit gab daraufhin eine Serie von »Open Letters« heraus. Ein Band, *A League of Minds,* der Briefe von Salvador de Madariaga, Gilbert Murray und Paul Valéry enthielt, erschien noch 1931. Im selben Jahr wurde Einstein gebeten, einen zweiten Band vorzuschlagen.

»Ihr Vorschlag ist ausgezeichnet«, antwortete ihm Henri Bonnet, der Leiter des Instituts. »Ein brieflicher Gedankenaustausch zwischen Ihnen und Freud über die Art und Weise, wie Schulen mit Hilfe der neuen psychoanalytischen Kenntnisse die Gedanken der Kinder auf den Frieden lenken könnten, kann zweifellos als ein höchst wertvoller Beitrag zur Welt der geistigen Zusammenarbeit bezeichnet werden.«[24]

Einige Jahre zuvor, als er Weihnachten bei Ernst Freud in Berlin verbrachte, war Freud von Einstein besucht worden. Worüber sie sprachen, ist nicht bekannt, obwohl sie sich möglicherweise an den Tag im Jahre 1912 erinnerten, an dem Einstein die Gründung einer neuen wissenschaftlichen Vereinigung befürwortete, die »der metaphysischen Spekulation und der sogenannten kritischen Transzendentallehre völlig gleichgültig gegenüberstand«[25]. Freud hatte ebenso wie sein Wiener Zeitgenosse Ernst Mach zu denen gehört, die ein Manifest unterzeichneten, in dem die Ziele der Vereinigung dargestellt wurden. Aber alles, was damals über die erste Begegnung der beiden berühmtesten lebenden Juden der Welt aufgezeichnet wurde, ist Freuds Urteil über Einstein: »Er

ist heiter, sicher und liebenswürdig, versteht von Psychologie soviel wie ich von Physik, und so haben wir uns sehr gut gesprochen.«[26]
Am 6. Juni 1932 antwortete Freud dem Sekretär des Instituts, Leon Steinig, der ihm den von Einstein angeregten Briefwechsel vorgeschlagen hatte:
»Ich beeile mich, Ihnen zu antworten, da Sie sagen, daß Sie meine Äußerung Ende dieses Monats beim Zusammentreffen mit Professor Einstein verwerten wollen.
Soweit ich in meinem Alter (sechsundsiebzig Jahre) und bei meiner Ernüchterung noch Enthusiasmus aufbringen kann, habe ich mich ihm beim Lesen Ihres Briefes hingegeben. Die Worte, in denen Sie Ihre und Einsteins Erwartungen von einer zukünftigen Rolle der Psychoanalyse im Menschen- und Völkerleben ausdrücken, klingen mir echt und mußten mir außerordentlich wohl tun. Es war mir keine geringe Kränkung, daß ich bisher von seiten des Völkerbundes nicht das geringste Zeichen einer Teilnahme für unsere Bemühungen gemerkt habe, während wir unsere Arbeit nur unter den größten sozialen und materiellen Schwierigkeiten aufrecht halten können. Praktische wie ideale Gesichtspunkte treffen also zusammen, um mich zu bewegen, daß ich dem Institut für geistige Zusammenarbeit mit dem Rest meiner Kräfte zur Verfügung stehe.
Von der Art meiner Beteiligung kann ich mir noch keine klare Vorstellung machen. Es wird wohl Einstein zufallen, mir die Wege zu weisen. Mir liegt daran, daß ich nicht ins einsame Dozieren gerate, und daß der Charakter der Diskussion gewahrt bleibe. Also vielleicht nicht einfach so, daß ich auf eine Frage antworten soll, die Einstein mir vorlegt, sondern eher, daß ich vom Standpunkt der Psychoanalyse auf Ausführungen antworte, in denen er seine Meinungen ausspricht. Auch möchte ich nicht ein einziges unter den in Ihrem Brief aufgezählten Themen herausgreifen. Es handelt sich wohl eher um eine ganze Reihe von Problemen, von denen der analytische Einfluß auf die Erziehung das praktisch bedeutsamste ist. Aber wie gesagt, in all diesen Einzelheiten der Durchführung bin ich bereit, Einsteins Anregungen zu folgen. Wenn Sie ihn sehen, können Sie ihm über mein persönliches Verhältnis zu ihm nicht mehr sagen, als er ohnehin weiß, obwohl ich nur ein einziges Mal die langerwünschte Gelegenheit hatte, mit ihm zu sprechen.
Ihnen selbst meinen herzlichen Dank für Ihren Anteil an der Sache.«[27]
Leon Steinig suchte daraufhin Freud in Wien auf und erklärte ihm die Idee ausführlicher. Aber je mehr Freud von dem Vorschlag hörte, desto mehr sank sein Optimismus. Sein ganzes Leben lang, erklärte er Steinig,

habe er den Menschen unbehagliche Wahrheiten gesagt. Nun da er alt sei, wolle er sie nicht enttäuschen.

Er führte seine Zweifel näher aus, als er auf Einsteins Brief vom 30. Juli 1932 antwortete. Einstein hatte nur eine einfache Frage gestellt, nämlich ob es eine Möglichkeit gebe, die Menschheit vom Verhängnis des Krieges zu befreien. Und er hatte sie optimistisch beantwortet. Eine internationale Behörde, die stark genug wäre, um den Frieden zu erzwingen, würde den Krieg unmöglich machen. Er räumte allerdings ein, daß die Schwierigkeit darin bestehe, daß der Mensch einen Drang nach Haß und Zerstörung in sich trage, war aber sicher, daß die Psychoanalyse helfen könnte, eine Lösung zu finden.

In seiner langen, ausführlichen Antwort stimmte Freud Einstein in den meisten Punkten zu. Er sagte nur, hinsichtlich der Durchführbarkeit der vorgeschlagenen Lösungen sei er leider anderer Meinung, und er schrieb:

»Aus dem Vorstehenden entnehmen wir für unsere nächsten Zwecke soviel, daß es keine Aussicht hat, die aggressiven Neigungen der Menschen abschaffen zu wollen. Es soll in glücklichen Gegenden der Erde, wo die Natur alles, was der Mensch braucht, überreichlich zur Verfügung stellt, Völkerstämme geben, deren Leben in Sanftmut verläuft, bei denen Zwang und Aggression unbekannt sind. Ich kann es kaum glauben, möchte gern mehr über diese Glücklichen erfahren. Auch die Bolschewisten hoffen, daß sie die menschliche Aggression zum Verschwinden bringen können dadurch, daß sie die Befriedigung der materiellen Bedürfnisse verbürgen und sonst Gleichgewicht unter den Teilnehmern an der Gemeinschaft herstellen. Ich halte das für eine Illusion. Vorläufig sind sie auf das sorgfältigste bewaffnet und halten ihre Anhänger nicht zum mindesten durch Haß gegen alle Außenstehenden zusammen . . .«[28]

Zuletzt meinte Freud, daß vielleicht eines Tages »der Einfluß dieser beiden Momente, der kulturellen Einstellung und der berechtigten Angst eines Zukunftskrieges [»infolge der Vervollkommnung der Zerstörungsmittel«[29]] dem Kriegführen ein Ende setzen wird.«[30] Aber selbst hinsichtlich dieses letzten Abschreckungsmittels war Freud pessimistisch. Dieser Pessimismus veranlaßte Havelock Ellis später zu dem Einwand: »Es ist bedauerlich, daß Freud und einige andere Psychoanalytiker – die manchmal ein boshaftes Vergnügen an dem Versuch zu finden scheinen, die menschlichen Triebregungen als böse darzustellen – Haß als primäres Motiv betrachten und Liebe als eine sekundäre Ableitung. Vom evolutiven Standpunkt aus ist das nicht leicht einzusehen; die umgekehrte Reihenfolge wäre einleuchtender . . .«[31] Ellis sollte zwei

Monate vor Freud sterben – nur wenige Wochen vor dem deutschen Einmarsch in Polen, der für viele seiner und Freuds Zeitgenossen die Streitfrage geklärt haben dürfte.

Der Briefwechsel zwischen Freud und Einstein wurde schließlich in englischer Sprache unter dem Titel *Why War?* und in französischer Sprache unter dem Titel *Pourquoi la guerre?* veröffentlicht. Freud bestand auch auf einer deutschen Ausgabe. Aber mittlerweile war Hitler Reichskanzler geworden, und *Warum Krieg?* wurde im Dritten Reich verboten und konfisziert.

Die Machtergreifung Hitlers verstärkte zunächst nur den Pessimismus, mit dem Freud auf die Zurückweisungen seiner frühen Jahre reagiert hatte. Auf den Einwand, daß ihm ein Bildhauer ein zu böses Aussehen verliehen habe, antwortete er: »Aber ich bin böse. Ich bin böse auf die Menschheit.«[32] Die Menschen, sagte er, »sind ein Wolfsrudel, einfach ein Wolfsrudel. Sie jagen diejenigen, die ihnen Gutes tun möchten.«[33] Doch ob die Zukunft noch einige gute Aussichten bot oder nicht – für ihn als Individuum oder für die menschliche Spezies im allgemeinen: man mußte weiterkämpfen, auf das Beste hoffen und sich auf das Schlimmste vorbereiten. Wie immer die übrige Welt ihn sah – Freud selbst sah sich noch in der Rolle, die er am Ende des 19. Jahrhunderts gewählt hatte, in der des Führers, der gegen alle Widerwärtigkeiten weiterkämpfte; wenn es sein mußte, allein. Aber wenn der Führer von sich selbst das Höchste verlangte, so sollte von denen, die ihm folgten, nicht weniger verlangt werden. »Ich sah ihn«, sagte Hanns Sachs, »als die Nachricht eintraf, daß jemand, mit dem er seit Jahren befreundet gewesen war, Selbstmord verübt hatte. Ich fand ihn seltsam unbewegt durch ein so tragisches Ereignis. Der Selbstmord bedeutete für ihn – gewisse extreme Fälle ausgenommen – sich vor einer Aufgabe drücken, versuchen, mitten im Kampf zu entkommen; er empfand das so stark, daß seine Menschlichkeit durch Verachtung aufgewogen wurde. Er war bereit, seine Zuneigung rückhaltlos zu verschenken, wo er es für angebracht hielt, aber nicht, die Almosen der Sentimentalität zu spenden.«[34]

Trotz der unbehaglichen Vorstellung, daß das Schlimmste noch bevorstand, war Freuds Reaktion auf den Aufstieg der Nazi-Partei anfangs seltsam gedämpft. Kurz nachdem sie die zweitgrößte Partei in Deutschland geworden war, hatte er in dem letzten Absatz von *Das Unbehagen in der Kultur* Betrachtungen über den Kampf zwischen der kulturellen Entwicklung der menschlichen Spezies und ihren selbstzerstörerischen Trieben angestellt. Dann hatte er zunächst geschrieben: »Und nun ist zu erwarten, daß die andere der beiden ›himmlischen Mächte‹, der ewige Eros, eine Anstrengung machen wird, um sich im Kampf mit seinem ebenso unsterblichen Gegner zu behaupten.«[35] Als sich jedoch die Bedrohung durch Hitler aus einem Alptraum in Wirklichkeit verwandelte, fügte er als letzten Satz hinzu: »Aber wer kann den Erfolg und Ausgang voraussehen?«[36]

Als es immer schlimmer wurde, war seine Reaktion halb philosophisch, halb ungläubig, obwohl ein Brief, den er schon im Juli 1933, ein halbes Jahr nach Hitlers Machtergreifung, schrieb, kommende Dinge andeutete. »Das Leben in Deutschland ist für Oliver und Ernst unmöglich geworden«, berichtete er seinem Neffen. »Letzterer ist jetzt in London . . . und will sich für immer dort einrichten, seine Familie ist noch in Berlin. Oliver hat beschlossen, sich in Frankreich niederzulassen, er lebt jetzt in St. Brieuc, irgendwo an der Küste, mit seiner Frau und seiner kleinen Tochter Eva. Seine erste Aufgabe wird es sein, die Sprache zu erlernen. Keiner von beiden weiß noch, wie er seinen Lebensunterhalt verdienen wird. Du weißt aus den Zeitungen (ich bin jetzt ein regelmäßiger Leser des Manch. Guardian), wie unsicher unsere Lage in Österreich ist. Das einzige, was ich sagen kann, ist, daß wir entschlossen sind, hier auszuharren bis zum letzten. Vielleicht kommt es nicht allzu schlimm.«

Dann schloß er mit den Worten, die sich in so vielen seiner Briefe nach England finden: »Und wie geht es Dir und den Mädchen? Da ich nun überzeugt bin, keinen von Euch je wiederzusehen, möchte ich umso mehr von Euch hören. Herzlichst, Dein Sigm.«[37]

Er hoffte weiter und versicherte Marie Bonaparte, daß sich, wenn sich die Nazibewegung auf Österreich ausbreiten sollte, nichts mit den Exzessen der deutschen Bewegung Vergleichbares ereignen werde, da die Österreicher nicht so brutal seien wie die Deutschen – er vergaß, daß Hitler Österreicher war und vor dem Ersten Weltkrieg in Freuds Wien gelebt hatte. Jedenfalls tröstete er sich damit, daß der Vertrag von Versailles einen Anschluß Österreichs verbot.

Ein Jahrzehnt früher hatte er seine damalige Einstellung erklärt, er war sicher gewesen, daß der deutsche Nationalismus wieder erwachte, aber er wollte nicht glauben, daß seine Resultate nicht vermieden werden könnten. Ein junger Jude bat ihn 1923, die Tatsache zu erklären, daß Hans Blüher, ein Propagandist der deutschnationalen Bewegung, ein offensichtlicher Bewunderer Freuds war. Freud antwortete ihm:

»Massenpsychosen sind gegen Argumente gefeit. Gerade die Deutschen hatten Gelegenheit, dies im Weltkrieg zu lernen, aber sie scheinen dazu unfähig zu sein. Lassen Sie sie in Ruhe.

Blüher ist einer der Propheten einer aus den Fugen geratenen Zeit. Gewiß nicht der achtenswerteste unter ihnen. Er hat nichts mit der analytischen Wissenschaft zu tun. Sobald sich die Analyse seinem *typus universus* nähert, weist er sie zurück und nimmt Zuflucht zur souveränen Intuition seiner deutschen Seele. Sooft er mich auch zitiert, mir zustimmt oder mich unterdrückt – ich werde ihn mit keinem Wort erwähnen. Widmen Sie sich Dingen, die die Juden über diese ganze Narrheit hinausheben, und nehmen Sie mir meinen Rat, der die Frucht eines langen Lebens ist, nicht übel. Reißen Sie sich nicht danach, mit den Deutschen mitzumachen.«[38]

Als er 13 Jahre später demselben Briefpartner schrieb, sagte er: »Sie denken doch gewiß nicht, daß ich stolz darauf bin, recht gehabt zu haben? Ich hatte recht als Pessimist gegenüber den Enthusiasten, als alter Mann gegenüber einem jungen. Ich wünschte, ich hätte unrecht gehabt.«[39]

Freud hatte allerdings gute logische Gründe, für die Zukunft zu fürchten. Er hatte den Antisemitismus Wiens spätestens seit dem Finanzkrach von 1873 erlebt. Man hatte ihm, wenn auch spät, die Augen geöffnet für die Tatsache der deutschen Aggression im Jahre 1914. In *Massenpsychologie und Ich-Analyse* hatte er ein verzweiflungsvolles Verständnis dafür bewiesen, wie das Verhalten des Mobs gelenkt werden kann, und er faßte seine Einstellung einige Jahre später in einem Brief an Richard Dyer-Bennet, den Autor von *Gospel of Living,* zusammen. »Allzu optimistisch«, schrieb er, »scheinen Sie mir auch im Urteil, daß die Menschheit weit genug fortgeschritten ist, um auf einen Appell wie den Ihrigen zu reagieren. Eine sehr dünne Oberschicht mag Ihren Erwartungen entsprechen, sonst sind alle Kulturniveaus – das des Mittelalters, das der animistischen Vorzeit, selbst das der Steinzeit – in großen Menschenmassen lebendig.«[40]

Doch selbst die unheilvolle Warnung der Bücherverbrennungen schien ihn nicht allzu sehr zu alarmieren. Am 10. Mai 1933 jubelten 40000 Berliner 5000 SA-Männern und Studenten mit Hakenkreuzbinden zu, die vor der Berliner Oper 2000 Bücher verbrannten. Zu diesen gehörten die Werke von Einstein, Thomas Mann, Erich Maria Remarque, Stefan Zweig und Freud. Letztere wurden auf den Scheiterhaufen geworfen mit den Worten: »Gegen die seelenzerstörende Überschätzung des Sexuallebens – und für den Adel der menschlichen Seele – übergebe ich den Flammen die Schriften eines gewissen Sigmund Freud!«[41]

»Wenigstens brenne ich in der besten Gesellschaft«[42], sagte Freud zu einem Freund, und zu einem andern: »Was wir für Fortschritte machen! Im Mittelalter hätten sie mich verbrannt, heutzutage begnügen sie sich damit, meine Bücher zu verbrennen.«[43] Im Rückblick hat diese Bemerkung etwas Grauenvolles an sich: vier seiner fünf Schwestern sollten in Konzentrationslagern ums Leben kommen.

Freud gab sein Widerstreben, die Bedrohung seiner eigenen Person ernst zu nehmen, nur sehr langsam auf. Vom Frühjahr 1933 an boten ihm Freunde Zuflucht an, die glaubten, Hitler werde Österreich dem Reich angliedern. Man schlug ihm vor, in die Schweiz, nach Frankreich, England, Amerika, ja sogar Argentinien zu gehen, wohin er von dem spanischen Dichter Xavier Bóveda und einer Gruppe gleichgesinnter Schriftsteller eingeladen wurde. Alle erhielten die gleiche Antwort. Zu fliehen sei ganz unnötig, meinte er. » . . . ich glaube nicht an die Gefahr hier«, schrieb er einmal von Wien aus, »und wenn sie doch kommen sollte, bin ich fest entschlossen, sie hier zu erwarten. Wenn sie mich totschlagen, gut; es ist eine Todesart wie eine andere. Aber wahrscheinlich ist das billige Prahlerei.«[44] Und noch im Dezember 1933 schrieb er: »In Wirklichkeit unterschätze ich keineswegs die Gefahr, die mir und anderen droht, wenn der Hitlerismus Österreich erobert. Aber ich sehe dem ruhig entgegen, bin gefaßt zu ertragen, was ertragen werden muß, und entschlossen, so lange auszuhalten wie immer möglich. Im Augenblick sieht es so aus, als ob Österreich von der deutschen Schmach verschont bliebe.«[45] Nur Arnold Zweig gegenüber gab er 1934 zu, daß das Schlimmste geschehen konnte. Er würde in Ergebung in Wien ausharren, schrieb er. »Nur, wenn wirklich ein Hitlerscher Statthalter in Wien regiert, muß ich wohl fortziehen, gleichgültig wohin.«[46]

Seine Haltung wurde bestimmt von der natürlichen Abneigung eines alten Mannes gegen die Entwurzelung, von dem Gefühl, seinen Posten zu verlassen, von der tiefen Liebe, die er unter der Oberfläche doch noch für Wien empfand, und – ungeachtet seiner öffentlichen Beteuerungen in *Warum Krieg?* – einem Widerstreben zu glauben, daß sich die deutsche Regierung selbst unter Hitler so unmenschlich benehmen würde, wie sie sich nun benahm.

Zu all dem kam seine instinktive politische Neutralität. Im Gegensatz zu der posthumen Exegese durch die Enthusiasten, die seine Schriften mit beinahe jeder politischen Anschauung in Verbindung brachten, waren seine wahren Anschauungen wohl die, die er in einer hitzigen Debatte äußerte. Joan Riviere, die in den Zwischenkriegsjahren viele seiner Schriften übersetzte, berichtet darüber. Man warf Freud vor, weder schwarz noch rot, weder Faschist noch Sozialist zu sein, und er antwortete: »Nein, man sollte fleischfarben sein – von der Farbe gewöhnlicher Menschen.«[47]

Nur allmählich begann er zu sehen, daß »die Welt ein großes Zuchthaus« wird und daß »die ärgste Zelle Deutschland [ist]«[48]. Über die Nazis sagte er: »Sie haben dort mit der Todfeindschaft gegen den Bolschewismus begonnen und werden mit etwas enden, was von ihm nicht zu unterscheiden ist. Außer vielleicht darin, daß der Bolschewismus doch revolutionäre Ideale aufgenommen hat, der Hitlerismus dagegen nur mittelalterlich reaktionäre.«[49] Bald machte sich sein sarkastischer Sinn für Humor bemerkbar. »Sehen Sie doch, wie armselig die Phantasie eines Dichters wirklich ist«, bemerkte er einem Freund gegenüber. »Im *Sommernachtstraum* läßt Shakespeare eine Frau sich in einen Esel verlieben. Darüber wundert sich das Publikum. Und nun stellen Sie sich vor, daß sich ein Volk von 65 Millionen . . .« Er beendete den Satz mit einer Handbewegung.[50]

Die Medaille hatte aber auch eine Kehrseite, wie er Arthur Koestler im Herbst 1938 andeutete, als er schon nach England emigriert war. Koestler hatte irgendeine Bemerkung über die Nazis gemacht. »Freud betrachtete durch das Fenster mit einem abwesenden, fragenden Blick die Bäume«, schrieb er später, »und sagte dann zögernd: ›Wissen Sie, sie *reagieren* die Aggression *ab,* die sich in unserer Kultur angestaut hat. Etwas dieser Art war früher oder später unvermeidlich. Ich bin nicht sicher, ob ich ihnen von meinem Standpunkt aus Vorwürfe machen kann.‹ Er drückte sich vielleicht mit ganz anderen Worten aus, aber ihren Sinn konnte man nicht mißverstehen.«[51]

Die ersten ernsthaften Zweifel an seiner eigenen Zukunft in Österreich kamen ihm, nachdem Bundeskanzler Dollfuß im Februar 1934 einen Aufstand des Republikanischen Schutzbundes blutig niedergeschlagen und die sozialdemokratische Partei aufgelöst hatte, so daß sich das Kräftegleichgewicht nach rechts verlagerte. Aber Gehen hieß soviel wie Abdanken, es bedeutete einen Rückzug aus der Schlacht – ein Schritt, den er nur in einer äußersten Notlage unternehmen konnte. Abgesehen von der großen Umstellung für einen kranken Mann, der auf die Achtzig zuging, glaubte er auch, daß er außerhalb Österreichs nicht imstande wäre, seinen Einfluß dort auszuüben, wo er die größte Wirkung hätte. Der Einfluß bezog sich nicht nur auf die Psychoanalyse, wie er einem Besucher noch 1937 erklärte. »Die Nazis?« sagte er zu René Laforgue, der ihn drängte, Wien unverzüglich zu verlassen. »Ich habe keine Angst vor ihnen. Helfen Sie mir lieber, meinen wahren Feind zu bekämpfen.« Auf die Frage, wer oder was das sei, antwortete er: »Die Religion, die römisch-katholische Kirche.«[52]

Es ging nicht nur um persönliche Fragen. Bald nachdem Hitler die unumschränkte Macht erhalten hatte, standen die Psychoanalytiker in Deutschland vor dem Problem, vor das sich noch so viele Europäer gestellt sahen, als sich Deutschland Österreich einverleibt und dann Frankreich, Belgien und die Niederlande besetzt hatte. War es besser, sich der Gewalt der Herrscher des Dritten Reiches zu entziehen, oder war es besser zu bleiben, Mitarbeit vorzutäuschen und damit das Los derer zu verbessern, die keine andere Wahl hatten, als unter der Naziherrschaft zu leben? An dem einen Ende des Spektrums standen diejenigen, die entschlossen Widerstand leisteten, am anderen die auf ihren eigenen Vorteil bedachten Kollaborateure, und zwischen den beiden Extremen gab es eine beinahe unendliche Vielfalt von Haltungen, die Männer und Frauen unter den verschiedensten Arten von Zwang einnahmen und die später mit bald ehrlichen, bald heuchlerischen Argumenten gerechtfertigt wurden.

Für die Psychoanalyse kam das erste Sturmzeichen, als die Regierung wenige Wochen nach der Ernennung Hitlers zum Reichskanzler die Bestimmung erließ, daß kein Jude dem Vorstand einer medizinischen Vereinigung angehören dürfe. Max Eitingon, der Obmann der Berliner Psychoanalytischen Vereinigung, war ein russischer Jude, der bei den Neuregelungen des Jahres 1919 die polnische Staatsbürgerschaft gewählt hatte. Sein Stellvertreter war Felix Boehm, ein deutscher Nichtjude, der, als er von der Bestimmung hörte, anfragte, ob sie auch für psychoanalytische Organisationen gelte. Die Antwort, die man ohne großen Scharfsinn voraussehen konnte, lautete ja. Daraufhin besuchte Boehm Freud in Wien, um den nächsten Schritt zu besprechen. Seine Anfrage, ob die Bestimmung auch die Psychoanalyse betreffe, wurde kritisiert, und nach dem Krieg hielt er es für nötig, Anna Freud einen langen Bericht über die Geschicke der Deutschen Psychoanalytischen Gesellschaft von 1933 an zu schicken. Freud scheint geglaubt zu haben, daß ein festeres Auftreten Boehms die Bedingungen hätte verbessern können, die nun für die Psychoanalyse immer bedrohlicher wurden. Eitingon emigrierte – zuletzt nach Palästina –, und Boehm trat an seine Stelle. Professor M. H. Göring, ein Vetter des neu ernannten Reichsministers der Luftfahrt, Hermann Göring, übernahm bald die tatsächliche Leitung der Vereinigung und teilte ihren Mitgliedern mit, daß in Zukunft Hitlers *Mein Kampf* die Grundlage ihrer Anschauungen zu bilden habe.

Als sich die Bedingungen weiter verschlechterten, fuhr Boehm Anfang 1937 noch einmal nach Wien und berichtete Freud und einigen Kollegen über die zunehmenden Schwierigkeiten in Berlin. Nachdem er drei Stunden zugehört hatte, unterbrach Freud Boehm mit den Worten: »Genug! Die Juden haben für ihre Überzeugungen jahrhundertelang gelitten. Jetzt ist die Zeit gekommen, da unsere christlichen Kollegen für die ihrigen zu dulden haben. Ich lege keinen Wert darauf, daß mein Name in Deutschland erwähnt wird, solange mein Werk dort nicht richtig vertreten wird.«[53] Damit verließ Freud die Versammlung.

Um diese Zeit hatte er einen besonderen Grund für seine Bitterkeit und für die Betonung des Gegensatzes zwischen Juden und Nichtjuden. Kurz nach der Machtergreifung Hitlers war die Deutsche Allgemeine Gesellschaft für Psychotherapie zum Schein umgebildet worden in eine Überstaatliche Allgemeine Ärztliche Gesellschaft für Psychotherapie. Der Vorsitzende, Ernst Kretschmer, trat unter Protest zurück, da nun die Ausübung der Psychoanalyse unter die Kontrolle der Nazis geriet. An seine Stelle trat Carl Gustav Jung, der auch Herausgeber des neuen, vom Geist der Nazis beherrschten *Zentralblatts für Psychotherapie* wurde.

Jungs Arbeit für die neue Gesellschaft, die bis zu seinem Rücktritt im Jahre 1940 dauerte, wurde später heftig verurteilt und ebenso heftig verteidigt. Jung schrieb im März 1934 Max Guggenheim, bei dem ganzen Gezeter und Geschrei gegen ihn habe man völlig vergessen, daß bei weitem die meisten Psychotherapeuten in Deutschland Juden seien. Die Leute wüßten nicht, und öffentlich werde es auch nicht gesagt, daß er persönlich im Namen gewisser jüdischer Psychotherapeuten bei der Regierung interveniert habe.

Jungs oft wiederholte Behauptung, seine Intervention habe vielen jüdischen Psychotherapeuten in Deutschland geholfen, mag berechtigt sein. Ähnliche Behauptungen wurden nach dem Krieg von Männern und Frauen vorgebracht, die man Kollaborateure schimpfte und die tatsächlich mit der deutschen Besatzungsmacht zusammengearbeitet hatten in der Hoffnung, dadurch das Los ihrer Landsleute erleichtern zu können. Was gegen Jung zu sagen ist, ist aber nicht nur, daß er mit den Nazibehörden zusammenarbeitete, sondern daß die Zeitumstände den Antisemitismus ans Licht brachten, dessen Freud ihn schon seit langem bezichtigt und den Jung stets heftig bestritten hatte.

Freud selbst stand im Mittelpunkt vieler Erklärungen, die Jung fortan abgeben sollte. So verkündete er im Januar 1934, ein Jahr nach der Machtergreifung Hitlers, kühn im *Zentralblatt für Psychotherapie:*

*»Das arische Unbewußtsein hat ein höheres Potential als das jüdische; das ist der Vorteil und Nachteil einer noch nicht ganz der Barbarei entronnenen Jugendlichkeit. Meiner Ansicht nach war es ein großer Fehler der ganzen vorausgegangenen medizinischen Psychologie, jüdische Kategorien, die nicht einmal für alle Juden bindend sind, ohne Unterschied auf Christen, Germanen und Slawen anzuwenden. Damit erklärte die medizinische Psychologie das kostbarste Geheimnis des germanischen Volkes – die schöpferisch prophetische Tiefe der Seele – zu einem kindisch banalen Morast, während jahrzehntelang meine warnende Stimme des Antisemitismus verdächtigt wurde. Der Urheber dieses Verdachts ist Freud. Er kannte die germanische Seele nicht besser

als alle seine germanischen Nachahmer ... Hat die mächtige Erscheinung des Nationalsozialismus, die die ganze Welt mit erstaunten Augen betrachtet, sie eines Besseren belehrt?«[54]
Das waren zumindest ungewöhnliche Worte für einen Mann von Jungs Format in einer Zeit, die schon die Bücherverbrennungen erlebt hatte und in der schon die Konzentrationslager eingerichtet wurden. Wilhelm Stekel schrieb an Chaim Weizmann in Jerusalem und versicherte bitter, Jung habe »judenrein gemordet«. Die Universität Jerusalem müsse nun ein Hort der jüdischen Wissenschaft (d. h. der Psychoanalyse) werden. Es gebe in Tel Aviv einen der begabtesten Psychotherapeuten, Dr. Velikofsky, mit dem sich alle Gelehrten vereinen sollten, um in Jerusalem ein Zentrum für den in Deutschland verbotenen Zweig der Psychoanalyse zu schaffen.[55]
Noch war die Psychoanalyse nicht ganz verboten, aber die Möglichkeit eines Verbots wurde angedeutet, als Jung im Februar 1934 an Wolfgang Kranefeldt, einen der Gründer des Berliner Instituts für Psychotherapie, schrieb: »Gegen die Dummheit kann man bekanntlich nichts tun, aber in diesem Falle können die arischen Leute darauf hinweisen, daß mit Freud und Adler spezifisch jüdische Gesichtspunkte öffentlich gepredigt werden und zwar, wie man ebenfalls nachweisen kann, Gesichspunkte, welche einen wesentlich zersetzenden Charakter haben. Wenn die Verkündigung dieses jüdischen Evangeliums der Regierung angenehm ist, so ist es halt eben so. Andernfalls ist ja auch die Möglichkeit vorhanden, daß dies der Regierung nicht angenehm wäre ...«[56]
Viele seiner Korrespondenzpartner schrieben ihm und verlangten eine Erklärung für sein Verhalten und seine Kritik an Freud. Typisch war die Antwort, die er im Mai 1934 James Kirsch gab: Er wisse ja, daß Freud ihn, Jung, schon früher des Antisemitismus bezichtigt habe, weil er seinen seelenlosen Materialismus nicht habe ertragen können. Und dann meinte er, der Jude fordere geradezu zum Antisemitismus heraus mit seiner Bereitschaft, überall Antisemitismus zu wittern. Einen Monat später schrieb er Gerhard Adler, es sei typisch jüdisch, daß Freud in solchem Maße seine Wurzeln vergessen könne, und Abraham Roback schließlich, dem Autor von *The Jewish Influence in Modern Thought* (Der jüdische Einfluß im modernen Denken), schrieb er im Dezember 1936, für Freud wie für viele andere Juden bedeute die Wiederherstellung der Verbindung mit den Trieben einen echten, wichtigen Fund und eine Quelle der Befriedigung und Freude.
Immer wieder kam Jung auf seine Auseinandersetzung mit Freud in den

*Rückübersetzt, da Originalquelle nicht zugänglich.

Jahren 1912–1914, auf sein Buch *Wandlungen und Symbole der Libido* und auf die Tatsache zurück, daß Freud ihm vorgeworfen hatte, Antisemit zu sein. Er müsse daraus schließen, schrieb er im Juni 1934 C. E. Benda, daß er sich irgendwie gegen die Juden vergangen habe; seither hänge ihm dieses Vorurteil an und es sei von allen Freudianern wiederholt worden, womit jedesmal bestätigt wurde, daß die Psychoanalyse tatsächlich eine jüdische Psychologie sei, die kein anderer kritisieren dürfe, ohne sich des Antisemitismus schuldig zu machen.

Nun, ein Vierteljahrhundert, nachdem Freud sich so sehr bemüht hatte, Jung als Verteidigung gegen die Anklage zu rekrutieren, daß die Psychoanalyse eine jüdische Erfindung sei, zeigte sich die endgültige Lösung der Frage. Jetzt »bewies« Jung, daß die Psychoanalyse eine jüdische Angelegenheit war.

Unterdessen hatte der Exodus aus Deutschland ständig zugenommen, und Freud und Anna ebenso wie der resolute Ernest Jones in London wandten sich immer mehr der Aufgabe zu, neue Stellungen für Psychoanalytiker zu finden, die im Dritten Reich nicht mehr praktizieren konnten. Max Eitingon gründete schließlich zusammen mit zwei anderen Flüchtlingen die Psychoanalytische Vereinigung Palästinas. Manche seiner Kollegen fuhren über den Atlantik als Vorboten einer Armee, die innerhalb eines Jahrzehnts die Haupttriebkräfte der Psychoanalyse von Europa nach Nordamerika verlagern sollte. Viele wollten sich in England niederlassen, und Jones hatte die undankbare Aufgabe, ihnen zu erklären, daß sogar manche britische Analytiker nur teilweise beschäftigt waren. Selbst wenn die Neuankömmlinge fließend Englisch sprachen, was selten der Fall war, waren ihre Aussichten auf beruflichen Erfolg schlecht.

Während die Schatten immer länger wurden, kam zu Freuds Sorge um die Zukunft der Psychoanalyse in Europa die Verschlimmerung der Krankheit hinzu, von der ihm 1923 nur ein zeitweiliger Aufschub gewährt worden war. Sie wurde von seinen Ärzten mit dem Skalpell, mit Radium und mit allen anderen Waffen, die das Vorrücken des Feindes verlangsamen konnten, bekämpft. Eine Vorstellung von den Beschwerden, die er von Anfang an zu ertragen hatte, vermittelt die Krankengeschichte Professor Pichlers, in der es am 14. März 1924, nachdem die Sprache durch eine Ausfräsung der Prothese erleichtert und verbessert worden war, heißt: » . . . diese [Ausfräsung] wird ein wenig fortgesetzt. Es ist jetzt ziemlich schwierig, die Prothese so einzusetzen, daß sie in den Falz hineinrutscht. Patient soll das üben unter Aufbeißen auf ein Holz mit den Molaren rechts oben und unten.«[57]

Abgesehen von den Schwierigkeiten mit der Prothese, häuften sich nun, dreizehn Jahre später, die ständigen Leukoplakien und präkanzerösen Gewebsveränderungen, die entweder chirurgisch oder durch Elektrokoagulation oder mit beiden Methoden behandelt werden mußten. Schon vor dieser Zeit, im Jahre 1928, war Dr. Max Schur Freuds Leibarzt geworden, hauptsächlich auf das Drängen von Marie Bonaparte hin, die in Wien selbst akut erkrankt war. Sie wurde von Dr. Schur behandelt, einem der wenigen Wiener Ärzte, die sich mit der Psychoanalyse befaßten, war von seinem Können beeindruckt und überredete Freud, wenigstens einen Versuch mit Schur zu machen. Die Probezeit dauerte bis zu Freuds Tod elf Jahre später. Schur schrieb:

»Bevor er mir seine Vorgeschichte erzählen oder über seine gegenwärtigen Beschwerden sprechen wolle, sagte er, müßten wir uns über die Vorbedingungen für ein solches Verhältnis grundsätzlich einig sein. Er erwähnte nur in sehr allgemeiner Weise einige unglückliche Erfahrungen mit meinen Vorgängern und gab dann der Erwartung Ausdruck, daß ich ihm immer die Wahrheit und nichts als die Wahrheit sagen werde. Meine Antwort muß ihn davon überzeugt haben, daß ich beabsichtigte, ein solches Versprechen auch zu halten. Dann fügte er hinzu, wobei er mich forschend anblickte: Versprechen Sie mir auch noch: wenn es einmal so weit ist, werden Sie nicht zulassen, daß ich mich unnötig quäle. Das alles sagte er mit der äußersten Einfachheit, ohne eine Spur von Pathos, aber auch mit absoluter Entschiedenheit. Wir gaben uns darauf die Hand.«[58]

Freuds Forderung, die Wahrheit zu erfahren, zeigt, daß er eine Ahnung von den schweren Zeiten hatte, die ihm bevorstanden. Sie wurden noch schwerer durch seine Weigerung, seine geliebten Zigarren für immer aufzugeben, in der Schur sofort die Hauptursache nicht nur der immer wieder auftretenden Herzbeschwerden, sondern auch der Schwierigkeit, den Krebs in Schach zu halten, sah. Aber wenn er wirklich dazu überredet werden konnte, eine kleine Weile nicht zu rauchen, so fing er doch immer wieder an und entschuldigte sich gewöhnlich so wie in einem Brief an Eitingon: »Ihre Frage nach den Zigarren entlockt mir das Geständnis, daß ich wieder rauche. Mit Rücksicht auf mein Alter und das Maß von Unbehaglichkeiten, das ich täglich zu ertragen habe, erschien mir die Abstinenz und die etwa an sie geknüpfte Chance nicht gerechtfertigt.«[59]

An Marie Bonaparte schrieb er nach einer weiteren größeren Operation, die vorgenommen wurde, um eine möglicherweise maligne Wucherung zu entfernen: »Ich bin noch recht unter der Höhe, und habe diesmal gewiß einen großen Schritt aus dem Kreis des Lebens heraus getan . . .«[60]

Weitere Operationen folgten. Dr. Schur sah sich gezwungen, seinem

Patienten offen zu sagen, daß die präkanzeröse Natur der Wucherung und die Entzündung durch das Nikotin verursacht wurden. »Ich konfrontierte deshalb Freud mit Erdheims Bericht [der nach einer früheren Operation verfaßt worden war und den Krebs mit dem Nikotin in Verbindung brachte] und drängte ihn mit noch größerem Nachdruck als bisher, das Rauchen aufzugeben. Freud zuckte die Achseln und machte eine Handbewegung, mit der er den Vorschlag beiseite schob. Wie ich schon früher erwähnte, unterwarf er sich immer wieder Einschränkungen im Rauchen, wenn ihm sein Herz Beschwerden machte, aber nie wegen der Gefahr, daß eine Wunde im Mund bösartig werden könnte.«[61]

Einmal war er nicht mehr imstande, die Treppen der Berggasse 19 hinaufzusteigen und betrachtete sich als unter Hausarrest. Einige Monate später bekam er eine Radiumbehandlung und reagierte darauf mit den heftigsten Schmerzen. Aber kurz darauf schrieb er Arnold Zweig: »Es steckt noch soviel Genußfähigkeit in mir, also Unzufriedenheit mit der notgedrungenen Resignation. Es ist grimmiger Winter in Wien, ich bin seit Monaten nicht ausgegangen. Ich finde mich auch schwer in die Rolle des für die Menschheit leidenden Heros, die Ihre Freundschaft mir offeriert.«[62]

Hinsichtlich der Endgültigkeit des Todes hatte Freud keine Zweifel, aber was die Rätsel des Paranormalen im weiteren Sinne anbetraf, hatte die Skepsis seiner früheren Jahre allmählich etwas von ihrer Strenge verloren. Romain Rolland schrieb er: » . . . ich bin kein unbedingter Skeptiker. In einem bin ich doch ganz sicher: daß wir gewisse Dinge jetzt nicht wissen können.«[63] Als Viktor von Weizsäcker, der Begründer der allgemeinen anthropologischen Medizin, zugab, daß er nebenbei vielleicht ein wenig Mystiker sei, reagierte Freud mit der bestürzten Bemerkung, das sei schrecklich, aber als Weizsäcker seine Bemerkung ein wenig abschwächte und hinzufügte, er meine nur, daß es auch etwas gebe, was wir nicht wissen, antwortete Freud, in dieser Ansicht sei er ihm sogar noch ein Stück voraus.[64]

Als er einem Gesprächspartner gegenüber bestritt, daß er im Alter leichtgläubig geworden sei, sagte er: »Das glaube ich nicht. Ich habe nur mein ganzes Leben lang gelernt, neue Tatsachen zu akzeptieren, demütig und bereitwillig. Ich glaube, die Telepathie ist ein psychischer Vorgang in einem Menschen, der einen ähnlichen psychischen Vorgang in einem anderen Menschen verursacht. Es ist anzunehmen, daß die Verbindung zwischen diesen beiden psychischen Phänomenen physischer Natur ist – vielleicht ähnlich wie bei der Hör- und Sprechmuschel eines Telefons.«[65]

Daß er das Okkulte nicht ganz ausschloß, zeigt ein Brief an

Edoardo Weiss, einen Analytiker, der einige seiner Werke ins Italienische übersetzt hatte. »Ein unerfreuliches Kapitel ist aber die Medienwirtschaft«, gab er zu. »Die unzweifelhaften Schwindeleien der Medien, der einfältige und kunststückartige Charakter ihrer Leistungen, die Schwierigkeiten, die der Nachprüfung durch die Bedingungen der Produktion bereitet werden, die offenbare Unmöglichkeit mancher ihrer Behauptungen, das alles mahnt doch zu äußerster Vorsicht. Es müßte doch auf besserem Weg gelingen, die Qualität von dem, was am Okkulten real ist, zu erweisen.«[66] Von all dem abgesehen galt nach wie vor noch der alte Grund, vorsichtig zu sein, wie er Weiss in einem anderen Brief erklärte: »Für Ihre Rolle als Pionier der Analyse in Italien wäre es natürlich ungünstig, wenn man Sie gleichzeitig als Parteigänger des Okkultismus nennen würde.«[67]

Während der dreißiger Jahre befaßte sich Freud weiter spekulativ mit diesen Themen, die er jedoch sorgsam von der Sache der Psychoanalyse trennte. Unterdessen bestärkte ihn sein eigener Kampf mit der stets gegenwärtigen Krankheit in seinen grimmigen Anschauungen über die Welt und besonders die Aussichten der Psychoanalyse. ». . . man soll sich nicht darüber täuschen«, schrieb er Arnold Zweig, »daß diese Zeit mich und was ich zu geben hatte, ablehnt und nicht gewillt ist, sich durch Zurufe in ihrem Urteil beirren zu lassen. Wahrscheinlich wird meine Zeit noch kommen, aber, wenn man es hinzufügen darf, für jetzt ist sie vorüber.«[68] Als Georg Fuchs, der Autor von *Wir Zuchthäusler,* einem Buch über die Gefängnisreform, Freud um ein Vorwort bat und ihn den Bannerträger des kulturellen Deutschlands nannte, erhielt er die Antwort: »Mir scheint aber, daß ich *persona ingrata,* wenn nicht *ingratissima* für das deutsche Volk bin – nicht nur für die gebildeten, sondern auch für die ungebildeten Klassen.«[69] Und als er Arnold Zweig berichtete, daß er von britischen und amerikanischen Verlegern mehrere Angebote für eine Psychoanalyse der Bibel erhalten hatte, bemerkte er: »Ich erkenne es, ich bin nicht berühmt, aber ich bin ›notorious‹.«[70]

Seine Einstellung wurde deutlich anläßlich der Feiern zu seinem 80. Geburtstag im Jahre 1936. Nachdem Ludwig Binswanger einen Vortrag, »Freuds Auffassung des Menschen im Lichte der Anthropologie«, gehalten hatte, schrieb ihm Freud: »Im Lesen freute ich mich Ihrer schönen Diktion, Ihrer Gelehrsamkeit, des Umfangs Ihres Horizonts, des Taktes im Widersprechen. An Lob verträgt man bekanntlich ungemessene Mengen.«

Dann bezog er sich auf die Traum-Analogie, in der die untere Ebene das unbewußte Es ist, während die oberen Stockwerke das bewußte Ich und Überich sind, und fuhr fort:

»Natürlich glaube ich Ihnen doch nicht. Ich habe mich immer nur im Parterre und Souterrain des Gebäudes aufgehalten – Sie behaupten, wenn man den Gesichtspunkt wechselt, sieht man auch ein oberes Stockwerk, in dem so distinguierte Gäste wie Religion, Kunst und anderes hausen. Sie sind nicht der Einzige darin, die meisten Kulturexemplare des Homo natura denken so. Sie sind darin konservativ, ich revolutionär. Hätte ich noch ein Arbeitsleben vor mir, so getraute ich mich, auch jenen Hochgeborenen eine Wohnstatt in meinem niedrigen Häuschen anzuweisen.«[71]

Binswangers Festrede war nur ein Ereignis von vielen, als Freud das Alter von 80 Jahren erreichte. Thomas Mann sprach vor dem Akademischen Verein für Medizinische Psychologie über »Freud und die Zukunft«. Das Manuskript dieses Vortrags wurde noch mehrere Male einem anderen Publikum vorgelesen und schließlich auch Freud in seiner Wohnung. In New York hielt Smith Ely Jelliffe eine Festrede, »Sigmund Freud als Neurologe«, vor der American Neurological Association, und bei dieser Gelegenheit kam es zu einer klassischen Freudschen Fehlleistung. Jelliffe hatte berichtet, daß von 1882 bis 1884 vier Männer, die alle berühmt geworden waren, zusammen in Meynerts Laboratorium gearbeitet hatten. Einer davon war Bernard Sachs, der während der auf die Rede folgenden Diskussion sagte: »Wie gut ich mich noch an diese Studententage bei Meynert erinnere! Wir vier arbeiteten zusammen am selben Tisch – mein guter Freund M. Allen Starr, nun Professor der Neurologie an der Columbia University, Anton, der später nach Halle ging, ich selbst und noch ein vierter. Ich weiß nicht, mir fällt sein Name nicht ein, wer war der vierte . . .«[72] In diesem Augenblick stand das ganze Publikum auf wie ein Mann und rief: »Freud!«

In Paris feierte Marie Bonaparte seinen Geburtstag mit einem Vortrag über sein Werk an der Sorbonne, und in London wurde er zum korrespondierenden Mitglied der Royal Society gewählt. Sein Name war von dem berühmten Astronomen Sir Harold Jeffreys vorgeschlagen worden, und der Neurologe Lord Adrian und Wilfred Trotter, der 1908 am Salzburger Kongreß teilgenommen hatte, unterstützten den Antrag. »Ich . . . weiß nicht, wie ich Ihnen für Ihren Vorschlag danken soll, noch wie ich es um Sie verdient habe«[73], schrieb Freud Jeffreys, als er von dieser Wahl benachrichtigt wurde.

In Wien wußte das Lehrerseminar des Psychologischen Instituts nicht, was es am besten tun sollte. Schließlich meinte jemand, Freud würde sich über einen in den Bergen gepflückten Blumenstrauß freuen, und ein Angehöriger des Lehrkörpers wurde in die Berge geschickt. Er kehrte mit einem großen Strauß Alpenprimeln zurück. Ein siebzehnjähriges

Mädchen sollte ihn Freud überbringen, und zu ihrer Überraschung bat Freud sie einzutreten, dankte ihr persönlich und betonte, wie sehr er sich über diese Geste freute.

Er wußte jedoch, daß er allen Ehrungen zum Trotz immer noch gegen den Strom schwamm. »Auch die Wiener Kollegen haben mich gefeiert und dabei durch allerlei Anzeichen verraten, wie schwer es ihnen ankommt«, schrieb er Arnold Zweig, und er berichtete, daß der Unterrichtsminister förmlich höflich gratuliert habe, »und dann wurde den Zeitungen bei Strafe der Konfiskation verboten, diesen Akt der Teilnahme im Inland bekannt zu machen«[74].

Er stellte überall die gleiche Haltung fest und schrieb Ludwig Binswanger:

»Die Leute vom Akad. Verein und die von ihnen bestellten Redner, außer Ihnen und dem braven Th. Mann ... (folgen einige Namen zum Teil noch Lebender – Anm. Binswangers) sind weder meine Freunde noch Freunde der Analyse. Es sind feindselige Indifferente, mehr das eine oder das andere. – Was sie für Motive haben, eine solche Feier zu machen, ist nicht leicht zu sagen. Reines Bedürfnis, Freundschaft und Anerkennung zum Ausdruck zu bringen, ist es sicherlich nicht. Vielleicht ist es nach amerikanischem Muster der Kultus der hohen Jahre, vielleicht wenig respektable Absichten, auf die Öffentlichkeit zu wirken. Genug, ich kann mich über das Ganze nicht freuen, an plötzliche Sinnes- und Urteilsänderung zu einem bestimmten Termin nicht glauben.«[75]

In diesem Fall war Freud mit Recht gekränkt. Er wußte, daß die vom Kaiser gegen Ende des 19. Jahrhunderts gestiftete k. u. k. Österreich-Ungarische Medaille für Kunst und Wissenschaft nun als Ehrenzeichen für Kunst und Wissenschaft auch von der Republik wieder verliehen wurde, aber er hatte es nicht bekommen.

Eine Geburtstagsehrung gab es jedoch, die ihm eine besondere Freude war. Im Mai schickte die Wiener Studentenverbindung Kadimah, möglicherweise die älteste zionistische Organisation, Freud ein Glückwunschschreiben. Als er sich dafür bedankte, unterschrieb er mit den Worten: »Freud, der gern zu Ihren alten Herren gehört hätte.«[76] Die Kadimah beschloß daraufhin, ihn zum Ehrenmitglied zu ernennen und fragte seinen Sohn Martin, der ihr schon seit Jahren angehörte, wie sein Vater auf den Vorschlag reagieren würde. Freud war entzückt, und am 6. September erschien eine Delegation in seiner Sommerwohnung in Grinzing, um ihm die rot-purpurn-goldene Schärpe zu überreichen. Freud fragte, ob er sie anlegen dürfe, und ein Mitglied der Delegation antwortete, sie hätten es nicht gewagt, ihn darum zu bitten.[77] Daraufhin

wurde Freud in aller Form aufgenommen – als sechstes Ehrenmitglied seit der Gründung der Kadimah im Jahre 1882.
Ein Ergebnis des ganzen Aufhebens um seinen 80. Geburtstag, das ihm nicht gefiel, waren die zahllosen Bitten um Interviews und Porträtsitzungen. Was die Interviews anbetraf, war er schon immer mißtrauisch gewesen, bezüglich der Sitzungen wußte er nicht recht, wie er sich verhalten sollte, was aus einem Brief vom 22. Mai 1936 an den Maler Wilhelm Viktor Krauß hervorgeht. Freud sagte, es sei schwer, einem Künstler etwas abzuschlagen, aber er wolle seine Einwände darlegen. Was von der Eitelkeit früherer Jahrzehnte noch übrig sei, spreche gegen die Darstellung seines gegenwärtigen Verfalls und seiner Häßlichkeit. Abgesehen davon eigne sich sein Gesicht nicht gut für die Wiedergabe und er wisse aus Erfahrung, daß das Modellsitzen immer sehr viel länger dauert, als die »wenigen Stunden«, um die der Künstler bittet. Dann führte Freud an, daß er zu unbeweglich geworden sei, um Krauß aufzusuchen, und daß die Sitzungen daher in seinem Haus in Grinzing oder im Garten stattfinden müßten. Außerdem sei er mit Arbeit überlastet und man müsse bis zum Beginn des Urlaubs im Juni oder Juli warten. Zuletzt schrieb er aber dennoch, Krauß möge von sich hören lassen, wenn er ihn noch immer malen wolle.
Wenn Freud über die Folgen seiner Geburtstagsfeier überrascht war, so ereignete sich wenige Monate später etwas, was ihn nach seinen eigenen Worten »erschütterte«. Wilhelm Fließ, der in den neunziger Jahren eine so wichtige Rolle im Leben Freuds gespielt hatte, war 1928 in Berlin gestorben. Frau Fließ hatte daraufhin um die Briefe gebeten, die ihr verstorbener Mann an ihn geschrieben hatte. Er antwortete ihr: »Meine Erinnerung sagt mir, daß ich den größeren Anteil unserer Korrespondenz irgendwann nach 1904 vernichtet habe.« Einige Briefe, meinte er, könnten jedoch noch vorhanden sein. »Was ich finde, wird bedingungslos zu Ihrer Verfügung sein.«[78] Frau Fließ erhielt nicht einen einzigen dieser Briefe, aber eine Bemerkung, die Freud später Marie Bonaparte gegenüber machte, läßt hinsichtlich ihres Schicksals einige Zweifel aufkommen. Frau Fließ hatte jedoch noch Freuds Briefe, und in seiner Antwort hatte er damals geschrieben, er hätte gerne gewußt, daß seine Briefe an ihren Mann, einen alten intimen Freund, ein Schicksal gefunden haben, das sie vor weiterer Verwendung schützt. Eine Antwort von Frau Fließ auf diese Bemerkung ist nicht bekannt, und Freud nahm offenbar an, seine Briefe seien vernichtet worden. Nun sollte er eine Enttäuschung erleben.
Ein Berliner Buchhändler, berichtete ihm Marie Bonaparte am 30. Dezember 1936, habe sie unlängst aufgesucht. Er hatte von der Witwe

die Briefe und Manuskripte Freuds aus dem Nachlaß von Fließ erhalten. Frau Fließ hatte sie zuerst der Preußischen Nationalbibliothek übergeben wollen, sich dann aber anders besonnen und sie dem Buchhändler verkauft, dem sie nun Marie Bonaparte abgekauft hatte. Freud schrieb ihr:

»Die Angelegenheit der Korrespondenz mit Fließ hat mich erschüttert. Nach seinem Tode verlangte die Witwe seine Briefe an mich zurück. Ich sagte bedingungslos zu, konnte sie aber nicht auffinden. Ob ich sie vernichtet oder bloß kunstvoll versteckt, weiß ich noch heute nicht ... Unsere Korrespondenz war die intimste, die Sie sich denken können. Es wäre höchst peinlich gewesen, wenn sie in fremde Hände gefallen wäre. Es ist darum ein außerordentlicher Liebesdienst, daß Sie sie an sich gebracht und allen Gefahren entrückt haben. Nur tut es mir leid um Ihre Ausgabe. Darf ich Ihnen anbieten, mich mit der Hälfte des Betrags zu beteiligen? Ich hätte die Briefe doch selbst erwerben müssen, wenn sich der Mann an mich direkt gewendet hätte. Ich möchte nichts davon zur Kenntnis der sogenannten Nachwelt kommen lassen.«[79]

Es gelang der Prinzessin, Freud die Briefe vorzuenthalten, indem sie erklärte, es sei eine Kaufbedingung gewesen, daß sie nicht an Angehörige der Familie Freud weitergegeben werden dürften. Auch wenn das nicht der Fall gewesen wäre, würde sie vermutlich ebenso gehandelt haben, denn sie schrieb später Jones: »Ich habe sie ihm nicht ausgehändigt, weil ich fürchtete, er würde sie zerstören.«[80] Freud lag aber offenbar sehr viel daran zu überprüfen, was er vor so vielen Jahren geschrieben hatte, und das heikle Problem wurde wenigstens teilweise gelöst. »Ich ... las ihm während meiner Analysestunden einige der wichtigsten vor«, schrieb die Prinzessin Jones, »aber ich gab sie ihm nicht in die Hand.«[81]

Freud versprach sie, die Briefe selbst nicht zu lesen, wenn er es nicht wolle, und er antwortete ihr: »Es ist mir natürlich recht, wenn auch Sie die Briefe nicht lesen, aber Sie sollen nicht glauben, daß sie nichts als schwere Indiskretionen enthalten; bei der so intimen Natur unseres Verkehrs verbreiten sich diese Briefe natürlich über alles Mögliche, Sachliches wie Persönliches, und das Sachliche, das alle Ahnungen und Irrwege der keimenden Analyse betrifft, ist in diesem Falle auch recht persönlich ... Darum wäre es mir so erwünscht, den Stoff in Ihren Händen zu wissen.«[82]

In ihren Händen blieb er auch, bis er nach dem Zweiten Weltkrieg Anna Freud übergeben wurde. Eine sorgfältig herausgegebene Auswahl der Briefe erschien 1950, und die Originale fanden schließlich eine Bleibe in der Library of Congress in Washington, wo die nicht veröffentlichten

Briefe und Brieffragmente bis zum Ende des Jahrhunderts *ungelesen* aufbewahrt werden sollen.

So gewann Freud 1937 wenigstens einen Teilsieg. Aber er hatte genug andere Sorgen, als er mit Ernest Jones und anderen versuchte, wenigstens einen Anschein von psychoanalytischer Ausbildung in Deutschland aufrechtzuerhalten, wo ihre Chancen unter dem Hitlerregime immer geringer wurden.

Gegen Ende des Jahres mußte er sich wieder einer jener Operationen unterziehen, die er nun schon »die gewohnten« nannte. Diesmal folgten ihr ungewöhnlich heftige Schmerzen, »so daß ich 12 Tage meine Arbeit einstellen mußte«, wie er Arnold Zweig schrieb, »und mit Schmerzen und Wärmflaschen auf der Couch lag, die für andere bestimmt ist«[83]. Aber kurz nach Beginn des neuen Jahres arbeitete er wieder, und im Februar 1938 schrieb er Eitingon einen Brief, in dem er sogar einen gewissen Optimismus hinsichtlich der politischen Lage ausdrückte: »Unsere in ihrer Art brave und tapfere Regierung ist gegenwärtig energischer in der Abwehr der Nazis als zuvor, obwohl angesichts der letzten Vorgänge in Deutschland niemand mehr sicher sein kann, wie es ausgehen wird . . .«[84]

23
Ein Entlassungsbefehl

»Finis Austriae«

Eintragung in Freuds Tagebuch vom 11. März 1938

Die Ereignisse, die auf Freuds optimistischen Brief an Eitingon folgten, wurden auf weißen Papierbögen eingetragen, die Freud als ungebundenes Tagebuch auf seinem Schreibtisch liegen hatte. Sie nahmen schon seit einer Weile sowohl das Weltgeschehen als auch seine persönliche Geschichte auf: der Tod des ehemaligen tschechischen Staatspräsidenten Thomas Masaryk war verzeichnet zwischen den Vermerken, daß Emanuel Loewy 80 Jahre alt geworden war und daß ein anderer Freund die Freuds besucht hatte, und die Geburtstage von Familienangehörigen und Minnas Einweisung ins Krankenhaus waren mit Nachrichten über die sich verschlechternde politische Situation vermischt.

Im Februar trug er neben Loewys Tod eine weitere Operation in seinem Mund ein – diesmal mußte eine verdächtige Warze an der Stelle des Karzinoms entfernt werden –, und unter dem Datum des 27. stand nur ein Wort: »Schuschnigg.« Am 28. schrieb er: »Schlechte Tage.« Noch schlechtere Tage standen unmittelbar bevor, während die Hoffnung, daß Österreich imstande sein könnte, den deutschen Forderungen Widerstand zu leisten, immer schwächer wurde.

Am 9. März ordnete der österreichische Bundeskanzler, Kurt Schuschnigg, eine Volksabstimmung für den 13. März an, bei der sich zeigen sollte, ob das österreichische Volk seine Unabhängigkeit bewahren wollte. Was immer er sich davon versprach – anderen war klar, daß die Lage bereits hoffnungslos war. Am 10. März trug Freud in sein Tagebuch ein: »Wiley von amerik. Gesandtschaft.«[1] Gemeint war John Cooper Wiley, der vor wenigen Monaten auf die Empfehlung William Bullitts hin, der nun Botschafter der Vereinigten Staaten in Paris war, zum Geschäftsträger in Wien ernannt worden war und besondere Anweisungen erhalten hatte, für die Sicherheit Freuds und seiner Familie zu sorgen. Annas Freundin Dorothy Burlingham wohnte in demselben Haus.

Die beiden Wohnungen waren durch ein Haustelefon verbunden, und bei einem Besuch Wileys wurde vereinbart, daß im Falle von Schwierigkeiten Dorothy Burlingham die amerikanische Gesandtschaft anrufen sollte, worauf sich von dort aus ein Beamter auf den Weg machen würde, um die Freuds »rein zufällig« zu besuchen.

Diese Vorsichtsmaßnahmen erwiesen sich bald als nützlich. Am 11. März gehorchte Schuschnigg Hitlers Ultimatum und sagte die Volksabstimmung ab. Das genügte nicht mehr. Er wurde zum Rücktritt gezwungen. Als Freud davon hörte, ließ er sich von der Haushälterin ein Exemplar des *Abend*, einer für Schuschnigg eingestellten Zeitung, holen. »Nachdem er die Zeitung Paula langsam aus der Hand genommen hatte, überflog er die Schlagzeilen«, schrieb Martin, »dann zerknüllte er sie in seiner Faust und warf sie in eine Ecke des Zimmers.«[2]

Max Schur machte gerade Nachmittagsvisite in seiner Klinik, als Schuschniggs Rücktritt bekanntgegeben wurde. Er fuhr unverzüglich zur Berggasse 19. »Die Straßen waren voll von aufmarschierenden österreichischen SA-Männern«, schrieb er später. »Einige Freunde hatten sich in Freuds Wohnung versammelt und versuchten, Freud zur Abreise zu überreden. Am folgenden Tag gab er nach, aber da war es bereits zu spät, und wir mußten eine offizielle Genehmigung abwarten.«[3]

An Stelle Schuschniggs wurde der österreichische Nationalsozialist Seyß-Inquart am Abend des 11. März zum Bundeskanzler ernannt. Er rief als erstes die deutsche Wehrmacht »zu Hilfe«. Aber die Deutschen hatten sich schon in Bewegung gesetzt, und im Morgengrauen rasselten ihre ersten Panzer durch die Straßen Wiens. Sie wurden an vielen Orten von einer jubelnden Menge begrüßt, und man brauchte nicht viel Phantasie, um den Geist Karl Luegers, des früheren antisemitischen Bürgermeisters von Wien, im Hintergrund salutieren zu sehen.

Am Morgen des 13. März betrat Hitler selbst Österreich, und an diesem Tag wurde der »Anschluß« endgültig vollzogen. »Ich konnte beim Radio lauschen der Kampfansage wie dem Verzicht, dem einen Jubel und dann dem Gegenjubel«, schrieb Freud Arnold Zweig. »Im Laufe dieser ›eventful week‹ haben mich die letzten meiner wenigen Patienten verlassen. Ich bin noch nicht ganz schmerzfrei, kann also nichts arbeiten, tue also gar nichts.«[4]

Freuds Eintragungen an drei Tagen dieser »ereignisreichen Woche« waren alle gleich unheilvoll. Am Sonntag, dem 13.: »Anschluß an Deutschland«, am Montag: »Hitler in Wien« und am Dienstag: »Kontrolle in Verlag & Haus.«

Zum Glück hatte zu dieser Zeit nicht nur der resolute Mr. Wiley, sondern auch der ebenso resolute Ernest Jones die Schritte eingeleitet, die schließlich, beinahe drei Monate später, den Weg nach England öffnen sollten, und das war gut so. Freuds internationale Berühmtheit wurde völlig überschattet von seinem Ruf als Gründer der »Jüdischen Psychoanalyse« – eine Bezeichnung, die in Deutschland die psychoanalytische Technik von anderen Formen der Psychiatrie deutlich unterschied, so wie der Ausdruck »Jüdische Physik« aus Einsteins Relativitätstheorie etwas machte, wozu sich ein deutscher Wissenschaftler nicht ohne Gefahr bekennen konnte. England, Frankreich und die Vereinigten Staaten hatten in den vorausgegangenen fünf Jahren – manchmal widerwillig – ihr Bestes getan, um den Strom von Juden aus Deutschland und auch manche aus Italien aufzunehmen, und die Aussichten für die österreichischen Juden waren 1938 keineswegs gut.

Anfangs schien Freud die britischen Behörden wenig zu interessieren. Seit den frühen dreißiger Jahren stand sein Name auf der Liste der prominenten Österreicher, die die britische Botschaft in Wien jedes Jahr für das Foreign Office, das Außenministerium, in London zusammenstellte, aber die offizielle Einstellung drückte sich in der Bemerkung aus, die Sir Walford Selby 1935 zu Sir John Simons Liste machte: »Seine zahlreichen Bücher über Psychoanalyse und ähnliche Themen haben Professor Freud [außerhalb Österreichs] besser bekannt gemacht als in seinem eigenen Land, wo man nicht viel Aufhebens von ihm macht.«[5] Später wurde dem Foreign Office berichtet, daß die österreichische Regierung Freud zwar zu seinem 80. Geburtstag gratuliert, aber dafür gesorgt habe, »daß nichts davon in der Presse erwähnt wird«[6]. Die britische Regierung war daher nicht hinlänglich informiert, und als der Premierminister, Neville Chamberlain, am 29. März 1938 ein Telegramm von einem nicht identifizierten Absender erhielt: »Erbitte augenblicklich Nachricht über Professor Freud«[7], wurde es, beinahe scherzhaft, mit dem Vermerk »ein ehemaliger – oder zukünftiger? – Patient« protokolliert.

Freuds Überlebenschancen wären gering gewesen ohne die Hilfe, die von zwei einander ergänzenden Seiten kam. Die Intervention Präsident Roosevelts im Verein mit der Anteilnahme des Außenministers, Cordell Hull, und William Bullitts in Paris gewährte ihm ein gewisses Maß von persönlicher Sicherheit und bewog die Deutschen schließlich dazu, ihm die Ausreise aus Österreich zu gestatten. Und in England machte es Ernest Jones' Freundschaft mit dem Earl De La Warr, Lord Privy Seal (dem Königlichen Geheimsiegelbewahrer), und Sir Samuel Hoare, dem Innenminister, möglich, Aufenthaltsgenehmigungen für die Freuds zu bekommen, die es ihnen gestatteten, in England zu leben.

Jones flog am 15. März nach Österreich, nachdem er erfolgreich einige seiner Beziehungen hatte spielen lassen, und bevor er noch in Wien landete, war der britische Botschafter dort schon vom Foreign Office informiert worden: »Dr. Jones ist um das Schicksal Dr. Freuds besorgt, und wenn er sich an Sie um Rat wendet, würde Lord Privy Seal dankbar für alles sein, was Sie für ihn tun können.«[8]

In der Stadt angekommen, ging Jones zuerst in den Verlag. Dort stand Martin Freud unter Arrest, und die Büros wurden von den Deutschen gründlich durchsucht. Es war klar, daß man nicht hoffen durfte, der Verlag werde wegen seines internationalen Charakters verschont bleiben. Später ging Jones in die Berggasse 19. Dort erfuhr er, daß die Amerikaner nicht nur auf die Gefahr aufmerksam gemacht worden waren, die Freud drohte, sondern daß sie auch schon begonnen hatten, ein, wie man es nannte, »freundliches Interesse« zu bekunden.

Das »Interesse« hatte schon früher am Tag begonnen, als Wiley Cordell Hull eine Meldung kabelte, die an Bullitt weitergegeben werden sollte: »Fürchte Freud trotz Alter und Krankheit in Gefahr.«[9] Hull in Washington hatte nicht nur die Meldung an Bullitt weitergegeben, sondern auch die Angelegenheit mit Roosevelt besprochen. Der Präsident, der offenbar seine eigenen Informationskanäle benutzte, wußte bereits, daß Marie Bonaparte Freud in Paris aufnehmen würde, wenn ihm die Franzosen ein Visum gewährten, und innerhalb weniger Stunden erteilte er Hull die Weisung, folgendes an Hugh Robert Wilson, den amerikanischen Botschafter in Berlin, durchzugeben:

»Wiley berichtete gestern telegraphisch aus Wien, er fürchte, daß Dr. Freud trotz Alter und Krankheit in Gefahr sei. Der Präsident hat mich angewiesen, Sie zu ersuchen, die Angelegenheit persönlich und informell mit den zuständigen Beamten der deutschen Regierung zu besprechen, und er wünscht, daß Sie die Hoffnung ausdrücken, daß von den zuständigen Behörden Anordnungen getroffen werden, damit Dr. Freud und seine Familie die Genehmigung erhalten, Wien zu verlassen und nach Paris zu reisen, wo, wie der Präsident erfahren hat, Freunde gewillt und imstande sind, sie aufzunehmen. Ich halte es für ratsam, in diesem Zusammenhang den Namen des Präsidenten nicht zu erwähnen, sondern nur zu erklären, daß in Anbetracht der hervorragenden Stellung Dr. Freuds in der Welt der Wissenschaft ein solches Vorgehen seitens der amtierenden Behörden in Österreich nur dazu beitragen könnte, einen sehr günstigen Eindruck in diesem Land und auf seiten dieser Regierung zu erwecken. Telegraphieren Sie bitte das Ergebnis Ihrer Unterredung.«[10]

Bevor Wilson antworten konnte, erhielt Hull von Wiley den Bericht, daß Freud bereits die Aufmerksamkeit der neuen Herren Wiens erregt hatte.

»Sein Haus wurde durchsucht, Geld und Paß beschlagnahmt. Zwei Beamte der Gesandtschaft erschienen während der Durchsuchung, um ein ›freundliches Interesse‹ zu zeigen. Seitdem ist er nicht mehr belästigt worden. Wiener Polizeipräsident verspricht persönliches Interesse an der Sache. Französische Gesandtschaft erklärt, Visum wird gewährt, wenn Ausreisegenehmigung erteilt wird.«[11]

Freuds Wohnung war tatsächlich eine der ersten, für die sich die SA interessierte, die in die Räume eindrang und einen Wachtposten an der Tür aufstellte. Laut Jones lud Martha den Posten ein, sich zu setzen, da sie in ihrer Wohnung keine Leute herumstehen sehen könne. Dann brachte sie die »Besucher« in noch größere Verlegenheit, indem sie ihr ganzes Wirtschaftsgeld auf den Tisch schüttete und sie aufforderte, sich zu bedienen. Anna Freud hatte unterdessen die SA-Führer in ein anderes Zimmer geführt, wo sie ungefähr 6000 Schilling aus einem Safe nahm. In diesem Augenblick ging die Tür auf und Freud erschien. Er sagte nichts. Er starrte nur. Die offenbar aus der Fassung gebrachten Besucher gingen rasch, drohten aber, ein andermal wiederzukommen. Am 17. März konnte der amerikanische Botschafter in Berlin berichten, was er Roosevelts Anordnungen entsprechend unternommen hatte:

»Aus Gründen, die ich nicht näher zu erläutern brauche, hielt ich es für das Beste und Zweckmäßigste, mich in dieser Angelegenheit in erster Instanz an Weizsäcker [Ernst von Weizsäcker, Staatssekretär des Auswärtigen Amtes] zu wenden. Ich sagte ihm, daß ich ein Telegramm aus Washington erhalten hatte, in dem man mir mitteilte, daß Dr. Freud, nun ein alter kranker Mann, Wien mit seiner Familie zu verlassen wünsche, um nach Paris zu fahren, wo er Freunde habe, die sich seiner annehmen würden. Ich fügte hinzu, daß er in den Vereinigten Staaten allgemein gut bekannt ist und daß eine ihm und seiner Familie gewährte Ausreisegenehmigung nur einen günstigen Eindruck auf die öffentliche Meinung in Amerika machen könnte. Ich sagte, daß, da Dr. Freud vermutlich österreichischer Staatsbürger sei, meine Bemerkungen keine offizielle Vorsprache seien, daß ich aber glaubte, die deutsche Regierung würde gern erfahren, welche Bedeutung einer guten Behandlung Dr. Freuds von meinem Volk beigemessen werde. Dann bat ich Weizsäcker, da ich so neu auf diesem Posten bin, um seinen freundlichen Rat, wie ich am besten vorgehen solle, um dies am wirksamsten darzulegen.

Weizsäcker fragte, ob Dr. Freud um eine Ausreisegenehmigung angesucht habe und abgewiesen worden sei. Ich antwortete, daß ich das nicht wüßte. Darauf sagte er, daß er es nach reiflicher Überlegung für das beste halte, diese Angelegenheit ihm zu überlassen. Er wolle sich mit von Stein, dem ehemaligen Geschäftsträger der deutschen Gesandtschaft in

Wien, der jetzt mit der Verwaltung des Ball Platz [Ballhausplatzes] beauftragt sei, telefonisch in Verbindung setzen und sehen, was sich in dieser Sache machen lasse. Er fügte hinzu, daß er selbst Ribbentrop von meiner Demarche in Kenntnis setzen werde und daß er hoffe, es werde keine Schwierigkeiten geben. Er wolle mich telefonisch benachrichtigen, sobald er irgendwelche Informationen habe.
Das Vorausgegangene wurde noch chiffriert, als Weizsäcker anrief, um mir zu sagen, er habe soeben mit von Stein in Wien gesprochen und der habe ihm gesagt, es sei nicht ein wahres Wort an den Berichten, daß Dr. Freud verhaftet worden sei, er erwarte Dr. Freuds Antrag auf ein Visum und ›hoffe, es werde keine Schwierigkeiten geben‹. Weizsäcker fügte hinzu, daß selbstverständlich Dr. Freud die Initiative ergreifen und um ein Visum ansuchen müsse.«[12]
Aber Dr. Freud hatte noch immer nicht den Wunsch, Wien zu verlassen. Unerschütterlich, selbstsicher, zeigte er eine neue Zuversicht, so als stände er wieder in der Schlacht, und er machte es Jones sehr schwer, ihn zu überreden. Er hatte keine Lust, sich in Frankreich niederzulassen, und als Jones hartnäckig blieb und sagte, er werde nach England zurückkehren, um zu sehen, ob man ihn dort aufnehmen würde, brachte Freud sein gewichtigstes Argument vor: Seine Heimat verlassen, das wäre, wie wenn ein Soldat seinen Posten verläßt. Jones war darauf vorbereitet und antwortete mit einer Geschichte, von der er wußte, daß sie Freud gefallen würde. Er erinnerte ihn daran, wie Lightoller, der Erste Offizier der *Titanic*, durch die Kesselexplosion des gesunkenen großen Dampfers an die Oberfläche geschleudert worden war. Als er später streng verhört und gefragt wurde, warum er das Schiff verlassen habe, antwortete er: »Ich habe das Schiff nicht verlassen, es hat mich verlassen.« Österreich hatte ihn, wie Freud mit seiner Tagebucheintragung »Finis Austriae« zugab, schon verlassen. Er sah die Logik des Arguments ein und erklärte sich bereit auszureisen.
Erst später verriet er, was ihn endgültig umgestimmt hatte: »Der Vorteil, den die Übersiedlung Anna bringen würde, ist all unsere kleinen Opfer wert«, schrieb er Jones. »Für uns alte Leute (dreiundsiebzig – siebenundsiebzig – zweiundachtzig) hätte sich die Übersiedlung nicht gelohnt.«[13]
Freuds Entschluß, Wien zu verlassen, erschwerte in einer Hinsicht das Problem der Amerikaner, die Deutschen dazu zu bewegen, ihn gehen zu lassen, und Jones' Problem, britische Aufenthaltsgenehmigungen zu erhalten. Das zeigte sich, als Wiley am 19. März bestürzt Bullitt kabelte: »Professor Freud wünscht seine Familie von zehn Personen, einschließlich dreier angeheirateter Verwandten, und außerdem die Haushälterin, seinen Arzt und dessen Familie, insgesamt sechzehn Personen, mitzu-

nehmen.«[14] Bullitt antwortete umgehend: »Sechzehn Personen zu erhalten, übersteigt natürlich bei weitem die Mittel, die mir zur Verfügung stehen ... Aus diesem Abstand ist es mir unmöglich, einen klugen Rat zu geben. Ich sollte mich vielleicht darauf beschränken zu sagen, daß ich sofort 10 000 Dollar aufbringen kann, aber zu mehr kann ich mich nicht (wiederhole nicht) verpflichten, obgleich es mir vielleicht gelingen könnte, weitere Beiträge zu bekommen. Machen Sie das bitte eindeutig klar.«[15] Er war zweifellos ein wenig beruhigt, als er am nächsten Tag erfuhr, daß Freud nach England gehen wollte und daß das einzige Problem die Ausreisevisa waren, eine Angelegenheit, die, wie Bullitt am 22. März erfuhr, von Stein »mit Himmler ... besprechen wollte«[16].

Eine Vorstellung von der scharfen Aufmerksamkeit, die Roosevelts Anweisungen bewirkt hatten, erhielt man am 22. März, als Bullitt auf der Stelle die Nachricht erhielt: »Anna Freud soeben verhaftet. Habe Berlin und von Stein verständigt.«[17] Der Meldung folgte fünf Stunden später eine zweite: »Anna Freud entlassen.«[18] Man hatte sie nur für einen Tag zum Verhör geholt – und Freud hatte einige der schlimmsten Stunden seines Lebens durchgemacht.

Ende März waren die Probleme, die Deutschen zu den Ausreise- und die Engländer zu den Aufenthaltsgenehmigungen zu bewegen, noch immer ungelöst. Eine etwas seltsame Lösung für das zweite Problem wurde in England schon von Commander Locker-Lampson diskutiert, dem ebenso brillanten wie exzentrischen Parlamentsmitglied, das fünf Jahre früher erfolglos versucht hatte, die britische Staatsbürgerschaft für Einstein zu erwirken, der nach Hitlers Machtergreifung nicht mehr ohne Gefahr nach Deutschland zurückkehren konnte.

Am 12. April bat Locker-Lampson um die Erlaubnis, einen Gesetzesantrag bezüglich der Erweiterung der palästinensischen Staatsbürgerschaft einzubringen. Obwohl der Antrag allgemein darauf abzielte, der großen Anzahl von Juden zu helfen, die dem Tod in Deutschland zu entgehen versuchten, scheint Locker-Lampson speziell Freud im Auge gehabt zu haben, denn er erklärte in der Debatte, daß, »obwohl Freud alt und dem Sterben nahe ist, die Naziungeheuer ihn seiner Freiheit beraubt haben«[19]. Ob Freud von einem solchen Gesetz Gebrauch gemacht haben würde, ist sehr zweifelhaft. Jedenfalls sollte die Frage ohnehin nur akademischer Natur sein. Der Commander durfte seinen Antrag einbringen – und auch das nur dank der entscheidenden Stimme des Speakers –, aber es bestand praktisch keine Aussicht auf eine Annahme. Es verhielt sich nicht nur so, daß über die palästinensische Staatsbürgerschaft der dortige militärische Oberbefehlshaber entschied, und nicht das Parlament, sondern es hieß auch im Protokoll eines Beamten des Foreign

Office über den Gesetzesantrag: »Nur durch die entfernteste Glückschance bei der Wahl für die Gesetzesanträge nichtbeamteter Parlamentsmitglieder im nächsten Herbst – eine Chance von 1 zu 600 – würde der Antrag vor das Unterhaus gebracht werden. Selbst dann hätte er keine Aussicht ohne die Unterstützung der Regierung als Gesetz verabschiedet zu werden, und sofern er sich nicht sehr von der jetzigen Fassung unterscheidet, wird er von der Regierung abgelehnt werden.«[20]

Um diese Zeit war zumindest ein Vorschlag gemacht worden, daß Freud dazu bewogen werden könnte, sich in den Vereinigten Staaten niederzulassen. Gegen Ende März hatte Geoffrey Parsons, der Herausgeber der *New York Herald Tribune*, an Felix Frankfurter geschrieben und darauf hingewiesen, man müsse Roosevelt gegenüber betonen, daß Flüchtlinge aus Österreich von hoher Intelligenz seien und daher mit sehr geringer Wahrscheinlichkeit den Vereinigten Staaten zur Last fallen würden. »Ich denke«, sagte er, »beispielsweise an Leute wie die Stolpers aus Berlin [Dr. Gustav Stolper war Reichstagsabgeordneter gewesen]. Solche Rekruten sind, denke ich, wertvoll für das Amerikanertum. Es wäre ein außerordentlich wirksamer Schritt, wenn, zum Beispiel, Freud dazu überredet werden könnte, in dieses Land zu kommen, vorausgesetzt, daß er kräftig genug für die Reise ist und entkommen kann.«[21] Frankfurter trug den Hauptinhalt des Briefes von Parsons dem Präsidenten vor, aber er scheint auf eine unverbindliche Weise reagiert zu haben.

Das Problem des Aufenthalts Freuds in England wurde schließlich durch die Anstrengungen gelöst, die Jones nach seiner Rückkehr in London unternahm. Um diese Zeit hatte Sir Samuel Hoare bezüglich der Frage österreichischer Flüchtlinge einen leichten Rippenstoß von Cosmo Lang, dem Erzbischof von Canterbury, erhalten, der ihm mitteilte: »Ich habe aus Wien Nachrichten über die elende Lage der Juden in dieser Stadt und in Österreich und von Verhaftungen und sogar Terror erhalten. Man sagt mir, daß diejenigen, denen es gelingen könnte, aus Österreich zu fliehen, in England keine Einreiseerlaubnis erhalten würden.«[22] Hoare tat ehrlich, was in seiner Macht stand, um eine heikle Frage auf eine humane Weise zu lösen, und er schlug nun Jones vor, sich im Falle Freuds an Sir William Bragg, den Präsidenten der Royal Society, zu wenden. Jones drückte später seine Überraschung über die naive Frage Braggs aus: »Meinen Sie wirklich, daß die Deutschen gegen die Juden feindselig sind?«[23] Er wäre weniger überrascht gewesen, wenn er gewußt hätte, daß Bragg, als er einige Jahre zuvor gebeten wurde, Rutherfords Academic Assistance Council zu unterstützen – der hauptsächlich geschaffen wurde, um aus Deutschland geflohenen Wissenschaftlern zu helfen –, bemerkt hatte: »Ich vermute, daß man möglicherweise mehr Schaden

stiftet als Gutes tut, wenn man die Leute verärgert, die in Deutschland an der Macht sind.«[24]
Im Jahre 1938 ging Bragg dann aber doch so weit, Lord Halifax, dem Außenminister, ein Gesuch zugunsten österreichischer Wissenschaftler einzureichen, die unter schwerem Unrecht zu leiden hatten: »Können wir, durch die Botschaft oder auf irgendeine andere Weise, etwas tun, um ihnen zu helfen?«[25] Im Hintergrund wirkte jedoch der Einfluß des Königlichen Geheimsiegelbewahrers, des Lord Privy Seal, und es zeigte sich bald, daß, obwohl der Papierkrieg, der nötig war, um Freud und seine Familie nach England zu holen, beträchtlich war, die maßgeblichen Stellen zu helfen bereit waren. So wurde wieder einmal ein vertrautes charakteristisches Merkmal der britischen Gesellschaft sichtbar. Jones' Freundschaft mit dem Lord Privy Seal und seine Mitgliedschaft in demselben Eislaufklub, dem auch Sir Samuel angehörte, gaben den Ausschlag, und Freud wurde nicht durch das gerettet, was seine Freunde zu tun imstande waren, sondern durch die Leute, die seine Freunde kannten.
Die Ausreisegenehmigungen schienen ein schwierigeres Problem darzustellen, obwohl die Briten sich, wenn auch ziemlich lustlos, schon Anfang April an die Arbeit gemacht hatten, als der britische Botschafter in Berlin, Sir Neville Henderson, am 8. davon unterrichtet wurde, daß der Lord Privy Seal persönlich am Fall Freud interessiert war und daß Präsident Roosevelt offenbar interveniert hatte. »Wenn, wie es für möglich gehalten wird, der US-Botschafter bei den deutschen Behörden auf Antwort drängt, könnten Sie die Ratsamkeit einer offiziellen Unterstützung seines Vorgehens in Betracht ziehen«[26], hatte die Weisung an Sir Neville gelautet.
Mitte April sah es so aus, als wäre nur noch eine einzige Hürde zu nehmen. »Freuds Abreise«, teilte Wiley Cordell Hull mit, »zeitweilig aufgehalten durch Liquidation seines Verlages, von der Ausreisegenehmigung abhängt. Prinzessin von Griechenland hier und aktiv interessiert. Sie wird die Angelegenheit vermutlich durch Kauf der Publikationsrechte regeln. Freuds beabsichtigen, sich in England niederzulassen.«[27]
Die »Liquidation« war offensichtlich ein Mittel, aus Freud noch so viel Geld wie möglich herauszupressen, bevor man ihm die Ausreise erlaubte, denn die Deutsche Psychotherapeutische Gesellschaft hatte bereits die Aktiva der Internationalen Psychoanalytischen Vereinigung und des Verlages übernommen. Ein Dr. Sauerwald war zum Verwalter ernannt worden. Obwohl er überzeugter Antisemit war, erwies sich Sauerwald als hilfreicher, als man erwartet hatte, was hauptsächlich daher kam, daß er bei einem der ältesten Freunde Freuds an der Universität Wien Chemie

studiert hatte. Trotzdem gingen die Nazis rücksichtslos genug vor. Martin Freud hatte vor dem Anschluß sicherheitshalber alle gebundenen Exemplare der *Gesammelten Schriften*, die sich im Verlag befanden, in die Schweiz geschickt. Die Sendung war jedoch im Büro verbucht worden, und die Deutschen verlangten, daß die Bücher auf Kosten des Verlags zurückgeschickt werden mußten, bevor es eine Ausreisegenehmigung gab. Sie wurden dann vernichtet.

Noch am Ende der ersten Maiwoche verhinderte eine Geldfrage die Ausstellung der Ausreisegenehmigungen, wie Wilson in Berlin Cordell Hull mitteilte. Ein Angehöriger der amerikanischen Botschaft, der Wien besucht hatte, erfuhr Hull, »stellte auch Nachforschungen im Fall Freud an und erhielt von dem Gestapobeamten, der den Fall bearbeitet, die Auskunft, daß die Polizei keine weiteren Einwände gegen die Ausreise Freuds habe und daß die Papiere in Ordnung seien. Er sagte jedoch, daß Freuds Abreise verzögert werde durch Schulden in Höhe von etwa 32000 Schilling, die er seinem Verleger zurückzuzahlen habe, und daß zwischen Freud und seinen Gläubigern verhandelt werde. Er behauptete ferner, Freud besitze genug Geldmittel, um die Gläubiger zufriedenzustellen, aber er habe sich mit ihnen noch nicht auf einen in seinen Augen gerechten Betrag geeinigt: sobald diese Transaktion erledigt sei, stehe es Freud frei abzureisen.«[28] Schließlich war es Marie Bonaparte, die das Erpressungsgeld zahlte. Ob sie damit zugleich auch die Publikationsrechte des Verlags erwarb, konnte nicht gleich festgestellt werden.

Einige Wochen sollten noch vergehen, bis die Freuds ausreisen durften, und es gab Zeiten, in denen die Hoffnung sank. Einmal, als die Zukunft besonders dunkel aussah, fragte Anna Freud ihren Vater: »Wäre es nicht besser, wenn wir uns selbst umbrächten? – »Warum?« lautete Freuds Antwort. »Weil sie es von uns erwarten?«

Im Mai half Marie Bonaparte, die aus Paris wieder nach Wien zurückgekehrt war, Anna und ihrem Vater, seine Papiere zu sortieren. Freud, alter Gewohnheit treu, war dafür, alles zu vernichten. Marie Bonaparte wollte alles retten. Das Ergebnis, sagte Anna später, war, daß sie »vieles aus Papierkörben rettete, was mein Vater weggeworfen hatte«[29].

Ein großes Problem stellte Freuds beachtliche Bibliothek dar. Es gab für das, was er aus dem Land mitnehmen durfte, eine Grenze, und als diese erreicht war, blieben immer noch etwa 800 Bände übrig, von denen er im Laufe der Jahre viele mit Anmerkungen versehen hatte. Er übergab sie Heinrich Hinterberger, einem Wiener Buchhändler, mit der Weisung, sie für den bestmöglichen Preis zu verkaufen. In der allgemeinen antisemitischen und antipsychoanalytischen Atmosphäre der Zeit mußte Hinterberger vorsichtig sein. In seinem nächsten Katalog wurde die Sammlung lediglich angekündigt als »im Laufe von beinahe 50 Jahren zusammengetragen von einem berühmten Wiener wissenschaftlichen Forscher, könnte sehr wahrscheinlich die Grundlage einer Bücherei für Neurologie und Psychiatrie bilden«.[30] Der geforderte Preis war 1850 Reichsmark. Dr. Jacob Schatzky, der Bibliothekar des New York State Psychiatric Institute, hatte das Gefühl, daß der »wissenschaftliche Forscher« Freud sein könnte, und vor Ende 1939 war die Sammlung in New York angekommen.

Während Hinterberger noch darüber nachdachte, wie er das unverhoffte Geschäft am besten abwickeln sollte, kamen nach und nach die Ausreisepapiere für die Familie Freud. Am 5. Mai durfte Minna Bernays Wien verlassen, um nach England zu reisen. »Zwei Aussichten erhalten mich in diesen trüben Zeiten«, schrieb Freud eine Woche später seinem Sohn Ernst in England. »Euch alle beisammen zu sehen und – ›to die in freedom‹. Ich vergleiche mich manchmal mit dem alten Jakob, den seine Kinder auch im hohen Alter nach Ägypten mitgenommen haben, wie uns Th. Mann im nächsten Roman schildern wird. Hoffentlich folgt nicht darauf wie dereinst ein Auszug aus Ägypten. Es ist Zeit, daß Ahasver irgendwo zur Ruhe kommt.«[31]

Martins Papiere kamen rechtzeitig genug, so daß er am 14. Mai fahren konnte. Zehn Tage später durften Freuds älteste Tochter Mathilde und ihr Mann Robert abreisen. »Wir packten und ließen unsere Haushälterin zurück, damit sie den Transport der Möbel und alles andere überwachte«, schrieb sie später. »Nachbarn, Freunde, alle unsere Kaufleute kamen, um Lebwohl zu sagen. Die Haushälterin, die Putzfrau, der Hausmeister des Hauses in der Türkenstraße standen weinend auf dem Pflaster; ein Mitglied der Firma, für die Robert in den letzten Jahren gearbeitet hatte, und einer meiner Lehrer kamen zum Westbahnhof – und so brachen wir auf zu einem neuen Leben in England.«[32]

Alexander Freud, der Transportfachmann, hatte sich gleich beim Anschluß auf den Weg gemacht. Er war in die Schweiz gefahren und kam später, auf der Reise nach Kanada, in London vorbei.

Freud mußte noch eine Weile warten. Dann kamen endlich die nötigen Papiere. Und zum Abschied erschien auch noch die Gestapo. Sie brachte ein Papier mit, das er unterschreiben sollte. Es handelte sich um eine Erklärung, daß er korrekt behandelt worden sei. Freud unterschrieb. Dann fragte er, ob er noch hinzufügen dürfe: »Ich kann die Gestapo jedermann aufs beste empfehlen.«[33]

Anfang Juni war alles fertig, und am 2. erhielt er die endgültigen Genehmigungen für sich, seine Frau und seine jüngste Tochter. Am folgenden Tag verließ Freud die Stadt, die beinahe 80 Jahre lang seine

Heimat gewesen war. Sie fuhren zunächst mit dem Orient-Expreß nach Paris: er, Martha, Anna, die Haushälterin, ein Dienstmädchen und eine Ärztin, Josephine Stroß, die im letzten Augenblick für Dr. Schur – er hatte sich unerwartet einer Blinddarmoperation unterziehen müssen – eingesprungen war. Mit ihnen fuhr der Chow der Familie.

In London hatte Ernst schon Vorsorge für die Unterkunft seines Vaters getroffen, und vor der Abreise aus Wien hatte Freud noch einen kurzen Brief an Samuel geschrieben, den er seit vor dem Ersten Weltkrieg nicht mehr gesehen hatte: »Verlassen Wien heute für immer. Nächste Adresse 39, Elsworthy Road, London, N. W. 3. Jede Chance, uns nach so vielen Jahren wiederzusehen.«[34]

24
Ins Gelobte Land

Nach der Rheinbrücke waren wir frei.

Freud in einem Brief an Max Eitingon

Freud und seine Angehörigen verließen Wien in Begleitung eines Beamten der US-Gesandtschaft, der dafür zu sorgen hatte, daß es vor dem Erreichen der französischen Grenze keine Schwierigkeiten mehr gab. Seine Wahl durch die amerikanischen Behörden wirft ein letztes ironisches Licht auf Freuds Abreise aus seinem Heimatland. »Als ich [diesen US-Beamten] kurz nach dem Zweiten Weltkrieg wiedersah«, schrieb ein Freund später, »erzählte er mir von der Fahrt, und er beschrieb mir auch nachdrücklich seine persönlichen Gefühle der Abneigung gegen Freud, seine Freunde und Verwandten: Juden und Psychoanalyse. Ich versichere Ihnen, er machte diese Reise nur, weil sie ihm befohlen worden war.«[1]

Am nächsten Morgen um drei erreichten sie das kurz vor Straßburg gelegene Kehl, und der Zug polterte über die langen eisernen Brückenträger nach Frankreich hinüber. »Nach der Rheinbrücke waren wir frei«[2], schrieb Freud Max Eitingon.

Um zehn waren sie in Paris. Dort wurden sie von Marie Bonaparte, William Bullitt, Freuds Neffen Harry und seinem Sohn Ernst empfangen. Sie verbrachten den Tag im Haus Marie Bonapartes, und sie schenkte ihm einige griechische Terrakotta-Figuren, die sie zur Ergänzung seiner Sammlung als Überraschung für ihn gekauft hatte.

Am Abend verließen sie Paris, um die Nachtfähre nach Dover zu erreichen, dessen weiße Klippen Freud nach 31 Jahren wiedersah. Jones hatte gute Vorarbeit geleistet. Der Earl De La Warr hatte für die ganze Reisegesellschaft diplomatische Immunität gewährt, und es gab keine Gepäckkontrolle und keine Formalitäten, weder in Dover noch in London. Jones gelang es sogar, den größten Teil der Presse abzulenken, indem er Freud und Martha rasch zu seinem eigenen Wagen brachte und davonfuhr, bevor die Reporter ihn erreichen konnten.

Der erste Aufenthalt war Nr. 39, Elsworthy Road, das Haus, das Ernst gemietet hatte, während er eine endgültige Bleibe für seine Eltern suchte. Es stand am Rande von Primrose Hill im Norden von Mittel-London, und durch seine Fenster konnte Freud auf einen kleinen, von Bäumen umgebenen Garten blicken, hinter dem grüne Hügel lagen. Es war ein Ausblick, der dem, den er von seiner Sommerwohnung in Grinzing aus gehabt hatte, bemerkenswert ähnelte – eine angenehme Abwechslung nach dem engen Quartier in der Berggasse, in dem er während des größten Teils des vorausgegangenen Winters eingesperrt gewesen war. Diese neue Umgebung, schrieb er Max Eitingon, war so bezaubernd, daß er am liebsten »Heil Hitler!« gerufen hätte.

Freud hatte noch ein Jahr zu leben, und für einen Mann in den Achtzigern, der ständig unter den Schmerzen und Behinderungen litt, die ihm seine Prothese verursachten, war es ein erstaunlich arbeitsreiches Jahr. Die körperlichen Beschwerden wurden während dieser Monate wenigstens teilweise aufgewogen durch die bemerkenswerte Aufnahme, die er in England fand, nicht nur seitens der offiziellen medizinischen und jüdischen Körperschaften, die einen besonderen Grund hatten, ihn anzuerkennen, sondern auch überall bei den einfachen Leuten. Sie hatten sich nicht über Nacht zur Psychoanalyse bekehrt; die meisten betrachteten Freud und seine Theorien mit einer Mischung aus Skepsis und Ungläubigkeit, sofern sie sie überhaupt betrachteten. Es gab auch im Empfinden des Volkes noch mehr als eine Spur von Antisemitismus, der nicht vor Scham über die Ausschreitungen im Hitler-Deutschland erloschen war. Aber es war genug von Freuds kompromißlosem Mut bekannt geworden, um ein Gefühl der Achtung und der Sympathie zu wecken. Chesterton hatte im Namen aller Briten gesagt, ein Mann, der gegen fünf kämpft, sei immer ein großartiger Anblick; ein Mann in den Achtzigern, der schwer an Krebs litt und nur durch die verzweifelten Anstrengungen seiner Freunde dazu hatte überredet werden können, anderswo eine Zuflucht zu suchen, bot etwa den gleichen Anblick. Freud scheint überrascht gewesen zu sein, daß, wie er seinem Bruder schrieb, »die Zeitungen uns populär gemacht [hatten]«[3]. Taxifahrer, der Bankdirektor, Verkäufer, die Martha bedienten – sie hatte ihren Wiener Brauch beibehalten, ihre Einkäufe selbst zu erledigen –, waren von einer Freundlichkeit, die mehr mit Freuds Persönlichkeit als mit der Psychoanalyse zu tun hatte.

Für Freud selbst war diese Aufnahme besonders befriedigend. Von seinem ersten Besuch im Jahre 1875 an hatte ihn die Vorstellung, sich in England niederzulassen, immer wieder angezogen. Wie anglophil seine Einstellung war, zeigte sich, als Sir Arthur Tansley, der Botaniker, der nach dem Ersten Weltkrieg seine Vorlesungen gehört hatte, einmal bemerkte, daß die auf dem Kontinent anzutreffende Verurteilung der englischen »Heuchelei« gerechtfertigt sein könnte. Aber Freud wies den Gedanken entrüstet zurück: »Sie können doch nicht daran zweifeln, daß England mit Recht für moralisch hervorragend gehalten wird.« Wie Tansley später schrieb, war Freud der letzte, der etwas behauptet hätte, wovon er nicht wirklich überzeugt war, »und er gebrauchte das Wort moralisch in keinem engen Sinne«[4].

Im Jahre 1938 spiegelte Martha, als sie an ihre Schwägerinnen in Wien schrieb, Freuds eigene Empfindungen wider:

»Wenn nicht die Gedanken immer die umkreisen würden, die man zurückgelassen, könnte man restlos glücklich sein. Ihr habt keine Vorstellung, welche Ehre diese Stadt sich daraus macht, unseren bescheidenen, geliebten Alten zu beherbergen. Täglich kommen noch immer Zuschriften, die ihn bewillkommnen, in der zweiten Woche bereits kamen die Briefe ohne nähere Angabe der Straße, einfach: Freud, London, richtig an! Dabei ist diese 10 Millionen Stadt ja überwältigend in ihrer Ausdehnung und ihrer Großartigkeit.«[5]

Freud erholte sich rasch von der Reise und war bereit, als drei Tage nach seiner Ankunft in London ein sehnlich erwarteter Besucher in der Elsworthy Road erschien: Samuel Freud, der »sharp und deep Bursche«[6], den wiederzusehen er nicht mehr erhofft hatte. Es war eine ergreifende Begegnung.

Unter dem Einfluß der neuen Umgebung und mit Annas Hilfe bewältigte Freud die Sintflut von Briefen, die in das neue Heim kamen. Viele waren von Freunden, beinahe ebenso viele von wildfremden Menschen, die ihm nur Glück wünschen wollten.

Und unvermeidlich gab es auch die Autogrammjäger und »Narren, Verrückten und Frommen, die Traktate und Evangelien schicken, das Seelenheil retten, die Wege Christi weisen und über die Zukunft Israels aufklären wollen«[7].

Thomas Looney, dessen *Shakespeare Identified* Freud die Annahme erleichtert hatte, daß Shakespeare in Wirklichkeit der Earl of Oxford war, hieß ihn in England willkommen. Dasselbe taten zahlreiche jüdische Organisationen und jüdische Gelehrte. Professor Malinowski, dessen anthropologische Forschungen seine in *Totem und Tabu* ausgedrückten Ansichten korrigiert hatten, suchte ihn auf, um ihm seine Achtung zu erweisen. Ebenso Chaim Weizmann, der Vorsitzende der Jewish Agency for Palestine. Nandor Fodor, der ehemalige wissenschaftliche Leiter des Institute for Psychical Research (Parapsychologie), bat Freud um Hilfe und behauptete, entlassen worden zu sein, weil sein Bericht über einen berühmten Fall von Spuk die Erscheinungen durch ein sexuelles Trauma erklärt hatte. Freud las Fodors Bericht und war gefesselt, obwohl er, wie er schrieb, ein Mann war, der »ungern an übernatürliche Erscheinungen glaubt«[8].

Eine weitere Besucherin war Josef Breuers Enkelin. Bevor er Wien verließ, war Freud gebeten worden, ihrer Mutter die Auswanderung zu ermöglichen. Er hatte A. A. Brill dazu gebracht, die nötigen amerikanischen Affidavits zu beschaffen, und nun suchte die Tochter ihn mit ihrem Mann, Robert A. Kann, auf. »Obwohl er nur unter großen Schwierigkeiten sprechen konnte«, schrieb Kann, »war er sehr freundlich, er zeigte uns einige seiner ägyptischen Statuetten, und als meine Frau eine schöne weiße Blume in einer Schale bewunderte, schenkte er sie ihr.« Freud fragte nach allen Familienangehörigen, nach allen bis auf einen. »Während die Motivation seines Verhaltens offensichtlich Dr. Breuer zum Mittelpunkt hatte«, schrieb Kann, »spielte er auf ihn mit keiner Silbe an, obwohl er das Schicksal aller anderen Familienmitglieder, die er kannte, der Reihe nach durchging.«[9]

Stefan Zweig stellte ihm Salvador Dali vor, und dessen Autobiographie enthält eine lebhafte Schilderung des Mannes, den die Surrealisten zu ihrem Schutzpatron erkoren hatten:

»Während ich durch den Garten des alten Professors ging, sah ich ein Fahrrad an der Mauer lehnen, und auf dem Sattel lag, mit einer Schnur festgebunden, eine rote Wärmflasche aus Gummi, die voll Wasser zu sein schien, und über diese Wärmflasche kroch eine Schnecke! Diese Zusammenstellung erschien mir seltsam und unerklärlich im Garten von Freuds Haus.

Wider meine Hoffnungen sprachen wir wenig, aber wir verschlangen einander mit den Blicken. Freud wußte nichts von mir, er kannte nur meine Malerei, die er bewunderte, aber plötzlich hatte ich den launischen Einfall, in seinen Augen als ein Dandy von universellem Intellektualismus erscheinen zu wollen. Ich erfuhr später, daß ich genau das Gegenteil davon bewirkt hatte.

Bevor ich ging, wollte ich ihm eine Zeitschrift geben, in der ein Artikel über Paranoia stand, den ich geschrieben hatte. Ich schlug die Zeitschrift auf, wo mein Text begann, und bat ihn, ihn zu lesen, wenn er Zeit habe. Freud starrte mich nur an, ohne meiner Zeitschrift die geringste Aufmerksamkeit zu widmen. Ich versuchte ihn zu interessieren, und erklärte, daß es nicht ein surrealistischer Zeitvertreib sei, sondern wirklich ein ehrgeiziger wissenschaftlicher Artikel, und ich wiederholte den Titel und zeigte mit dem Finger darauf. Angesichts seiner unerschütterlichen

Gleichgültigkeit wurde meine Stimme unwillkürlich schärfer und eindringlicher. Dann, während er mich weiter anstarrte mit einer Festigkeit, in der sich sein ganzes Wesen zu sammeln schien, rief Freud, an Stefan Zweig gewandt, aus: ›Ich habe nie ein vollkommeneres Beispiel eines Spaniers gesehen. Was für ein Fanatiker!‹«[10]
Freud seinerseits gab zu, daß er bis zu Dalis Besuch die Surrealisten für Narren gehalten hatte. Nun gestand er: »Der junge Spanier mit seinen treuherzig fanatischen Augen und seiner unleugbar[en] technischen Meisterschaft hat mir eine andere Schätzung nahe gelegt. Es wäre in der Tat sehr interessant, die Entstehung eines solchen Bildes analytisch zu erforschen. Kritisch könnte man doch noch immer sagen, der Begriff der Kunst verweigere sich einer Erweiterung, wenn das quantitative Verhältnis von unbewußtem Material und vorbewußter Verarbeitung nicht eine bestimmte Grenze einhält. Aber jedenfalls ernsthafte psychologische Probleme.«[11]
Ein Bild durfte Freud jedenfalls nicht analytisch erforschen. Während der Unterhaltung hatte Dali seinen Kopf skizziert, und Zweig schrieb später, er habe es nicht gewagt, die Skizze Freud zu zeigen, denn Dali habe hellsichtig bereits den Tod in das Bild aufgenommen.
Auch Charles Singer, der Historiker der Medizin und der Naturwissenschaften, besuchte Freud. Kurz danach erhielt Singer einen Brief von H. G. Wells, der Freud einige Jahre zuvor in Wien kennengelernt hatte. »Als ich damals mit ihm sprach . . .« schrieb Wells, »schien er in bezug auf den Tod nicht so zu empfinden wie ich. Er ist älter und sein Gesundheitszustand war schlecht, aber er schien jugendlicher am Leben, an seinem Ruf und seiner Lehre, zu hängen als ich.«[12] Nun da Freud Flüchtling in England war, wollte Wells gern helfen; er glaubte, daß er Geld brauchte, wollte aber nicht selbst davon sprechen. Ob Singer das für ihn tun könnte? Bald darauf erwähnte Singer Wells' Angebot, aber man sagte ihm, daß es Freud trotz der Verluste beim Verlassen Österreichs nicht wirklich schlecht ging. Gab es sonst nichts, was Freud sich wünschte? wollte Wells wissen. Singer sagte, er werde ihn fragen. »Freud gab mir die seltsame Antwort, das einzige, was er sich wirklich wünsche, sei, als britischer Staatsbürger zu sterben.«[13] Wells besuchte Freud und schlug ihm im November 1938 brieflich ein zweites Zusammentreffen vor, bevor er nach dem Kontinent abreiste. Freud antwortete, es wäre tatsächlich gut, wenn sie einander noch einmal sähen, bevor Wells wieder ins Ausland ging, denn es sei »soviel Ungewißheit in unserem Leben und besonders in meinem Leben«[14]. Aber weder Wells noch Locker-Lampson gelang es, Unterstützung für ein Gesetz zu bekommen, das Freud unverzüglich die britische Staatsbürgerschaft verliehen hätte.

Am 23. Juni erschienen Besucher, über die er sich besonders freute. Es waren Sekretäre der Royal Society, die ihm das Ehrenregister der Gesellschaft brachten, damit er seinen Namen eintrug. Er war zu schwach für die Fahrt zum Sitz der Gesellschaft, und daher brachte man das Buch zu ihm, eine Ehre, die bis dahin nur dem König zuteil geworden war. »Ein facsimile des Buches haben sie bei mir gelassen«, berichtete er Arnold Zweig, »und wenn Sie bei mir wären, könnte ich Ihnen die signatures von I. Newton to Charles Darwin zeigen. Gute Gesellschaft!« In das Buch trug er sich als »Sigm. Freud« ein, während er sonst immer nur »Freud« schrieb, und Zweig erklärte er in einem Postskriptum, man habe ihn belehrt, »seinen Familiennamen allein zeichnet hier nur ein Lord. Im ganzen ein absonderliches Land«[15].

Einen Monat später war er wieder an der Arbeit. Die Aufgabe, die er sich nun gestellt hatte, war, »die Grundlehren der Psychoanalyse zusammenzufassen und sie darzulegen, gleichsam dogmatisch – in der knappsten Form und in den eindeutigsten Begriffen. Ihre Absicht ist natürlich nicht, Glauben zu erzwingen oder Überzeugung zu wecken«. Wenn diese wenigen Worte in einem aus zwei Absätzen bestehenden Vorwort (das nur in der englischen Ausgabe, *An Outline of Psycho-Analysis*, enthalten ist. Anm. des Übers.) reine Vernunft andeuten, so erinnert das Folgende den Leser an den früheren Freud, für den es keine Kritik an der »Sache« von außen geben konnte, denn er fuhr fort: »Die Lehren der Psychoanalyse basieren auf einer unendlichen Anzahl von Beobachtungen und Erfahrungen, und nur jemand, der diese Beobachtungen an sich selbst und anderen wiederholt hat, ist in der Lage, zu einem eigenen Urteil über sie zu gelangen.« Mit anderen Worten, nur Psychoanalytiker konnten die Psychoanalyse beurteilen. Am Ende seines Weges machte er seine alten Behauptungen wieder geltend.

Im Laufe eines halben Jahrhunderts hatte Freud gesehen, wie viele dieser Behauptungen langsam akzeptiert wurden, wenn auch unwillig und mit Einschränkungen, die seit seinem Tod eine weitere Rechtfertigung erfahren haben. Sogar *The Lancet*, die Zeitschrift, die einmal seinen Gegnern viel Platz zur Verfügung gestellt hatte, schrieb bei seiner Ankunft in England: »Seine Lehre hat zu ihrer Zeit eine schärfere Kontroverse und einen heftigeren Antagonismus ausgelöst als irgendeine andere seit den Tagen Darwins. Nun, da er alt geworden ist, gibt es nur wenige Psychologen, gleich welcher Schule, die nicht zugeben, daß sie ihm zu Dank verpflichtet sind. Manche der Begriffe, die er zum erstenmal klar formulierte, sind gegen den Strom absichtlicher Ungläubigkeit, die er selbst als die natürliche Reaktion des Menschen auf eine unerträgliche Wahrheit erkannt hat, in die gegenwärtige Philosophie eingedrungen.«[16] In den Vereinigten Staaten wurde die Psychoanalyse rascher und mit weniger Vorbehalten aufgenommen, aber in einer Form, die Freud großes Unbehagen bereitete. »Eine Ihrer Bemerkungen, wonach sich die Psychoanalyse in den Vereinigten Staaten eher weit als tief ausgebreitet hat, erschien mir besonders wahr«, schrieb er Jelliffe. »Ich bin keineswegs glücklich, wenn ich sehe, daß die Psychoanalyse in Amerika die Handlangerin der Psychiatrie geworden ist und sonst nichts.«[17]

Sie sollte jedoch sowohl in Amerika als auch in England eine weitere Ausbreitung erfahren, die nicht einmal Freud selbst voraussehen konnte, als er in den Monaten, von denen er wußte, daß sie die letzten sein würden, über sein Lebenswerk nachdachte. Eine Ursache war der Zweite Weltkrieg, der nur noch wenige Monate vorauslag. Psychoanalytiker wurden von den meisten kriegführenden Ländern eingesetzt, sowohl bei der Beratung im Rahmen ihrer eigenen psychologischen Kriegführung als auch zur Analyse der des Gegners. Der Freud-Schüler Ernst Kris richtete in England – und später in den Vereinigten Staaten – eine eigene Dienststelle für die Analyse deutscher Rundfunksendungen ein. Der Einsatz der Psychoanalytiker bei der Behandlung von Kriegsneurosen war von Anfang an größer als im Ersten Weltkrieg. Ein Psychoanalytiker in den Vereinigten Staaten – ein Beispiel für viele – wurde zum Chefarzt eines Rehabilitationszentrums der Luftwaffe ernannt und leitete dort ein großes psychiatrisches Programm, das von Psychiatern, praktischen Ärzten, Sozialarbeitern und Geistlichen ausgeführt wurde. Dazu kam die zunehmende Erkenntnis, daß im Krieg – und vielleicht auch später im Frieden – die Psychoanalyse dazu beitragen könnte, die richtigen Männer, und Frauen, auf den richtigen Platz zu stellen.

Doch all das – ebenso wie die Behauptung der Russen, daß »die Legionen Freuds mit der Couch des Psychoanalytikers die Geheimwaffe des kapitalistischen Imperialismus sind« und daß die Psychoanalyse selbst »eine der reaktionärsten pseudowissenschaftlichen Manifestationen der bürgerlichen Ideologie ist«[18] – lag noch in der Zukunft, als Freud daranging, seinen *Abriß der Psychoanalyse* zu schreiben. Er stellte darin noch einmal die Grundtheorien im Zusammenhang mit seiner Konstruktion des Es, des Ichs und des Überichs dar und spielte an mehr als einer Stelle darauf an, daß er noch neue Ideen auszuarbeiten habe. Dazu sollte er jedoch nicht mehr kommen.

Gegen Ende Juli 1938 bemerkte Dr. Schur, der nun auch in England war und die Erlaubnis erhalten hatte, als Freuds Arzt in London zu arbeiten, bevor er die erforderlichen britischen Zulassungsprüfungen abgelegt hatte, eine verdächtige Schwellung im Mund seines Patienten. Freud war zuerst nicht bereit, die neue Entwicklung ernst zu nehmen, und gestattete Anfang September nur widerwillig, daß man Pichler aus Wien holte. »Er wies darauf hin«, schrieb Dr. Schur später, »daß er schon jetzt gezwungen wäre, einen großen äußeren Schnitt durch Backe und Lippen vorzunehmen, und fragte mich, ob ich glaubte, daß Freuds Herz die Belastung aushalten würde. Ich äußerte meine Überzeugung, daß unter diesem Gesichtspunkt keine Bedenken gegen die Operation bestünden, aber wir überließen die letzte Entscheidung Freud, der seine Einwilligung gab.«[19]

Die Operation wurde am 8. September in der London Clinic vorgenommen und schien erfolgreich verlaufen zu sein. Nichtsdestoweniger beendete Anna an diesem Abend einen Brief an Marie Bonaparte mit dem Satz: »Ich bin sehr froh, daß es bereits heute ist und nicht mehr gestern.«[20]

Das Haus in der Elsworthy Road war nur für kurze Zeit gemietet worden, und noch vor Ende September erholte sich Freud in einem für einen längeren Aufenthalt gedachten Haus in Maresfield Gardens, keine zwei Kilometer von der Elsworthy Road entfernt. Es war ein großes altes Haus mit einem schönen, von Bäumen überschatteten Garten. Mittlerweile waren seine Möbel und seine Sammlungen aus Wien eingetroffen, und zusammen mit der Haushälterin konnte Anna in einem Zimmer des Erdgeschosses Freuds Wiener Arbeitszimmer »rekonstruieren«, indem sie die Möbel gleich anordnete und auf die Tische die Statuetten und Bilder stellte, die er in der Berggasse so viele Jahre lang gesehen hatte.

Dies sollte das endgültige Zuhause der Familie Freud sein. Freud selbst verbrachte dort seine letzten Monate, und seine Frau und seine Schwägerin wohnten dort, bis sie 1951, beziehungsweise 1941, starben. Und es war auch Annas Zuhause, deren Zukunftsaussichten Freud dazu bewogen hatten, Wien zu verlassen. Sie sollte das, was er »all unsere kleinen Opfer« genannt hatte, auch tatsächlich rechtfertigen. Da sie schon eine erfahrene Kinderanalytikerin war, besaß sie die idealen Voraussetzungen für die Gründung eines Hortes für obdachlose Kinder, als im Herbst 1940 die schwere Bombardierung Londons durch die deutsche Luftwaffe begann. Bald kamen ihr Amerikaner zu Hilfe, und sie sollte später schreiben, daß »die Hampstead War Nursery eine Kolonie des Foster Parents' Plan for War Children, Inc., New York, war und als solche ihre ganze Existenz amerikanischer Großzügigkeit verdankte«[21]. Nach Kriegsende wurde daraus das Kindertherapie-Zentrum Hampstead, aus dem sie die heute international bekannte Klinik machte.

In dem Haus in Maresfield Gardens ließ sich Freud für eine Zeitspanne nieder, von der er wußte, daß sie nur noch Monate dauern konnte. Die meisten seiner nahen Verwandten waren um diese Zeit in Sicherheit. Mathilde und ihr Mann, Martin und Ernst und ihre Familien waren in England. Oliver lebte mit seiner Familie in Frankreich, und sein Schwiegersohn Max Halberstadt war mit seinem Sohn schon ein oder zwei Jahre früher nach Südafrika ausgewandert. Sein Bruder Alexander machte sich bald auf den Weg nach Kanada, wo er den Rest seines Lebens verbringen sollte. Alexanders Sohn Harry fuhr ebenfalls über den Atlantik und diente während der letzten Jahre des kommenden Krieges in der Armee der Vereinigten Staaten.

Einen Schatten gab es jedoch. Freud war mit gutem Grund besorgt um »die vier alten Frauen zwischen fünfundsiebzig und achtzig«[22], wie er sie Marie Bonaparte beschrieb – seine vier Schwestern, die noch in Österreich lebten. Bevor sie Wien verließen, hatten er und sein Bruder ihnen 160000 Schilling gegeben, mit denen sie ihren Lebensunterhalt lange bestreiten konnten, sofern nicht die Deutschen das Geld beschlagnahmten. Trotzdem wurden Anstrengungen unternommen, sie nach Frankreich zu bringen. Leider ohne Erfolg. Aber Freud sollte sterben, ohne zu erfahren, daß seine vier alten Schwestern von den Nazis verschleppt und in verschiedenen Konzentrationslagern ermordet wurden.

Im Herbst 1938 hatte er nur noch wenig Energie übrig, und das Wenige verausgabte er für seine letzte brisante Schrift: *Der Mann Moses und die monotheistische Religion.* Dabei handelte es sich ursprünglich um drei Abhandlungen und zwei Vorworte, die schon einige Jahre früher geschrieben worden waren und die – schon mehrfach aufgestellte – Theorie psychoanalytisch untermauerten, daß Moses ein Ägypter war. Gleich, wer sie schrieb: eine Abhandlung, die eine so umstürzende Idee zu rechtfertigen suchte, mußte auf Widerspruch stoßen; und wenn sie jemand schrieb, der ohne Rücksicht darauf, daß er die jüdische Religion ablehnte, ehrlich glaubte, er habe »wahrscheinlich die Hauptsache«[23] mit seinen jüdischen Brüdern gemein, so konnte das Buch leicht als geistiger Verrat betrachtet werden.

Freuds tief empfundene Zugehörigkeit zum Judentum war nie angezweifelt worden, ein Umstand, der die Wirkung von *Der Mann Moses und die monotheistische Religion* auf die Orthodoxen noch verstärkte. Vor Jahren, als Max Graf, der Vater des »kleinen Hans«, zu Freud gesagt hatte, er werde vielleicht, um seinem Sohn eine bessere Chance zu geben, dem Beispiel Adlers folgen und ihn taufen lassen, hatte Freud eindeutig geantwortet: »Wenn Sie Ihren Sohn nicht als Juden aufwachsen lassen, werden Sie ihn der Energiequellen berauben, die durch nichts anderes ersetzt werden können. Er wird als Jude zu kämpfen haben, und Sie sollten in ihm die ganze Energie entwickeln, die er für diesen Kampf brauchen wird. Bringen Sie ihn nicht um diesen Vorteil.«[24] Schon 1909 hatte er zu Jung gesagt, er werde der Joschua sein, dem es bestimmt ist, das Gelobte Land der Psychiatrie zu erforschen, das er, Freud, wie Moses, nur von weitem sehen dürfe. Arthur Schnitzler hatte er in der Antwort auf die Glückwünsche zu seinem 70. Geburtstag geschrieben, emotional sei das Judentum für ihn noch sehr wichtig, und an den Herausgeber der in der Schweiz erscheinenden Wochenzeitschrift *Jüdische Preßzentrale* schrieb er: »Dagegen habe ich immer ein starkes Gefühl von Zusammengehörigkeit mit meinem Volke gehabt und es auch bei meinen Kindern genährt.«[25] Als der Londoner Zweig des Yiddish Scientific Institute, YIVO, seine Ankunft in England begrüßte, antwortete er mit einem kategorischen: »Sie wissen zweifellos, daß ich mich froh und stolz zu meinem Judentum bekenne, obschon meine Einstellung zu jeder Religion, der unsrigen inbegriffen, eine kritisch-negative ist.«[26]

Er konnte in dieser Frage noch sehr scharf reagieren, wie seine Antwort an Lady Rhondda, die Herausgeberin von *Time and Tide*, zeigt, die ihn um einen Beitrag für eine Sondernummer über den Antisemitismus bat. »Glauben Sie nicht«, fragte er, »Sie sollten die Spalten in Ihrer Sondernummer für Äußerungen von Nicht-Juden reservieren, die weniger persönlich betroffen sind, als ich es bin?« Und er fuhr fort, die Stelle in ihrem Brief, in dem sie ein »gewisses Anwachsen des Antisemitismus sogar in diesem Land« feststelle, habe ihn tief berührt. Er meinte, die gegenwärtigen Verfolgungen sollten eher eine Welle des Mitgefühls auslösen.[27]

Aber erst nach der Machtergreifung Hitlers und der Verkündung seiner Theorie, daß die Juden eine andere und böse Abart der menschlichen Spezies seien, begann Freud darüber nachzudenken, was wirklich das Wesen des Judentums ausmacht, wie es sich historisch entwickelt und wie es die Verfolgungen auf sich gezogen hatte. Seine Lösung war die Wiedererweckung der Geschichte, daß Moses ein Ägypter war, der sich von der Religion des königlichen Hauses abgewandt und eine Schar von Anhängern um sich gesammelt hatte, die er aus Ägypten führte. »Der Mann Moses, ein historischer Roman«, sollte der Titel zunächst lauten, wie er Arnold Zweig schrieb, und er meinte, erscheinen werde das Buch ohnehin nie. Als Grund dafür gab er die »katholische Strenggläubigkeit« in Österreich an und einen gewissen sehr einflußreichen Pater Schmidt, der selbst »ein Ethnolog und Religionsforscher [ist und] . . . aus seinem Abscheu vor der Analyse und besonders meiner Totemtheorie kein Geheimnis macht«. Man dürfe erwarten, daß eine Publikation von dem

Begründer der Psychoanalyse ein gewisses Aufsehen erregen »und der Aufmerksamkeit des feindlichen Paters nicht entgehen wird. Damit würde man ein Verbot der Analyse in Wien und die Einstellung aller unserer Arbeiten hier riskieren.«[28]

Ein anderer, plausiblerer Grund für Freuds Zögern hinsichtlich der Veröffentlichung wurde einige Wochen später in Briefen an Arnold Zweig und Eitingon angeführt. Er befand sich, wie er zugab, historisch auf unsicherem Boden. »Die Fachleute würden es zu leicht haben, das Hirngespinst des Outsiders zu zerfetzen«[29], schrieb er Eitingon, und in einem Brief an Zweig meinte er schließlich, er wolle die Studie lieber sein lassen.

Lange ließ er sie aber nicht sein, denn sie »quälte [ihn] wie ein unerlöster Geist«[30]. Im Jahre 1937 löste er das Problem, indem er die ersten beiden der drei Abhandlungen überarbeitete und in *Imago* veröffentlichte. Die erste vertrat wieder einmal die einfache These, Moses sei ein Ägypter gewesen. Die zweite, »Wenn Moses ein Ägypter war . . .«, bot eine einfallsreiche Neufassung der biblischen Darstellung der Geschichte unter der Annahme, daß die These der ersten Abhandlung stimmte. Doch so provokant sie waren, sie berührten noch nicht das Problem der letzten, viel längeren Abhandlung, die nach Freuds eigenen Worten »das eigentlich Anstößige und Gefährliche enthielt, die Anwendung auf die Genese des Monotheismus und die Auffassung der Religion überhaupt«[31]. Diesen Teil hielt er zurück, offenbar mit der Absicht, ihn nie erscheinen zu lassen.

Als er die ersten beiden Abhandlungen für *Imago* überarbeitete, hatte er die dritte mit einbezogen, und Anfang 1938 hatte er die lange letzte Abhandlung noch einmal überarbeitet. Sie hatte für ihn eine besondere Faszination, da sie die Schlußfolgerung unterstrich, zu der er in *Totem und Tabu* gelangt war – eine Schlußfolgerung, die »die Religion auf eine Menschheitsneurose reduziert und ihre großartige Macht in der gleichen Weise aufklärt wie den neurotischen Zwang bei den einzelnen unserer Patienten . . .«[32] Aber trotz seiner Behauptung in einer vor dem Verlassen Wiens geschriebenen Vorbemerkung, daß er nichts Neues zu sagen habe, hatte die dritte Abhandlung, »Moses, sein Volk und die monotheistische Religion«, eine viel schärfere Schneide als *Totem und Tabu.* Dort hatte er nur Mutmaßungen über die Geburt der Religion in irgendeiner prähistorischen Vergangenheit angestellt; hier dagegen zersprengte er mit einem einzigen Argument den jüdischen Glauben und die christliche Kirche. Aber Hitler – »der neue Feind, dem zu Dienst zu sein wir uns hüten wollen [und der] gefährlicher [ist] als der alte, mit dem uns zu vertragen wir bereits gelernt haben«[33] – hatte Österreich noch nicht unterjocht. Der alte Feind mußte noch besänftigt werden, und der Schluß lag auf der Hand. Der letzte Teil von *Der Mann Moses und die monotheistische Religion* mußte »in der Verborgenheit aufbewahrt bleiben, bis einmal die Zeit kommt, wann sie sich gefahrlos ans Licht wagen darf, oder bis man einem, der sich zu denselben Schlüssen und Meinungen bekennt, sagen kann, es war schon einmal in dunkleren Zeiten jemand da, der sich das nämliche wie Du gedacht hat«[34].

All das änderte sich durch den Anschluß und Freuds Auswanderung nach London. »Kaum in England eingetroffen, fand ich die Versuchung unwiderstehlich, meine verhaltene Weisheit der Welt zugänglich zu machen, und begann das dritte Stück der Studie im Anschluß an die beiden bereits erschienenen umzuarbeiten«[35], schrieb er. Das Ergebnis war, wie er in einer zweiten, in London verfaßten, Vorbemerkung zugab, in künstlerischer Hinsicht unbefriedigend. Trotzdem mußte seine Wirkung auf das Judentum beträchtlich sein, und als seine Pläne bekannt wurden, suchten ihn viele jüdische Gelehrte auf und baten ihn, die Studie nicht zu veröffentlichen, vor allem Professor Abraham Yahuda, der vielleicht der hervorragendste jüdische Bibelexperte seiner Zeit war.

Freud wußte sehr wohl, was er tat. »Natürlich kränke ich auch meine Volksgenossen nicht gerne«, schrieb er Charles Singer. »Aber was kann ich dabei machen? Ich habe mein ganzes langes Leben damit ausgefüllt, für das einzutreten, was ich für die wissenschaftliche Wahrheit hielt, auch wenn es für meine Nebenmenschen unbequem und unangenehm war. Ich kann es nicht mit einem Akt der Verleugnung beschließen.«[36]

Er drängte. Obwohl bezüglich der deutschen Ausgabe, die in Amsterdam erscheinen sollte, bereits alles geregelt war, schrieb er ständig an Jones, dessen Frau das Buch für den englischen Verlag übersetzte, und bat um raschere Arbeit. Man muß bedenken, daß ihn anfangs die Furcht um die Zukunft der Psychoanalyse in Österreich, nicht die Furcht vor einem jüdischen Protest, davon abgehalten hatte, das Buch zu veröffentlichen, aber er stellte seinen Standpunkt dar, als ihn der Vorsitzende des Londoner Zweiges der YIVO, Jacob Meitlis, aufsuchte. »Seiner Stimme war Schmerz anzumerken, aber er beherrschte sein Leiden, und während er sprach, belebte sich sein müdes Gesicht, Runzeln schienen zu verschwinden und seine Augen strahlten ein freundliches Licht aus«, schrieb Meitlis später. »Auch seine Stimme wurde wärmer, als er vom Ernst zum Witz, vom Humor zur Weisheit überging.«[37]

Freud kam rasch auf seine Theorie des Monotheismus zu sprechen, zweifellos angeregt durch seinen Besucher, der wie die meisten Angehörigen der jüdischen Gemeinde wissen wollte, womit Freud sie konfrontierte. »Er bevorzugte keine Religion«, berichtete Meitlis. »Alle Religionen waren für ihn vom Menschen geschaffene Dinge, und er konnte an keiner eine Spur von Heiligkeit entdecken. Es war Aufgabe der Wissenschaft, diese Wahrheit zu enthüllen und die geistige Bewegung von allen späteren Zusätzen und fremden Elementen zu befreien. Es war ihm bewußt, daß man ihn für seine Bemühungen hassen werde ... Dennoch war er froh darüber, daß sein Buch bald erscheinen sollte. ›Es wird Juden ärgern‹, fügte er hinzu ...«[38]

Der Mann Moses und die monotheistische Religion erschien Anfang März 1939 in deutscher Sprache in Amsterdam, und an dem Tag, an dem Freud die ersten Exemplare bekam, schrieb er Hanns Sachs: »Der *Moses*, bei Allert de Lange in Deutsch gedruckt, erschien heute hier in zwei Exemplaren. Ein recht würdiger Abgang, glaube ich ...«[39] Stefan Zweig und vielleicht wenigen anderen gegenüber äußerte er Bedenken; er bereute es offenbar, das Buch in der schrecklichsten Stunde des Judentums veröffentlicht zu haben, und meinte, nun, da man ihnen alles wegnehme, habe er ihnen auch noch ihren besten Mann wegnehmen müssen.

Er wußte sehr wohl, daß die jüdische Reaktion die gleiche war wie die des allgemeinen Publikums auf die mehr als 30 Jahre früher geschriebenen *Drei Abhandlungen zur Sexualtheorie*, und als Jacob Meitlis ihn fragte, ob er die Stelle des verstorbenen Präsidenten der Londoner YIVO zu übernehmen bereit sei, antwortete Freud: »Die aktive Opposition, die mein Buch ›Der Mann Moses und die monotheistische Religion‹ in jüdischen Kreisen hervorgerufen hat, läßt es mir zweifelhaft erscheinen, ob es im Interesse der YIVO wäre, meinen Namen in solcher Stellung vor die Augen der Öffentlichkeit zu bringen. Die Entscheidung darüber überlasse ich Ihnen.«[40]

Der Mann Moses und die monotheistische Religion gilt allgemein – und nicht nur bei orthodoxen Juden – als eines der weniger erfolgreichen Werke Freuds. Ein offensichtlicher Grund ist der schwache Aufbau, der ein Ergebnis der Art ist, wie das Buch geschrieben, revidiert und umgeschrieben wurde. Auch das Alter hatte Freud seine Beschränkungen auferlegt, wie Ernest Jones einem kritischen Rezensenten persönlich gestand:

»In seinen späteren Jahren neigte Freud dazu, seine Zitate sehr eigenwillig auszuwählen. Er verwendete nur solche, die nach seinem Wunsch einen bestimmten Punkt bestätigten, und ging nicht mehr die allgemeine Literatur durch wie in seinen früheren Jahren. Diese Gewohnheit hing mit dem geringen Vorrat an Energie, der ihm noch blieb, und mit seiner Prägnanz zusammen. Sie und andere werfen ihm beispielsweise vor, daß er verschiedene hebräische Quellen von Moses-Legenden nicht verwen-

dete, die zu untersuchen er keine Gelegenheit hatte. Von seiner Kraft war nicht mehr viel übrig, als er zweiundachtzig war.«[41]
Freud selbst kannte noch andere Mängel, wie er in einer Fußnote auch zugab:
»Wenn wir mit der biblischen Tradition so selbstherrlich und willkürlich verfahren, sie zur Bestätigung heranziehen, wo sie uns taugt, und sie unbedenklich verwerfen, wo sie uns widerspricht, so wissen wir sehr wohl, daß wir uns damit ernster methodischer Kritik aussetzen und die Beweiskraft unserer Ausführungen abschwächen. Aber es ist die einzige Art, wie man ein Material behandeln kann, von dem man mit Bestimmtheit weiß, daß seine Zuverlässigkeit durch den Einfluß entstellender Tendenzen schwer geschädigt worden ist.«[42]
Aber hinsichtlich seiner Grundthese hält *Der Mann Moses* den Angriffen der Bibelgelehrten besser stand als denen der Biologen. Denn hier wie in *Totem und Tabu* ist die Vererbung erworbener Eigenschaften, die Essenz des Lamarckismus, nicht nur ein integraler Bestandteil des Arguments, sondern sie wird herangezogen zur Erklärung des Fortbestands des Schuldgefühls in der jüdischen Geschichte, das von Generation zu Generation weitergegeben wird.
Der Monat, in dem *Der Mann Moses* erschien, war für Freud auch ein Monat bitterer Neuigkeiten gegensätzlicher Natur. Am 10. März 1939, als der 25. Jahrestag der Gründung der Britischen Psychoanalytischen Vereinigung mit einem Dinner im Londoner Savoy gefeiert wurde, unterschieden sich die Gäste und Redner sehr von denen, die man ein Vierteljahrhundert früher vorausgesagt haben würde. Earl De La Warr, nun Unterrichtsminister, brachte den Toast auf die Vereinigung aus. Walter Elliot, der Gesundheitsminister, gehörte zu den Rednern. Unter den übrigen Anwesenden befanden sich zwei der hervorragendsten Ärzte Großbritanniens: Lord Dawson of Penn, der frühere Präsident der Royal Society of Medicine und der British Medical Association und ehemalige Leibarzt König Georgs V., und Lord Horder, zu dessen Patienten König Georg VI. und mehr als ein britischer Premierminister gehört hatten.
Was immer der einzelne von der Psychoanalyse halten mochte, die Versammlung vom 10. März anerkannte sie ungeachtet aller Einschränkungen als Therapiemethode. Ironischerweise kam diese Anerkennung in dem Augenblick, in dem Freud, wie ihm sehr wohl bewußt war, sein Todesurteil erhielt. Während des vorausgegangenen Herbstes hatte man große Hoffnungen gehabt, daß er sich von der Operation im September erholte, und im Oktober hatte er Jelliffe berichtet: »Ich habe wieder eine meiner gewohnten Operationen überstanden und tauge noch zur Ar-

beit.« Er sei froh, sagte er, dem *furor teutonicus* entkommen zu sein und »warte auf Patienten, die bis jetzt noch nicht gekommen sind«[43]. Kurz darauf machte er wieder täglich vier Analysen.

Die Änderung kam mit dem neuen Jahr. Mitte Januar war weit hinten in seinem Mund wieder eine Schwellung aufgetreten. »Zuerst sah es aus wie eine weitere Knochennekrose, aber schon bald nahm die Veränderung ein Aussehen an, das mir verdächtig erschien«[44], schrieb Dr. Schur. Hinsichtlich der wirklichen Natur der Veränderung konnten sich jedoch die Ärzte nicht einig werden, und auch Wilfred Trotter, der Chirurg, der Freud mehr als 30 Jahre zuvor auf dem Salzburger Kongreß zum letztenmal gesehen hatte und nun hinzugezogen wurde, konnte sie nicht mit absoluter Sicherheit beurteilen. Noch vor Ende Februar kam Dr. Lacassagne vom Institut Curie in Paris und äußerte seine Ansichten über die möglichen Wirkungen einer Röntgenbestrahlung. Unterdessen waren weitere Untersuchungen gemacht worden. Die Resultate waren eindeutig. Das Karzinom war wieder aufgetaucht, seine Lage machte eine Operation unmöglich, und im März war klar, daß das beste, worauf man noch hoffen durfte, eine Linderung durch eine entsprechende Behandlung war.

Freud sollte noch sechs Monate leben. Er nahm sie stoisch hin, wies die Medikamente zurück, die den ständigen Schmerz erleichtert hätten, und führte die Psychoanalyse seiner wenigen Patienten weiter bis wenige Wochen vor seinem Tod. Die Behandlung [die Röntgenbestrahlung], schrieb er Eitingon, »gibt eine Art von Lebensversicherung für mehrere Wochen und gestattet wahrscheinlich eine Fortsetzung der analytischen Tätigkeit während dieser Zeit . . .« Und in einem Postskriptum fügte er hinzu, er sei »auf den jüdischen Ansturm gegen ihn [den Moses] vorbereitet«[45]. Arnold Zweig schrieb er, er warte nur noch auf das Erscheinen des Buches – »und dann brauche ich mich ja bis zur nächsten Wiedergeburt für kein Buch von mir mehr zu interessieren«. Und erklärend fügte er hinzu: »Es ist kein Zweifel mehr, daß es sich um einen neuen Vorstoß meines lieben alten Carcinoms handelt, mit dem ich seit jetzt 16 Jahren die Existenz teile.«[46]

Im April mußte Dr. Schur, wenn auch nur für kurze Zeit, in die Vereinigten Staaten reisen. Er hatte nun der Einwanderungsquote nach Anspruch auf ein amerikanisches Visum, und wenn er sich jetzt nicht die ersten Papiere für die amerikanische Staatsbürgerschaft ausstellen ließ, bekam er vielleicht kein zweites Mal die Chance. Widerstrebend reiste er am 21. April ab.

Freud wurde um diese Zeit schon immer unselbständiger. »Etwas Interkurrentes, was den grausamen Prozeß kurz abschneidet, wäre sehr erwünscht«[47], schrieb er Marie Bonaparte. Aber er weigerte sich noch immer aufzugeben und beschrieb seine Aussichten zwei Monate später ganz sachlich in einem Brief an H. G. Wells, dem er noch einmal ein Zusammensein zur Teestunde vorschlug.

Als Schur aber im Juli nach England zurückkehrte, fand er seinen Patienten körperlich schwächer und, was schlimmer war, geistig apathisch vor. Er hielt sich nun ständig in einem Zimmer im Erdgeschoß auf, dessen Fenster auf den Garten gingen. Während sich Martha wie immer der tadellosen Führung des Haushalts widmete, übernahm die unentbehrliche Anna die Pflege, die nun Tag und Nacht erforderlich war. Im August begann Freud rasch zu verfallen. Die letzten Besucher kamen, Verwandte und Freunde.

Am 12. August sagte sein Neffe Harry, der sich schon auf die Überfahrt nach Amerika vorbereitete, er werde ihn wieder besuchen, wenn er zu Weihnachten zurückkomme. Freud lächelte traurig und sagte: »Mich wirst du hier nicht mehr sehen, wenn du zurückkommst.«[48]

Kurz nach dem Ausbruch des Zweiten Weltkriegs im September 1939 heulten in London zum erstenmal die Luftschutzsirenen, und Freuds Bett wurde in den »sicheren« Teil des Hauses gebracht, ein Unternehmen, das er mit Interesse verfolgte. Bald danach hörten er und Dr. Schur eine Rundfunksendung, in der von »dem Krieg, der allen Kriegen ein Ende macht« gesprochen wurde, und Schur fragte Freud, ob er glaube, dies werde wirklich der letzte Krieg sein. »*Mein* letzter Krieg«[49] antwortete er.

Er war nicht mehr imstande, den Einzelheiten zu folgen, und höchstwahrscheinlich entging ihm die Ironie der Rede Hitlers am 19. September in Danzig, in der der »Führer«, auf dessen Befehl die Psychoanalyse zur Strecke gebracht worden war, behauptete, die Polen hätten die Deutschen so grausam behandelt wegen ihres Minderwertigkeitskomplexes. Dieses eine Mal hätte Freud über die Verwendung eines Adlerschen Ausdrucks lächeln können.

Während des ganzen Monats ging es mit ihm bergab. Essen, trinken, schlafen – alles wurde immer schwieriger. Am Morgen des 21., während Schur an seinem Bett saß, sagte Freud zu ihm: »Lieber Schur, Sie erinnern sich wohl an unser erstes Gespräch. Sie haben mir damals versprochen, mich nicht im Stich zu lassen, wenn es soweit ist. Das ist jetzt nur noch Quälerei und hat keinen Sinn mehr.«

Schur hatte es nicht vergessen. Freud dankte ihm und fügte ohne eine Spur von Gefühlsbewegung oder Selbstmitleid hinzu: »Sagen Sie es Anna.«[50]

»Als er von neuem schreckliche Schmerzen hatte«, schrieb Schur, »gab ich ihm eine Injektion von zwei Zentigramm Morphium. Er spürte schon bald Erleichterung und fiel in friedlichen Schlaf. Der Ausdruck von Schmerz und Leiden war gewichen. Nach ungefähr zwölf Stunden wiederholte ich die Dosis. Freud war offensichtlich so am Ende seiner Kräfte, daß er in ein Koma fiel und nicht mehr aufwachte. Er starb um 3 Uhr morgens am 23. September 1939.«[51]

Die ehrenden Nachrufe waren zu erwarten, auch in einer Welt, die sich schon in den Rauch des verheerendsten Krieges der Geschichte hüllte. In den Vereinigten Staaten widmete das *American Journal of Sociology* die ganze Novemberausgabe Artikeln, die sich mit dem Einfluß Freuds befaßten, und anderswo waren die Huldigungen und Nachrufe länger, als man es wenige Jahre zuvor für möglich gehalten hätte.

Die kritischen Einschätzungen haben im Laufe der letzten 40 Jahre an Zahl und Kompliziertheit ständig zugenommen; aber der Streit um Freud wurde zu oft zwischen zwei extremen Richtungen ausgetragen, nämlich zwischen denen, für die die buchstäbliche Wahrheit von allem, was Freud schrieb, ein Glaubensartikel ist, und denen, die den größeren Teil desselben Materials bestenfalls für unbewiesene Spekulationen halten. Die Gegnerschaft zwischen den beiden Gruppen nahm oft den Fanatismus, und manchmal die Gehässigkeit, eines Religionskrieges an. Zum Teil müssen die Anhänger Freuds für den Dogmatismus verantwortlich gemacht werden, mit dem das Streitgespräch geführt wurde, aber Freud selbst kann nicht davon freigesprochen werden, daß er während eines großen Teils seines Lebens eine Einstellung förderte, die sich stärker auf den blinden Glauben stützt, als es bei Menschen üblich ist, die eine wissenschaftliche Disziplin zu vertreten behaupten.

Seine Einstellung wurde von vielen Faktoren geformt. In den ersten Tagen der Psychoanalyse verlangte der Ehrgeiz, daß kein Zögern und kein Zweifel sichtbar wurden, die den Fortschritt der Sache behindert hätten. Wie der religiöse Führer oder der militärische Befehlshaber wußte er, daß, was für Änderungen immer mit den engsten Anhängern oder dem Führungsstab besprochen wurden, der Außenwelt das Bild von Männern gezeigt werden mußte, die zuversichtlich, unbeugsam und entschlossen waren – und das Erfolges gewiß. Privat konnte man gelegentlich pessimistisch sein; öffentlich mußten Zweifel oder abweichende Meinungen sorgfältig unter Kontrolle gehalten und notfalls rücksichtslos ausgemerzt werden. Die Rechtfertigung für entschlossenes Handeln war um so mehr gegeben, als sich Freuds persönlicher Ehrgeiz in die Überzeugung verwandelte, daß die Ausbreitung der Psychoanalyse die Gesamtheit menschlichen Leidens reduzieren werde.

Diese Faktoren würden für sich allein genügt haben, um seine Förderung der »Sache« mit missionarischem Eifer zu erfüllen. Ihre Wirkung wurde aber noch verstärkt durch die Verurteilung seitens eines medizinischen Establishments, dessen Angehörige sich oft nicht auf Argumente stützten, sondern auf religiöse Dogmen oder gesellschaftliche Konventionen; eine Angriffsmethode, die Freud manchmal dazu zwang, selbst den Boden der Argumente zu verlassen und an den Glauben zu appellieren.

Jede ehrliche Beurteilung der Frage, wie sich dieser Glaube heute, vierzig Jahre nach seinem Tode, darstellt, muß notwendigerweise komplex und differenziert sein. Sie müßte auch die Grundlagen der eigentlichen Schöpfung Freuds und die riesigen und manchmal brüchigen Strukturen, die auf ihnen errichtet wurden, getrennt behandeln. Die Bedeutung des Unbewußten für die Motivation menschlichen Handelns, das sich Freud als erster zunutze machte, um seelische Störungen zu heilen, gehört heute zum anerkannten Wissen; ebenso die infantile Sexualität, obwohl sie nicht ganz so allgegenwärtig zu sein scheint, wie Freud glaubte. Hätte er nur diese beiden Entdeckungen gemacht, die so viel Licht auf die seelischen Vorgänge werfen, so wäre ihm schon der Ruhm sicher.

Gegen solche Leistungen sollten die heutigen Vorbehalte hinsichtlich der Theorien Freuds ernsthaft abgewogen werden. Ein ehemaliger Präsident der Britischen Psychoanalytischen Vereinigung gab zu, daß »direkte Beobachtung nicht den Grad von Bedeutung bestätigt, den der Psychoanalytiker dem Ödispuskomplex beimißt«[52]. Während die psychosexuelle Entwicklung durch die orale und anale Phase allgemein akzeptiert wurde, stellt man Freuds Überzeugung, daß Persönlichkeitsmerkmale des Erwachsenen von der richtigen Bewältigung dieser Phasen abhingen, oft in Frage. Der Todestrieb und das Geburtstrauma finden immer weniger Anhänger, und sowohl die Traumlehre als auch die Schichtung der Psyche in Es, Ich und Überich sind heute Einschränkungen unterworfen, die zu Freuds Tagen ein überzeugter Psychoanalytiker kaum vorgenommen hätte.

Doch ein großer Teil dieses psychoanalytischen Revisionismus ist das natürliche Ergebnis von Fortschritten auf dem Gebiet der Biochemie und in der Kenntnis von Verbindungen zwischen Geist und Materie, die im Laufe der letzten 75 Jahre erzielt wurden. Freud würde sich über sie oder über vergleichbare Entwicklungen in der Medizin nicht wundern. Er sprach mehr als einmal von den Möglichkeiten der Endokrinologie bei der Beeinflussung der Psyche. Im Jahre 1930 schrieb er Marie Bonaparte, »man sollte jeden Fall von Psychose analytisch studieren, weil diese Kenntnis später einmal die chemische Therapie dirigieren wird«[53]. Und später bemerkte er: »Laßt die Biologen gehen, so weit sie können, und laßt uns gehen, so weit wir können – eines Tages treffen wir zusammen.«[54]

Aus diesem Zusammentreffen werden sich mit der größten Wahrscheinlichkeit zukünftige Behandlungsmethoden der Psyche ergeben, aber es dürfte unvermeidlich sein, daß das Resultat eine weitere Verwässerung der klassischen Theorie Freuds sein wird. Schon ist die jahrelange Behandlung, die zu Freuds Zeiten so oft das unvermeidliche, aber akzeptierte Hindernis der Psychoanalyse war, einer analytischen Behandlung nach einer völlig anderen Zeitskala gewichen; schon ist von der Freudschen Regel, daß der persönliche Kontakt zwischen Patient und Arzt vermieden werden müsse, so gut wie nichts mehr übriggeblieben, während die »wilden Analytiker«, die er fürchtete, stark an Boden gewonnen haben.

Diese Änderungen, so beunruhigend sie zweifellos für die doktrinären Freud-Anhänger sind, müssen in der langen Perspektive der Geschichte als wenig mehr denn die üblichen Änderungen gesehen werden, die auf erfolgreiche Revolutionen folgen. Sein ganzes Leben lang hielt es Freud, der gezwungen war, gegen unversöhnliche Feinde zu kämpfen, für nötig, alle Entwicklungen zu verhindern, die zu einem Schisma führen könnten; wie alle Pioniere mußte er begrenzte Ziele zu erreichen trachten, eines nach dem anderen. Doch auf seinem Gebiet war er dem »Explorer« von Rudyard Kipling, einem seiner Lieblingsdichter, nicht unähnlich, dem Pionier, der »meilenweit das Murmeln ungeahnter Flüsse hörte und jenseits namenloser Wälder grenzenlose Eb'nen sah«. Es ist unwahrscheinlich, daß er besorgt wäre, weil die Basis, die er nach so vielen harten Kämpfen gesichert hatte, nun zum Ausgangspunkt für Streifzüge in ein neues Land geworden ist.

Doch wenn es heute möglich ist, ungeachtet der Anbetung der einen und der Feindschaft der anderen mit einiger Klarheit zu erkennen, welches Freuds wirkliche Leistungen waren, so ist es auf den ersten Blick viel schwieriger, angesichts der widersprüchlichen Berichte zu beurteilen, was für ein Mensch er war. Daran ist zum Teil er selbst mit seiner beinahe zwanghaften Abschirmung der Privatsphäre und seiner Neigung, persönliche Papiere zu vernichten, schuld. Martha Freuds Entschlossenheit, im Hintergrund zu bleiben, verleiht manchen Aspekten seines Lebens etwas Zwielichtiges, während seine ungewöhnlich enge, aller Wahrscheinlichkeit nach sexuell unschuldige Beziehung zu seiner Schwägerin all denen unter seinen Gegnern eine Waffe lieferte, die es mit der Unterscheidung zwischen Beweisen und Gerüchten nicht so genau nahmen. Und die Versuche der Angehörigen und Anhänger, jede Kritik an der Psychoanalyse oder ihrem Gründer einzuschränken – Zeichen dafür, daß hier ein eher unbedachter Abwehrmechanismus am Werk ist –, tragen dazu bei, ein Bild zu schaffen, das an jene erinnert, die von den Gläubigen in einem heiligen Schrein errichtet werden. So kann man Freud ganz nach Belieben als liebevollen Vater oder autokratischen Paterfamilias porträtieren, als einen Puritaner, dem allein es sein strenger persönlicher Sittenkodex gestattete, die unaussprechlichen Details der Sexualität zu diskutieren, oder als den Mann, der, wie behauptet wird, ein leidenschaftlicher, aber unentdeckter Wüstling war.

Es gibt keinen Grund zu glauben, daß Sigmund Freud weniger vielschichtig gewesen sei als die meisten anderen Menschen. Aber die bekannten Umstände seines Lebens, ergänzt durch die zahllosen Einzelheiten, die einer ungewöhnlich umfangreichen Korrespondenz zu entnehmen sind, deuten darauf hin, daß alle, die in seinen Theorien eine versteckte persönliche Sexualität sehen oder ihm ein düsteres, heimliches Liebesleben unterstellen, ein Schaf in ein Wolfsfell kleiden. Vielleicht den besten Hinweis auf das, was er wirklich war, gab seine Witwe in einem Brief, von dem sie glaubte, er werde nie veröffentlicht werden. »Wie schön, lieber Dr.«, schrieb sie Ludwig Binswanger, »daß Sie ihn noch in voller Manneskraft kennen gelernt, er hat ja zum Schluß unendlich gelitten, so daß selbst die, welche ihn am liebsten für immer behalten hätten, seine Erlösung wünschen mußten! Und doch, wie furchtbar schwer es ist, ihn entbehren zu müssen. Ohne so viel Güte und Weisheit neben sich weiterzuleben! Ein schwacher Trost ist für mich das Bewußtsein, daß in 53 Jahren unserer Ehe kein böses Wort zwischen uns gefallen und daß ich immer getrachtet habe, ihm die Misère des Alltags aus dem Weg zu räumen. Nun hat mein Leben Sinn und Inhalt verloren ...«[55]

Für alle, die nicht imstande oder nicht gewillt sind, die Welt zu verstehen, in der Freud lebte, oder die nicht erkennen, daß er trotz seiner hohen Fähigkeiten ein Mensch wie alle anderen war, mag der Brief eine Überraschung sein. Manche werden in ihrem Unverstand die Spur eines Versagens darin sehen, daß der große Sigmund Freud und seine ergebene Hausfrau, nachdem die erste unbekümmerte Begeisterung verflogen war, ein langes glückliches Leben miteinander führten.

Für alle anderen ist Marthas Brief kein schlechtes Epitaph.

Anhang

Anmerkungen

Die Anmerkungen sind nach Kapiteln geordnet. Die Schriften Sigmund Freuds erscheinen ohne Verfasserangabe. Genauere Einzelheiten über andere zitierte Autoren und Werke sind gegebenenfalls der nachfolgenden Bibliographie zu entnehmen. Die Abkürzung G.W. steht für Sigmund Freud, *Gesammelte Werke* in 18 Bänden, unter Mitwirkung von Marie Bonaparte, Prinzessin Georg von Griechenland, herausgegeben von Anna Freud, E. Bibring, W. Hoffer, E. Kris und O. Isakower; Imago Publishing Co., London, 1940–52; Bd. 18 Frankfurt am Main, 1968; seit 1960 die gesamte Edition bei S. Fischer Verlag, Frankfurt am Main.

1. Jüdische Kindheit

1 P. B. Medawar, *The Hope of Progress,* S. 68.
2 Max Schur, *Sigmund Freud – Leben und Sterben,* Aus dem Englischen von Gert Müller, Suhrkamp Verlag, Frankfurt am Main, 1977, S. 148.
3 Verzeichnis vom 23. 1. 1853, Direktor des Okresní archiv v Novém Jičině.
4 Einzelheiten über die Jahre der Familie Freud in Freiberg bei:
   1. Josef Sajner, »Sigmund Freuds Beziehungen zu seinem Geburtsort Freiberg (Příbor) und zu Mähren«, in: *Clio Medica,* Bd. III (1968), S. 167–180.
   2. Renée Gicklhorn, »The Freiberg Period of the Freud Family«, in: *Journal of the History of Medicine,* Vol. XXIV (Jan. 1969), S. 37–43.
   3. Dr. Marianne Krüll, »Freuds Absage an die Verführungstheorie im Lichte seiner eigenen Familiendynamik«, in: *Familiendynamik: Interdisziplinäre Zeitschrift für Praxis und Forschung,* S. 102–129.
5 Okresní archiv v Novém Jičině, 24. Juni 1844.
6 Státní archiv v Opavě, Nachforschung des Autors, 27. 6. 1978.
7 Gicklhorn, op. cit., S. 41.
8 Kurt Eissler, zit. in Brief Leslie Adams–Ernest Jones, 11. 10. 1953, Institute of Psycho-Analysis, London.
9 Willy Aron, »Notes on Siegmund Freud's Ancestry and Jewish Contacts«, in: *YIVO Annals of Jewish Social Sciences,* Vol. XI (1956–57), S. 288.
10 *Die Traumdeutung,* G.W., Bd. 2/3, S. 198.
11 Ibid., Vorbemerkung zur ersten Auflage, S. VIII.
12 Max Schur, *Sigmund Freud,* loc. cit., S. 34.
13 »Über Deckerinnerungen«, G.W., Bd. 1, S. 540.

14 *Aus den Anfängen der Psychoanalyse; Briefe an Wilhelm Fließ, Abhandlungen und Notizen aus den Jahren 1887–1902,* hrsg. von Marie Bonaparte, Anna Freud und Ernst Kris (Erstausgabe 1950, London), S. Fischer, Frankfurt a. M. 1962, korrigierter Nachdruck 1975. (Alle Seitenangaben beziehen sich auf die letztgenannte Ausgabe. Kurztitel hiernach: *Aus den Anfängen.*) Hier: Freud–Fließ, 3. 10. 1897, S. 189f.

15 »Über Deckerinnerungen«, G.W., Bd. 1, S. 540f.

16 Ibid., S. 542f.

17 Zit. bei Theodor Reik, *Listening with the Third Ear: The Inner Experience of a Psychoanalyst,* S. 25 (Kurztitel: Reik, *Third Ear*).

18 Anthony Storr, »The Concept of Cure«, in : Charles Rycroft, Hrsg., *Psychoanalysis Observed,* S. 56.

19 *Selbstdarstellung,* G.W., Bd. 14, S. 34.

20 *Die Traumdeutung,* G.W., Bd. 2/3, S. 203.

21 Freud–Eduard Silberstein, 4. 9. 1872, Sigmund Freud Copyrights Ltd., Colchester. (Quellenangabe hiernach »Colchester«.)

22 Brief an den Bürgermeister der Stadt Příbor, 25. 10. 1931, G.W., Bd. 14, S. 561.

23 Freud–Samuel Freud, 6. 5. 1928, The John Rylands University Library of Manchester, England, (hiernach »Rylands«). Anmerkung des Übersetzers: Alle Briefe Freuds an seinen Neffen Samuel wurden laut Auskunft des Autors in englischer Sprache geschrieben.

24 »Über Deckerinnerungen«, G.W., Bd. 1, S. 542.

25 *Briefe 1873–1939,* ausgew. u. hrsg. von Ernst und Lucie Freud, S. Fischer Verlag, Frankfurt am Main, 2. erweiterte Auflage, 1968. (Alle Seitenangaben beziehen sich auf diese Auflage.) Hier: Freud–Martha Bernays, 14. 8. 1882, S. 32.

26 Renée Gicklhorn, *Sigmund Freud und der Onkeltraum – Dichtung und Wahrheit.*

27 *Die Traumdeutung,* G.W., Bd. 2/3, S. 221.

28 Ibid,. S. 178.

29 »Zur Psychologie des Gymnasiasten«, G.W., Bd. 10, S. 205.

30 Ibid., S. 205f.

31 Anna Freud Bernays, »My Brother, Sigmund Freud«, in: *American Mercury,* Vol. LI (Nov. 1940), S. 338.

32 Ibid., S. 338.

33 »Eine Kindheitserinnerung aus *Dichtung und Wahrheit«,* G.W., Bd. 12, S. 26.

34 Anna Freud Bernays, op. cit., S. 337.

35 Ibid., S. 337.

36 Ibid., S. 336.

37 »Zur Psychologie des Gymnasiasten«, G.W., Bd. 10, S. 205.

38 Bernard Shaw, *Man and Superman. A Comedy and a Philosophy,* S. 22.

2. Ehrgeizige Jugend

1 Freud–Martha Bernays, 7. 2. 1884, *Briefe 1873–1939*, loc. cit., S. 103.
2 Freud–Silberstein, 9. 9. 1875, Colchester.
3 Freud–Silberstein, 7. 9. 1877, Colchester.
4 Stanescu, H., »Young Freud's Letters to his Rumanian Friend Silberstein«, in: *The Israel Annals of Psychiatry and Related Disciplines,* Vol. IX, No. 3 (Dez. 1971), S. 196.
5 Freud–Martha Bernays, 28. 10. 1883, zit. in der Einleitung von Ernst L. Freud zu »Jugendbriefe Sigmund Freuds«, in: *Neue Rundschau,* 1969, Heft 4, S. Fischer Verlag, Frankfurt a. M.
6 Freud–Silberstein, 4. 9. 1872, Colchester.
7 Ibid.
8 Ernest Jones, *Das Leben und Werk von Sigmund Freud,* Bd. I, 1856–1900 (übers. von Katherine Jones), Bd. II, 1901–1919 (übers. von Gertrud Meili-Dworetzki), Bd. III, 1919–1939 (übers. von Gertrud Meili-Dworetzki), 2. unveränderte Auflage 1978, Verlag Hans Huber, Bern, Stuttgart, Wien. (Quellenangabe hiernach Jones I, II, III.)
9 »Über Deckerinnerungen«, G.W., Bd. 1, S. 543.
10 Freud–Martha Bernays, 28. 10. 1883, siehe Anmerkung 5.
11 Jones II, S. 479.
12 Ilse Grubrich-Simitis, Hrsg., *Sigismund Freud, »Selbstdarstellung«, Schriften zur Geschichte der Psychoanalyse,* S. Fischer Verlag, BdW 6096, Frankfurt a. M., ^{5}1978. Darin sind enthalten (S. 103–123): »Jugendbriefe an Emil Fluß«. Hier: Freud–Fluß, 28. 9. 1872, S. 110f.
13 Freud–Silberstein, 17. 8. 1872, Colchester.
14 Freud–Silberstein, 4. 9. 1872, Colchester.
15 Ibid.
16 Ibid.
17 Ibid.
18 Ibid.
19 Freud–Fluß, 28. 9. 1872, I. Grubrich-Simitis, op. cit., S. 111.
20 Freud–Silberstein, 24. 1. 1875, Colchester.
21 H. Stanescu, op. cit., S. 203.
22 Ibid.
23 »Zur Geschichte der Psychoanalytischen Bewegung«, G.W., Bd. 10, S. 54.
24 »Die Natur«, ursprünglich »Das Fragment« betitelt, erschien erstmals 1782 anonym im *Tiefurter Journal.*
25 Von der in Goethe-Ausgaben enthaltenen Fassung leicht abweichendes Zitat aus dem *Tiefurter Journal,* Pt. XXXII, 1782; nachgedruckt von R. Steiner, 1892.
26 Freud–Fluß, 17. 3. 1873, I. Grubrich-Simitis, op. cit., S. 114.
27 Freud–Fluß, 1. 5. 1873, ibid., S. 116.
28 *Selbstdarstellung,* G.W., Bd. 14, S. 34.
29 Freud–Fluß, 1. 5. 1873, I. Grubrich-Simitis, op. cit., S.116.
30 Freud–Fluß, 16. 6. 1873, ibid., S. 120.
31 Freud–Fluß, ibid., S. 119f. (Auch *Briefe1873–1939,* loc. cit., S. 5).

32 Freud–Silberstein, 11. 7. 1873, Colchester.
33 »Nachwort zur ›Frage der Laienanalyse‹«, G.W., Bd. 14, S. 290.
34 Freud–Silberstein, 5. 4. 1876, Colchester.
35 *Selbstdarstellung,* G.W., Bd. 14, S. 35.
36 Freud–Fluß, 1. 5. 1873, I. Grubrich-Simitis, op. cit., S. 115.
37 Freud–Silberstein, 22. 8. 1874, *Briefe 1873–1939,* loc. cit., S. 9.
38 Freud-Silberstein, 7. 3. 1875, Colchester.
39 Freud–Silberstein, 15. 8. 1877, Colchester.
40 Freud–Silberstein, 24. 7. 1873, Colchester.
41 Freud–Silberstein, 8. 11. 1874, Colchester.
42 Freud–Silberstein, 7. 3. 1875, Colchester.
43 Freud–Silberstein, 13. 8. 1874, Colchester. (Mit »Scherr« ist der Kultur- und Literaturhistoriker Johannes Scherr – 1817 bis 1886 – und dessen zweibändige *Allgemeine Geschichte der Literatur* [1851] gemeint. Anm. des Übers.)
44 Freud–Silberstein, 22. 8. 1874, *Briefe 1873–1939,* loc cit., S. 10.
45 Freud–Silberstein, 24. 1. 1875, Colchester.
46 Anna Freud Bernays, op. cit., S. 340.
47 Freud–Silberstein, 9. 9. 1875, Colchester.
48 Emanuel Freud–Familie Freud, zit. bei Anna Freud Bernays, op. cit., S. 340.
49 Freud–Martha Bernays, 10. 3. 1886, *Briefe 1873–1939,* loc. cit., S. 219.
50 Freud–Fließ, 11. 3. 1900, *Aus den Anfängen,* loc. cit., S. 267f.
51 Freud–Fließ, 16. 4. 1900, ibid., S. 273.
52 *Sigmund Freud/Lou Andreas-Salomé, Briefwechsel,* hrsg. von Ernst Pfeiffer, S. Fischer Verlag, Frankfurt a. M., 2. überarbeitete Aufl. 1980. Hier: Lou Andreas Salomé–Freud, 29. 10. 1913, S. 15.
53 Martin Freud, *Glory Reflected: Sigmund Freud, Man and Father,* London 1955, S. 48.
54 Ernst Lothar, *Das Wunder des Überlebens: Erinnerungen und Ergebnisse,* S. 40f.
55 Freud–Max Eitingon, 6. 6. 1938, *Briefe 1873–1939,* loc. cit., S. 462.
56 »Beobachtungen über Gestaltung und feineren Bau der als Hoden beschriebenen Lappenorgane des Aals«, von Sigmund Freud, stud. med., Arbeiten aus dem zoologisch-vergleichend-anatomischen Institut der Universität Wien, »Sitzungsbericht der Kaiserl. Akademie der Wissenschaften Wien«, Abt. 1, Bd. 75, April-Heft 1877, S. 419–431.
57 Freud–Silberstein, 5. 4. 1876, Colchester.
58 Siegfried Bernfeld, »Freuds Scientific Beginnings«, in: *American Imago,* Vol. VI, No. 3 (1949), S. 166.
59 Emil Du Bois-Reymond–Eduard Hallmann, Mai 1842, in: Estelle Du Bois-Reymond, Hrsg., *Jugendbriefe von E. DuBois-Reymond an Eduard Hallmann, zu seinem hundertsten Geburtstag, dem 7. November 1908,* S. 108.
60 *Die Traumdeutung,* G.W., Bd. 2/3, S. 425.
61 S. Bernfeld, »Freud's Scientific Beginnings«, loc. cit., S. 169.
62 *Selbstdarstellung,* G.W., Bd. 14, S. 35.
63 *Über Psychoanalyse,* fünf Vorlesungen, gehalten zur 20jährigen Grün-

dungsfeier der Clark University in Worcester, Mass., Sept. 1909. Erste Vorlesung, G.W., Bd. 8, S. 3.

64 S. Bernfeld, »Freud's Scientific Beginnings«, loc. cit., S. 176.

65 Freud–Silberstein, 14. 8. 1878, Colchester.

66 Freud–Silberstein, 27. 2. 1875, Colchester.

67 Freud–Martha Bernays, 15. 11. 1883, *Briefe 1873–1939,* loc. cit., S. 82f.

68 *Über den Traum,* G.W., Bd. 2/3, S. 650f.

69 Herman Nunberg und Ernst Federn, Hrsg., *Protokolle der Wiener Psychoanalytischen Vereinigung,* Bd. I (1906–1908), Bd. II (1908–1910), Bd. III (1910–1911), Bd. IV (1912–1918), S. Fischer Verlag, Frankfurt a. M. ab 1976, Bd. IV erscheint 1981. In der Folge Quellenangabe *Protokolle I, II, III, IV.* Hier: Bd. I, S. 186.

70 *Neue Folge der Vorlesungen zur Einführung in die Psychoanalyse,* 33. Vorlesung, »Die Weiblichkeit«, G.W., Bd. 15, S. 144.

71 Joseph Wortis, »Fragments of a Freudian Analysis«, in: *American Journal of Orthopsychiatry,* Vol. X (1940), S. 847.

72 *Neue Folge der Vorlesungen zur Einführung in die Psychoanalyse,* G.W., Bd. 15, S. 134.

73 Ibid., 34. Vorlesung, »Aufklärungen, Anwendungen, Orientierungen«, S. 152.

74 *Selbstdarstellung,* G.W., Bd. 14, S. 35.

75 Freud–Carl Koller, 23. 7. 1880, *Briefe 1873–1939,* S. 15, 16.

76 Freud–Carl Coller, 24. 7. 1880, ibid., S. 16f.

3. Der entschlossene Arzt

1 *Selbstdarstellung,* G.W., Bd. 14, S. 35.

2 Anna Freud Bernays, op. cit., S. 340.

3 Reik, *Third Ear,* loc. cit. S. 7.

4 Zit. bei René Laforgue, »Personal Memories of Freud« (1956), in: Hendrik M. Ruitenbeek, Hrsg., *Freud as We Knew Him,* S. 342.

5 Jones I, S. 126.

6 Freud–James J. Putnam, 8. 7. 1915, *Briefe 1873–1939,* loc. cit., S. 321.

7 Freud–Fließ, 31. 10. 1897, *Aus den Anfängen,* loc. cit., S. 197.

8 Brief Freuds (ohne Datum) als Antwort auf einen Fragebogen über das Wesen der Liebe, in: »Au delà de l'amour«, *Les Cahiers contemporains,* Paris 1926. Zit. bei Theodor Reik, *From Thirty Years with Freud,* S. 157. (Kurztitel: Reik, *Thirty Years.*)

9 Maryse Choisy, *Sigmund Freud: A New Appraisal,* S. 47.

10 Freud–Martha Bernays, 11. 7. 1882, Jones I, S. 139.

11 Charles Biederman–Ernest Jones, 19. 10. 1955, Institute of Psycho-Analysis, London.

12 Freud–Martha Bernays, 6. 9. 1882, Jones I, S. 145.

13 Freud–Martha Bernays, 9. 4. 1884, Jones I, S. 153.

14 Zit. bei Jones I, S. 87.

15 Freud–Martha Bernays, 5. 10. 1882, *Briefe 1873–1939,* loc. cit., S. 41.

16 Freud–Minna Bernays, 21. 2. 1883, ibid., S. 45.
17 Freud–Martha Bernays, 16. 1. 1884, ibid., S. 95.
18 Freud–Martha Bernays, 7. 2. 1884, ibid., S. 103.
19 Freud–Martha Bernays, 14. 2. 1884, ibid., S. 106.
20 Freud–Martha Bernays, 9. 10. 1883, ibid., S. 74.
21 Freud–Martha Bernays, 23. 8. 1883, ibid., S. 51.
22 Freud–Martha Bernays, 25. 10. 1883, ibid., S. 79.
23 Zit. ibid., S. 80.
24 Ibid.
25 Freud–Martha Bernays, 12. 10. 1883, Jones I, S. 243.
26 Abraham A. Brill, »A Psychoanalyst Scans His Past«, Rede als Vorsitzender der gemeinsamen Versammlung der New York Neurological Society und der neurologischen Abtlg. der New York Academy of Medicine, 7. 10. 1941, abgedruckt in: *Journal of Nervous and Mental Disease,* Vol. XCV, Part I (1942), S. 540. (Kurztitel hiernach: Brill, »His Past«.)
27 Freud–Martha Bernays, 7. 1. 1884, *Briefe 1873–1939,* loc. cit., S. 91.
28 Freud–Martha Bernays, 14. 2. 1884, ibid., S. 105.
29 Freud–Martha Bernays, 19. 4. 1884, ibid., S. 112.
30 *Selbstdarstellung,* G.W., Bd. 14, S. 36.
31 Ibid., S. 36.
32 Freud–Martha Bernays, 21. 4. 1884, *Briefe 1873–1939,* loc. cit., S. 114.
33 *Chambers Encyclopaedia,* Vol. III (1889), S. 222.
34 Freud–Martha Bernays, 21. 4. 1884, *Briefe 1873–1939,* loc. cit., S. 114.
35 »Über Coca«, in: *Centralblatt für die gesamte Therapie,* Bd. 2., S. 289. Neu durchgesehener und vermehrter Separat-Abdruck, Wien 1885, S. 10.
36 C. Koller, »Historical Notes on the Beginnings of Local Anesthesia«, in: *Journal of the American Medical Association,* Vol. XC, No. 21 (1928) S. 1742–43.
37 Freud–Martha Bernays, 2. 6. 1884, Jones I, S. 109.
38 Hanns Sachs, *Freud: Master and Friend,* zit. auf S. 69.
39 »Über Coca«, in: *Centralblatt für die gesamte Therapie,* II, Wien, Juli 1884, S. 304f und 307.
40 Alexander Schusdek, »Freud on Cocaine«, in: *Psychoanalytic Quarterly,* Vol. XXXIV (1965), S. 411.
41 J. Gärtner, »Die Entdeckung der Lokalanästhesie«, in: *Der Neue Tag,* Wien 1919.
42 Ibid.
43 So wiedergegeben in einem Brief Freud–Martha Bernays, 18. 10. 1884, zit. bei Jones I, S. 111.
44 *Die Traumdeutung.* G.W., Bd. 2/3, S. 176.
45 *Selbstdarstellung,* G.W., Bd. 14, S. 39.
46 A. Erlenmeyer, »Über die Wirkung des Cocaïn bei der Morphiumentziehung«, in: *Centralblatt für die Nervenheilkunde,* VIII (Juli 1885), S. 289–299.
47 Brücke, Bericht an das Komitee, am 28. 2. 1885 der Fakultätssitzung vorgelegt, zit. bei Jones I, S. 96.
48 Freud–Martha Bernays, 28. 4. 1885, *Briefe 1873–1939,* loc. cit., S. 144f.

49 Reik, *Third Ear,* loc. cit., S. 21
50 Freud–Fritz Wittels, 18. 12. 1923, *Briefe 1873–1939,* loc. cit., S. 363.
51 Freud–Arnold Zweig, 31. 5. 1936, ibid., S. 445.
52 Marie Louise war nach Napoleons Tod noch mit dem Grafen Neipperg und dem Grafen Bombelles verheiratet gewesen. (Anm. des Übers.)
53 Freud–Martha Bernays, 8. 6. 1885, *Briefe 1873–1939,* loc. cit., S. 155.
54 Ibid., S. 156.
55 Freud–Martha Bernays, 20. 6. 1885, ibid., S. 158.

4. Paris

1 Freud–Martha Bernays, 12./13. 10. 1885, Jones I, S. 219.
2 Ibid.
3 Freud–Martha Bernays, 19. 10. 1885, *Briefe 1873–1939,* loc. cit., S. 177.
4 Ibid., S. 177f.
5 Ibid., S. 176.
6 Axel Munthe, *The Story of San Michele,* London 1929. Dt. von G. Uexküll-Schwerin, *Das Buch von San Michele,* List, München, und dtv/List (aus dieser Ausgabe, S. 201f., zitiert).
7 Freud–Martha Bernays, 21. 10. 1885, *Briefe 1873–1939,* loc. cit., S. 180f.
8 Freud–Martha Bernays, 21. 10. 1885, aus dem veröffentlichten Brief gestrichener Absatz; Colchester.
9 Freud–Martha Bernays, 24. 11. 1885, *Briefe 1873–1939,* loc. cit., S. 189.
10 »Bericht über meine mit Universitäts-Jubiläums-Reisestipendium unternommene Studienreise nach Paris und Berlin«, I. Grubrich-Simitis, op. cit., S. 132.
11 »Nachwort zur ›Frage der Laienanalyse‹«, G.W., Bd. 14, S. 290.
12 *Charcot* (Nachruf), G.W., Bd. 1, S. 22.
13 Ibid., S. 33.
14 Freud–Martha Bernays, 12. 12. 1885, *Briefe 1873–1939,* loc. cit., S. 193.
15 Freud–Minna Bernays, 3. 12. 1885, ibid., S. 192.
16 Freud–Martha Bernays, 12. 12. 1885, ibid., S. 193.
17 Freud–Martha Bernays, 10. 2. 1886, ibid., S. 212.
18 Ibid., S. 214.
19 Freud–Carl Koller, 13. 10. 1886, ibid., S. 228.
20 Freuds Schilderung in einem Brief an Martha Bernays, 17. 1. 1886, ibid., S. 198.
21 Freud–Martha Bernays, 20. 1. 1886, ibid., S.201f.
22 Freud–Martha Bernays, 2. 2. 1886, ibid., S. 208.
23 Freud–Minna Bernays, 7. 2. 1886, ibid., S. 211.
24 Freud–Martha Bernays, 10. 3. 1886, ibid., S. 219.
25 Freud–Rosa Freud, 8. 3. 1886, ibid., S. 218.

1 *Über Psychoanalyse,* G.W., Bd. 8, S. 6.
2 »Bericht über meine mit Universitäts-Jubiläums-Reisestipendium unternommene Studienreise nach Paris und Berlin«, I. Grubrich-Simitis, op. cit., S. 130.
3 Freud–René Laforgue, zit. bei Laforgue, »Personal Memories of Freud«, loc. cit., S. 344.
4 Zitiert bei Joseph Bloch, *Erinnerungen aus meinem Leben,* S. 51.
5 Reik, *Thirty Years,* S. 18.
6 Abram Kardiner, »Freud – The Man I Knew, The Scientist and His Influence«, in: Benjamin Nelson, Hrsg., *Freud and the 20th Century,* S. 51.
7 *Neue Folge der Vorlesungen zur Einführung in die Psychoanalyse,* 34. Vorl., »Aufklärungen, Anwendungen, Orientierungen«, G.W., Bd. 15, S. 169.
8 *Sigmund Freud / C. G. Jung, Briefwechsel,* hrsg. von William McGuire und Wolfgang Sauerländer, S. Fischer Verlag, Frankfurt a. M. 1974. Hier: Freud–Jung, 9. 3. 1909, S. 232f.
9 Freud–Martha Bernays, 6. 5. 1886, *Briefe 1873–1939,* loc. cit., S. 223.
10 Freud–Martha Bernays, 13. 5. 1886, ibid., S. 225.
11 Ibid.
12 Freud–Fließ, 29. 8. 1888, *Aus den Anfängen,* loc. cit., S. 56f.
13 *Wiener Medizinische Wochenschrift,* 1889, Bd. XXXIV, S. 1098, zit. bei Jones I, S. 281.
14 Freud–Carl Koller, 13. 10. 1886, *Briefe 1873–1939,* loc. cit., S. 228f.
15 Freud–Martha Bernays, 13. 5. 1886, ibid., S. 224.
16 Freud–Carl Koller, 13. 10. 1886, ibid., S. 228.
17 Zit. bei Henri F. Ellenberger, *The Discovery of the Unconscious: History and Evolution of Dynamic Psychiatry,* S. 459.
18 Freud–Josef Breuer, 1. 9. 1886, *Briefe 1873–1939,* loc. cit., S. 226f.
19 Anna Freud Bernays, op. cit, S. 341.
20 Freud–Carl Koller, 13. 10. 1886, *Briefe 1873–1939,* loc. cit., S. 228.
21 Elliott Philipp–Ernest Jones, 28. 10. 1953, Institute of Psycho-Analysis, London.
22 Rudolf von Urban–Ernest Jones (in englisch), o. D., Institute of Psycho-Analysis, London.
23 »Beobachtung einer hochgradigen Hemianästhesie bei einem hysterischen Manne (Beiträge zur Kasuistik der Hysterie I)«, in: *Wiener Medizinische Wochenschrift,* Bd. 36 (49), S. 1633.
24 *Selbstdarstellung,* G.W., Bd. 14, S. 39.
25 Reik, *Thirty Years,* loc. cit., S. 17.
26 Freud–Fließ, 24. 11. 1887, *Aus den Anfängen,* loc. cit., S. 51.
27 Freud–Marie Bonaparte, 3. 1. 1937, zit. bei Max Schur, *Sigmund Freud,* loc. cit., S. 573.
28 *Aus den Anfängen,* Vorwort der Herausgeber, S. 7.
29 Arthur Efron, »Freud's Self-Analysis and the Nature of Psychoanalytic Criticism«, in: *International Review of Psycho-Analysis,* Vol. IV (1977), S. 254.

30 Freud–Fließ, 31. 10. 1895, *Aus den Anfängen,* loc. cit., S. 116.
31 Jones I, S. 341.
32 Freud–Fließ, 3. 7. 1899, *Aus den Anfängen,* loc. cit., S. 245.
33 Freud–Fließ, 25. 5. 1895, ibid., S. 108.
34 *Jenseits des Lustprinzips,* G.W., Bd. 13, S. 48.
35 *Zur Auffassung der Aphasien, eine kritische Studie,* Franz Deuticke, Leipzig und Wien 1891, S. 1.
36 Freud–Fließ, 30. 6. 1896, *Aus den Anfängen,* loc. cit., S. 148.
37 Freud–Fließ, 22. 9. 1898, ibid., S. 227.
38 Freud–Fließ, 1. 8. 1890, ibid., S. 58.
39 Freud–Fließ, 1. 1. 1896, in dem veröffentlichten Brief gestrichen, zit. bei Jones I, S. 349f.
40 Zit. bei Eleonore Fließ, *Robert Fließ, 1895–1970,* S. 14.
41 Siegfried Bernfeld u. Suzanne Cassirer Bernfeld, »Freud's First Year in Practice, 1886–1887«, in: *Bulletin of the Menninger Clinic,* Vol. XVI, No. 2 (März 1952), S. 34–49.
42 *Studien über Hysterie,* G.W., Bd. 1, S. 266. (Die G.W. enthalten nur die Beiträge Freuds. Bezüglich der Beiträge Breuers siehe Anm. 4, nächstes Kapitel.)
43 *Selbstdarstellung,* G.W., Bd. 14, S. 39f.
44 *Über Psychoanalyse,* G.W., Bd. 8, S. 3.

6. Die Erforschung des Unbewußten

1 Josef Breuer–Auguste Forel, 21. 11. 1907, abgedruckt in *Gesnerus,* 14, (1957), S. 169–171.
2 H. F. Ellenberger, »The Story of ›Anna O.‹: A Critical Review with New Data«, in: *Journal of the History of the Behavioral Sciences,* Vol. VIII, No. 3 (Juli 1972), S. 279. (Hiernach Ellenberger, »Anna O.«)
3 Freud–Martha Bernays, 13. 7. 1883, *Briefe 1873–1939,* loc. cit., S. 47.
4 *Studien über Hysterie,* Neuausgabe mit den Beiträgen Breuers, Fischer Taschenbuch Verlag, Frankfurt a. M. 1970 (Fischer BdW 6001), S. 22f.
5 Ibid., S. 24f.
6 Ibid., S. 30f.
7 Ibid., S. 31.
8 Ellenberger, »Anna O.«, loc. cit., S. 279.
9 *Studien über Hysterie,* siehe Anm. 4, S. 35.
10 Freud–Stefan Zweig, 2. 6. 1932, *Briefe 1873–1939,* loc. cit., S. 428.
11 Jones I, S. 267.
12 Ibid., S. 268.
13 Ellenberger, *The Discovery of the Unconscious,* loc. cit., S. 483.
14 Freud–Martha Bernays, 5. 8. 1883, Jones I, S. 268.
15 Ellenberger, »Anna O.«, loc. cit., S. 277f.
16 *Vorlesungen zur Einführung in die Psychoanalyse,* 18. Vorlesung, »Die Fixierung an das Trauma, das Unbewußte«, G.W., Bd. 11, S. 283.
17 Breuer–Forel, 21. 11. 1907, loc. cit.

18 *Studien über Hysterie,* G.W., Bd. 1, S. 77. (Gemeinsames Vorwort von Freud und Breuer zur 1. Auflage.)
19 Vortrag »Über den psychischen Mechanismus hysterischer Phänomene« (stenographierte, vom Autor revidierte Nachschrift), *Wien. med. Presse,* Bd. 34 (4) Kol. 121 und (5) Kol. 165; Freud, *Studienausgabe,* Bd. VI, S. 16.
20 F. W. H. Myers, »The Subliminal Consciousness«, in: *Proceedings of the Society for Psychical Research,* Vol. IX (1893–94), S. 13.
21 *Selbstdarstellung,* G.W., Bd. 14, S. 41.
22 *Studien über Hysterie,* G.W., Bd. 1, S. 165.
23 Brill, »His Past«, loc. cit., S. 542.
24 Freud–Minna Bernays, 13. 7. 1891, *Briefe 1873–1939,* loc. cit., S. 239.
25 *Zur Auffassung der Aphasien,* loc. cit., S. 56f.
26 Freud–Fließ, 2. 5. 1891, *Aus den Anfängen,* loc. cit., S. 59.
27 Willy Aron, op. cit., S. 289. (Originaltext Hebräisch, übersetzt nach der englischen Übertragung von Aron. Anm. des Übers.)
28 Freud–Fließ, 16. 8. 1895, *Aus den Anfängen,* loc. cit., S. 109.
29 Judith Bernays Heller, »Freud's Mother and Father: A Memoir«, in: *Commentary,* Vol. XXI, No. 5 (Mai 1956), S. 418–421.
30 Freud–Fließ, 4. 2. 1888, *Aus den Anfängen,* loc. cit., S. 54.
31 Freud–Fließ, 28. 5. 1888, ibid., S. 55.
32 Judith Bernays Heller–Ernest Jones, o. D., Institute of Psycho-Analysis, London.

7. Die Geburt der Psychoanalyse

1 Reik, *Thirty Years,* loc. cit., S. 61.
2 Lancelot Law Whyte, *The Unconscious Before Freud,* S. 163.
3 Lawrence Sterne, *The Life and Opinions of Tristram Shandy, Gent.,* 1759–67.
4 Thomas Hardy, *Tess of the D'Urbervilles,* 1891.
5 Reik, *Thirty Years,* loc. cit., S. 61.
6 *Der Wahn und die Träume in W. Jensens »Gradiva«,* G.W., Bd. 7, S. 33.
7 Edouard Dujardin, *Le Monologue Intérieur: son apparition, ses origines, sa place dans l'œuvre de James Joyce,* S. 58.
8 Freud–Fließ, 21. 5. 1894, *Aus den Anfängen,* loc. cit., S. 77.
9 *Über Psychoanalyse,* G.W., Bd. 8, S.19.
10 *Studien über Hysterie,* G.W., Bd. 1, S. 167.
11 Ibid., S. 168.
12 Ibid., S. 271.
13 *Selbstdarstellung,* G.W., Bd. 14, S. 53.
14 Maryse Choisy, op. cit., S. 125.
15 Muriel Gardiner, Hrsg., *Der Wolfsmann vom Wolfsmann,* 2., korrigierte Aufl., S. Fischer Verlag, Frankfurt a. M. 1972, S. 177.
16 Ludwig Börne, »Die Kunst, in drei Tagen ein Original-Schriftsteller zu werden«, 1823, zit. bei Freud, »Zur Vorgeschichte der analytischen Technik«, G.W., Bd. 12, S. 311f.

17 Freud–Sándor Ferenczi, 9. 4. 1919, zit. bei E. Freud, Lucie Freud und Ilse Grubrich-Simitis, Hrsg., *Sigmund Freud, Sein Leben in Bildern und Texten,* Suhrkamp Verlag, Frankfurt a. M., 2. korr. Auflage 1977, S. 73.

18 Francis Galton, »Psychometric Experiments«, in: *Brain: A Journal of Neurology,* Vol. II (Juli 1879), S. 155.

19 Ibid., S. 162.

20 D. W. Forrest, *Francis Galton: The Life and Work of a Victorian Genius,* S. 148.

21 R. S. Woodworth, Hrsg. von *The Nation* an der Columbia University, 13. 10. 1916, in: *The Nation,* Vol. CIII, No. 2678 (26. 10. 1916), S. 396.

22 Joseph Wortis, op. cit., Vol X (1940), S. 844.

23 Muriel Gardiner, op. cit., S. 184.

24 »Zur Einleitung der Behandlung«, G.W., Bd. 8, S. 468.

25 Zit. bei Jones III, S. 185.

26 Ernest Simon, »Sigmund Freud, the Jew«, Leo Baeck Institute, *Yearbook II,* London 1957, S. 291.

27 Ibid.

28 »Zur Geschichte der psychoanalytischen Bewegung«, G.W., Bd. 10, S. 47.

29 *Jenseits des Lustprinzips,* G.W., Bd. 13, S. 16.

30 »Über ›wilde‹ Psychoanalyse«, G.W., Bd. 8, S. 120.

31 »Zur Geschichte der psychoanalytischen Bewegung«, G.W., Bd. 10, S. 51.

32 Ibid.

33 Ibid., S. 52.

34 Allan Janik u. Stephen Toulmin, *Wittgenstein's Vienna,* S. 76.

35 »Meine Ansicht über die Rolle der Sexualität in der Ätiologie der Neurosen«, G.W., Bd. 5, S. 150.

36 »Die zukünftigen Chancen der psychoanalytischen Therapie«, Ansprache zur Eröffnung des 2. Psychoanalytischen Kongresses, Nürnberg, 30/31. 3. 1910, G.W., Bd. 8, S. 105.

37 »Zur Geschichte der psychoanalytischen Bewegung«, G.W., Bd. 10, S. 59.

38 Freud–Fließ, 6. 10. 1893, *Aus den Anfängen,* loc. cit., S. 71.

39 Breuer–Forel, 21. 11. 1907, loc. cit.

40 Freud–Fließ, 18. 12. 1892., *Aus den Anfängen,* loc. cit, S. 60.

41 »Über den psychischen Mechanismus hysterischer Phänomene, Vorläufige Mitteilung«, mit J. Breuer, G.W., Bd. 1, S. 97.

42 Pierre Janet, »Contributions à l'étude des accidents mentaux chez les hystériques«, Thèse méd., Paris 1892–93, No. 432 (Paris: Rueff, 1893), S. 252–57.

43 J. Michell Clarke, »Hysteria and Neurasthenia«, in: *Brain: A Journal of Neurology,* Vol. XVII (1894), S. 125.

44 F. W. H. Myers, op. cit., S. 15.

45 *Studien über Hysterie,* G.W., Bd. 1, S. 158.

46 Ibid., Vorwort zur 1. Auflage, S. 77

47 *Studien über Hysterie,* Beitrag Breuers, Fischer BdW 6001, loc. cit., S. 161.

48 Freud–Fließ, 21. 5. 1894, *Aus den Anfängen,* loc. cit., S. 77.

49 Freud–Fließ, 29. 8. 1894, ibid., S. 91.

50 Freud–Fließ, 10. 3. 1898, ibid., S. 212.
51 Pierre Janet, *Principles of Psychotherapy,* S. 41.
52 *The Times,* 25. Mai 1931.
53 Adolf von Strümpell, Besprechung in der *Deutschen Zeitschrift für Nervenheilkunde,* 8, (1896), S. 159. Zit. in: *Aus den Anfängen,* loc. cit., S. 413 (Anmerkung zu einem Brief Freud–Fließ, 6. 2. 1896.)
54 *Selbstdarstellung,* G.W., Bd. 14, S. 48.
55 Alfred Freiherr von Berger in: *Neue Freie Presse,* 2. 2. 1896.
56 Freud–Fließ, 6. 2. 1896, *Aus den Anfängen,* loc. cit., S. 138.
57 J. Michell Clarke, Besprechung in *Brain: A Journal of Neurology,* Vol. XIX (1896), S. 407.
58 Ibid., S. 414.
59 »Über Psychotherapie«, G.W., Bd. 5, S. 20.
60 Karl R. Popper, *Conjectures and Refutations: The Growth of Scientific Knowledge,* S. 37.
61 Freud–Fließ, 22. 6. 1894, *Aus den Anfängen,* loc. cit., S. 86.
62 Iago Gladston, »Freud and Romantic Medicine«, in: *Bulletin of the History of Medicine,* Vol. XXX, No. 6 (Nov.–Dez. 1956), S. 494.
63 R. von Urban–Ernest Jones, 10. 10. 1955 (in Englisch), Institute of Psycho-Analysis, London.
64 Hanna Breuer–Ernest Jones, 21. 4. 1954 (in Englisch), ibid.
65 Jones I, S. 301 f.
66 Voltaire, *Lettres sur Œdipe.*
67 Jones I, S. 310.
68 Ludwig Binswanger, *Erinnerungen an Sigmund Freud,* Francke Verlag, Bern 1956, S. 13.

8. Splendid Isolation: Ein Mißgeschick

1 »Zur Geschichte der psychoanalytischen Bewegung«, G.W., Bd. 10, S. 60.
2 Freud–Ferenczi, 7. 7. 1913, *Briefe 1873–1939,* loc. cit., S. 313.
3 *Sigmund Freud/Oskar Pfister, Briefe 1909–1939,* hrsg. von Ernst L. Freud und Heinrich Meng, S. Fischer Verlag, Frankfurt a. M. 1969. Hier: Freud–Pfister, 25. 12. 1920, S. 81 f.
4 Freud–Fließ, 17. 11. 1893, zit. bei Max Schur, *Sigmund Freud,* loc. cit., S. 58.
5 Max Schur, *Sigmund Freud,* loc. cit., S. 82.
6 Ibid., S. 81.
7 T. S. Clouston, zit. in: »The Progress and Promise of Psychiatry in America«, in: Notes and Comments (Apr. 1898), *American Journal of Insanity,* Vol. LIV (1897–98), S. 638.
8 Freud–Fließ, 12. 6. 1900, *Aus den Anfängen,* loc. cit., S. 277.
9 *Sigmund Freud/Karl Abraham, Briefe 1907–1926,* hrsg. von Hilda C. Abraham und Ernst L. Freud, S. Fischer Verlag, Frankfurt a. M. 1965, 1980. Hier: Freud–Abraham, 5. 7. 1907, S. 17.
10 Freud–Fließ, 29. 11. 1895, *Aus den Anfängen,* loc. cit., S. 119.
11 Freud–Fließ, 8. 12. 1895, ibid., S. 121.

12 Freud–Fließ, 4. 5. 1896, ibid. S. 143.
13 *Die Traumdeutung,* G.W., Bd. 2/3, S. 473.
14 Freud–Fließ, 5. 11. 1897, *Aus den Anfängen,* loc. cit., S. 198.
15 Freud–Fließ, 21. 9. 1899, ibid., S. 256.
16 Freud–Fließ, 11. 3. 1900, ibid., S. 267.
17 *Neue Folge der Vorlesungen zur Einführung in die Psychoanalyse,* 29. Vorlesung, »Revision der Traumlehre«, G.W., Bd. 15, S. 6f.
18 *Die Traumdeutung,* G.W., Bd.2/3, S. 111.
19 Ibid.
20 Ibid., S. 111f.
21 Ibid., S.123.
22 Max Schur, »Some Additional ›Day Residues‹ of ›The Specimen Dream of Psychoanalysis‹«, in: R. M. Loewenstein, L. M. Newman, M. Schur u. A. J. Solnit, Hrsg., *Psychoanalysis – A General Psychology.* (Der Artikel Schurs – hiernach Quellenangabe Schur, »Day Residues« – enthält neben der englischen Übersetzung den Originalwortlaut der andernorts nicht veröffentlichten Briefe und Brieffragmente Freuds an Fließ, Anm. des Übers.) Hier: Freud–Fließ, 4. 3. 1895, S. 56.
23 Ibid., Freud–Fließ, 8. 3. 1895, S. 59.
24 Ibid.
25 Ibid., S. 60.
26 Ibid.
27 Max Schur, *Sigmund Freud,* loc. cit., S. 103.
28 Robert Browning, *The Lost Leader.*
29 Schur, »Day Residues«, Freud–Fließ, 8. 3. 1895, S. 60.
30 Ibid., Freud–Fließ, 28. 3. 1895, S. 62.
31 Ibid., Freud–Fließ, 20. 4. 1895, S. 67.
32 Ibid., Freud–Fließ, 26. 4. 1896, S. 80f.
33 Ibid., Freud–Fließ, 17. 1. 1897, S. 83.
34 Ibid., Fußnote.
35 *Die Traumdeutung,* G.W., Bd. 2/3, S. 126.
36 Freud–Fließ, 27. 4. 1895, *Aus den Anfängen,* loc. cit., S. 106.
37 Freud–Fließ, 25. 5. 1895, ibid., S. 107.
38 Ibid.
39 Freud–Fließ, 12. 6. 1895, ibid., S. 108.
40 Freud–Fließ, 16. 8. 1895, ibid., S. 110.
41 Freud–Fließ, 15. 9. 1895, The Jewish National and University Library, Jerusalem.
42 »Entwurf einer Psychologie«, *Aus den Anfängen,* loc. cit., S. 305.
43 Freud–Fließ, 20. 10. 1895, ibid., S. 115.
44 Freud–Fließ, 29. 11. 1895, ibid., S. 119f.
45 »Das Unbewußte«, G.W., Bd. 10, S. 273.
46 Freud–Pfister, 18. 1. 1928, *Briefe 1909–1939,* loc. cit., S. 129.
47 Freud–Alexander Lipschütz, 12. 8. 1931, *Briefe 1873–1939,* loc. cit., S. 425.
48 John Beloff, *The Existence of Mind,* S. 236.
49 Freud–Fließ, 8. 10. 1895, *Aus den Anfängen,* loc. cit., S. 112.

50 Freud–Fließ, 15. 10. 1895, ibid., S. 113.
51 »Weitere Bemerkungen über die Abwehr-Neuropsychosen«, G.W., Bd. 1, S. 381f.
52 »L'hérédité et l'étiologie des névroses« (nur in Französisch), G.W., Bd. 1, S. 407.
53 Ibid., S. 414.
54 Ibid.
55 Ibid., S. 415.
56 »Zur Ätiologie der Hysterie«, G.W., Bd. 1, S. 425.
57 Ibid., S. 427.
58 Freud–Fließ, 26./28. 4. 1896, zit. bei Schur, *Sigmund Freud,* loc. cit., S. 131.
59 Freud–Fließ, 21. 9. 1897, *Aus den Anfängen,* loc. cit., S. 186.
60 »Zur Geschichte der psychoanalytischen Bewegung«, G.W., Bd. 10, S. 55.
61 Freud–Fließ, 26./28. 4. 1896, siehe Anm. 58.
62 C. H. Hughes, Hrsg., Leitartikel »Aetiology of Hysteria«, in: *The Alienist and Neurologist,* Vol. XVII, No. 3 (St. Louis, Okt. 1896), S. 520.
63 —, »Sigmund Freud's Foolish Conclusion«, ibid., Vol. XX, Nr. 1, Jan. 1899, S. 144.
64 Nathan Schlessinger, John E. Gedo, Julian A. Miller, George H. Pollock, Melvin Sabshin u. Leo Sadow, »The Scientific Styles of Breuer and Freud and the Origins of Psychoanalysis«, in: John E. Gedo u. George H. Pollock, Hrsg., *Freud: The Fusion of Science and Humanism: The Intellectual History of Psycho-Analysis. Psychological Issues,* Vol. IX, No. 2/3, Monographie 34/35, S. 204.
65 Leo Sadow, John E. Gedo, Julian A. Miller, George H. Pollock, Melvin Sabshin u. Nathan Schlessinger, »The Process of Hypothesis Change in Three Early Psychoanalytic Concepts«, ibid., S. 273.
66 Freud–Fließ, 21. 9. 1897, *Aus den Anfängen,* loc. cit., S. 187.
67 *Selbstdarstellung,* G.W., Bd. 14, S. 59.
68 Alexander Schusdeck, »Freud's ›Seduction Theory‹: A Reconstruction«, in: *Journal of the History of Behavioral Sciences,* Vol. II (1966), S. 163.
69 Freud–Fließ, 26. 10. 1896, *Aus den Anfängen,* loc. cit., S. 148.
70 Freud–Jones, 12. 2. 1920, Colchester.
71 Freud–Fließ, 2. 11. 1896, *Aus den Anfängen,* loc. cit., S. 149.
72 Freud–Fließ, 31. 5. 1897, ibid., S. 179.
73 Freud–Fließ, 21. 9. 1897, ibid., S. 186.
74 Ibid., S. 187.
75 »Meine Ansichten über die Rolle der Sexualität in der Ätiologie der Neurosen«, G.W., Bd. 5, S. 153.
76 Ernest Jones, »The Nature of Genius«, Vortrag vor der New York Psychoanalytical Society and Institute, 23. 4. 1956. Abgedr. in E. Jones, *Sigmund Freud: Four Centenary Addresses.*
77 Ibid., S. 23.
78 *Selbstdarstellung,* G.W., Bd. 14, S. 59f.
79 Ibid., S. 60.
80 *Studien über Hysterie,* G.W., Bd. 1, S. 300.

81 J. Michell Clarke, op. cit., S. 414.
82 »Die Sexualität in der Ätiologie der Neurosen«, G.W., Bd. 1, S. 498.
83 »Konstruktionen in der Analyse«, G.W., Bd. 16, S. 53.
84 Seymour Fisher u. Roger P. Greenberg, *The Scientific Credibility of Freud's Theories and Therapy,* S. 366.
85 »Zur Geschichte der psychoanalytischen Bewegung«, G.W., Bd. 10, S. 55.
86 Freud–Abraham, 5. 7. 1907, *Briefe 1907–1926,* loc. cit., S. 17f.
87 Freud–Jung, 23. 5. 1912, *Briefwechsel,* loc. cit., S. 562.
88 Freud–Fließ, 21. 9. 1897, *Aus den Anfängen,* loc. cit., S. 188.
89 Ibid.
90 »Weitere Bemerkungen über die Abwehr-Neurosen«, G.W., Bd. 1, S. 385, Fußnote (Zusatz 1924).
91 »Zur Geschichte der psychoanalytischen Bewegung«, G.W., Bd. 10, S. 56.
92 Ibid.

9. Splendid Isolation: Genesung

1 Freud–Fließ, 14. 8. 1897, *Aus den Anfängen,* loc. cit., S. 185.
2 Captain J. P. Farrar, zit. bei Ronald W. Clark, *An Eccentric in the Alps,* S. 175.
3 »Zur Geschichte der psychoanalytischen Bewegung«, G.W., Bd. 10, S. 59.
4 »Die Feinheit einer Fehlhandlung«, G.W., Bd. 16, S. 38.
5 »Aus der Geschichte einer infantilen Neurose«, G.W., Bd. 12, S. 37f, 2. Fußnote.
6 Max Schur, *Sigmund Freud,* loc. cit., S. 155.
7 Paul Kline, *Fact and Fantasy in Freudian Theory,* S. 348.
8 Freud–Fließ, 3. 10. 1897, *Aus den Anfängen,* loc. cit., S. 189.
9 Freud–Fließ, Zusatz vom 4. 10. 1897, ibid., S. 190.
10 Freud–Fließ, 15. 10. 1897, ibid., S. 193.
11 Ibid., S. 194.
12 Norman H. Holland, *Psychoanalysis and Shakespeare,* S. 59.
13 *Die Traumdeutung,* G.W., Bd. 2/3, S. 269.
14 *Abriß der Psychoanalyse,* G.W., Bd. 17, S. 119f.
15 Ibid., S. 116.
16 *Neue Folge der Vorlesungen zur Einführung in die Psychoanalyse,* 32. Vorlesung, »Angst und Triebleben«, G.W., Bd. 15., S. 93.
17 *Vorlesungen zur Einführung in die Psychoanalyse,* 21. Vorlesung, »Libidoentwicklung und Sexualorganisationen«, G.W., Bd. 11, S. 349.
18 Protokolle IV, S. 225 (Vortragsabend am 25. 2. 1914).
19 Ibid., S. 247 (Vortragsabend am 8. 4. 1914).
20 M. D. Eder, *War-Shock: The Psycho-Neuroses in War Psychology and Treatment,* S. 73.
21 Jones, »The Individual and Society«, Vortrag vor der Sociology Society, London School of Economics, 8. 3. 1935, abgedr. in: *Sociological Review,* Vol. XXVII, No. 3 (Juli 1935), S. 261.
22 Fisher u. Greenberg, op. cit., S. 223.

23 Paul Kline, op. cit., S. 348.
24 D. W. Winnicott, *The Child, the Family and the Outside World,* S. 149.
25 Jones, »Prefatory Note«, in: *British Journal for the Philosophy of Science,* Vol. VII, No. 25 (Mai 1956), S. 1.
26 T. A. Ross, Brief im *British Medical Journal* (9. 1. 1915), S. 94.
27 Georg Brandes, zit. bei Freud, *Neue Folge der Vorlesungen zur Einführung in die Psychoanalyse,* 34. Vorlesung, »Aufklärungen, Anwendungen, Orientierungen«, G.W., Bd. 15, S. 149f.
28 C. G. Jung, *Erinnerungen, Träume, Gedanken,* aufgezeichnet und hrsg. von Aniela Jaffé, Walter Verlag, Olten und Freiberg i. Breisgau [10]1979, S. 154. (Kurztitel hiernach: Jung, *Erinnerungen.)*
29 Ibid., S.154f.
30 Freud–Martha Bernays, 30. 6. 1882, zit. bei Jones I, S. 407.
31 Freud–Elise Gomperz, 12. 11. 1913, *Briefe 1873–1939,* S. 316.
32 *Studien über Hysterie,* G.W., Bd. 1, S. 122 (Fußnote).
33 »Zur Geschichte der psychoanalytischen Bewegung«, G.W., Band 10, S. 57.
34 Zit. in *Die Traumdeutung,* G.W., Bd. 2/3, S. 574 (Fußnote).
35 Ibid., S. 127.
36 Ibid., Vorwort zur zweiten Auflage, S. X.
37 Freud–Fließ, 9. 2. 1898, *Aus den Anfängen,* loc. cit., S. 210.
38 Freud–Fließ, 23. 10. 1898, ibid., S. 231.
39 Freud–Fließ, 28. 5. 1899, ibid., S. 241.
40 Schur, »Day Residues«, loc. cit., S. 75, Freud–Fließ, 9. 6. 1898.
41 Freud–Fließ, 1. 8. 1899, *Aus den Anfängen,* loc. cit., S. 248.
42 Freud–Prinzessin Marie Bonaparte, 3. 1. 1937, zit. bei Schur, *Sigmund Freud,* loc. cit., S. 573.
43 Freud–Fließ, 1. 8. 1899, *Aus den Anfängen,* loc. cit., S. 248.
44 Martin Freud, op. cit., S. 67.
45 Freud–Fließ, 20. 8. 1899, *Aus den Anfängen,* loc. cit., S. 251.
46 Freud–Fließ, 28. 5. 1899, ibid., S. 241.
47 »Preface« (in Englisch) zur dritten, überarbeiteten Auflage von *The Interpretation of Dreams,* Standard Edition, Bd. 4, S. XXXII, Freud, *Studienausgabe,* Bd. 2, S. 28.
48 *Die Traumdeutung,* G.W., Bd. 2/3, Vorbemerkung zur 1. Aufl., S. VIII.
49 Ibid., S. 213.
50 *Über den Traum,* G.W., Bd. 2/3, S. 685.
51 André Breton, *Les Vases communicants,* S. 32.
52 Freud–André Breton, o. D., zit. bei Jack J. Spector, *The Aesthetics of Freud: A Study in Psychoanalysis and Art,* S. 154.
53 *Die Traumdeutung,* G.W., Bd. 2/3, Vorbemerkung, S. VIII.
54 Freud–Fließ, 21. 9. 1899, *Aus den Anfängen,* loc. cit., S. 255f.
55 James Strachey, Vorwort des Herausgebers zu *The Interpretation of Dreams,*Standard Edition, Bd. 4, S. XV.
56 Freud–Fließ, 11. 3. 1900, *Aus den Anfängen,* loc. cit., S. 267f.
57 Jones I, S. 418
58 Freud–Fließ, 9. 12. 1899, *Aus den Anfängen,* loc. cit., S. 262.

59 Max Burckhard, Besprechung in: *Die Zeit,* 6. u. 13. 1. 1900, zit. in: *Aus den Anfängen,* loc. cit., Anmerkung S. 436.
60 Freud–Fließ, 8. 1. 1900, ibid., S. 264.
61 Freud–Fließ, 26. 1. 1900, ibid., S. 265.
62 Freud–Fließ, 21. 12. 1899, ibid., S. 263.
63 *The Autobiography of Wilhelm Stekel: The Life Story of a Pioneer Psychoanalyst,* hrsg. von Emil A. Gutheil, S. 105. (Hiernach Kurztitel: *Stekel.)*
64 Zit. bei Leo Goldhammer, »Herzl and Freud«, in: *Herzl Year Book,* Vol. I. (New York 1958), S. 196.
65 Ernst Simon, op. cit., S. 274.
66 Phyllis Bottome, *Alfred Adler: Apostle of Freedom,* S. 69.
67 Hanns Sachs, op. cit., S. 1.
68 *Die Traumdeutung,* G.W., Bd. 2/3, Vorwort zur 2. Auflage, S. IX.
69 Havelock Ellis, *The World of Dreams,* S. VI.
70 *Die Traumdeutung,* G.W., Bd. 2/3, Vorwort zur 6. Auflage, S. XIV.
71 Ibid., S. 1.
72 Besprechung in: *The Nation,* Vol. XCVI, No. 2498 (15. 5. 1913), S. 504 f.
73 W. H. R. Rivers, *Conflict and Dream,* S. 6.
74 Ibid., S. VII, Vorwort von G. Elliot Smith.
75 Bertrand Russell, *Human Knowledge: Its Scope and Limits,* S. 60.
76 *Neue Folge der Vorlesungen zur Einführung in die Psychoanalyse,* 29. Vorlesung, »Revision der Traumlehre«, G.W., Bd. 15, S. 12.
77 Fisher u. Greenberg, op. cit., S. 78.
78 *Die Traumdeutung,* G.W., Bd. 2/3, S. 97 (Zusatz aus dem Jahre 1909).
79 Freud–Fließ, 8. 1. 1900, *Aus den Anfängen,* loc cit., S. 264.

10. Die Gründung der Bewegung

1 Sybylle Escalona, »Problems in Psycho-Analytic Research«, in: *International Journal of Psychoanalysis,* Vol. XXXIII (1952), S. 11.
2 Zit. bei Vincent Brome, *Freud and His Early Circle: The Struggles of Psycho-Analysis,* S. 31. (Kurztitel hiernach: Brome, *Freud.*)
3 Freud–Fließ, 4. 4. 1900, *Aus den Anfängen,* loc. cit., S. 272.
4 Max Graf, »Reminiscences of Professor Sigmund Freud«, in: *Psychoanalytic Quarterly,* Vol. XI (1942), S. 469.
5 Peter F. Drucker, »What Freud Forgot«, in: *Human Nature* (New York, März 1979), S. 43.
6 R. von Urban–Jones, 8. 10. 1950 (in Englisch), Institute of Psycho-Analysis, London.
7 L. S. Hearnshaw, »Psychology«, in: C. B. Cox u. A. E. Dyson, Hrsg., *The Twentieth Century Mind: History, Ideas and Literature in Britain,* Vol. I, 1900–1918, S. 236.
8 Zit. bei Jones, »Our Attitude Towards Greatness«, in: *Centenary Addresses,* loc. cit., S. 46.
9 Bruno Walter, *Thema und Variationen; Erinnerungen und Gedanken,* S. Fischer Verlag, Frankfurt am Main 1950, S. 230.

10 Ibid., S. 231.
11 Ibid., S. 234.
12 Ibid., S. 234.
13 Egon Gartenberg, *Mahler: The Man and His Music,* S. 173.
14 Ibid., Zitat Theodor Reik, »The Haunting Melody«, S. 174.
15 Hanns Sachs, op. cit., S. 71.
16 Martin Freud, op. cit., S. 24.
17 George Eliot, *The Mill on the Floss,* Bd. III, S. 43.
18 Hanns Sachs, op. cit., S. 74.
19 Ansprache an die Mitglieder des Vereins B'nai B'rith, G.W., Bd. 17, S. 51.
20 Freud–Fließ, 11. 3. 1900, *Aus den Anfängen,* loc. cit., S. 268f.
21 Freud–Fließ, 7. 8. 1901, ibid., S. 286.
22 Martin Freud, op. cit., S. 62.
23 Freud–Pfister 13. 6. 1909, *Briefe 1909–1939,* loc. cit., S. 22.
24 Freud–Arnold Zweig, 2. 5. 1935, *Briefe 1873–1939,* loc. cit., S. 439.
25 Freud–Fließ, 3. 4. 1898, *Aus den Anfängen,* loc. cit., S. 215.
26 Freud–Fließ, 12. 6. 1900, ibid., S. 277.
27 Freud an die Familie, 20. 4. 1905, *Briefe 1873–1939,* loc. cit., S. 262.
28 Freud–Fließ, 22. 6. 1894, Schur, *Sigmund Freud,* loc. cit., S. 625.
29 Freud–Fließ, 25. 5. 1899, ibid., S. 642.
30 Freud an die Familie, 20. 4, 1905, *Briefe 1873–1939,* loc. cit., S. 263.
31 Freud–Jung, 19. 7. 1909, *Briefwechsel,* loc. cit., S. 267.
32 Martin Freud, op. cit., S. 85.
33 Freud–Fließ, 12. 6. 1897, *Aus den Anfängen,* loc. cit., S. 182.
34 Freud–Fließ, 4. 7. 1901, ibid., S. 284.
35 Martin Freud, op. cit., S. 59.
36 Freud–Abraham, 7. 6. 1908, *Briefe 1907–1926,* loc. cit., S. 52.
37 Martin Freud, op. cit., S. 59.
38 *Die Traumdeutung,* G.W., Bd. 2/3, S. 202.
39 Freud–Fließ, 27. 8. 1899, *Aus den Anfängen,* loc. cit., S. 252.
40 *Die Traumdeutung,* G.W., Bd. 2/3, S. 199.
41 Peter J. R. Dempsey, *Freud, Psychoanalysis, Catholicism,* S. 50.
42 Maryse Choisy, op. cit., S. 91.
43 Freud–Fließ, 11. 3. 1902, *Aus den Anfängen,* loc. cit., S. 294.
44 »Das Interesse an der Psychoanalyse«, G.W., Bd. 8, S. 392.
45 Freud–Fließ, 26. 8. 1898, *Aus den Anfängen,* loc. cit., S. 225.
46 Freud–Fließ, 22. 9. 1898, ibid., S. 227.
47 »Tatbestandsdiagnostik und Psychoanalyse«, G.W., Bd. 7, S. 5.
48 Ibid.
49 A. A. Brill, Einschiebung in seiner englischen Übersetzung von *Zur Psychopathologie des Alltagslebens,* in: *The Basic Writings of Sigmund Freud,* S. 57.
50 Havelock Ellis, Besprechung in: *Journal of Mental Science,* Vol. LIII (Okt. 1907), S. 832.
51 *Zur Psychopathologie des Alltagslebens,* G.W., Bd. 4, S. 7.
52 Ibid., S. 111.
53 Vergil, *Äneis,* IV, 625; zit. ibid., S. 14.

54 Sebastiano Timpanaro, *The Freudian Slip: Psycho-Analysis and Textual Criticism,* S. 44.
55 Frederic Raphael, Besprechung von S. Timpanaros soeben zit. Werk in: *The New Statesman,* 9. 7. 1976, S. 51.
56 Freud–Fließ, 11. 3. 1902, *Aus den Anfängen,* loc. cit., S. 295.
57 Ibid., S. 295f.
58 Ernst Freud–Jones, 8. 11. 1952 (in Englisch), Institute of Psycho-Analysis, London.
59 Fritz Wittels, *Sigmund Freud; der Mann, die Lehre, die Schule,* E. P. Tal & Co., Leipzig, Wien, Zürich 1924, S. 113.
60 Shakespeare, *Hamlet,* I, 5.
61 Zit. bei Reik, *Thirty Years,* loc. cit., S. 21.
62 Hanns Sachs, op. cit., S. 45.
63 Ibid., S. 43f.
64 Emma Goldman, *Living My Life,* Vol. I., S. 173.
65 Wittels, op. cit., S. 114.
66 »Über Psychotherapie«, G.W., Bd. 5, S. 14.
67 Freud–Fließ, 1. 2. 1900, zit. bei Jones I, S. 404.
68 Stekel, op. cit., S. 106.
69 Ibid., S. 116.
70 Hanns Sachs, op. cit., S. 59.
71 Zit. bei Gunther Stuhlmann, Hrsg., *The Journals of Anaïs Nin: 1931–1934,* S. 279.
72 Sándor Ferenczi–Freud, 18. 1. 1908, Sándor Ferenczi, »Ten Letters to Freud«, in: *International Journal of Psycho-Analysis,* Vol. XXX, Part 4 (1949), S. 243.
73 Protokolle I, Einleitung, S. XXII.
74 Ibid., S. XXX.
75 Ernest Jones, *Free Associations: Memories of a Psycho-Analyst,* S. 169. (Kurztitel hiernach: Jones, *Free Associations.*)
76 Wittels, op. cit., S. 117.
77 Berichtet von Paul Kardiner, op. cit., S. 50.
78 Jerome S. Butler–Jones, 12. 10. 1955, Institute of Psycho-Analysis, London.
79 Reik, *Thirty Years,* loc. cit., S. 22.
80 Hanns Sachs, op. cit., S. 50.
81 Protokolle I, Einleitung S. XXIX.
82 Max Graf, op. cit., S. 471.
83 *James Jackson Putnam and Psychoanalysis: Letters between Putnam and Sigmund Freud, Ernest Jones, William James, Sándor Ferenczi and Morton Prince, 1877–1917,* hrsg. und eingeleitet von Nathan G. Hale, Jr., 1971. Der Originaltext der Briefe Freuds an Putnam – hier Brief vom 25. 6. 1912 – ist im Anhang auf S. 351–378 abgedruckt. (Hiernach Kurztitel: *Putnam Letters.*)
84 Stekel, Erklärung beim 3. Psychoanalytischen Kongreß, *Zentralblatt für Psychoanalyse,* Bd. I (1911), S. 53.
85 Freud–Ferenczi, 13. 5. 1913, zit. bei Jones II, S. 182.

86 Ellenberger, *The Discovery of the Unconscious,* loc. cit., S. 463.
87 Jung–Freud, 18. 1. 1911, *Briefwechsel,* loc. cit., S. 425f.
88 Freud–Jung, 3. 3. 1911, ibid., S. 441.
89 Freud–Jung, 2. 11. 1911, ibid., S. 501.
90 Freud–Jung, 25. 11. 1910, ibid., S. 412.
91 Freud–Ferenczi, 16. 9. 1930, *Briefe 1873–1939,* loc. cit., S. 419.
92 *Aus den Anfängen,* loc. cit., Einleitung I, »Wilhelm Fließ' wissenschaftliche Interessen«, S. 13.
93 Freud–Fließ, 14. 4. 1898, zit. bei Schur, *Sigmund Freud,* loc. cit., S. 176 u. 639.
94 Freud–Jung, 16. 4. 1909, *Briefwechsel,* loc. cit., S. 243.
95 Ibid., S. 242.
96 Max Schur, *Sigmund Freud,* loc. cit., S. 280f.
97 Freud–Jung, 16. 4. 1909, *Briefwechsel,* loc. cit., S. 242.
98 Ibid.
99 *Jenseits des Lustprinzips,* G.W., Bd. 13, S. 47f.
100 Freud–Fließ, 7. 8. 1901, *Aus den Anfängen,* loc. cit., S. 286.
101 Fließ, *In eigener Sache; gegen Otto Weininger und Hermann Swoboda,* zit. in den Anmerkungen zu *Aus den Anfängen,* loc. cit., S. 437f.
102 Jones I, S. 368.
103 Freud–Fließ, 4. 1. 1898, *Aus den Anfängen,* loc. cit., S. 208.
104 Freud–Fließ, 7. 8. 1901, ibid., S. 286 u. 287f.
105 Freud–Fließ, 19. 9. 1901, ibid., S. 289.
106 Zit. bei A. Kardiner, »Freud – The Man I Knew«, loc. cit., S. 47.
107 Freud, acht Zeilen auf seiner Visitenkarte, 2. 10. 1904, Fackel-Archive, vervielfältigt v. Heinrich Hinterberger, 1973.
108 Freud–Karl Kraus, 12. 1. 1906, *Briefe 1873–1939,* loc. cit., S. 265.
109 Ibid.

11. Erste Scharmützel

1 Freud–Fließ, 11. 9. 1899, *Aus den Anfängen,* loc. cit., S. 255.
2 *Selbstdarstellung,* G.W., Bd. 14, S. 91f.
3 *Der Witz und seine Beziehung zum Unbewußten,* G.W., Bd. 6, S. 29.
4 Ibid., S. 21.
5 Ibid., S. 14f. u. 157, zitiert aus Heines *Reisebildern* (»Die Bäder von Lucca« – Worte des Hirsch-Hyacinth).
6 Freud–Fließ, 25. 1. 1901, *Aus den Anfängen,* loc. cit., S. 280.
7 Freud–Fließ, 9. 6. 1901, unveröffentlicht, zit. in Anm. des Herausgebers der engl. Übers. von »Bruchstück einer Hysterie-Analyse«, *Standard Edition,* Bd. 7, S. 4.
8 »Bruchstück einer Hysterie-Analyse«, Nachwort, G.W., Bd. 5, S. 277.
9 Ibid., Vorwort, S. 163.
10 Protokolle II, S. 191 (Vortragsabend am 21. 4. 1909).
11 Freud–Fließ, 14. 10. 1900, *Aus den Anfängen,* loc. cit., S. 279.
12 »Bruchstück einer Hysterie-Analyse«, G.W., Bd. 5, S. 165.

13 Ibid., S. 219.
14 *Drei Abhandlungen zur Sexualtheorie,* G.W., Bd. 5, S. 71.
15 Ibid., S. 71f.
16 Wittels, op. cit., S. 91.
17 Paul Kline, op. cit., S. 92.
18 *Drei Abhandlungen zur Sexualtheorie,* G.W., Bd. 5, S. 91.
19 Ibid., S. 127f.
20 »Three Contributions to Sexual Theory«, Besprechung in: *British Medical Journal* (3. Juni 1911), S. 1337.
21 »Analyse der Phobie eines fünfjährigen Knaben«, G.W., Bd. 7, S. 244.
22 Ibid., S. 339.
23 »Nachschrift zur Analyse des kleinen Hans«, G.W., Bd. 13, S. 431.
24 Ibid.
25 Jung–Jones, zit. in: Jones-Putnam, 1. 6. 1909, *Putnam Letters,* loc. cit., S. 208.
26 Joseph Wolpe (Abteilung Neurologie und Psychiatrie an der University of Virginia School of Medicine) und Stanley Rachman (Institute of Psychiatry, Maudsley Hospital, London), »Psychoanalytic ›Evidence‹: A Critique Based on Freud's Case of Little Hans«, in: *Journal of Nervous and Mental Disease,* Vol. CXXX, No. 8, S. 146.
27 E. Jones, »Reminiscent Notes on the Early History of Psycho-Analysis in English-Speaking Countries«, in: *International Journal of Psycho-Analysis,* Vol. XXVI, Parts I, II (1945), S. 9.
28 Hannah S. Decker, »The Medical Reception of Psychoanalysis in Germany, 1894–1907: Three Brief Studies«, in: *Bulletin of the History of Medicine,* Vol. XLV (Baltimore 1971), S. 480.
29 C. G. Jung, »Die Hysterielehre Freuds: Eine Erwiderung auf die Aschaffenburgsche Kritik«, in: *Freud und die Psychoanalyse,* Ges. Werke, Bd. 4, Rascher Verlag, Zürich u. Stuttgart 1969, S. 8.
30 Jetzt in Jung, Ges. Werke, Bd. 1.
31 Jung, *Erinnerungen,* loc. cit., S. 134.
32 C. G. Jung, *Briefe,* hrsg. von Aniela Jaffé in Zusammenarbeit mit Gerhard Adler, 3 Bde., Walter Verlag, Olten und Freiburg i. B., 1972–73. Hier: Jung – Christian Jensen, 29. 5. 1933, Bd. 1, S. 50.
33 Freud–Jung, 11. 4. 1906, *Briefwechsel,* loc. cit., S. 3.
34 Jung, »Erwiderung auf die Aschaffenburgsche Kritik«, loc. cit., S. 3.
35 Ibid., S. 4f.
36 Jung–Freud, 5. 10. 1906, *Briefwechsel,* loc. cit., S. 4.
37 Meyer Schapiro, »Leonardo and Freud: An Art-Historical Study«, in: *Journal of the History of Ideas,* Vol. XVII, No. 2 (Apr. 1956), S. 177.
38 Freud–Eitingon, 7. 1. 1913, *Briefe 1873–1939,* loc. cit., S. 313.
39 Binswanger, op. cit., S. 10f.
40 Martin Freud, op. cit., S. 109.
41 Jung, *Erinnerungen,* loc. cit. S. 153.
42 Jung, zit. in: *Time,* 14. 2. 1955.
43 Jung, *Erinnerungen,* loc. cit., S. 154.
44 Ibid.

45 Freud–Jung, 14. 4. 1907, *Briefwechsel,* loc. cit., S. 35f.
46 Freud–Jung, 2. 9. 1907, ibid., S. 91.
47 Ibid.
48 Jones II, S. 140.
49 Jung, »Die Freudsche Hysterietheorie«, Ges. Werke, Bd. 4, op. cit. S. 28.
50 Freud–Jung, 7. 4. 1907, *Briefwechsel,* loc. cit., S. 29.
51 Freud–Enrico Morselli, 18. 2. 1926, *Briefe 1873–1939,* loc. cit., S. 380.
52 Edmund Wilson, *To the Finland Station,* S. 306.
53 Freud–Abraham, 26. 12. 1908, *Briefe 1907–1926,* loc. cit., S. 73.
54 Freud-Putnam, 8. 7. 1915, *Putnam Letters,* loc. cit., S. 376.
55 W. E. Henry, J. H. Sims u. S. L. Spray, *The Fifth Profession (Becoming a Psychotherapist),* bei Fisher und Greenberg, loc. cit., S. 298.
56 Freud–Jung, 8. 12. 1907, *Briefwechsel.* loc. cit., S. 113.
57 Freud–Jung, 18. 8. 1907, ibid., S. 86.
58 Jung–Freud, 15. 2. 1908, ibid., S. 131.
59 A. A. Brill, »Reflections, Reminiscences of Sigmund Freud«, in: *Medical Leaves,* Vol III (Chicago 1940), S. 19.
60 A. A. Brill, »The Introduction and Development of Freud's Work in the United States«, in: *American Journal of Sociology,* Vol. XLV, No. 3 (Nov. 1939), S. 318.
61 A. A. Brill, »Hist Past«, loc. cit., S. 539.
62 Putnam–Jones, 14. 9. 1910, *Putnam Letters,* loc. cit., S. 229.
63 Freud–Putnam, 5. 12. 1909, ibid., S. 352.
64 Protokolle I, S. 189 (Beilage zum Protokoll vom 9. 10. 1907).
65 Ibid., S. 296.
66 Ibid., S. 283.
67 Ibid., S. 284.
68 Ibid., 282f. (Antrag Federns).
69 Ibid., S. 285.
70 Ibid., S. 285 (Antrag Adlers in der von Steiner vorgeschlagenen Abänderung).
71 Freud–Jung, *Briefwechsel,* loc. cit., S. 122 (gedrucktes Rundschreiben, etwa am 18. bis 20. 6. 1908 versandt).
72 Jones, *Free Associations,* loc. cit., S. 165.
73 Freud–Jung, 18. 2. 1908, *Briefwechsel,* loc. cit., S. 135.
74 Jones II, S. 61.
75 »Bemerkungen über einen Fall von Zwangsneurose«, G.W., Bd. 7, S. 384.
76 Ibid., S. 394.
77 Jones, *Free Associations,* loc. cit., S. 166.
78 Ibid.
79 Ibid., S. 168.
80 Freud–Jung, 3. 5. 1908, *Briefwechsel,* loc. cit., S. 160.
81 Abraham–Freud, 13. 10. 1907, *Briefe 1907–1926,* loc. cit., S. 26.
82 Abraham–Freud, 4. 4. 1908, ibid., S. 45.
83 Abraham–Freud, 10. 11. 1908, ibid., S. 66.
84 Abraham–Freud, 11. 6. 1908, ibid., S. 52.
85 Freud–Abraham, 12. 11. 1908, ibid., S. 67.

86 Freud–Abraham, 3. 5. 1908, ibid., S. 46.
87 Freud–Abraham, ibid., S. 47.
88 Abraham–Freud, 11. 5. 1980, ibid., S. 48.
89 Freud–Abraham, 23. 7. 1908, ibid., S. 57.
90 Freud–Mathilde Freud, Postkarte vom 5. 9. 1908, Library of Congress, Washington.
91 Freud–Abraham, 29. 9. 1908, *Briefe 1907–1926,* loc. cit., S. 62.
92 Freud–Jung, 13. 8. 1908, *Briefwechsel,* loc. cit., S. 186.
93 Freud–Jung, 29. 11. 1908, ibid., S. 201.
94 Freud–Jung, 17. 1. 1909, ibid., S. 217.
95 Freud–Pfister, 18. 1. 1909, *Briefe 1909–1939,* loc. cit., S. 11 (s. auch *Briefe 1873–1939,* loc. cit., S. 293).
96 Freud–Pfister, *Briefe 1909–1939,* Einleitung S. 10.
97 Freud–Pfister, 9. 2. 1909, ibid., S. 13.
98 Martin–Freud, op. cit., S. 166.
99 Freud–Pfister, 12. 7. 1909, *Briefe 1909–1939,* loc. cit., S. 23f.
100 Freud–Pfister, 30. 3. 1909, ibid., S. 19.
101 Freud–Pfister, 28. 5. 1911, ibid., S. 50.

12. Ein Abstecher nach Amerika

1 Samuel White, Präsident der New York State Medical Society, Vortrag über Geisteskrankheiten vor der gen. Gesellschaft, 7. 2. 1844, zit. bei C. P. Oberndorf, *A History of Psychoanalysis in America,* S. 22.
2 The American Psychiatric Association, *One Hundred Years of American Psychiatry,* S. 215.
3 Nathaniel Hawthorne (1804–1864), *The Scarlet Letter: A Romance,* S. 147. (Dt.: Der scharlachrote Buchstabe, 1851/1957.)
4 Oliver Wendell Holmes, *Mechanism in Thought and Morals: An Address with Notes and Afterthoughts,* S. 57.
5 William James, Besprechung in *Psychological Review,* Vol. I, No. 2 (März 1894), S. 199.
6 Ibid.
7 Robert T. Edes, »The New England Invalid«, Shattuck Lecture vor der Massachusetts Medical Society, 11. 6. 1895, abgedr. in: *Boston Medical and Surgical Journal,* Vol. CXXXIII (1895), S. 53–57, 77–81 und 101–107.
8 William James, *The Varieties of Religious Experiences: A Study in Human Nature* (Gifford Lectures über Naturreligion, Edinburgh 1901–1902), S. 234.
9 —, Lowell Lecture über Psychopathologie, 1896, zit. bei F. O. Matthiessen, *The James Family: Including Selections from the Writings of Henry James, Senior, William, Henry and Alice James,* S. 226 (Fußnote).
10 *Dictionary of American Biography,* 1928–36, Vol. XV, S. 283.
11 Marian C. Putnam, *Putnam Letters,* loc. cit., Vorwort S. XII.
12 Putnam, »Recent Experiences in the Study and Treatment of Hysteria at the Massachusetts General Hospital; with Remarks on Freud's Methods of

Treatment by ›Psychoanalysis‹«, in: *Journal of Abnormal Psychology,* Vol. I (Apr. 1906), S. 35.

13 Jones–Freud, 7. 5. 1920, Institute of Psycho-Analysis, London.

14 Freud–Jones, 20. 11. 1908, Colchester. (Alle in diesem Buch zitierten Briefe Freuds an Ernest Jones mit der Quellenangabe »Colchester« wurden laut Auskunft der Sigmund Freud Copyrights Ltd., Colchester, in englischer Sprache geschrieben. Anm. des Übers.)

15 Jones–Freud, 10. 12. 1908, Colchester.

16 Jones, *Free Associations,* loc. cit., S. 189.

17 Jones–Freud, 7. 2. 1909, Colchester.

18 Ibid.

19 Ibid.

20 William A. Koelsch, »Freud Discovers America«, Abdruck aus *Virginia Quarterly Review,* Vol. XLVI, No. 1 (Winter 1970), S. 117

21 Ibid.

22 Ibid., S. 119.

23 Hall–Freud, 15. 12. 1908, zit. bei Koelsch, op. cit., S. 121.

24 Hall–Freud, 13. 4. 1909, Clark University, Worcester, Mass.

25 Freud–Jung, 30. 12. 1908, *Briefwechsel,* loc. cit., S. 213.

26 Freud–Jung, 9. 3. 1909, ibid., S. 232.

27 Freud-Abraham, 9. 3. 1909, *Briefe 1907–1926,* loc. cit., S. 83.

28 Freud–Hall, 2. 5. 1909, Clark University Library, Worcester, Mass.

29 Hall–Freud, 9. 8. 1909, zit. bei Koelsch, op. cit., S. 122.

30 Freud–Pfister, 13. 6. 1909, *Briefe 1909–1939,* loc. cit., S. 22.

31 Freud–Jung, 18. 6. 1909, *Briefwechsel,* loc. cit., S. 258.

32 Ibid.

33 Freud–Jung, 30. 6. 1909, ibid., S. 263.

34 Freud–Jung, 7. 7. 1909, ibid., S. 264.

35 Jung, *Erinnerungen,* loc. cit., S. 161.

36 Freud–Binswanger, 1. 1. 1913, Binswanger, op. cit., S. 64.

37 Jones II, S. 75.

38 Jung, *Erinnerungen,* loc. cit., S. 162.

39 E. A. Bennett, *C. G. Jung,* S. 40f.

40 Jones II, S. 76.

41 Freud–Hall, 1. 9. 1909, zit. bei Koelsch, op. cit., S. 123.

42 Jung–Emma Jung, 6. 9. 1909, Jung, *Erinnerungen,* loc. cit., S. 364.

43 Ibid.

44 S. Freud, »Sándor Ferenczi«, G.W., Bd. 16, S. 267f.

45 *Selbstdarstellung,* G.W., Bd. 14, S. 78.

46 *Über Psychoanalyse,* G.W., Bd. 8, S. 3. (Erste Vorlesung).

47 Ibid., S. 11.

48 Ibid., S. 12.

49 Ibid., S. 15f.

50 Ibid., S. 16.

51 Ibid., S. 32 (Dritte Vorlesung).

52 Ibid., S. 39.

53 Ibid., S. 40.

54 Ibid., S. 44 (Vierte Vorlesung).
55 Ibid., S. 51.
56 Ibid., S. 54 (Fünfte Vorlesung).
57 Ibid., S. 58.
58 Ibid., S. 60.
59 Jung–Emma Jung, 14. 9. 1909, Jung, *Erinnerungen,* loc. cit., S. 365.
60 Zit. bei Koelsch, op. cit., S. 127.
61 Jones II, S. 77.
62 Jung–Emma Jung, 8. 9. 1909, Jung, *Erinnerungen,* loc. cit., S. 365.
63 Jones II, S. 77 (Zitat und Kommentar).
64 Putnam, »Personal Impressions of Sigmund Freud and His Work, with Special Reference to His Recent Lectures at Clark University«, in: *Journal of Abnormal Psychology,* Vol. IV, (Dez. 1909–Jan. 1910), S. 293–310 und (Feb.–März 1910), S. 372–379, hier S. 379.
65 William James–Theodore Flournoy, 28. 9. 1909, Henry James, Hrsg., *The Letters of William James,* Vol. II., S. 327 (hiernach: *James Letters*).
66 *Selbstdarstellung,* G.W., Bd. 14, S. 78.
67 Jones II, S. 77.
68 James–Professor Mary W. Calkins, 19. 9. 1909. Ralph Barton Perry, *The Thought and Character of William James; As revealed in unpublished correspondence and notes, together with his published writings,* Vol. II, S. 123.
69 James–Flournoy, 28. 9. 1909, *James Letters,* loc. cit., S. 327.
70 Zit. bei Koelsch, op. cit., S. 126.
71 Ibid.
72 Worcester *Gazette,* 6.–11. 9. 1909, zit. bei Ward Cromer u. Paula Anderson, »Freud's Visit to America: Newspaper Coverage«, in: *Journal of the History of Behavioral Sciences,* Vol. VI (1970), S. 349.
73 Worcester *Telegram,* 8. 9. 1909, zit. bei Cromer u. Anderson, op. cit., S. 350.
74 Ibid., 12. 9. 1909.
75 Boston *Transcript,* 8. 9. 1909, zit. bei Cromer u. Anderson, op. cit., S. 351.
76 Ibid., 11. 9. 1909, Cromer u. Anderson, op. cit., S. 352.
77 Leitartikel, »Twentieth Anniversary of Clark University«, in: *Boston Medical and Surgical Journal,* Vol. CLXI, No. 12 (16. 9. 1909), S. 412.
78 Cromer u. Anderson, op. cit., S. 353.
79 Freud–Jones, 24. 2. 1912, Colchester.
80 Jones II, S. 79.
81 Postkarte Brill, Freud, Ferenczi und Jung an Mrs. Brill, 13. 9. 1909, Library of Congress, Washington.
82 Putnam Camp Logbook, 16. 9. 1909, zit. bei George E. Gifford, Jr., »Freud and the Porcupine«, in: *Harvard Medical Alumni Bulletin,* Vol. XLVI, No. 4 (3/4, 1972), S. 29.
83 Freud–Familie Freud, 16. 9. 1909, Adirondack Museum, Blue Mountain Lake, N.Y.
84 Jones II, S. 79f.
85 Moseph T. Wearn, zit. bei Gifford (s. Anm. 82), S. 30.

86 Freud–Mathilde Hollitscher, 23. 9. 1909, Library of Congress, Washington.
87 Freud–Jung, 16. 4. 1909, *Briefwechsel,* loc. cit., S. 242.
88 Freud–Ferenczi, 11. 5. 1911, ibid., S. 465 (Fußnote der Herausgeber zum Brief Freud–Jung vom 8. 5. 1911).
89 Freud–Jung, 15. 6. 1911, ibid., S. 474.
90 Freud–Hereward Carrington, 24. 7. 1921, *Briefe 1873–1939,* loc. cit., S. 351.
91 Freud–Ferenczi, 20. 3. 1925, bei Jones III, S. 458.
92 Jones–Putnam, 14. 8. 1910, *Putnam Letters,* loc. cit., S. 225.
93 Jones–Putnam, 9. 9. 1910, ibid., S. 227.
94 Hanns Sachs, op. cit., S. 84.
95 Jones, *Free Associations,* loc. cit., S. 191.
96 Freud–Jones, 8. 3. 1920, Colchester.
97 Freud–Stefan Zweig, 7. 2. 1931, *Briefe 1873–1939,* loc. cit., S. 420.
98 Zit. bei Wortis, op. cit., S. 844.
99 »Geleitwort zu ›Medical Review of Reviews‹«, Vol. XXXVI, 1930, G.W., Bd. 14, S. 570f.

13. Die ersten Desertionen

1 Freud–Pfister, 4. 10. 1909, *Briefe 1909–1939,* loc. cit., S. 27.
2 »Zur Geschichte der psychoanalytischen Bewegung«, G.W., Bd. 10, S. 71.
3 Freud–Brill, 2. 5. 1909, zit. bei Brill, »Reflections, Reminiscences of Sigmund Freud«, in: *Medical Leaves* (Chicago), Vol. III (1940), S. 20.
4 Fisher u. Greenberg, op. cit., S. 285.
5 A. Kardiner, »Freud – The Man I Knew«, loc. cit., S. 51.
6 Raymond de Saussure, »Sigmund Freud«, in: *Schweizerische Zeitschrift für Psychologie und ihre Anwendungen,* 15 (1956), S. 136–39.
7 Max Schur–Ernest Jones, o. D., Institute of Psycho-Analysis, London.
8 »Ratschläge für den Arzt bei der psychoanalytischen Behandlung«, G.W., Bd. 8, S. 379.
9 »Psychoanalyse und Libidotheorie«, I, Psychoanalyse, G.W., Bd. 13, S. 211.
10 Hanns Sachs, op. cit., S. 34.
11 Ibid., S. 19.
12 Martin Freud, op. cit., S. 39.
13 Ibid., S. 192.
14 Martha Freud–Ella und Theodor Reik, o. D., zit. bei Reik, *Fragment of a Great Confession: A Psychoanalytic Autobiography,* S. 373.
15 Brill, »Reflections«, loc. cit., S. 21.
16 Feldmarschall Montgomery, »The Conduct of War«, privat weitergeg.
17 A. Kardiner, »Freud – The Man I Knew«, loc. cit., S. 46.
18 Zit. bei Franz Alexander, Samuel Eisenstein u. Martin Grotjahn, Hrsg., *Psychoanalytic Pioneers,* S. 336.
19 Zit. bei David Stafford-Clark, *What Freud* Really *Said,* S. 21.
20 Abraham–Freud, 18. 10. 1910, *Briefe 1907–1926,* loc. cit., S. 99.

21 *Neue Folge der Vorlesungen zur Einführung in die Psychoanalyse,* G.W., Bd. 15, S. 148.
22 Abraham–Freud, 18. 10. 1910, *Briefe 1907–1926,* loc. cit., S. 99.
23 Bernard Hart, »The Psychology of Freud and his School«, Vortrag vor der British Psychological Society, Oxford, 7. 5. 1910, abgedr. in: *Journal of Mental Medicine,* Vol. LVI (Juli 1910), S. 450 u. 452.
24 Protokolle II, S. 346.
25 Ibid., S. 347 u. 348.
26 Ibid., S. 356.
27 Ibid., S. 439.
28 »Aus der Geschichte einer infantilen Neurose«, G.W., Bd. 12, S. 29.
29 M. Gardiner, op. cit., S. 174.
30 Ibid., S. 172.
31 Ibid., S. 116 (Fußnote), Brief Wolfsmann–M. Gardiner, 23. 10. 1970.
32 Ibid., S. 113.
33 Ibid., S. 110.
34 »Aus der Geschichte einer infantilen Neurose«, G.W., Bd. 12, S. 131.
35 Charles Rycroft, Besprechung, »Not So Much a Treatment, More a Way of Life«, in: *New York Review of Books,* Vol. XVII, No. 6 (21. 10. 1971).
36 E. Jones, *Free Associations,* loc. cit., S. 214.
37 Jones–Freud, 17. 10. 1909, Colchester.
38 Jones–Freud, 18. 12. 1909, Colchester.
39 Thomas S. Szasz, »Freud as a Leader«, in: *Antioch Review,* Vol. XXIII, No. 2 (Sommer 1963), S. 134.
40 »Zur Geschichte der psychoanalytischen Bewegung«, G.W., Bd. 10, S. 85.
41 Jones II, S. 94.
42 Bleuler–Freud, 19. 10. 1910, Franz Alexander u. Sheldon T. Selesnik, »Freud–Bleuler Correspondence«, in: *Archives of General Psychiatry,* Vol. XII, 1965, S. 5. (Dieser Brief und der folgende mußten rückübersetzt werden, da die Originale, die sich zuletzt im Besitz eines der Söhne Freuds befanden, nicht mehr auffindbar sind. Anm. des Übers.)
43 Bleuler–Freud, 5. 11. 1913, ibid., S. 6.
44 P. F. Drucker, op. cit., S. 40.
45 »Die zukünftigen Chancen der psychoanalytischen Therapie«, G.W., Bd. 8, S. 110.
46 Ibid., S. 109.
47 Jones, *Free Associations,* loc. cit., S. 214.
48 Ibid., S. 215.
49 Freud–Pfister, 17. 3. 1910, *Briefe 1909–1939,* loc. cit., S. 33.
50 Freud–Abraham, 24. 2. 1910, zit. bei Jones II, S. 92.
51 Stekel, op. cit., S. 128.
52 Zit. bei Jones II, S. 91.
53 Statuten der Internationalen Psychoanalytischen Vereinigung, zit. in *Freud–Jung/Briefwechsel,* loc. cit., S. 640.
54 Freud–Ferenczi, 3. 4. 1910, zit. bei Jones II, S. 93.
55 Protokolle II, S. 427.
56 Ibid., S. 428.

57 Freud–Silberstein, 28. 4. 1910, Colchester.
58 Freud–Fließ, Manuskript H, Paranoia, in: *Aus den Anfängen,* loc. cit., S. 97.
59 Anthony Storr, »A Disciple's Chronicle«, in: *The New York Times Book Review* (5. 8. 1979), S. 29.
60 Jones–Putnam, 13. 1. 1911, *Putnam Letters,* loc. cit., S. 253.
61 Emma Jung–Freud, 6. 11. 1911, in: *Freud–Jung/Briefwechsel,* loc. cit. S. 504.
62 Putnam–Fanny Bowditch, 10. 12. 1913, *Putnam Letters,* loc. cit., S. 40.
63 »Nachtrag zu dem autobiographisch beschriebenen Fall von Paranoia (Dementia paranoides)«, G.W., Bd. 8, S. 319.
64 Freud–Putnam, 29. 9. 1910, *Putnam Letters,* loc. cit., S. 356.
65 Freud–Abraham, 18. 12. 1910, *Briefe 1907–1926,* loc. cit., S. 103.
66 Freud–Putnam, 5. 12. 1909, *Putnam Letters,* loc. cit., S. 351.
67 Putnam, »Personal Impressions«, loc. cit., S. 294.
68 Freud–Jung, 27. 4. 1911, *Briefwechsel,* loc. cit., S. 462f.
69 *Putnam Letters,* loc. cit., S. 43.
70 Freud–Putnam, 18. 8. 1910, *Putnam Letters,* op. cit., S. 356 (Faust-Zitat: I, Marthens Garten).
71 Oskar Pfister, *Some Applications of Psycho-Analysis,* London 1923, S. 178f.
72 Jones II, S. 110.
73 Zit. bei Wortis, op. cit., S. 848.
74 Bottome, *Alfred Adler,* loc. cit., S. 24.
75 Protokolle I, Einleitung Nunbergs, S. XXVII.
76 Jones, *Free Associations,* loc. cit., S. 217.
77 Protokolle I, S.383.
78 Ibid., S. 385.
79 Freud–Jung, 25. 11. 1910, *Briefwechsel,* loc. cit., S. 412.
80 Freud–Pfister, 26. 2. 1911, *Briefe 1909–1939,* loc. cit., S. 47.
81 Protokolle III, S. 168f.
82 Protokolle I, S. 283 (Fußnote Nunbergs).
83 Freud–Jones, 8. 11. 1912, Colchester.
84 Freud–Lou Andreas-Salomé, 20. 1. 1925, *Briefwechsel,* loc. cit., S. 162.
85 Protokolle III, S. 173.
86 Ibid., S. 174.
87 Freud–Jones, 12. 2. 1911, Colchester.
88 Freud–Jung, 14. 3. 1911, *Briefwechsel,* loc. cit., S. 445f.
89 Jones II, S. 163.
90 Freud–Jung, 3. 3. 1911, *Briefwechsel,* loc. cit., S. 441.
91 Freud–Jung, 14. 3. 1911, ibid., S. 446.
92 Freud–Jung, 27. 4. 1911, ibid., S. 462.
93 Freud–Jung, 15. 6. 1911, ibid., S. 473.
94 Ibid.
95 »Zur Geschichte der psychoanalytischen Bewegung«, G.W., Bd. 10, S. 95.
96 Erklärung Adlers im *Zentralblatt für Psychoanalyse,* hrsg. von Prof. S. Freud, Verlag J. F. Bergmann, Wiesbaden, 1. Jahrg., Heft 10–11, August 1911, zit. in *Freud–Jung/Briefwechsel,* loc. cit., S. 477.
97 Freud–Jung, 15. 6. 1911, ibid., S. 473.

98 Hanns Sachs, op. cit., S. 51.
99 Freud–Jung, 12. 10. 1911, *Briefwechsel,* loc. cit., S. 493.
100 Freud–Lou Andreas-Salomé, 7. 7. 1914, *Briefwechsel,* loc. cit., S. 21.
101 »Zur Geschichte der psychoanalytischen Bewegung«, G.W., Bd. 10, S. 95.
102 Freud–Arnold Zweig, 22. 6. 1937, zit. bei Jones III, S. 255.
103 *Schriften des Vereins für freie psychoanalytische Forschung,* hrsg. von Alfred Adler, Heft 1, Verlag E. Reinhardt, München, zit. in: *Sigmund Freud, sein Leben in Bildern und Texten,* loc. cit., S. 198.
104 *Neue Folge der Vorlesungen zur Einführung in die Psychoanalyse,* G.W., Bd. 15, S. 153 (Schillerzitat: Wallenstein, Die Piccolomini, II, 7).
105 Ibid., S. 151.
106 Oliver Cromwell an die Generalversammlung der Kirk of Scotland, 3. 8. 1650, *Robert Woodrow's Collection of Pamphlets,* Vol. 203. National Library of Scotland, Edinburgh.
107 Max Graf, op. cit., S. 473.
108 Hanns Sachs, op. cit., S. 70.
109 Jones, *Free Associations,* loc., cit., S. 202.
110 Maurice Natenberg, *The Case History of Sigmund Freud: A Psycho-Biography,* S. 43.
111 A. Kardiner, *My Analysis with Freud: Reminiscences,* S. 77 (hiernach Kadiner, *Analysis*).
112 Freud–Lou Andreas-Salomé, 4. 11. 1912, *Briefwechsel,* loc. cit., S. 11.
113 Freud–Lou Andreas Salomé, 1. 9. 1919, ibid., S. 109.
114 Zit. bei Jones II, S. 168.
115 Ibid.
116 Freud–Lou Andreas-Salomé, 10. 11. 1912, *Briefwechsel,* loc. cit., S. 12. (Das »Lager des männlichen Protestes« ist eine Anspielung auf einen Vortrag Adlers in der Wiener Psychoanalytischen Vereinigung am 1. 2. 1911: »Der männliche Protest als Kernproblem der Neurose«, s. Protokolle III, S. 139. Anm. des Übers.)
117 Rudolph Binion, *Frau Lou, Nietzsche's Wayward Disciple,* Anm. des Hrsg., S. 363.
118 Ibid., S. 337.

14. Der Bruch mit Jung

1 Freud–Pfister, 2. 5. 1910, *Briefe 1909–1939,* loc. cit., S. 35.
2 Emma Jung–Freud, 30. 10. 1911, in: *Freud–Jung/Briefwechsel,* loc. cit., S. 499f.
3 Freud–Jung, 5. 3. 1912, ibid., S. 545.
4 Freud–Pfister, 4. 7. 1912, *Briefe 1909–1939,* loc. cit., S. 57.
5 Freud–Jones, 22. 7. 1912, Colchester.
6 Jones–Freud, 7. 8. 1912, Colchester.
7 Jones–Freud, 30. 7. 1912, Colchester.
8 Freud–Jones, 1. 8. 1912, zit. bei Jones II, S. 187.
9 Ibid.

10 Jones–Brome, zit. bei Brome, *Freud,* loc. cit., S. 160.
11 Jones, *Free Associations,* loc. cit., S. 227.
12 Jones II, S. 187.
13 Ferenczi–Freud, 16. 8. 1912, zit. bei Jones II, S. 187.
14 C. G. Jung, »Versuch einer Darstellung der psychoanalytischen Theorie, VI. Der Ödipuskomplex«, in: *Freud und die Psychoanalyse.* Ges. Werke Bd. 4, loc. cit., S. 117f.
15 Putnams–Jones, 24. 10. 1912, *Putnam Letters,* loc. cit., S. 276.
16 *New York Times,* 29. 9. 1912.
17 Ibid.
18 Edward Glover, *Freud or Jung,* London 1950, S. 31.
19 *New York Times,* 5. 4. 1912.
20 Ibid.
21 Jung–Freud, 11. 11. 1912, *Briefwechsel,* loc. cit., S. 571f.
22 Freud–Jung, ibid., S. 573f.
23 Freud–Abraham, 4. 3. 1924, *Briefe 1907–1926,* loc. cit., S. 327f.
24 Jones II, S. 178.
25 Jones I, S. 370.
26 Jung, *Erinnerungen,* loc. cit., S. 161.
27 Jones I, S. 370.
28 Binswanger, op. cit., S. 64.
29 Jones, Aufzeichnungen, 1954, Institute of Psycho-Analysis, London.
30 Freud–Putnam, 28. 11. 1912, *Putnam Letters,* loc. cit., S. 368.
31 Jung–Freud, ca. 11.–14. 12. 1912, *Briefwechsel,* loc. cit., S. 592.
32 Jung–Freud, 18. 12. 1912, ibid., S. 594f.
33 Freud–Jung, 3. 1. 1913, ibid., S. 598f.
34 Freud–Jung, 24. 1. 1913, ibid., S. 602.
35 Freud–Pfister, 1. 1. 1913, *Briefe 1909–1939,* loc. cit., S. 60.
36 Freud–Abraham, 27. 3. 1913, *Briefe 1907–1926,* loc. cit., S. 137.
37 Jones–Freud, 25. 4. 1913, Colchester.
38 Freud–Abraham, 1. 6. 1913, *Briefe 1907–1926,* loc. cit., S. 140.
39 Paul Kline, op. cit., S. 324.
40 Lou Andreas-Salomé, *In der Schule bei Freud, Tagebuch eines Jahres 1912/1913,* aus dem Nachlaß hrsg. von Ernst Pfeiffer, München 1965, Eintragung vom 7./8. Sept. 1913.
41 »Zur Geschichte der psychoanalytischen Bewegung, G.W., Bd. 10, S. 88.
42 Ferenczi–Jung, 13. 11. 1913, zit. bei Jones II, S. 183.
43 Jones II, S. 130.
44 Jones, *Free Associations,* loc. cit., S. 224.
45 »Zur Geschichte der psychoanalytischen Bewegung«, G. W., Bd. 10, S. 88.
46 Freud–Abraham, 9. 11. 1933, *Briefe 1907–1926,* loc. cit., S. 155.
47 Jung–Alphonse Maeder, 29. 10. 1913, *Jung, Briefe,* loc. cit., Bd. 1, S. 162.
48 Freud–Jones, 17. 11. 1913, Colchester.
49 Freud–Jones, 22. 11. 1913, Colchester.
50 Freud–Putnam, 8. 7. 1915, *Putnam Letters,* loc. cit., S. 376.
51 Hanns Sachs, op. cit., S. 115.
52 Freud–Putnam, 1. 1. 1913, *Putnam Letters,* loc. cit., S. 369.

53 Freud–Stanley Hall, 23. 11. 1913, *Briefe 1873–1939,* loc. cit., S. 316.
54 Freud–Jones, 8. 12. 1913, Colchester.
55 Freud–Lou Andreas-Salomé, 12. 1. 1914, *Briefwechsel,* loc. cit., S. 18.
56 Freud–Putnam, 19. 6. 1914, *Putnam Letters,* loc. cit., S. 373.
57 Freud–Lou Andreas-Salomé, 29. 6. 1914, *Briefwechsel,* loc. cit., S. 19.
58 Abraham–Freud, 2. 4. 1914, *Briefe 1907–1926,* loc. cit., S. 165.
59 Jones–Freud, 18. 5. 1914, Colchester.
60 Jones–Freud, 22. 4. 1914, Colchester.
61 Freud–Abraham, 24. 4. 1914, *Briefe 1907–1926,* loc. cit., S. 169.
62 Freud–Jones, 17. 5. 1914, Colchester.
63 Freud–Jones, 2. 6. 1914, Colchester.
64 Freud–Abraham, 25. 6. 1914, *Briefe 1907–1926,* loc. cit., S. 175f.
65 Freud–Abraham, 18. 7. 1914, ibid., S. 178.
66 Freud–Abraham, 26. 7. 1914, ibid., S. 180.
67 Michael Balint–Jones, 31. 5. 1957, Institute of Psycho-Analysis, London.
68 Freud–Samuel Freud, 7. 7. 1914, »Rylands«.

15. Die Eroberung neuer Gebiete

1 Barbara Tuchman, »Can History Use Freud? The Case of Woodrow Wilson«, in: *Atlantic Monthly,* Vol. CCXIX, No. 2 (Feb. 1967), S. 44, (hiernach: Tuchman)
2 Besprechung von Dr. Franz Riklins *Wunscherfüllung und Symbolik im Märchen* (1908), in: *The Nation,* Vol. CIII, No. 2662 (6. 7. 1916), S. 13.
3 I. A. Richards, *Principles of Literary Criticism,* S. 20.
4 Freud–Fließ, 24. 1. 1897, *Aus den Anfängen,* loc. cit., S. 163.
5 Freud–Fließ, 17. 1. 1897, ibid., S. 162.
6 Beilage zum Brief Freud–Fließ, 31. 5. 1897, (Manuskript N), Notizen III, ibid., S. 181.
7 Freud–Fließ, 15. 10. 1897, ibid., S. 194.
8 *Die Traumdeutung,* G.W., Bd. 2/3, S. 272.
9 Freud–Fließ, 20. 6. 1898, *Aus den Anfängen,* loc. cit., S. 220.
10 »Tatbestandsdiagnostik und Psychoanalyse«, G.W., Bd. 7, S. 14f.
11 Freud–Jung, 8. 12. 1907, *Briefwechsel,* loc. cit., S. 114.
12 Freud–Martha Freud, 24. 9. 1907, *Briefe 1873–1939,* loc. cit., S. 284.
13 Freud–Fließ, 9. 10. 1898, *Aus den Anfängen,* loc. cit., S. 230.
14 Freud–Jung, 17. 10. 1909, *Briefwechsel,* loc. cit., S. 280f.
15 Freud–Jones, 15. 4. 1910, zit. bei Jones II, S. 409.
16 Freud–Ferenczi, 6. 6. 1910, zit. ibid., S. 409f.
17 Freud–Pfister, 6. 3. 1910, *Briefe 1909–1939,* loc. cit., S. 32.
18 Jones–Putnam, 19. 6. 1910, *Putnam Letters,* loc. cit., S. 219.
19 Havelock Ellis, »Freud's Influence on the Changed Attitude Towards Sex«, in: *American Journal of Sociology* (Nov. 1939), S. 316.
20 Leonardo da Vinci, *Tagebücher,* Codice Atlantico F. 65 V. Übersetzung und Originaltext in: *Eine Kindheitserinnerung des Leonardo da Vinci,* G.W., Bd. 8, S. 150.

21 Freud–Else Voigtländer, 1. 10. 1911, *Briefe 1873–1939,* loc. cit., S. 300.
22 Freud–Hermann Struck, 7. 11. 1914, ibid., S. 318.
23 Freud–Lou Andreas Salomé, 9. 2. 1919, *Briefwechsel,* loc. cit., S. 100.
24 *Eine Kindheitserinnerung des Leonardo da Vinci,* G.W., Bd. 8. S. 210.
25 Freud–Dr. Max Schiller, 26. 3. 1931, *Briefe 1873–1939,* loc. cit., S. 423.
26 Protokolle II, S. 308 (Fußnote).
27 Jack J. Spector, *The Aesthetics of Freud: A Study in Psychoanalysis and Art,* S. 57.
28 Zit. ibid.
29 Ibid.
30 Jones II, S. 408.
31 Charles Rycroft, »Leonardo Psychoanalysed«, in: *Observer Weekend Review* (8. 4. 1962).
32 Kenneth Clark, *Leonardo da Vinci: An Account of his Development as an Artist,* S. 4.
33 *Neue Folge der Vorlesungen zur Einführung in die Psychoanalyse,* G.W., Bd. 15, S. 156.
34 *Die Frage der Laienanalyse,* G.W., Bd. 14, S. 283.
35 Zit. bei Suzanne C. Bernfeld, »Freud and Archaeology«, in: *American Imago,* Vol. VIII (1951), S. 111.
36 Freud–Fließ, 4. 7. 1901, *Aus den Anfängen,* loc. cit., S. 286.
37 Freud–D. E. Oppenheim, 28. 10. 1909, dt. Original in der Übersetzung von »Träume im Folklore«, *Dreams in Folklore,* New York 1958, S. 15f.
38 Freud–Jung, 12. 11. 1911, *Briefwechsel,* loc. cit., S. 507f.
39 Freud–Jung, 14. 11. 1911, ibid., S. 509.
40 Freud–Jung, 12. 2. 1911, ibid., S. 432.
41 Freud–Ferenczi, 30. 11. 1911, zit. bei Jones II, S. 415.
42 Freud–Putnam, 25. 12. 1911, *Putnam Letters,* loc. cit., S. 364.
43 Freud–Abraham, 2. 1. 1912, *Briefe 1873–1939,* loc. cit., S. 301.
44 Freud–Jones, 9. 4. 1913, zit. bei Jones II, S. 416.
45 Freud–Abraham, 13. 5. 1913, zit. bei Jones II, S. 417
46 Freud–Ferenczi, 13. 5. 1913, zit. bei Jones II, S. 417.
47 *Totem und Tabu,* G.W., Bd. 9, S. 5.
48 Ibid., S. 42.
49 Ibid., S. 25.
50 Ibid., S. 31f.
51 Ibid., S. 171.
52 Ibid., S. 173.
53 *Selbstdarstellung,* G.W., Bd. 14, S. 93.
54 *Totem und Tabu,* G.W., Bd. 9, S. 172 (Fußnote).
55 Ibid., S. 188.
56 *Massenpsychologie und Ich-Analyse,* G.W., Bd. 13, S. 136.
57 Alfred L. Kroeber, »*Totem and Taboo* in Retrospect«, in: *American Journal of Sociology,* Vol. XLV, No. 3 (Nov. 1939), S. 446.
58 Freud–Kardiner, zit. bei Anna Quindlen, *New York Times,* 7. 5. 1977.
59 Jones III, S. 365.

60 Clyde Kluckhohn, »The Influence of Psychiatry on Anthropology in America during the past One Hundred Years«, in: The American Psychiatric Association, *One Hundred Years of American Psychiatry,* S. 594.
61 Jones–Freud, 13. 3. 1914, Colchester.
62 Freud–Martha Freud, Postkarte vom 6. 9. 1901, wurde zitiert bei Jones II, S. 430.
63 Freud–Martha Freud, 25. 9. 1912, *Briefe 1873–1939,* loc., cit., S. 308.
64 Freud–Edoardo Weiss, 12. 4. 1933, ibid., S. 431.
65 Jones II, S. 430f.
66 Jones–Freud, 30. 10. 1912, Colchester.
67 »Der Moses des Michelangelo«, G.W., Bd. 10, S. 194.
68 Ibid., S. 198.
69 Jones II, S. 431.
70 Freud–Abraham, 6. 4. 1914, *Briefe 1907–1926,* loc. cit., S. 166f.
71 Freud–Jones, 8. 2. 1914, Colchester.
72 Freud–Ferenczi, 17. 10. 1912, zit. bei Jones II, S. 432.
73 *Die Traumdeutumg,* G.W., Bd. 2/3, S. 271.
74 Ibid., S. 272.
75 John Ashworth, »Olivier, Freud and Hamlet«, in: *Atlantic Monthly,* Vol. CLXXXIII, No. 5 (Mai 1949), S. 30.
76 Georg Brandes, zit. im Brief Freud–Jones, 24. 1. 1921, Colchester.
77 Freud–Jones, 24. 1. 1921, Colchester.
78 Freud–Jones, 7. 2. 1921, Colchester.
79 Freud–Lytton Strachey, 25. 12. 1928, *Briefe 1873–1939,* loc. cit. S. 399.
80 *Selbstdarstellung,* G.W., Bd. 14, S. 90.
81 *Die Traumdeutung,* G.W., Bd. 2/3, S. 273 (Fußnote).
82 Dr. Gareth Lloyds Evans an den Autor, 11. 2. 1978.

16. Die Psychoanalyse im Krieg

1 Freud–Abraham, 26. 7. 1914, *Briefe 1907–1926,* loc. cit., S. 180.
2 Freud–Abraham, 25. 8. 1914, ibid., S. 186.
3 Freud–Pfister, 9. 10. 1918, *Briefe 1909–1939,* loc. cit., S. 62.
4 Gardiner, op. cit., S. 118f.
5 *Cambridge Daily News,* 1. 8. 1914.
6 Lord Edmond Fitzmaurice–J. A. Spender, 31. 7. 1914, *Spender Papers,* British Library, Add. 46392.
7 Anm. des Herausgebers der englischen Fassung von »Zur Geschichte der psychoanalytischen Bewegung«, *Standard Edition,* Bd. 14, S. 4.
8 Freud–Lou Andreas-Salomé, 25. 11. 1914, *Briefwechsel,* loc. cit., S. 22f.
9 *Selbstdarstellung,* G.W., Bd. 14, S. 76.
10 F. H. Matthews, »The Americanization of Sigmund Freud: Adaptations of Psychoanalysis Before 1917«, in: *Journal of American Studies,* Vol. I. No. 1 (1967), S. 42.
11 Walter Lippmann–Frederick J. Hoffman, 18. 11. 1942, zit. bei F. J. Hoffman, *Freudianism and the Literary Mind,* S. 54.

12 Walter Lippmann, »Freud and the Layman«, in: *The New Republic,* 17. 4. 1915.

13 S. Weir Mitchell, »The Medical Department in the Civil War«, Vortrag in Chicago, Februar 1913, zit. bei Oberndorf, *A History of Psychoanalysis in America,* loc. cit., S. 52.

14 Boris Sidis, *Symptomatology, Psychognosis and Diagnosis of Psychopathic Diseases,* S. VII.

15 »Zur Geschichte der psychoanalytischen Bewegung«, G.W., Bd. 10, S. 72.

16 Pierre Janet, »Valeur de la psychanalyse et de la psychologie de Freud«, Vortrag vor der Société de Psychothérapie, Juni 1914, abgedr. in: *Revue de Psychothérapie et de Psychologie Appliquée,* Vol. XXIX (1915), S. 16–52.

17 E. E. Southard, zit. in der Einleitung zu Cioffi, Hrsg., *Freud: Modern Judgments,* S. 8.

18 *The New York Times Magazine,* 24. 8. 1919, S. 11.

19 C. Ladd Franklin, Brief an *The Nation,* Vol. CIII, No. 2677 (19. 10. 1916).

20 Leitartikel *New York Times,* 14. 2. 1916.

21 Ibid.

22 A. A. Brill, *New York Times,* 17. 2. 1915.

23 Charles Mercier, zit. in Einleitung zu Cioffi, op. cit., S. 7.

24 Jones–Freud, 22. 7. 1913, Colchester.

25 Jones–Freud, 8. 8. 1913, Colchester.

26 Ibid.

27 Freud–Jones, 10. 8. 1913, Colchester.

28 Edward Glover, zit. bei Alexander, Eisenstein u. Grotjahn, op. cit., S. 536.

29 Jones–Freud, 4. 10. 1913, Colchester.

30 Jones–Freud, 11. 12. 1913, Colchester.

31 »H. B. D.«, Brief in: *British Medical Journal* (12. 12. 1914), S. 1048.

32 B. H. Shaw, Brief, ibid., 9. 1. 1915, S. 94.

33 St. John Bullen, »Remarks on the Interpretation of Dreams, according to Sigmund Freud and Others«, in: *Journal of Mental Science,* Vol. LXI (1915), S. 36.

34 D. G. Thomson, Brief, *British Medical Journal,* (6. 1. 1917), S. 32.

35 »Decency«, Brief, ibid., (13. 1. 1917), S. 64.

36 Harold Laski–Mr. Justice [Oliver Wendell] Holmes, 18. 12. 1917, zit. bei Mark DeWolfe Howe, Hrsg., *Holmes–Laski Letters: The Correspondence of Mr. Justice Holmes and Harold J. Laski, 1916–1935,* S. 120.

37 Freud–Putnam, 9. 3. 1915, *Putnam Letters,* loc. cit., S. 374.

38 Freud–Abraham, 4. 3. 1915, *Briefe 1907–1926,* loc. cit., S. 205.

39 Freud–Dr. Frederick van Eeden, 28. 12. 1914, in: *De Amsterdammer,* Nr. 1960, 17. Jan. 1915, S. 3, zit. bei Jones II, S. 434.

40 »Zeitgemäßes über Krieg und Tod«, G.W., Bd. 10, S. 328.

41 Ibid., S. 329.

42 Ibid., S. 355.

43 Freud–Fließ, 10. 3. 1898, *Aus den Anfängen,* loc. cit., S. 211.

44 »Metapsychologische Ergänzung zur Traumlehre«, G.W., Bd. 10, S. 412 (Fußnote).

45 Freud–Lou Andreas-Salomé, 30. 7. 1915, *Briefe 1873–1939,* loc. cit., S. 323.
46 Freud–Lou Andreas-Salomé, 2. 4. 1919, *Briefwechsel,* loc. cit., S. 105.
47 Freud–Lou Andreas-Salomé, 14. 7. 1916, ibid., S. 53.
48 *Vorlesungen zur Einführung in die Psychoanalyse,* Vorwort 1917, G.W., Bd. 11, S. 3.
49 Ibid., Einleitung, S. 8.
50 Ibid., S. 76 (Fehlleistungen, Fortsetzung).
51 Ibid., S. 246 (Unsicherheiten und Kritiken).
52 Oliver Freud–Jones, Nov. 1955 (in Englisch), Institute of Psycho-Analysis, London.
53 *Vorlesungen zur Einführung in die Psychoanalyse,* G.W. Bd. 11, S. 250.
54 Freud–Abraham, 20. 5. 1917, *Briefe 1907–1926,* loc. cit., S. 238f.
55 Freud–Abraham, 11. 11. 1917, ibid., S. 247.
56 Zit. bei Wortis, op. cit., S. 847.
57 Ernst Kris, »Freud in the History of Science«, in: *The Listener,* (17. 5. 1956), S. 632.
58 Georg Groddeck/Sigmund Freud, *Briefe über das Es* (aus G. Groddeck, *Der Mensch und sein Es,* Limes Verlag, Wiesbaden), Kindler Verlag – Kindler Taschenbücher –, München 1974. Hier Groddeck–Freud, 27. 5. 1917, S. 9f.
59 Freud–Ferenczi, 31. 10. 1915, zit. bei Jones II, S. 228.
60 Freud–Lou Andreas-Salomé, 13. 7. 1917, *Briefe 1873–1939,* loc. cit., S. 335.
61 Freud–Abraham, 31. 10. 1920, *Briefe 1907–1926,* loc. cit., S. 296.
62 Freud–Abraham, 10. 12. 1917, ibid., S. 294.
63 Putnam, »The Work of Sigmund Freud«, Vortrag beim 8. Jahrestreffen der American Psychopathological Association, 24. 5. 1917, abgedr. in: *Journal of Abnormal Psychology,* Vol. XII (Aug. 1917), S. 146.
64 Wilfried Trotter, *The Instincts of the Herd in Peace and War, 1916–1919,* S. 54.
65 W. H. R. Rivers, »Freud's Psychology of the Unconscious«, Vortrag vor dem Edinburgh Pathological Club, 7. 3. 1917, abgedr. in: *The Lancet* (16. 6. 1917), S. 914. (hiernach: Rivers, »Freud's Psychology«.)
66 *Jenseits des Lustprinzips,* G.W., Bd. 13, S. 9.
67 David Eder: *War-Shock: The Psychoneuroses in War Psychology and Treatment,* S. 11.
68 Ibid., S. 12.
69 C. Stanford Read, *Military Psychiatry in Peace and War,* S. 161.
70 G. Elliot Smith, Vorwort zu W. H. R. Rivérs, *Conflict and Dreams,* S. VIII.
71 Rivers, »Freud's Psychology«, loc. cit., S. 913.
72 Ibid., S. 914.
73 Freud–Abraham, 17. 2. 1918, *Briefe 1907–1926,* loc. cit., S. 255f.
74 »Wege der psychoanalytischen Therapie«, G.W., Bd. 12, S. 193.
75 Protokolle I, S. 69f. (Freud, Vortragsabend am 5. 12. 1906).
76 »Weitere Ratschläge zur Technik der Psychoanalyse«: I. Zur Einleitung der Behandlung, G.W., Bd. 8, S. 466.
77 »Wege der psychoanalytischen Therapie«, G.W., Bd. 12, S. 193.

1 *Massenpsychologie und Ich-Analyse,* G.W., Bd. 13, S. 103.
2 Hanns Sachs, op. cit., S. 154.
3 Freud in einem Interview mit Charles J. Rosebault, *New York Times,* 24. 8. 1919.
4 Freud–Samuel Freud, 22. 5. 1919, »Rylands«.
5 Freud–Samuel Freud, 27. 10. 1919, »Rylands«.
6 Freud–Samuel Freud, 2. 10. 1920, »Rylands«.
7 Freud–Samuel Freud, 22. 2. 1920, »Rylands«.
8 Samuel Freud–Anna Freud, 20. 3. 1920, »Rylands«.
9 Freud–Samuel Freud, 17. 12. 1919, »Rylands«.
10 Freud–Samuel Freud, 15. 2. 1920, »Rylands«.
11 Freud–Ernst Freud, 19. 7. 1919, Library of Congress, Washington.
12 Freud–Samuel Freud, 15. 10. 1920, »Rylands«.
13 Freud–Samuel Freud, 5. 11. 1920, »Rylands«.
14 Jones–Freud, 2. 4. 1919, Institute of Psycho-Analysis, London.
15 Freud–Jones, 4. 4. 1919, zit. bei Jones III, S. 18.
16 Viktor Tausk–Freud, 2. 7. 1919, zit. bei Paul Roazen, *Brudertier. Sigmund Freud und Viktor Tausk: Die Geschichte eines tragischen Konflikts,* aus dem Amerikanischen von Friedhelm Herborth, Hoffmann und Campe Verlag, Hamburg 1973, S. 129.
17 Tausk–Freud, 3. 7. 1919, ibid., S. 134.
18 »Victor Tausk«, G.W., Bd. 12, S. 316. (»Victor« nur hier bei Freud. In allen überlieferten Dokumenten »Viktor«. Anm. des Übers.)
19 Freud–Pfister, 13. 7. 1919, *Briefe 1909–1939,* loc. cit., S. 73.
20 »Victor Tausk«, G.W., Bd. 12, S. 318.
21 Freud – Lou Andreas-Salomé, 1. 8. 1919, *Briefwechsel,* loc. cit., S. 109.
22 Anna Freud an den S. Fischer Verlag, o. D.
23 Binswanger, op. cit., S. 20.
24 Freud–Jones, 18. 2. 1919, zit. bei Jones II, S. 247.
25 Freud–Jones, 28. 5. 1919, Colchester.
26 Freud–Binswanger, 16. 2. 1919, Binswanger, op. cit., S. 80.
27 Freud–Jones, 11. 12. 1919, Colchester.
28 Freud–Max Halberstadt, 25. 1. 1920, *Briefe 1873–1939,* loc. cit., S. 343 f.
29 Lord Rutherford, Rundfunkansprache an den Fifth Pacifist International Science Congress, Vancouver, 11. 5. 1923, zit. bei A. S. Eve, *Rutherford, Being the Life and Letters of the Rt. Hon. Lord Rutherford, O. M.,* S. 373.
30 *Sigmund Freud–Arnold Zweig, Briefwechsel,* hrsg. von Ernst L. Freud, S. Fischer Verlag, Frankfurt am Main 1968, 3. Aufl. 1980. Hier: Freud–Arnold Zweig, 15. 7. 1934, S. 96 f.
31 Carl M. Grossman u. Sylva Grossman, *The Wild Analyst: The Life and Work of Georg Groddeck,* S. 13.
32 Ibid., S. 97.
33 Groddeck–Freud, 11. 9. 1920, *Briefe über das Es,* loc. cit., S. 32.
34 Jones III, S. 227.

35 Jones–Mitglieder des Komitees, 11. 2. 1921, Institute of Psycho-Analysis, London.
36 Freud–Samuel Freud, 2. 10. 1920, »Rylands«.
37 Anna Freud–Jones, 21. 1. 1955, Institute of Psycho-Analysis, London.
38 Zit. bei Ellenberger, *The Discovery of the Unconscious,* S. 838.
39 Freud–Jones, 4. 10. 1920, Colchester.
40 Sir Frederick Mott bei der Verleihung von Preisen im Charing Cross Hospital, *New York Times,* 15. 1. 1922.
41 Brill, »The Introduction and Development of Freud's Work in the United States«, in: *American Journal of Sociology,* Vol. XLV (Nov. 1939), S. 325.
42 —, »Facts and Fancies in Psychoanalytical Treatment«, in: *New York Medical Jornal,* Vol. CIX, No. 26 (28. 6. 1919), S. 1117.
43 Eric Linklater, *Poet's Pub,* S. 80.
44 Hoffman, op. cit., S. 30f.
45 John C. Whitehorn, »A Century of Psychiatric Research in America«, in: *One Hundred Years of American Psychiatry,* loc. cit., S. 174.
46 Mark Sullivan, *Our Times: The United States 1900–1925,* Vol. IV, *The War Begins, 1909–1914,* S. 172.
47 Hanns Sachs, op. cit., S. 153.
48 Grace Adams, »The Rise and Fall of Psychology«, in: *Atlantic Monthly,* Vol. CLII, No. 1 (Jan. 1934), S. 86.
49 Zit. bei Reik, *Thirty Years,* loc. cit., S. 174.
50 Freud–Sachs, zit. bei Merrill Moore, »Note on a Limerick«, in: *American Imago,* Vol. XIII (1956), S. 147.
51 Norman Douglas, *Some Limericks. Collected for the use of Students, & ensplendour'd with Introduction, Geographical Index, and with Notes Explanatory and Critical,* S. 80.
52 Alexander, Eisenstein, Grotjahn, op. cit., S. 218.
53 H. L. Mencken, »Rattling the Subconscious«, in: *The Smart Set* (Sept. 1918), abgedr. als »The Advent of Psychoanalysis«, in: William H. Nolte, Hrsg., *H. L. Menckens »Smart Set« Criticism,* S. 147.
54 Adams, op. cit., S. 85.
55 Henry F. May, *The End of American Innocence: A Study of the First Years of our Own Time, 1912–1917,* S. 234.
56 Rev. C. F. Potter, »Psychoanalysis and Religion« in der West Side Unitarian Church am 29. 3. 1925, zit. in: *New York Times,* 30. 3. 1925.
57 Rev. Stephen Wise, Rabbi der Freien Synagoge, New York, zit. in: *New York Times,* 21. 11. 1921.
58 Zit. bei Oberndorf, op. cit., S. 136.
59 Bobby Edwards, Leitartikel in: *Quill,* Vol. XIII (1923), S. 14, zit. bei Hoffman, op. cit., S. 76.
60 Dr. Vosberg, *New York Times,* Dez. 1921.
61 Dr. Busch, ber. in: *Oxford Chronicle,* 17. 3. 1922.
62 Jones–Freud, 1. 4. 1922, Institute of Psycho-Analysis, London.
63 Leitartikel, »A Useful Hoax«, *The Times,* London, 17. 12. 1921.
64 Freud–Jones, 24. 5. 1920, Colchester.

65 Samuel A. Tannenbaum, ber. in: *New York Times,* 19. 3. 1922.
66 *New York Times,* 4. 1. 1922.
67 Ibid.
68 Ibid., 24. 3. 1922.
69 Ibid., 27. 3. 1922.
70 Ibid., Leitartikel, 29. 3. 1922.
71 Jones–Freud, 11. 2. 1921, zit. bei Jones III, S. 66, Fußnote.
72 Jones–Freud, 11. 1. 1921, Institute of Psycho-Analysis, London.
73 Ibid.
74 Freud–Dr. Hermine von Hug-Hellmuth, 27. 4. 1915, G.W., Bd. 10, S. 456. (Abgedruckt in dem Geleitwort zu dem von ihr herausgegebenen *Tagebuch eines halbwüchsigen Mädchens,* Internationaler Psychoanalytischer Verlag, Leipzig, Wien, Zürich 1919.)
75 Lektorengutachten, Verlag Allen & Unwin, o. D.
76 Jones–Freud, 1. 2. 1921, Institute of Psycho-Analysis, London.
77 Siehe Anmerkung 74.
78 Fußnote des Herausgebers der engl. Übers.: »Letter to Dr. Hermine von Hug-Hellmuth«, *Standard Edition,* Bd. 14, S. 341.
79 P. H. Palmer an den Herausgeber, o. D., *Occult Review,* Vol. XXXIII, No. 2 (Feb. 1921), S. 116.
80 Rose Macaulay, *Dangerous Ages,* S. 63.
81 Virginia Woolf–Molly MacCarthy, 2. 10. 1924, Nigel Nicolson, Hrsg., *A Change of Perspective, The Letters of Virginia Woolf,* Vol. III (1923–1928), S. 134.
82 J. M. Keynes, »The Underlying Principle«, in: *Manchester Guardian Commercial,* 4. 1. 1923.
83 Thomas Mann in »Stampa«, Juni 1925, zit. in: *Internationale Zeitschrift für Psychoanalyse,* XI. Band, Heft 2 (1925), S. 247.
84 Jones–Freud, o. D., Institute of Psycho-Analysis, London.
85 Matthews, op. cit., S. 59.
86 Irving Howe, *Sherwood Anderson,* S. 180.
87 Sherwood Anderson, *Dark Laughter,* S. 207.
88 —, *Memoirs,* S. 243.
89 Spector, *The Aesthetics of Freud: A Study in Psychoanalysis and Art,* S. 203.
90 Frieda Lawrence–Frederick J. Hoffman, 12. 11. 1942, zit. bei Hoffman, op. cit., S. 154.
91 *The Times Literary Supplement* (26. 2. 1920), S. 139.
92 C. L. Graves, »Freud and Jung«, in: *Punch or The London Charivari* (10. 3. 1920), S. 196.
93 Freud–Samuel Freud, 28. 11. 1920, »Rylands«.
94 Hoffman, op. cit., S. 97.
95 Theodore Dreiser, Bemerkungen, vorgel. von A. A. Brill bei einem Dinner am 6. 5. 1931, abgedr. in: *Psychoanalytic Review,* Vol. XVIII (1931), S. 250.
96 William L. Langer, Ansprache des Vorsitzenden beim Jahresdinner der American Historical Association, 29. 12. 1957; u.d.T. »The Next Assignment«, in: *American Imago,* Vol. XV (1958), S. 239.

97 James S. Van Teslaar, »The Significance of Psycho-Analysis in the History of Science«, in: *International Journal of Psycho-Analysis,* Vol. II, S. 340.

18. Die Neueinschätzung des Unbewußten

1 Prof. William McDougall, *An Outline of Abnormal Psychology,* Vorwort, S. VIII.
2 C. S. Myers–Jones, 16. 7. 1926, Institute of Psycho-Analysis, London.
3 Jerome M. Schneck, A Note on Freud's Neighbor«, in: *American Journal of Psychotherapy,* Vol. XIII (1959), S. 139–41.
4 Viktor von Weizsäcker, »Reminiscences of Freud and Jung«, bei Nelson, Hrsg., *Freud and the 20th Century,* S. 60.
5 Ibid.
6 Freud–Samuel Freud, 4. 12. 1921, Library of Congress, Washington.
7 Freud–Samuel Freud, 21. 1. 1921, »Rylands«.
8 Freud–A. Kardiner, Apr. 1921, zit. bei Kardiner, *My Analysis with Freud: Reminiscences,* S. 15.
9 Freud–Wilfred Lay, 13. 12. 1920, »Four Unpublished Letters«, in: *Psychoanalytic Quarterly,* Vol. XXV (1956), S. 152.
10 Kardiner, *My Analysis with Freud,* loc. cit., S. 18.
11 Freud–Abraham, 31. 10. 1920, *Briefe 1907–1926,* loc. cit., S. 295.
12 Sigmund Freud–Edoardo Weiss, *Briefe zur psychoanalytischen Praxis,* Vorbemerkung und Einleitung von Martin Grotjahn, S. Fischer Verlag, Frankfurt a. M. 1973. Hier: Freud–Weiss, 3. 10. 1920, S. 41.
13 Jones–Freud, 7. 5. 1920, Institute of Psycho-Analysis, London.
14 Freud–James Strachey, 4. 6. 1920, Strachey Papers, British Library.
15 Gardiner, op. cit., S. 142.
16 Smith Ely Jelliffe–William A. White, Aug. 1921, zit. bei Alexander, Grotjahn, Eisenstein, op. cit., S. 226.
17 Dr. Smith, Plainville, Ohio, zit. bei Oberndorf, op. cit., S. 147.
18 Professor der Universität Wien–Freud, zit. ibid., S. 139.
19 Zit. bei Max Eastman, *Heroes I have Known: Twelve Who Lived Great Lives,* S. 263.
20 Ibid., S. 265.
21 Ibid., S. 266.
22 Ibid., S. 272.
23 Freud–Fließ, 2. 4. 1896, *Aus den Anfängen,* loc. cit., S. 142.
24 *Zur Psychopathologie des Alltagslebens,* G.W., Bd. 4, S. 287f.
25 »Das Unbewußte«, G.W., Bd. 10, S. 281.
26 Ibid., S. 280.
27 Freud–Ferenczi, 31. 3. 1919, zit. bei Jones III, S. 56f.
28 *Jenseits des Lustprinzips,* G.W., Bd. 13. S. 23.
29 Ibid., S. 3.
30 Ibid., S. 38.
31 Ibid., S. 40.
32 Stekel, op. cit., S. 138.

33 Freud–Eitingon, 18. 7. 1920, zit. bei Schur, *Sigmund Freud,* loc. cit., S. 392.
34 Freud–Eitingon, 27. 3. 1921, ibid., S. 409.
35 Jones III, S. 316.
36 Ibid., S. 316f.
37 Freud–Ferenczi, 12. 5. 1919, ibid., S. 59.
38 Freud–Romain Rolland, 4. 3. 1923, zit. bei Schur, *Sigmund Freud,* loc. cit., S. 416.
39 Philip Rieff, »Origins of Freud's Political Psychology«, in: *Journal of the History of Ideas,* Vol. XVII (1956), S. 238.
40 *Massenpsychologie und Ich-Analyse,* G.W., Bd. 13, S. 142.
41 *Das Ich und das Es,* G.W., Bd. 13, S. 251.
42 Ellenberger, *The Discovery of the Unconscious,* S. 844.
43 Freud–Groddeck, 17. 4. 1921, *Briefe über das Es,* loc. cit., S. 38.
44 Ibid.
45 Freud–Groddeck, 27. 8. 1921, ibid., S. 47.
46 Freud–Ferenczi, 21. 7. 1922, zit. bei Jones III, S. 124.
47 Freud–Groddeck, Weihnachten 1922, *Briefe über das Es,* loc. cit., S. 59.
48 Freud–Groddeck, 25. 3. 1923, ibid., S. 60f.
49 Groddeck–Freud, 27. 5. 1923, ibid., S. 63.
50 *Neue Folge der Vorlesungen zur Einführung in die Psychoanalyse,* G.W., Bd. 15, S. 80.
51 *Das Ich und das Es,* G.W., Bd. 13, S. 253.
52 *Abriß der Psychoanalyse,* G.W., Bd. 17, S. 136.
53 »Der Gegensatz Freud und Jung«, *Kölnische Zeitung,* 7. 5. 1929. Danach Jung, Ges. Werke Bd. 4, *Freud und die Psychoanalyse,* loc. cit., S. 391f.
54 *Das Ich und das Es,* G.W., Bd. 13, S. 267.
55 Ibid., S. 276.

19. Krebs

1 Felix Deutsch, »Reflections on the 10th Anniversary of Freud's Death«, Institute of Psycho-Analysis, London. Danach u. d. T. »Reflections on Freud's One Hundredth Birthday«, Vortrag vor der American Psychosomatic Society, Boston, 24. 3. 1956, abgedr. in: *Psychosomatic Medicine,* Vol. XVIII (1956), S. 279–83.
2 Ibid.
3 Ibid.
4 Ibid. Auch zitiert bei Schur, *Sigmund Freud,* loc. cit., S. 418.
5 Schur, *Sigmund Freud,* loc. cit., S. 422.
6 Freud–Abraham, 10. 5. 1923, *Briefe 1907–1926,* loc. cit., S. 315.
7 Freud–Katja und Lajos Levy, 11. 6. 1923, *Briefe 1873–1939,* loc. cit., S. 362.
8 Freud–Binswanger, 15. 10. 1926, zit. bei Jones III, S. 116.
9 Freud–Max Halberstadt, 7. 7. 1923, Library of Congress, Washington.

10 Deutsch, »Reflections«, loc. cit.
11 Jones III, S. 74.
12 Ibid., S. 117.
13 Ibid., S. 74.
14 Jones–Mitglieder des Komitees, Nov. 1924, Institute of Psycho-Analysis, London.
15 Jones III, S. 117.
16 Freud–Eitingon, 26. 9. 1923, zit. bei Schur, *Sigmund Freud,* loc. cit., S. 430.
17 Hall–Freud, 24. 9. 1923, Clark University, Worcester, Mass.
18 Freud–Samuel Freud, 25. 10. 1923, »Rylands«.
19 Freud–Samuel Freud, 19. 12. 1923, »Rylands«.
20 Freud–Samuel Freud, 9. 1. 1924, »Rylands«.
21 Brief Anna Freuds, zit. bei Mark Kanzler, Hrsg., *The Unconscious Today: Essays in Honor of Max Schur,* S. 7.

20. Die letzten Desertionen

1 Freud–Groddeck, 25. 11. 1923, *Briefe über das Es,* loc. cit., S. 69.
2 Freud–Havelock Ellis, 8. 11. 1925, The Yale University Library.
3 Öffentliche Ankündigung, Institute of Psycho-Analysis, London.
4 Supplementary Report of Council, British Medical Association, in: *British Medical Journal* (29. 6. 1929), S. 270. Report of Psychoanalysis Committee.
5 Ibid., S. 265.
6 Ibid., S. 270.
7 Jones, III, S. 176.
8 Freud–Jones, 8. 6. 1913, Colchester.
9 Jones III, S. 62.
10 Ibid., S. 64.
11 Zit. bei Alexander, Eisenstein, Grotjahn, op. cit., S. 43.
12 Jones–Freud, 16. 11. 1922, Institute of Psycho-Analysis, London.
13 Jones–Abraham, 1. 1. 1923, Institute of Psycho-Analysis, London.
14 Freud–Jones, 7. 1. 1922, Colchester.
15 *Die Traumdeutung,* G.W., Bd. 2/3, S. 406 (Fußnote a. d. J. 1909).
16 *Das Ich und das Es,* G.W., Bd. 13, S. 289.
17 Freud–Ferenczi, 24. 3. 1924, zit. bei Jones III, S. 78.
18 Jones III, S. 77.
19 Hanns Sachs, op. cit., S. 58.
20 Freud–Otto Rank, 1. 12. 1923, zit. bei Jessie Taft, *Otto Rank: A Biographical Study Based on Notebooks, Letters, Collected Writings, Therapeutic Achievements and Personal Associations,* S. 85.
21 Freud an die Mitglieder des Komitees, zit. bei Taft, op. cit., S. 77.
22 Abraham–Freud, 21. 2. 1924, *Briefe 1907–1926,* loc. cit., S. 324.
23 Jones, »Psychoanalysis and Anthropology«, Vortrag im Royal Anthropological Institute, 19. 2. 1924, abgdr. in: *Journal of the Royal Anthropological Institute,* Vol. LIV (1924), S. 57.

24 Taft, op. cit., S. 84.
25 Freud–Abraham, 31. 3. 1924, zit. bei Jones III, S. 86.
26 Freud–Ferenczi, 20. 3. 1924, ibid., S. 85.
27 Freud–Rank, 23. 7. 1924, zit. bei Taft, op. cit., S. 99.
28 Freud–Lou Andreas-Salomé, 11. 8. 1924, *Briefwechsel,* loc. cit., S. 152.
29 Freud–Rank, 25. 8. 1924, *Briefe 1873–1939,* loc. cit., S. 371 f.
30 Freud–Ferenczi, 9. 9. 1924, zit. bei Jones III, S. 90.
31 Jones III, S. 93.
32 Rank an die Mitglieder der Komitees, 26. 12. 1924, zit. bei Taft, op. cit., S. 110.
33 Freud–Ferenczi, 23. 4. 1926, zit. bei Jones III, S. 97.
34 Zit. bei Hanns Sachs, op. cit., S. 148.
35 Freud–Jones, 6. 1. 1925, zit. bei Jones III, S. 95.
36 »Die endliche und die unendliche Analyse«, G.W., Bd. 16, S. 60.
37 Zit. bei Gunther Stuhlmann, Hrsg., *The Journals of Anaïs Nin, 1931–1934,* S. 277.
38 Zit. bei Reik, *Thirty Years,* loc. cit., S. 18.
39 »Sándor Ferenczi« (Nachruf), G.W., Bd. 16, S. 269.
40 Freud–Eitingon, 18. 4. 1932, zit. bei Jones III, S. 206.
41 Freud –Ferenczi, 13. 12. 1931, ibid., S. 197.
42 Ibid., S. 198.
43 Freud–Marie Bonaparte, 11. 9. 1932, ibid., S. 209.
44 Freud–Ferenczi, 11. 1. 1933, ibid., S. 212.
45 Jones III, S. 214.
47 Michael Balint–Jones, 28. 11. 1957, Institute of Psycho-Analysis, London.
48 Erich Fromm, *The Dogma of Christ and Other Essays on Religion, Psychology and Culture,* S. 98.
49 Wittels, op. cit., S. 12.

21. Ein Ritt auf dem Tiger?

1 Sam Goldwyn, interviewt von Maurice Arnold, *New York Times,* 21. 12. 1924.
2 *New York Times,* 24. 1. 1925.
3 Freud–Ferenczi, 14. 8. 1925, zit. bei E. Freud, Lucie Freud und Ilse Grubrich-Simitis, Hrsg., *Sigmund Freud, Sein Leben in Bildern und Texten,* S. 224.
4 Freud–Abraham, 5. 11. 1925, *Briefe 1907–1926,* loc. cit., S. 371.
5 Freud–Paul Federn, 27. 3. 1926, Original zit. bei Ernst Federn, »How Freudian are the Freudians? Some Remarks to an Unpublished Letter«, in: *Journal of the History of the Behavioral Sciences,* Vol. III, No. 3 (Juli 1967), S. 269.
6 Freud–Pfister, 25. 11. 1928, *Briefe 1909–1939,* loc. cit., S. 136.
7 Freud–Lou Andreas-Salomé, 28. 7. 1928, *Briefe 1873–1939,* loc. cit., S. 408.

8 »Nachschrift 1935« zur *Selbstdarstellung,* G.W., Bd. 16, S. 31.
9 Ibid., S. 32.
10 Jones III, S. 302.
11 *Drei Abhandlungen zur Sexualtheorie,* G.W., Bd. 5, S. 126 (Fußnote).
12 *Die Traumdeutung,* G.W., Bd. 2/3, S. 406.
13 *Hemmung, Symptom und Angst,* G.W., Bd. 14, S.159.
14 Wortis, op. cit., S. 849.
15 Anmerkung des Herausgebers der englischen Ausgabe von »Die endliche und die unendliche Analyse«, *Standard Edition,* Vol. XXIII, S. 211.
16 »Die endliche und die unendliche Analyse«, G.W., Bd. 16, S. 72.
17 Martin W. Peck, »A Brief Visit with Freud«, in: *Psychoanalytic Quarterly,* Vol. IX (1940), S. 206.
18 »Nachschrift 1935« zur *Selbstdarstellung,* G.W., Bd. 16, S. 32f.
19 *Die Zukunft einer Illusion,* G.W., Bd. 14, S. 359.
20 Freud–Pfister, 16. 10. 1927, *Briefe 1909–1939,* loc. cit., S. 116.
21 Binswanger, op. cit., S. 97f.
22 *Die Zukunft einer Illusion,* G.W., Bd. 14, S. 358.
23 *Das Unbehagen in der Kultur,* G.W., Bd. 14, S. 431.
24 Rabbi Nathan Krass im Tempel Emanu-El, New York, 22. 1. 1928, »Psychoanalysing a Psychoanalyst«, in: *New York Times,* 23. 1. 1928.
25 *Die Zukunft einer Illusion,* G.W., Bd. 14, S. 328.
26 Ibid., S. 378.
27 Ibid., S. 379.
28 Freud–Marie Bonaparte, zit. bei Jones II, S. 490.
29 René Laforgue, »Au delà du Scientisme, Chapitre Ier, Freud et le Monothéisme«, in: *Psyché* (Paris), Vol. IV (1949), S. 4.
30 Freud–Simmel, 11. 11. 1928, *Briefe 1873–1939,* loc. cit., S. 397.
31 Lou Andreas-Salomé, *Lebensrückblick,* aus dem Nachlaß hrsg. von Ernst Pfeiffer, Insel Verlag, Frankfurt a. M. 1968. Neue durchgesehene Ausgabe, insel taschenbuch 54, [4]1979 (aus letzterer Ausgabe zitiert), S. 168.
32 Ibid.
33 Freud–Samuel Freud, 6. 12. 1928, »Rylands«.
34 Freud–Lou Andreas-Salomé, 28. 7. 1929, *Briefe 1873–1939,* loc. cit., S. 407.
35 »Die Sexualität in der Ätiologie der Neurosen«, G.W., Bd. 1, S. 508.
36 Siehe Anmerkung 34.
37 *Das Unbehagen in der Kultur,* G.W., Bd. 14, S. 493f.
38 Freud–Samuel Freud, 6. 12. 1929, »Rylands«.
39 Freud–Samuel Freud, 4. 5. 1924, »Rylands«.
40 Freud–Samuel Freud, 6. 5. 1929, »Rylands«.
41 Freud–Samuel Freud, 6. 12. 1929, »Rylands«.
42 William C. Bullitt, Vorwort zu S. Freud und W. C. Bullitt, *Thomas Woodrow Wilson, Twenty-eighth President of the United States: A Psychological Study,* S. VII.
43 Ibid.
44 Smiley Blanton, *Diary of My Analysis with Sigmund Freud,* S. 39.
45 Freud–Arnold Zweig, 6. 9. 1934, *Briefwechsel,* loc. cit.

46 Freud–Thomas Mann. 29. 11. 1936, *Briefe 1873–1939,* loc. cit., S. 449.
47 Bullitt, Vorwort zu *Thomas Woodrow Wilson,* loc. cit., S. VIII.
48 Freud, Einleitung zu *Thomas Woodrow Wilson,* loc. cit., S. XI.
49 Zit. bei Jones III, S. 31.
50 Eastman, op. cit., S. 268.
51 Bullitt, Vorwort zu *Thomas Woodrow Wilson,* loc. cit., S. IX.
52 Bullitt–Jones, 22. 7. 1955, Institute of Psycho-Analysis, London.
53 Bullitt, Vorwort zu *Thomas Woodrow Wilson,* loc. cit., S. IX.
54 Freud–Marie Bonaparte, 7. 12. 1933, zit. bei Schur, *Sigmund Freud,* loc. cit., S. 529.
55 Tuchman, »Can History Use Freud?«, loc. cit., S. 40.
56 Ibid., S. 44.
57 *Neue Folge der Vorlesungen zur Einführung in die Psychoanalyse,* G.W., Bd. 15, S. 160.
58 Ibid., S. 162.

22. Die Lichter gehen aus

1 Freud–Max Halberstadt, 17. 3. 1926, Library of Congress, Washington.
2 Freud–Samuel Freud, o. D., »Rylands«.
3 Freud–Samuel Freud, 21. 8. 1925, »Rylands«.
4 Judith Bernays Heller, op. cit., S. 420.
5 Freud–Samuel Freud, 2. 6. 1929, »Rylands«.
6 Judith Bernays Heller, op. cit., S. 421.
7 Freud–Alfons Paquet, 26. 7. 1930, *Briefe 1873–1939,* loc. cit., S. 416.
8 Freud–Arnold Zweig, 21. 8. 1930, ibid., S. 417f.
9 Freud–Samuel Freud, 18. 8. 1930, »Rylands«.
10 Ibid.
11 Freud–Samuel Freud, 12. 9. 1930, »Rylands«.
12 Ibid.
13 Freud–Samuel Freud, 21. 9. 1930, »Rylands«.
14 Freud–Samuel Freud, 1. 12. 1931, »Rylands«.
15 Freud–Albert Einstein, Sept. 1932, *Warum Krieg?,* G.W., Bd. 16, S. 23.
16 Freud–Arnold Zweig, 7. 12. 1930, *Briefwechsel,* loc. cit., S. 37.
17 Schur–Jones, 30. 9. 1955, Institute of Psycho-Analysis, London.
18 Zit. bei Ernst Simmel, »Sigmund Freud: The Man and His Work«, in: *Psychoanalytic Quarterly,* Vol. IX (1940), S. 163–176.
19 Ibid., S. 174.
20 Freud–Lou Andreas-Salomé, 8. 5. 1930, *Briefwechsel,* loc. cit., S. 205.
21 Freud–Smiley Blanton, 2. 9. 1929, zit. bei Blanton, op. cit., S. 24.
22 Martin Freud, op. cit., S. 191.
23 *Warum Krieg?,* G.W., Bd. 16, S. 12.
24 Henri Bonnet–Albert Einstein, 10. 11. 1931, Archiv des Völkerbundes, Genf.
25 Ronald W. Clark, *Einstein: The Life and Times,* S. 154.
26 Freud–Ferenczi, 2. 1. 1927, zit. bei Jones III, S. 160.

27 Freud–Leon Steinig, 6. Juni 1932, *Briefe 1873–1939*, loc. cit., S. 429f.
28 *Warum Krieg?*, G.W., Bd. 16, S. 23.
29 Ibid., S. 25.
30 Ibid., S. 27.
31 Zit. bei Françoise Delisle, *Friendship's Odyssey*, S. 289.
32 Freud–Oskar Nemon, zit. bei Oberndorf, op. cit., S. 151.
33 Zit. bei Reik, *Thirty Years*, loc. cit., S. 16.
34 Hanns Sachs, op. cit., S. 147.
35 *Das Unbehagen in der Kultur*, G.W., Bd. 14, S. 506.
36 Ibid.
37 Freud–Samuel Freud, 31. 7. 1933, »Rylands«.
38 Freud–Erich Leyens, 4. 7. 1923, »Four Unpublished Letters«, in: *Psychoanalytic Quarterly*, Vol. XXV (1956), S. 149. (Originalwortlaut z. T. bei Jones III, S. 122.)
39 Freud–Erich Leyens, 25. 7. 1936, ibid. S. 150. (Originalwortlaut Jones III, S. 122f.)
40 Freud–Richard S. Dyer-Bennet, 9. 12. 1928, *Briefe 1873–1939*, loc. cit., S. 398.
41 Zit. bei Schur, *Sigmund Freud*, loc. cit., S. 526.
42 Zit. bei Reik, *Thirty Years*, loc. cit., S. 36.
43 Zit. bei Jones III, S. 218.
44 Freud–Marie Bonaparte, 16. 3. 1933, ibid., S. 211.
45 Freud–Xavier Bóveda, 6. 12. 1933, *Psychoanalytic Quarterly*, Vol. XXV (1956), S. 154. (Originalwortlaut bei Jones III, S. 220.)
46 Freud–Arnold Zweig, 25. 2. 1934, *Briefwechsel*, loc. cit., S. 77.
47 Zit. bei Joan Riviere, »An Animate Impression«, in: *The Lancet* (30. 9. 1939), S. 776.
48 Freud–Marie Bonaparte, 10. 6. 1933, zit. bei Jones III, S. 217.
49 Ibid., S. 217f.
50 Reik, *Thirty Years*, loc. cit., S. 35.
51 Arthur Koestler, *The Invisible Writing*, S. 409.
52 Laforgue, »Personal Memories of Freud«, loc. cit., S. 344.
53 Felix Boehm, Bericht der Deutschen Psychoanalytischen Vereinigung über die Ereignisse von 1933 bis zum Amsterdamer Kongreß, August 1951, Institute of Psycho-Analysis, London, zit. bei Jones III, S. 224.
54 C. G. Jung, *Zentralblatt für Psychotherapie*, Jan. 1934.
55 Wilhelm Stekel–Chaim Weizmann, o. D., The Jewish Library.
56 Jung–Wolfgang Kranefeldt, 9. 2. 1934, zit., in: *International Review of Psychoanalysis*, Vol. IV (1977), S. 377.
57 Professor Pichler, Krankengeschichte S. Freuds, Eintragung 14. 3. 1924, Jones III, Anhang II, S. 546.
58 Schur, *Sigmund Freud*, loc. cit., S. 483.
59 Freud–Eitingon, 1. 6. 1931, zit. ibid., S. 487.
60 Freud–Marie-Bonaparte, 10. 5. 1931, zit. ibid., S. 506.
61 Schur, *Sigmund Freud*, loc. cit., S. 510.
62 Freud–Arnold Zweig, 13. 2. 1935, *Briefwechsel*, loc. cit., S. 112.
63 Freud–Romain Rolland, 19. 1. 1930, *Briefe 1873–1939*, loc. cit., S. 411.

64 Zit. bei Weizsäcker, op. cit., S. 66.
65 Zit. bei Cornelius Tabori, *My Occult Diary,* S. 219.
66 Freud–Edoardo Weiss, 8. 5. 1932, *Briefe zur psychoanalytischen Praxis,* loc. cit., S. 81f.
67 Freud–Edoardo Weiss, 24. 4. 1932, ibid., S. 80.
68 Freud–Arnold Zweig, 28. 1. 1934, *Briefwechsel,* loc. cit., S. 70.
69 Freud–Georg Fuchs, o. D., zit. bei Brill, »Reflections«, loc. cit., S. 20.
70 Freud–Arnold Zweig, 20. 12. 1937, *Briefwechsel,* loc. cit., S. 164.
71 Freud–Binswanger, 8. 10. 1936, *Briefe 1873–1939,* loc. cit., S. 446f.
72 Bernard Sachs, zit. bei C. P. Oberndorf, »Forty Years of Psycho-Analytic Psychiatry«, in: *International Journal of Psycho-Analysis,* Vol. XXX (1949), S. 158.
73 Freud–Sir Harold Jeffreys, Royal Society, 1. 7. 1936, St. Johns College, Cambridge.
74 Freud–Arnold Zweig, 31. 5. 1936, *Briefe 1873–1939,* loc. cit., S. 445.
75 Freud–Binswanger, 4. 4. 1936, Binswanger, op. cit., S. 108f.
76 Freud–Kadimah, o. D., zit. bei Josef Fraenkel, »Professor Freud and the Student Society ›Kadimah‹«, in: *The Gates of Zion,* (London, Apr. 1964), S. 17.
77 Ibid.
78 Freud–Frau Fließ, 17. 12. 1928, The Jewish Library.
79 Freud–Marie Bonaparte, 3. 1. 1937, zit. bei Jones III, S. 253.
80 Marie Bonaparte–Jones, 8. 11. 1951, Institute of Psycho-Analysis, London.
81 Ibid.
82 Freud–Marie Bonaparte, 10. 1. 1937, zit. bei Schur, *Sigmund Freud,* loc. cit., S. 575.
83 Freud–Arnold Zweig, 21. 3. 1938, *Briefwechsel,* loc. cit., S. 167.
84 Freud–Eitingon, 6. 2. 1938, zit. bei Jones III, S. 258.

23. Ein Entlassungsbefehl

1 Alle Tagebucheintragungen Freuds: Colchester.
2 Martin Freud, op. cit., S. 205.
3 Schur, *Sigmund Freud,* loc. cit., S. 582.
4 Freud–Arnold Zweig, 21. 3. 1938, *Briefwechsel,* loc. cit., S. 167.
5 Sir Walford Selby–Sir John Simon, 13. 2. 1935, F(oreign) O(ffice) File No. 371 : 19484, Public Record Office, Kew, London (hiernach: P. R. O.).
6 Bericht über Freud, F. O. File No. 371 : 21115, P. R. O.
7 F. O. File No. 371 : 22321, P. R. O.
8 Foreign Office–Mack, 15. 3. 1938, F. O. File No. 371 : 22321, P. R. O.
9 Wiley–Cordell Hull, 15. 3. 1938, National Archives, Washington (hiernach: »Nat. Arch.«).
10 Hull–Wilson, 16. 3. 1938, Nat. Arch.
11 Wiley–Hull, 17. 3. 1938, Nat. Arch.
12 Wilson–Hull, 17. 3. 1938, Nat. Arch.
13 Freud–Jones, 13. 5. 1938, *Briefe 1873–1939,* loc. cit., S. 460f.

14 Wiley–Bullitt, 19. 3. 1938, Nat. Arch.
15 Bullitt–Wiley, 19. 3. 1938, Nat. Arch.
16 Wiley–Bullitt, 22. 3. 1938, Nat. Arch.
17 Wiley–Außenminister, Washington, für Bullitt, 22. 3. 1938, Nat. Arch.
18 Ibid.
19 Commander Locker-Lampson, 12. 4. 1938, Hansard, Column 943.
20 F. O. Protokoll–Sir Maurice Peterson, 9. 6. 1938, F. O. File No. 371 : 21876, P. R. O.
21 Geoffrey Parsons–Felix Frankfurter, zit. in: Frankfurter–Präsident Roosevelt, 31. 3. 1938, Franklin D. Roosevelt Library, Hyde Park, New York.
22 Erzbischof Cosmo Lang–Sir Samuel Hoare, 22. 3. 1938, Templewood Papers, Cambridge University Library.
23 Zit. bei Jones III, S. 263.
24 Sir William Henry Bragg–Lord Rutherford, 4. 5. 1933, Rutherford Papers, Cambridge University Library.
25 Bragg–Lord Halifax, 25. 4. 1938, F. O. File No. 371 : 21876, P. R. O.
26 Foreign Office–Sir Neville Henderson, 8. 4. 1938, F. O. File No. 371 : 21876, P. R. O.
27 Wiley–Hull, 13. 4. 1938, Nat. Arch.
28 Wilson–Hull, 6. 5. 1938, Nat. Arch.
29 Persönl. Mitteilung Anna Freuds in: *S. Freud/C. G. Jung, Briefwechsel,* loc. cit., Einleitung S. XIX, Fußnote 26.
30 Zit. in: *New York Times,* 18. 5. 1978.
31 Freud–Ernst Freud, 12. 5. 1938, *Briefe 1873–1939,* loc. cit., S. 459.
32 Mathilde Hollitscher–Jones, o. D., Institute of Psycho-Analysis, London.
33 Jones III, S. 268.
34 Freud–Samuel Freud, 4. 6. 1938, »Rylands«.

24. Ins Gelobte Land

1 Bruce R. Merrill M. D.–Jones, 31. 1. 1948, Institute of Psycho-Analysis, London.
2 Freud–Eitingon, 6. 6. 1938, *Briefe 1873–1939,* loc. cit., S. 461.
3 Freud–Alexander Freud, 22. 6. 1938, ibid., S. 464.
4 Sir Arthur Tansley, Obituary Notes of the Fellows of the Royal Society, 1940, S. 274.
5 Martha Freud – Freuds Schwestern, 22. 6. 1938, Library of Congress, Wash.
6 Freud–Silberstein, 9. 9. 1875, Colchester.
7 Freud–Alexander Freud, 22. 6. 1938, *Briefe 1873–1939,* loc. cit., S. 464.
8 Freud–Nandor Fodor, zit. bei Nandor Fodor, »Freud and the Poltergeist«, in: *Psychoanalysis: Journal of Psychoanalytic Psychology,* Vol. IV, No. 2 (Winter 1955–56).
9 Robert A. Kann–Jones, 29. 5. 1956, Institute of Psycho-Analysis, London.
10 Salvador Dali, *The Secret Life of Salvador Dali,* S. 24.
11 Freud–Stefan Zweig, 20. 7., 1938, *Briefe 1873–1939,* loc. cit., S. 465.

12 H. G. Wells, *Experiment in Autobiography,* Vol. I, S. 301.
13 Charles Singer–Jones, 22. 12. 1954, Institute of Psycho-Analysis, London.
14 Freud–H. G. Wells, 26. 11. 1938, University of Illinois.
15 Freud–Arnold Zweig, 28. 6. 1938, zit. bei Schur, *Sigmund Freud,* loc. cit., S. 595.
16 *The Lancet,* 11. 6. 1938, S. 1341.
17 Freud–Jelliffe, Februar 1939, zit. bei Alexander, Eisenstein, Grotjahn, op. cit., S. 228.
18 Wissenschaftliche und theoretische Konferenz über Fragen des ideologischen Kampfes gegen den gegenwärtigen Freudismus, Moskau, November 1958.
19 Schur, *Sigmund Freud,* loc. cit., S. 598.
20 Anna Freud–Marie Bonaparte, ibid., S. 599.
21 Anna Freud in Zusammenarbeit mit Dorothy Burlingham, *Infants without Families and Reports on the Hampstead Nurseries, 1939–1945,* S. XXIV.
22 Freud–Marie Bonaparte, 12. 11. 1938, *Briefe 1873–1939,* loc. cit., S. 471.
23 »Vorrede zur hebräischen Ausgabe von *Totem und Tabu*«, G.W., Bd. 14, S. 569.
24 Max Graf, op. cit., S. 465.
25 »Brief an den Herausgeber der *Jüdischen Preßzentrale Zürich*«, G.W., Bd. 14, S. 556.
26 Freud–YIVO, 8. 6. 1938, *Jewish Frontier* (Sept. 1951), zit. bei Jones III, S. 280.
27 Freud–Lady Rhondda, 16. 11. 1938, *Time and Tide,* 26. 11. 1938, siehe *Briefe 1873–1939,* loc. cit., S. 471.
28 Freud–Arnold Zweig, 30. 9. 1934, *Briefe 1873–1939,* loc. cit., S. 436f.
29 Freud–Eitingon, o. D., zit. bei Jones III, S. 232.
30 *Der Mann Moses und die monotheistische Religion,* G.W., Bd. 16, S. 210.
31 Ibid.
32 Ibid., S. 157.
33 Ibid.
34 Ibid., S. 158.
35 Ibid., S. 211.
36 Freud–Charles Singer, 31. 10. 1938, *Briefe 1873–1939,* loc. cit., S. 469.
37 Jacob Meitlis, *Jewish Frontier* (Sept. 1951).
38 Ibid.
39 Freud–Sachs, 12. 3. 1939, Sachs, op. cit., S. 182.
40 Freud–Jacob Meitlis, 19. 8. 1939, *Jewish Frontier* (Sept. 1951), zit. bei Jones III, S. 281.
41 Jones–A. A. Roback, in: A. A. Roback, *Freudiana,* S. 194.
42 *Der Mann Moses und die monotheistische Religion,* G.W., Bd. 16, S. 125 (Fußnote).
43 Freud–Jelliffe, Okt. 1938, zit. bei Alexander, Eisenstein, Grotjahn, op. cit., S. 228.
44 Schur, *Sigmund Freud,* loc. cit., S. 607.
45 Freud–Eitingon, 5. 3. 1939, zit. ibid., S. 611.
46 Freud–Arnold Zweig, 5. 3. 1939, *Briefwechsel,* loc. cit., S. 186.

47 Freud–Marie Bonaparte, 28. 4. 1939, *Briefe 1873–1939,* loc. cit., S. 475.
48 Zit. bei Harry Freud, »My Uncle Sigmund«, in Ruitenbeek, Hrsg., *Freud as We Knew Him,* S. 313.
49 Zit. bei Schur, *Sigmund Freud,* loc. cit., S. 619.
50 Ibid., S. 620.
51 Ibid., S. 621.
52 D. W. Winnicott, *The Child, the Family, and the Outside World,* S. 149.
53 Freud–Marie Bonaparte, 15. 1. 1930, zit. bei Jones III, S. 520.
54 Zit. bei Oberndorf, op. cit., S. 158.
55 Martha Freud–Ludwig Binswanger, 7. 11. 1939, Binswanger, op. cit., S. 120.

Literaturverzeichnis

Abraham, Hilda C. und Ernst L. Freud, Hrsg., *Sigmund Freud–Karl Abraham, Briefe 1907–1926,* 2. korrig. Aufl., S. Fischer Verlag, Frankfurt a. M. 1980.

Abraham, Karl, *Selected Papers on Psycho-Analysis,* Hogarth Press, London 1949.

Adams, Grace, »The Rise and Fall of Psychology«, in: *Atlantic Monthly,* Vol. CLIII, No. 1 (Jan. 1934), S. 82–92.

Alexander, Franz, »Recollections of Berggasse 19«, in: *Psychoanalytic Quarterly,* Vol. IX (1940), S. 195–204.

—, Samuel Eisenstein und Martin Grotjahn, Hrsg., *Psychoanalytic Pioneers,* Basic Books, New York und London 1966.

— und Sheldon Selesnick, »Freud–Bleuler Correspondence«, in: *Archives of General Psychology,* Vol. XII (1965), S. 1–9.

Amacher, Peter, »Freud's Neurological Education and Its Influence on Psychoanalytic Theory«, veröfftl. als *Psychological Issues,* Vol. IV, No. 4, Monographie 16, International Universities Press, New York 1965.

American Psychiatric Association, *One Hundred Years of American Psychiatry,* Columbia University Press, New York 1944.

Anderson, Sherwood, *Memoirs,* Harcourt, Brace, New York 1942.

—, *Dark Laughter,* Jarrolds, London o. J.

Andersson, Ola, *Studies in the Prehistory of Psychoanalysis,* Svenska Bokförlaget/Norstedts, Stockholm 1962.

Andreas-Salomé, Lou, *Lebensrückblick, Grundriß einiger Lebenserinnerungen,* aus dem Nachlaß hrsg. von Ernst Pfeiffer, Insel Verlag, Frankfurt a. M. [3]1979, it 54.

—, *In der Schule bei Freud, Tagebuch eines Jahres 1912/1913,* aus dem Nachlaß hrsg. von Ernst Pfeiffer, München 1968.

Aron, Willy, »Notes on Sigmund Freud's Ancestry and Jewish Contacts«, in: *YIVO Annual of Jewish Social Sciences,* Vol. XI (1956–1957), S. 286–295.

Ashworth, John, »Olivier, Freud and Hamlet«, in: *Atlantic Monthly,* Vol. CLXXXIII, No. 5 (Mai 1949), S. 30–33.

Bakan, David, *Sigmund Freund and the Jewish Mystical Tradition,* Van Nostrand, New York 1958.

Becker, Hortense Koller, »Carl Koller and Cocaine«, in: *Psychoanalytic Quarterly,* Vol. XXXII (1963), S. 309–373.

Bell, Sanford, »A Preliminary Study of the Emotion of Love between the Sexes«, in: *American Journal of Psychology,* Vol. XIII, No. 3 (Juli 1902), S. 325–354.

Beloff, John, *The Existence of Mind,* Macgibbon & Kee, London 1962.

Beloff, Max, *Imperial Sunset,* Vol. I: *Britain's Liberal Empire, 1897–1921,* Methuen, London 1969.
Bennet, E. A., *C. G. Jung,* Barrie and Rockliff, London 1961.
Bernays, Anna Freud, »My Brother, Sigmund Freud«, in: *American Mercury,* Vol. LI (Nov. 1940), S. 335–342.
Bernfeld, Siegfried, »An Unknown Autobiographical Fragment by Freud«, in: *American Imago,* Vol. IV, No. 1 (1946), S. 3–19.
—, »Freud's Scientific Beginnings«, in: *American Imago,* Vol. VI, No. 3 (1949), S. 163–196.
—, »Sigmund Freud, M. D. 1882–1885«, in: *International Journal of Psycho-Analysis,* Vol. XXXII (Juli 1951), S. 204–217.
—, »Freud's Studies on Cocaine, 1884–1887«, in: *Journal of the American Psychoanalytic Association,* Vol. I, No. 4 (Okt. 1953), S. 581–613.
— und Bernfeld, Suzanne Cassirer, »Feud's First Year in Practice, 1886–1887«, in: *Bulletin of the Menninger Clinic,* Vol. XVI, No. 2 (März 1952), S. 37–49.
Bernfeld, Suzanne C., »Freud and Archaeology«, in: *American Imago,* Vol. VIII (1951), S. 107–128.
Binion, Rudolph, *Frau Lou, Nietzsche's Wayward Disciple,* Princeton University Press, Princeton, N. J., 1968.
Binswanger, Ludwig, *Erinnerungen an Sigmund Freud,* Francke Verlag, Bern 1956.
Blanton, Smiley, *Diary of My Analysis with Sigmund Freud,* Hawthorn, New York 1971.
Bloch, Joseph S., *Erinnerungen aus meinem Leben,* R. Löwit Verlag, Wien und Leipzig 1922.
Boadella, David, *Wilhelm Reich: The Evolution of his Work,* Vision Press, London 1973.
Bonaparte, Marie, Anna Freud und Ernst Kris, Hrsg., *Aus den Anfängen der Psychoanalyse; Briefe an Wilhelm Fließ, Abhandlungen und Notizen aus den Jahren 1887–1902,* Imago, London 1950; S. Fischer Verlag, Frankfurt a. M. 1962, korrig. Nachdruck 1975.
Börne, Ludwig, »Die Kunst, in drei Tagen ein Original-Schriftsteller zu werden« (1823), in: *Gesammelte Schriften,* Bd. I, Zendler (Julius Grosser), Wien 1868.
Bottome, Phyllis, *Alfred Adler: Apostle of Freedom,* Faber & Faber, London 1939.
Breton, André, *Les pas perdus,* Gallimard, Paris 1924.
—, *Les vases communicants,* Edition des Cahiers Libres, Paris 1932.
Brill, A. A., *Psychoanalysis: Its Theories and Practical Application,* 2. gründl. revid. Aufl., Saunders, Philadelphia und London 1914.
—, *The Basic Writings of Sigmund Freud,* The Modern Library, Random House, New York 1938.
—, »Facts and Fancies in Psychoanalytical Treatment«, in: *New York Medical Journal,* Vol. CIX. No. 26 (28. 6. 1919), S. 1117–1120.
—, »The Introduction and Development of Freud's Work in the United States«, in: *American Journal of Sociology,* Vol. XLV (Nov. 1939), S. 318–325.
—, »Reflections, Reminiscences of Sigmund Freud«, in: *Medical Leaves* (Chicago), Vol. III (1940), S. 18–29.

—, »A Psychoanalyst Scans His Past«, in: *Journal of Nervous and Mental Disease,* Vol. XCV, Part 1 (Mai 1942), S. 537–549.

Brome, Vincent, *Freud and His Early Circle: The Struggles of Psychoanalysis,* Heinemann, London 1967, Dt.: *Freud und sein Kreis,* München 1969.

—, *Jung: Man and Myth,* Macmillan, London 1978.

Brunswick, David und Ruth Lachenbruch, »Freud's Letters to Ernst Simmel«, übers. v. Frances Deri und David Brunswick, in: *Journal of the American Psychoanalytic Association,* Vol. XII, No. 1 (Jan. 1964), S. 93–109.

Bry, Ilse und Alfred H. Rifkin, »Freud and the History of Ideas: Primary Sources, 1886–1910«, bei Masserman, Jules H., Hrsg., *Science and Psychoanalysis,* Vol. V, *Psychoanalytic Education,* S. 6–36. Grune & Stratton, London 1962.

Bullen, St. John, »Remarks on the Interpretation of Dreams, according to Sigmund Freud and Others«, in: *Journal of Mental Science,* Vol. LXL (1915), S. 17–36.

Burnham, John Chynoweth, *Psychoanalysis and American Medicine: 1894–1918,* International Universities Press, New York 1967.

Carus, Carl Gustav, *Psyche, Zur Entwicklung der Seele,* Flammer und Hoffmann, Pforzheim 1846.

Chodorkoff, Bernard und Seymour Baxter, »*Secrets of a Soul:* An Early Psychoanalytic Film Venture«, in: *American Imago,* Vol. XXXI, No. 4 (Winter 1974), S. 319–334.

Choisy, Maryse, *Sigmund Freud: A New Appraisal,* Peter Owen, London, Philosophical Library, New York 1963.

Cioffi, Frank, Hrsg., *Freud: Modern Judgments,* Macmillan, London 1973.

Clark, Kenneth, *Leonardo da Vinci. An Account of his Development as an Artist* (Ryerson Lectures, Okt.–Nov. 1936, School of the Fine Arts, Yale University, New Haven, Conn.) Cambridge University Press, 1939.

Clarke, J. Michell, »Hysteria and Neurasthenia«, in: *Brain: A Journal of Neurology,* Vol. XVII (1894), S. 119–78 und 263–321.

—, ibid., Vol. XIX (1896), S. 401–414.

Clouston, T. S., zit. in: »The Progress and Promise of Psychiatry in America«, Notes and Comment (April 1898), *American Journal of Insanity,* Vol. LIV (1897–98), S. 638.

Cox, C. B. und A. E. Dyson, Hrsg., *The Twentieth Century Mind: History, Ideas and Literature in Britain,* Vol. I, 1900–1918, Oxford University Press, London, Oxford, New York 1972.

Cranefield, Paul F., »Josef Breuer's Evaluation of His Contribution to Psycho-Analysis«, in: *International Journal of Psycho-Analysis,* Vol. XXXIX (1958), S. 319–322.

Cromer, Ward und Paula Anderson, »Freud's Visit to America: Newspaper Coverage«, in: *Journal of the History of the Behavioral Sciences,* Vol. VI (1970), S. 349–353.

Dali, Salvador, *The Secret Life of Salvador Dali,* Vision, London 1948.

Decker, Hannah S., »The Medical Reception of Psychoanalysis in Germany, 1894–1907: Three Brief Studies«, in: *Bulletin of the History of Medicine,* Vol. XLV (Baltimore 1971), S. 461–481.

De Forest, Izette, *The Leaven of Love,* Harper, New York 1954.
Delisle, Françoise, *Friendship's Odyssey,* Heinemann, London 1946.
Dempsey, Peter J. R., *Freud, Psychoanalysis, Catholicism,* Mercier Press, Cork, Irland, 1956.
de Saussure, Raymond, »Sigmund Freud«, in: *Schweizerische Zeitschrift für Psychologie und ihre Anwendungen,* 15 (1956), S. 136–139.
Deutsch, Helene, »Freud and His Pupils: A Footnote to the History of the Psychoanalytic Movement«, in: *Psychoanalytic Quarterly,* Vol. IX (1940), S. 184–194.
Douglas, Norman, *Some Limericks. Collected for the use of Students & ensplendour'd with Introduction, Geographical Index, and with Notes Explanatory and Critical,* G. Orioli (Privatdruck), Florenz 1928.
Dreiser, Theodore, »Remarks« (vorgel. von A. A. Brill bei einem Dinner am 6. Mai 1931), in: *Psychoanalytic Review,* Vol. XVIII (1931), S. 250. Dt.: »Bemerkungen am 6. Mai«, in: *Almanach der Psychoanalyse 1932,* Hrsg. v. A. J. Storfer, Wien 1932.
Drucker, Peter F., »What Freud Forgot«, in: *Human Nature,* New York (März 1979), S. 40–47.
Du Bois-Reymond, Estelle, Hrsg., *Jugendbriefe von Emil Du Bois-Reymond an Eduard Hallmann,* zu seinem 100. Geburtstag, dem 7. Nov. 1918, Dietrich Reimer (Ernst Vohsen), Berlin 1918.
Dujardin, Edouard, *Le Monologue intérieur: son apparition, ses origines, sa place dans l'œuvre de James Joyce,* Albert Messein, Paris 1931.
Eastman, Max, *Heroes I Have Known: Twelve Who Lived Great Lives,* Simon & Schuster, New York 1942.
Ede, M. D., *War-Shock: The Psycho-Neuroses in War Psychology and Treatment,* Heinemann, London 1917.
Edes, Robert T., »The New England Invalid«, in: *Boston Medical and Surgical Journal,* Vol. CXXXIII (1895), S. 53–57, 77–81 und 101–107.
Efron, Arthur, »Freud's Self-Analysis and the Nature of Psychoanalytic Criticism«, in: *International Review of Psycho-Analysis,* Vol. IV (1977), S. 253–280.
Eisler, K. R., *Leonardo da Vinci: Psychoanalytic Notes on the Enigma,* International Universities Press, New York 1961.
—, *Medical Orthodoxy and the Future of Psychoanalysis,* International Universities Press, New York 1965.
—, *Talent and Genius: The Fictitious Case of Tausk contra Freud,* Quadrangle Books, New York 1971.
Eliot, George, *The Mill on the Floss,* Blackwood, Edinburgh und London MDCCCLX. (Dt.: *Die Mühle am Fluß,* erste Übers. 1889.)
Ellenberger, Henri F., »The Unconscious Before Freud«, in: *Bulletin of the Menninger Clinic,* Vol. XXI (1957), S. 3–15.
—, *The Discovery of the Unconscious: The History of Dynamic Psychiatry,* Basic Books, New York 1970. Dt.: *Die Entdeckung des Unbewußten,* 2 Bde., Hans Huber, Bern, Stuttgart, Wien 1973.
—, »The Story of ›Anna O.‹: A Critical Review with New Data«, in: *Journal of the History of the Behavioral Sciences,* Vol. VIII, No. 3 (Juli 1972), S. 267–279.

—, »L'Histoire d' ›Emmy von N.‹«, in: *L'Evolution Psychiatrique* (Toulouse) Vol. XLII, No. 3 (1977), S. 519–540.

Ellis, Havelock, *The World of Dreams,* Constable, London 1911.

—, »Freud's Influence on the Changed Attitude Towards Sex«, in: *American Journal of Sociology* (Nov. 1939), S. 309–317.

Engelman, Edmund, *Berggasse 19: Sigmund Freud's Home and Offices, Vienna, 1938.* The Photographs of Edmund Engelman, with an Introduction by Peter Gay, Basic Books, New York 1976.

Erikson, Erik H., »The First Psychoanalyst«, in: *Yale Review,* N. S. 46 (Sept. 1956).

Escalona, Sybylle, »Problems in Psycho-Analytic Research«, in: *International Journal of Psycho-Analysis,* Vol. XXXIII (1952), S. 11–21.

Eve, A. S., *Rutherford, Being the Life and Letters of the Rt. Hon. Lord Rutherford, O. M.,* Cambridge University Press, 1939.

Federn, Ernst, »How Freudian are the Freudians? Some Remarks to an Unpublished Letter«, in: *Journal of the History of the Behavioral Sciences,* Vol. III. No. 3 (Juli 1967), S. 269–281.

Ferenczi, Sándor, »Ten Letters to Freud«, in: *International Journal of Psycho-Analysis,* Vol. XXX, Part 4 (1949), S. 243–250.

Fine, Reuben, *The Development of Freud's Thought,* Jason Aronson, New York 1973.

Fisher, Seymour und Roger P. Greenberg, *The Scientific Credibility of Freud's Theories and Therapy,* Hassocks, Sussex, Harvester Press, 1977 und Basic Books, New York 1977.

Fließ, Elenore, *Robert Fließ, 1895–1970,* Roffey & Clark, Croydon 1974.

Fließ, Wilhelm, *In eigener Sache; gegen Otto Weininger und Hermann Swoboda,* E. Goldschmidt, Berlin 1906.

Fodor, Nandor, »Freud and the Poltergeist«, in: *Psychoanalysis: Journal of Psychoanalytic Psychology,* Vol. IV, No. 2 (Winter 1955–56).

Forrest, D. W., Francis Galton: *The Life and Work of a Victorian Genius,* Paul Elek, London 1974.

Fraenkel, Josef, »Professor Sigmund Freud and the Student Society ›Kadimah‹«, in: *The Gates of Zion* (London, Apr. 1964).

Freud, Anna, in Zusammenarbeit mit Dorothy Burlingham, *Infants Without Families and Reports on the Hampstead Nurseries, 1939–1945,* Hogarth Press, London 1974.

Freud, Ernst L., Hrsg., *Sigmund Freud – Arnold Zweig, Briefwechsel,* S. Fischer Verlag, Frankfurt a. M. [3]1968.

—, »Some Early Unpublished Letters of Freud«, in: *International Journal of Psycho-Analysis,* Vol. L (1969) S. 419–427.

— und Lucie Freud, Hrsg., *Sigmund Freud, Briefe 1873–1939,* zweite, erweiterte Auflage, S. Fischer Verlag, Frankfurt a. M. 1968.

—, Lucie Freud und Ilse Grubrich-Simitis, Hrsg., *Sigmund Freud, Sein Leben in Bildern und Texten,* mit einer biographischen Skizze von K. R. Eissler, Suhrkamp Verlag, Frankfurt a. M. [2]1977.

— und Heinrich Meng, Hrsg., *Sigmund Freud – Oskar Pfister, Briefe 1909–1939,* S. Fischer Verlag, Frankfurt a. M. 1963.

Freud, Harry, »My Uncle Sigmund«, bei Ruitenbeek, siehe dort.
Freud, Martin, *Glory Reflected: Sigmund Freud – Man and Father,* Angus and Robertson, London 1957.
Freud, Sigmund, *Gesammelte Werke* in 18 Bänden, unter Mitwirkung von Marie Bonaparte, Prinzessin Georg von Griechenland, herausgegeben von Anna Freud, E. Bibring, W. Hoffer, E. Kris und O. Isakower; Imago Publishing Co., London, 1940–52, Bd. 18 Frankfurt a. M. 1968. Seit 1960 die gesamte Edition bei S. Fischer Verlag, Frankfurt a. M.
Bd. 1: *Studien über Hysterie, Frühe Schriften zur Neurosenlehre.*
Bd. 2/3: *Die Traumdeutung. Über den Traum.*
Bd. 4: *Zur Psychopathologie des Alltagslebens.*
Bd. 5: *Werke aus den Jahren 1904–1905.*
Bd. 6: *Der Witz und seine Beziehung zum Unbewußten.*
Bd. 7: *Werke aus den Jahren 1906–1909.*
Bd. 8: *Werke aus den Jahren 1909–1913.*
Bd. 9: *Totem und Tabu.*
Bd. 10: *Werke aus den Jahren 1913–1917.*
Bd. 11: *Vorlesungen zur Einführung in die Psychoanalyse.*
Bd. 12: *Werke aus den Jahren 1917–1920.*
Bd. 13: *Jenseits des Lustprinzips. Massenpsychologie und Ich-Analyse. Das Ich und das Es.*
Bd. 14: *Werke aus den Jahren 1925–1931.*
Bd. 15: *Neue Folge der Vorlesungen zur Einführung in die Psychoanalyse.*
Bd. 16: *Werke aus den Jahren 1932–1939.*
Bd. 17: *Schriften aus dem Nachlaß, 1892–1939.*
Bd. 18: *Register.*
Freud, Sigmund, »Über Coca«, neu durchgesehener und vermehrter Separat-Abdruck aus dem *Centralblatt für die gesamte Therapie,* II Wien, Juli 1884, S. 289–314, Verlag von Moritz Perles, Wien 1885.
—, »Über die Allgemeinwirkung des Cocains«, in: *Medizinisch-chirurgisches Centralblatt,* XX, Nr. 32 (7. Aug. 1885) S. 374–75.
—, *Zur Auffassung der Aphasien,* Wien 1891.
—, und Josef Breuer, *Studien über Hysterie,* Fischer Taschenbuch Verlag, Frankfurt a. M. [4]1974, BdW. Nr. 6001.
— und William C. Bullitt, *Thomas Woodrow Wilson, Twenty-eighth President of the United States: A Psychological Study,* Weidenfeld & Nicolson, London 1967.
— und D. E. Oppenheim, *Träume im Folklore,* in: *Über Träume und Traumdeutungen,* Fischer Taschenbuch Verlag, Frankfurt a. M., [10]1980, BdW. Nr. 6073.
—, Edoardo Weiss, siehe Grotjahn, Martin (2).
Fromm, Erich, *Sigmund Freud's Mission: An Analysis of His Personality and Influence,* Harper, New York 1959. Dt.: *Sigmund Freuds Sendung, Persönlichkeit, geschichtlicher Standort und Wirkung,* Frankfurt a. M. und Berlin 1961.
—, *The Dogma of Christ and Other Essays on Religion, Psychology and Culture,* Routledge & Kegan Paul, London 1963.
Galdston, Iago, »Freud and Romantic Medicine«, in: *Bulletin of the History of Medicine,* Vol. XXX. No. 6 (Nov.-Dez. 1956) S. 489–507.

Galton, Francis, »Psychometric Experiments«, in: *Brain: A Journal of Neurology,* Vol. II (Juli 1879), S. 149–162.

Gardiner, Muriel, Hrsg., *The Wolf-Man,* Basic Books, New York 1971. Dt.: *Der Wolfsmann vom Wolfsmann,* mit der Krankengeschichte des Wolfsmannes von Sigmund Freud, dem Nachtrag von Ruth Mack Brunswick und einem Vorwort von Anna Freud, S. Fischer Verlag, Frankfurt a. M. 1972.

Garrison, Fielding H., *An Introduction to the History of Medicine: With Medical Chronology, Suggestions for Study and Bibliographical Data,* Saunders, Philadelphia und London 1922.

Gartenberg, Egon, *Mahler: The Man and His Music,* Collins, London, und Schirmer, New York 1978.

Gedo, John E. und George H. Pollock, Hrsg., *Freud: The Fusion of Science and Humanism: The Intellectual History of Psycho-Analysis. Psychological Issues,* Vol. IX, No. 2/3, Monographie 34/35, International Universities Press, New York 1976.

Gervais, Terence White, »Freud and the Culture-Psychologists«, in: *British Journal of Psychology,* Vol. XLVI, Part 4 (Nov. 1955), S. 293–305.

Gicklhorn, Renée, »The Freiberg Period of the Freud Family«, in: *Journal of the History of Medicine,*Vol. XXIV (Jan. 1969), S. 37–43.

—, *Sigmund Freud und der Onkeltraum – Dichtung und Wahrheit,* Ferdinand Berger, Horn 1976.

Gifford, Jr. George E., »Freud and the Porcupine«, in: *Harvard Medical Alumni Bulletin,* Vol. XLVI, No. 4 (März-Apr. 1972), S. 28–31.

Glover, Edward, *Freud or Jung,* Allen & Unwin, London 1950.

Goldhammer, Leo, »Herzl and Freud«, in: *Herzl Year Book,* Vol. I, New York 1958, S. 194–196.

Goldman, Emma, *Living My Life,* Knopf, New York 1931.

Graf, Max, »Reminiscences of Professor Sigmund Freud«, in: *Psychoanalytic Quarterly,* Vol. XI (1942), S. 465–476.

Grinker, Roy R., »Reminiscences of a Personal Contact with Freud«, in: *American Journal of Orthopsychiatry,* Vol. X (1940), S. 850–854.

Groddeck, Georg, *Der Mensch und sein Es.* Briefe, Aufsätze, Biographisches, hrsg. von Margaretha Honegger, Limes Verlag, Wiesbaden 1970. Daraus: Groddeck–Sigmund Freud, *Briefe über das Es,* Kindler Taschenbücher, München 1974.

Grossman, Carl M. und Sylva Grossman, *The Wild Analyst: The Life and Work of Georg Groddeck,* Barrie and Rockliff, London 1965.

Grotjahn, Martin, »Sigmund Freud and the Art of Letter Writing«, in: *Journal of the American Medical Association,* Vol. CC, No. 1 (3. April 1967), S. 13–18.

—, Hrsg., *Sigmund Freud as a Consultant; Recollections of a Pioneer in Psychoanalysis,* Intercontinental Medical Book Corporation, New York 1970. Dt.: *Sigmund Freud/Edoardo Weiss, Briefe zur psychoanalytischen Praxis,* mit den Erinnerungen eines Pioniers der Psychoanalyse, S. Fischer Verlag, Frankfurt a. M. 1973.

Grünwald, Max, *History of the Jews in Vienna,* Jewish Publication Society of America, Philadelphia 1936.

Guillain, Georges, *J.-M. Charcot: His Life – His Work,* Pitman, London 1959.

Gutheil, Emil A., Hrsg., *The Autobiography of Wilhelm Stekel: The Life Story of a Pioneer Psychoanalyst,* mit einer Einleitung von Hilda Stekel, Liveright, New York 1950.

Hale, Jr., Nathan G., Hrsg., *James Jackson Putnam and Psychoanalysis, Letters between Putnam and Sigmund Freud, Ernest Jones, William James, Sándor Ferenczi and Morton Prince, 1877–1917,* mit dem deutschen Originaltext der Briefe Freuds im Anhang, deutsche Texte übers. von Judith Bernays Heller, Harvard University Press, Cambridge, Mass., 1971.

—, *Freud and the Americans: The Beginnings of Psychoanalysis in the United States, 1876–1917,* Oxford University Press, New York 1971.

Hall, G. Stanley, *Life and Confessions of a Psychologist,* Appleton, New York 1923.

Hart, Bernard, »The Psychology of Freud and his School«, in: *Journal of Mental Science,* Vol. LVI (Juli 1910), S. 431–452.

Hawthorne, Nathaniel, *The Scarlet Letter: A Romance,* Ticknor, Reed and Fields, Boston MDCCCL. Dt.: *Der scharlachrote Buchstabe,* 1851, 1957.

Hearnshaw, L. S., *A Short History of British Psychology 1840–1940,* Methuen, London 1964.

—, »Psychology«, bei Cox, C. B. und A. E. Dyson, siehe dort.

Heer, Friedrich, »Freud, the Viennese Jew«, bei Miller, Jonathan, siehe dort.

Heller, Judith Bernays, »Freud's Mother and Father: A Memoir«, in: *Commentary,* Vol. XXI, No. 5 (Mai 1956), S. 418–421.

Henry, W. E., J. H. Sims und S. L. Spray, *The Fifth Profession (Becoming a Psychotherapist),* Jossey-Bass, San Francisco 1971.

Hobman, J. B., Hrsg., *David Eder: Memoirs of a Modern Pioneer,* Gollancz, London 1945.

Hoffman, Frederick J., *Freudianism and the Literary Mind,* Louisiana State University Press, Baton Rouge 1945

Holland, Norman N., *Psychoanalysis and Shakespeare,* McGraw-Hill, New York, Toronto, London 1964, 1966.

Holmes, Oliver Wendell, *Mechanism in Thought and Morals: An Address with Notes and Afterthoughts,* Sampson Low, Son, & Marston, London 1871.

Holroyd, Michael, *Lytton Strachey,* Vol. II, Heinemann, London, und Holt, New York 1968.

Howe, Irving, *Sherwood Anderson,* Methuen, London 1951.

Howe, Mark DeWolfe, Hrsg., *Holmes–Laski Letters: The Correspondence of Mr. Justice Holmes and Harold J. Laski, 1916–1935,* Geoffrey Cumberledge, Oxford University Press, London 1953.

Illing, Hans A., »Freud and Wagner-Jauregg«, in: *American Imago,* Vol. XV, No. 3 (Herbst 1958), S. 267–273.

Jaffé, Aniela, Hrsg., *C. G. Jung, Erinnerungen, Träume, Gedanken,* Walter Verlag, Olten und Freiburg im Breisgau [10]1979.

—, in Zusammenarbeit mit Gerhard Adler, C. G. Jung, *Briefe,* 3 Bde, Walter Verlag, Olten und Freiburg im Breisgau 1972–73.

James, Henry, Hrsg., *The Letters of William James,* 2. Bde, Longmans, Green, London 1920.

James, William, *The Varieties of Religious Experience. A Study in Human Nature,*

(Gifford Lectures on Natural Religion, Edinburgh 1901–1902), Longmans, Green, London, New York, Bombay 1902.

Janet, Pierre, *Principles of Psychotherapy,* übers. von H. M. und E. R. Guthrie, Allen & Unwin, London 1925.

—, »Valeur de la psychanalyse et de la psychologie de Freud«, in: *Revue de Psychothérapie et de Psychologie Appliquées,* Vol. XXIX (1915), S. 16–52.

—, »Contribution à l'étude des accidents mentaux chez les hystériques«, Thèse méd., Paris 1892–93, No. 432, S. 252–257, Rueff, Paris 1893.

Janik, Allan und Stephen Toulmin, *Wittgenstein's Vienna,* Weidenfeld & Nicolson, London 1973.

Jelliffe, S. E., »Sigmund Freud as a Neurologist«, in: *Journal of Nervous and Mental Disease,* Vol. LXXXV (Juni 1937), S. 696–711.

Jones, Ernest, *Sigmund Freud: Life and Work,* 3 Bde, Hogarth Press, London 1953, 1955, 1957; Basic Books, New York 1953, 1955, 1957. Dt.: *Das Leben und Werk von Sigmund Freud,* 3 Bde, Verlag Hans Huber, Bern 1978 (2. unveränderte Auflage).

—, *Sigmund Freud: Four Centenary Addresses* (The Nature of Genius; Our Attitude Towards Greatness; Psychiatry Before and After Freud; Sigmund Freud: The Man and His Achievements), Basic Books, New York 1956.

—, *Free Associations: Memories of a Psycho-Analyst,* Hogarth Press, London 1959.

—, »Psycho-Analysis and Anthropology«, in: *Journal of the Anthropological Institute,* Vol. LIV (1924), S. 47–66.

—, »The Individual and Society«, in: *Sociological Review,* Vol. XXVII, No. 3 (Juli 1935), S. 245–263.

—, »Reminiscent Notes on the Early History of Psycho-Analysis in English-Speaking Countries«, in: *International Journal of Psycho-Analysis,* Vol. XXVI (1945), S. 8–10.

—, »Freud's Early Travels«, in: *International Journal of Psycho-Analysis,* Vol. XXXV, Part 2 (1954), S. 81–84.

Jung, C. G., Gesammelte Werke, Bd. 4, *Freud und die Psychoanalyse,* Bd. 7, *Zwei Schriften über analytische Psychologie,* Rascher Verlag, Zürich und Stuttgart 1969 und 1974 (jeweils letzte Ausgabe).

—, *Erinnerungen, Träume, Gedanken,* siehe Jaffé, Aniela.

—, *Briefe,* siehe Jaffé, Aniela.

—, Briefwechsel mit Freud, siehe McGuire, William, und W. Sauerländer.

Kanzler, Mark, Hrsg., *The Unconscious Today: Essays in Honor of Max Schur,* International Universities Press, New York 1971.

Kardiner, Abram, »Freud – The Man I Knew, The Scientist and His Influence«, bei Nelson (S. 46–58), siehe dort.

—, *My Analysis with Freud: Reminiscences,* Norton, New York 1977.

Kline, Paul, *Facts and Fantasy in Freudian Theory,* Methuen, London 1972.

Kluckhohn, Clyde, »The Influence of Psychiatry on Anthropology in America during the past One Hundred Years«, in: The American Psychiatric Association, *One Hundred Years of American Psychiatry,* S. 589–617, Columbia University Press, New York 1944.

Koelsch, William A., »Freud Discovers America«, in: *Virginia Quarterly Review,* Vol. XLVI, No. 1 (Winter 1970), S. 115–132.

Koestler, Arthur, *The Invisible Writing,* 2. Bd. von *Arrow in the Blue,* an Autobiography, Collins – Hamish Hamilton, London 1954.

Koller, Carl, »Historical Notes on the Beginnings of Local Anesthesia«, in: *Journal of the American Medical Association,* Vol. XC, No. 21 (1928), S. 1742–1743.

—, »Über die Verwendung des Cocains zur Anästhesierung am Auge«, in: *Wiener Medizinische Wochenschrift,* No. 43, S. 1276–1278 und No. 44, S. 1309–1311 (1884).

Kris, Ernst, *Psychoanalytic Explorations in Art,* Allen & Unwin, London 1953.

—, »Freud in the History of Science«, in: *The Listener* (17. 5. 1956), S. 631–633.

Kroeber, Alfred L., »*Totem and Taboo:* An Ethnologic Psychoanalysis«, in: *American Anthropologist,* Vol. XXII (1920), S. 48–55.

—, »*Totem and Taboo* in Retrospect«, in: *American Journal of Sociology,* Vol. XLV, No. 3 (Nov. 1939), S. 446–451.

Krüll, Dr. Marianne, »Freuds Absage an die Verführungstheorie im Lichte seiner eigenen Familiendynamik«, in: *Familiendynamik: Interdisziplinäre Zeitschrift für Praxis und Forschung,* S. 102–129, Klett-Cotta, Stuttgart 1978.

Laforgue, René, »Au delà du Scientisme, Ier Chapitre, Freud et le Monothéisme«, in: *Psyché,* Vol. IV (Paris 1949), S. 2–29.

—, »Personal Memories of Freud« (Genf, Action Pensée, 1956) zit. auf S. 341–349 bei Ruitenbeek, siehe dort.

Langer, William L., »The Next Assignment«, in: *American Imago,* Vol. XV (1958), S. 235–266.

Linklater, Eric, *Poet's Pub,* Jonathan Cape, London MCMXXIX.

Lippmann, Walter, »Freud and the Layman«, in: *The New Republic* (17. Apr. 1915).

Loewenstein, R. M., L. M. Newman, M. Schur und A. J. Solnit, Hrsg., *Psychoanalysis – A General Psychology: Essays in Honor of Heinz Hartmann,* International Universities Press, New York 1966.

Lothar, Ernst, *Das Wunder des Überlebens: Erinnerungen und Ergebnisse,* Paul Zsolnay Verlag, Hamburg, Wien MCMLX.

Macalpine, Ida, »Tribute to Freud«, in: *Journal of the History of Medicine and Allied Sciences,* Vol. XI, No. 3 (Juli 1956), S. 247–260.

Macaulay, Rose, *Dangerous Ages,* Collins, London 1921.

McCarthy, Mary, *The Company She Keeps,* Nicolson & Watson, London 1943.

MacCurdy, Edward, Hrsg., *The Notebooks of Leonardo da Vinci,* 2 Bde., Jonathan Cape, London 1938. Dt.: Leonardo da Vinci, *Tagebücher und Aufzeichnungen,* übers. und hrsg. von Theodor Lücke, Leipzig 1940, [10]1952.

McDougall, William, *Psychoanalysis and Social Psychology,* Methuen, London 1936.

—, *An Outline of Abnormal Psychology,* Methuen, London 1926.

McGuire, William, und Wolfgang Sauerländer, Hrsg., *Sigmund Freud–C. G. Jung, Briefwechsel,* S. Fischer Verlag, Frankfurt a. M. 1974.

Marett, R. R., »Psycho-Analysis and the Savage«, in: *Athenaeum.* No. 4685 (13. Feb. 1920), S. 205–206.

Masserman, Jules H., Hrsg., »Science and Psychoanalysis«, Vol. V, *Psychoanalytic Education,* Grune & Stratton, New York, London 1962.

Matthews, F. H., »The Americanization of Sigmund Freud: Adaptations of Psychoanalysis Before 1917«, in: *Journal of American Studies,* Vol. I, No. 1 (1967), S. 39–62.

Matthiessen, F. O., *The James Family: Including Selections from the Writings of Henry James, Senior, William, Henry and Alice James,* Knopf, New York 1948.

May, Henri F., *The End of American Innocence: A Study of the First Years of our Own Time, 1912–1917,* Knopf, New York 1959.

Medawar, P. B., *The Hope of Progress,* Methuen, London 1972.

Mencken, H. L., »Rattling the Subconscious«, in: *The Smart Set* (Sept. 1918), abgedr. als »The Advent of Psychoanalysis« in William H. Nolte, Hrsg., *H. L. Mencken's ›Smart Set‹ Criticism,* S. 147–151, Cornell University Press, Ithaca, N.Y., 1968.

Merlan, Philip, »Brentano and Freud«, in: *Journal of the History of Ideas,* Vol. VI. No. 3 (Juni 1945), S. 275–377.

Meyers, Jeffrey, »Freud, Hitler and Vienna«, in: *London Magazine* (Aug.–Sept. 1974), S. 67–79.

Miller, Jonathan, Hrsg., *Freud: The Man, His World, His Influence,* Weidenfeld & Nicolson, London 1972.

Moore, Merrill, »Note on a Limerick«, in: *American Imago,* Vol. XIII (1956), S. 147–148.

Munthe, Axel, *The Story of San Michele,* John Murray, London 1929. Dt.: *Das Buch von San Michele,* List Verlag, München, auch dtv/List Nr. 1339.

Myers, F. W. H., »The Subliminal Consciousness«, in: *Proceedings of the Society for Psychical Research,* Vol. IX (1893–94), S. 3–128, Kegan Paul, Trench, Trübner, London 1894.

Natenberg, Maurice, *The Case History of Sigmund Freud: A Psycho-Biography,* Regent House, Chicago 1955.

Needleman, Jacob, *Being-in-the-World; Selected Papers of Ludwig Binswanger,* Translated and with a Critical Introduction to His Existential Psychoanalysis, Basic Books, New York, London 1963.

Nelson, Benjamin, Hrsg., *Freud and the 20th Century,* Allen & Unwin, London 1958.

Neumarkt, Paul, »The Freud–Tausk Controversy: A Symposium of Disharmonies«, in: *International Review of Psycho-Analysis,* Vol. IV (1977), S. 363–373.

Nicolson, Nigel, Hrsg., *A Change of Perspective: The Letters of Virginia Woolf,* Vol. III, 1923–1928, Hogarth Press, London 1977.

Nin, Anaïs, *The Journal of Anaïs Nin,* hrsg. und mit einer Einleitung von Gunther Stuhlman, Peter Owen, London 1966, 1967.

Nolte, William H., Hrsg., *H. L. Mencken's ›Smart Set‹ Criticism,* Cornell University Press, Ithaca, N.Y., 1968.

Nunberg, Herman, und Ernst Federn, Hrsg., *Protokolle der Wiener Psychoanalytischen Vereinigung,* Bd. I, 1906–1908, Bd. II, 1908–1910, Bd. III, 1910–1911, Bd. IV, 1912–1918, S. Fischer Verlag, Frankfurt am Main 1976, 1977, 1979, 1981.

Oberndorf, C. P., *A History of Psychoanalysis in America,* Grune & Stratton, New York 1953.

—, »Forty Years of Psycho-Analytic Psychiatry«, in: *International Journal of Psycho-Analysis,* Vol. XXX (1949), S. 153–161.

Orgler, Hertha, *Alfred Adler, The Man and His Work: Triumph over the Inferiority Complex,* C. W. Daniel, London 1939.

Owen, Professor A. R. G., *Hysteria, Hypnosis and Healing: The Work of J. M. Charcot,* Dennis Dobson, London 1971.

Peck, Martin W., »A Brief Visit with Freud«, in: *Psychoanalytic Quarterly,* Vol. IX (1940), S. 205–206.

Perry, Ralph Barton, *The Thought and Character of William James: As revealed in unpublished correspondence and notes, together with his published writings.* Vol I, *Inheritance and Vocation;* Vol. II, *Philosophy and Psychology,* Little, Brown, Boston 1935.

Peters, H. F., *My Sister, My Spouse: A Biography of Lou Andreas-Salomé,* Gollancz, London 1963.

Pfeiffer, Ernst, Hrsg., *Sigmund Freud–Lou Andreas-Salomé, Briefwechsel,* S. Fischer Verlag, Frankfurt a. M. 1966, 1980.

Pfennig, A. R., *Wilhelm Fließ und seine Nachentdecker: O. Weininger und H. Swoboda,* E. Goldschmidt, Berlin 1906.

Pfister, Oskar, *Some Applications of Psycho-Analysis,* Allen & Unwin, London 1923.

Popper, Karl R., *Conjectures and Refutations: The Growth of Scientific Knowledge,* Routledge & Kegan Paul, London 1963.

Putnam, J. J., »Recent Experiences in the Study and Treatment of Hysteria at the Massachusetts General Hospital; with Remarks on Freud's Methods of Treatment by ›Psychoanalysis‹«, in: *Journal of Abnormal Psychology,* Vol. I (Apr. 1906), S. 26–41.

—, »Personal Impressions of Sigmund Freud and His Work, with Special Reference to his Recent Lectures at Clark University«, in: *Journal of Abnormal Psychology,* Vol. IV (Dez. 1909 – Jan. 1910), S. 293–310, und (Feb.-März 1910), S. 372–379.

—, »The Work of Sigmund Freud«, in: *Journal of Abnormal Psychology,* Vol. XII (Aug. 1917), S. 145–160.

—, *Addresses on Psycho-Analysis,* International Psycho-Analytical Press, London, Wien, New York 1921.

Read, C. Stanford, *Military Psychiatry in Peace and War,* H. K. Lewis, London 1920.

Reik, Theodor, *From Thirty Years with Freud,* Hogarth Press and the Institute of Psycho-Analysis, London 1942.

—, *Listening with the Third Ear: The Inner Experience of a Psychoanalyst,* Farrar, Straus, New York 1948, Pyramid 1964.

—, *Fragment of a Great Confession: A Psychoanalytic Autobiography,* Citadel Press, New York 1965.

Richards, I. A., *Principles of Literary Criticism,* Kegan Paul, Trench, Trübner, London und Harcourt, Brace, New York 1925.

Rieff, Philip, *Freud: The Mind of the Moralist,* Gollancz, London MCMLX.

—, »Origins of Freud's Political Psychology«, in: *Journal of the History of Ideas,* Vol. XVII (1956), S. 235–249.

Rivers, W. H. R., *Conflict and Dream,* Kegan Paul, Trench, Trübner, London und Harcourt Brace, New York 1923.

—, »Freud's Psychology of the Unconscious«, in: *The Lancet,* (16. Juni 1917), S. 912–914.

Riviere, Joan, »An Intimate Impression«, in: *The Lancet* (30. Sept. 1939), S. 765–767.

Roazen, Paul, *Brother Animal: The Story of Freud and Tausk,* Knopf, New York 1969. Dt.: *Brudertier. Sigmund Freud und Viktor Tausk: Die Geschichte eines tragischen Konflikts,* Hoffmann und Campe Verlag, Hamburg 1973.

—, *Freud and His Followers,* Knopf, New York 1975.

—, »Reading, Writing and Memory: Dr. K. R. Eissler's Thinking«, in: *Contemporary Psychoanalysis,* Vol. XIV, No. 2 (1978), S. 345–353.

Roback, A. A., *Freudiana,* Sci-Art Publishers, Cambridge, Mass., 1957.

Rosner, Henry, »Psychoanalytic Papers of Max Schur«, b. Kanzler, Mark, s. dort.

Ruitenbeek, Hendrik M., Hrsg., *Freud as We Knew Him,* Wayne State University Press, Detroit 1973.

Russell, Bertrand, *Human Knowledge: Its Scope and Limits,* Allen & Unwin, London 1948.

Rycroft, Charles, Hrsg., *Psychoanalysis Observed,* Constable, London 1966.

—, *A Critical Dictionary of Psychoanalysis,* Penguin, London 1972.

—, *The Innocence of Dreams,* Hogarth Press, London 1979.

Sachs, Hanns, *Freud: Master and Friend,* Imago Publ. Co., London 1945, und Harvard University Press, Cambridge 1944. Dt. von Emmy Sachs, *Freud: Meister und Freund,* Imago Publ. Co., London 1950.

Sajner, Josef, »Sigmund Freuds Beziehungen zu seinem Geburtsort Freiberg (Příbor) und zu Mähren«, in: *Clio Medica,* Vol. III (1968), S. 167–180 (Pergamon Press).

Schapiro, Meyer, »Leonardo and Freud: An Art-Historical Study«, in: *Journal of the History of Ideas,* Vol. XVII (Apr. 1956), S. 147–178.

Schmidl, Fritz, »Sigmund Freud and Ludwig Binswanger«, in: *Psychoanalytic Quarterly,* Vol. XXVIII (1959), S. 40–58.

Schneck, Jerome M., »A Note on Freud's Neighbor«, in: *American Journal of Psychotherapy,* Vol. XIII (1959), S. 139–141.

Schorske, C. E., »Politics and Patricide in Freud's Interpretation of Dreams«, in: *American Historical Review,* Vol. LXXVIII, Part 1, (1973), S. 328–347.

Schreber, Daniel Paul, *Denkwürdigkeiten eines Nervenkranken,* Leipzig 1903. Neuausgabe, hrsg. und eingel. von Samuel M. Weber, Verlag Ullstein, Frankfurt a. M., Berlin, Wien 1973 (Ullstein Buch Nr. 2957).

Schur, Max, *Drives Affects, Behavior,* Vol. II, *Essays in Memory of Marie Bonaparte,* International Universities Press, New York 1965.

—, »Some Additional ›Day Residues‹ of the ›Specimen Dream of Psycho-Analysis‹«, bei Loewenstein, R. M., siehe dort.

—, *Freud: Living and Dying,* Hogarth Press and the Institute of Psycho-Analysis, London 1972. Dt. von Gert Müller: *Sigmund Freud, Leben und Sterben,* Suhrkamp Verlag, Frankfurt a. M. 1973, 1977.

Schusdek, Alexander, »Freud on Cocaine«, in: *Psychoanalytic Quarterly,* Vol. XXXIV (1965), S. 406–412.

—, »Freud's ›Seduction Theory‹: A Reconstruction«, in: *Journal of the History of the Behavioral Sciences,* Vol. II, No. 2 (Apr. 1966), S. 159–166.

Shaw, Bernard, *Man and Superman. A Comedy and a Philosophy,* Archibald Constable, Westminster 1903.

Shlien, J. M., Hrsg., *Research in Psychotherapy,* American Psychological Association, Washington, D. C., 1968.

Sidis, Boris, *Symptomatology, Psychognosis and Diagnosis of Psychopathic Diseases,* R. G. Badger, Boston 1914 und E. & S. Livingstone, Edinburgh 1921.

Simmel, Ernst, »Sigmund Freud: The Man and His Work«, in: *Psychoanalytic Quarterly,* Vol. IX (1940), S. 163–176.

Simon, Ernst, »Sigmund Freud, the Jew«, Leo Baeck Institute *Yearbook,* II, London (1957), S. 270–305.

Sours, John A., »Freud and the Philosophers«, in: *Bulletin of the History of Medicine,* Vol. XXXV (1961), S. 326–345.

Spector, Jack J., *The Aesthetics of Freud: A Study in Psychoanalysis and Art,* Allen Lane, London 1972.

Stafford-Clark, David, *What Freud* Really *Said,* Macdonald, London 1965. Dt.: *Was Freud wirklich sagte,* Wien, München 1967.

Stanescu, H., »Young Freud's Letters to his Rumanian Friend Silberstein«, in: *The Israel Annals of Psychiatry and Related Disciplines,* Vol. IX, No. 3 (Dez. 1971), S. 195–207. Dt.: »Unbekannte Briefe des jungen Sigmund Freud an einen rumänischen Freund«, in: *Neue Literatur; Zeitschrift des Schriftstellerverbandes der RVR,* 16. Jg., 3. Heft, Juni 1965, S. 123ff.

Stewart, Walter S., *Psychoanalysis: The First Ten Years, 1888–1898,* Allen & Unwin, London 1969.

Storr, Anthony, »The Concept of Cure«, bei Rycroft, Charles, siehe dort.

Sullivan, Mark, *Our Times: The United States, 1900–1925,* Vol. IV, *The War Begins, 1909–1914,* Scribner's, New York, London 1932.

Szasz, Thomas S., *Karl Kraus and the Soul-Doctors: A Pioneer Critic and His Criticism of Psychiatry and Psychoanalysis,* Routledge & Kegan Paul, London u. Henley 1977.

—, »Freud as a Leader«, in: *Antioch Review,* Vol. XXIII, No. 2 (Sommer 1963), S. 133–144.

Tabori, Cornelius, *My Occult Diary,* übers. und hrsg. von Paul Tabori, Rider & Co., London 1951.

Taft, Jessie, *Otto Rank: A Biographical Study Based on Notebooks, Letters, Collected Writings, Therapeutic Achievements and Personal Associations,* Julian Press, New York 1958.

Taylor, A. J. P., *Europe: Grandeur and Decline,* Penguin zus. mit Hamish Hamilton, Harmondsworth, Middlesex, 1967.

Thompson, Clara, *Psychoanalysis: Evolution and Development,* Allen & Unwin, London 1952.

Timpanaro, Sebastiano, *The Freudian Slip: Psycho-Analysis and Textual Criticism,* übers. von Kate Soper, N. L. B., London 1976.

Tobler, Georg Christoph, »Das Fragment«, später bekannt als *Die Natur* und manchmal Goethe zugeschrieben, erstmals anonym erschienen im *Tiefurter Journal,* 1782.

Trotter, Wilfred, *The Instincts of the Herd in Peace and War, 1916–1919,* Oxford University Press, London 1953 (Erstausgabe 1916).

Tuchman, Barbara W., »Can History Use Freud? The Case of Woodrow Wilson«, in: *Atlantic,* Vol. CCXIX (Feb. 1976), S. 39–44.

Van Teslaar, James S., »The Significance of Psycho-Analysis in the History of Science«, in: *International Journal of Psycho-Analysis,* Vol. II (Part3/4), Sept.–Dez. 1921), S. 339–353.

von Weizsäcker, Viktor, »Reminiscences of Freud and Jung« bei Nelson, Benjamin, siehe dort.

Walter, Bruno, *Thema und Variationen; Erinnerungen und Gedanken,* S. Fischer Verlag, Frankfurt a. M. 1950.

Wells, H. G., *Experiment in Autobiography,* Vol. I, Gollancz, Cresset Press, London 1934.

Whitehorn, John C., »A Century of Psychiatric Research in America«, in: The American Psychiatric Association, *One Hundred Years of American Psychiatry,* S. 167–193, Columbia University Press, New York 1944.

Whyte, Lancelot Law, *The Unconscious Before Freud,* Tavistock, London 1962.

Wilson, Edmund, *To the Finland Station: A Study in the Writing and Acting of History,* Secker & Warburg, London 1941.

Winnicott, D. W., *The Child, the Family, and the Outside World,* Penguin, Harmondsworth, Middlesex, 1964.

Wittels, Fritz, *Sigmund Freud: der Mann, die Lehre, die Schule,* E. P. Tal & Co., Leipzig, Wien, Zürich 1924.

—, »Nachtrag zu meinem Buche ›Sigmund Freud‹« (1923), in: *Die Psychoanalytische Bewegung,* 5 (1933), S. 302–318.

Wolpe, Joseph und Stanley Rachman, »Psychoanalytic ›Evidence‹: A Critique Based on Freud's Case of Little Hans«, in: *Journal of Nervous and Mental Disease,* Vol. CXXXI, No. 2 (Aug. 1960), S.135–148.

Wortis, Joseph, »Fragments of a Freudian Analysis«, in: *American Journal of Orthopsychiatry,* Vol. X (1940), S. 843–849.

Zweig, Stefan, *Die Welt von Gestern; Erinnerungen eines Europäers,* Fischer Taschenbuch Verlag Nr. 1152.

Namen- und Sachregister

Zusammengestellt von Joachim A. Frank

Sigmund Freud
Werkausgabe in zwei Bänden

Herausgegeben und mit Kommentaren versehen
von Anna Freud und Ilse Grubrich-Simitis.

Band 1: Elemente der Psychoanalyse.
590 Seiten.
Band 2: Anwendungen der Psychoanalyse.
616 Seiten. 3 Abbildungen auf Tafeln.

Im Anhang der Bände u. a. Lebenschronologie Sigmund Freuds,
Sammelbibliographie, Namen- und Sachregister. Band 1 und 2
Leinen in Schuber zusammen DM 58,–.

Inhalt:
Einleitung / Der Sinn der Träume / Der Begriff des Unbewußten /
Die Triebe / Die menschliche Sexualität /
Die Struktur der psychischen Persönlichkeit /
Lustprinzip und Realitätsprinzip / Verdrängung /
Symptombildung / Neurose und Psychose /
Die psychoanalytische Behandlung / Die Ausbildung des Analytikers /
Die Einstellung zur Psychoanalyse / Literatur- und Kunstwissenschaft /
Religionspsychologie und Kulturtheorie / Sozialpsychologie /
Mythologie / Pädagogik / Lebenschronologie Sigmund Freuds /
Anhang.

Die »Werkausgabe in zwei Bänden« ist als preisgünstige
Freud-Volksausgabe
für Leser konzipiert, die einen repräsentativen Querschnitt
aus dem Gesamtwerk in didaktischer Gliederung mit einführender
Kommentierung erstmals kennenlernen wollen.

S. Fischer